AF203907

Marion Jäde

DER
KNOTEN

TAGEBUCH EINER
BRUSTKREBSERKRANKTEN

novum ⬛ pro

www.novumverlag.com

Bibliografische Information
der Deutschen Nationalbibliothek:

Die Deutsche Nationalbibliothek
verzeichnet diese Publikation in
der Deutschen Nationalbibliografie.
Detaillierte bibliografische Daten
sind im Internet über
http://www.d-nb.de abrufbar.

© 2020 novum Verlag

ISBN 978-3-99064-931-2
Lektorat: Dr. Annette Debold
Umschlagfoto:
Mast3r | Dreamstime.com
Umschlaggestaltung, Layout & Satz:
novum Verlag
Autorenfoto: Marion Jäde

Gedruckt in der Europäischen Union
auf umweltfreundlichem, chlor- und
säurefrei gebleichtem Papier.

www.novumverlag.com

INHALTSVERZEICHNIS

EINLEITUNG

Ich bin 67 Jahre alt, schlank, sportlich, rauche nicht, trinke nur selten etwas Alkohol in Form von Bier oder Wein (keine harten Sachen). Wir ernähren uns gesund, viel Gemüse und Obst, wenig Fleisch (mein Mann isst gerne mal etwas Wurst oder Fisch und Käse. Ich bin seit einigen Jahren Veganer, vorher schon immer Vegetarier). Bisher hatte ich ein wirklich sehr gutes Leben. Ich bin seit 37 Jahren verheiratet, habe einen sehr fürsorglichen und lieben Ehemann, 2 erwachsene Töchter und 2 Enkel. Eine Tochter lebt in der Nähe von Köln mit ihrem Lebensgefährten, die jüngere Tochter ist mit einem Amerikaner verheiratet und lebt in Colorado.

Mein Mann hat eine eigene Firma, in der ich immer schon mitarbeiten konnte. Meine Arbeitszeit konnte ich mir selbst einteilen. Wir haben ein sehr schönes Haus mit Garten, die Firma meines Mannes ist auch in unserem Haus untergebracht, sodass wir keine Anfahrtswege zur Arbeit haben.

Gesundheitlich ging es mir bisher immer sehr gut. Vor 1 Jahr hatte ich eine Unterleibs-OP, nichts Tragisches. Vor 2 Jahren wurde mein linker dicker Zeh versteift. Als Jugendliche wurden mir die Mandeln entfernt und die Nase gerichtet, die ich mir als Kind mal gebrochen hatte (bin vor einen Laternenmast gerannt!). Mit 48 Jahren habe ich mir beim Schlittschuhlaufen das linke Handgelenk gebrochen (die letzte Runde auf dem zugefrorenen See war leider zu viel). Nach 1 Jahr konnte ich die Hand aber fast wieder wie vorher bewegen, und ich habe zum Glück keine bleibenden Schäden davongetragen. Als ich 55 Jahre alt war, wurde im rechten Knie eine Arthroskopie gemacht. Seither bin ich da schmerzfrei. Ansonsten hatte ich keine schwerwiegenden Erkrankungen. Bis zum 25.2.2017, als ich in meiner linken Brust einen Knoten entdeckte.

ERTASTEN EINES KNOTENS

Am Samstagabend, 25.2.2017, kurz vor dem Schlafengehen, sehe ich im Spiegel eine komisch aussehende Stelle an der Außenseite der linken Brust. Ein kleiner Bereich, ca. 2 x 2 cm, ist eingefallen. Ich hebe den Arm, senke den Arm, schaue von der Seite und von oben, und dann fühle ich die Stelle ab. Eine Verdickung. „Ist das etwa ein Knoten oder nur ein angespannter Muskel?", geht es mir durch den Kopf. Ist bestimmt nichts. Also ziehe ich meinen Schlafanzug an und lege mich schlafen.

Am nächsten Morgen schaue ich gleich wieder in den Spiegel, ob die Stelle noch so ist wie gestern Abend. Ja, sie sieht noch genauso aus und fühlt sich genauso an. Ich werde morgen mal sicherheitshalber meine Ärztin anrufen und es von ihr prüfen lassen, damit ich weiß, es ist nichts von Bedeutung.

Montag früh rufe ich gleich bei meiner Gynäkologin an und sage, was mich bedrückt. Die Arzthelferin hält sofort Rücksprache mit der Ärztin und sagt mir dann, dass es reicht, wenn ich Dienstag früh um 8.30 Uhr in die Praxis komme. „Okay", sage ich, „das ist in Ordnung."

ERSTE ÄRZTLICHE UNTERSUCHUNGEN UND SICHERUNG DES BEFUNDES

Dienstag, 28.2.2017

Ich fahre gleich früh zu meiner Ärztin. Ich brauche nicht lange zu warten, werde gleich ins Untersuchungszimmer geführt. Meine Ärztin kommt rein und meint: „Machen Sie doch bitte den Oberkörper frei." Ich ziehe mich aus und stelle mich vor sie. Sie schaut meine Brust an und meint gleich: „Oh, das sieht nicht gut aus. Ich kann es schon sehen. Legen Sie sich mal hin, und dann untersuche ich Sie mit Ultraschall." Jetzt wird mir doch etwas mulmig, aber Angst habe ich keine. Sie schmiert mich reichlich mit Gel ein, und dann geht es los. Ich kann alles auf dem Bildschirm verfolgen, und sie erklärt mir, dass genau an der Stelle ein Knoten in der Größe von ca. 1,6 cm ist. Und er sieht schlecht aus, da muss was gemacht werden. Sie erklärt mir alles sehr genau und macht mich gleich darauf aufmerksam, dass der Knoten raus muss, dass eventuell eine Chemo fällig ist und/oder Bestrahlung usw. Das ganze Programm also. Ich nehme es noch nicht so ernst, kann es gar nicht glauben, dass ausgerechnet mir so was mal passieren würde. Über Brustkrebs habe ich immer nur von anderen etwas gehört.

Nachdem ich mich wieder angezogen habe, kann ich im Wartezimmer noch einmal Platz nehmen, während die Arzthelferin und auch die Ärztin verschiedene Termine für mich vereinbaren. Gleich für den nächsten Tag bekomme ich einen Termin zur Mammografie und für den Tag darauf einen Termin zum Stanzen (das hat sie mir erklärt, dabei wird an vier verschiedenen Stellen des Knotens Gewebe entnommen, rausgestanzt. Tut nicht weh, sagt sie, sie hätte es selbst schon bei sich machen lassen.).

Mit meinen Überweisungen in der Tasche fahre ich nun nach Hause und erzähle meinem Mann, was mir gerade eröffnet wurde. Er hatte ja gar keine Ahnung, ich habe ihm vorher nicht gesagt, was ich so vermutete. Folglich trifft es ihn jetzt wie mit einem Hammerschlag. Er nimmt mich gleich in den Arm und tröstet mich. Obwohl ich eigentlich alles immer noch sehr locker sehe. Ich mache mir gar keine großen Gedanken, denke einfach, erst mal abwarten, was bei den anderen Untersuchungen rauskommt.

Mittwoch, 1.3.2017

Ich fahre nach Herzberg ins Krankenhaus zur Mammografie (um 9.30 Uhr). Die Radiologin ist eine sehr nette junge Frau, und sie quetscht meine beiden Brüste so vorsichtig, wie es nur geht. Sagt sie jedenfalls. Aber es ist für mich trotzdem sehr schmerzhaft. Das ist auch der Grund, warum ich in den letzten 20 Jahren nie zur Mammografie gegangen bin. Ich habe zweimal eine Mammografie machen lassen, und jedes Mal tat es extrem weh. Ich habe wirklich Panik davor. Außerdem habe ich einige Berichte von Ärzten gelesen, die Gegner der Mammografie sind. In meiner Familie hat bisher niemand Brustkrebs gehabt, warum soll es mich treffen? Jetzt sind die Aufnahmen also im Kasten, und ich bin froh, dass ich mit dieser Tortur durch bin. Nun soll ich warten, bis die Aufnahmen entwickelt sind, und dann würde der Arzt noch mit mir reden.

Ich lese in einer der Illustrierten, die dort auf dem Tisch liegen, und nach ca. 10 Minuten klopft der Arzt an die Tür. Er kommt rein, begrüßt mich und meint gleich: „Ich habe keine gute Nachricht für Sie. Es bringt ja nichts, da drum herumzureden. Also, Sie haben einen bösartigen Knoten in der Brust. Die rechte Brust ist unauffällig, aber in der linken ist ein Knoten, der behandelt werden muss." Tja, das hatte ich ja von meiner Ärztin auch schon so gehört, also nichts Neues, aber eine Bestätigung. Nun meinte der Arzt noch, Genaues wisse man dann aber erst, wenn die Gewebeprobe durchgeführt worden sei. Ich sage ihm, dass ich am nächsten Tag bereits den Termin zur Gewebeentnahme habe, und er wünscht mir noch alles Gute.

Na toll, nach dieser Diagnose „alles Gute"! Aber was soll er auch sonst sagen? Ich fahre also nach Hause und berichte meinem Mann und meiner Tochter, die gerade bei uns zu Besuch ist, von dem Ergebnis der Untersuchung. Beide sind doch ziemlich geschockt, und wir haben erst mal kein anderes Gesprächsthema. Aber ich mache mich immer noch nicht verrückt, Genaues weiß ich ja noch nicht.

Donnerstag, 2.3.2017

Heute fahre ich dann um 12 Uhr nach Herzberg zu einem anderen Gynäkologen, der auch auf Krebssachen spezialisiert ist. Ich muss eine gute halbe Stunde warten, dann komme ich dran.

Erst erklärt er mir genau, was er bei mir machen wird und dass es nicht weh tut, da er die Stelle örtlich betäuben wird. Er wird dann eine dickere Hohlnadel in die Brust stechen, durch diese das Stanzgerät führen und an 4 verschiedenen Stellen des Knotens Gewebe entnehmen. Nur Millimeter groß bzw. klein. Ein riesiger Bildschirm über der Liege gibt mir die Möglichkeit, alles genau zu verfolgen.

Bevor der Arzt mit dem Stanzen anfängt, wird meine Brust noch einmal genau per Ultraschall untersucht. Dabei zeigte er mir den etwas länglichen Knoten, ca. 1,4 cm breit und 1,7 cm lang. Er schaut sich auch die Lymphknoten unter dem Arm an und den Wächterlymphknoten. Die sind alle super in Ordnung und total unauffällig, meint er. Nur leider weist der Knoten bei mir Eigenschaften auf, die tatsächlich auf bösartig hindeuten. Zum Beispiel, dass rundherum dunkle Zacken sind oder dass eine weiße Abgrenzung zum anderen Gewebe da ist. Auch die Tatsache, dass der Knoten nicht hart, sondern eher weicher ist, deutet auf Bösartigkeit hin. Außerdem scheint es ein langsam wachsender Knoten zu sein, was auch nicht gut ist.

Nachdem er mit der Voruntersuchung durch ist, wird die Stelle für den Einstich betäubt. Alles verfolgen er (und ich) genau auf dem Bildschirm des Ultraschallgerätes. Er erklärt mir jeden Schritt und jedes Bild ganz genau. Ich kann genau sehen, wo die Nadel langgeführt wird. Es tut wirklich nicht weh, ist aber auch nicht gerade angenehm. Insbesondere das Herausstanzen des Gewebes ist etwas unangenehm, und ich bin froh, als er damit fertig ist.

Zum Schluss wünscht mir der Arzt alles Gute. Er machte allerdings kein allzu frohes Gesicht dazu. Wie auch? Wenn er einen bösartigen Tumor entdeckt hat und wahrscheinlich schon mehr weiß als ich, was das noch alles bedeuten wird für die nächsten Monate.

Ich bekomme dann einen Termin für den nächsten Donnerstag, 9.3.2017 um 10 Uhr. Da soll ich in der Praxis anrufen, dann hätte er das Ergebnis der Untersuchung. Falls er es schon Mittwoch bekommt, meldet er sich bei mir. So lange muss ich nun leider warten.

Zu Hause haben wir dann wieder lange diskutiert und auch unsere Tochter in Amerika angerufen. Sie ist aber genauso gelassen wie ich. Warum soll ich mich auch verrückt machen? Es kommt so, wie es kommt. Ich kann es nicht mehr ändern, und ich hoffe, dass meine Gelassenheit auch abfärbt auf meine restliche Familie.

Abends rufe ich dann meine gute Freundin in Düsseldorf an. Bei ihr wurde im Sommer letzten Jahres auch Brustkrebs diagnostiziert, und das war erst einmal ein Schock für uns alle. Sie hat mir dann im Laufe der Monate immer wieder alles ausführlich berichtet. Wie bei ihr vorgegangen werden musste, erst Chemo, dann OP, dann Bestrahlung, dann Reha. Als Allererstes wurde bei ihr der Wächterlymphknoten entfernt. Der war wohl auch schon befallen. Dann ging die Chemo los mit allen Konsequenzen, wie Übelkeit, Haarausfall (jetzt hat sie eine schöne Perücke), kein Appetit, ekliger Geschmack im Mund, Müdigkeit usw.

Ich weiß genau Bescheid und hoffe nur, dass ich keine Chemo brauche. Aber sie sieht es trotz allem sehr locker. Sie hat sich mit der Situation abgefunden und akzeptiert es so, wie es ist. Und ich finde es auch echt witzig, als sie mir sagt: „Willkommen im Klub!" Sie hat mit den anderen Frauen bei der Chemo guten Kontakt, und eigentlich sind alle ganz locker, obwohl es allen schlecht geht. Ich habe viel durch meine Freundin gelernt und denke, es wird schon alles gut werden.

Neuerdings haben wohl alle Bekannten von mir Krebs. Im letzten Jahr bekam auch meine Freundin und Nachbarin die Diagnose Darmkrebs. Auch sie wurde operiert, und anschließend musste sie eine Chemo durchmachen. Die war nicht ganz so schlimm wie bei meiner Düsseldorfer Freundin, aber immerhin ging es ihr auch sehr schlecht dabei, kein Appetit, ekliger Geschmack, Müdigkeit. Zum Glück fielen ihr die Haare nicht aus. Da war sie sehr froh drüber.

Mein Bruder Dieter bekam die Diagnose Prostatakrebs vor ca. 2 Jahren. Es war bei ihm auch sehr schlimm. Erst OP, dann Bestrahlung. Zunächst hieß es nach der Bestrahlung, der Krebs sei weg. Aber dann stellte man einige Monate später Metastasen im ganzen Körper fest, die wiederum mit Chemo behandelt werden mussten. Das hatte dann die üblichen Nebenwirkungen. Bei ihm auch die, dass er seine Fußnägel verlor und seine Haare. Und während der Chemo bekam er eine schlimme Lungenentzündung. Die führte bei ihm sogar zu einer Lungenembolie, und er musste ins künstliche Koma versetzt werden. Sechs Wochen lag er im Koma, und dann kam er langsam wieder zu sich. Er konnte nichts mehr selbst machen, nur mit Mühe reden und die Gliedmaßen nicht bewegen. Langsam musste er sich wieder ins Leben zurückarbeiten.

Nach dem Krankenhaus-Aufenthalt kam er daher in die Reha, wo er lernte seine Arme und Beine zu kräftigen und wo er sogar wieder mit Hilfe laufen lernte. Dort sagte man ihm nach diversen Untersuchungen, der Krebs sei jetzt auch weg. Er brauchte dann monatelang, um wieder richtig laufen zu können, und ist nach wie vor doch relativ schwach. Aber trotzdem sagen ihm die Ärzte immer wieder, es sei ein Wunder, dass er nach dieser Krankheit schon wieder so gut auf den Beinen ist.

Ja, wenn man selbst betroffen ist, dann fällt es anderen leichter, über ihre eigene Krankheit zu sprechen. Ich habe in den letzten 5 Tagen von mehreren Bekannten erfahren, dass sie auch Krebs hatten oder noch haben und behandelt werden.

Was mir alle 3 Ärzte noch gesagt haben: Ich brauche keine Sorgen zu haben, wegen des Brustkrebses zu sterben. Heute stirbt man nicht mehr davon. Na bitte, dann kann ja nichts mehr schiefgehen. Dann werde ich jetzt abwarten, welches Ergebnis ich am Donnerstag höre, und dann werde ich auch erfahren, wie es weitergeht.

Montag, 6.3.2017

Eigentlich habe ich gut geschlafen in der letzten Nacht. Aber irgendwie denke ich doch immer wieder an den Knoten. Es lässt mir keine Ruhe. Ich bin nicht übermäßig beunruhigt, aber ich kann es jetzt kaum noch erwarten, endlich genau Bescheid zu wissen. Ich denke doch über alle möglichen Konsequenzen nach und überlege schon, ob ich unseren geplanten USA-Urlaub im Mai überhaupt antreten kann. Notfalls muss unsere ältere Tochter einspringen. Die würde sowieso gerne wieder rüberfliegen zu ihrer Schwester. Vielleicht muss ich ja auch nur operiert werden, keine Chemo, keine Bestrahlung. Ja, es ist verrückt, es lässt mich doch nicht so ganz los.

Die Schmerzen in der Brust von dem Stanzen sind jetzt nur noch minimal. Aber manchmal bilde ich mir ein, in der anderen Brust habe ich auch Schmerzen. Dann denke ich wieder, das ist doch nur Einbildung, und beruhige mich selbst. Laut Ultraschall und Mammografie ist in der rechten Brust jedenfalls alles in Ordnung. Also wirklich nur Einbildung! Seit ein paar Tagen habe ich nun auch Zahnschmerzen, im oberen rechten letzten Backenzahn. Was ist das denn schon wieder? Ob ich sicherheitshalber noch schnell zum Zahnarzt gehe? Es kommt aber auch alles auf einmal. Mein steifer Hals, mit dem ich mich nun schon seit einigen Wochen herumschlage, der ist jedenfalls besser geworden. Ich lege mir ständig ein Wärmekissen auf den Nacken, und das scheint zu helfen. Wenn doch alle Wehwehchen so leicht zu heilen wären!

Dienstag, 7.3.2017

Gestern Abend beim Ausziehen warf ich wieder einen Blick auf meine Brust und hatte die leise Hoffnung, der Knoten wäre kleiner geworden. Aber keine Chance, bei genauerem Hinsehen und vorsichtigem Fühlen hatte ich das Gefühl, er ist sogar größer geworden. Was aber sicherlich gar nicht sein kann. Alles Einbildung. Also weiter warten.

Heute früh spreche ich zum ersten Mal mit einer Arbeitskollegin. Sie erzählt mir, dass eine Bekannte von ihr gerade vor 2 Wochen auch an der Brust operiert wurde. Der Knoten war entfernt worden, und da er noch sehr klein war, besteht auch kein Verdacht auf Metastasen. Eine Chemo oder Bestrahlung ist nicht nötig. Na schön, hört sich gut an für diese Frau. Ich gönne es ihr von ganzem Herzen. Aber in meinem Fall sieht es sicher anders aus. Der Knoten ist nun mal bedeutend größer. Ich hoffe zwar auch darauf, dass eine Chemo nicht nötig ist, aber wer weiß? Ich muss einfach mit allem rechnen.

Für den Fall, dass ich bereits nächste Woche ins Krankenhaus muss, möchte ich gerne vorher noch zum Friseur. Als ich gerade eben meine Friseurin anrufe, erfahre ich, dass sie bis Ende der Woche Urlaub hat und erst ab Dienstag nächster Woche wieder da ist. Dann eben nicht. Ich kann ja keine Termine machen zurzeit, muss erst einmal abwarten, welche Termine durch den Knoten entstehen!!

Mittwoch, 8.3.2017

Heute ist wieder ein Tag vergangen, es ist Mittwochabend. Nicht nur ich warte nun ganz gespannt auf das Untersuchungsergebnis, nein, auch meine Töchter haben heute WhatsApp-Nachrichten geschrieben und nachgefragt, ob es schon was Neues gibt. Leider nicht! Erst morgen früh um 10 Uhr kann ich beim Arzt anrufen und hoffe, dass ich dann etwas erfahre.

Beim Einkaufen heute traf ich eine gute Bekannte, die mich fragte, wie es mir geht. Ich sagte ihr: „Heute geht es mir noch gut. Morgen weiß ich nicht." Sie schaute sehr verwundert und wollte wissen, wie ich das meine. Ich erklärte ihr, dass ich einen Knoten in der Brust habe und morgen das Biopsie-Ergebnis erfahre. Sie erzählte mir dann auch von einer Bekannten, die Brustkrebs hatte und in Göttingen operiert wurde und Chemo bekam und dass es ihr jetzt wieder richtig gut gehe. Ist doch interessant, jeder kennt einen oder kennt einen, der einen kennt, der Brustkrebs hat oder hatte. Ich glaube bald, jede zweite Frau ist davon betroffen. So oft habe ich es jetzt schon gehört. In Wirklichkeit ist es tatsächlich jede 8. Frau in Deutschland, die von Brustkrebs betroffen ist. Habe ich inzwischen so gelesen.

Diese Bekannte fragte mich auch, ob ich in den Wechseljahren Hormontabletten geschluckt hätte. Ich bejahte es. Und zwar habe ich viele Jahre die Tabletten genommen, zwischendurch immer mal langsam ausschleichen lassen, um zu sehen, ob ich sie noch benötige. Ja, ich brauchte sie immer wieder. Das letzte Mal neu angefangen mit den Tabletten habe ich am 13.4.2014, und dann habe ich sie noch ein gutes Jahr genommen. Bis ich merkte, jetzt geht es ohne. Ich schlich mich langsam aus, und seit ungefähr zwei Jahren nehme ich keine Hormone mehr.

Hoffentlich hat diese Hormoneinnahme nicht dazu beigetragen, dass ich jetzt einen Knoten in der Brust habe. Aber ich habe immer gelesen, dass die Gefahr dadurch nicht gegeben ist, sondern dass es sich sogar positiv auswirken kann, wenn man Hormone nimmt. Bei mir ging es tatsächlich nicht anders, ich konnte ohne die Tabletten nicht schlafen. Wurde mehrmals in der Nacht nassgeschwitzt wach und musste meine Nachtwäsche wechseln. Tagsüber war ich dann so kaputt, dass ich oft fast im Stehen eingeschlafen bin. Jetzt habe ich manchmal immer noch Hitzewallungen, aber so schwach und selten, dass es erträglich ist.

Heute Abend schaue ich mir einen schönen Film im Fernsehen an und werde mich dadurch ablenken. Danach kann ich dann sicher gut schlafen, um morgen gestärkt aufzuwachen und den Tatsachen ins Auge zu sehen.

Donnerstag, 9.3.2017

Kurz nach 10 Uhr rufe ich in der Praxis an, und man sagt mir, das Ergebnis sei da und man habe es auch schon an meine Gynäkologin weitergeleitet. Ich könne dort anrufen und alles besprechen. Gesagt, getan. Also rufe ich dort an. Man bestätigt mir, dass das Ergebnis da sei, und zwar wären die Tumorzellen positiv. Die Arzthelferin gibt mir auch gleich einen Termin fürs Krankenhaus in der nächsten Woche (Mittwoch, den 15.3.2017, um 8.30 Uhr). Heute Nachmittag um 17 Uhr kann ich dann in die Praxis kommen, um alles mit der Ärztin zu besprechen.

Ich denke mal, dass der Termin im Krankenhaus dazu dient, dort noch verschiedene Untersuchungen bei mir zu machen. Bisher wurde ja noch nicht einmal Blut bei mir abgenommen. Das müsste doch unbedingt gemacht werden, denke ich. Außerdem möchte ich erst einmal genau wissen, was gemacht werden soll. Also muss ich jetzt noch etwas Geduld haben, und beim Gespräch heute Nachmittag werde ich sicher noch Näheres erfahren.

Jetzt ist es Sicherheit: Ich habe Brustkrebs. War eben bei meiner Ärztin zum Gespräch, zusammen mit meinem Mann. Die Tumorzellen sind positiv. Das Gute an der Sache ist, dass man es operieren kann und der Krebs nicht gestreut hat (wahrscheinlich). Daher wird der Knoten schnellstens rausoperiert, und dann kommt die Bestrahlung. Hinterher eventuell noch eine Hormontherapie. Das alles entscheidet sich aber ganz genau nächste Woche, wenn ich im Krankenhaus bin. Dort wird man alles mit mir besprechen und noch einige Untersuchungen durchführen. Wahrscheinlich wird dann schon am nächsten Tag operiert. Ich lass mich also mal überraschen.

Die Ärztin fragte mich, ob ich Probleme hätte mit der Diagnose, ob ich etwas zur Beruhigung benötige. Ich verneinte, nein, wirklich, ich sehe es alles sehr gelassen, und mein Mann unterstützt mich mit seinem Humor. „Et kütt wie et kütt", das ist unsere Devise, und man kann es nicht ändern. Sie war sehr beruhigt, wahrscheinlich hat sie schon so manchen Weinkrampf erlebt, was man natürlich auch verstehen kann. Aber ich habe tatsächlich kein Problem und hoffe, dass letztendlich dann doch alles gut wird.

Unsere Töchter habe ich inzwischen auch informiert, und witzigerweise kennt unsere Tochter in den USA eine Frau, die genau dieselbe Art Brustkrebs hatte. Sie wurde auch operiert, bekam Bestrahlung und Hormontabletten, und nun geht es ihr wieder sehr gut. Worauf sie mich dann noch aufmerksam machte, ist die Tatsache, dass bei einem hormonbedingten Krebs möglichst auf hormonhaltige Nahrungsmittel verzichtet werden sollte. Dazu zählen Milchprodukte jeglicher Art und Sojaprodukte wie Tofu usw. Milchprodukte esse ich schon lange nicht mehr, da ich mich vegan ernähre. Aber Sojaprodukte esse ich umso mehr. Da muss ich jetzt wohl umdenken und mir was anderes einfallen lassen. Ist aber kein Problem, es gibt genug Ersatz. Das kriege ich alles hin. Über diese hormonhaltigen Nahrungsmittel hatte mir vor Längerem schon meine Düsseldorfer Freundin etwas erzählt, die ja auch Brustkrebs hat. Sie soll diese Nahrungsmittel ebenfalls meiden. Das fällt ihr gar nicht schwer, da sie durch ihre Chemotherapie keinen Appetit mehr hat. Ich werde mich damit mal eingehend beschäftigen. Dank Internet ist das heute ja kein Problem mehr, und ich werde abgelenkt, sodass ich keine Zeit zum Grübeln habe.

Freitag, 10.3.2017

Als Erstes habe ich heute mal eine Aufstellung über die OPs gemacht, die bei mir in meinem Leben durchgeführt wurden. Außerdem eine Aufstellung über meine Allergien sowie meine behandelnden Ärzte. So habe ich alles zusammen, wenn ich danach im Krankenhaus gefragt werde bzw. ein Formular zu diesen Fragen ausfüllen muss.

Als Nächstes bin ich auf die Internetseite meiner Krankenkasse gegangen, um zu prüfen, was man tun muss, um eine Zweitmeinung einzuholen. Und siehe da, es war ganz einfach. Meine Krankenkasse bietet das sogar kostenlos an, und ich habe mich gleich per E-Mail dort angemeldet mit der Bitte, mich schnellstmöglich zurückzurufen. Es wird dort gesagt, dass man von Ärzten beraten wird, die auf dem allerneuesten Stand der Medizin sind, und schon sehr vielen Patienten dadurch geholfen wurde, die richtige Therapie bei ihrer Krankheit zu erhalten. Wenn sie auf das gleiche Ergebnis kommen, wie meine Ärzte, dann umso besser. Dann hat man eine Bestätigung, dass alles richtig gemacht wird. Ansonsten kann man sich noch immer anders und vielleicht sogar besser entscheiden. Bin gespannt, wann der Anruf kommt.

Der Rückruf kommt leider, als ich gerade nicht zu Hause bin. Aber man hinterlässt mir eine Telefonnummer und Namen, und so kann ich am Montag, den 13.3.2017 dort zurückrufen. Eine sehr nette Dame ist am Telefon, die mich gleich ausführlich informiert, wie das mit der Zweitmeinung abläuft. Zur Registrierung will sie mir dann 3 E-Mails schicken. Diese kommen auch kurze Zeit später bei mir an, und ich lese mir alles durch. Ich bekomme einen Benutzernamen und ein Passwort für meine Online-Akte, in die nur ich und die HMO AG (das ist der Online-Service für die Zweitmeinung) Einblick hat. Wenn ich bestimmten Ärzten Einblick gewähren will, kann ich das auch machen. So habe ich dann gestern als Erstes schon mal meine Ergebnisse der Mammografie und der Biopsie hochgeladen.

Was mich bei dem Telefongespräch sehr beruhigt hat, war die Tatsache, dass ich erfuhr, ich würde in zwei Tagen auf jeden Fall noch nicht operiert werden. Als Erstes wird in Göttingen ein ausführliches Gespräch geführt und weitere Untersuchungen vorgenommen. Erst wenn die Ärzte dort nach eingehender Besprechung wissen, was bei mir angesagt ist, dann wird ein Therapieplan erstellt und dieser mit mir besprochen. Dann weiß ich, was gemacht werden muss, und dann wird auch entschieden, wann was gemacht wird. Mit jedem Gespräch und jeder Auskunft wird für mich nun alles klarer.

Ich verstehe nicht, warum meine Ärztin mir sagte, ich solle auf jeden Fall schon mal meinen Koffer mitnehmen, es könnte sein, dass ich am folgenden Tag gleich operiert werde. Mein Mann hat es genauso gehört. Also so schnell geht es dann doch nicht. Ich habe noch genügend Zeit, um auch die Zweitmeinung zu hören und mich dann erst zu entscheiden, was ich machen will.

Abends ruft mich meine Freundin aus Düsseldorf an, die ja zurzeit eine Chemotherapie durchmacht. Bei ihr hat sich der Knoten, der anfänglich 5 x 7 cm groß war, schon verkleinert. Noch 6 Chemos, dann ca. 6 Wochen Pause und danach OP. Sie sagte mir dann auch, dass es bei ihr ca. 8 Wochen gedauert hat, bis die Therapie begann. Es wurden jede Menge Voruntersuchungen gemacht und Gespräche geführt, und dann musste sie erst mal das richtige Krankenhaus finden. In Düsseldorf war das relativ einfach, dort gibt es ein Brustzentrum. Wo nichts anderes gemacht wird. Also ist sie auch dorthin gegangen.

Unser nächstes Brustzentrum ist in Hildesheim. Aber heute früh habe ich im Internet nachgelesen unter Brust-OP in Neu-Bethlehem Göttingen und da hat es mich doch beruhigt zu lesen, dass an dieser Klinik kooperiert wird mit dem Comprehensive Cancer Center der Universitätskliniken Göttingen. Und sie nehmen teil an der interdisziplinären Fallkonferenz Tumorboard Mamma des Zertifizierten Brustzentrums der Universitätsfrauenklinik. Hört sich doch gut an. Also haben wir doch ganz in der Nähe schon beste Voraussetzungen.

Ich glaube, meine Ärztin hat mich doch ans richtige Krankenhaus verwiesen. Morgen werde ich die Ärzte dort kennenlernen, und dann sehen wir weiter. Bin schon sehr gespannt, was dann passiert. Aber ich bin tatsächlich komplett ruhig, seitdem ich weiß, dass nicht gleich operiert wird, sondern erst noch weiter untersucht und alles besprochen wird. So muss es doch auch sein.

Mittags habe ich dann sicherheitshalber doch noch mal in Göttingen angerufen und gefragt, ob ich irgendwas mitbringen muss. Ja, sagte man mir, die Bilder von der Mammografie und die Arztberichte. Super, sagte ich, die Bilder sind im Krankenhaus Herzberg. Ich werde versuchen, dort noch jemanden zu erreichen. Ich rief also dort an und hatte Glück, dass man mir die Bilder raussuchte und ich sie nachmittags abholen konnte. Hätte mir das meine Ärztin nicht gleich sagen können, dass ich die Aufnahmen für Göttingen brauche? Ich verstehe es nicht. Sie macht das doch sicher nicht zum ersten Mal. Im Gegensatz zu mir, ich habe zum ersten Mal die Diagnose Brustkrebs!!

Mittwoch, 15.3.2017

Heute war ich mit meinem Mann in Göttingen in der gynäkologischen Ambulanz des Neu-Bethlehem-Krankenhauses. Wir wurden sehr nett aufgenommen von den Arzthelferinnen und auch von der zuständigen Ärztin. Sie hat zunächst noch einmal nach allen möglichen Gesundheitsdaten gefragt und sich die Bilder der Mammografie sowie die vorhandenen Arztberichte aushändigen lassen. Dann ging es bei ihr auch zur Ultraschalluntersuchung. Sie kam auf dieselbe Diagnose wie meine Ärztin in Lauterberg. Danach erklärte sie uns, dass auf jeden Fall der Knoten rausoperiert werden muss. Gleichzeitig entnimmt man 2–3 Lymphknoten (inkl. Wächterlymphknoten). Diese werden während der OP entnommen und gleich untersucht. Sollten sie unauffällig sein, ist es okay. Sollte dort bereits ein Befall sein, werden die anderen Lymphknoten ebenfalls entfernt. Das können so bis 10 Stück sein.

Nach der OP muss dann aller Voraussicht nach bestrahlt werden. Genau entscheidet sich das aber erst nach dem OP-Befund. Vielleicht brauche ich keine Chemo, sondern nur eine Antihormontherapie. Das bedeutet dann, dass ich bis zu 10 Jahre lang Antihormontabletten schlucken muss.

Nächste Woche Mittwoch, am 22.3. muss ich zum Diagnostischen Brustzentrum Göttingen fahren (wir haben tatsächlich ein großes und modernes Brustzentrum in Göttingen, habe ich nicht gewusst!), wo bei mir noch eine MRT (Magnetresonanz-Tomografie) gemacht wird. Auf diesen Aufnahmen kann man noch deutlicher den Tumor erkennen und bestimmen. Dort werde ich dann auch noch nachfragen, ob ich nach unserem USA-Urlaub mit der Bestrahlung anfangen kann. Die Ärztin heute früh meinte, den Urlaub kann ich wohl vergessen. Aber im Internet habe ich gelesen, dass nach der OP sowieso erst einmal 4–6 Wochen vergehen, bevor man mit der Bestrahlung beginnt. Die Wunde muss erst völlig abgeheilt sein. Und wenn es da Komplikationen gibt, dann wartet man noch länger mit der Bestrahlung. Spätestens 7 Monate nach der OP muss man bestrahlt worden sein, um sicherzugehen, dass kein neuer Tumor oder Metastasen entstehen.

Auch habe ich mich im Internet informiert über unser Brustzentrum in Göttingen und erfahren, dass dort im Dezember 2016 das erste „Mamma-MRT" in Deutschland in Betrieb genommen wurde. Das ist ein super Gerät, mit welchem man ohne Berührung der Brust ganz genaue Untersuchungen zur Vorsorge durchführen kann. Ja, so was würde ich auch unterstützen. Aber nicht das Gequetsche bei der üblichen Mammografie.

Für den 28.3.2017 habe ich nun schon den Termin für die OP bekommen. An diesem Tag muss ich um 8 Uhr früh im Krankenhaus sein, da dann Vorbereitungen für die OP am nächsten Tag getroffen werden. Ich muss noch mit dem Narkosearzt reden, und mir werden irgendwelche Flüssigkeiten in die Lymphknoten gespritzt, damit bei der OP alles sichtbar wird. So habe ich es verstanden. Keine Ahnung, war alles etwas viel auf einmal und kompliziert. Ich werde es ja sehen, wenn ich dann wirklich in zwei Wochen die OP machen lasse. Vorher werde ich noch die Zweitmeinung einholen, um zu sehen, was die dazu sagen.

Donnerstag, 16.3.2017

Heute habe ich die „Zweitmeinung" informiert über alle neuen Daten und Informationen. Die Dame am Telefon hat sich alles notiert und mir gesagt, dass sie es weitergibt und sich wieder meldet.

Die Dame von der Zweitmeinung hat sich Freitag, den 17.3.2017 bei mir gemeldet und mir gesagt, dass sie alle Informationen von mir weitergeleitet hat und sich verschiedene Ärzte beratschlagen. Ich werde sehr wahrscheinlich schon mal am Montag Bescheid bekommen, zu welchem Ergebnis sie bezüglich der Bestrahlung (Beginn) gekommen sind. Also werde ich da erst einmal wieder warten, bis sie sich bei mir melden. Es hat immer alles mit sehr viel Warten zu tun, das habe ich nun schon gemerkt. Kann also alles gar nicht so eilig sein. Ob ich heute oder morgen oder nächsten Monat operiert werde, ist anscheinend nicht so wichtig. Es handelt sich ja um einen langsam wachsenden Tumor, da kann wohl nicht viel passieren. Es muss eben einfach in einem bestimmten Zeitrahmen passieren. Okay, habe ich inzwischen verstanden.

Samstag, 18.3.2017

Gestern hat mir mein Bruder mitgeteilt, dass er nächste Woche auch wieder ins Krankenhaus muss. Die Ärztin hat auf dem Ultraschall einen ca. mandarinengroßen Knubbel entdeckt, an der Brustseite. Und der muss raus, der gehört da nicht hin. Ist schon ein Krampf, wenn man einmal was hat, kommt garantiert auch bald das Nächste. Mein Bruder sieht es locker, aber ob es nun bös- oder gutartig ist, weiß man erst, wenn der Knubbel raus ist und untersucht wurde. Bei seiner Vorgeschichte ist man da natürlich etwas vorsichtig mit Prognosen. Mal sehen, was sich daraus ergibt. Hoffentlich nichts Schlimmes.

Montag, 20.3.2017

Heute ist Frühlingsanfang, und da das Wetter ziemlich trüb ist, fühle ich mich auch nicht so wohl. Mein Nacken schmerzt seit Längerem, und so habe ich heute Morgen eine Ibuflam-600-Tablette eingenommen. Bereits eine halbe Stunde später sind die Schmerzen fast weg. Ich bin allerdings den ganzen Tag schon sehr müde, wahrscheinlich Frühjahrsmüdigkeit, und so lege ich mich mittags für 1 Stunde auf die Couch, wo ich fest einschlafe. Ein paar wirre Träume machen mich dann wieder wach. Anschließend raffe ich mich auf und gehe mit unserem Hund Charly nach draußen für einen Spaziergang. Das tut sehr gut. Die frische Luft und die Bewegung wirken doch sehr positiv.

Um 18 Uhr klingelt dann auf einmal das Telefon, und dran ist die nette Dame von der Zweitmeinung. Sie klingt sehr fröhlich und eröffnet mir auch gleich, dass sie mir die Mitteilung machen kann, mein Urlaub sei gerettet. Ich kann beruhigt in die USA fliegen. Aufgrund der bereits vorhandenen Diagnosen und Unterlagen, die ihren Ärzten vorliegen, kann sie mir sagen, dass es reicht, wenn ich die Bestrahlung spätestens 12 Wochen nach der OP vornehmen lasse. Und so wie es aussieht, ist eine Chemotherapie nicht notwendig. Aber ein endgültiges Ergebnis will man mir dann mitteilen, wenn ich den OP-Bericht an sie gesandt habe. Dann weiß man dort genau, was sinnvoll und notwendig ist.

Na, das ist doch mal eine gute Nachricht! Ich brauche meinen Urlaub nicht abzusagen, sondern kann mit meinem Mann zu unserer jüngeren Tochter und unserem Enkel fliegen! Das gibt mir direkt wieder neuen Mut und Aufschwung. Ich freue mich so sehr, dass ich natürlich gleich unseren beiden Töchtern die gute Nachricht per WhatsApp mitteile. Die Antwort der beiden lässt nicht lange auf sich warten. Sie schicken mir Herzchen und Glückwünsche und wünschen mir nun für die OP alles Gute.

Mit meiner Cousine habe ich heute auch telefoniert. Erst war sie geschockt, als ich ihr von meinem Knoten in der Brust und der Diagnose erzählte. Aber als sie merkte, dass ich damit gut umgehen kann, war sie beruhigt und sagte mir, dass sie für mich eine Kerze aufstellen und beten wolle. „Das hilft", sagte sie mir. Sie ist davon überzeugt und weiß aus Erfahrung, dass es hilft. Nun ja, schaden kann es ja nicht. Glauben und Überzeugung sind schon wichtig. Das denke ich auch. Und die Psyche kann viel bewirken. Wenn man sich aufgibt, dann hat der Körper keinen Grund mehr, sich anzustrengen, und wird vielleicht aufgrund dessen auch nicht mehr gesund, oder es dauert viel länger. Das alles ist mir klar, und daher bin ich auch bereit, mit meinem Körper zu reden und mir selbst zu helfen, wieder gesund zu werden.

Als mein Mann heute Abend von seiner Geschäftsreise zurückkommt, teile ich ihm natürlich auch gleich die gute Nachricht mit. Er freut sich riesig und ist sehr erleichtert über den neuen Werdegang. Wir werden es gemeinsam schaffen, davon bin ich überzeugt. Und heute Nacht werde ich sicher sehr gut schlafen.

Dienstag, 21.3.2017

Mit sehr gut schlafen, das ist wohl nichts. Ich schlafe erst einmal sehr gut ein um kurz nach 22.00 Uhr. Plötzlich werde ich durch lautes Knallen aus meinem Tiefschlaf gerissen. Mein Mann geht zum Fenster und sieht, dass ein Nachbar sein privates Feuerwerk abbrennt!! Mit lauten Böllern, die er sich wohl von Silvester aufgehoben hat. Irgendwer dort hat offenbar Geburtstag. Ohne Rücksicht auf schlafende Nachbarn wird neuerdings immer öfter solch ein Feuerwerk um null Uhr nachts abgebrannt. Es dauert eine ganze Weile, bis ich wieder einschlafen kann. Aber leider ist der Schlaf jetzt nicht mehr so schön. Ich habe wirre Träume von meiner OP, liege da in Narkose und kann mich nicht rühren und nicht bemerkbar machen. Alle laufen um mich herum. Irgendetwas stimmt nicht. Schließlich werde ich wach und merke, dass es nur ein Traum ist. Aber jetzt ist an Schlafen gar nicht mehr zu denken. Ich liege mindestens 1,5 Stunden wach, bis ich wieder einschlafen kann. Morgens kommt dann zu allem Übel auch noch die Müllabfuhr gegen 5 Uhr, und es ist nur noch ein Dahindämmern. Als es nichts mehr bringt, stehe ich auf. Den fehlenden Schlaf werde ich dann wohl heute Mittag nachholen.

Ich dachte immer, die ganze Sache mit dem Knoten macht mir nichts aus. Aber im Unterbewusstsein scheint sich da doch etwas zu tun. Sonst hätte ich nicht davon geträumt. Doch es geht mir heute früh trotzdem gut, und ich kann wieder darüber lachen und reden.

Heute Mittag hatte ich einen Termin bei meiner Friseurin. Wenn ich nächste Woche ins Krankenhaus gehe, möchte ich wenigstens eine anständige Frisur haben. Während sie meine Haare schneidet, fragt sie mich, wie es geht und ob es was Neues gibt. Ich sage ihr, ich wisse seit zwei Wochen, dass ich Brustkrebs habe und nächste Woche operiert werde. Zunächst ist sie sprachlos, und dann fasst sie sich wieder und drückt ihr Bedauern aus.

Später erfahre ich noch von einer anderen jungen Frau, dass sie einen Knoten in der Brust hat. Vor zwei Monaten hatte sie ihn entdeckt, und nachdem ihr Arzt sie untersucht hatte, wurde sie zur Mammografie überwiesen. Es dauerte über 2 Monate bei ihr, bis sie einen Termin dafür bekam. Diese Wartezeit mit der langen Ungewissheit war für sie der Terror. Zu guter Letzt hatte sich der Tumor aber dann als gutartig erwiesen. Glücklicherweise!

Ich verstehe nicht, warum diese junge Frau nicht schon viel schneller einen Termin zur Mammografie bekommen hatte. Ich bin auch in der gesetzlichen Kasse, und es ging von einem Tag zum nächsten. Da besteht wirklich noch Handlungsbedarf seitens der Krankenhäuser und Ärzte.

Mittwoch, 22.3.2017

Heute Vormittag hat mich mein Mann nach Göttingen ins Brustzentrum gefahren. Ein sehr großer und heller Bau, der gleich einen guten Eindruck auf uns macht. Auch alle Ärzte und Arzthelferinnen, die dort herumliefen, sind gut gelaunt, schauen jeden lächelnd an und sind sehr freundlich. Nach sehr kurzer Wartezeit werde ich als Erstes zu einem Arzt gebeten. Er erklärt mir genau, was im MRT mit mir passiert und wie alles abläuft. Dann darf ich noch mal im Wartebereich Platz nehmen. Kurze Zeit später kommt eine Arzthelferin, die mich in die Umkleidekabine führt, wo ich mich bis auf Slip und Socken ausziehen soll. Ein in der Kabine hängender Bademantel steht mir zur Verfügung. Den soll ich anziehen und auch während der MRT anbehalten.

Als ich fertig bin mit Ausziehen, führt mich die Helferin in einen separaten Raum, wo sie mir noch einige Fragen stellt bezüglich Herzschrittmacher, Metall im Körper (ich habe 3 Drähte im dicken linken Zeh), Allergien, Panikattacken usw. Sie klärt mich auch darüber auf, dass ich zur besseren Sichtbarmachung der Brust ein Kontrastmittel gespritzt bekomme, welches direkt in die Vene geleitet wird. Dazu legt sie mir einen Zugang im linken Arm. Ich muss den Fragebogen unterschreiben, und nach wenigen Minuten Wartezeit führt sie mich in den MRT-Raum. Ich lege mich bäuchlings auf den „Schlitten", und meine Brust wird in zwei große Öffnungen nach unten gelegt. Der Kopf liegt bequem auf einer Ablage wie in der Massagepraxis. Ich bekomme Ohrstöpsel in beide Ohren und darauf noch Kopfhörer mit Musik von Helene Fischer (die konnte ich mir vorher aussuchen). Über die Beine und Füße legen sie mir eine Decke, da ich eiskalte Füße habe. Dann geht es los. Erst 2 Minuten, Pause, 5 Minuten, Pause, dann wird das Kontrastmittel in die Vene gepumpt, 5 Minuten, dann Ende. Ich bekomme immer freundliche Ansagen über Kopfhörer und Nachfragen, wie es mir geht.

Die ganze Prozedur dauert ca. 15 Minuten und ist sehr leicht zu ertragen. Dann kann ich mich wieder anziehen und im Wartebereich Platz nehmen.

Nach kurzer Zeit ruft mich der Arzt auf, und als wir kurz vor seinem Zimmer sind, ruft er mir schon entgegen: „Sie sind ein Glückspilz!" Mein Mann und ich schauen uns an, nicht wissend, was er damit meint. Wir nehmen Platz, und dann sehe ich bereits auf dem Bildschirm, was er meint." Ja, Sie haben Glück, dass wir das MRT gemacht haben", meint er dann. „Denn wir haben einen zweiten Knoten entdeckt, der vorher aufgrund der Dichtigkeit Ihres Brustgewebes nicht erkannt wurde." Das ist für uns jetzt echt ein Schock. Solche Überraschungen liebe ich absolut nicht. Es ist wie ein Schlag ins Gesicht. Nicht genug, dass ich einen bösartigen Knoten habe, nein, jetzt gesellt sich noch ein zweiter dazu. Aber da weiß man ja noch nicht, ob er gut- oder bösartig ist. Der Arzt erklärt uns, dass im Falle, dass er bösartig ist, die Brust ganz abmüsse. Toll. Noch eine gute Nachricht. Das Positive ist, die Lymphknoten sind alle unauffällig, der Krebs hat wohl noch nicht gestreut. Falls sie nicht wieder was übersehen haben!

Der Arzt will gleich mal mit meiner Ärztin in Neu-Bethlehem telefonieren, was aber nicht möglich ist, da sie gerade im OP steht. Also gibt er mir den Befund und die Bilder vom MRT, und wir fahren in die Praxis meiner Ärztin in Göttingen und bringen die Unterlagen dort hin.

Nachmittags, es ist wohl so um die 14.30 Uhr, kommt der Anruf meiner Ärztin. Sie hat sich die Unterlagen angesehen und sagt mir gleich, die Brust muss ab. Warum? Weil der zweite Knoten in einem anderen Quadranten der Brust liegt, und in solchen Fällen kann man nicht einfach beide Knoten entfernen, sondern muss gleich die ganze Brust abnehmen. Während der OP nächste Woche wird der zweite Knoten markiert und eine Probe entnommen, und dann wissen die Ärzte, ob er gut- oder bösartig ist, und können entsprechend handeln. Das wollen wir dann aber am Tag vor der OP noch genau besprechen.

Ich habe den Befund vorhin auch gleich an die Zweitmeinung gesandt und mit denen telefoniert. Leider haben die mir dort auch nichts Besseres sagen können. Bei bösartigem Tumor muss tatsächlich die Brust ab. Mir wurde aber empfohlen, mir vor der OP noch mal alles genau erklären zu lassen, denn besser ist es, wenn bei der ersten OP gleich alles abgenommen wird, als wenn man ein zweites Mal operieren muss. Das sind unnötige Narkosen und auch Zeit, die vermieden werden kann. Also werde ich das am Dienstag alles noch mal genau mit meiner Ärztin im Krankenhaus besprechen.

Das hat mich nun doch ganz schön umgehauen und auch meinen Mann. Ich muss das erst mal verdauen und werde mich den Rest des Tages ablenken. Es ist schon interessant, wie sich die Krankheit bei mir nach jeder Untersuchung anders darstellt. Erst war es nur 1 Knoten, dann 2 Knoten. Erst höre ich, die Lymphknoten sind nicht befallen, jetzt muss das erst noch genau untersucht werden, weil es doch sein kann. Erst bleibt die Brust dran, dann muss sie ab. Mal sehen, was da noch alles so kommt. Es ist einfach unglaublich nervig.

Ich habe noch viele Vorbereitungen zu treffen für unsere Betriebsfeier übermorgen. Das ist gut so, dann denke ich erst mal an andere Dinge und bin abgelenkt.

Freitag, 24.3.2017

Heute Abend haben wir eine große Feier. Das 5-jährige Bestehen unserer Zweitfirma. Das muss doch gefeiert werden! Und für mich ist es eine Ablenkung. Von den Anwesenden wissen nur 2 Mitarbeiterinnen über mein Brustproblem Bescheid. Sonst niemand, und ich habe auch nicht vor, es vor Ende der Veranstaltung irgendwem mitzuteilen. Sie sollen sich alle amüsieren und ihren Spaß haben. Das haben wir uns alle verdient nach der anstrengenden Arbeit im letzten Jahr. Wir haben einige der Lucky Singers (eine Musikgruppe, bei der auch mein Mann mitmacht) mit eingeladen, die uns tolle Musik darbieten. Ich bin ebenfalls total locker und kann ganz entspannt feiern. Auch das Essen ist mal wieder super. Alles nach unseren Wünschen, und es schmeckt ausgezeichnet.

Kurz vor Ende der Feier teile ich dann verschiedenen Freunden mit, dass ich in der kommenden Woche ins Krankenhaus muss. Zuerst Betroffenheit, aber dann erfahre ich von so vielen anderen, die dieses Problem Brustkrebs ebenfalls in der Familie oder im Freundeskreis haben. Fast jeder kann etwas dazu berichten, und da ich trotz allem guter Dinge und positiv eingestellt bin, geht jeder mit einem guten Gefühl nach Hause, nicht ohne mir vorher noch alles Gute zu wünschen.

Unsere Feier war ein voller Erfolg, und ich habe morgen erst einmal jede Menge Arbeit, um die Geschenke auszupacken und zu ordnen. Darauf freue ich mich schon sehr.

Samstag, 25.3.2017

Erst schlafen wir doch ein wenig länger als normal und dann
frühstücken wir in aller Ruhe zusammen. Danach fange ich an,
die Geschenke auszupacken. Anschließend fahren wir in die
Stadt runter, wo wir unseren samstäglichen Rundgang machen.

Nachmittags packe ich dann meine Tasche fürs Krankenhaus fertig, und ich fange an aufzuschreiben, was mein Mann in meiner
Abwesenheit unbedingt alles erledigen muss. Angefangen bei der
Fütterung unseres Hundes und der Katze, Katzenklo säubern, immer frisches Wasser hinstellen, bis hin zur Müllabfuhr, die dann
stattfindet, wenn ich wahrscheinlich noch im Krankenhaus bin,
Blumen gießen usw. Dann zeige ich meinem Mann, was er sich
alles zu essen machen kann usw. Es ist doch eine Menge Aufwand, und ich hoffe, es klappt alles.

KRANKENHAUS UND OP

Dienstag, 28.3.2017

Heute früh um halb sechs Uhr stehen wir auf, da wir bereits um 8 Uhr früh in Göttingen in der Klinik sein müssen.

Als Erstes gehe ich zur Anmeldung, wo noch meine Personalien aufgenommen wurden, und die Dame druckt dann eine ganze Reihe Aufkleber mit allen meinen Angaben aus, die auf die verschiedensten Formulare geklebt werden. Danach schickt sie mich in die 2. Etage, Gynäkologie, wo ich mich beim Personal melden soll. Gesagt, getan, man weiß schon, dass ich komme, und so darf ich erst einmal wieder im Wartebereich Platz nehmen. Ich bekomme mehrere Formulare, die ich dort ausfüllen kann.

Als ich damit fertig bin, geht es in ein Nachbargebäude zu einem Radiologen. Als ich an der Reihe bin, legt man mich auf den Schlitten des Röntgengerätes, und der Arzt erklärt mir, dass er nun 3 x rundherum um meine Brustwarze einstechen müsse mit einer Mininadel, um dort ein radioaktives Mittel zu spritzen. Dieses würde sich dann in die Lymphbahnen verteilen, und man könne dadurch erkennen, wo der Wächterknoten sitze.

Es würde gar nicht wehtun, sagt der Arzt. Die Schwester hält meine Hand und meint, ich solle ruhig fest zudrücken, wenn ich wolle. Aber es tut wirklich kaum weh. Zahnarzt ist schlimmer. Dann wird mir eine Bleiweste um die Brust gelegt und festgebunden, ich muss meine beiden Arme nach oben und hinten strecken und mich an 2 Griffen festhalten. Dann schiebt man mich unter das Gerät, und ich werde geröntgt. Es ist sehr anstrengend, die Arme so lange nach hinten zu halten, ich komme mir vor wie auf der Folterbank. Aber nach ca. 5 Minuten ist es dann zum Glück erledigt.

Ich kann mich wieder anziehen und soll in 2,5 Stunden wiederkommen, um noch einmal geröntgt zu werden. Dann gehen wir zurück auf unsere Station im Krankenhaus.

Dort erwartet mich schon eine Dame vom ORT, um mir zu erklären, dass ich nach der OP ca. 6–8 Wochen einen Spezial-BH (Kompressions-BH) Tag und Nacht tragen müsse. Dies ist wichtig zur Ruhigstellung der Brust und unterstützt die Heilungsprozesse durch kontrollierte Kompression im Narbenbereich. Der BH fördert auch die Entlastung der Lymphabflusswege. Sie misst meinen Brustumfang und stellt fest, dass meine angegebene BH-Größe genau richtig ist. Dann probiere ich mit ihrer Hilfe einen BH an, und er passt wirklich wie angegossen. Sehr eng und wirklich stretchig. So muss er aber sein nach der OP. Diesen BH lässt sie mir gleich da, weil ich ihn morgen mit in den OP nehmen muss. Ich soll ihn vorher unter mein Kopfkissen legen, damit ich es nicht vergesse. Morgen kommt die Dame vom ORT dann nach der OP wieder zu mir, um zu prüfen, ob alles okay ist.

In Anschluss an das Gespräch führt uns eine Krankenschwester in mein Zimmer. Ein Zweibettzimmer. Meine Nachbarin ist eine Frau um die 40, und wie sich bei unserem Gespräch herausstellt, eine Kurdin aus Syrien. Sie lebt schon seit 23 Jahren in Deutschland und spricht sehr gut Deutsch. Eine sehr nette Frau, wir haben uns sofort prima verstanden.

Während ich meine persönlichen Sachen auspacke, kommt die Dame, die fürs Essen zuständig ist, und sie notiert meine veganen Wünsche. Das ist kein Problem, meint sie, die Küche im Klinikum kocht alles nach Wunsch. Da bin ich dann doch mal gespannt.

Da das Arztgespräch noch auf sich warten lässt, fährt mein Mann wieder nach Hause. Ich weiß nicht, wie lange das alles noch dauern wird. Um 12 Uhr kommt dann schon mal das erste Mittagessen, und ich bin froh, dass für mich schon das passende Essen dabei ist.

Inzwischen sind die 2,5 Stunden vorbei, und ich gehe wieder ins Nebengebäude zum Radiologen, wo ich erneut 5 Minuten und dann 1 Minute geröntgt werde. Den Wächterknoten hat der Radiologe durch die Aufnahme sehr gut sichtbar machen können, und der Arzt wünscht mir alles Gute für die OP morgen, und auch er sagte mir: „Davon stirbt man nicht!"

Langsam habe ich das Gefühl, das ist ein Standardsatz der Ärzte, die mit Brustkrebs zu tun haben. Ich hoffe nur, dass es auch stimmt!

Ich gehe wieder zurück zur Station, wo mich bereits eine Ärztin erwartet, um mit mir alles bezüglich der OP durchzusprechen. Sie macht sich viele Gedanken darüber, wie wir am besten vorgehen sollen nach dem zweiten Knotenbefund, und meint, auf Verdacht würde sie keine Brust entfernen. Wir unterhalten uns bestimmt eine Stunde, und dann vereinbart sie einen weiteren Termin mit meiner OP-Ärztin, die noch mal beim Ultraschall gucken soll, ob sie den zweiten Knoten jetzt findet, da sie ja die genaue Stelle durchs MRT weiß.

Bei dieser Untersuchung ist auf dem Ultraschallbild aber nichts zu erkennen. So vereinbaren wir dann, dass die OP morgen wie geplant stattfindet, sie als Erstes den markierten Wächterknoten entfernt und diesen sofort zur Biopsie weitergibt, um ihn prüfen zu lassen. Sollte er frei von Krebszellen sein, dann brauchten keine weiteren Lymphknoten entfernt zu werden. Wenn jedoch Krebszellen gefunden werden, dann müssten bis zu 10 Lymphknoten entfernt werden. Zwischenzeitlich, bis das Ergebnis da wäre, würde sie dann schon mal den 1. und 2. Knoten entfernen und brusterhaltend operieren.

Es ist nicht gesagt, dass der 2. Knoten auch bösartig ist. Das müsste erst geprüft werden, und erst dann (dauert ca. 3 Tage) würde sie bei Krebsbefall die Brust abnehmen. Und zwar deshalb, weil die Knoten so weit auseinanderliegen in verschiedenen Quadranten. Es wäre also dann eine weitere OP erforderlich.

Bevor ich zur Ärztin wegen des erneuten Ultraschalls gehe, kommt auch der Narkosearzt, um mit mir alle Einzelheiten der Narkose zu besprechen. Als ich ihm meinen Standpunkt bezüglich Bluttransfusionen erkläre, meint er, es ist noch keiner bei ihm verblutet. Der Blutverlust ist bei einer Brust-OP sehr gering, und außerdem akzeptiert er meine Meinung. Obwohl er mich „nicht gerne von der Schippe springen lassen würde!".

Der Ärztin überreiche ich außerdem meinen Blutausweis mit der Patientenverfügung, und auch sie akzeptiert es. Ich bin nicht die erste Zeugin Jehovas, die in Neu Bethlehem operiert wird. Meine Unterlagen heftet sie dann in meine Akte ein.

Meine Ärztin macht mich noch darauf aufmerksam, dass ich bei brusterhaltender OP auf jeden Fall Bestrahlung haben muss, die zeitnah erfolgen sollte. Ob eine Chemo nötig ist, würde sich erst nach der OP und durch die Untersuchungsergebnisse des Gewebes herausstellen. Und ob ich in die USA reisen kann, wüsste ich auch erst dann.

Bevor mich die Ärztin auf die Station und mein Zimmer entlässt, markiert sie noch die Brust mit einem schwarzen Edding und auch die Stelle, wo die Brust aufgeschnitten wird. Ich bin schon ziemlich baff, als sie mir erklärt, dass der Schnitt so groß sein muss, weil sie ja an beide Knoten kommen muss. Die Brust wird praktisch halb aufgeschnitten und weggeklappt und dann wieder zugenäht!! Eventuell muss sie die Brustwarze auch versetzen!!! Na dann, Brust heil!

Nachdem ich mein Abendessen bekommen habe, denke ich, mein OP-Programm für heute sei beendet. Aber nein. Um 20 Uhr kommt eine Schwester und gibt mir vorsorglich schon mal eine Thrombose-Spritze in den Bauch. Dann übergibt sie mir noch das OP-Hemd für morgen und ein Paar Thrombose-Strümpfe. Anschließend schaut sie noch in meine Achselhöhle, ob dort die Haare rasiert werden müssen. Muss nicht gemacht werden, habe ich schon zu Hause erledigt!

Dann sagt mir die Schwester, dass ich morgen früh um 8.10 Uhr mit einem Taxi ins Brustzentrum gefahren werde, weil dort meine Knoten in der Brust mit Drähten markiert werden. Unter örtlicher Betäubung, soll nicht wehtun. Daher werde ich morgen früh auch schon um 7 Uhr geweckt. Also dann bin ich mal gespannt auf morgen.

Mittwoch, 29.3.2017

Ich schlafe relativ gut heute Nacht. Mal tief und fest, und dann werde ich wieder wach, weil meine Bettnachbarin aufs Klo muss. Aber wenigstens hat sie nicht geschnarcht.

Heute gibt es kein Frühstück, ich muss ja nüchtern sein für die OP. Pünktlich um 8.10 Uhr steht der Taxifahrer vor der Tür und fährt mich ins Brustzentrum. Dort gibt es die gleiche Prozedur im MRT wie vor 1 Woche. Diesmal wird die Brust allerdings etwas fester fixiert, damit nichts verrutscht, und es gibt wieder mehrere Durchläufe für die Aufnahmen. Dann kommt der Arzt und pikst in die Brust und befördert damit einen Draht in den Knoten mit einem Widerhaken. Danach wird wieder eine Aufnahme gemacht. Dann gibt es die zweite Spritze in den 2. Knoten – und Aufnahme. Dann bin ich fertig. Die rausstehenden Drähte (ca. 15–20 cm lang) befestigt die Schwester mit Pflaster an der Brust.

Danach fährt mich ein Taxi wieder zurück in die Klinik Neu Bethlehem. In meiner Station empfängt man mich bereits mit der nächsten Aufgabe. Ich soll wieder in die Radiologie zum Sentinel (Markieren des Lymphknotens) gehen. Ich sage der Schwester, dass ich doch gestern schon dort war. „Sie müssen heute noch mal dahin", wird mir dann gesagt. Also eile ich los und gehe rüber ins Nachbargebäude in die Radiologie. Dort wundert man sich, dass ich wieder da bin, und sagt mir: „Wieso sind Sie wieder hier? Sie waren doch gestern schon zum Sentinel da!" Ich bestätige dies und sage auch, dass ich die Schwester darauf hingewiesen habe. Also ruft man drüben in der Klinik an. Nun klärt sich alles auf. Es ist ein Versehen, die Schwester in der Klinik hat sich mit dem Datum vertan. Ich kann zurück in die Klinik laufen.

Da wir wunderbares Wetter hatten in den letzten Tagen und auch heute, ist die Hin-und-her-Lauferei nicht tragisch. Ich bin außerdem abgelenkt und mache mir wenig Gedanken um die bevorstehende OP. Zurück in meiner Station erfahre ich dann, dass mein OP-Termin 12 Uhr ist. Ich bin heute der letzte Patient, der operiert wird.

Langsam bekomme ich Durst und Hunger, darf aber nichts mehr zu mir nehmen. Ich denke, das werde ich schon auch noch überleben.

Donnerstag, 30.3.2017

Ich habe die OP überlebt. Zuerst hieß es ja, ich solle um 12 Uhr operiert werden. Aber dann war es schon nach 13 Uhr, als die Schwester kam und mir sagte, jetzt könne ich mein OP-Hemd und die Thrombosestrümpfe anziehen. Kurz vor halb zwei werde ich dann in den OP-Saal gefahren. Der Anästhesist schiebt mir die Spritze in die vorbereitete Vene, und ein anderer legt mir eine Sauerstoffmaske aufs Gesicht, und dann bin ich auch schon weg.

Ich komme erst im Aufwachraum wieder zu mir und fühle mich gleich recht gut. Keine Übelkeit, keine Schmerzen, alles bestens. Nach einer halben Stunde bekomme ich ein weiteres Schmerzmittel über den Tropf, und gegen 17 Uhr werde ich dann aufs Zimmer gefahren, wo mein Mann bereits auf mich wartet. Er ist sehr froh, mich so fit und schmerzfrei zu sehen, da ist er von der letzten OP anderes gewohnt. Da ging es mir nach der OP furchtbar schlecht, und mir war es bis zum nächsten Mittag noch hundeelend. Aber jetzt kann ich sogar gleich im Bett sitzen, und ich bekomme auch direkt mein Abendessen und kann trinken und essen.

Mein Mann muss natürlich gleich ein Foto von mir machen, um das Bild an unsere Töchter zu senden, damit sie direkt sehen können, wie gut es mir geht.

Spätabends kommt noch eine Assistenzärztin, die mir erzählt, wie die OP verlaufen ist. Sie teilt mir mit, dass der Wächterknoten auch von Krebszellen befallen war und mir daher eine ganze Reihe von Lymphknoten entfernt wurden. Das Untersuchungsergebnis über diese anderen Lymphknoten und von den beiden großen Knoten erfahre ich frühestens in 3 Tagen oder – da jetzt das Wochenende dazwischenliegt – spätestens am Montag.

Auch abends geht es mir sehr gut. So gut, dass ich sogar fernsehen kann. In der Nacht kann ich mit kleinen Störungen auch gut schlafen.

Heute früh geht es mir immer noch gut, und ich kann bereits aufstehen und am Tisch frühstücken. Leichte Schmerzen habe ich oben hinten am Arm. Aber ich nehme dann eine Schmerztablette, und danach geht es mir wieder gut. Zum Frühstück gibt es 2 Körnerbrötchen, Marmelade, Honig, Tee, 1 Kiwi und 1 Apfelsine. Ich habe guten Appetit, und es geht mir gut. Der Blutdruck ist okay, und der Puls bei 57. Alles im normalen Bereich.

Aus der Brust hängt ein Schlauch, der in einen Auffangbehälter endet, ebenso aus der Achselhöhle ein zweiter Schlauch, der in einen anderen Auffangbehälter endet. Ich habe eine kleine Tragetasche bekommen, darin befinden sich die Auffangbehälter, und wenn ich aufstehe oder irgendwohin gehe, dann muss ich stets daran denken, die Tasche mitzunehmen. In den Behältern sammelt sich immer noch Blut und Wundwasser.

Kurz nach 9 Uhr kommt heute eine sehr nette Physiotherapeutin, die mir erklärt, wie ich meinen Arm halten muss, damit die Lymphe richtig fließen kann. Und ich muss den Arm so halten, dass er nicht runterhängt, und ihn nicht eng an den Körper drücken. Ab und zu soll ich auch leichte Übungen machen, die Hand auf- und zumachen und pumpen. Für die Nacht hat sie mir ein extra dickes längliches Kissen gebracht, damit der Arm erhöht liegt. Und ab morgen kommt sie dann und macht bei mir Lymphdrainage.

Gerade eben ist Visite. Die Ärztin schaut sich meine Brust an, und ich sehe sie jetzt auch zum ersten Mal nach der OP. Es ist alles weich und sieht gut aus, sagt sie. Ich habe erst jetzt gesehen, dass doch eine ganz schöne Delle in der Brust ist. Aber wenigstens ist sie noch dran und bleibt hoffentlich auch dran.

Die Ärztin erklärt mir dann, dass beide Knoten doch im gleichen Quadranten waren, daher brauchte die Brust nicht amputiert zu werden, und man konnte brusterhaltend operieren. Aber ich werde eine Chemo und Bestrahlung brauchen. Urlaub kann ich vergessen, und ich werde meinen Mann brauchen in dieser Zeit. Heißt, dass er auch nicht fahren kann. Das werde ich dann mit meinem Mann erst mal besprechen müssen.

Das genaue weitere Vorgehen wissen wir dann, wenn spätestens am Montag das Ergebnis der Untersuchungen kommt. Bis zum Ergebnis muss ich auf jeden Fall im Krankenhaus bleiben.

Zum Glück bin ich nicht bettlägerig. Ich kann und will umherlaufen. Vorhin habe ich einen Spaziergang durchs Haus gemacht und dabei eine ältere Dame aus dem Nachbarzimmer begleitet. So lernt man immer mal wieder andere Leute und deren Probleme kennen. Unterwegs haben wir auch den Krankenhausseelsorger getroffen, mit dem wir ein nettes Gespräch führen konnten.

Jetzt ist es halb zwölf und bald schon wieder Mittagessen-Zeit. Bin gespannt, was mir die Küche heute an veganem Essen zubereitet hat. Bisher hat es immer gut geklappt und war auch immer sehr lecker.

15.00 Uhr. Gerade war eine Psychotherapeutin bei mir, die jeden Donnerstag hier in der Klinik Krebspatienten besucht und ihre Hilfe anbietet für diejenigen, die Depressionen wegen der Krankheitssituation haben oder auch sonst mit der Krankheit Krebs nicht fertigwerden. Wir haben uns eine Viertelstunde unterhalten, und sie war ganz erfreut, dass sie bei mir keinerlei Probleme in dieser Richtung erkennen konnte. Sie freute sich, dass ich mit der neuen Situation so gut umgehen kann. Und ich muss sagen, ich werde gut damit fertig. Ich weiß, ich habe die Krankheit und muss verschiedene Therapien durchmachen, aber danach bin ich gesund. Also „auf in den Kampf gegen den Krebs!"

Freitag, 31.3.2017

Die letzte Nacht war sehr schlimm. Ich bekam starke Schmerzen, wie Brennen, im linken Arm und in der Achselhöhle. Es war kaum auszuhalten. Alles dort ist dick angeschwollen und brennt wie Feuer. Ich habe die Schwester angesprochen, und sie konnte mich nur darauf hinweisen, dass ich es bei der Visite dem Arzt sagen muss. Hoffentlich kommen sie heute nicht so spät.

Gerade war die Stationsärztin da und hat meine Achselhöhle und den Arm angesehen. Es sieht alles gut aus, nur leicht angeschwollen. Und die Schmerzen kommen nicht von der Lymphe, sondern von den Nervenbahnen. Die sind teilweise verletzt worden, weil ziemlich tief gearbeitet wurde. Ich soll mir mehr Schmerzmittel geben lassen, wenn ich es brauche. Im Laufe der Zeit vergehen die Schmerzen.

Um 11 Uhr kommt die Physiotherapeutin und macht bei mir die Lymphdrainage. Ganz zarte und leichte Streichbewegungen auf Armen und Hals. Aber voll wirksam, sehr beruhigend, und ich habe echt das Gefühl, die Lymphe fließt. Es brodelt in meinen Armen wie ein kleines Bächlein.

Samstag, 1.4.2017

Heute ist Samstag, und ich habe die erste wirklich gute Nacht. Ich habe sehr gut geschlafen, und zwar ohne Schmerzen.

Seit heute früh höre ich über Kopfhörer Radio NDR 1, „Das wilde Wunsch-Wochenende". Es gibt mir richtig Aufschwung, die schönen alten und neuen Musiktitel zu hören. Ich fühle mich sehr wohl.

Heute gibt es wieder ein leckeres veganes Mittagessen. Das Essen hier ist einfach super.

Bei der Visite war heute ein Arzt, den ich noch nicht kannte. Er kommt heute Nachmittag wieder und entfernt mir dann schon mal einen Schlauch aus der Brust. Aus dieser Wunde kommt so gut wie kein Wundwasser mehr heraus. Danach wird er mich dann neu verbinden, besser gesagt, verpflastern.

Um 15.30 Uhr war es dann so weit. Ich hatte gerade so schön auf der Liege auf unserem Balkon geschlafen. Egal. Das Rausmachen des Schlauches hat etwas gezwickt, und etwas Blut ist gespritzt. Aber es war auszuhalten. Der Kittel des Arztes hat auch etwas abbekommen, genauso wie mein Bettzeug. Das lag daran, dass er nicht gesehen hat, dass noch ein Faden festhing, und so hat er daran gezogen, und es spritzte eben. Der zweite Schlauch unter dem Arm muss noch bleiben, da läuft immer noch etwas durch. Wenn der Schlauch auch ab ist, dann wird restliches Blut und Wundwasser vom Körper absorbiert. Es ist schon angenehmer, jetzt nur noch 1 Schlauch im Körper zu haben und den Auffangbeutel mit mir rumzutragen.

Sonntag, 2.4.2017

Gestern Abend gab es ein sehr starkes Gewitter mit heftigen Regenfällen. Ich konnte trotzdem gut schlafen. Nur um 2 Uhr nachts bin ich wach geworden, weil mir wieder der Rücken wehtat. Ich kann leider zurzeit nur auf dem Rücken schlafen. Ich habe dann mein Kopfteil vom Bett etwas höhergestellt, und dann konnte ich auch wieder einschlafen. Bis um 7 Uhr haben wir beide, meine Bettnachbarin und ich, geschlafen. Dann merkte ich meinen Arm wieder etwas, aber es war erträglich. Ich habe ein leichtes Ziehen im linken Arm und ab und zu einen brennenden Schmerz. Aber noch ist alles erträglich. Mein Oberarm an der Unterseite ist immer noch wie taub.

Am Nachmittag wird meine Bettnachbarin entlassen, sie darf endlich nach Hause gehen und ist sehr glücklich darüber. Ich freue mich mit ihr, und wir haben vorher noch unsere Handynummern ausgetauscht, wollen in Kontakt bleiben.

18 Uhr

Gerade ist der Stationsarzt gekommen und fragt mich, ob er mir den 2. Schlauch entfernen soll. Denn es kommt ja nur noch minimal Flüssigkeit aus der Wunde. „Gern", sage ich. Ich bin froh, wenn ich das abhabe und nicht mehr mein Täschchen mit mir rumtragen muss. Wenige Minuten später ist er da mit seinen Utensilien, ich habe schon meinen Oberkörper freigemacht und liege auf dem Bett. Erst zieht er die Pflaster ab, das zwickt natürlich. Dann meint er: „Husten Sie mal!" Ich huste, und alles ist erledigt. Ich habe nichts gespürt und bin froh, alles geschafft zu haben. Die gelbe Tragetasche und die Schere darf ich als Souvenir behalten! „Jetzt müssen wir nur noch auf das Untersuchungsergebnis für das umliegende Gewebe warten", sagt er mir dann.

Montag, 3.4.2017

Heute früh habe ich mir nach sehr gutem Schlaf in der Nacht zunächst einmal die Haare gewaschen im Waschbecken! Ich habe es nicht mehr ausgehalten mit den fetten und angeklatschten Haaren. Jetzt fühle ich mich gleich viel wohler.

Es gibt auch manchmal recht lustige Momente im Krankenhaus. Das Krankenhaus, in dem ich liege, besteht aus mehreren zusammenhängenden alten Gebäuden. Es ist daher noch nicht auf dem modernsten Standard. So teilen wir uns mit unserem Zweibettzimmer eine Dusche und ein Klo mit dem Nachbarzimmer. Wenn man von innen die Tür abschließt, verschließt der Mechanismus automatisch die Tür zum Nachbarzimmer. Nach 2 Tagen haben wir gemerkt, dass der Mechanismus defekt ist und man immer per Hand zu- und aufschließen muss an der Nachbartür. Ist ja im Prinzip kein Problem, man darf es nur nicht vergessen wieder aufzuschließen, wenn man das Bad verlässt. Sonst ist der Nachbar ausgesperrt und kommt nicht ins Bad.

Im Nachbarzimmer liegt eine 80-jährige Dame, leicht dement. Und da beginnt das Problem. Sie geht ins Bad, schließt beide Türen ab und nur ihre Tür vor dem Verlassen des Raumes wieder auf. Wir sind ausgesperrt! Das passiert mehrmals täglich und auch in der Nacht. Wir rufen jedes Mal die Schwester, die dann unsere Tür wieder aufschließen muss. Da sich das aber so häuft, gibt uns die Schwester einen kleinen Löffel und zeigt uns, wie wir mit dieser Hilfe das Türschloss selbst öffnen können. Da der Hausmeister wohl überlastet ist und das Schloss auch nach 1 Woche noch nicht repariert hat, schließen wir unsere Seite des Bades jetzt immer mit einem kleinen Löffel auf!!

11 Uhr

Bis jetzt war der Tag komplett ausgefüllt. Nach dem Frühstück kam eine Schwester, um mir Blut abzunehmen. Sie fand meine Vene nicht und suchte und suchte. Da ging die Tür auf, und die Visite kam. Spritze raus und Pflaster drauf. „Wir versuchen es nachher noch einmal!", meinte die Schwester und verschwand.

Meine Ärztin machte nun bei mir den kompletten Verband ab und schaute sich meine Brust an. „Sieht sehr gut aus", meinte sie. Auf die Naht klebte sie einen Heftstreifen, das soll ich die nächsten 14 Tage auch weiter so machen. Aber ich darf jetzt duschen und alles machen. Das Ergebnis der Gewebeuntersuchung ist aber noch immer nicht da. Vielleicht heute Nachmittag oder morgen.

Als die Visite wieder fort war, kam die Schwester wieder. Zweiter Versuch zur Blutabnahme. „Sie machen das aber öfter?" fragte ich sie. „Ja klar, ich mache den ganzen Tag nichts anderes. Mal sehen, ich glaube die Vene liegt direkt unter der Haut und ich war vorhin viel zu tief." Gesagt, getan und zack lief das Blut. Hat endlich alles geklappt und fertig.

Kaum ist die Schwester wieder draußen, ziehe ich mich erst mal an. Da kommt auch schon die Physiotherapeutin zur Lymphdrainage. Also wieder ausziehen und hinlegen. Ich genieße es, eine Dreiviertelstunde behandelt zu werden. Es ist eine echte Wohltat. Ich kann richtig entspannen.

Kaum ist die Physiotherapeutin draußen und ich im Bad, um mich wieder anzuziehen, klopft es, und die Dame vom Essen-Management steht da. Was ich denn gerne essen wolle und ob ich morgen noch da sei. „Weiß ich nicht, wann ich gehen kann. Aber Essen einfach wie bisher, ist alles okay so." Sie notiert es und verschwindet wieder.

Ich gehe wieder ins Bad und schaue mir jetzt im Spiegel mal in aller Ruhe meine Brust richtig an. Ja, sieht gut aus von vorne, nur von oben her habe ich eine große Delle in der Brust. Aber immerhin, sie ist noch dran. Ich ziehe mich weiter an. Klopf, klopf ... Die Reinigungsdame. Eine sehr liebe und freundliche Frau, die sich auch immer noch Zeit für ein Schwätzchen nimmt.

Kaum ist sie fort, klopft es wieder. Die Dame vom ORT will wissen, ob ich schon das Ergebnis der Gewebeproben habe wegen des 2. BHs. Falls nämlich nachoperiert werden muss, brauche ich einen anderen BH. Da wäre es witzlos, jetzt den 2. BH an mich zu übergeben. „Nein, noch kein Ergebnis da", sage ich ihr. Sie will dann am nächsten Tag wiederkommen. „Tschüs, und alles Gute für Sie!"

Da fällt mir ein, die Physiotherapeutin sagte mir noch, ich solle den Arm die nächste Zeit nicht so sehr belasten. Nicht schwer heben und keine Kraftübungen machen. Und keinen Schmuck am linken Arm tragen.

Jetzt habe ich endlich wieder etwas Zeit für mich. Ich werde wohl mal einen Spaziergang durchs Haus machen, brauche etwas Bewegung, damit ich nicht einroste. Ich werde mal die Treppen rauf- und runterlaufen und schauen, ob ich irgendwo was Neues zum Lesen finde. Eine interessante Zeitschrift vielleicht. Hier sollte es doch auch so was wie einen Kiosk geben. Kenne ich aus der Klinik in Herzberg.

Leider Fehlanzeige – einen Kiosk gibt es im Haus nicht. Am Empfang sagt man mir, dass ich nur über die Straße zu gehen brauche, da finde ich dann einen kleinen Laden, in dem ich Zeitschriften und Süßigkeiten usw. kaufen kann. Also gehe ich los, und tatsächlich, ich finde den Laden und kaufe mir was.

Ich bin kaum zurück auf meinem Zimmer, da kommt auch schon mein Mittagessen. Lecker wie jeden Tag bisher.

Wenn man keinen Bettnachbarn hat, vergeht die Zeit sehr langsam. Niemand da, mit dem man sich unterhalten kann. Bin gespannt, wann das Bett neben mir wieder belegt wird. Zum Glück habe ich ja mein Handy dabei, und ich schreibe mehrere Nachrichten, auf die ich auch gleich Antworten bekomme. Und ich telefoniere mit meinem Mann, um zu hören, was es Neues zu Hause gibt.

Um 15.00 Uhr ziehe ich mich warm an, es ist heute leider wolkig und kalt, und mache einen zügigen Spaziergang um den großen Häuserblock der Klinik herum. Das tut gut, meine Lungen werden durchgepustet, und ich bekomme neue Energie. Zurück im Zimmer hole ich mir erst mal eine Tasse Kaffee und löse ein Kreuzworträtsel. Ich lese sehr aufmerksam eine Frauenzeitschrift und mache mir Notizen, was ich daraus für zu Hause verwenden kann. Ja, ich habe viel Zeit zum Nachdenken, und ich spüre, die Ruhe, kein Zeitdruck tun mir doch sehr gut. Zu Hause wäre ich schon wieder hin und her gelaufen und hätte ständig irgendwas erledigt.

19.00 Uhr – Nach dem Abendessen und „Gefragt – Gejagt" im Fernsehen stelle ich fest, dass meine 80-jährige Zimmernachbarin entlassen wurde. Schade, jetzt wird es noch langweiliger! Keiner mehr da, der vergisst, die abgeschlossene Tür zu öffnen.

Dafür mache ich mir jetzt immer mehr Gedanken darüber, wie wohl mein Untersuchungsergebnis aussehen wird. Die Dame vom ORT sagte heute früh, den 2. BH gäbe es erst nach Bekanntgabe des Ergebnisses. Denn es könnte ja sein, dass ich nachoperiert werden müsse, sprich: Amputieren der Brust. Dann gäbe es nämlich einen anderen BH. Ich hoffe mal nicht, glaube es auch nicht, aber ich werde jetzt doch immer unsicherer und unruhiger.

Dienstag, 4.4.2017

Heute früh kommt gar keiner zum Wecken. Ob die mich vergessen haben? Ich stehe dann um 7.15 Uhr auf und gehe ins Bad, wasche mich gründlich und ziehe mich frisch an. Oh, was für ein schönes Gefühl!

Dann hole ich mir eine frische Flasche Wasser und sehe, dass die Frühstückstabletts bereits draußen stehen. Kurze Zeit später kommt dann auch schon mein Frühstück. Man hat mich also doch nicht vergessen!

Gegen 9.00 Uhr kommt die Visite. Die Ärztin schaut auch meine Naht an, alles okay. Aber das Ergebnis ist immer noch nicht da.

Die Dame von der Essenskoordination kommt. „Sind Sie morgen noch da?" „Keine Ahnung", sage ich. Woher soll ich das wissen? „Also bestelle ich einfach wie bisher, okay?" „Okay."

Dann kommt eine Schwester mit einer neuen Patientin, die noch heute Vormittag operiert werden soll. Sie zeigen ihr alles und gehen dann wieder. Eine Frau, Ende 40, schätze ich, sehr nett, und wir kommen auch gleich ins Gespräch. Sie ist nur zu einer Ausschabung da und kann abends wieder nach Hause gehen, wenn es keine Komplikationen gibt.

Wir kommen schnell ins Gespräch, und ich erzähle ihr meine Krankheitsgeschichte. Dann erzählt sie mir, dass sie vor gut zwei Jahren auch Brustkrebs hatte. Sie hatte einen Knoten in der Brust, und man hatte ihr auch 14 Lymphknoten entfernt, die von Krebszellen befallen waren. Sie bekam Chemo und danach Bestrahlung. Jetzt ist sie so weit gesund. Sie sieht auch richtig gut aus, hat wieder schöne kurze Haare. Aber durch die Antihormone, die sie auch schlucken muss, sind ihre Wechseljahre von einem Tag zum anderen gekommen, und durch dieses Medikament haben sich in der Gebärmutter Wucherungen gebildet. Daher ist sie heute zur Ausschabung im Krankenhaus.

Sie musste nach ihrer Brust-OP auch länger auf das Biopsie-Ergebnis warten. Dabei war festgestellt worden, dass noch mehr Gewebe rund um den Knoten befallen war, sodass sie 2 Wochen nach der 1. OP noch einmal operiert wurde. Dann war alles in Ordnung.

Sie erzählt mir, dass sie immer eine positive Einstellung zu ihrem Krebs hatte und mit anderen auch immer darüber redete. Sie war zwar manchmal fix und fertig, aber dann ging es ihr auch wieder gut. Am schlechtesten ging es ihrem Mann, den das alles sehr mitgenommen hatte. Wenn man sie fragte, wie geht es dir, hat sie oft gesagt, fragt lieber mal meinen Mann, wie es ihm geht.

Nun ist sie gesund und sehr optimistisch. Sie wünscht mir alles Gute. Es hat mir sehr geholfen, mit jemandem zu reden, der genau das Gleiche schon hinter sich und sich eine solch positive Einstellung bewahrt hat. Das will ich auch so versuchen.

Nach unserem Gespräch ziehe ich mich an und mache erst mal wieder meinen morgendlichen Spaziergang um die Häuserblocks. Das tut sehr gut, die frische Luft, die einem so um die Nase weht.

12.15 Uhr – Gerade kam die Schwester zu mir und meinte, ich müsse jetzt sofort mal ins Herz- und Gefäßzentrum gehen. Dort würde mein Bauch mit Ultraschall auf Metastasen untersucht. Also gehe ich gleich los dorthin. Es werden meine Leber, Galle und meine Nieren eingehend geprüft. Die Ärztin gibt Entwarnung: „Alles in Ordnung. Alles normal und ohne Befund." Super, das höre ich jetzt wirklich gerne, solch eine positive Meldung.

Als ich wieder auf mein Zimmer zurückkomme, sagt mir die Schwester, dass ich morgen um 9.45 Uhr noch in eine andere Abteilung müsste, wo meine Knochen auf Metastasen untersucht würden. Das ist dann eine sogenannte Szintigrafie des Skeletts. Ich werde radiologisches Material gespritzt bekommen und nach 3 Stunden muss ich wieder hin, damit dann die Aufnahmen gemacht werden können. Na, mal sehen, was das ergibt. Ich hoffe, dass in meinen Knochen auch alles okay ist und sich dort keine Metastasen befinden.

Um 13 Uhr kann ich dann endlich mein Mittagessen genießen. Mein Bauch knurrt da schon gewaltig.

Am Nachmittag gibt es Besuch vom Krankenhausseelsorger. Ich kenne ihn ja schon, weil wir uns mal auf dem Flur begegnet sind. Er ist sehr freundlich, und wir führen ein nettes Gespräch. Als er merkt, dass ich mit meiner Krankheit kein Problem habe, wird er noch lockerer und wechselt dann das Thema auf den Turmfalken, der in dem von hier aus sichtbaren Kirchturm brütet. Ja, wir haben ihn auch schon gesehen, als er nämlich eine Krähe verjagte, die sich seinem Nest genähert hatte. Schade, dass ich kein Fernglas habe, dann könnte ich interessante Beobachtungen machen.

Vor dem abendlichen Fernsehprogramm erledige ich noch ein paar Telefonate und WhatsApp-Nachrichten und beruhige meine Freundinnen und Töchter, die sich anscheinend mehr Sorgen machen als ich.

In der Tagesschau wird dann ganz aktuell von einem Giftgasangriff auf eine syrische Stadt berichtet, bei dem rund 50 Personen zu Tode kamen. Überwiegend Frauen und Kinder. Wie sich später herausstellte, waren es sogar rund 150 Tote. Es ist schon grausam, was der Krieg und der Hass der Menschen dort anrichten. Da werden für mich meine Probleme winzig klein.

Mittwoch, 5.4.2017

Heute wird mein Bruder 73 Jahre alt. Und heute muss auch er ins CT, weil er an seiner Körperseite wieder eine mandarinengroße Geschwulst entdeckt hat. Im Krankenhaus will man heute abklären, ob er operiert werden muss und ob die Geschwulst gut- oder bösartig ist. Ich hoffe das Beste für ihn. Eigentlich hat er in den letzten Monaten schon genug mitgemacht.

9.00 Uhr – Gerade war die Ärztin da mit dem Ergebnis der histologischen Untersuchung. Es wurden außer den beiden Knoten (wobei einer sogar über 4 cm groß war) 13 Lymphknoten insgesamt entfernt, und alle waren mit Krebszellen befallen. Das bedeutet auf jeden Fall Chemo. Sie machte mir direkt einen Termin in Herzberg in der Klinik, und ich kann dann dort mit dem Onkologen den Termin zur Chemo absprechen. Normalerweise beginnt die Chemo 4 Wochen nach der OP.

Jetzt müssen wir noch auf das Ergebnis warten, ob das Gewebe rund um die entfernten Knoten krebsfrei ist. Und ob eventuell nachoperiert werden muss.

Das bedeutet, heute kann ich auf gar keinen Fall nach Hause gehen. Vielleicht morgen, wenn alles okay ist, oder sonst erst nächste Woche. Das war keine so tolle Nachricht am frühen Morgen. Jetzt bin ich tatsächlich etwas zittrig. Ich hatte auf ein besseres Ergebnis gehofft.

Ich hoffe, dass mein Mann jetzt nicht völlig zusammenbricht, wenn ich ihm das mitteile. Er hatte auch gedacht, es ist alles halb so schlimm und ich würde heute entlassen. Aber ich kann es nicht ändern. Anders wäre es mir auch lieber gewesen. Mit unserem Flug in die USA, das wird wohl nichts mehr werden. Die Ärztin meinte, mit der Chemo soll ich so schnell wie möglich anfangen, damit sie voll wirken kann. Das muss ich jetzt erst einmal verdauen.

Mein Mann hat mir gerade geantwortet, dass ihn die Nachricht über dieses Ergebnis jetzt doch umgehauen hat. Ja, mich auch. Bevor die Ärztin da war, hatte ich mir die Kopfhörer aufgesetzt und bei NDR-1-Musik im Zimmer leicht vor mich hin getanzt. Ja, da ging es mir richtig gut, und ich war wirklich gut gelaunt.

Aber ich lasse mich nicht runterreißen. Ich nehme alles an, wie es kommt. Ich lebe noch, und wenn ich dann eben nicht in die USA fliegen kann, dann eben nicht. Dann muss ich halt mit meiner Tochter und meinem Enkel skypen. Ich muss mir gerade selbst Mut machen und gute Gedanken fördern.

Die Chemo ist für mich jetzt auch die Chance, endlich das Färben der Haare zu beenden. Wenn mir die Haare ausfallen, werde ich die nachwachsenden Haare nicht mehr färben. Ich werde sie dann so lassen, wie sie kommen. Bin jetzt schon gespannt, wie ich dann aussehen werde. Aber auf jeden Fall werde ich mir ein paar verschiedene Perücken zulegen. Das wollte ich doch immer schon. Und wenn es mir wieder gut geht, dann werde ich ganz bestimmt einen Tanzkurs machen mit meinem Mann. Ich tanze so gerne, und die Bewegung tut mir immer gut. Auch für meinen Mann ist das gut, er braucht mehr Bewegung. Das ist mein Ziel, und ich freue mich schon jetzt darauf.

10.30 Uhr – Ich bin wieder zurück aus der Nuklearmedizin. Mir wurde ein leichtes radiologisches Mittel in die Armvene gespritzt. Jetzt muss ich mindestens ½ l Flüssigkeit zu mir nehmen. Danach gehe ich zurück und komme in dieses Gerät zum Durchleuchten.

14.00 Uhr – Ich bin wieder in der Nuklearmedizin. Dieses Mal muss ich nur meine Schuhe ausziehen, alle Kleidung kann ich anbehalten. Dann lege ich mich wieder auf den Schlitten, und es geht los. Die Arzthelferin erklärt mir, dass ich ganz still liegen bleiben müsse und der Kasten mit der Kamera sich senke, mich aber nicht berühren würde. Und dann überlässt sie mich meinem Schicksal.

Ich werde mit dem Kopf bis unter den Kamerakasten gefahren, und dann senkt sich der Kasten ganz langsam. Er kommt meinem Gesicht immer näher, ich mache die Augen zu und denke nur: „Was mache ich, wenn er nicht rechtzeitig anhält?" Aber die Kamera hält dann wie versprochen wenige Zentimeter über meinem Gesicht an. Dort bleibt sie sehr lange stehen, und auf einmal gibt es einen kleinen Ruck, und mein Schlitten bewegt sich wenige Millimeter. So im Zeitlupentempo bewegt man mich dann immer weiter. Es dauert ziemlich lange, so kommt es mir jedenfalls vor. Meine Nase juckt, dann mein Auge, und ich denke mir den Juckreiz einfach weg. Ich darf mich ja nicht bewegen. Es klappt aber zum Glück.

Endlich, ich schätze nach ungefähr 15 Minuten, macht es wieder Klick, und der Kamerakasten fährt nach oben. Die Arzthelferin kommt, und ich darf aufstehen. Geschafft! Jetzt muss ich noch auf das Arztgespräch warten.

Es dauert nicht lange, und ich kam rein zum Arzt. Er sagt mir sofort, dass keine Metastasen zu sehen seien und ich schon mal beruhigt sein könne. Dann zeigt er mir das Bild der Aufnahme (wie ein Nacktscanner-Foto!) und fragt, ob ich wüsste, dass meine Wirbelsäule wie ein Fragezeichen aussieht. Und dass ich durch die krumme Wirbelsäule verschiedene Probleme haben kann und noch bekommen könnte. Halswirbel, Brustwirbel und Lendenwirbel sind durch die Drehung der Wirbelsäule sehr belastet. Und meine Hüfte ist dadurch schief. Ja, das weiß ich. Nicht umsonst habe ich ständig Nackenprobleme und Hüftschmerzen auf der rechten Seite. Und Rückenschmerzen. Jetzt habe ich es aber selbst mal schwarz auf weiß gesehen. Doch zum Glück sind keine Metastasen zu sehen, und das war jetzt wirklich eine sehr gute Nachricht und bewirkt bei mir ein sehr gutes Gefühl.

Am späten Nachmittag kommt eine Schwester und bringt mir ein aus Stoff genähtes Herz von dem Verein „Horizonte Gö. e. V." Die Frauen dieses Vereins bieten Hilfe bei brustoperierten Frauen an, und als Erinnerung schenken sie jeder Patientin ein selbst genähtes Herz. Ich freue mich sehr darüber, finde das Herz ganz süß, und diese Geste ist wirklich sehr aufmerksam.

Donnerstag, 6.4.2017

Letzte Nacht habe ich wieder gut geschlafen. Das Herz unter den Arm geklemmt hatte ich keine Schmerzen. Es hilft, den richtigen Abstand zwischen Arm und Körper zu halten, und beruhigt!

Gerade war eine Ärztin da, die sich meine Brust angesehen hat. Es ist alles gut, auch die dickere Stelle unter dem Arm ist wieder normal. Das taube Gefühl im Arm wird sich irgendwann geben. Bei der OP wurden wohl Nerven durchtrennt, und die Heilung dauert halt etwas. Der letzte Befund vom Randgebiet der OP ist immer noch nicht da. Wenn er kommt, geben mir die Ärzte sofort Bescheid.

Der Vormittag verläuft wie jeder Tag. Die Dame vom Essensmanagement fragt nach den Essenswünschen, das Putz-Team fegt durch das Zimmer, die Physiotherapeutin kommt und macht bei mir die Lymphdrainage. Und meine neue Bettnachbarin kommt um 11 Uhr zurück aus dem OP. Auch eine Brust-OP. Dann Mittagessen und anschließend Sonnenbad auf unserem tollen Balkon.

Um 15.15 Uhr bekomme ich eine WhatsApp-Nachricht von meinem Bruder. Er war gestern im Krankenhaus zur Untersuchung, und bei ihm wurde wieder Krebs festgestellt und auch Metastasen. Bald geht bei ihm aufs Neue die Chemo los. Es ist doch ein großer Mist. Das ganze Leben lang waren wir fit und gesund, und jetzt trifft es uns beide gleichzeitig hammermäßig. Es tut mir so leid für meinen Bruder, er hat die letzten 2 Jahre gesundheitlich schon so viel mitgemacht und dachte, jetzt sei alles okay. Er hatte schon wieder viele Pläne geschmiedet. Aber es sollte nicht sein.

Dann kommt die Ärztin zu meiner frisch operierten Bettnachbarin und bringt die erste gute Nachricht des Tages: Bei ihr wurden im Sentinel keine Krebszellen gefunden. Ich freue mich mit ihr, denn dadurch erspart sie sich die Chemo und braucht nur Bestrahlung. Sie hat in ihrem Leben auch schon genug mitgemacht. Was sie mir gestern Abend alles erzählt hatte, das erleben andere in 10 Leben nicht.

ENDLICH WIEDER NACH HAUSE

Freitag, 7.4.2017

Die letzte Nacht war sehr anstrengend. Meine Bettnachbarin hat schwer und laut geatmet, und ich bin immer wieder wach geworden. Um 5 Uhr früh habe ich mir dann die Kopfhörer aufgesetzt und Radio gehört. Dabei bin ich irgendwann wieder eingeschlafen.

Um 7.30 Uhr gibt es Frühstück, und ich habe mir fest vorgenommen, heute sage ich der Ärztin, dass ich nach Hause gehe. Egal ob das Ergebnis da ist oder nicht.

Um 9 Uhr kommt dann auch die Ärztin, und sie fragt mich gleich, ob ich nach Hause will. Es hatte sich wohl schon rumgesprochen, da ich das bereits jeder Schwester gesagt hatte. Ich bejahe es, und sie meint dann gleich: „Ja, Sie können heute nach Hause." Dann sieht sie sich noch mal meine Brust an und schneidet die überstehenden Fäden ab. Klebeverband drauf, und fertig.

Nächste Woche Mittwoch bekomme ich dann gleich einen Termin im Krankenhaus, da wird der Chefarzt mit mir die weitere Behandlung besprechen. Um 16 Uhr muss ich dafür hier ins Krankenhaus kommen. Vorher soll ich mich bei meiner Gynäkologin vorstellen und die Nachuntersuchung durchführen lassen. Von den Schwestern erhalte ich dann auch noch den zweiten Kompressions-BH, damit ich den ersten mal waschen und wechseln kann. Die Ärztin sagt mir noch, dass sie sofort anrufen wird, wenn das letzte Untersuchungsergebnis da ist.

Nachdem die Ärztin weg ist, rufe ich sofort meinen Mann an, der mich dann abholen will. Ich packte meine Sachen zusammen, und nun sitze ich auf meinem Bett und kann es kaum erwarten, hier raus und nach Hause zu kommen. Ich freue mich auf Charly, unseren kleinen Hund. Er wird garantiert ausflippen, wenn er mich hört. Und ich freue mich auf Kobi, unseren Kater. Er wird es gelassen sehen. Wie Katzen halt so sind.

Und dann freue ich mich auf mein Büro, wo sich bestimmt schon alles stapelt und ich sehr froh bin, endlich alle wichtigen Arbeiten erledigen zu können.

Besonders freue ich mich aber auf selbst gekochtes Essen. Heute werde ich Nudeln mit Sauce bolognese machen. Endlich wieder richtiges Essen. Obwohl es nicht schlecht war hier, aber selbst gekocht ist doch was anderes.

Um halb elf Uhr ist mein Mann dann endlich da, und es geht nach Hause. Ich verabschiede mich von allen Schwestern und sage ihnen noch einmal, dass ich mich sehr wohlgefühlt habe und es fast wie ein Urlaub war, wenn die Krankheit nicht wäre. Dann geht es los nach Hause.

Ach, ist das ein tolles Gefühl, endlich wieder draußen! Zu Hause angekommen höre ich in der Wohnung schon meinen kleinen Charly fiepen. Er hat wohl schon meine Stimme gehört und leckt mich bei der Begrüßung ununterbrochen. Er ist kaum zu beruhigen, so sehr freut er sich, und ich freue mich auch.

Ich gehe in den Garten und staune nicht schlecht über die vielen Blumen, die in den letzten 2 Wochen gewachsen sind und jetzt bereits in voller Pracht blühen. Mein Mann holt unsere Mitarbeiterin aus dem Büro und bittet sie, ein Foto von uns beiden im Garten zu machen. Dieses Foto sendet er dann an alle Freunde, die mit uns gebangt und gehofft haben, und schreibt ihnen: „Ich bin wieder zu Hause, und mir geht es gut!"

Diese Nachricht sendet er auch an unseren 15-jährigen Enkel, der zufällig gerade auf sein Handy schaut. Er ruft an und fragt, ob er zu uns kommen könne. Er will uns sehen, weil er am nächsten Tag für 1 Woche zu seiner Mutter nach Köln fahren möchte. Na klar darf er kommen, und so holt mein Mann ihn von der Schule ab, während ich das Mittagessen vorbereite. Es gibt Nudeln mit Sauce bolognese und dazu einen leckeren frischen Salat. So, wie ich es mir schon vorher gewünscht habe. Welch ein Genuss!

Als wir gerade mit dem Essen fertig sind, klingelt das Telefon. Ich gehe dran, und es meldet sich der Chefarzt von der Klinik Neu Bethlehem. Er teilt mir mit, dass jetzt das Ergebnis der Gewebeuntersuchung vorliege und dass es negativ sei. Es sei alles in Ordnung, und ich brauchte nicht nachoperiert zu werden!

Mir fällt ein Stein vom Herzen, und wir umarmen uns und freuen uns alle riesig. Das ist doch die schönste Mitteilung an diesem Tag! Darauf habe ich nun tagelang gewartet. Jetzt endlich ist die Antwort da. Ich bin sehr dankbar dafür und kann mich jetzt auf die folgende Behandlung konzentrieren, die dazu dient, eventuell noch vorhandene Krebsherde zu eliminieren. Die genaue Vorgehensweise der Behandlung, wann, wie oft, wo usw. werden wir dann am kommenden Mittwoch in Göttingen besprechen.

Samstag, 8.4.2017

Heute früh habe ich mich erst einmal ausgiebig geduscht und die Haare gewaschen. Meine Fuß- und Fingernägel geschnitten und die Füße mit dem Hornhauthobel bearbeitet und dick eingecremt. Und ich habe mir einen frischen BH angezogen. Endlich fühle ich mich wieder wie ein Mensch.

Nach dem Frühstück sind wir gemeinsam in die Stadt runtergefahren, um einzukaufen und verschiedene Dinge zu erledigen. Es tut richtig gut, wieder das normale Leben wie vorher zu führen.

Was meine Schmerzen betrifft, so geht es mir eigentlich sehr gut. Der linke Oberarm tut mir manchmal weh. Und es ist noch eine ziemlich dicke Schwellung unter dem Arm und in der Brust. Am Mittwoch habe ich vormittags noch einen Termin bei meiner Gynäkologin zur Kontrolle. Mal sehen, was die dazu sagt.

Ich merke aber auch, dass ich noch nicht so voll belastbar bin. Ich muss mich öfter ausruhen, und ich habe echt schlappe Beine. Es fühlt sich fast wie Muskelkater an.

Mittwoch, 12.4.2017

Heute Vormittag habe ich einen Nachsorgetermin bei meiner Gynäkologin. Sie schaut sich die Brust an und stellt fest, dass ich zwei Hämatome habe, die ziemlich dick sind. Sie überprüft dies per Ultraschall und meint, ich müsse das heute Nachmittag unbedingt im Krankenhaus dem Arzt zeigen. Als die Untersuchung beendet ist, bitte ich meine Ärztin, mir ein Rezept für die Lymphdrainage auszustellen. Sie meint, das könne sie im Moment nicht machen, ich müsse erst abklären, was mit den Hämatomen sei, und solle das auch im Krankenhaus ansprechen. Dann wünscht sie mir noch alles Gute.

Am Nachmittag fahren mein Mann und ich dann ins Krankenhaus zu dem vereinbarten Termin. Dort wartet bereits eine Mitpatientin, die gleichzeitig mit mir im Krankenhaus gelegen hat. Auch sie ist zum Gespräch heute eingeladen worden.

Nach einiger Zeit werden mein Mann und ich dann zum Gespräch in den Besprechungsraum gebeten. Der Arzt redet nicht lange drum herum, sondern sagt mir, dass ich das volle Programm brauche. Das war mir schon klar, denn die Ärztin hatte es bereits angedeutet. Mir wurden ja die beiden Knoten entnommen sowie 13 Lymphknoten. Wovon 10 und der Wächterknoten positiv waren. Das heißt, es besteht die Gefahr, dass Krebszellen schon weitergewandert sind irgendwohin in meinen Körper, wo man sie noch nicht sieht. Daher ist eine Chemo unbedingt notwendig und ebenso die anschließende Bestrahlung.

Der Arzt zeigt mir auf, dass die Tumorkonferenz der Uniklinik empfohlen hat, 24 Chemos mit jeweils einigen Pausen dazwischen durchzuführen sowie anschließend eine 6-wöchige Bestrahlung (5 Mal die Woche).

Da bei der Chemo am Anfang 3 Wochen Pause zwischen der Anwendung sind, besteht auch die Möglichkeit, zwischendurch Urlaub zu machen. Als er uns das sagt, ergreife ich gleich die Gelegenheit, auf unseren USA-Urlaub hinzuweisen. Der Doktor will dies morgen früh gleich mit dem Chemo-Arzt in Herzberg besprechen, und sie wollen gemeinsam überlegen, wie wir das am besten hinkriegen. Die Chance ist also noch da, dass ich doch mit in den Urlaub fliegen kann. Bin jetzt sehr gespannt auf den Anruf morgen.

Dann geht der Doktor mit mir ins Behandlungszimmer, wo er sich die Brust ansehen will, und ich zeige ihm auch gleich die Hämatome. Mithilfe des Ultraschallgerätes sucht er die genaue Stelle, und mit einer Spritze zieht er jede Menge Blut ab. Mindestens 3 Kanülen sind voll. Er kann aber nicht alles rausziehen, da das Blut schon etwas dick (geleeartig) ist, und so bittet er mich, nächste Woche Dienstag zu kommen, dann wäre das Blut wieder flüssiger und könnte besser abgezogen werden.

Eventuell kann der Chirurg in der Klinik dann auch gleich den Port setzen, der für die Chemotherapie notwendig ist. Das will er alles abklären, und morgen gibt er mir Bescheid. Ich müsste dazu am frühen Morgen kommen und könnte abends schon wieder nach Hause gehen.

Ich erzähle ihm auch von meinem Versuch, ein Rezept für die Lymphdrainage zu bekommen. Er meint, dass ich das bei dem Chemo-Arzt ausstellen lassen kann, die haben dafür ein größeres Budget. Es ist einfach eine Frage des Budgets, ob die Ärzte so etwas verordnen oder nicht. Na dann, super!

Ich bekomme dann noch Kopien aller Befunde sowie den Abschlussbericht. Nach ca. 1,5 Stunden können wir wieder nach Hause fahren.

Donnerstag, 13.4.2017

Heute Vormittag um 9.30 Uhr kommt der Anruf vom Chefarzt. Er teilt mir mit, dass sich die Onkologie-Praxis heute oder Dienstag bei mir melden wird wegen eines Termins zur Besprechung der Chemotherapie. Wegen unseres geplanten Urlaubs muss ich dann mit denen alles direkt besprechen.

Am Mittwoch, 19.4.17 muss ich nach Göttingen wegen Einsetzen des Ports. Das wird von den Chirurgen im Waldweg ambulant gemacht. Danach soll ich noch mal rüberkommen in die Gynäkologische Abteilung, damit man dort noch einmal mein Hämatom anschaut.

Jetzt wird es wirklich ernst. Mir ist schon etwas mulmig zumute. Aber ich denke, das wird auch wieder vergehen, wenn erst einmal alles angelaufen ist.

Heute früh habe ich auch gleich sämtliche mir zur Verfügung stehenden Unterlagen an das Büro der Zweitmeinung gesandt. Bin gespannt, was die mir dann noch schreiben werden.

Das Wetter heute ist kühl (6 Grad) und regnerisch, der Himmel dick mit grauen Wolken bedeckt. Also ziemlich trüb, was heute zu meiner Stimmung passt. Aber vielleicht ist meine Stimmung heute auch nur so trüb, weil das Wetter so ist. Ich werde mich gleich erst einmal mit erfreulicheren Dingen beschäftigen, dann werde ich abgelenkt sein.

Montag, 17.4.2017

Mir geht es sehr gut, ich habe keine Beschwerden. Nur noch ein leichtes Ziehen in der Achselhöhle und ein Kratzen an der Naht in der Achselhöhle durch den BH, der genau dort mit seiner Kante aufliegt. Ich habe mir ein Herrentaschentuch längs gefaltet und dieses dann dort halb unter den BH-Ausschnitt gelegt. Das hilft etwas.

Das Hämatom hat sich nicht verändert, es ist nach wie vor dick, und ich hoffe, dass mir die Ärzte das überschüssige Blut am Mittwoch dann noch rausziehen können.

Samstagvormittag beim Frühstück bekomme ich auf einmal starke Rückenschmerzen in der Lendengegend. Ich weiß nicht warum, ob ich mich verdreht oder in der Nacht falsch gelegen habe. Auf jeden Fall sind die Schmerzen doch sehr heftig. Vielleicht auch durch meine etwas verkrampfte Haltung wegen des Ziehens im Arm und in der Achsel. Jedenfalls mache ich mir ein Wärmekissen, welches man um die Taille binden kann. Am Sonntag geht es mir dann doch erheblich besser. Und heute spüre ich so gut wie keine Rückenschmerzen mehr.

Am Wochenende bin ich abgelenkt durch den Besuch unserer älteren Tochter aus Köln und durch den Besuch von zwei Musikveranstaltungen. Am Samstag hat mein Mann mit dem Harzklub einen Auftritt im Kurhaus. Es ist sehr abwechslungsreich und macht mir viel Spaß. Am Sonntagabend dann sehen und hören wir ein Konzert von dem Duo Graceland, welches Simon & Garfunkel covert. Das ist wirklich spitzenmäßig. Wir haben viel Spaß, es herrscht eine super Stimmung in der Stadthalle Osterode. Leider kann ich nicht so laut mitklatschen, wie ich es gern tun würde, denn beim Klatschen spüre ich doch meinen Arm. Da muss ich einfach leise klatschen. Es gibt trotzdem enorm Aufschwung, und ich denke die nächste Zeit bestimmt gerne und oft an dieses Konzert zurück.

EINSETZEN DES PORTS

Donnerstag, 20.4.2017

Gestern, am Mittwoch, bin ich frühmorgens nach Göttingen gefahren, um mir den Port einsetzen zu lassen. Wie von meinem
Arzt gesagt, ging ich in den Waldweg 1 zu den Chirurgen. Dort
hatte man keine Ahnung davon, dass ich kommen würde, und so
legte man erst einmal eine Patientenkarte neu an. Danach durfte ich im Wartezimmer Platz nehmen. Es dauerte nicht lange,
da kam eine Arzthelferin und sagte mir, dass sie telefoniert habe
und festgestellt hatte, dass ich dort falsch sei. Ich müsse ins Krankenhaus Neu Bethlehem zur Patientenanmeldung. Also ging ich
los zum Neu Bethlehem. Ist nur 5 Fußminuten entfernt. Nach
kurzer Wartezeit war ich an der Reihe, und ich wurde dort tatsächlich schon erwartet. Das beruhigte mich sehr. Die Verwal-
tungsangestellte wusste auch gleich, was bei mir gemacht werden
sollte, und nach kurzer Überprüfung meiner persönlichen Daten
schickte sie mich in die Chirurgie im 3. Stock.

Dort wurde ich nach kurzer Wartezeit von einer Assistenzärztin empfangen, die mit mir noch den Eingriff und verschiedene
andere Sachen besprach. Danach durfte ich wieder im Warteraum Platz nehmen, ausgestattet mit einem mehrseitigen Formular, welches ich mir durchlesen und unterschreiben sollte. Darin ging es um den Port, warum man ihn bekommt, wie lange
die OP dauert und viele Fragen und Antworten mehr. Als ich
fertig war damit, kam auch schon eine Ärztin und nahm mich
mit in ihr Arztzimmer. Sie besprach alles noch einmal mit mir,
und als ich keine Fragen mehr hatte, brachte sie mich in mein

Zimmer, wo ich mich auch gleich ausziehen und das OP-Hemd anziehen sollte. Denn die OP würde bald stattfinden.

Ich war kaum fertig und wartete gerade mal 5 Minuten im Bett, da kamen auch schon 2 Pfleger und schoben mich raus in Richtung OP, der eine Etage tiefer war. Die beiden waren sehr lustig, und da ich ja bei vollem Bewusstsein war, machten wir gemeinsam ein paar Späße. Unten angekommen wurde ich in den Vorraum des OP geschoben, wo mich schon der Anästhesist erwartete. Auch er war gut drauf, und die Witzeleien gingen weiter. Er legte mir dann einen Zugang im Arm und fragte, ob ich während der OP voll dabei sein wolle oder lieber etwas schlafen würde. Ich zog die zweite Variante vor, denn eine halbe Stunde OP kann sonst sehr lang werden. Dann kam ich auch schon in den OP, der Chirurg stellte sich vor, und es ging los.

Während er die örtliche Betäubung an der Schulter vornahm und ich etwas leichtes zum Schlafen bekam, traten zwei Ärzte auf der anderen Seite an mein Bett, und ich glaube, es waren meine gynäkologischen Ärzte. Da ich meine Brille nicht anhatte und auch schon leicht duselig war, bekam ich das nicht mehr richtig mit. Ich hörte nur noch, wie sie mir sagten, dass sie Blutwasser aus dem Hämatom in meiner linken Brust saugen würden. Dann bekam ich nichts mehr mit. Schlief fest und selig. Als ich wach wurde, es war sicher nicht sehr lange, da sprach der Chirurg mit mir, und er fragte mich, ob alles okay sei, ob ich Schmerzen habe usw. Und dass er gleich fertig sei. Mir ging es sehr gut, ich hatte keine Schmerzen, war wieder voll da.

Um 10.30 Uhr bin ich in den OP geschoben worden und um 11.30 Uhr wurde ich wieder rausgeschoben in den Aufwachraum. Ich bekam einen Tropf mit Flüssigkeit für den Kreislauf, und als der dortige Pfleger merkte, dass es mir sehr gut ging, rief er in der Station an, dass man mich abholen könnte.

So ging dann die Fahrt zurück in mein Zimmer, und dort bekam ich auch gleich etwas zu essen und zu trinken. Allerdings musste ich das mit links erledigen, den rechten Arm konnte ich nicht heben. Das hatte mir der Arzt aber schon vorher gesagt, dass es da 2 Tage lang ziemlich ziehen würde und ich den Arm nicht zu hoch heben sollte. Konnte ich auch gar nicht. Dann tat es nämlich weh.

Nach dem Essen wurde ich doch etwas müde und schlief rund 2 Stunden. Vorher hatte ich noch meinen Mann informiert, dass er mich gegen 15 Uhr abholen könne. Als ich wach und munter war, stand ich auf, denn ich musste dringend aufs Klo. Danach versuchte ich, mich anzuziehen. Das wurde dann schon etwas schwieriger, denn mit einem Arm, und der ist ja auch noch nicht voll okay, gestaltete es sich als sehr kompliziert. Aber schließlich schaffte ich es endlich mich anzuziehen, bis auf meine Jacke und meinen Mantel. Dabei musste mir mein Mann helfen, als er kam, um mich abzuholen.

Anschließend fuhren wir nach Hause und noch bei der Apotheke vorbei, um das Rezept für die Thrombosespritzen einzulösen. Ich blieb im Wagen, denn inzwischen hatte ich starke Schmerzen und konnte mich kaum noch bewegen. Ich war richtig verzweifelt, so schlecht ging es mir lange nicht. Ich war froh, als wir endlich zu Hause waren, und ich nahm sofort eine Ibuprofen 600 ein. Als die schmerzlindernde Wirkung eintrat, ging es mir etwas besser. Aber bewegen konnte ich den rechten Arm kaum, sodass ich mich mal von vorne bis hinten bedienen lassen musste. Mein Mann half mir aber wirklich gerne.

Abends vor dem Schlafengehen nahm ich noch eine Tablette gegen die Schmerzen ein, und so konnte ich relativ gut schlafen. Zwar überwiegend auf dem Rücken, aber es ging. Morgens ging es mir erstaunlich gut. Ich konnte heute früh meinen rechten Arm hin und her bewegen, ohne Schmerzen. Während des Frühstücks nahm ich noch eine Schmerztablette, und danach ging es mir richtig gut. Ich kann meinen Arm bewegen, zwar nicht ganz hochheben. Aber das kommt noch, hat der Arzt mir gesagt. Wenn alles verheilt ist, kann ich mich wieder normal bewegen und alles machen. Jetzt glaube ich das auch.

VORBEREITUNG AUF DIE CHEMO
UND SCHWIERIGE ENTSCHEIDUNGEN

Freitag, 21.4.2017

Als ich im Krankenhaus war, kam dann doch tatsächlich der Anruf aus der onkologischen Praxis, auf den wir nun so lange gewartet hatten. Mein Mann sprach mit der Arzthelferin, und sie vereinbarte einen Besprechungstermin mit uns für Donnerstag, den 27.4.2017. Dann wird besprochen, wie und wann es weitergeht.

Auf einmal scheint alles gar nicht so eilig zu sein. Deshalb haben wir nun beschlossen, diesen Termin auf jeden Fall wahrzunehmen, aber auch gleich zu sagen, dass ich mit der Chemo erst nach unserem Urlaub anfangen werde. Ich möchte jetzt wirklich noch Kraft tanken, und so werden wir am 3.5. zunächst unseren Urlaub für 3 Wochen antreten. Bin gespannt, was der Onkologe dazu sagen wird. Aber die Entscheidung liegt ja letztendlich bei mir.

Für morgen habe ich einen Termin beim Hausarzt zum Verbandswechsel auf dem Port. Dann kann er sich auch gleich meine linke Brust ansehen, ob das mit dem Hämatom nun so okay ist oder ob da noch mal was abgesaugt werden muss. Außerdem habe ich seit 2 Tagen öfters ein starkes Stechen in der Brust. Ich hoffe, dass es nichts Ernstes ist. Werde es morgen besprechen.

Gestern Mittag kam dann auch der Anruf von der Zweitmeinung, auf den ich ja schon gewartet hatte. Nachdem mir die Dame am Telefon den Bericht des Professors vorgelesen hatte, stürzte wieder alles bei mir zusammen. Nichts mit heile Welt und Urlaub in USA! Um alles mit meinem Mann besprechen zu können, mailte mir die Dame der Zweitmeinung diesen Bericht des Professors sofort zu, und ich druckte ihn mir aus. Wir setzten uns erst einmal gemütlich hin, um alles gemeinsam durchzulesen.

Dieser Professor aus Landshut, der eine Koryphäe auf seinem Gebiet ist, teilte mir mit, dass er in allen Punkten mit den Ärzten des Uniklinikums Göttingen übereinstimme und dass er die Chemotherapie ganz genauso machen würde, wie sie mir von Göttingen empfohlen wurde. Er meinte allerdings, da meine Lymphknoten befallen waren, sei es empfehlenswert, ja sogar überlebenswichtig, die Chemo spätestens 30 Tage nach der OP anzufangen. Damit ich meinen Urlaub in den USA trotzdem nehmen könnte, würde er empfehlen, die Dosis der Chemo umzudrehen, d. h. die erste Folge mit der zweiten zu tauschen, da die Nebenwirkungen doch sonst zu stark wären. An der Wirksamkeit der Chemo würde sich dadurch nichts ändern. Und ich könnte dann die notwendigen Chemos wöchentlich in den USA durchführen lassen.

Ist ja sehr nett und gut gemeint, aber wir haben ganz schnell entschieden, dass wir das auf gar keinen Fall machen werden. Ich habe keine Lust, in den USA ins Krankenhaus zu gehen, um da meine Chemo spritzen zu lassen. Dann geht es mir womöglich so schlecht, dass ich den ganzen Urlaub im Hotelzimmer verbringe. Nein danke, das ist es nicht wert. Und jetzt sind mir mein Leben und meine Gesundheit doch viel wichtiger. Das habe ich nun erkannt, und auch mein Mann hat das erkannt. Daher werde ich wie geplant die Chemo nächste Woche hier in Deutschland beginnen und auch hier zu Hause bleiben. Hier habe ich mein gewohntes Umfeld und viele Freunde, die mich besuchen und mich unterstützen können, wenn es nötig ist.

Mein Mann wird allein in die USA fliegen und kann die Zeit dort genießen und mir täglich Fotos und Berichte senden. Das ist mir viel, viel lieber. Unsere Mitarbeiter sind ebenfalls jeden Tag hier im Haus, sodass ich nicht allein bin, wenn irgendwas ist und ich Hilfe brauche. Jetzt steht die Entscheidung endgültig fest.

Heute geht es meinem Arm auch schon wieder besser. Ich habe zwar erneut eine Schmerztablette nehmen müssen, aber die schlägt stets schnell an, und ich kann mich gut bewegen. Heute Vormittag habe ich dann meinen Termin beim Arzt (Vertretung meines Hausarztes, da dieser in Urlaub ist) um 9.30 Uhr wahrgenommen, und ich wurde in den Wartebereich geschickt, wo ich gleich aufgerufen werden sollte. Ich wartete, wartete, wartete. Um 10.00 Uhr war ich immer noch nicht dran und fragte nach, ob man mich vergessen hätte. „Nein, Sie kommen gleich dran." Um 10.25 Uhr war ich es dann leid und ging zur Anmeldung, wo ich den Arzthelferinnen sagte, sie könnten mich aus ihrer Liste streichen, ich würde den Verbandswechsel selbst vornehmen.

Ich fuhr zur Apotheke und besorgte mir entsprechendes Verbandsmaterial, und zu Hause habe ich dann das alte Pflaster entfernt, und da alles sehr gut aussah, einfach das neue frische Pflaster aufgeklebt. Zwei Minuten, und alles war erledigt. Warum ich dafür zum Arzt sollte, weiß ich leider nicht.

Das Stechen in der Brust ist auch weniger geworden. Vielleicht liegt es ja an dem Hämatom, das immer noch nicht ganz weg ist. Es ist immer noch ein recht dicker Knubbel in der Brust. Aber das werde ich dann nächste Woche mit dem Onkologen besprechen. Ich denke, das hat bis dahin Zeit.

In der Zwischenzeit hatte ich ganz vergessen, dass ich ja Lymphdrainage machen lassen sollte. Gestern fiel es mir wieder ein, und ich habe gleich meine Physiotherapeutin angerufen, die das auch macht. Sie gab mir sofort einen Termin für Montag und Mittwoch nächster Woche und sagte mir auch, dass das schon sehr wichtig sei. Ich bin froh, dass ich das nun auch schon mal geregelt habe. Ja, es ist doch eine ganze Menge, woran man denken muss. So viele Arzttermine auf einmal. Da darf man den Überblick nicht verlieren, daher habe ich einen Kalender angelegt, in dem ich mir alle Termine notiere.

Heute Abend treffen wir uns mit Freunden in einer Pizzeria. Darauf freue ich mich schon sehr, denn jede Ablenkung ist im Augenblick überaus angebracht. Außerdem ist einer unserer Freunde von Beruf Heilpraktiker und kann mir vielleicht auch noch ein paar nützliche Tipps geben.

Samstag, 22.4.2017

Das Treffen mit unseren Freunden gestern war wunderbar. Alle nahmen mich in den Arm und wünschten mir alles Gute für die weitere Behandlung. Sie alle beten für mich und wünschen mir nur das Beste. Es tut so gut, solche Freunde zu haben und zu wissen, dass alle in Gedanken bei mir sind.

Die Pizza sowie das andere Essen waren super lecker. Nur in der Pizzeria war es irre laut, und dann haben wir uns lautstark unterhalten müssen. Die Frau unseres Heilpraktiker-Freundes saß neben mir, und sie hat mir sehr viel über die Heilungsmöglichkeiten der Homöopathie erzählt. Auch ihr Mann hat meine Probleme kurz angesprochen. Ich fand es sehr interessant, dass er bemerkte, dass ich an beiden Händen bereits eine starke Arthrose habe, und meinte, das wäre ein Hinweis darauf, dass ich Krebs im Körper habe. Es besteht da irgendein Zusammenhang. Obwohl, wenn ich jetzt darüber nachdenke, meine Mutter hatte noch viel schlimmere Arthrose in den Händen, aber sie hatte keinen Krebs. Jedenfalls war es niemandem bekannt. Und sie wurde 85 Jahre alt.

Nachdem wir uns voneinander verabschiedet hatten, war ich froh im Auto zu sitzen und nachdenken zu können. Es hat mich alles emotional sehr berührt. Gerade der Gedanke, dass man ohne Chemo und Bestrahlung den Krebs mit Homöopathie heilen könnte. Ich bin völlig durcheinander und hin und her gerissen.

Die Zeit drängt, eine Entscheidung zu treffen, und je mehr ich von anderen höre, umso schwerer wird es für mich. Was, wenn die Entscheidung, die ich treffe, im Nachhinein die falsche war? Könnte ich mir durch eine homöopathische Behandlung die ganzen schlimmen Nebenwirkungen der Chemo und Bestrahlung ersparen? Was, wenn ich dadurch aber nicht gesund werde, sondern der Krebs verstärkt wiederkommt? Wie entscheide ich mich bloß richtig? Es wird von Tag zu Tag schwieriger.

Ich bin heute am Boden zerstört. Der gestrige Abend hat mich sehr mitgenommen. Mein Mann und ich diskutieren ständig über das Für und Wider der Chemo und kommen zu keinem endgültigen Ergebnis. Zufällig haben wir heute früh beim Einkaufen einen „Stern" gesehen und mitgenommen. Hauptthema: „Gefährliche Heilpraktiker". Ich habe kurz den Artikel überflogen, und mir ist nur die Schlagzeile aufgefallen: „Mehrere Brustkrebspatientinnen gestorben nach homöopathischer Behandlung". Allerdings wird aber auch darauf hingewiesen, dass es gute und schlechte Heilpraktiker gibt. Schlechte, die mit Hokuspokus arbeiten und gute Heilpraktiker, die Erfahrung haben und sich wirklich bemühen. Unser guter Bekannter ist einer von den guten. Er praktiziert schon über 20 Jahre, hat sehr viel Erfahrung und auch schon vielen sehr kranken Patienten das Leben gerettet.

Trotzdem bin ich am Zweifeln, ich vertraue der Homöopathie einfach nicht genügend. Am kommenden Mittwoch können wir zu ihm kommen in seine Praxis, und dann würde er sich gerne mit meinem Fall auseinandersetzen. Ich weiß noch nicht, ob ich die Fahrt machen werde, es sind 250 km von hier und dann auch wieder zurück. Vielleicht fährt mein Mann alleine und nimmt meine Unterlagen mit. Mich bringt das alles viel zu sehr durcheinander. Am nächsten Tag, Donnerstag, haben wir nämlich dann das Gespräch mit dem Onkologen. Eigentlich habe ich für mich schon entschieden, die Chemo durchzuziehen. Ich will nicht länger warten und dem Krebs Gelegenheit geben, sich weiter in meinem Körper auszubreiten. Ich möchte ihn endlich besiegen.

Unseren Töchtern habe ich vorhin eine Mail gesandt und sie informiert, dass ich nicht in Urlaub in die USA fliege, sondern hier wie geplant, zeitnah die Chemo beginnen werde. Und ich denke, das wird das Richtige sein.

Heute habe ich keine Schmerzmittel nehmen müssen, es geht jetzt auch ohne. Obwohl der linke Arm und die Achsel immer noch wehtun; sie brennen leicht, und ich habe das Gefühl, als wäre in der Achsel alles wund. Und in meiner Brust habe ich weiterhin Stiche. Das Hämatom ist noch immer gleich groß. Von meinen Thrombose-Spritzen habe ich jetzt am Bauch einen riesigen Bluterguss bekommen. Unterhalb der Stelle, wo ich gespritzt habe. Das ist der Grund, warum ich das Spritzen nun eingestellt habe. Ich bewege mich ja ständig, ich liege nicht im Bett, und ich denke, da kann ich eigentlich keine Thrombose bekommen. Ich hoffe es jedenfalls.

Dienstag, 25.4.2017

Sonntagnachmittag bekam ich einen Anruf von meiner Tochter aus Amerika. Sie war ziemlich aufgebracht, da mein Mann ohne mich in die USA fliegen will und mich alleine hier zu Hause zurücklässt. Sie macht sich große Sorgen, dass ich vielleicht hier mal umkippe und dann da liege und keiner ist da, der mir hilft. Ich musste sie erst einmal beruhigen und ihr sagen, dass es unsere eigene Entscheidung war und ich meinem Mann gesagt habe, er brauche nicht hierzubleiben. Er kann ruhig fliegen. Ich habe ständig Freunde, Arbeitskollegen und Bekannte um mich und kann jederzeit jemanden anrufen, der dann innerhalb weniger Minuten bei mir ist, wenn wirklich ein Notfall auftreten sollte.

Abends habe ich dann meine Freundin in Düsseldorf angerufen, die mir berichtete, wie es ihr bei der ersten Chemo ergangen

war. Und auch sie beruhigte mich und sagte mir, dass ich lediglich die ersten 2 Tage Übelkeit verspüren und es mir ansonsten
so gut gehen würde, dass ich meiner Arbeit nachgehen könne.
Es könne höchstens sein, dass ich öfters müde und schlapp wäre.
Aber das ist kein Problem, dann lege ich mich auf die Couch
und ruhe mich aus. Ich habe ja keine großen Verpflichtungen.

Diese beruhigenden Erkenntnisse teilte ich meiner Tochter dann
am Abend noch mit. Aber sie war trotzdem anderer Meinung
und macht sich weiterhin Sorgen. Ich werde sie dann regelmäßig informieren, damit sie sofort sieht, wie es mir geht. Meine
Tochter in Köln habe ich dann am Montag gesprochen, sie hatte es schneller akzeptiert, dass mein Mann alleine nach Amerika
fliegt, und hat sogar angeboten, sobald es ihre Arbeit erlaubt, zu
mir zu kommen und ein paar Tage hier zu verbringen.

Es geht mir von Tag zu Tag besser, die Schmerzen beim Port und
am linken Arm, wo die Lymphdrüsen entfernt wurden, lassen
nach, und ich kann meine Arme beide schon sehr gut bewegen.
Ich komme mit dem rechten Arm noch nicht ganz nach oben,
das merke ich besonders, wenn ich mich an- oder ausziehen will.
Aber da wird man erfinderisch, und es klappt auch so.

Heute haben wir beschlossen, dass wir den Termin beim Heilpraktiker nicht wahrnehmen werden, weder ich noch mein Mann.
Es ist zeitlich alles viel zu hektisch, und wir wollen da nichts
mehr überstürzen und uns noch weiter verunsichern lassen. Mein
Mann hat bereits eine Mail an ihn geschrieben und ihm mitgeteilt, dass wir ihm sehr dankbar sind für seine angebotene Hilfe,
uns aber entschieden haben, die Chemo so durchzuführen, wie
sie uns von unseren Ärzten empfohlen wurde.

Gestern war ich wieder mal bei der Lymphdrainage, das hat sehr
gutgetan. Und heute Vormittag sagte mir meine Arbeitskollegin,
dass eine gemeinsame Bekannte von uns, die auch Heilpraktike-
rin ist, schon Krebspatienten homöopathisch begleitet hat, was

für diese Personen die Chemo-Behandlung erleichterte. Ich werde mich mit ihr mal in Verbindung setzen, und vielleicht mache ich dann auch so eine homöopathische Begleitung.

Mittwoch, 26.4.2017

Heute Nachmittag war im Rathaussaal ein erstes Treffen der von Krebs betroffenen Personen und Angehörigen. Mein Mann und ich sind auch dorthin gegangen, um uns zu informieren. Und es hat sich tatsächlich gelohnt. Wir waren insgesamt ungefähr 12 Personen, Frauen, Männer und 3 Angehörige von betroffenen Frauen. Dann die Leiterin der Gruppe und die Initiatorin dieses Treffens. Jeder stellte sich vor und erzählte kurz seine Krankheitsgeschichte. Die meisten hatten den Krebs bereits überwunden, 3 Jahre oder 5 Jahre danach. Manche sogar schon viel länger. Und nur 1 Frau und ich waren ganz aktuell in der laufenden Phase. Es war schön zu sehen, dass man nach der Krebsdiagnose doch noch viele gute Jahre vor sich hat.

Es wurden auch interessante Informationen gegeben zu Anträgen auf Schwerbehindertenausweise, Reha-Maßnahmen, Friseur für Perücken auf Krankenkassenschein usw. Alles in allem ein sehr interessanter Nachmittag. Ich habe mir außerdem noch jede Menge Lesestoff zum Thema Krebs und alles, was dazugehört, mitgenommen. Wir wollen uns jetzt jeden 4. Mittwoch im Monat treffen.

Donnerstag, 27.4.2017

Heute früh war nun endlich mein Termin bei dem Onkologen. Bevor ich an der Reihe war, wurde zunächst Blut abgenommen;

dieses wird dort direkt untersucht, und das Ergebnis ist in wenigen Minuten da.

Mein Onkologe stellte sich als eine sehr nette junge Chefärztin heraus. Sie nahm sich sehr viel Zeit, um alles bezüglich der Chemotherapie zu erklären. Auch wir konnten Fragen stellen, die sie uns bereitwillig beantwortete. Sie sagte uns, dass sie uns alle Nebenwirkungen nun auflisten werde. Es ist wie bei einem Medikament und dem beigefügten Beipackzettel. Er enthält jede Menge mögliche Nebenwirkungen, mal weniger, mal mehr stark und schlimm. Aber wenn man ein solches Medikament einnimmt, betrifft einen selbst sehr wahrscheinlich nicht eine einzige Nebenwirkung. Genauso ist es bei der Chemotherapie. Es treten Nebenwirkungen auf, die aber bei jedem anders verlaufen. Zum Glück erhält man schon vor Eintreten von Nebenwirkungen, wie Übelkeit, ein passendes Gegenmittel. Und auch für nachher bekomme ich Tabletten mit nach Hause, die ich dann zur Vorbeugung einnehmen kann.

Was bei allen Brustkrebspatientinnen eintritt, das ist der Haarverlust, ca. 10 Tage nach der ersten Chemo. Für eine Perücke hat mir die Ärztin dann auch gleich ein Rezept ausgestellt, welches ich bei einem dafür zugelassenen Friseur einlösen kann.

Weiter kann es zu Problemen mit den Schleimhäuten kommen. Daher sollte ich viel Salbeitee trinken und gurgeln und Salbeibonbons lutschen. Dadurch entsteht im Mund eine schleimähnliche Schutzschicht, die gegen diese Probleme hilft. Und um das Zahnfleisch zu schonen, soll ich die Zähne regelmäßig mit einer weichen Zahnbürste putzen.

Es kann auch zu Kribbeln oder Taubheitsgefühlen in den Fingern und Fußspitzen kommen. Diese müssen aber wieder verschwinden. Wenn nicht, soll ich der Ärztin davon sofort berichten, damit sie dagegen etwas unternehmen kann.

Überdies kann man Probleme mit den Finger- und Fußnägeln bekommen. Aber das ist normal und verschwindet irgendwann wieder (hoffentlich!).

Ich soll mich auch nicht wundern, wenn am Tag nach der Chemo mein Urin rötlich ist (wie bei Rote-Bete-Genuss). Das ist kein Blut, sondern die Farbe des Medikaments. Außerdem kann es sein, dass ich Durchfall bekomme oder, was noch eher möglich ist, Verstopfung. Dann soll ich Bescheid sagen, sie gibt mir dann was dafür.

Sollte ich Fieber bekommen, das gilt schon ab 38,3 Grad, dann muss ich mich sofort in der Praxis melden, weil es behandelt werden muss.

Regelmäßig werden Blutuntersuchungen gemacht, um die roten und weißen Blutkörperchen zu überprüfen, die durch die Chemo auch in Mitleidenschaft gezogen werden. Wenn es ganz schlimm kommt, könnte sogar eine Übertragung von Blut notwendig werden. Ich hoffe sehr, dass das bei mir nicht nötig sein wird, denn da hätten wir dann ein echtes Problem.

Ich fragte die Ärztin auch, in welchem Krebsstadium ich mich befinde. Sie schaute genau nach und sagte: Stadium 3C. Das liegt daran, dass mehrere Knoten in meiner Brust und auch 10 Lymphknoten von Krebszellen befallen waren.

Angesprochen auf Verzehr von Sojaprodukten sagte uns die Ärztin, die könnte ich ruhig weiter essen, die seien ja sehr gesund. Aber dann machte ich sie darauf aufmerksam, dass Soja Östrogen fördere, und das wäre bei meinem hormonbedingten Krebs ja nicht so gut. Das war ihr neu, und sie versprach mir, sich umgehend schlauzumachen und mich zu informieren.

Ich habe gelesen, 5 Tassen grüner Tee am Tag würden helfen, dass die Chemo besser wirke. Daraufhin angesprochen, meinte die Ärztin, grüner Tee sei sehr gesund und ich könne ihn ruhig trinken.

Am Tag nach der Chemo soll ich dann wieder in die Praxis kommen, da würde ich eine Flüssigkeitsinfusion bekommen. Denn ich benötige dann sehr viel Flüssigkeit. Das könnte ich auch durch Trinken erreichen, aber sicherheitshalber beim ersten Mal würde sie mich lieber in der Praxis sehen. Damit bin ich sehr einverstanden.

Die Fahrten zur Chemo und wieder nach Hause sowie weitere Untersuchungen, die in der Praxis gemacht werden müssen (wie Blutabnahme, Herz-Echo, EKG) werden durch ein von mir auszusuchendes Taxiunternehmen durchgeführt. Dafür gibt sie mir einen Krankenbeförderungsschein mit, den ich der Krankenkasse einreichen muss, und diese schicken mir dann eine Genehmigung.

Nachdem wir alles besprochen hatten, untersuchte mich die Ärztin noch. Sie schaute sich das Hämatom in der Brust an, welches jetzt schon sehr fest war, und sie meinte, da kann man nichts mehr rausziehen, das löst sich im Laufe der Zeit von selbst auf. Sie überprüfte meine Achseln, die fehlenden Lymphknoten, wo jetzt ein „Loch" war, und es war auch ein wenig angeschwollen dort. Aber das ist alles normal. Die Fäden an der Wunde, wo der Port eingesetzt worden war, würde sie beim nächsten Mal ziehen. Die müssten mindestens 10 Tage bleiben. Dann machte sie noch eine umfangreiche Ultraschalluntersuchung des gesamten Brust- und Bauchraumes. Es war alles okay.

Ein Herz-Echo und ein EKG würden dann nach der ersten Chemo bei einem separaten Termin durchgeführt werden.

Nachdem wir uns von der Ärztin verabschiedet hatten, bekam ich noch alle Rezepte und Verordnungen sowie einen Plan über den ersten Chemo-Termin und die Herzuntersuchung. Im Wartezimmer deckte ich mich auch noch mit verschiedenen kleinen

Broschüren über Brustkrebs ein. Ich möchte alles wissen darüber, um die ganze Sache richtig zu verstehen.

Damit war dann alles klar, und uns beiden war es schon etwas komisch zumute, da wir ja jetzt wussten, es wird Ernst am Mittwoch nächster Woche. Aber die Ärztin hat einen solch positiven Eindruck auf uns gemacht, dass ich eigentlich keine Angst mehr vor der Chemo habe. Ich lasse jetzt alles auf mich zukommen.

Klar, wir denken beide doch öfter daran, wie es alles ablaufen wird und ob ich wieder gesund werde. Ich fühle mich ja nicht krank, weiß aber, dass der Krebs von meinem Körper Besitz genommen hat. Dadurch, dass 10 Lymphknoten vom Krebs befallen waren, ist klar, dass die Krebszellen sich in meinem ganzen Körper ausgebreitet haben. Und damit sie sich nicht irgendwo neu einnisten, was in jedem Organ sein kann, muss die Chemo durchgeführt werden. Diese zerstört die Krebszellen schlagartig, wie mit einem Hammerschlag! Und da nicht alle Krebszellen sofort zerstört werden können, muss so eine Hammer-Chemo mehrmals durchgeführt werden, um im Endeffekt alle Krebszellen zu erreichen. Ja, uns leuchtet das Prinzip immer besser ein, und daher stehe ich auch voll hinter dieser Therapie. Denn ich möchte wirklich, dass der Krebs komplett verschwindet.

Am Abend hat mein Mann dann nochmals unsere Tochter in Amerika angerufen und sie beruhigt. Er hat lange mit ihr geredet und ihr erzählt, dass die Ärztin keine Veranlassung sehe, dass er bei mir sein müsse während der Chemo. Ich sei bestens versorgt und möchte ja selbst, dass sich mein Mann nach den anstrengenden vergangenen Wochen etwas erholen könne, denn bald müsse er wieder seiner Arbeit in vollem Umfang nachgehen. Und er sei auch nicht der Gesündeste, er müsse auch auf sich achten und brauche diese Erholung ganz dringend. Ich hätte im Haus und durch Freunde jederzeit die Möglichkeit, mir Hilfe zu holen, wenn es nötig sei. Daher könne er in Ruhe fliegen und sich dort erholen.

Zu guter Letzt hat es unsere Tochter wohl eingesehen, dass sie uns nicht mehr beeinflussen kann, und scheint es nun zu akzeptieren. Ich verstehe ja auch, dass sie sich große Sorgen macht um mich. Sie ist so weit weg und kann mir gar nicht helfen. Aber so schlecht geht es mir ja nicht. Ich habe zwar Krebs, aber ich kann meine Tätigkeiten jeden Tag durchführen. Glaube und hoffe ich jedenfalls. Und wenn ich mal Erholung brauche, dann lege ich mich halt hin und ruhe mich aus. Es wird schon alles auch ohne meinen Mann gehen in diesen 3 kommenden Wochen.

Freitag, 28.4.2017

Heute Vormittag hatte ich einen Termin beim Friseur, um mit ihm über eine Perücke zu sprechen. Ich wurde in einen separaten Raum geführt, in dem wir ungestört und ungesehen von anderen Kunden reden konnten. Mein Rezept legte ich der Friseurin gleich vor, und sie zeigte mir zwei Kataloge mit Perücken. In dem einen Katalog waren Perücken, die die Krankenkasse voll bezahlt (bis auf die Zuzahlung von 10,- EUR). Im anderen Katalog waren die teureren Perücken, aber wie sich dann später herausstellte, auch nicht unbedingt schönere oder bessere Teile. Sie zeigte mir eine der Kassenperücken, und sie gefiel mir richtig gut. Kaum als Perücke zu erkennen, wenn man sie aufhat. Wir suchten dann 3 verschiedene, meiner jetzigen Frisur ähnliche Perücken aus und aus dem teureren Katalog auch noch 3 Perücken. Dann zeigte sie mir noch spezielle Mützen, und auch da suchte ich mir verschiedene aus. Die Friseurin bestellt nun diese Teile, und am kommenden Freitag habe ich einen neuen Termin, wo ich dann die Perücken und Mützen anprobieren kann.

Samstag, 29.4.2017

Heute Nacht hat mein Mann sehr unruhig geschlafen. Er stand irgendwann in der Nacht auf, setzte sich in die Küche, kochte sich einen Kaffee und Eier und grübelte. Das habe ich aber erst erfahren, als wir dann gemeinsam am Frühstückstisch saßen. Nach dem Frühstück erledigten wir beide unsere morgendlichen Arbeiten, und mein Mann arbeitete eine Weile im Büro. Auf einmal kam er zu mir und sagte mir, er hätte eine Mail an unsere Töchter gesandt. Ich solle mal lesen, was er ihnen geschrieben habe. Ich fing an zu lesen und kam auf einmal zu dem Absatz, wo er schrieb: „Ich habe aber auch noch mal nachgedacht und mich entschieden, dieses Jahr doch *nicht* alleine nach Denver zu fliegen."

Als ich das las, „nicht zu fliegen", war es um mich geschehen, und wir fielen uns beide in die Arme und weinten einfach so darauflos. Ich war so glücklich, dass ich die ganze Prozedur nicht alleine durchziehen musste, sondern dass mein Mann bei mir sein wollte, um mich zu unterstützen, falls es notwendig sein sollte. Ich hatte es meinem Mann so sehr gegönnt, dass er auch alleine fliegen würde, aber er hatte einfach keine Ruhe mehr und konnte es nicht verantworten, mich alleine zu lassen. Er hat lange mit sich gerungen, und dann hat er diese Entscheidung getroffen. Ich bin super happy, und auch bei meinem Mann fiel jetzt ein Stein vom Herzen. Es hatte ihn doch mehr belastet, als ich gedacht habe. Er war richtig froh, endlich diese Entscheidung getroffen zu haben.

Wenn es mir dann an den Tagen zwischen den Chemos gut geht, dann können wir auch gemeinsam etwas unternehmen. Darauf freuen wir uns jetzt schon sehr.

Wir haben dann auch gleich unsere Freunde informiert, die genauso froh waren, dass wir uns nun so entschieden haben. Und ich habe direkt die Flugreise, Hotel, Bahnfahrt usw. für meinen Mann storniert. Wir hatten sogar großes Glück, denn unsere Sachbearbeiterin von Expedia rief sofort in den USA im Hotel an und schilderte meinen Krankheitsfall. Diese waren direkt bereit, uns die schon bezahlten Kosten für das Hotel zurückzuüberweisen. Großzügiger geht es nicht, denn eigentlich war die Option „ohne Rückerstattung der Gebühren". Wir sind sehr dankbar, dass das alles so gut geklappt hat.

Jetzt gehe ich mit einem viel beruhigteren Gefühl am Mittwoch zur ersten Chemo. Ich weiß, mein Mann wartet zu Hause auf mich und unterstützt mich, wenn ich Probleme habe. Ich bin sehr froh und glücklich und dankbar dafür. Durch meine Krankheit sind wir uns wieder viel nähergekommen. Man erkennt dadurch, wie schnell es doch auch mal zu Ende gehen kann. Und je älter man wird, umso mehr gesundheitliche Probleme bekommt man. Das ist ganz normal, denn die Zellteilung ist nicht mehr so wie in jungen Jahren. Alles lässt nach. Also sollten wir die Zeit nutzen, solange wir es noch können, und uns gemeinsam noch viele schöne Stunden und Tage gönnen. Das haben wir uns jetzt auch fest vorgenommen.

ES GEHT LOS MIT DER 1. CHEMO

Mittwoch, 3.5.2017

Heute früh war es nun so weit, die 1. Chemo. Als Erstes wurde bei mir ein EKG gemacht. Danach bekam ich eine starke Tablette gegen die Übelkeit. Blutabnahme durch den Port, weiteres intravenöses Mittel gegen Übelkeit und Cortison. Wenn das fertig wäre, Kochsalzlösung, danach das Medikament für die Chemo (rot gefärbt).

Innerhalb von 3 Stunden war dann alles durchgelaufen. Mir ging es gut, keine Probleme. Sollte ich über 38 Fieber bekommen, mehr als 3 x brechen oder Blutungen haben, sollte ich sofort anrufen. Dann gab mir die Schwester noch die Medikamente für zu Hause für die folgenden 3 Wochen mit einem genauen Einnahmeplan. Die Ärztin sprach auch noch mal mit mir, und dann wurde ich vom Taxifahrer abgeholt und nach Hause gefahren.

Mein Mann hatte gerade schon das Mittagessen fertig, sodass ich etwas essen konnte, und dann ruhte ich mich ein wenig aus. Um 14 Uhr fing es an, dass mir übel wurde, Schwindelanfall, zittrig, Kältewelle, Hitzewelle usw. Ich legte mich ins Bett und nahm aber vorher noch ein weiteres Mittel gegen die Übelkeit. Abends dann noch mal Medikamente eingenommen, mein Mann brachte mir eine Wärmflasche, weil ich dauernd fror. Es ging mir echt elend, konnte mich aber nicht übergeben, nur spucken.

Donnerstag, 4.5.2017

Heute früh habe ich gleich meine weiteren Medikamente gegen die Übelkeit genommen, und um 10 Uhr wurde ich vom Taxi wieder abgeholt und zur Praxis gefahren. Dort erzählte ich gleich, dass es mir sehr schlecht gehe, und ich bekam sofort intravenös wieder ein Mittel gegen die Übelkeit. Wieder eine Kochsalzlösung und ein anderes Mittel. Danach ging es mir besser. Wieder zu Hause angekommen, konnte ich sogar selbst ein Mittagessen zubereiten, Pellkartoffeln, gekochte Eier und leichtes Gemüse. Habe aber nur wenig gegessen, ich hatte keinen Appetit. Ich war sehr müde und habe fast den ganzen Nachmittag geschlafen. Um 19 Uhr fing die Übelkeit wieder an, habe Medikamente genommen und mich abermals hingelegt. Um 21.15 Uhr bin ich aufgestanden, da ging es mir wieder gut. Aber Wangen und Hals waren knallrot, ich glühte wie ein Glühwürmchen.

Nachts wurde ich um 4 Uhr mit Übelkeit wach, da habe ich dann ein Zäpfchen genommen, und bis 7 Uhr konnte ich wieder schlafen. Beim Aufstehen war ich sehr zittrig.

Freitag, 5.5.2017

Zum Frühstück habe ich eine Scheibe Brot gegessen und einen grünen Tee getrunken. Danach mussten wir dann nach Osterode zum Friseur fahren, um meine Perücke auszusuchen und abzuholen. Es klappte alles ganz gut, und ich war froh, dass mein Mann da war und mich gefahren hat. Ich hätte selbst unmöglich Auto fahren können. Von 6 verschiedenen Perücken haben wir sehr schnell die passende für mich ausgesucht.

Auf dem Rückweg nach Hause fuhren wir noch mal bei der Ärztin vorbei, um zu fragen, ob das mit dem roten Gesicht noch normal sei. Sie war gerade in einer Besprechung, rief mich dann aber gleich zu Hause an und beruhigte mich. Das seien Nebenwirkungen vom Cortison. Sobald ich das absetze, würde meine Hautfarbe auch wieder normal.

Zu Hause angekommen, habe ich ein paar Nudeln mit Tomatensoße gekocht und etwas Erbsen-/Möhrengemüse dazu. Für meinen Mann ein Spiegelei, ich mochte nichts. Es schmeckt mir alles nicht, und ich habe auch keinen Appetit. Nach dem Essen kam meine Freundin und räumte auf, ich konnte mich hinlegen und habe fest geschlafen bis 16.30 Uhr.

Ich bin ständig müde und zittrig und friere viel. Aber mit der Übelkeit scheint es besser zu werden. Ich hoffe, morgen geht es noch mal ein Stückchen besser.

Samstag, 6.5.2017

Ich habe recht gut geschlafen, allerdings habe ich heute Morgen wieder eine leichte Übelkeit verspürt und 1 MCP-Tablette genommen. Ich bin ziemlich zittrig. Wenn ich von drinnen nach draußen gehe, habe ich eine sehr hohe Lichtempfindlichkeit. Erst einmal sehe ich alles nur ganz strahlend hell, bis ich mich langsam dran gewöhnt habe.

Zusammen mit meinem Mann bin ich heute Vormittag zum Einkaufen gefahren. Es war schön, mal wieder draußen an der Luft zu sein und andere Eindrücke zu bekommen. Nach dem Einkauf in diesmal nur 1 Geschäft – wir haben es auf ein Minimum reduziert – haben wir noch einen kleinen Rundgang durch die Stadt gemacht. Aber nach 15 Minuten reichte es mir, und wir fuhren nach Hause. Mehr Kraft hatte ich nicht.

Zu Hause gab es dann eine leckere Linsensuppe mit frischen Möhren und Kartoffeln. Diese ist mir sehr gut bekommen. Allerdings schmeckte mir der Nachtisch mit frischen Erdbeeren überhaupt nicht. Kein Geschmack! Den ganzen Nachmittag ging es mir dann sehr gut, und ich hatte auch keine Übelkeit mehr. Für das Abendessen habe ich eine Guacamole mit frischer Avocado zubereitet, und zwar richtig lecker würzig. Diese aufs Brot geschmiert schmeckte mir wieder sehr gut. Irgendwie scheint mir salziges oder würziges Essen besser zu schmecken und zu bekommen als Süßes. Als Getränk gab es einen Früchtetee.

Sonntag, 7.5.2017

Heute früh musste ich gleich wieder eine MCP-Tablette nehmen, da es mir doch wieder etwas übel war. Ich war auch wieder zittrig. Zum Frühstück habe ich ein Müsli mit heißem Wasser angerührt gegessen und grünen Tee getrunken. Danach musste ich mich wieder hinlegen, da es mir nicht so gut ging. Mittags konnte ich aufstehen, ich konnte sogar Essen zubereiten. Reis und grüne Bohnen mit frischen Möhren sowie vegetarische Gefro-Burger. Das hat mir sehr gut geschmeckt, und ich hatte wieder Kraft, um dann am Nachmittag sogar zusammen mit meinem Mann bei herrlichem Wetter einen Spaziergang in der Stadt zu machen. Wir haben uns mit Freunden getroffen und waren noch in ein Café eingekehrt, wo ich einen koffeinfreien Kaffee trank sowie ein Stück Pflaumenkuchen aß. Im Anschluss genehmigten wir uns noch ein alkoholfreies Weizenbier, da ich Wasser kaum runterkriege. Ist mir alles sehr gut bekommen, und mir geht es jetzt richtig gut.

Gestern Abend habe ich noch mit meiner Düsseldorfer Freundin telefoniert, die am vergangenen Freitag ihre letzte Chemotherapie hatte. In 2 Wochen hat sie dann beim Onkologen das Vorgespräch für die bei ihr anstehende Brust-OP. Es geht ihr inzwischen schon recht gut, und sie hat mich beruhigt, dass die 12-Wochen-Chemos nicht so anstrengend seien wie die ersten 4 Chemos. Ihr geht es schon recht gut inzwischen. Nur die Müdigkeit war auch bei ihr sehr extrem.

Montag, 8.5.2017

Heute früh hatte ich einen Termin beim Internisten. Dort wurde ein Herz-Echo gemacht. Der Arzt war sehr nett und erklärte mir alles genau. Er sagte mir, dass mit meinem Herzen alles in bester Ordnung sei und ich mir keine Sorgen zu machen brauchte.

Anschließend ging ich noch in die Onkologie, wo Blut bei mir abgenommen wurde. Und die Schwester erklärte mir, dass es normal sei, dass die Werte etwas schlechter seien als vorher. Danach konnte ich dann wieder nach Hause fahren.

Nachmittags hatte ich einen Termin in einem orthopädischen Laden, da ich jetzt endlich einen anderen BH haben wollte. Der feste BH, den ich seit der OP trug (das sind jetzt immerhin 7 Wochen), ging einfach nicht mehr. Er schnürte mir regelrecht die Luft ab, und ich brauchte endlich einen anderen. Die Verkäuferin zeigte mir sehr schöne BHs, die eine Tasche haben, und dahinein kann man nach Bedarf ein kleines oder größeres Silikonkissen oder Watte stopfen, um die Form der Brust wieder zu erhalten. Ich suchte mir 2 BHs aus, und sie würde mich in den nächsten Tagen anrufen, damit ich sie probieren und mitnehmen könnte. Darauf freute ich mich schon sehr.

Dienstag, 9.5.2017

In der letzten Nacht habe ich zum ersten Mal seit der Brust-OP meinen Kompressions-BH ausgezogen. Ich konnte die letzten Nächte so schlecht damit schlafen, es engte mich total ein. Diese Nacht war besser, obwohl ich doch auch ziemliche Albträume hatte. Ich befand mich an einer Steilküste, hoch oben, dort waren auch einige Häuser, und ich balancierte von einem Haus zum anderen. Leider gab es keine Wege, ich fand sie jedenfalls nicht, und es war schon sehr beängstigend, wie ich da herumklettern musste. Irgendwann wurde ich zum Glück wach, total verschwitzt. Anscheinend beschäftigte ich mich im Unterbewusstsein doch mehr mit meiner jetzigen Situation, als ich es dachte.

Vormittags hatte ich wieder einen Termin zur Lymphdrainage, und das war wirklich eine Wohltat. In der Achselhöhle und an der Außenseite der Brust ist doch alles ganz schön geschwollen. Meine Therapeutin meinte aber, das sei normal und ich brauchte mir keine Sorgen zu machen. Beim Liegen sollte ich darauf achten, den Arm immer etwas erhöht zu legen, damit die Lymphe aus dem Arm ablaufen kann. Und es wäre sinnvoll, in die Achselhöhle ein Kissen zu legen, damit der Arm nicht dicht an den Körper gepresst wird. Da erzählte ich ihr von dem Herzkissen, das ich im Krankenhaus geschenkt bekam und welches die letzte Zeit nur noch nutzlos im Bett lag. Ich habe mir fest vorgenommen, es jetzt wieder unter den Arm zu klemmen. Es war wirklich sehr angenehm.

Am Nachmittag hatte ich wieder einen Termin bei meiner Onkologin. Ich brauchte ja das Rezept für den BH mit der Tasche sowie ein neues Rezept für die Lymphdrainage. Auf Nachfrage schrieb mir die Schwester dann Therapien à 45 Minuten auf, da ich auch sehr starke Nackenschmerzen hatte. Meine Therapeutin würde dann im Anschluss an die Lymphdrainage auch meinen Hals und Rücken noch bearbeiten, damit sich die Schmerzen nicht zu sehr verfestigten. Ich war sehr froh darüber, denn dieser steife Hals war furchtbar.

Außerdem hatte ich festgestellt, dass noch ein kleiner schwarzer Restfaden an der Naht beim Port in meiner Haut steckte. Der wurde beim Fädenziehen leider übersehen, und so erledigte das heute die Schwester auch noch kurz und schmerzlos.

Am Nachmittag hatten wir sonniges, aber kaltes Wetter. Es lockte uns nach draußen, und ich freute mich sehr auf einen Spaziergang an der frischen Luft. Nach einer halben Stunde waren wir wieder zu Hause. Das hatte gereicht. Ich war total erledigt und musste mich gleich auf die Couch legen, wo ich auch sofort einschlief. Ich dachte, dass ich etwas fitter sei, aber das war nichts. Beim nächsten Spaziergang würden wir das dann berücksichtigen. Ich kam mir manchmal vor wie eine 80-jährige Frau. Ich stöhnte ständig vor mich hin, da es mir immer noch meistens etwas übel war. Aber die Tabletten sollte ich jetzt nicht mehr nehmen, nur bis zum 7. Tag nach der Chemo. Ich versuchte die Übelkeit mit Salzstangen zu dämpfen. Meist gelang es für eine kleine Weile.

Mittwoch, 10.5.2017

Der heutige Tag fing mit Durchfall an. Ich konnte kaum schnell genug am Morgen aufstehen und zur Toilette rennen. Aber ich habe es geschafft. Danach hatte ich ein befreites Gefühl. Es ging mir gut; mein Mann und ich konnten in Ruhe frühstücken, und ich konnte Hausarbeiten erledigen. Später am Vormittag legte ich mich wieder ein wenig hin, um auszuruhen. Aber der Durchfall hielt den ganzen Tag an bis zum Abend, wo der Stuhl wieder etwas fester wurde. Insgesamt hatte ich das Gefühl, als würde das ganze Gift der Chemo aus meinem Darm herauskommen. Es stank gewaltig, und auch mein Urin hatte einen sehr strengen

Geruch. Aber dann am Abend, so ca. 20 Uhr, hatte ich auf einmal ein total befreites Gefühl: Mir war es nicht mehr übel! Das hatte ich schon lange nicht mehr. Es war ein richtiges Hochgefühl, denn ich hatte jetzt Kraft und neuen Lebensmut. Es war so auffällig, kaum zu glauben.

Wir nutzten die Gelegenheit, um uns eine Freude zu machen. Nächste Woche wollte mein Mann mit mir für 2 Tage nach Berlin reisen ins Estrel-Hotel, wo wir übernachten würden und uns am 1. Abend die Show „Stars in Concert" anschauen wollten. Wir waren in einer solch guten Stimmung, dass wir uns an den Computer setzten und gemeinsam die Buchungen durchführten. Sicherheitshalber schlossen wir noch eine Rücktrittsversicherung ab, man weiß ja nie. Aber ich hoffte, es würde alles gut werden.

Donnerstag, 11.5.2017

Heute früh ging es mir immer noch gut. Ich kann es kaum fassen, das Leben macht wieder Spaß, und die Angst vor der nächsten Chemo ist etwas verflogen. In der letzten Nacht habe ich allerdings wieder Albträume gehabt. Ich bin mehrmals wach geworden, und dann war es auch wieder gut.

Wie gut, dass es mir jetzt gut ging, denn an diesem Morgen hatte auf einmal mein Mann Ischias-Probleme. Er kam nicht mehr allein aus dem Bett und hatte Wahnsinnsschmerzen. Ich hatte schon zweimal in meinem Leben damit zu tun und weiß, wie schmerzhaft das ist. So gab ich ihm noch im Bett eine Ibu 600. Nach ca. 15 Minuten trat schon eine Linderung ein, und er konnte zur Toilette gehen, natürlich nur mit meiner tatkräftigen Hilfe. Ich war froh, ihm helfen zu können und nicht mehr selbst hilfsbedürftig zu sein. Gemeinsam schafften wir es dann, ihn in die Küche zu bringen, wo wir gemeinsam frühstückten. Es dauerte nicht mehr lange, und mein Mann konnte wieder selbstständig aufstehen. Aber da die Wirkung der Tablette ja nicht von ewiger Dauer ist, rief ich unseren Orthopäden an, um einen Termin zu vereinbaren. Das klappte dann auch, und ich fuhr später am Vormittag meinen Mann zum Arzt. Nach eingehender Untersuchung und Röntgenaufnahme erklärte er uns, dass es eindeutig der Ischiasnerv sei, und er setzte ihm eine Spritze in den Rücken. Außerdem machte der Arzt meinen Mann darauf aufmerksam, dass sein Rücken – sprich die Wirbelsäule – sehr stark geschädigt sei. Mehr, als in seinem Alter üblich. Warum das so ist, konnte er nicht sagen. Aber er müsse unbedingt Krankengymnastik machen und abnehmen.

Nach der Spritze lief mein Mann wie neugeboren herum. Ich bin so froh, dass er sich wieder bewegen kann. Ja, so schnell kann auch mal was anderes passieren.

Bevor wir wieder nach Hause fuhren, gingen wir gleich noch in das neben der Arztpraxis liegende Orthopädie-Haus, da mein BH abgeholt werden konnte. Ich probierte also zwei BHs an. Wovon der eine super passte. Es war eine Wohltat, dass ich endlich meinen Kompressions-BH ausziehen konnte. Ich ließ den neuen BH gleich an und bestellte mir noch einen zweiten in einer anderen Farbe. Und das Besondere an diesem BH ist auch, dass man überhaupt nicht sieht, wo meine OP-Kuhle in der Brust ist. Der BH ist so super geschnitten, dass er die Brust so formt, dass alles wunderschön aussieht. Und das ohne Hilfsmittel, ohne Silikon oder Watteeinlagen. Ich bin sehr glücklich damit.

Anschließend kauften wir noch ein, dann ging es wieder nach Hause, und ich bereitete das Mittagessen vor. Es schmeckte mir wieder alles sehr gut. Eigentlich zu gut, denn ich hatte das Gefühl, ich würde nicht satt. Ich hätte immerzu essen können, ohne Pause. Ich musste mich zwingen, nicht dauernd irgendwas zu essen. Ich habe gehört, das könnte an der Magenschleimhaut liegen, die durch die Chemo ja auch beschädigt wird, und da gibt es dann nicht mehr das Signal „Stopp, du bist satt". Also musste ich aufpassen, auch wenn es mir im Moment ziemlich schwerfiel.

Nachmittags habe ich dann endlich mal wieder ein klein wenig im Garten gearbeitet. Nur leichte Sachen, Säen von Sommerblumen in zwei Blumenkübeln usw. Es hat mir viel Freude bereitet, wieder nützliche Dinge zu machen und nicht nur mit der Übelkeit kämpfen zu müssen. Ich bin sehr froh, dass es mir wieder so gut geht.

Samstag, 13.5.2017

Mir geht es noch immer gut, sehr gut sogar. Keine Übelkeit, keine Müdigkeit. So richtig normal! Das Einzige, was nicht so gut ist, das sind meine Lymphbahnen. Gestern spürte ich zum ersten Mal einen Schmerz im linken Unterarm, sobald ich mit der Hand über die Innenfläche des Armes strich. Vom Handgelenk bis zur Ellenbeuge. In der Ellenbeuge war eine hühnereigroße Verdickung. Ich habe dann den Arm vom Handgelenk aus nach oben leicht gestrichen bis auf die andere Seite des Körpers. So wie es meine Physiotherapeutin auch immer macht.

Kurze Zeit später ließ der Schmerz nach, und auch die Schwellung verschwand wieder. Aber im Laufe des Tages kam das dann öfter vor, und ich habe immer wieder den Arm gestreichelt und hochgelegt. Ich bin froh, wenn ich Montag wieder meine Lymphdrainage habe, und bin gespannt, was die Therapeutin mir dann sagen wird.

Sonntag, 14.5.2017

Auch heute hatte ich wieder Probleme mit meinem linken Arm. Er schmerzte auf der Innenseite vom Daumen an bis in die Achsel. Ich habe abermals leicht massiert und den Arm – so oft es ging – hochgehalten oder hochgelegt. Dann ging es immer wieder besser.

Mir ist heute aufgefallen, dass ich Probleme beim Wasserhalten habe. Beim Gang zur Toilette kann ich das Wasser nicht mehr halten, sobald ich vorm Klo stehe, und ich habe schon mehrmals in die Hose gemacht. Ich dachte, das wäre erledigt seit meiner Blasen-OP im August 2016. Aber jetzt geht es wieder los. Ich werde die Ärztin fragen, ob das vielleicht an den Chemo-Medikamenten liegt.

Heute habe ich einen sehr schönen Spruch gelesen:

**Die Zeit heilt nicht alle Wunden,
sie lehrt nur, mit dem Unbegreiflichen zu leben.**

Der Spruch ist von Rainer Maria Rilke.

ABSCHIED VON MEINEN HAAREN

Dienstag, 16.5.2017

Heute beginnt ein neuer Zeitabschnitt für mich: die Zeit ohne Haare!!

Als ich nach dem Aufstehen heute Morgen meine Haare bürstete, hatte ich gleich eine ganze Hand voll Haare in der Hand. Und gestern Abend dachte ich noch, mir fallen die Haare wohl gar nicht mehr aus. Jetzt war es so weit. Und ich war irgendwie erleichtert, denn heute Vormittag hatte ich bereits meinen Friseurtermin zum Rasieren des Kopfes. Ich konnte es nun kaum noch abwarten, endlich rasiert zu werden!

Mein Mann fuhr mich mit dem Auto zum Friseur, aber mit reingehen und ansehen, wie meine Haare abrasiert werden, das wollte er einfach nicht. Okay, dafür habe ich Verständnis. Für ihn scheint es viel schlimmer zu sein als für mich. Obwohl es für mich ja gar nicht so tragisch ist. Meine Friseurin erwartete mich schon und führte mich wieder in den separaten Raum für die Krebspatienten. Wir wollen doch die anderen Kunden nicht schocken.

Als ich ihr sagte, dass ich mich nun entschlossen habe, alles abzurasieren, stimmte sie mir gerne zu und erklärte mir, dass es auch wirklich das Beste sei. Denn würde man die Haare nur bis auf einige Zentimeter kürzen, dann würden sich diese schnell unter der Perücke oder den Mützen verfilzen. Und sie hat da schon die schlimmsten Sachen erlebt. Zunächst kämmte sie einen kleinen Teil meiner Haare zu einem Pferdeschwänzchen ab und schnitt dieses fein säuberlich ab. Das wollte ich gerne als Erinnerung an meine eigenen letzten Haare haben. Danach ging es dann sehr schnell. Erst mit der Schere die langen Haare ab und dann mit einem grobzinkigen Rasierer alles vorrasiert. Die Haare waren nun noch 2 mm lang, und es fühlte sich an wie bei einem Mecki-Schnitt. Aber ich wollte sie komplett abhaben und so rasierte sie dann noch einmal mit einem feinen Rasierer darüber. Ja, super, jetzt gefalle ich mir.

Was mir als Erstes auffiel, als die Haare ab waren: Ich sah aus wie mein eigener Bruder. Vorher ist mir diese verblüffende Ähnlichkeit nie aufgefallen, aber ohne Haare jetzt schon. Ich musste lachen, denn es sah zu witzig aus. Werde ihm gleich ein Foto ohne Haare senden, es wird ihm gefallen.

Nachdem meine Friseurin meinen Kopf mit einem feuchten Handtuch von allen Haaren befreit hatte, setzte sie mir meine Perücke auf. Sie saß jetzt ohne meine eigenen Haare darunter supergut. Und ich gefiel mir auch sehr gut. Als ich in den vorderen Bereich des Salons ging, saß dort bereits mein Mann, und ich konnte ihm die Erleichterung ansehen, als er mich mit Perücke sah. Er war begeistert, wie gut sie mir stand. Und auch ich fühlte mich bestens.

Das Rasieren der Haare gehört in diesem Salon zum Service bei Krebspatienten dazu, und so brauchte ich nichts mehr zu bezahlen. Da meine Friseurin aber so nett und verständnisvoll war, habe ich ihr ein größeres Trinkgeld gegeben. Das hatte sie sich absolut verdient.

Als Nächstes fuhren wir noch etwas einkaufen und danach zur Onkologie, weil heute wieder Blut abgenommen werden musste. Es stellte sich heraus, dass meine Leukozyten in den Keller gesunken waren, und die Arzthelferin meinte, ich müsse aufpassen, dass ich mich nirgendwo anstecke und erkälte. Am Montag müsste ich dann nochmals zur Blutbestimmung, und wenn alles okay sei, ginge es am kommenden Dienstag dann mit der nächsten Chemo weiter. Aber bis dahin würde ich die Tage genießen, die jetzt frei von Übelkeit waren.

Wieder zu Hause angekommen, hat mein Mann erst einmal Fotos von mir mit Perücke gemacht. Und auch mein Schwager, der zufällig vorbeigekommen ist, fotografierte meinen Mann zusammen mit mir. Als später meine Freundin kam, zog ich meine Perücke aus, und sie fotografierte mich mit „oben ohne". Ich finde es gar nicht schlimm. Nur etwas kühl ist es am Kopf. Daher habe ich mir dann gleich eine Mütze angezogen. Mit der fühle ich mich auch superwohl.

KURZURLAUB VOR DER 2. CHEMO

Freitag, 19.5.2017

Jetzt sind doch tatsächlich schon 4 Tage vergangen, und mir ging es die ganze Zeit supergut. Abgesehen mal von dem Ziehen im linken Arm. Die Physiotherapeutin hat mich am Dienstagnachmittag noch einmal richtig „bearbeitet". Sie meinte, die Schmerzen kämen sicher von den Nervenbahnen, die da gleich bei den Lymphbahnen entlanglaufen. Ich werde nächste Woche dann die Ärztin mal fragen. Es tat auch nicht immer weh, nur zeitweise. Und wenn ich dann den Arm hochlegte und leicht darüberstrich, dann wurde es besser.

Am Mittwoch habe ich mit meinem Mann eine Tour nach Berlin gemacht ins Estrel-Hotel, und abends haben wir die Musikshow „Stars in Concert" angesehen. Es hat uns sehr viel Spaß gemacht, und wir hatten einen wunderbaren Abend. Am Nachmittag davor machten wir noch einen Spaziergang in Berlin, und dabei haben wir dann ein ganz kleines und unscheinbares veganes Restaurant entdeckt. Wir sind rein und wurden gleich herzlich empfangen. Da wir nun doch schon Hunger hatten, ließen wir uns beraten, und dann zauberte die Dame des Geschäftes ein superleckeres veganes Essen für uns. Mein Mann war genauso begeistert wie ich.

Abends bei der Show habe ich dann natürlich meine Perücke aufgesetzt, ich wollte niemanden schocken, und es sah zu meinem Kleid auch viel besser aus. Langsam gewöhnte ich mich an das Aufsetzen der Perücke, es klappte schon ruckzuck. Aber nach ein paar Stunden war ich dann doch froh, wenn ich sie wieder abnehmen konnte, und ich gönnte meinem Kopf dann Erleichterung, indem ich einfach ein Tuch aufsetzte. Ganz ohne eine Kopfbedeckung fühlte ich mich nicht wohl, es war immer sehr kühl am Kopf, und das trotz hoher Außentemperaturen zurzeit.

Am nächsten Morgen gab es dann ein umfangreiches Frühstücksbuffet mit allem, was das Herz begehrt. Wir haben uns richtig satt gegessen, und nachdem wir alle Formalitäten erledigt hatten, machten wir uns auf den Weg nach Hause. Unser Navi führte uns über etliche Nebenstrecken, aber das war sehr angenehm, weil dort keine Lkw fuhren und wir die herrliche Landschaft genießen konnten. Leider habe ich wohl eine Allergie gegen Blütenpollen, denn während der ganzen Rückfahrt hatte ich mit Augenbrennen zu tun. Erst abends zu Hause ging es mir wieder besser. Ansonsten ging es mir sehr gut, und wir haben den Ausflug wirklich genossen.

Auf der Rückfahrt machten wir ca. 25 km von unserem Wohnort entfernt noch einen kurzen Zwischenstopp, und zwar in Braunlage. Wir mussten einfach mal unsere Beine vertreten und eine Kleinigkeit essen. Dabei kamen wir an einem Geschäft vorbei, welches auf einem Ständer draußen vor der Tür jede Menge Schlauchtücher in allen Farben ausgestellt hatte. Das war es, was ich brauchte. Ich hatte unterwegs meine relativ warme Mütze an und sehnte mich nach etwas luftig Leichtem. So gingen wir rein, und ich kaufte mir gleich 2 Tücher. Man muss einfach immer die Augen offen halten, dann findet man doch was.

Als wir wieder zu Hause waren, lag auch ein dicker Briefumschlag dort, der enthielt die von mir per Internet bestellten Tücher und Mützen. Jetzt hatte ich genug Auswahl, um mich immer mal wieder umzustylen. Es machte mir Spaß, öfter ein andersfarbiges Tuch um den Kopf zu binden. Am einfachsten geht es mit den Schlauchtüchern. Aus dem Internet auf Youtube habe ich mir einige Anregungen geholt. Dort wird man gut fündig, wenn man wissen will, wie man Tücher schön bindet und was man alles so machen kann mit den verschiedenen Tüchern. Kann ich jedem nur empfehlen, dort mal reinzuklicken.

Sonntag, 21.5.2017

Am Freitagabend war ich ziemlich geschafft. Die Tour von Berlin zurück war wohl doch etwas zu anstrengend für mich. Ich war total fertig und legte mich schon am frühen Abend schlafen. Und auch am Samstag habe ich fast den ganzen Tag im Bett gelegen und geschlafen. Bin nur kurz aufgestanden, um schnell was zu essen zu machen, und dann habe ich mich wieder hingelegt. Ich hatte sogar manchmal das Gefühl, als ob ich Fieber hätte. Als ich dann gemessen hatte, war es einmal bei 37,9 Grad. Aber zum Glück nicht mehr. Dann abends war meine Temperatur wieder normal bei 36,7 Grad.

Am Sonntagvormittag ging es mir dann zum Glück wieder besser. Die Müdigkeit war weg, ich war nicht mehr so geschafft und konnte ganz normal rumlaufen und ein wenig im Haushalt erledigen. Auch mein Appetit war wieder normal. Ich konnte gut essen und trinken.

Ab und zu habe ich unverändert Schmerzen in der operierten Brust. Das Hämatom ist immer noch nicht ganz verschwunden, und ich werde morgen die Ärztin fragen, ob das normal ist. Oder ob man da was machen kann. Morgen bin ich bei der Ärztin zur Blutabnahme, denn am Dienstag soll ja die 2. Chemo beginnen. Heute genieße ich es jetzt noch, dass es mir so gut geht.

2. CHEMO

Dienstag, 23.5.2017

Gestern ging es mir wieder richtig gut. Keinerlei Probleme.

Heute früh um 9 Uhr bekam ich dann die 2. Chemo. Dieses Mal gab mir die Schwester ein zusätzliches Medikament gegen die Übelkeit. Das machte mich etwas dösig im Kopf. Habe zwischendurch immer mal wieder geschlafen. Und jetzt zu Hause bin ich auch müde und immer noch dusselig. Richtig komisch im Kopf. Aber keine Übelkeit. Hoffe, es bleibt so. Werde gleich etwas schlafen.

Donnerstag, 25.5.2017

Ich habe am Dienstagabend sehr früh geschlafen, aber es war mir nicht mehr übel. Auch die Nacht habe ich gut überstanden. Am Mittwoch früh habe ich dann gleich meine Tabletten genommen, es wurde auch Zeit. Leichte Übelkeit, aber dann ging es. Ich wurde wieder zur Praxis der Onkologie gefahren mit dem Taxi, und dort bekam ich intravenös erneut Mittel gegen die Übelkeit. Es ging mir relativ gut danach. Bei einem Gespräch mit meiner Ärztin machte sie mir einen genauen Plan für die nächsten Tage mit ausreichend Medikamenten gegen die Übelkeit.

Ich nahm sowohl am Mittwochabend als auch am Donnerstag-
vormittag und -abend die vorgeschriebenen Tabletten, und mir
ging es ohne Übelkeit sehr gut. Nur etwas müde war ich am
Donnerstagnachmittag, ich musste 2 Stunden schlafen. Aber jetzt
geht es mir wieder besser. Nach wie vor bin ich aber sehr lichtempfindlich, und mein Geschmack ist wie bei der ersten Chemo
ziemlich eklig. Sowohl bei Getränken, die ich nur schwer her-
unterbekomme, als auch beim Essen schmeckt alles nicht so besonders. Am besten schmeckt mir wieder Salziges. So wie heute
früh wieder mein Wasser-Haferflocken-Brei mit Salz. Das bekommt mir sehr gut und schmeckt.

Samstag, 27.5.2017

Den gestrigen Freitag habe ich sehr gut überstanden ohne Übelkeit. Es ging mir sogar so gut, dass ich abends keine Tablette mehr
eingenommen habe. Die Nacht habe ich dann auch gut hinter
mich gebracht, allerdings bin ich um 6 Uhr früh aufgestanden
und habe mir wieder meinen Haferbrei gemacht und eine Tasse schwarzen Tee mit etwas Agavendicksaft. Danach habe ich
mich wieder hingelegt und vor mich hin gedöst. Zum zweiten
Frühstück gegen 8 Uhr habe ich dann sogar ein Brot mit Vi-
tam-R-Paste essen können. Das war sehr lecker.

Ich verspüre keine Übelkeit, habe deshalb heute auch keine Tabletten mehr genommen. Gestern merkte ich manchmal, dass
ich Magenschmerzen bekam. Daher will ich die Tabletten jetzt
ganz vermeiden. Meine Sehleistung ist etwas gestört, ich sehe
nicht ganz scharf, auch meine Koordination ist nicht ganz okay.
Beim Schreiben am Laptop mache ich viele Fehler. Mir ist leicht
schummrig zumute, und ich bin etwas zittrig. Werde mich gleich
noch mal hinlegen und ausruhen.

Sonntag, 28.5.2017

Heute Nacht habe ich zum Morgen hin wieder Übelkeitsgefühle bekommen. Ich bin um 5 Uhr aufgestanden und habe mir einen Haferschleim gemacht und einen schwarzen Tee. Danach wieder hingelegt. Es ging etwas besser. Um 8 Uhr wieder aufgestanden, aber ich bin ziemlich wacklig auf den Beinen, leichtes Unwohlsein. Vielleicht liegt es auch mit an der Hitze, die wir zurzeit haben. Tagsüber um die 30 Grad Celsius.

Ich habe oft das Gefühl, als würde durch meinen Körper ein eiskalter Strahl laufen. Dann wieder ein Hitzegefühl. Nachts träume ich komplett verrückte und wirre Sachen. Letzte Nacht war alles schwarz vor meinen Augen, dann plötzlich ein helles Licht in der Mitte, und eine schwarze Spinne bewegte sich dort. Das gleich an mehreren Stellen. Manchmal stehe ich an einem irre hohen Felsen, eine Steilküste führt bergab, aber kein Weg. Eine Leiter ist angelehnt, ohne Ende und ohne Stützen. Ich klettere darauf und komme nicht vor und nicht zurück.

Heute früh habe ich das erste Mal ein Gefühl der Verzweiflung. Jeder sagt mir: „Du schaffst das." Andere haben es auch geschafft. Ist nur eine Frage der Zeit. Ja, das sage ich mir auch immer wieder. Aber wenn es einem so schlecht geht, dann zählt das alles nicht mehr. Es ist einfach nur grausam. Ich hoffe bloß, die Übelkeit und das schlappe Gefühl sind am 8. Tag wieder ganz weg, wie bei der ersten Chemotherapie. Dann geht es mir hoffentlich etwas besser. Ich darf gar nicht ans nächste Mal denken. Tue ich auch nicht, ich denke nur an heute und höchstens an morgen. Es wird schon wieder werden.

Dienstag, 30.5.2017

Es ging mir gestern echt beschissen, ich kann es nicht mehr anders ausdrücken. Den ganzen Tag war es mir übel, ich war total geschafft, habe mehr gelegen als alles andere. Es ist eine irre Hitze, über 30 Grad Celsius. Das trägt sicher auch dazu bei. Ich kann kaum was trinken, nichts schmeckt. Ich kann es nicht schlucken. Muss mich sehr zwingen, überhaupt was runterzukriegen. Essen geht, vor allem alles, was würzig ist und sauer.

In der vergangenen Nacht war mir wieder sehr übel. Um 3 Uhr bin ich zum Klo gerannt, weil ich Durchfall bekam. Es krachte nur so heraus. Um 5 Uhr früh war es dann so schlimm, dass ich aus dem Bett gesprungen und zum Klo gerannt bin, weil ich mich übergeben musste. Aber es kam nur saure Flüssigkeit, weiße Flüssigkeit. Nichts, was mit Essen zu tun hatte. Mir ging es verdammt schlecht, und als ich dann um 7 Uhr wieder aufstand, war ich fix und fertig. Mein Mann nahm mich in den Arm, und ich sagte ihm: „Ich weiß nicht, ob ich das weiter durchziehe. Ich halte es einfach nicht aus mit diesen Nebenwirkungen. Ich sehe im Moment keinen Sinn mehr darin, meinen Körper so fertigzumachen mit allen möglichen Giften, nur um den eventuell noch vorhandenen Krebs zu besiegen. Heute mache ich einen Termin bei meiner Ärztin, ich muss mit ihr reden."

Seit Sonntagabend habe ich noch ein weiteres Problem. In meiner rechten Wade habe ich zeitweise einen irre starken Schmerz, punktuell. Ich weiß nicht, was das ist. Hoffentlich keine Thrombose. Das werde ich heute bei der Ärztin auch abklären lassen. In unserer Tageszeitung steht heute ein sehr passender Spruch, wie für mich gemacht:

Wie lange ich lebe, das liegt nicht in meiner Macht.
Dass ich aber, solange ich lebe, wirklich lebe,
das hängt allein von mir ab.

Ich werde also zusammen mit meinem Mann noch einmal alle Optionen durchgehen, denn so wie jetzt möchte ich kein Jahr lang weiterleben. Es ist einfach nur grausam. Ich bewundere alle Frauen, denen es so schlecht ging wie mir und die das durchgezogen haben. Aber ich will das definitiv nicht. Das weiß ich jetzt.

Freitag, 2.6.2017

Endlich geht es mir wieder besser, und ich kann mein Tagebuch fortführen. Nachdem es mir in der Nacht zu Dienstag so schlecht ging, hat mich mein Mann morgens unverzüglich zu meiner Ärztin gefahren. Sie haben mir gleich eine Infusion gegen die Übelkeit gegeben und anschließend eine Kochsalzlösung, da mein Wasserhaushalt wohl total am Ende war. Es dauerte auch nicht lange, und mir ging es etwas besser. Die Ärztin hat sich dann auch neben mich gekniet und meine Hand gehalten und mit mir sehr verständnisvoll geredet. Das hat mir sehr geholfen, und ich war ihr sehr dankbar für ihr Mitgefühl. Sie sagte mir, dass wir die nächste Chemo stationär machen würden, damit ich gleich rund um die Uhr versorgt werden könnte mit Infusionen, die ja sofort wirken. Anders als bei den Tabletten. Und ich hätte immer Schwestern oder die Ärztin da, wenn irgendwas ist.

Die Ärztin hat mir sehr geholfen, und ich mache die Chemo natürlich weiter. Es kommen nur noch die 2 extrem starken, und dann wird es leichter, das hat sie mir zugesagt. Ich hoffe es und glaube es mal.

Am nächsten Tag war ich dann aufs Neue in der Praxis und habe wieder Infusionen bekommen, unter anderem auch Vitamine, um meinen Körper aufzubauen. Da ich ziemliche Probleme mit meinem Magen habe, hat mir die Ärztin auch noch Tabletten zur Magenschonung aufgeschrieben. Als ich aber die ganzen

Nebenwirkungen gelesen habe, habe ich sie nicht genommen, sondern habe auf mein altbewährtes Hausmittel Heilerde zurückgegriffen. Das hat mir sehr geholfen, und meine Magenschmerzen waren weg. Ich trinke jetzt zweimal täglich Heilerde, und das hilft mir sehr.

In der Nacht von Mittwoch auf Donnerstag bekam ich dann plötzlich einen rasenden Kopfschmerz. Ich wusste nicht, ob ich Schmerztabletten nehmen durfte, und so habe ich mir einen Waschlappen auf die Stirn gelegt und bin irgendwann wieder eingeschlafen. Als ich später wach wurde, waren die Kopfschmerzen zum Glück verschwunden. Morgens habe ich dann bei der Ärztin nachgefragt, ob ich notfalls Schmerzmittel nehmen dürfe. Und man sagte mir, ja, Paracetamol könnte ich ruhig nehmen. Und das mit der Heilerde ist auch okay. Da war ich dann beruhigt, hoffte aber, dass die Kopfschmerzen nicht mehr wiederkämen.

Ein anderes Problem habe ich mit meiner Stimme. Ich merke, dass die Chemo auf meine Stimmbänder schlägt. Manchmal bekomme ich kaum noch einen Ton raus, wie Heiserkeit, aber ohne Schmerzen. Ich darf nicht zu viel reden. Ist ja kein Problem.

Mein Schmerz in der rechten Wade ist glücklicherweise auch wieder weg. Die Ärztin hat das Bein untersucht und mich beruhigt, dass es keine Thrombose ist. Es muss ein muskuläres Problem gewesen sein, sicher auch durch das Chemo-Gift ausgelöst. Das zieht ja bis in den letzten Winkel meines Körpers. Soll ja auch so sein, damit eventuelle Krebszellen vernichtet werden.

In der letzten Nacht habe ich wieder recht gut geschlafen. Obwohl ich mit einem leichten Kopfschmerz nachts aufgewacht bin. Aber es war erträglich, und ich konnte später noch einmal einschlafen. Jetzt am Morgen geht es mir recht gut, sodass ich sogar ein wenig meine Arbeit erledigen kann. Ich will die Zeit genießen, wo es mir gut geht. In anderthalb Wochen sieht es schon wieder anders aus. Aber daran denke ich jetzt erst einmal nicht.

Mittwoch, 7.6.2017

Nun sind bereits mehrere Tage vergangen, in denen ich mich eigentlich sehr gut fühlte. Eine ganz leichte Übelkeit habe ich ständig. Sobald ich eine Kleinigkeit esse, ist das allerdings weg. Ich esse eigentlich dauernd, und ich muss aufpassen, dass ich nicht aus allen Nähten platze. Irgendwie habe ich kein Sättigungsgefühl. Ich könnte immerzu essen. Es schmeckt mir zum Glück auch wieder, und auch trinken kann ich ganz gut.

Etwas Probleme habe ich, wenn ich viel rede. Dann bleibt auf einmal meine Stimme fast weg. Sie ist dann total heiser, und wenn ich nicht aufhöre zu sprechen, fange ich an zu husten ohne Ende. Husten muss ich auch immer, wenn ich esse. Erst nach ein paar Minuten geht es, und ich kann ohne Husten weiteressen.

Gestern war ich wieder bei der Lymphdrainage. Diesmal hatte ich eine andere Therapeutin, weil meine sonst zuständige Therapeutin jetzt 2 Wochen Urlaub hat. Das war aber mal ganz interessant, weil diese Frau mich etwas anders behandelte und mir auch sehr viel Wissenswertes zur Lymphdrainage erzählte. Das eine ist sehr wichtig: Als Krebspatient habe ich das Recht auf Lymphdrainage, die Ärzte müssen es mir immer wieder verschreiben. Gerade weil bei mir alle Lymphknoten unter dem linken Arm entfernt wurden, ist sie äußerst wichtig, die Lymphdrainage, damit sich kein Ödem bildet. Der Abfluss der Lymphe muss unbedingt geleitet werden. Und sie sagte mir, dass ich mich darauf einstellen könne, dass ich Dauerpatient bei ihr bleiben würde. Die nächsten Jahre würde es nicht ohne die Lymphdrainage gehen.

Dann gab mir die Therapeutin ein paar Tipps zur Verbesserung des Lymphflusses. Zum einen soll ich regelmäßig meine Hände zu Fäusten ballen und pumpen. Das regt an. Wenn ich mal Probleme habe und keine Therapiestunde ist möglich, dann soll ich meinen Arm hochheben und oben irgendwo festhalten. Dann kann ich selbst von der Hand aus abwärtsstreichen, aber nur ganz leicht, weil die Lymphbahnen direkt unter der Haut liegen. Das hilft dann schon mal in Notfällen. Ja, das kann ich bestätigen, denn ich habe es tatsächlich schon probiert.

Ein weiterer Tipp ist, mir aus einem großen Kopfkissen ein „Schiffchen" zu bauen. Zwei Zipfel festhalten und den Inhalt nach unten schütteln, und dann hat man in der Längsseite mittig eine Vertiefung, wie bei einem Schiff. Das Kissen dann neben den Körper legen und den Arm so dareinlegen, dass die Hand an der höchsten Stelle ist und der Ellbogen nicht tiefer als die Achsel liegt. So kann die Lymphe ebenfalls abfließen. Geht gut in Rückenlage im Bett.

Ich nutze gerade die guten Tage, um einige wichtige Arbeiten im Büro zu erledigen, die ich in der nächsten Woche nicht mehr machen kann. Denn Montag gehe ich ja zur 3. Chemo in die Klinik. Ich kann sehr viel machen, aber ich merke auch, dass meine Kräfte doch begrenzt sind. Vor allem wenn ich viel auf den Beinen war und zum Beispiel einen Spaziergang machen will. Ich werde sehr schnell müde und muss bald umkehren, um mich dann erst einmal hinzulegen und auszuruhen. Heute Nachmittag habe ich 1,5 Stunden geschlafen, so kaputt war ich auf einmal.

Morgen Vormittag habe ich wieder einen Termin zur Blutuntersuchung, und ich bekomme intravenös Vitamine und Flüssigkeit zugeführt. Habe mir auch schon einen Zettel gemacht, was ich diesmal die Ärztin fragen will. Denn seit gestern habe ich ein neues Problem. An der Innenseite meines Zeigefingers, direkt an der Wurzel, befindet sich ein kleiner Knoten, der gestern sehr schmerzhaft war. Und heute habe ich das gleiche Problem am rechten Zeigefinger bekommen. Außerdem sehen meine Fingernägel eigenartig aus. Sie bekommen alle blaue Flecken, so, als hätte ich mir die Finger gequetscht.

Freitag, 9.6.2017

Mir ging es gestern Nachmittag sehr gut, die Vitamine scheinen zu helfen. Die Ärztin konnte ich leider gestern nicht sprechen, sie war nicht da. Aber das kann ich dann am kommenden Dienstag machen, wenn ich im Krankenhaus zur 3. Chemo bin, da ist die Ärztin dann vor Ort.

Gestern Abend, als ich meine Mütze auszog, habe ich gesehen, dass mir jetzt auch meine letzten Haarfitzel ausfielen. Ich habe die Mütze über der Badewanne ausgeschüttelt, und es rieselten jede Menge 1 cm lange Haare raus. Als ich dann meinen Kopf mit einem Waschlappen bearbeitete, fielen noch jede Menge mehr Haarfitzel raus. Und auch heute früh wieder. Ich bin ganz froh, dass der letzte Rest jetzt auch ausfällt, denn es ist nicht so angenehm, wenn ich mit der Hand über meinen Kopf streiche. Teilweise tut das sogar richtig weh. Und auch bei meinen dünnen Kopftüchern piksen die kleinen Härchen durch das Tuch durch. Na ja, das wird dann ja in den nächsten Tagen erledigt sein.

3. CHEMO STATIONÄR

Dienstag, 13.6.2017

Ich habe immer noch ein paar Haarfitzel auf dem Kopf. Wenn man davon ausgeht, dass man ca. 100 000 Haare auf dem Kopf hat, dann dauert es natürlich, bis auch der letzte Rest raus ist! Es sind jedes Mal Hunderte von Haarstückchen, die mir ausfallen. Irgendwann ist dann wohl auch das letzte Haar weg.

Die letzten Tage ging es mir wieder richtig gut. Gestern ging es mir besonders gut. Ich hatte Appetit, und ich fühlte mich sehr wohl. Um halb zehn werde ich vom Taxi abgeholt, und dann geht es in die Klinik. Bin gespannt, wie die 3. Chemo dieses Mal wird. Ich hoffe, es geht mir nicht so schlecht wie beim letzten Mal. Aber wir werden sehen. Die Hoffnung stirbt zuletzt!

Um kurz vor 10 Uhr bin ich im Krankenhaus angekommen. Erst habe ich an der Rezeption gefragt, wohin ich muss, dann bin ich in die Patientenaufnahme geschickt worden. Da war ich aber auch nicht richtig und wurde weitergeschickt in die „Innere"-Ambulanz, 3. Stock. Dort war ich richtig und war auch schon schriftlich vorgemerkt. Nach der Anmeldung ging es gleich zum EKG, dann rauf in die Station 61. Dort musste der letzte Patient erst das Zimmer verlassen, bevor es gereinigt und die beiden Betten neu gemacht werden konnten. Ich wartete daher im Warteraum der Station.

Zuerst habe ich mir Wasser geholt. Dann kam die Dame von der Essensbestellung, und ich bestellte mir für abends und den nächsten Tag vegetarisches Essen. Vegan liefern sie hier nicht. Zum Glück hatte ich mir Lesestoff mitgenommen, und so konnte ich die Wartezeit mit dem Lesen meines Buches abkürzen.

Dann kam ein Arzt, „Arzt in Weiterbildung" stand auf seinem Kittel. Er erinnerte mich sehr stark an Dr. Brenner aus der Serie „In aller Freundschaft". Klein, etwas dicker, aber sehr nett und aufmerksam. Und sehr bemüht um mich. Er nahm mir aus der Armvene Blut ab, welches dann schon mal untersucht werden konnte.

Nach einiger Zeit kam dann auch schon das Mittagessen. Kartoffeln mit Möhren-Kohlrabi-Gemüse und Hähnchenbrust! Na ja, das Fleisch habe ich liegen lassen, das Gemüse und die Kartoffeln gingen. Das Essen kommt hier halt aus einer Großküche in Northeim. Da darf man nicht zu anspruchsvoll sein.

Ca. 14 Uhr war dann das Zimmer fertig, und ich konnte einziehen. Zimmer 20 mit eigenem Telefon (kostenlose Benutzung). Ich habe mir das Bett am Fenster ausgewählt mit schöner Aussicht über Herzberg.

Dann kam der Arzt noch mal und hörte meine Herztöne ab und meine Lunge. Alles war okay. Auch die Blutuntersuchung und das EKG waren in Ordnung. „Dann können wir ja morgen mit der Chemo loslegen", meinte er. Die Ärztin soll heute auch noch kommen, wegen Medikamentenplan. Bin mal gespannt, wann sie kommt, denn ich habe noch einige Fragen. Und ich weiß, dass sie um 17.00 Uhr in Bad Lauterberg einen Vortrag im Haus des Gastes hält, mit dem Thema „Diagnose Krebs – und was kommt danach?" Wäre ich ja gerne hingegangen, aber geht nun mal nicht.

Jetzt hätte ich Appetit auf einen Kaffee und ein trockenes Brötchen. Mal schauen, ob draußen schon was steht, da kann ich mich selbst bedienen, wenn ich das möchte. Und Brötchen kriege ich hoffentlich unten in der Cafeteria.

Um 16 Uhr kam dann tatsächlich meine Ärztin, und sie versicherte mir, dass es mir diesmal besser gehen würde. Ich bekäme bereits heute Abend ein Mittel für den Magen, zum Schutz, und das würde auf jeden Fall schon helfen. Und morgen gäbe es dann die Chemo. Und in der nächsten Woche bekäme ich wieder Vitamin-Infusionen. Die hat ihr früherer Chef in der alten Klinik auch immer mit Erfolg seinen Patienten gegeben. Anschließend habe ich sie wegen unseres Urlaubs im Juli gefragt, und sie meinte, das müssten wir hinkriegen. Morgen käme sie wieder, und dann würden wir darüber sprechen. Ich müsste aber jetzt auf jeden Fall bis Donnerstag in der Klinik bleiben.

16.30 Uhr. Ich hoffe, gleich kommt das Abendessen. Ich habe schon wieder großen Hunger. Heute Nachmittag habe ich mir mehrere Päckchen Knäckebrot und Vollkornbrot vom Getränketisch draußen geholt, weil ich schon so hungrig war. Ich könnte dauernd essen. Das war ja auch schon zu Hause so.

Am Abend kam noch ein Arzt von der internistischen Abteilung und setzte mir am rechten Handgelenk einen Zugang für die Elektrolytlösung, die ich abends noch bekommen sollte.

Spätabends so gegen 22.30 Uhr kam dann die Schwester und hängte den Tropf an. Bis um 3.30 Uhr in der Nacht lief alles durch, während ich schlief. Dann wurde ich wach, weil ich zum Klo musste. Ich rief die Schwester, und sie machte den Tropf ab. Ich schlief dann noch weiter bis um 6.00 Uhr früh.

14.6.2017

Ich liege übrigens im „Hamsterzimmer". Auf der Eingangstür ist ein Foto von einem Hamster. Hier auf der Station liegen nämlich überwiegend Geriatrie-Patienten. Auch solche mit Demenz.

Und damit diese ihr Zimmer leichter wiederfinden, haben sie Tierbilder auf den Türen.

10.30 Uhr. Jetzt haben sie mir die erste Pulle Elektrolyte (1 l) angehängt. Und ich habe 1 Tablette geschluckt. 12.00 Uhr – der Pfleger kam und maß meinen Blutdruck = 130/70 und Puls 71.

Es kommt gerade eine neue Patientin. „Sie können Irmel zu mir sagen", meint sie. Eine ältere Dame, wie ich später erfahren soll, fast 90 Jahre. Aber geistig total fit und sehr nett.

Um 13.30 Uhr bekomme ich nun meine Chemo in 2 x 70 ml Spritzen. Der Arzt sitzt neben meinem Bett und kontrolliert alles genau. Immer 5 ml Chemo, dann Kochsalzlösung. Nach ca. 1 Stunde ist alles durch. Danach gibt es noch ein helles Mittel und Uromitexan für die Blase.

Während der Verabreichung der Chemo habe ich ein interessantes Gespräch mit dem Arzt geführt. Er erzählte mir, dass man gute Ergebnisse bei anderen Patienten und Krebsarten mit Methadon erzielt hat. Und das ist im Verhältnis zur Chemo in Cent-Beträgen zu finanzieren. Er wusste aber nicht, ob es dazu schon Studien bei Brustkrebs gibt. Auf jeden Fall wollte er sich mit meiner Ärztin weiter darüber besprechen und sich informieren, wie sie das hier in der Klinik eventuell auch anwenden könnten.

Weil meine Chemo die Venenwände angreift, werden immer nur 5 ml und dann wieder Kochsalzlösung eingeleitet. Das schützt meine Venen. Außerdem erklärte mir der Arzt, dass hier in Herzberg auf internationalem Niveau gearbeitet und behandelt wird. Er meinte: „Durch Internet und E-Mail sind wir immer auf dem allerneuesten Stand der Wissenschaft. Wenn es irgendetwas Neues gibt, erhält Helios sofort eine Mail mit den neuesten Ergebnissen. Es wird mitgeteilt, wenn eine Dosis geändert werden sollte. Sie sind hier also allerbestens aufgehoben." Und zum 1.8.2017 wird die Station von meiner Onkologin in der Klinik fertig und eröffnet.

15.6.2017

Heute Nacht habe ich sehr gut geschlafen. Nur 1 x bin ich wach geworden, wegen Klogang. Ich habe ganz leichte Kopfschmerzen. Am Morgen verspürte ich eine ganz schwache Übelkeit. Um kurz vor 8 Uhr habe ich mir einen schwarzen Tee geholt, damit ich etwas in den Magen bekomme. Danach ging es mir gleich besser.

Ich merke im Körper, wie die Krebsmittel wirken. Es kribbelt im ganzen Körper, und es ist ein komisches Gefühl. Ab und zu bekomme ich Hitzewellen. Aber nur kurz. Heute Morgen bin ich etwas schwach. Blutdruck 120/60. Nur mit viel Überwindung kann ich meine 2 Brötchen essen. Dazu 1 schwarzer Tee und 1 Pfefferminztee. Nach dem Frühstück habe ich mich erst mal wieder hingelegt. Vorher habe ich noch eine kleine Runde auf dem Flur gedreht. Mein Stuhlgang ist sehr rege, ich muss dauernd zum Klo rennen. Kein Durchfall, aber weich und fast schwarz.

16.00 Uhr

Unsere Tochter aus Amerika ist mit ihrem Sohn zu Besuch gekommen. Da wir ja wegen meiner Krankheit unsere Amerika-Reise stornieren mussten, sind die beiden nun nach Deutschland gekommen. Heute sind sie zusammen mit meinem Mann zu mir ins Krankenhaus gekommen. Wir sind gemeinsam in die Cafeteria gegangen, wo ich ein Eis gegessen habe. Später haben wir uns draußen auf die Bank gesetzt, und unser Enkel hat einen Blumenstrauß mit Wiesenblumen für mich gepflückt.

Danach bin ich 6 Etagen zu Fuß wieder nach oben zu meinem Zimmer gegangen. Hat sehr gut geklappt, es geht mir gut. Aber jetzt bin ich doch ziemlich geschafft und muss etwas schlafen.

16.6.2017

Ich habe gut geschlafen in der letzten Nacht. Heute früh habe ich erhöhte Temperatur, 38 Grad Celsius. Ich verstehe es gar nicht. Puls 70, Blutdruck 140/80. Keine Übelkeit, keine Schmerzen, nur etwas zittrig.

Nach 10 Minuten kommt der Pfleger wieder mit einem anderen Thermometer und misst noch mal. Ihm war aufgefallen, dass alle seine Patienten Fieber haben. Und siehe da: Das Thermometer war kaputt. Ich habe nur 36,7.

Nach dem Frühstück habe ich noch eine Flasche Ondansetron bekommen, intravenös, und danach noch eine Infusion mit Aufbaustoffen, Mineralien und Vitaminen.

Mittags kam dann unsere Tochter, und sie nahm mich nach dem Mittagessen mit nach Hause.

Sonntag, 24.6.2017

Inzwischen ist eine ganze Woche vergangen, seitdem ich wieder zu Hause bin. Es ging mir relativ gut, bis auf zeitweilige leichte Übelkeit. Und das immer wieder, bis vor 3 Tagen, seitdem ist die Übelkeit wieder wie weggeblasen. Ich habe am Mittwoch wieder einen starken Stuhlgang gehabt, zeitweise richtigen Durchfall, und das den ganzen Tag und nachts. Am Donnerstag ging es mir dann erneut sehr gut, und die Übelkeit war weg. So, als wäre alles Gift wieder aus dem Körper raus.

Nur manchmal habe ich noch das Gefühl, als würde die Chemo in den einzelnen Körperteilen arbeiten. Es brennt plötzlich wie Feuer in meinen Armen oder Beinen. Aber nur wenige Sekunden, und dann ist es wieder vorbei. Doch ich bekomme auch öfters wieder Hitzewellen. Wie in den Wechseljahren. Inzwischen kann ich besser trinken, ohne den Widerwillen kurz nach der Chemo. Da bekomme ich ja dann kaum etwas runter. Es schmeckt alles widerlich. Essen geht, da esse ich höchstens zu viel, da ich nicht weiß, wann ich satt bin. Ich habe bisher auch nicht abgenommen, sondern eher leicht zugenommen.

Heute war ich mit meinem Mann im Kurpark. Er hat dort mit dem Harzklub in der Konzertmuschel Musik gemacht, und ich bin mit Charly im Park spazieren gegangen. Es war sehr schön und hat mir echt gutgetan. Nur zwischendurch musste ich mich doch öfters mal hinsetzen, da ich geschafft war.

Unsere Tochter aus Amerika ist ja da mit unserem kleinen Enkel, und das macht mir auch sehr viel Freude. Ich bin froh, dass ich mich doch mehr mit dem Kleinen beschäftigen kann, als ich vorher dachte. Ich kann mit ihm Spiele machen und Rätsel lösen usw. Auch das gibt mir wieder richtigen Aufschwung.

Am kommenden Dienstag habe ich erneut einen Termin in der Praxis zur Infusion einer Nährstofflösung. Das scheint mir gut zu bekommen.

Was mir ebenfalls aufgefallen ist, meine Fingernägel werden zunehmend blauer. So, als hätte ich sie alle geklemmt. Die Ärztin meinte aber, das sei normal und wäre nicht weiter schlimm.

Dienstag, 27.6.2017

Heute war ich also in der Praxis zur Infusion. Das bekommt mir inzwischen sehr gut und scheint über die Chemo-Probleme hinwegzuhelfen. Jeweils in der letzten Woche vor der nächsten Chemo geht es mir immer am besten. Ich habe manchmal das Gefühl, dass ich gar nicht krank bin. Es ist auch sehr schön, dass unsere ganze Familie am kommenden Wochenende da sein wird. Sogar mein Bruder wird uns besuchen kommen. Darauf freue ich mich auch schon sehr.

Montag, 3.7.2017

Das vergangene Wochenende mit der kompletten Familie war wunderbar. Sonntagvormittag ist mein Bruder dann wieder abgereist. Es ging ihm nicht so gut, er hatte die 1. neue Chemo erst wenige Tage hinter sich, und er fühlte sich sehr schwach. Aber er wollte keine Nacht länger bei uns übernachten, er wollte gerne nach Hause fahren. Er meinte, im Sitzen ginge es schon. Zum Glück rief er gleich an bei seiner Ankunft, und er war wirklich gut nach Hause gekommen.

Auch unsere ältere Tochter fuhr am Sonntag wieder nach Köln zurück, denn dort wartete am Montag die Arbeit auf sie.

4. CHEMO STATIONÄR UND GÜRTELROSE

Dienstag, 4.7.2017

Heute bin ich wieder ins Krankenhaus gefahren, um dort die 4. Chemo zu bekommen. Ich hatte dieses Mal großes Glück, denn man hatte mir sogar ein Einzelzimmer reserviert. Ich machte es mir dort gemütlich, und so dauerte es auch gar nicht lange, bis der Arzt mit allen Infusionen zu mir kam. Der Tag war ausgefüllt mit Untersuchungen und Infusionen. Es ging mir aber sehr gut dabei, ich hatte keinerlei Probleme. Noch besser als bei der 3. Chemo.

Freitag, 7.7.2017

Eigentlich sollte ich Mittwochnachmittag schon nach Hause fahren dürfen. Aber am Dienstagabend bekam ich ein Problem mit der Atmung. Ich lag auf dem Rücken und schlief, denn ich war durch die vielen Infusionen sehr müde. Plötzlich wurde ich wach und hatte das Gefühl, ich ersticke. Ich konnte meine eigene Spucke nicht mehr herunterschlucken. Es ging einfach nicht, sosehr ich mich auch anstrengte. Ich drückte gleich den roten Knopf für die Schwester, die glücklicherweise auch sehr schnell kam. Ich konnte zwar zwischendurch mal wieder schlucken, aber die meiste Zeit hatte ich damit Probleme. So wollte die Schwester dann einen Arzt rufen, sicherheitshalber.

Eine halbe Stunde später kam dann ein Internist, sehr jung, sehr freundlich und mitfühlend. Er untersuchte mich und meinte, im Hals, in der Nase und in den Ohren sei alles okay. Er konnte sich nur vorstellen, dass ich eine allergische Reaktion hatte auf irgendein Medikament. So gab er mir eine Spritze mit Cortison und ein Antiallergikum. Es dauerte auch nicht lange, und mir ging es besser.

Als meine Ärztin dann am Mittwoch früh kam, meinte sie, ich solle zur Kontrolle doch noch bis Donnerstag bleiben. Das wäre sicherer, falls ich noch mal so ein Atemproblem bekäme. Das war mir auch recht, und so konnte ich dann am Donnerstag nach dem Frühstück nach Hause fahren. Es ging mir gut, und ich hatte keine Probleme mehr.

Samstag, 8.7.2017

Gestern Abend bekam ich plötzlich einen starken Durchfall. Es knallte nur so raus aus meinem Darm. Ich musste mehrmals am Abend und in der Nacht zur Toilette laufen. Ich hoffte, dass es am Samstag dann besser sein würde, denn wir wollten ja in Urlaub fahren mit dem Auto.

Es ging dann am Samstag etwas besser, aber nicht so richtig gut. Wir fuhren also los, und zum Glück konnte ich bei allen Stopps dann mein Geschäft erledigen. Es war nicht gerade angenehm. Aber ich hoffte immer noch, dass das bald vorbei wäre.

Montag, 10.7.2017

Mein Durchfall wurde nicht besser. Es war ein Glücksspiel, wenn wir unterwegs waren. Denn gestern sind wir zum Beispiel mit dem Bus nach Bad Griesbach gefahren, und ich hatte schon Albträume davon, dass ich nicht rechtzeitig zur Toilette käme. Es klappte zum Glück aber jedes Mal.

Montagfrüh rief ich dann meine Ärztin an und fragte, was ich machen solle. Sie empfahl mir, in der Apotheke Imodium akut zu kaufen, und dann müsste es besser werden. Wir fuhren also heute nach Passau mit dem Auto, und dort besorgte ich mir gleich das Medikament. Die Apothekerin war sehr freundlich und erklärte mir genau, wie ich es einnehmen solle. Das machte ich dann gleich in der Apotheke. Und ich muss sagen, es wirkte direkt. Ich hatte keinen Druck mehr und konnte mehrere Stunden ohne Probleme spazieren gehen. Aber als ich wieder einen starken Drang verspürte, suchte ich schnellstens ein Klo auf, und danach nahm ich noch eine Tablette.

Ich kaufte mir auch gleich noch Heilerde zum inneren Gebrauch. Damit habe ich zu Hause ja immer gute Erfahrungen gemacht. Es half auch einigermaßen.

Samstag, 15.7.2017

Die vergangene Urlaubswoche war sehr schön. Wir haben viel erlebt und viel gesehen. Und trotz immer wiederkehrendem Durchfall klappte alles sehr gut. Gestern Abend jedoch bekam ich einen Ausschlag am Bauch. Es sah aus, als hätten mich Milben gestochen. Ganz komisch. Ich dachte mir, ich warte bis Montag, dann gehe ich zu meiner Ärztin, die kann sich das mal ansehen, wenn es bis dahin nicht schon von selbst weggegangen ist.

Montag, 17.7.2017

Der Ausschlag war nicht von selbst weggegangen, sondern breitete sich aus. Da er zu jucken anfing, besorgten wir am Sonntag noch Fenistil-Gel mit Cortison. Das schmierte ich zweimal auf diese Stellen, aber ich hatte das Gefühl, es würde davon noch schlimmer. Also machte ich nichts mehr darauf.

Heute Vormittag fuhr ich dann zu meiner Ärztin. Sie fragte mich genau nach dem Durchfall aus, wann, wieviel, wie oft usw. Und dann sah sie sich meinen Ausschlag an und wusste gleich, was ich habe. Herpes-Virus-Infektion. Am Bauch ist das die sogenannte Gürtelrose. Und das war nicht gerade beruhigend. Sie meinte zwar, das kriegen wir hin. Aber ich muss jetzt 5 große Tabletten am Tag schlucken (alle 4 Stunden) und das 7 Tage lang. Nächste Woche Dienstag muss ich zur Blutabnahme kommen, dann werden meine Nieren überprüft, und sie wird nachschauen, ob die Infektion weg ist. Sollte alles okay sein, dann kann ich am Mittwoch nächster Woche die 5. Chemo bekommen. Wenn nicht, muss diese verschoben werden.

Ich habe mich nirgendwo angesteckt, sagte mir meine Ärztin, sondern das Virus hat in meinem Körper schon viele Jahre geschlummert. Und jetzt ist es durch meine Immunschwäche geweckt worden und ausgebrochen. Das kann immer passieren. Das Virus trägt jeder in sich, aber es wird nur aktiv bei Immunschwäche oder Stress oder sonstigen Gründen.

Auch der Durchfall hängt damit zusammen, und er wird dann genauso verschwinden wie der Ausschlag. Das hoffe ich dann mal.

Außerdem ist der Ausschlag, sobald die Bläschen platzen, hoch infektiös und ansteckend. Man sollte ihn nicht anfassen und schon gar nicht mit ungewaschenen Händen hantieren. Und am besten ist es, sich die Hände öfters, sprich regelmäßig, zu desinfizieren.

Auch soll ich vorsichtig sein, wenn ich Geld anfasse, Griffe von Einkaufswagen, Türgriffe usw. Überall dort wimmelt es nur so von Viren. Daher habe ich mich heute gleich mit Desinfektionsspray und -tüchern für die Hände und für Gegenstände eingedeckt. Ich werde also noch vorsichtiger sein, mir und auch anderen zuliebe.

Donnerstag, 20.7.2017

Mein Ausschlag war gestern richtig „aufgeblüht" und hat sich noch weiter ausgebreitet. Ich war bei der Ärztin, und sie versicherte mir, das sei normal, gehe dann aber langsam zurück.

Nachdem ich aus der Praxis rausging, rief mich auf einmal jemand mit Namen. Es war meine Ärztin, die hinter mir hergelaufen kam. Sie fragte mich, ob es mir gut gehe. Ich sagte: „Ja, warum?" Sie meinte, ich habe einen sehr unsicheren Gang und sie dachte, mir sei es schwindlig oder übel. Daher sei sie auch hinter mir hergegangen. Ich konnte ihr versichern, dass alles okay wäre und ich immer so komisch laufe. Das haben mir meine Töchter schon seit Jahren gesagt, ich solle mal vernünftig gehen. Aber ich glaube, diese Gangart liegt an meiner schiefen Wirbelsäule und dem Bandscheibenvorfall in der Lendenwirbelsäule. Da kann ich leider nichts dran ändern. Auf jeden Fall fand ich es ganz toll, dass sich eine Ärztin die Zeit nimmt, hinter einem herzurennen, um sicher zu sein, dass es einem gut geht. So was habe ich vorher noch nie erlebt. Alle Achtung für diese Ärztin!!

Meine Ärztin hatte recht, heute sieht der Ausschlag wirklich so aus, als würde er sich langsam zurückbilden. Die kleinen Knötchen vertrocknen, und es juckt auch nicht mehr. Nur manchmal habe ich noch Schmerzen, aber immer nur kurz. Das Schlucken der Tabletten ist nicht so schlimm, wie ich dachte. Denn die Dinger sind riesig. Ich stelle mir immer den Wecker, damit ich den Zeitrhythmus von 4 Stunden nicht verpasse.

Vorgestern erfuhr ich von einer weiteren sehr guten Bekannten, dass sie Brustkrebs hat, und gestern wurde ihr schon die Brust abgenommen. Sie hatte einen 8 cm großen Knoten, und Lymphknoten waren ebenfalls befallen. Vor 4 Wochen hatte ich sie das letzte Mal gesehen, da wusste sie noch nichts davon, und sie sah blendend aus. Und jetzt ist schon die Brust ab. Es gibt wirklich immer mehr Frauen mit dieser Diagnose, und es ist schon erschreckend. Das einzig Positive ist, dass man diesen Krebs so gut behandeln und mehr oder weniger heilen kann. Ich habe inzwischen auch von vielen anderen gehört, die das alles hinter sich haben, und schon jahrelang ist kein neuer Krebs aufgetreten.

Jeder Tag, den man durch die Chemo dazugewinnt, ist ein echter Gewinn. Man muss jeden Tag aktiv leben und genießen. Ich versuche es, und sowohl ich als auch mein Mann sind sehr positiv eingestellt. Wir fragen nicht ständig danach, warum ausgerechnet mir das passiert ist. Das bringt nämlich nichts, dann zermartert man sich nur sein Gehirn, und es ändert trotzdem nichts. Es ist, wie es ist, und jetzt leben wir und machen das Beste daraus. Und ich werde versuchen, diese positive Einstellung auch bei anderen in dieser Situation herüberzubringen. Man kann wirklich froh und dankbar sein, dass der Krebs entdeckt wurde und dass er jetzt bekämpft werden kann. Andere haben das Glück nicht und müssen sterben. Aber ich darf leben!

Montag, 24.7.2017

Heute früh habe ich meine letzte Tablette gegen den Herpes-Virus geschluckt. Die Entzündung, Knötchen und Röte um den Bauch und den Rücken herum sind merklich zurückgegangen.

Die Knötchen vertrocknen und bilden Krusten. Aber um den ganzen Bereich herum habe ich ab und zu starke Schmerzen. Ich darf auch nicht feste darauffassen, auch das tut weh. Außerdem habe ich gestern Nachmittag wieder mal Durchfall gehabt. Vorher war der Stuhl tatsächlich ziemlich fest gewesen. Mal sehen, wie es heute wird. Und was mir noch aufgefallen ist, seit ein paar Tagen habe ich einen trockenen Husten. Manchmal kommt auch ein wenig Schleim mit. Aber kein Eiter. Vielleicht ist es eine allergische Reaktion auf das Medikament. In der Beschreibung steht was davon. Dann müsste es ja besser werden, wenn ich jetzt keine Tabletten mehr nehme.

Morgen habe ich dann einen Termin bei meiner Ärztin zur Blutuntersuchung. Mal schauen, ob alles okay ist und Mittwoch die Chemo fortgesetzt werden kann. Ich hoffe es, damit ich da weiterkomme.

Mittwoch, 26.7.2017

Gestern war ich bei meiner Ärztin. Sie schaute sich meinen Bauch an und meinte, da muss ich leider noch weiterhin die Tabletten schlucken. Die Rötung muss komplett weg sein, vorher ist alles noch nicht ganz ausgeheilt. Die Chemo wird also erst einmal verschoben. Außerdem hat sie mir jetzt ein starkes Schmerzmittel verschrieben, da die Schmerzen im Bauchbereich immer stärker wurden. Und ich muss abends 1 Tablette für den Magenschutz einnehmen. Langsam muckt nämlich auch wieder mein Magen auf.

Zu Hause angekommen habe ich gleich eine Tablette geschluckt und auch eine Schmerztablette genommen. Es dauerte nicht lang, da ließen die Schmerzen bereits nach. Es hilft also.

5. CHEMO AMBULANT

Die erste von 12 Chemos wöchentlich

Mittwoch, 2.8.2017

Gestern bekam ich meine nächste Chemo-Infusion. Die erste von 12 Serien mit dem Wirkstoff Paclitaxel. Ich war 4 Stunden in der Praxis, bekam diverse Mittel intravenös. Ich war sehr müde und habe fast die ganze Zeit geschlafen. Aber es ging mir gut, kein bisschen Übelkeit dieses Mal. Am Montag war ich ja zunächst noch einmal bei meiner Ärztin zur Kontrolluntersuchung. Der Ausschlag von der Gürtelrose war sehr gut weggegangen, nur noch leicht zu sehen. Ich hatte auch keine Schmerzen mehr. Und meine Blutwerte waren sehr gut. So konnte ich dann gestern die Chemo in Angriff nehmen.

Auch heute geht es mir richtig gut. Nur meine Wangen glühen von dem Cortison. Das habe ich jedes Mal, aber es tut nicht weh und ist nicht so schlimm wie die Übelkeit. Außerdem geht es vorbei, wenn ich kein Cortison mehr einnehmen muss.

Wenn es beim nächsten Mal, am kommenden Donnerstag, auch wieder so gut ist, dann habe ich keine Sorge mehr wegen der nächsten Chemos. Na ja, ich bin guten Mutes und warte mal ab. Auch lasse ich mich überraschen, welche anderen Nebenwirkungen auf mich zukommen.

Von meiner Düsseldorfer Freundin habe ich die Tage erfahren, dass sie am Freitag nachoperiert werden muss. Man hatte bei der Brust-OP nicht ausreichend Gewebe entfernt und festgestellt, dass noch Krebszellen im Gewebe vorhanden sind. Bei ihr war es etwas schwierig, weil der Knoten ziemlich dicht an der Oberhaut lag und man nicht so leicht alles ausschälen konnte. Jetzt wollen sie sogar vom Rücken Haut entnehmen und auf die Brust transplantieren. Sie lässt sich überraschen, was da auf sie zukommt. Ich wünsche ihr jedenfalls das Allerbeste.

Sonntag, 6.8.2017

Mir geht es immer noch gut. Ab und zu habe ich Magenschmerzen, und die roten Stellen von der Gürtelrose jucken etwas. Aber ich mache jetzt regelmäßig Babyöl auf die trockenen Stellen, und das hilft sehr gut. Tabletten brauche ich nur noch die eine für den Virus zu nehmen, ansonsten brauche ich nichts mehr. Die geröteten Wangen sind auch passé. Mein Stuhlgang ist wieder ganz normal. Seit gestern habe ich Schmerzen im rechten Unterbauch, wie bei einer Blinddarmentzündung. Aber ich hoffe, es ist keine. Im Moment sind die Schmerzen auch wieder weg.

Was mir mehr zu schaffen macht, ist mein Geschmacksempfinden. Es schmeckt alles nach Metall. Nicht nur das Essen, auch die Getränke. Wenn ich Wasser zur Tablette trinke, ist das eine große Überwindung. Es schmeckt einfach scheußlich. Ab und zu rühre ich mir einen Kakao an, der schmeckt so einigermaßen. Oder einen Cappuccino. Aber Tee ist so gut wie unmöglich, nach den ersten drei Schlucken geht es nicht mehr, und ich schütte ihn meistens wieder weg. Heute Mittag habe ich einen Gemüseeintopf gemacht. Mit viel Brühe. Und das hat einigermaßen geschmeckt, habe sogar zwei Teller voll gegessen.

Morgen habe ich endlich wieder eine Lymphdrainage. Es ist dringend nötig, ich merke, dass es in der Achselhöhle und an der Brust Probleme gibt. Bin sehr froh, wenn wieder daran gearbeitet wird.

Was mir in den letzten 2 Wochen auch aufgefallen ist, ich habe eine gewisse Inkontinenzschwäche. Ich schaffe es oft nicht rechtzeitig zur Toilette. Das war nach meiner Blasen-OP im letzten Jahr alles bestens in Ordnung. Ich hoffe, dass es nur an den Chemo-Medikamenten liegt, dass ich jetzt wieder inkontinent bin. Ich werde es weiter beobachten.

Dienstag, 8.8.2017

Gestern ging es mir richtig gut. Ich war voller Energie und konnte auch sehr viel machen. Keine Schmerzen, keine Übelkeit, guter Geschmack nach langer Zeit. Ich konnte essen und trinken, und es schmeckte mir sogar wieder. Wahrscheinlich wird es nach der nächsten Chemo wieder anders. Solange genieße ich diesen schönen Zustand.

Weniger gut geht es meinem Bruder, der am Sonntag zu uns zu Besuch kam und eigentlich am Montag schon wieder nach Hause fahren wollte, weil er Dienstag einen Termin zur Untersuchung im Krankenhaus hatte. Aber gestern ging es ihm so schlecht, er hat fast den ganzen Vormittag geschlafen, und innerhalb weniger Stunden lief er 7-mal aufs Klo mit Durchfall. Seit zwei Wochen hat er den schon, und immer richtig schwarz. Ich habe dann unsere befreundete Ärztin Nicole angerufen, die mir sagte, das deute alles auf Blutungen im Magen-Darm-Bereich hin und er müsste sofort ins Krankenhaus. Ich habe dann den Rettungswagen angefordert, und er wurde ins Krankenhaus Herzberg gebracht, wo er auch sofort untersucht wurde. Heute wird dann bei ihm eine Magen-Darm-Spiegelung gemacht, und wir warten mal ab, was dabei herauskommt. Hoffentlich keine niederschmetternde Nachricht.

6.-16. CHEMO AMBULANT

Donnerstag, 10.8.2017

Heute Vormittag hatte ich die 2. Chemo mit Paclitaxel. Es dauerte insgesamt 3,5 Stunden, dann wurde ich vom Taxi abgeholt und nach Hause gebracht. Mir ging es recht gut, ich machte für uns Mittagessen und konnte auch gut essen. Aber dann, ca. eine halbe Stunde nach dem Essen musste ich aufs Klo, und ich hatte Durchfall, der kein Ende nehmen wollte. Dazu starke Bauchkrämpfe. Als endlich alles raus war, war ich so fix und fertig, dass ich mich hinlegen musste und bis ca. 17 Uhr geschlafen habe. Dann ging es mir gut. Keine Übelkeit, keine Schmerzen. Ich konnte einiges erledigen und zum Abend auch wieder essen. Und bis jetzt, 22.00 Uhr, geht es mir immer noch sehr gut. Werde mich gleich hinlegen und schlafen.

Samstag, 12.8.2017

Gestern ging es mir sehr gut, es war gar nicht das Gefühl da, dass ich eine Chemo bekommen hätte. Lediglich meine Wangen glühten wieder von dem Cortison. Ansonsten hatte ich keine Probleme. Die letzte Nacht habe ich auch sehr gut geschlafen. Mein Geschmackssinn spielt allerdings wieder verrückt, es schmeckt alles nach nichts oder, besser gesagt, eklig. Schlimm ist es wieder beim Wassertrinken, das bekomme ich kaum runter. Positiv hat sich meine leichte Inkontinenz entwickelt, da ist wieder alles in

Ordnung. Manchmal habe ich schwere und unruhige Beine, aber es hält sich in Grenzen. Heute Nacht fingen die Stellen, wo die Gürtelrose war, wieder stark an zu jucken. Ich habe dann Babypuder darauf eingerieben, und heute früh war alles wieder gut. Es ist immer noch leicht gerötet, aber das Jucken ist weg.

Meine Augen haben heute früh ein wenig Probleme gemacht, ich konnte zeitweise nicht richtig schauen. Aber das ist jetzt auch schon wieder weg. Meine Augenbrauen und Wimpern fallen nun verstärkt aus. Ein paar Härchen sind noch da, aber ich glaube, das wird bald alles verschwunden sein.

Am Freitagmittag konnte ich meinen Bruder wieder aus dem Krankenhaus abholen. Alle Untersuchungen wurden gemacht, und es war alles in Ordnung. Die Ärzte können sich auch nicht erklären, woher er seine Probleme hatte. Vielleicht hatte er sich irgendwas eingefangen, was dann den starken Durchfall ausgelöst hatte. Mithilfe von Infusionen und Medikamenten und Vitaminen haben sie ihn wieder so weit hingekriegt, dass er nach Hause darf. Ein Glück – wir sind froh und dankbar, dass es keine schlimmen Nachrichten den Magen und Darm betreffend gab. Es reichen ja auch wirklich die anderen Probleme, die er hat.

Donnerstag, 17.8.2017

Heute habe ich meine 3. Chemo im neuen Zyklus bekommen. Die Infusion des Chemo-Mittels dauerte diesmal nur 1 Stunde, und so wird es auch bei den weiteren sein. Somit konnte ich nach 2,5 Stunden wieder nach Hause fahren. Mir geht es gut, und ich hoffe, es bleibt so.

Meine Probleme der letzten Woche waren Knieschmerzen, Rücken- und Lendenschmerzen. Gestern Abend habe ich mir eine

Wärmeflasche in den Rücken gelegt, dann ging es besser. Meine Zehen fühlen sich oft taub an. Ich mache ständig Bewegungsübungen und hoffe, es wird bald wieder besser. Die juckenden Stellen der Gürtelrose haben sich auch bedeutend gebessert. Man kann es kaum noch erkennen, und es juckt auch fast nicht mehr.

Samstag, 19.8.2017

Donnerstag habe ich nachmittags fast nur geschlafen, ich war von der Chemo doch wieder ziemlich geschafft. Abends ging es mir dann recht gut, bis auf einmal mein Darm anfing wie verrückt zu rumoren und ich gerade noch rechtzeitig zur Toilette kam, wo ich Massen an Durchfall hatte. Ich glaube, der komplette Darm ist entleert worden. Es war alles fast schwarz und stank erbärmlich. Danach ging es mir jedoch richtig gut, und ich konnte nachts sehr gut schlafen. Eigentlich ist es jedesmal dasselbe Spiel.

Am Freitag bin ich gestärkt aufgewacht und konnte den ganzen Tag lang meiner Arbeit nachgehen und auch mit Horst einen schönen Spaziergang machen. Mein einziges Problem ist mein Geschmack, der ist seit Freitagabend so eklig wie noch nie. Alles schmeckt, als wäre es versalzen. Essen und Getränke, egal ob kalt oder warm, süß oder sauer. Alles total salzig. Ich hoffe, das geht bald wieder weg.

Meine Gelenkschmerzen sind jedenfalls wieder weg. Ich habe keine Übelkeit und keine Kopfschmerzen mehr. Lediglich noch ab und zu leichte Magenschmerzen. Aber das hält sich in Grenzen.

Montag, 21.8.2017

Mir geht es gut, nur nach jedem Essen und Trinken bekomme ich jetzt Sodbrennen. Das ist schon sehr unangenehm, und ich habe mir angewöhnt, öfters mal Heilerde zu schlucken. Das hilft immer sofort. Ich habe auch wieder angefangen, leichten Sport zu machen. Morgens, oder wann es halt gerade passt, lasse ich eine CD mit flotter Musik laufen und hüpfe auf dem Trampolin. Eine Liedfolge halte ich durch, dann bin ich geschafft. Aber es tut mir gut, und ich bewege mich dabei auch mit den Armen. Ich denke, das hilft mir, wieder fit zu werden. Außerdem machen wir fast jeden Tag einen flotten Spaziergang ins Feld oder im Kurpark. Danach bin ich dann zwar geschafft, aber es tut echt gut.

Von meiner Tochter in Köln habe ich ein interessantes Buch bekommen „Krebs – und was ist danach?". Da sind neueste Erkenntnisse von 3 amerikanischen Ärzten drin beschrieben, die einem helfen, die richtige Ernährung anzuwenden. Es gibt so viele Makro- und Mikronährstoffe, die der Körper unbedingt braucht. Die bekommt man zum großen Teil, wenn man viel Obst und Gemüse isst. Das mache ich ja schon. Aber auch die richtigen Öle sind wichtig. Und wenn es nicht ausreicht, dann muss man zu Nahrungsergänzungsmitteln greifen. Es gibt spezielle Mittel, die auch bei den verschiedenen Krebsarten sehr hilfreich sind. Ich habe das Buch erst zur Hälfte gelesen, aber schon vieles gelernt und werde über einige Dinge mit meiner Onkologin sprechen, um zu sehen, was ich da zusätzlich zu mir nehmen kann.

Montag, 28.8.2017

Nun habe ich schon die weitere Chemo (die 4.) hinter mir, und
mir ging es eigentlich wieder richtig gut danach. Am Donnerstag,
am Tag der Chemo, hatte ich nachmittags viel Energie, brauchte
also nicht zu schlafen. Auch die nächsten Tage ging es mir sehr
gut. Lediglich der Geschmack ist mal wieder furchtbar. Und die
Beine sind manchmal ganz schön schwer. Aber ich bewege mich,
soviel ich kann, und merke, dass mir das guttut. Selbst Arbeiten
im Garten machen mir wieder richtig Freude.

Einmal bin ich in den Garten gegangen, ohne mein Tuch auf-
zusetzen. Es ist Sommer und ziemlich heiß unter dem Tuch. Ich
habe verschiedene Gartenarbeiten durchgeführt, als auf einmal mein Nachbar vom Zaun her rief: „Hallo, Frau Nachbarin,
schön Sie zu sehen!" Ich freute mich auch, aber im selben Moment fiel mir ein, ich laufe ja mit Glatze rum. „Hoffentlich haben Sie jetzt nicht den Schock Ihres Lebens bekommen, so wie
ich aussehe?", fragte ich ihn. Aber er war gar nicht geschockt,
sondern meinte nur, das sei völlig okay bei der Hitze. Ich war
beruhigt und gewöhnte mich nun doch daran, öfters mal „oben
ohne" rumzulaufen.

Sodbrennen hatte ich an zwei Tagen auch mal wieder, aber dank
Heilerde ging es immer sofort wieder weg.

Ich habe das Gefühl, dass meine Haare anfangen zu wachsen. Auch
die Gesichtshaare wachsen leicht. Ich muss wieder mal mit der
Pinzette arbeiten! Meine Füße fühlen sich allerdings immer öfter
taub an, vor allem die Zehen. Es ist ein unangenehmes Gefühl.

Ansonsten bin ich sehr zufrieden. Am Freitag ist mir eine Ba-
ckenzahn-Krone rausgefallen. Heute war ich beim Zahnarzt, und
zum Glück konnte er den Zahn reparieren (es war ein Stück abgebrochen) und die Krone wieder aufsetzen. Er sagte mir, dass

es problematisch geworden wäre, wenn der Zahn hätte gezogen werden müssen. Wegen der Chemo. Aber da habe ich ja noch mal Glück gehabt. Jetzt sieht die Krone schöner aus als vorher, da der Zahnarzt einen Kunststoffaufbau auf dem Zahn gemacht hat, damit die Krone besser hält.

Freitag, 1.9.2017

Gestern hatte ich meine 5. Chemo im neuen Zyklus. Neuerdings machen die mir irgendwas rein, was ziemlich müde macht. Nach 3 Seiten Zeitung lesen, fallen mir die Augen zu, und ich schlafe fast während der ganzen Infusion. Das sind immerhin mehr als 2 Stunden. Ich kann mich nicht dagegen wehren, ist aber auch ganz angenehm, so vergeht die Zeit buchstäblich wie im Schlaf. Einer anderen Patientin ging es gestern genauso. Sie hatte ihre 2. Chemo und wunderte sich noch, dass ich so müde war. „Warten Sie ab", meinte die Schwester. „Sie werden gleich auch müde." Und so war es dann auch, es dauerte nur wenige Minuten, und sie schlief ein, und noch wenige Minuten später war das schönste Schnarchkonzert im Gange.

Als dann mein Taxi kam, war ich wieder wach und schwankte nach draußen. Zu Hause war ich dann so weit fit, dass ich das Mittagessen zubereiten konnte. Aber danach konnte ich nicht mehr auf den Beinen bleiben und legte mich hin, um 3 Stunden zu schlafen. Um 5 Uhr wurde ich wach, und dann kam meine Energie zurück. Allerdings hätte ich mich nicht aus dem Hause trauen können, denn der Darm wurde auch wieder aktiv. Jedoch dieses Mal nicht mit Durchfall, sondern mit Blähungen, die ich nicht halten konnte, und dann mit mehrmaligem Stuhlgang. Aber es ging mir gut dabei, und ich hatte fast keinerlei Probleme. Lediglich die Sehschwierigkeiten, die ich schon einmal hatte. Lesen ging nur ganz schlecht. Aber ich hoffe, das ist morgen wieder alles okay. Es ist jetzt auch schon viel besser geworden. Normalisiert sich alles wieder.

Samstag, 2.9.2017

Heute früh bin ich wieder energiegeladen aufgestanden, und das war auch nötig, denn ich musste die Küche komplett sauber machen. Gestern Abend hat mein Mann versehentlich eine Flasche Bier fallen lassen und selbst versucht, alles wieder aufzuwischen. Aber das war leider nur ein Versuch. Ich musste alle Schränke abwaschen, den Teppichläufer abschrubben, restliche Glassplitter einsammeln und dann natürlich alles putzen. So hat die Küche mal wieder einen extra Reinigungstag erlebt, war auch nicht schlecht. Zum Glück war ich so fit und konnte das alles machen. Ich wurde auch danach nicht müde, war wie aufgedreht.

Nach dem Mittagessen hatte sich mein Mann mal für eine halbe Stunde aufs Ohr gelegt, und er meinte: „Ruh dich doch auch mal aus." Aber ich konnte einfach nicht. Ich war hellwach und munter. So habe ich dann einige weitere Arbeiten erledigt, und als es 16 Uhr war, sind wir losmarschiert in die Feldflur und durch den Wald. Ich brauchte frische Luft und Bewegung. Lediglich das letzte Stück bergauf, da blieb mir etwas die Luft weg. Aber auch danach war ich nicht geschafft. Mein Mann staunt nur so, wie ich das alles so wegstecke. Ja, ich will gegen den Krebs kämpfen, und ich habe in mehreren Publikationen gelesen, wie wichtig die Bewegung ist. Mir ist das ganz klar, und ich ziehe es jetzt durch. Ich werde es schaffen und den Krebs kleinkriegen.

Sonntag, 3.9.2017

Gestern Abend bekam ich wieder Sodbrennen, und zwar schon vor meinem Abendessen. Ich habe dann wieder ein Tütchen mit Heilerde und Wasser geschluckt, und das hat geholfen. Leider ist jetzt mein Geschmack auch wieder völlig gestört. Wenn ich etwas trinke, schmeckt es ekelhaft. Beim Essen geht es so einigermaßen. Spätabends bekam ich noch leichte Magenschmerzen. Aber als ich heute früh aufgestanden bin, ging es mir wieder gut. Nur ist der Appetit nicht so berauschend. Ich habe mal gerade 1 Scheibe Vollkornbrot mit Erdnusscreme und Kokosmus gegessen und 1 Tasse koffeinfreien Kaffee getrunken. Das hat mir völlig gereicht.

Was aber leider wieder aufgetreten ist, das ist meine Inkontinenz. Ich kann das Wasser nicht halten. Sobald ich in die Nähe der Toilette komme, läuft es. Oder wenn ich in der Küche den Wasserhahn aufdrehe, dann muss ich machen, dass ich zum Klo komme. Es ist nicht zu halten, und ich kann mich nur mit dicken Vorlagen schützen. Hoffentlich geht das wieder weg.

Sonntag, 10.9.2017

Am letzten Mittwoch hatte ich meine nächste Chemo bekommen. Am Tag der Chemo war ich wieder hundemüde, schon während der Infusion habe ich geschlafen. Es geht immer schneller, dieses Mal war ich von 9.15 bis 10.45 Uhr beim Arzt. Als ich nach Hause kam, musste ich mich gleich wieder hinlegen, so müde und kaputt war ich. Nachmittags ging es dann so einigermaßen.

Am nächsten Tag bekam ich wieder starken Durchfall. Das ist jetzt das Dauerthema bei mir. Ich war immer noch sehr schlapp und konnte nur einen kleinen Spaziergang machen. Freitag ging es mir besser, ich konnte wieder weiter laufen, war aber sehr schnell erschöpft. Der Durchfall hielt noch an. Essen ging ganz gut, aber es schmeckte natürlich wieder nicht. Genauso das Trinken. Wie schon die letzten Male.

Seit gestern, Samstag, habe ich wieder öfters leichte Magenschmerzen, und es ist mir auch etwas übel. Ich habe Ondansetron noch einmal zusätzlich eingenommen, um die Übelkeit zu bekämpfen. Durchfall hält immer noch an. Außerdem habe ich ziemliche Probleme mit meinen Fingerspitzen und Zehen. Ich habe in den Fingern ein sehr schlechtes Gefühl, mir fällt alles aus der Hand. Die Zehen fühlen sich an, als wäre Schaumgummi unter den Füßen, sie sind fast wie abgestorben. Ein ganz komisches Gefühl, kaum zu beschreiben. Außerdem musste ich heute meine Fingernägel ganz kurz schneiden, weil sie überall eingerissen waren. Alle Finger- und Fußnägel sind blau-schwarzbraun gefärbt. Meine Tochter fragte heute, wo ich mich denn da geklemmt hätte!

Etwas Positives gibt es: Meine Haare wachsen tatsächlich wieder. Nur Millimeter, aber immerhin. Allerdings – so wie ich es mir schon dachte – helles Grau, fast weiß. Aber sieht gut aus. Am Hinterkopf sind sie etwas meliert mit dunkel dazwischen. Bin gespannt, wann ich wieder so herumlaufen kann, ohne Mütze oder Tuch. Darauf freue ich mich schon sehr.

Am Mittwoch, nach der nächsten Chemo (es sind jetzt nur noch 6 Infusionen, also 6 Wochen Chemo, „hurra!!") muss ich anschließend zum Herz-Echo beim Kardiologen. Meine Hustenanfälle haben zum Glück schon nachgelassen, aber die Kurzatmigkeit ist noch da. Ich mache jetzt öfters Atemübungen, um meine Atmung zu verbessern.

Ich habe gelesen, dass es ganz sinnvoll ist, wenn man während der Bestrahlung, die ja nach der Chemo folgt, die Lunge aufblasen kann durch Einatmen und dann die Luft ca. 20 Sekunden anhält. Dadurch entsteht ein anderer Bestrahlungswinkel, wodurch das Herz geschont wird. Gerade, wenn die linke Brust bestrahlt werden muss, ist das enorm wichtig. Durch Versuche hat man festgestellt, dass dies einen sehr großen Nutzen hat. Ich werde also fleißig üben die Luft anzuhalten, damit ich dann zur gegebenen Zeit fit bin.

Freitag, 15.9.2017

So, die letzte Chemo am Mittwoch habe ich auch wieder sehr gut überstanden. Anschließend war ich beim Internisten, und dort wurde ein EKG gemacht, das Herz mit Ultraschall und die Lungen untersucht. Es war alles in bester Ordnung. Die Kurzatmigkeit kommt also einfach nur von den Chemo-Medikamenten und wird sich dann wieder bessern, wenn ich damit komplett durch bin.

Mein Geschmack hat sich leicht in eine andere Richtung verschlechtert. Ich habe das Gefühl, alles schmeckt nach Essig. Schlimmer kann es wohl nicht mehr kommen, und so hoffe ich, dass meine Geschmacksnerven bald wieder etwas normaler werden. Ansonsten geht es mir gut, so wie nach den anderen Chemos auch. Ich war gestern auch erneut spazieren, und das hat mir sehr gutgetan. Nachmittags bin ich auf mein Ergometer geklettert, und 15 Minuten habe ich gestrampelt. Der Puls lag bei ca. 90 Schlägen, aber sonst war alles im grünen Bereich. Tagsüber hüpfe ich auch des Öfteren auf unserem Trampolin. Auch das tut mir sehr gut.

Gestern Vormittag hatte ich dann schon ganz überraschend einen Termin zum Vorgespräch für die Bestrahlung in der Südharzklinik Nordhausen bekommen. Erst haben wir mit einer Assistenzärztin gesprochen, die uns viele Fragen beantwortet hat und uns auch umfassend über die Bestrahlung informiert hat.

Es war ein sehr angenehmes Gespräch, kein Zeitdruck und sehr locker. Danach kam dann noch die Chefärztin und hat mit mir den Termin abgesprochen. Da ich voraussichtlich am 18. Oktober die letzte Chemo habe, meinte sie, wäre es sinnvoll, wenn ich mich erst noch einmal richtig von der Chemo erholen würde. Denn die Bestrahlung ist auch anstrengend, und ich brauche dann alle Kraft. Daher hat sie empfohlen, am 18.12.2017 den nächsten Termin zu vereinbaren. An diesem Tag würden dann alle wichtigen Voruntersuchungen und Vorbereitungen für die Bestrahlung stattfinden. Ich würde auf meinen Körper Zeichen gemalt bekommen, die während der gesamten Bestrahlungszeit draufbleiben müssten. Daher dürfte ich mich dann nicht mit Seife usw. waschen. Keine Cremes oder Öle benutzen, nur Babypuder.

Vorgesehen sind 28 Fraktionen und dann noch einmal 7 Fraktionen. Eventuell kann man die 7 Bestrahlungen bei den 28 integrieren. Aber das müssen die Physiker entscheiden, die beim nächsten Termin dabei sind und alles millimetergenau ausmessen und anzeichnen. Das würde auf jeden Fall bedeuten, dass die gesamte Bestrahlungszeit ca. 7 Wochen dauert.

Es wird die ganze linke Brust bestrahlt und dann noch die Lymphbahnen bzw. -knoten unter dem linken Arm bis hoch an den Hals. Es kann sein, dass ich Kratzen im Hals bekomme oder Schluckbeschwerden. Oder auch Husten und schlimmstenfalls eine Lungenentzündung. Aber das kann durch Medikamente schnell geheilt werden. Ich muss nur sofort Bescheid sagen, wenn mir irgendetwas auffällt.

Während der kompletten Bestrahlungszeit darf keine Lymphdrainage gemacht werden. Ich sollte mich auch schonen und keinen BH tragen, nur leichte Baumwollwäsche, um die Haut zu schonen, die ja doch leicht angegriffen sein wird.

Nach ca. 2–3 Wochen Bestrahlung wird man sich darum kümmern – zusammen mit dem Sozialdienst –, dass mein Antrag auf eine Reha gestellt wird. Diese wird dann im Anschluss an die Bestrahlung sein. Wenn ich wider Erwarten eine offene Wunde durch die Bestrahlung haben sollte, dann wird die Reha verschoben, bis alles abgeheilt ist.

Mit der Bestrahlung würde dann, wenn ich gesund bin, direkt in der ersten Januarwoche begonnen. Wichtig ist auch, dass ich meinen linken Arm aktiv bewege, nach oben halte und einen Ball in der Hand drücke. Immer pumpen, das regt den Lymphfluss an und verhindert Stauungen.

Ich habe noch ausführliches Infomaterial mitbekommen, welches die Ärztin teilweise schon mit mir besprochen hat, welches ich aber selbst noch einmal nachlesen kann.

Ich bin sehr froh, dass ich gestern diesen Termin bereits hatte und so auch für die nächsten Wochen planen kann. Wir haben uns vorgenommen, noch mal ein paar Tage zu verreisen, um uns zu erholen. Aber natürlich erst, wenn die Chemo vorbei ist.

Jetzt bin ich schon richtig guter Dinge und sehe auch langsam ein Ende der Behandlung ab. Ich fühle mich gut und denke wirklich, dass durch die ganzen Behandlungen der Krebs besiegt wurde bzw. noch wird.

Montag, 25.9.2017

Die Chemo am 20.9.2017 habe ich genauso wie die vorherigen gut vertragen, und es gab keine besonderen Auffälligkeiten. Lediglich mein Gefühl in den Zehen wird immer schlechter. Manchmal spüre ich kaum noch etwas, und es ist ein komisches Gefühl beim Gehen. Auch in den Fingerspitzen das Gefühl wird immer schlechter. Wenn ich etwas Kleines anfassen will, z. B. Münzen, oder nähen muss, dann habe ich richtige Probleme. Was meine Augen betrifft, hat sich das Sehen verschlechtert. Ich sehe nicht mehr ganz scharf und habe Probleme beim Lesen, sodass ich schon gar kein Buch mehr lesen kann. Nur noch Zeitung und kurze Artikel in Illustrierten.

Mit dem Durchfall war es dieses Mal anders. Die ersten Tage nach der Chemo hatte ich gar keinen Stuhlgang. Erst am Freitag, aber zum Glück keinen Durchfall. Und dann am Sonntagabend, da kam dann alles raus, wie bei den anderen Malen. Aber jetzt ist schon wieder alles okay und normal.

Am vergangenen Wochenende hatten wir ein großes Familientreffen mit Tanzen und Wandern usw. Ich hatte sehr viel Spaß und konnte überall mitmachen, auch wenn mir die Beine nach dem ersten Lied so schwer wurden, dass ich nur noch langsam tanzen konnte. Aber es ist mir alles sehr gut bekommen, und auch die Geselligkeit hat mir viel Freude gemacht. Erkältet war zum Glück niemand, und ich habe auch immer aufgepasst, dass mich niemand anhustet, und nach dem Händeschütteln habe ich mir regelmäßig die Hände gewaschen. So habe ich keine Viren oder Bakterien abbekommen und bin nach wie vor gesund.

Morgen geht es dann wieder zur Blutabnahme und Mittwoch zur 9. Chemo. Das Ende der Chemos kommt immer näher, und ich bin sehr guten Mutes.

Dienstag, 26.9.2017

War heute zur Blutabnahme. Die Schwester hat 3 Röhrchen abgenommen, um mal wieder ein großes Blutbild zu machen. Für morgen ist alles okay.

In der letzten Woche habe ich noch 3 andere Nebenwirkungen bei mir bemerkt.

Zum einen kommt bei jedem Naseputzen ein ganz kleines bisschen Blut mit heraus. Oft sieht es aus wie vertrocknet. Zum anderen habe ich nachts immer und tagsüber manchmal einen extrem trockenen Mund. Ich habe mir jetzt schon Wasser ans Bett gestellt, damit ich nachts etwas trinken kann. Außerdem habe ich seit einer guten Woche auch wieder Probleme mit der Mundschleimhaut. Diese ist öfters wie aufgerissen und hat Blasen. Das geht dann mal weg, kommt am nächsten Tag aber wieder. Was mir gar nicht so gut gefällt, ich nehme ständig zu. Bin jetzt bei über 70 kg.

Mittwoch, 4. 10. 2017

Die letzten Tage ging es mir richtig gut. Wir haben viel unternommen, sind gewandert, waren auf dem Herbsthappening in Bad Lauterberg, ich fahre mehr oder weniger regelmäßig auf meinem Heimtrainer, hüpfe auf dem Trampolin und bin echt gut drauf. Die Haare wachsen. Inzwischen sind sie schon über 1 cm lang. Allerdings fast ganz hellgrau, nur am Hinterkopf und an den Seiten ein paar dunkle Ansätze. Damit mein Mann und ich uns schon mal an meine neue Haarfarbe gewöhnen können, habe ich mir kurzfristig eine hellgraue Perücke mit leicht dunklem Haaransatz am Hinterkopf von der Firma LOFTY schicken lassen. Sie kam direkt einen Tag nach der Bestellung. Ich hatte 3 Perücken zur Auswahl, und eine war optimal. Diese habe ich dann behalten und die anderen beiden sofort zurückgesandt.

Am Sonntag zog ich dann die Perücke an, und siehe da, manche Leute erkannten mich überhaupt nicht wieder. Sie waren total überrascht und fragten, ob meine Haare schon so lang gewachsen wären! Aber die einhellige Meinung war: „Steht dir super gut. Klasse!" Und auch bei WhatsApp habe ich ein Foto mit Perücke reingesetzt, welches sofort auf positive Resonanz stieß. Ich bin sehr froh, diese Entscheidung mit den Haaren getroffen zu haben. Ich fühle mich auch richtig wohl mit dieser hellgrauen Kurzhaarfrisur. Wenn meine eigenen Haare lang genug sind, werde ich mir dann einen richtig pfiffigen Schnitt machen lassen. So wie Birgit Schrowange.

Heute hatte ich dann meine 10. Chemo. Jetzt verbleiben nur noch 2! Ein Ende rückt näher. Ich habe fast die ganzen 2 Stunden verschlafen. Heute liefen die Tröpfe wieder ziemlich schnell durch, sodass ich nach 2 Stunden schon fertig war. Zu Hause konnte ich wieder das Mittagessen zubereiten, es ging mir sehr gut. Aber am Nachmittag war ich dann geschafft und habe wieder geschlafen. Vorhin so gegen 19 Uhr hatte ich dann meinen Durchfall, es kam einfach alles raus. Danach geht es mir immer sehr gut.

Meine Füße werden allerdings immer tauber. Es fühlt sich an, als wären sie eingeschlafen. Ich versuche immer, sie zu bewegen, und benutze auch den Fußroller. Aber ich glaube, das bringt nicht allzu viel. Ich hoffe einfach mal, dass irgendwann mein normales Gefühl in den Füßen und Händen wiederkommt.

Donnerstag, 12.10.2017

Gestern hatte ich dann meine 11. und vorletzte Chemo. Es war wie immer, ich wurde sehr schnell müde und habe fast die ganze Zeit geschlafen. Auch als ich dann wieder zu Hause war, habe ich mich bald nach dem Mittagessen wieder hingelegt und weitergeschlafen. Ich war ziemlich geschafft. Abends ging es dann bergauf.

Heute geht es mir wieder ziemlich gut. Ich bin sogar zu Fuß bis in die Stadt zur Lymphdrainage gelaufen, da der Butterberg gesperrt war und man einen 20-km-Umweg hätte fahren müssen. Nur beim Nachhauseweg hat mich mein Mann dann auf halbem Weg abgeholt, damit ich mir den letzten steilen Aufstieg sparen konnte. Aber es hat ansonsten alles sehr gut geklappt.

Dieses Mal hatte ich bereits am frühen Morgen wieder knallrote Wangen, und was neu war, alles war mit roten kleinen Flecken übersät. Wie Windpocken. Aber zum Glück ist das zum Nachmittag hin schon wieder verschwunden. Ich denke mal, es war einfach eine allergische Reaktion auf die vielen Medikamente.

Meine Augen machen nach wie vor Probleme. Vor allem wenn ich draußen bin und keine Sonnenbrille aufhabe. Die sollte ich sogar aufsetzen, wenn keine Sonne scheint, denn ich bin nach der Chemo immer sehr lichtempfindlich, und außerdem sehe ich nicht mehr ganz klar und deutlich, was besonders unangenehm ist, wenn ich etwas lesen möchte. Aber in den nächsten Tagen wird sich das sicher auch wieder legen.

Nächste Woche Mittwoch ist dann meine 12. und letzte Chemo. Darauf freue ich mich schon besonders. Danach kann ich mich dann 2 Monate von den Strapazen erholen. Jetzt merke ich schon, dass es mir in verschiedenen Punkten besser geht. Mein Geschmack hat sich deutlich verbessert. Das Essen schmeckt schon wieder ganz gut. Auch beim Trinken habe ich nicht mehr das Gefühl, dass alles eklig schmeckt. Ich kann wieder Tee trinken und Wasser mit Saft gemischt usw. Es lässt sich alles gut trinken. Ich bin sehr optimistisch, was die Zukunft angeht.

Sonntag, 15.10.2017

Heute ist ein wunderschöner warmer und sonniger Herbsttag. Ich war im Kurpark spazieren, während mein Mann wieder mit dem Harzklub Musik im Amadeus gemacht hat. Zur Halbzeit bin ich dann dorthin gegangen und habe auch zugehört. Es geht mir eigentlich recht gut, mal abgesehen von meinen Füßen. Die Zehen bis zum halben Fuß sind wie abgestorben. Ich habe beim Laufen schon einige Probleme, da ich kaum noch Gefühl an den Füßen habe. Auch wenn ich die Zehen massiere, wird es nicht besser. Es hat sich seit der letzten Chemo doch ganz schön verschlechtert. Zum Glück habe ich jetzt nur noch 1 Chemo vor mir.

Essen und Trinken ist schon ganz okay, noch nicht so wie vorher, aber erträglich. Es schmeckt wieder einigermaßen. Nur bin ich beim Essen immer noch zügellos, habe kein Sättigungsgefühl und esse viel zu viel. Ich habe ständig Hunger, und wenn ich nicht aufhöre zu essen, wird es mir schlecht, und ich bekomme Bauchschmerzen. Ich muss mich ganz schön zusammenreißen. Inzwischen wiege ich bereits 72 Kilo, das muss wieder anders werden! Ich habe einen richtig dicken Bauch und bekomme manche Jeans nicht mehr zugeknöpft.

Dienstag, 17.10.2017

Heute früh war ich in der Praxis zur Blutabnahme, großes Blutbild. Alles ist in Ordnung, also kann morgen die letzte Chemo starten. Auch die Arzthelferin machte mich gleich darauf aufmerksam, und sie freute sich mit mir. Für die beiden Arzthelferinnen habe ich eine Packung „Celebrations" gekauft, die werde ich ihnen morgen überreichen. Zum vorläufigen Abschluss meiner Chemos.

Seit der letzten Chemo habe ich ziemlich schlappe Beine. Auch die Zehen werden immer tauber, und wenn ich mir die Nase putze, kommt immer noch ein kleines bisschen Blut und Blutschleim mit raus. Ich hoffe, das lässt dann bald wieder nach. Bis auf die Schlappheit geht es mir eigentlich recht gut. Ach ja, seit ein paar Tagen habe ich Schmerzen im rechten Bein, angefangen bei der Hüfte bis in die Füße. Es fühlt sich wie ein Ischiasschmerz an. Nur nicht ganz so schlimm. Aber nachts, wenn ich auf der rechten Seite liege, ist es oft so schmerzhaft, dass ich mich nach links drehen muss. Dann geht es für eine Weile, bis ich mich wieder herumgedreht habe. Ich werde heute mal ein paar gymnastische Übungen auf der Matte machen. Hoffentlich wird es dann besser. Und Trampolin springen soll helfen. Das ist ja für den ganzen Körper gut. Muss ich einfach öfters machen.

ERHOLUNG NACH DER LETZTEN CHEMO

Montag, 23.10.2017

Meine letzte Chemo am vergangenen Mittwoch habe ich gut überstanden. Diesmal hatte ich keine Probleme mit meinem Stuhlgang, im Gegenteil. Drei Tage lang hatte ich gar keinen Stuhl und dann ganz normalen. Aber Blähungen hatte ich wie immer und nicht wenige. Außerdem haben sich meine Probleme mit den schlappen Beinen noch verschlimmert. Auch die Taubheit in den Füßen, es fühlt sich manchmal an, als hätte ich Schaumstoff unter den Füßen. Die Schlappheit ist teilweise so schlimm, dass mir einfach die Beine wegklappen und ich mich schon zweimal auf mein Hinterteil gesetzt habe, weil ich mich nicht mehr halten konnte. Zum Glück ist nichts passiert.

Beim Treppensteigen habe ich auch große Probleme, manchmal komme ich kaum noch die Stufen hoch. Es geht sehr langsam, und ich ziehe mich oft am Geländer mit hoch. Und die Luft bleibt mir wieder öfters weg.

Das Blut aus der Nase beim Naseputzen ist nach wie vor da. Und seit ein paar Tagen habe ich an der linken Stirnseite fast ständig einen Schmerz. Fast wie Kopfschmerz. Ich hoffe, es hat nichts mit dem Blut zu tun.

Was jetzt auch extrem ist, das ist Sodbrennen. Egal was ich esse, es stößt wieder auf, und ich habe Sodbrennen. Morgens esse ich schon immer nur einen Haferbrei. Da geht es dann. Aber je nachdem was ich trinke, dann bekomme ich auch davon Sodbrennen.

Kaffee geht gar nicht mehr. Ich trinke hauptsächlich Tee und Wasser mit etwas Saft. Kakao mit Wasser angerührt geht auch. Ich denke mal, dass durch die Chemo inzwischen auch meine Magenschleimhaut und Gedärme gelitten haben. Anders kann ich mir das nicht erklären.

Na ja, jetzt habe ich fast 2 Monate Zeit, um mich zu erholen, und ich hoffe sehr, dass das wirklich hilft und es mir bald etwas besser geht. Am Samstag fahren wir erst einmal für 1 Woche in Urlaub nach Köln zu unserer Tochter, und außerdem wollen wir Freunde besuchen. Das lenkt mich dann ab, und wir lassen es ruhig angehen.

Freitag, 27.10.2017

Meine Beine sind nach wie vor ziemlich lahm. Ich habe wenig Kraft, sowohl in den Beinen als auch in den Armen. Wenn ich die Treppe hochgehe, geht das die ersten Stufen fast normal, aber dann werde ich immer langsamer, und oben angekommen bin ich völlig aus der Puste. Mittwoch hatte ich meine letzte Lymphdrainage, seit heute früh habe ich Schmerzen im linken Oberarm und in der Achsel. Ich massiere vorsichtig und leicht den Arm, wie die Therapeutin es macht, und hoffe, es wird besser.

Das Blut aus der Nase kommt beim Naseputzen immer noch. Zwar nur ganz leicht, aber jedes Mal ein bisschen. Das Sodbrennen ist besser und seltener geworden. Ich würze weniger stark und denke, das hilft mir.

Morgen geht es dann erst einmal in Urlaub. Ich freue mich schon sehr. Heute muss ich noch packen, was mir aber tatsächlich sehr schwerfällt. Ich komme kaum voran, das Denken fällt mir im Augenblick auch schwer. Aber noch habe ich Zeit und werde es schon schaffen.

Mittwoch, 8. November 2017

Inzwischen sind 3 Wochen seit meiner letzten Chemo vergangen. Es kommt mir vor wie eine Ewigkeit. Unser Urlaub war wunderschön, wir hatten eine kleine Ferienwohnung mit Garten, und wir konnten wirklich mal richtig abschalten. Mit unseren Freunden, die wir im Urlaub in Düsseldorf getroffen haben, sind wir lecker essen gegangen. Ja, es schmeckt mir wieder alles recht gut, ich habe großen Appetit. Und auch mit unserer Tochter hatten wir ein paar schöne Tage in Köln.

Seit ein paar Tagen habe ich auch keine Probleme mehr mit dem Blut in meiner Nase. Es kommt kein Blut mehr, und darüber bin ich sehr froh. Allerdings habe ich in den letzten Tagen größere Probleme mit meinem rechten Bein gehabt. Die Schmerzen – ausgehend vom rechten Po über den Oberschenkel, das Schienbein runter bis zum Fuß – waren manchmal doch extrem. Vor allem in der Nacht, wenn ich auf der rechten Seite gelegen habe. Ich bekam so starke Schmerzen, dass ich wach wurde und mich dann drehen musste. Dann gingen die Schmerzen weg.

Gestern habe ich das erste Mal wieder auf meinem Hometrainer trainiert und mich auf den Pezzi-Ball gesetzt und Übungen gemacht. Ich glaube, das hat mir sehr geholfen, genauso wie die Wärmecreme und meine Wärmekissen. Heute geht es etwas besser mit meinem Bein. Obwohl ich beim Treppensteigen immer noch die Hilfe des Geländers brauche. Aber es ist nicht mehr so schlimm wie letzte Woche.

Interessanterweise hat mir meine Freundin aus Düsseldorf erzählt, dass sie mit dem Bein genau das gleiche Problem hat wie ich. Es trat bei ihr nach der vorletzten Chemo auf. Jetzt ist sie in der Reha und hofft, dass man ihr da helfen kann, das Problem zu lösen. Meine Physiotherapeutin hat mir empfohlen, wenn die Schmerzen nicht weggehen, doch mal zu einem Orthopäden zu gehen. Denn durch die Chemo werden nicht nur die Knochen, sondern auch die Muskeln geschädigt. Und es könnte sein, dass ein ernsteres Problem dahintersteckt. Also ich werde jetzt erst einmal abwarten, und dann sehen wir weiter.

Meine Haare wachsen inzwischen munter vor sich hin. Allerdings sind sie noch nicht so lang, dass ich ohne Mütze oder Perücke herumlaufen möchte. Aber ich merke schon, dass es nicht mehr lange dauert, bis ich mich mit meinen neuen Haaren sehen lassen kann. Zu Hause laufe ich schon sehr oft ohne Kopfbedeckung herum. Aber ehrlich gesagt habe ich mich an die warme Mütze gewöhnt und liebe inzwischen Mützen.

Donnerstag, 9.11.2017

Was mir auch noch positiv aufgefallen ist: Meine Blasenschwäche lässt nach. Ich brauche keine dicken Binden mehr, sondern nur noch leichte normale Slipeinlagen. Und die halten genug aus, für das bisschen Blasenschwäche, das ich noch habe. Ich bin so froh, dass das alles wieder in Ordnung gekommen ist. Hatte schon Angst, meine OP vom letzten Jahr wäre umsonst gewesen.

Heute habe ich mir eine Überweisung zum Orthopäden besorgt wegen meines Ischias. Aber ich bin dann doch nicht hingegangen, weil das Bein besser wurde. Ich kann mich schon wieder viel besser bewegen. Sitze auch ständig auf meinem Pezzi-Ball und fahre Rad usw. Es geht mir viel besser, und ich denke, ich kriege das ohne Arzt wieder hin.

Montag, 20.11.2017

Mit meinem Bein geht es tatsächlich besser, aber nur tagsüber und wenn ich laufe bzw. gehe. Sobald ich sitze, bekomme ich Schmerzen, und ganz schlimm wird es nachts, egal wie ich liege, ich werde mehrmals in der Nacht wach mit starken Schmerzen im rechten Bein, die sich auch am Schienbein runterbewegen bis in den Fuß. Ich muss dann aufstehen und laufen, dann wird es besser. Die Schmerzen sind sehr stark, und ich überlege, doch noch mal zum Arzt zu gehen, um genau herauszufinden, woher sie kommen.

Dienstag, 21.11.2017

Ich kann es kaum glauben, aber in der letzten Nacht habe ich super geschlafen. Ich bin kein einziges Mal wach geworden, da ich keine Schmerzen in meinem Bein hatte! Ich kann es gar nicht fassen, es ist wie weggeblasen.

Allerdings hatte ich dann am Morgen kurz vor dem Aufstehen einen leichten Schmerz im Bein, aber nachdem ich mich ausreichend gestreckt und die Zehen bewegt habe, ging dieser wieder weg. Bis jetzt geht es mir gut, und ich habe nur die üblichen Schmerzen im rechten Bein beim Treppensteigen.

Mittwoch, 22.11.2017

Die Freude war leider nur von kurzer Dauer. In der vergangenen Nacht hatte ich wieder mehrmals Probleme und starke Schmerzen in meinem rechten Bein. Auch jetzt noch habe ich Schmer-

zen und komme kaum die Treppe hoch. Heute werde ich wohl
doch mal einen Anlauf nehmen und zum Orthopäden gehen,
um prüfen zu lassen, ob mit meiner Hüfte alles in Ordnung ist.

Dienstag, 28.11.2017

Ich war nun doch noch nicht beim Orthopäden, denn die Schmerzen im Bein kommen und gehen. Und jedes Mal wenn ich hin-
gehen will, habe ich keine Schmerzen. Aber nun ist es doch wieder schlimmer geworden, und ich habe für heute Nachmittag
einen festen Termin beim Orthopäden gemacht. Bin gespannt,
was er feststellt (oder auch nicht feststellt). Auf jeden Fall möchte
ich jetzt mal wissen, woher die Schmerzen kommen. Ansonsten
geht es mir sehr gut.

Mittwoch, 29.11.2017

Gestern war ich nun tatsächlich beim Orthopäden. Nachdem
ich ihm erzählt habe, dass ich seit der letzten Chemo im Oktober so starke Schmerzen im rechten Bein habe, meinte er, dass
sieht nach Ischiasnerv aus. Aber er wollte sicherheitshalber röntgen, und so wurde dann meine rechte Hüfte geröntgt und meine
Lendenwirbelsäule. Es stellte sich heraus, dass die Hüfte völlig in
Ordnung ist und gut aussieht. Aber die LWS ist wie ein „S" und
sieht sehr schlecht aus. Daher können die Schmerzen kommen.

Er bot mir an, mir eine Spritze zu setzen, aber das wollte ich
nicht. Also empfahl er mir Tabletten, Ibuprofen 600, dreimal täglich 1, und das über ein paar Tage. Außerdem verschrieb er mir
einen Lendenstützgurt, den ich mir dann auch gleich bei ORT

besorgte. Den soll ich nicht ständig, aber öfter tragen. Er stützt die LWS, und man geht dadurch gleich gerader.

Abends nahm ich dann gleich die 1. Tablette, und ich hatte eine wunderbare Nachtruhe. Ohne Schmerzen, ohne Wachwerden. Heute früh habe ich wieder 1 Tablette genommen, und ich komme ohne Probleme und Schmerzen die Treppen rauf und runter. Es geht mir seit Langem mal wieder richtig gut. Ich hoffe nun sehr, dass die Entzündung durch die Tabletten verschwindet und ich nach 1 Woche ohne Tabletten auskomme. Wir werden es ja sehen.

Mittwoch, 6.12.2017

Nun ist 1 Woche seit der ersten Ibuprofen-Tablette vergangen. Die Schmerzen haben deutlich nachgelassen. Aber heute früh habe ich keine Tablette genommen, und mittags habe ich mein Bein beim Treppensteigen gleich wieder gemerkt. Es schmerzte fast so wie am Anfang. Also muss ich wohl erst einmal weiter Tabletten schlucken.

Heute Vormittag war ich bei meiner Onkologin. Sie war wochenlang krank, und wie sie mir heute erzählte, hatte sie ein schlimmes Rückenproblem mit sehr starken Schmerzen. Auch Ärzte werden krank, jeder hat was. Der eine dies und der andere das. Auf jeden Fall hat sie mich heute gründlich untersucht. Ultraschall des gesamten Oberkörpers und Bauchraumes. Alles sieht sehr gut aus. Sie hat mich abgehört und abgetastet, und alles ohne Befund. Nach der Untersuchung hat mir die Arzthelferin noch Blut abgenommen und den Port gespült.

Am 5.2.2018 muss ich wieder zum Herzschall in der anderen Praxis nebenan. Das Herz muss regelmäßig untersucht werden, alle 3 Monate. Sobald ich weiß, wann die Bestrahlung, die ja wahrscheinlich Ende Dezember beginnt, zu Ende ist, muss ich mich auf jeden Fall wieder bei meiner Onkologin melden. Ich muss mir dann einen Termin für eine weitere Untersuchung geben lassen. Und ich werde dann das Rezept für die Antihormontabletten bekommen, die ich voraussichtlich 5–10 Jahre einnehmen muss.

Bei jeder Untersuchung wird auch eine Blutuntersuchung mit Port-Spülung durchgeführt. Zwei Jahre lang werde ich alle 3 Monate untersucht. Und als ich fragte, wie lange der Port noch drinnen bleiben muss, sagte sie mir, dass sie mir empfiehlt, ihn 2 Jahre im Körper zu lassen. Um ihn im Notfall wieder nutzen zu können, falls doch noch mal der Krebs zurückkommt. Denn an dieselbe Stelle kann man ihn nicht mehr setzen, dann müsste er auf der anderen Seite eingesetzt werden, wo ich operiert worden bin. Und das ist nicht so sinnvoll.

Auf meine Frage, wie lange ich Lymphdrainage verschrieben bekomme, sagte sie mir, so lange, wie ich es benötige. Während der Bestrahlung muss erst einmal abgesetzt werden, aber wenn ich sie danach wieder brauche, ist das kein Problem. Ich kann mir dann jederzeit ein Rezept dafür abholen.

Das Einzige, was sie gefunden hat bei mir, das ist eine leichte Wassereinlagerung in den Beinen. Aber dafür brauche ich keine Tabletten. Viel Bewegung ist wichtig, Radfahren, Beine oft hochlegen usw. Keine beengende Kleidung anziehen. Im Internet habe ich mir noch rausgesucht, was hilft. Zum Beispiel auch das „Zehenwippen", d. h. auf die Zehen stellen und dann auf die Fersen stellen. Und immer abwechseln. Außerdem kann man sich einen entwässernden Tee zubereiten aus 1 Teelöffel Wacholderbeeren und ¼ l kochendem Wasser, 10 Minuten ziehen lassen und dann lauwarm trinken.

Auf meine Schmerzen im Bein angesprochen, empfahl mir meine Ärztin Physiotherapie und keine Tabletten. Da muss ich dann mal wieder zum Orthopäden und mir ein paar Einheiten verschreiben lassen.

Die Ärztin hat sich auch meine Haare angesehen und staunte nicht schlecht, wie schön diese schon gewachsen sind. Die noch kahlen Stellen am Oberkopf kämen auch noch, meinte sie, die dauerten immer etwas länger.

Samstag, 9.12.2017

Heute geht es mir wieder etwas besser als die letzten Tage. Am Donnerstagmittag bin ich nämlich aufgrund des sehr schönen sonnigen Wetters zu Fuß zur Lymphdrainage gelaufen. Ich bin aber nicht weit gekommen, denn auf halbem Wege bin ich gestürzt. Mein rechtes Bein hatte plötzlich seinen Dienst versagt, und ich flog auf meine Knie und beide Hände. Da es eine abfällige Strecke war, hatte ich auch keinerlei Möglichkeit, mich irgendwie noch zu fangen. Das war ein sehr schmerzhafter Sturz, und mir ging alles Mögliche in Sekundenschnelle durch den Kopf. Als ich wieder mit Mühe auf die Beine kam, bemerkte ich, dass mein rechtes Hosenbein ein Loch hatte. Als ich dann die Hosenbeine hochzog, sah ich auch, dass beide Knie abgeschürft waren und bluteten. Ich tupfte sie provisorisch mit einem Taschentuch ab. Und dann meine Hände, sie brannten wie Feuer, da ich auf den kleinen Steinchen richtig schön langgerutscht bin. Ich entfernte sie erstmal, und zum Glück gab es an den Händen keine offenen Wunden.

Dann überlegte ich, ob ich wieder nach Hause gehen sollte, meinen Mann anrufen, dass er mich abholt, oder ob ich weitergehen sollte. Ich entschied mich für Letzteres, denn die Lymphdrainage wollte ich nicht verpassen. So ging ich etwas langsamer und vorsichtig weiter, und siehe da, ich spürte so gut wie keine Schmerzen mehr. Es kam mir fast so vor, als wäre gar nichts passiert.

Nach meiner Lymphbehandlung wollte ich eigentlich auch wieder zu Fuß nach Hause laufen, aber daraus wurde nichts. Langsam kamen die Schmerzen, und zwar am ganzen Körper. Meine Arme und Schultern, die wohl beim Sturz ziemlich gestaucht worden waren, schmerzten ganz ordentlich. So rief ich dann meinen Mann an, der mich auch sofort mit dem Auto abholte.

Zu Hause zog ich zunächst meine Hose aus und sah mir die Knie an. Sie waren dick geschwollen, und ich versorgte die offenen Wunden. Die Handinnenflächen wurden inzwischen blau, aber da konnte ich weiter nichts machen. Nach dem Mittagessen legte ich meine Beine hoch und versuchte, mich von dem Schreck zu erholen.

Nachts waren die Schmerzen im ganzen Körper ziemlich heftig, sodass ich eine Ibuprofen 600 einnahm. Dann konnte ich einigermaßen schlafen, bis die Wirkung in den frühen Morgenstunden wieder nachließ. Komischerweise hatte ich die alten Schmerzen im rechten Bein über die ganze Zeit nicht mehr gehabt. Als ob da etwas zurechtgerückt worden wäre an der Bandscheibe.

Aber am Morgen waren alle Schmerzen wieder da, und ich konnte mich kaum noch bewegen. Ich konnte die Treppe fast nicht runtergehen, solche Schmerzen hatte ich in meinen Knien. Ich habe zweimal die Wunden neu versorgt und mich geschont. Seit heute sind die Schmerzen erträglicher, und es wird immer besser.

Ich muss nun wirklich aufpassen, dass mir das nicht noch einmal passiert. Denn ich hatte schon öfter dieses Erlebnis, dass mein rechtes Bein einfach wegknickte. Zum Glück war da noch nichts so Schlimmes passiert. Meine Physiotherapeutin meinte, ich solle immer darauf achten, mit der Ferse aufzutreten und den Fuß dann abzurollen. Oft ist es gerade bei älteren Leuten so, dass sie die Füße nicht mehr hochkriegen und über eine Teppichkante stolpern. Da versagt der sogenannte Fußheber, und den muss ich trainieren.

Na ja, es ist ja alles noch mal gut gegangen. Es hätte viel schlimmer kommen können. Vor allem wenn ich daran denke, dass ich ja mit beiden Händen auch voll auf die Erde geknallt bin. So was habe ich vor 20 Jahren schon einmal gemacht und mir dabei einen Trümmerbruch im Handgelenk zugezogen. Dieses Mal also Glück gehabt.

Donnerstag, 14.12.2017

Es geht mir schon wieder besser. Habe den Sturz gut überstanden, obwohl mir doch noch so einiges wehtut. Die Knie schmerzen, die Hände und Arme usw. Aber meine Schmerzen im Bein sind auf jeden Fall besser geworden. Ich mache regelmäßig Übungen für meine Wirbelsäule und strecke und recke mich, und das scheint zusammen mit meiner Schmerzsalbe doch zu helfen.

Morgen habe ich meinen Termin im Südharzkrankenhaus. Bin gespannt, was sie dort morgen mit mir machen und wann die Bestrahlung losgeht. Ich bin froh, wenn ich da endlich Bescheid weiß. Meine Tasche für morgen mit allen Unterlagen und einem Handtuch ist gepackt und wartet auf ihren Einsatz.

Freitag, 15.12.2017

Heute früh war ich nun bei meinem Termin im Südharzkrankenhaus. Ich brauchte nicht lange zu warten, da kam ich schon gleich bei der Ärztin an die Reihe. Sie stellte mir verschiedene Fragen, wie es mir so gehe, ob ich irgendwelche Probleme hätte usw. Ich sagte ihr, dass es mir eigentlich recht gut gehe, nur mal abgesehen von meinem rechten Bein. Ich schilderte meine

Probleme, und sie notierte sich alles. Dann untersuchte sie meine Brust und machte wieder Fotos. Als Nächstes ging ich zum CT, um dort die Stellen für die Bestrahlung markiert zu bekommen. Ich lag auf dem Tisch, der in das CT reinfährt, und die Krankenschwester malte mit schwarzem Edding Kreuze an die verschiedenen Stellen. Ich wurde mehrmals ins CT rein- und rausgefahren. Dann kam die Ärztin und markierte mit Drähten auf der Haut die Operationsnarben. Diese Drähte wurden danach wieder entfernt. Sie waren nur mit Tesa befestigt worden. Nichts Schlimmes also.

Nachdem ich mit dem CT fertig war, bekam ich meinen ersten Bestrahlungstermin, und zwar den 3.1.2018. Bevor ich ging, machte die Arzthelferin noch ein Foto von meinem Gesicht, damit sie mich immer richtig einordnen könnten. Finde ich gut, denn Verwechslungen bei Bestrahlungen wären fatal. Dann ging ich zurück zum Arztzimmer, wo ich mit der Chefärztin sprechen konnte.

Sie untersuchte mich auch noch einmal, und dann meinte sie, sie würde mir sehr empfehlen, die ersten 5 Bestrahlungen im Krankenhaus vorzunehmen, also stationär, da ich großflächig bestrahlt werde und sie mir im Krankenhaus mit Spray usw. für die Lunge helfen könnte, damit da keine Schäden entstehen. Sie könne mir das nicht für zu Hause mitgeben. Außerdem würde sie auch – falls meine Beinschmerzen nicht besser würden – ein MRT vornehmen, um genau herauszufinden, woher die Schmerzen kämen. Sie vermutete einen Bandscheibenvorfall in der LWS. Da sie großen Wert darauf legte, dass ich stationär bleibe, habe ich dann zugestimmt. So kann ich mich dann sicher auch besser erholen, als wenn ich zu Hause bin und alle möglichen Arbeiten erledigen muss.

Nachdem ich also die Einweisung fürs Krankenhaus bekommen habe und meinen Taxischein für die Hinfahrt, konnte ich nach Hause gehen. Es waren jetzt 2 ½ Stunden vergangen. Mein Mann holte mich ab, und wir fuhren nach Hause.

Dienstag, 19.12.2017

Mein Bein macht von Tag zu Tag weniger Beschwerden. Ich merke tatsächlich eine Besserung, obwohl ich keine Tabletten mehr einnehme. Ich mache öfter Streckübungen, springe Trampolin und dehne mich. Es scheint zu helfen.

Freitag, 29.12.2017

Mein Bein ist immer noch nicht in Ordnung. Zwischendurch war es wieder mal ziemlich schlimm. Mal besser, mal schlechter. Letzte Nacht wieder viel schlechter mit starken Schmerzen. Ich bin froh, wenn ich am 3.1. ins Krankenhaus komme und das Bein dann auch mal untersucht wird.

Vor einigen Tagen war eine Anzeige in der Tageszeitung, dass meine Onkologin zum 31.12.2017 ihre Tätigkeit in Herzberg aufgibt und wieder in ihre alte Heimat zurückgeht. Das kam sehr überraschend für mich, weil ich diese Ärztin sehr schätzte. Sie war zur rechten Zeit für mich da und hat mich jetzt fast ein Jahr lang durch meine Krebserkrankung begleitet. Obwohl ich mir nun einen neuen Onkologen suchen muss, habe ich Verständnis für meine Ärztin.

Montag, 1.1.2018

Nachdem ich meinem Bruder bereits vor 3–5 Tagen eine WhatsApp gesandt und noch keine Antwort bekommen hatte, auch nicht an Silvester, wo er sich sonst immer bei uns meldet, haben wir uns langsam Sorgen um ihn gemacht. Heute kam dann eine Antwort: „Bin operiert worden und erst langsam ansprechbar." Ich rief ihn sofort an und erfuhr, dass er an Silvester notoperiert wurde, da die Blutungen bei ihm nicht aufhörten. Sie waren im Gegenteil so schlimm geworden, dass er zu verbluten drohte. Zum Glück haben sie dann festgestellt, woher die Blutungen kamen, nachdem sie ihm den Bauch aufgeschnitten haben. Es gab ein Loch in Blase und Magen. Die Ärzte sagten ihm, das muss durch die Bestrahlungen gegen den Krebs passiert sein. Er bekam mehrere Bluttransfusionen, sonst hätte er es nicht überlebt. Und jetzt ging es ihm auch noch ziemlich schlecht. Er ist total deprimiert und will nicht mehr leben. Er hat Schmerzen und hat einfach keine Kraft mehr.

Ich habe ihm noch mal eine Nachricht gesandt und ihn aufgemuntert und hoffe sehr, dass es ihm in den nächsten Tagen wieder besser geht. Auch seine letzte Lebensgefährtin will ihm schreiben und ihn anrufen und ihm Mut zusprechen.

Wenn ich nun daran denke, dass bei mir in 2 Tagen die Bestrahlung anfängt, dann wird es mir ganz schlecht. Ich werde vorher mit meiner Ärztin noch einmal ausführlich reden, wie so etwas möglich ist. Und ob das bei mir auch passieren könnte. Einerseits will man gegen den Krebs ankämpfen, und andererseits macht die Behandlung andere Dinge im Körper kaputt. Was soll ich bloß machen? Ich habe jetzt doch ziemliche Zweifel an der Bestrahlung.

Dienstag, 2.1.2018

Heute habe ich wieder mit meinem Bruder telefoniert, es ging ihm schon viel besser als gestern. Jetzt hat er mir auch genau sagen können, was passiert war. Er hatte starke Blutungen bekommen sowohl im Urin als auch im Stuhl. Und da man nicht feststellen konnte, wo es herkam, brachte man ihn in den OP und machte einen Bauchschnitt. Da haben sie die Blutungsursache dann gefunden und das Loch genäht. Durch den Katheter hatte man ein Loch in die Blase gestochen. Es war aber nicht durch die Bestrahlung entstanden, sondern durch den Katheter, den man ihm gesetzt hatte. Da war was schiefgelaufen. Auf jeden Fall hat man alles operativ gut versorgen können.

Heute war er noch mal im OP, da hat man bei ihm was am Herzen gemacht, weil es nicht richtig schlug, aber danach ging es ihm dann viel besser. Ich hoffe, er ist bald über den Berg. Er war heute schon wieder richtig gut gelaunt.

BESTRAHLUNG IN DER SÜDHARZKLINIK

Donnerstag, 11.1.2018

Da ich zwischenzeitlich stationär in der Südharzklinik war, konnte ich meinen Bericht nicht weiterschreiben. Erst mal zu meinem Bruder. Ihm geht es jetzt schon wieder sehr gut. Es ist alles gut verheilt, nur verliert er noch viel Wundwasser mit Blut vermischt. Sobald da nichts mehr kommt und die Bauchhöhle wieder frei ist, darf er nach Hause für 2 Tage, und danach wird er in die Reha nach Bad Gandersheim gefahren. Man hat auch schon eine Dichtigkeitsprüfung der Blase gemacht. Es ist alles dicht und heilt gut ab.

Ich bin am Mittwoch, den 3.1.2018 in die Südharzklinik gefahren, wo mein erster Termin für die Bestrahlung stationär stattfinden sollte. Um 8.45 Uhr holte mich das Taxi ab und fuhr mich nach Nordhausen. Bei der Anmeldung wurden dann meine Daten aufgenommen, und danach schickten sie mich auf die Station. Da noch kein Bett frei war, durfte ich mich erst einmal in den Wartebereich setzen und bekam Wasser zu trinken. Nach ca. 1 Stunde war dann ein Zimmer frei und frisch hergerichtet worden. Zusammen mit einer anderen Frau, die ebenfalls wartete, konnten wir dann das Zimmer beziehen.

Dann hieß es warten. Um ca. 11.30 Uhr kam das Mittagessen, und nachdem wir kaum fertig gegessen hatten, kam eine Schwester, die wieder unsere persönlichen Daten notierte. Außerdem machte sie einen Abstrich für den Test auf MRS (multiresistente Keime). Einmal mit dem Stäbchen in die Nase (das kitzelte ordentlich) und mit dem zweiten Stäbchen vom Ohr runter über die Achselhöhle und in die Leiste. Danach wurde der Blutdruck gemessen, bei mir 140/60.

Als sie weg war, dauerte es nicht lange, und der Stationsarzt kam zu uns. Er besprach kurz mit jedem Einzelnen den Krankheitsverlauf und die bevorstehende Bestrahlung und sagte auch gleich, dass ich bereits am Freitag wieder nach Hause dürfte, wenn keine Komplikationen aufträten. Da Anfang des Jahres immer viele Patienten kommen, herrscht Bettenmangel, und daher können wir so schnell wieder gehen.

Kaum war der Stationsarzt wieder gegangen, kam eine Schwester und brachte uns beide zur Bestrahlung. Diese Räume befinden sich im Keller, alles gut abgeschottet! Ich legte mich auf die fahrbare Liege, und rundherum um mich waren große Geräte. Nur eines davon sendet die Strahlen aus, ein anderes macht Aufnahmen, und ein weiteres Teil nimmt andere Daten auf. Diese Geräte fuhren in Abständen um mich herum. Bevor es richtig losging, machten zwei Schwestern noch einige Zeichnungen – Striche – auf meinem Oberkörper. Diese dienen dazu, immer wieder die richtige Position für die Bestrahlung zu finden. Es dauerte gut 20 Minuten, da auch noch verschiedene Einstellungen mit den Geräten gemacht werden mussten. Die nächsten Male soll es schneller gehen.

In dem Raum war es saukalt, und ich zitterte wie Espenlaub. Daher war ich jedes Mal froh, wenn das Teil zur Bestrahlung an mir vorbeifuhr und mich etwas wärmte. Und ich war froh, als alles zu Ende war.

Hinterher war mir richtig komisch zumute. Irgendwie schwindlig deppert im Kopf. Ich hatte Probleme, mich zu orientieren und ins Zimmer (Zimmer 19) zurückzufinden. Aber letztendlich habe ich es dann doch geschafft.

Im Zimmer wartete schon für jeden von uns eine Krankenschwester mit Puder, Mundspülung, Novopulmon für die Lunge, Becher für Urin.

Als diese Schwestern wieder weg waren, kam die nächste mit Kaffee und Kuchen.

Während ich noch mit meinem Kuchen beschäftigt war, kam eine Schwester, um aus dem Port Blut abzunehmen. Die Nadel ließ sie sitzen bis zum nächsten Tag. Wenn mit der Blutuntersuchung alles okay ist, dann wird der Port durchgespült und die Nadel entfernt. Alle 4 Wochen soll der Port gespült werden, das war die Empfehlung des Stationsarztes.

Während ich dann meinen Kuchen weitergegessen habe, schaute ich Fernsehen, und zwar Skispringen in Innsbruck.

In der folgenden Nacht ging es mir ziemlich schlecht. Mir war sehr übel, und ich musste um 4 Uhr nachts aufstehen und mich übergeben. Außerdem hatte ich Kopfschmerzen. Morgens übergab ich mich noch mal. Ich weiß nicht, woher das kam, eventuell eine Migräne oder die ganze Aufregung vom Tag zuvor.

Die Schwester gab mir dann Tabletten gegen die Übelkeit, und später ging es mir wieder viel besser. Um 8.30 Uhr musste ich dann zum Lungenfunktionstest. Um 9.25 Uhr zur Bestrahlung. Dieses Mal dauerte es nur 5 Minuten. Ging alles ruckzuck. Den restlichen Tag hatte ich dann Ruhe, und es gab keine weiteren Untersuchungen.

Die Nacht von Donnerstag auf Freitag verlief sehr ruhig. Mir ging es wieder ganz normal gut. Am Vormittag kam dann der Stationsarzt zur Visite, und er gab uns das Okay, dass wir wieder nach Hause könnten. Ich musste allerdings noch auf meine Bestrahlung warten, ich hatte erst um 13.00 Uhr meinen Termin, da eine Ärztin dabei sein musste. Als ich das geschafft hatte, kam kurze Zeit später auch schon mein Taxi und fuhr mich nach Hause.

Ich bekomme immer am Tag der Bestrahlung den Termin für die nächste Bestrahlung. Das ist jeden Tag zu einer anderen Uhrzeit. Und am Montag sollte ich dann etwas mehr Zeit einplanen, da noch ein Arztgespräch vorgesehen war. Das findet immer montags statt.

Als ich am 8.1. mein Arztgespräch hatte, fragte ich mal genau nach, was nun alles bei mir bestrahlt wird. Bestrahlt wird die komplette linke Brust bis rauf zum Kinn und zur Schulter, außerdem der ganze Bereich seitlich von der Unterbrust aus bis hoch in die Achseln und noch ein Stück den Oberarm rauf. Überall dort, wo Lymphknoten waren und auch noch sind. Damit soll sichergestellt werden, dass alle Stellen erreicht werden, wo eventuell noch Krebszellen sein könnten.

Von der Tiefe der Bestrahlung aus sind es nur wenige Zentimeter, das wurde genau von Technikern anhand meiner CT- und MRT-Bilder berechnet. Leider ist auch die Lunge zu einem kleinen minimalen Teil mit im Bestrahlungsbereich, daher muss ich morgens und abends ein Spray benutzen, um die Lungen zu schützen. Wegen eventueller Begleiterscheinungen (Entzündungen) im Mund, muss ich dreimal täglich den Mund mit Dexpanthenol (Vitamine) spülen. Ich hoffe mal, dass das alles hilft, die Schäden so gering wie möglich zu halten.

Dienstag, 23.1.2018

Heute nach der Bestrahlung hatte ich ein Gespräch mit der Ärztin. Sie teilte mir mit, dass auf den letzten Fotos während der Bestrahlung zu sehen war, dass mit meiner Lunge nicht alles in Ordnung ist. Daher musste ich heute noch zum Röntgen der Lunge. Heute Nachmittag rief mich dann die Ärztin an, um mir mitzuteilen, dass ich Wasser in der Lunge habe. Es muss beobachtet werden. Morgen will sie mir mehr sagen, nachdem sie mit der Chefärztin gesprochen hat. Zuerst meinte sie noch, ich solle schon mal meine Tasche packen und mich darauf einstellen, wieder stationär zu bleiben. Also mal sehen, was sie mir morgen sagen wird.

Große Lust habe ich nicht dazu, wieder ins Krankenhaus aufgenommen zu werden. Aber wenn das Lungenproblem behandelt werden muss, dann gehe ich natürlich ins Krankenhaus.

Ich habe in den letzten Tagen zunehmend Atemnot, vor allem bei leichten Anstrengungen. Das liegt an der Bestrahlung. Man kann durch die Bestrahlung auch eine Lungenentzündung bekommen, sagte mir die Ärztin.

Außerdem habe ich Probleme mit meinem linken Arm. Ich habe Schmerzen in der Innenhand, ungefähr an der Fingerwurzel, hoch bis in die Achseln. Die Schmerzen sind manchmal sehr stark, kaum auszuhalten. Wenn ich mit dem Finger über den Arm streife, ist alles sehr verhärtet und tut sehr weh. Die Ärztin prüfte meinen Armumfang wegen eventuellem Lymphödem, aber das scheint es nicht zu sein. Da war alles normal. Also auch beobachten.

Mittwoch, 24.1.2018

Unglaublich, aber wahr: Meine Hitzewallungen sind zurück! Vor allem nachts habe ich damit wieder Probleme. Ich wache mehrmals in der Nacht auf und schmeiße meine Bettdecke weg. Nach ein paar Minuten geht es dann wieder. Ich befürchte, das wird noch schlimmer, wenn ich die Antihormontherapie beginnen muss. Denn dann passiert ja das Gegenteil von dem, was ich nach den Wechseljahren mit den Hormontabletten erreicht hatte. Ich lass mich mal überraschen.

Freitag, 26.1.2018

Ich nehme nun seit 4 Tagen morgens und abends je 1 Ibu 600 gegen meine Schmerzen im Bein. Es scheint langsam besser zu werden. Vergangene Nacht konnte ich sogar länger durchschlafen.

Mein linker Arm schmerzt aber immer noch.

Am Mittwoch war ich zur Blutabnahme bei meinem neuen Onkologen in der Herzberger Helios-Klinik. Nächste Woche habe ich einen Gesprächstermin beim Arzt.

Meinem Bruder geht es inzwischen bedeutend besser. Er befindet sich seit 1 Woche in der Reha in Bad Gandersheim. Dort wird viel gemacht, er ist den ganzen Tag mit Anwendungen beschäftigt, die ihm aber auch schon jetzt sehr geholfen haben. Er ist begeistert, und das Schöne ist, er kann wieder alleine laufen. Und alle Katheter usw. sind entfernt worden. Ich hoffe sehr, dass er keinen Rückfall mehr bekommt, sondern dass er jetzt noch ein paar Jahre ohne Probleme das Leben genießen kann.

Sonntag, 4.2.2018

Am 31.1. war ich bei meinem neuen Onkologen in der Helios-Klinik. Er ist sehr nett, und außerdem hat er auch noch einen trockenen Humor. „Hier kommt ja wieder so eine traurige Frau, die von ihrer Onkologin verlassen wurde. Aber keine Sorge, wir nehmen sie mit offenen Armen bei uns auf!" Und dann hatten wir ein sehr aufschlussreiches Gespräch. Er erklärte mir die weitere Vorgehensweise in den nächsten Monaten. Da ich Aromatasehemmer-Tabletten (Anastrozol) einnehmen muss für die nächsten 5 Jahre, besteht die Gefahr, dass die Knochensubstanz geschädigt wird. Dazu ist es gut, Calcium und Vitamin D einzunehmen. Aber das alleine reicht nicht. Er möchte mir gerne alle halbe Jahre eine Infusion geben, und zwar Zoledronsäure. Vorher muss ich aber noch zum Zahnarzt und meine Zähne untersuchen lassen, die müssen voll in Ordnung sein. Ich habe einen Vordruck mitbekommen, den der Zahnarzt ausfüllen muss.

Außerdem muss ich zur Knochendichtemessung gehen, da habe ich auch schon einen Termin vereinbart. Wenn dann alles in Ordnung ist, bekomme ich die Infusion, die ca. 1 Stunde lang über den Port verabreicht wird.

Diese Zoledronsäure hat den Vorteil, dass zum einen die Knochensubstanz verbessert wird und zum anderen auch die Gefahr verringert wird, dass sich in den Knochen Metastasen bilden. So hat es mir der Arzt jedenfalls erklärt. Und er hat mir diese Therapie sehr empfohlen. Ich werde sie also machen lassen.

Nachdem ich 10 Tage lang morgens und abends 1 Ibuprofen 600 gegen meine Beinschmerzen eingenommen hatte, musste ich die Einnahme abbrechen, da ich zusehends Magenschmerzen bekam. Die Magenschmerzen sind jetzt weg, aber die Beinschmerzen im rechten Bein sind wieder da. Also denke ich mal, es war nicht nur einfach eine Entzündung, sondern da muss was anderes dahinterstecken. Ich werde meine Ärztin in der Radiologie beim nächsten Mal nochmals ansprechen.

Außerdem haben sich die Schmerzen im linken Arm verschlimmert. Mein neuer Onkologe hatte ja Ultraschallaufnahmen von Brust und Bauch gemacht, da ist alles okay. Und als ich ihn auf die Schmerzen im Arm hinwies, hatte er auch den Arm und die

Achsel mit Ultraschall untersucht. Es konnte kein Hämatom festgestellt werden. Aber er meinte, der Arm sei etwas geschwollen. Also ein Hinweis auf Lymphprobleme. Ich solle es beobachten.

Beim nächsten Termin in der Radiologie werde ich die Ärztin also darauf wieder ansprechen. Ich habe seit heute auch das Gefühl, dass ich einen ziemlich dicken Knubbel am Ellenbogen innen habe. Sobald ich da draufdrücke, habe ich sehr starke Schmerzen. Aber auch immer noch den ganzen Arm innen rauf und runter.

Mein Geschmack verschlechtert sich ebenfalls immer mehr. Vor allem Getränke finde ich alle ekelhaft. Und sobald ich gegessen habe, habe ich hinterher einen ganz ekligen Geschmack im Mund. Essen geht eigentlich, obwohl ich manchmal gar keinen Appetit habe. Dann zwinge ich mich aber zu essen.

Morgen geht es wieder zur Bestrahlung. Noch 12-mal! Die Zeit ist wirklich schnell vergangen. Ich bin aber auch froh, wenn ich das hinter mir habe, und hoffe sehr, dass es auch erfolgreich war.

Letzte Woche hatte ich im Krankenhaus einen Termin mit einer Dame vom Sozialen Dienst, die sich um die Anschlussheilbehandlung kümmert. Sie hat für mich einen Antrag ausgefüllt und mir eine Liste der Kurheime überreicht, in denen ich die Kur antreten kann. Es dürfen nur 250 km Entfernung vom Heimatort sein. Ich wäre ja gerne an die See gefahren. Dafür müsste eine extra Genehmigung beantragt werden, und der gesundheitliche Aspekt müsste berücksichtigt werden. Aber nachdem mein Mann und ich uns darüber ausgetauscht haben, sind wir zu dem Schluss gekommen, dass es im Winter keinen großen Spaß an der See macht, und daher haben wir uns für Bad Gandersheim (50 km entfernt) entschieden. Da kann ich dann sogar am Wochenende mal für 1 Tag nach Hause fahren.

In 1 Woche habe ich wieder einen Termin mit der Sozialarbeiterin, und da kann ich dann Ort und Zeit äußern. Es dürfen

nach der letzten Bestrahlung nicht mehr als 5 Wochen vergehen, bis man die Reha antritt. Ich habe mir Anfang März ausgesucht. Es kommt ja dann auch darauf an, wann ein Zimmer
frei ist in der Klinik.

Donnerstag, 8.2.2018

In ca. 1 Stunde werde ich vom Taxifahrer abgeholt, um nach
Nordhausen zu fahren. Mit heute bekomme ich nun noch 9 Bestrahlungen. Ein Ende ist in Sicht! Langsam reicht es mir aber
auch. Es wird nämlich langsam unangenehm, am Hals und der
Schulter sowie in der Achselhöhle ist die Haut dunkelrot, wie
bei einem Sonnenbrand. Es juckt teilweise, und ich muss mich
ständig mit Babypuder pudern. Das hilft tatsächlich. Creme oder
Öl darf ich nicht benutzen.

Heute habe ich auch wieder ein Arztgespräch. Gestern fiel es
aus, weil die Ärztin so viele Patienten hatte, dass ich zu lange
hätte warten müssen. Ich werde ihr heute mal wieder von meinem linken schmerzenden Arm berichten. In der Armbeuge ist
es manchmal richtig dick geschwollen. Und wenn ich innen über
den Arm streiche, ist es echt schmerzhaft.

Auch mein rechtes Bein tut noch weh, ich kann immer noch nicht
auf der rechten Seite liegen. Drehe ich mich dann auf die linke
Seite, dann dauert es nur wenige Minuten, und mein rechtes Bein
schmerzt auch in dieser Stellung. Dann bleibt mir wieder nur die
Rückenlage. Das geht dann so lange, bis ich mich im Schlaf wieder auf die Seite drehe und vor Schmerzen aufwache. Und das
Spiel des Herumdrehens beginnt von vorne. So geht es die ganze
Nacht. Auch beim Treppensteigen habe ich Probleme mit dem Bein,
mal mehr und mal weniger schlimm. Manchmal, wenn es ganz
schlimm kommt, dann muss ich mich am Geländer hochziehen.

Vor zwei Tagen war ich übrigens bei der Fußpflege, denn ich konnte meine Zehennägel nicht mehr selbst schneiden. Sie waren inzwischen recht lang geworden, aber auch so dick und brüchig, dass ich es mit meiner Schere nicht mehr schaffte. Die Fußpflegerin hat das jedoch sehr gut hinbekommen, und meine Füße sehen jetzt wieder super aus! So kann ich mich wieder sehen lassen. Ich habe mir vorgenommen, ab sofort regelmäßig zur Fußpflege zu gehen. Selbst kriegt man das gar nicht so toll hin.

Ich bin wieder zurück von der Bestrahlung und dem Arztgespräch. Juchhuuu! Ich habe erfahren, dass ich schon am Dienstag meine letzte Bestrahlung habe, da man die letzten 5 Termine mit den letzten Bestrahlungen zusammengelegt hat. Also nur noch 3-mal nach Nordhausen. Ich bin so froh, dass ich das dann auch hinter mich gebracht habe.

Ich habe die Ärztin auch wegen meines schmerzenden linken Arms gefragt. Sie hat noch mal den Umfang gemessen, aber es hat wahrscheinlich nichts mit der Lymphe zu tun. Sie vermutet jetzt, dass es noch Nachwirkungen der Chemo sind, die meine Nerven in dem Arm geschädigt haben. Ich werde der Sache aber noch weiter nachgehen. Und wegen meines Beins soll ich noch mal bei meinem Orthopäden vorstellig werden.

Die Aromatasehemmer-Tabletten soll ich dann ab Mittwoch einnehmen. Diese Tabletten hatte ich ja bereits von meinem Onkologen bekommen.

Die geröteten Stellen auf meiner Haut soll ich gut mit Puder bedecken, das wird dann bald wieder okay sein. Am Dienstag, nach der letzten Bestrahlung, gibt es dann noch ein Abschlussgespräch mit der Ärztin. Wenn ich dann da raus bin, dann mache ich wirklich 3 Kreuze!!!

Als heute mein Taxifahrer in Nordhausen auf dem Klinikgelände auf mich gewartet hat, ist ihm beim Rückwärtsfahren ein anderes Taxi auf die hintere linke Seite gefahren. Es hat ordentlich gerumst, sagte er mir, und man konnte auch eine Beule und Kratzer erkennen. Zum Glück kein Personenschaden. Alles andere regeln die Versicherungen.

Ich bin sehr froh, dass die ganzen Fahrten nach Nordhausen bisher ohne Unfall an mir vorbeigegangen sind. Darüber hatte ich mir im Voraus auch meine Gedanken gemacht. Die letzten 3 Fahrten werde ich dann hoffentlich auch noch unfallfrei überstehen.

Sonntag, 11.2.2018

Ich weiß nicht, warum, aber die Schmerzen in meinem rechten Bein haben abgenommen. Nachts kann ich wieder besser schlafen und auch auf der Seite liegen. Nur wenn ich länger gesessen habe und dann aufstehe, habe ich erst einmal Probleme. Dann dauert es ein paar Sekunden, bis ich meine Beine geordnet habe und wieder normal laufen kann.

Interessanterweise habe ich am letzten Freitag eine Frau gesprochen, die auch Brustkrebs hat. Und sie hat mir berichtet, dass sie große Probleme nach der Chemo mit ihren Beinen hatte. Sie bekam sogar sehr starke Schmerzmittel, aber das Problem wurde damit nicht behoben. Nur die Schmerzen gelindert. Ihr hatte man gesagt, dass das Nervenschädigungen sind, die irgendwann wieder vom Körper selbst repariert werden. Als ich das hörte, wusste ich, dass ich zum Orthopäden erst mal nicht gehen muss. Der kann wirklich nichts machen. Ich warte einfach ab, was weiter passiert und in der Reha werde ich dann noch mal gezielt fragen.

Mittwoch, 14.2.2018

Am Dienstagvormittag hatte ich einen Zahnarzttermin. Alle Zähne wurden kontrolliert und einzeln bzw. in Gruppen geröntgt. Das war wichtig, um zu sehen, ob im Kiefer oder an den Wurzeln irgendwelche Entzündungsherde sind. Der Zahnarzt musste mir ein Merkblatt ausfüllen und unterschreiben, welches ich für den Onkologen brauche, der mir ja dann die Infusionen mit den Bisphosphonaten verabreichen wird. Alle halbe Jahr bekomme ich da 4 mg über meinen Port. Das soll helfen, Knochenmetastasen und Knochenschmerzen sowie Osteoporose (verursacht durch die Aromathasehemmer-Tabletten) zu verhindern. Da alle Zähne in Ordnung sind, habe ich am Donnerstag meinen ersten Termin zur Infusion. Je eher, desto besser, sagte man mir.

Gestern hatte ich nun meine letzte Bestrahlung. Alle MRTAs waren sehr nett und freuten sich, als ich ihnen zum Abschied eine Schachtel „Celebrations" überreichte. Sie wünschten mir alles Gute und dass wir uns nicht wiedersehen. Das konnte ich nur so erwidern.

Dann ging es noch mal hoch zur Ärztin für das Abschlussgespräch. Nachdem ich diesmal unendliche 2 Stunden warten musste, war es so weit. Die Ärztin fotografierte noch einmal zum Abschluss meine Brust und die Seitenansicht zum Vergleich mit den am Anfang der Bestrahlung gemachten Fotos. Man konnte ganz klar Verbrennungen am Hals und an der Schulter sowie unter dem Arm erkennen. Da die Striche jetzt nicht mehr wichtig sind, darf ich mich nun auch mit Heilsalbe oder Öl einreiben. Sie empfahl mir Bepanthen, was ich zu Hause dann auch gleich machte. Aber diese Creme ist zu dick, es war nicht gerade angenehm auf den verbrannten Stellen. Eine Arbeitskollegin empfahl mir Ferrum-Phosphoricum-Salbe, und die besorgte ich mir dann auch gleich heute früh in der Apotheke und cremte mich damit ein. Das war richtig angenehm, eine leichte und trotzdem gut heilende Creme. Aber ich glaube, ich werde noch eine Weile mit diesen wunden Stellen zu tun haben.

Die Ärztin wies mich auch noch einmal darauf hin, dass ich mit Erkältungen sehr vorsichtig sein müsse wegen meines geschwächten Immunsystems. Sollte ich eine stärkere Infektion bekommen, solle ich mich gleich telefonisch bei ihr melden. Außerdem bekam ich auch einen Nachsorgetermin in 3 Monaten, am 14.5.2018.

Als ich nach Hause kam, rief mir mein Mann gleich entgegen, dass ich bereits einen Termin für die Anschlussheilbehandlung bekommen habe. Die Dame vom Sozialen Dienst des Krankenhauses hatte angerufen. In der Post lag dann auch schon die Einladung von der Rehaklinik Bad Gandersheim. Es gab da einen Fragebogen, den ich ausfüllen musste und heute auch gleich zurücksandte.

Ja, bereits am 22.2. ist es so weit, und ich komme in die Rehaklinik. Ich freue mich schon sehr darauf, hoffe nämlich, dass ich dort einiges lerne zur Verbesserung meiner Schmerzen und für meine Beweglichkeit.

Montagnachmittag hatte ich dann noch einen Termin beim Kardiologen, der sowohl ein EKG als auch einen Herzschall machte. Es war alles zu seiner vollen Zufriedenheit, und auch dort bekam ich gleich in 6 Monaten einen Folgetermin. Ja, ich werde jetzt wirklich engmaschig kontrolliert. Um keine Zeit zu verlieren, habe ich am kommenden Dienstag auch noch einen Termin bei meiner Gynäkologin.

Und morgen fange ich dann mit meinen Tabletten, den Aromathase-Hemmern an. Bin gespannt, wie mir die Tabletten bekommen. Sie sollen ja ähnliche Auswirkungen haben wie die Wechseljahre. Na ja, ich lasse mich einfach überraschen.

BEGINN MIT ANTIHORMONTABLETTEN

Sonntag, 18.2.2018

Donnerstag habe ich mit den Antihormontabletten angefangen. Ich habe vormittags eine der Minitabletten geschluckt. Um 11 Uhr hatte ich meinen Termin beim Onkologen, wo ich die erste Infusion mit den Bisphosphonaten bekam. Es war schon ein komisches Gefühl, in einem Raum zu sitzen mit anderen Patientinnen, die gerade ihre Chemo bekamen. Mir wurde es kurzzeitig etwas übel, aber dann unterhielt ich mich mit den anderen Frauen, und die Übelkeit verschwand. Die Infusion dauerte 1 Stunde, und ich war die erste Patientin, die wieder gehen durfte.

Danach bin ich noch einkaufen gefahren, es ging mir richtig gut. Zu Hause angekommen, habe ich das Mittagessen für meinen Mann und mich zubereitet, und wir haben zusammen gemütlich gegessen. Um ca. 15 Uhr wurde ich schlapp und müde und bekam leichte Kopfschmerzen. Ich legte mich ein wenig hin in der Hoffnung, dass es danach besser würde. Aber leider ging es mir von da an immer schlechter. Ich kam gar nicht mehr auf die Beine und verpasste sogar meine Lieblingssendung im Fernsehen „Die jungen Ärzte". Mir wurde übel, und es fühlte sich an, als würde sich eine starke Migräne ankündigen. Also zog ich mich aus und legte mich ins Bett. An Essen war nicht mehr zu denken, auch nicht an Trinken. In der Nacht, so gegen 1 Uhr, stand ich auf, weil ich mich übergeben musste. Meine Kopfschmerzen waren so schlimm geworden, dass ich nun eine Ibuprofen-Schmerztablette nahm. Dann schlief ich für 1 Stunde wieder ein. Die Kopfschmerzen wurden besser, und ich bekam meinen üblichen

Schlafrhythmus. Eine Stunde auf der rechten Seite – Schmerzen im Bein –, dann auf den Rücken drehen – eine halbe Stunde, bis die Schmerzen anfingen, dann auf die linke Seite, bis die Schmerzen kamen, und dann wieder zurück.

Am Freitagmorgen war ich wie gerädert. Ich konnte nicht aufstehen. Mein Mann brachte mir 1 Tasse heißes Wasser, da ich einen total ausgetrockneten Mund hatte. Das Wasser bekam ich mit Mühe und Not herunter. Dann schlief ich weiter bis 10 Uhr. Langsam verschwanden die Kopfschmerzen, und ich stand vorsichtig auf. An Frühstück war nicht zu denken, nur an Zähneputzen, damit der Mund wieder ein normales Gefühl bekam. Ich schlich dann von der Couch zum Stuhl, zurück zum Sessel, Stuhl, Bett usw. Gegen 14 Uhr ging es mir etwas besser, es kam wieder Leben in mich, und ich wusch mich und zog mich an.

Abends legte ich mich frühzeitig ins Bett, und ich bekam wieder den gewohnten Schlaf-Wach-Rhythmus ohne Kopfschmerzen.

Aber was mir jetzt stark zu schaffen machte, und zwar zunehmend, das waren die Verbrennungen am Hals und an der Schulter von den Bestrahlungen. Ich cremte mich mit Ferrum-Phosphoricum-Salbe 3 ein, das tat sehr gut. Aber leider nur kurze Zeit. Also cremte ich wieder. Meine Freundin brachte mich dann auf die Idee, doch mal Quark aufzulegen, das kühle. Und da fiel mir ein, warum nicht Silicea-Gel aus dem Reformhaus. Das hilft bei Verbrennungen, Hautproblemen usw. Innerlich und Äußerlich anwendbar. Am Samstagvormittag fuhr ich also mit meinem Mann in die Stadt runter und besorgte mir Silicea. Es war eine Wohltat, als ich es auftrug. Es beruhigte die verbrannten Stellen sofort. Aber leider hielt der Effekt auch damit nur begrenzte Zeit an. Und ich musste immerzu neues Silicea-Gel auftragen.

Inzwischen wechsle ich ab mit Gel und Salbe. Aber es ist richtig schmerzhaft. Und von Heilung ist noch nicht viel zu sehen. Im Gegenteil, die Verbrennungen unter dem Arm und auf der

Brust sind sehr stark. Teilweise habe ich richtige Quaddeln auf der Haut. Oft juckt es, und ich muss mich sehr beherrschen, nicht zu kratzen. Alle in unserer Selbsthilfegruppe nach Krebs haben erzählt, dass sie keine Verbrennungen hatten. So war ich der Meinung, an mir geht das auch vorbei. Aber falsch gedacht. Beim nächsten Mal werde ich es dort erzählen. Ich hoffe nur, dass ich bis dahin meine Haut schon wieder in Ordnung habe. Heute Abend werde ich ein Foto von den schlimmsten Stellen machen. Hinterher kann man sich nämlich nicht mehr vorstellen, wie schlimm es aussah.

Heute, am Sonntag, geht es mir im Großen und Ganzen schon wieder besser. Ich habe nur ständig ein leichtes Übelkeitsgefühl im Magen. Das ist schon seit Tagen so. Ich habe bereits mehrmals eine MCP-Tablette geschluckt, danach ging es dann besser. Auch mein Appetit ist nicht normal, ich habe keinen Hunger und muss mich zwingen, überhaupt etwas zu essen. Heute Abend ein Brötchen nur mit Kokosöl bestrichen und ein kleines Schälchen Salat dazu. Auch Trinken fällt mir schwer. Am besten geht Cappuccino oder Yogi-Tee ohne alles. Das bekomme ich geschluckt. Süße Sachen kann ich überhaupt nicht essen, da wird es mir allein beim Gedanken daran schlecht.

Ich freue mich nun sehr auf die Reha. Dort kann ich mich hoffentlich richtig gut erholen und lernen, wieder auf die Beine zu kommen. Heute Nachmittag habe ich mit meinem Mann und unserem kleinen Hund einen Spaziergang gemacht, vielleicht so 2 km. Aber ich war so fix und fertig, dass ich es kaum noch zum Auto schaffte. Ich hatte keine Kraft mehr, und auch mein Atem ging sehr schwer. Das muss wieder besser werden. Ich hoffe, die Reha hilft mir dabei.

Montag, 19.2.2018

Ich hatte eine sehr schlechte Nacht. Keine einzige Stunde konnte ich durchschlafen. Zum einen werde ich ständig wach wegen meiner Beinschmerzen, zum anderen diese Nacht wegen der Verbrennungen. Als ich heute früh in den Spiegel schaute, traute ich meinen Augen nicht: Der ganze Oberkörper war voller Pusteln, auch die Arme, bis runter zum Bauch. Alles juckte und war rot. Eine richtige Allergie. Ich habe dann um 8 Uhr gleich beim Onkologen angerufen, und die Arzthelferin meinte nur, das kann an den Tabletten liegen. Nicht an der Infusion. Lassen Sie die Tabletten mal weg, und beobachten Sie Ihre Haut. Gegen den Juckreiz könne ich Fenistil-Gel auftragen.

Das war's dann. Ich habe keine Lust mehr. Es macht mich langsam fertig. Morgen habe ich zum Glück meinen Termin bei der Gynäkologin. Die wird mich untersuchen, und mal sehen, was sie dazu sagt.

Dienstag, 20.2.2018

Heute früh war ich bei meiner Gynäkologin, und sie untersuchte mich von Kopf bis Fuß sehr gründlich. Sie machte die normale Krebsvorsorge-Untersuchung, die ich sonst ja jährlich bei ihr gemacht hatte. Aber durch die Brustsache ist das im vergangenen Jahr nun mal liegen geblieben. Mit Ultraschall der Eierstöcke usw. Es war diesmal richtig schmerzhaft, ich weiß auch nicht, warum. Auch die Brüste tastete sie ab. Es wurde Urin untersucht und ein Abstrich gemacht. Dann bekam ich noch einen neuartigen Darmkrebstest mit nach Hause, den ich noch erledigen muss. Was sie so sehen konnte, war alles in Ordnung. Sollte irgendetwas sein, gibt sie mir Bescheid. Klar, das kenne ich ja und kann mich jetzt auch schon nicht mehr erschüttern. Zumal ich gestern erfahren habe, dass mein offizieller Gesundheitsstatus „chronisch krebskrank" ist. Nun denn. Mein Mann redet immer davon, ich sei geheilt, das hätte doch die Ärztin nach der Brust-OP gesagt. Aber so ist es nun einmal nicht. Die befallenen Knoten sind raus, aber von geheilt kann erst nach 10 Jahren die Rede sein, wenn da nichts wieder aufgetaucht ist. Mir ist das schon lange klar. Mein Mann will es einfach nicht wahrhaben. Aber das sind die Tatsachen.

Zu meinem Ausschlag konnte die Gynäkologin nichts sagen, nur dass es wirklich sehr schlimm aussieht. Und daher hat sie mir geraten, sofort zum Hautarzt zu fahren, ohne großartige Anmeldung. Und sie hat mir auch gleich eine Überweisung mitgegeben. Ich bin also im Anschluss an den Besuch bei der Gynäkologin direkt nach Herzberg zu meinem Hautarzt gefahren.

Dort musste ich eine knappe Stunde warten, dann kam ich schon dran. Er schaute sich den Ausschlag an und meinte: „Der sieht ja wirklich sehr schlimm aus. Kann sein, dass es von den Aromathase-Tabletten kommt oder auch von der Infusion. Das kann man jetzt nicht mehr feststellen." Auf jeden Fall verschrieb er mir eine riesige Tube Creme und ein Antihistaminikum, damit der Juckreiz aufhört und ich wieder zur Ruhe komme. Als ich ihm sagte, dass ich übermorgen meine Kur antreten wolle, meinte er, ich dürfe auf keinen Fall ins Wasser, um die Haut nicht noch mehr zu reizen. Ansteckend sei das jedenfalls nicht. Dann schrieb er mir noch ein Attest aus, um die Kur eventuell zu verschieben.

Wieder zu Hause angekommen, rief ich dann in der Kurverwaltung an und schilderte mein Problem. Sie meinten, ich müsse keine Wasseranwendungen machen, es gebe genügend Sachen ohne Wasser, die ich dort machen könne. Wenn ich möchte, dann solle ich doch trotzdem schon übermorgen kommen. Und das habe ich dann auch zugesagt. Denn ich habe schon alle meine Sachen zurechtgelegt und alles vorbereitet. Ich will nicht länger warten, ich will das jetzt durchziehen und mich erholen. Ich brauche einfach einen Ortswechsel, um zur Ruhe zu kommen. Langsam merke ich, wie fertig ich bin. Ich kann einfach nicht mehr. Die letzten Wochen mit den Bestrahlungen haben mich doch mehr mitgenommen, als ich zuerst dachte. Jetzt merke ich, wie kaputt ich bin.

Es ist 18.00 Uhr, und ich habe meinen Koffer gepackt. Es fehlen nur noch wenige Dinge, die ich dann morgen reinlegen kann. Wäsche ist gewaschen, die große Liste für meinen Mann, was er täglich erledigen muss, ist geschrieben, und ich komme nun schon langsam zur Ruhe. Ich freue mich richtig auf übermorgen.

ANSCHLUSSHEILBEHANDLUNG IN BAD GANDERSHEIM

Donnerstag, 22.2.2018

Jetzt bin ich im Kurhaus Bad Gandersheim! Es war ein sehr anstrengender Tag, obwohl ich noch keine einzige Anwendung hatte. Nach meiner Ankunft durfte ich erst einmal auf mein Zimmer, der Taxifahrer hat mir noch den Koffer raufgebracht. Er wollte auch mal schauen, wie die Zimmer hier aussehen, und war begeistert. „Ist ja wie in einem Hotel", meinte er. Ja, und da hat er recht. Es ist ein superschönes Zimmer und zum Glück auch auf der richtigen Seite des Gebäudes, nämlich auf der Sonnenseite. Und die schien heute in voller Pracht!

Ich habe dann erst mal meine Sachen ausgepackt, denn bis um 11.45 Uhr hatte ich Zeit, da hatte ich meinen ersten Termin beim Stationsarzt. Und das war dann wirklich sehr witzig, denn als ich zu ihm reinkam, grinste er mich so wissend und kennend an und meinte: „Sie kommen mir sehr bekannt vor." „Ja, das glaube ich Ihnen", erklärte ich dann, „denn bis letzte Woche war auch mein Bruder hier, und der sieht mir sehr ähnlich". Ja, da stimmte er dann voll zu, und wir amüsierten uns köstlich. Er war ganz begeistert, dass mein Bruder so voller Energie und Tatendrang war und – obwohl er nur mit dem Rollator gehen konnte, als er kam – dass er bei der Verabschiedung frei gehen konnte. Und das sogar sehr gut.

Ich habe ihm dann erzählt, dass mein Bruder jetzt zu Hause auch nicht im Bett liegt oder rumgammelt, sondern er ist jeden Tag unterwegs und unternimmt ständig etwas. Das hat ihn sehr gefreut.

Dann hat der Arzt noch mal mit mir alle möglichen Informationen über meinen Krankheitsverlauf aufgenommen. Er stellte mir viele Fragen, und nach einer knappen Stunde und einer kurzen Untersuchung waren wir dann endlich fertig. Es wurde auch Zeit, denn das Mittagessen wartete auf mich. Ich hatte schon richtig Hunger.

Im Speisesaal wurde ich von einer Bedienung zu meinem Tisch geführt und mit den verschiedenen Gepflogenheiten vertraut gemacht. Dann bekam ich mein Essen und durfte mir selbst noch eine Schüssel mit Salat zusammenstellen. Für die restliche Woche und nächste Woche habe ich dann auf einer Liste angekreuzt, was ich gerne essen würde. Leider gibt es kein veganes Essen, aber immerhin vegetarisch. Na, das geht auch mal.

Ich habe auch sehr nette Menschen an meinem Tisch sitzen, die alle heute neu dazugekommen sind, und wir haben uns schon mal bekannt gemacht und nett unterhalten.

Nach dem Essen bin ich auf mein Zimmer gegangen und habe mich ausgeruht. Dann, so gegen 15 Uhr, habe ich mich angezogen und einen Spaziergang um den See gemacht. Ich war ca. 1 Stunde unterwegs, danach war ich fix und fertig. Nach kurzem weiteren Ausruhen musste ich wieder los, denn es gab einen Rundgang durchs Haus, um die wichtigsten Stationen und Behandlungszimmer kennenzulernen. Das zog sich sehr lange hin, zum Glück konnte ich mich zwischendurch immer mal hinsetzen.

Nach Ende der Führung ging ich gleich zum Abendessen. Da war jetzt Selbstbedienung angesagt. Und siehe da, es gab sogar Döschen mit dem mir bereits bekannten veganen Aufstrich. Und wieder verschiedene Salatsorten und Obst. Mehrere Sorten Brot, verschiedene Teesorten, Caro, Kakao usw. Es reichte für mich, und ich wurde satt.

Dann bin ich wieder hoch aufs Zimmer und verpasste einen Vortrag, der im Anschluss an das Essen gehalten wurde. Aber ich musste mich hinlegen, wo ich auch gleich einschlief. Der Spaziergang hatte mich doch ganz schön geschafft. Als ich wach wurde, riefen mich gerade mein Mann und mein Bruder an. Jetzt geht es mir wieder besser.

Mein Ausschlag wird auch besser, sieht aber trotzdem noch schlimm aus. Ich habe mich vorhin komplett von oben bis unten eingecremt. Da ich auch ziemliche Probleme mit meinem Hals (Schluckbeschwerden) habe und einen extrem trockenen Mund, meinte der Arzt heute Vormittag noch, ich solle demnächst einen HNO-Arzt aufsuchen. Denn es wird sicher so sein, dass durch die Bestrahlung irgendwelche Ableitungen im Hals, die die Flüssigkeit weiterleiten, beschädigt wurden. Und das kann der HNO-Arzt feststellen und behandeln.

Morgen geht es früh hoch, ich muss schon um 7 Uhr frühstücken, da ich um 8 Uhr meinen ersten Termin habe. Schulter-Arm-Gymnastik, und um 8.30 Uhr einen Termin bei der Sozialarbeiterin und dann um 10.30 Uhr Termin zum Nordic Walking. Darauf freue ich mich schon sehr.

Freitag, 23.2.2018

Ich bin gut aus dem Bett gekommen, obwohl ich nicht ganz so gut geschlafen habe. Mein rechtes Bein bzw. meine rechte Hüfte schmerzen ganz schön. Außerdem macht mir sehr die Trockenheit im Mund zu schaffen. Ich trinke dann nachts immer etwas Wasser, aber das hält nicht lange vor. Wenige Minuten später ist der Mund wieder total trocken und spröde, und vor allem auch die Lippen, die richtig ausgefranst sind. Da hilft nur, sich in einer Tour einzucremen.

Außerdem hatte ich heute Nacht ziemlich steife Finger. Vor allem die rechte Hand, und die Finger waren so steif, dass ich sie gar nicht mehr nach innen einknicken konnte. Inzwischen geht es aber wieder. Ich habe ja auch meine ersten Übungseinheiten gehabt. Die Schulter-Arm-Gymnastik war genau das Richtige für mich. Ich muss es mir alles einprägen und zu Hause dann auf dem Gymnastikball regelmäßig nachmachen. Es ist alles sehr simpel aber man muss es einfach machen.

Nach den Übungen war ich noch im Schwesternzimmer angemeldet, wo ich gewogen und gemessen und der Blutdruck gemessen wurde. War alles im Normbereich.

In 1 Stunde geht es dann zum Walking. Bin mal gespannt, wie ich mich da anstelle.

Beim Walking habe ich mich sehr gut angestellt. Fürs erste Mal hat alles super geklappt. Nur meine eigenen Stöcke, die ich mitgebracht habe, sind 5 cm zu lang, sagte die Therapeutin. Daher gab sie mir welche zum Ausleihen. Ich habe alles richtig gemacht nach Anweisung. Aber das Chaos war, dass es so was von kalt war, dass meine Hände und Finger bereits nach kürzester Zeit eingefroren waren. Ich hatte dummerweise meine Handschuhe auf dem Zimmer vergessen. Aber auch andere, die Handschuhe hatten, klagten über Eisfinger. So wurde die Stunde auf eine halbe verkürzt, denn der eisige Ostwind war einfach nicht auszuhalten. Es dauerte dann auch eine Ewigkeit, bis ich meine Finger und Hände wieder auf Normaltemperatur hatte.

Nach dem Mittagessen ging es ohne Pause weiter in die Muckibude. Ich bekam eine Einweisung in die medizinische Trainingstherapie. Auf diese Art lernte ich 4 verschiedene Geräte zur Muskelstärkung und zum Balancetraining kennen. Ich machte bei allen Geräten 2 Einheiten, was für den Anfang aber auch reichte.

Danach ging es gleich weiter zur Einweisung Ergometer. Zehn Minuten auf dem Fahrrad strampeln mit 50 kW (habe ich selbst einstellen können) und Geschwindigkeit von ca. 60–80 Umdrehungen.

Als ich das alles geschafft hatte, ging ich erst wieder aufs Zimmer, um mich kurz zu erholen, und danach ging es zu einem interessanten Vortrag des Chefarztes. Da habe ich wieder viele neue Dinge über Krebs und speziell über Brustkrebs gelernt. Auch über die Strahlentherapie. Zum Beispiel, dass noch monatelang ein Ziehen in der Brust oder auch ein Stechen normal sind, dass Verbrennungen auch oft vorkommen usw. Und ich habe gelernt, dass es keine Garantie gibt, nach OP, Chemo und Bestrahlung vom Krebs befreit zu sein. Er kann sich trotzdem noch irgendwo versteckt halten und an anderer Stelle wieder ausbrechen. Ja, es stimmt wirklich, man ist nach all diesen Therapien nicht geheilt, sondern ist weiter chronisch krebskrank. Die Überlebensrate steigt zwar immer mehr, aber eine Garantie gibt es nicht. Immer noch sterben mindestens 30 Prozent der Erkrankten.

Um selber etwas gegen den Krebs zu tun, sollte man auf jeden Fall in der Woche 2000 kcal durch Sport verbrennen. Das würde bedeuten, z.B. 5 x in der Woche 1 Stunde Rad fahren. Oder andere Sportarten. Hauptsache, man ist sportlich aktiv. Und einen BMI von möglichst 20–25 beibehalten. Außerdem versuchen, sich so gesund wie möglich zu ernähren mit viel Gemüse und Obst. Kein oder wenig Alkohol. Gerade Frauen vertragen nicht so viel wie Männer und sollten täglich höchstens 250 ml Wein trinken. Besser weniger.

Nach dem Abendessen habe ich mich wieder ein wenig ausgeruht, und gleich gehe ich runter in den Aufenthaltsraum, da spielt heute ein Alleinunterhalter. Mal sehen, ob er gut ist. Ansonsten verdrücke ich mich wieder und schaue Fernsehen oder lese lieber.

Samstag, 24.2.2018

Den Alleinunterhalter gestern Abend habe ich mir nur eine Viertelstunde angehört. Er hat bloß Knöpfe gedrückt und Schalter umgelegt, alles kam aus der Konserve. Ab und zu hat er dazu gesungen. Aber von der Auswahl der Musik war ich nicht so begeistert, noch oldier als Oldies und dann auch noch spezielle alte Musik aus den neuen Bundesländern. Neben mir am Tisch die alten Leute waren begeistert, aber mein Geschmack war es nicht.

Also bin ich auf mein Zimmer gegangen, habe mich bettfertig gemacht und dann ein wenig gelesen. Außerdem war ich doch sehr geschafft, durch die vielen Aktivitäten am Tag. Ich bin dann auch schon gegen 21 Uhr eingeschlafen. Die Nacht war anstrengend, viele Schmerzen und steife Glieder. Ich hoffe, dass das alles mal wieder besser wird.

Heute früh ist es so kalt, dass ich noch gar nicht vor die Tür gehen möchte. Ich werde mich bis zum Mittagessen im Haus aufhalten, und danach machen wir mit der Gruppe eine Busfahrt nach Goslar und durch den Harz.

Es ist 19.00 Uhr, und wir sind gut von unserer Harztour zurückgekommen. Es war interessant und schön und saukalt!!! Ich bin mit einer meiner Tischnachbarinnen zusammen durch Goslar gelaufen, und zwar von einem Geschäft ins nächste. Anders hätte man die Kälte nicht ertragen können. Immer nur kurz draußen, um eine Sehenswürdigkeit anzusehen und zu fotografieren, und dann wieder in ein warmes Geschäft zum Aufwärmen. Seit einigen Tagen weht ein eisiger Wind aus Osten, der sich in den nächsten Tagen noch verstärken soll, sodass wir Minustemperaturen bis –15 Grad haben werden. Da gehe ich dann wirklich nicht mehr vor die Tür. Das Risiko, krank zu werden, ist einfach zu groß.

Jetzt ziehe ich mich aus und mache mich bettfertig. Ich habe mir eine volle Thermoskanne mit Ingwertee aus der Cafeteria mit hochgenommen und werde es mir dann gleich im Bett gemütlich machen.

Montag, 26.2.2018

Gestern habe ich es ruhig angehen lassen. Meine Knochen tun mir noch immer überall weh, und ich kann manchmal kaum aus dem Bett raus. Muss mich auf die Seite rollen, um dann aufstehen zu können. Ich weiß nicht, ob das nur Muskelkater ist. Auch die Hände sind steif, ich bekomme die Finger der rechten Hand erst nach langer Zeit wieder bewegt.

Am Sonntagvormittag bin ich mal die Strecke zum Bahnhof abgegangen, wollte sehen, wie weit es ist und dass ich es auch finde, wenn ich nächsten Samstag nach Hause fahre. Der Weg dorthin dauert eine halbe Stunde. Zurück habe ich mich verlaufen, und so war ich dann insgesamt 1,5 Stunden unterwegs. Aber jetzt weiß ich, wo ich langgehen muss. Mal sehen wie das Wetter diese Woche wird, dann werde ich es so machen, dass ich mit dem Zug nach Hause fahre, und abends kann mich mein Mann dann wieder hierherfahren.

Gleich muss ich zum Gehtest. Bin mal gespannt, was dabei herauskommt.

Bin schon zurück vom Gehtest. Da es draußen so was von kalt ist, wurde der Test im Gebäude auf einem langen Gang durchgeführt. Ein anderer Patient und ich – wir waren nur zu zweit – mussten eine festgelegte Strecke 6 Minuten lang ablaufen. Immer 25 Meter in einer Richtung, dann Kurve und zurück. Als die 6 Minuten um waren, rief die Assistentin „Stopp!", und wir mussten stehen bleiben. Dann hat sie die genaue Entfernung ausgemessen. Zum Abschluss der Kur wird dieser Test noch einmal wiederholt, um festzustellen, ob wir uns verbessert oder verschlechtert haben.

Da ich noch ausreichend Zeit hatte bis zum Vortrag, habe ich die Gelegenheit genutzt und noch 15 Minuten auf dem Ergometer zugebracht. Diesmal habe ich die Watt-Zahl nur auf 40 gestellt, sodass ich keinen zu hohen Widerstand hatte. Das war sehr gut.

Vor dem Mittagessen habe ich einen Vortrag über „Knochengesundheit" besucht. Gehalten von einer dicken Ernährungsberaterin! Na ja, zu dünn ist nicht gut, zu dick aber auch nicht. Für die Knochen ist beides schlecht. Wichtig ist allerdings dass man genug Kalzium und Vitamin D bekommt. Und da hat sie uns aufgezeigt, wie wir das zu uns nehmen können. Zum einen durch die Nahrung, Milch und Milchprodukte, Eier, Sojadrink, Gemüse (vor allem grünes Gemüse), Sesam, Mohn (enthält sehr viel Kalzium, also öfter mal einen Mohnkuchen essen), Nüsse, Vollkornbrot, Mineralwasser oder auch Leitungswasser (nachfragen, wie viel Kalzium und Magnesium es enthält).

Phosphor vermeiden (Phosphate als Zusatzstoffe in Fertigprodukten), Schmelzkäse, Eis, Cola und Limo usw. Möglichst meiden. Wenig Kochsalz (höchstens 1 Tl am Tag, diese Menge ist fast schon in Fertigprodukten ausreichend vorhanden.). Oxalsäurereiche Lebensmittel wie Spinat, Mangold, Rhabarber, Rote Bete usw. nicht in größeren Mengen essen. Sie verhindern die Kalziumausnutzung.

Ganz wichtig für den Knochenaufbau ist Sport. Ausreichend und regelmäßig Sport treiben, stärkt die Knochen und trägt zur Gesundheit bei.

Nach dem Mittagessen ging es dann zum Wiegen (wieder etwas zugenommen!) und zum Blutdruckmessen (der Wert war super).

Im Anschluss noch mal in den Ergometer-Raum und wieder 15 Minuten Rad gefahren bei 40 Watt. Danach hatte ich komischerweise keine Schmerzen mehr in meinem rechten Bein. Mal sehen, ob das anhält. Wäre ja zu schön.

Nachmittags hatte ich dann Chefarzt-Termin. Ich berichtete ihm von meinen Schmerzen in der Hand und in den Knochen allgemein. Ich soll ein bisschen weniger trainieren und für Hände und Füße hat er mir eine Salbe aufgeschrieben, die auch gegen die Taubheit in den Füßen helfen soll. Da bin ich ja mal gespannt.

Ins Wasser soll ich noch nicht, die Brandwunden von der Bestrahlung müssen komplett abgeheilt sein. Mein Ausschlag durch die Allergie ist ja auch noch nicht ganz weg. Also wird es mit Schwimmen hier wahrscheinlich nichts mehr. Und ich muss darauf achten, genug zu trinken. Mindestens 1,5 Liter pro Tag. Daran muss ich noch arbeiten, weil es mir im Moment nicht richtig schmeckt.

Komme gerade von einem Vortrag des Chefarztes „Leben nach und mit Krebs". Es gab einige allgemeine und auch spezielle Informationen. Er wies auf jeden Fall darauf hin, wie wichtig es ist, Sport zu treiben. Man sollte in der Woche wenigstens 2500 kcal verbrauchen, indem man Sport treibt. Das geht durch 5 x täglich 1 Stunde Radfahren, zum Beispiel. Oder joggen oder walken oder schwimmen usw. Das ist eine Anregung nicht nur für chronisch krebskranke Menschen, sondern eigentlich für jeden, der dem Krebs vorbeugen will. Gesunde Ernährung, nicht rauchen, kein Alkohol (oder wirklich nur in ganz geringer Menge). Umweltgiften aus dem Weg gehen, wenn möglich. Menschen, die mit 60 Jahren noch immer ununterbrochen rauchen, sterben 15 Jahre früher als solche, die nicht rauchen. Das ist keine Vermutung, sondern bewiesen.

Genauso wichtig ist der richtige BMI. Wer zu dick ist, läuft große Gefahr, früher an Krebs oder Schlaganfall oder Herzinfarkt zu erkranken als ein schlanker Mensch. Durch den Bauchumfang kann ein Arzt ermitteln, wie viel Jahre jemand aufgrund seines dicken Bauches (Bauchfett) eher stirbt oder ob er eine Krankheit bekommt. Auch eine Tatsache.

Japaner haben z.B. auf 100 000 Männer nur 12 Fälle von Prostatakrebs. Bei deutschen Männern sind es 100 Fälle, bei weißen Amerikanern 120 und bei schwarzen Amerikanern 200 Fälle. Das kann an der Ernährung, am Stress usw. liegen. Wird noch erforscht.

Gute Infos über diese Themen kann man im Internet über die Krebsinformationsstelle Heidelberg erhalten. Die sind pharmaunabhängig und immer auf dem neuesten Stand.

Für heute habe ich mein Pensum geschafft. Jetzt wird sich ausgeruht und erholt und noch zu Abend gegessen.

Montag, 27.2.2018

Die letzte Nacht war wieder sehr schmerzhaft. Die üblichen Probleme mit meinen Armen, meiner Schulter und den Beinen. Ich konnte mich wieder kaum bewegen. Aber ein kleines bisschen scheint es besser zu werden. Trotzdem habe ich mich heute früh zum Nordic Walking abgemeldet. Bei -12 Grad Celsius hatte ich keine Lust, draußen herumzustöckeln. Vielleicht beim nächsten Mal, wenn es wieder etwas wärmer ist und meine Arme nicht mehr schmerzen.

Stattdessen habe ich mir einen Arzttermin geben lassen. Da mein Arzt heute nicht da ist, bin ich zu seiner Vertretung gekommen. Ein älterer. Sehr gemütlicher und netter Professor. Als ich ihm sagte, dass ich starke Schmerzen in den Gliedern hätte, meinte er, oh nein, nicht noch ein Grippefall. Aber ich konnte ihn beruhigen. Ich habe kein Fieber und weiß, dass es doch eine Art Muskelkater sein muss. Er untersuchte mich gründlich, Lunge, Herz, Bauchgeräusche usw. War alles okay. Dann meinte er auch, dass das durch die ungewohnte Aktivität am Freitag ausgelöst worden sein kann. Es ist auch eine Art Entzündung, und deshalb verschrieb er mir Ibuprofen gegen die Entzündung und die Schmerzen und empfahl mir, wirklich langsamer an die Geräte heranzugehen. Erst einmal die Übungen, die auf Arme und Rücken und Schultern gehen, auszusetzen.

Dann stellte er noch fest, dass ich wohl etwas Wasser in beiden Füßen habe, und verschrieb mir noch etwas zur Entwässerung.

Vor dem Mittagessen habe ich mir dann einen Vortrag über gesunde Ernährung angehört. Aber das waren alles Sachen, die ich kenne und so auch schon durchführe.

Nach dem Essen ging ich wieder in die Muckibude, und die Therapeutin wusste schon Bescheid, dass ich nur Sachen mit den Beinen machen darf. Beinpresse und auf dem Wackelbrett für das Gleichgewicht. Das hat mir dann auch wirklich schon wieder gereicht.

Um 14.00 Uhr besuche ich einen weiteren Vortrag über integrative Medizin. Mal sehen, was ich da lernen kann. Sagt mir so vom Thema her noch gar nichts.

Jetzt bin ich vom Vortrag zurück und weiß, um was es sich handelt. Sogenannte Komplementärmedizin, d. h. alles, was zusätzlich zur Schulmedizin gemacht werden kann. Darunter gibt es auch viel Humbug und nicht als wirksam bewiesene Medizinen. Geistheiler, Vitamine, Aderlass, Heilpraktiker (zusätzlich manchmal förderliche, aber nicht bewiesene Theorien), Wobenzym (Enzymtheorien) usw. Misteltherapie, wirksam bei Chemo gegen Brustkrebs. Wichtig ist jedoch immer, alles genauestens zu prüfen und sich nicht auf irgendetwas einzulassen, was nicht sicher ist. Und immer den Onkologen fragen, ob man zusätzlich dieses oder jenes Mittel (Vitamin usw.) einnehmen darf. Manche Vitamine wirken kontraproduktiv, sodass Chemo oder andere Medikamente nicht mehr wirken. Auch ganz harmlose Sachen, wie Schwarzkümmelöl, dürfen während der Chemo nicht eingenommen werden, da dann die Chemo-Medikamente nicht mehr abgebaut werden können und ein Nierenversagen droht. Beispiel erzählt aus Göttingen. Also immer den Arzt fragen, bevor man irgendwas an Tabletten schlucken will.

Besser als alle Vitamintabletten sind die Vitamine in den Nahrungsmitteln. Ausreichend Gemüse (3 Port./täglich) und Obst (2 Port./täglich) zu sich nehmen. Sehr wirksam wegen Selen und Zink sind Nüsse. Jeden Tag Nüsse essen, vor allem Paranüsse enthalten viel Selen.

Gesicherte Wirkung wird auf jeden Fall erzielt durch gesunde Ernährung, Sport, kein Rauchen, kein oder nur sehr wenig Alkohol, sehr wenig Fleisch. Omega-3-Lieferanten sind Rapsöl und Olivenöl. Ausreichende Flüssigkeitszufuhr durch Wasser oder Schorlen (im Verhältnis 1:5). Keine Limos, Cola, künstliche Süßstoffe usw. Keine Fertigprodukte, wie Hühnersuppe aus der Tüte. Da ist 1 % Hühnerfett drin, deshalb darf sie sich Hühnersuppe nennen. Ansonsten nur künstlicher Kram.

Nach dem Vortrag habe ich mir im Schwesternzimmer Ibu 800 geholt und die Entwässerungstabletten. Die Ibu habe ich jetzt gerade geschluckt, da ich wieder starke Schmerzen in den Händen und im Rücken habe. Ich hoffe, es wird langsam besser.

Jetzt ist es 18 Uhr. Die Schmerzen sind weg, es geht mir richtig gut. Ich war auch seit 16 Uhr beim mediterranen Kochkurs. Das war einfach super. Es gab für mich vegane Variationen, und ich konnte mal wieder richtig mit Appetit essen. Das Selberkochen machte auch echt Spaß, und wir haben leckere Anregungen für zu Hause erhalten.

Mittwoch, 28.2.2018

Heute Nacht habe ich relativ gut geschlafen. Nur 2-mal wach geworden und aufgestanden. Aber heute früh habe ich meine Knochen wieder gespürt. Die Hände, besonders die rechte Hand, waren ziemlich steif. Ich brauche jeden Morgen eine längere Anlaufzeit, bis ich die Hände nutzen kann. Heute früh musste ich schon vor 7 Uhr zur Blutabnahme. Bin gespannt, ob ich darüber was erfahre und ob irgendwas Interessantes dabei herauskommt. Ich denke mal, dass ich zurzeit wieder einen Arthrose-Schub habe. So schlimm war es nämlich schon lange nicht mehr. Wenn ich die Ibu-Tabletten einnehme, geht es allerdings kurze Zeit später besser.

Nach dem Frühstück gab es einen Einweisungsvortrag für das Buffet. Darunter konnte ich mir erst einmal gar nichts vorstellen, aber dann war es klar. Überall stehen Schilder und Schildchen, auf denen darauf hingewiesen wird, welche Stoffe in den Speisen enthalten sind. Wichtig für Allergiker. Und es gibt die Ampel-Erklärung. Rot für Speisen, die man nur in Maßen genießen soll, Gelb für Speisen, die schon in größerer Menge gegessen werden können und Grün für Speisen, die man praktisch unbegrenzt zu sich nehmen kann. Es war also alles schon sehr interessant.

Danach bin ich zum Ergometer gegangen und bei 40 Watt bin ich 20 Minuten Rad gefahren. Die letzten 5 Minuten hatte ich auf 45 Watt gesteigert.

Gleich gibt es einen Vortrag über Mamma-Care. Also speziell für Brustkrebs-Patientinnen. Mal sehen, was ich da erfahre.

Als der Arzt, der den Vortrag halten sollte, begann, dachte ich: „Das wird aber schwierig, ihn zu verstehen." Er war kein Deutscher und sprach sehr undeutlich. Aber nach den ersten Minuten hatten wir uns an seine Aussprache gewöhnt und konnten ihn gut verstehen. Auf jeden Fall ist dieser Arzt sehr empathisch und kam bei allen Frauen sehr gut an. Er könnte so Anfang 60 sein, mit viel Erfahrung im Bereich Mamma-Care. Das heißt Nachsorge bei Brusterkrankungen. Er hat selbst Seminare besucht, auf denen er gelernt hat, wie die Amerikaner den Frauen eine einfache Selbstuntersuchung der Brust beibringen. Und das wird er uns in der Folgeveranstaltung heute Nachmittag (für den einen Teil der Patientinnen) bzw. morgen Nachmittag (für den zweiten Teil der Patientinnen) beibringen.

Nach dem Mittagessen hatte ich noch einen Termin beim Sozialdienst, wo mich eine freundliche Dame über Möglichkeiten durch den Schwerbehindertenausweis informierte. Auch da habe ich wieder einiges dazugelernt.

In der Muckibude habe ich dann im Anschluss noch eine Einheit auf dem Wackelbrett zugebracht, um mein Gleichgewicht zu schulen. Es wird auf jeden Fall schon besser.

Dann hatte ich 2,5 Stunden Zeit und diese dazu genutzt, einen Spaziergang an der frischen Luft zu machen. Die Sonne schien, und ich muss ja auch mal Vitamin D tanken. Eine knappe Stunde habe ich es bei den Tiefsttemperaturen draußen ausgehalten, dann war ich froh, wieder im Zimmer zu sein.

Vor dem Abendessen gab es dann noch eine halbe Stunde Wirbelsäulengymnastik. Das war interessant. Übungen, die ich zwar schon kannte, aber lange nicht gemacht habe. Jetzt spüre ich meinen Rücken wieder mehr, ich bin einfach nichts gewohnt. Habe auch schon wieder eine Ibu geschluckt und hoffe, dass ich gut schlafen kann ohne große Schmerzen.

Donnerstag, 1.3.2018

Gut geschlafen ist anders. Meine rechte Hand war wieder völlig steif, die Finger konnte ich gar nicht mehr bewegen. Der linke Arm bis zur Schulter tat auch sehr weh, und ich bin oft wach geworden vor Schmerzen. Und das trotz der Tablette.

Heute früh habe ich dann den Vortrag besucht „Sport trotz(t) Krebs". Ja, das ist schon interessant. Denn es gibt gerade bei Brustkrebs viele und erfolgversprechende Untersuchungen und Studien, dass regelmäßiger Sport Rezidiven vorbeugt oder sogar ganz verhindert.

Wir haben in dem Vortrag gelernt, dass 20 Minuten am Tag oder 3 Stunden die Woche das ideale Maß sind. Und der Sport, die Sportart, sollte Spaß machen, damit man es auch regelmäßig durchführt. Die 20 Minuten muss man am Stück trainieren. Es reicht nicht zu sagen, ich laufe mehrmals täglich (insgesamt 20 Minuten) Treppen rauf und runter. Das ist einfach nur Bewegung, aber zählt nicht als Sport. Dann müsste man schon 20 Minuten am Stück die Treppen rauf-und runterlaufen. So ist es mit Nordic Walking, Joggen, Rad fahren usw. Es ist wichtig, sich anzustrengen und auch mal ins Schwitzen zu kommen. Dann passieren Dinge im Körper, die positive Effekte haben.

Im Anschluss an den Vortrag war ich dann beim Nordic Walking. Da es aber immer noch -10 Grad draußen waren, bin ich nur die kurze Strecke, nämlich 1 x um den See (600 m) gelaufen. Und dann zurück. Die Nase lief auch, und die Beine wurden eisig. Wenn es die nächsten Tage wärmer wird, dann werde ich auch weitere Strecken laufen, damit ich meine 20 Minuten am Stück erreiche.

Beim Fahrradfahren habe ich die 20 Minuten schon geschafft. Das geht inzwischen problemlos.

Nach dem Mittagessen ging es dann weiter mit Wirbelsäulengymnastik. Das tut immer sehr gut. Jeder Therapeut macht da seine Übungen, sodass man immer wieder was Neues dazulernt.

Am späten Nachmittag ging es dann zu den praktischen Übungen für Mamma-Care bei einem Gynäkologen. Von ihm hatten wir ja gestern schon die Einführung als Theorie gehört, und jetzt ging es zur Praxis. Er erklärte erst noch ein paar Dinge, und dann hatten wir die Möglichkeit mithilfe von Silikon-Brüsten Knoten in der Brust zu ertasten. Das war sehr interessant, und vor allem konnte man sich so einprägen, wie sich die verschiedenen Knoten anfühlen. Als alle 6 anwesenden Frauen mit der Silikon-Brust durch waren, konnten wir uns hinlegen, und dann bekam jede Frau eine andere Silikon-Brust, die zwischen unsere eigenen Brüste gelegt wurde. Diese tasteten wir dann ab und sollten bestimmen, wie viele Knoten wir fühlen konnten. Es war eine ganz interessante Erfahrung. Und ich merkte, wie anstrengend es doch ist, ganz konzentriert die Brust komplett nach dem Mamma-Care-Prinzip abzutasten.

Als wir das geschafft hatten, durften wir den Oberkörper freimachen und die eigene (nicht operierte) Brust abtasten. Wir konnten zwar nicht so konzentriert arbeiten, aber auf jeden Fall feststellen, ob wir eine feste oder weiche Brustkonsistenz haben. Das ist auch wichtig, um zu ertasten, ob man Knoten hat. Ich glaube, diese ganze Tasterei muss ich dann mal in aller Ruhe und konzentriert zu Hause machen. Der Arzt sagte uns noch, dass wir auf jeden Fall nur 1 x im Monat die Selbstuntersuchung machen sollen, damit wir Unterschiede erkennen können. Es braucht alles etwas Übung, aber nach einigen Monaten kennen wir unsere Brust genau, und das ist das Wichtigste.

Alles in allem war dieser Kurs doch sehr spannend und interessant. Es gibt einem eine gewisse Sicherheit, wenn man den eigenen Körper besser kennenlernt.

Freitag, 2.3.2018

Heute früh gab es gleich um 8 Uhr wieder Gymnastik. Spezielle Schulter-Arm-Gymnastik, die aber auch sehr anstrengend war, vor allem für meinen linken Arm und die Schulter. Wir hatten in jeder Hand einen Gewichts-Igel (ca. 300 g), und dann ging es mit afrikanischer Musik vor, zurück, rauf, runter, schwingen usw. Sehr effektiv. Das muss ich zu Hause unbedingt auch nachmachen.

Als Nächstes war ich zur Arztvisite. Er hat sich meinen Ausschlag angesehen und meinte, er glaube nicht, dass es eine allergische Reaktion sei. Allergien gehen in der Regel in 2 Tagen wieder weg. Bei mir ist es jetzt über 1 Woche, und man sieht auf den Flecken teils Verkrustungen usw. Das muss was anderes gewesen sein. Aber was, das weiß er auch nicht. Dann erzählte ich und zeigte ihm meine Handinnenflächen. Da habe ich seit ein paar Tagen winzig kleine Knubbel. Damit konnte er allerdings auch nichts anfangen und meinte, ich solle es mal beobachten. Das könne evtl. vom Greifen der Geräte sein, weil das Dinge sind, die ich sonst mit den Händen nicht mache. Aber ich persönlich glaube das nicht. Meine Blutuntersuchung war übrigens okay. Alles im grünen Bereich.

Danach ging es zum Ergometer-Training. Heute 45 Watt und 20 Minuten. Ich kann es schon jeden Tag etwas steigern, und es bekommt mir richtig gut.

Anschließend war ich zum Sensibilisierungstraining. Das war super. Eine Schüssel halb gefüllt mit Erbsen (Linsen, Rapskörner, feiner Kies), alles angewärmt, und darin konnte ich meine Hände dann 20 Minuten bewegen. Hilft nicht nur bei Nervenproblemen, sondern auch bei Arthrose. Meine Hände taten überhaupt nicht mehr weh, es war ein sehr angenehmes Gefühl. Zwischendurch hat die Therapeutin dann immer mal eine kleine Schüssel voll der verschiedenen Teile in der Mikrowelle erhitzt und wieder jeweils untergemischt. Einfach toll. Das muss ich mir für zu Hause auch angewöhnen.

Nach den Händen konnte ich meine Füße in eine große Schüssel stellen, die mit kleinen runden Steinen gefüllt war. Es geht auch mit superdicken trockenen Bohnen, sagte mir die Therapeutin. Dann musste ich die Füße vor und zurück und die Zehen einzeln bewegen usw. Das auch wieder 20 Minuten. War ein sehr angenehmes Gefühl und muss ich mir zu Hause auch unbedingt besorgen und machen.

Gerade habe ich Fotos von meinem linken Bein und Fuß gemacht. Das will ich meinem Hautarzt mal zeigen beim nächsten Besuch. Vielleicht kann er sich dann einen Reim auf meinen Ausschlag machen.

Nach dem Mittagessen gab es nur noch eine Maßnahme, und zwar die Progressive Muskelrelaxation. Wir lagen auf bequemen Sesseln bzw. Stühlen (ca. 20 Personen), und die Therapeutin erklärte uns, wie wir gut entspannen können. Im Hintergrund lief leise Musik mit Naturgeräuschen wie Vogelgezwitscher usw. Und dann sollten wir unsere Augen schließen, und sie gab uns Anweisungen, was wir machen sollten. Es war so beruhigend, dass ich mehrmals kurz einnickte. Unglaublich, wie schnell man entspannen kann, wenn man weiß, wie man es machen muss. Nächste Woche habe ich nochmals einen Termin.

Danach habe ich dann das wunderschöne Sonnenwetter genutzt und noch einen strammen 20-Minuten-Spaziergang um die beiden zugefrorenen Seen gemacht. Als ich zurückkam, war ich ziemlich geschafft und zittrig und musste mich erst einmal wieder ausruhen und erholen. Aber es geht mir gut, und ich fühle mich von Tag zu Tag fitter.

Morgen, Samstag, geht es dann für 1 Tag nach Hause. Ich freue mich schon sehr darauf, auch wenn es bedeutet, dass ich eine

Menge zu tun haben werde. Aber zu Hause ist eben zu Hause. Und ich sehe meinen Mann und unseren kleinen Hund endlich wieder. Der vermisst mich besonders.

Sonntag, 4.3.2018

Mein Gang zum Bahnhof gestern früh war schon die erste Herausforderung. Es war saukalt, Minusgrade, und mein Skelett war noch nicht richtig in Form. Zum Glück kam der Zug fast pünktlich, und auch beim Umsteigen hat alles geklappt. Mein Mann holte mich zu Hause vom Bahnhof ab, und dann fuhren wir erst einmal die Post holen und ein bisschen einkaufen. Als wir zu Hause ankamen, flippte mein kleiner Hund völlig aus. Er leckte mich ununterbrochen und wich mir nicht mehr von der Seite.

Als Erstes sorgte ich nun für ein wenig Ordnung im Haus, wusch mehrere Maschinen Wäsche und trocknete sie, machte Mittagessen für uns, und nachmittags machte ich mich an meinen Schreibtisch. Da lag eine Menge Post, die bearbeitet werden musste. Um 17.30 Uhr hatte ich endlich alles geschafft. Ich war sehr zufrieden, dass ich mich bewegen und arbeiten konnte. Es hat mir richtig Spaß gemacht. Bei der Verabschiedung zu Hause von meinem kleinen Hund Charly, lief dieser hinter mir her. Er konnte nicht verstehen, dass ich schon wieder abreiste. Das tat mir wirklich sehr leid, aber es war ja nicht zu ändern. Mein Mann fuhr mich zurück in die Klinik, wo ich mich wieder ausruhen konnte.

Heute früh, am Sonntag, wollte ich gerne in den Ergometer-Raum und Rad fahren. Aber sonntags scheint alles geschlossen zu sein. So werde ich später, wenn die Sonne etwas rauskommt und es wärmer ist, meine 20-Minuten-Runde am See drehen.

Ansonsten werde ich den Tag heute ruhig angehen lassen, viel lesen und relaxen.

Montag, 5.3.2018

Die letzte Nacht war wieder anstrengend. Schmerzen im Bein, in beiden Schultern und in den Händen. Die Finger der rechten Hand konnte ich wieder nicht bewegen, ich wusste auch nicht, wie ich aus dem Bett kommen sollte. Alles tat mir weh. Die Füße sind dick geschwollen, wahrscheinlich immer noch Wasser drin. Ich lege die Beine hoch, so oft es geht.

Heute früh hatte ich einen Termin bei einer Physiotherapeutin. Sie schaute sich meinen Rücken genau an und war entsetzt, wie schlimm der aussieht. „Kein Wunder, dass sie solche Schmerzen haben und sich nicht bewegen können", meinte sie. Ich habe eine sehr starke Skoliose und die unteren Rippen drücken wohl auf die Hüftknochen. Es ist alles krumm und schief und verschoben.

Wichtig für mich ist, dass ich immer Sport mache. Vor allem Muskelaufbau, damit das Skelett entlastet wird. Aber langsam anfangen und nicht übertreiben. Radfahren ist super, kann ich immer machen, weil das die Ausdauer fördert und keine Schmerzen verursacht. Auch in der Muckibude soll ich es etwas langsamer angehen lassen. Aber ich soll auf jeden Fall dort meine Muskeln in den Armen und Beinen trainieren. Anschließend tapte sie meinen ganzen Rücken, und ich sollte beobachten, was passiert. Den meisten Patienten hilft es sehr schnell.

Nach diesem Termin war ich zum Ergometer-Training gegangen. Heute bin ich 30 Minuten bei 55 kW gefahren. Das waren 11 km! Ist doch eine schöne Strecke.

Danach war ich dann wieder beim Sensibilisierungs-Training. Für die Hände die Schüssel mit warmen Erbsen und für die Füße die Schüssel mit kleinen Steinen. Das tut richtig gut. Man sollte es zu Hause jeden Tag machen, um einen Erfolg zu erzielen. Aus Erfahrung konnte die Therapeutin sagen, dass es wirklich hilft. Gerade auch bei den Händen hilft mir das sehr für meine Arthrose. Ich finde es sehr angenehm und werde es zu Hause auf jeden Fall fortführen.

Heute ist ein herrliches sonniges Wetter, und endlich ist die Eiseskälte vorbei. Wir haben Plus-Temperaturen, und ich lebe richtig auf. Nach den Nachmittagsterminen werde ich auf jeden Fall noch einen Spaziergang am See machen.

Meine letzte Therapiestunde heute war Wirbelsäulengymnastik. Wieder eine andere Therapeutin mit anderen Übungen. Diese haben mir sehr gut gefallen, ich sollte sie jeden Tag machen, da sie den Beckenboden und die Lendenwirbelsäule stärken. Wir saßen also auf der Matte mit ausgestreckten Beinen, und dann mussten wir das rechte Bein so weit nach rechts legen, wie wir konnten. Dann das linke Bein daneben. Und so weiter, bis wir wieder in der Ausgangsposition waren. Bei mir waren das 4 Beinschläge. Einmal wöchentlich sollen wir das machen, um unsere Fortschritte zu überprüfen. Die Therapeutin war so gelenkig, dass sie es mit 3 Beinschlägen schaffte.

Dann sind wir mit ausgestreckten Beinen langsam Stück für Stück noch vorne bis ans Ende der Matte gerutscht und dann wieder zurück.

Eine andere Übung war, eine Po-Seite und Fuß anheben und etwas seitwärts rutschen, dann die andere Po-Seite und Fuß anheben und danebenlegen. Bis zum Ende der Matte und zur Mitte zurück.

Dann hinlegen und ein Bein lang machen, das andere in der Kniekehle fassen und ziehen und damit die Rückseite des Beines dehnen. Mit dem anderen Bein dasselbe.

Eine Beckenbodenübung, die sehr gut für Bauch und Lende ist: die Beine aufstellen, Rücken und Kopf flach auf dem Boden und das Becken vor und zurück bewegen. Danach tief in den Bauch atmen.

Diese Übungen haben mir sehr gutgetan. Ich werde sie zu Hause auch in meinen Übungsplan integrieren.

Dienstag, 6.3.2018

Heute früh bin ich wach geworden und hatte weder Schmerzen in der Schulter noch im Bein! Ich konnte es kaum glauben. Das muss an den Tapes liegen. Sie scheinen mir tatsächlich zu helfen. Sogar meinen Tischnachbarn fiel sofort auf, dass ich gerade ging und scheinbar ohne Schmerzen!

Nach dem Frühstück ging es dann um 8.30 Uhr zum Walken. Zum Glück ist es heute nicht mehr so kalt, obwohl es heute Nacht noch einmal gefroren hat und die Wiesen weiß sind. Die Temperatur liegt jetzt bei ca. 0 Grad, und die Sonne kommt auch schon heraus. Dick eingepackt mit Schal, Mütze und Handschuhen ging es los, und es war sehr angenehm. Ich bin einmal um beide Seen gelaufen und wieder zurück, Zeit 30 Minuten. Das hat mir für heute früh gereicht, da ich gleich noch zum Ergometer-Training muss.

Beim Ergometer-Training bin ich 30 Minuten gefahren bei 50 Watt. Hinterher hatte ich wieder zittrige Beine, aber nach einigen Metern Gehen klappte es wieder.

Nach dem Mittagessen ging es zur Progressiven Muskelrelaxation. Und danach dann in die Muckibude, wo ich heute mit einem reduzierten Programm wieder ein paar muskelaufbauende

Übungen gemacht habe. Es hat alles gut geklappt und ist mir auch gut bekommen.

Ich wäre heute gerne noch einmal zum Sensibilitätstraining für meine Hände gegangen, aber da war heute Nachmittag leider geschlossen. Na ja, kann man nichts machen. Ich werde es dann zu Hause regelmäßig machen.

Was mir etwas zu schaffen macht, sind meine dicken Füße und Beine. Sie sind richtig dick geschwollen. Ich lege die Beine bei jeder Gelegenheit hoch, aber wenn es morgen immer noch so extrem aussieht, werde ich wieder zum Arzt gehen. Ich hoffe, dass es nichts Schlimmes ist. Hoffentlich kein Lymphstau in den Beinen. Vielleicht ist es ja auch nur Wasser. Schmerzen habe ich da keine, also warte ich mal ab bis morgen. Mein Rücken ist bedeutend besser geworden, die Schmerzen sind ziemlich gut weg. Ich hoffe, es wird noch besser.

Für heute habe ich dann mein Pensum geschafft, und ich freue mich auf morgen, da geht es dann gleich früh am Morgen um 8 Uhr los mit der Schulter-Arm-Gymnastik.

Mittwoch, 7.3.2018

Beim Frühstück hatten wir an unserem Tisch schon sehr viel Spaß. Eine Patientin kam in den Frühstücksraum, und ihr standen die Haare buchstäblich zu Berge. So, als wäre sie von hinten von einem starken Sturm angeweht worden. Es sah so lustig aus, dass wir uns vor Lachen nicht mehr halten konnten. Das war ein richtig lustiges Frühstück und ein super Auftakt für den Tag!

Heute war die Schulter-Arm-Gymnastik wieder etwas anders. Wir haben gesessen und die Arme pendeln lassen und dann abwechselnd die Arme vor der Brust verschränkt und wieder ausgestreckt. Arme nach oben und seitlich und Faust machen usw.

Am schönsten war der Abschluss: Wir saßen zu zweit hintereinander, und der Hintermann bearbeitete den Rücken des Vordermannes. Zuerst mit der flachen Hand über die Schultern und die Oberarme hinwegstreichen, dann mit den Fingerkuppen Schultern und Rücken beklopfen, dann mit der flachen Hand den Rücken beklopfen, dann die Hände aneinanderreiben, bis sie warm werden, und auf verschiedene Stellen des Rückens legen, zum Abschluss noch mal mit der flachen Hand über Schultern und Arme und Rücken streichen und alles Schlechte wegstreichen.

Die Patientin mit der Sturmfrisur war auch da. Die Haare standen ihr immer noch zu Berge. Aber als wir fertig waren, da schaute sie in den großen Spiegel und versuchte, ihre Haare ein wenig zu bändigen. Vielleicht hatte sie das heute früh echt vergessen.

Nach der Gymnastik war ich im Ergometer-Raum und bin diesmal nur 25 Minuten bei 50 Watt gefahren. Länger konnte ich heute leider nicht.

Vor dem Mittagessen hatte ich dann zum ersten Mal eine Anwendung im Vierzellenbad. Dabei musste ich meine Arme und meinen rechten Fuß (der linke ging nicht, weil ich da drei Metallstifte drin habe) jeweils in eine mit Wasser gefüllte Wanne stellen bzw. legen. Und dann wurde von der Therapeutin Strom draufgegeben. Sie regulierte es so, dass es mir angenehm war. Zweimal 8 Minuten dauerte die Prozedur. Als ich dann in mein Zimmer kam, juckte mein rechter Fuß wie verrückt. Ich habe mich erst mal eingefettet, aber das Jucken hörte erst nach ca. 15 Minuten auf.

Gleich geht es wieder zum Walken. Ich hoffe, es regnet nicht. Der Himmel sieht teilweise sehr trübe aus. Aber ein wenig schaut auch die Sonne durch die Wolken. Na ja, ich hoffe mal das Beste.

Das Wetter war super, Sonne satt. Ich bin um beide Seen und dann noch um die beiden kleinen Seen gewalkt. Die Vögel zwitscherten, ein Specht hämmerte. und die Krokusse kommen überall heraus. Es war wunderschön.

Später hatte ich noch Wirbelsäulengymnastik, und im Anschluß ging es zum Abendessen.

Donnerstag, 8.3.2018

Heute musste ich schon um 7 Uhr früh zum Vierzellenbad. Diesmal stellte die Therapeutin die Stärke etwas schwächer ein, da ich gestern das starke Jucken am Fuß hatte. Sie meinte, das liegt tatsächlich an der Stromstärke. Ich reagiere da wohl sehr stark drauf.

Nachdem ich mir den Vortrag „Information Rehasport" angehört habe, bin ich zum Ergometer-Training gegangen und wieder 30 Minuten bei 50 Watt gefahren.

Nach dem Mittagessen hatte ich 1 Stunde Yoga. Das war schon sehr interessant. Es ist lange her, dass ich mich mit Yoga beschäftigt habe. Es sind alles gute Übungen, die langsam ausgeführt werden und für den ganzen Körper gut sind. Ich habe zu Hause noch ein Yoga-Buch mit verschiedenen Übungen, damit werde ich mich wieder beschäftigen.

Nach dem Yoga gab es nur 10 Minuten Pause, dann ging es wieder los zum Walking. Ich habe diesmal aber nur die 1 Runde um beide Seen geschafft, dann war ich fix und alle und bin zurückgegangen.

Um 16 Uhr bin ich zur Lehrküche gegangen, wo ich mit 3 anderen Patienten gemeinsam gesunde mediterrane Küche gekocht habe. Es gab sehr leckere Rezepte, und jeder hatte seine Aufgabe. Danach haben wir alles gemeinsam gegessen, und es schmeckte jedes Gericht einfach super. Die Rezepte haben wir mitbekommen, damit wir sie zu Hause nachkochen können. Das hat richtig Spaß gemacht.

Freitag, 9.3.2018

Heute früh war Schulter-Arm-Gymnastik angesagt. Das war mal etwas anderes und ein besonderes Erlebnis. Wir sollten erst einmal die kleinen runden Stühle auf den Kopf stellen, Beine nach oben. Dann kam zwischen die Stuhlbeine ein Gymnastikball. Jeder bekam zwei kurze Holzstöcke, und dann ging es los mit Trommeln. In verschiedenen Rhythmen und Geschwindigkeiten. Es hat riesig Spaß gemacht, und die Bewegungen waren ideal für unsere Arme und Schultern. Trotz des Spaßes war es auch anstrengend. Aber ich würde es am liebsten morgen wieder machen. Nur da ist Wochenende, und die Therapeutin macht diese Übungen immer bloß freitags, wie sie uns sagte. Trotz allem, eine Superidee, diese Übungen.

Heute bin ich auch wieder 30 Minuten bei 50 Watt Rad gefahren, und anschließend habe ich mir einen Vortrag über mediterrane Ernährung angehört. Es wurde uns gesagt, wie wichtig Öle sind. Olivenöl, Rapsöl und Leinöl sind die besten Öle für die Gesundheit, weil sie das richtige Verhältnis von Omega 3 und Omega 6 zueinander haben. Bei Olivenölen muss man immer darauf achten, dass es wirklich gute Öle sind, und diese kosten mindestens 5 EUR für einen halben Liter. Man kann Olivenöl auch zum Braten nehmen, aber nicht zu heiß erhitzen. Höchstens 160–180 Grad. Rapsöl hat einen neutralen Geschmack und passt daher zu allen Gerichten. Leinöl am besten zu Quark und Kartoffeln oder Salaten, aber immer nur kalt verwenden.

Am Tag sollte man eine kleine Handvoll Nüsse essen. Und viel Getreideprodukte wie Hirse, Grünkern, Dinkel usw. Und natürlich Salate und Gemüse. Fleisch, und dazu zählt auch Wurst, allerhöchstens 300–600 g in der Woche.

Danach habe ich wieder mein Sensibilitätstraining durchgeführt. Die Therapeutin gab uns die Empfehlung, einmal 10 Glaskugeln unter die Erbsen zu mischen und diese dann mit den Fingern einzeln wieder herauszusuchen. Oder was auch gut für unsere tauben Finger und Füße ist, immer mal wieder einen Igelball in die Hand nehmen und rollen oder unter die Füße legen und rollen.

Mein Hautausschlag wird immer besser. Aber vorhin habe ich gesehen, dass ich auf der Arminnenseite doch immer noch große rote Flecken habe. Vielleicht liegt das an der ständigen Desinfektion, die wir hier überall durchführen müssen.

Und meine Füße sind mittags immer so dick, dass ich sie wieder hochlegen muss. Meine Tischnachbarin hat dasselbe Problem, und sie bekam heute beide Füße und die Beine bis zu den Knien gewickelt. Man sagte ihr, dass ihre Venen nicht richtig arbeiten. Mal sehen, wie es bei mir aussieht, wenn ich wieder zu Hause bin, dann kann ich immer noch zu meinem Arzt gehen und ihn darauf ansprechen.

Montag, 12.3.2018

Das Wochenende habe ich gut überstanden. Samstag bin ich wieder mit dem Zug nach Hause gefahren, wo ich so einiges erledigen konnte. Und abends hat mich mein Mann dann zurück in die Klinik gefahren und schon ein paar zusammengepackte Sachen mitgenommen, die ich in den nächsten Tagen nicht mehr benötige.

Am Sonntag war herrliches Sonnenwetter, sodass ich zweimal spazieren gegangen bin. Vormittags und nachmittags, und ansonsten habe ich mich mit Lesen und Fernsehen und Nachmittagsmusik in der großen Halle amüsiert.

Heute früh war wieder Ergometer-Training angesagt. 50 Watt und 30 Minuten gingen heute sehr gut. Danach ging ich wie gewohnt in die Muckibude und habe dort alle Übungsgeräte durchgearbeitet. Danach konnte ich dann zu einer Therapeutin gehen, die mir neue Kinesio-Tapes angelegt hat. Sie sagte mir, ich solle Mittwochvormittag noch mal zu ihr kommen, sie macht mir dann für zu Hause noch einmal alle Tapes neu.

Später ging es wieder zum Sensibilitätstraining, was ich immer als sehr angenehm empfinde. Gleich gehe ich zum abschließenden Handkraftmessen und um 14 Uhr noch Wirbelsäulengymnastik. Dann habe ich mein Pensum für heute schon geschafft.

Meine Handkraft ist genauso wie zu Beginn der Reha, 50 Kilopond.

Bei der Wirbelsäulen-Gymnastik haben wir heute Übungen für die Lendenwirbelsäule kennengelernt. Flach auf den Rücken legen, die Beine ausstrecken und grätschen und dann mit dem Becken richtig kräftig hin- und herschaukeln. Mindestens 10 Mal, dann mit jedem Bein einzeln rechts bzw. links das Bein drehen. Mehrmals wiederholen.

Dienstag, 13.3.2018

Heute früh ist der erste Kollege von unserem Tisch abgereist. Man hat sich so aneinander gewöhnt und so viel gemeinsam unternommen in den 3 Wochen, dass uns allen etwas wehmütig zumute war. Aber das Leben geht weiter, und man wünscht jedem, dass er gesund bleibt, noch gesünder wird und noch lange lebt.

Nach dem Frühstück ging es zunächst zur Wirbelsäulengymnastik. Wir haben neue Übungen im Sitzen gelernt. Die Arme seitlich ausgestreckt und dann in der Taille nach rechts und links langsam gedreht. Es darf nicht wehtun. Dann haben wir einen leicht aufgeblasenen Ball in die Hand genommen und hin und her bewegt. Von einer Hand in die andere, vor dem Körper, hinter dem Körper, unter die Beine durch usw. Dann haben wir den Ball auf den Kopf gelegt, gerade gesessen und die Arme nach hinten genommen. Dann mussten wir den Kopf langsam nach hinten neigen – der restliche Körper durfte sich nicht bewegen – und mit den Händen haben wir den herabfallenden Ball aufgefangen (oder auch nicht). Wichtig bei dieser Übung ist, dass man die Schultern unten lässt und den Oberkörper ganz ruhig und gerade hält.

Im Anschluss daran bin ich wieder in den Ergometer-Raum gegangen und Rad gefahren. Aber dieses Mal nur 20 Minuten, ich war noch etwas geschafft von der Gymnastik.

Später ging ich zum Vierzellenbad, dieses Mal mit etwas mehr Strom, aber gut auszuhalten. Nur als ich fertig war, waren beide Arme und mein Fuß und Bein knallrot. Der Therapeut gab mir eine Feuchtigkeitslotion zum Eincremen, und nach 2 Stunden sah ich fast wieder normal aus.

Vor dem Mittagessen habe ich dann den Abschluss-Gehtest gemacht. Als ich in die Reha kam, bin ich in 6 Minuten 410 m gelaufen, jetzt waren es 700 m, und ich war kein bisschen aus der Puste. Ich hätte noch gut weiterlaufen können. Meine Kondition hat sich doch wesentlich verbessert. Das habe ich schon nach der ersten Woche gemerkt. So viel wie hier bin ich sonst nie gelaufen. Das Radfahren auf dem Ergometer und das Walken haben mir sehr geholfen.

Mittwoch, 14.3.2018

Nach dem Mittagessen gestern hatte ich eine Yoga-Stunde. Wir haben die Sonne eingeübt, was für mich sehr anstrengend war. Ich habe besonders Probleme, wenn ich die Arme über den Kopf heben soll. Dann schmerzen meine Oberarme ganz schön. Am besten ist für mich immer der Schlussteil, die Entspannung. Da liegen wir flach auf dem Rücken, und die Therapeutin liest eine schöne Geschichte vor. Das beruhigt, und man muss aufpassen, nicht einzuschlafen.

Mit Walking war heute nichts, es regnete ziemlich stark. Daher bin ich ohne Stöcke, dafür mit Regenschirm losgegangen und habe meine Runde um die beiden Seen gedreht. Das war für die Therapeutin auch okay.

Am Abend hatte ich noch die Therapiestunde „Kunst- und Gestaltungstherapie". Ich konnte mir zuerst nichts darunter vorstellen und wollte eigentlich schon schwänzen. Aber dann bin ich zum Glück doch hingegangen. Es war eine sehr schöne und anregende Stunde mit einem Therapeuten, der es sehr gut verstand, uns einiges über Meditation zu vermitteln, und uns auch half, zu erkennen, wie wir unser Selbstwertgefühl steigern können. Wir sollten öfter auf unsere Mitte, unser Bauchgefühl, hören. Das sogenannte Bauchgehirn. Nachdem er uns viele Dinge erzählt hatte, haben wir unsere Augen geschlossen, und er führte uns auf eine Reise. Wir sollten uns vorstellen, wo wir gerne sein würden, wo wir ein sehr gutes Gefühl hätten. Das kann ein Ort zu Hause sein, ein Urlaubsort oder sonst irgendwo. Ich stellte mir einen Strand vor mit Meer, Palmen und vor allem warme Sonne. Nachdem wir so ca. 10 Minuten in uns gegangen sind, ließ er seine Zimbel erklingen, und wir öffneten unsere Augen. Dann durften wir auf von ihm schon vorbereitetes Aquarellpapier unseren Lieblingsort malen. Egal wie, ob nur mit bunten Strichen oder, wer es wollte, mit richtigen Gemälden, ganz egal. Er sagte: „Jedes Gemälde, jedes Bild ist schön, es gibt keinerlei Bewertung."

Und dann legten wir alle los, und jeder malte seinen Lieblingsort. Ich war richtig gelöst und ohne Angst. Es tat so gut, einfach drauflosmalen zu können. In diesem Moment bekam ich wieder große Lust, zu Hause doch auch wieder öfter mal zum Pinsel zu greifen. Es macht einfach Spaß und entspannt total.

Heute Nachmittag können wir dann die getrockneten Bilder abholen und mit nach Hause nehmen. Dieser Therapie-Abend hat mir sehr gut gefallen und sehr gutgetan.

Heute früh hatte ich wieder Schulter-Arm-Gymnastik, Mamma-Care, und bei flotter Popmusik haben wir dann im Sitzen unsere Arme bewegt. Auch das war sehr gut, und ich werde versuchen, zu Hause auch immer wieder Arme und Schultern zu bewegen, bei jeder Gelegenheit. Am besten mit Musik, da macht es am meisten Spaß.

Die Physiotherapeutin hat mir heute wieder neue Tapes auf den Rücken geklebt, damit ich zu Hause noch ein paar Tage Nutzen davon habe.

Gleich muss ich zur Abschlussuntersuchung. Danach zum Mittagessen, und um 14 Uhr habe ich meine letzte Therapiestunde. Zwischendurch kann ich natürlich noch die Gelegenheit nutzen und in den Ergometer-Raum gehen, um meine Fahrradtour durchzuziehen. Und wenn es das Wetter zulässt, werde ich eine letzte Runde um die Seen drehen.

Jetzt habe ich alles erledigt, was ich erledigen wollte. Bei der Abschlussuntersuchung hat mein Arzt nachgefragt, wie es mir geht und ob mir die Anschlussheilbehandlung gut bekommen ist. Ich konnte ihm sagen, dass es mir sehr gut geht, ich viel gelernt habe und meine Kondition sehr steigern konnte.

Nach dem Mittagessen habe ich meinen flotten Spaziergang um die Seen gemacht und Sauerstoff getankt. Anschließend war ich bei der letzten Therapierunde in der Gymnastikhalle. Und dieses Mal habe ich wieder Neues dazugelernt. Wir haben Übungen auf dem Gymnastikball gemacht, und ich habe gelernt, dass man z. B. durch leichte Bewegungen des Beckens Probleme bei Ischias usw. beheben kann. Genau das Richtige für mich, das werde ich dann öfter machen. Und man sollte regelmäßig auf dem Ball sitzen, vor- und zurückrollen, seitlich rollen und so weit vorrollen, dass man mit dem Rücken auf dem Ball liegt. Alles gute Übungen für die Lendenwirbelsäule und das Becken. Also genau richtig für mich.

Im Anschluss daran bin ich noch in den Ergometer-Raum gegangen, wo ich noch 30 Minuten bei 50-60 Watt Fahrrad gefahren bin. Die Therapeutin hat dann auch mal meinen Puls gemessen, der bei ca. 120 lag und die Sauerstoffsättigung bei 98%. Das sind Werte, die okay sind.

Damit ist meine Anschlussheilbehandlung abgeschlossen. Ich habe noch meinen Taxi-Beförderungsschein abgeholt und werde jetzt meinen Koffer packen und morgen früh um 8.30 Uhr geht es nach Hause. Ich freue mich auf zu Hause und kann es kaum noch erwarten.

Alles in allem kann ich sagen, die Reha hat mir sehr gutgetan, und ich bin sehr froh, dass ich dieses Angebot der Rentenversicherung Bund angenommen habe. Ich kann es jedem nur empfehlen, darauf nicht zu verzichten.

WIEDER ZU HAUSE

Samstag, 17.3.2018

Nun bin ich schon wieder fast 3 Tage zu Hause, und der Alltag hat mich wieder. Ich versuche, so gut es geht, meinen Plan durchzusetzen, täglich die gelernten Übungen zu machen. Das ist gar nicht so schwer, ich fange schon beim Frühstück damit an, während ich flotte Radiomusik höre. Etwas schwerer tue ich mich mit meinem Vorsatz, jeden Tag die 20–30 Minuten auf dem Ergometer zu fahren. Aber ich denke, das wird sich schon einspielen, da ich es ja auch will und weiß, wie gut es mir in den 3 Reha-Wochen getan hat. Beim Kochen habe ich keine Probleme, das Erlernte anzuwenden. Heute waren wir einkaufen, und mein Einkaufswagen war gefüllt mit Gemüse und Obst und Sojagurth. Das klappt alles wunderbar, und auch mein Mann macht voller Begeisterung bei der gesunden Ernährung mit.

Nun habe ich auch schon wieder die ersten 2 Antihormontabletten geschluckt, bisher ohne allergische Reaktion. Ich hoffe, es bleibt so und ich kann die Tabletten weiter einnehmen.

Seitdem ich den Knoten in der Brust entdeckt hatte, sind nun 1 Jahr und 20 Tage vergangen. Rückblickend kommt es mir vor, als wäre alles in ganz kurzer Zeit abgelaufen. Dieses Jahr ist für mich wie im Fluge vergangen. Als ich noch vor der OP und der Chemo und Bestrahlung stand, kam es mir wie eine Ewigkeit vor, die ich schaffen muss. Aber jetzt habe ich alles hinter mir und bin sehr glücklich, dass ich es geschafft habe.

In den nächsten Monaten stehen natürlich noch einige Untersuchungen an, und das ist auch gut so. Denn die Ärzte und auch ich wollen nicht riskieren, dass sich doch noch irgendwo eine Krebszelle versteckt hatte, die sich an anderer Stelle meines Körpers ausbreitet. Daher bin ich froh, dass ich alle 3 Monate zur Vorsorgeuntersuchung gehen muss, um alle Eventualitäten ausschließen zu können. Es wird sicher nicht einfach sein, dann auf die Ergebnisse der Untersuchung warten zu müssen, aber das schaffe ich auch noch. Das Schlimmste habe ich hinter mir, und der Knoten macht mir jetzt keine Angst mehr.

Ich freue mich über jeden Tag, den ich lebe, und denke immer wieder an den Spruch: „**Wie lange ich lebe, das liegt nicht in meiner Macht. Dass ich aber, solange ich lebe, wirklich lebe, das hängt allein von mir ab.**"

7 MONATE SPÄTER

5.11.2018

Die Zeit vergeht wie im Fluge. Und ich genieße jeden Tag, an dem es mir gut geht. Und mir geht es tatsächlich sehr gut. Anfangs nach der Reha hatte ich noch einige gesundheitliche Probleme. Ich hatte ständig Schmerzen in den Beinen und Krämpfe in den Füßen und Beinen. Nachts konnte ich nie durchschlafen. Ich habe mich hin und her gewälzt und bin oft aufgestanden. Damit wenigstens mein Mann schlafen konnte, bin ich in ein anderes Zimmer im Haus umgezogen.

Ich habe einen Orthopäden konsultiert, der feststellte, dass ich Probleme mit der Lendenwirbelsäule habe. Er gab mir Schmerztabletten, aber das Problem war damit nicht gelöst. Als ich die Tabletten absetzte, waren die Schmerzen wieder da. Meine Hausärztin machte einen Bluttest, um zu prüfen, ob mir Mineralien wie Magnesium und Calcium fehlen. Aber der Test ergab nur, dass alles in bester Ordnung ist und keine Mängel bestehen. So erhielt ich jetzt vor Kurzem von meiner Ärztin ein Rezept über Limptar. Und seitdem ich davon 1 Tablette abends einnehme, habe ich keine Krämpfe mehr gehabt. Außerdem habe ich eine Überweisung zum MRT bekommen. Es besteht der Verdacht auf einen Bandscheibenvorfall an der Lendenwirbelsäule. Daher könnten die ständigen Schmerzen und Krämpfe kommen.

Ebenso habe ich immer noch das taube Gefühl in meinen Zehen. Es fühlt sich ganz eigenartig an und ist nachts am schlimmsten. Es sind keine Schmerzen, aber es ist unangenehm – so wie eingeschlafene Gliedmaßen. Und auch beim Gehen und Auftreten habe ich kein richtiges Gefühl mehr. Bin sehr gespannt, ob das irgendwann mal wieder besser wird. Alle meine Freundinnen und Bekannten mit den gleichen Problemen haben mir berichtet, dass sie das nun schon seit mehreren Jahren haben und dass es einfach nicht besser wird.

Zwischenzeitlich habe ich auch schon Nachuntersuchungen bei meinem Onkologen und der Frauenärztin gehabt. Die Blutuntersuchungen waren immer ohne Befund. Und bei der sehr gründlichen Brustuntersuchung mit Ultraschall war eigentlich auch alles okay. Aber die Frauenärztin will mich 3 Monate nach der Untersuchung noch mal mit Ultraschall untersuchen, um auszuschließen, dass doch wieder Knoten in der Brust sind. Denn bei der ersten Untersuchung hat sie ganz kleine, ½ cm große Knötchen entdeckt, die angeblich aber nicht schlimm sind. Nun warte ich also auf die nächste Ultraschalluntersuchung. Ich hoffe, dass alles in Ordnung ist.

Die Untersuchung meiner Lunge und meines Herzens beim Internisten ergab auch nur positive Ergebnisse. Es ist alles in bester Ordnung. Ich brauche erst in 1 Jahr zur Nachuntersuchung zu kommen. Vor zwei Monaten habe ich außerdem eine Darmspiegelung machen lassen, da ich Angst hatte, es könnte dort etwas sein. Es war die erste Darmspiegelung in meinem Leben. Und auch da gab es nichts Negatives zu berichten. Alles okay.

Meine Haare sind inzwischen sehr schön gewachsen. Am Anfang waren sie total lockig, und zeitweilig sah ich aus wie ein Königspudel. Aber nun war ich schon zweimal beim Friseur, und habe einen tollen Bob. Die Haare sind fast alle wieder glatt (und wenn sie sich etwas kräuseln, werden sie glatt geföhnt). Eine Perücke brauche ich schon lange nicht mehr, eigenes Haar ist doch am schönsten.

Inzwischen besuche ich zweimal die Woche einen Reha-Kurs in unserem Sportzentrum. Einmal auf dem Trockenen (mit abwechselnden Trainern und verschiedenen Übungen) und einmal im Wasser mit Wassergymnastik. Das tut richtig gut, und so bin ich für eineinhalb Jahre damit ausgelastet. Zusätzlich laufe ich sehr viel, so wie ich es mir auch in der Reha vorgenommen habe. Und ich fahre regelmäßig auf meinem Ergometer.

Für die nächste Reha, die ich ja 1 Jahr nach der Anschlussheilbehandlung durchführen kann, habe ich schon das Formular ausgefüllt und werde demnächst meinen Onkologen bitten, die restlichen Seiten auszufüllen. Bin gespannt, ob ich die Reha ohne Probleme genehmigt bekomme und wohin es dann geht.

Ich bin sehr dankbar, dass ich noch lebe und das Aufwachsen meiner Enkel miterleben kann. Jeden Tag erfreue ich mich an der wunderschönen Landschaft um mich herum. Ich habe viel Freude mit meinem kleinen Hund Charly, der es auch genießt, wieder sein Frauchen ständig bei sich zu haben. Mein Mann und ich haben nun wieder Pläne geschmiedet, im nächsten Jahr unsere Tochter in Amerika zu besuchen. Noch bin ich etwas zurückhaltend, aber ich denke, dieses Mal wird es klappen.

Meinem Bruder geht es leider nicht so gut. Er hat in den letzten Monaten mehrere Wochen mit kurzzeitigen Unterbrechungen im Krankenhaus verbracht. Außerdem hat er sehr abgenommen, bei einer Größe von fast 190 cm wiegt er zurzeit nur noch 65 kg. Er bekommt jetzt eine neue Chemo in Tablettenform, die hoffentlich hilft, die Metastasen zu vernichten. Zwischendurch war er manchmal so fertig, dass er gar nicht mehr leben wollte. Aber jetzt hat er den Lebensmut wiedergefunden, und wir hoffen alle, dass er es schafft, um bald wieder ein einigermaßen gutes Leben führen zu können.

Donnerstag, 6. Dezember 2018

Inzwischen habe ich das Ergebnis der MRT-Untersuchung bekommen. Es liegt also doch kein Bandscheibenvorfall vor. Aber die Wirbelsäule insgesamt sieht nicht so gut aus. Doch das wusste ich ja bereits vorher. Also werde ich für meine Schmerzen weiterhin Tabletten bei Bedarf nehmen.

Heute hatte ich meinen Termin bei der Gynäkologin zur Kontrolluntersuchung der Brust. Sie nahm sich wieder sehr viel Zeit, noch mehr Zeit als beim letzten Mal, weil sie auch wirklich nichts übersehen wollte. Zunächst tastete sie die Brust mit den Händen ab, und dann machte sie eine sehr gründliche Ultraschalluntersuchung. Und tatsächlich, sie fand zwei sehr kleine Knoten. Sie erklärte mir, dass es keine Flüssigkeitseinlagerung sei, sondern wirklich Knoten. Aber noch sehr klein, beide ca. 0,5 cm groß. Bei Flüssigkeitseinlagerungen ist es so, dass sich bei Druck diese Stellen verändern. Bei Knoten bleibt es so. Um sicherzugehen, holte sie noch ihre Arztkollegin, die ebenfalls gründlich diese Stellen untersuchte. Und sie kam auch zu dem Ergebnis, dass es Knoten seien und daher schnellstens eine Mammografie gemacht werden sollte. Danach dann eine Biopsie, um festzustellen, ob es sich um gutartige oder bösartige Knoten handelt.

Die Arzthelferin würde morgen früh gleich einen Termin im Krankenhaus für die Mammografie machen und mir dann Bescheid geben.

Tja, so schnell kann sich alles wieder ändern. Bis heute früh war ich noch kerngesund und munter, und jetzt hatte ich wieder Knoten in der Brust. Als ich nach Hause kam, berichtete ich gleich meinem Mann davon. Er konnte es nicht fassen. Er dachte, durch die monatelange Chemo und die vielen Bestrahlungen wäre der Krebs weg. Ja, wir verstehen es beide nicht. Aber das sind halt die Tatsachen. Mal sehen, wie es nun weitergeht.

Sonntag, 3. Februar 2019

Ich habe die Mammografie nun schon ein paar Wochen hinter mir. Damit der Arzt sich ein richtiges Urteil bilden konnte, brauchte er die Aufnahmen von März 2017, um die Brustaufnahme vergleichen zu können. Leider waren die Aufnahmen eine ganze Weile nicht auffindbar. Ich wusste nicht mehr, wo ich sie gelassen hatte, und dachte, das Krankenhaus in Göttingen habe sie verlegt. Durch einen großen Zufall habe ich die Aufnahmen dann aber bei mir wiedergefunden und sie sofort ins Krankenhaus zu meinem Arzt gebracht, der die Mammografie gemacht hatte. Er hat sich die Bilder angesehen und verglichen und festgestellt, dass nichts Auffälliges zu sehen ist. Das war dann aber doch eine Erleichterung für mich. Allerdings muss ich in 2 Wochen wieder zu meiner Gynäkologin und mal sehen, was diese dann sagt. Vielleicht muss ich dann doch noch die Biopsie machen lassen. Ich weiß es nicht und warte jetzt mal ab.

Samstag, 23. Februar 2019

Vor zwei Tagen hatte ich meinen Termin bei der Gynäkologin, und sie hat wieder die Knoten gesehen. Nun hat sie mir eine Überweisung gegeben zur Biopsie, und da fahre ich dann am Montagmittag hin. Auch mein Onkologe hat bei seiner letzten Untersuchung vor ca. 1 Woche diese beiden Knoten gesehen und mir zur Biopsie geraten. Bei der Blutuntersuchung war alles in Ordnung. Nun bin ich gespannt, was sich bei der Biopsie ergibt. Es heißt mal wieder abwarten.

Dienstag, 26. Februar 2019

Gestern war ich also mal wieder zur Biopsie. Der Arzt kannte mich gleich wieder, und so brauchte er mir auch die Prozedur gar nicht erst zu erklären. Es war alles wie beim ersten Mal vor genau 2 Jahren. Und auch dieses Mal versuchte mir der Arzt Mut zu machen, indem er mir sagte, dass der Knoten eigentlich nicht bösartig aussieht. Aber das kenne ich ja inzwischen. Damals hatte er mir auch gesagt, dass die Lymphknoten alle super aussähen und da kein Krebs zu erkennen sei. Und hinterher war es ja dann so, dass 10 Lymphknoten bösartig waren. Das sagte ich dem netten Arzt dann, und er meinte bloß na ja, man kann es ja auch von außen nicht erkennen! Also bleibt nur abzuwarten, was das Biopsie-Ergebnis bringt. Und das dauert jetzt noch bis zum Wochenende.

Obwohl ich äußerlich ruhig bin, innerlich bin ich doch ganz schön nervös. Ich hätte es nicht gedacht. Ich denke zwar positiv, aber kann nicht verhindern, dass ich auch darüber nachdenke, was ist, wenn sich der Knoten als bösartig herausstellt. Also gut, nicht weiter nachdenken, sondern abwarten, was kommt.

Donnerstag, 28.2.2019

Gerade eben habe ich bei dem Gynäkologen angerufen, der am Montag die Biopsie gemacht hat. Das Ergebnis ist heute früh bei ihm angekommen, und es lautet „negativ"! Kein Krebs, alles ist in Ordnung. Was wie ein Knoten aussah, ist eine Fettgewebsnekrose. Er erklärte mir, dass so was durch die OP-Narben kommen kann. Ich kann es kaum fassen, mir fiel ein ganzer Steinhaufen vom Herzen. Jetzt bin ich wieder beruhigt und kann wieder gut schlafen. Ich bin sehr froh und glücklich. Nun geht für mich das Leben doch wieder in ruhigeren Bahnen und ohne Angst weiter.

Donnerstag, 14.3.2019

Heute haben wir nun wieder einmal unsere Reise nach Denver/Colorado zu unserer Tochter gebucht! Dieses Mal muss es klappen, und wir freuen uns schon sehr auf den verdienten Urlaub.

Dienstag, 7.5.2019

Heute früh kam ein Anruf vom Hospiz in Unna. Gestern Abend um 23.55 Uhr ist mein Bruder friedlich eingeschlafen. Er hat es geschafft. Am Sonntag waren wir das letzte Mal bei ihm, und ich wusste, es ist vorbei. Auch er wusste es. Er war 5 Wochen im Hospiz gewesen und hatte zwischendurch trotz allem immer mal wieder einen kleinen Hoffnungsschimmer, wenn es dann mal für ganz kurze Zeit etwas besser ging. Aber wir wussten alle, es gibt keine Hoffnung mehr, nur noch einen Aufschub.

Samstag, 25.5.2019

Bei meiner letzten Untersuchung beim Onkologen sagte dieser mir, wenn ich wolle, könnte ich nun meinen Port entfernen lassen. Und wie ich wollte! Er machte direkt einen Besprechungstermin im Krankenhaus mit der entsprechenden Abteilung. Am Donnerstag, den 23.5. war ich dann dort und hatte mit einer Ärztin und dem Narkosearzt das Vorgespräch. Am 24.5. um 6.30 Uhr musste ich im Krankenhaus sein. Um 7.30 Uhr wurde ich in den OP gefahren und bekam eine leichte Schlafnarkose. Als ich wieder wach wurde, nähte der Arzt gerade die letzten Stiche, und dann ging es in den Aufwachraum. Mir ging es richtig gut, keine Übelkeit, keine Schmerzen. Nachdem ich wieder zurück auf meinem Zimmer war, ruhte ich noch ein wenig aus, und dann zog ich mich wieder an. Nachdem der Arzt noch mal zu mir gekommen war und mir den Arztbrief überreicht hatte, konnte ich wieder nach Hause.

Dann fingen aber auch langsam wieder die Schmerzen an. Viele Bekannte hatten mir erzählt, das Entfernen des Ports ist überhaupt nicht schlimm. Aber bei mir ist es wieder mal etwas anders. Ich habe dann zunächst eine Ibu 600 geschluckt, die aber nicht besonders gut wirkte. Zum Abend hin habe ich dann ein stärkeres Medikament genommen, und so konnte ich wenigstens ruhig schlafen. Heute habe ich immer noch Schmerzen, aber sie lassen langsam nach. Es zwickt und zwackt, doch ich denke, das halte ich ohne Tabletten aus, und es wird dann schon besser werden.

Hauptsache, der Port ist jetzt raus, und ich werde nicht immerzu an die Chemo erinnert.

Dienstag, 27.8.2019

Nun sind nochmal 3 Monate vergangen. Wir haben endlich unsere Reise in die USA zu unserer Tochter gemacht, und ich bin sehr froh und glücklich, dass ich mich dazu überwunden hatte. Wir haben so vieles erlebt, von dem wir noch lange erzählen können. Und was mich besonders gefreut hat: Es ging mir die ganzen letzten Monate von Tag zu Tag besser. Die Schmerzen nach der Port-Entfernung haben innerhalb weniger Tage nachgelassen, und jetzt sieht man nur noch eine klitzekleine Narbe. Mir geht es gesundheitlich sehr gut, ich werde täglich fitter.

Vor 1 Woche hatte ich die routinemäßige Kontrolle beim Kardiologen. Er untersuchte sehr gründlich mein Herz und war sehr zufrieden. Es ist alles in bester Ordnung, und ich brauche nun erst in eineinhalb Jahren wieder zur Kontrolle zu kommen.

Morgen habe ich einen Kontrolltermin bei meiner Gynäkologin. Mit Ultraschalluntersuchung der Brust. Ich bin sehr positiv eingestellt und denke, dass alles in Ordnung sein wird.

Mittwoch, 28.8.2019

Heute Morgen war mein Kontrolltermin, und bei der sehr gründlichen Untersuchung war alles unauffällig. Jetzt kann ich erst einmal wieder guten Mutes sein und mich meines Lebens erfreuen.

Die Autorin

Marion Jäde wurde 1949 in Düsseldorf geboren. Sie besuchte die Realschule und ließ sich zur Bürogehilfin, Stenotypistin und Sekretärin ausbilden. Seit ihrer Heirat lebt sie in Bad Lauterberg im Harz, wo sie auch in der Firma ihres Mannes gerne Büroarbeiten übernimmt. Sie hat zwei erwachsene Töchter und zwei Enkel.

Zu Jädes Lieblingsaktivitäten zählen neben dem Schreiben Lesen, ihr Garten und insbesondere das Kochen. Marion Jäde hat von jeher gerne geschrieben; ihre Kurzgeschichten und Gedichte für Familie und Freunde, die es zu einzelnen Veröffentlichungen gebracht haben, wurden stets begeistert aufgenommen, was sie darin bestärkte, ihr erstes richtiges Buch zu schreiben.

Durch ihre Brustkrebserkrankung hat sich für Jäde nicht nur die Gelegenheit ergeben, diesen Traum vom eigenen Buch zu verwirklichen, sondern auch ihre Krankheit besser zu verarbeiten und gleichzeitig anderen Frauen in ähnlichen Situationen Mut zu machen.

Zeitfracht Medien GmbH
Ferdinand-Jühlke-Straße 7
99095 Erfurt, Deutschland
produktsicherheit@kolibri360.de

Zwischen NS-„Euthanasie" und Reformaufbruch

Steffen Dörre

Zwischen NS-„Euthanasie" und Reformaufbruch

Die psychiatrischen Fachgesellschaften im geteilten Deutschland

 Springer

Steffen Dörre
Universitätsklinikum Düsseldorf
Heinrich Heine University Düsseldorf
Düsseldorf, Deutschland

ISBN 978-3-662-60877-7   ISBN 978-3-662-60878-4   (eBook)
https://doi.org/10.1007/978-3-662-60878-4

Die Deutsche Nationalbibliothek verzeichnet diese Publikation in der Deutschen Nationalbibliografie; detaillierte bibliografische Daten sind im Internet über http://dnb.d-nb.de abrufbar.

Planung/Lektorat: Renate Scheddin
Springer ist ein Imprint der eingetragenen Gesellschaft Springer-Verlag GmbH, DE und ist ein Teil von Springer Nature.
Die Anschrift der Gesellschaft ist: Heidelberger Platz 3, 14197 Berlin, Germany

Zweiter Forschungsauftrag der DGPPN zur Erforschung der Geschichte der psychiatrischen Fachgesellschaften in Deutschland.

Die Publikation wurde unterstützt durch die Deutsche Gesellschaft für Psychiatrie und Psycho- therapie, Psychosomatik und Nervenheilkunde (DGPPN)

Geleitwort von Prof. Dr. Dr. Frank Schneider und Prof. Dr. Dr. Andreas Heinz

Die Verantwortung von Psychiatern für die während der Zeit des Nationalsozialismus begangenen Verbrechen an Menschen mit psychischen Erkrankungen und geistigen Behinderungen ist lange bestritten worden, gerade auch durch die Disziplin selbst. Nach dem Zweiten Weltkrieg wurden die Patientenmorde von vielen verschwiegen und die Beteiligung von Psychiatern und den Organisationen ihrer berufspolitischen Vertretung an der Erbgesundheits- und Vernichtungspolitik ausgeblendet und geleugnet. Die Psychiatrie erschien sogar selbst als Opfer politischer Instanzen und kriegsbedingter Vernachlässigung. In Stellungnahmen aus den ersten Nachkriegsjahrzehnten vermissen wir das Mitgefühl mit den Opfern von Zwangssterilisierungen und Patiententötungen, inhumaner Forschung und den zwangsweise emigrierten jüdischen und politisch verfolgten Kollegen. Eine ernsthafte Aufarbeitung der Geschichte des eigenen Fachs im Nationalsozialismus begann seitens der Psychiater erst nach Jahrzehnten, viel zu spät.

Seit 2009 initiiert und finanziert die Deutsche Gesellschaft für Psychiatrie und Psychotherapie, Psychosomatik und Nervenheilkunde (DGPPN) historische Projekte, um die Verantwortung der psychiatrischen Fachgesellschaften wissenschaftlich aufzubereiten. Vorbereitet und begleitet wurden diese durch von der DGPPN unabhängigen, internationalen historischen Kommissionen. Als erstes Ergebnis wurde im Jahr 2016 von Prof. Dr. Hans-Walter Schmuhl die Monografie „Die Gesellschaft Deutscher Neurologen und Psychiater im Nationalsozialismus" vorgelegt. In ihr wurde belegt, dass das Netzwerk um den Vorsitzenden der Gesellschaft Deutscher Neurologen und Psychiater (GDNP), Ernst Rüdin, bei der praktischen Umsetzung des „Gesetzes zur Verhütung erbkranken Nachwuchses", d. h. bei der massenhaften zwangsweisen Sterilisierung vermeintlich „erbkranker" Menschen, eine Schlüsselrolle spielte. Auch funktionierte die Zusammenarbeit zwischen der damaligen Fachgesellschaft und der „T4"-Zentrale, also der bei der sogenannten „Euthanasie" federführenden Stelle, reibungslos. Zentrale Akteure der GDNP befürworteten die Patiententötungen nicht nur, sondern unterstützten das Vorgehen gegen vermeintlich „wertloses" Leben auch in der Praxis. Es ist festzustellen, dass zahlreiche Psychiater, die in der Fachgesellschaft hohes Ansehen genossen und in ihr zum Teil auch führende Posten besetzten, eine Mitschuld an der

Unfruchtbarmachung von bis zu 400.000 Menschen und am Mord von mehr als 200.000 Menschen in Heil- und Pflegeanstalten trugen.

Nach dem erfolgreichen Abschluss dieses ersten Forschungsprojektes hat die DGPPN einen zweiten Forschungsauftrag zur Geschichte der Psychiatrie im Nachkriegsdeutschland ausgeschrieben. Nun sollten die langanhaltenden Folgen der nationalsozialistischen Psychiatriepolitik, der fachinterne Umgang mit den Medizinverbrechen, die Ursachen für den fortdauernden Reformstau und die Gründe für das Versanden von Reforminitiativen zur Verbesserung und Ausdifferenzierung der psychiatrischen Versorgungseinrichtungen geklärt werden. Damit führt die DGPPN eines der Versprechen auf der Gedenkveranstaltung der DGPPN 2010 fort, aktiv die Geschichte ihrer psychiatrischen Vorläuferorganisationen im Nationalsozialismus und in der Zeit danach zu erforschen.

Zurecht versprachen wir uns von einer historischen Aufarbeitung der Nachkriegsgeschichte der deutschen Psychiatrie neue Erkenntnisse über das Ausmaß der Elitenkontinuität, über veränderte Einstellungen zur Erbgesundheitspolitik und über bislang unbekannte Reforminitiativen. Es ging um die Geschichte der Fachgesellschaften zwischen dem Kriegsende (also dem Ende des erforschten Zeitraumes in der Monografie von Hans-Walter Schmuhl) und dem Reformaufbruch der 1960er und frühen 1970er Jahre (Rodewischer Thesen bzw. Psychiatrie-Enquete). Wir wollten verstehen, wie Berufspolitik, gesamtgesellschaftliche Wandlungsprozesse und Strömungen in der Landschaft der organisierten Psychiatrie die professionspolitische (Neu-)Orientierung des Faches prägten. Das Thema sollte dabei gleichermaßen für Ost- wie für Westdeutschland bearbeitet werden mit einer Perspektivierung der Gemeinsamkeiten und Unterschiede in der Entwicklung und einem Blick auf Austauschprozesse zwischen den Besatzungszonen bzw. den beiden deutschen Staaten.

Von 2014 an leitete Prof. Dr. Heiner Fangerau (Düsseldorf) die historische Kommission des zweiten Forschungsauftrages. Weitere Mitglieder waren Prof. Dr. Ralph Jessen (Köln), Prof. Dr. Franz-Werner Kersting (Münster), Prof. Dr. Maike Rotzoll (Heidelberg), Prof. Dr. Florian Steger (Ulm) und Prof. Dr. Holger Steinberg (Leipzig). Sie begleiteten das Forschungsprojekt mit hohem Engagement und fachlicher Expertise. Ihnen stand ein psychiatrischer Beirat zur Seite: Prof. Dr. Dr. Frank Schneider (Vorsitz; Düsseldorf), Prof. Dr. Dr. h.c. mult. Heinz Häfner (Mannheim), Prof. Dr. Hanfried Helmchen (Berlin), Prof. Dr. Hanns Hippius (München), Prof. Dr. Joachim Klosterkötter (Köln), Prof. Dr. Andreas Maercker (Zürich), Prof. Dr. Henning Saß (Aachen) und Prof. Dr. Heinrich Sauer (Jena). Der Beirat hatte ausschließlich beratende Funktion und kein Stimmrecht. Um vollständige Transparenz und wissenschaftliche Unabhängigkeit zu gewährleisten, war die historische Kommission in allen ihren Entscheidungen immer frei von Einflüssen aus der DGPPN und dem Beirat.

Die Kommission hat 2016 nach Ausschreibung und Auswahl Dr. Steffen Dörre (Berlin) mit der Bearbeitung des Forschungsprojekts beauftragt. Regelmäßige Treffen zwischen Autor, unabhängiger Kommission und Beirat sowie Vorstellungen des Projektstandes auf den jährlichen DGPPN-Kongressen begleiteten den Prozess.

Wir sind sehr glücklich, dass nun das Ergebnis in Form einer wissenschaftlichen Monografie vorliegt, die von der unabhängigen Kommission der DGPPN zur Publikation freigegeben wurde. Dabei danken wir insbesondere Dr. Steffen Dörre, aber auch den Mitgliedern der Kommission und des Beirates, für ihre ausgezeichnete Arbeit. Diese hilft uns als DGPPN unsere Geschichte zu verstehen, um die Zukunft auf diesem Hintergrund zu gestalten. Wir wünschen uns, dass die vorliegende Geschichte der psychiatrischen Fachgesellschaften im geteilten Deutschland die innerfachliche Diskussion über die Verantwortung der Psychiater in der Gesellschaft mit neuen historischen Erkenntnissen bereichert.

Prof. Dr. Dr. Frank Schneider
Präsident der DGPPN 2009-1010
Prof. Dr. Dr. Andreas Heinz
Präsident der DGPPN 2019-2020

Geleitwort von Prof. Dr. Heiner Fangerau

Medizinische Fachgesellschaften dienen dem wissenschaftlichen Austausch, aber sie sind auch Orte der sozialen Zusammenkunft und der Kollegialität. Nicht zuletzt dienen sie fachpolitischen Zwecken, sollen sie doch ein Sprachrohr für die professionellen Interessen ihrer Mitglieder sein. In jeder Hinsicht dienen sie der professionellen Selbstvergewisserung und als Orientierungspunkt in Momenten der Unsicherheit. Zu dieser Selbstkonstitution gehören die eigene Geschichte und eine Auseinandersetzung mit dieser Vergangenheit. Nach einer langen Phase, in der die Deutsche Gesellschaft für Psychiatrie und Psychotherapie, Psychosomatik und Nervenheilkunde (DGPPN) als Vereinigung ihrer eigenen Geschichte lieber entfliehen als sie thematisieren wollte, hat sie nicht nur ein Referat zur Geschichte eingerichtet, sondern sie hat in den letzten Jahren auch historische Projekte initiiert. Dabei verfolgte sie die Absicht, ihre eigene Vergangenheit wissenschaftlich zu rekonstruieren und zu analysieren, ohne in eine Hofberichterstattung zu verfallen.

Aus diesem Grund hat sie einen Rahmen für das Projekt, dem das vorliegende Buch von Dr. Steffen Dörre entstammt, vorgeschlagen, der eine unabhängige Geschichtsschreibung ermöglichte, ohne auf die Chancen der Einbeziehung zeithistorischer und psychiatrischer Expertise zu verzichten. Sie hat eine ehrenamtliche Historische Kommission eingesetzt, die eine Ausschreibung für das Projekt verfassen, eine geeignete Person zur Bearbeitung des Projektes finden und die Arbeit dieser Person begleiten und bewerten sollte. Gleichzeitig hat sie einen Beirat aus Psychiatern geschaffen, der dem Projekt auf Wunsch mit Rat und Tat zur Seite stehen sollte.

Aus dieser Konstruktion ist ein großartiges Buch erwachsen. Mehr noch, es sind Kooperationen entstanden, in denen die Zusammenarbeit eine große Freude war. Die Historische Kommission, bestehend aus Prof. Dr. Ralph Jessen (Köln), Prof. Dr. Franz-Werner Kersting (Münster), Prof. Dr. Maike Rotzoll (Heidelberg), Prof. Dr. Florian Steger (Ulm), Prof. Dr. Holger Steinberg (Leipzig) und mir (Heiner Fangerau (Düsseldorf)), hat auf ihre Ausschreibung hin, beeindruckende Projektvorschläge erhalten. Aus diesen stach das Forschungskonzept von Steffen Dörre heraus. Er versprach einen innovativen Ansatz, die Geschichte der psychiatrischen Fachgesellschaften im geteilten Deutschland zeithistorisch kontextualisierend zu analysieren und neue

Deutungshorizonte zu erschließen. Ich erinnere mich noch an die Auswahlsitzung in einem Sitzungsraum in Frankfurt, in der alle eingereichten Vorschläge eingehend gewürdigt wurden und in der doch immer wieder von jedem Kommissionsmitglied ab einem gewissen Punkt Steffen Dörres Ansatz als ungeheuer vielversprechend gelobt wurde.

Der Rest ist Geschichte. In sehr konstruktiver und vertrauensvoller Zusammenarbeit mit dem psychiatrischen Beirat unter dem Vorsitz von Prof. Dr. Dr. Frank Schneider (früher Aachen, jetzt Düsseldorf) hat die Historische Kommission versucht, Dr. Steffen Dörre zur Seite zu stehen, ihn zu beraten und Vorschläge für Struktur und Richtung einzelner Kapitel zu geben. Die Kommissionssitzungen und die gemeinsamen Sitzungen waren zielführend, akademisch anregend, spannend und harmonisch. Persönlich möchte ich rückblickend fast sagen, dass ich die Sitzungen mit allen Beteiligten sehr gerne weitergeführt hätte und sei es auch nur, um die begonnenen Diskussionen und Gespräche fortzusetzen. Aber das hätte bedeutet, dass sich das Erscheinen des Buches auf unbestimmte Zeit verzögert hätte. Keine Option also. So bleibt es mir nur, an dieser Stelle allen Kommissionsmitgliedern und dem Beirat für die Zusammenarbeit und Mitwirkung herzlich zu danken.

Nun liegt das Ergebnis des Vorhabens in Ihren Händen. Es ist ein besonderes Buch geworden. Steffen Dörre erzählt nicht einfach nur Anekdoten aus den großen psychiatrischen Fachgesellschaften in West- und Ostdeutschland oder die eine große Geschichte im Sinne eines Masternarrativs. Vielmehr gibt er der Psychiatrie zwischen Kriegsende und Psychiatriereform ein eigenes Gesicht. Facettenreich leuchtet er die verschiedenen Ebenen fachgesellschaftlichen Wirkens aus und geht so zum Beispiel den Wegen psychiatrischen Reformgeistes für eine Epoche auf den Grund, in der von einer Psychiatriereform im klassischen Sinne noch gar keine Rede war. Auch die Debatten um Fachgrenzen (z. B. in Abgrenzung zur Neurologie), das Schweigen (und Reden) zur Psychiatrie im Nationalsozialismus und den Meinungswandel wichtiger Akteure leuchtet Steffen Dörre scheinbar mühelos und immer spannend erzählend aus.

Kurzum, „Zwischen NS-‚Euthanasie' und Reformaufbruch. Die psychiatrischen Fachgesellschaften im geteilten Deutschland (1945–1975)" ist ein lesenswertes, wegweisendes Buch geworden und ich glaube für die ganze Historische Kommission sprechen zu dürfen, wenn ich sage, dass wir alle ein bisschen stolz sind, dass wir in unserer Rolle an der Erstellung beteiligt sein durften. Dafür danke ich der Deutsche Gesellschaft für Psychiatrie und Psychotherapie, Psychosomatik und Nervenheilkunde, dem Psychiatrischen Beirat, ganz besonders allen Mitgliedern der Historischen Kommission und natürlich dem Autor selbst.

Prof. Dr. Heiner Fangerau
für die Kommission
zur Aufarbeitung der Geschichte der DGPPN

Danksagung

Der erste Dank gilt meinen treuesten Leserinnen, Christa Walzer und Anna Catharina Hofmann. Sie haben die gesamte Arbeit mit Wohlwollen, fachlicher Expertise und der ihnen eigenen sprachlichen Finesse begleitet. Sie haben in den vergangenen vier Jahren immer wieder interessiert zugehört und aufmerksam gelesen. Ohne ihre rückhaltlose Unterstützung, ihre Aufmunterungen und kritischen Einwände hätte ich dieses Buch nicht schreiben können.

Besonderen Dank schulde ich dem Vorstand und dem Beirat der DGPPN für das mir entgegengebrachte Vertrauen, für anregende Gespräche, den unbeschränkten Zugang zum Aktenmaterial und für die großzügige finanzielle Unterstützung der Drucklegung. Danken möchte ich auch Gabriel Gerlinger und Julie Holzhausen aus der Geschäftsstelle der DGPPN sowie Renate Scheddin vom Springer Verlag. Den Mitgliedern der Kommission zur Aufarbeitung der Geschichte der DGPPN bin ich in besonderem Maße zu Dank verpflichtet. Heiner Fangerau, Ralph Jessen, Franz-Werner Kersting, Maike Rotzoll, Florian Steger und Holger Steinberg haben das Projekt mal mit kleinen konkreten Hinweisen, mal mit grundsätzlichen Bedenken und Ergänzungen, dabei aber stets voller Sachkenntnis, interessiert und konstruktiv, begleitet. Eine bessere Zusammenarbeit kann man sich wirklich nicht wünschen.

Für Hintergrundinformationen und Anregungen danke ich Hanfried Helmchen, Asmus Finzen, Heinz Häfner, Hanns Hippius und Andreas Meyer-Lindenberg sowie all jenen, mit denen ich auf den Jahreskongressen der DGPPN und bei Vorträgen an Kliniken und in Kolloquiuen ins Gespräch kommen durfte. Während der Arbeit an diesem Projekt habe ich zahlreiche Psychiatriehistoriker/-innen kennenlernen dürfen. Christoph Beyer, Silke Fehlemann, Rainer Herrn, Ekkehardt Kumbier, Thomas Müller, Hans-Walter Schmuhl, Felicitas Söhner und Volker Hess danke ich für ihre Aufgeschlossenheit und ihre zahlreichen Hinweise. Friedrich Hofmann, Ulrich Nagel, Onur Erdur, Cosima Götz, Florian Hannig, Jan Stoll und Niklas Weber haben Teile des Manuskripts gelesen und kommentiert. Peter Steinkamp hat das Manuskript in ganz vorzüglicher Weise lektoriert. Am Ende des Projekts war, wie so oft schon, Anna Williamson eine unentbehrliche Unterstützung.

Inhaltsverzeichnis

Abkürzungsverzeichnis

AÄGP	Allgemeine Ärztliche Gesellschaft für Psychotherapie
AfÄF	Akademie für Ärztliche Fortbildung der DDR
APA	American Psychiatric Association
AWMF	Arbeitsgemeinschaft der Wissenschaftlichen Medizinischen Fachgesellschaften
BBG	Gesetz zur Wiederherstellung des Berufsbeamtentums
BEG	Bundesentschädigungsgesetz
BGB	Bürgerliches Gesetzbuch
BMI	Bundesministerium des Innern
BSHG	Bundessozialhilfegesetz
BVDN	Berufsverband Deutscher Nervenärzte
BMJFG	Bundesministerium für Jugend, Familie und Gesundheit
BVDP	Berufsverband Deutscher Psychiater
DGIM	Deutsche Gesellschaft für Innere Medizin
DGKN	Deutsche Gesellschaft für Klinische Neurophysiologie und funktionelle Bildgebung
DGNC	Deutsche Gesellschaft für Neurochirurgie
DGNI	Deutsche Gesellschaft für Neurologische Intensiv- und Notfallmedizin
DGPN	Deutsche Gesellschaft für Psychiatrie und Nervenheilkunde
DGPT	Deutsche Gesellschaft für Psychotherapie und Tiefenpsychologie
DGSP	Deutsche Gesellschaft für Soziale Psychiatrie
DGPPN	Deutsche Gesellschaft für Psychiatrie und Psychotherapie, Psychosomatik und Nervenheilkunde
DSG	Deutsche Schlaganfallgesellschaft
DVpMP	Deutsche Vereinigung gegen politischen Missbrauch der Psychiatrie e. V.
DZfN	Deutschen Zeitschrift für Nervenheilkunde
DZVG	Deutsche Zentralverwaltung für das Gesundheitswesen
FDGB	Freier Deutscher Gewerkschaftsbund
FIAT	Field Information Agency, Technical

GDN	Gesellschaft Deutscher Nervenärzte
GDNP	Gesellschaft Deutscher Neurologen und Psychiater
GfR	Gesellschaft für Rehabilitation (in) der DDR
GG	Grundgesetz
GPN	Gesellschaft für Psychiatrie und Neurologie (in) der DDR
GzVeN	Gesetz zur Verhütung erbkranken Nachwuchses
HJ	Hitlerjugend
IAPUP	International Association on the Political Use of Psychiatry
IPPNW	International Physicians for the Prevention of Nuclear War
KdF	Kanzlei des Führers
KPD	Kommunistische Partei Deutschlands
KPdSU	Kommunistische Partei der Sowjetunion
KRG	Kontrollratsgesetz
LMU	Ludwig-Maximilians-Universität München
MfA	Ministerium für Arbeit
MWGPN	Medizinisch-wissenschaftlichen Gesellschaft für Psychiatrie und Neurologie
NATO	North Atlantic Treaty Organization
NKFD	Nationalkomitee Freies Deutschland
NSDÄB	Nationalsozialistischer Deutscher Ärztebund
NSDAP	Nationalsozialistische Deutsche Arbeiterpartei
NSDozB	Nationalsozialistischer Dozentenbund
NSFK	Nationalsozialistisches Fliegerkorps
NSKK	Nationalsozialistische Kraftfahrkorps
NSV	Nationalsozialistische Volkswohlfahrt
OMGUS	Office of Military Government for Germany (U.S.)
PVG	Preußisches Polizeiverwaltungsgesetz
RÄO	Reichsärzteordnung
RMI	Reichsministerium des Innern
RMWEV	Reichsministerium für Wissenschaft, Erziehung und Volksbildung
RuSHA	Rasse- und Siedlungshauptamt der SS
SA	Schutzabteilung der NSDAP
SS	Schutzstaffel
SED	Sozialistische Eiheitspartei Deutschlands
SMAD	Sowjetische Militäradministration in Deutschland
SPK	Sozialistisches Patientenkollektiv
StAK	Ständiger Ausschuss für Krankenhausfragen
StGB	Strafgesetzbuch
StHsw	Staatssekretariat für Hochschulwesen der DDR
UA	Universitätsarchiv
UEP	Vereinigung europäischer Pädopsychiater
USA	Vereinigte Staaten von Amerika
VdN	Verfolgte des Naziregimes

WEU	Westeuropäische Union
WHO	Weltgesundheitsorganisation
WPA	Weltvereinigung für Psychiatrie
WMFH	Weltvereinigung für geistige Gesundheit

Die psychiatrischen Fachgesellschaften im geteilten Deutschland

1

1.1 Einer flog über das Kuckucksnest

Im November 1975 lief der Film *Einer flog über das Kuckucksnest* zunächst in den US-amerikanischen Kinos an, 1976 kam er auch in die westdeutschen und 1978 schließlich in die ostdeutschen Filmtheater. Der Film, der 1976 die fünf wichtigsten Oscars gewann, stellte einen neuen Höhepunkt in der Aufmerksamkeit für die Versorgungsdefizite der psychisch Kranken dar. Hollywood erreichte auch Bevölkerungsgruppen, die bisherige journalistische Berichte über die unhaltbaren Zustände in den psychiatrischen Großeinrichtungen und die politischen Initiativen zu ihrer Verbesserung nicht oder nur am Rande wahrgenommen hatten.[1]

Unterlegt mit einer Geschichte über einen offenkundig eher sozial unangepassten Kleinkriminellen denn psychisch Kranken, spielt der Film im Prototyp einer reinen Verwahranstalt. Kaum eine Kameraeinstellung zeigt nicht die vergitterten Fenster und Türen. In der geschlossenen Männerabteilung gibt es keine Privatsphäre, genächtigt wird zusammen in einem einzigen Schlafsaal, getragen wird einheitliche Kleidung. Die Räumlichkeiten sind unbehaglich, die kahlen Wände strahlen auch soziale Kälte aus, und die ausschließlich funktionale Einrichtung ist veraltet. Der Alltag der Patienten ist geprägt durch Eintönigkeit und Langeweile. Die Männergruppe zeigt die klassischen Anzeichen des Hospitalismus.

Kein einziges Mal in den über zwei Stunden, die der Film dauert, betritt der zuständige Psychiater die Station. In der Abteilung selbst herrscht ein eisernes Regime der Schwestern. Die Therapie beschränkt sich auf die Ausgabe von Medikamenten – ohne deren Erklärung – und gelegentliche Gruppengesprächssitzungen einer offenkundig

---

[1]Vgl. Schmitt, Ringen um das Selbst 2018, S. 360.

S. Dörre, *Zwischen NS-„Euthanasie" und Reformaufbruch*, https://doi.org/10.1007/978-3-662-60878-4_1

nicht dafür ausgebildeten Stationsvorsteherin. Die Hälfte der Patienten wird vom Personal gar nicht psychotherapeutisch behandelt, sondern nur medikamentös sediert. Eine Trennung nach Krankheitsbildern und den spezifischen Bedürfnissen einzelner Patientengruppen existiert nicht. Fixierungen, Einzelzellen, Elektroschockverfahren und neurochirurgische Eingriffe werden als Disziplinierungsmaßnahmen eingesetzt. Die Psychiatrie war – so vermittelt es der Film – von einer heilenden medizinischen Disziplin weit entfernt.

Mit diesem Bild sah sich die Anstaltspsychiatrie Mitte der 1970er Jahre schon seit einiger Zeit konfrontiert. *Einer flog über das Kuckucksnest* ist Teil der Skandalisierungs-geschichte der Missstände in den psychiatrischen Einrichtungen und auch der Medien-geschichte der Psychiatriereform. Der sowohl bei Filmkritikern als auch an den Kinokassen erfolgreiche Film zeigte die psychiatrische Einrichtung nicht als konkret zu verortende lokale Institution, sondern als jenen Typus „Anstalt", wie er in Erving Goffmans „Asyle", in Michel Foucaults „Wahnsinn und Gesellschaft" und in Franco Basaglias „Die negierte Institution" analysiert worden war. *Einer flog über das Kuckucksnest* griff zentrale Kritikpunkte an der „Anstalt" auf und bebilderte diese eindrücklich. Längst war zu diesem Zeitpunkt nicht nur die Fachöffentlichkeit auf-geschreckt, auch Politik und Presse beschäftigten sich mit den inhumanen Zuständen in den großen psychiatrischen Einrichtungen. Der Film nutzte die bereits etablierten Skandalisierungsweisen, schuf durch die Geschichte und die Darstellung aber zugleich erhebliche Sympathien für die geplagten und leidenden, aber auch gewieften Patienten.

In der westdeutschen Presse fiel das Urteil über den Film gemischt aus. Einzelne Berichterstatter monierten dessen Effekthascherei und Klischeehaftigkeit sowie die Strategien der Vereinfachung und Emotionalisierung. Nach Jahren der Berichterstattung über die Missstände in den psychiatrischen Einrichtungen schien der Film nicht mehr zu sein als eine Wiederbelebung und emotionale Aufladung antipsychiatrischer Klischees. In der ostdeutschen Presse hingegen wurde der Film als berechtigte Kritik an der US-amerikanischen Gesellschaft interpretiert, da er die westliche Psychiatrie als repressives Unterdrückungselement entlarve.[2] Die im Film gezeigten Missstände in der Psychiatrie wurden in den beiden deutschen Staaten offenbar ganz unterschiedlich kontextualisiert.

Als der Film in die deutschen Kinos kam, war in der Bundesrepublik der Abschluss-bericht der *Psychiatrie-Enquete* bereits erschienen, und waren auch in der DDR mit den *Brandenburger Thesen* weitreichende Reformforderungen formuliert worden. In der Bundesrepublik waren in einem von 1970 bis 1975 dauernden Prozess unter Ein-beziehung zahlreicher Expert/-innen[3] sowie mit erheblicher öffentlicher Beteiligung

---

[2]Vgl. ebd., S. 361 f. Der Film basiert auf dem gleichnamigen Roman von Ken Kesey. Dieser erschien auf Englisch 1962 und war in deutscher Übersetzung erstmals 1972 erhältlich. Zu den Unterschieden zwischen Film und Buchvorlage vgl. ebd., S. 360 f.

[3]Ich nutze hier und im Folgenden oft, aber nicht konsequent, eine Form, die deutlich macht, dass es sich um männliche und weibliche Akteure handelte. Wenn ich über die psychiatrischen Fach-gesellschaften spreche, dann verwende ich in der Mehrzahl der Fälle absichtlich das Maskulinum,

und unter journalistischer Beobachtung die psychiatrischen Versorgungsstrukturen
seziert und schließlich ein Bericht vorgelegt worden, in dem die grundlegende Reform
der Versorgungsstrukturen für Psychiatriepatient/-innen und die sofortige Verbesserung ihrer Situation in den Landeskrankenhäusern gefordert wurde.[4] In der DDR
hatten Psychiater 1974 im Zuge einer Arbeitstagung die „Brandenburger Thesen zur
Therapeutischen Gemeinschaft" aufgestellt. Diese wurden zwar nur in politisch ent-
schärfter Form und auch erst mit zweijähriger Verzögerung veröffentlicht, doch wurden
hier ein neuer Umgang mit den Patient/-innen eingefordert und die bisherige Fürsorge
in den psychiatrischen Einrichtungen kritisiert.[5] Diese Reformprogramme kamen in
den beiden Staaten auf unterschiedliche Art und Weise zustande, sie hatten aber jeweils
eine jahrzehntelange Vorgeschichte. Denn dass die Versorgung der psychisch Kranken[6]
verbesserungsbedürftig sei, war auch schon vor 1970 zu vernehmen gewesen. In
beiden deutschen Staaten hatten sich Psychiater und Psychiaterinnen auf meist lokaler
Ebene für die Verbesserung der Versorgung psychisch Kranker eingesetzt. Sie hatten
die bestehenden Probleme benannt und unter Rückgriff auf internationale Vorbilder
Perspektiven für eine andere, bessere Psychiatrie entworfen.[7]

Sowohl für die DDR als auch für Bundesrepublik existiert dabei die Erzählung,
dass die psychiatrischen Fachgesellschaften[8] – die *Gesellschaft Deutscher Neurologen
und Psychiater* (GDNP) bzw. ihre Rechtsnachfolgerin, die *Deutsche Gesellschaft für
Psychiatrie und Nervenheilkunde* (DGPN), in der Bundesrepublik sowie die regionalen
und nationalen *Medizinisch-wissenschaftlichen Gesellschaften für Psychiatrie und
Neurologie in der DDR* – im Reformprozess keine bedeutende Rolle gespielt haben. Für

---

da in ihren Vorständen ausschließlich Männer saßen. Hingegen rede ich von Psychiatriepatient/-
innen. Wenn ich Aussagen aus dem Untersuchungszeitraum referiere, verwende ich überwiegend
die männliche Form, da dies den Wahrnehmungen und Kategorisierungsweisen der damaligen
Akteure entspricht.

[4]Vgl. Brink, Grenzen 2010, S. 410–493.

[5]Vgl. Kumbier/Haack, Brandenburger Thesen 2018.

[6]Ich rede im Folgenden wahlweise von psychisch Kranken und Psychiatriepatient/-innen. Nur
gelegentlich benutze ich die Formulierung Menschen mit psychischen Erkrankungen, da es sich
hierbei nicht um einen zeitgenössischen Terminus handelt. Wenn ich den im Untersuchungszeitraum durchaus noch üblichen Begriff Anstaltsinsasse verwende, dann tue ich das an diesen Stellen
absichtlich, um eine bestimmte Perspektive auf die psychisch Kranken zu markieren. Zur unaus-
weichlichen Problematik der Begriffe vgl. Aly, Die Belasteten 2013, S. 18–20.

[7]Von Franz-Werner Kersting ist diese Phase als „Reform vor der Reform" beschrieben worden.
Vgl. Kersting, Abschied 2004, S. 271.

[8]Wenn hier von zwei Fachgesellschaften die Rede ist, dann müsste eigentlich stets von einer
medizinisch-wissenschaftlichen Gesellschaft in der DDR und einer medizinischen Fachgesellschaft in der Bundesrepublik gesprochen werden. Aus Gründen der Lesbarkeit verzichte
ich im Folgenden gelegentlich darauf, diesen – nicht nur terminologischen – Unterschied immer
wieder aufs Neue kenntlich zu machen.

die DDR wird vermutet, die Universitätspsychiater hätten die Reformbemühungen der Anstaltspsychiater/-innen unterlaufen, für die Bundesrepublik wird beschrieben, wie erst eine junge, von den nationalsozialistischen Medizinverbrechen gänzlich unbelastete Generation die etablierten Ordinarien und Klinikdirektoren herausforderte und die Psychiatriereform eher gegen ihren Willen als mit ihrem Einverständnis erreicht habe. Die Tatsache, dass in der Bundesrepublik mit Werner Villinger, Friedrich Mauz und Friedrich Panse drei „T4"-Gutachter und mit Hans Bürger-Prinz, Ernst Kretschmer sowie Jürg Zutt und Helmut Ehrhardt vier weitere Beisitzer bzw. Gutachter der Erbgesundheitsgerichte sowie in der DDR mit Rudolf Lemke und Karl Leonhard Beisitzer der Erbgesundheitsgerichte zu Vorsitzenden des Vorstands der psychiatrischen Fachgesellschaft aufstiegen, führte zudem zur folgenden Vermutung: Die NS-Belastung eines Teils ihres führenden Personals habe die Thematisierung der NS-Psychiatrieverbrechen verhindert und dadurch auch den aus der Beschäftigung mit den Psychiatrieverbrechen resultierenden Reformimpuls unterlaufen. Es ist an der Zeit, diese Annahmen auf breiter und zum Teil bislang unerschlossener Quellenbasis zu überprüfen.

1.2   Nutzen und Grenzen einer deutsch-deutschen Vergleichs- und Beziehungsgeschichte

Medizinische Fachgesellschaften sind für die historische Forschung aufschlussreiche Untersuchungsobjekte. Mit ihnen lässt sich eine ansonsten nur schwer greifbare Gruppe von Akteuren und deren kollektives Selbstverständnis als Vertreter – und seltener als Vertreterinnen – eines medizinischen Fachgebiets in den Blick nehmen. Zudem können Prozesse der Disziplinenbildung und Professionalisierung, der Wandel von Repräsentationstechniken und Geselligkeitsformen sowie Prozesse der gegenseitigen Anerkennung als Expert/-innen, der disziplinären Konsensbildung über anstehende Probleme sowie die Entstehung und Wirkung von Kollegialität untersucht werden.[9]

An den deutschen psychiatrischen Fachgesellschaften während des Kalten Krieges lassen sich die Erkenntnispotenziale der Vergleichs- und Beziehungsgeschichte ausloten. Bislang ist zwar in der Psychiatriegeschichte zur Nachkriegszeit immer wieder auf die sich ähnelnden Entwicklungen in beiden deutschen Staaten hingewiesen worden, vergleichende und transfergeschichtliche Arbeiten sind indes selten.[10] Sabine Hanrath hat aber zu Recht darauf verwiesen, dass die Wege der ost- und westdeutschen Psychiatrie „durch Elemente der Kontinuität, der Beziehungs- und Wirkungsgeschichte

---

[9]Vgl. Fangerau, Urologie im Nationalsozialismus 2011.

[10]Der Verweis auf die Notwendigkeit einer vergleichenden Beziehungsgeschichte bei Kersting, Einführung 2003, S. 7. Vergleichend auf regionaler Ebene etwa: Hanrath, Anstaltspsychiatrie 2002. Für die Pharmakotherapie: Hess, Crossing 2015. Allgemein zur deutsch-deutschen Verflechtungsgeschichte vgl. Jarausch, Integration 2004.

auf vielfältige Weise miteinander verbunden" waren.[11] Es erscheint daher sinnvoll, die wechselseitigen Bezüge, Lerneffekte, Austausch- und Abgrenzungsprozesse genauer in den Blick zu nehmen. Die Vergleichs- und Beziehungsgeschichte bietet zudem einen gemeinsamen Rahmen für die zahlreichen Einzelaspekte der Studie und verknüpft diese. Sowohl die neuen als auch die bereits gut erforschten Themenfelder können so aufschlussreich miteinander verbunden werden.[12]

Jeder Forschungsansatz bietet spezifische Möglichkeiten, hat aber auch seine Grenzen. Das gilt auch für deutsch-deutsche Geschichten. Zu nennen sind zwei zentrale Gründe, warum eine jederzeit gleichberechtigte Darstellung der psychiatrischen Fachgesellschaften in der DDR und in der Bundesrepublik nicht möglich und auch nicht anzustreben war. Zum einen waren die medizinischen Fachgesellschaften und die medizinisch-wissenschaftlichen Gesellschaften im jeweiligen Gesundheitswesen unterschiedlich positioniert, zum anderen sind die voneinander abweichenden Überlieferungstraditionen und damit die Unterschiede in dem für die Geschichtsschreibung verfügbaren Quellenmaterial zu berücksichtigen.

Zum einen beschränkte sich der Tätigkeitsbereich der medizinisch-wissenschaftlichen Gesellschaften in der DDR auf den innerwissenschaftlichen universitären Austausch – berufspolitisches Engagement konnten sie nicht entfalten –, während die medizinischen Fachgesellschaften in der Bundesrepublik auch Funktionen der Interessen- und Standesvertretung übernahmen. Die medizinisch-wissenschaftlichen Gesellschaften in der DDR dienten überwiegend als Foren der Fachkommunikation über konkrete akademische Probleme und Fragen. Die medizinischen Fachgesellschaften in der Bundesrepublik artikulierten zudem gemeinsame standespolitische Interessen und waren daher auch viel stärker als ihr Pendant in der DDR in Prozesse der Politikberatung und des Ausgleichs von Partikularinteressen einbezogen. Die medizinisch-wissenschaftlichen Gesellschaften in der DDR spielten eine wichtige Rolle bei der Implementierung staatlicher Vorgaben an Universitäten und Versorgungseinrichtungen. Sie fungierten aber vergleichsweise selten als Sprachrohr der Wissenschaft im politischen und öffentlichen Raum. Zudem existierte in der DDR eine medizinisch-wissenschaftliche *Gesellschaft für Psychiatrie und Neurologie* (GPN), während in der Bundesrepublik Psychiater und Neurologen zwei

---

[11]Hanrath, Strukturkrise 2003, S. 31.

[12]Zahlreiche Ergebnisse liegen mittlerweile zum Umgang mit den NS-Medizinverbrechen (insbesondere der „T4-Aktion"), deren öffentlichen Thematisierungskonjunkturen, zu personellen und konzeptionellen Kontinuitäten sowie zur materiellen und personellen Unterversorgung der Anstalten in der Zusammenbruchsgesellschaft vor. Auch die frühen Reformbemühungen der 1950er und 1960er Jahre, der Generationskonflikt und -wechsel innerhalb der Psychiatrie und der Kampf um die „richtigen" Behandlungsmethoden (Arbeitstherapie, Sozialpsychiatrie, Einsatz von Psychopharmaka) und um neue Unterbringungskonzepte sind alles andere als Desiderate. Es fällt allerdings auf, dass die Geschichte der Psychiatrie der Bundesrepublik bislang deutlich intensiver erforscht wurde als jene der DDR.

getrennte Interessenvertretungen gründeten. Ein zu einfach konzipierter Vergleich würde sich damit nicht auf zwei strukturell identische Untersuchungsgegenstände beziehen![13]

Zum anderen liegen für die beiden deutschen Staaten sehr unterschiedliche Primärquellen vor. Während sich für die Bundesrepublik im Bereich der Psychiatriepolitik ein dauerndes Abstimmen und Diskutieren an einer Vielzahl von Akteuren zeigen lässt, sind aus der DDR vor allem Quellen der staatlichen Regulierung überliefert. So verengt sich der Blick auf die DDR-Geschichte schnell auf Elemente der Kontrolle und der Herrschaft, während die bundesrepublikanische Geschichte durch Austarieren, Abgrenzen und Aushandeln geprägt zu sein scheint. So richtig das auch in der Grundtendenz ist und die politischen Steuerungsmechanismen in beiden deutschen Staaten allgemein gut charakterisiert, resultiert daraus ein methodisches Problem für den deutsch-deutschen Vergleich. Nur selten existieren zu einem Themenfeld in ihrer Aussagekraft vergleichbare Quellen aus beiden deutschen Staaten. Folglich findet im vorliegenden Buch nicht immer eine Aussage zur DDR eine Entsprechung in den Aussagen zur Bundesrepublik – und umgekehrt. Manchmal waren schlicht ganze Themenkomplexe nur für eine der beiden Organisationen relevant. Aus den genannten Gründen war eine jederzeit gleichberechtigte Darstellung nicht möglich und auch nicht zweckmäßig. Insbesondere das größere berufspolitische Engagement der psychiatrischen Fachgesellschaft in der Bundesrepublik hat hier zu einem Übergewicht der BRD-Geschichte geführt. Dieser Umstand ist also keineswegs allein durch die größere Bevölkerungszahl des Landes gerechtfertigt.[14]

Um diese Imbalance einer deutsch-deutschen Vergleichs- und Beziehungsgeschichte auszugleichen, ist es sinnvoll, die Geschichte der psychiatrischen Fachgesellschaften in einem größeren Rahmen zu platzieren.[15] Die internationale Einbindung der „west"-wie der „ost"-deutschen Psychiater ist ohnehin unstrittig.[16] Im Rahmen des üblichen grenzüberschreitenden Austauschs unter Wissenschaftler/-innen, durch gemeinsame Referenzpunkte im Ausland, aber auch durch den Bedeutungsgewinn internationaler Organisationen und internationaler Codizes wurden Reformideen aus anderen Ländern übernommen, und kam es zu Angleichungsprozessen. Der Historiker Franz-Werner

---

[13]Die generellen Probleme der deutsch-deutschen Zeitgeschichtsschreibung medizinischer Fachgesellschaften sind dargestellt in: Halling/Moll/Fangerau, Zeitgeschichte 2015. Die Aufgabengebiete der Medizinisch-wissenschaftlichen Gesellschaft für Psychiatrie und Neurologie in der DDR werden beschrieben bei: Kumbier, Entstehung 2009.

[14]Hinzu kommt, dass die Bundesrepublik und die DDR auf asymmetrische Weise miteinander verflochten waren, weil sich vor allem die DDR auf die Bundesrepublik bezog. Vgl. Kleßmann, Verflechtung 2005 sowie Kleßmann, Konturen 2005.

[15]Allgemein: Bernhard/Nehring, Den Kalten Krieg denken 2014.

[16]Begriffe wie „Ost" und „West" waren im Kalten Krieg selten wertfrei. Auf diesen Umstand verweist Wietschorke, hemisphärisches Denken 2015. Im Folgenden werde ich trotzdem die Begriffe Ost- und Westdeutschland verwenden. Ich vertraue darauf, dass heutige Leser/-innen damit nicht überholte Vorstellungen und Stereotype verbinden.

Kersting hat daher darauf verwiesen, dass erst „die Analyse der internationalen Bezüge" es ermögliche zu erschließen, „inwieweit in der Fach- und Reformgeschichte der deutschen Nachkriegspsychiatrie äußere Entwicklungen und Einflüsse mit eigenen Hypotheken, Traditionen und Neuorientierungen verknüpft waren".[17] Und auch der Medizinhistoriker Volker Roelcke hat betont, dass sich die deutsche Psychiatrie nach dem Zweiten Weltkrieg erst durch die Übernahme von Praktiken und Programmen „normalisiert" habe, die bereits zuvor in anderen Ländern ausprobiert worden waren.[18]

1.3 Was Leser/-innen erwartet – und was nicht

Zentrale Themen der Psychiatriegeschichte werden die Leser/-innen vermissen.[19] Es ist hier erstens nicht zweckmäßig, die Geschichte der psychiatrischen Fachgesellschaften als Wissens- oder Wissenschaftsgeschichte zu konzipieren. Es werden folglich keine Theorien zu einzelnen Krankheitsbildern dargelegt und keine sich um die Einordnung bestimmter Symptome drehenden Debatten nachverfolgt. Zweitens ist das Buch keine Geschichte von Behandlungsmethoden. So machte sich beispielsweise die psychiatrische Fachgesellschaft weder in Ost- noch in Westdeutschland für die Durchsetzung pharmakologischer Therapien stark. Dieses für die Geschichte der Nachkriegspsychiatrie eigentlich so zentrale Thema findet daher nur am Rande Berücksichtigung. Drittens liegt hier keine Patient/-innengeschichte vor. Damit wird nicht infrage gestellt, dass in der Fachentwicklung wichtige Impulse auch von „unten" – von Betroffenen oder anderen medizinischen Laien – kamen.[20] Doch das spielte in der Arbeit der Fachgesellschaften keine Rolle. Viertens ist das Buch keine Geschichte einzelner Kliniken oder einzelner Ordinariate. Es geht um allgemeine Beobachtungen und das typische Problemverständnis der Zeitgenossen, und nicht darum zu zeigen, dass – natürlich – je nach Standort immer alles ein bisschen anders aussah und die Anstalten, Kliniken und Lehrstühle stark von den Interessen und dem Führungsstil des jeweiligen Direktors und Ordinarius geprägt waren. Das wären alles relevante und aufschlussreiche Forschungsperspektiven, die jedoch für die Geschichte der psychiatrischen Fachgesellschaften nicht von Belang sind. Stattdessen ist es zielführender, möglichst nah an den psychiatrischen Fachgesellschaften „dran" zu bleiben und zugleich der von den Wissens- und Wissen-

---

[17]Kersting, Einführung 2003, S. 7.

[18]Dabei bezieht sich Roelcke insbesondere auf den Transfer aus den westlichen Nachbargesellschaften. Vgl. Roelcke, Konzepte 2007, S. 287.

[19]Vgl. Hess/Majerus, Writing the History of Psychiatry 2011, S. 139–145.

[20]Vgl. Brückner Patientengeschichte 2006; für die DDR: Müller/Mitzscherlich, Psychiatrie in der DDR 2011; Le Bonhomme, Psychiatrie und Gesellschaft 2015.

schaftshistoriker/-innen zu Recht geforderten umfangreichen Einbettung wissenschaftlicher Prozesse nachzukommen.

Im Fokus der nachfolgenden Arbeit stehen – entsprechend der im Forschungsauftrag formulierten Ziele[21] – zwei Themen: Der Umgang der Fachgesellschaften mit der eigenen Geschichte und die Reaktionen auf interne und externe Reformforderungen. Zu klären ist, welche Rolle die Fachgesellschaften bei der Sicherung der Elitenkontinuität hatten und ob sie die Thematisierung der NS-Patient/-innenmorde nach 1945 aktiv verhinderten oder passiv unterliefen. Genau zu eruieren sind auch ihre Positionen bezüglich der Reform der psychiatrischen Versorgungsstrukturen.

Es ist jedoch nicht sinnvoll, die Äußerungen aus diesen beiden Kontexten losgelöst vom sonstigen Handeln der Fachgesellschaften zu beschreiben, geschweige denn zu werten. Die Fachgesellschaften sind zunächst einmal Institutionen und Netzwerkknotenpunkte. Ohne ihre Hauptbetätigungsfelder untersucht zu haben, sind ihre Aktionen in den Bereichen der Vergangenheitspolitik und bei ihrem Einsatz für eine Psychiatriereform nicht korrekt einzuordnen. So rückt unter anderem in den Fokus, wo die Fachgesellschaften die Außengrenzen ihres Fachbereichs zogen, wie sie sich bemühten, für andere gesellschaftliche Teilbereiche als Expertenpool angesehen zu werden und wie sie auf den innerfachlichen Wissenstransfer einwirkten.

Das spiegelt sich auch in der Struktur des Buches wider: Es besteht aus vier großen Blöcken. Im ersten Block, den Kap. 2 und 3 und dem dazugehörenden Zwischenfazit (4), werde ich zunächst die Ausgangslage skizzieren. Dabei liegt der Fokus auf den NS-Psychiatrieverbrechen und der durch die Kriegsniederlage, durch alliierte und deutsche Ahndungsbemühungen sowie durch die Entnazifizierung bedingten Umstrukturierung der personellen Netzwerke nach 1945. Der zweite Block, die Kap. 5 bis 9 und das dazugehörige Zwischenfazit (10), stellt eine breit kontextualisierte Organisationsbiografie dar. Dort wird der gesundheitspolitische Rahmen für das Handeln der Fachgesellschaften abgesteckt und gezeigt, wie die psychiatrischen Fachgesellschaften als Organisationen funktionierten, was von ihrem führenden Personal jeweils als zentrales Aufgabengebiet definiert wurde, wie die Psychiater in den und mittels der Fachgesellschaften ihren Kompetenzbereich zu verteidigen oder zu erweitern versuchten und wie sich dies alles im Lauf der Zeit veränderte. Dadurch wird deutlich, wie strukturelle Gründe dafür ausschlaggebend waren, dass sich die Fachgesellschaften in beiden deutschen Staaten mit unterschiedlichen Themen befassten und sich auch anderen Ansprechpartnern gegenübersahen. Der dritte Block, die Kap. 11 bis 13, handelt dann von den internationalen Kontakten in der deutschen Psychiatrie. Zu klären ist, wie die Psychiater durch die Deutsche Teilung betroffen waren und ob sie sich ideologisch vereinnahmen ließen.

---

[21] https://www.hsozkult.de/searching/id/stellen-11846?title=die-psychiatrie-in-deutschland-nach-1945-zweiter-forschungsauftrag-der-dgppn-zur-aufarbeitung-der-geschichte-der-psychiatrie-und-der-psychiatrischen-fachgesellschaften-in-deutschland&q=DGPPN&sort=&fq=&total=4&recno=1&subType=job.

Der vierte Block, die Kap. 14 bis 18, zeigt die politischen Dimensionen des Wirkens der psychiatrischen Fachgesellschaften. Die Bemühungen um eine Reform der Versorgungsstrukturen für psychisch Kranke und der Umgang mit den NS-Medizinverbrechen stehen hier im Zentrum.

Hier nun im Einzelnen die Kapitelfolge: Zunächst werde ich in einem kurzen, ausschließlich auf Sekundärliteratur basierenden Kapitel (2), die Geschichte der Zwangssterilisationen von Psychiatriepatient/-innen und der Krankenmorde während des Nationalsozialismus schildern. Dabei wird auch die Rolle der *Gesellschaft Deutscher Neurologen und Psychiater* (GDNP) thematisiert. Das stellt zum einen den direkten Bezug zum ersten Forschungsauftrag der DGPPN zur Erforschung der Geschichte der psychiatrischen Fachgesellschaften in Deutschland her. In diesem Auftrag war schließlich ermittelt worden, dass sich während des Nationalsozialismus zentrale Persönlichkeiten der psychiatrischen Fachgesellschaft beziehungsweise des Netzwerks, das die Organisationsstruktur der GDNP umspannte, an der Propagierung und Legitimierung des Vernichtungsprogramms an psychisch Kranken und an der Begleitforschung zur „Euthanasie" beteiligten, dass kritische Stimmen in Bezug auf die „Euthanasie" von der Fachgesellschaft, die fest in der Hand von „Euthanasie"-Befürwortern war, aktiv unterdrückt wurden und somit die GDNP als Institution mitschuldig am hundertausendfachen medizinisch legitimierten Mord war.[22] Zum anderen ist dieses Hintergrundwissen notwendig, um die nachfolgenden Veränderungen und Diskussionen einordnen und verstehen zu können. Im daran anschließenden Kapitel (3) wird die Situation in der Zusammenbruchgesellschaft thematisiert, indem eine gruppenbiografische Studie zu den späteren Fachgesellschaftspräsidenten vorgelegt wird. Dahinter steht die Hypothese, dass es die gemeinsamen Erfahrungen in den ersten Nachkriegsjahren waren, die den späteren Netzwerken in der Psychiatrie eine erstaunliche Stabilität verlieh. Das Zwischenfazit (4) wird daraufhin zusammenfassen, wie es selbst den offenkundig in der Erbgesundheitspolitik engagierten Psychiatern gelingen konnte, innerhalb weniger Jahre als „unbelastet" zu gelten und schon bald wieder führende Positionen in den psychiatrischen Fachgesellschaften zu übernehmen.

Sodann werde ich die biografische Ebene verlassen und in Kap. 5 die Funktionen der psychiatrischen Fachgesellschaften im jeweiligen Gesundheitswesen beschreiben. Maßgeblich durch die Besatzungsmächte festgelegt, veränderte sie sich im Laufe der nachfolgenden Jahrzehnte, weswegen nicht nur die unmittelbare Nachkriegszeit, sondern auch die folgenden Anpassungsprozesse mit ihren Auswirkungen auf das Aufgabegebiet der Fachgesellschaften geschildert werden. In Kap. 6 wird die Gründungsgeschichte der Fachgesellschaften nachvollzogen. Gegenstand von Kap. 7 sind die zu den psychiatrischen Fachgesellschaften existierenden konkurrierenden Organisationen und Netzwerke. Wichtig ist der Befund, dass die Herausgebergremien der Fachzeitschriften als alternative wissenschaftspolitische Netzwerke zu

---

[22]Vgl. Schmuhl, GDNP 2016.

den Fachgesellschaftsvorständen verstanden werden können. Zudem zeigt sich, dass sowohl in der DDR als auch in der Bundesrepublik reformorientierte Anstaltspsychiater sich nicht von der psychiatrisch-nervenheilkundlichen Fachgesellschaft bzw. der medizinisch-wissenschaftlichen Gesellschaft für Psychiatrie und Neurologie vertreten sahen und sich daher um eigene Organisationskerne für die Reformanliegen bemühten. In Kap. 8 werden die Zuständigkeitskonflikte der Psychiater in den Fokus gerückt. Zu zeigen wird sein, wie sich die Fachgesellschaften auf dem Gebiet der Nervenheilkunde[23] positionierten und wie sie dabei ihre Zuständigkeitsbereiche absteckten. Angesichts der Konflikte der Psychiater mit den Neurologen sowie den ärztlichen und nichtärztlichen Psychotherapeuten wird deutlich werden, wie sich die psychiatrischen Fachgesellschaften darum bemühten, ihren Aufgabenbereich zu sichern oder auszudehnen. Dabei zeigen sich zwei unterschiedliche Wege in Ost- und Westdeutschland, die sich auch in der Namensgebung der Fachgesellschaften niederschlugen. In der Bundesrepublik hieß die psychiatrische Fachgesellschaft nicht zufällig *Deutsche Gesellschaft für Psychiatrie und Nervenheilkunde* und in der DDR *Gesellschaft für Psychiatrie und Neurologie*. In Kap. 9 widme ich mich den Symposien, Tagungen und Kongressen der psychiatrischen Fachgesellschaften. Das Zwischenfazit (10) wird diese unterschiedlichen Themenkomplexe zusammenführen und die Besonderheiten der Organisationen im deutsch-deutschen Vergleich hervorheben.

In den Kap. 11 und 12 rücken die internationalen Wissenstransfers und die Blockkonfrontation in der Psychiatrie in den Mittelpunkt der Analyse. Dabei greife ich die These vom Kalten Krieg in der Psychiatrie auf, die eigentlich für die 1980er Jahre formuliert wurde.[24] Anhand des Pawlowismus in der Frühphase der DDR und der wissenschaftlichen Kontakte im „Ostblock"[25] frage ich zunächst danach, ob es eine „Sowjetisierung" der Psychiatrie in der DDR gegeben hat. Mit Blick auf die internationalen Kontakte werde ich sodann auf das Ausmaß der anglo-amerikanischen Referenzen in der Bundesrepublik hinweisen. Lange Zeit waren, das wird die Analyse zeigen, die Institutionen der organisierten Psychiatrie weder in Ost- noch in Westdeutschland an einer ideologischen Konfrontation interessiert. Das änderte sich zu Beginn der 1970er Jahre, als im Weltverband der Psychiatrie (WPA) der politische Missbrauch psychiatrischer Institutionen thematisiert wurde. Diesem Ereignis und seinen Konsequenzen widmet sich das Kap. 12. Im anschließenden Zwischenfazit (13) werde

---

[23]Weil der Begriff der „Psychowissenschaften" als Oberbegriff bislang nur in der wissensgeschichtlichen Forschung etabliert ist, verwende ich im Folgenden häufiger den Begriff „Nervenheilkunde" als Bezeichnung für das gesamte Fachgebiet. Dieser hat allerdings den Nachteil, selbst ein historischer Begriff mit durchaus fließenden Grenzen und Begriffsinhalten zu sein.

[24]Vgl. van Voren, Cold War 2010.

[25]„Ostblock" ist ein Kampfbegriff des Kalten Krieges. Er wird im Folgenden dennoch zunächst verwendet und dabei auch nicht mehr in Anführungsstriche gesetzt. Zur Aufladung der Begriffe „Ost" und „West" im Speziellen und zur kulturhistorischen Sicht auf Räume im Allgemeinen vgl. Schlögel, Im Raume lesen wir die Zeit 2003.

ich die Fragen beantworten, ob für den Untersuchungszeitraum eine Auseinanderentwicklung der Psychiatrie in Ost- und Westdeutschland festzustellen ist und welche Rolle
die Fachgesellschaften dabei spielten.

In den Kap. 14 bis 16 werde ich die Debatten über die Reform der Versorgungsstrukturen für psychisch Kranke näher analysieren und dabei die Positionen der
psychiatrischen Fachgesellschaften herausarbeiten. Dabei werde ich der Chronologie
von den ersten Nachkriegsjahren (Kap. 14) über die Zeit der „Reform vor der Reform"
(Kap. 15) bis zu den späten 1960er und der ersten Hälfte der 1970er Jahre (Kap. 16)
folgen. In diesen drei Kapiteln werden von der psychiatriegeschichtlichen Forschung
bislang weitgehend unberücksichtigte Beiträge zur Psychiatriereform behandelt und
wird so das Spektrum der bekannten Reformvorschläge erheblich erweitert. Nach einer
kurzen Zusammenfassung zur Rolle der psychiatrischen Fachgesellschaften im Reformaufbruch (17), werde ich abschließend in Kap. 18 untersuchen, welche Bedeutung die
Beschäftigung mit der NS-Vergangenheit als Reformimpuls hatte.

Der Krieg gegen die psychisch Kranken, 1933–1945

2

Zwischen 1933 und 1945 sterilisierten Ärzte und Ärztinnen in Deutschland und den im Krieg von Deutschen eroberten und besetzten Gebieten mindestens 360.000 Menschen ohne deren Einwilligung. Dabei spielten psychiatrische Diagnosen oftmals eine entscheidende Rolle. Durch die Eingriffe starben über 6000 Menschen.[1] Während des Zweiten Weltkrieges ermordeten Ärzte zudem mehr als 200.000 psychisch Kranke. Wohl kein anderer Massenmord hat sich jemals so stark auf den Sachverstand von medizinischen Experten gestützt.[2]

Diese Menschenrechtsverbrechen ragten auf vielfältige Weise in die ersten Nachkriegsjahrzehnte hinein. Um die Geschichte der Psychiatrie und der psychiatrischen Fachgesellschaften in Deutschland nach 1945 verstehen und einordnen zu können, ist es unerlässlich, sich diesen historischen Hintergrund in seinen Einzelheiten zu vergegenwärtigen. Im nachfolgenden Kapitel werden daher die wichtigsten Befunde der Forschungsliteratur zu den Psychiatrieverbrechen zwischen 1933 und 1945 zusammengefasst. Zurückgegriffen wird dabei insbesondere auf die Ergebnisse des ersten Forschungsauftrags der DGPPN zur Erforschung der Geschichte der psychiatrischen Fachgesellschaften in Deutschland. In ihm wurde die Mitschuld der *Gesellschaft*

---

[1]Neuere Schätzungen gehen von bis zu 400.000 Zwangssterilisierungen aus. Die Todesopfer unter ihnen waren überproportional oft weiblich, da die Sterilisation bei Frauen gefährlicher war. Vgl. Fehlemann u. a., 175 Jahre psychiatrische Fachgesellschaft 2017, S. 18.

[2]Zur Opferzahl vgl. Faulstich, Zahl 2000; Roelcke, Deutscher Sonderweg? 2010, S. 53 f.; Topp, Geschichte als Argument 2013, S. 35; Schmuhl, „Euthanasie" und Krankenmord 2011, S. 214 f.

© Der/die Herausgeber bzw. der/die Autor(en), exklusiv lizenziert durch Springer-Verlag GmbH, DE, ein Teil von Springer Nature 2021
S. Dörre, *Zwischen NS-„Euthanasie" und Reformaufbruch*,
https://doi.org/10.1007/978-3-662-60878-4_2

Deutscher Neurologen und Psychiater (GDNP) an den nationalsozialistischen Medizin-verbrechen herausgearbeitet und klar benannt.

2.1   Im Dienst der Volksgesundheit

Die Rassenhygiene war eine fatale Erfolgsgeschichte der praktisch orientierten Wissenschaft.[3] Die Idee, psychisch Kranke zwangsweise zu sterilisieren oder zu töten, war allerdings keine genuin nationalsozialistische Vorstellung. Ihr Ursprung liegt in den Degenerationsängsten der Jahrhundertwendegesellschaften. Die Eugenik, respektive, wie sie in Deutschland alsbald hieß, die Rassenhygiene[4], war zunächst nur eine von mehreren Sozialtheorien, die aus der Rezeption der Darwin'schen Evolutionstheorie entsprangen. Zudem handelte es sich in Deutschland bei den Verfechtern der Rassenhygiene anfänglich nur um einen kleinen Kreis überwiegend junger, akademisch geprägter Lebensreformer. Doch schon 1904 wurde eine erste Zeitschrift, das *Archiv für Rassen- und Gesellschaftsbiologie*[5]*,* und 1905 die *Gesellschaft für Rassenhygiene,* die erste eugenische Gesellschaft der Welt, gegründet. Die weithin als Schmach empfundene militärische Niederlage Deutschlands im Ersten Weltkrieg und der Wille, die Bevölkerungsverluste durch die Geburt möglichst vieler „kriegstüchtiger" Menschen auszugleichen, erhöhte die Akzeptanz eugenischer Konzepte. Spätestens jetzt umfasste die eugenische Bewegung alle Gesellschaftsschichten und veränderte den Blick auf soziale Zusammenhänge. Die Lehre von der Erbgesundheit und das Ziel, die als positiv angesehenen Erbanlagen zu fördern, stießen auf immer größere grundsätzliche Zustimmung, zunächst unter Ärzten und Bevölkerungspolitikern, dann in der breiteren Bevölkerung.[6] Politiker und Wissenschaftler befeuerten die Befürchtung, die Gesellschaften seien im Zuge von Industrialisierung und Urbanisierung von einem Prozess erfasst worden, der, ließe man ihm freien Lauf, unaufhörlich zum völligen Niedergang führe. Sodann gaben sie mithilfe der Eugenik eine einfache sozialtechnische

---

[3]Vgl. Nowak, Entwertung 2002, S. 14; Payk, Degenerationslehre und Euthanasie 2004, S. 9.

[4]Der Begriff *Rassenhygiene* wurde als Pendant zum englischen „Eugenics" erstmalig von Alfred Ploetz (1860–1940) benutzt. Ploetz verstand darunter die Lehre von den optimalen Erhaltungs- und Entwicklungsbedingungen einer Bevölkerungsgruppe („Rasse"). Es gab aber auch Personen, die den Begriff der Eugenik für die Wissenschaft, den Begriff Rassenhygiene für ein politisches Programm verwendeten. Vgl. Fangerau/Noack, Rassenhygiene in Deutschland 2006, S. 227; Fangerau/Müller, Standardwerk der Rassenhygiene 2002, S. 1040.

[5]Eigentlich: Archiv für Rassen- und Gesellschafts-Biologie, einschliesslich Rassen- und Gesellschafts-Hygiene.

[6]Vgl. Schmuhl, Eugenik und Rassenanthropologie 2011, S. 25–27; Spohr/Müller, Zwangs-sterilisationen 2017, S. 173; Schwartz, Sozialistische Eugenik 1995. In internationaler Perspektive: Weindling, International Eugenics 1999. Quellenmaterial zu diesem Themenkomplex bieten: Kaiser/Nowak/Schwartz, Eugenik, Sterilisation, „Euthanasie" 1992; Klee, Dokumente zur „Euthanasie" 1985, S. 35–59.

Empfehlung für komplexe und vielfältige sozioökonomische Schieflagen. Kriminalität, Armut, Prostitution und Alkoholismus würden, so das Versprechen, bald der Vergangenheit angehören, wenn mithilfe eugenischer Eingriffe die soziale Entwicklung wieder dem biologischen Gleichgewicht angenähert würde. Gestalte man die Gesellschaften nach den Prinzipien der Biologie um und steuere die Auslese, so sei Utopia nicht fern. Ein einheitliches eugenisches Paradigma war aber auch zu dieser Zeit noch nicht auszumachen: Es kursierte eine Vielzahl von Konzepten, die auf ganz unterschiedlichen Mischungen aus malthusianischen, sozialdarwinistischen, rassenanthropologischen und rassenhygienischen Argumenten und Überzeugungen beruhten.[7]

Die Psychiatrie war wichtiger Ideengeber und Resonanzboden der Vorstellungen von der *Degeneration* und der *Entartung*.[8] Je mehr psychische Störungen als erbbedingt aufgefasst wurden, desto stärker gerieten Teile des Fachs in den Dunstkreis der Eugenik. Schon im Degenerationsdiskurs des ausgehenden 19. Jahrhunderts spielten psychiatrische Krankheitsbilder eine entscheidende Rolle. Im „nervösen Zeitalter" schien es in den rasant wachsenden Großstädten des Deutschen Kaiserreichs zu einer bedrohlichen Zunahme von *Neurasthenie, Nervenschwäche* und *Hysterie* zu kommen.[9] Innerhalb der deutschen Psychiatrie gewann die Degenerationslehre des französischen Psychiaters Bénédict Augustine Morel (1809–1873) an Einfluss. Ähnlich wie Morel und der italienische Psychiater Cesare Lombroso (1835–1909), der vom „geborenen Verbrecher" sprach, richteten auch die deutschen Psychiater Richard von Krafft-Ebing (1840–1902) und Heinrich Schüle (1840–1916) ihre Aufmerksamkeit auf die anatomischen Zeichen der „Degenerierten".[10] Sie deuteten Schädelanomalien, Disproportionen im Körperwuchs und insbesondere Deformationen im Gesicht als untrügliche Zeichen der *Entartung*. Kritische Stimmen, wie sie bereits um 1900 die Psychiater Robert Sommer (1864–1937) und Oswald Bumke (1877–1950) repräsentierten, schadeten der Popularität dieser Ideen nicht. Terminologische und ideologische Residuen

---

[7]Der Verweis auf die angeblich höheren Fortpflanzungsraten der „Minderwertigen" war zentraler Teil der Katastrophenszenarien und wurde weithin als gesichertes Wissen akzeptiert. Vgl. Roelcke, Deutscher Sonderweg? 2010, S. 47–49; Schmuhl, Eugenik und Rassenanthropologie 2011, S. 26. Auch Paul Weindling und Mathew Thomson haben darauf verwiesen, dass die Eugenik als die „Suche professioneller Gruppen nach wissenschaftlichen Lösungen für die sozialen Probleme Kriminalität, Armut und Krankheit" interpretiert werden können. Thomson/Weindling, Sterilisationspolitik 1993, S. 137.

[8]Der Entartungsbegriff wurde von Richard von Krafft-Ebing und dem Direktor der Heilanstalt Illenau, Heinrich Schüle, in die deutschsprachige Psychiatrie eingeführt. Er unterlag aber im Folgenden einem erheblichen Bedeutungswandel. Vgl. Payk, Degenerationslehre und Euthanasie 2004, S. 9; Hermle, Degenerationsparadigma 2004.

[9]Vgl. Radkau, Zeitalter der Nervosität 1998.

[10]Vgl. Hermle, Degenerationsparadigma 2004, S. 26 f. Die kriminologischen Theorien der Zeit aufschlussreich dargestellt in: Becker, Verderbnis und Entartung 2002; Galassi, Kriminologie 2004, insbesondere S. 138–225.

der Entartungstheorien behaupteten sich auch dann noch, als sie längst von angesehenen Wissenschaftlern in Zweifel gezogen worden waren. Das lag nicht nur daran, dass ein Laienpublikum an einfachen und spektakulären Erklärungen interessiert war, und die Psychiatrie in ihrer Institutionalisierungsphase zur Durchsetzung ihrer Deutungs- ansprüche verstärkt auf die Ressource Öffentlichkeit zurückgriff. Das Degenerations- konzept hatte auch den wissenschaftlichen Nutzen, von der Psychiatrie bis dato vernachlässigte Fälle terminologisch zusammenzufassen und in den Status von Unter- suchungsobjekten zu erheben. Psychiater wie Emil Kraepelin (1856–1926) und Ernst Rüdin (1874–1952) – letzterer amtierte dann zwischen 1935 und 1945 als Präsident der *Gesellschaft Deutscher Neurologen und Psychiater* – dachten schon vor dem Ersten Weltkrieg über die Möglichkeiten einer erbbiologischen Erfassung der gesamten Bevölkerung nach. Mithilfe der Familienforschung hofften sie darauf, Erbdefekte prognostizieren zu können. Für zahlreiche Psychiater schrien die ihnen offenkundigen Niedergangserscheinungen der modernen Industrie- und Massengesellschaften förmlich nach einer biologistischen Antwort.[11]

Wenn man diese – und spätere – psychiatrischen Deutungsversuche mit dem Verweis auf ihren spekulativen Kerngehalt von der Hand weist und die damaligen Forschungs- resultate als „pseudowissenschaftlich" abqualifiziert, übersieht man, dass die Rassen- hygiene in ihrer Zeit weithin den Status einer ernst zu nehmenden Wissenschaft für sich beanspruchen konnte. Sie etablierte sich als medizinische Subdisziplin und veränderte dabei alle Bereiche der Medizin, zunehmend auch die Psychiatrie. Die Rassenhygiene war für viele Psychiater reizvoll: War nicht in der Verbindung mit ihr ein Königsweg gefunden, die Psychiatrie als medizinische Disziplin neu zu fundieren und ihren Einfluss zu erhöhen?[12]

Doch wie weit wollte man mit den Eingriffen in den menschlichen Fortpflanzungs- prozess gehen? Was ließ sich im Namen der Natur und des menschlichen Fortschritts rechtfertigen? Die Antworten auf diese Frage änderten sich während nur einer Forscher- generation dramatisch. An die Tötung Geisteskranker im Zeichen der eugenischen Auslese hatte der Zoologe Ernst Haeckel (1834–1919) schon um die Jahrhundert- wende herum gedacht. Auch der Arzt Alfred Ploetz (1860–1940) forderte in diesem Zeitraum die Ärzte dazu auf, „schwächlichen und missgeratenen Neugeborenen

---

[11]Vgl. Hermle, Degenerationsparadigma 2004, S. 29–35; Schmuhl, GDNP 2016, S. 237. Zu Kraepelin vgl. Weber, Lebensstil und ätiologisches Konzept 2004; Kraepelin, Zur Entartungsfrage 1908. Zu Rüdin vgl. Roelcke, Wissenschaft im Dienste des Reiches 2008; Roelcke, Humanexperi- mente 2006, S. 119 f.

[12]Vgl. Schmuhl, Eugenik und Rassenanthropologie 2011, S. 27 f.; Fangerau/Noack, Rassen- hygiene in Deutschland 2006; Roelcke, Wissenschaft zwischen Innovation und Entgrenzung 2004. Zur Historisierung des Konzepts „Pseudowissenschaft" vgl. Rupnow u. a., Pseudowissenschaft 2008.

durch Morphium ‚einen sanften Tod' zu bereiten".[13] 1920 publizierte der Leipziger Jurist und renommierte Begründer einer der beiden einflussreichsten Strafrechtsschulen, Karl Binding (1841–1919), posthum zusammen mit dem Freiburger Professor für Psychiatrie, Alfred Hoche (1856–1943), die Schrift *Die Freigabe der Vernichtung lebensunwerten Lebens*.[14] Darin bemühten sich die Autoren nicht nur um „Mitleid" mit den Betroffenen, sondern argumentierten auch ökonomisch für deren Tötung. Könne man es sich denn, so fragten sie, angesichts des verlorenen Krieges und des „Schandfriedens" von Versailles noch leisten, „lebensunwertes Leben" ärztlich zu versorgen? Diese Überlegungen wurden zwar unter Medizinern breit diskutiert, noch jedoch mehrheitlich – insbesondere mit religiös begründeten Bedenken – abgelehnt, so etwa 1921 auf dem deutschen Ärztetag. Praktische Relevanz hatten die genannten Vorschläge zunächst keine.[15] Der „Baur-Fischer-Lenz" – das Standardwerk der Rassenhygiene, erstmalig erschienen 1921 – zeigt, wie nachfolgend die Schnittmenge der Rassenhygiene mit der Psychiatrie immer größer wurde. Von Auflage zu Auflage wuchs der Umfang der Äußerungen zur psychiatrischen Genetik, zur Erblichkeit geistiger Begabungen und zu den psychiatrischen Erkrankungen als gewichtigem Teil der zu bekämpfenden Erbanlagen. Für die politische Praxis schlussfolgerten die Autoren, dass die Einführung von Eheverboten, die Legalisierung von Abtreibungen und die Sterilisation bestimmter Personen und Personengruppen zum Ziel der Verhinderung der Fortpflanzung von psychisch Kranken und sogenannten Minderbegabten sinnvoll sei.[16]

Der wissenschaftliche Siegeszug der Biologie verschob so das Behandlungsobjekt in der deutschen Psychiatrie vom einzelnen Individuum zum „Volkskörper". Dabei wurde der Raum des Sagbaren neu abgesteckt und ein fatales Vokabular etabliert. Begriffe wie „Ballastexistenzen" und „Menschenhülsen" wurden prominent und entwerteten die psychisch Kranken sprachlich. Zugleich entstand ein neuer Überschneidungsbereich zwischen Wissenschaft, Klinik und Politik, in dem sich die Forschungsinteressen der Psychiater mit Weltanschauungen und politischen Programmen verbanden. Die Psychiatrie wurde gerade durch ihre Annäherung an die Naturwissenschaften anfällig für zeitdiagnostische Bewertungen: Angesichts (angeblich) hoher Fortpflanzungsraten

---

[13]Payk, Degenerationslehre und Euthanasie 2004, S. 10.

[14]Vgl. Binding/Hoche, Freigabe 2006 (1920); Payk, Degenerationslehre und Euthanasie 2004, S. 10; Noack, NS-Euthanasie und internationale Öffentlichkeit 2017, S. 14; Müller-Seidel, Alfred Erich Hoche 1999.

[15]Vgl. Spohr/Müller, Zwangssterilisationen 2017, S. 174; Fangerau/Noack, Rassenhygiene in Deutschland 2006, S. 238; Noack, NS-Euthanasie und internationale Öffentlichkeit 2017, S. 15. Der Historiker Götz Aly hat darauf hingewiesen, dass in den 1920er Jahren vielfach jene für die Sterbehilfe und die Tötung Geisteskranker warben, die sich zugleich für Frauenrechte einsetzten, Ehescheidungen erleichtern wollten, gegen Abtreibungsverbote und gegen die Todesstrafe votierten. Vgl. Aly, Die Belasteten 2013, S. 21.

[16]Vgl. Fangerau/Müller, Standardwerk der Rassenhygiene 2002; Fangerau, „Baur-Fischer-Lenz" 2003.

der sogenannten Schwachsinnigen und Minderwertigen fürchtete man um die Gesundheit des „Volkskörpers". Diese Degenerationsängste transformierten sich in Krankheitsbilder, beispielsweise in der einflussreichen Konstitutionstypologie Ernst Kretschmers, den Degenerationspsychosen Karl Bonhoeffers und den psychopathischen Minderwertigkeiten nach Friedrich Panse. Selbst als der Begriff der „Entartung" längst durch andere ersetzt worden war, blieben mit ihm verbundene Vorstellungen in Form der *Psychopathien, Neurosen* und *atypischen Psychosen* in der wissenschaftlichen und der praktischen Psychiatrie präsent.[17]

2.2   Die Psychiatrie am Ende der Weimarer Republik

Seit 1914 befand sich die deutsche Anstaltspsychiatrie in einer Krise. Allein in Preußen verhungerten während des Ersten Weltkrieges schätzungsweise 70.000 Psychiatriepatient/-innen. Insgesamt waren es in Deutschland zwischen 1914 und 1919 über 140.000.[18] Die Sterblichkeit in den Heil- und Pflegeanstalten blieb noch bis 1924 (!) hoch.[19] Das bis dahin immer noch geringfügige Wissen über Krankheitsentstehung und -behandlung erweiterte sich in den fünf wirtschaftlich und politisch vergleichsweise stabilen Jahren der Weimarer Republik zwischen 1924 und 1929: die therapeutischen Ansätze differenzierten sich aus. Zu nennen sind vor allem die „aktivere Krankenbehandlung" (Hermann Simon (1867–1947)) und das Konzept der offenen Fürsorge (Gustav Kolb (1870–1938)). In nicht wenigen Anstalten war Aufbruchstimmung zu spüren: neue Behandlungsmethoden wurden erprobt, eine gewandelte Haltung den Patient/-innen gegenüber eingefordert. Die Fixierung auf dem Zwangsstuhl zur Ruhigstellung wurde einmal mehr als eine überholte Methode angeprangert, die mit einer *modernen* Psychiatrie nicht mehr zu vereinbaren sei. Die Hoffnungen waren mancherorts groß, doch blieben die konkreten Behandlungserfolge auch in dieser Reformphase insgesamt weit hinter den Erwartungen zurück. Immer mehr „Unheilbare" verblieben in den Anstalten. In den Augen vieler reformorientierter Psychiater passte diese Klientel nicht in das Bild des Fortschritts, das sie selbst von sich zeichnen wollten. Die innovativen Therapieformen, insbesondere Außenfürsorge und Arbeitstherapie, wirkten in gewisser Weise kontraindiziert. Sie bildeten eine Art „Filter": Heil- und behandelbar eingestufte Patient/-innen wurden zwar intensiv therapiert, die anderen aber blieben als

---

[17]Vgl. Hermle, Degenerationsparadigma 2004, S. 35; Nowak, Entwertung 2002, S. 14; Brüne, Domestikation und Menschenauslese 2004, S. 58.

[18]Faulstich Anstaltspsychiatrie 2003, S. 63 zitiert Siemen, es seien im Deutschen Reich in den Anstalten insgesamt 140.234 Menschen gestorben, davon 71.786 als Kriegsopfer. Er selbst kommt auf S. 67 auf 64.494.

[19]Vgl. Faulstich, Hungersterben 1998; Faulstich, Anstaltspsychiatrie 2003, S. 21; Blasius, „Einfache Seelenstörung" 1994; Sammet, Burgfrieden und Totenstille 2003; Schmuhl, „Euthanasie" und Krankenmord 2011, S. 216; Eckart, „Ein Feld der rationalen Vernichtungspolitik" 2010, S. 31.

Versorgungs- und Pflegefall zurück. Dies führte dazu, dass in den Heil- und Pflegeanstalten der Anteil von therapierefraktären Langzeitpatienten wuchs.[20]

Als die Weltwirtschaftskrise ab Ende der 1920er Jahre die sozialpolitischen
Spielräume verengte und die Verteilungskonflikte verschärfte, erhöhte sich die
Bereitschaft zur Umsetzung von radikalen Lösungen. Für die durch die Massenarbeits-
losigkeit hochschnellende Zahl der Fürsorgeberechtigten standen aufgrund rück-
gängiger Sozialversicherungs- und Steuereinnahmen weniger Mittel zur Verfügung. Für
die Psychiatrie ergab sich daraus ein steigender Rechtfertigungsdruck für die Kosten
der Anstaltspflege, denn in dieser Konkurrenzsituation wurden als „minderwertig"
angesehene soziale Gruppen zunehmend schlechter gestellt. Sach- und Personalauf-
wendungen wurden gekürzt, Pflegesätze und Ernährungspauschalen reduziert. Dabei
waren die Anstalten weiterhin überbelegt. Die Anstaltsleiter, so die Historikerin Cornelia
Brink, sorgten sich „bald nicht mehr darum, wie die psychiatrischen Anstalten zu
organisieren, sondern ob deren Betrieb überhaupt noch aufrechtzuerhalten war".[21] Das
Sprachrohr der Anstaltspsychiater, die psychiatrische Fachgesellschaft, thematisierte
diesen Kostendruck. Sie war dabei aber kein Sammelbecken für jene, die einen
engagierten Kampf für die Verbesserung der Lebensbedingungen in den Anstalten
führen wollten. Stattdessen konzentrierte sie sich auf die Frage, wie die Versorgung der
Geisteskranken „billiger" gestaltet werden könne. So mancher Psychiater bot engagiert
seine Expertise an, um die Gemengelage aus chronischer Unterfinanzierung und
Degenerationsbefürchtungen „genauer zu definieren und nach Lösungsvorschlägen zu
suchen".[22] Folgenschwer verstärkten sich die Ökonomisierung der ohnehin überforderten
Psychiatrie, die Wahrnehmung von Kranken als Kostenfaktoren, die Fokusverschiebung
vom an Krankheitssymptomen leidenden Individuum zum abstrakten „Volkskörper"
und dessen „Gesundheit" sowie die Angst der Ärzte vor dem eigenen sozialen und ökonomischen Abstieg.[23]

Die tiefgreifende und langanhaltende ökonomische Krise der gesamten Gesellschaft –
die für Teile der Bevölkerung ja tatsächlich einem täglichen Kampf ums Überleben
gleichkam – erhöhte die Empfänglichkeit für eugenische Argumente auf allen Ebenen.
Stereotype und Vorurteile verfestigten sich, die Solidarität mit denjenigen, die nicht

---

[20]Vgl. Walter, Hermann Simon 2002; Kersting, Hermann Simon 2018; Ley, Psychiatriekritik durch
Psychiater 2006; Brink, Grenzen der Anstalt 2010, S. 266.

[21]Brink, Grenzen der Anstalt 2010, S. 267. Vgl. auch Payk, Degenerationslehre und Euthanasie
2004, S. 10; Faulstich, Anstaltspsychiatrie 2003, S. 21; van den Bussche, Fakultät im Strudel 1989,
S. 145; Thomson/Weindling, Sterilisationspolitik 1993, S. 139.

[22]Brink Grenzen der Anstalt 2010, S. 269.

[23]Vgl. Fehlemann u. a., 175 Jahre psychiatrische Fachgesellschaft 2017, S. 15; Walter, Fürsorgepflicht und Heilungsanspruch 1993; Nowak, Entwertung 2002, S. 18; Faulstich, Anstaltspsychiatrie
2003, S. 21.

selbst für ihre Rechte eintreten konnten, wurde brüchig. Auf Basis von mittlerweile weithin akzeptierten Degenerationslehren verstärkte sich der zunächst „schleichende, später aggressive Prozess der Entwertung des Menschen".[24] So wie die meist ohnehin missverstandenen[25] (darwinistischen) Naturgesetze von der Tier- und Pflanzenwelt auf die Menschheit übertragen wurden, verringerten sich auch ethische und religiöse Hemmungen in Bezug auf die Steuerung des Reproduktionsprozesses. Praktiken der Nächstenliebe und des Mitleids konnten vor diesem Hintergrund als schädliche „Humanitätsduselei" diskreditiert werden. Die Folge war eine langsame Aushöhlung der gesellschaftlichen Solidarität, die obendrein durch Berichte über die angeblich paradiesischen Lebensbedingungen der psychisch Kranken befördert wurde, die man in propagandistischer Absicht mit der Armut vieler deutscher „Volksgenossen" kontrastierte. Mit zunehmender Selbstverständlichkeit wurde schon in der Endphase der Weimarer Republik öffentlich von der *Vernichtung* der Anstaltspatient/-innen gesprochen.[26] Immer häufiger waren neben biologischen auch ökonomische Argumente für eugenische Maßnahmen zu vernehmen. Ende der zwanziger Jahre wurden in den staatlichen Gesundheitsbehörden und Wohlfahrtsverbänden zunehmend auch negative eugenische Maßnahmen, wie Absonderung und Sterilisation, diskutiert. Präventive Politikansätze gewannen erheblich an Einfluss, auch wenn in der praktischen Sozialpolitik weiterhin positive eugenische Wohlfahrtsmaßnahmen (etwa Ehestandsdarlehen oder die Förderung von Kinderreichtum) zur Förderung „erblich Hochwertiger" dominierten. Eugeniker und sparwillige Politiker forderten also einschneidende Veränderungen, konnten ihre Vorschläge aber noch nicht durchzusetzen. Obwohl am Ende der Weimarer Republik die psychiatrischen Versorgungseinrichtungen mitnichten den Wünschen und Vorstellungen der Ärzte entsprachen, verlief die psychiatriepolitische Entwicklung in Deutschland noch ähnlich wie in vielen anderen Staaten.[27]

---

[24]Nowak, Entwertung 2002, S. 12.

[25]Anders als die meisten Sozialdarwinisten bestand Darwin auf der zentralen Rolle des Zufalls bei der Auslese. Im Voraus sei nicht prognostizierbar, was einmal die „bestangepasste" Variation sein werde. Vgl. Wuketits, Evolutionstheorie kontra Sozialdarwinismus 2004, S. 37–48; Sarasin/ Sommer, Evolution 2010, S. 60 f.

[26]Vgl. Nowak, Entwertung 2002, S. 15–17; van den Bussche, Fakultät im Strudel der „neuen Zeit" 1989, S. 145. Thorsten Noack hat darauf verwiesen, dass „bei keiner anderen gesellschaftlichen Gruppe, die später im Nationalsozialismus systematisch verfolgt und ermordet wurde, (...) dies zu dieser Zeit in diesem Ausmaß der Fall" gewesen war. Noack, NS-Euthanasie und internationale Öffentlichkeit 2017, S. 16.

[27]Vgl. Payk, Degenerationslehre und Euthanasie 2004, S. 10; Thomson/Weindling, Sterilisationspolitik 1993, S. 143 f., 148; van den Bussche, Fakultät im Strudel 1989, S. 154; Schmuhl, Rassenhygiene, Nationalsozialismus, Euthanasie 1987, S. 360; Brink, Grenzen der Anstalt 2010, S. 266.

2.3   Psychiatriepolitik nach der „Machtergreifung"

Die Psychiatriepolitik der Nationalsozialisten kam also keineswegs aus dem Nichts. Es bestehen etliche Verbindungslinien zwischen der Weimarer und der nationalsozialistischen Psychiatriepolitik. So ist die Entwicklung nach dem 30. Januar 1933 dann auch von einem Teil der Forschung als Verschärfung bereits bestehender Konzepte und Politiken interpretiert worden. Eingebettet in die Utopie einer *prophylaktischen Gesellschaft,* die den Menschen von Leid und sozialem Elend zu befreien versprach, radikalisierten sich medizinische Wissenschaft, Gesundheitspolitik und klinische Therapie.[28] Die neuartige „biopolitische Entwicklungsdiktatur" zielte nun konsequent darauf ab, „die Kontrolle über Geburt und Tod, Sexualität und Fortpflanzung, Körper und Keimbahn, Variabilität und Evolution an sich zu bringen, den Genpool der Bevölkerung von allen unerwünschten ‚Beimischungen' zu ‚reinigen' und auf diese Weise einen perfekten ‚Volkskörper' zu schaffen".[29] So wurde die Erb-und Rassenpflege unverzüglich nach der Machtübernahme der Nationalsozialisten erheblich aufgewertet und rückte auf der politischen Prioritätenliste weit nach oben. Parallel dazu wurde die menschliche Erblehre zu einer von der NS-Wissenschaftspolitik favorisierten Disziplin und die Rassenhygiene zu einem politischen Programm. Die Psychiatrie profitierte davon, da sie für die praktische Umsetzung der Rassenhygiene unerlässlich war. Dieser Umstand wurde von vielen Zeitgenossen weltweit zunächst nicht als Problem angesehen, sondern machte NS-Deutschland in ihren Augen vielmehr zum „Modellstaat" der internationalen eugenischen Bewegung.

Zahlreiche Erbforscher und Psychiater waren schon vor 1933 positiv gegenüber einer eugenischen Sterilisation von psychisch Kranken eingestellt.[30] Allerdings existierte ein breites Meinungsspektrum, das „von der ausdrücklichen Ablehnung der Sterilisation als staatlicher Maßnahme, über Hinweise, dass die Entwicklung der Erblichkeitslehre

---

[28]Vgl. Pfäfflin u. a., Krankenversorgung 1989, S. 282; Beddies/Hübener, Dokumente 2003; Cottebrune, menschliche Vererbungswissenschaft 2008; Sander, Illusionen der Mediziner 2010, S. 56; Schmuhl, Eugenik und Rassenanthropologie 2011, S. 29; Schmuhl, Zwangssterilisation 2011, S. 202; Wolf, Eugenische Vernunft 2008, S. 466.

[29]Schmuhl, Eugenik und Rassenanthropologie 2011, S. 24.

[30]Ein auf die Initiative von Rassenhygienikern zurückgehender Gesetzesentwurf, der in Preußen 1932 die freiwillige Unfruchtbarmachung von vermeintlich „Erbkranken" vorsah, hatte zuvor noch keinen Erfolg gehabt. Die Maßnahme wurde allerdings als Möglichkeit der freiwilligen Geburtenkontrolle durchaus begrüßt und fand Zustimmung „aus unterschiedlichen sozialpolitischen Interessengruppen, ärztlichen Berufsverbänden und auch von kirchlichen Wohlfahrtseinrichtungen". Amtsärzte und Psychiater stießen mit ihren Forderungen nach einem umfassenden eugenisch motivierten Sterilisationsprogramm aber bei den übergeordneten staatlichen Gesundheitsbehörden noch auf taube Ohren. Vgl. Schmuhl, Rassenhygiene, Nationalsozialismus, Euthanasie 1987, S. 359 f.; Spohr/Müller, Zwangssterilisationen 2017, S. 174; Thomson/Weindling, Sterilisationspolitik 1993, S. 141, S. 143; Benzenhöfer, Genese 2006, S. 94 f., S. 103–116; Vgl. auch Ley, Zwangssterilisation und Ärzteschaft 2003, S. 262; Kaminsky, Eugenik 2017.

hierfür noch nicht reif sei, bis zur totalen oder eingeschränkten Befürwortung unter der Maßgabe der Freiwilligkeit" reichte.[31] Auch wenn vereinzelt Sterilisationen sogenannter Schwachsinniger „in Grauzonen psychiatrischer Anstalten" bereits durchgeführt wurden, gab es dafür vor 1933 noch keine gesetzliche Grundlage.[32]

Dies änderte sich bereits am 14. Juli 1933, als der Reichstag das *Gesetz zur Verhütung erbkranken Nachwuchses*(GzVeN) verabschiedete. Es wurde am 25. Juli 1933 veröffentlicht und trat zum 1. Januar 1934 in Kraft.[33] Das GzVeN, dass die Unfruchtbarmachung gegen den Willen der Betroffenen ermöglichte, bildete den Auftakt zum „medizinischen Angriff auf geistig und körperlich behinderte, psychisch kranke und alte Menschen".[34] Wie wichtig den neuen Machthabern dieser Teil ihrer Politik war, zeigt schon, dass das GzVeN eines der ersten Gesetze überhaupt war, das von den Nationalsozialisten erlassen wurde.[35] Im Gesetzestext hieß es:

> „Wer erbkrank ist, kann durch chirurgischen Eingriff unfruchtbar gemacht werden, wenn nach den Erfahrungen der ärztlichen Wissenschaft mit großer Wahrscheinlichkeit zu erwarten ist, dass seine Nachkommen an schweren körperlichen oder geistigen Erbschäden leiden werden. Erbkrank im Sinne dieses Gesetzes ist, wer an einer der folgenden Krankheiten leidet: 1. Angeborenem Schwachsinn, 2. Schizophrenie, 3. Zirkulärem (manisch-depressiven) Irresein, 4. Erblicher Fallsucht (Epilepsie), 5. Erblichem Veitstanz (Huntingtonsche Chorea), 6. Erblicher Blindheit, 7. Erblicher Taubheit, 8. Schwer erblicher körperlicher Missbildung. Ferner kann unfruchtbar gemacht werden, wer an schwerem Alkoholismus leidet."[36]

---

[31]Eckart, „Ein Feld der rationalen Vernichtungspolitik" 2010, S. 36. Siehe auch: Grübler, Quellen 2007.

[32]Eckart, „Ein Feld der rationalen Vernichtungspolitik" 2010, S. 31. Selbst die Deutsche Gesellschaft für Rassenhygiene erklärte erst im September 1931 die Sterilisation zu ihrem Hauptziel. Vgl. Thomson/Weindling, Sterilisationspolitik 1993, S. 144.

[33]Die Nationalsozialisten griffen auf den genannten preußischen Gesetzentwurf zurück, was an einzelnen Formulierungen aus der Vorlage von 1931 erkennbar ist, die sich wortwörtlich im Gesetz von 1933 wiederfinden. Vgl. DGPPN, erfasst, verfolgt, vernichtet 2014, S. 47; Schmuhl, GDNP 2016, S. 208; Spohr/Müller, Zwangssterilisationen 2017, S. 174. Mit der Ausarbeitung des *Gesetzes zur Verhütung erbkranken Nachwuchses, des Gesetzes zum Schutze der Erbgesundheit des deutschen Volkes,* mit den neuen *Maßregeln der Sicherung und Besserung für Auffällige,* dem *Gesetz zur Wiederherstellung des Berufsbeamtentums,* dem *Reichsbürgergesetz* und dem *Gesetz zum Schutz des deutschen Blutes und der deutschen Ehre* waren dieselben Staats- und Parteibeamten betraut, beispielsweise Arthur Gütt vom Reichsinnenministerium und Walter Gross vom Rassenamt der NSDAP. Vgl. Friedlander, Jüdische Anstaltspatienten ²1989, S. 35.

[34]Wolf, Eugenische Vernunft 2008, S. 468. Vgl. auch Eckart, „Ein Feld der rationalen Vernichtungspolitik" 2010, S. 39.

[35]Schon im Mai 1933 wurde die eugenische Sterilisation legal, wenn die Betroffenen in sie einwilligten und sie mit den „guten Sitten" vereinbar schien. Dieses Prinzip der Freiwilligkeit war bei Patient/-innen in Heil- und Pflegeanstalten leicht auszuhebeln, indem etwa die Entlassung von einer „freiwilligen" Sterilisation abhängig gemacht wurde.

[36]Reichsgesetzblatt I, 1933, S. 529, zitiert nach: Roelcke, Deutscher Sonderweg? 2010, S. 53.

Der Historiker Hans-Walter Schmuhl hat die im ersten Satz des Zitats enthaltene
Formulierung zu Recht als eine „Kautschukformel" bezeichnet, in der das Dilemma
der Erbdiagnostik zum Ausdruck kam. Denn die Erbforscher unter den Psychiatern
waren zwar mehrheitlich sicher, dass die nachfolgend aufgelisteten Krankheiten und
Behinderungen vererbbar seien, der genaue Erbgang war ihnen aber meist völlig
unklar. Häufigste Indikationen für eine Sterilisation waren zudem mit *Schwachsinn* und
Schizophrenie zwei Diagnosen, über deren Erblichkeit sich die damalige Fachwelt nicht
einig war.[37]

Trotz der diagnostischen Unsicherheiten wurde der Indikationenkatalog in den
folgenden Jahren nicht reduziert. Im Gegenteil: Der betroffene Personenkreis wurde
mit den Kommentaren zum Sterilisationsgesetz immer weiter ausgedehnt.[38] Zudem
versuchten die städtischen Fürsorgeämter, „immer mehr Menschen, die sie als ‚lästig'
betrachteten, gleichgültig, ob ‚erbkrank' oder nicht," über die GzVeN-Verfahren zwangsweise sterilisieren zu lassen, sodass das Programm bald ein ausgesprochen „sozial-
rassistisch-erbbiologisches Profil" erhielt.[39] Zwar war von *Rasse* im GzVeN-Text gar
nicht die Rede, doch führte die enge Verbindung von ethnischer Zugehörigkeit und
angeblich typischen Minderwertigkeits- und Entartungserscheinungen dazu, dass die
GzVeN-Verfahren ethnische Differenzierungen vornahmen: *Zigeuner, Juden, Jenische*
und die sogenannten *Rheinlandbastarde* hatten mit größerer Wahrscheinlichkeit als
andere eine Sterilisation zu erdulden.[40]

---

[37]Vgl. Schmuhl, Zwangssterilisation 2011, S. 203 f. Das damalige medizinische Wissen zu den
einzelnen „Erbkrankheiten" jeweils knapp zusammengefasst in: Dalicho, Sterilisationen 1971.
Zwei Drittel der Sterilisationen wurden an der Gruppe der „Schwachsinnigen" vorgenommen. Eine
weitere große Betroffenengruppe waren Epileptiker/-innen. Vgl. Schmuhl, Zwangssterilisation
2011, S. 204; DGPPN, erfasst, verfolgt, vernichtet 2014, S. 47; Payk, Degenerationslehre und
Euthanasie 2004, S. 12.

[38]Aufgenommen wurden 1936 beispielsweise Muskelschwund und Multiple Sklerose. Schon das
Änderungsgesetz zum GzVeN vom 26. Juni 1935 erweiterte den Anwendungsbereich und ermöglichte Abtreibungen aus eugenischen Indikationen, wenn ein Erbgesundheitsgericht ein rechtskräftiges Urteil zur Sterilisation der betreffenden Frau gefällt hatte. Diese Abtreibungen waren bis
zum sechsten Monat der Schwangerschaft zulässig. Das zweite Änderungsgesetz vom 4. Februar
1936 erklärte die Unfruchtbarmachung mit Röntgen- und Radiumstrahlen für zulässig. Vgl.
Schmuhl, GDNP 2016, S. 227, S. 234 f.; Cottebrune, menschliche Vererbungswissenschaft 2008,
S. 117; Spohr/Müller, Zwangssterilisationen 2017, S. 188.

[39]Pohl, „Rassenpolitik", Judenverfolgung, Völkermord ³2001, S. 212. Brink hat hervorgehoben,
dass die Sterilisationsdiagnostik vor allem eine soziale Diagnostik gewesen sei. Vgl. Brink,
Grenzen der Anstalt 2010, S. 279, 284. Auch Schmuhl spricht davon, dass sich im Sterilisations-
verfahren medizinische und soziale Diagnostik mischten. Vgl. Schmuhl, Zwangssterilisation 2011,
S. 204 f. Gisela Bock hat darauf verwiesen, wie stark geschlechtsspezifisch differenziert wurde.
Vgl. Bock, Zwangssterilisation 1986.

[40]Vgl. Krähwinkel, Krankenversorgung 2001, S. 469 f.; Schmuhl, Zwangssterilisation 2011,
S. 205 f.

Es ist an dieser Stelle notwendig, sich das gesamte GzVeN-Verfahren und die Rolle der Ärzte dabei genauer anzuschauen. Das zitierte Gesetz erlegte beamteten Ärzten eine weitreichende Anzeige- und Meldepflicht auf. Es verpflichtete sie dazu, diejenigen Personen bei den zuständigen Amtsärzten der Gesundheitsämter der Landkreise zu melden, die von den im Gesetzestext genannten Krankheiten betroffen waren. Aufgrund der Ausführungsbestimmung vom 5. Dezember 1933 hatten alle mit der Heilbehandlung befassten Personen, insbesondere aber die approbierten Ärzte im Diagnosefall Anzeige zu erstatten. Bei dem gemeldeten Personenkreis konnte ein Antrag zur Unfruchtbarmachung entweder von der zu sterilisierenden Person selbst, von ihrem gesetzlichen Vertreter, von Amts- beziehungsweise Kreisärzten und ihren Stellvertretern sowie von den Direktoren und leitenden Ärzten der Heil- und Pflege-, Kranken- und Strafanstalten gestellt werden. Nachdem der betreffende Patient gemeldet worden war, musste ein ärztliches Gutachten verfasst werden. Dieses war entscheidend dafür, ob vom zuständigen Erbgesundheitsgericht ein Verfahren eingeleitet wurde oder nicht.[41]

Die eigens für die Sterilisationsentscheidungen nach dem GzVeN gegründeten Erbgesundheitsgerichte – 1934 waren es 172 – waren bei den jeweiligen örtlichen Amtsgerichten angesiedelt. Sie setzten sich aus einem Richter und zwei Beisitzern zusammen. Diese Beisitzer waren keine Juristen, sondern Ärzte. Im Regelfall handelte es sich um den zuständigen Amtsarzt sowie einen weiteren mit Fragen der Eugenik erfahrenen Mediziner. Für die Betroffenen gab es keine Möglichkeit, sich in den nichtöffentlichen und meist sehr kurzen Verfahren vor den Erbgesundheitsgerichten selbst zu äußern. Ihre Verteidigung wurde von einem Pfleger übernommen. Die Urteile wurden ebenfalls in Abwesenheit der Betroffenen gefällt. Gegen den Gerichtsbeschluss konnte innerhalb von vier Wochen Einspruch eingelegt werden. Diese wurden vor dem Erbgesundheitsobergericht verhandelt, das am zuständigen Oberlandesgericht angesiedelt war. Verweigerten Betroffene die verfügte Zwangssterilisation, hatte der zuständige Arzt die Polizeibehörden zu informieren.[42]

In den chirurgischen Abteilungen wurden die Operationen rasch zum Routineeingriff. Die Methoden der Zwangssterilisation variierten von Klinik zu Klinik. In Ravensburg wurde bei Frauen in der Regel mit der Tubensterilisation nach Madlener gearbeitet. Hierfür wurden beide Eileiter mit einem Seidenfaden abgeschnürt. Dies provozierte Gewebeverwachsungen, die zur Unfruchtbarkeit führten. Männern wurde der Samenleiter

---

[41]Vgl. Wolf, Eugenische Vernunft 2008, S. 468; Schmuhl, GDNP 2016, S. 219 f.; Spohr/Müller, Zwangssterilisationen 2017; Pfäfflin u. a., Krankenversorgung 1989, S. 284; Vossen, Gesundheitsämter 2001.

[42]Vgl. Pfäfflin, Krankenversorgung 1989, S. 283, Spohr/Müller, Zwangssterilisationen 2017, S. 176 f. Das Verfahren dargestellt in: Ley, Zwangssterilisation und Ärzteschaft 2003, S. 67–97. Schilderungen von elf einzelnen Verhandlungen bei: Bock, Zwangssterilisation 1986, S. 209–230. Es wäre eine lohnenswerte Forschungsarbeit, die Verfahren vor den Erbgesundheitsobergerichten vor dem Hintergrund des Wandels des psychiatrischen Wissens und der Sterilisationspraxis zu analysieren.

am Skrotalansatz durchtrennt. Andernorts erfolgten die Zwangssterilisationen überwiegend mit Röntgenstrahlen. Weit mehr als moralische und ethische Bedenken trieb
die Krankenhausleitungen um, wer die Kosten der Sterilisation zu tragen habe. Für die
Krankenhäuser, an denen die Sterilisationen durchgeführt wurden, waren die Eingriffe
auch eine willkommene Einnahmequelle.[43]

Insgesamt wurden im Gebiet des Deutschen Reiches in den Grenzen von 1937 fast
ein Prozent der dort lebenden Bevölkerung im fortpflanzungsfähigen Alter sterilisiert.[44]
Zwar gab es Gesetze zur Unfruchtbarmachung auch in vielen anderen – überwiegend in
den protestantisch geprägten – europäischen Ländern, in Japan und in 25 Bundesstaaten
der USA, doch wurden in Deutschland auf Basis des GzVeN Sterilisationen in einem
Ausmaß durchgeführt, dass das internationale Mittel bei weitem überschritt.[45]

Das *Gesetz zur Verhütung erbkranken Nachwuchses* wurde nicht nur von einer
kleinen Gruppe unter den Ärzten begrüßt, sondern rief bei den Medizinern, ähnlich wie
unter Pädagogen, Juristen sowie Beamten der Fürsorge- und Gesundheitsverwaltungen,
mehrheitlich Zustimmung hervor. Auch wenn die Gründe hierfür durchaus vielfältig
waren und der Grad der Zustimmung keinesfalls einheitlich war, prägte insgesamt ein
positiver Grundtenor die ärztlichen Stellungnahmen zur Zwangssterilisation. Neben dem
Willen zur eugenischen Umgestaltung der Gesellschaft befeuerte das GzVeN auch die
Hoffnung auf einen Statusgewinn im neuen Staat. Die Ärzteschaft, die zuvor unter der
„Überfüllungskrise" in den akademischen Berufen und sozialen Abstiegsängsten gelitten
hatte, war nun unersetzlich für die wissenschaftliche Untermauerung und die Umsetzung
der rassenhygienischen Maßnahmen. So spielten Ärzte dann auch bei der praktischen
Umsetzung des GzVeN eine entscheidende Rolle. Neben Humanwissenschaftlern und
Juristen waren sie eine der drei dafür zentralen Funktionseliten: Niedergelassene Ärzte,
Amtsärzte, Fachärzte, Fürsorgeärzte und Leiter von Heil- und Pflegeanstalten zeigten
Personen zur Sterilisation an. Zwei von drei an Urteilen der jeweiligen Erbgesundheits-

---

[43]Die zeitgenössisch zur Verfügung stehenden Sterilisationsmethoden dargestellt in: Dalicho,
Sterilisationen 1971, S. 143 f.; Payk, Degenerationslehre und Euthanasie 2004, S. 12. Einen biografischen Zugang über den Chefarzt der Frauenklinik Dresden-Friedrichstadt, Heinrich Eufinger,
bietet: Töpolt, Eufinger 2012.

[44]Die sechste Ausführungsverordnung zum GzVeN aus dem Jahr 1939 sah vor, dass nur noch in
dringenden Fällen vor dem Erbgesundheitsgericht zu verhandeln und Sterilisationen vorzunehmen
seien. Brink spricht von einer „Phase der Minimierung und Radikalisierung", in der die Entscheidungskompetenz über neue Verfahren bzw. die Fortsetzung laufender Verfahren den Amtsärzten übertragen wurde. Anstaltsleiter konnten fortan keine eigenen Anträge mehr stellen. Brink,
Grenzen der Anstalt 2010, S. 284.

[45]Vgl. Spohr/Müller, Zwangssterilisationen 2017, S. 173; Schmuhl, Eugenik und Rassenanthropologie 2011, S. 26.

gerichten Beteiligten waren Mediziner. Andere Ärzte wirkten als Gutachter an deren Entscheidungen mit. Chirurgen führten die Zwangssterilisationen durch.[46]

Allein sechs von neun der im GzVeN genannten „Erbleiden" waren psychiatrische Diagnosen. Deshalb trugen klinische Psychiater zur Umsetzung des Sterilisationsgesetzes maßgeblich bei. Als einzige Ärztegruppe neben den verbeamteten Amtsärzten konnten sie Anträge auf Unfruchtbarmachung stellen. Darüber hinaus konnten sie vor den Erbgesundheitsgerichten als Zusatzgutachter auftreten. Die Psychiatrie schien durch ihren praktischen Nutzen für die NS-Gesundheitspolitik zur biopolitischen Leitwissenschaft des ‚Dritten Reiches' aufzusteigen. Die rassenhygienisch orientierten Psychiater agierten an der Schnittstelle von Wissenschaft und Politik, woraus sich neue Betätigungsfelder und Karrierechancen ergaben. Die damit einhergehende Ausrichtung auf die Erb- und Rassenforschung traf auf Zustimmung vor allem derer, die ihr Fach ohnehin als angewandte Wissenschaft verstanden.[47]

Allerdings hatten sich die meisten der älteren Psychiater in den Landesheilanstalten bis dato kaum mit der Erb- und Rassenpflege beschäftigt. Für sie handelte es sich um ein neues Fachgebiet der medizinischen Wissenschaft. Erbbiologische Schulungen wurden nötig. Erstmals fand ein solcher Lehrgang zwischen dem 8. und dem 16. Januar 1934 an der *Deutschen Forschungsanstalt für Psychiatrie* in München statt. Unter der Leitung von Ernst Rüdin versammelten sich rund 130 Teilnehmer, überwiegend Direktoren und Oberärzte der Heil- und Pflegeanstalten. Nach diesem Schulungskurs zeigten sich die Veranstalter äußerst zufrieden, da nun die Grundlage gelegt worden sei, das GzVeN zügig umzusetzen.[48]

Von den Fachgesellschaftspräsidenten der Zeit nach 1945 hielt auf diesem Lehrgang einzig Ernst Kretschmer – zu diesem Zeitpunkt einer der international bekanntesten und renommiertesten deutschen Psychiater – einen Vortrag. In seinen Ausführungen über „Konstitutionslehre und Rassenhygiene" hieß er die neuen Möglichkeiten, die das

---

[46]Vgl. Spohr/Müller, Zwangssterilisationen 2017, S. 178; Schmuhl, Zwangssterilisation 2011, S. 207; Krähwinkel, Krankenversorgung 2001, S. 452; Süß, Medizinische Praxis 2011, S. 179. Zur „Krise der Medizin" (zeitgenössischer Terminus für das „Abebben der Welle positivistischer Selbstzufriedenheit der so erfolgreichen Mediziner") und zur „Überfüllungskrise" (gemeint ist die Arbeitsmarktsituation aufgrund einer hohen Zahl von Absolventen der medizinischen Fakultäten) in der Weimarer Republik vgl. Thomson, Ärzte auf dem Weg ins „Dritte Reich" 1996; Fangerau/Noack, Rassenhygiene 2006, S. 234–236. Das Zitat von der „Selbstzufriedenheit" ist übernommen aus: Eulner, Medizinhistoriker 1968, S. 9, zitiert nach: Schmierer, Medizingeschichte und Politik 2002, S. 35.

[47]Vgl. Ley, Zwangssterilisation und Ärzteschaft 2003, S. 230; Sandner, Illusionen der Mediziner. 2010, S. 56; Schmuhl, Eugenik und Rassenanthropologie 2011, S. 30; Schmuhl, Zwangssterilisation 2011, S. 201.

[48]Vgl. Sandner, Illusionen der Mediziner 2010, S. 57; Schmuhl, GDNP 2016, S. 210–218; Cottebrune, menschliche Vererbungswissenschaft 2008, S. 130.

Gesetz eröffnete, willkommen.[49] Als damaliger Direktor der Universitäts-Nervenklinik Marburg stand er stellvertretend für eine Reihe von Psychiatern, die auf Basis einer konservativ-bürgerlichen Grundeinstellung, die sich mit der Sorge vor der Degeneration paarte, die Eugenik befürwortete, solange sie vermeintlich wissenschaftlich begründet war. Die Machtübernahme der Nationalsozialisten bot Kretschmer wie vielen anderen die Möglichkeit, rassenhygienische Maßnahmen praktisch umzusetzen. Insbesondere in Bezug auf die Gruppe der „Schwachsinnigen" forderte er ein energisches Vorgehen. Moral und Humanität waren seiner Meinung nach bei dieser Gruppe von „Erbkranken" nicht mehr angebracht.[50] Frage man sich,

> „welches Rechtsgut durch Ausschaltung dieser speziellen Defekt- und Kümmerformen aus der Fortpflanzung verletzt werden könnte, so ist eine Antwort schwer zu finden. Die Eltern solcher Defekten haben kein Interesse an Nachkommenschaft, die Nachkommen selbst sind nur zum Unglück geboren und die Volksgemeinschaft wird von ihnen mit moralischer Zersetzung, unerträglichen Lasten und zuletzt mit dem Untergang bedroht. Es gibt kein moralisches Gesetz und keine Art von durchdachter Humanität, die uns die Erhaltung dieser Erbstämme gebieten könnte."[51]

Neben der Sterilisation forderte Kretschmer eine verpflichtende Eheberatung, um die Neukombination von Erbkrankheiten zu verhindern. In der eugenischen Politik sah er einen „wahrhaft humanen Geist" am Werke, der der „große[n] sittliche[n] Idee", der „züchterischen Verbesserung der Rasse" diene. Kretschmer, so hat es Esther Krähwinkel herausgearbeitet, erstrebte einen „gesundheitsfürsorgerischen Staat, der eine verordnete Wohlfahrtspflege und geordnete Ausgliederung nach dem Prinzip ‚Wohlwollen durch Wissen' durchführt, dabei aber auch die Betroffenen über die Beratung der Auslese involviert". Der Psychiater sollte als väterliche Autorität wirken, die „mit Hilfe der wissenschaftlichen Konstitutionsbiologie die ‚schlechten Erbanteile' vernichtet, die ‚guten' pflegt und durch wohlüberlegte Kombinationen von Erbgut nur noch Menschen ohne ‚Erbkrankheiten' gleichsam züchtet".[52]

Allerdings – das darf man ob dieser drastischen Wortwahl nicht vergessen – war Kretschmer keineswegs einer der Radikalen seiner Zunft. So zeigt sein Beispiel vor allem, wie konsensfähig die neuen Handlungsoptionen im Allgemeinen waren. Auch wenn Kretschmer Zwangsmaßnahmen nicht kategorisch ausschloss, bevorzugte er freiwillige Eingriffe und berief sich auf Prinzipien der christlichen Nächstenliebe sowie des ärztlichen Ethos. Er interpretierte das GzVeN lediglich als begrüßenswerten gesetzlichen Rahmen für eine Option unter vielen. Außerdem betrachtete Kretschmer den

---

[49]Die Beiträge erschienen in: Rüdin, Erblehre und Rassenhygiene im völkischen Staat 1934.

[50]Vgl. Krähwinkel, Krankenversorgung 2001, S. 454, 457.

[51]Kretschmer 1934, S. 186, wiedergegeben in: Krähwinkel, Krankenversorgung 2001, S. 454. Zitiert ist hier der Vortrag in Marburg.

[52]Krähwinkel, Krankenversorgung 2001, S. 454–456. Zitiert ist Kretschmer 1934, S. 186, 190.

medizinischen Kenntnisstand bei einigen Krankheitsbildern als noch nicht ausreichend, um dort Sterilisationen zu rechtfertigen.[53]

Die Leiter der öffentlichen und kirchlichen Heil-, Pflege- und Strafanstalten nahmen im GzVeN eine zentrale Stellung ein. Daher stammte die Mehrzahl der 1934 gestellten Anträge auf Zwangssterilisationen von ihnen, obwohl die Hauptzielgruppe der Erfassung zunächst die Menschen außerhalb der Anstalten war.[54] Es trat allerdings eine durchaus ambivalente und uneinheitliche Haltung der Psychiater zum NS-Sterilisationsprogramm zutage. Manche Psychiater waren bei der Antragstellung sehr aktiv, andere zurückhaltender.[55] In Zweifelsfällen gaben wohl nicht alle Kliniker eine Diagnose ab, sondern verzichteten lieber auf eine Antragsstellung.[56]

Auch wurde in psychiatrischen Fachveröffentlichungen deutliche Kritik am GzVeN geübt. Die Psychiater monierten insbesondere die Probleme der praktischen Umsetzung. Vier Problemkreise trieben die Anstaltspsychiater um:

> „die Reichweite der Anzeigepflicht und des Antragsrechtes, die Antragsstellung bei Bewohnerinnen und Bewohnern von Heil- und Pflegeanstalten, deren Geschäftsfähigkeit in Zweifel gezogen wurde, und die Bestellung von Pflegerinnen und Pflegern für geschäftsunfähige oder ‚beschränkt geschäftsfähige‘ Menschen, die Handhabung von Entlassungen, Beurlaubungen und Ausgängen im schwebenden Sterilisationsverfahren und schließlich die Beteiligung von Psychiatern als Beisitzer oder Gutachter an den Erbgesundheitsgerichten“.

---

[53]Vgl. Krähwinkel, Krankenversorgung 2001, S. 455 f.

[54]Bereits im ersten Jahr der Gültigkeit des GzVeN wurden aus 138 Heil- und Pflegeanstalten über 60.000 Patient/-innen als potenzielle Sterilisationskandidat/-innen gemeldet. Der Großteil aller Zwangssterilisationen fand 1935 und 1936 statt, anschließend ging die Zahl der Anträge und operativen Eingriffe zurück. Noch einmal reduzierte sich die Zahl der Sterilisationen nach dem Angriff der Wehrmacht auf Polen 1939. Vgl. Schmuhl, Zwangssterilisation 2011, S. 202 f.; Schmuhl, GDNP 2016, S. 226; Einhaus, Zwangssterilisation 2006.

[55]Daraus ergaben sich erhebliche regionale Unterschiede. Vorreiter war beispielsweise das Erbgesundheitsgericht Hamburg, das bereits sechs Wochen nach Inkrafttreten des GzVeN seine Arbeit aufnahm. Hier wartete man nicht auf die zunächst nur zögerlich eingehenden Anzeigen, sondern arbeitete systematisch sämtliche Krankenakten der örtlichen Anstalten ab. So entfiel von den in den ersten acht Monaten nach Inkrafttreten des GzVeN ergangenen Sterilisationsbeschlüssen ein knappes Viertel auf Hamburg. Zudem war die Rechtsprechung des Hamburger Erbgesundheitsobergerichts für inhaltliche Verschärfungen vorbildgebend. Vgl. Pfäfflin u. a., Krankenversorgung 1989, S. 283; Ebbinghaus/Kaupen-Haas/Roth, Heilen und Vernichten im Mustergau 1984.

[56]Vgl. Brink, Grenzen der Anstalt 2010, S. 282; Schmuhl, Zwangssterilisation 2011, S. 208. Zur Antragspraxis vgl. auch Vossen, Gesundheitsämter 2001, S. 268–272. Die Ärzte bemühten sich darum, die Patient/-innen dazu zu bewegen, von sich aus einen Antrag auf Unfruchtbarmachung zu stellen. Darüber hinaus legten sie Wert auf die Zustimmung der Angehörigen. Nicht selten wirkten auch die Angehörigen und die Ärzte zusammen auf die Betroffenen ein, um sie zu einer formal freiwilligen Unfruchtbarmachung zu überreden. Vgl. Schmuhl, GDNP 2016, S. 220 f.; Wolf, Eugenische Vernunft 2008, S. 468. Astrid Ley hat anhand der Erlanger Klinik argumentiert, dass die dortigen Ärzte nur vorsichtig von ihrem Antragsrecht Gebrauch machten. Vgl. Ley, Zwangssterilisation und Ärzteschaft 2003, S. 281, 340; Ruckert, Zwangssterilisationen 2012.

Die Bedenken waren damit mehrheitlich *nicht* moralisch motiviert. Statt die Umsetzung des GzVeN zu verhindern, verfeinerten sie dessen praktische Umsetzung und bereiteten die Ausweitung seines Anwendungsbereiches vor.[57]

Die Kritik der Psychiater am GzVeN entzündete sich an dem Eindruck, ihre Disziplin sei nicht weit genug in die Verfahren eingebunden. Sie bemängelten erstens, dass die außerhalb der Anstalten untergebrachten psychisch Kranken von den Amtsärzten begutachtet wurden und damit von Ärzten, die nur im Ausnahmefall einen Facharzttitel für Nervenheilkunde vorweisen konnten. Viele Psychiater wollten die alleinige Zuständigkeit für diese Patientenklientel. Denn gerade hier handelte es sich ja um „jene Grenzfälle zwischen ‚Normalität' und ‚Krankheit'", für welche die Psychiater schon lange eine besondere Kompetenz für sich in Anspruch nahmen.[58] Zweitens waren vor den *Erbgesundheitsgerichten* Urteilssprüche möglich, ohne dass ein Psychiater hinzugezogen wurde. Selbst, wenn fachpsychiatrische Gutachten vorlagen, konnte ein „überwiegend mit psychiatrischen Laien besetztes Gremium" die Gutachten zurückweisen.[59] Sogar dort, wo die klinischen Psychiater die von ihnen präferierte Rolle des gerichtlichen Experten ausfüllten, stand ihre Definitionsmacht auf dem Spiel. Die erwähnte Zurückhaltung in der Antragstellung erklärt sich somit nicht zwangsläufig aus moralischen Skrupeln oder wissenschaftlichen Bedenken. Die Psychiater wollten sich oftmals nicht dem Risiko aussetzen, von einem mehrheitlich von Nichtpsychiatern besetzten Gremium eines diagnostischen Irrtums bezichtigt zu werden. Kritik und Skepsis waren also keineswegs gleichbedeutend mit einer ablehnenden Haltung gegen eugenisch begründete Sterilisationen. Es ging den klinischen Psychiatern als „gekränkten Experten" in vielen Verfahren vor den *Erbgesundheitsgerichten* mehr um ihr Deutungsmonopol als um das jeweils zur Verhandlung stehende menschliche Einzelschicksal.[60]

Wie aber wirkten sich die Zwangssterilisationen auf die Anstalten aus? Zunächst stieg die Zahl der Anstaltsinsassen nach 1933 an, da Entlassungen oder Beurlaubungen von Patient/-innen bei noch schwebenden Verfahren nicht zulässig waren. Auch die Zahl der Langzeitpatient/-innen nahm weiter zu. Die laufenden Verfahren führten damit erst

---

[57]Ernst Rüdin trug diese Nachjustierungen dann direkt aus dem psychiatrischen Fachdiskurs in die wissenschaftliche Politikberatung. Vgl. Ley, Zwangssterilisation und Ärzteschaft 2003, S. 262–276; Schmuhl, GDNP 2016, S. 218 f., 224.

[58]Vgl. Schmuhl, GDNP 2016, S. 219, Zitat aus: Brink, Grenzen der Anstalt 2010, S. 280.

[59]Brink, Grenzen der Anstalt 2010, S. 280. Universitätspsychiater – und darunter zunehmend die Assistenz- und Hilfsärzte – waren ab 1935 mit der Überprüfung amtsärztlicher Sterilisationsdiagnosen beschäftigt. Damit waren auch viele junge Ärzte involviert, nicht nur die Anstaltsleitung. Heinrich Kranz zeigte beispielsweise an 200 Breslauer Begutachtungsfällen (1934–1936), dass „rund die Hälfte der gerichtlich zugewiesenen Fälle ‚objektiv' einer ‚Nachprüfung wert' gewesen seien, denn bei circa 100 Personen habe sich keines der im GzVeN genannten sechs seelisch-geistigen Erbleiden finden lassen". Stattdessen seien 39 verschiedene, genau spezifizierte Krankheitsbilder zu vermerken gewesen. Vgl. Ley, Zwangssterilisation und Ärzteschaft 2003, S. 289 f., 292–299.

[60]Vgl. Ley, Zwangssterilisation und Ärzteschaft 2003, S. 230, 287, 327, 339, Zitat S. 300.

einmal zur weiteren Überfüllung der Anstalten. Ohnehin erhöhte die Sterilisation ja die Heilungschancen nicht eines einzigen Patienten. Wenn auch unbeabsichtigt, wurde der Druck auf die Anstalten allein dadurch gelindert, dass viele Familien nun zögerten, ihre psychisch erkrankten Angehörigen einer Anstalt anzuvertrauen. Selbst fünf Jahre nach dem Inkrafttreten des *Gesetzes zur Verhütung erbkranken Nachwuchses* hatte sich die Lage in den psychiatrischen Anstalten noch nicht geändert. Daher kamen nun „in manchen Fürsorgeverwaltungen diejenigen zum Zuge, die die Maßnahmen der Medizin, der ‚Erbbiologie' für zu langwierig, zu wenig radikal, vor allem für zu kostenaufwendig hielten". Die medizinische Versorgung psychisch Kranker erschien zunehmend als Ressourcenverschwendung. Jenem Teil der Psychiatrie, der einen Anspruch auf medizinische Behandlung aufrechterhielt, wehte aus vielen Fürsorgeverwaltungen immer stärkerer Wind entgegen.[61]

2.4   Die Ermordung der psychisch Kranken

Die Psychiatrie zwischen 1933 und 1945 basierte auf einer angeblich eindeutigen und klar zu ziehenden Grenze zwischen zwei Patient/-innengruppen: Einer kleineren der Therapiefähigen und einer deutlich größeren von Patient/-innen, die als untherapierbar oder therapieresistent eingestuft wurden. Die Psychiatriepatient/-innen sollten im NS-Staat, wie alle anderen auch, nach ihrem jeweiligen Wert für die „Volksgemeinschaft" beurteilt und behandelt werden. Sie entsprechend ihrer Nützlichkeit einzuteilen, wurde zu einer weitgehend unhinterfragten Überzeugung. In letzter Konsequenz wurden aus der Unterscheidung von potenziell arbeitsfähigen Patient/-innen und reinen Pflegefällen die Kategorien „lebenswert" und „lebensunwert".

Für die Anstaltspsychiater erfüllten sich die großen Hoffnungen nach der Machtübernahme der Nationalsozialisten nicht. Von 1939 aus betrachtet, waren die zurückliegenden Jahre eher eine Abfolge an Rückschlägen und Enttäuschungen gewesen. Vermehrt schlug den Psychiatern Skepsis und Geringschätzung entgegen, denn schließlich hatten sie die utopischen Versprechen nicht einlösen können: Von der gesünderen und besseren Welt, die die Rassenhygieniker erträumt hatten, war man weit entfernt.[62] In dieser Situation stellte Ernst Rüdin auf der Jahresversammlung der GDNP im März 1939 fest, die Psychiater stünden in der öffentlichen Wahrnehmung „auf verlorenem Posten" und würden als „diskreditiert und nutzlos hingestellt".[63] Viele Menschen gingen, so Rüdin,

---

[61]Vgl. Brink, Grenzen der Anstalt 2010, S. 285 f.; Schmuhl, GDNP 2016, S. 222; Sander, Illusionen der Mediziner 2010, S. 61 f., Zitat ebd., S. 62.

[62]Vgl. Sander, Illusionen der Mediziner 2010, S. 61.

[63]Vgl. Schmuhl, GDNP 2016, S. 265. Zitate aus: Rüdin/Nitsche, Bericht 1940, S. 165 f., zitiert nach: Schmuhl, Psychiatrie und Politik 2013, S. 145 f.

davon aus, die Psychiatrie werde durch die GzVeN-Verfahren überflüssig.[64] Auch die
Psychiater selbst verloren ihr Selbstbewusstsein – paradoxerweise als Konsequenz der
Einführung neuer Therapieverfahren. Hatte man mit der Insulinkoma-, Cardiazol-, und
Elektrokrampftherapie auf spektakuläre Heilungserfolge hoffen dürfen, konnten die
„heroischen Therapien" aber auch als letztgültiger Beleg für die Unheilbarkeit einzelner Krankheiten und Störungen herangezogen werden. Wenn schon diese brutalen Eingriffe keinen Erfolg zeitigten, dann war überhaupt keine Hilfe mehr möglich.[65] Der im
Mythos der Heilbarkeit gefangenen Psychiatrie, so hat es Kurt Nowak beschrieben, fiel
es immer schwerer, die therapieresistenten Fälle auszuhalten und ihnen mit niemals
nachlassender Geduld zu begegnen. Wenn man nicht mehr glaubte, diesen Insassen
irgendwie helfen zu können, dann war es ein kleiner Schritt, die für ihre Versorgung eingesetzten Ressourcen als Verschwendung zu betrachten. Wer obendrein die Frage, ob die
Verwahrung der Unheilbaren nicht auf Kosten der Behandlung der Heilbaren ginge, mit
„Ja" beantwortete, markierte damit das Ende des therapeutischen Anspruchs.[66]

Als sich in der Psychiatrie Ernüchterung einstellte, weil die vormals gemachten
Heilungsversprechungen nicht eingelöst werden konnten, suchte eine desillusionierte
und um Anerkennung ringende medizinische Disziplin nach radikalen Auswegen aus
ihrer Misere. Die Psychiater entsorgten, so fasst es die Historikerin Maria A. Wolf
pointiert zusammen, ihre Niederlage durch die Zustimmung und Billigung der Tötung
der ihnen anvertrauten Patient/-innen. Die „Euthanasie" wurde auf diese Weise zu
einem „Befreiungsschlag"', der aus Sicht der „Reformpsychiater" den Weg zu einer
ambitionierten Psychiatriereform freimachen und aus Sicht der Verwaltungsfachleute der
Ressourceneinsparung dienen sollte.[67]

---

[64]Die Ursachen für die sinkende Reputation lagen, so Silke Fehlemann, aber in anderen Entwicklungen begründet. „So verschlechterten sich die Lebensverhältnisse für Patienten in den
Anstalten aufgrund einer immer rigoroseren Sparpolitik zusehends und die Psychiater wurden
wegen ihrer Einbindung in die Zwangssterilisationspolitik in der Bevölkerung immer mehr
als Erbgesundheitspolizei wahrgenommen." Fehlemann u. a., 175 Jahre psychiatrische Fachgesellschaften 2017, S. 20.

[65]Die „heroischen Verfahren" – so genannt, weil sie extrem schmerzhaft waren und tödlich enden
konnten – schienen „den Psychiatern (aus ihrer Sicht zum ersten Mal) wirksame Mittel zur Beeinflussung des Verlaufs der Schizophrenie und des ‚Manisch-Depressiven Irresseins' an die Hand" zu
geben und ermöglichten es ihnen, sich „zunehmend als eine therapeutisch aktive und ‚heilende'
Disziplin" zu verstehen. Vgl. Schmuhl/Roelcke, „Heroische Therapien" 2013; Hohendorf,
Therapieunfähigkeit 2013, S. 306 f., Zitate ebd.

[66]Vgl. Nowak, Entwertung 2002, S. 13 f. Vgl. auch Pross/Aly, Wert des Menschen 1989; Schmuhl,
Genesis 2010, S. 70; van den Bussche, Fakultät im Strudel, S. 157.

[67]Vgl. Schmuhl, Reformpsychiatrie und Massenmord 1991; Sandner, Illusionen der Mediziner
2010, S. 61; Wolf, Eugenische Vernunft 2008, S. 473; Schmuhl, Genesis 2010, S. 70, Zitat ebd.
Noch im ausgehenden 19. Jahrhundert hatte Euthanasie als *euthanasia medica* „die selbstverständliche Pflicht des Arztes, sterbenden Menschen beizustehen und ihnen die letzte Lebensetappe
zu erleichtern" bezeichnet. In den 1920er Jahren war es hingegen selbstverständlich geworden,

Es ist ein verblüffender Befund: Zwischen 1933 und 1938 wurde im nationalsozialistischen Deutschland die Tötung von Psychiatriepatient/-innen kaum diskutiert. Das *Reichspropagandaministerium* wies die Presse regelmäßig an, diese Angelegenheit nicht zu thematisieren und auch nicht über die Sterbehilfe- und „Euthanasie"-Debatten im Ausland, wie sie etwa in Großbritannien und den USA geführt wurden, zu berichten. Der NS-Staat beschränkte sich vor dem Krieg „rechtspolitisch auf das Sterilisationsgesetz, sozialpolitisch auf die Kürzung der Pflegesätze in den Anstalten sowie propagandistisch auf die Stigmatisierung psychisch kranker und behinderter Menschen".[68] Auch sprachen sich keineswegs alle Befürworter der Zwangssterilisationen für die Tötung der „Erbkranken" aus. Denn aus der Perspektive mancher „Erbpfleger" waren Tötungen gar nicht mehr nötig, weil die vermeintlich Erbkranken ohnehin ihrer Reproduktionsfähigkeit beraubt worden waren. Daher lassen sich die Zwangssterilisationen nicht als direkte Vorbereitung der „Euthanasie"-Aktion interpretieren.[69] Hans-Walter Schmuhl hat schon 1987 darauf verwiesen, dass „die Radikalisierung des rassenhygienischen Programms" nicht kontinuierlich oder entsprechend eines bereits 1933 gefassten Plans verlief, sondern in Schüben erfolgte.[70] Die nationalsozialistische Erbgesundheitspolitik ist daher als strategische Orientierung zu verstehen, deren konkrete Formen und Methoden sich erst im Zuge ihrer Umsetzung herausbildeten. Von der Eugenik zur „Euthanasie" war es ein weiter Weg. Ein qualitativer Sprung war nötig, weil die „Euthanasie" das Lebens- und nicht allein das

---

unter Euthanasie die Vernichtung des angeblich „lebensunwerten Lebens" zu verstehen. In der letztgenannten Bedeutung waren drei Ebenen ineinander verwoben: „Die Tötung schwacher und kranker, körperlich mißgebildeter und geistig behinderter Neugeborener, verstanden als Maßnahme zur Erbpflege, die Tötung von unheilbar Kranken und Behinderten aus Mitleid sowie die Tötung der in psychiatrischen Institutionen untergebrachten Langzeitpatienten, die als behandlungsunfähig galten, aus Gründen der Kostenersparnis." Nowak, Entwertung 2002, S. 17.

[68]Vgl. Noack, NS-Euthanasie und internationale Öffentlichkeit 2017, S. 22 f., Zitat S. 22.

[69]Auch wenn manche Eugeniker betonten, dass Zwangssterilisierungen eine humanere Alternative zur Vernichtung des so genannten lebensunwerten Lebens boten, so bestanden zwischen Eugenik und „Euthanasie" gemeinsame Prämissen, insbesondere in „der Kategorisierung von Menschen und Menschengruppen nach ihrem ‚Lebenswert', der ‚Biologisierung des Sozialen', der Verabsolutierung der überindividuellen Abstammungsgemeinschaft, dem Verwerfen der Vorstellung von naturrechtlich verankerten Grund- und Menschenrechten, dem Ausklammern von Krankheit, Behinderung, Schwäche, Alter, Schmerz und Tod aus der conditio humana". Der Anteil der Zwangssterilisierten unter den „T4"-Opfern war vergleichsweise gering, da in der „Euthanasie" mutmaßlich nicht-heilbare Patient/-innen unabhängig von der Erblichkeit des Leidens getötet wurden. Vgl. Schmuhl, „Euthanasie" und Krankenmord, 2011, S. 226, Zitat S. 217; Roelcke, Deutscher Sonderweg? 2010, S. 54; Nowak, Entwertung 2002, S. 16.

[70]Vgl. Schmuhl, Rassenhygiene, Nationalsozialismus, Euthanasie 1987, S. 361. Die Schübe wurden „durch die Konkurrenz relativ autonomer Machtzentren, die für die nationalsozialistische Polykratie typisch waren, ausgelöst". Zitat ebd. Vgl. auch Brink, Grenzen der Anstalt, Göttingen 2010, S. 278.

Fortpflanzungsrecht der psychisch kranken und geistig behinderten Menschen in Abrede stellte. Die Krankenmorde markierten einen Richtungswechsel. Es ging nun vordergründig nicht mehr nur um die langfristige Ausrottung von Krankheiten, sondern um die Eliminierung der Kranken selbst. Die Psychiatriepolitik zielte fortan darauf ab, die Anstalten nicht mehr als Orte der dauerhaften Verwahrung chronisch psychisch Kranker zu benötigen. Unter den damals führenden Psychiatern fand dies Zustimmung, weil es ganz verschiedene Probleme und Interessenkonflikte zu lösen versprach.[71]

Die Kinder-„Euthanasie" 1939–1945
Die Ermordung psychisch und körperlich behinderter Kinder war keine Begleiterscheinung der Zwangssterilisation Erwachsener. Sie begann erst Anfang 1939. Zu diesem Zeitpunkt waren längst in großer Zahl politisch andersdenkende oder angeblich rassisch nicht tragbare Kinderärzte auf Basis des *Gesetzes zur Wiederherstellung des deutschen Berufsbeamtentums* aus ihren Ämtern entfernt und in die Emigration getrieben worden. Mehr als die Hälfte aller Kinderärzte war davon betroffen. Diejenigen Ärzte, die die sich daraus für sie ergebenden Aufstiegschancen nutzten, spielten in der veränderten Familienpolitik eine wichtige Rolle: Als der Staat direkt in die Steuerung der Reproduktion eingriff, um die „Qualität des Nachwuchses" zu erhöhen, waren sie als medizinische Experten zur Stelle, um Untersuchungen in Kindergärten und Schulen durchzuführen.[72] Allerdings war die Kinder-„Euthanasie" vor allem eine Angelegenheit der Psychiater. Nur selten waren die sogenannten „Kinderfachabteilungen", also jene Stationen, in denen die Tötungen vorgenommen wurden, Teil der Kinderkrankenhäuser.[73] Drei Viertel existierten innerhalb etablierter Heil- und Pflegeanstalten der

---

[71]Vgl. Sandner, Illusionen der Mediziner 2010, S. 64.

[72]Auf Basis des Gesetzes zur Wiederherstellung des Berufsbeamtentums vom 7. April 1933 wurden insgesamt etwa 1200 jüdische Professoren und Dozenten entlassen. Von 1418 Kinderärztinnen und Kinderärzten in Deutschland, Wien und in der Deutschen Klinik in Prag wurden 773 wegen ihrer jüdischen Herkunft im Sinne der NS-Gesetze oder aus politischen Gründen verfolgt. Vgl. Seidler, Kinderärzte 2000; Seidler, Jüdische Kinderärzte 2007, S. 424; Strauss/Röder, Handbuch der deutschsprachigen Emigration (3 Bde.) 1980–1983. An einem Einzelfall: Drecoll, Biographie eines Entwurzelten 2009. Allgemein zur Verfolgung der jüdischen Ärzte vgl. Kater, Ärzte als Hitlers Helfer 2000, S. 291–359. Zur Kinder- und Jugendpsychiatrie während des Nationalsozialismus vgl. die Beiträge von Oomen-Halbach, Schepker, Hänsel und Schmuhl, in: Fangerau/Topp/Schepker, Kinder- und Jugendpsychiatrie 2017; Pelz, Kinderärzte und NS-„Kinder-Euthanasie" 2006, S. 30; Wolf, Eugenische Vernunft 2008, S. 467.

[73]Die Gesamtanzahl der „Kinderfachabteilungen" betrug mindestens 29. Der Begriff „Kinderfachabteilung" suggeriert fälschlicherweise räumlich klar separierte Stationen, die sich auf die „Behandlung" der „Reichsausschusskinder" konzentrierten. In der Realität kam es aber vielerorts zu einer Integration der Kinder in den laufenden Betrieb.

Länder und Kreise oder in Einrichtungen der Städte, waren also zumeist Teil schon bestehender, unter öffentlicher Trägerschaft stehender, psychiatrischer Einrichtungen.[74]

Nach allem, was wir heute wissen, begann die Kinder-„Euthanasie"[75] mit dem Bittgesuch eines Vaters, der 1939 sein körperlich und geistig behindertes Kind einschläfern lassen wollte, und das daraufhin an der Leipziger Universitätsklinik mittels einer Medikamentenüberdosis getötet wurde. Um diese Zeit erfolgte die „Ermächtigung" Adolf Hitlers zur Kinder-„Euthanasie". Verantwortlich für deren Planung und Koordinierung waren Philipp Bouhler (1899–1945), Leiter der *Kanzlei des Führers* (KdF), und Hitlers Begleitarzt Karl Brandt (1904–1948). Damit war keine der traditionellen Einrichtungen der staatlichen Exekutive für das Programm zuständig, sondern Personen, die sich durch kurze Entscheidungswege und informelle Zugänge zur Macht auszeichneten.[76] Im August 1939 – und damit unmittelbar vor dem geplanten Angriff der *Wehrmacht* auf Polen – führte das *Reichsinnenministerium* eine Meldepflicht für behinderte Neugeborene und Kleinkinder bis 3 Jahren ein. Gemeldet und begutachtet werden sollten vor allem jene Kinder, deren Existenz auch die konsequente Sterilisationspolitik nicht hatte verhindern können. Zu melden waren mittels eigens erstellter Erfassungsbögen zunächst fünf Leiden: „1. Idiotie sowie Mongolismus (besonders Fälle, die mit Blindheit und Taubheit verbunden sind), 2. Mikroencephalie (abnorme Kleinheit des Kopfes, besonders des Hirnschädels), 3. Hydroencephalus (Wasserkopf) schweren und fortschreitenden Grades, 4. Mißbildungen schwerer Art,

---

[74]In der einzelnen „Kinderfachabteilung" waren in der Regel weniger als vier Mediziner verantwortlich. Im gesamten Reichsgebiet waren bis 1944 mindestens 189 Klinikangestellte am „Reichsausschussverfahren" beteiligt, darunter 80 Ärzt/-innen. Der Anteil der Psychiater überwog den der Pädiater. 70 % waren männlich, was verglichen mit der Geschlechterverteilung in der Ärzteschaft ein niedrigerer Wert ist. Für das Pflegepersonal der „Kinderfachabteilungen" ergibt sich eine Gesamtzahl von mindestens 97 Personen, wobei davon über 85 % weiblichen Geschlechts waren. Dies spiegelt zum einen den generell höheren Anteil von Frauen im Pflegebereich wider, zum anderen verweist es darauf, dass während des Krieges im ärztlichen Bereich in zunehmenden Maße – zumeist junge – Frauen eingesetzt wurden. Das beteiligte medizinische Personal erhielt ab Ende 1941 Gratifikationen in Form von Prämienlohn. Vgl. Topp, „Reichsausschuß" 2004, S. 44–53; Topp, Geschichte als Argument 2013, S. 33; Beddies, Charité 2004; Hohendorf/Rotzoll, Heidelberg 2004; Beddies/Hübener, Einleitung 2004, S. 13; Schwoch, Ärztinnen 2004.

[75]Der Begriff ist insofern irreführend, da er suggeriert, dass die Kinder-„Euthanasie" völlig unabhängig von der „T4-Aktion" verlief. Die historische Forschung hat mittlerweile die – von den beteiligten Ärzten behaupteten – Unterschiede in Frage gestellt. Vgl. Beddies/Hübener, Einleitung 2004, S. 9; Topp, „Reichsausschuß" 2004, S. 54.

[76]Vgl. Noack, NS-Euthanasie und internationale Öffentlichkeit 2017, S. 25; Fangerau/Noack, Rassenhygiene 2006, S. 239. Zu Bouhler vgl. Schmuhl, Vorreiter des Massenmords 1993. Zu Brandt vgl. Schmidt, Hitlers Arzt 2009.

besonders Fehlen von ganzen Gliedmaßen, Spaltbildungen des Kopfes und der Wirbelsäule usw., 5. Lähmungen einschl. Littlescher Erkrankung."[77]

Die betroffenen Neugeborenen und Kleinkinder befanden sich zumeist in häuslicher
Pflege und gerieten daher überwiegend durch die ambulante Visite oder einen stationären
Aufenthalt in einer Universitäts-Nervenklinik in den Prozess der Auslese und „Ausmerze". In der Folgezeit wurde die Altersgrenze sukzessive bis auf 16 Jahre ausgedehnt.
Getötet wurden dadurch nun vermehrt auch Kinder und Jugendliche, die sich bereits in
der Anstaltspflege befanden. Dabei spielten nicht mehr nur (vermeintliche) Erbkrankheiten eine Rolle. Auch andere „Behinderungen", vor allem aber sozial abweichendes
Verhalten und eine angeblich fehlende Bildungs-, Erziehungs- und Arbeitsfähigkeit genügten für die Anordnung einer Tötung. Diese radikale Ausweitung auf zusätzliche Patient/-innengruppen ging gleichermaßen von der *Kanzlei des Führers* und den
beteiligten Medizinern aus. Bis Kriegsende gingen etwa 100.000 Meldebögen beim
zuständigen „Reichsausschuß" ein.[78]

Für den *Reichsausschuß zur wissenschaftlichen Erfassung erb- und anlagebedingter schwerer Leiden* – so die Tarnbezeichnung der für die „Kinder-Euthanasie"
zuständigen Abteilung in der *Kanzlei des Führers* – bewerteten drei Gutachter nacheinander die Meldebögen: der Leiter der Universitätskinderklinik Leipzig, Werner
Catel (1894–1981), der Kinder- und Jugendpsychiater Hans Heinze (1895–1983) und
der renommierte Berliner Pädiater Ernst Wentzler (1891–1973). Sie entwickelten „ein
detailliertes Konzept zur Erfassung, Verwaltung, medizinischen Begutachtung und Vernichtung von Minderjährigen mit ausgewählten Krankheiten".[79] Die drei Gutachter entschieden allein auf Grundlage der Meldeformulare. Sie kannten die Krankengeschichten
nicht, untersuchten die Kinder und Jugendlichen auch nicht persönlich, sondern urteilten
ausschließlich aufgrund der spärlichen ihnen zur Verfügung stehenden Angaben. Sie
kennzeichneten die Meldebögen derjenigen, die zu töten waren, mit einem Pluszeichen.
Setzten sie ein Minuszeichen, blieben die Minderjährigen verschont. Eine Zustimmung

---

[77]Vgl. Schmuhl, „Euthanasie" und Krankenmord 2011, S. 221; Wolf, Eugenische Vernunft 2008,
S. 469; Topp, „Reichsausschuß" 2004, S. 22 f.; Topp, Geschichte als Argument 2013, S. 33. Zitat
aus dem streng vertraulichen Runderlass des Reichsministeriums des Inneren vom 18. August
1939, zitiert nach Pelz, Kinderärzte und NS-„Kinder-Euthanasie" 2006, S. 3 f.

[78]Vgl. Diercks, „Euthanasie" 2014, S. 13; Beddies/Hübener, Einleitung 2004, S. 9–12; Topp,
„Reichsausschuß" 2004, S. 54. Die Ausdehnung der Altersgrenze stand im direkten Zusammenhang mit der Unterbrechung der „Aktion T4" Ende August 1941. Das Reichsausschussverfahren
war dezidiert vom Euthanasiestopp ausgenommen. Nun stieg noch einmal die Zahl der Kinderfachabteilungen und damit der Tötungszentren. Vgl. Beddies/Hübener, Einleitung 2004, S. 11. Zur
Ausweitung: Topp, „Reichsausschuß" 2004, S. 21. Zur geographischen Ausdehnung der Aktion
vgl. ebd., S. 26. Zu den Selektionskriterien vgl. Fuchs u. a., Minderjährige 2004, S. 67–69; Topp,
„Reichsausschuß" 2004, S. 21 f.

[79]Vgl. Topp, „Reichsausschuß" 2004, S. 17 f., Zitat S. 17. Zum Bewertungsverfahren vgl. Harms,
Meldebogen und ihre Gutachter 2010, S. 267.

der Eltern zur Tötung wurde nicht eingeholt.[80] Der weitere Verlauf war folgender: Die *Kanzlei des Führers* (KdF) prüfte die Entscheidung und forderte daraufhin das jeweils zuständige Gesundheitsamt dazu auf, „das zur Tötung oder zur Beobachtung vorgesehene Kind in eine bestimmte Anstalt mit einer sogenannten Kinderfachabteilung einweisen zu lassen". Erging eine „Ermächtigung" durch die KdF an den beauftragten Arzt, wurde das Kind mittels Medikamentengaben getötet. Meist wurden Schlaf- und Beruhigungsmittel wie etwa *Luminal* über mehrere Tage hinweg injiziert.[81] Dies verlief während des Krieges überall im gesamten Reichsgebiet fast ohne Störungen. Die ausgeprägten Geheimhaltungsbemühungen hatten vielerorts Erfolg, weil pro Standort zur gleichen Zeit immer nur wenige Minderjährige „untergebracht" waren, weil es keine aufsehenerregenden Sammeltransporte gab und weil den Angehörigen eine natürliche Todesursache vorgetäuscht wurde.[82]

In wie vielen „Kinderfachabteilungen" insgesamt minderjährige Patient/-innen getötet wurden, ist noch nicht abschließend erforscht. Es ist aber bekannt, dass ab Sommer 1941 das Netz der „Kinderfachabteilungen" immer dichter geknüpft wurde. Wie viele Kinder und Jugendliche getötet wurden, lässt sich aufgrund von Aktenverlusten und -vernichtungen ebenfalls nicht mehr genau beziffern. Es waren aber auf jeden Fall weit über 5000. Wahrscheinlich liegt die Opferzahl sogar jenseits der 10.000.[83]

Die „Aktion T4" 1939–1941[84]

Die „Aktion T4" war die erste systematisch durchgeführte Massenvernichtungsaktion im Nationalsozialismus. Schon vor Kriegsbeginn hatte es zwar in manchen psychiatrischen Anstalten vereinzelte Krankentötungen gegeben, so etwa in Hessen und Sachsen. Doch erst nach dem Beginn der militärischen Vorbereitungen für den Angriff auf Polen begannen auch die Planungen zur gezielten Ermordung der Psychiatriepatient/-innen.

---

[80]Vgl. Topp, Geschichte als Argument 2013, S. 33; Payk, Degenerationslehre und Euthanasie 2004, S. 12. Petra Lutz hat die Haltung der Eltern untersucht. Dabei kam ein breites Spektrum an Einstellungen zu Tage. Während einige Eltern froh darüber waren, von der „Last" befreit worden zu sein, haben andere versucht, ihre Kinder zu retten. Vgl. Lutz, Herz und Vernunft 2006.

[81]Vgl. Noack, NS-Euthanasie und internationale Öffentlichkeit 2017, S. 26; Topp, „Reichsausschuß" 2004, S. 31. Das Zitat im Fließtext aus: Topp, Geschichte als Argument 2013, S. 33.

[82]Vgl. Topp, „Reichsausschuß" 2004, S. 52 f.

[83]Vgl. ebd., S. 21–27, 34 f.; Noack, NS-Euthanasie und internationale Öffentlichkeit 2017, S. 26; Topp, Geschichte als Argument 2013, S. 33; Beddies/Hübener, Einleitung 2004, S. 10.

[84]Die „Euthanasie"-Aktion wurde erst nach dem Kriegsende als „Aktion T4" bezeichnet. Ihr Name bezieht sich auf den Sitz der zentralen Dienststelle zur Organisation der Krankenmorde in der Berliner Tiergartenstraße 4. Der zeitgenössische Begriff „Euthanasie" (Gnadentod) nahm direkt Bezug auf schon seit Ende des 19. Jahrhunderts geführte Diskussionen. Vgl. Rotzoll/Hohendorf/Fuchs, „Euthanasie"-Aktion T4 und ihre Opfer 2010, S. 13.

So fand im Juli 1939 eine Sitzung zur Planung der „Anstaltseuthanasie" in der *Kanzlei des Führers* statt; Anfang August folgte eine Sitzung mit medizinischen Beratern. Wenig später wurden in einer auf den Tag des Kriegsbeginns, also den 1. September 1939, zurückdatierten *Führerermächtigung* Philipp Bouhler und Karl Brandt – die bereits für die Kinder-„Euthanasie" verantwortlich waren – damit beauftragt, „die Befugnisse namentlich zu bestimmender Ärzte so zu erweitern, dass nach menschlichem Ermessen unheilbar Kranken bei kritischster Beurteilung ihres Krankheitszustandes der Gnaden-tod gewährt werden kann".[85] Dieses Schriftstück schuf keine gesetzliche Grundlage für die „Euthanasie". Dennoch suggerierte es den beteiligten Ärzten Straffreiheit und diente diesen als Absolution für die Krankenmorde.

Auf Basis des formlos erklärten „Führerwillens" schuf die *Kanzlei des Führers* zur Organisation der Krankenmorde die sogenannte *Zentraldienststelle*. In einer zuvor „arisierten" Villa in der Berliner Tiergartenstraße 4 – woraus sich das Kürzel „T4" ableitete – ansässig, trat sie nach außen über mehrere Tarnorganisationen in Erscheinung. Für die Erfassung der Patient/-innen war die *Reichsarbeitsgemeinschaft Heil- und Pflege-anstalten* zuständig, die *Gemeinnützige Krankentransportgesellschaft* übernahm die Patientenverlegungen, die *Gemeinnützige Stiftung für Anstaltspflege* besorgte die Ein-stellung des Personals und kümmerte sich um die Gebäude, die Abrechnung der Pflege-kosten erfolgte durch die *Zentralverrechnungsstelle Heil- und Pflegeanstalten*.[86]

Am 9. Oktober 1939 begann die Erfassung der ersten Patient/-innen.[87] Die Heil- und Pflegeanstalten erhielten Meldebögen, in denen die jeweilige Diagnose, die Dauer des Anstaltsaufenthalts und die Arbeitsfähigkeit der Insassen abgefragt wurden. Zunächst wurden die Anstaltsdirektoren nicht über den Zweck dieser Fragebögen informiert. Zu melden waren drei Patient/-innengruppen. Erstens alle, die bereits seit mindestens fünf

---

[85]Vgl. Hinz-Wessels, Neue Dokumentenfunde 2010, S. 77.

[86]Vgl. Vgl. Rotzoll/Hohendorf/Fuchs, „Euthanasie"-Aktion T4 und ihre Opfer 2010, S. 13–15; Harms, Meldebogen und ihre Gutachter 2010, S. 268; Schmuhl, „Euthanasie" und Krankenmord 2011, S. 218 f.; Aly, „Aktion T 4" [2]1989, S. 11; Noack, NS-Euthanasie und internationale Öffentlich-keit 2017, S. 25; Topp, Geschichte als Argument 2013, S. 34; Hinz-Wessels, Neue Dokumentenfunde 2010, S. 77; Mit Bezug auf Schmuhl, Rassenhygiene 1987, S. 190–195. Für die Koordination der „Euthanasie"-Maßnahmen war der Ministerialdirigent Dr. Herbert Linden (1899-1945) zuständig.

[87]Zur gleichen Zeit begann der Massenmord an Psychiatriepatient/-innen in den westpolnischen Gebieten. SS-Kommandos erschossen ab Oktober 1939 Anstaltsinsassen. Schon bald erprobte man in Polen Giftgas zur Ermordung. Hierbei wurde die erste stationäre Gaskammer eingesetzt. Insgesamt starben über 25.000 Insassen psychiatrischer Anstalten in den eroberten polnischen Gebieten. Ziel der Aktion war es, Räumlichkeiten von Patient/-innen „freizumachen", um in ihnen die im Aufbau befindliche Waffen-SS und Auslandsdeutsche aus der Sowjetunion unterzubringen. Die Patient/-innenmorde in den polnischen Gebieten waren dabei wohl weniger Teil einer sozial-biologischen Politik als Teil der Germanisierungspolitik. Vgl. Kulesza, „Euthanasie"-Morde 2010; Himmelreich, Nazi „Euthanasia" 2010; Schmuhl, „Euthanasie" und Krankenmord 2011, S. 219; Pohl, „Rassenpolitik" 2001, S. 212 f.

Jahren dauerhaft in den Anstalten untergebracht waren. Zweitens diejenigen, die sich als forensische Fälle dort befanden. Schließlich drittens die als unheilbar und chronisch leidend geltenden Kranken (Schizophrenie, Epilepsie, senile Demenz, progressive Paralyse, Schwachsinn, Enzephalitis und Chorea Huntington). Die Erfassung konzentrierte sich damit auf all jene, für die es (scheinbar) keine Heilungschancen mehr gab, die als nicht arbeitsfähig eingestuft wurden oder als „kriminelle Geisteskranke" eingewiesen worden waren. In der „T4-Aktion" spielte die Erblichkeit der Leiden keine zentrale Rolle mehr. Die während der 1930er Jahre so akribisch zusammengetragenen Daten der *erbbiologischen Bestandsaufnahme* waren nicht Grundlage der Selektionen. Die Sterilisations-Indikationen des GzVeN boten nur eine erste vorläufige Grundlage der Kinder- und Erwachsenen-„Euthanasie". Hinzu kamen jedoch schnell Diagnosen, die aus heutiger Sicht keine genuin medizinischen waren: „asoziales Verhalten"[88], Landstreicherei, „schmarotzende Lebensweise", „arbeitsscheu", „mangelnde Lebensbewährung". Die Aktion richtete sich zunehmend gegen sozial Auffällige.[89]

Die Meldebögen waren von den Anstaltsdirektoren auszufüllen und dann nach Berlin zurückzuschicken. Die dort angefertigten Kopien wurden an drei medizinische Gutachter weitergeleitet. Diese markierten – wie auch im *Reichsausschussverfahren* – unabhängig voneinander mit einem roten Plus-Zeichen die Fragebögen derjenigen, für deren Tötung sie votierten. Falls ein angeblicher Gnadentod nicht befürwortet wurde, setzten sie ein blaues Minus-Zeichen. Die begutachteten Meldebögen wurden in Berlin gesammelt und stellten dort die Basis für die endgültige Entscheidung dar. Unter den Sachverständigen musste keine Einstimmigkeit herrschen. In strittigen Fällen entschied einer der Obergutachter. Der Kreis der „T4"-Gutachter verhängte damit in einem kollektiven Prozess Todesurteile. Grundlage waren auch in diesem Fall allein die Meldebögen. Die Gutachter hatten die Patient/-innen weder gesehen noch untersucht. Die Namen der zum Tode bestimmten Patient/-innen wurden anschließend auf Listen für jede einzelne Anstalt zusammengetragen. Die *Gemeinnützige Krankentransportgesellschaft* schickte diese

---

[88]Soziale Auffälligkeit war als Kriterium allerdings bereits im GzVeN wie dann auch bei den Patient/-innenmorden über die Diagnose „Schwachsinn" im Sinne des „moralischen Schwachsinns" einbezogen.

[89]Vgl. Böhm, Sammeltransport 2002, S. 24; Aly, „Aktion T 4" [2]1989, S. 11; Sandner, Illusionen der Mediziner 2010, S. 63; Schmuhl, „Euthanasie" und Krankenmord 2011, S. 226; Zitat aus: Wolf, Eugenische Vernunft 2008, S. 461. Zu den verschiedenen Meldebogen-Versionen vgl. Harms, Meldebogen und ihre Gutachter 2010; Rauh, Selektion 2005. Zum psychiatrischen Epilepsiediskurs im Nationalsozialismus vgl. Möller, Erblichkeit und Psychopathologie 2010, S. 161–270. „Kriminelle Geisteskranke" wurden unabhängig von ihrer Arbeits- und Leistungsfähigkeit, ihrer Prognose und ihrer sozialen Auffälligkeit ermordet. Sie wurden „allein aufgrund sozialer und rassischer Einstufung ermordet, auch noch so dürre medizinische Gutachten hatten dafür keine Bedeutung". Aly, „Aktion T 4" [2]1989, S. 15; Rotzoll/Hohendorf/Fuchs, „Euthanasie"-Aktion T4 und ihre Opfer 2010, S. 13 f. Zum Konzept der „Lebensbewährung" vgl. Krähwinkel, Krankenversorgung 2001, S. 465 f.

dann an den betreffenden Anstaltsdirektor, wohl wissend, dass dieser sie wunschgemäß als Transportanweisung interpretierte.[90]

Anfänglich führte der Weg von den einzelnen Anstalten direkt in eine der ländlich gelegenen Vergasungszentren. Bald jedoch wurden die zur Tötung bestimmten Kranken zunächst in „Zwischenanstalten" gesammelt. Erst von hier erfolgte dann die Weiterverlegung. Ziel der finalen Transporte waren insgesamt sechs Anstalten. Diese existierten nicht alle gleichzeitig oder über den gesamten Zeitraum der „Aktion T4" hinweg. Zunächst wurden zwei, dann vier Tötungsanstalten eingerichtet. In Grafeneck auf der Schwäbischen Alb mordete man im Rahmen der „T4-Aktion" zwischen Januar und Dezember 1940, in Brandenburg an der Havel, wo schon Anfang Januar 1940 erste „Probetötungen" stattgefunden hatten, zwischen Februar und September 1940, in Hartheim zwischen Mai und August 1940, in Sonnenstein/Pirna zwischen Juni 1940 und August 1941, in Bernburg zwischen September 1940 und August 1941 sowie im hessischen Hadamar zwischen Januar und August 1941. Der Wechsel der Tötungsanstalten zeigt zum einen die regionale Schwerpunktverschiebung der „T4-Aktion" an. Zum anderen reagierte man damit auf Gerüchte in der Umgebung der Anstalten, die die Geheimhaltung der Aktion bedrohten.[91]

---

[90]Vgl. Topp, Geschichte als Argument 2013, S. 34; Harms, Meldebogen und ihre Gutachter 2010, S. 264–270. Die „Euthanasie" traf auch zwischen 2000 und 5000 jüdische Anstaltspatient/-innen. Diese waren schon über die T4-Meldebögen erfasst worden. Ab Sommer 1940 wurden sie in einer Sonderaktion getötet. Weitere jüdische Patient/-innen starben im Zuge der systematischen Vernichtung der europäischen Juden. Diese Opfergruppe ist für Friedlander „ein entscheidendes Verbindungsstück für die Klärung des Zusammenhangs zwischen ‚Euthanasie' und ‚Endlösung'." Nach dem Oktober 1941 wurden die verbliebenen jüdischen Anstaltspatient/-innen zusammen mit allen anderen deutschen Juden in die Vernichtungslager deportiert. Vgl. Friedlander, Jüdische Anstaltspatienten [2]1989; Browning, Entfesselung 2003; Hinz-Wessels, Jüdische Opfer 2010; DGPPN, erfasst, verfolgt, vernichtet 2014, S. 120 f., Schmuhl, „Euthanasie" und Krankenmord 2011, S. 230.

[91]Vgl. Hinz-Wessels, Neue Dokumentenfunde 2010, S. 77; Aly, „Aktion T 4" [2]1989, S. 11–13; Noack, NS-Euthanasie und internationale Öffentlichkeit 2017, S. 27; Topp, Geschichte als Argument 2013, S. 34; Beddies/Hübener, Dokumente 2003. Lokalstudien zeigen die Unterschiede in der Geschwindigkeit des Anlaufens und in der Radikalität der Selektion. Ausschlaggebend scheint die Haltung der zuständigen Landes- und Provinzialbehörden gewesen zu sein. Vgl. Schmuhl, „Euthanasie" und Krankenmord 2011, S. 227. Es liegen mittlerweile zahlreiche Anstaltsmonografien und Regionalstudien, auch zu den einzelnen Tötungsanstalten, vor. Vgl. Lilienthal, Opfer der NS-„Euthanasie"-Verbrechen 2001; Königstein, Nationalsozialistischer „Euthanasie"-Mord 2004; Krause/Maisch, „Ausmerzen" 2009; Vanja/Blasius, Euthanasie 1991; Ley/Hinz-Wessels, Euthanasie-Anstalt Brandenburg an der Havel 2012; Böhm, Pirna-Sonnenstein 2008.

In den Mordanstalten lag nur eine kurze Zeitspanne zwischen Ankunft und Tod der Patient/-innen.[92] Eine Krankenschwester aus Hadamar beschrieb später vor Gericht den Weg aus den Bussen in die Gaskammer:

„Die Omnibusse mit den Todesopfern fuhren zunächst um den rechten Seitenflügel in die hinter diesem befindliche Holzgarage. Dort mußten die Insassen aussteigen und durch einen gedeckten Gang das Erdgeschoß des rechten Flügels betreten. (…) In dem Erdgeschoß kamen die Opfer zunächst in einen damals in 2 Räumen abgeteilten Saal, dessen vorderer Raum als Warteraum diente. Hier waren einige Betten aufgestellt, die für gehunfähige Kranke bestimmt waren. Der hintere Raum des Saales war der Entkleidungsraum, in dem ich tätig war. Dort wurden zuerst die Männer, sodann die Frauen ausgekleidet. Von hier wurden die Kranken über einen Flur in den Arztraum geführt, wo sie nochmals kurz ärztlich untersucht wurden und an Hand der vorhandenen Krankenpapiere mit einer Nummer versehen wurden. Diese Nummern wurden ihnen mit Farbstift auf den Rücken geschrieben. Aus dem Arztraum kamen sie in ein daneben gelegenes Zimmer, dessen Bestimmung ich nicht mehr weiß. Aus diesem Zimmer ging es in den daneben liegenden Fotografieraum, worauf die Kranken in einen gegenüberliegenden Warteraum gebracht wurden, in dem sie sich so lange aufhalten mußten, bis alle Ankömmlinge des Transports versammelt waren. Darauf wurden sie geschlossen, und zwar Männer und Frauen gemeinsam über eine Treppe in den mit Kacheln ausgekleideten Gasraum gebracht, der äußerlich einem Duschraum ähnelte.“[93]

Anfangs hatte man die Tötung der Patient/-innen mittels Injektionen erprobt und zunächst favorisiert. Da dies aber nicht reibungslos genug funktionierte, ging man dazu über, in als Duschen getarnten Gaskammern mit dem geruchlosen und unsichtbaren Gas

---

[92]In den „T4“-Anstalten waren jeweils 60 bis 70 Personen in die Morde involviert: Zwei Ärzte, ein Büroleiter, mehrere Schreibkräfte, Pflegekräfte, die Fahrer der Tötungstransporte, ein „Leichenbrenner“ und ein Fotograf. Zum größten Teil kam dieser Personenkreis aufgrund einer Dienstverpflichtung in die Mordanstalten. Eine solche Verpflichtung erging in der Regel durch Institutionen wie Arbeitsämter, Landwirtschaftskammern, Polizeipräsidien oder auch durch die NSDAP und ihre angeschlossenen Organisationen; eine Versetzung dorthin konnte aber auch auf eigenen Wunsch erfolgen. Zwar war dem nichtärztlichen Personal der genaue Zweck der Tätigkeit vorab oft nicht bekannt, doch nur sehr wenige von ihnen nutzten die gegebene Möglichkeit, sich wegversetzen zu lassen, nachdem sie vor Ort mit ihrem Aufgabengebiet konfrontiert worden waren. Das lag zum einen an der sicheren Stellung und der guten Bezahlung. Zum anderen blieben sie auf diese Weise davor gefeit, in den Rüstungsfabriken oder an der Front eingesetzt zu werden. Es handelte sich aber bei den Mithelfern nur in Ausnahmefällen um Überzeugungstäter. In der Verwaltung waren Beschäftigte der „T4“-Anstalten damit betraut, „scheinbar individuell gehaltene Benachrichtigungsschreiben an die Angehörigen“ zu senden. Ihnen war klar, dass fast alle darin angegebenen Informationen falsch waren und dazu dienten, die Angehörigen zu täuschen. Vgl. Hoffmann, Normale Leute? 2010, S. 258; DGPPN, erfasst, verfolgt, vernichtet 2014, S. 81, 98; Schmuhl, „Euthanasie“ und Krankenmord 2011, S. 228.
[93]Zitiert nach: Aly, „Aktion T 4“ ²1989, S. 13 f.

Kohlenmonoxid zu töten.[94] Die Einatmung des Gases führte innerhalb kurzer Zeit zur Hypoxie des zentralen Nervensystems, zum Verlust des Bewusstseins und dann zum Tod durch Sauerstoffmangel. Da das Gas die Atemwege nicht reizte, blieb es von den Opfern zunächst unbemerkt. Die Leichen wurden schließlich verbrannt und den Angehörigen fingierte Todesursachen und -daten mitgeteilt. Auf Verlangen schickte man ihnen Urnen mit der vorgeblichen Asche der Verstorbenen.[95]

Vergast wurden in Hartheim bei Linz 18.269 Menschen, in Sonnenstein bei Dresden 13.720, in Hadamar 10.072, in Grafeneck 9839, in Brandenburg 9772 und in Bernburg 8601. Insgesamt belief sich die Zahl der innerhalb von 16 Monaten ermordeten Patient/-innen auf 70.273. Das waren pro Tag im Durchschnitt fast 150. Die Gesamtzahl entsprach etwa einem Fünftel aller Anstaltsinsassen.[96] Die „T4-Aktion" ging damit deutlich über das hinaus, was der Jurist Karl Binding und der Psychiater Alfred Hoche 1920 gefordert hatten, als sie vorschlugen, 3000 bis 4000 angeblich „geistig Tote" aus den psychiatrischen Anstalten umzubringen. Trotz der hohen Opferzahl änderte sich in den Anstalten an der dort herrschenden Überbelegung nichts, da bis Ende 1941 fast ein Viertel der bestehenden staatlichen Anstalten aufgelöst wurde.[97]

Die „T4-Aktion" sollte geheim bleiben. Davon zeugen die Tarnbezeichnungen der beteiligten Organisationen, die Sammlung der Patient/-innen in den Zwischenanstalten, die Tötung in abgelegenen Regionen, die falschen Todesmitteilungen. So blieb die „Euthanasie" dem Großteil der Bevölkerung in den ersten Monaten verborgen. Die Geheimhaltungsbemühungen stießen aber schon nach kurzer Zeit an ihre Grenzen. So dürfte zumindest ein sozial und räumlich beschränktes, oft auch nur

---

[94]Diese Methode war an psychisch kranken und behinderten Menschen aus Pommern und Westpreußen erprobt worden und ist dann später in den Vernichtungslagern übernommen worden. Vgl. Noack, NS-Euthanasie und internationale Öffentlichkeit 2017, S. 27; Wolf, Eugenische Vernunft 2008, S. 470.

[95]Vgl. Noack, NS-Euthanasie und internationale Öffentlichkeit 2017, S. 27.

[96]Zahlen aus: Hohmann, „Euthanasie"-Prozeß Dresden 1993, S. 112 f. Vgl. auch Payk, Degenerationslehre und Euthanasie 2004, S. 13. Jüngst ist darauf aufmerksam gemacht worden, dass unter den ermordeten Psychiatriepatient/-innen im Vergleich zur Gruppe der Überlebenden ein auffallend hoher Anteil an Angehörigen der Mittelschicht und ein geringerer Anteil von Unterschichtangehörigen auszumachen ist. Dies ist ein erstaunlicher Befund, der der Interpretation der „Euthanasie" als Teil der „Endlösung der sozialen Frage" zu widersprechen scheint. Schmuhl vermutet, dass bei Patient/-innen aus unteren sozialen Schichten verhältnismäßig häufiger die Diagnose *Schwachsinn* angegeben wurde, während Patient/-innen aus der Mittelschicht häufiger als *schizophren* kategorisiert wurden. Da die Diagnose *Schwachsinn* auch leichtere Formen und Grade geistiger Behinderung umfasste, waren damit höhere Überlebenswahrscheinlichkeiten verbunden als mit der Diagnose *Schizophrenie*. Vgl. Schmuhl, „Euthanasie" und Krankenmord 2011, S. 225. Die These der NS-Patientenmorde als „Endlösung der sozialen Frage" entworfen in: Dörner, Tödliches Mitleid 1988.

[97]Vgl. Schmuhl, Rassenhygiene, Nationalsozialismus, Euthanasie 1987, S. 356; Faulstich, Anstaltspsychiatrie 2003, S. 22.

diffuses, den systematischen Charakter der Krankenmorde übersehendes, Wissen über die Vorgänge existiert haben. Zumindest in der Nähe der Tötungsanstalten waren unter der Bevölkerung Ziel und Zweck der auffälligen Omnibusse bekannt. In den Anstalten und Zwischenanstalten wussten das Personal und auch viele Patient/-innen von den Tötungen. Hingegen dürften die im Juni 1941 millionenfach über Norddeutschland abgeworfenen britischen Flugblätter, auf denen über den Mord an Kranken und Versehrten berichtet wurde, nur einen begrenzten Effekt gehabt haben. Die Erinnerung an die Gräuelpropaganda der Briten im Ersten Weltkrieg schmälerte die Wirkung der Berichte wohl erheblich.[98]

Während die Ärzte und Pflegekräfte auffallend still blieben, kamen Proteste von einzelnen Angehörigen, aus der Bevölkerung und von Amtsträgern der Kirchen. Insbesondere die Predigt des Bischofs Clemens August Graf von Galen (1878–1946) in Münster am 3. August 1941 ist dabei in Erinnerung geblieben, weil in dieser der Abtransport der westfälischen Psychiatriepatient/-innen offen als Mord bezeichnet wurde. Es ist auch bekannt, dass einige konfessionelle Einrichtungen die Meldebögen nicht mehr ausfüllten, nachdem sie deren Zweck kannten.[99]

Die systematische Ermordung von Anstaltspatient/-innen wurde am 23./24. August 1941 von Adolf Hitler persönlich abgebrochen, weil die Geheimhaltung nicht mehr gewährleistet war.[100] Die historische Forschung ist heute der Ansicht, dass kurz vor dem

---

[98]Vgl. Noack, NS-Euthanasie und internationale Öffentlichkeit 2017, S. 147; von Cranach, Mitwissen und Kooperation 2010, S. 84; Aly, „Aktion T 4"²1989, S. 16; Nowak, Entwertung 2002, S. 21; Fehlemann u. a., 175 Jahre psychiatrische Fachgesellschaften 2017, S. 20. Zu den britischen Flugblättern, die nicht stigmatisierte und marginalisierte Gruppen, sondern „normale Deutsche" als Hauptopfergruppe beschrieben, vgl. Noack, NS-Euthanasie und internationale Öffentlichkeit 2017, S. 153–157, 165, 171–174; Fangerau/Noack, Rassenhygiene 2006, S. 241.

[99]Gegen die Zwangssterilisierungen hatte sich vor allem die katholische Kirche gestellt, während sie in den protestantischen Einrichtungen oft befürwortet wurde. Es ist allerdings zu berücksichtigen, dass gemeinnützige und kirchliche Pflegeeinrichtungen und Heime beider Konfessionen in die „Euthanasie" mit eingebunden waren. Vgl. Beddies/Hübener, Einleitung 2004, S. 12. Zur Haltung der evangelischen und der katholischen Kirche vgl. Kaminsky, Widerstand 2005/2006; Kaminsky/Jenner, Innere Mission 1997; Storm, Bestandsaufnahme 2010; Nowak, Sterilisation 21989, S. 73–83; Höllen, Episkopat ²1989. Die Denkschrift von Pastor Paul Gerhard Braune an Adolf Hitler vom 9. Juli 1940 abgedruckt in: Aly, Aktion T4²1989, S. 23–33. Die Bandbreite möglicher Reaktionen der Angehörigen zeigt: Lutz, Angehörige 2006. Von Galens Predigt abgedruckt in: DGPPN, erfasst, verfolgt, vernichtet 2014, S. 114–117. Die Predigt des Berliner Bischofs Konrad von Preysing vom 2. November 1941 abgedruckt in: Aly, Aktion T4² 1989, S. 117–119.

[100]Beide Daten werden in der historischen Forschung als Termin für die Einstellung der Aktion diskutiert. Die „Häftlings-Euthanasie" und die „Kinder-Euthanasie" wurden indes nicht beendet. Vgl. Noack, NS-Euthanasie und internationale Öffentlichkeit 2017, S. 28; Rotzoll/Hohendorf/Fuchs, „Euthanasie"-Aktion T4 und ihre Opfer 2010, S. 14; Faulstich, Hungersterben in der Psychiatrie 1988, S. 271–288; Süß, „Volkskörper" im Krieg 2003, S. 127–151.

bevorstehenden Angriff auf die Sowjetunion befürchtet wurde, die Kriegsbereitschaft der Bevölkerung werde durch ein weiteres Bekanntwerden der „Euthanasie" leiden. Auch die Entstehung möglicher Gerüchte über eine Ausweitung der „Euthanasie" auf Kriegs-versehrte, Arbeitsinvaliden, Altersheiminsassen und Krankenhauspatient/-innen, die in ihrer Konzeption zumindest vorstellbar war, sollte vermieden werden. Die Beunruhigung durch britische Flugblätter – die genau dies suggerierten – und kirchliche Predigten beförderten vor dem Angriff auf die Sowjetunion die Sorgen um die Stimmung an der Heimatfront.[101]

Überrascht von der Entscheidung zur Beendigung der Gasmorde war vor allem die „T4"-Zentrale. Dort gingen die Verantwortlichen davon aus, dass die systematischen Krankenmorde bald wieder aufgenommen werden würden. Zunächst blieben die Anstalten daher verpflichtet, Meldebögen über ihre Patient/-innen auszufüllen und nach Berlin zu schicken. Auch fanden Verlegungen in die „Zwischenanstalten" noch bis Herbst 1941 statt, bestanden die zuständigen Tarnorganisationen fort und auch die Gas-kammern in den Tötungsanstalten wurden zunächst nicht abgebaut.[102]

Die dezentrale/regionale „Euthanasie"

Der Abbruch der „Aktion T4" bedeutete nicht das Ende der Krankenmorde. Von nun an bis zum Kriegsende – und teilweise darüber hinaus – wurde in regionaler Verantwort-lichkeit mittels tödlichen Medikamentengaben und langsamen Verhungernlassen weiter getötet.[103] Waren bis dahin finanzielle Motive eher nachrangig gewesen, traten mit der

---

[101]Vgl. Schmuhl, Rassenhygiene, Nationalsozialismus, Euthanasie 1987, S. 209; Schmuhl, „Euthanasie" und Krankenmord 2011, S. 229 f.; Noack, NS-Euthanasie und internationale Öffentlichkeit 2017, S. 157–162.

[102]Vgl. Lilienthal, Von der „zentralen" zur „kooperativen Euthanasie" 2010, S. 101–104; Hohen-dorf, Therapieunfähigkeit 2013, S. 289; Harms, Meldebogen und ihre Gutachter 2010, S. 264. Obwohl die „T4"-Zentrale ihr reichsweites Machtmonopol in der Folgezeit einbüßte, wurde das bei der „Aktion T4" geschaffene Netzwerk aus Anstaltsärzten und Verwaltungsleitern weiter genutzt. Um ihren Einflussverlust auszugleichen, verlegte die „T4"-Zentrale ihre Aufmerksamkeit auf andere Bereiche und versuchte im Völkermord an den osteuropäischen Juden eine bedeutende Rolle zu übernehmen. Vgl. Rotzoll/Hohendorf/Fuchs, „Euthanasie"-Aktion T4 und ihre Opfer 2010, S. 14; Schmuhl, „Euthanasie" und Krankenmord 2011, S. 230. Pohl, „Rassenpolitik" ³2001, S. 213. Harms, Meldebogen und ihre Gutachter 2010, S. 270; Aly, „Aktion T 4" ²1989, S. 11; Chroust, Innenansichten 1987.

[103]Vgl. Lilienthal, Von der „zentralen" zur „kooperativen Euthanasie" 2010, S. 100. Zudem wurden in den eroberten Gebieten die Insassen vieler psychiatrischer Anstalten und Krankenhäuser durch SS- und Polizeiverbände getötet. Dies geschah meist auf Anforderung der Wehrmacht, die die Gebäude als Lazarette nutzen wollte. Vgl. Aly, „Aktion T 4" ²1989, S. 18; Szarejko/Wasilewski/ Glinski, Methoden der Tötung 1989 (Nachdruck 2000); Jaroszewski, Vernichtung 1989 (Nach-druck 2000); Pohl, „Rassenpolitik" ³2001, S. 213. Am Beispiel von Hadamar hat Georg Lilienthal argumentiert, dass die „wilde Euthanasie" nicht mit den Begriffen „regionale" oder „dezentrale Euthanasie" zu charakterisieren ist. Er spricht stattdessen von einer „kooperativen Euthanasie". Lilienthal, Von der „zentralen" zur „kooperativen Euthanasie" 2010, S. 110.

Ausweitung des Krieges ökonomische Erwägungen immer stärker in den Vordergrund: Finanzmittel sollten eingespart, Ressourcen geschont oder anderweitig genutzt werden. Das betraf auch die psychiatrischen Anstalten. Der Krieg förderte Verwertungsinteressen und sozialutilitaristische Argumente. Moralische Verstöße wurden auf diese Weise immer alltäglicher.[104] Ab Herbst 1941 erhielten vielerorts nur noch die arbeitenden Anstaltspatient/-innen eine halbwegs ausreichende Kost.[105] Weil die Verantwortlichen vor Ort die arbeitsfähigen Patienten und Patientinnen auf Kosten der Bettlägerigen verpflegten, verhungerten pflegebedürftige Menschen in großer Zahl. Das verstärkte die bereits zuvor etablierte Hierarchie gemäß der ökonomischen Brauchbarkeit.[106] Ins Kalkül einbezogen wurden auch Kriterien der sozialen Marginalisierung und des „störenden Verhaltens", das heißt insbesondere des Überwachungsaufwandes: „Störende, unruhige, renitente, auch politisch unangepasste, als gefährlich geltende oder aber ‚stumpfe', unselbstständige, unsaubere, bettlägerige Patienten liefen ein deutlich höheres Risiko, bei der Selektion zur Ermordung bestimmt zu werden, als angepasste, unauffällige, ‚angenehme' und ‚reinliche' Patienten." Pflegeintensität, Arbeitsfähigkeit und -produktivität sowie Angepasstheit an die Institution Anstalt entschieden über das weitere Schicksal der Patient/-innen. Frauen hatten dabei aufgrund ihrer niedrigeren Arbeitsleistung und wegen höherer Maßstäbe an ihr Sozialverhalten eine geringere Überlebenswahrscheinlichkeit.[107]

Die Kriegswende 1942/1943 trug erheblich zur „Radikalisierung hierarchisierender, selektierender und ausgrenzender Handlungsmuster im Umgang mit Patienten" bei. Ab Sommer 1943 waren sämtliche noch bestehenden Anstalten überfüllt. Der nun einsetzende „Verdrängungswettbewerb" zwischen verschiedenen Patient/-innengruppen ging zu Lasten der psychisch Kranken. Ihre Unterernährung verschärfte sich, ihre Krankensäle waren überfüllt, die Patient/-innen schliefen in Baracken, oft in Doppelbetten oder auf Strohsäcken, die auf den Boden gelegt wurden. Getötet wurde nun, um Krankenbetten und medizinische Ausrüstung für Bombenkriegsopfer frei zu bekommen. In mehr als 30 Anstalten erfolgten solche Patient/-innentötungen durch das Spritzen von überdosierten Beruhigungsmitteln. Berüchtigt waren vor allem Hadamar, Hartheim, Kaufbeuren, Großschweidnitz, Meseritz-Obrawalde (unter pommerscher Verwaltung) und Kosmanos (Kosmonosy) im Protektorat Böhmen und Mähren. Das Morden hielt unmittelbar bis zur Befreiung 1945 an. Von einzelnen Anstalten, etwa Kaufbeuren, ist

---

[104]Vgl. Sandner, Illusionen der Mediziner 2010, S. 56; Faulstich, Anstaltspsychiatrie unter den Bedingungen der „Zusammenbruchgesellschaft" 2003, S. 22; Noack, NS-Euthanasie und internationale Öffentlichkeit 2017, S. 152. Sandner verweist aber auch darauf, dass die ökonomischen Ziele dadurch „keineswegs zum Selbstzweck" wurden. Ebd.

[105]Radikalisiert wurde dies mit dem Bayerischen Hungererlass vom 30. November 1942.

[106]Vgl. Noack, NS-Euthanasie und internationale Öffentlichkeit 2017, S. 27 f.; Beddies, Anwendungsformen 2013, S. 285 f., Zitat ebd.; Hohendorf, Therapieunfähigkeit 2013, S. 299 f.; DGPPN, erfasst, verfolgt, vernichtet 2014, S. 142.

[107]Vgl. Wunder, Euthanasie 1992; Schmuhl, „Euthanasie" und Krankenmord 2011, S. 226, Zitat ebd.

dokumentiert, dass gezielte Krankentötungen auch noch nach dem Kriegsende erfolgten. Insgesamt starben an der Mangelversorgung und durch den gezielten Medikamentenmord noch einmal rund 96.000 psychisch Kranke.[108]

Im Nationalsozialismus wurden Personengruppen mit bestimmten psychischen und körperlichen Leiden von der Krankenversorgung radikal ausgeschlossen. Die Frage, wie es zum hunderttausendfachen Mord an psychisch Kranken kommen konnte, hat zahlreiche Erklärungsmodelle evoziert.[109] Dabei schließt sich keineswegs aus, dass die „Euthanasie" als „Endlösung der sozialen Frage" gedacht wurde, im „Spannungsfeld von Heilen und Vernichten" angesiedelt war, als „Fortsetzung der Eugenik mit anderen Mitteln" gelten muss, als „Resultante des nationalsozialistischen Herrschaftssystems" oder als „Nebenschauplatz des totalen Krieges" zu werten ist. Viele Faktoren trafen aufeinander:

> „der Reformelan von Anstalts- und Erbpsychiatern, eine finanziell schlecht ausgestattete Anstaltspsychiatrie, die überwiegend chronisch Kranke zu versorgen hatte, und deren ohnehin begrenzte therapeutische Möglichkeiten ständig weiter eingeschränkt wurden, der Wille Hitlers und einer Gruppe von Experten in Partei und Gesundheitsverwaltung, die seine Rassenideologie mit der Vision eines ‚gesunden Volkskörpers' teilte, ein eigener organisatorischer Apparat, der eng mit regulären Verwaltungsinstitutionen interagierte, ohne dabei öffentlich in Erscheinung treten zu müssen, die Ausnahmesituation des Kriegs und nicht zuletzt eine Bevölkerung, welche die Krankenmorde mehrheitlich passiv hinnahm."[110]

Zu diesen Faktoren gehörte aber auch eine Fachgesellschaft, die in einer Mischung aus erbbiologischem Reformeifer und dem Wunsch nach Ressourcenzugang nach einem Zukunftsprojekt strebte. Daran, dass die Medizin im Nationalsozialismus so schnell „von der Theorie zur Praxis, vom Schreibtisch zur Wirklichkeit, von der Heilung zur Prophylaxe"[111] schritt, hatte die *Gesellschaft Deutscher Neurologen und Psychiater* einen erheblichen Anteil.

2.5 Die GDNP und die Medizinverbrechen

Die NS-Gesundheitspolitik war zu überwiegenden Teilen eine staatliche Erbgesundheitspolitik, die auf dem „Gedanken eines ‚rassenreinen' arischen, erbgesunden und für den säkularen Rassenkampf durch permanente Leistungsauslese ertüchtigten Volkskörpers"

---

[108]Vgl. Schmuhl, Genesis 2010, S. 73; Schmuhl, „Euthanasie" und Krankenmord 2011, S. 232 f.; Fangerau/Noack, Rassenhygiene 2006, S. 242; Faulstich, Anstaltspsychiatrie 2003, S. 22 f.; Noack, NS-Euthanasie und internationale Öffentlichkeit 2017, S. 28; Süß, Medizin im Krieg 2011, S. 191 f., Zitat S. 191.

[109]In seinen Überlegungen zur Genesis der „Euthanasie" hat Hans-Walter Schmuhl diese Forschungsthesen einander prägnant gegenübergestellt. Schmuhl, Genesis 2010.

[110]Brink, Grenzen der Anstalt 2010, S. 270.

[111]Wolf, Eugenische Vernunft 2008, S. 466.

beruhte. Deswegen war es den politischen Akteuren von Anfang an wichtig, Zugriff auf wissenschaftliche Expertise zu den Themen psychiatrische Genetik, erblich-psychische Hygiene und Eugenik zu erlangen. Diese Expertise sammelte sich nicht zuletzt in der neurologisch-psychiatrischen Fachgesellschaft. Hans-Walter Schmuhl hat gezeigt, wie wenig sich dieser Umstand als einseitige Indienstnahme der Wissenschaft durch die Politik interpretieren lässt. Der Überschneidungsbereich zwischen Erbgesundheits-politik, psychiatrischer Wissenschaft und Klinik bot ungeahnte Handlungsoptionen und neue Möglichkeiten zur Ressourcenakkumulation. Das Selbstmobilisierungsangebot der Politik nahmen die erbbiologisch interessierten Psychiater an. Sie nutzten ihre Positionen in der wissenschaftlichen Fachgesellschaft dafür, die von ihnen befürworteten gesundheitspolitischen Vorstellungen und Programme in Politik umzusetzen. Dabei war es durchaus im Sinne der in der Fachgesellschaft dominierenden Personengruppe, den Fachdiskurs in Richtung erbpsychiatrischer Fragestellungen zu lenken. Schmuhl bezeichnet die GDNP daher zu Recht als *Clearing*-Stelle zwischen den Sphären von Politik und Wissenschaft. In der GDNP wurde einerseits der „Bedarf der national-sozialistischen Biopolitik nach erbpsychiatrisch-rassenhygienischer Expertise in den wissenschaftlichen Diskurs" eingespeist, andererseits wurden hier die „Erkenntnisfort-schritte der Erbpsychiatrie an die mit der Biopolitik befassten Machtaggregate weiter" gegeben.[112]

Angeregt durch das Sterilisationsgesetz konzentrierte sich die GDNP vermehrt auf rassenhygienische und eugenische Fragestellungen. Prägend war dabei Ernst Rüdin, das Netzwerk um Karl Bonhoeffer verlor an Einfluss. Rüdin verfolgte zugleich wissen-schaftliche und politische Ambitionen, verband Machtausweitung mit der Förderung anwendungsorientierter psychiatrischer Forschung. Seine Forschungsergebnisse betrachtete er als unentbehrliche Grundlage der NS-Erbgesundheitspolitik. Rüdin wurde im Mai 1933 zum Leiter der *Arbeitsgemeinschaft für Rassenhygiene und Rassenpolitik* im *Reichsministerium des Inneren* (RMI) berufen und war damit für die Grundlagen der Erbgesundheitspolitik verantwortlich. Als Direktor der *Deutschen Forschungsanstalt für Psychiatrie* in München verfasste er 1934 einen offiziellen Kommentar zum *Gesetz zur Verhütung erbkranken Nachwuchses*.[113] Auch bei der praktischen Umsetzung des GzVeN spielte er eine Rolle: Er war Beisitzer im Münchner Erbgesundheitsgericht und engagierte sich für die kriminalbiologische Untersuchung von Straftätern. Das Netz-werk um Ernst Rüdin sorgte in den Lehrgängen, die 1934 vom *Deutschen Verband für psychische Hygiene* ausgerichtet wurden, sowie in der Anstaltsdirektorenkonferenz, die im Mai 1934 am Rande der Jahresversammlung des Deutschen Vereins für Psychiatrie

---

[112]Schmuhl, GDNP 2016, S. 405.

[113]Vgl. Gütt/Rüdin/Ruttke, Gesetz zur Verhütung erbkranken Nachwuchses 1934. Vgl. auch Roelcke/Hohendorf/Rotzoll, Psychiatrische Wissenschaft 2000; Cottebrune, menschliche Ver-erbungswissenschaft 2008, S. 111–114; Roelcke, Wissenschaft im Dienst des Reiches 2008; Schneider, Erklärung 2011, S. 9.

tagte, dafür, dass die Massensterilisationen nach dem *Gesetz zur Verhütung erbkranken Nachwuchses* in den Heil- und Pflegeanstalten des gesamten Deutschen Reiches „in atemberaubender Geschwindigkeit" beginnen konnten.[114]

Mit Nachdruck argumentierte die psychiatrische Fachgesellschaft für eine „Erbbiologische Bestandsaufnahme" sowie deren Anbindung an den Außendienst der Heil- und Pflegeanstalten. Allerdings unterstützte die neurologisch-psychiatrische Fachgesellschaft trotz ihrer Fokussierung auf eugenische Prophylaxe weiterhin individualtherapeutische Ansätze und förderte auch die neuen Somato- sowie Psychotherapien. Rüdin und seine Mitstreiter sahen also „keinen Widerspruch zwischen ihrem Engagement für die neuen Therapieformen und dem von ihnen propagierten Primat der psychiatrischen Genetik".[115] Hier zeigt sich, was für die Zeit nach 1933 als typisch angesehen werden kann: eine „forcierte Einengung" des zuvor pluralistischen Systems auf „solche gesundheitspolitischen und wissenschaftlichen Konzepte und Programme, die durch die eugenische Bewegung nahe gelegt, durch die zeitgenössische Genetik wissenschaftlich plausibilisiert und vom ‚neuen Staat' gefördert wurden".[116]

Mit Beginn des Krieges kam die Tätigkeit der GDNP fast vollständig zum Erliegen. Die internen Ausschüsse tagten nicht mehr, es fanden keine Jahresveranstaltungen mehr statt und wichtige Mitglieder wurden zur *Wehrmacht* eingezogen. Damit existierte die GDNP als Organisation seit Ende 1939 eigentlich nur noch auf dem Papier. Indes war das in ihr bestehende Netzwerk der Mehrzahl der Ordinarien für Psychiatrie und Neurologie an den deutschen Universitäten weiterhin tätig. Diese Akteursgruppe wurde nun allerdings durch den Aufbau eines Apparates zur Planung, Vorbereitung und Durchführung des Massenmords an als geistig behindert oder psychisch erkrankt geltenden Menschen in ihrer Bedeutung beeinträchtigt. Die „führerunmittelbare" Sonderorganisation in der Berliner Tiergartenstraße 4 war auf wissenschaftliche Expertise angewiesen, aber nicht mehr auf die bisherigen Expertennetzwerke an der Schnittstelle zwischen Politik und Psychiatrie. Ernst Rüdin, in den Jahren zuvor bestens mit der Politik vernetzt, hatte kaum noch Einfluss auf die nun maßgeblichen Akteure.[117]

Stattdessen geriet die Fachgesellschaft unter Einfluss der „T4"-Zentrale. Ernst Rüdin und sein innerer Kreis signalisierten im Namen der GDNP „Zustimmung zu dem

---

[114]Vgl. Cottebrune, menschliche Vererbungswissenschaft 2008, S. 88, 111–119; Schmuhl, GDNP 2016, S. 405, Zitat ebd.

[115]Vgl. Schmuhl, GDNP 2016, S. 269 f., 406; Zitat S. 270.

[116]Roelcke, Verwissenschaftlichungen 2008, S. 136.

[117]Rüdin verlor seinen zentralen Zugang zur Sphäre der Politik in der Person Arthur Gütts (1891-1949) – von 1935 bis 1939 einflussreicher Leiter des Amtes für Bevölkerungspolitik und Erbgesundheitslehre –, als dieser schließlich entmachtet wurde. Vgl. Schmuhl, GDNP 2016, S. 279 f., 392 f., 398. Zu Arthur Gütt vgl. den Lexikoneintrag in: Labisch/Tennstedt, Weg 1985, S. 423 f.

laufenden Massenmord an geistig behinderten und psychisch erkrankten Menschen, sie unternahmen energische Anstrengungen, um die Forschung an Opfern dieses Mordes zu fördern, und entwickelten ein ambitioniertes Programm zur Reorganisation der praktischen Psychiatrie auf der Grundlage der ‚Euthanasie'". Wichtige Akteure innerhalb der Fachgesellschaft und auch in dem Netzwerk, das die Organisationsstruktur der *Gesellschaft Deutscher Neurologen und Psychiater* umspannte, wirkten damit „aktiv an der Propagierung und Legitimierung des Vernichtungsprogramms und an der Begleitforschung zur ‚Euthanasie'" mit.[118] Allen voran Paul Nitsche (1876–1948), bis 1939 Geschäftsführer der GDNP, als Direktor einer der „T4"-Anstalten, der Heil- und Pflegeanstalt Sonnenstein bei Pirna und zugleich (stellvertretender) Ärztlicher Leiter der „Aktion T4"; Maximinian de Crinis (1889–1945) als Teil der „planenden Intelligenz"; der Kassenwart der GDNP, Kurt Pohlisch (1893–1955). Weiterhin Carl Schneider (1891–1946) und Ernst Rüdin (1874–1952) im Rahmen der Begleitforschung zur „Euthanasie", Julius Hallervorden (1882–1965) und Hugo Spatz (1888–1969) mit ihren Untersuchungen an Gehirnen von „Euthanasie"-Opfern und Georges Schaltenbrand (1897–1979) mit seinen Patienten-Experimenten zur Multiplen Sklerose.[119] Die genannten Personen drängten zudem jene Mitglieder innerhalb des Netzwerks und der Fachgesellschaft an den Rand, die sich wie Hans Roemer (1878–1947) und Walter Creutz (1898–1971) gegen die „Euthanasie" aussprachen.[120] Die Fachgesellschaft, fest in der Hand von „Euthanasie"-Befürwortern, griff deren Kritik nicht auf und formulierte sie erst recht nicht öffentlich. Sie unterdrückte vielmehr aktiv jedwede kritische Stimme innerhalb der Fachöffentlichkeit. Die GDNP trug damit als Institution eine Mitschuld am hunderttausendfachen medizinisch legitimierten Mord.[121]

---

[118] Vgl. Schmuhl, GDNP 2016, S. 393–398, Zitate S. 393, 394.

[119] Zu den Humanexperimenten und ihrem Ausmaß vgl. Weindling, Opfer von Humanexperimenten 2012. Zur späteren Verteidigung dieses Handelns durch die psychiatrisch-neurologischen Fachgesellschaften Anfang der 1950er Jahre vgl. Topp, Geschichte als Argument 2013, S. 255–260.

[120] Der Geschäftsführer der Gesellschaft Deutscher Neurologen und Psychiater, Walter Creutz, lehnte zwar die „Euthanasie" aus grundsätzlichen Überlegungen ab, blieb aber auf seinem Posten und beteiligte sich an der Durchführung der Deportationen im Rahmen der „Euthanasie". Vgl. Schmuhl, GDNP 2016, S. 416. Vgl. auch: Roelcke/Hohendorf/Rotzoll, Erbpsychologische Forschung 2000; Shevell/Pfeiffer, Julius Hallervorden's Wartime Activities 2001. Zu Walter Creutz vgl. Schmuhl, Walter Creutz und die „Euthanasie" 2013.

[121] Vgl. Schmuhl, GDNP 2016, S. 273–334 sowie zusammenfassend S. 415 f.

In der Zusammenbruchgesellschaft

3

Die Geschichte der NS-Medizinverbrechen endete nicht mit dem Jahr 1945. Sie ragt bis in die heutige Zeit hinein, hinterließ ihren Niederschlag in juristischen Prozessen, politischen und ethischen Debatten sowie in medizinischen Selbstverständigungsdiskursen. Zahlreiche Fragen sind zu stellen: Wie wirkte sich die zentrale Rolle der Psychiater bei den GzVeN-Verfahren und bei der „Euthanasie" auf die Psychiatrie in den ersten Nachkriegsjahren aus? Wie positionierten sich die führenden Köpfe des Fachs zu den Medizinverbrechen? Welche Effekte zeitigten der Nürnberger Ärzteprozess und die lokalen juristischen Bemühungen um die Ahndung der „Euthanasie"? Wie bedeutend war das Ausmaß der Elitenkontinuität in der Psychiatrie und in den psychiatrischen Fachgesellschaften? Diese Fragen können jedoch nicht isoliert beantwortet werden – gesamtgesellschaftliche Prozesse sind stets mit zu berücksichtigen.

Nach einem kurzen Überblick über die Zustände in den psychiatrischen Heil- und Pflegeanstalten im Jahr 1945 werde ich zunächst eine kollektivbiografische Perspektive einnehmen. Die Zusammenbruchserfahrungen der für die Nachkriegsgeschichte der organisierten Psychiatrie wichtigsten Personen werden beschrieben, wobei das Ausmaß der gegenseitigen Unterstützung zu zeigen ist. Leitend ist dabei die Hypothese, dass sich der spätere starke und langanhaltende Zusammenhalt der Nachkriegsnetzwerke durch die gegenseitige Unterstützung in der Zusammenbruchgesellschaft erklären lässt, sich zugleich aber auf der Ebene der Netzwerke auch schon Konkurrenzen und Konflikte abzeichneten, die das Fach noch lange Zeit prägen sollten. In Exkursen werden die Ahndung deutscher Medizinverbrechen vor alliierten und deutschen Gerichten in der Zeit vor der doppelten Staatsgründung 1949 und die Entnazifizierung der Mediziner in den vier Besatzungszonen genauer beschrieben.

3.1   Die „Stunde Null" fällt aus

Eine „Stunde Null" hat es für die deutsche Psychiatrie nie gegeben. Die herunter-
gewirtschaftete Anstaltspsychiatrie bot vielerorts ein Bild der (Selbst-)Auflösung,
doch das Kriegsende war keine markante Zäsur. Zahlreiche Anstaltsgebäude waren
in den letzten Kriegsjahren zerstört, geräumt und fremdgenutzt worden – das änderte
sich zunächst auch nicht. Kohlen, Trinkwasser, Medikamente, Verbandszeug und Woll-
decken blieben knapp.[1] Trotz des immensen Ausmaßes der Zerstörung in den Städten
und trotz der absoluten militärischen und moralischen Niederlage des Deutschen Reichs
ging das Sterben der psychisch Kranken weiter. Nur die arbeitsfähigen Anstaltspatient/-
innen hatten die Katastrophenmedizin der Kriegszeit überlebt. Doch wie schon einmal
1917, entwickelte sich ab Frühjahr 1945 eine allgemeine Hungersnot, die besonders
die ohnehin ausgemergelten Anstaltspatient/-innen traf. Auch eigentlich harmlose
Erkrankungen verliefen bei den hungernden und frierenden Patient/-innen oft tödlich.
In fast allen Versorgungseinrichtungen erreichte das Hungersterben erst jetzt seinen
Höhepunkt. Die für die Verteilung der Lebensmittel zuständigen Behörden versorgten
zunächst die „produktiven" Bevölkerungsgruppen,[2] die alliierten Besatzer versuchten
vor allem den Ausbruch von Seuchen in den durch Flüchtlingen und Evakuierten über-
füllten Städte zu verhindern. Für niemanden hatten die psychisch Kranken Priorität: Ihre
Benachteiligung und Diskriminierung hielten an.[3]

Die Sterberaten lagen in den psychiatrischen Anstalten bei teilweise bis zu 50 %, das
heißt bis zur Hälfte der Belegung verstarb in einem Jahr. Der Historiker Heinz Faulstich vermutet, dass ein Großteil der Direktoren das weitere Sterben der ihnen anvertrauten Patient/-innen duldend hingenommen habe, weil es ihrer Meinung nach zur
Erhaltung des Lebens der „Gesunden" unvermeidlich war. Unterschiede bei den Überlebenschancen ergaben sich aus den regional unterschiedlichen Graden der Zerstörung
der Infrastruktur, der jeweiligen Lage der Einrichtungen, der voneinander abweichenden
Ausstattung der anstaltseigenen Landwirtschaft und dem verschieden stark ausgeprägten Willen des Personals, die Missstände zu beheben. Es zeigten sich neben
gravierenden örtlichen Divergenzen auch Abweichungen in den Überlebenschancen
von Besatzungszone zu Besatzungszone. Weil in der sowjetischen und französischen
Zone die Besatzungstruppen aus dem Lande versorgt wurden, war hier die Ernährungslage besonders schlecht. Grosso modo gilt: An der Überfüllung und Fremdbelegung der
Anstalten änderte sich lange Zeit nichts, der Wiederaufbau zerstörter Anstaltsgebäude

---

[1]Vgl. Grundmann, Zusammenbruch und Neubeginn 2001, S. 660.

[2]Faulstich, Anstaltspsychiatrie unter den Bedingungen der „Zusammenbruchgesellschaft" 2003,
S. 26. Allgemein zur Versorgungssituation am Beispiel Berlins: Zierenberg, Stadt der Schieber
2008.

[3]Vgl. Grundmann, Zusammenbruch und Neubeginn 2001, S. 652 f. Für die SBZ: Schulze/Rotzoll,
Ausgefallene „Stunde Null" 2018, S. 25–38. Im gesamtdeutschen Kontext vgl. ebd., S. 36–38.

verzögerte sich, es fehlte an Personal. Kurz: die Versorgungssituation blieb noch mehrere Jahre lang katastrophal.[4] Ein geregelter therapeutischer Alltag spielte sich meist erst um 1950 wieder ein.

3.2 Netzwerke in Bewegung

Das Kriegsende ereignete sich für viele medizinische (und andere) Fachkräfte, die nicht an der Front eingesetzt oder schon frühzeitig vom Luftkrieg betroffen waren, in kurzer Zeit. Natürlich hatten die zu Hause Gebliebenen die Nachrichten von den „Frontbegradigungen" gehört, hatten bemerkt, dass immer jüngere Männer an die Waffen gerufen wurden, waren von Versorgungsengpässen betroffen. Doch insgesamt war das Ernährungsniveau der deutschen Zivilbevölkerung noch erstaunlich hoch gewesen. Erst der Frühling 1945 brachte den Landkrieg nach Deutschland. Nun traf die Niederlage alle, der „totale Krieg" hatte keine Nischen gelassen. Auf die ein oder andere Weise war jeder und jede durch eigene Verstrickungen, familiäre Verluste oder Einbußen an Eigentum oder körperlicher und psychischer Unversehrtheit betroffen.[5]

Die Psychiater hatten den Krieg mehrheitlich überlebt. Die jüngeren unter ihnen hatten oft in Lazaretten als Sanitätsoffiziere gedient, die älteren hatten als Wehrpsychiater den Angriffskrieg unterstützt.[6] Sie mochten bei Luftangriffen Todesangst gehabt und Angehörige verloren haben, doch waren sie selbst meist weit entfernt vom Frontgeschehen gewesen. Ob sie das Kriegsende herbeisehnten und mit großer Erleichterung begrüßten, ist in den meisten Fällen nicht bekannt[7] – doch sicher ist: die Ankunft der Sieger brachte ihnen neue existenzielle Sorgen. Die Unsicherheit über die

---

[4]Vgl. Faulstich, Anstaltspsychiatrie unter den Bedingungen der „Zusammenbruchgesellschaft" 2003, S. 23–27. Für die SBZ vgl. Thom, Nachkriegslage 1994.

[5]Vgl. Jarausch, Umkehr 2004, S. 12; Kempowski, Echolot 2005.

[6]Vgl. Berger, Beratende Psychiater 1998. Die „Beratenden Psychiater" der Wehrkreise hatten die Einsatzfähigkeit und den Tauglichkeitsgrad von Soldaten zu bewerten und wurden bei sogenannten Kriegsneurosen und Soldatensuiziden hinzugezogen. Hier verzahnten sich Psychiatrie und Militär aufs Engste. Viele nationalistisch oder patriotisch gesinnte Psychiater wurden zu zuverlässigen Garanten der Kriegsmaschinerie. Im Falle von Bürger-Prinz ist belegt, dass er in seiner Funktion im Wehrkreis X von einer hohen grundsätzlichen Belastbarkeit der Soldaten ausging und das Ideal des soldatischen Mannes hochhielt. Bürger-Prinz wirkte später, wie auch Friedrich Panse, Walter Ritter von Baeyer und Rudolf Brickenstein beim Aufbau der Bundeswehrpsychiatrie mit. Ihre Vorstellungen von soldatischen Tugenden veränderten sich dabei nicht grundlegend. Vgl. Pfäfflin u. a., Krankenversorgung 1989, S. 362 f.

[7]Kranz und von Baeyer berichten allerdings in ihren nachträglichen Lebensberichten von der Freude über die Niederlage. Vgl. Pongratz, Psychiatrie in Selbstdarstellungen 1977.

Zukunft war allgegenwärtig. Als „Befreiung" dürften nur wenige der Psychiater den Einmarsch alliierter Truppen interpretiert haben, es war wohl eher eine „Niederlage".[8]

Mit dem Kriegsende gerieten große Teile des „Euthanasie"-Netzwerkes erst in erhebliche Unruhe und brachen dann in sich zusammen. Die formalen Organisationsstrukturen der GDNP – als wichtiger Knotenpunkt der nationalsozialistischen Erbgesundheitspolitik – waren längst nicht mehr aktiv, nun kam auch Bewegung in die personellen Netzwerke. Ein großer Teil der direkt an den Mordtaten beteiligten Personen überlebte die Besatzungszeit nicht: Christian Wirth (1885–1944), Büroleiter in Brandenburg, Grafeneck, Hadamar und Hartheim starb noch während des Krieges in der Nähe von Triest. Der leitende Arzt der Gasmordanstalten Brandenburg und Bernburg, anschließend Kommandant des Vernichtungslagers Treblinka, Irmfried Eberl (*1910), beging 1948 in der Untersuchungshaft Suizid.[9] Die beiden Beauftragten Hitlers, Philipp Bouhler und Karl Brandt, starben ebenfalls: Bouhler beging am 19. Mai 1945 auf dem Transport in das Internierungslager Dachau Suizid, Brandt wurde im Nürnberger Ärzteprozess zum Tode verurteilt und 1948 hingerichtet. Maximinian de Crinis richtete sich kurz vor Kriegsende selbst. Carl Schneider verübte im Dezember 1946 in der Untersuchungshaft Suizid. Rudolf Lonauer (*1907), „T4"-Gutachter und ärztlicher Leiter der Tötungsanstalt Hartheim, tötete sich und seine Familie bei Kriegsende. Alfons Klein (*1909), Verwaltungsleiter der Tötungsanstalt Hartheim, wurde verhaftet und vom amerikanischen Militärtribunal in Wiesbaden zum Tode verurteilt und am 14. März 1946 hingerichtet. Friedrich Mennecke (*1904), Leiter der Tötungsanstalt Eichberg, wurde vom Landgericht Frankfurt zum Tode verurteilt und starb 1947 wahrscheinlich krankheitsbedingt, bevor das Urteil vollstreckt werden konnte.[10] Paul Nitsche, der ärztliche Leiter der „T4"-Zentrale, wurde inhaftiert und im Juli 1947 wegen Verbrechen gegen die Mensch-

---

[8] Allgemein vgl. Jarausch, Umkehr 2004, S. 12 f.

[9] Zu berücksichtigen sind die personellen Verbindungslinien, die von den „T4"-Mordanstalten zum Holocaust führten. Bereits die ausnahmslose Erfassung und Vernichtung der jüdischen Anstaltspatient/-innen wird als ein wesentlicher Zwischenschritt zur Vernichtung der europäischen Juden interpretiert. Nach Beendigung der „Aktion T4" stellte die Zentraldienststelle den männlichen Teil des Personals, das zuvor für die Gasmordaktionen zuständig war, für die „Aktion Reinhardt" in Polen zur Verfügung, im Rahmen derer alle Juden und Roma im deutsch besetzten Polen und der Ukraine ermordet werden sollten. Über 100 Personen wurden auf diesem Weg in die Vernichtungslager Chelmno, Majdanek, Sobibor und Treblinka versetzt. Der Büroleiter der Tötungsanstalten in Brandenburg, Grafeneck, Hartheim und Hadamar, Christian Wirth, wurde beispielsweise erster Kommandant des Vernichtungslagers Belzec und Inspekteur aller Vernichtungslager der „Aktion Reinhardt". Diese personellen Verbindungen hatten erhebliche Auswirkungen auf die Strafverfolgung nach 1945. Vgl. Noack, NS-Euthanasie und internationale Öffentlichkeit 2017, S. 9; Lilienthal, Von der „zentralen" zur „kooperativen Euthanasie" 2010, S. 102; Browning, Debatte 1998, S. 149; Rieß, Christian Wirth 2004; Rotzoll/Hohendorf/Fuchs, „Euthanasie"-Aktion T4 und ihre Opfer 2010, S. 14. Für Personenbeispiele vgl. Scharnetzky, Paul Rost und Helmut Fischer 2012; Scharnetzky, Horst Schumann 2012. Zu den Verbindungslinien: Friedlander, Von der „Euthanasie" zur „Endlösung" 2008.

[10] Vgl. Chroust, Innenansichten 1987.

lichkeit zum Tode verurteilt. Das Urteil wurde im März 1948 vollstreckt.[11] Ernst Rüdin, zentrale Persönlichkeit in der GDNP, wurde im November 1945 all seiner Ämter enthoben und zwischen Dezember 1945 und August 1946 inhaftiert. Er galt zwar immer noch als bedeutender Forscher, verlor aber, auch aufgrund seines fortgeschrittenen Alters, vollständig seinen Einfluss und spielte nach seiner Haftentlassung keine Rolle mehr in der Psychiatrie.

Dennoch erschreckt das immense Ausmaß ideengeschichtlicher und personeller Kontinuitäten über 1945 hinweg, blieb doch der Großteil der Gutachter des Krankenmordes und der GzVeN-Beisitzer von strafrechtlichen Verfolgungen unbehelligt. Wenn kritische Zeitgenossen in den 1950er Jahren die „Restauration" in der Bundesrepublik anprangerten, dann skandalisierten sie damit auch die Wiedereinsetzung NS-belasteter Eliten in Führungspositionen aller Lebensbereiche und beklagten die scheinbar bruchlose Rückkehr der Deutschen zur Normalität. Dieses Eindrucks kann man sich auch heute noch rückblickend nicht erwehren. Hierbei ist aber zu berücksichtigen, dass dies in der unmittelbaren Nachkriegszeit noch nicht absehbar war. Dass es keine ungebrochene (!) personelle Kontinuität gab, ist für die Geschichte der psychiatrischen Fachgesellschaften nicht zu vernachlässigen. Meine im Folgenden zu belegende Hypothese besagt, dass sich der starke Zusammenhalt der Nachkriegsnetzwerke durch die gegenseitige Unterstützung bei der Rehabilitierung und Entnazifizierung in der Zusammenbruchsgesellschaft erklären lässt. Deshalb soll die individuelle und kollektive Bedrohungslage der zukünftig führenden Psychiater genauer in den Blick genommen werden. Hauptsächlich konzentriere ich mich dabei auf Ernst Kretschmer, Friedrich Panse, Friedrich Mauz, Hans Bürger-Prinz, Werner Villinger, Jürg Zutt, Karl Leonhard und Rudolf Lemke – und damit auf die zentralen Akteure der Reorganisation der GDNP und die prägenden Persönlichkeiten der (nationalen) psychiatrischen Fachgesellschaften in beiden deutschen Staaten.

3.2.1 Karl Bonhoeffer

Beginnen will ich jedoch mit Karl Bonhoeffer (1868–1948)[12]. Er war auf mehreren Ebenen prädestiniert für eine bedeutende Rolle in der deutschen Nachkriegspsychiatrie. Er war international anerkannt; bis zu seiner Emeritierung 1936 war er Ordinarius für Psychiatrie und Neurologie an der Friedrich-Wilhelms-Universität Berlin und hatte

---

[11]Vgl. Schmuhl, GDNP 2016, S. 401.

[12]Medizinstudium in Tübingen, Berlin und München; Approbation 1892. Anschließend fünfjährige Assistenzarztzeit bei Carl Wernicke in Breslau; 1898 Leitung der städtischen Beobachtungsstation für geisteskranke Straffällige in Breslau. Ruf nach Königsberg 1903, 1904 wurde er Nachfolger des nach München berufenen Emil Kraepelin in Heidelberg. Er kehrte aber noch im selben Jahr als Nachfolger Wernickes nach Breslau zurück. 1912 Berufung nach Berlin. Dort wurde er 1938 emeritiert. Sein Nachfolger wurde Maximinian de Crinis. Zum Lebenslauf vgl. Beddies, Karl Bonhoeffer 2009, S. 47; Neumärker, Karl Bonhoeffer 2017.

damit Deutschlands bedeutendsten Lehrstuhl innerhalb des Faches besetzt. Von 1919 bis 1934 war er Vorsitzender des Deutschen Vereins für Psychiatrie[13], von 1912 bis 1938 Herausgeber der Monatsschrift für Psychiatrie und Neurologie.[14] Seine Aussagen und Ansichten hatten über Jahrzehnte hinweg großes Gewicht, auch in Regierungskreisen, was ihn zudem standespolitisch zu einem einflussreichen Akteur machte.[15] Er galt nach dem Kriegsende als integre Persönlichkeit, die nicht durch den Nationalsozialismus desavouiert worden war und mit der an die „guten" medizinischen Traditionen angeknüpft werden könnte.[16] Zwei seiner Söhne und zwei seiner Schwiegersöhne waren vom NS-Regime nach dem gescheiterten Attentat auf Adolf Hitler vom 20. Juli 1944 hingerichtet worden.[17] Seine Distanz zum Nationalsozialismus stand damit im Nachkriegsdeutschland außer Frage.

Karl Bonhoeffer verstarb 1948, noch bevor eine neue Fachgesellschaft der Psychiater gegründet werden konnte. Jürg Zutt ehrte ihn in seinem Nachruf nicht nur als produktiven Wissenschaftler und Kliniker, sondern auch als Gesamtpersönlichkeit. Bonhoeffers Leiden im Nationalsozialismus nahm dabei einen großen Raum ein:

„Die letzten Jahre seines Lebens wurden gezeichnet durch die Auseinandersetzung mit den unheilvollen politischen Kräften, die entfesselt, alle Bereiche des Lebens ergriffen und Deutschland schließlich ins Unglück gestürzt haben. Bonhoeffer zog sich nicht in die Neutralität einer objektiven Wissenschaft zurück. Er war ergriffen von den Geschehnissen, vorsichtig in seinem Urteil, aber klar in seiner Entscheidung. Wohl sah er das oft Verwirrende der Entwicklung, wie Böses und Gutes raffiniert gemischt wurden. Sein Sohn Dietrich hat das die Maskerade des Bösen genannt. Aber daß er den überheblichen Lärm, die hohlen Phrasen, die geistige Enge und Heftigkeit, die Verlogenheit, die bedenkenlose Verführung der Jugend und gar die unmenschliche Grausamkeit verabscheute und darunter litt, daß sie sich im Namen Deutschlands hemmungslos zeigen und verwirklichen durften,

---

[13]Vgl. Gerrens, Medizinisches Ethos 1996, S. 63–73. Bonhoeffers Schaffen in Berlin dargelegt in: Beddies, Universitätspsychiatrie 2004 und Beddies, Zwangssterilisation und „Euthanasie" 2008.

[14]Vgl. Gerrens, Medizinisches Ethos 1996, S. 73 f.

[15]Vgl. Pantel, Neurologie, Psychiatrie und Innere Medizin 1995, S. 89.

[16]Gerrens hebt allerdings hervor, dass Karl Bonhoeffer sich in den Diskussionen um Zwangssterilisation und „Euthanasie" weder mit religiösen noch mit ethischen Argumenten gegen diese positioniert habe. Das habe u. a. an dessen generellem Desinteresse für eugenische Fragen gelegen. Er war allerdings als sachverständiger Psychiater am und als Gutachter für das Erbobergericht in Berlin tätig. Ab 1940 förderte er einzelne Proteste gegen die „Euthanasie"-Aktion, ohne sich dabei jedoch zu exponieren. Vgl. Gerrens, Medizinisches Ethos 1996, S. 62, 78–109.

[17]Dietrich Bonhoeffer und Klaus Bonhoeffer sowie seine Schwiegersöhne Hans von Dohnanyi und Rüdiger Schleicher. Karl Bonhoeffers 1906 geborener Sohn Dietrich Bonhoeffer wurde als protestantischer Theologe und Mitglied in der Bekennenden Kirche im April 1943 verhaftet und kurz vor Kriegsende am 9. April 1945 im KZ Flossenbürg als Widerstandskämpfer erhängt. Am gleichen Tag wurde sein Schwiegersohn Hans von Dohnanyi, der Mann der Tochter Christine, im KZ Sachsenhausen erhängt. Ein weiterer Sohn, Klaus Bonhoeffer, sowie der Schwiegersohn Rüdiger Schleicher, der Mann der Tochter Ursula, wurden am 23. April 1945 von der SS in der Nähe des Lehrter Bahnhofs in Berlin erschossen.

stand nie in Frage. (...) Das Unglück, das allmählich, aber sicher heranzog, sah er nicht auf Grund irgendwelcher äußerer Berechnungen voraus, sondern aus der Erkenntnis der Verderblichkeit der Sache. (...) Als der große Zusammenbruch kam, begannen die Tage der schwersten und härtesten Prüfung, die Tage der bangen Hoffnung, ob einer von den 4 Söhnen und Schwiegersöhnen zu den Eltern, zur Familie, zu den Kindern zurückkomme. Und alle diese Hoffnungen wurden enttäuscht."[18]

Zutt ehrte mit Bonhoeffer einen der wenigen deutschen Nervenärzte, der „mit seiner Familie zu denen gehört hatte, die in dunkelsten Zeiten unserer Geschichte für die Ehre des deutschen Namens Opfer gebracht haben".[19] Auch in den nachfolgenden Jahren galt Bonhoeffer als eines der Aushängeschilder der deutschen Medizin. Er habe, so der Psychiater Georg Stertz[20] (1878–1959) 1956, die Schwierigkeiten, die sich nach der „Machtergreifung" ergaben, mit souveräner Ruhe beherrscht. „Er ließ sich nichts abnötigen, was gegen sein ärztliches Gewissen ging, und er hat z. B. weder ein Hitler-Bild aufgehängt noch selbst jemals einen Patienten als erbkrank gemeldet. Auf die betreffende Gesetzgebung hatte er nach der ‚Machtergreifung' keinen Einfluß mehr".[21] Er bot sich in Ost- wie in Westdeutschland als Vorzeigeperson an, um an scheinbar unbelastete medizinische Traditionen anzuknüpfen.

Karl Bonhoeffer steht hier am Beginn der Darstellung, weil er nach Kriegsende eine wichtige Leitfigur in der Psychiatrie und eine typische Gestalt der unmittelbaren Nachkriegszeit war. Die westlichen Alliierten brauchten Personen, die nicht für jedermann offensichtlich durch den Nationalsozialismus diskreditiert waren; doch exponierte Widerstandskämpfer hatten den Krieg meist nicht überlebt, waren emigriert oder kamen aufgrund ihrer radikalen politischen Ansichten als Verbündete nicht infrage. Sie wären wohl auch großen Teilen der deutschen Bevölkerung nicht zu vermitteln gewesen. Das galt in gewisser Weise auch in der sowjetischen Besatzungszone. Auch dort konnte man beim Aufbau der neuen Gesellschaft nicht auf die alten Fachleute verzichten. So kam es in allen Besatzungszonen zu einer Renaissance patriarchaler (Groß-)Vaterfiguren, wie sie am prominentesten wohl Konrad Adenauer, Jahrgang 1876, verkörperte. Dieser Gruppe von Männern, die das Renteneintrittsalter meist schon deutlich überschritten hatten, sollten das Zusammenspiel von Tradition und Neuanfang bewerkstelligen. Sie hatten bereits Erfahrungen mit Kriegsniederlagen und den damit einhergehenden politischen

---

[18]Zutt, Nachruf Bonhoeffer 1949, S. 244. Zutt veröffentlichte später auch Bonhoeffers Lebenserinnerungen: Bonhoeffer, Lebenserinnerungen 1969.

[19]Zutt, Nachruf Bonhoeffer 1949, S. 244.

[20]Medizinstudium in Freiburg, München und Breslau. Berufung auf Lehrstühle in Marburg (1921) und Kiel (1926). Weil seine Ehefrau nach den Rassengesetzen Jüdin war, wurde er 1937 emeritiert. Nach dem Zweiten Weltkrieg wurde er Leiter der Psychiatrischen Klinik der Universität München und später dort auch Professor für Psychiatrie und Nervenheilkunde. In der psychiatrischen Fachgesellschaft spielte er keine Rolle. Vgl. Hippius u. a., Psychiatrische Klinik 2005, S. 131–140; Uhlig, Vertriebene Wissenschaftler 1991.

[21]Stertz, Karl Bonhoeffer 1956, S. 19.

Herausforderungen gemacht. In allen gesellschaftlichen Teilbereichen war diese Gruppe von großer Bedeutung. Auch Karl Bonhoeffer, Jahrgang 1868, – der 1945 in seinem hohen Alter die Arbeit als Psychiater vor allem aus ökonomischen Gründen wieder aufnahm – kann man zu dieser Gruppe zählen.

Karl Bonhoeffer war jener zentrale Knotenpunkt des Netzwerkes gewesen, das bis 1935 die Geschicke des *Deutschen Vereins für Psychiatrie* maßgeblich bestimmt hatte, bevor es durch das Netzwerk um Ernst Rüdin in den Hintergrund gedrängt worden war.[22] Bonhoeffer knüpfte 1945 rasch Kontakte zu Psychiatern aus allen vier Besatzungszonen und war bei der Etablierung von Fachzeitschriften eine Schlüsselfigur.[23] Seine persönlichen Eindrücke der Zusammenbruchgesellschaft hat er einem breiten Fachpublikum zugänglich gemacht und dabei versucht, diese mit zentralen psychiatrischen Forschungsfragen zu verknüpfen. Seine Ausführungen sind einen genaueren Blick wert, denn in ihnen fragte Karl Bonhoeffer ganz grundsätzlich nach der psychischen Belastbarkeit des Menschen und verglich die psychopathologischen Folgen der beiden Weltkriege. Er traf dabei auch Aussagen darüber, wie mit der Situation im zerstörten Nachkriegsdeutschland umzugehen sei.

Für Karl Bonhoeffer war – das verdeutlichte er in der ersten Ausgabe des *Nervenarzt* 1947 – die unmittelbare Nachkriegszeit geprägt durch eine allgemeine psychische Überforderung. Gesamtgesellschaftlich seien, so Bonhoeffer, die „Rückführung der Auslandsdeutschen", eine „Überschwemmung mit ausländischen Arbeitern" und die zahlreichen „Flüchtlinge aus dem Osten" zu verarbeiten. Und dies alles obendrein vor dem Hintergrund einer zerrütteten „körperliche[n] und geistige[n] Gesundheit des Volkes". Die „üblichen Kriegsschädigungen", so Bonhoeffer, infolge von körperlicher Überanstrengung, Schlafmangel, Hunger, Kälte und Infektionen seien im Ausmaß mit denen des Ersten Weltkriegs vergleichbar. Doch die „emotionalen Einwirkungen" seien aufgrund der diesmal noch längeren Kriegsdauer, „im Gefolge der schweren Waffen und des unvergleichlich stärkeren Einsatzes der Luftwaffe eindringlicher und vor allem in dem letzten Jahr des Rückmarsches auch besonders bedrückender Art".[24]

> „Wenn man vergleicht, was heute in der Bevölkerung zu beobachten ist, so sind die subjektiven Klagen über die verminderte Leistungsfähigkeit und ihre Ursachen im wesentlichen dieselben. Der Unterschied gegen damals ist nur quantitativer Art. Die Klagen über Rückgang des Gedächtnisses, der Merkfähigkeit und des Konzentrationsvermögens sind ziemlich allgemein. Man hat es nötig, sich Notizen zu machen, um nichts zu vergessen, die Zeit wird mit Suchen nach verlegten Gegenständen zugebracht, es bestehen Schwierigkeiten in der Namen- und Wortfindung, auch schon bei verhältnismäßig Jugendlichen, Ermüdbarkeit schon am Morgen und öfters auftretendes Schlafbedürfnis, gesteigerte Reizbarkeit

---

[22]Vgl. Schmuhl, GDNP 2016; Martin/Karenberg/Fangerau, Neurologie und Neurologen 2016. Zu Bonhoeffers Leben im Nationalsozialismus vgl. Bonhoeffer, Lebenserinnerungen 1969, S. 99–107.

[23]Vgl. Neumärker, Karl Bonhoeffer 2017, S. 300–312. Zu seinen Schülern gehörten Walter Betzendahl, Gottfried Ewald, Dietfried Müller-Hegemann, Friedrich Panse, Kurt Pohlisch, Heinrich Schulte, Hanns Schwarz, Erwin Straus, Johannes Suckow, Rudolf Thiele und Jürg Zutt.

[24]Bonhoeffer, Vergleichende psychopathologische Erfahrungen 1947, S. 2 f.

findet sich wohl noch ausgesprochener als damals. Vasomotorische Erscheinungen, Absterben der Glieder, nächtliches Schwitzen, Amenorrhoe sind alltägliche Erscheinungen. Auch in der Öffentlichkeit tritt Erschöpfung und affektive Veränderung allgemeiner hervor als damals. In den Bahnen findet man zu jeder Tageszeit schlafende Männer und Frauen, eine allgemeine Mattigkeit der Stimmung, fehlendes Mitteilungsbedürfnis, leichte Explosivität bei geringfügigen Anlässen in den überfüllten Zügen, mürrische, abgemagerte, blasse Gesichter, unliebenswürdiges, gereiztes Verhalten, Unlust zu antworten beim Publikum und dem angestellten Personal. Selten mehr hört man einen erlösenden schnoddrigen Berliner Witz in der dumpfen Atmosphäre."[25]

So bedrückend dieser Eindruck war, die beschriebenen Auswirkungen des Zweiten Weltkriegs machten es möglich, endlich auch jene Frage zu klären, die drei Jahrzehnte zuvor die Gemüter der Psychiater so erregt hatte: Was waren psychische Kriegsfolgen, was Simulation und was nur eine Reaktion, die auf eine ohnehin schwächliche Konstitution zurückzuführen war?[26]

Schwere Schädigungen, bislang ungekannten Ausmaßes, beobachtete Bonhoeffer bei der Zivilbevölkerung der großen Städte. Ihre Reaktionen auf die Flugzeugangriffe zeigten für ihn, dass die bei Soldaten im Ersten Weltkrieg gehäuft aufgetretenen „Schreckpsychosen" als hysterische Reaktionen zu werten seien. Denn von der Zivilbevölkerung bekam man zwar die „unmittelbaren schreckneurotischen Erscheinungen sehr häufig geschildert", begegnete aber nicht „den länger dauernden hysterischen Dämmerzustandsbildern". Das bedeutete für Bonhoeffer im Umkehrschluss, dass die betroffenen Soldaten im Ersten Weltkrieg in die Krankheit geflüchtet seien, um sich vor dem Frontdienst zu drücken. Bestätigt werde diese Vermutung dadurch, so Bonhoeffer, dass es „bei der Truppe" im Zweiten Weltkrieg trotz der im Vergleich zum Kampfverlauf im Ersten Weltkrieg härteren Bedingungen nicht zur Vermehrung „eigentlicher Psychosen" gekommen sei. Die Toleranz der menschlichen Psyche gegenüber Erschöpfungseinflüssen sei – eine Annahme, die in der Wiedergutmachungsdebatte noch Bedeutung gewinnen sollte – „eine fast absolute". Allein die Folterungen der KZ-Insassen, die „unmenschlichen und widerlichen Quälereien", überstiegen „die psychische Toleranz".[27]

---

[25]Ebd., S. 4. Deprimierende Bilder für diese gesamtgesellschaftlichen Erscheinungen hat Wolfgang Borchert in seinem Drama *Draußen vor der Tür* (1947) gefunden. Hierzu vgl. Jähner, Wolfszeit 2020, S. 111 f.

[26]In diesem Forschungs- und Politikfeld hatte sich nach dem Ersten Weltkrieg auch der damals noch junge Friedrich Panse als Gutachter traumatisierter Soldaten („Kriegsneurotiker") etabliert. Vgl. Rauh/Prüll, Krank durch den Krieg? 2015.

[27]Bonhoeffer, Vergleichende psychopathologische Erfahrungen 1947, S. 3. Bonhoeffer hatte bereits 1934 eine „frontnahe Psychiatrie" für den kommenden Krieg gefordert. Vgl. Ebbinghaus, Soldatenselbstmord 1997, S. 491. Ähnlich wie Bonhoeffer 1947 argumentierte 1952 auch Panse, Angst und Schreck 1952. Zur Psychiatrie der Kriegsheimkehrer vgl. Goltermann, Gesellschaft der Überlebenden 2009, S. 165–272. Bemerkenswert ist, dass mit den KZ-Häftlingen eine Opfergruppe benannt wurde, die schon kurz darauf wieder aus dem Blickwinkel der deutschen Psychiater verschwand. Sie sollte erst in den 1960er Jahren in Gestalt der „Psychiatrie der Verfolgten" wiederauftauchen.

Der Blick zurück auf die beiden Weltkriege mündete bei Karl Bonhoeffer in einer gesamtgesellschaftlichen Diagnose und Prognose. Besorgt war er ob des „Ausfall[s] von mehreren Millionen gesunder Männer einerseits, und [des] Überleben[s] großer Zahlen von im Kriege ungeschädigten ihm ferngebliebenen (...) Psychopathen". Die Auswirkungen auf die durchschnittliche psychische „Qualitätsverschlechterung" sei momentan noch nicht zu ermessen, es handele sich aber zweifelsfrei um eine „bevölkerungspolitisch wichtige Frage".[28]

> „Wenn man bedenkt, daß innerhalb eines Menschenalters das deutsche Volk zweimal von einer solchen kontraselektorischen Katastrophe betroffen worden ist, wird man besorgt, ob es sich um einen überhaupt noch ausgleichbaren qualitativen Erbgutverlust handelt. Eine Hoffnung liegt vielleicht darin, daß dem Erbgut der gesunden Frau, für die der Krieg ja keine in diesem Sinne maligne Auslese bedeutet hat, eine regenerative Bedeutung zukommt. Dazu wird es aber einer sehr langen Friedenszeit bedürfen und man wird sich bewußt sein müssen, daß an die körperliche und geistige Leistungsfähigkeit der Frauen keine Über-forderungen gestellt werden dürfen, die ihre generativen Organe schädigen."[29]

Der Nachhall des bevölkerungspolitischen Diskurses und erbbiologischer Grundüber-zeugungen sind in diesen Äußerungen deutlich zu vernehmen.[30] Das schien Bonhoeffer mehr umzutreiben als die NS-Medizinverbrechen. Im gesamten Artikel wird die „Euthanasie" völlig ausgeblendet, ja, durch die Betonung der kontraselektorischen Auslese des Krieges sogar geleugnet. Das ist auch deswegen bemerkenswert, weil der Artikel am 01.01.1947 erschien, also zu einem Zeitpunkt, an dem der Autor zwar Beobachtungen aus den ersten Sitzungen des Nürnberger Ärzteprozesses (9. Dezember 1946–20. August 1947) wohl nicht mehr in den Text integrieren konnte, doch zumindest grundsätzliche Fragen nach Schuld und Verantwortung hätte stellen können. Darauf jedoch verzichtete Bonhoeffer im zentralen Publikationsorgan der Psychiater und Neurologen.[31]

---

[28]Bonhoeffer, Vergleichende psychopathologische Erfahrungen 1947, S. 4.

[29]Ebd. In einem anderen Text aus dieser Zeit stellte Bonhoeffer einen direkten Zusammenhang zwischen dem „schweren Aderlaß an Menschengut" im Ersten Weltkrieg und dem Aufstieg des Nationalsozialismus und dessen Massengefolgschaft her: Die gesunde und zukunftsversprechende Jugend sei gefallen, unter den Überlebenden seien demgegenüber übermäßig viele „psycho-pathische Individuen" gewesen. Vgl. Bonhoeffer, Führerpersönlichkeit und Massenwahn 1969, ursprünglich 1947, Zitate S. 113, 114.

[30]Mit seinen Aussagen lag Bonhoeffer durchaus im Einklang mit dem Zeitgeist. Vgl. Mackensen/ Reulecke/Ehmer, „Bevölkerung" 2009.

[31]Zu den Nachkriegsaktivitäten Bonhoeffers vgl. Gerrens, Medizinisches Ethos 1996, S. 109–114.

3.2.2 Exkurs I – Alexander Mitscherlich und der Nürnberger Ärzteprozess (1946/47)

Die deutschen Kriegsverbrechen waren den Alliierten bereits seit der Kriegsmitte bekannt.[32] Ihr ganzes Ausmaß wurde aber erst nach und nach deutlich. Besonders verstörend waren die Eindrücke und Beweise aus den befreiten Lagern. In diesem Zusammenhang wurden auch die Medizinverbrechen, allen voran die Menschenversuche, einer größeren internationalen Öffentlichkeit bekannt. Sie riefen schon im Frühjahr 1945 weltweite Empörung hervor.[33]

Da die Alliierten wussten, dass in Deutschland massenhaft psychisch Kranke umgebracht worden waren und teils noch wurden, inspizierten ihre Truppen unverzüglich nach dem Einmarsch die psychiatrischen Einrichtungen. Sie dokumentierten den Gesundheitszustand der Patient/-innen und die Leichenfunde.[34] Zügig begannen polizeiliche und richterliche Ermittlungen in allen vier Besatzungszonen. In der internationalen Presse wurde insbesondere über Hadamar berichtet – eine Anstalt, deren Funktion den Alliierten bis dahin unbekannt geblieben war.[35] Die Presseberichte spiegeln den zeitgenössischen Kenntnisstand wider und offenbaren Wissenslücken und Interpretationsfehler. Die Journalisten griffen nämlich die Entlastungsversuche des Anstaltspersonals auf und vermischten in Unkenntnis der tatsächlichen Abläufe Informationen über die unterschiedlichen Stadien der NS-„Euthanasie". Manche Angaben waren – wie wir heute wissen – schlicht falsch: Wie schon in den britischen Flugblättern aus der Kriegszeit, wurden die Haupt-Opfergruppen nicht korrekt wiedergegeben[36] und über die Patient/-innentötungen nach dem Ende der „Aktion T4" war offenkundig so gut wie nichts Genaueres bekannt. Doch auch wenn der Fokus auf bestimmte NS-Medizinverbrechen in mancherlei Hinsicht nicht den tatsächlichen Geschehnissen entsprach, rückte zumindest durch die Berichterstattung die „Aktion T4" ins öffentliche Bewußtsein und damit auf die Liste der zu ahndenden Verbrechen.[37]

---

[32]Schon 1943 wurde die United Nations War Crimes Commission gegründet, die mehrere Tausend mutmaßlicher Täter identifizierte. Bis Februar 1948 sammelte sie Informationen zu über 36.000 Personen, die Kriegsverbrechen verdächtigt oder beschuldigt wurden oder die als Zeugen dieser Verbrechen gesucht wurden. Vgl. Frei, Nach der Tat 2006, S. 11. Zur Vorgeschichte vgl. auch: Ebbinghaus, Mediziner vor Gericht 2008, S. 203.

[33]Vgl. Jarausch, Umkehr 2004, S. 14.

[34]Vgl. Schweizer-Martinschek, Strafverfolgung 2018, S. 55.

[35]Vgl. Noack, NS-Euthanasie und internationale Öffentlichkeit 2017, S. 7. Zur Anstalt Hadamar vor, in und nach der „Euthanasie" vgl. George u. a., Hadamar 2006.

[36]Vgl. Noack, NS-Euthanasie und internationale Öffentlichkeit 2017, S. 8.

[37]Die Zwangssterilisationen galten mehrheitlich als unproblematisch. Vgl. Noack, NS-Euthanasie und internationale Öffentlichkeit 2017, S. 12.

Nachdem der von allen vier Besatzungsmächten zusammen durchgeführte Prozess gegen die als Hauptkriegsverbrecher benannten Personen und als verbrecherisch eingestuften Organisationen vor dem Internationalen Militärgerichtshof in Nürnberg beendet war, wurden zwischen 1946 und 1949 mehrere berufsgruppenspezifische Nachfolgeprozesse geführt. In den insgesamt zwölf Gerichtsverfahren, die jetzt unter alleiniger Verantwortung der amerikanischen Besatzungsmacht standen, wurden Urteile gegen Juristen, Industrielle, Militärs, SS- und Polizeiangehörige, Diplomaten, Ärzte sowie gegen Minister und Regierungsfunktionäre angestrengt.[38]

Der Nürnberger Ärzteprozess[39] war der erste der Nachfolgeprozesse. In ihm saßen SS- und Lagerärzte, Institutsleiter sowie Funktionäre und Verwaltungsbeamte auf der Anklagebank. Im Prozess wurde auch die „Euthanasie" an Erwachsenen und Kindern sowie die Zwangssterilisationen von „Erbkranken", „Asozialen" und „Kriminellen" verhandelt. Angeklagt waren mit Viktor Brack (1904–1948) und Karl Brandt auch zwei der federführend für die „T4-Aktion" Verantwortlichen, bei zwei weiteren Angeklagten – Kurt Blome (1894–1969) und Waldemar Hoven (1903–1948) – spielte die Beteiligung an der „Euthanasie" ebenfalls eine Rolle.[40] Allerdings standen im Mittelpunkt des Prozesses nicht die „Euthanasie"-Verbrechen, sondern vielmehr die grausamen, oft tödlichen medizinischen Experimente an KZ-Insassen und Kriegsgefangenen.[41] Nach 139 Verhandlungstagen wurden im Sommer 1947 sieben Angeklagte zum Tode und neun Angeklagte zu teils lebenslänglichen Freiheitsstrafen verurteilt. Sieben Angeklagte wurden freigesprochen, drei von ihnen aufgrund nicht ausreichender Beweise, ein weiterer aufgrund mangelhafter Anklage. Die zum Tode Verurteilten – unter ihnen auch Karl Brandt und Viktor Brack – wurden nach dem Abschluss aller Revisionen am 2. Juni 1948 gehängt.[42] Zu einer grundsätzlichen Ablehnung gegenüber eugenischen Zielsetzungen und Praktiken konnte sich das Gericht in seinem Urteilsspruch indes nicht

---

[38]Insgesamt wurden in den 13 „Nürnberger Prozessen" zwischen Oktober 1945 und April 1949 mehr als 200 hochrangige Vertreter des NS-Regimes zur Rechenschaft gezogen. Ziel war es aber nicht nur, Einzelpersonen zu verurteilen, in den Prozessen sollte auch die Struktur des NS-Staates und das Zusammenwirken unterschiedlicher Funktionsträger gezeigt werden. Vgl. Fischer/Lorenz, Lexikon der „Vergangenheitsbewältigung" 2007, S. 22 f.

[39]Kurz dargestellt in: Weinke, Nürnberger Prozesse 2006, S. 63–68. Der politisch-rechtliche Rahmen dieser Prozesse dargestellt in ebd., S. 59–63; Dörner/Ebbinghaus, Vernichten und Heilen 2002; Dörner, Selbstverständnis 2002.

[40]Vgl. Weindling, Gerechtigkeit 2001, S. 312. Zur Anklageschrift und zur Verteidigungsstrategie vgl. Ebbinghaus, Einleitung 2000.

[41]Verhandelt wurden u. a. die Höhen- und Unterkühlungsversuche, die Experimente mit Malaria, Senfgas, Sulfonamid, Fleckfieber, Tuberkulose und Gelbsucht. Vgl. Weinke, Nürnberger Prozesse 2006, S. 66; Ebbinghaus, Mediziner vor Gericht 2008, S. 217–221; Fischer/Lorenz, Lexikon der „Vergangenheitsbewältigung" 2007, S. 23.

[42]Vgl. Ebbinghaus, Mediziner vor Gericht 2008, S. 220 f.; Fischer/Lorenz, Lexikon der „Vergangenheitsbewältigung" 2007, S. 206.

durchringen. Die Eugenik und die Zwangssterilisationen wurden kaum thematisiert.[43] Der Prozess belegte aber, wie sich Ärzte mit den erb- und rassebiologischen Zielen der NS-Gesundheits- und Bevölkerungspolitik identifiziert und wie sie bei deren Umsetzung selbst die Initiative ergriffen hatten. Er brachte zudem den Nachweis, dass „T4" und „Endlösung" auf personeller und organisatorischer Ebene in Verbindung standen.[44]

Von den Ergebnissen des Nürnberger Ärzteprozesses waren die Ärztekammern der Westzonen enttäuscht. Denn die Richter und Beisitzer gingen in ihrer Verhandlungsführung und ihren Urteilssprüchen nicht davon aus, dass es sich bei den Anklagepunkten bloß um Fehlverhalten einzelner Mediziner gehandelt hatte.[45] Die berufsständischen Vertreter der deutschen Ärzteschaft hatten die vollständige Entlastung ihres Berufsstandes erhofft und befürchteten nun neben Ansehensverlust auch eine Zerrüttung des Vertrauensverhältnisses zwischen Arzt und Patient. Diese Klagen dürfen indes nicht darüber hinwegtäuschen, wie erfolgreich die Vertreter der deutschen Ärzteschaft damit gewesen waren, die ärztlichen Organisationen – zu denen auch die GDNP gehörte – „aus allem Gerede" herauszuhalten. Die deutschen medizinischen Fakultäten unterstützten diese vergangenheitspolitische Strategie.[46] Anlässlich des Endes des Nürnberger Ärzteprozesses verfassten sie eine Resolution, die die Humanexperimente als unwissenschaftlich brandmarkte und die NS-Medizinverbrechen als Aktionen Einzelner abtat. „Die Welt", so formulierten sie, habe sich im Prozess davon „überzeugen können, daß deutsche Ärzte nicht anders denken, empfinden und handeln als die Ärzte anderer Kulturstaaten".[47]

Die semantische Umdeutung der Vergangenheit schritt voran. Einzelne Taten, Täterinnen und Täter wurden als un- oder pseudowissenschaftlich markiert und damit aus der seriösen Wissenschaft ausgeschlossen. Durch die Behauptung dieser Dichotomie zwischen Nationalsozialismus und Wissenschaft wurde suggeriert, dass eine eindeutige Unterscheidung zwischen wissenschaftlich einwandfreien und ideologisch verblendeten Forschern möglich war.[48]

Heute sind die Berichte von Alexander Mitscherlich (1908–1982) sicherlich die am weitesten verbreitete Dokumentationen vom Nürnberger Ärzteprozess. Sie prägten in den 1960er Jahren eine ganze Generation.[49] Mitscherlich, in den späteren Jahren Leit-

---

[43]Volker Roelcke hat darauf hingewiesen, dass sich auch der Nürnberger Kodex bezeichnenderweise auf die Forschung am Menschen bezog, nicht aber die „Euthanasie" und eugenisch motivierte Eingriffe in die menschliche Reproduktion umfasste. Vgl. Roelcke, Deutscher Sonderweg? 2010, S. 54 f.

[44]Vgl. Reichel, Vergangenheitsbewältigung 2003, S. 60.

[45]Vgl. Jachertz, Phasen 1997, S. 275 und 277. Weinke, Nürnberger Prozesse 2006, S. 65 f.

[46]Allgemein zu den Reaktionen auf den Ärzteprozess: Weindling, Ärzte als Richter 1996. In der deutschen Öffentlichkeit wurden die Nachfolgeprozesse allerdings kaum wahrgenommen. Vgl. Fischer/Lorenz, Lexikon der „Vergangenheitsbewältigung" 2007, S. 23.

[47]Zitiert nach: Grundmann, Zusammenbruch und Neubeginn 2001, S. 665.

[48]Vgl. Schleiermacher/Schagen, Medizinische Forschung als Pseudowissenschaft 2008.

[49]Vgl. Freimüller, Flaschenpost 2010.

figur der deutschen Psychoanalyse und treibende Kraft hinter der Etablierung der Psychosomatik, gilt auch wegen dieser Veröffentlichungen als Aushängeschild seiner Generation und als politischer Intellektueller.[50] Der junge Heidelberger Arzt und Privatdozent war von den Vorständen der regionalen *Ärztekammern* als Leiter einer Delegation zur Prozessbeobachtung nach Nürnberg geschickt worden.[51] Die Präsidenten der Ärztekammern versprachen sich von einer ärztlichen Berichterstattung über den kommenden Prozess, den Eindruck einer Kollektivschuld der deutschen Ärzteschaft zu zerstreuen.[52] Die Wahl war auf Mitscherlich gefallen, weil er aus der NS-Zeit politisch unbelastet war. Mitscherlich selbst hatte schon als Beobachter am Nürnberger Hauptkriegsverbrecherprozess teilnehmen wollen, dies war ihm aber verwehrt geblieben.[53] Nun aber leitete er eine insgesamt sechsköpfige Ärztekommission, zu der auch Alice von Platen-Hallermund (1910–2008)[54] und der damalige Medizinstudent Fred Mielke (1922–1959)[55] gehörten.[56]

Im Zentrum des Gerichtsverfahrens stand jedoch nicht die „Euthanasie". Von den insgesamt 23 Angeklagten wurden mit Karl Brandt und Viktor Brack nur zwei der Hauptverantwortlichen für die NS-„Euthanasie" zur Rechenschaft gezogen und zum Tode verurteilt.[57] Brandt und Brack hatten erfolglos versucht zu erklären, dass ihr Beweggrund nur „tiefstes Mitleid" gewesen sei, sie also keine Verbrechen begangen, sondern nur schwerkranke Personen „erlöst" hätten. Auch überzeugte die Richter nicht, dass das „Euthanasie"-Programm aufgrund des Ermächtigungsschreibens Hitlers eine Rechtsgrundlage gehabt habe.[58]

---

[50]Vgl. Müller/Ricken, Mitscherlichs „politische" Psychoanalyse, 2004; Freimüller, Psychoanalyse und Protest 2008; Freimüller, Gesellschaftsdiagnosen und Psychoanalyse 2007; Freimüller, Verdrängung und Bewältigung 2008. In ihrer Entstehungszeit waren die Publikationen jedoch keinem größeren Publikum bekannt. Das änderte sich erst 1960 mit der Neuauflage unter dem Titel *Medizin ohne Menschlichkeit*. Vgl. Peter, Dokumentation 2015, S. 35–46.

[51]Vgl. Weinke, Nürnberger Prozesse 2006, S. 65. Zu Mitscherlich und zur *Deutschen Ärztekommission* vgl. Hoyer, Getümmel 2008, S. 376–415; Schmuhl, Rassenhygiene, Nationalsozialismus, Euthanasie 1987, S. 12 f.; Stöckel, Psychotherapie als Reformbewegung 2013, S. 317 f.; Schleiermacher/Schagen, Medizinische Forschung als Pseudowissenschaft 2008, S. 267–271.

[52]Vgl. Dehli, Leben 2007, S. 148, 150 f.

[53]Vgl. Hoyer, Getümmel 2008, S. 378 f.

[54]Vgl. Platen-Hallermund, Tötung Geisteskranker 1948. Zu Platen vgl. Hoyer, Getümmel 2008, S. 389–391; Peter, Ärzteprozeß 1994, S. 90–95.

[55]Zu Fred Mielke vgl. Peter, Ärzteprozeß 1994, S. 104–108; Mitscherlich, Leben 1983, S. 147 f.

[56]In seinen Lebenserinnerungen berichtet Mitscherlich darüber, dass ihn bereits zu diesem Zeitpunkt klar gewesen sei, dass „mit der Annahme dieser Aufgabe meine akademische Karriere als beendet angesehen werden dürfte". Mitscherlich, Leben ²1983, S. 144. Zur Zusammensetzung der Ärztekommission vgl. Dehli, Leben 2007, S. 148.

[57]Vgl. Schweizer-Martinschek, Strafverfolgung 2018, S. 58. Der Prozess beleuchtete zum ersten Mal auch Tatkomplexe wie die „Aktion 14f13". Diese Ermittlungen ermöglichten weitere Prozesse.Vgl. ebd., S. 59 f.

[58]Vgl. Ebbinghaus, Mediziner vor Gericht 2008, S. 2123 f., Zitat S. 223.

Für Mitscherlich zeigte sich im Prozess weniger die immense Schuld Einzelner als eine weitverbreitete „Mentalität der Unmenschlichkeit".[59] Noch während des laufenden Prozesses, im März 1947, veröffentlichten Mitscherlich und Mielke einen Zwischenbericht unter dem Titel *Das Diktat der Menschenverachtung*. Er erschien als kleine Broschüre in einem relativ unbekannten Verlag, nachdem die Redaktion der *Deutschen Medizinischen Wochenschrift* das Manuskript abgelehnt hatte. Die Schrift wurde unter Ärzten breit diskutiert, weil sich durch die im Bericht enthaltenen Vorwürfe viele persönlich diskreditiert und verunglimpft sahen. Hier werde, so der Vorwurf an die Autoren, der Ruf tadelloser und pflichtbewusster Ärzte beschädigt, ja die medizinische Forschung als Ganzes verunglimpft.[60] Der Bericht Mitscherlichs hatte ohnehin längst eine andere Funktion angenommen, wie der Medizinhistoriker Thomas Gerst zeigt. Denn als im September 1947 die erste Vollversammlung des *Weltärztebundes* in Paris ein Schuldbekenntnis der deutschen Ärzteschaft einforderte, ließ sich mithilfe des Berichts darauf verweisen, das nur eine Minderheit an den Verbrechen beteiligt gewesen war, man sich um Aufarbeitung bemühte und die eigene Rolle in den NS-Medizinverbrechen hinlänglich und abschließend geklärt habe.[61] Entsprechend fiel die Erklärung von Fred Mielke auf dem Stuttgarter Ärztetag 1948 aus: Nur eine „verschwindend gering[e]" Gruppe von Ärzten – er sprach von 300 bis 400 der insgesamt 90.000 deutschen Ärzte – sei an den Medizinverbrechen unmittelbar beteiligt gewesen.[62] Diese niedrige Zahl von „schwarzen Schafen" wurde anschließend immer wieder als Argument aufgegriffen und diente dazu, die deutsche Ärzteschaft als mehrheitlich unbeteiligt an den Verbrechen oder sogar als unpolitisches Opfer hinzustellen. Von nur wenigen hundert Tätern auszugehen, machte es auch möglich zu behaupten, sämtliche Schuldigen seien längst zur Rechenschaft gezogen. Fortan betrachtete der überwiegende Teil der Ärzte in Deutschland und Österreich die Medizinverbrechen als individuelle Einzeltaten.[63]

Die Bereitschaft, sich mit den Medizinverbrechen auseinanderzusetzen, sank anschließend weiter. Das zeigt die fehlende Resonanz auf den als Dokumentensammlung angelegten Abschlussbericht des Ärzteprozesses, der 1949 unter dem Titel *Wissenschaft ohne Menschlichkeit – Medizinische und eugenische Irrwege unter Diktatur, Bürokratie und Krieg* in einer hohen Stückzahl erschien. Die neu gegründete *Arbeitsgemeinschaft der Westdeutschen Ärztekammern* erwarb die Gesamtauflage, um sie kostenlos an alle Mitglieder weiterzureichen. Lange wurde vermutet, die Schrift sei absichtlich nicht absprachegemäß verteilt worden. Nach neueren Forschungen scheiterte die

---

[59]Hoyer, Getümmel 2008, S. 389.

[60]Vgl. Müller/Ricken, Mitscherlichs „politische" Psychoanalyse, 2004, S. 221–228; Weinke, Nürnberger Prozesse 2006, S. 67; Schleiermacher/Schagen, Medizinische Forschung als Pseudowissenschaft 2008, S. 268 f.; Dehli, Leben 2007, S. 1. Die Presseberichte zur Veröffentlichung wertet aus: Peter, Ärzteprozeß 1994, S. 131–149.

[61]Vgl. Gerst, Neuaufbau und Konsolidierung 1997, S. 208.

[62]Vgl. Weinke, Nürnberger Prozesse 2006, S. 67.

[63]Vgl. Reichel, Vergangenheitsbewältigung 2003, S. 60.

Verbreitung aber eher an der fehlenden Nachfrage aus der Ärzteschaft.[64] Die Reaktionen auf Alexander Mitscherlichs Berichte vom Nürnberger Ärzteprozess zeigen dann auch, wie schnell jene Apologeten, die das kollektive Beschweigen der Verbrechen auch in der Medizin für eine solide Grundlage der neu zu errichtenden Demokratie hielten, die Oberhand gewannen. Für Mitscherlich, der uns im Folgenden noch mehrmals begegnen wird, hatte seine Tätigkeit als Beobachter des Nürnberger Ärzteprozesses erhebliche Konsequenzen. Innerhalb der Humanmedizin wurde er über viele Jahrzehnte angefeindet. Fachkapazitäten verunglimpften ihn als „Nestbeschmutzer" und „Vaterlandsverräter".[65] Für die DGPN-Gremien war er – auch, weil er mit dem Vormarsch von Psychoanalyse und Psychosomatik in Zusammenhang gebracht wurde – über Jahrzehnte hinweg eine Art rotes Tuch.

3.2.3 Ernst Kretschmer

Ernst Kretschmer (1888–1964) galt in der Nachkriegszeit als „das Aushängeschild der deutschen Psychiatrie".[66] Bei Kriegsende 56 Jahre alt, war er im Deutschen Kaiserreich sozialisiert worden und hatte in der Weimarer Republik Weltruhm erlangt. Auch in den ersten Jahren nach dem Kriegsende gehörte er zu den vermeintlichen Lichtgestalten. Es gelang ihm, sich erfolgreich als Benachteiligter und sogar als Gegner des Nationalsozialismus zu inszenieren.[67] Auch internationale Fachkollegen hielten ihn für politisch völlig unbelastet.[68] Spätestens als er 1948 erster Nachkriegspräsident der GDNP wurde, war er der Profiteur des Zusammenbruchs des Personennetzwerks um Ernst Rüdin, dass die GDNP noch bis Mitte der 1940er Jahre geprägt hatte.[69]

---

[64]Vgl. Gerst, Ärzteprozeß 1994; Jachertz, Phasen 1997, S. 277 f.; Dehli, Leben 2007, S. 148, Hoyer, Getümmel 2008, S. 386–415. Der Bericht wurde auch in der Fachpresse nicht rezipiert. Vgl. Weinke, Nürnberger Prozesse 2006, S. 67.

[65]Vgl. Weinke, Nürnberger Prozesse 2006, S. 67; Müller/Ricken, Mitscherlichs „politische" Psychoanalyse, 2004, S. 228; Mitscherlich, Leben ²1983, S. 146.

[66]Müller, Kontinuitätssicherung 2007, S. 390.

[67]Vgl. Schmuhl, GDNP 2016, S. 402.

[68]Von der amerikanischen Militärregierung in Marburg wurde er daher auch in den für den Wiederaufbau zentralen Planungsausschuss der Universität berufen. Für den Schweizer Gustav Bally war Kretschmers „politische Stellung immer einwandfrei", was auch anderen Schweizer Kollegen wohl bekannt sei. Er gelte als Forscher, der der Verwendung der Genealogie- und Heredidätsforschung im Rahmen der „nazistischen Rassenlehre (…) immer kritisch gegenüberstand". Vgl. Grundmann, Zusammenbruch und Neubeginn 2001, S. 653. Zitat aus: Gustav Bally an Ernst Kretschmer, 11.12.1946, UAT 749/S. 27.

[69]Zu dem Netzwerk gehörten Heinrich Pette, Georges Schaltenbrand, Hugo Spatz, Wilhelm Tönnis und Viktor von Weizsäcker. Vgl. Schmuhl, GDNP 2016, S. 402.

Kretschmer hatte die Kriegsjahre in Marburg verbracht und dort auch das Kriegsende erlebt. Seine Erfahrungen beschrieb er rückblickend so:

„In den letzten Kriegsjahren strömten immer mehr auch angstvolle, bedrohte Patienten zu. Wie es Pflicht des Arztes ist, wurde jeder, der krank war, in der Klinik aufgenommen und geschützt; nach Rasse, Konfession oder Partei wurde nicht gefragt. (...) Dann kam im Frühjahr 1945 der Einmarsch der Amerikaner. Von meinem Hause sah man, während Granatsplitter spritzten, die lange Heerschlange durch die Windungen der Ockershäuser Steige von der Damm-Mühle herunterkommen. Unten in meinem Keller prüfte ich dann noch während des Einmarsches zwei verängstigte Kandidatinnen für das Staatsexamen. Dann war ich als Sanitätsoffizier in meiner Klinik kriegsgefangen interniert. Mein Haus wurde durch militärische Einquartierung besetzt. Meine Familie kam in der Klinik unter. (...) Während ich in der Klinik kriegsgefangen war, und ohne mein Wissen, beliefen zahlreiche alte Patienten die amerikanischen Dienststellen, erzählten und baten um meine Befreiung: solche, die ich in meiner Klinik abgeschirmt hatte, wie es die ärztliche Pflicht gebot. Linksparteiler, jüdische Menschen, Kirchenleute, die verschiedenartigsten Menschen ohne Ansehen der Person. Der Erfolg war, daß ich in wenigen Wochen aus der Internierung befreit war. Auch die Dauerbeschlagnahme meines eigenen Hauses mit all meinem Hab und Gut, die unmittelbar drohte, wurde in letzter Minute durch ganz energisches Auftreten amerikanischer und deutscher Stellen und Persönlichkeiten verhindert."[70]

Ärztliches Pflichtbewusstsein als Dozent und Prüfer noch im Augenblick der Kapitulation, Ansehen und Dankbarkeit bei den Besatzern und Patient/-innen. Mit diesen Eigenschaften und mit der nötigen Chuzpe versehen, konnte sich Kretschmer als Dekan der medizinischen Fakultät einsetzen lassen. In dieser Funktion bemühte er sich dem eigenen Vernehmen nach, „schematische Massenentlassungen im Lehrkörper der Universität zu verhindern, soweit es sich nicht um politisch und moralisch schwer belastete Persönlichkeiten handelte".[71] Er eröffnete am 25. September 1945 die Medizinische Fakultät der Universität Marburg wieder und blickte aus diesem Anlass auf die jüngere Vergangenheit zurück. Den Nationalsozialismus interpretierte er dabei als Aufstand des Plebs und als schwere Prüfung und Charaktertest für alle humanistisch Gebildeten. Die Wissenschaft wurde in Kretschmers Worten zum Gegenpol des Nationalsozialismus', zum Sammlungspunkt des Guten. Es ließe sich, so Kretschmer, anknüpfen an die wissenschaftlichen Kräfte, die verborgen und geschützt hinter Universitäts- und Klinikmauern die Barbarei überlebt hätten. Der Weg, der nun vor einem läge, sei ein Weg zu den Wurzeln des deutschen Geistes zurück:

„Denn das ist unser fester Wille: wir Männer der alten deutschen Kultur werden mit den Werken des Geistes auch diesmal die Ehre des deutschen Namens wiederherstellen zum Wohle der Menschheit und zum Frieden der Völker. Das ist unser Werk, das vor uns liegt, das wir, umdroht von Gefahren, wie bisher und mit harter Anstrengung leisten werden. (...)

---

[70]Kretschmer, Gestalten und Gedanken 1963, S. 159 f. Zur damaligen Situation vgl. Grundmann, Zusammenbruch und Neubeginn 2001.

[71]Kretschmer, Gestalten und Gedanken 1963, S. 160.

Die Hand noch zitternd von dem langen Kampf um die Rettung der Freiheit unseres Geistes, aber schon wieder bereit zu neuen Mühen."[72]

Die fein säuberliche Scheidung von NS-Ideologie und wissenschaftlicher Forschung, die sich in dieser Äußerung widerspiegelte, behauptete Kretschmer andernorts auch für die Eugenik. In seiner Schrift zum „Ende des Rassenwahns" kamen, anders als der Titel vermuten ließ, die Opfer der nationalsozialistischen Rassenideologie nicht vor. Kretschmer ging es vielmehr darum, die „eigenartige Lehre von der Rasse", die zum „Kernstück der Nazi-‚Weltanschauung' geworden" sei und „mit den rücksichtslosesten Mitteln die Seele des deutschen Volkes" erobert und die „elementaren Grundpfeiler unserer abendländischen Moral" unterminiert habe, von der wissenschaftlichen (also echten und weiterhin brauchbaren) erbbiologischen Forschung zu trennen. Die NS-Rassenlehre sei lediglich „in wissenschaftlichem Gewand" aufgetreten. Sie habe jedoch nichts mit der „gründlichen (…) Forschung auf diesem Gebiet" zu tun gehabt. Kretschmer löste damit die „ernste Forschung über die Menschenrassen" von allen „chauvinistischen Rassentheorien".[73] Seine eigene Sicht fasste er dabei wie folgt zusammen:

„Im ganzen scheint beim Menschen gute Rassenkreuzung zunächst zur geistigen Auflockerung, Ausweitung vielseitiger Beweglichkeit und selbst zu großen Genieperioden, bei Übermaß aber zu Instinktverlust und charakterloser Entartung zu führen. (…) Daß schon die von den Vorfahren geerbten Keimanlagen gesund sein und richtig zusammenstimmen müssen, entspricht der praktischen Erfahrung. Deshalb gibt es in vielen modernen Völkern, zum Beispiel in Amerika und der Schweiz, sogenannte eugenische Bewegungen in Wissenschaft und Praxis, die auf sorgfältig erforschter Basis das Überhandnehmen von Erbkrankheiten oder übermäßige biologische Umschichtungsvorgänge verhindern sollen."[74]

Im selben Jahr, 1945, befasste sich Ernst Kretschmer auch mit der „seelische[n] Wirkung der Kollektivschuldpropaganda auf das deutsche Volk". Er teilte dazu die Bevölkerung in vier Gruppen: Die „eigentlichen", bereits internierten Naziaktivisten, die Nationalsozialisten mit „selbstständiger geistiger Haltung und teilweise eigenen Idealen", die „breite Masse der Durchschnittsmenschen" und schließlich die Jugendlichen. Was er genau unter der alliierten Propaganda verstand und ob er auch die Berichte über „Euthanasie"-Verbrechen darunter fasste, ließ Kretschmer offen, zu klar schien ihm offenbar zu sein, was unter den gegebenen Umständen gemeint war. Im Großen und Ganzen bescheinigte Kretschmer den (propagandistischen) Aktivitäten der Alliierten, dass diese zunächst berechtigt gewesen waren. Die Angehörigen aus der erwähnten ersten und zweiten Gruppe seien durch die „Enthüllungen der geschehenen schweren

---

[72]Vgl. ebd., S. 161–167, Zitat S. 167.

[73]Kretschmer, Ende des Rassenwahns 1974, ursprünglich 1945, S. 179. Er hatte schon zuvor immer unterstrichen, dass seine Konstitutionslehre nicht gleichbedeutend mit einer Rassenlehre sei. Vgl. Adams, Psychopathologie und „Rasse" 2013, S. 272.

[74]Kretschmer, Ende des Rassenwahns 1974, ursprünglich 1945, S. 180 f.

Fehler und bösartigen Gewalttaten" aufgeschreckt worden. Dies habe Selbsttäuschungen zerstören und zu einer inneren Umstellung anregen können. Doch sei nun – wir befinden uns noch immer wenige Monate nach Kriegsende – längst die Zeit reif, „eine wirkliche geistige Erziehung mit klaren positiven Zielsetzungen" zu entwickeln. Die Menschen bräuchten „konstruktive Leitlinien für den Neuaufbau der Persönlichkeit und ein in die Zukunft weisendes Programm". Das gelte erst recht für die „Masse der Durchschnittsmenschen" und die „Jugendlichen". Diese würden auf die „Schuldpropaganda (…) nicht mehr ansprechen". Er forderte daher eine „gesunde verantwortliche Selbstverwaltung" und einen neuen außenpolitischen Rahmen, „in dem man sich wie jedes Volk unter Überwindung des engen Nationalismus willig einordnen könne". Dabei müsse aber vermieden werden, „die gesunde Selbstachtung und die echte Heimatliebe, die jedem Volk zustehe, zu verletzen".[75]

Für Kretschmer symbolisierte in der Nachkriegszeit der Nationalsozialismus den Massenungeist, dem eine aufrechte Wissenschaft gegenübergestanden habe. Kretschmer sah sich selbst als Garant eines Neuanfangs auf Basis von Wissenschaftlichkeit und Christlichkeit. Er war damit eine der deutlich wahrnehmbaren Stimmen, die den Nationalsozialismus in einen fachpolitisch ungefährlichen Bereich abdrängten. Das tat er erneut in seiner Ansprache zur Eröffnung des Tübinger Kongresses für Psychiatrie und Neurologie 1947 – dem ersten Kongress der deutschen Psychiater und Neurologen seit 1938. Verpflichtet dem „Dienste der Menschheit", sei man zusammengekommen, die deutsche Wissenschaft aus ihrer Erstarrung wiederzuerwecken.[76] Hierzu dürfe sich die Psychiatrie nicht als medizinisches Spezialfach begreifen, sondern als Wissenschaft „an dem Kontaktpunkt, wo Naturwissenschaften und Geisteswissenschaft sich berühren". Nichts Menschliches dürfe ihr fremd sein.

> „Und deshalb kann sich in ihr der Geist der Humanitas besonders schön entwickeln und zwar im Sinne edler Menschlichkeit, des gütigen Verständnisses jeder menschlichen Wesensart und ihrer hilfsbereiten, besonnenen Lenkung, der Humanitas also, aber ebenso sehr des Humanismus, des Bekenntnisses zum Geist, zur Bildung und Durchbildung der Persönlichkeit in der Pflege der besten Tradition unserer europäischen Kultur, Menschlichkeit und Geist."[77]

Noch war nicht die Zeit des vollständigen, absichtsvollen Beschweigens angebrochen. Die GDNP, so Kretschmer weiter, habe sich im Nationalsozialismus „in einer besonderen exponierten und bedrohten Stellung" befunden, sei „lahmgelegt und ihre Stimme gewaltsam aus dem öffentlichen Leben ausgeschaltet" worden. Sie habe für „die Wahrheit der Wissenschaft" und „die ärztliche Ethik" gestanden.[78] Kretschmers

---

[75] Ebd., S. 176–179.
[76] Kretschmer, Ansprache 1948, ursprünglich 1947, S. IX.
[77] Ebd., S. VII.
[78] Ebd.

Auffassung nach, war die GDNP von unwissenschaftlichen Kräften unterwandert und besiegt worden. Ausgeblendet blieb dabei, wie stark sie sich an der nach sozialdarwinistischen Vorstellungen ausgerichteten Rassenhygiene orientiert hatte, deren Programme beförderte und daran beteiligt gewesen war, dass Individualwohl der *Volksgesundheit* unterzuordnen.[79]

Dass dies auch Kretschmer persönlich betraf, zeigt ein Blick auf dessen Wirken in der Zwischenkriegszeit. Seit den 1920er Jahren war er ein prominenter und einflussreicher Vertreter seines Faches. Neben Robert Gaupp (1870–1953) – einem schon frühzeitig in der Rassenhygiene engagierten Psychiater und Neurologen[80] –, bei dem er promoviert wurde und sich habilitierte, gilt er als wichtigster Vertreter der „Tübinger Schule".[81] Ab 1926 bekleidete Kretschmer den Lehrstuhl für Psychiatrie und Neurologie an der Universität Marburg. Seine publizistischen und wissenschaftlichen Erfolge begünstigten auch sein Engagement in den nervenheilkundlichen Fachgesellschaften.[82]

Ernst Kretschmer stand in diesen Jahren wie kein anderer für die medizinisch-psychiatrische Wiederentdeckung des „Charakters".[83] Mit seiner Konstitutions- und Typenforschung traf er den wissenschaftlichen Nerv der Zeit. Persönlichkeitstheoretisch und psychogenetisch orientiert, kreiste sein gesamtes Werk um den naturgesetzlichen Zusammenhang zwischen körperlicher Konstitution, seelischer Erkrankung und dem Charakter. In seinen Publikationen versuchte er, biologische, psychologische, pathologische und philosophische Aspekte dieses Themas zu beleuchten.[84] Kretschmer vermengte in seinen Schriften die Renaissance der Physiognomik mit neuen Vorstellungen von biologischen Determinanten, wertete die sichtbaren Körperzeichen auf und beschwor die Leib-Seele-Einheit.[85] Da er das diffuse Bedürfnis nach organischer Ganzheit befriedigte[86], fanden seine Theorien insbesondere im Bildungsbürgertum auch

---

[79]Vgl. Schleiermacher/Schagen, Medizinische Forschung als Pseudowissenschaft 2008, S. 254.

[80]Gaupp, seit 1910 im Vorstand der Gesellschaft für Rassenhygiene, war schon in der Weimarer Republik ein glühender Verfechter der Sterilisierung „geistlich und sittlich Kranker und Minderwertiger". Vgl. Gaupp, Unfruchtbarmachung 1925; Gaupp, Freigabe 1920.

[81]Biographische Daten aus: Klee, Personenlexikon ²2005, S. 339. Seine Jugend und seine Studienzeit dargestellt in: Priwitzer, Ernst Kretschmer und das Wahnproblem 2007, S. 7–47.

[82]1926 gehörte er zum Gründungskomitee der *Allgemeinen Ärztlichen Gesellschaft für Psychotherapie* (AÄGP), in der er, zunächst als Vorstandsmitglied fungierend, 1930 zum ersten Vorsitzenden gewählt wurde. In dieser Funktion war er Herausgeber des Verbandsorgans, dem *Zentralblatt für Psychotherapie*.

[83]Vgl. Person, Pathographische Blick 2005, S. 191.

[84]Vgl. Seidler, „Kretschmer, Ernst" 1982, S. 15 (Onlinefassung: URL: https://www.deutsche-biographie. de/pnd118715909.html; https://biapsy.de/index.php/de/9-biographien-a-z/109-kretschmer-ernst).

[85]Vgl. Person, Pathographische Blick 2005, S. 191 f. Zur Konjunktur der „Ganzheit" in der Medizin vgl. Hau, Holistic Gaze 2000. Zu den unterschiedlichen Ansätzen der Physiognomie in der Weimarer Republik vgl. Ash/Hau, Körper 2000.

[86]Peter Gay hat die gesamte politische und geistige Kultur der Weimarer Republik als von einem „Hunger nach Ganzheit" durchtränkt beschrieben. Vgl. Gay, Republik der Außenseiter 1970, S. 99.

Eingang in Alltagsdeutungen. Als Kretschmer schließlich die anhand von klinischen Fällen gemachten Beobachtungen zum Zusammenhang von Körper und Charakter auf die Gesamtbevölkerung übertrug, gab er seinen Lesern und Leserinnen damit ein Instrument zur Deutung ihrer sozialen Umwelt in die Hand. Nicht nur die Thematik, auch die Art und Weise der Wissenspräsentation bedienten den damaligen Zeitgeist. Basierend auf einer Fülle von Bezügen zum bildungsbürgerlichen Wissenskanon kombinierte Kretschmer empirisch gestützte Aussagen mit intuitiven Argumentationen sowie auch exakte Beobachtung mit statistischen Erhebungsverfahren.[87] So gesehen schrieb Kretschmer weit mehr als nur Fachbücher und -artikel. Er bot – in Phasen großer gesamtgesellschaftlicher Unsicherheit – eine wissenschaftlich abgesicherte Weltanschauung.[88] Kretschmer ebnete sich und seinem Publikum mit seinen Überlegungen zum Zusammenhang von physischen und psychischen Dispositionen einen Weg zu einer gemäßigten Erb- und Rassenbiologie.[89] So war er in den 1920er Jahren schließlich schon einer großen Öffentlichkeit bekannt, schrieb Beiträge für Tageszeitungen und Zeitschriften. Seine Bücher *Körperbau und Charakter* (1921) und *Geniale Menschen* (1929) waren psychiatrische Weltbestseller, die weit über die Grenzen des Fachpublikums hinaus gelesen wurden.[90] 1929 wurde Kretschmer sogar für den *Nobelpreis für Physiologie oder Medizin* nominiert, den dann allerdings der Niederländer Christiaan Eijkman (1858–1930) für seine Entdeckung des antineuritischen Vitamins und der Brite Frederick Gowland Hopkins (1861–1947) für die die Entdeckung der wachstumsfördernden Vitamine erhielten.[91]

Ernst Kretschmers Haltung zum Nationalsozialismus wurde nach 1945 lange Zeit sehr wohlwollend dargestellt. Für seine Rolle als „liberalistischer Regimegegner" gab es gute Belege: Er bestritt das Ideal der „nordischen Reinrassigkeit", musste 1933 zugunsten von Carl Gustav Jung (1875–1961)[92] vom Vorsitz der AÄGP zurückgetreten, wurde 1934 und 1936 aus politischen Gründen von Berufungslisten gestrichen. Er war kein Mitglied der NSDAP. Von der Marburger Klinik wurden vergleichsweise selten Sterilisationsanträge gestellt. Auch sind von ihm Gegengutachten bei Anträgen auf Sterilisation überliefert. Wegen seiner Deutung des GzVeN als „Kann-Bestimmung" wurde er vom *Rasse- und Siedlungshauptamt der SS (RuSHA)* scharf kritisiert.[93] Kein

---

[87]Vgl. Kauders, Freud-Komplex 2014, S. 185 f.

[88]Vgl. Person, Pathographische Blick 2005, S. 230.

[89]Seine Schriften konnten aber auch als Ausgangspunkt für Kritik an der Rassenlehre dienen, weil die von Kretschmer beschriebenen Typen des Leptosomen, des Pyknikers und des Athletikers überall auf der Welt vorkamen. So etwa bei Rittershaus, Konstitution oder Rasse? 1936. Vgl. Mai/van den Bussche, Forschung 1989, S. 235.

[90]Vgl. Akten des Springer-Verlags C 576.

[91]Person, Pathographische Blick 2005, S. 214. Seine bekanntesten Werke wurden auch nach 1945 sogleich wieder in Neuauflagen verlegt. 1967 erscheint *Körperbau und Charakter* in der 25. Auflage. Zu den Nobelpreisen vgl. Hannson/Halling, Dynamite 2017.

[92]Zu Carl Gustav Jung und der „deutscher Seelenheilkunde" vgl. Kauders, Freud-Komplex 2014, S. 117–159; Lockot, Reinigung der Psychoanalyse 2013 (Neuauflage), S. 26–60.

[93]Vgl. Krähwinkel, Krankenversorgung 2001, S. 485.

geringerer als Ernst Rüdin drängte in einem Brief an Paul Nitsche darauf, die Erb-
gesundheitsrichter vor Fachkollegen wie Kretschmer zu warnen, „die sich in seinen
Augen durch zu viel ‚Bedenkenmeierei‘ auszeichneten".[94] Als Dekan geriet Kretschmer
in Konflikte mit der Gauleitung. In der NS-Zeit spielte er innerhalb der psychiatrischen
Fachgesellschaft, verglichen mit Personen wie Ernst Rüdin, eine geradezu marginale
Rolle. Aus diesen Versatzstücken setzte sich nach 1945 das Bild eines unter politischen
Beschuss stehenden Aufrechten zusammen. Kretschmer selbst und später seine
ihm wohlgesonnenen Fachkollegen haben noch über Jahrzehnte an dieser Legende
gestrickt.[95]

Mittlerweile ist bekannt, dass einige unrühmliche Aspekte in diesem biografischen
Narrativ unter den Tisch fielen: 1933 wurde Kretschmer förderndes Mitglied der SS
und unterzeichnete das *Bekenntnis der Professoren an den deutschen Universitäten
und Hochschulen zu Adolf Hitler und dem nationalsozialistischen Staat*. Das war wohl
ein Kompromiss, und dennoch signalisierte er damit die grundsätzliche Loyalität zum
neuen Regime.[96] Kretschmer gehörte in der *Gesellschaft Deutscher Neurologen und
Psychiater* zum Führungszirkel um Ernst Rüdin, war Teil ihres Beirats und war zudem
seit November 1942 Vorstandsmitglied der *Deutschen Gesellschaft für Konstitutions-
forschung* sowie Mitherausgeber der *Zeitschrift für menschliche Vererbungs- und
Konstitutionslehre*.[97] Von seinem Vortrag auf der Psychiaterschulung für die GzVeN-
Verfahren 1934 war bereits die Rede: Im Sammelband *Erblehre und Rassenhygiene im
völkischen Staat* forderte er „die eugenische ‚Hochzüchtung‘" der Bevölkerung durch
Eheberatung und die Sterilisation und „konsequente Ausmerzung" von „Erbkranken",
insbesondere von „asozialen Schwachsinnigen". Diese Position vertrat er auch 1942
im Vorwort zur Neuauflage von *Geniale Menschen*: „Was im Wesentlichen entartet ist,
das werden wir ruhig aus der Vererbung ausschalten können, sofern nicht die Natur
selbst es schon tut. Damit ist auch schon die große Hauptmasse dessen getroffen, was
unsere modernen rassehygienischen Maßnahmen gesetzgeberisch im Auge haben".[98]
Er stimmte dem GzVeN grundsätzlich zu, wenngleich er auch eigene Vorstellungen
von der Umsetzung entwickelte. So erweiterte er einerseits die Diagnose *Schwachsinn*
um eine moralische Komponente. Andererseits sprach er sich dafür aus, Grenzfälle von
Schizophrenie und *manisch-depressivem Irresein* nicht zu sterilisieren.[99] Kretschmer

---

[94]Ebd., S. 469.

[95]Vgl. Kretschmer, Gestalten und Gedanken 1963, S. 150–167.

[96]Vgl. Mettauer, Vergessen und Erinnern 2010, S. 5.

[97]Vgl. Schmuhl, GDNP 2016, S. 402; Mettauer, Vergessen und Erinnern 2010, S. 12; Klee,
Personenlexikon [2]2005, S. 339; Krähwinkel, Krankenversorgung 2001, S. 473 f. Siehe auch
Kretschmer, Konstitutionslehre und Rassenhygiene 1934. Fördernde Mitglieder der SS gehörten
der SS an, unterstützten diese aber nur finanziell und beteiligten sich nicht am aktiven Dienst.

[98]Kretschmer, Geniale Menschen 1942, S. XVI.

[99]Vgl. Krähwinkel, Krankenversorgung 2001, S. 485.

war jedoch nicht nur Befürworter und Propagandist der Erblehre, sondern als Beisitzer an den Erbgesundheitsgerichten in Kassel und Marburg auch aktiv an der Umsetzung rassenhygienischer Entscheidungen beteiligt. Heinz-Peter Schmiedebach hat Kretschmer folgerichtig als „Anhänger der Rassenlehre" charakterisiert, der den Nationalsozialismus deswegen ablehnte, weil er im Ideal der Reinrassigkeit eine „Verfälschung ebendieser Lehre und des ‚Einbruchs in das ärztliche Ethos'" sah.[100] Dabei hatte Kretschmer, darauf hat Philipp Mettauer verwiesen, durchaus Berührungspunkte mit der NS-Rassenlehre.[101] Die „Aktion T4" war Kretschmer bekannt. 1940 besichtigte er die Tötungsanstalt in Bernburg, 1941 nahm er, nach der späteren Aussage von Werner Heyde, an einer Sitzung des Beirats der GDNP in der *Zentraldienststelle* teil.[102] Nach 1945 nutzte er seinen Einflusszugewinn nicht, um die eigenen eugenischen Positionen aufzuarbeiten. Ferner vermied er es, die Zwangssterilisationen und die Patient/-innentötungen von sich aus zu thematisieren.[103] Ihm kam zugute, dass nach kurzer Zeit die Menschen von der Organisation der Aktion „T4" wenig wissen wollten, erbpsychiatrische Denkmuster nicht *ad acta* gelegt, erfahrene Ärzte gebraucht wurden und Personen mit noch hohem Ansehen im Ausland damals selten waren. Mit seinen Äußerungen und Handlungen im Nationalsozialismus musste er sich zeitlebens nicht auseinandersetzen.

3.2.4 Exkurs II – Ernst Kretschmer und der Internationale Militärgerichtshof in Nürnberg

Wie sich Ernst Kretschmer nach 1945 zum Nationalsozialismus verhielt, zeigt die Anfrage eines Verteidigers vor dem Internationalen Militärgerichtshof in Nürnberg, Martin Löffler (1905–1987)[104]. Als einer der stellvertretenden Verteidiger der Schutzabteilung der NSDAP (SA)[105], bemühte er sich – dem eigenen Vernehmen nach – „um ein gerechtes Urteil und um das Verständnis des Gerichts für Millionen Menschen, die sich keiner Schuld an den furchtbaren Verbrechen bewusst sind".[106] Löffler bat Ernst Kretschmer um Hilfe bei der Einschätzung der psychischen Verfassung Adolf Hitlers

---

[100]Schmiedebach, Artikel Kretschmer 1990, S. 99.

[101]Vgl. Mettauer, Vergessen und Erinnern 2010, S. 6.

[102]Vgl. Klee, Personenlexikon ²2005, S. 339.

[103]Vgl. Brückner/Fabri, Ernst Kretschmer 2015.

[104]Löffler war eigentlich Fachanwalt für Steuerrecht. Er war von 1927 bis 1933 Mitglied der DVP, war 1928 in Tübingen promoviert worden. 1933 war er der Reiter-SA beigetreten, war also auch selbst von den Vorwürfen gegen die SA betroffen. Während des Zweiten Weltkrieges diente er in der Wehrmacht, 1944 wurde er Militärrichter. In der Bundesrepublik wurde er eine Autorität im Bereich des Presserechts. Vgl. Siemens, Stormtroopers 2016.

[105]Hauptverteidiger waren Georg Boehm und Rudolf Aschenauer.

[106]Martin Löffler an Ernst Kretschmer, Schreiben vom 10.05.1946, UAT 749/S27.

und des Charakters des deutschen Volkes. Er fragte beim Spezialisten für „Körperbau und Charakter" und Experten für „Geniale Menschen" am 10.05.1946 an, wie der „zwiespältige Charakter der Deutschen" zu erklären sei.[107]

> „Woher kommt diese Neigung des Deutschen zur Brutalität? Einige sagen, es sei der Einfluss slavischen Blutes, das in steigendem Masse einströme. Ich kann mich davon nicht überzeugen. Es handelt sich also bei meiner Frage nicht etwa um spezielle Charaktereigenschaften ehemaliger SA-Leute, die im übrigen nur zu einem geringen Prozentsatz an den Ausschreitungen beteiligt waren. Mich beschäftigt vielmehr die jeden Deutschen berührende Frage wohlmeinender Ausländer: wie kommt es, dass euer kulturell so hochstehendes Volk, die Nation der Dichter und Denker, zu solcher Grausamkeit überhaupt fähig ist."[108]

Kretschmer reagierte vorsichtig. Löffler hatte sich von Ernst Kretschmer sicherlich mehr erwartet, als dessen kurze Antwort vom 20.05.1946:

> „Die von Ihnen gestellten Fragen dürften sich wohl nicht allein unter dem Gesichtspunkt des deutschen Nationalcharakters lösen lassen, sondern nur unter vergleichender Heranziehung gesetzmässiger historischer Vorgänge bei Kulturvölkern überhaupt. Doch halte ich mich nicht für genügend kompetent zu einer schriftlichen Darstellung meiner persönlichen Gedanken hierüber."[109]

Auf den ersten Blick hat sich Ernst Kretschmer mit der Angelegenheit kaum beschäftigt und es vorgezogen, so zu antworten, um ja nicht als Sachverständiger vor dem Militärtribunal aussagen zu müssen. In Kretschmers Nachlass findet sich aber auch der Entwurf eines längeren, nicht abgeschickten Briefes an Löffler.[110] In ihm führte Kretschmer näher aus, was in dem abgeschickten Schreiben nur anklang: seine persönliche Theorie der Gesetzmäßigkeit grausamer Exzesse von „Kulturvölkern".

> „Bei umfassendem Überblick über ein längeres Stück Menschheitsgeschichte muss man sich leider überzeugen, dass explosive Ausbrüche schwerer Brutalität und Grausamkeit nicht Sache eines bestimmten Zeitpunktes oder eines einzelnen Volkes sind, sondern dass solche Ausbrüche auch bei den höchsten Kulturvölkern des Altertums und der Neuzeit immer wieder erfolgt sind. Man wird auch nicht sagen können, dass beim Überblick über längere Zeitstrecken der Vergleich stark zu gunsten des einen oder anderen Kulturvolkes ausfiele. Solche Krisen sind als Explosionen des atavistischen, triebhaften Untergrundes der Völker zu betrachten, die unter gespannten äusseren Situationen entstehen und deren sichere Beherrschung durch die edlen Bestrebungen kultureller Erziehung bis jetzt noch nirgends zuverlässig gelungen ist. (...) Die wenigen Jahrhunderte der neueren Geschichte sind unter naturwissenschaftlichen Gesichtspunkten eine sehr kurze Zeitspanne, um so stark atavistische Instinkte völlig umzubauen. Dass ein solcher Instinktwandel grundsätzlich

---

[107]Ebd.

[108]Ebd.

[109]Ernst Kretschmer an Martin Löffler, Schreiben vom 20.05.1946, UAT 749/S27.

[110]Undatierter Entwurf eines nicht abgeschickten Briefes an Martin Löffler, UAT 749/S27.

möglich ist, lehrt die wissenschaftliche Erfahrung. Jeder gute Europäer wünscht, dass dieser Vorgang so rasch als möglich von statten gehen möchte. Der Abbau aller nationalistischen und chauvinistischen Eitelkeiten und Selbsttäuschungen wäre dazu eine Grundvoraussetzung."[111]

Der Nationalsozialismus war also in dieser Sichtweise durchaus keine historische Singularität. Derartige Zivilisationsbrüche – ein Begriff, den Kretschmer nicht verwendet – seien vielmehr typische entwicklungsgeschichtliche Zwischenschritte, atavistische Aufwallungen in Bedrohungssituationen. Kretschmer löste in seiner Argumentation den Widerspruch zwischen *Kulturvolk* und *Zivilisationsbruch* auf, in dem er beide verkoppelte. Die Ursachen für den Nationalsozialismus sah er in der menschlichen Natur und in einem chauvinistischen Nationalismus. Auch in diesem Briefentwurf achtete Kretschmer allerdings darauf, dass er nicht in den Prozess hineingezogen werde. Im Postskriptum bat er, seine Äußerungen nur als persönlichen Kommentar zu nehmen und sie vertraulich zu behandeln.

Wie gesagt, der längere Brief wurde, wenn die handschriftliche Notiz auf ihm stimmt, nicht abgeschickt. Dennoch ließ sich Martin Löffler von dem kurzen Antwortschreiben, das ihn erreichte, nicht abwimmeln. Sechs Wochen später meldete er sich noch einmal beim Tübinger Psychiater.[112] Sein Anliegen war diesmal ein anderes. Aus dem Material des Nürnberger Prozesses habe er, Löffler, den persönlichen Eindruck gewonnen, Adolf Hitler habe an einer Geisteskrankheit gelitten, „die wohl zunächst latent und schwer erkennbar gewesen ist, allmählich aber immer schlimmere Formen angenommen hat". Von Kretschmer wolle er nun, dass dieser dessen Krankheit psychiatrisch diagnostiziere und das Datum der eigentlichen Krisis genauer festlege. Dazu könne er ihm vertraulich Zeugenaussagen aus den Prozessakten zukommen lassen. Er wisse, so Löffler, dass bei „genialen Menschen", namentlich nannte er: Bismarck, Napoleon, Robespierre, Cromwell, Cäsar, Alexander der Grosse und Jeanne d'Arc, meinte aber offensichtlich auch Adolf Hitler, psychopathische Züge häufiger vorkämen. Das einschlägige Werk Kretschmers zu diesem Thema sei nun aber weder im Buchhandel noch in einer Nürnberger oder Erlanger Bibliothek zu beschaffen. Daher bat er um eine Unterredung. Kretschmers Urteil sei für seine Verteidigungsstrategie entscheidend.

„Nach meiner festen Überzeugung hängt für die innere Gesundung Deutschlands, ja der ganzen Welt, viel davon ab, dass in Nürnberg ein gerechtes Urteil gefällt wird. (...) Vieles, was dem Gericht heute noch rätselhaft erscheint und möglicherweise als ‚furor teutonicus' das ganze Volk belastet, kann uns der berufene psychiatrische Fachmann begreiflich

---

[111]Ebd. Ähnlich argumentiert Kretschmer auch schon in seinen bereits zitierten Veröffentlichungen aus dem Jahr 1945.

[112]Martin Löffler an Ernst Kretschmer, Schreiben vom 25.07.1946, UAT 749/S27.

machen. Vor allem aber könnte es unter Umständen möglich sein, die bedeutsame Frage aufzuhellen, wie es kam, dass die von mir vertretenen Millionenmassen – offenbar nahezu widerstandlos der Suggestivkraft dieses einen Menschen erlegen sind.“[113]

Kretschmer wollte abermals keine schriftliche Stellungnahme abgeben, signalisierte aber die Bereitschaft zu einer mündlichen Unterredung in Tübingen. Als Bedingung stellte er aber, dass Löffler die Beratung als reine Privatangelegenheit betrachte und er „nicht namentlich zitiert oder in diesem Zusammenhang als mündlicher oder schriftlicher Gutachter aufgestellt werde“.[114] Ob es zu dieser Begegnung kam, ist nicht mehr nachzuvollziehen. Gewiss ist hingegen, dass die Strategie der Verteidiger der SA von Erfolg gekrönt war. Von den im Nürnberger Hauptkriegsverbrecherkongress angeklagten Organisationen wurde die SA – anders als die SS (einschließlich SD), die *Geheime Staatspolizei* und das *Führerkorps der NSDAP* – nicht als „verbrecherische Organisation“ eingestuft.

3.2.5 Werner Villinger

Ernst Kretschmer wechselte bald nach Kriegsende von Marburg nach Tübingen.[115] Das führte auch andernorts zu Personalveränderungen. Es war Werner Villinger (1887–1961), der schließlich die Nachfolge Kretschmers antreten sollte. Dies hatte eine Vorgeschichte: Villinger, seit dem 1. Februar 1940 ordentlicher Professor für Psychiatrie und Direktor der Universitätsnervenklinik Breslau, hatte sich nämlich schon 1944 in Tübingen auf die Nachfolge des kürzlich verstorbenen Hermann Hoffman[116] beworben. Die Berufungskommission zur Besetzung des Ordinariats für Psychiatrie in Tübingen setzte Villinger im Dezember 1944 zunächst zusammen mit Friedrich Mauz auf Platz zwei der Liste. Auf Platz 1 war Ernst Kretschmer gesetzt. Gegen diese Liste erhob der Dozentenführer der Universität Tübingen Einspruch. Er informierte den Rektor darüber, dass Kretschmer „die nationalsozialistische Idee nicht in sich aufgenommen habe“. Villinger und Mauz indes seien charakterlich und politisch einwandfrei – Villinger aber

---

[113]Ebd. Ähnlich argumentierend: Bonhoeffer, Führerpersönlichkeit und Massenwahn 1969, ursprünglich 1947. Bonhoeffer hielt Adolf Hitler – trotz aller Zurückhaltung im Detail der Diagnose – entweder für einen „ethisch Defekten, fanatischen und pseudologischen Psychopathen“ oder für einen „aus dem Umkreis des Schizophrenen Kommenden wirklich wahnkranken Paranoiden“. Ebd., S. 111.

[114]Ernst Kretschmer an Martin Löffler, Schreiben vom 03.08.1946, UAT 749/S27.

[115]Einen ebenfalls erfolgten Ruf nach Frankfurt am Main lehnte er mit Verweis auf die Berufung nach Tübingen ab, im selben Schreiben empfahl er aber Villinger als seinen Nachfolger in Marburg. Vgl. Schreiben vom 23.11.1945, UAF Abt. 13, Nr. 179.

[116]Hermann Hoffmann (1891–1944), NSDAP-Mitglied seit 1933. Seit 1933 Lehrstuhlinhaber in Gießen, ab 1936 Nachfolger von Gaupp in Tübingen, ab 1941 Beratender Psychiater im Wehrkreis V (Stuttgart). Zu Hoffmann vgl. Leonhardt/Foerster, Hermann F. Hoffmann 1996. Zu seiner Tätigkeit als Beratender Psychiater vgl. Tümmers, Handlungsspielräume 2010.

der Gediegenere. Der Rektor gab diese Informationen an den Stuttgarter Kultusminister weiter und empfahl, Berufungsverhandlungen mit Villinger zu führen. Im Januar 1945 verließ Villinger zusammen mit den anderen Ordinarien für Medizin Breslau fluchtartig und brach in Richtung Tübingen auf. Er machte sich berechtigte Hoffnungen auf das dortige Ordinariat, seine Familie war bereits vor Ort. Auf seiner Flucht musste er seine Unterlagen größtenteils zurücklassen, anderes verbrannte in der Dresdner Bombennacht. Am 23. Februar 1945 wurde Villinger zunächst kommissarisch Leiter der Universitäts-Nervenklinik.[117] Am 19.04.1945 wurde Tübingen durch französische Truppen erobert. Anfang Juli erreichte Villinger die Nachricht, dass der Rektor der Universität und die Medizinische Fakultät seine Ernennung als Vertreter des Ordinariats für Psychiatrie nicht anerkennen würden und dass an seiner statt Ernst Kretschmer berufen werden solle.[118]

Werner Villinger – zwischen 1952 und 1954 Präsident der GDNP und damit direkter Nachfolger von Ernst Kretschmer in diesem Amt – hatte zwischen 1909 und 1914 in München, Kiel und Straßburg Medizin studiert. Er diente anschließend vier Jahre im Ersten Weltkrieg. Nach seiner Entlassung aus dem Heer zum Jahresende 1918 nahm er seine medizinische Laufbahn wieder auf. Er wurde Volontär- und Assistenzarzt an den Kliniken in Marburg, München und Tübingen. 1920 wurde er, wie vorher schon Ernst Kretschmer, bei Robert Gaupp promoviert. Ab Juli 1920 leitete er in Tübingen die kinderpsychiatrische Abteilung und begann sich auf die Kinder- und Jugendpsychiatrie zu spezialisieren. Diese Assistenzarztzeit war für ihn wie für zahlreiche seiner Altersgenossen schwierig. Denn kriegsbedingt drängten nun gleichzeitig mehrere Jahrgänge in die Kliniken. Unter diesen Bedingungen gab es für die jungen Ärzte oft nur kurze befristete Arbeitsverträge, die stets aufs Neue verlängert werden mussten. Auch Villinger schätzte – trotz herausragender Noten und Beurteilungen – unter diesen Bedingungen seine Chancen auf die angestrebte akademische Karriere als gering ein.[119] Zu Jahresbeginn 1926 verließ er Tübingen und wurde leitender hauptamtlicher Psychiater beim *Jugendamt Hamburg*. In der Hansestadt wurde er 1927 habilitiert. Den Machtwechsel 1933 überstand er unbeschadet. Anfang 1934 wechselte Villinger als leitender Arzt an die v. Bodelschwinghschen Anstalten nach Bethel, der damals bedeutendsten Anstalt der Inneren Mission und der größten Einrichtung für Epilepsiekranke.[120] Nachdem Gottfried Ewald (1888–1963), Kurt Beringer (1893–1949), Kurt Schneider (1887–1967) und Hermann F. Hoffmann (1891–1944) den Ruf nach Breslau abgelehnt hatten, wurde Villinger Anfang 1940 zum dortigen Lehrstuhlinhaber für Neurologie und Psychiatrie ernannt.[121]

---

[117]Vgl. Castell, Kinder- und Jugendpsychiatrie 2003, S. 473 f.

[118]Vgl. Holtkamp, Kontinuität des Minderwertigkeitsgedankens 2002, S. 33.

[119]Vgl. Holtkamp, Kontinuität des Minderwertigkeitsgedankens 2002, S. 14 f.

[120]Dort war er bereits 1930 im Gespräch gewesen, weil v. Bodelschwingh durch seine christlichen Grundeinstellungen aufgefallen war. Vgl. Schmuhl, Verselbständigung 2017, S. 284.

[121]Vgl. Holtkamp, Kontinuität des Minderwertigkeitsgedankens 2002, S. 25 f. Zu Ewald vgl. Beyer, Gottfried Ewald 2013.

Villingers Haltung gegenüber den Nationalsozialisten war ambivalent. Einerseits gab es ideologische Gemeinsamkeiten, die sich etwa in Villingers Mitgliedschaft im anti-demokratischen *Stahlhelm,* dem sogenannten „Bund der Frontsoldaten", ausdrückten.[122] Wie so mancher aus dem national-konservativen Milieu, teilte Villinger andererseits, so Schmuhl, Vorbehalte gegen die „plebejische Massenbewegung der NSDAP".[123] Villinger, wenn auch kein gänzlich überzeugter Nationalsozialist, unterstützte die Erb-gesundheitspolitik des Regimes und war gegenüber rassenhygienischen Gedanken aufgeschlossen.[124] So trieb er dann auch die praktische Umsetzung des *Gesetzes zur Verhütung erbkranken Nachwuchses* „gleichsam in vorauseilendem Gehorsam (...) energisch voran". Er machte sich dafür stark, bei Epilepsie strengere Maßstäbe anzu-legen und forderte, das Gesetz auch auf jugendliche „Psychopathen" auszudehnen.[125] Villinger nahm als Vertreter seiner Klinik an mehreren Sitzungen des *Ständigen Aus-schusses für Fragen der Rassenhygiene und Rassenpflege* teil. Auf einer dieser Sitzung berichtete er im Juli 1934, man habe von den rund 3000 Patient/-innen in Bethel bereits 1700 „zur Anzeige gebracht". Villinger kam der Meldepflicht damit ohne Bedenken nach.[126] Bis Ende 1935 wurden – seinen eigenen Angaben zufolge – 2510 Anzeigen erstattet, 512 Anträge auf Sterilisation gestellt und von diesen 308 Sterilisationen durch-geführt. Bis September 1936 waren insgesamt 2854 Bewohner Bethels als „Erbkranke" angezeigt worden.[127] Trotz dieser hohen Zahlen vermutet der Medizinhistoriker Rolf Castell, Villinger habe Anträge auf Sterilisation so formuliert, „daß sie vom Erbgesund-

---

[122]Seinen eigenen späteren Angaben zufolge sei er nach der Umgründung des Stahlhelms, die darauf abzielte, die Kriegsveteranen in die SA einzugliedern, aus diesem wieder ausgetreten. Schmuhl verweist aber auf eine Stellungnahme Villingers, in der er 1936 angab, dass seine Mit-gliedschaft erst mit dessen Auflösung 1935 erloschen war. Vgl. Schmuhl, Verselbständigung 2017, S. 284.

[123]Ebd.

[124]Mitte der 1920er Jahre hatte sich Villinger noch zurückhaltend gegenüber eugenischen Sterilisationsmaßnahmen geäußert. Jedoch erfasste er schon ab 1927 in der Hamburger Jugend-behörde „erblich belastete" Kinder und Jugendliche. Vgl. Ebd., S. 285.

[125]Ebd.

[126]Vgl. Castell, Kinder- und Jugendpsychiatrie 2003, S. 465–467.

[127]Zugleich beklagte sich Villinger aber 1937 auch darüber, dass die Anzeigepflicht ausgeweitet wurde, zum Teil in, seiner Meinung nach, unsinniger Weise. Vgl. ebd., S. 466. Bis 1944 – Villinger befand sich zu diesem Zeitpunkt längst in Breslau – wurden in Bethel 1092 Patienten im anstaltseigenen Sonderkrankenhaus sterilisiert, hinzu kommt noch eine kleinere Anzahl von Sterilisationen, die im Allgemeinkrankenhaus Gilead durchgeführt wurden. Die vorgenannten Zahlen aus: Schmuhl, Verselbständigung 2017.

heitsgericht wahrscheinlich abgelehnt wurden".[128] Sollte dies stimmen, kann es dennoch nicht als grundsätzliche Missbilligung der Sterilisationsmaßnahmen aufgefasst werden. Für Villinger – wie für viele andere, die sich am Programm zur Unfruchtbarmachung von mehreren Hunderttausend Menschen beteiligten, – stand lediglich zur Debatte, bei welchen Gruppen sofort gehandelt und bei welchen Gruppen noch abgewartet werden solle. Villinger wurde im März 1937 Beisitzer am Erbgesundheitsgericht Hamm. 1940 wurde er Beisitzer beim Erbgesundheitsgericht in Breslau, im selben Jahr ernannte ihn das Heer zum *Beratenden Psychiater* im Wehrkreis VIII (Breslau).[129] Villinger trat am 1. Mai 1937 der NSDAP bei.[130]

---

[128]Vgl. Castell, Kinder- und Jugendpsychiatrie 2003, S. 466, Zitat ebd. Als Beleg dient Castell ein Schreiben Villingers vom 14.04.1937: „Es gibt sehr langsam sich entwickelnde Intelligenzen, die um die Pubertät herum den Eindruck von leicht Schwachsinnigen machen, aber um das 20. Jahr herum nicht schlechter als Normale sind. Hier muss man dem Erbgesundheitsgericht klar machen, dass es abwarten soll." ADW, CA/G 388, Bl. 71, 14.04.1937, zitiert nach: Ebd. Auffällig sei, dass vergleichsweise eine hohe Zahl an Sterilisierungsanträgen aus Bethel erstinstanzlich abgelehnt wurden. Vgl. Schmuhl, Verselbständigung 2017, S. 285. Gegenüber seinen Patient/-innen übernahm Villinger nicht die Funktion eines ärztlichen Anwalts ihrer Interessen. Er bewarb die Sterilisationen als „vaterländisches Opfer" und enthielt den Betroffenen und den Verwandten wichtige Passagen der Gutachten vor, um keinen Widerstand zu evozieren und das Vertrauen zum Arzt nicht zu untergraben. Vgl. Castell, Kinder- und Jugendpsychiatrie 2003, S. 467, Zitat aus ADW, CA/G 387, Bl. 82; 13.07.1934.

[129]Vgl. Ehrhardt, Werner Villinger zum Gedächtnis 1961. In diesem Text erinnert Ehrhardt an Villinger als „bleibendes Vorbild", als „Mahnung und Verpflichtung zu wissenschaftlicher Ehrlichkeit und zu einem von gütiger Menschlichkeit getragenen Arzttum". Ebd., S. 534. Zur Geschichte der Militärpsychiatrie zwischen 1933–1945, u. a. mit zahlreichen Äußerungen der Vorstände der psychiatrischen Fachgesellschaft: Riedesser/Verderber, „Maschinengewehre" 1996. Zur Institution der Beratenden Ärzte vgl. ebd., S. 107–109. Die Beratenden Psychiater sollten die behandelnden Sanitätsoffiziere überwiegend bei der Behandlung von „Psychopathen" und „Kriegsneurotikern" beraten, waren aber auch Gutachter der Kriegsgerichte und bei psychologischen Fragen Berater der Truppenbefehlshaber. Stand 2. April 1942 waren als Beratende Psychiater im Ersatzheer tätig: Mauz (Wehrkreis I), Thiele (II), de Crinis (III), Bostroem (IV), Hoffmann (V), Pohlisch und Panse (VI), Bumke (VII), Villinger (VIII), Kleist (IX), Bürger-Prinz (X), Ewald (XI), C. Schneider (XII), Meggendorfer und Einsle (XIII), Fuchs (XVII), Scharfetter (XVIII), Otten (XX), Weigel (XXI). Vgl. Ebd., S. 109. Villinger und Panse werden von Berger als zwei jener Psychiater namentlich genannt, die sich „über ihre normale Beraterfunktion hinaus besonders engagiert[en]". Berger, Beratende Psychiater 1998, S. 48. Mehrere Beratende Psychiater arbeiteten nach der Wiederbewaffnung in der Bundeswehrpsychiatrie – so auch Friedrich Panse, Friedrich Mauz, Werner Villinger, Hans Bürger-Prinz und Walter von Baeyer.

[130]Schmuhl, Verselbständigung 2017, S. 285. In der unmittelbaren Nachkriegszeit bezeichnete Villinger seinen Beitritt in die NSDAP als „Zeichen menschlicher Schwäche". In einem Schreiben an v. Bodelschwingh vom 15.07.1945, zitiert nach ebd. Villinger war zudem Mitglied in der *Nationalsozialistischen Volkswohlfahrt* (NSV), im *Nationalsozialistischen Deutschen Ärztebund* und im NS-Fliegerkorps. Vgl. Castell, Kinder- und Jugendpsychiatrie 2003, S. 468.

Villinger wusste frühzeitig von der „Aktion T4" und äußerte gegenüber Friedrich von Bodelschwingh (1877–1946), dass die „Euthanasie" gegen das Berufsethos der Ärzte verstoße und das Vertrauensverhältnis zwischen Medizinern, ihren Institutionen und den Patient/-innen untergrabe. Hintergrund war vermutlich, dass im Sommer 1940 ein Vetter ersten Grades, Rupprecht Villinger, im Rahmen der „Aktion T4" nach Grafeneck abtransportiert und dort vergast wurde.[131] Villinger signalisierte v. Bodelschwingh, dass er dessen Versuche, die „Aktion T4" zu beenden, unterstützen werde. Ob diese Zusicherung ernst gemeint war, kann durchaus bezweifelt werden. Dagegen spricht vor allem, dass Villingers Name mit dem Eintrittsdatum 28. März 1941 auf den „T4"-Gutachterlisten aufgeführt wird. Er selbst hat eine Beteiligung zwar stets bestritten und sagte noch 1960 als Zeuge aus, er habe in seiner Zeit in Breslau weder Meldebögen gesehen noch sei er gar selbst als Gutachter tätig gewesen.[132] Stattdessen habe er dem zuständigen Referenten im Reichsinnenministerium, Herbert Linden (1899–1945), „ganz klar gesagt (…), daß [er] ein absoluter Gegner der Euthanasieaktion sei". Ein Zeuge erinnerte sich indes an die Gutachtertätigkeit Villingers, bescheinigte diesem aber, dass er seine Aufgabe nur für kurze Zeit übernommen und „die Begutachtung nur sehr schleppend" vorgenommen habe. Die von ihm bearbeiteten Meldebögen hätten „fast ausschließlich" die Empfehlung ausgesprochen, die Beurteilten „nicht der Vernichtung zuzuführen".[133] Mit dieser Einschätzung deckt sich, dass die „T4"-Zentrale mit Villingers Tätigkeit unzufrieden war. Im August 1943 ordnete Paul Nitsche – zu diesem Zeitpunkt ärztlicher Leiter in der Tiergartenstraße 4 – (wahrscheinlich zum wiederholten Male) an, Villinger solle keine Gutachter-Sendungen mehr erhalten oder falls unumgänglich, nur „in besonderen Fällen". Schon zuvor galt Villinger bei den führenden Köpfen der GDNP als politisch nicht ganz zuverlässig. Sie unterstützten seine Ambitionen, insbesondere in der Sektion für Kinderpsychiatrie, nicht und pflegten nur ein distanziertes Verhältnis zu ihm. Er galt wohl wegen seiner Nähe zu v. Bodelschwingh, einem Exponenten der Bekennenden Kirche, als „unsicherer Kantonist". Villingers Handlungen und Aussagen indes sind widersprüchlich. Schmuhl verweist darauf, dass Villinger im Grunde ein sehr unsicherer Mensch gewesen sei. Ernst Klee beschrieb ihn als „zwischen den Fronten herumirr[end]", Castell hingegen attestiert Villinger Gesetzestreue und Pflichtgehorsam.[134]

Der Kriegsverlauf beendete Villingers Karriere in Breslau, Kretschmers Berufung jene in Tübingen. Kretschmer selbst erklärte Villinger in einem Brief vom 5. März 1946 den Vorgang: Villinger könne das Ordinariat nicht behalten, „weil die Tübinger Fakul-

---

[131] Vgl. Schmuhl, Verselbständigung 2017, S. 287.

[132] Vgl. Castell, Kinder- und Jugendpsychiatrie 2003, S. 469.

[133] Aussagen von Kurt Meumann, zitiert nach: Castell, Kinder- und Jugendpsychiatrie 2003, S. 469 f.

[134] Schmuhl, Verselbständigung 2017, S. 285 f. und S. 288; Castell, Kinder- und Jugendpsychiatrie 2003, S. 465.

tät seit 1935 die Berufung von Professor Kretschmer anstrebte und nach dessen zwei-
maliger Ablehnung durch die Partei (zuletzt 1944) alsbald nach dem Zusammenbruch
diese Berufung durchsetzte". Die Vermutung liegt nahe, dass Kretschmer an seinem
Betätigungsort intervenierte, um Villinger mit der Berufung nach Marburg für den „Verlust" des Tübinger Lehrstuhls zu entschädigen.[135] Die beteiligten Fakultäten waren von
Anfang an auf einen Austausch Villingers durch Kretschmer eingestellt. Villinger übernahm schließlich am 1. April 1946 die stellvertretende Leitung der Universitäts-Nervenklinik Marburg. Am 25. Juli 1946 wurde er zum ordentlichen Professor für Psychiatrie
und Neurologie ernannt und Direktor der Klinik.[136] Doch noch immer war Villingers
Zukunft nicht vollständig gesichert: Neben einem institutseigenen Untersuchungsaus-
schuss musste er auch noch das Entnazifizierungsverfahren überstehen. Der Kläger bei
der Spruchkammer Marburg Stadt argumentierte, dass dessen Parteimitgliedschaft eine
Belastung darstelle, da Villinger mit ihr das nationalsozialistische Regime anerkannt und
aktiv unterstützt habe. Er forderte mindestens eine Einstufung als Mitläufer (Kategorie
IV).[137] Obwohl seine Beteiligung an Zwangssterilisationen und „Euthanasie" sowie
seine Gutachtertätigkeit für das Militärgericht in Breslau zumindest vermutet wurden,
gelang es Villinger, die gegen ihn erhobenen Vorwürfe mittels verschiedener Entlastungs-
zeugnisse zu entkräften.[138] Ein solches schrieb auch Helmut E. Ehrhardt (1914–1997)
für seinen vormaligen Chef.[139] Aufgrund seiner religiösen Einstellungen wurde Villinger
in diesen Zeugnissen als Nazi-Gegner dargestellt. Vor der Spruchkammer argumentierte
Villinger, er sei von politischer Seite aus aufgefordert worden, in die NSDAP einzutreten. Der 1946 verstorbene v. Bodelschwingh habe ihm 1937 nach einem längeren
Gespräch „freigestellt, in die Partei einzutreten, im Anstaltsinteresse jedoch dafür
plädiert und sei nach seiner Entscheidung erleichtert gewesen". Schließlich wurde
Villinger 1947 in die Gruppe der Entlasteten eingeordnet.[140] Als Villinger wenige Jahre
später fest in Marburg etabliert war, holte er seinen ehemaligen Breslauer Abteilungsleiter, Helmut Ehrhardt (ab 1937 NSDAP-Mitglied, Gutachter am Erbgesundheitsgericht,

---

[135]Vgl. Castell, Kinder- und Jugendpsychiatrie 2003, S. 474, Zitat ebd.

[136]Vgl. ebd., S. 35.

[137]Vgl. Holtkamp, Kontinuität des Minderwertigkeitsgedankens 2002, S. 34.

[138]Vgl. Grundmann, Zusammenbruch und Neubeginn 2001, S. 656.

[139]Weitere Entlastungsschreiben stammten vom ehemaligen Breslauer Chirurgen Prof. Bauer,
vom Schwager Villingers, Th. Knapp, vom vormaligen Dekan der Medizinischen Fakultät Breslau, Prof. Gottron, und von Prof. Obst (ehemals Geographisches Institut Breslau). Vgl. Holtkamp,
Kontinuität des Minderwertigkeitsgedankens 2002, S. 33.

[140]Vgl. ebd., S. 23 und S. 34, Zitat S. 23. Die Kontrollratsdirektive Nr. 38 vom 12. Oktober
1946 machte die Einordnung in fünf Kategorien in allen Besatzungszonen bindend: Haupt-
schuldige, Belastete, Minderbelastete, Mitläufer, Entlastete. Je nach Einordnung in eine der Kategorien, folgte daraus die Inhaftierung, der Verlust des Arbeitsplatzes im öffentlichen Dienst oder
hatte für Mitläufer und Entlastete geringere bis gar keine Konsequenzen.

zwischen 1952 und 1968 Schriftführer der DGPN und zwischen 1969 und 1971 ihr Präsident), als wissenschaftlichen Assistenten an die Universität Marburg, wo sich sein Schützling später auch habilitierte.[141]

3.2.6 Hans Bürger-Prinz und Jürg Zutt

Hier ergab sich ein direkter Zusammenhang mit zwei weiteren prominenten Namen aus der Geschichte der GDNP/DGPN: Hans Bürger-Prinz (1897–1976) und Jürg Zutt (1893–1980). Werner Villinger erhielt nämlich 1946 nicht nur den Ruf nach Marburg, sondern auch einen nach Hamburg. Dort schien Hans Bürger-Prinz (DGPN-Präsident der Jahre 1959/1960) mittlerweile für alle Zeiten verspielt zu haben. Er war nämlich ohne Unterstützung der medizinischen Fakultät auf seine Position berufen worden und hatte sich als Dekan durch seinen autoritären Führungsstil mit zu vielen seiner Kollegen überworfen.[142] Am 1. März 1945 wurde Bürger-Prinz als Dekan abgesetzt.[143] Am 5. Mai 1945 – zwei Tage zuvor hatte die britische Armee die Elbbrücken überquert – wurde Bürger-Prinz vom *Ausschuß für die Übergangszeit* generell für nicht mehr tragbar erklärt. Der Ausschuss, der aus Professoren, Dozenten, Assistenten, Angestellten und Studierenden bestand, warf Bürger-Prinz vor, 1933 an den Bücherverbrennungen in Leipzig beteiligt gewesen zu sein. Zudem sei er nicht ordnungsgemäß zum Professor in Hamburg ernannt worden. Kritik erregten auch „seine autokratischen, die Fakultät völlig ignorierenden Methoden der Geschäftsführung".[144]

Im Frühsommer 1945 schien also die Universitätskarriere des 48-jährigen Hans Bürger-Prinz endgültig beendet zu sein. Die Neubesetzung des Hamburger Lehrstuhls stand an. Im Auswahlverfahren wurden „sowohl die militärpsychiatrischen wie die erbbiologischen Qualitäten mehrerer Herren gebührend gewürdigt, Beteiligungen an Sterilisation und ‚Euthanasie' jedoch in keinem Fall angesprochen". Der Ruf erging an den Vorzugskandidaten Werner Villinger, weil dieser als führender Jugendpsychiater galt und angeblich nie Mitglied der NSDAP gewesen sei – wie oben gezeigt, stimmte letztgenannte Information nicht.[145] Werner Villinger lehnte den Ruf allerdings am 17. September 1946 ab.

---

[141]Zu Ehrhardt vgl. Rauh/Topp, Konzeptgeschichten 2019, S. 262–287.

[142]Vgl. Mai den Bussche, Akademische Karrieren 1989, S. 110; Mai/van den Bussche, Forschung 1989, S. 158–160; van den Bussche, Lehre 1989, S. 358–363.

[143]Vgl. Mai/van den Bussche, Forschung 1989, S. 160 f.

[144]Vgl. van den Bussche, „Zusammenbruch" und Nachkriegszeit 1989, S. 419. In derselben Sitzung wurde der Physiologe Rudolf Mond (1894–1960) zum Dekan gewählt. Der weltbekannte Kinderarzt Rudolf Degkwitz (1889–1973) wurde für das Amt des Rektors vorgeschlagen. Der Vater des späteren gleichnamigen DGPN-Präsidenten war kurz zuvor aus dem Zuchthaus geflohen. Da Degkwitz zudem von der Militärregierung zum Präsidenten der hanseatischen Gesundheitsbehörde ernannt wurde, oblag ihm die Entnazifizierung der Hamburger Ärzteschaft. Allgemein zur Entnazifizierung in der Hansestadt vgl. Szordrzynski, Entnazifizierung, https://www.hamburg.de/ns-dabeigewesen/4433186/entnazifizierung-hamburg/.

[145]Vgl. van den Bussche, „Zusammenbruch" und Nachkriegszeit 1989, S. 431, Zitat ebd.

Daraufhin wurde Jürg Zutt– in den Jahren 1954 bis 1956 Präsident der DGPN – auf den Hamburger Lehrstuhl berufen. Zutt, Schüler von Karl Bonhoeffer, leitete zu diesem Zeitpunkt kommissarisch die Universitäts-Nervenklinik der Charité.[146] Zutt zögerte jedoch zu lange bei der Annahme des Rufes nach Hamburg. In der Zwischenzeit hatte es nämlich Bürger-Prinz verstanden, sich wieder in sein Amt einsetzen zu lassen. So musste die Hochschulbehörde Zutt über die veränderte Lage in Kenntnis setzen.

> „Wie Ihnen bekannt sein wird, hat sich in der britischen Zone die Entnazifizierung im Laufe der letzten Zeit anders entwickelt als es zuerst den Anschein hatte. Nachdem im Jahre 1945 und Anfang 1946 eine große Anzahl auch nur formal belasteter Dozenten aus politischen Gründen entlassen wurde, wurde von englischer und deutscher Seite stark die baldige Besetzung der neuen Stellen betrieben. Diese Auffassung wandelte sich erst im letzten Winter, als im Zuge der neuen Richtlinien eine grössere Anzahl von entlassenen Lehrstuhlinhabern nach erfolgreichem Einspruch in ihre Ämter zurückkehrten. (…) Diese Situation bestand aber, wie ich betonen möchte, zu der Zeit noch nicht, als der Ruf an Sie herausging."[147]

Zutt dürfte dieses Schreiben in der letzten Septemberwoche 1946 erreicht haben, zu einem Zeitpunkt, als er den Ruf an die Universität Würzburg bereits angenommen hatte. Seine Tätigkeit dort als Direktor der Universitäts-Nervenklinik und Ordinarius für Psychiatrie und Nervenheilkunde nahm er zum 1. Oktober 1946 auf. Er besetzte damit jenen Lehrstuhl, der nach dem Krieg durch die Entlassung von Werner Heyde (1902–1964) frei geworden war.[148]

---

[146]Zutt war ab 1920, unterbrochen von einem Aufenthalt bei Eugen Bleuler an der Universitäts-Nervenklinik Burghölzli in Zürich, Mitarbeiter Karl Bonhoeffer. Zusammen erstellten sie ein Gutachten über den Geisteszustand des Reichstagsbrandstifters Marinus van der Lubbe, den sie für einen zum Tatzeitpunkt handlungsfähigen Psychopathen hielten. 1936 wurde Zutt nichtbeamteter außerordentlicher Professor in Berlin. Zutt erarbeitete auch Sterilisationsgutachten. In 55 % (n = 93) der Gutachten sprach er sich für eine Sterilisation aus. Im Krieg war er zunächst kurze Zeit Stabsarzt der Wehrmacht, wurde dann aber als Leitender Arzt der Nervenpoliklinik der Charité abkommandiert. Gleichzeitig war er bis Herbst 1946 Leitender Arzt der Kuranstalten Westend. Am 01.06.1945 übertrug die Medizinischen Fakultät Zutt die kommissarische Leitung der Universitäts-Nervenklinik der Charité, welche er ein Jahr spräter wieder abgab. Seine Beteiligung an der Rechtsprechung nach dem GzVeN verschwieg er zu dieser Zeit bereits geflissentlich. Vgl. Schönknecht, Verstehende Anthropologie 1999, S. 21; https://biapsy.de/index.php/de/9-biographien-a-z/60-zutt-juerg; Forsbach, Medizinische Fakultät Bonn 2006, S. 202; Bonhoeffer/ Zutt, Geisteszustand des Reichstagsbrandstifters 1934; UAF Abt. 14, Nr. 1226. Zum Lebenslauf Zutts vgl. Brückner/Fabri, Jürg Zutt 2015.

[147]Zitiert nach: Van den Bussche, „Zusammenbruch" und Nachkriegszeit 1989, S. 432.

[148]Der Spruchkammerentscheid vom 12.03.1947 wies Zutt als vollständig entlastet aus und ermöglichte so die Übernahme in ein dauerhaftes Beamtenverhältnis. Zum Berufungsverfahren vgl. Schönknecht, Verstehende Anthropologie 1999, S. 22 f. Zutt wechselte 1950 auf den Lehrstuhl für Psychiatrie und Neurologie der Universität Frankfurt am Main. Er besetzte damit den Lehrstuhl, den zuvor Karl Kleist innehatte. Die Frankfurter Klinik war 1944 zu einem erheblichen Teil zerstört worden. 1950 ergab sich für Zutt nun die Möglichkeit, „die Universitätsklinik nach modernen Gesichtspunkten" auf- und umzubauen sowie Vorstellungen von einer klinisch eng miteinander verknüpften Psychiatrie und Neurologie umzusetzen. Vgl. ebd., S. 23–26, Zitat ebd.

In Hamburg besetzte mit Bürger-Prinz nun also wieder ein Psychiater den Lehrstuhl, der im NS-Staat politisch unterstützt Karriere gemacht hatte. 1924 approbiert und 1930 habilitiert, war er zunächst Privatdozent und Oberarzt an der Universität Leipzig gewesen. Zum 1. April 1936 wurde ihm – für die medizinische Fakultät unerwartet – die Vertretung des Ordinariats für Psychiatrie und die kommissarische Leitung der Klinik in Hamburg übertragen. Das *Reichsministerium für Wissenschaft, Erziehung und Volksbildung* (RMWEV) verstieß mit dieser eigenmächtigen Besetzung gegen das traditionelle Selbstrekrutierungsrecht der Fakultät.[149] Bürger-Prinz hatte sich für höhere Aufgaben empfohlen, indem er sich schnell nach der „Machtergreifung" zur NSDAP bekannte[150] und sich im Grenzbereich von Wissenschaft und Politik bewährte: Als Mitglied einer Kommission der „Reichsstelle zur Förderung des deutschen Schrifttums" erarbeitete er 1933 eine Liste zu indizierender psychoanalytischer Schriften, er war Beisitzer am Erbgesundheitsgericht Leipzig und unterbreitete in einer Veröffentlichung weitreichende Vorschläge zur Sterilisation von Kindern im vorpubertären Alter. Am 4. September 1936 wurde Bürger-Prinz zum nichtbeamteten außerordentlichen Professor, am 1. Februar 1937 zum planmäßigen Extraordinarius, schließlich am 14. Oktober 1939 zum planmäßigen Ordinarius ernannt.[151]

Es ist bereits erwähnt worden, dass in Hamburg die GzVeN-Verfahren besonders schnell begannen. Dadurch waren viele Verfahren bereits abgeschlossen, als Bürger-Prinz dort sein Amt antrat. Das muss berücksichtigt werden, wenn Bürger-Prinz zugutegehalten wird, dass er als Klinikleiter im Vergleich zu seinem Vorgänger Wilhelm Weygandt (1870–1939)[152], der ein energischer Befürworter der Rassenhygiene war,

---

[149]Vgl. van den Bussche, Akademische Karrieren 1989, S. 83. Als treibende Kraft hinter der Berufung von Bürger-Prinz vermutet der Medizinhistoriker van den Bussche das Reichsministerium des Innern, welches „ab 1933 zielstrebig an der Durchsetzung einer erbbiologischen Ausrichtung der Psychiatrie arbeitete" und daher ein „unmittelbares Interesse an der Besetzung von Direktorenstellen in den Heil- und Pflegeanstalten, in den psychiatrischen Universitätskliniken und in den wissenschaftlichen Gesellschaften mit vertrauenswürdigen jüngeren Kadern" hatte. Die Abteilung IV Volksgesundheit des *Reichsministeriums des Innern* besaß Weisungsbefugnis über die Psychiatrischen Anstalten. Sie unterstützte später organisatorisch die Tötung der Psychiatriepatient/-innen. Zitate aus: Ebd., S. 84.

[150]Am 1. Mai 1933 – und damit deutlich früher als viele seiner noch nach 1945 erfolgreichen Kollegen – trat er in die NSDAP und die SA ein. Er war zudem Mitglied des Nationalsozialistischen Deutschen Ärztebundes (NSDÄB) und im Nationalsozialistischen Dozentenbund (NSDozB) aktiv. Vgl. ebd., S. 83.

[151]Vgl. ebd., S. 84 f.

[152]Studium in Straßburg, Leipzig, Freiburg, Berlin, Heidelberg. 1893 Promotion zum Dr. phil., 1896 zum Dr. med., 1899 Habilitation, 1904 zum ordentlichen Professor an der Universität Würzburg ernannt. Weygandt leitete von 1908 bis 1934 die Hamburger Staatskrankenanstalt Friedrichsberg. Ab 1919 bekleidete er das Ordinariat für Psychiatrie an der neu gegründeten Universität Hamburg. Obwohl er die Machtübernahme der Nationalsozialisten und das GzVeN begrüßte, behielt er diesen Posten nur bis zu seiner politisch begründeten Emeritierung 1934.

bei der Auslegung des GzVeN zurückhaltender gewesen sei. Seine wenigen Veröffentlichungen zu erbbiologischen Fragen aus der Hamburger Zeit waren in der Tat vergleichsweise abwägend und zurückhaltend. Er forderte diagnostische Differenzierungen,
stellte aber die Ziele der Erbgesundheitspflege selbst nicht infrage. Bürger-Prinz war
auch in Hamburg zunächst ein vielbeschäftigter Gutachter für das Erbgesundheitsgericht und das Erbgesundheitsobergericht. Ab 1938 war er dort auch als Beisitzer tätig.
1939 gab er eine rassenbiologisch-eugenische Veranstaltung mit dem Titel „Lebens-
schicksale Schwachsinniger". Nach der Beendigung der „Aktion T4" bemühte er sich –
um den eigenen Personalmangel zu beheben – um Pflegekräfte der „T4"-Mordanstalten.
Auch ihm – selbst kein „T4"-Gutachter – war die systematische Ermordung der Anstalts-
patient/-innen also bekannt. Das dürfte auch für die Phase der regionalen „Euthanasie"
gelten. Trotzdem scheute Bürger-Prinz nicht davor zurück, Patient/-innen nach den
schweren Luftangriffen auf Hamburg aus der Universitätsnervenklinik an Standorte wie
Meseritz-Obrawalde, wo nachweislich Patient/-innentötungen stattfanden, zu verlegen.[153]

Wie erwähnt, waren es ohnehin nicht seine Aktivitäten im Kontext der NS-Erb- und
Gesundheitspolitik oder im Rahmen der Wehrmacht, die ihn für die Hamburger Fakul-
tät kurz vor Kriegsende untragbar machten. Es war sein Verhalten gegenüber den
Fachkollegen. Bürger-Prinz wurde abgesetzt und als NSDAP-Mitglied vom Dienst

---

Fußnote 152 (Fortsetzung)
Vgl. Sammet, „Vollwertige Norm" 2007. Zu Weygandts radikaler Aussonderungspolitik als
Ordinarius für Psychiatrie in Hamburg vgl. Wunder, Von der Anstaltsfürsorge zu den Anstalts-
tötungen 1997. Auch die Umgestaltung der Hamburger Psychiatrie war zum Amtsantritt von
Bürger-Prinz bereits weitgehend abgeschlossen. Sie hatte sich durch eine schnelle und umfassende
Ökonomisierung ausgezeichnet, die in der großzügigen und aggressiven Aussonderung der
„behandlungsunfähigen" und „behandlungsunwürdigen" Patienten mündete. Vgl. van den Bussche,
Fakultät im Strudel der „neuen Zeit" 1989, S. 149; Pfäfflin u. a., Krankenversorgung 1989, S. 289–
292; Wunder, Von der Anstaltsfürsorge zu den Anstaltstötungen 1997. Zur Anstalt Friedrichsberg
unter Weygandt vgl. Sammet, Staatskrankenanstalt 2019.
[153] Vgl. Pfäfflin u. a., Krankenversorgung 1989, S. 285–288, S. 299, S. 315; van den Bussche,
Lehre 1989, S. 384; Aly, Die Belasteten 2013, S. 254. Vgl. auch Bürger-Prinz, Ein Psychiater
berichtet 1971. In dieser Autobiographie behauptete Bürger-Prinz, dass er dank seiner guten
Beziehungen zum Hamburger Gauleiter Karl Kaufmann (1900–1969), die Sterilisierungen und
Krankentötungen in seinem Einflussbereich vereitelt habe. Erst in den 1980er Jahren wurden
diese Aussagen als Mythos entlarvt. Zu den wehrpsychiatrischen Aktivitäten von Bürger-Prinz
vgl. Ebbinghaus, Soldatenselbstmord 1997. In den Unterlagen der Staatssicherheit findet sich
die Vermutung, dass Bürger-Prinz auch in der „Aktion T4" eine Rolle spielte. Es liege, so der
kurze Bericht, dem aber wohl nicht weiter nachgegangen wurde, „mit hoher Wahrscheinlichkeit die Möglichkeit nahe, daß Bürger-Prinz mit de Crinis zu den Ordinarien der Universitäten
gehörte, die in der NS-Mordaktion ‚Euthanasieprogramm' als sog. Obergutachter dieser ganzen
sehr anrüchigen Angelegenheit einen legalen Anstrich geben sollten." Vgl. BStU-Archiv MfS HA
IX/11 RHE 133–70 Teil 2.

suspendiert.[154] In dieser Situation entschloss sich Bürger-Prinz zur Vorwärtsverteidigung und beantragte im Juni 1945 ein universitäres Ehrengericht gegen sich. Vor diesem argumentierte er mit einer Mischung aus Zugeständnissen, Signalen der Einsicht und Hinweisen auf die Nöte und Zwänge der Kriegszeit. Erstaunlich schnell bröckelte die Front seiner Kritiker. Die Professoren schwächten in der mündlichen Verhandlung die zuvor erhobenen Vorwürfe ab, einige betonten sogar die unverkennbaren Verdienste des Beschuldigten. Einstimmig kam der Ausschuss zum Ergebnis, Bürger-Prinz habe es zwar gelegentlich „an der kollegialen Umgangsweise" fehlen lassen und auch „eine Reihe von Fehlern" begangen, doch habe er damit „die Standesehre des Hochschullehrers weder verletzt noch gefährdet".[155] Wie gesagt, die Mitwirkung in der NS-Erbgesundheitspolitik kam dabei gar nicht zur Sprache. Sie widersprach offenbar ohnehin nicht der Standesehre. Bürger-Prinz war damit zwar an seiner Universität rehabilitiert, blieb aber aufgrund seiner NSDAP-Mitgliedschaft vom Dienst suspendiert.[156] Erst nach Abschluss seines Entnazifizierungsverfahrens kehrte er Anfang 1947 wieder in den Lehrbetrieb zurück.[157] Sein 1949 selbstverfasster Lebenslauf trägt dann schon deutliche Spuren der retrospektiven Umdeutung: Als er sich um die Professur in Frankfurt am Main bewarb, legte er nicht nur den Bescheid des Fachausschusses vom 01.07.1948 bei, der ihn als „entlastet" einstufte, sondern betonte auch den Besuch des Humanistischen Gymnasium, seinen Dienst als Kriegsfreiwilliger im Ersten Weltkrieg und seine Tätigkeit als Beratender Psychiater der Wehrmacht.[158] Gerade in den Akten der Berufungsverfahren um 1950 zeigt sich, welche Stationen aus dem eigenen Leben herausgegriffen wurden, um die menschliche und fachliche Eignung als Professor zu unterstreichen.

Wie erfolgreich sich Einzelpersonen auch nach einer solch schwierigen „Entnazifizierungsgeschichte" umdeuten konnten, zeigt gerade das Beispiel Bürger-Prinz. Er schaffte es, sein Leben im Nationalsozialismus in die Geschichte eines Oppositionellen zu verkehren. Noch in den 1980er Jahren waren die Widerstände in Hamburg groß, an dieser Nachkriegslegende zu rütteln. Die Generation seiner Schüler wollte die NS-Verstrickungen ihres Mentors nicht wahrhaben.[159]

---

[154]Sein Meldebogen beinhaltete die Angaben: NSDAP-Eintritt 1933 („kein Mitgliedsbuch, kein Rang, kein Amt"), SA-Mitgliedschaft 1933–36, Scharführer 1935/36, 1935–45: Sanitätstruppe, Oberfeldarzt. Vgl. van den Bussche, „Zusammenbruch" und Nachkriegszeit 1989, S. 422; Zitat aus: UAF Abt. 13, Nr. 179.

[155]Vgl. van den Bussche, „Zusammenbruch" und Nachkriegszeit 1989, S. 421 f. Die Zitate aus den Verhandlungen zitiert nach ebd.

[156]Er wurde von seinem Schüler Hans Jacob (1907–1997) vertreten. Vgl. Mennel, Vertreter einer morphologischen Nervenheilkunde 2014, S. 48.

[157]Van den Bussche, „Zusammenbruch" und Nachkriegszeit 1989, S. 422 f.

[158]Vgl. UAF Abt. 13, Nr. 179. Das in Hamburg generell ein Umdenken in Bezug auf die Zuschreibung von Verantwortlichkeit vonstattenging, zeigt auch der „Kinder-Euthanasie"-Prozess und die Stellungnahmen zur ethischen Vertretbarkeit der Krankenmorde durch den Neurologen Max Nonne. Vgl. hierzu Meyer-Lenz, Max Nonne 2017.

[159]Vgl. Ebbinghaus, Soldatenselbstmord 1997, S. 502.

3.2.7 Rudolf Degkwitz sen.

Bürger-Prinz war kein Einzelfall. Wie der *Zentralausschuß der Hamburger Studentenschaft* – zu dem auch der Ziehsohn von Jürg Zutt, Caspar Kulenkampff (1921–2002), gehörte – bemängelte, wurden zahlreiche massiv belastete Fakultätsmitglieder aufgrund fragwürdiger Kriterien und persönlich gefärbter Einschätzungen wieder als Lehrkräfte zugelassen und in ihre früheren Ämter eingesetzt. Sein Ziel, Lehrkörper und Studentenschaft konsequent zu entnazifizieren, erreichte der *Zentralausschuss* nicht. Einer seiner wichtigsten Unterstützer war Rudolf Degkwitz sen. (1889–1973), Hamburger Ordinarius für Kinderheilkunde und Vater des späteren DGPN-Präsidenten gleichen Namens[160], der während des Krieges kein Hehl daraus gemacht hatte, dass er dem NS-Regime und vor allem der deutschen Kriegsführung kritisch gegenüberstand.[161] 1943 wurde er verhaftet und 1944 wegen „Defätismus und Wehrkraftzersetzung" zu einer Zuchthausstrafe verurteilt.

1946 bemängelte Degkwitz:

> „Durch den völligen Zusammenbruch und die Besetzung Deutschlands haben sich unsere Probleme, Aufgaben und Ziele in keiner Weise geändert. Aber die Notwendigkeit, unser Volk über die Ursachen unserer letzten Katastrophe aufzuklären, ist umso dringender geworden. Wie das vorauszusehen war, sucht ein immer noch viel zu großer Anteil der Deutschen diese Ursachen in den ‚Verhältnissen', in der Arbeitslosigkeit der dreißiger Jahre, in dem Unverstand der anderen Völker, von denen die deutsche Republik schlecht behandelt und das Dritte Reich herbeigeführt worden wäre, in den Lügen der Nazis, in der Unfähigkeit und dem Versagen der Generale usw. (…) Nur aus einer klaren Erkenntnis der begangenen Fehler und einer rücksichtslosen Offenheit über unsere Lage wachsen der Wille und die Fähigkeit zu einer geistigen Umkehr. Diese ‚Umkehr' darf nicht das Verlangen nach etwas Vergangenem sein. (…) Kraft und Art des deutschen Geistes sind trotz seiner Überfremdung durch die preußische Staatsvergötterung und die Barbareien des Dritten Reiches ungebrochen."[162]

---

[160]Seine drei Söhne, unter ihnen auch der spätere DGPN-Vorsitzende Rudolf Degkwitz jun., standen in Verbindung mit der Weißen Rose.

[161]Vgl. Schönknecht, Verstehende Anthropologie 1999; S. 21; Van den Bussche, „Zusammenbruch" und Nachkriegszeit 1989, S. 420. Kulenkampff hatte – folgt man seinem selbstverfassten Lebenslauf von 1966 – im Juli 1941 das Physikum bestanden, wurde im April 1942 zur Luftwaffe eingezogen und nach mehreren Stationen in Luftwaffe und Heer im Januar 1944 als Unteroffizier zur Studentenkompanie Hamburg versetzt. Hier studierte er bis Kriegsende. Vgl. UAF Abt. 13, Nr. 179. Der *Zentralausschuß der Hamburger Studentenschaft/Zentralausschuss der Studentenvereinigungen in Hamburg* wurde bereits kurz vor Kriegsende initiiert und zügig von der britischen Militärregierung als offizielles universitäres Gremium anerkannt. Vgl. Van den Bussche, „Zusammenbruch" und Nachkriegszeit 1989, S. 420. Zum Lebenslauf von Rudolf Degkwitz vgl. Hochmuth/Meyer, Streiflichter 1969, S. 292–301; Greve, Degkwitz 2017.

[162]Degkwitz, Das alte und das neue Deutschland 1946, S. 287 f. Das Manuskript hatte er zwischen Oktober 1940 und Juli 1943 verfasst, dass hier zitierte Nachwort stammt aus dem Juni 1945.

Degkwitz appellierte an die lernfähige Jugend, die nach der uneingeschränkten Wahrheit strebe und kompromisslos das Gute und Edle wolle. Er forderte eine Rückbesinnung auf die christlich-abendländische Kultur. Die Deutschen sollten „sich nicht mehr von Technik, Wissenschaft und Geschäft versklaven lassen und nicht mehr den Staatsgötzen anbeten, sondern sich in Ehrfurcht vor dem Schöpfer des Himmels und der Erde neigen und ihr Geschick mit Demut und Würde tragen".[163]

Rudolf Degkwitz war zudem ein hartnäckiger Kritiker der Methoden und Grundsätze der Entnazifizierungspolitik.[164] Er war allerdings nicht immer schon ein Gegner von Nationalismus und Militarismus gewesen. Nach seiner Schulzeit in Deutschland und Italien hatte er in der Schweiz und in München studiert. 1914 meldete er sich als Freiwilliger zur Armee und nahm an der Westfront an zahlreichen Schlachten teil, bis er bei Verdun schwer verwundet wurde. 1916 schloss er sein Studium mit dem medizinischen Staatsexamen ab. 1919 kämpfte er als Teil des Freikorps Oberland gegen die bayerische Räterepublik und marschierte am 9. November 1923 beim Hitler-Putsch in München mit zur Feldherrnhalle. Erst danach ging er immer deutlicher auf Abstand zur NSDAP, der er nichtsdestotrotz seit 1923 angehörte, und engagierte sich für die parlamentarische Demokratie. In dieser Zeit machte er sich als Kinderarzt einen Namen. Er entwickelte die passive Masernschutzimpfung, wurde habilitiert und zum Professor für Kinderheilkunde berufen, erst an die Universität Greifswald, dann an die Universität Hamburg. Im November 1933 unterschrieb Degkwitz das Bekenntnis der Professoren an den deutschen Universitäten und Hochschulen zu Adolf Hitler und dem nationalsozialistischen Staat. Er geriet aber ab 1933 in immer heftigere Konflikte mit der NSDAP. Weil er international berühmt und zudem Unterstützer der Partei in der Gründungszeit gewesen war, konnte er die zeitgenössischen Möglichkeiten zur offenen Kritik weit ausreizen. Die Beobachtung durch die Gestapo mündete dennoch in seiner Verhaftung. Er wurde nach Berlin überführt und dort in der Hauptverhandlung am 21. und 24. Februar 1944 von Roland Freisler abgeurteilt. Freislers Urteil fiel allerdings sehr wohlwollend aus. Er hob die Verdienste von Degkwitz für das deutsche Volk hervor – seine Masernprophylaxe habe 40.000 deutschen Kindern das Leben gerettet – und verurteilte ihn darum nicht zum Tode, sondern zu – für die damalige Zeit vergleichsweise milden – sieben Jahren Zuchthaus.[165]

Für Rudolf Degkwitz sen. verlief die Nachkriegszeit enttäuschend. Er scheiterte mit seinem Versuch der radikalen Entnazifizierung der Hamburger Universität und des Hamburger Gesundheitswesens; er konnte sich nicht mit der Forderung durchsetzen, dass jeder Arzt, der Mitglied der NSDAP gewesen war, aus dem Staatsdienst entlassen

---

[163]Ebd., S. 289. Ähnlich auch in: Degkwitz, Erziehung gesunder Kinder 1946, S. 93.

[164]Vgl. Seidler, Jüdische Kinderärzte 2007, S. 59.

[165]Vgl. Hochmuth/Meyer, Streiflichter 1969, S. 292–300; Degkwitz, Medizinisches Denken 1985.

werde. Nicht nur die universitären Gremien, sondern auch der Hamburger Senat und die britischen Militärbehörden versagtem ihm die Unterstützung. Von Ärztekollegen wurde er überwiegend als Nestbeschmutzer betrachtet und gemieden. Dadurch zermürbt, quittierte er drei Jahre nach Kriegsende den Dienst und ging als Forscher in die USA, wo er bis kurz vor seinem Tod 1973 blieb. Sein Rücktrittsschreiben verursachte 1948 inneruniversitär, aber auch in der Presse einige Unruhe, weil er feststellte:

> „Fast vollständig sind die ehemaligen Nationalsozialisten, die Ideenträger und Verkünder des Hitlerschen Evangeliums der Gewalt mit der Entschuldigung an die Universitäten zurückgesandt worden, das sie nur ‚Mitläufer‘ gewesen wären. (…) Besteht unter solchen Umständen die Möglichkeit, freie Persönlichkeiten und Demokraten zu erziehen oder ist nicht die alte Situation wieder hergestellt worden, die an den deutschen Katastrophen der Neuzeit die Hauptschuld trägt: nach oben geduckt und heimlich schimpfend Vorgesetzte zu ertragen, die man nicht achten kann und schliesslich resigniert, ‚denen da oben‘ die Verantwortung zu überlassen. Und wer soll der akademischen Jugend einprägen, dass die Hitlerzeit eine Zeit der Schande war, wenn durch ihre Stellung ganz besonders dafür Verantwortliche zurückkehren, wieder ihre alten Parteigenossen um sich versammeln und die wenigen von Anfang an antinationalsozialistischen Dozenten wieder eine ebenso machtlose Minderheit bilden wie in der Hitlerzeit.“[166]

3.2.8 Exkurs III – Entnazifizierung und Elitenkontinuität in den westlichen Besatzungszonen

In der Nachkriegszeit unterblieb eine kritische Aufarbeitung der Rolle des gesamten medizinischen Berufsstandes im Nationalsozialismus. Strafrechtlich geahndet wurden lediglich einzelne, klar umrissene Verbrechen. Die Entnazifizierungsverfahren und die politischen Einflussmöglichkeiten auf Universitäten und öffentliche Gesundheitseinrichtungen boten zwar die Gelegenheit, politisch und moralisch diskreditierte Personen aus den öffentlichen Kliniken und den medizinischen Fakultäten zu entfernen.[167] Dies geschah jedoch nicht.

Eine geregelte medizinische Grundversorgung und die baldige Wiedereröffnung der medizinischen Fakultäten lagen auch im Interesse der Alliierten. Auf die etablierten ärztlichen Experten konnte man, trotz hoher Mitgliederzahlen der Mediziner in den

---

[166]Rudolf Degkwitz an Hohen Senat der Hansischen Universität, Schreiben vom 16.06.1948, zitiert nach: Van den Bussche, „Zusammenbruch“ und Nachkriegszeit 1989, S. 428.

[167]Vgl. Garner, Public Service 1997, S. 138.

NS-Organisationen[168], in keiner der vier Besatzungszonen verzichten. Woher hätte das unbelastete Personal auch kommen sollen?[169] Mit einigen Jahrzehnten Abstand betrachtet, verlief die Entnazifizierung daher für die meisten Ärzte „überwiegend schonend".[170]

Anfänglich sahen die Alliierten in der konsequenten Entnazifizierung jedoch eine Grundvoraussetzung für den Neubeginn in Deutschland. Wichtigstes Mittel war zu Beginn der *automatic arrest* – die präventive Verhaftung von NS-Aktivisten, wie sie etwa Ernst Rüdin traf. In den Westzonen wurden insgesamt 200.000 Personen verhaftet, davon kamen einige nach wenigen Monaten, andere erst nach bis zu drei Jahren Internierung wieder frei.[171] Umfassender war die Entnazifizierung per Fragebogen. Sie erfasste mehrere Millionen Personen. Die praktische Umsetzung der Entnazifizierung verlief in den drei westlichen Besatzungszonen unterschiedlich[172]: Die US-amerikanische Besatzungsmacht strebte die umfassendste Entnazifizierung an. Demgegenüber verlief die politische Säuberung in der französischen und britischen Besatzungszone pragmatischer, konzentrierte sich überwiegend auf kleinere

---

[168]Über die Hälfte der Ärzte war Mitglied einer nationalsozialistischen Organisation. In manchen Gegenden lag der Durchschnitt sogar noch darüber. Gisela Tascher spricht für das Saarland von weit über 70 %. Viele Ärzte traten allerdings erst nach dem Ende der Aufnahmesperre 1937 in die NSDAP ein. Die Parteibeitritte der Mediziner waren damit mehrheitlich weniger Ergebnis des nationalistischen Aufbruchs 1933 – auch wenn es, wie das Beispiel Hans Bürger-Prinz exemplarisch gezeigt hat, auch Ärzte gab, die frühzeitig ein Parteibuch ihr Eigen nannten und dadurch ihre Karriere beschleunigen konnten. Indes honorierte der Großteil der Ärzte mit ihren Parteieintritten ab 1937 – unter ihnen bei den Psychiatern etwa Kurt Pohlisch, Friedrich Panse und Werner Villinger – die professionspolitischen Verbesserungen des Regimes. Die Zustimmung zur NSDAP unter Ärzten erklärt sich überwiegend aus der erfolgreichen Lösung der „Überfüllungskrise" in der Medizin durch den Ausschluss von Juden und politisch Missliebigen aus Praxen, Kliniken und Hörsälen. Bis 1937 hatten die Ärzte, die nicht aus politischen oder rassischen Gründen verfolgt wurden, ihre Einkommenseinbußen aus der Weltwirtschaftskrise wieder wettgemacht und gehörten nun zu den „Bestverdienern unter den Professionen". Die ersten Jahre des Nationalsozialismus waren für sie – wie für viele andere – eine Erfolgsgeschichte. Zugleich ist festzuhalten, dass knapp die Hälfte der Ärzte nicht Mitglieder der NSDAP oder einer ihrer Organisationen war. Vgl. Ernst, Prophylaxe 1997, S. 144 f., Zitat S. 144; Alber, Gesundheitswesen 1992, S. 37; Tascher, „Gleichschaltung" 2016, S. 20. Genaue Zahlen zur Mitgliedschaft von Ärzten in NS-Organisationen nach Ländern, mit Stand 1936 in: Rüther, Ärztliches Standeswesen 1997, S. 166–168. Wasem spricht von durchschnittlich 45 % NSDAP-Mitgliedern unter der Ärzteschaft, in einigen Landesteilen auch über 60 %. Vgl. Wasem u. a., Gesundheitswesen 2001, S. 477.

[169]Vgl. Schildt/Siegfried, Deutsche Kulturgeschichte. 2009, S. 133. Allgemein zum fehlenden nicht kompromittierten Personal für einen radikalen Neuanfang: Jarausch, Umkehr 2004, S. 19.

[170]Jachertz, Phasen 1997, S. 275.

[171]Vgl. Romeike, Transitional Justice 2016, S. 22.

[172]Das hatte etwas mit voneinander abweichenden Erfahrungen als Kolonialmacht, mit den Deutschen als Besatzungsmacht und mit einer unterschiedlichen Analyse der Verursachungsmechanismen des Nationalsozialismus' zu tun. Vgl. Jarausch, Umkehr 2004, S. 21.

Elitengruppen in Bildung, Verwaltung und Justiz. Zahlreiche Personen blieben folglich unerkannt oder unbehelligt. Insbesondere die französische Besatzungszone galt als „Eldorado für Schwerbelastete".[173] Doch auch in der amerikanischen Besatzungszone geriet die Entnazifizierung mehr und mehr zum Fehlschlag: Da die Spruchkammern zunächst die eindeutigen und leicht zu verhandelnden Fälle bearbeiteten, profitierten vom zunehmenden Willen zur Amnestierung vor allem die tief in das Unrecht verstrickten Personen.[174] Der von den Alliierten angestoßenen „Säuberung" nach meist schematischen Gesichtspunkten (insbesondere nach Parteizugehörigkeit) folgte eine Phase der Individualisierung der Verfahren. Nun sollte der Einzelfall bewertet und die jeweiligen persönlichen Umstände ausgiebig gewürdigt werden. Parallel dazu wuchs die Bedeutung der deutschen Spruchkammern. Es handelte sich hierbei um Schöffengerichte, die von Personen besetzt waren, denen gegenüber die zu Überprüfenden häufig deutlich mehr soziale, ökonomische und kulturelle Kompetenzen aufwiesen. So entwickelten sich die Spruchkammern schnell zu „Mitläuferfabriken".[175]

Je länger der Krieg schließlich zurücklag, desto milder fielen die Urteile aus und desto wahrscheinlicher wurde es, dass selbst tief in die NS-Verbrechen verstrickte Personen in die Kategorie IV (Mitläufer) oder V (Entlastete) eingeordnet wurden. Wer nämlich seinen Lebenslauf den neuen narrativen Normen anpasste und über gute persönliche Kontakte zu bereits als „entlastet" eingestuften Personen verfügte, der konnte mit hoher Wahrscheinlichkeit bald weitgehend ungehindert seine berufliche Karriere fortsetzen. Für die sozialen Aspekte der Spruchkammerverfahren steht der Begriff der *Persilscheine*. Mit diesen Entlastungszeugnissen verstanden es bereits entnazifizierte oder als Regimegegner geltende Personen ihre Netzwerke zu sichern.[176] Spätestens mit der Staatsgründung der Bundesrepublik wurde auch der belastete Teil der Ärzteschaft wieder gesellschaftlich integriert und konnte seine Karrieren fortsetzen. Das veränderte gesellschaftliche Klima und den Richtungswechsel im Umgang mit der NS-Vergangenheit verdeutlichte bereits das Straffreiheitsgesetz von 1949 und dessen großzügige Amnestieregelungen. Für die Ärzteschaft war das *Gesetz über die Gewährung von Straffreiheit vom 31.12.1949* mehrheitlich zwar nicht direkt relevant. Es markierte – als eines der ersten Gesetzesvorhaben des neugegründeten Staates überhaupt – aber eine

---

[173]Vollnhals, Entnazifizierung 1991, S. 28.

[174]Vgl. Romeike, Transitional Justice 2016, S. 23–25.

[175]Die Spruchkammern produzierten aber nicht nur „Mitläufer", sondern zugleich auch „Opfer", die ein Recht auf Kompensation der in der Besatzungszeit entstandenen finanziellen Einbußen einforderten. Vgl. Sabrow, NS-Vergangenheit in der geteilten deutschen Gesellschaft 2005, S. 134; Kersting, Mediziner 1993.

[176]Vgl. Sabrow, NS-Vergangenheit in der geteilten deutschen Gesellschaft 2005, S. 134. Eine Rolle spielten hierbei Personen, die sich aus Altersgründen nicht politisch belastet hatten – in der Psychiatrie etwa Robert Gaupp –, kirchliche Würdenträger und das Personal der Gesundheitsämter. Zur Rolle Gesundheitsämter und zur Entnazifizierung der Amtsärzte vgl. Vossen, Gesundheitsämter 2001, S. 454–464.

vergangenheitspolitische Umkehr, die die Beurteilungskriterien veränderte und die schon vorher begonnene Re-Integration der alten Eliten legitimierte. Konkret bedeutsam war hingegen der § 131 des Grundgesetzes von 1949, der als Bollwerk gegen Bestrebungen der Alliierten, das Berufsbeamtentum zu reformieren, diente. Hierin wurde festgelegt, dass die Entschädigung und Wiedereinsetzung all jener Personen, die am Tag des offiziellen Kriegsendes im öffentlichen Dienste standen und anschließend „aus anderen als beamten- oder tarifrechtlichen Gründen ausgeschieden sind und bisher nicht oder nicht ihrer früheren Stellung entsprechend verwendet werden", durch Bundesgesetz zu regeln waren. Entsprechendes galt für diejenigen, die am 8. Mai 1945 versorgungs-berechtigt waren und keine oder keine ihrer vormaligen Stellung entsprechenden Bezüge mehr erhalten hatten.[177]

Die 131er-Gesetzsprechung rehabilitierte die aus politischen Gründen entlassenen Berufsbeamten und führte zu weitgehenden Versorgungszusagen und Unterbringungs-verpflichtungen. Sie stellte ihre materielle Versorgung sicher und sollte die vermeint-lich erst nach dem Kriegsende beschädigte „Ehre" wiederherstellen.[178] Das Gesetz sprach allen zuvor verdrängten Pensionären die vollen Ruhebezüge zu. Dienstfähige Anspruchsberechtigte, Personen, die wegen der Entnazifizierung ihre Posten ver-loren hatten, waren nun „Beamte zur Wiederverwendung" und durften ihre alten Amts-bezeichnungen unter Verwendung des Zusatzes „z. Wv." weiterführen. Sofern sie mindestens zehn Dienstjahre vorweisen konnten, erhielten sie – bis sie wieder eine ihren Qualifikationen entsprechende Tätigkeit aufnahmen – ein Übergangsgehalt entsprechend der bereits erworbenen Ansprüche. Dies bedeutete zugleich die Anerkennung von NS-Beförderungen. Ab Mai 1951 waren unbesetzte Stellen im öffentlichen Dienst so lange mit Angehörigen des vom § 131 GG privilegierten Personenkreises zu besetzen, bis eine Quote von 20 % der Beschäftigten erreicht war. Das Gesetz begünstigte so die in der Bundesrepublik Ansässigen und behinderte die Re-Migration der im Ausland lebenden NS-Verfolgten. Vom § 131 GG profitierten vor allem Personen in den neuen Bundes-

---

[177]Vgl. Fischer/Lorenz, Lexikon der „Vergangenheitsbewältigung" 2007, S. 206. Die exakte Zahl der amnestierten NS-Täter kann heute nicht mehr genau bestimmt werden, insgesamt genossen aber bis zum 31. Januar 1951 fast 800.000 Personen Vergünstigungen aufgrund des Straffrei-heitsgesetzes. Fast eine halbe Million davon im Rahmen einer allgemeinen Amnestie, die für Freiheitsstrafen bis zu sechs Monaten und Geldstrafen bis zu 5000 DM galt. Hinzu kamen eine Viertelmillion Verfahrenseinstellungen. Immerhin bei etwa 35.000 Personen wurden darüber hinaus Gefängnisstrafen bis zu einem Jahr in Bewährungsstrafen umgewandelt. Zur begünstigten Gruppe gehörten auch SA-, SS- und Parteifunktionäre, die sich der Körperverletzung und der Ver-schleppung von Personen in die frühen „wilden" Konzentrationslager schuldig gemacht hatten. Es profitierten also auch „Zehntausende von nationalsozialistischen Tätern". Vgl. Frei, Vergangen-heitspolitik 2012, S. 50–52, Zitat S. 52. Zitat im Fließtext aus: https://www.documentarchiv.de/brd/1949/grundgesetz.html.

[178]Dabei ging es um immerhin etwa 450.000 Berufssoldaten, Beamte, aber auch Arbeiter und Angestellte des öffentlichen Dienstes. Vgl. Goschler, Wiedergutmachung 1992, S. 235; Frei, Ver-gangenheitspolitik 2012, S. 70 f. und S. 79. Zum Gesetzgebungsprozess vgl. ebd., S. 69–100.

ministerien, in den Verwaltungen der Länder, der Kommunen sowie in Militär und Justiz. Die früheren Beamten kehrten, wenn sie nicht die Pensionsgrenze bereits überschritten hatten, fast alle wieder in ihre Ämter zurück. Der gleiche Mechanismus ermöglichte auch die Wiedereinstellung zahlreicher „Euthanasie"-Beteiligter und hat die Kontinuität in den psychiatrischen Einrichtungen, in den Gesundheitsverwaltungen und an den medizinischen Fakultäten erheblich begünstigt. Nur zweifelsfrei politisch schwer belastete Ärzte und Wissenschaftler waren von der Entnazifizierung langfristig betroffen. Andere wurden im Zuge der gewandelten Vergangenheitspolitik immer selbstverständlicher entlastet.[179] Trotz der Medizinverbrechen strahlten die „Halbgötter in Weiß" in den 1950er Jahren wieder – und das nicht nur in den beliebten Arztfilmen im Kino. Selbst SS- und SA-Mitgliedschaften oder die Tätigkeit als „T4"-Gutachter waren kein dauerhafter Hindernisgrund für die Fortsetzung der Karrieren in Anstalten, Kliniken und an den Universitäten.[180]

3.2.9 Ernst Kretschmer, Klaus Conrad und Friedrich Mauz

Auch das Schweigen sicherte in der Nachkriegszeit die Kontinuität. Es war Ernst Kretschmer, der auf der ersten Nachkriegstagung der Neurologen und Psychiater 1947 in seinem Eröffnungsvortrag diesem Schweigen die Absolution erteilte: So mancher altverdienter Kollege und so manches Nachwuchstalent seien seit dem letzten Kongress im Jahre 1938 verstorben, doch „auch über die Lebenden ist viel Schweres dahingegangen, zu schwer, um darüber zu reden".[181] Wie wenig er gewillt war, die wissenschaftliche Fundierung der NS-Psychiatrieverbrechen zu thematisieren, zeigt dann auch der von ihm herausgegebene Psychiatrie-Band des *FIAT Review of German Science*. Darin vermittelte er ein Bild von der psychiatrischen Wissenschaft im Nationalsozialismus als eine Fortentwicklung rein wissenschaftlicher Ansätze ohne jegliche politische Komponente. Zwangssterilisationen und „Euthanasie" wurden nicht einmal in den Kapiteln zur Erbpsychiatrie oder in den Passagen zur Epilepsie erwähnt.[182]

---

[179]Vgl. Frei, Vergangenheitspolitik 2012, S. 72–90; Schildt/Siegfried, Deutsche Kulturgeschichte 2009, S. 136. Franz-Werner Kersting hat am Beispiel der westfälischen Ärzteschaft darauf hingewiesen, dass man nicht nur auf Kontinuitäten und Restaurationstendenzen verweisen sollte. So offenkundige diese auch waren, es hat in der Bundesrepublik eine „Gemengelage aus Kontinuität und Diskontinuität, aus Restauration und Neubeginn" gegeben. Vgl. Kersting, Mediziner 1993, S. 257.

[180]Vgl. Fischer/Lorenz, Lexikon der „Vergangenheitsbewältigung" 2007, S. 207. Auch das Pflegepersonal und die Verwaltungskräfte der „T4"-Mordanstalten fanden relativ problemlos in die neuen gesellschaftlichen Verhältnisse. Vgl. Hoffmann, Normale Leute? 2010, S. 258.

[181]Kretschmer, Bericht 1948 1947, S. VII, zitiert nach: Müller, Kontinuitätssicherung der Psychiatrie 2007, S. 403.

[182]Vgl. Kretschmer, Naturforschung und Medizin 1948. Die „Field Information Agency, Technical" (FIAT), die der OMGUS (Office of Military Government for Germany (U.S.)) unterstand, sammelte Informationen aus Wissenschaft und Industrie. Vgl. Hastings, Akten 1976, S. 95.

Kretschmers Vergangenheitspolitik und Netzwerkarbeit lassen sich nicht voneinander trennen. Sie waren Teile einer Gesamtstrategie zur eigenen Einflusssicherung. Wie oben angedeutet, war Kretschmer eine sehr umstrittene Persönlichkeit. Von den einen fast vergöttert, von denen, die nicht zu seinem Netzwerk gehörten, angefeindet. Er selbst war ebenfalls nicht zimperlich, wenn es darum ging, sein Netzwerk zu schützen und seine persönlichen und fachlichen Gegner zu attackieren.

Ernst Kretschmers Nachlass im Universitätsarchiv Tübingen zeigt, wie er schon 1946 wieder ein weitgespanntes Kommunikationsnetz unterhielt. Die damalige Verunsicherung und der Mangel an verlässlichen Informationen über die Vorgänge in der Hochschullandschaft sind aus seinen Briefwechseln deutlich herauszulesen.[183] Vieles in diesen Briefen stammte nur vom Hörensagen: Der Verbleib ehemaliger Kollegen, der Zustand der Kliniken, der Stand der Entnazifizierungsverfahren und das Prozedere bei Neubesetzungen. Der Konjunktiv war allgegenwärtig. Dennoch versuchte Kretschmer Personalbesetzungen an den Universitäten zu beeinflussen und ehemalige Weggefährten und Mitarbeiter zu unterstützen.[184] Er schrieb „Persilscheine" für belastete Kollegen, darunter auch den „T4"-Gutachter Kurt Pohlisch (1893–1955).[185] In seinem Netzwerk waren „mehrere Knotenpunkte von Akteuren besetzt [...], die vor 1945 dem weiteren Kreis um Ernst Rüdin angehört hatten", unter anderen Heinrich Pette (1887–1964)[186], Georges Schaltenbrand, Hugo Spatz, Wilhelm Tönnis (1898–1978) und Viktor von Weizsäcker (1886–1957).[187] Für die Geschichte der GDNP/DGPN sind jedoch andere Kontakte relevanter. Neben dem bereits erwähnten Werner Villinger, insbesondere Klaus Conrad und Friedrich Mauz.

Vornehmlich die alten Marburger Mitarbeiter richteten Bitten an Kretschmer. So auch sein ehemaliger Oberarzt Klaus Conrad (1905–1961), der mit Kretschmer das Interesse für Konstitutionstypen teilte.[188] Conrad hatte nach einem Medizinstudium in Wien und London seine Assistenzarztzeit in Wien, Magdeburg, Paris und München verbracht. Ab 1933 arbeitete er an der *Deutschen Forschungsanstalt für Psychiatrie* in München zur Erblichkeit der Epilepsie – ein Forschungsprojekt, das im Kontext der Zwangs-

---

[183]Diverse Briefe aus den Jahren 1946–1948, UAT 749/S27.

[184]Priwitzer verweist insbesondere auf die schon zuvor bestehende Freundschaft mit Eugen Bleuler. Zu Kurt Schneider und Hans Walther Gruhle habe er hingegen ein kühles Verhältnis gehabt. Vgl. Priwitzer, Ernst Kretschmer und das Wahnproblem 2007, S. 68–70.

[185]Vgl. Klee, Personenlexikon ²2005, S. 339.

[186]Zu Heinrich Pette vgl. Behrend, Leitbild 1982. Pette war nicht nur Gründungsvorsitzender der *Deutschen Gesellschaft für Neurologie*, sondern wurde 1955 auch zum Präsidenten der *Deutschen Gesellschaft für Innere Medizin* gewählt.

[187]Schmuhl, GDNP 2016, S. 402. Zu Weizsäckers Rolle in der NS-Psychiatrie vgl. Martin/ Fangerau/Karenberg, Affirmation und Kritik 2020.

[188]Zu Conrad vgl. Rüther, Psychiatrie in Göttingen 2003, S. 192.

sterilisationen stand.[189] Er war Vertrauensmann im NS-Dozentenbund, Mitglied des
NS-Ärztebundes und ab 1940 Mitglied der NSDAP. 1939 ging er – frisch habilitiert –
zu Ernst Kretschmer an die Universitätsnervenklinik nach Marburg, wurde dann aber
1941 als Truppenarzt einberufen. Für Conrad, so schrieb er Ernst Kretschmer im Herbst
1946, war die Nachkriegszeit bis dahin problematisch verlaufen: Zunächst war er sieben
Monate inhaftiert gewesen.

> „Warum ich eigentlich in Haft war, weiss ich immer noch nicht. Vernommen wurde ich
> niemals, noch weniger fand irgendjemals eine Verhandlung statt. (...) Ich persönlich bin
> überzeugt, dass in Wirklichkeit ein ganz anderer Mann meines Namens gemeint war – das
> einzige, was feststeht, ist, dass mein Name in der Kriegsverbrecherliste steht und daneben:
> SS, SD, Murder, France – also lauter Dinge, die auf mich gar nicht zutreffen können“.[190]

Kretschmer hatte sich, so ist den dankbaren Zeilen Conrads zu entnehmen, für die Frei-
lassung seines ehemaligen Oberarztes starkgemacht und in der Zwischenzeit auch dessen
Frau unterstützt. Doch immer noch wartete Conrad auf seine vorläufige Arbeitsgenehmigung.

> „Ähnlich wie während meiner Haft ist es jetzt auch ausserhalb des Drahtes: Man hat keine
> Sorge, dass einem etwas Böses geschieht, aber es dauert alles so merkwürdig lange, selbst
> Formalitäten die ganz belanglos sind, beanspruchen Wochen. Man wahrt Geduld und kann
> sich ungefähr vorstellen, wie lange der Wiederaufbau Deutschlands dauern wird.“[191]

Klaus Conrad, dessen Beiträge zur Neuropsychologie und Psychopathologie bis heute
gewürdigt werden, wurde 1948 an das Universitätsklinikum des Saarlandes (Homburg)
auf den neugeschaffenen Lehrstuhl für Psychiatrie und Neurologie berufen. Zehn Jahre
später ging er als Nachfolger von Gottfried Ewald nach Göttingen.[192] Für die GDNP/
DGPN organisierte Conrad die Kontakte zu französischen Psychiatern. Als er bereits als
zukünftiger Direktor des Max-Planck-Instituts für Psychiatrie in München feststand, verstarb er 1961 unerwartet.

Zu der Zeit, als sich Ernst Kretschmer für Klaus Conrad einsetzte, intervenierte er auch
für den „T4“-Gutachter und späteren DGPN-Präsidenten Friedrich Mauz (1900–1979).[193]
Mauz hatte zusammen mit seinem Mentor Kretschmer am Erbgesundheitsobergericht in

---

[189]1940 erschien ein von Conrad zusammen mit Pohlisch verfasster Artikel zur „erblichen Fall-
sucht“ im dritten Band des von Arthur Gütt herausgegebenen Handbuches für Erbkrankheiten. Ernst
Kretschmer hob Conrads Bedeutung der erbbiologischen Untersuchungen an „Epileptikersippen“
auch noch nach dem Zweiten Weltkrieg hervor. Conrad selbst betonte 1948, dass er durch Sipp-
schafts- und Zwillingsuntersuchungen den endgültigen Beweis der Erbfaktoren bei Epilepsie erbracht
habe. Vgl. Kretschmer, Übersicht 1948, S. 6; Conrad, Vererbung bei Epilepsie 1948, S. 129 f.

[190]Conrad an Kretschmer, Schreiben vom 28.09.1946, UAT 749/S27.

[191]Conrad an Kretschmer, Schreiben vom 07.10.1946, UAT 749/S33.

[192]Vgl. Klee, Personenlexikon 2005, S. 95 f.; Möller, Erblichkeit 2010, S. 272 f.

[193]Mauz und Kretschmer gründeten kurz darauf die *Allgemeine Ärztliche Gesellschaft für Psychotherapie* (AÄGP) neu und gaben zusammen die *Zeitschrift für Psychotherapie und medizinische
Psychologie* heraus. Vgl. Mettauer, Vergessen und Erinnern 2010, S. 14.

Kassel gearbeitet und war dessen Oberarzt gewesen. Ab dem 01.04.1939 vertrat Mauz den Lehrstuhl für Psychiatrie und Neurologie an der Universität Königsberg, ab dem Wintersemester 1939/40 war er dort außerordentlicher, ab dem Wintersemester 1941/1942 ordentlicher Professor.[194] Auf diesem Posten bemühte er sich – wenn auch vergeblich – um die Verleihung der Ehrendoktorwürde an Ernst Kretschmer anlässlich des 400. Gründungsjubiläums der Universität. Zwischen September 1940 und Januar 1941 war Friedrich Mauz „T4"-Gutachter. Mauz ließ sich in der gleichen Sitzung als Gutachter anwerben, in der Gottfried Ewald vehement Protest gegen die geplante Aktion einlegte.[195] Anders als etwa bei Werner Villinger gibt es keine Indizien, dass Mauz sich nur widerstrebend an der Selektion beteiligte. Er genoss das Vertrauen der „T4"-Zentrale, auch wenn er „keiner der ärztlichen Vordenker und Schrittmacher der NS-‚Euthanasie'" war, „mit seinem Engagement keine sozialsanitäre Utopie oder den Plan zu einer grundlegenden Umgestaltung der praktischen Psychiatrie" verband und eher „aus Opportunismus mitmachte, um die einmal erreichte berufliche Stellung nicht zu gefährden".[196]

Während des gesamten Zweiten Weltkrieges war Mauz als *Beratender Psychiater* des Wehrkreises I (Königsberg) tätig. Als Königsberg von der Roten Armee eingeschlossen wurde, verließ Mauz die Stadt auf einem Lazarettschiff des Roten Kreuzes. Als beratender Psychiater wurde er zunächst in der Sanitätsabteilung Stuttgart eingesetzt. Von dort nach Holland abkommandiert, geriet er in amerikanische Gefangenschaft. Elf Monate später, er hatte in dieser Zeit ein Kriegsgefangenenlazarett in Südfrankreich geleitet, wurde er entlassen. Nach seiner Rückkehr nach Deutschland strengte er ein zügiges Entnazifizierungsverfahren an, um sich bewerben zu können. Nachdem er zahlreiche „Persilscheine" vorgelegt hatte, wurde er im Spruchkammerverfahren in die Gruppe V eingeteilt. Auch dieser „T4"-Gutachter galt damit nicht einmal als „Mitläufer", sondern wurde vollständig entlastet. Seine Tätigkeiten für das Erbgesundheitsobergericht und als „T4"-Gutachter kamen in dem Verfahren nicht zur Sprache.[197] Der Spruchkammerbescheid von 5. März 1946 hielt lediglich fest:

> „Der Betroffene gehörte ab 1934 der Sanitäts-SS an und hatte den Rang eines Sanitätsführers, er wurde 1937 automatisch und ohne sein Zutun in die Partei überführt. Sonstigen Organisationen gehörte der Betroffene nicht an, wobei besonders seine Ablehnung des NS-Dozentenbundes betont werden soll. Die heutige Beweisaufnahme hat in Verbindung mit den schriftlichen Zeugenaussagen prominenter Persönlichkeiten, wie der

---

[194]Vgl. Silberzahn-Jandt/Schmuhl, Friedrich Mauz 2012, S. 324.

[195]Gottfried Ewald hatte andererseits in den Vorjahren vehement für eine rigorose Zwangssterilisation von Epileptikern votiert. Er behielt auch nach 1945 seine eugenischen Grundüberzeugungen bei. Vgl. Möller, Erblichkeit 2010, S. 273 und 276 f.

[196]Silberzahn-Jandt/Schmuhl, Friedrich Mauz 2012, S. 324.

[197]Vgl. Ebd., S. 326; Falkai/Gruber/Nesseler, Aberkennung 2011, S. 1633.

Professoren Kretschmer, Dr. Max Graf Solms, Dr. Gaupp und Dr. Ritter ergeben, dass sich der Betroffene trotz seiner formellen Mitgliedschaft nicht nur passiv verhalten, sondern nach dem Mass seiner Kräfte aktiv durch Wort und Schrift Widerstand gegen die national-sozialistische Gewaltherrschaft geleistet und dadurch Nachteile erlitten hat."[198]

Noch vor dem mehr als glimpflichen Ausgang seines Entnazifizierungsverfahrens schien für Mauz die Möglichkeit zu bestehen, nach Würzburg berufen zu werden.[199] Er wollte sich auf die Stelle bewerben, die kurz darauf Jürg Zutt besetzen sollte. Jetzt konnte ihm sein ehemaliger Mentor wieder helfen. Kretschmer bat den seit 1939 emeritierten Lehrstuhlinhaber für Psychiatrie, Martin Reichardt (1874–1966), den er spätestens seit 1920 persönlich kannte und der ihn am Beginn seiner Karriere gefördert hatte, um Informationen über den Stand des Berufungsverfahrens. Auch Reichardt hätte Mauz gerne auf dem Würzburger Lehrstuhl gesehen, doch, so ließ er Kretschmer in seinem Antwortbrief wissen, habe das Dekanat bedauerlicherweise genaue Erkundigungen über den Bewerber eingezogen: „Mauz sei Pg[200] seit 1927[201] und SA-Mann seit 1933 (Sani-tätsoberscharführer). Unter diesen Umständen würde ihn das Bayerische Ministerium bestimmt abgelehnt haben. (...) Mauz habe auf der hiesigen Liste nicht gestanden. Das Bayerische Ministerium werde Zutt (Berlin) berufen, dessen Fragebogen ‚völlig ein-wandfrei' sei."[202] Nachdem Reichardt in seinen ersten Briefzeilen Kretschmer nur mit-teilte, dass entgegen dessen ursprünglicher Annahme das Verfahren schon viel weiter fortgeschritten und Mauz aus politischen Gründen ohnehin chancenlos gewesen sei, ließ sich Reichardt dazu hinreißen, seine allgemeine Frustration über die Entnazifizierungs-politik mit Kretschmer zu teilen und offerierte einen tiefen Blick in seine Gemütsver-fassung.

> „[E]s ist stets das alte Lied: die grundsätzlichen Fehler die man – mit Recht – den Nazis vorgeworfen hatte (das unberechtigte Schematisieren und Generalisieren) werden jetzt in verstärkter Auflage begangen. Der württembergische Referent hatte schon in der Länder-ratssitzung vom 5. März 1946 klar zum Ausdruck gebracht: 1. Notwendig sei die Prüfung der individuellen Verantwortlichkeit und der tatsächlichen Gesamthaltung. 2. Notwendig sei die Anschauung, daß äußere Merkmale wie z. B. die Zugehörigkeit zur NSDAP, für sich allein nicht entscheidend seien für den Grad der Verantwortlichkeit. Wer aber kümmert

---

[198]Spruchkammerbescheid von 05.03.1946, UAF Abt. 13, Nr. 179. 1956 Mauz ehrte später Gaupp, den er kurz nach dem Ersten Weltkrieg kennengelernt hatte, mit einem langen Artikel im Band „Grosse Nervenärzte". Vgl. Mauz, Robert Gaupp 1956.

[199]Vgl. Kretschmer an Reichardt, Schreiben vom 31.08.1946, UAT 749/S33.

[200]Parteigenosse, also Mitglied der NSDAP.

[201]Ob es sich bei der Angabe des Parteieintritts um einen Schreibfehler oder um eine fehlerhafte Information handelte, war nicht zu eruieren. Das korrekte Datum ist 1937.

[202]Reichardt an Kretschmer, Schreiben vom 06.09.1946, UAT 749/S33. Die Einschätzung der Ent-nazifizierung in der US-amerikanischen Zone als besonders streng ergab sich für die Zeitgenossen aus dem automatischen Arrest für NSDAP-Mitglieder, die vor dem 1. Mai 1937 in die Partei ein-getreten waren.

sich um solche Grundsätze und ist die Mehrzahl der Spruchkammermitglieder nach ihrer intellektuellen Höhe und ihrer parteipolitischen Bindung überhaupt fähig solche Entscheidungen zu treffen? Bekannt ist, daß die übergroße Mehrzahl des gesamten deutschen Volkes gleichgültig ob Pg oder nicht Pg in der schamlosesten Weise von den Führern der damaligen NSDAP belogen und betrogen worden sind; und daß das was sich als Hitlerismus im Laufe der Zeit entwickelt und offenbart hat mit wirklichem Nationalsozialismus (man braucht nur dieses Wort zu übersetzen) nicht das mindeste zu tun hat. Ebenso wie zahllose Deutsche aus anständigen und charakterlich hochstehenden Gründen in die Partei eingetreten sind oder Ämter übernommen haben, können andere Landsleute aus weniger einwandfreien Motiven nicht eingetreten sein. Der Trennungsstrich ist nicht zwischen Pg zu ziehen, sondern zwischen anständigen, wertvollen Menschen und ihrem Gegenteil. Der württembergische Ministerpräsident hatte schon vor Monaten im Rundfunk eindeutig erklärt: das Entnazifizierungsgesetz müsse zu den 1 % der wirklichen Täter durchstoßen. Alles andere sei gleichgültig. Aber wer kümmert sich darum?"[203]

Reichardts Argumentation ist hier deswegen so ausführlich wiedergegeben, weil sich in seinen Aussagen ganz typische Formulierungen und Entschuldigungsversuche der damaligen Zeit finden. Man sei verführt worden, sei – trotz Parteibuch – anständig geblieben, die formale Mitgliedschaft in der NSDAP sei nicht aussagekräftig, die Zahl der wirklichen Täter klein und die eigentlichen Ungerechtigkeiten seien nicht im Nationalsozialismus begangen worden, sondern erst im Anschluss durch die Besatzungsmächte. Hier sprach ein Enttäuschter. Reichardt – selbst 1937 in die NSDAP eingetreten und akademischer Förderer des Psychiaters und späteren „T4"-Obergutachters Werner Heyde – sah wohl auch sich selbst und eine größere Anzahl seiner Freunde und Kollegen an den Pranger gestellt und diese an deren verdienter Karriere gehindert. In dieser Situation, so Reichardt, könne nur eine starke Persönlichkeit, der (noch) schweigenden Mehrheit wieder eine Stimme geben:

„Wir warten alle auf den Mann, der mit lauter Stimme öffentlich und unwiderlegbar die schweren Mängel der jetzigen Einstellung aufzeigt. Aber es ist sehr zweifelhaft, ob eine solche Hoffnung jemals in Erfüllung geht und ob das ungeheure Leid, welches jetzt unnötigerweise auf den deutschen Landen liegt, in absehbarer Zeit beseitig wird. Was hier alles an Ungerechtigkeiten vorkommt, ist kaum zu übertreffen."[204]

Die Empörung ist echt. Und sie führt tief hinein in das Geschichtsbild der unmittelbaren Nachkriegszeit. Am Ende seines Briefes muss Reichardt aber doch das Gefühl beschlichen haben, dass er die geltenden Regeln des Sagbaren verletzt hatte. Daher schloss er seinen Brief an Kretschmer mit den Zeilen: „Entschuldigen Sie bitte diese Explorationen oder bin ich mit meinen Gedankengängen auf falschem Wege?"[205] Vier Tage später schob er in einem weiteren Brief sogar noch einmal nach:

---

[203]Reichardt an Kretschmer, Schreiben vom 06.09.1946, UAT 749/S33.

[204]Ebd.

[205]Ebd.

„Mein Antwortbrief an Sie vom 6.9.46 ist in der Eile und leider auch in einer gewissen Erregung geschrieben worden. Ich fürchte, daß er nicht das ausgedrückt hat, was ich habe sagen wollen. (...) Ich bedaure es sehr, wenn Mauz sich Sorgen macht, und werde bei jeder passenden Gelegenheit ihn an der ersten Stelle nennen. Da mir außerdem in den letzten Tagen besonders zum Bewußtsein kam, wie sehr durch gewisse Äußerlichkeiten oder Komplikationen berechtigte Wünsche und Hoffnungen scheitern können, ist es vielleicht entschuldbar, wenn vorübergehend die Mißstimmung die Oberhand gewinnt und sich gegen Konstellationen wendet, die vermutlich doch nicht zu ändern sind. Ich bitte Sie also, meinen früheren Brief entsprechend zu verstehen und am besten wohl zu vernichten."[206]

Letzterer Bitte, den Brief zu vernichten, entsprach Ernst Kretschmer nicht. In seinem Nachlass finden sich stattdessen sogar zwei Abschriften. Inwiefern Kretschmer die Ansichten Martin Reichardts insgeheim geteilt haben mag, ist aus seiner Antwort nicht zu entnehmen. Der von Reichardt erhoffte Mann, der seine Stimme gegen die Entnazifizierung erhebe, wollte Ernst Kretschmer jedenfalls nicht sein. Ihm war wohl auch klar, dass er sich Reichardts Argumentation schriftlich nicht anschließen sollte. Auch war er einmal mehr genau darauf bedacht, nicht den Eindruck zu erwecken, mit nationalsozialistischem Gedankengut in Berührung zu stehen. Wie gesehen, ließ er deshalb alte Bekannte wie Mauz trotzdem nicht fallen. Auch wies er Reichardt nicht in die Schranken. Lieber ließ er sich gar nicht auf politische Diskussionen ein, signalisierte zwar Verständnis, verblieb aber in seiner Antwort so knapp, dass Martin Reichardt klar geworden sein dürfte, in Kretschmer keinen Mitstreiter zu finden. Kretschmers vollständige Antwort lautete nur: „Nehmen Sie besten Dank für Ihre Briefe, die ich gut verstehe. Wenn sie dort oder anderswo sich für Mauz einsetzen können, so ist das bestimmt sachlich richtig und persönlich sehr dankenswert."[207]

Reichardts Stimme war bei der folgenden Karriere von Friedrich Mauz freilich nicht mehr entscheidend. Er war von Kretschmer ohnehin nur wegen seiner Kontakte vor Ort angefragt worden. Kretschmer machte sich hingegen weiterhin für Mauz stark. In dessen Entnazifizierungsverfahren bezeugte er, „dass Mauz jüdische Patienten behandelt habe, eine klar antinationalsozialistische Grundgesinnung gehabt und ihm, der oft angegriffen worden sei, loyal zur Seite gestanden" habe.[208] Diese Aussage wog schwer. Wie schon gesagt, Ernst Kretschmer hatte sich zu diesem Zeitpunkt längst glaubhaft zum entschiedenen NS-Gegner und -Opfer gewandelt.

Mauz hingegen musste eine andere Strategie verfolgen. Er entwarf von sich nach dem Zweiten Weltkrieg das Bild eines unpolitischen Menschen und einer Person, die Schlimmeres in der Sterilisationspolitik verhindert habe.[209] So verschwieg er auch, dass

---

[206]Ebd.

[207]Kretschmer an Reichardt, 16.09.1946, UAT 749/S33.

[208]Silberzahn-Jandt/Schmuhl, Friedrich Mauz 2012, S. 326. Müller bezeichnet Kretschmer als den „personifizierten Persilschein der deutschen Psychiatrie". Müller, Kontinuitätssicherung der Psychiatrie 2007, S. 402.

[209]Silberzahn-Jandt/Schmuhl, Friedrich Mauz 2012, S. 322.

er schon als junger Mann nach dem Kriegsende 1918 als Freiwilliger des Studenten-bataillons Tübingen an der Niederschlagung kommunistischer Aufstände in Bayern und Württemberg sowie an der Niederschlagung der Roten Ruhrarmee beteiligt gewesen war. Später sei er voll in seiner Arbeit aufgegangen und habe die Zeitläufte im Grunde nur am Rande bemerkt. Er sei „hilflos und naiv" gewesen. Abgestoßen vom Radau-Anti-semitismus der Nationalsozialisten habe er auch weiterhin mit jüdischen Freunden ver-kehrt, habe mit jüdischen Kollegen zusammengearbeitet und jüdische Patient/-innen behandelt. Dass er das *Bekenntnis der Professoren an den deutschen Universitäten und Hochschulen zu Adolf Hitler und dem nationalsozialistischen Staat* unterzeichnet habe, sei nur ein „demütigende[s] Zugeständnis" an die braunen Herrscher gewesen.[210] Mauz konnte tatsächlich auf eine „liberale" Haltung in der Weimarer Republik verweisen, so gesehen waren die Erklärungen und Deutungen nach 1945 nicht völlig frei erfunden, sondern ließen sich mit wohl ausgewählten Ausschnitten der eigenen Biografie tat-sächlich belegen. Umdeuten musste er indes seinen Eintritt in die SA (1933, eigenen Angaben nach erst 1934). Diesbezüglich gab er an, nur selten im Sanitätssturm Dienst getan zu haben und wenige Monate vor dem Kriegsbeginn wieder ausgetreten zu sein. Ähnlich verfuhr er mit seiner NSDAP-Mitgliedschaft (1937). Wie zahlreiche seiner Kollegen behauptete er, diese sei nach der Aufhebung der Aufnahmesperre ohne sein Zutun automatisch erfolgt. Von Vorteil erwies sich nun, dass Mauz im Nationalsozialis-mus zunächst keine steile Karriere gemacht hatte. Das lag allerdings nicht daran, das er politisch aneckte, sondern dass sein wissenschaftliches Werk als zu schmal, nicht originell genug und als thematisch zu weit entfernt vom erbpsychiatrischen Zeitgeist galt.[211] Der Realität seiner Aktivitäten im Nationalsozialismus dürfte die Beurteilung des Vertrauensdozenten der Medizinischen Fakultät der Universität Marburg aus dem Jahre 1936 näher kommen. Dieser hatte das Handeln von Mauz so interpretiert, dass jener „eine ganz auffallende Geschäftigkeit [entfalte], um Versäumtes nachzuholen".[212] Trotz-dem wurde Mauz nach dem Krieg, wie erwähnt, vollständig entnazifiziert. Zusätzlich mit dem Status des „Ostflüchtlings" versehen, gelang ihm nun eine schnelle Karriere. Jetzt passten seine Qualifikationen und seine inhaltliche Ausrichtung gut in die Zeit. Er erhielt zwar 1946 noch keinen Ruf auf eine Professur, leitete aber ab 1947 das Psychiatrische Krankenhaus Ochsenzoll in Hamburg-Langenhorn, bevor er 1953 Ordinarius an der Uni-

---

[210]Die Lebensbeschreibung von Mauz aus dem Universitätsarchiv Tübingen zitiert nach: Silberzahn-Jandt/Schmuhl, Friedrich Mauz 2012, S. 322.

[211]Vgl. Falkai/Gruber/Nesseler, Aberkennung 2011, S. 1633.

[212]Silberzahn-Jandt/Schmuhl, Friedrich Mauz 2012, S. 322; Falkai/Gruber/Nesseler, Aberkennung 2011, S. 1633.

versitätsnervenklinik Münster wurde. Er krönte diese Karriere 1956 als er für die nächste Amtszeit sowohl zum Präsidenten der DGPN als auch der AÄGP gewählt wurde.[213]

Es ist aufschlussreich, Friedrich Mauz mit einem anderen „T4"-Gutachter und späteren DGPN-Präsidenten zu vergleichen. Dieser, Friedrich Panse, hatte nämlich zunächst weniger Glück. Er geriet in die Mühlen der justiziellen Ahndung der NS-Medizinverbrechen.

3.2.10 Friedrich Panse

Friedrich Panse (1899–1973)[214] studierte zwischen 1919 und 1923 Medizin in Münster und Berlin, wurde 1924 approbiert und promoviert. In der Folgezeit war er an den Wittenauer Heilstädten der Stadt Berlin beschäftigt. 1936 erfolgte die Habilitation. Nachdem er Assistent bei Bonhoeffer gewesen war, arbeitete er vorübergehend für den Erbpathologen Otmar Freiherr von Verschuer (1896–1969).[215] Entscheidend für Panse wurde die Bekanntschaft mit dem von Ernst Rüdin protegierten Kurt Pohlisch (1893–1955)[216]. Diesen kannte er von der gemeinsamen Arbeit in den Wittenauer Heilstätten. 1936 holte ihn Pohlisch, seit 1934 Ordinarius für Psychiatrie und Neurologie in Bonn, als leitenden Arzt zu sich an das neu eröffnete *Rheinische Provinzialinstitut für neuro-logisch-psychiatrische Erbforschung Bonn* (Erbbiologisches Institut). Pohlisch, der – ähnlich wie Bürger-Prinz in Hamburg – gegen den Widerstand der medizinischen Fakultät berufen worden war, suchte nach einem Mitarbeiter, dem er vertrauen konnte. Panse übernahm die ihm angebotene Position, wurde 1937 Dozent für Psychiatrie, Neurologie und Rassenhygiene und schließlich 1942 außerplanmäßiger Professor. Ab dem selben Jahre war er zudem *Beratender Psychiater* im Wehrkreis VI. Am *Erbbiologischen Institut* – gelegen auf dem Gelände der Provinzialanstalt organisierte Panse die Erbbestandsaufnahme für die gesamte Rheinprovinz.[217]

---

[213]In diesen Ämtern arbeitete er weiterhin eng mit Ernst Kretschmer zusammen, der sich zu dieser Zeit aber bereits aus der DGPN zurückgezogen hatte. Im Nachruf auf Ernst Kretschmer würdigt Mauz diesen als „modernen" Denker, der die randständige „Irrenheilkunde" ins Zentrum der Medizin geführt habe. Aus seinen Worten sprechen zugleich auch freundschaftliche Verbundenheit und eine Haltung der Dankbarkeit. Mauz, In Memoriam 1965, S. 237. Zur Geschichte der AÄGP vgl. Winkler, 50 Jahre AÄGP 1977; Winkler, Beziehungen 1982.

[214]Nachfolgende biographische Skizze beruht auf: Forsbach, Friedrich Panse 2012; Forsbach, Medizinische Fakultät Bonn 2006; Ernst Klee, Friedrich Panse, S. 449; Heyll, Friedrich Panse 1997; https://www.biapsy.de/index.php/de/9-biographien-a-z/259-panse-friedrich.

[215]Vgl. Goltermann, Gesellschaft der Überlebenden 2009, S. 180.

[216]Rüdin hatte Pohlisch für den Lehrstuhl in Bonn vorgeschlagen, mehrere Forschungsaufenthalte Pohlischs an der *Deutschen Forschungsanstalt für Psychiatrie* in München stehen zu Buche. Zur Person und zur Berufung vgl. Forsbach, Medizinische Fakultät Bonn 2006, S. 197–213. Zu seiner universitären Entnazifizierung vgl. ebd., S. 629–640.

[217]Vgl. Orth, Hochburg 2006, S. 178; Schmuhl, GDNP 2016, S. 203.

Auch Panse war kein „Nationalsozialist der ersten Stunde" oder einer derjenigen, die gleich im Frühjahr 1933 in die NSDAP eintraten, sondern ein Nationalkonservativer, der sich nach der „Machtergreifung" der Nationalsozialisten dem neuen System andiente. 1933 wurde Panse Mitglied der *NS-Volkswohlfahrt* und des *Reichsluftschutzbundes*. Spätestens 1935, so der Medizinhistoriker Ralf Forsbach, habe Panse die möglicherweise zunächst bestehende Skepsis gegenüber den Nationalsozialisten abgelegt. 1936 trat er dem *NS-Dozentenbund*, dem *NS-Ärztebund*, dem *Reichsbund deutscher Beamter* und dem *Reichskolonialbund* bei, 1937 wurde er schließlich auch NSDAP-Mitglied und 1938 Mitglied im *Volksbund für das Deutschtum im Ausland*. 1939 bezeichnete ihn der Führer des Dozentenbunds in Bonn als „aufrechte[n] Bejaher des Dritten Reiches".[218]

Schon frühzeitig äußerte sich Panse zustimmend zur Zwangssterilisation sogenannter Erbkranker. Er unterstützte die nationalsozialistische Erbgesundheitspolitik „ohne Vorbehalte und mit Nachdruck".[219] 1935 wurde er Mitglied des Erbobergerichts in Berlin, nach seinem Umzug nach Bonn 1936 Mitglied des Erbobergerichts in Köln. In dieser Funktion kritisierte er die nach seiner Ansicht nachlässige Haltung der unteren Instanz und empfahl die Sterilisation schon bei „Mikrosymptomen". Panse trat zwar entschieden für Zwangssterilisationen ein und stellte die „Ausmerze" von Geisteskranken nicht grundsätzlich infrage, betonte aber die Vorläufigkeit der aktuellen Forschungserkenntnisse und wollte die Tötungen auf „Psychopathien" und „eindeutig negative Persönlichkeits- und Charaktertypen" beschränken. Auch in Lehre und Forschung lehnte sich Panse an die Maßgaben des nationalsozialistischen Staates an. Er fundierte mit seiner Forschung die Sterilisationspolitik, hielt rassenhygienische Vorträge, Lehrveranstaltungen und Fortbildungskurse – nicht nur in Bonn, sondern auch an den Staatsmedizinischen Akademien in Berlin und in Frankfurt. Auch machte er sich 1940 für die Berücksichtigung der Rassenhygiene als universitäres Prüfungsfach stark. Er war, so Forsbach, „ein engagiert lehrender Rassenhygieniker". Auch wenn es ihm dabei mehr um Forschung als um die Bestätigung der herrschenden Rassenlehre ging, so ist – anders als Ernst Kretschmer und andere es nach 1945 versuchten darzustellen – beides nicht voneinander zu trennen. „Die" herrschende Rassenlehre hat es nicht gegeben. Die Nationalsozialisten waren durchaus bereit, unterschiedliche Ansichten zu akzeptieren, wenn sie den Absichten ihrer Erbgesundheits- und Rassenpolitik nicht diametral entgegenstanden.[220]

---

[218]Busch an Rektor, Schreiben vom 22.05.1939, UAV Bonn, PA 6782, zitiert nach Forsbach, Friedrich Panse 2012, S. 330. Vgl. auch Falkai/Gruber/Nesseler, Aberkennung 2011, S. 1632 f.

[219]Falkai/Gruber/Nesseler, Aberkennung 2011, S. 1632.

[220]Vgl. Forsbach, Medizinische Fakultät Bonn 2006, S. 213–216, S. 221–223; Falkai/Gruber/Nesseler, Aberkennung 2011, S. 1633; Orth, Hochburg 2006, S. 182; Forsbach, Friedrich Panse 2012, S. 332 f. sowie Panse, Erbfragen bei Geisteskranken 1936, zitiert nach: Ebd., S. 333. Zur Rechtsprechungspraxis am Berliner Erbobergericht vgl. Doetz, Zwangssterilisation in Berlin 2011.

Als Militärpsychiater beabsichtigte Panse, die „Psychopathentypen typologisch auszusondern, welche ein harmonisches Gesamtgefüge unseres Volkskörpers stören".[221] In diesem Zusammenhang wurde sein Name berüchtigt. Das „Pansen" beschrieb eine brutale Behandlung, bei der die traumatisierten Soldaten mit galvanischen Strömen bis zu 100 Milliampere traktiert wurden.[222] Dabei waren sich die Behandler durchaus darüber im Klaren, dass dadurch die Störung selbst nicht beseitigt werde, sondern etwaige Behandlungserfolge lediglich durch Angst und Schmerzen der Patienten ausgelöst wurden.[223] Wie bereits in den Ausführungen zu Karl Bonhoeffer ersichtlich, war es schon nach dem Ersten Weltkrieg eine der zentralen Fragen der Psychiatrie, inwiefern die „Kriegszitterer" als „Neurotiker" abzustempeln waren, die sich vor dem Fronteinsatz drücken oder Sozialleistungen erschleichen wollten. Auch Panse hatte sich als junger Mann in diesem Bereich bereits einen Namen als Gutachter und Autor gemacht und konnte auf diese Erfahrung im Zweiten Weltkrieg zurückgreifen.[224] 1942, unter den Eindrücken der Ereignisse von Stalingrad, wurde die Behandlung mit galvanischem Strom von letzten Schranken befreit. Die brutale Methode schien auch deswegen gerechtfertigt, weil sie versprach, die tatsächlich traumatisierten Soldaten von den Simulanten zu trennen und die wirklichen „Kriegsneurotiker" wieder wehrfähig zu machen. Zugleich, so betonte Friedrich Panse, waren solche Methoden auch deswegen zu präferieren, weil sie als Ersatz für abschreckende Strafen fungierten, wenn die Kriegsgerichte mal wieder zu milde urteilten.[225]

Friedrich Panse wurde vom 14. Mai bis 16. Dezember 1940 als „T4"-Gutachter geführt. Nach Ernst Klee bezeichnete Panse die Stimmung unter den „T4"-Ärzten als „[e]ine berauschende Gehobenheit".[226] Panse bearbeitete etwa 600 Meldebögen, laut späterem Urteil des Landgerichtes Düsseldorf resultierten daraus 15 Tötungsentscheidungen. Stimmen diese Zahlen, dann entsprach dies einer Quote von 2,5 %. Die „Euthanasie"-Zentrale in der Berliner Tiergartenstraße 4 war mit dieser geringen Zahl wohl nicht zufrieden und schloss Panse aus dem Kreis der Gutachter aus.[227] Das

---

[221]Panse, Psychpathen 1940, zitiert nach: Falkai/Gruber/Nesseler, Aberkennung 2011, S. 1633.

[222]Die Behandlung war nicht gänzlich neu, da ähnliches mit dem „Kaufmannschen Verfahren" auch schon im Ersten Weltkrieg versucht worden war. Vgl. Goltermann, Gesellschaft der Überlebenden 2009, S. 176–191; Forsbach, Friedrich Albert Panse, www.biapsy.de/index.php/de/9-biographien-a-z/259-panse-friedrich. Für manch anderen Militärpsychiater, etwa für Hans Bürger-Prinz, versprachen hingegen Cardiazolkrämpfe und Insulinschocks durchschlagenderen Erfolg. Bürger-Prinz setzte daher im Wehrbezirk Hamburg erst nach dem Knappwerden von Insulin auf die Elektrokrampftherapie. Zum „Pansen" siehe Hilpert, Rekonstruktion 1995.

[223]Vgl. Riedesser/Verderber, Militärpsychiatrie 1996, 145–149; Ebbinghaus, Soldatenselbstmord 1997, S. 497. Erfahrungen mit der Behandlungsmethode wurden später noch einmal breitenwirksam dargelegt in: Elsässer, Erfahrungen an 1400 Kriegsneurosen 1961.

[224]Vgl. Panse, Renten- und Kriegsneurotiker 1925; Panse, Renten- und Kriegsneurotiker 1926.

[225]Vgl. Riedesser/Verderber, Militärpsychiatrie 1996, S. 149–155.

[226]Zitiert nach: Klee, Personenlexikon 2003, S. 449.

[227]Vgl. Forsbach, Friedrich Panse 2012, S. 334; Forsbach, Medizinische Fakultät Bonn 2006, S. 493 f.

ist kein Hinweis darauf, dass Panse nicht von der Notwendigkeit der erbbiologischen Ausmerze überzeugt gewesen ist. Ende 1940 hielt er mit eindeutigen Worten fest, dass „solche psychopathischen Anlagen, die in unserem Volkskörper sich störend bemerkbar machen, unschädlich zu machen bzw. auszumerzen [sind]. Nach dieser Richtung wird die praktische rassenhygienische Arbeit weitergeführt werden zum Wohle und für die Zukunft des Volkes."[228]

Nach dem Krieg wurde Panse vom universitätsinternen Prüfungsausschuss und im Entnazifizierungsverfahren bescheinigt, dass er „eine allzu enge Verbindung seiner Person wie seines Instituts mit dem *Rassenpolitischen Amt Köln-Aachen* ‚schroff' abgelehnt" habe.[229] Überhaupt fand sich so manche Stimme, die bereit war, Panse zu entlasten. Ihm wurde von Kollegen attestiert, er habe sein Bedauern angesichts der Behandlung jüdischer Kollegen geäußert, habe sich empört wegen der „Reichskristall-nacht" gezeigt, sei auch nicht aus der Kirche ausgetreten, hätte drei Disziplinarverfahren über sich ergehen lassen müssen und habe der NS-Außenpolitik kritisch gegenüber-gestanden. Ehemalige Patient/-innen nannten ihn „guter Bürger jenes geistigen Europas, welches der Nationalsozialismus auch in Deutschland trotz aller Bemühungen nicht rest-los auszurotten vermochte".[230] Der Bonner Arzt Curt Schmidt, der wie Panse im April 1940 an der ersten Berliner Sitzung der *Reichsarbeitsgemeinschaft für die Heil- und Pflegeanstalten* zur Planung der „Euthanasie" teilgenommen hatte, berichtete zudem davon, dass sich Panse bei diesen Zusammentreffen ablehnend gegenüber den geplanten Maßnahmen geäußert habe.[231] Auch konnte Panse Zeugen beibringen, die bestätigten, er habe Diagnosen zugunsten von NS-Gegnern gestellt.[232] Panse selbst rechtfertigte sich damit, dass er an der „Aktion T4" nur teilgenommen habe, um zu retten, was zu retten war – dass er Schlimmeres verhindert und wenigstens etwas gegen die „Euthanasie" unternommen habe. Seine Verteidigungsstrategie war es zu behaupten, er habe einerseits unter den „ganzen Belastungen unsagbar gelitten" und andererseits Erblehre und Rassen-hygiene „völlig klinisch" gelehrt und sich von anthropologischen Betrachtungen fern-gehalten.[233] Er schilderte zudem in einer mehrseitigen Stellungnahme zur „Euthanasie"

---

[228]Panse, Erb- und Erscheinungsbild der Psychopathen 1941, S. 11, zitiert nach: Orth, Hochburg 2006, S. 176.

[229]Forsbach, Friedrich Panse 2012, S. 332.

[230]Vgl. Falkai/Gruber/Nesseler, Aberkennung 2011, S. 1633; Forsbach, Medizinische Fakultät Bonn 2006, S. 643 f., das Patientenzitat S. 644.

[231]Vgl. Forsbach, Friedrich Panse 2012, S. 336.

[232]Ebd., S. 334–336, Zitat S. 335; Forsbach, Medizinische Fakultät Bonn 2006, S. 640–645.

[233]Forsbach, Friedrich Panse 2012, S. 333. Harald Welzer hat richtig bemerkt, dass es zu den typischen Narrativen der Täter gehörte, sich selbst als die Leidenden zu stilisieren. Man habe nicht leichthin gemordet, es sei aber nötig gewesen. Man selbst habe unter der damit einhergehenden psychischen Belastung gelitten. Aber es sei zu einem höheren Zwecke geschehen, der die Mittel heiligte. Man selbst habe nur wenige Möglichkeiten gehabt, sich den scheinbar objektiven historischen Gegebenheiten zu entziehen. Vgl. Welzer, Täter 2005, S. 12.

seine Gewissensnöte.[234] Diese Stellungnahme überzeugte die universitären Gremien jedoch nicht vollends. Zwar wurde Panse bescheinigt, er habe seine Haltung zum „Euthanasie"-Programm gewissenhaft abgewogen, doch hielt man ihn als Lehrkraft an einer Universität für nicht mehr tragbar.

1947 wurde Panse, zusammen mit Kurt Pohlisch und dem Psychiatrie-Dezernenten der rheinischen Provinzialverwaltung Walter Creutz, vor dem Schwurgericht Düsseldorf angeklagt.[235] Ihm wurden Beihilfe zum Mord und Verbrechen gegen die Menschlichkeit zur Last gelegt. Es ging dabei ausschließlich um sein Wirken als „T4"-Gutachter. Seine Tätigkeiten als *Erbgesundheitsrichter* und als *Beratender Psychiater* für die Wehrmacht kamen – wie bei allen anderen Psychiatern auch – nicht zur Anklage.[236] Das Verfahren wurde auf Anordnung der französischen Militärregierung dem Generalstaatsanwalt in Düsseldorf übertragen. Im September 1947 vermeldete die Düsseldorfer Staatsanwaltschaft, dass Panse, Pohlisch und Creutz verhaftet worden seien. Der Berichterstatter machte dabei deutlich, dass er „jede, auch unbedeutende Mitwirkung [an den Patiententötungen], für strafbar" halte. Und der ermittelnde Staatsanwalt hielt fest, dass die in den ersten Vernehmungen von den Beschuldigten gemachten Ausflüchte, sie hätten sich an der „Euthanasie" nur beteiligt, um Schlimmeres zu verhindern, völlig unerheblich seien, weil sie an der Tötung von insgesamt 1790 Geisteskranken „positiv mitgewirkt" hätten.[237] Der Prozess verlief dann aber nicht im Sinne der Anklage. Die Richter ließen sich auf die Entlastungsnarrative der Beschuldigten ein und schenkten den belastenden Zeugenaussagen kaum Beachtung. Schon zeitgenössische Beobachter bemängelte diese einseitige Verfahrensführung. Während des Prozesses wurde Panse, ebenso wie Pohlisch, zugutegehalten, sie hätten in ihrem jeweiligen Amtsbereich NS-Gegner/-innen beschäftigt. Panse half obendrein, dass im Sommer 1948 – also während des laufenden juristischen Verfahrens – die medizinische Fakultät in Bonn feststellte, die Verleihung des Extraordinariats im Oktober 1942 habe nicht im Zusammenhang mit der „Euthanasie"-Aktion gestanden, sondern sei nach rein wissenschaftlichen Kriterien und zu einem üblichen Zeitpunkt in Panses Karriere ausgesprochen worden.[238]

---

[234]Vgl. UAV Bonn, PA 6782: Aufzeichnungen Panses vom 08.09.1945, zum Teil wiedergegeben in: Forsbach, Medizinische Fakultät Bonn 2006, S. 643.

[235]Ebenfalls angeklagt waren zwei Ärzte der Zwischenanstalt Galkhausen und drei Angehörige der „Kinderfachabteilung" Waldniel. Das Urteil ist abgedruckt in: de Mild, Tatkomplex 2009, S. 685–764. Zum Umgang mit Pohlisch und Panse an der Medizinischen Fakultät Bonn vgl. Forsbach, Medizinische Fakultät Bonn 2006, S. 629–647. Auf den Wechsel in der Bewertung Panses verweist: Forsbach, Kampf 2008, S. 263.

[236]Vgl. Falkai/Gruber/Nesseler, Aberkennung 2011, S. 1633.

[237]Vgl. Meusch, Düsseldorfer „Euthanasie"-Prozess 2008, S. 174, hier auch die Zitate.

[238]Vgl. Forsbach, Medizinische Fakultät Bonn 2006, S. 209; Forsbach, Medizinische Fakultät Bonn 2006, S. 215 f.

Von den Angeklagten wurden schließlich nur jene zu Freiheitsstrafen verurteilt, die wegen der Morde in den „Kinderfachabteilungen" angeklagt waren. Creutz, Pohlisch und Panse wurden hingegen freigesprochen. Das Urteil der Richter beinhaltete einerseits eine klare Verurteilung der Tötungen an Geisteskranken, andererseits wurden die Entlastungsargumente der angeklagten Ärzte fast fraglos übernommen. Als erwiesen sah das Gericht zwar den Tatbestand eines Verbrechens gegen die Menschlichkeit in Tateinheit mit Beihilfe zum Mord in einer unbestimmten Anzahl von Fällen an. Bei der Bemessung des Strafmaßes folgte es jedoch den vorgebrachten Rechtfertigungen.[239] Die Richter bescheinigten Pohlisch und Panse, sich eindeutig ablehnend gegenüber der „Euthanasie" verhalten zu haben. Pohlisch und Panse hätten in ihren Gutachten nur selten für eine Tötung der Patient/-innen optiert, und darauf geachtet, dass es sich dabei um Personen handele, bei denen der baldige natürliche Tod ohnehin zu erwarten war oder die transportunfähig gewesen seien. Ihre Gutachtertätigkeit habe, so das Gericht, „in keinem Falle einen Erfolg im Sinne der Berliner Stellen mit sich gebracht". Durch ihre Gutachten sei kein einziger Patient ums Leben gekommen. Da das Gericht obendrein anerkannte, dass die Ärzte pflichttreu, verantwortungsbewusst und zum Wohle der Kranken gehandelt hätten, wurden sie wegen erwiesener Unschuld freigesprochen.[240] Damit blieben die Angeklagten nicht nur straffrei, sondern galten als unschuldig. Dies ermöglichte ihnen das Einklagen der Versorgungsausfälle und auf die Wiedereinsetzung in ihre alten Positionen. Auch die Richter im Revisionsverfahren bestätigten die Rechtsprechung der ersten Instanz. Ein Vorsatz sei nicht zu erkennen und die Angeklagten Pohlisch und Panse seien als „unbedingte Gegner der Euthanasieaktion anzusprechen". Ihnen wurde nicht nur erneut „erwiesene Unschuld" attestiert, sondern auch „Widerstandshandlungen gegen die Euthanasie-Aktion" bescheinigt.[241]

Friedrich Panse blieb der einzige der späteren Präsidenten der psychiatrischen Fachgesellschaften, der sich vor Gericht wegen der NS-Medizinverbrechen verteidigen musste. Er beantragte nach dem letztinstanzlichen Freispruch im Januar 1950 sofort Haftentschädigung und Gehaltsnachzahlungen und erhielt diese für die Untersuchungshaft aus der Staatskasse.[242] Die nordrhein-westfälische Landesregierung lehnte indes im

---

[239]Vgl. Falkai/Gruber/Nesseler, Aberkennung 2011, S. 1633.

[240]Vgl. Meusch, Düsseldorfer „Euthanasie"-Prozess 2008, S. 177, hier auch das Zitat aus dem Urteil; Orth, Hochburg 2006, S. 186.

[241]Vgl. Forsbach, Friedrich Panse 2012, S. 336; Orth, Hochburg 2006, S. 173; Meusch, Düsseldorfer „Euthanasie"-Prozess 2008, S. 177 f., hier auch das Zitat aus dem Revisionsurteil. Pohlisch erhielt daraufhin sein Ordinariat in Bonn zurück. Ähnlich erging es Walter Creutz. Er wurde im Düsseldorfer Euthanasieprozess nach einem langen Verfahren wegen Beihilfe zum Mord 1950 endgültig freigesprochen. Er scheiterte zwar mit dem Versuch, eine Position im nordrhein-westfälischen Sozialministerium zu erlangen, konnte aber 1951 die Stelle des Chefarztes des katholischen *Alexianer-Krankenhauses für Nerven- und Gemütskranke* (Neuß) antreten. Kurt Pohlisch und Walter Creutz spielten in der GDNP/DGPN nach 1945 keine Rolle mehr. Vgl. Schmuhl, GDNP 2016, S. 401.

[242]Vgl. Meusch, Der Düsseldorfer „Euthanasie"-Prozess S. 184; Orth, Hochburg 2006, S. 188.

Februar 1952 seinen Antrag auf Wiedereinstellung als außerplanmäßigen Professor ab. Mittlerweile durch die § 131-Gesetzgebung unterstützt, klagte Panse dagegen erfolgreich vor dem Düsseldorfer Landesverwaltungsgericht. Nachdem Panse bereits 1950 Leiter der Rheinischen Landesklinik für Hirnverletzte in Langenberg geworden war, konnte er daraufhin auch seine Universitätskarriere fortsetzen. Von 1954/55 bis 1967 leitete er das Rheinische Landeskrankenhaus Düsseldorf-Grafenberg und war Inhaber des Lehrstuhls für Psychiatrie an der Medizinischen Akademie in Düsseldorf.[243] In den Berufungsakten des Kultusministeriums findet sich keinerlei Erwähnung seiner Tätigkeit im Rahmen der NS-„Euthanasie".[244] Panse galt zu diesem Zeitpunkt längst als renommierter Psychiater. Er wurde sogar noch Mitglied im *Ärztlichen Sachverständigenbeirat für Fragen der Kriegsopferversorgung des Bundesarbeitsministeriums*.[245] Die DGPN leitete Panse in den Jahren 1965 und 1966. Mit seiner 1964 publizierten, 800 Seiten starken Veröffentlichung zur Umstrukturierung des psychiatrischen Krankenhauses prägte er die Reformbestrebungen der DGPN bis in die Zeit der Psychiatrie-Enquete.

3.2.11 Exkurs IV – „Euthanasie"-Prozesse in den westlichen Besatzungszonen

Nie wurde wegen Kriegsverbrechen und Verbrechen gegen die Menschlichkeit so häufig ermittelt und angeklagt wie zwischen 1945 und 1949. Mehr als zwei Drittel aller Verurteilungen wegen NS-Verbrechen fallen in die Besatzungszeit.[246] Auf Basis des Gesetzes Nr. 10 des Alliierten Kontrollrats vom 20. Dezember 1945 waren die Militärgouverneure ermächtigt, in ihren jeweiligen Besatzungszonen eigenverantwortlich Prozesse anzustrengen. Durch die alliierten Ermittlungen entstand schnell auch ein Eindruck vom ungefähren Ausmaß der Gräuel, die in Anstalten und Forschungslabors begangen worden waren. Wegen der Medizinverbrechen angeklagt wurden daraufhin in erster Linie Mediziner/-innen aus den Konzentrations- und Vernichtungslagern.[247]

---

[243]Vgl. Forsbach, Friedrich Panse 2012, S. 336; Falkai/Gruber/Nesseler, Aberkennung 2011, S. 1633. Nachfolger Panses in diesem Amt wurde Caspar Kulenkampff.

[244]Vgl. Meusch, Der Düsseldorfer „Euthanasie"-Prozess 2008, S. 184.

[245]Vgl. Forsbach, Panse 2018. Friedrich Mauz gehörte ab 1956 ebenfalls dem Sachverständigenbeirat an. Vgl. Klee, Personenlexikon 2003, S. 396.

[246]Vgl. Schweizer-Martinschek, Strafverfolgung 2018, S. 55 f. 22 % entfallen auf die Zeit zwischen den Staatsgründungen und 1958 und nur 8 % auf die Zeit nach 1958. Vgl. Romeike, Transitional Justice 2016, S. 18.

[247]Vgl. Frei, Nach der Tat 2006, S. 13; Schweizer-Martinschek, Strafverfolgung 2018, S. 55; Ebbinghaus, Mediziner vor Gericht 2008, S. 204, S. 208–210.

Von den insgesamt 29 alliierten Prozessen, die sich mit den NS-Medizinverbrechen befassten, ging es nur in zwei Fällen auch – und das eher am Rande – um die
„Euthanasie".[248]

So wurde der erste Kriegsverbrecherprozess in der US-amerikanischen Zone zwar
gegen sieben Angestellte der Anstalt Hadamar geführt.[249] Vor dem Militärgericht in Wiesbaden wurde in der ersten Oktoberhälfte 1945 – und damit noch vor der Eröffnung des
Nürnberger Hauptkriegsverbrecherprozesses – verhandelt, aber nicht etwa der Mord an
über 10.000 „Euthanasie"-Opfern: Es ging ausschließlich um die fast 500 seit Juli 1944 in
Hadamar getöteten sowjetischen und polnischen Zwangsarbeiter. Sieben Personen standen
vor Gericht. Der ehemalige Anstaltsleiter, Alfons Klein, und sechs seiner Mitarbeiter.
Zwei Pfleger und der Verwaltungsleiter wurden zum Tode verurteilt und hingerichtet. Eine
lebenslange Haftstrafe wurde gegen den Chefarzt Adolf Wahlmann (1876–1956) verhängt,
die anderen Angeklagten erhielten Haftstrafen zwischen 25 und 35 Jahren.[250]

Dass die „Euthanasie"-Morde in den alliierten Prozessen eine untergeordnete Rolle
spielten, hatte nichts damit zu tun, dass dieser Verbrechenskomplex nicht als ahndungs-
würdig begriffen wurde. Die Alliierten hatten sich darauf geeinigt, dass die Menschenrechtsverbrechen in dem Jurisdiktionsbereich zu ahnden waren, in dem der Ort der
Taten lag. Zwar gab es anfänglich erhebliche Bedenken, ob die deutsche Justiz gewillt
und fähig sei, die Strafverfolgung von NS-Verbrechen in Eigenregie durchzuführen.
Um jedoch zu zeigen, dass die Taten auch von deutschen Gerichten als strafwürdig
angesehen würden, übertrug man der einheimischen Justiz die Zuständigkeit für jene
Verbrechen, die von deutschen Staatsangehörigen gegen andere deutsche Staats-
angehörige oder gegen Staatenlose begangen worden waren. Die „Euthanasie" war damit
einer jener Tatkomplexe, die bevorzugt von deutschen Gerichten zu verhandeln waren.[251]

---

[248]Generell gilt für die unmittelbare Nachkriegszeit, dass die Verfahren weniger durch
systematische Ermittlungen von Staatsanwälten als durch private Anzeigen von ehemaligen KZ-
Insassen, von anderen Gruppen der NS-Verfolgten, deren Verwandten oder deren Hinterbliebenen
angestoßen wurden. Ausschlaggebend waren auch bei den „Euthanasie"-Prozessen Anzeigen von
Hinterbliebenen, die die Todesursachen ihrer Angehörigen aufzuklären versuchten. Vgl. Reichel,
Vergangenheitsbewältigung 2003, S. 183, Romeike, Transitional Justice 2016, S. 15.

[249]Sieben weitere Pflegekräfte waren zwar zunächst verhaftet worden – und hatten teilweise
auch ihre Beteiligung an den Mordaktionen zugegeben –, doch wurden sie nicht angeklagt. Vgl.
Meusch, Hadamarer „Euthanasie"-Morde 2006, S. 305.

[250]Nach einem weiteren Prozess 1946/1947, der ebenfalls mit einem Schuldspruch endete, im
Revisionsverfahren aber nicht mehr Mittäterschaft, sondern „nur" Anstiftung zum Mord fest-
gestellt wurde, verbüßte Wahlmann seine Freiheitsstrafe bis zur vorzeitigen Haftentlassung 1953.
Vgl. Schweizer-Martinschek, Strafverfolgung 2018, S. 57 f.

[251]Diese Ermächtigung an die deutschen Gerichte erfolgte in der französischen und britischen
Besatzungszone generell, in der US-amerikanischen und der sowjetischen wurde sie fall-
weise erteilt. Vgl. Noack, NS-Euthanasie und internationale Öffentlichkeit 2017, S. 8; Romeike,
Transitional Justice 2016, S. 14 f.; Broszat, Siegerjustiz 1981; Weinke, Judging Medical Crimes
2014, S. 92; Wengst, Ausscheiden 2008, S. 168.

Diese juristischen Prozesse fanden erstinstanzlich vor den Landgerichten statt. Vor dem Schwurgericht des Landgerichtes Berlin wurden beispielsweise bereits im März 1946 die Psychiaterin Hilde Wernicke (1899–1947) und die Pflegerin Helene Wieczorek (1904–1947) wegen der Tötung von geisteskranken Kindern und Erwachsenen in mehreren hundert Fällen zum Tode verurteilt. In weiteren Prozessen wurden Patient/-innentötungen in Meseritz-Obrawalde, Eichberg, Idstein, Hadamar, Waldniel, Grafeneck, Kaufbeuren, Irsee, Eglfing-Haar und in den badischen Anstalten verhandelt. Insgesamt wurden 15 Ärzte und Ärztinnen angeklagt und verurteilt. Dabei wurden fünf Todesurteile gefällt und eines davon auch vollstreckt. Den Hauptanklagepunkt der frühen Prozesse bildeten die Tötungen durch Giftgas. Anklagen wurden aber auch gegen jene Angehörigen des Anstaltspersonals erhoben, welche die zu Tötenden ausgewählt oder die Patient/-innen durch Injektionen und Hungerkost getötet hatten oder an der Ermordung der „Reichsausschusskinder" beteiligt gewesen waren. Angeklagt wurden in einigen wenigen Prozessen auch die Mitwirkung beim Bau von Gaskammern, die Verwaltungsarbeit für die „Euthanasie"-Aktion, das Ausfüllen von Meldebögen und Auflisten arbeitsunfähiger Patient/-innen, der Transport in die Tötungsanstalten sowie die Entkleidung und Untersuchung der Kranken. In den frühen Prozessen stand die „Aktion T4" an Erwachsenen im Fokus, die spätere „wilde Euthanasie" und auch die „Kindereuthanasie" wurden – obwohl bekannt – nachrangig verfolgt und hinterließen im kollektiven Gedächtnis keine Spuren.[252]

Die „Euthanasie"-Prozesse der Jahre zwischen 1946 und 1948 weisen strukturelle Gemeinsamkeiten auf: Sie wurden überwiegend zügig abgeschlossen und endeten mit hohen Schuldsprüchen, die auch von den Revisionsrichtern bestätigt wurden. Die meisten Angeklagten stammten aus der Gruppe der Pflegekräfte, gefolgt von Ärzt/-innen und Bediensteten aus der Verwaltung. Urteile gegen die Pflegekräfte führten in den Prozessen zwischen 1946 und 1948 nur selten zur Todesstrafe, gegen Ärzt/-innen wurde sie häufiger ausgesprochen. Verwaltungskräfte wurden fast immer freigesprochen.[253] Die deutschen Ahndungsbemühungen richteten sich also zunächst gegen diejenigen, die ihren Opfern Auge in Auge gegenübergestanden hatten, also auf die unmittelbar Tatbeteiligten. Mit den Urteilen wurde aber lediglich die planmäßige und brutale Massenvernichtung einzelner Menschengruppen bestraft – zu einer grundsätzlichen Verurteilung der „Euthanasie" konnten sich die Gerichte meist nicht durchringen.[254]

---

[252]Vgl. Romeike, Transitional Justice 2016, S. 14 f.; Broszat, Siegerjustiz 1981; de Mildt, Tatkomplex 2009; Fischer/Lorenz, Lexikon der „Vergangenheitsbewältigung" 2007, S. 206; Ebbinghaus, Mediziner vor Gericht 2008, S. 211–214. Für den westfälischen „Euthanasie-Prozeß": Treppe, Bewältigung 1993, S. 243–245.

[253]Vgl. Treppe, Bewältigung 1993, S. 231 f., 233, 236. Treppe verweist darauf, dass durch diese Auswahl mehr Frauen als Männer angeklagt wurden.

[254]So etwa im Prozess gegen Teile des Personals der Landesheilanstalt Hadamar. Vgl. Meusch, Hadamarer „Euthanasie"-Morde 2006, S. 313 f.

Nachfolgend änderte sich die Rechtsprechung. Das lag nicht daran, dass sich neue
Entlastungsargumente finden ließen, sondern dass die Gerichte sich ab 1949 nicht mehr
auf naturrechtliche Rechtsnormen beriefen und fortan die Rechtfertigungs- und Schuld
ausschließungsbegründungen der Verteidigung anerkannten. Die Entlastungsstrategien
verfingen nun vor dem Hintergrund einer gewandelten Sicht auf den Nationalsozialismus und begünstigt durch die personelle Kontinuität in der Justiz. So wurden die
Patient/-innenmorde nicht mehr als Mord bewertet, sondern nur noch als Totschlag.
Anklage und Urteil lauteten daher meist nur noch auf Beihilfe zum Totschlag. Die Verantwortung wurde auf eine kleine Gruppe verstorbener oder bereits verurteilter Personen
abgeschoben.[255] 1949 zeigte der Grafeneck-Prozess deutlich, wie stark das Interesse
an den „Euthanasie"-Verbrechen im Speziellen und an den NS-Verbrechen im Allgemeinen abgenommen hatte. Als der Prozess vor dem Tübinger Landgericht am 8.
Juni 1949 eröffnet wurde, blieb der Saal fast leer. Nur etwa 35 Zuhörer/-innen wollten
sich über die mehr als 10.000 zur Verhandlung stehenden Tötungen informieren.[256] Zu
diesem Zeitpunkt hatten sich Verteidigungsstrategien und Opfernarrative bereits eingespielt, als hätte es eine stillschweigende Sprachregelung für die Aussagen gegeben.[257]
Immer wieder verteidigten sich die Angeklagten damit, sie hätten nur Schlimmeres verhindern wollen. Schuldeingeständnisse blieben eine buchstäbliche Seltenheit. Vielmehr
versuchten die Täter zu belegen, dass sie gerade nicht moralisch verwerflich gehandelt
hatten. Sie betonten die „moralische Integrität im persönlichen Umgang mit einer
konkreten Person" und behaupteten, dass ihr „moralisches Vermögen gerade auch im
Rahmen der extremen Situation ihres Handelns intakt geblieben war". Man war eben
kein Sadist, handelte nicht aus niederen Beweggründen, sondern nur auf Anweisung,
um Schlimmeres zu verhindern oder im Sinne einer besseren Zukunft.[258] Die Anstaltsärzte argumentierten, sie hätten den Zweck der Verlegungen nicht gekannt. Die Richter
erkannten diese Begründungen an und ließen in den Urteilen Milde walten. Freisprüche
und die Anerkennung einer Pflichtenkollision als Straf- und Schuldausschließungsgrund

---

[255]Vgl. Ebbinghaus, Mediziner vor Gericht 2008, S. 214–217; Perels/Wette, Wehrmachtrichter
2011.

[256]Der ursprüngliche Hauptangeklagte, Eugen Stähle, als Ministerialrat im württembergischen
Innenministerium für die „Euthanasie" zuständig, war bereits im November 1948 in Untersuchungshaft verstorben. Angeklagt waren nun der Sachbearbeiter für das Irrenwesen im württembergischen Innenministerium, Otto Mauthe, zwei Ärzte aus Zwiefalten, zwei Kriminalbeamte,
zwei Pfleger sowie ein Landesjugendarzt. Vgl. Lang, Grafeneck-Prozeß 1996, S. 144.

[257]Darauf, dass diese selbst von jenen Ärzten nicht durchbrochen wurden, denen durch das NS-
Regime zum Teil erhebliche berufliche wie persönliche Nachteile zugefügt worden waren, verweist: Treppe, Bewältigung 1993, S. 245 f.

[258]Es handelt sich sozialpsychologisch gesehen nicht einfach nur um nachträgliche
Entschuldigungs- und Verschleierungsstrategien, sondern vielmehr um den Wunsch der
Angeklagten, als moralisch handelnde Person wahrgenommen zu werden. Vgl. Welzer, Täter 2005,
S. 27 und 30. Das Zitat ebd., S. 23.

waren nun allgegenwärtig.[259] Die veränderte Rechtsprechungspraxis blieb den Beklagten nicht verborgen. Sie legten „in wachsendem Umfange ein befremdliches Maß an Selbstsicherheit" an den Tag.[260] 1953 stellte das Landgericht Göttingen sogar die Strafwürdigkeit der „Euthanasie" gänzlich infrage. Es verwies in einem Urteil auf die lange Tradition der „Erlösung aus Mitleid" und stellte fest: „Ob die Vernichtung lebensunwerten Lebens absolut und a priori als unsittlich und gegen eine höhere Rechtsordnung verstoßend anzusehen ist, kann schon zweifelhaft sein."[261]

Der Vorwurf an die deutsche Justiz, sie habe mangelnden Aufarbeitungswillen gezeigt, ist grundsätzlich berechtigt. Es existierten allerdings auch ermittlungstechnische und juristische Hindernisse bei der Rekonstruktion und strafrechtlichen Ahndung. Es stellten sich drei Hauptprobleme: das Rückwirkungsverbot, die Beteiligung der gleichen Personen an Verbrechen im In- und Ausland sowie Probleme der Beweismittelsicherung und der Habhaftwerdung der Täter. Erstens beriefen sich die Angeklagten überwiegend auf das zum Tatzeitpunkt geltende deutsche Recht, auf Befehlsgehorsam und Pflichterfüllung. Sie verwiesen auf die Verantwortlichkeit des Gesetzgebers, im Falle der „Euthanasie" auf den „Führerwillen". Dem Rechtsgrundsatz des „nulla poena sine lege" widersprach die naturrechtliche Argumentation: Bei den zur Verhandlung stehenden humanitären Verbrechen sei es irrelevant, wie die rechtliche Kodifizierung jeweils ausgesehen habe. Die Taten wären juristisch zu ahnden, da jedem Angeklagten klar gewesen sein müsse, dass er Unrecht beging. Insbesondere der Jurist Gustav Radbruch (1878–1949) trat der Gesetzmäßigkeit des Handelns zum Tatzeitpunkt mit der Idee eines übergesetzlichen Rechts entgegen. Er prägte damit aber nur die Rechtsprechung der ganz unmittelbaren Nachkriegszeit. Zweitens kam für jene Tatbeteiligten der „Euthanasie", die nach dem Ende der „Aktion T4" in den besetzten Gebieten bei den dortigen Massenmorden eingesetzt wurden, auch eine Strafverfolgung in den Ländern dieser Verbrechen infrage. Das betraf vor allem das Personal der „T4"-Tötungsanstalten. Diejenigen, die anschließend an den Massenvernichtungen im „Osten" teilnahmen, wurden daher nicht unbedingt wegen ihrer Beteiligung an der „Euthanasie" belangt, sie wurden aber trotzdem für die Verübung von Kriegsverbrechen zur Rechenschaft gezogen. Drittens waren

---

[259]Vgl. Meusch, Der Düsseldorfer „Euthanasie"-Prozess 2008, S. 182. Das zeigt beispielhaft der Prozess gegen Valentin Faltlhauser, den Direktor der Heil- und Pflegeanstalt Kaufbeuren, „T4"-Gutachter und Erfinder der sogenannten „E-Kost" – einer fettlosen Sonderkost, die trotz Nahrungsaufnahme zum allmählichen Verhungern der Patient/-innen führte. Als Angeklagter nahm er die volle Verantwortung auf sich, wurde – nach anfänglicher Mordanklage – aber 1949 trotzdem nur zu drei Jahren Gefängnis wegen Anstiftung zur Beihilfe zum Totschlag verurteilt. Vgl. von Cranach, Mitwissen und Kooperation 2010, S. 90.

[260]So bezogen auf den Angeklagten Friedrich Panse: Meusch, Der Düsseldorfer „Euthanasie"-Prozess 2008, S. 182, das Zitat aus: HSAD, NW 652, Nr. 697.

[261]LG Göttingen 1953, zitiert nach: Ebbinghaus, Mediziner vor Gericht 2008, S. 217.

Akten absichtlich beseitigt worden oder im Bombenkrieg verloren gegangen. Auch hatten sich viele Tatverdächtige in eine andere Besatzungszone, manche sogar ins Ausland, abgesetzt. Das erschwerte ihre strafrechtliche Erfassung und Verfolgung.[262]

Die „T4"-Gutachter wurden mehrheitlich nicht, die Beisitzer der Erbgesundheitsgerichte überhaupt nicht strafrechtlich belangt. Dabei hätte der Artikel II des Kontrollratsgesetzes Nr. 10 vom 20. Dezember 1945 dies zweifelsfrei ermöglicht. Er besagte, „dass jeder angeklagt werde, der als Täter oder Beihelfer – sei es auch nur durch Zustimmung – Kriegsverbrechen oder Verbrechen gegen die Menschheit als Planungsteilnehmer oder unmittelbar begangen oder einer Organisation angehört hat, die mit dem Verbrechen in Zusammenhang stand".[263] Es war allerdings ein durchaus zweischneidiges Schwert, wenn die Alliierten bemüht waren, das Grausame und Mörderische, das Menschenverachtende der NS-Verbrechen in den Vordergrund zu rücken. Das half zwar, den Nationalsozialismus zu diskreditieren – eine Grundvoraussetzung für die Reeducation. Allerdings erschienen so die Medizinverbrechen als Taten von wenigen karrierelüsternen Soziopathen. Übersehen wurde dabei auch, wie weitgehend sich Wissenschaftler und klinisch arbeitende Ärzte aus einer Mischung von Forschungsinteressen oder Karrierebedürfnissen mit den Zielsetzungen des NS-Staates identifiziert hatten. Damit wurden in den juristischen Verfahren von der „Euthanasie" und von den Tätern ein Bild gezeichnet, das zwar nicht gänzlich falsch war, doch die wirklichen Ereignisse und dahinterliegenden Strukturen und Ziele der Erbgesundheitspolitik erheblich vereinfachte. Trotz dieser Mängel muss festgehalten werden, dass der generelle Ahndungswille in den ersten Nachkriegsjahren stark war. Es gab eine hohe Anzahl von Ermittlungsverfahren, Anklagen und Verurteilungen wegen NS-Verbrechen. Die Täter spürten diesen Verfolgungsdruck. Doch wer nicht in den ersten drei Jahren angeklagt und verurteilt wurde, dessen Chancen stiegen, nicht als mutmaßlicher Kriegsverbrecher ausgeliefert oder vor ein deutsches Gericht gestellt zu werden. Es waren jene Taten, die nicht schon während des Krieges bekannt waren oder die die Berichterstattung direkt nach der Befreiung der Lager bestimmt hatten, die drohten, in Vergessenheit zu geraten. Davon profitierten bestimmte Tätergruppen. Zu dieser Gruppe gehörten auch zahlreiche „T4"-Gutachter und die Beteiligten an der dezentralen „Euthanasie". Dieser Personen-

---

[262]Vgl. Schweizer-Martinschek, Strafverfolgung 2018, S. 56. Im Falle der NS-Medizinverbrechen galt dies etwa für den zeitweiligen Leiter der „T4-Aktion" Gerhard Bohne (Flucht nach Argentinien), den Lagerarzt von Auschwitz Josef Mengele (unter anderem nach Paraguay), den in mehreren Konzentrationslagern eingesetzten SS-Arzt Horst Schumann (Sudan, Nigeria, Ghana) und den SS-Lagerarzt von Dachau und Buchenwald Hans Eisele (Ägypten). Schumann und Bohne wurden auf Antrag der Bundesregierung ausgeliefert. So erging es auch dem an der „Euthanasie"-Aktion maßgeblich beteiligten Reinhold Vorberg, der sich in Spanien versteckt hielt. Andere Auslieferungsgesuche wurden hingegen abgelehnt. So beispielsweise das an Ägypten im Falle Hans Eiseles, weil die ihm zur Last gelegten Straftaten nach ägyptischem Recht bereits verjährt waren. Vgl. Scharnetzky, Horst Schumann 2012; Rückerl, NS-Verbrechen vor Gericht 1982, S. 226–228.
[263]Ebbinghaus, Mediziner vor Gericht 2008, S. 203.

kreis war zwar vom Entnazifizierungsprozedere betroffen, wenn sie Parteimitglieder
gewesen waren. Waren sie das nicht, dann drohte ihnen trotz Förderung und Umsetzung
der Erb- und Gesundheitspolitik der Nationalsozialisten in der unmittelbaren Nachkriegszeit kein Ungemach.[264]

Die frühen Bemühungen zur Ahndung der „Euthanasie" sind damit zugleich eine
Erfolgsgeschichte wie auch eine Geschichte des Scheiterns. In ihnen gelang es nicht,
die personellen und institutionellen Netzwerke der Täter offenzulegen. Die juristischen
Prozesse konnten auch nicht zeigen, wie sich Wissenschaftler in einem System
aus Reputationswettkampf und Ressourcenallokation aus freien Stücken „günstig"
positioniert hatten. Sie scheiterten zudem daran, die Zwangssterilisationen als strafrechtlich relevanten Teil eines rassenhygienischen Programms zu bewerten, der sich in
der „Euthanasie" radikalisiert hatte. Von den Ärzten und Ärztinnen in den Fürsorge-
einrichtungen, von den Amtsärzten, den Direktoren der Heil- und Pflegeanstalten,
den Gynäkologen und Chirurgen, die an den Zwangssterilisationen beteiligt waren,
wurde nach 1945, wie oben erwähnt, so gut wie niemand juristisch belangt. Nach wie
vor gingen Ärzte und Juristen, aber auch Gesundheitspolitiker und Kirchenvertreter
von der Notwendigkeit eugenischer Eingriffe aus.[265] Zahlreiche „T4"-Gutachter und
Anstaltsdirektoren sowie sämtliche Erbgesundheitsrichter und -beisitzer konnten so ihre
Karrieren ungestraft fortsetzen. Das gelang ihnen auch deswegen, weil die Strafprozesse
so wirkten, als wäre die „Euthanasie" nur Ergebnis des Handelns einiger weniger unsitt-
licher Forscher und abnormer Charaktere gewesen. Die deutsche Justiz verfehlte es, die
„Euthanasie"-Verbrechen tief im historischen Gedächtnis der Deutschen zu verankern.
Als in den frühen 1950er Jahre die letzten laufenden Ermittlungsverfahren eingestellt
wurden, schien die gerichtliche Verfolgung dieses Tatkomplexes dauerhaft abgeschlossen
zu sein. Die „Vernichtung lebensunwerten Lebens" kam erst 1959 im Zuge der Verhaftung von Werner Heyde wieder auf die Tagesordnung. Auf der Habenseite stand
aber die harte Verurteilung von Tatbeteiligten der „Aktion T4". Dank der juristischen
Prozesse, der Entnazifizierungsverfahren und dem alters- oder krankheitsbedingten Ausscheiden aus dem aktiven Dienst sah das Netzwerk der Psychiater 1950 deutlich anders
aus als 1941.

3.2.12 Rudolf Lemke

Rücksichtnahme auf medizinische Versorgungsbelange und damit die Weiter-
beschäftigung offenkundig in die NS-Erbgesundheitspolitik verstrickter Ärzte und
Ärztinnen gab es auch in der SBZ/DDR. So etwa beim ersten Vorsitzenden der

---

[264]Vgl. Frei, Nach der Tat 2006, S. 7–36, S. 31–35; Schleiermacher/Schagen, Medizinische
Forschung als Pseudowissenschaft 2008, S. 253.

[265]Die Geschichte der Anerkennung der Leiden der Zwangssterilisierten als eine Geschichte der
Kämpfe und des Lernens erzählt eindrücklich: Tümmers, Anerkennungskämpfe 2011.

Gesellschaft für Psychiatrie und Neurologie in der DDR. Mit Rudolf Lemke (1906–1957) gelangte 1956 ein Psychiater in dieses Amt, der während des Nationalsozialismus am Erbobergericht Jena tätig gewesen war.

Geboren wurde Rudolf Lemke am 6. April 1906 in Stettin. Er ging in Jena zur Schule und begann hier auch sein Medizinstudium, bevor er dieses in Wien, Freiburg und Berlin fortsetzte. Sein Staatsexamen erwarb er 1928 wiederum in Jena, wo er im gleichen Jahr auch promoviert wurde. In Jena wurde er Medizinalpraktikant, Assistent, 1935 – mittlerweile habilitiert – Oberarzt und im darauffolgenden Jahr Dozent. In dieser Zeit arbeitete Lemke auch bei dem späteren „T4"-Gutachter Berthold Kihn (1895–1964). Ab 1934 war Lemke am Erbgesundheitsobergericht Jena als nicht ordentlicher Beisitzer tätig. Lemke galt zu dieser Zeit als hoffnungsvoller Vertreter seiner Disziplin, war Mitglied des NS-Dozentenbund, im NS-Ärztebund, im NS-Lehrerbund und Mitglied des Amts für Volksgesundheit der NSDAP. 1937 stellte er einen Antrag zur Aufnahme in die NSDAP, der er schließlich 1939 beitreten konnte. Lemke wurde 1940 als Medizinalrat verbeamtet, 1942 wurde er zum außerplanmäßigen Professor ernannt.[266] Während des Krieges leitete er das Nervenlazarett in Jena und erregte Aufmerksamkeit mit seiner Befürwortung der Kastration von Homosexuellen. Er warnte in mehreren Schriften vor den Gefahren, die von Homosexuellen für den deutschen Volkskörper ausgingen.[267] Dies brachte ihm eine heftige Kontroverse mit Hans Bürger-Prinz ein, da Lemke anders als dieser davon ausging, dass Homosexualität vererbbar sei.[268] Lemke lobte in seiner Publikation *Über Ursache und strafrechtliche Beurteilung der Homosexualität* die Anstrengungen des nationalsozialistischen Staates „mit aller Strenge diese Entartung des Geschlechtstriebes zu bekämpfen". Er forderte eine Schlüsselrolle für die Psychiater bei der strafrechtlichen Begutachtung der Heilungsaussichten und der Zurechnungsfähigkeit. Bei „rückfälligen Homosexuellen" befürwortete er die freiwillige Kastration, obwohl er davon überzeugt war, dass dies die Ursache nicht behebe, sondern lediglich die Triebhaftigkeit mindere. Für jene, die sich dem Eingriff nicht zu unterziehen bereit waren, empfahl Lemke zwingende Unterbringung in den Heil- und Pflegeanstalten.[269] In diesen Publikationen zeigte Lemke, so Uwe-Jens Gerhard und Anke Schönberg, „eine nicht zu rechtfertigende Systemnähe".[270]

---

[266]Informationen zum akademischen Lebenslauf nach: Gerhard/Schönberg, Rudolf Lemke 2007, S. 1972; Gerhard/Schönberg, Nervenarzt 2014, S. 533; Klee, Deutsche Medizin im Dritten Reich 2001, S. 243; Lemke, Briefe 2004, S. 169 f. sowie der Nachruf in: Der Nervenarzt 1958, S. 86 f.

[267]Zu seiner Konzeption von Homosexualität vgl. Schoppmann, Nationalsozialistische Sexualpolitik ²1997, S. 138 f.; Grau, Herrschaft der Sachverständigen 2001.

[268]Lemke ging davon aus, dass Homosexualität rezessiv vererbt wird, dass ihre Manifestation aber zugleich auch von äußeren Faktoren abhängig sei. Vgl. Lemke, Homosexualität 1940, S. 34.

[269]Vgl. Lemke, Homosexualität 1940, S. 1 f., 37, 42, Zitat S. 1.

[270]Klee verweist darauf, dass Lemke wahrscheinlich davon gewusst habe, dass die Unterbringung nach § 42b Strafgesetzbuch keinen Schutz vor der „Euthanasie" bedeutete. Uwe-Jens Gerhard und Anke Schönberg haben indes darauf hingewiesen, dass diese Empfehlung nicht im Zusammenhang mit den anstehenden „Euthanasie"-Maßnahmen stand. Vgl. Klee, Deutsche Medizin im Dritten Reich 2001, S. 243; Gerhard/Schönberg, Rudolf Lemke 2007, S. 1977.

Als 1945 zunächst US-amerikanische Truppen Jena besetzen, ernannte die neue Militäradministration Lemke zum kommissarischen Leiter der Jenaer Nerven-klinik.[271] Am 1. Juli verließen die amerikanischen Truppen die Stadt und machten dem sowjetischen Militär Platz. Die neuen Besatzer eröffneten die Universität so rasch wieder, dass man sich erst anschließend ihrer „Säuberung" widmete.[272] Im Zuge dessen enthob sie im Dezember 1945 Lemke seiner Ämter. Er durfte fortan keine Vorlesungen mehr halten und erhielt auch keine weiteren Gehaltszahlungen.[273] Nachdem man Lemke im Februar 1946 zunächst wieder auf seiner alten Position einsetzte, erfolgte acht Monate später erneut die Aufforderung, alle universitären Tätigkeiten ruhen zu lassen. Der Generalstaatsanwalt Sachsens, Karl Kohn (1904–1975), hatte Anzeige gegen Lemke als „überzeugte[m] Anhänger der nationalsozialistischen Gewaltherrschaft" erstattet.[274] Wie schon während seiner ersten Suspendierung arbeitete Lemke auch jetzt wieder unentgeltlich in der Klinik weiter.[275]

Eine Abwanderung in die westlichen Besatzungszonen zog Lemke wohl nicht in Erwägung. Er war heimatverbunden, fest in Jenas Bildungsbürgertum verankert und beabsichtigte mit seiner Familie dort zu bleiben. Er hätte dafür nötigenfalls auch seine universitäre Karriere aufgegeben und eine private Praxis eröffnet – dass dies eine mög-liche Option auch in der SBZ sein könnte, davon ging er in der unmittelbaren Nach-kriegszeit noch aus. Aus dieser Zeit, in der Lemke nicht sicher sein konnte, wie sich sein weiterer beruflicher Werdegang gestalten werde, stammt ein umfangreicher Briefwechsel mit dem befreundeten Maler Hans Trimborn. In diesem berichtete Lemke im April 1946 davon, wie die Zahl der Studenten „von den Russen festgesetzt" worden sei und das „ein Dozent der – wie ich – früher der Partei angehört hat – (…) schon gar nichts bestimmen" dürfe.[276] 1947 schrieb er über seine Entnazifizierung: „[E]in dolles Wort … Zeugnisse, Bescheinigungen – auch Guleke gab mir ein sehr gutes Zeugnis über meine wissen-schaftliche Eignung, ebenso Ibrahim. Aber ich wäre nicht böse, wenn ich zur Privat-

---

[271]Vgl. Gerhard/Schönberg, Rudolf Lemke 2007, S. 1972.

[272]Vgl. John, Mythos 2007, S. 41.

[273]Vgl. Lemke, Briefe 2004, S. 169 f.

[274]Gerhard/Schönberg, Rudolf Lemke 2007, S. 1972.

[275]Vgl. Lemke, Briefe 2004, S. 169 f. Dieses Verhalten war kein Einzelfall. Auch andere Ärzte wurden trotz Suspendierung angesichts des schnell sichtbar werdenden Ärztemangels weiter beschäftigt oder wieder eingestellt. Ähnlich erging es beispielsweise in Halle Fritz Eugen Flügel. Auch der Entzug der Lehrerlaubnis bedeutete keineswegs die Entfernung von der Hochschule. Die Betroffenen durften zwar keine Leitungsfunktionen übernehmen und Lehrveranstaltungen halten, konnten aber ihre praktische Arbeit und ihre Forschungen fortführen. Vgl. Ernst, Prophylaxe 1997, S. 163 f.; Erices, Fehlende Aufarbeitung 2018, S. 76.

[276]Rudolf Lemke an Hans Trimborn, Schreiben vom 23.04.1946, in: Lemke, Briefe 2004, S. 116.

praxis komme, die sogenannte Universität oder alma mater aufgebe und so mehr Ruhe und Zeit zum Malen habe."[277]

Auch in Jena war das Ergebnis der Entnazifizierung nicht allein vom Willen der Besatzungsmacht oder vom Grad der individuellen Belastung abhängig. Ausschlaggebend war das Verhalten der Betroffenen nach dem Mai 1945 und ihr Vermögen, entweder die eigenen Netzwerke zu mobilisieren, um sich zu entlasten oder gar regelrechten „Entlastungs-Netzwerken" beizutreten.[278] „Persilscheine" erhielt Lemke von Fachkollegen und Bekannten.[279] Bedeutsam war die Aussage des Psychiaters Erich Drechsler (1903–1979)[280], der ebenfalls zuvor bei Kihn Assistenzarzt und wie Lemke für das Erbgesundheitsgericht Jena tätig gewesen war und dessen Passion für die Malerei teilte. Drechsler beschied Lemke, dieser sei „ein unerbittlicher Gegner des Nationalsozialismus" gewesen und „als ein einwandfreier Antifaschist anzusehen".[281] Lemke selbst führte seine EGOG-Tätigkeit nicht auf Überzeugung und eugenisches Engagement, sondern auf Pflichtgehorsam zurück. Er habe diese Aufgabe nur auf Anweisung von Karl

---

[277]Rudolf Lemke an Hans Trimborn, Schreiben vom 10.11.1947, in: Lemke, Briefe 2004, S. 121. Diese Passagen, überhaupt der gesamte Briefwechsel werfen auch ein Licht auf das bildungsbürgerliche Leben in der SBZ und frühen DDR. Es war keineswegs ungewöhnlich, dass sich Ärzte als Künstler sahen und verstanden. Eine ganze Reihe der Medizinprofessoren in der frühen DDR gerierte sich, so hat die Historikerin Anna-Sabine Ernst festgestellt, „als ‚verhinderte' Künstler, die in der Jugend ernsthaft einen künstlerischen Beruf erwogen, durch Not der Umstände oder den Widerspruch der Eltern sich aber letztlich doch für die akademische Laufbahn entschieden". Damit demonstrierten sie nicht nur kulturelle Kompetenz, sondern erhoben zugleich indirekt „einen soziokulturellen Anspruch". Zudem konnte die behauptete Nähe von Kunst und Medizin als Hinweis auf die beruflichen Selbstbestimmungsrechte dienen. Das war im Übrigen nicht nur in der SBZ/DDR so. Auch die Mediziner im „Westen" bemühten in den 1950er und 1960er Jahre jenen „Künstler-Topos", um die „vermeintlich drohende Verstaatlichung in Form der ‚Verbeamtung' (…) abzuwehren." Ernst, Prophylaxe 1997, S. 270 f. Auch der Neurochirurg Nicolai Guleke (1878–1958) konnte trotz NSDAP-Mitgliedschaft sein Ordinariat behalten. Vgl. Jeskow, Entnazifizierung des Lehrkörpers 2007, S. 82. Zu Jussuf Ibrahim (1877–1953) und seiner Mitwirkung an der „Kindereuthanasie" vgl. ebd. S. 71; Zimmermann, Professor Ibrahim und die NS-Kindermorde 2006; Reif-Spirek, Abschied von einem Mythos 2001.

[278]Vgl. Jeskow, Entnazifizierung des Lehrkörpers 2007, S. 71.

[279]1947 entlastete ihn auch die Dichterin Ricarda Huch. Sie bezeichnete Lemke als „Gegner des Nationalsozialismus". Seine Parteimitgliedschaft sei nur ein üblicher „Tribut" gewesen. Zitiert nach: Gerhard/Schönberg, Rudolf Lemke 2007, S. 1972.

[280]Drechsler war vor 1933 Mitglied der SPD. 1945 Eintritt in die KPD/SED, Kreisarzt in Gera, ab 1946 Leiter des Thüringer Landesgesundheitsamtes, 1949–1979 Leiter der Anstalt Stadtroda. 1956 wurde Drechsler für seine langjährigen Verdienste um das thüringische Gesundheitswesen mit dem Titel Verdienter Arzt des Volkes ausgezeichnet. Vgl. Weinke, Nachkriegsbiographien 2005, S. 179 und 246 f. Zur Anstalt Stadtroda im Nationalsozialismus vgl. Aly, Die Belasteten 2013, S. 231–238.

[281]Zitiert nach Klee, Deutsche Medizin im Dritten Reich 2001, S. 243.

Astel (1898–1945)[282], dem Direktor des Jenaer *Instituts für menschliche Erbforschung und Rassenpolitik* und zugleich Vorsitzendem des Erbgesundheitsobergerichts, übernommen. Die Zwangssterilisation bei Erbkrankheiten, so Lemke rückblickend, sei unmenschlich gewesen und habe der ärztlichen Ethik widersprochen. Hinsichtlich seiner Behauptung, er habe den Kreis der zu sterilisierenden Personen einschränken wollen, konnte er auf Publikationen verweisen, in denen er tatsächlich gefordert hatte, stets sorgfältig zu diagnostizieren, um keine Fehlentscheidungen zu verursachen.[283]

In Jena lassen sich vier Phasen der „Entnazifizierung" unterscheiden: Nach einer Phase der universitätsinternen Selbstreinigung des Lehrkörpers unter amerikanischer Besatzung (Mai bis Juli 1945) folgte die Entnazifizierung durch die sowjetische Besatzungsmacht (Juli 1945 bis Oktober 1946), die in der Umsetzung der Kontrollratsdirektive Nr. 24[284] (November 1946 bis August 1947) und schließlich dem offiziellen Abschluss der Entnazifizierung (bis März 1948) mündete. In der ersten Phase waren vor allem jene Lehrkräfte aktiv, die schon vor der „Machtergreifung" Teil des Lehrkörpers gewesen waren. Sie richteten sich gegen die ab 1933 neu berufenen Kollegen, wenn diese während des Nationalsozialismus weder als Persönlichkeit noch als Wissenschaftler überzeugt hatten. Die Übernahme der Besatzungsherrschaft durch die Sowjetische Militäradministration (SMAD) führte, wie schon andernorts zuvor, zu einer Abwanderungsbewegung von Personen, die eine unnachsichtige Strafverfolgung befürchteten und glaubten, dass eine solche in den westlichen Besatzungszonen unterbleiben werde. Die zunächst nur vermutete, dann auch tatsächlich unterschiedlich streng gehandhabte Entnazifizierung führte zu einem *brain drain* belasteter Eliten. Vormalige NSDAP-Mitglieder wurden an der Universität in Jena ab Dezember 1945 entlassen – dazu gehörte auch Rudolf Lemke. Sie wurden aber, wenn sie als unentbehrlich eingestuft wurden, weiterbeschäftigt. Im Herbst 1946 wurde die Aufgabe der Entnazifizierung an die dafür eigens eingerichteten Ausschüsse der Stadt- und Landkreise übergeben. Da eine gründliche Entnazifizierung der medizinischen Experten spätestens ab Mitte 1947 die Gesundheitsversorgung der Bevölkerung ernstlich bedroht hätte, wurden politisch belastete Lehrkräfte reintegriert – insbesondere dann, wenn sie sich zu dem Zugeständnis bewegen ließen, in die Sozialistische Einheitspartei Deutschlands (SED) einzutreten.[285] Lemke wurde schon in deren Gründungsjahr eines ihrer Mitglieder.[286]

---

[282]Astel war schon nach dem Ersten Weltkrieg Freikorps-Mitglied und an der Niederschlagung der Münchner Räterepublik sowie am Hitler-Ludendorff-Putsch beteiligt. 1930 folgte der NSDAP-Eintritt, 1934 der zur SS. Er leitete die „Erbgesundheitliche Beratungsstelle" im Rasse- und Siedlungshauptamt der SS (RuSHA) und das Landesamt für Rassewesen in Weimar; Suizid im April 1945. Zu dessen Tätigkeit vgl. Weindling, Mustergau 1991, S. 84–97.

[283]Gerhard/Schönberg, Rudolf Lemke 2007, S. 1972 und 1978.

[284]Die Direktive Nr. 24 vom 12. Januar 1946, definierte den Personenkreis, der aus Ämtern und verantwortlichen Stellungen zu entlassen war.

[285]Das führte dazu, dass 1953 ein Viertel der SED-Mitglieder zuvor das Parteibuch der NSDAP besessen oder einer von deren Parteiorganisationen angehört hatten.

[286]Vgl. Lemke, Briefe 2004, S. 169 f.; Gerhard/Schönberg, Rudolf Lemke 2007, S. 1972.

Lemkes Entnazifizierungsverfahren zog sich hin, endete dafür aber am 24. Oktober 1947 mit der völligen Entlastung. Lemke, so der *Reinigungsausschuß der Universität*, sei nur nominell eines der insgesamt über sieben Millionen NSDAP-Mitglied gewesen. Weil die Tätigkeit im Bereich der Erbgesundheitspolitik bei der Beurteilung keine Rolle spielte, sondern nur das Engagement innerhalb der NSDAP bewertet wurde, kam es Lemke zugute, dass er sich in der Partei nicht hervorgetan hatte. Zwar hatten seine antisemitischen Kommentare, die Befürwortung der Sterilisation von Homosexuellen und seine Tätigkeit am Erbgesundheitsgericht in der neuen Administration zu teilweise erheblichen Widerständen geführt, nachhaltig geschadet hat ihm das aber nicht. Lemke wurde 1948 zum kommissarischen, am 1. Dezember 1949 zum ordentlichen Lehrstuhlinhaber für Psychiatrie berufen. Ab 1950 war er Direktor der Klinik für Psychiatrie und Nervenheilkunde. Lemke war damit zugleich Vorsitzender der regionalen *Gesellschaft für Psychiatrie und Neurologie* in Jena. Nach dem er seine beruflichen Ziele erreicht hatte, trat er 1951 aus „religiösen Gründen" wieder aus der SED aus.[287] Das hat seiner Karriere nicht mehr geschadet: Rudolf Lemke gilt als „Nestor der Nervenheilkunde" in der DDR[288] und wurde 1956 zum ersten Vorsitzenden der neu ins Leben gerufenen *Gesellschaft für Psychiatrie und Neurologie in der DDR* ernannt. Auch in der Bundesrepublik bekleidete Lemke ein wichtiges Amt: Er war Vorstandsmitglied und Vertreter der Lehrstuhlinhaber in der DGPN und stellte damit eine direkte personelle Verbindung zwischen den Fachgesellschaften für Psychiatrie der beiden deutschen Staaten her.

3.2.13 Exkurs V – Entnazifizierung und „Euthanasie"-Prozesse in der SBZ

Wie auch in der US-amerikanischen Besatzungszone waren die Ansprüche in der sowjetischen Besatzungszone an die politische Säuberung zunächst sehr hoch. Sie sollte helfen, den Nationalsozialismus zu überwinden und den kommunistischen Führungsanspruch durchzusetzen. Blickt man auf das tatsächliche Ausmaß der Elitenkontinuität, dann scheiterten die Bemühungen in der Medizin jedoch. Der Wille zur Entnazifizierung war vorhanden, doch fehlte es an qualifiziertem unbelastetem Personal. Die gesamte Entnazifizierung in der SBZ litt zudem an unklaren Kriterien von Schuld und Unschuld sowie deren regional unterschiedlicher Handhabung. Wie in den westlichen Besatzungszonen griffen Ausnahmeregelungen für bestimmte Expertengruppen.

---

[287]Vgl. Gerhard/Schönberg, Rudolf Lemke 2007, S. 1972 und S. 1978; Klee, Personenlexikon 2003, S. 365; Lemke, Briefe 2004; o. A. In Memoriam Rudolf Lemke 1958, S. 86.

[288]Seine Schüler Hugo von Keyserlingk, Ehrig Lange, Helmut Rennert, Johannes Sayk und Walter Schulte wurden später Ordinarien in Jena, Dresden, Halle, Rostock und Tübingen. Vgl. Gerhard/Schönberg, Rudolf Lemke 2007, S. 1971 und 1978.

Besonders hoch war das Ausmaß der Elitenkontinuität in der öffentlichen Medizinalverwaltung.[289] Konsequent umgesetzt wurde der Austausch des politisch belasteten
Personals meist nur auf der Verwaltungsebene der Kliniken, während in den ärztlichen
Leitungsgremien kein tiefergreifender Personalwechsel stattfand.[290] Betrachtet man
den Organisationsgrad in NS-Verbänden, dann waren immerhin fast die Hälfte der insgesamt 262 bis 1961 in der DDR amtierenden Ordinarien der medizinischen Fakultäten
vormalige NSDAP-Parteigenossen. Nur ein Drittel der Ordinarien hatte keiner einzigen
NS-Organisation angehört. Anna-Sabine Ernst hat überzeugend belegt, dass zwischen
1947 und 1957 der Anteil der politisch Belasteten unter den Ordinarien sogar zunahm
und erst danach geringfügig absank. Das lag an der im Vergleich zu den westlichen
Besatzungszonen besonderen Altersstruktur der Medizin-Ordinarien in der DDR. Sie
waren im Durchschnitt betagter als ihre Kollegen in der Bundesrepublik, zudem erfolgte
ihre Emeritierung bis 1957 erst mit 72 Jahren. In der unmittelbaren Nachkriegszeit trat
damit zunächst die Generation der noch im frühen Kaiserreich Geborenen in den Ruhestand, die sich zwischen 1933 und 1945 nicht durch einen hohen Anteil bei der Parteizugehörigkeit hervorgetan hatte.[291]

Im Februar 1948 wurde die Entnazifizierung in der SBZ offiziell beendet. In den
universitären Berufungsverfahren spielte die politische Vergangenheit der Kandidaten
fortan keine Rolle mehr, obgleich sie auf den Personalbögen weiterhin erfasst
wurde.[292] Nach ihrer Gründung 1949 versuchte die DDR der auf ihrem Staatsgebiet
ansässigen Bevölkerung die politische Integration in das neue System zu ermöglichen.
Dabei wurde nicht wie in der Bundesrepublik strikt zwischen „Volk" und „Führer",
sondern zwischen „Volk" und „Imperialismus"/„Kapitalismus" getrennt. So wurde
die Legitimität der beiden deutschen Staaten zwar auf ganz unterschiedliche Weise
abgeleitet, doch gelang es gleichermaßen die jüngere Vergangenheit zu entsorgen. In
beiden Gesellschaften wurde die Erinnerung an die NS-Geschichte im Kalten Krieg
in politischer Absicht instrumentalisiert. Das Gewand des Antifaschismus legte sich
im Osten, das des Antitotalitarismus im Westen entlastend über die Bevölkerung. Die
Existenz der Bundesrepublik erlaubte es der SED-Führung zudem, das NS-Erbe zu

---

[289]Vgl. Weinke, Judging Medical Crimes 2014, S. 93. Beispielsweise blieb etwa Erich Braemer,
ab 1935 Leiter des Gesundheitsamtes Berlin-Prenzlauer Berg und an erbbiologischen Gutachten,
Anträgen auf Zwangssterilisationen beteiligt, sowie Beisitzer am Erbgesundheitsobergericht, ab
1940 Medizinaldirektor im Reichsgesundheitsamt, in Amt und Würden und wurde später für seine
Leistungen beim Wiederaufbau des Ostberliner Gesundheitsamtes mehrfach ausgezeichnet. Vgl.
DGPPN, erfasst, verfolgt, vernichtet 2014, S. 53.

[290]Vgl. Ernst, Prophylaxe 1997, S. 202.

[291]Vgl. ebd., S. 146–151. Eine neue, junge Generation, die ebenfalls keinen hohen Organisations-
grad mehr aufwies, wurde erst ab 1960 berufen. Zu dieser zweiten Hochschullehrergeneration vgl.
Ernst, Prophylaxe 1997, S. 152; Kumbier/Haack, Hochschullehrer 2015; Jessen, Akademische
Elite 1999, S. 336–371.

[292]Vgl. Ernst, Prophylaxe 1997, S. 162 und 170.

exterritorialisieren. Für eine weitere Karriere war nicht mehr glaubhaft bewiesener Antifaschismus entscheidend, sondern ein prokommunistisches Bekenntnis. Wer mit dem
Eintritt in die SED belegte, offen für die neue Zeit zu sein, der konnte auch als ehe-
maliges NSDAP-Mitglied weiter Karriere machen.[293]

Unerlässlich zum Verständnis der Elitenkontinuität unter den Medizinern in der SBZ/
DDR ist der Begriff des „Humanismus". Er war der „kleinste gemeinsame Nenner"
zwischen den etablierten Gelehrten und der SED sowie das entscheidende Bindemittel
zwischen Arbeiterklasse, Partei und Intelligenz. Der bürgerliche Humanismus galt neben
der Arbeiterbewegung als Gegenpol zu „Junkern" und „Kapitalisten".[294] Nicht selten
war der Humanismus jedoch bloß eine „Leerformel"[295], die es ermöglichte, den Mythos
„vom rein gebliebenen Geist" der Wissenschaft weiter zu pflegen. So bemühten die
Ordinarien in der SBZ/DDR ganz ähnliche Narrative über die Universität im Nationalsozialismus wie jene, die wir schon bei Ernst Kretschmer kennengelernt haben.[296] Sie
behaupteten, unterdrückt worden zu sein – als einzelner Professor, als Berufsgruppe
oder gar als Wissenschaft als Ganzes sei man Opfer der Nationalsozialisten gewesen.[297]
Galt jemand in der DDR als „Humanist", dann war er auch als nichtsozialistischer, sogar
deutschnationaler Professor tragbar. Im Normalfall hatte dieser Personenkreis nicht
damit zu rechnen, dass die persönliche NS-Vergangenheit noch einmal zur Sprache
kam.[298]

---

[293]Das war in der Bundesrepublik anders. Es ist dem Historiker Peter Bender Recht zu geben,
wenn er betont, dass unter den Kanzlern und Ministern in Bonn Widerstandskämpfer, Naziopfer
und Emigranten die Ausnahme blieben, während sie in der Führungsspitze der DDR die Regel
waren: „Die Politiker der Bundesrepublik hatten in ihrer Mehrzahl das ‚Dritte Reich' mitgetragen
oder in irgendwelchen Nischen überstanden. Die Kommunisten hatten die größten Blutopfer
gebracht, Kampf und Widerstand gegen Hitler bildeten die prägende Erfahrung der Generation, die
nach 1945 in Ost-Berlin an die Macht gelangte." Vgl. Bender, Wiederkehr 2008, S. 84, Zitat S. 81;
Sabrow, NS-Vergangenheit in der geteilten deutschen Gesellschaft 2005, S. 136 und 140.

[294]Vgl. Ernst, Prophylaxe 1997, S. 266–272; Jarausch, Umkehr 2004, S. 21.

[295]Anhand von Karl Bonhoeffer konnte Ernst zeigen, wie die Charakterisierung als Humanist
zu einer „Allzweck-Leerformel" wurde, in dem man auf die humanistisch geprägte bürgerliche
Gelehrtenfamilie, auf den Besuch des humanistischen Gymnasiums und eine humanistische
Grundhaltung in seinen Äußerungen und Einstellungen als Psychiater verwies. Vgl. Ernst, Prophylaxe 1997, S. 267. Ernst bezieht sich dabei allerdings auf eine Charakterisierung Bonhoeffers
aus einer Schrift aus dem Jahre 1985.

[296]Vgl. John, Mythos 2007, S. 32.

[297]Vgl. ebd., S. 34. Die Universität wurde für die verbliebenen Wissenschaftler zum „Bollwerk des
Bildungsbürgertums gegen die Massenherrschaft". Sie war „Brutstätte des deutschen Geistes, Ort
der Erneuerung und der positiven Tradition, Ort der Aufklärung, Neuorientierung, Umerziehung,
deutsches Kulturerbe, zukunftsweisende Institution, Pflege der wissenschaftlichen Ideale und der
akademischen Freiheit". Ebd., S. 38 f.

[298]Vgl. Ernst, Prophylaxe 1997, S. 266–272.

Die DDR hat als offizielle Staatsdoktrin immer wieder für sich in Anspruch genommen, scharf mit der NS-Vergangenheit gebrochen zu haben. Und es stimmt: die personelle Entnazifizierung in der SBZ verlief von allen vier Besatzungszonen insgesamt am konsequentesten. Berücksichtigt man das Abwandern der Täter, dann entnazifizierte man effektiv. Wenn gelegentlich argumentiert wird, dass im „Osten" wie im „Westen" gleichermaßen unzureichend entnazifiziert worden ist, dann vernachlässigt dies gravierende Unterschiede. In der DDR gelangten, anders als in der Bundesrepublik, kaum noch ehemalige NS-Eliten in soziale und politische Führungspositionen. Ausnahmefälle hat es gegeben, aber es waren Ausnahmefälle.[299] Im so wichtigen Überschneidungsbereich von Politik, Wissenschaft und Klinik waren beispielsweise ehemalige „T4"-Gutachter keine, wie in der Bundesrepublik allzu oft, weiterhin gefragten Experten. Zur Wahrheit gehört aber auch: Den ehemaligen Nationalsozialisten, die nicht allzu offensichtlich an Verbrechen beteiligt gewesen waren, unterbreiteten auch die Kommunisten ein Integrationsangebot.[300] Der Blick auf die Medizin offenbart, dass der Mangel an Spezialisten die Wirkung der Entnazifizierung in manchen Bereichen stark einschränkte. Die Historikerin Annette Weinke spricht mit Bezug auf das Gesundheitswesen in der DDR sogar von einer gescheiterten Entnazifizierung.[301] Am Ende einer zwei Jahre dauernden Phase der Ungewissheit für NS-Belastete stand auch in der Psychiatrie allzu oft die Wiedereingliederung, ja sogar das Werben um ehemalige Parteigenossen.[302]

Auf dem Gebiet der SBZ/DDR lagen drei der insgesamt sechs „T4"-Anstalten: Sonnenstein, Brandenburg und Bernburg.[303] Der Großteil der früheren Lagerleiter und ihrer Stellvertreter war jedoch entweder im Zuge der Kriegsniederlage in die westlichen Besatzungszonen geflohen, war ohnehin vor Kriegsende bereits im Westen stationiert oder während des Krieges verstorben. Insgesamt konnten daher in der SBZ nur wenige Tötungsärzte der „T4"-Mordzentren strafrechtlich belangt werden. Ahndungsbemühungen konzentrierten sich darum vorwiegend auf Angehörige des Pflegepersonals. In der Besatzungszeit fanden auf dem späteren Gebiet der DDR insgesamt zehn

[299]Sabrow, NS-Vergangenheit in der geteilten deutschen Gesellschaft 2005, S. 138.

[300]Vgl. Jeskow, Entnazifizierung des Lehrkörpers 2007, S. 72–85, Zitat S. 74. Vgl. auch Wengst, Ausscheiden 2008, S. 166 f. Zum Elitenwechsel an den Universitäten Berlin, Leipzig, Rostock vgl. Jessen, Akademische Elite 1999.

[301]Vgl. Weinke, Nachkriegsbiographien 2005, S. 235.

[302]Anhand der Ärzte und Sterilisationsexperten in Brandenburg hat Annette Weinke die ersten fünf Nachkriegsjahre auf Kontinuitäten und Brüche hin befragt und dabei ein Schwanken zwischen Rigorosität und Inkonsequenz in der Strafverfolgung festgestellt. Vgl. ebd.

[303]Die Landesanstalt Brandenburg-Görden zählte zudem zu den Zentren der NS-„Kindereuthanasie" Vgl. ebd., S. 180.

Prozesse gegen NS-„Euthanasie"-Verbrecher statt[304] – zunächst die Strafverfahren der Sowjetischen Militärtribunale, dann die Strafverfahren aufgrund des Kontrollratsgesetzes 10 und schließlich die Strafverfahren auf Basis des SMAD-Befehls 201.[305] Im Ergebnis waren die Zahl der Verurteilten und das verhängte durchschnittliche Strafmaß in der SBZ deutlich höher als in den westlichen Besatzungszonen.[306]

Zunächst zögerte die SMAD damit, die Ahndung von NS-Straftaten, die Deutsche an Deutschen begangen hatten, vollständig in die Hände der Einheimischen zu legen. Zuvor sollte erst eine tiefgreifende Entnazifizierung der Justiz gewährleistet sein.[307] So dauerte es bis Mitte 1947, bis die Zuständigkeit für die Ahndung von NS-Verbrechen auf mit der SED nahestehenden „Volksrichtern" besetzten Sonderstrafkammern überging. Diese Zuständigkeitsverschiebung führte zwar zu einem Anstieg der Verurteilungsziffern und des Strafmaßes, doch noch scheiterten SMAD und SED damit, direkt Einfluss auf die Rechtsprechung zu nehmen. Mehrheitlich achtete die Justiz auf ihre Eigenständigkeit, hielt rechtsstaatliche Regeln ein und fällte keine ausschließlich politisch motivierten Urteile. Erst später dienten die Prozesse weniger der Feststellung individueller Schuld als der innergesellschaftlichen Umgestaltung.[308]

Von den „Euthanasie"-Prozessen war der gegen den „T4"-Obergutachter Paul Nitsche[309] sowie 14 weiteren Ärzten, Pflegern und Schwestern wegen der Massentötungen in der Anstalt Pirna-Sonnenstein von besonderer Bedeutung.[310] Die Sowjetische Militäradministration hatte ein großes Interesse daran, die Verhandlung der Strafsache zügig zu eröffnen. Vermutlich wollte sie den in den westlichen Besatzungszonen angestrengten

---

[304]Weitere zwölf Prozesse folgten in den ersten zweieinhalb Jahren nach der Staatsgründung sowie einer noch 1965. Genaue Auflistung in: Schweizer-Martinschek, Strafverfolgung 2018, S. 59. 1965 erfolgte die Verurteilung von Otto Hebold. Hebold hatte an der Ermordung von Patient/-innen in Bernburg und Sonnenstein mitgewirkt und war zudem in den letzten Kriegsmonaten als Arzt zur Hinrichtung von Widerstandskämpfern im Zuchthaus Brandenburg hinzugezogen worden. Vgl. Hohmann, „Euthanasie"-Prozeß Dresden 1993, S. 126; Hohmann/Günther MfS-Operationsvorgang 1996.

[305]Vgl. Schweizer-Martinschek, Strafverfolgung 2018, S. 60–64.

[306]Vgl. Wengst, Ausscheiden 2008, S. 168.

[307]Der Austausch der belasteten NS-Juristen durch linientreue „Volksrichter" ist ein zentraler Unterschied zur Bundesrepublik und zu den westlichen Besatzungszonen. Folgen waren aber auch eine Deprofessionalisierung der Justiz sowie eine stärkere Ideologisierung der Rechtsprechung. Vgl. Frei, Nach der Tat 2006, S. 16; Romeike, S. 19. Zur Elitenkontinuität unter den Juristen in der Bundesrepublik vgl. Müller, Furchtbare Juristen 1987.

[308]Vgl. Frei, Nach der Tat 2006, S. 20; Romeike, S. 20 f.

[309]Zu Paul Nitsche vgl. Hohmann, „Euthanasie"-Prozeß Dresden 1993, S. 57–75.

[310]Die Professoren Alfred Schulz, Günther Langer, die Ärzte Robert Herzer, Emil Eichler, Ernst Leonhardt sowie die Pfleger Hermann Felfe, Erhardt Gäbler, Paul Räpke und die Krankenschwestern Elsa Sachse und Marie-Luise Puschmann. Vgl. Hohmann, „Euthanasie"-Prozeß Dresden 1993, S. 112; Weinke, Judging Medical Crimes 2014, S. 93; Böhm, Gebote der Sittlichkeit 2008; Hirschinger, Strafverfolgung 2008.

Prozessen – unter anderem dem für Sommer 1947 erwarteten „Ärzteprozeß" in Nürnberg – zuvorkommen. Sie legte den Prozess – obwohl eigentlich noch in der Verantwortung der sowjetischen Militärregierung – in die Hände des Dresdner Landgerichts.[311] Im Prozess rechtfertigten Paul Nitsche und die Mitangeklagten ihre Taten als humanitären Akt. Bei Nitsche war sogar ein gewisser Stolz zu vermerken, als er betonte, er erst habe „in die ganze ‚Euthanasie'-Aktion (…) die ‚rechte Ordnung' gebracht und dafür gesorgt, daß nur solche Menschen getötet worden seien, die keinerlei Aussicht auf Besserung oder gar Heilung gehabt hätten". Auch die anderen Angeklagten begründeten ihr Handeln damit, man habe „Vollidioten" und „hoffnungslosen Fällen", denen ohnehin der baldige Tod bevorstand, das Leiden erspart und sie kurz und schmerzlos getötet. Man habe also den Sterbensprozess nicht herbeigeführt, sondern lediglich verkürzt. Der Vergleich des Prozesses in Dresden mit den etwa zeitgleich in anderen Besatzungszonen geführten Prozessen zeigt, dass die Hauptangeklagten eine ähnliche Verteidigungsstrategie wählten, in dem sie ihre Taten als Gnadenakt beschrieben. Auch in mancher Zeugenaussage fand sich diese Argumentation wieder. Bedauern oder Bestürzung waren die Ausnahme.[312] Dass 1947 noch kein Konsens darüber bestand, die Tötung Geisteskranker grundsätzlich als Unrecht anzusehen, zeigt auch das Urteil vom 7. Juli 1947. Die Richter betonten vor allem die Unrechtmäßigkeit des „T4"-Verfahrens: Die Prüfung der einzelnen Fälle sei oberflächlich und schematisch erfolgt, die Entscheidungsgrundlagen – die Meldebögen – seien nicht aussagekräftig genug gewesen. Die Angeklagten hätten mithin in einer großen Anzahl Kranke getötet, „bei denen dies selbst nach den Richtlinien nicht gerechtfertigt war. (…) Es sind auch sonst Kranke vergast worden, die noch in einem guten körperlichen Zustand waren und deren geistige Erkrankung nach Art und Ausmass keinesfalls so war, dass sie als erlösungsbedürftig zu bezeichnen gewesen wären."[313] Die Richter setzten sich in diesen Passagen mit den Rechtfertigungsstrategien der Angeklagten auseinander und verwarfen diese, doch war das Urteil dadurch keine grundsätzliche Absage an die Tötung psychisch Kranker. Vielmehr wurde als zentrales Manko der „T4-Aktion" festgehalten, dass Menschen umgebracht worden seien, bei denen dies (noch) nicht angebracht war. Die Richter führten in ihrer Urteilsbegründung allerdings ebenfalls aus, dass Menschen nie einem Zwecke geopfert werden dürften und das individuelle Lebensrecht nicht von Kriterien der sozialen oder politischen Verwendbarkeit abhängen dürfe. Die „Ausrottung

---

[311]Erst in der zweiten Augusthälfte des Jahres 1947 und damit nach Abschluss des Dresdner Prozesses wurde vom Oberkommandierenden der sowjetischen Besatzungstruppen in Deutschland der Befehl Nr. 201 erlassen, der deutschen Verwaltungsorgane mit der Entnazifizierung in der sowjetisch besetzten Zone betraute. Während Verbrechen gegen die Menschlichkeit, Verbrechen gegen den Frieden und die Sicherheit anderer Völker und Verbrechen gegen das deutsche Volk weiter geahndet werden sollten, sollten die lediglich nominellen Mitglied der NSDAP in der Regel nicht weiter verfolgt werden. Vgl. Hohmann, „Euthanasie"-Prozeß Dresden 1993, S. 112.

[312]Vgl. Hohmann, „Euthanasie"-Prozeß Dresden 1993, S. 3, 109, 122, Zitate S. 3.

[313]De Mildt, Tatkomplex 2009, S. 263.

der Geisteskranken" sei daher als „ein gesetzlich angeordneter oder gebilligter Mord" zu werten. Das Urteil gegen Paul Nitsche sowie für drei weitere Angeklagte lautete auf Tod durch Enthauptung. Die Strafen wurden im März 1948 vollstreckt. Vier Angeklagte erhielten Zuchthausstrafen zwischen 15 Jahren und lebenslänglich. Je zwei Angeklagte erhielten Zuchthausstrafen von acht und drei Jahren. Drei weitere Angeklagte wurden freigesprochen. Die Urteilsbegründung und die Staffelung des Strafmaßes zeigen deutlich, dass es dem Gericht darum ging, die persönliche Schuld der Täter festzustellen. Das Verfahren war unter juristischen Gesichtspunkten einwandfrei. Noch waren die Urteilsbegründungen unabhängig davon, in welcher Besatzungszone die Gerichte lagen.[314]

Auch wegen der Zwangssterilisationen an psychisch Kranken wurde in der SBZ schon frühzeitig ermittelt, wurden Ärzte wegen dieses Tatkomplexes verhaftet, angeklagt und verurteilt. Ihre Taten wurden zunächst als Verbrechen gegen die Menschlichkeit gewertet, wenn die Zwangssterilisierungen ausschließlich zum Zwecke der Verhütung von Erbkrankheiten, also als Mittel der Bevölkerungspolitik, durchgeführt worden waren. Gegen diese Interpretation regte sich allerdings schon bald Gegenwehr. Befürchtet wurden ernsthafte Konsequenzen für die ärztliche Versorgung, sollten sich durch diese Rechtsauslegung zahlreiche Chirurgen und Urologen als Beteiligte an den Zwangssterilisationen veranlasst sehen, ihren Wohnort in die westlichen Besatzungszonen zu verlegen. Daraufhin wurden nur noch jene Zwangssterilisationen, die aus politischen oder rassischen Motiven heraus vorgenommen worden waren, als schwere Verbrechen gegen die Menschlichkeit gewertet. Nach der Gründung der Deutschen Demokratischen Republik fanden keine weiteren Strafverfolgungen wegen dieses Tatkomplexes mehr statt.[315]

Durch den im August 1947 – also kurze Zeit nach Beendigung des Dresdner „Euthanasie"-Prozesses – erlassenen SMAD-Befehl 201 wurden die Kompetenzen der Polizei ausgeweitet und die Position der Angeklagten geschwächt. Zunehmend entstand so ein rechtsfreier Raum und damit die Möglichkeit, die juristischen Verfahren den politischen Interessen mehr und mehr unterzuordnen. Als 1948 ausreichend Richter mit SED-Parteibuch zur Verfügung standen, die die bisher tätigen Juristen ersetzen konnten, basierten die Urteilssprüche für Angeklagte zunehmend nicht mehr nur allein auf dem Nachweis persönlicher Schuld.[316] Die Willkür im Umgang mit den NS-Belasteten wuchs.[317] Den Höhepunkt der „Entrechtsstaatlichung" der NS-Verfahren bildeten die Waldheimer Prozesse. In ihnen wurden zwischen dem 26. April und dem 14. Juli 1950 insgesamt 3324 Personen in zumeist nichtöffentlichen Verfahren von Sondergerichten

---

[314]Vgl. Hohmann, „Euthanasie"-Prozeß Dresden 1993, S. 3–5, 122–125, Zitat S. 122 f. Die Presse in den westlichen Besatzungszonen berichtete kaum über den Dresdner „Euthanasie"-Prozess und dessen Ausgang.

[315]Vgl. Erices, Fehlende Aufarbeitung 2018, S. 75 f.

[316]Vgl. Wengst, Ausscheiden 2008, S. 168 f., Zitat S. 169.

[317]Vgl. Weinke, Nachkriegsbiographien 2005, S. 185.

abgeurteilt. Für die Angeklagten gab es keine nennenswerten Möglichkeiten zur Verteidigung – ein Vorgehen, dass der erst kurz zuvor erlassenen Verfassung der DDR widersprach.[318] In Schnellverfahren von meist nur 20 bis 30 Minuten wurden gegen die ehemaligen Internierten der nun aufgelösten sowjetischen Speziallager hohe Haftstrafen verhängt, über zwanzig der gefällten Todesurteile wurden vollstreckt.[319] In den Waldheimer Prozessen wurden auch noch einmal mehrere „Euthanasie"-Ärzte abgeurteilt – so wurde ein Todesurteil gegen den „T4"-Gutachter und vorherigen Leiter der Heil- und Pflegeanstalt Waldheim, Gerhard Wischer (1903–1950), verhängt.[320] Doch richteten sich die Waldheimer Prozesse nicht nur gegen erwiesene Kriegsverbrecher und Personen, die an Verbrechen gegen die Menschlichkeit beteiligt gewesen waren, sondern auch gegen Gegner des SED-Regimes.[321]

Mit den Waldheimer Prozessen schloss die SED die strafrechtliche Erledigung der NS-Verbrechen auf dem Staatsgebiet der DDR ab. Fortan inszenierte sich die DDR als der Staat, der rigoros mit den Übeln der deutschen Vergangenheit gebrochen hatte. Durch die Gründung des ersten sozialistischen Staates auf deutschen Boden habe man die sozioökonomischen Grundlagen des Faschismus überwunden. Diese Interpretation erleichterte die faktische Einstellung fast sämtlicher Ahndungsaktivitäten gegen Beteiligte an den NS-Tatkomplexen. Auch die Strafverfolgung von „Euthanasie"-Tätern galt nun als abgeschlossen. Noch laufende Prozesse wurden anschließend lediglich beendet, aber neue strafrechtliche Ermittlungen nicht mehr aufgenommen.[322] Folglich sank die Zahl der Verurteilungen erheblich ab und erreichte zu Beginn der zweiten Hälfte der 1950er Jahre ihren Tiefstand.[323] Zu effektvoll platzierten Ermittlungen kam es nur noch, wenn sich die westdeutsche Justiz damit vorführen und die eigene antifaschistische

---

[318] Bender, Wiederkehr 2008, S. 82; Haase/Pampel, Vorwort 2001, S. VI.

[319] Vgl. Weinke, Kontext 2001. Udo Wengst spricht von 24 vollstreckten Urteilen, Peter Bender von 32 Todesurteilen und 26 Vollstreckungen. 1952 begann allerdings bereits die Entlassung von in Waldheim verurteilten Häftlingen. 1954 und 1955 erfolgten weitere Begnadigungen. Der letzte Häftling kam 14 Jahre nach den Prozessen aus dem Gefängnis frei. Die „Entlassungswelle" betraf auch andere „Kriegsverurteilte". Von ihnen saßen 1956 nur noch 34 in den Haftanstalten der DDR ein. Vgl. Wengst, Ausscheiden 2008, S. 169 f.; Bender, Wiederkehr 2008, S. 81.

[320] Zu Gerhard Wischer vgl. Schröter, Psychiatrie in Waldheim/Sachsen 1994. Zu dessen Tätigkeit im Rahmen der regionalen „Euthanasie" vgl. auch Aly, Die Belasteten 2013, S. 249.

[321] Peter Bender hat den Kommunisten in den Waldheimer Prozessen Übereifer attestiert. Diesen Übereifer stellt Bender der Laxheit der Demokraten im Westen gegenüber: „Die DDR führte die sowjetische Praxis fort, die Bundesrepublik bemühte sich um Beendigung und Revision der alliierten Maßnahmen. Die DDR verstand sich als Anwalt der Bestrafung deutscher Kriegsverbrecher, die Bundesrepublik als Anwalt der Verteidigung." Bender bezieht sich dabei auf die in Landsberg einsitzenden und zum Tode verurteilten Kriegsverbrecher, für die sich die staatlichen Stellen der Bundesrepublik einsetzten. Bender, Wiederkehr 2008, S. 81.

[322] Vgl. Schweizer-Martinschek, Strafverfolgung 2018, S. 64 f.; Sabrow, NS-Vergangenheit in der geteilten deutschen Gesellschaft 2005, S. 138.

[323] Vgl. Wengst, Ausscheiden 2008, S. 170.

Legitimation erhöhen ließ.[324] Zum Teil wurden nicht einmal mehr Bitten um Rechtsbeihilfe aus der Bundesrepublik gewährt.[325]

3.2.14 Karl Leonhard

Nachdem Rudolf Lemke unerwartet früh verstarb, übernahm Karl Leonhard[326] den Vorsitz der *Gesellschaft für Psychiatrie und Neurologie.* Er prägte daraufhin zwölf Jahre lang die Geschicke der medizinisch-wissenschaftlichen Gesellschaft.[327]

Karl Leonhard wurde am 21. März 1904 als fünftes von elf Kindern eines protestantischen Pfarrers im bayrischen Edelsfeld geboren. Nach dem Abitur studierte er zwischen 1923 und 1928 in Erlangen, Berlin und München Medizin. Nachträglich beschrieb er vor allem seine Begegnung mit Karl Bonhoeffer als prägend. Besonders dessen Gesprächsführung und Einfühlungsvermögen mit den Patienten hätten ihn beeindruckt. Leonhard galt als feiner und scharfsinniger Beobachter, sich selbst beschrieb er als introvertierten Menschen, der – aufgrund seines schlechten Gedächtnisses – sehr viel Wert auf strukturiertes Denken legte, der versuchte das Wesentliche zu erfassen und in seine eigenen Kategorien systematisch einzuordnen.[328] In seinen fachlichen Stellungnahmen richtete er sich gegen eine theoretisierende Psychiatrie ohne ausreichende Empirie. Leonhard wurde bei Gottfried Ewald in Erlangen promoviert (1928/1929). Von 1929 bis 1931 arbeitete er als Assistent an der *Psychiatrischen und Nervenklinik Erlangen.* In seiner sich darin anschließenden vierjährigen Assistenzzeit in Gabersee, sah sich Leonhard fast ausschließlich mit chronisch Kranken konfrontiert. Sein Interesse weckten dort vor allem die „schizophrenen Endzustände", die er aufgrund ihres Formen-

---

[324]Vgl. Weinke, Nachkriegsbiographien 2005, S. 234; Wengst, Ausscheiden 2008, S. 177; Sabrow, NS-Vergangenheit in der geteilten deutschen Gesellschaft 2005, S. 137.

[325]Vgl. Weinke, Nachkriegsbiographien 2005, S. 232 f. Zugleich warb das MfS häufig Personen mit nicht öffentlich aufgedeckter NS-Vergangenheit als Mitarbeiter an, weil diese deshalb leichter unter Druck zu setzen waren. Das MfS vereitelte aber auch die Einleitung von Ermittlungen – etwa in den Fällen des Jenaer Kinderarztes Jussuf Ibrahim und des an Menschenexperimenten beteiligten Johannes Franz Suckow (1896–1994). Vgl. Reif-Spirek, Abschied von einem Mythos 2001; Wengst, Ausscheiden 2008, S. 178.

[326]Nicht zu verwechseln mit Karl Leonhardt, dem Direktor der Anstalt Altschwerbitz, der 1960 die DDR verließ. Vgl. Hanrath, Anstaltspsychiatrie 2002, S. 431.

[327]Ebenso wie Lemke zeichnete sich Leonhard durch sehr gute Kontakte in die Bundesrepublik aus. Leonhard war aufgrund gemeinsamer Karrierestationen eng – zum Teil freundschaftlich – mit Zutt, Kranz, Panse und Bürger-Prinz verbunden. Bei diesen sah er auch eine enge Verwandtschaft in den wissenschaftlichen Auffassungen. Vgl. Leonhard an Winzenried, Schreiben vom 21.01.1965, Archiv der Humboldt-Universität zu Berlin 03011/6, Bd. 7.

[328]Vgl. Leonhard, Selbstdarstellung 1977, S. 260–262.

reichtums in systematische und unsystematische Formen einteilte.[329] Seit 1936 war er als Oberarzt an der *Nervenklinik der Universität Frankfurt am Main* tätig und habilitierte sich dort 1937 bei Karl Kleist (1879–1960)[330]. Hier beschäftigte er sich vor allem mit den phasischen Psychosen und teilte die endogenen Psychosen in fünf unterscheidbare Krankheitsbilder auf. Im selben Jahr trat er in die NSDAP ein. Leonhard arbeitete während des Nationalsozialismus mit dem *Münchner Institut für Genealogie und Demographie an der Deutschen Forschungsanstalt für Psychiatrie* zusammen, dessen Leitung Ernst Rüdin innehatte; er befürwortete eugenische Maßnahmen und setzte sich dafür ein, „seine" Kategorie der „Angstpsychose" in die GzVeN-Bestimmungen aufzunehmen.[331] Der Dekan der medizinischen Fakultät der Universität Frankfurt hielt 1939 in einer internen Notiz fest: „Herr Dr. Leonhard ist stellvertr. Mitglied des Erbgesundheitsgerichtes Frankfurt/M."[332] Wie wenig die Zustimmung zum GzVeN in eine aktive Mitwirkung an der „Euthanasie" münden musste, zeigt dann aber ebenfalls Leonhard. Er rettete im Krieg mehrere Patient/-innen vor der Vernichtung indem er keine Diagnosen mehr dokumentierte und indem er sich in der Phase der „regionalen Euthanasie" und nach der Ausbombung der Klinikgebäude in Frankfurt für deren Unterbringung in einer Anstalt einsetzte, die nicht für hohe Sterblichkeitsraten bekannt war.[333]

In Frankfurt war Leonhard auch während des Krieges tätig. Er erinnerte sich später daran, bei Kriegsbeginn zunächst gedacht zu haben, es sei eine Frage der Ehre, aktiv an den Kampfhandlungen teilzunehmen. Wegen eines vernarbten Zwölffingerdarm-

---

[329]Leonhards Arbeit über „Involutive und idiopathische Angstdepression in Klinik und Erblichkeit" wurde „von der Deutschen Gesellschaft für Psychiatrie und Neurologie (sic!) durch den Preis der Heinrich-Lähr-Stiftung ausgezeichnet". Schreiben Kleist an Dekan der med. Fakultät vom 03.03.1943, Karl Leonhard, Universitätsarchiv Frankfurt Abt. 4, Nr. 1454 K.

[330]Kleist war Gutachter am Erbgesundheitsobergericht Frankfurt am Main, 1940 trat er in die NSDAP ein, 1942 in den NS-Ärztebund. Als Klinikleiter unterlief er aber wohl das GzVeN und setzte sich für jüdische Patient/-innen und Mitarbeiter ein. Vgl. Martin/Fangerau/Karenberg, Affirmation und Kritik 2020.

[331]Vgl. Leonhard, Selbstdarstellung 1977, S. 260–262. Beckmann, Karl Leonhard 1998, S. 112 f.; Schwarz, Biographie von Karl Leonhard, https://biapsy.de/index.php/de/9-biographien-a-z/64-leonhard-karl (2015); Beckmann, Lebensweg 2003, S. 418. Die NSDAP-Mitgliedschaft hält der Personalbogen der Humboldt-Universität vom 27.03.1957 fest. Vgl. Archiv der Humboldt-Universität zu Berlin, Charité-Personalakte bis 1993, Leonhard, Karl.

[332]Interne Notiz vom 24.07.1939. UAF Abt. 14, Nr. 2386. Auf die Tätigkeit Leonhards am Erbgesundheitsgericht verweisen auch: Daum/Deppe, Zwangssterilisation in Frankfurt 1991, S. 86.

[333]Leonhard sollte seine Patient/-innen in die Anstalt Eichberg verlegen. Da ihm, so schrieb er später und das deckt sich auch mit Zeugenaussagen, bewusst gewesen sei, dass diese Anstalt „in bezug auf die sog. Euthanasie besonders aktiv" sei, habe er die Patient/-innen vor dem sicheren Todesurteil retten wollen. Durch hartnäckige Bemühungen sei es ihm schließlich gelungen, für sie und das Personal Platz in der Anstalt Goddelau zu finden und auch die bereits nach Eichberg gebrachten Kranken dorthin zu überführen. Vgl. Leonhard, Selbstdarstellung 1977, S. 258 und 267 f., Zitate ebd.; Schwarz, Karl Leonhard 2015; Beckmann, Lebensweg 2003, S. 418.

geschwürs war er jedoch bloß garnisonsverwendungsfähig, also für den aktiven Dienst an der Waffe nur beschränkt tauglich gemustert und wurde für die Klinik reklamiert. Die Kriegsbegeisterung Leonhards hielt noch mindestens bis zum Frühjahr 1943 an. Obwohl Leonhard unabkömmlich gestellt war, äußerte er „wiederholt" den Wunsch, zum aktiven Wehrdienst eingezogen zu werden.[334] Erst mit erheblicher Verzögerung, so schrieb Leonhard rückblickend, sei ihm bewusst geworden, welches Glück er damit hatte, dass ihm die „Teilnahme an diesem unsinnigen Krieg erspart blieb".

Leonhards Personalakten im Universitätsarchiv Frankfurt am Main zeigen, wie er zu unterschiedlichen Zeiten verschiedene Haltungen zum Nationalsozialismus einnahm. In seinem selbstverfassten Lebenslauf vom 4. Juni 1936 biederte er sich den Macht-habern an. Aus der Rückschau kurios erscheinen seine Versuche, auch die eigene Sport-begeisterung als Teil nationalsozialistischer Gesinnung zu interpretieren. Da es im Sinne des nationalsozialistischen Staates liege, „neben der geistigen Beschäftigung die körper-liche Ertüchtigung nicht zu vernachlässigen", betonte Leonhard ausdrücklich, dass er seit seiner Gymnasialzeit, in der er stets zu den geschicktesten Turnern gezählt habe, kontinuierlich Sport treibe. Problematisch sind seine Aussagen zur eigenen politischen Einstellung. Diese habe sich „gradlinig entwickelt" und sei „frei von Schwankungen" geblieben. Schon während seiner Studentenzeit in Berlin, genauer 1925, habe er die dortigen Anfänge des Nationalsozialismus miterlebt und sei seither der Bewegung „stets treu" geblieben, wenn auch ohne aktiv hervorzutreten oder die Parteizugehörig-keit zu erwerben. Direkt „nach dem Umbruch 1933" habe er sich mit der Hitlerjugend in Verbindung gesetzt und sei dort seit Jahresbeginn 1934 als Unterbannarzt tätig. In dieser Funktion führe er Reihenuntersuchungen durch. Diese Tätigkeit habe er, so gab er auch in den nächsten Jahren immer wieder zu Protokoll, in Frankfurt fortgesetzt. Er sei nun auch an seiner neuen Wirkungsstätte in der Hitlerjugend als Arzt eines Flieger-unterbannes aktiv. Ferner verwies Leonhard auf seine Anwartschaft im NS-Ärztebund und darauf, dass er Mitarbeiter des *Hauptamtes für Volksgesundheit der NSDAP*[335] war. Dass er der NS-Volkswohlfahrt angehöre, sei ohnehin „eine Selbstverständlichkeit".[336] Der Dozentenführer der Universität bescheinigte Leonhard am 8. Januar 1944: „Weltan-schaulich geht Dr. Leonhard vollkommen in Ordnung."[337]

---

[334]Karl Kleist an Dekan der med. Fakultät, Schreiben vom 03.03.1943, UAF Abt. 4, Nr. 1454 K.

[335]Für die die „Säuberung" der NSDAP von als erb- und rassebiologisch minderwertig angesehen Personen zuständige Parteiorganisation.

[336]UAF Abt. 14, Nr. 2386. In seinem selbstverfassten Lebenslauf vom 27.03.1943 gab Leonhard den Beginn der HJ-Arzttätigkeit mit dem 01.01.1934 an! So auch auf dem Personalfragebogen vom 28.03.1943: NS-Ärztebund seit 01.01.1936, NS-Dozentenbund seit 01.01.1936, Dr. Karl Leonhard, UAF Abt. 4, Nr. 1454 K. Die Mitgliedschaft im NSV war im Bereich der Organisations-mitgliedschaften das kleinstmögliche Zugeständnis an die Nationalsozialisten. 1943 waren 17 Mio. Personen Mitglied der NSV.

[337]Karl Leonhard, UAF Abt. 4, Nr. 1454 K.

Auch bei Leonhard änderten sich mit der Kriegsniederlage die Erinnerungen und Bewertungen. In seinem selbstverfassten Lebenslauf vom 22. Februar 1946 beschränkte er sich auf seinen akademischen Werdegang.[338] Im von ihm auszufüllenden Meldebogen ging dies nicht. Hier musste Leonhard angeben, dass er seit 1936 Anwärter des NS-Ärztebundes gewesen sei, dass er dem NSDozB seit dem 1. Januar 1941 und der NSV von 1935 an angehört habe sowie die NSDAP-Mitgliedsnummer 5427336 trug. Die Rettung von Patient/-innen erwähnte er zunächst noch nicht. Er verwies lediglich darauf, dass der Spruchkammer eidesstattliche Versicherungen von Zeugen vorlägen, „aus denen hervorgeht, dass ich mich ohne Rücksicht auf meine Person aktiv gegen nationalsozialistische Einrichtungen eingesetzt habe, dass ich mich dagegen niemals für den Nationalsozialismus betätigt habe". Er rechne aufgrund der eindeutigen Zeugenaussagen damit, dass ihn die Spruchkammer in die Gruppe der Entlasteten einreihen werde, da er nur nach dem Wortlaut des Gesetzes als Mitläufer einzustufen sei. Mitte Oktober 1946 stand dann für die universitären Stellen außer Zweifel, dass Leonhard 1937 nur unter Druck der Partei beigetreten war, „weil er sich sonst nicht hätte habilitieren können".[339]

Der Spruchkammerbescheid von November 1946 stufte ihn indes als Mitläufer ein und verhängte eine Geldsühne von 400,-- RM, ersatzweise Arbeitsleistung von zehn Tagen. Daraufhin schrieb der Dekan der Medizinischen Fakultät der Johann-Wolfgang-Goethe-Universität an das Großhessische Staatsministerium und das Ministerium für Kultur und Unterricht:

„In politischer Hinsicht hat [Leonhard] dem Nationalsozialismus nur so weit Zugeständnisse gemacht als es unbedingt notwendig war, um als Arzt und Wissenschaftler ruhig arbeiten zu können. Er trat nicht der SA bei, (...) um beruflich nicht gehemmt zu werden, ließ er sich 1937 verleiten, Mitglied der Partei und des Dozentenbundes zu werden. (...) Soweit es seinen Beruf berührte, hat er den Bewegungen des Nationalsozialismus aktiv entgegengearbeitet. Als die Nervenklinik teilweise zerstört und die Kranken übereilt in die Anstalt Eichberg gebracht worden waren, ist es ihm im hartnäckigen, wochenlangen Kampf gelungen, sie von dort, wo sie dem üblichen Schicksal verfallen wären, nach Goddelau zu bringen. Mehrfach hat er sich ohne Rücksicht auf seine Person bei den massgebenden politischen Stellen für eine bessere Behandlung der Geisteskranken eingesetzt. So ist nicht zu befürchten, dass er später offene oder versteckte Propaganda für den Nationalsozialismus und Militarismus betreiben wird, zumal er aus einer Familie stammt, deren männliche Mitglieder grösstenteils Pfarrer waren."[340]

Der Wiedereinsetzungsbescheid datierte daraufhin auf dem 4. Februar 1947. Auch der Prüfungsausschuss schloss sich in seinem Beschluss vom 7. Mai 1947 dieser Interpretation an: „Prof. Leonhard ist zwar in die Partei eingetreten und hat in Äusserlich-

---

[338]Ebd.

[339]Mitteilung vom 15.10.1946, Karl Leonhard, UAF Abt. 4, Nr. 1454 K. Das Datum der Habilitation (23.08.1937) korrespondiert tatsächlich mit seiner NSDAP-Mitgliedschaft.

[340]Dekan der Medizinischen Fakultät der Johann-Wolfgang Goethe-Universität an das Grosshessische Staatsministerium und das Ministerium für Kultur und Unterricht, 27.11.1946, Akte Dr. Karl Leonhard, UAF Abt. 4, Nr. 1454 K.

keiten gewisse Zugeständnisse gemacht. Es ist aber nachgewiesen, dass er mit grosser Entschiedenheit und ohne jede Rücksicht auf Folgen für seine Person seine geisteskranken Patienten vor dem drohenden Vergasungstod bewahrt hat."[341] In einem selbstverfassten Lebenslauf vom 1. Mai 1955 schrieb Leonhard schließlich über sich: „Politisch habe ich mich nie betätigt, vor allem auch nicht in der nationalsozialistischen Zeit. 1944 gelang es mir entgegen dem Willen der damaligen Machthaber Kranke der Nervenklinik, die dazu vorgesehen waren, vor der Euthanasie zu bewahren."[342]

Karl Leonhards Forschungsleistungen wurden auch noch nach dem Krieg von einflussreichen Kollegen hervorgehoben. Ernst Kretschmer, der mit Leonhard das Interesse für Persönlichkeitsdiagnostik teilte, lobte in seinem einleitenden Überblickskapitel zum FIAT-Report (1948) Leonhards Verdienste ausdrücklich.[343] Nichtsdestotrotz gingen in den kommenden Jahren mehrere Berufungsverfahren für den außerplanmäßigen Professor ungünstig aus: an der Universität Frankfurt wurde er 1950 nicht zum Nachfolger von Kleist ernannt, da Jürg Zutt den Vorzug erhielt. Leonhard folgte daher 1955 „mit großer Erwartung" dem Ruf auf das Ordinariat für Psychiatrie an der *Medizinischen Akademie Erfurt* und war damit neben Franz Günther von Stockert (1899–1967)[344] einer der wenigen Psychiater, die von einer westdeutschen Universität an eine Hochschule der DDR wechselten.

1957 wurde Leonhard schließlich Ordinarius für Psychiatrie und Neurologie an der *Humboldt-Universität zu Berlin*[345] und übernahm die medizinische Leitung der Nerven-

---

[341] Karl Leonhard, UAF Abt. 4, Nr. 1454 K. In dem Zitat zeigt sich das geringe Wissen über die tatsächlichen Abläufe und Phasen der „Euthanasie"-Aktion. 1944 wurden keine psychisch Kranken mehr vergast, sondern in regionaler Verantwortung mittels Medikamentengaben oder Verhungernlassen getötet.

[342] Archiv der Humboldt-Universität zu Berlin, Personalakte Leonhard, Karl.

[343] Mehrmals betont er, dass Leonhard, „sich nicht mit der ungefähren Beschreibung großer Sammelgruppen, wie etwa der Schizophrenien begnügte, sondern eine Herausarbeitung der in ihnen steckenden Einzelsyndrome versuchte, wobei besonders die Differenzierung der Motilitätspsychosen und der halluzinatorisch-phantastischen Formen angestrebt" wurden. Kretschmer, Übersicht 1948, S. 4.

[344] Von Stockert pendelte zwischen 1954 und 1958 aber nur zwischen Frankfurt und Rostock. Unbedarfte regimekritische Äußerungen führten zu einer Verhaftung und seiner Demission. Vgl. Kumbier, Aufteilung 2019, S. 360 f.; Remschmidt, Kontinuität und Innovation 2019, S. 131 f.

[345] Im Zuge dessen wurde an der Universität in Frankfurt am Main diskutiert, ob man zwei Universitäten angehören könne, wenn eine in der Bundesrepublik und die andere in der DDR lag. Die in die DDR berufenen Professoren (so auch Leonhard und von Stockert) ließen sich nämlich zunächst unter weitgehender Beibehaltung ihrer Bezüge an der Universität Frankfurt am Main beurlauben. Leonhard begründete dies 1955 damit, dass er noch nicht bestimmen könne, „ob mein Aufenthalt dort endgültig sein wird". Auch nachdem er den Ruf auf den Lehrstuhl für Psychiatrie und Neurologie der Humboldt-Universität zu Berlin angenommen hatte, beantragte er „der Universität Frankfurt noch weiter angehören" zu dürfen. Das wurde nun universitätsintern als Problem wahrgenommen. Leonhard zog daher im Dezember 1957 sein Gesuch wieder zurück. Leonhard an Dekan der med. Fakultät, 20.06.1955, Leonhard an Dekan der med. Fakultät, 15.07.1957, Interner Vermerk vom 30.07.1957, Karl Leonhard, UAF Abt. 4, Nr. 1454 K.

klinik der Charité, die er bis zu seiner Emeritierung 1969 behalten sollte.[346] Leonhard galt beim *Staatssekretariat für Hochschulwesen* zum Zeitpunkt seiner Berufung als gut eingelebter loyaler Bürger, der „politisch keinerlei Schwierigkeiten machen wird".[347] Karl Leonhard war jedoch kein glühender Verfechter des Sozialismus.[348] Er nutzte vielmehr die Möglichkeiten, die ihm seine nicht sehr zeittypische Wanderungsbewegung vom Westen in den Osten eröffneten.[349] Weiterhin unterhielt er gute Kontakte in die Bundesrepublik und bereiste oft das nichtsozialistische Ausland. So nahm er auch regelmäßig an den Kongressen der DGPN teil. 1958 setzte er sich dafür ein, dass ein Mitglied der *Gesellschaft für Psychiatrie und Neurologie in der DDR* in den Vorstand der DGPN berufen werde.[350] Er besetzte selbst diesen Posten und war so über mehrere Jahre Vertreter der Lehrstuhlinhaber in der DGPN. Diese Spielräume zwischen den Fronten des Kalten Kriegs hatten allerdings Grenzen: Obwohl sich Leonhard bei seiner Übersiedlung in die DDR bestätigen ließ, dass er einen zukünftigen Ruf an eine Universität in der Bundesrepublik annehmen könne, verhinderte das *Staatssekretariat für Hochschulwesen der DDR* nach dem Mauerbau einen möglichen Wechsel an die Universität Frankfurt am Main.

---

[346]Leonhard war auf der Vorschlagsliste für die Neubesetzung des Lehrstuhls von Thiele hinter Scheller (Würzburg), zusammen mit Lemke und vor v. Stockert auf Platz zwei gesetzt. Allerdings schien Scheller kein großes Interesse zu haben, in die DDR überzusiedeln und Lemke war Jena so fest verbunden, dass sich der Dekan der medizinischen Fakultät beim Staatssekretariat für Hochschulwesen für Leonhard stark machte. Dieses stellte in seiner Stellungnahme fest: „Er kam vor über 1 ½ Jahren in die DDR, um dem Rufe nach Erfurt Folge zu leisten und hat sich in jeder Beziehung bewährt. Wissenschaftlich ist Prof. L. von guter Qualität, besonders wichtig ist seine hervorragende ärztliche Einstellung gegenüber den Patienten." Dekan der Medizinischen Fakultät der Humboldt-Universität zu Berlin an das Staatssekretariat für Hochschulwesen, 10.01.1957, Archiv der Humboldt-Universität zu Berlin, Personalakte Prof. Dr. Leonhard, Karl; Stellungnahme des Staatssekretariats für Hochschulwesen vom 13.02.1957, ebd. 1962 wurde er in Frankfurt am Main an erster Stelle gesetzt, wogegen Jürg Zutt aber ein Sondervotum einreichte. Vgl. UAF Abt. 13, Nr. 179.

[347]Stellungnahme des Staatssekretariats für Hochschulwesen vom 13.02.1957, Archiv der Humboldt-Universität zu Berlin, Personalakte Leonhard, Karl.

[348]Ein Bericht aus dem Jahr 1972 beschreibt ihn als während seiner Tätigkeit als Direktor der Nervenklinik der Charité „nicht zum positiven Kern dieser Klinik" gehörend und bemängelte, dass er zahlreiche fachliche und persönliche Westverbindungen unterhalte und in der Bundesrepublik veröffentliche. BSTU-Archiv, MfS HA XX/AKG RK Nr. 13041–13090; Steinberg, Versuch einer Übersicht 2016, S. 199.

[349]Vgl. Geisthövel, Individualtherapie 2019, S. 222.

[350]Leonhard an Suckow, Schreiben vom 15.04.1958, Archiv der Humboldt-Universität zu Berlin 03011/6, Bd. 1.

Zwischenfazit: Verweigerte Schuldbekenntnisse und schützende Allianzen

4

Die individuelle Motivlage, die psychische Disposition und das Sozialprofil der NS-Täter haben in der historischen Forschung der 1980er und 1990er Jahre große Aufmerksamkeit erregt.[1] Die Täterforschung untersuchte das Personal der Konzentrationslager, die Bataillone der Ordnungspolizei, die für hundertausendfache Erschießungen hinter den Frontlinien eingesetzt wurden, sowie die Organisatoren der Vernichtung, etwa im Reichssicherheitshauptamt.[2] Auf hohe öffentliche Resonanz stieß die Kontroverse zwischen Daniel J. Goldhagen und Christopher R. Browning, die sich beide für die Beteiligung von zahlreichen „ganz normalen Deutschen" am Massenmord an den europäischen Juden interessierten.[3] Ihre Veröffentlichungen zeigen wichtige inhaltliche Überschneidungen: So konnten sowohl Goldhagen als auch Browning zeigen, dass die meisten Mörder nicht speziell ausgesucht worden waren, sondern dass sich in der Tätergruppe vielmehr die deutsche Durchschnittsbevölkerung widerspiegelte. Die Holocaust-Täter stammten mehrheitlich aus der Mitte der Gesellschaft, waren vor ihren Taten weder auffällig verroht noch ungebildet. Es handelte sich bei ihnen also „keineswegs um eine gewaltbereite oder besonders ideologisierte Negativauslese der damaligen deutschen Gesellschaft".[4] Beide Historiker haben zudem darauf verwiesen, dass Zwang als

---

[1]Nachfolgende Charakterisierung beruht auf: Bajohr, Neuere Täterforschung 2013.

[2]Vgl. Paul, Täter 2002; Herbert, Vernichtungspolitik 1998, S. 29.

[3]Goldhagen, willige Vollstrecker 1996.

[4]Bajohr, Neuere Täterforschung 2013, o.S. Insbesondere die Forschungen zum Reichssicherheitshauptamt haben gezeigt, dass die Organisatoren der Vernichtung „akademisch-gebildete Repräsentanten einer ‚Kriegsjugendgeneration'" waren. Sie teilten einen gemeinsamen generationellen Erfahrungshintergrund. Wegweisend: Herbert, Best 1996 und Wildt, Generation des Unbedingten 2002.

S. Dörre, *Zwischen NS-„Euthanasie" und Reformaufbruch*,
https://doi.org/10.1007/978-3-662-60878-4_4

Erklärung für die Tatbeteiligung nicht ausreicht. Befehlsverweigerung konnte zwar die Karriere stoppen, führte aber nicht zu drakonischen Strafen oder war gar mit Gefahren für das eigene Leben verbunden. Die Teilnahme an den Massentötungen war freiwillig, wenn auch durch einen erheblichen Gruppendruck begleitet.[5] Goldhagen erregte die Gemüter, als er die weitgehende Akzeptanz des Mordens auf eine spezifisch „deutsche" Haltung, insbesondere auf einen geradezu genetisch verankerten Antisemitismus zurückführte. Browning, und mit ihm nachfolgend die weitere historische und sozialpsychologische Täterforschung, stellte stattdessen allgemeine menschliche Dispositionen in den Mittelpunkt der Erklärung. Auch in jüngerer Zeit wurden die situativen, gruppendynamischen und sozialpsychologischen Bedingungen als entscheidende Faktoren hervorgehoben.[6]

Grundlegend für die Erforschung der „Euthanasie"-Täter waren die Recherchen und enzyklopädischen Veröffentlichungen des Investigativjournalisten Ernst Klee (1942–2013) in den 1980er Jahren. Robert Jay Lifton (*1926) stellte dann Ende des Jahrzehnts die These auf, die „Euthanasie"-Ärzte hätten eine Doppelexistenz geführt, seien in zwei Personen, in die des Heilers und des Mörders, zerfallen.[7] Heute überzeugt diese Trennung nicht mehr, werden „Heilen und Vernichten" nicht mehr als Gegensätze interpretiert, sondern ihr Zusammenspiel betont. Das Erklärungsbedürfnis ist jedoch geblieben: Wie konnten renommierte Ärzte, die sich um das Wohl von Patient/-innen sorgten und eine bessere Versorgung der psychisch Kranken forderten, zugleich so problemlos der Vernichtung anderer Patient/-innen zustimmen?

Zur Klärung dieser Frage sind zunächst mehrere Tätergruppen zu unterscheiden. Bei den ärztlichen Beisitzern der Erbgesundheitsgerichte handelte es sich um den jeweils zuständigen Amtsarzt und um einen Mediziner, der oft, aber nicht immer, ein „Alter Kämpfer", also ein früher Aktivist der NSDAP, war. Die Beisitzer hatten nicht notwendigerweise eine psychiatrische Qualifikation. Unter ihnen waren aber auch zahlreiche Ordinarien für Psychiatrie und Neurologie. Indes waren in vielen Regionen die leitenden Ärzte der Heil- und Pflegeanstalten nicht in den Erbgesundheitsgerichten vertreten, sondern „nur" als Antragsteller oder als ärztliche Gutachter in den Prozess mit

---

[5]Browning, Debatte 1998, S. 148. Es ist allerdings zu berücksichtigen, wie die Handlungsspielräume von den Einzelnen eingeschätzt wurden. Auch wenn es de facto zahlreiche Möglichkeiten gab, sich aus moralischen, wissenschaftlichen oder sonstigen Gründen der Mitwirkung an den Mordaktionen zu entziehen, standen diese Handlungsspielräume nicht jedem Einzelnen unmittelbar vor Augen. Auch nur vermutete Konsequenzen sind handlungsrelevant. Vgl. Welzer, Täter 2005, S. 17.

[6]Die Biografien der späteren Täter, so Frank Bajohr, lassen sich „nicht teleologisch auf die spätere Tat zuspitzen". An ihren früheren Lebenswegen, aber auch in ihren Erfahrungen und Eigenschaften habe „nahezu nichts an ihre späteren Karrieren als Massenmörder erinnert". Bajohr, Neuere Täterforschung 2013.

[7]Vgl. Klee, Was sie taten – was sie wurden 1983; Lifton, Ärzte 1988.

einbezogen.[8] Die „T4"-Gutachter waren mehrheitlich renommierte Psychiater, namhafte Professoren sowie etablierte und angesehene Anstaltsleiter. Fast alle hatten eine Facharztausbildung als Psychiater. Die Gutachter übernahmen ihre Aufgabe freiwillig und wurden dafür – nach Anzahl der bearbeiteten Meldebögen – gesondert vergütet.[9] Die Direktoren der Heil- und Pflegeanstalten erkannten schnell, dass die von ihnen auszufüllenden Meldebögen der Selektion zur Vernichtung dienten. In der Phase der regionalen „Euthanasie" gehörten die Tötungen vielerorts zum Anstaltsalltag. Zahlreiche Direktoren waren damit für die Auswahl der zu tötenden Patient/-innen, die Anforderung der dafür verwendeten Medikamente sowie für die unzureichende Zuteilung von Nahrungsmitteln – und damit für den qualvollen Hungertod – verantwortlich.[10] In den „T4"-Mordanstalten selbst wurden nur wenige Ärzte benötigt. Sie hatten hier die Leitungsfunktion inne und waren dafür zuständig, den Gashahn zu betätigen – weil es sich dem damaligen Verständnis nach um einen medizinischen Eingriff handelte und weil auch noch bei der Tötung das ärztliche Behandlungsmonopol gegenüber Nichtmedizinern verteidigt wurde. Im Ausnahmefall war ein Tötungsarzt zwar auch „T4"-Gutachter, sie hatten aber als Gruppe eine andere Altersstruktur und einen anderen sozialen Hintergrund. Es waren junge und ehrgeizige Männer, die die Chance zum schnellen beruflichen Aufstieg zum Anstaltsdirektor ergriffen. Neben persönlichen Vorteilen lockte auch die Möglichkeit zur wissenschaftlichen Forschung an den zu ermordenden Patient/-innen und der Reputationsgewinn durch die Zusammenarbeit mit den hochrangigen „T4"-Sachverständigen.[11] Forscher begleiteten die „Aktion T4". An Einrichtungen wie dem *Institut für Hirnforschung der Kaiser Wilhelm-Gesellschaft* in Berlin-Buch, der *Deutschen Forschungsanstalt für Psychiatrie* in München, dem *Kaiser-Wilhelm-Institut für Anthropologie* in Dahlem und der Forschungsabteilung des *Reichsausschusses zur wissenschaftlichen Erfassung erb- und anlagebedingter schwerer Leiden* unter

---

[8]Vgl. Schmuhl, GDNP 2016, S. 222 f.; Bock, Zwangssterilisation 1986, S. 198. Zu den „Alten Kämpfern" vgl. Schmidt, Motive 1981.

[9]Vgl. Harms, Meldebogen und ihre Gutachter 2010, S. 269 f.; DGPPN, erfasst, verfolgt, vernichtet 2014, S. 70; Schmuhl, Rassenhygiene 1987, S. 192; Rückerl, NS-Verbrechen vor Gericht 1982, S. 34. Zu Rückerl vgl. Hofmann, Zentrale Stelle 2018, S. 77 f. Kurzlebensläufe bei: Harms, Gutachten der Meldebogen 2010.

[10]Vgl. Schmuhl, „Euthanasie" und Krankenmord 2011, S. 227; Beiträge im Sonderheft „Psychiater im Nationalsozialismus. Beispiele für Zivilcourage", Nervenarzt 9 (2013); Aly, „Aktion T 4" [2]1989, S. 11; DGPPN, erfasst, verfolgt, vernichtet 2014, S. 66, 81. Unrühmlich bekannt sind vor allem die „Dämmerschlafkuren" Gerhard Wischers, die leichte Überdosierung von Luminal zur unauffälligen Tötung, wie sie Hermann Paul Nitsche empfahl, und die „E-Kost" Valentin Faltlhausers.

[11]Vgl. Harms, Meldebogen und ihre Gutachter 987, S. 192. Beispielhaft am Leiter der Tötungsanstalt Grafeneck Horst Schumann: Scharnetzky, Horst Schumann 2012. Einzelne, wie Georg Renno, „T4"-Arzt in Hartheim, beschwerten sich jedoch, dass sie nicht Medizin studiert hätten, „um einen Gashahn zu bedienen". Renno zitiert nach Wolf, Eugenische Vernunft 2008, S. 470, die wiederum das Zitat von Friedlander übernommen hat.

Carl Schneider in Heidelberg wurden Tausende anatomische und histologische Untersuchungen an Gehirnen von „Euthanasie"-Opfern vorgenommen.[12]

Das Sterilisieren und Töten von Psychiatrieinsassen wurde auf allen Ebenen des medizinischen Personals überwiegend kritiklos akzeptiert. Für nicht wenige ermöglichte die Beteiligung an der „Euthanasie" den beruflichen Aufstieg. Die Aufgaben wurden ohne Zwang übernommen. Nennenswerter Widerstand von Ärzten und Pflegepersonal blieb aus. Moralische Skrupel wurden nur vereinzelt geäußert. Vielmehr hielten die Tatbeteiligten die ihnen aufgetragenen Tätigkeiten für gerechtfertigt und sinnvoll, waren sich sicher, dass diese von politischen Entscheidungsträgern gewünscht sowie vom gesellschaftlichen Umfeld und den medizinischen Fachkollegen gedeckt wurden.[13]

Doch wie erklärt man dies? Wie konnten Psychiater, also gebildete und in der *scientific community* etablierte Personen, die den hippokratischen Eid abgelegt hatten, so wenig Skrupel haben, andere Menschen ihrer Fortpflanzungsmöglichkeiten zu berauben oder sie in den sicheren Tod zu schicken? Wie konnten kultivierte Menschen ihre international anerkannten Qualifikationen für anti-humane Zwecke einsetzen? Aus der Forschung zu den unmittelbaren Tätern der Shoa wissen wir, dass diejenigen, die im Nationalsozialismus direkt und indirekt an Mordaktionen beteiligt waren, *grosso modo* gerade keine psychopathologisch auffälligen Persönlichkeitsmerkmale aufwiesen. Den Tätern fehlten meist die sadistischen Neigungen, und sie ließen sich in anderen Lebensbereichen von Moralvorstellungen leiten, die auch heute noch eher als vorbildlich denn als problematisch gelten würden. Sie waren meist zuvor unauffällig gewesen und ihre psychische Gesundheit war nie angezweifelt worden. Wenn dies für die Shoa-Täter gilt, dann ist es erst recht plausibel, dies auch für den in unserem Zusammenhang interessierenden Personenkreis anzunehmen.

Diese Erkenntnis ist schwer auszuhalten. Sie widerspricht zunächst dem nachvollziehbaren Bedürfnis, die Welt und die Vergangenheit moralisch einwandfrei zu ordnen. Dichotomisierungen und Verallgemeinerungen, die zu einer Trennung „guter" und „böser" Charaktere führen, mögen dieses Orientierungsbedürfnis befriedigen, sie helfen aber weder beim Verstehen der Taten, noch dabei, aus der Geschichte zu lernen. Dafür ist es notwendig anzuerkennen, dass die Personen, die andere Menschen im Zuge

---

[12]Entgegen der Interpretation dieser Forschung in der Nachkriegszeit basierten die Humanexperimente größtenteils auf den damaligen Kriterien für Wissenschaftlichkeit und versprachen einen Nutzen für medizinische oder wissenschaftlich relevante Fragestellungen. Stets dominierte dabei aber der Drang nach neuem Wissen, dem für jede Forschung nötigen Respekt vor dem menschlichen Leben. Vgl. Roelcke, Humanexperimente 2006, S. 124; Weindling, Victims 2015; Weindling, Opfer 2012; Schmuhl, GDNP 2016, S. 244; Cottebrune, menschliche Vererbungswissenschaft 2008, S. 92. Zum Kaiser-Wilhelm-Institut für Anthropologie, menschliche Erblehre und Eugenik vgl. Schmuhl, Grenzüberschreitungen 2004. Zur Begleitforschung der Kinder-Euthanasie vgl. Topp, „Reichsausschuß" 2004. Zur Begleitforschung in einzelnen Kliniken: Pfeiffer, Krankenhaus 2001.

[13]Vgl. Kaiser, Widerspruch und Widerstand 2008, S. 171–183; Schmuhl, Genesis 2010, S. 70.

einer radikalisierten Erbgesundheitspolitik sterilisierten und umbrachten, sich selbst als moralisch integer begriffen und glaubten, sich in den Dienst eines fortschrittlichen Projekts zu stellen.[14]

Der Sozialpsychologe Harald Welzer hat auf Basis der Ergebnisse der historischen Täterforschung zum Nationalsozialismus eine schlüssige und bemerkenswerte Analyse zu diesem Themenkomplex vorgelegt. Zwei Aspekte hebt er besonders hervor: zum einen die Spiralen der Gewalt und zum anderen die spezifische nationalsozialistische Moral. Kollektiven Gewalttaten wohnt eine eigene Dynamik inne: Anfänglich Undenkbares wird nach und nach als immer folgerichtiger anerkannt. Gewalt schafft Fakten und überzeugt damit als Handlungsform. Sie plausibilisiert ihre anfänglichen Grundannahmen, indem sie selbst hervorbringt, was sie zunächst nur behauptete – etwa die Vorstellung von „Minderwertigkeit". Nun spielen die Gewaltspirale und militärische Kameradschaftsstiftung durch Gewalt in der „Euthanasie" eine geringere Rolle als in der Shoa. Doch auch in der „Euthanasie" war der Charakter der Täter weniger entscheidend als der Prozess der Gewöhnung. Täglich wurden Abwertung und Ausgrenzung eingeübt. Die gesamte Erbgesundheitspolitik basierte nicht nur auf einer wissenschaftlichen Theorie, sondern wurde genau wie die Rassendoktrin „jeden Tag innerhalb einer funktionierenden Welt realisiert". Die Opfer wurden nach und nach administrativ und sozial ausgeschlossen. Das, was für notwendig und akzeptabel erachtet wurde, veränderte sich in diesem längeren Prozess. Gegenwehr und Protest büßten als Verhaltensweisen stetig an Plausibilität ein, und Gewalt gewann als Handlungsoption an Überzeugungskraft. Die „nationalsozialistische Moral" verlieh den daraus resultierenden Tötungen und erzwungenen Sterilisationen von psychisch Kranken einen Sinn, verwies auf den generellen Nutzen radikaler Interventionen und bot die Vision einer (nahen) Zukunft, in der Versorgungsengpässe und Behandlungsprobleme nicht mehr bestehen würden. „Ohne Moral", so Harald Welzer, „hätte sich der Massenmord nicht bewerkstelligen lassen". Im Rahmen einer gesellschaftlichen Utopie bezog sich die NS-Moral jedoch auf „das Wohlergehen überindividueller und übertemporaler Einheiten", sah also „von subjektiven Motiven und Zielsetzungen ausdrücklich ab".[15]

Es ist erschreckend zu sehen, wie sehr die an den GzVeN-Verfahren und der „Euthanasie" beteiligten Ärzte davon überzeugt waren, das Richtige zu tun. Sie sahen sich selbst als Diener der Erbgesundheit des deutschen Volkes und als Heiler des „Volkskörpers". Schnell ergriffen sie die politische Ermächtigung zum Handeln. Das Engagement für die Rassenhygiene und für die „Euthanasie" widersprach in ihrer Logik nämlich gerade *nicht* einem Eintreten für eine Reform der Psychiatrie zugunsten der als heilbar angesehenen psychisch Kranken. Ärzte wie der „T4"-Gutachter und Erfinder der Hungerkost, Valentin Faltlhauser (1876–1961), waren Vertreter der Weimarer Reformpsychiatrie gewesen. Der frühere Genesungs- und Heilungsoptimismus kippte nicht

---

[14]Vgl. Welzer, Täter 2005, S. 21 f.

[15]Vgl. ebd., S. 14 f., 31–35, 40, 49, sämtliche Zitate S. 34 f., 40, 49.

einfach in sein Gegenteil, die Vernichtung. Die „Euthanasie"-Täter empfanden sich „als Reformer, als diejenigen, die dem dumpfen Anstaltsmilieu den Todesstoß geben würden. Sie planten, die Zahl der chronisch Kranken nicht nur durch ihre Art der klinischen Exekution, sondern auch durch möglichst frühe und intensive Therapie zu verringern". Die Vernichtung der angeblich Unheilbaren war Ausdruck der mit diesem Optimismus verbundenen Enttäuschungen und des Wunsches nach einer handlungsfähigen Psychiatrie. Das Töten bekam einen therapeutischen Imperativ, es geschah im Namen des Heilens. Die Geschichte der NS-Medizinverbrechen ist damit gerade keine Geschichte des individuellen moralischen Verfalls. Die Täter selbst nahmen sich als Gesamtperson weiterhin positiv wahr. Ihr Handeln war eingefügt in ein ambitioniertes Reformprogramm und kompatibel mit den damaligen normativen Standards, mit der wissenschaftlichen Lehrmeinung sowie mit der jeweils persönlichen Pflichtauffassung.[16]

Diejenigen Psychiater, die in die „Euthanasie" involviert gewesen waren und die nach 1945 in den psychiatrischen Fachgesellschaften an Einfluss gewannen, standen an ganz bestimmten Stellen der arbeitsteiligen Handlungsabläufe. Ernst Kretschmer, Werner Villinger, Helmut Ehrhardt, Friedrich Panse, Hans Bürger-Prinz, Jürg Zutt, Karl Leonhard und Rudolf Lemke waren Gutachter bzw. Beisitzer bei Erbgesundheitsverfahren gewesen. Zu den „T4"-Gutachtern gehörten Werner Villinger, Friedrich Panse und Friedrich Mauz. Die Anstaltsdirektoren spielten hingegen in den Vorständen der psychiatrischen Fachgesellschaften nach 1945 keine Rolle. Dort dominierte die Gruppe der Direktoren der Universitätskliniken. Nur Werner Villinger war bis 1940 Chefarzt der Anstalt Bethel gewesen. An der sogenannten Begleitforschung beteiligt waren aus den Vorständen der psychiatrischen und neurologischen Fachgesellschaften nach 1945 Georges Schaltenbrand und Johannes Franz Suckow (1896–1994). Von den in den „T4"-Mordanstalten verantwortlich tätigen Ärzten hat hingegen nach 1945 keiner in einer der psychiatrisch-neurologischen Fachgesellschaften eine Rolle gespielt. Es handelte sich bei den namentlich genannten und nach 1945 weiterhin einflussreichen Personen aber keineswegs nur um „Schreibtischtäter", also um Personen, die nur „eine leidenschaftslose, ‚sachliche', instrumentelle Tüchtigkeit" bewiesen und eine eher abstrakte Beziehung zu den ergriffenen Maßnahmen und den Opfern hatten.[17] Sie waren auch

---

[16]Vgl. Wolf, Eugenische Vernunft 2008, S. 467; Aly, „Aktion T 4" ²1989, S. 16 (Zitat); Nowak, Entwertung 2002, S. 13; Lifton, Ärzte 1989, S. 18; Welzer, Täter 2005, S. 30. Es ist zugleich wichtig darauf hinzuweisen, dass es auch Psychiater gab, die Massenmord und Reform nicht für kompatibel hielten. Der Täterkreis ist nicht mit dem gesamten Fach gleichzusetzen.

[17]Seibt, Schreibtischtäter, S. 29. Die Historiker Dirk van Laak und Dirk Rose haben „Schreibtischtäter" als im engeren Sinne „Bürokraten, die ohne innere Bewegung und von ihren Schreibtischen aus per Erlass den (Massen-)Mord anordnen und organisieren" charakterisiert. Sie hätten sich meist nur als „Rädchen im Getriebe" und als „Ausführende" gesehen. Van Laak/Rose, Vorwort 2018, S. 9. Vgl. auch: Rose, Schreibtischtäter 2018; van Laak, Schreibtischtäter 2018; Harms, Meldebogen und ihre Gutachter 2010, S. 270; O. A., Kreuzelschreiber 1961.

mehr als bloße „Kreuzelschreiber": nah am Tatgeschehen und damit Täter im eigentlichen Sinn des Wortes.

Die Gruppe der nach 1945 in den psychiatrischen Fachgesellschaften zunächst tonangebenden Persönlichkeiten war durchweg männlich und mehrheitlich deutschnational geprägt. Viele hatten den Ersten Weltkrieg bewusst miterlebt, einige sich nach der Kapitulation 1918 den Freikorps angeschlossen. Sie fassten die Niederlage im Ersten Weltkrieg als nationale Katastrophe auf und hofften in der Zwischenkriegszeit angesichts der scheinbar schwachen und im Inneren gespaltenen Nation auf ein Wiedererstarken Deutschlands durch eine energisch agierende Führung.[18] Nationalstolz, Pflichtgehorsam und die Hochschätzung soldatischer Tugenden waren unter ihnen weit verbreitet. 1933 verblieben sie entweder problemlos in ihren universitären Ämtern oder konnten nach der „Machtergreifung" sogar einen Karrieresprung machen. Sie befürworteten die eugenische Gesundheitspolitik und unterstützten sie in unterschiedlichem Ausmaß aktiv. Diejenigen, die Mitglieder der NSDAP wurden, traten – mit einer Ausnahme (Hans Bürger-Prinz (1933)) – erst nach der Aufhebung des Aufnahmestopps 1937 in die Partei ein. Vier der späteren Fachgesellschaftspräsidenten agierten während des Zweiten Weltkrieges als Beratende Psychiater eines Wehrkreises (Mauz, Panse, Villinger, Bürger-Prinz) – eine Tätigkeit, die auch nach 1945 als Ausweis von Expertise, von aufrechter nationaler Gesinnung ohnehin, galt. Am Tag der bedingungslosen Kapitulation waren diejenigen, die bis 1969 Präsidenten der psychiatrischen Fachgesellschaft werden sollten, zwischen 39 und 57 Jahre alt, der Großteil von ihnen war Mitte 40, Anfang 50.[19] Ihnen stand noch eine lange erfolgreiche Karriere bevor.

Durch das Kriegsende ergab sich für sie jedoch eine unsichere und uneindeutige Situation. Wie stark sich die gesellschaftlichen Rahmenbedingungen ändern würden, war für die Zeitgenossen kaum absehbar. In dieser Lage bemühten sich Expert/-innen in allen gesellschaftlichen Teilbereichen darum, ihre Positionen zu sichern und ihre Reputation zu retten. Die für die Zwangssterilisationen und die „Euthanasie" verantwortlichen Mediziner bildeten dabei keine Ausnahme. Dass es ihnen gelang, ihre beruflichen Karrieren relativ unbehelligt fortzusetzen, bedurfte einiger Anstrengungen. Denn zunächst sah es angesichts der beabsichtigten konsequenten Entnazifizierung der Alliierten nicht danach aus. Die Bedrohten ließen in dieser Situation besonders belastete Personen fallen, nutzten aber ansonsten ihr bisheriges soziales und kulturelles Kapital, um ihre Entlastungsstrategien abzustimmen und sich gegenseitig zu unterstützen. Dabei profitieren sie im Laufe der Zeit von einer vergangenheitspolitischen und strafrechtlichen

---

[18]Die Nationalkonservativen einten vor allem Ängste und Bedrohungsszenarien. Sie fürchteten „Amerikanisierung" und „Vermassung" und waren oftmals antisemitisch eingestellt. Ihr Hang zu ganzheitlichen Ansätzen vermischte sich zunehmend mit biologistischen und völkischen Argumenten. Zugleich betrachteten sie lange die Nazis als Sprachrohr des Pöbels. Es verwundert daher nicht, dass viele von ihnen erst 1937 in die NSDAP eintraten.

[19]Villinger (57), Kretschmer (56), Merguet (52), Zutt (52), Bürger-Prinz (47), Panse (46), Mauz (45), Kranz (44), Leonhard (41), Lemke (39).

Neubewertung und von veränderten Rahmenbedingungen im Zuge des aufziehenden Kalten Krieges. In allen vier Besatzungszonen blieben der entschlossene Elitenaustausch und die Bemühungen um rigorose strafrechtliche Ahndung der Medizinverbrechen auf einen kurzen Zeitraum beschränkt.

Zu den Folgen der „Fundamentalerfahrung" verlorener Kriege hat Wolfgang Schivelbusch das lesenswerte Buch *Die Kultur der Niederlage* geschrieben. Er bezieht sich darin zwar auf Beispiele aus der Zeit vor 1945, doch ist es durchaus anregend, seine Gedanken auch auf die Zeit nach dem Zweiten Weltkrieg anzuwenden, denn er hat sehr deutlich gezeigt, mit welcher Abwehr und welchen Umdeutungen die Selbstreflexion der Verlierer stets einherging. Die Suche nach Gründen für die Niederlage konnte zu tiefgreifenden Einsichten führen, meist jedoch widersetzten sich die Unterlegenen in einem Abwehrreflex – umso vehementer, je totaler die Niederlage empfunden wurde. Die „Verliererdepression" war oft nur von kurzer Dauer und schwang schnell „in eine eigentümliche Euphorie" um. Damit verbunden war eine tiefgreifende Umdeutung der jüngsten Vergangenheit. Aus Geschlagenen wurden Opfer, Schuldbekenntnisse blieben eine Seltenheit.[20]

Die unmittelbare Vergangenheit als Ausnahmezustand des fremdverschuldeten, ja sogar aufgezwungenen Krieges zu werten, war auch unter den Psychiatern üblich. Die Verbrechen der Nationalsozialisten erschienen ihnen als atavistischer Rückfall. Sie konstruierten den Nationalsozialismus „als Durchbruch einer im Menschen angelegten Destruktivität und blendete[n] seine politischen und ideologischen Entstehungszusammenhänge so weit aus, dass das Hitlerreich als radikaler Bruch mit den Traditionen deutscher Geschichte erschien".[21] Die von einflussreichen Akteuren wie Ernst Kretschmer immer wieder aufs Neue erzählte Geschichte von einer reinen universitären Wissenschaft und von wenigen verblendeten, ideologisierten Forschern half mit, die Psychiater auf die Opferseite zu bringen. Ohnehin war der Wunsch nach vorne zu blicken bei „Belasteten" wie „Unbelasteten" groß. Die Psychiater übten dabei die Pose des Unpolitischen ein, indem sie Leerformeln von Humanismus und christlich-abendländischer Tradition nutzten.

Vielen „T4"-Gutachtern und fast sämtlichen Beisitzern der Erbgesundheitsgerichte blieb eine Konfrontation mit ihren Taten erspart.[22] Nach Monaten, manchmal auch Jahren der Unsicherheit konnten sie ihre beruflichen Karrieren wieder fortsetzen. Netzwerke spielten hierbei eine entscheidende Rolle. Soziales Kapital war bei der erfolgreichen Ankunft im Nachkriegsdeutschland ausschlaggebend, zunächst in Form der

---

[20]Schivelbusch, Kultur der Niederlage 2001, S. 21, 23.

[21]Sabrow, NS-Vergangenheit in der geteilten deutschen Gesellschaft 2005, S. 135.

[22]Ingo Harms hat auf die große Bandbreite der Nachkriegslebensläufe der „T4"-Gutachter hingewiesen. Sie reichte von Suizid und Todesurteil über Haft bis zu völliger Straffreiheit und sogar sozialem Aufstieg. Harms, Meldebogen und ihre Gutachter 2010, S. 271.

direkten Entlastung, später als „Schweigekartelle". In der direkten Nachkriegszeit wurden die existierenden Netzwerke soweit wie möglich geschützt und zudem neue Netzwerke aufgebaut. In ihnen unterstützte man sich gegenseitig und stimmte die Verteidigungsstrategien aufeinander ab. Die persönlichen Schwierigkeiten in den ersten Besatzungsjahren führten bei den zukünftig einflussreichen Psychiatern nicht zu einem Schuldeingeständnis, sondern zu Selbstmitleid und zur Überzeugung, ein „Entnazifizierungsgeschädigter" zu sein. Man fühlte sich ungerecht behandelt. Dass keine Worte über die „Euthanasie"-Opfer und Zwangssterilisierten fielen oder das Schicksal der vertriebenen Kolleg/-innen thematisiert wurde, passt in dieses Bild.

Wer „das rettende Ufer der fünfziger Jahre" erreicht hatte, brauchte sich nicht mehr vor gravierenden strafrechtlichen Konsequenzen fürchten.[23] Von diesem historischen Moment aus betrachtet, war die Elitenkontinuität der deutschen Psychiatrie ausgesprochen hoch – und zwar nicht nur in der Bundesrepublik, sondern auch in der DDR. Von 1940 aus gesehen, war dies jedoch anders! An entscheidenden Stellen gelang der Elitenaustausch. Den politisch exponierten Psychiatern blieb nach 1945 die Rückkehr in die bürgerliche Normalität mehrheitlich verwehrt. Ihre Todesrate war – durch juristische Urteile, durch Suizid und durch natürliche Todesursachen bedingt – hoch. Auch aus dem Vorstand der GDNP fielen durch Suizide und juristische Prozesse belastete Personen weg. Andere – wie Ernst Rüdin – erlangten keinen Einfluss mehr auf die Geschicke der psychiatrischen Fachgesellschaften. Bei allen notwendigen Hinweisen auf die hohe Elitenkontinuität darf nicht vergessen werden: Einem eindeutig belasteten Personenkreis wurde die Unterstützung von jenen versagt, die nun ihre Stunde kommen sahen. In diesem historischen Moment wurden auch neue Abhängigkeiten – immer schon der Kitt von Netzwerken – geschaffen und Loyalitäten begründet oder verfestigt. Die gegenseitige Unterstützung in der Zusammenbruchgesellschaft ermöglichte langfristige stabile Netzwerke. In der deutschen Psychiatrie prägten diese die Geschichte der psychiatrischen Fachgesellschaften in den Nachkriegsjahren maßgeblich mit.

---

[23]Freimüller, Operation Volkskörper 2001, S. 51.

Stellung im Gesundheitswesen und Tätigkeitsschwerpunkte

In beiden deutschen Staaten war der Einfluss der psychiatrischen Fachgesellschaften auf ihr Fachgebiet, die Medizinalverwaltung sowie die Hochschul- und Gesundheitspolitik nicht nur abhängig von der Funktionstüchtigkeit der sich in ihr überschneidenden personellen Netzwerke. Auch strukturelle Faktoren des jeweiligen Gesundheitswesens beeinflussten die Handlungsspielräume der medizinischen Fachgesellschaften. Im Folgenden werden daher die Gesundheitssysteme in der DDR und der Bundesrepublik Deutschland kurz beschrieben und gezeigt, welche Aufgaben die psychiatrischen Fachgesellschaften jeweils übernahmen.[1] Hierzu werde ich wie folgt vorgehen: Ich beginne mit den allgemeinen Grundlagen der Betätigung medizinischer Fachgesellschaften im deutschen Gesundheitswesen. Da die langen Traditionslinien im deutschen Gesundheitswesen 1945 nicht einfach abbrachen, wird ein Panorama entfaltet, das zum Teil weit ins 19. Jahrhundert zurückreicht. In einem zweiten Schritt nehme ich die Versorgungslage in der Zusammenbruchgesellschaft und die gesundheitspolitischen Grundsatzentscheidungen der Besatzungsmächte in den Blick. Daraufhin werden drittens die Schritte der Auseinanderentwicklung der Versorgungssysteme im Gesundheitswesen der DDR und der Bundesrepublik skizziert.

---

[1]Hierfür muss das gesamte Gesundheitswesen in den Blick genommen werden, also nicht nur die stationäre, sondern auch die ambulante Versorgung. Denn auch wenn diese in der Psychiatrie beider deutscher Staaten im Untersuchungszeitraum lange Zeit keine beherrschende Rolle spielte, so wurden die grundsätzlichen standespolitischen Fragen der Mediziner meist an der Gruppe der frei praktizierenden Ärzte und nicht am Klinik- und Anstaltspersonal verhandelt.

© Der/die Herausgeber bzw. der/die Autor(en), exklusiv lizenziert durch Springer-Verlag GmbH, DE, ein Teil von Springer Nature 2021
S. Dörre, *Zwischen NS-„Euthanasie" und Reformaufbruch,*
https://doi.org/10.1007/978-3-662-60878-4_5

5.1   Die psychiatrischen Fachgesellschaften vor 1945

5.1.1   Medizinische Fachgesellschaften im deutschen Gesundheitswesen

Bei der Analyse des deutschen Sozialstaats und damit auch seiner Gesundheitsversorgung sind in der Literatur zwei Interpretationen vorherrschend. Vertreter der einen betonen die „hohe Strukturkontinuität" des Gesundheitswesens über die zahlreichen politischen Systemwechsel hinweg und verweisen auf lange und oftmals ungebrochene Traditionslinien zwischen der zweiten Hälfte des 19. Jahrhunderts und seiner heutigen Ausformung. Vertreter der anderen argumentieren, dass die Erfahrungen mit dem Gesundheitswesen in der Weimarer Republik einen Ideenpool bereitstellten, aus dem sich das so genannte Dritte Reich, die Bundesrepublik und die DDR in unterschiedlicher Weise bedienten.[2] Beide Perspektiven schließen einander nicht aus. Ihre jeweiligen Vertreter argumentieren vielmehr auf unterschiedlichen Ebenen – der strukturellen und der ideengeschichtlichen. Ihnen ist aber gemein, dass sie auf wirkmächtige Traditionen der Gesundheitssysteme hinweisen. Diese bestimmten weitgehend den Erfahrungshintergrund und die Problemwahrnehmung in den ersten Nachkriegsjahrzehnten und schlugen sich sowohl in der medizinischen Versorgungsstruktur nieder als auch in der Position der medizinisch-wissenschaftlichen Gesellschaften und der medizinischen Fachgesellschaften im jeweiligen gesundheitspolitischen Gefüge.

Es soll hier genügen, einen schlaglichtartigen Blick auf die Kontinuitäten und Brüche im Verhältnis der Mediziner zu den Krankenkassen als Kostenträger der Gesundheitsversorgung zu richten.[3] Ausgehend von der Gründung erster Ärztekammern war seit der zweiten Hälfte des 19. Jahrhunderts ein Trend zur verstärkten Professionalisierung und Organisationsbildung unter den Ärzten erkennbar.[4] Auch die an psychiatrischen Fragen interessierten Mediziner gründeten in dieser Phase erste – meist regionale – Zusammenschlüsse zum Zwecke des wissenschaftlichen Austauschs und zur Interessenvertretung.[5] Die Reichsgründung 1871 forcierte dann den Prozess zur Bildung überregionaler Bündnisse. So wurde beispielsweise schon 1873 der *Deutsche Ärztevereinsbund* als Dachorganisation aller ärztlichen Standesvereine in Deutschland gegründet. Mit ihm wollte man der Reichseinheitlichkeit der Gewerbeordnung ein ebenfalls reichsweit organisiertes

---

[2]Vgl. Alber, Gesundheitswesen 1992, S. 31 f.; Hockerts, Einführung 1998, S. 7.

[3]Vgl. Süß, Gesundheitspolitik 1998, S. 84.

[4]Dieser Prozess begann im Großherzogtum Baden 1864 und im Herzogtum Braunschweig 1865. Vgl. Jütte, Entwicklung 1997, S. 39 f. Zu den Grundzügen der ärztlichen Standespolitik vgl. Alber, Gesundheitswesen 1992, S. 31 f.; Gerst, Ärztliche Standesorganisation 2004, S. 12–18. Zur Professionalisierung der Ärzteschaft vgl. Huerkamp, Aufstieg der Ärzte 1985.

[5]Zur Frühgeschichte der Verbandsvertretungen und der Fachgesellschaften vgl. Jütte, Entwicklung 1997, insbesondere S. 23–27 sowie Schmuhl, GDNP 2016, S. 26 f.

Interessenvertretungsorgan zur Seite stellen.[6] Es war aber vor allem die Sozialgesetz-
gebung im Deutschen Kaiserreich, die die Verbandsbildung der Ärzte vorantrieb.
Sie legte ein zentrales Merkmal des deutschen Gesundheitswesens fest: Die starke
Stellung der gesetzlichen Krankenkassen als Verhandlungspartner der Ärzteschaft.
Das 1883 erlassene Krankenversicherungsgesetz übertrug den Kassenverwaltungen
die Verantwortung für die Sicherstellung der ambulanten Versorgung und begründete
die Prinzipien der Selbstverwaltung und Dezentralität der Versicherungsträger.[7] Das
bedeutete konkret: In der medizinischen Versorgung schlossen eine Vielzahl von Kassen-
vorständen – 1885 gab es beispielsweise 17.500 Krankenkassen[8] – Verträge mit den ortsansässigen Ärzten über den Umfang und die Honorierung ihrer Leistung. Alsbald kam
es jedoch zu einem Konzentrationsprozess bei den Kassen. Um eine gleichberechtigte
Verhandlungsposition zu gewinnen, wurden so auch auf ärztlicher Seite überregionale
Verbände benötigt. Dies führte im Jahr 1900 zur Gründung des *Verbands der Ärzte
Deutschlands zur Wahrung ihrer wirtschaftlichen Interessen (Hartmannbund).*[9] Konfliktfelder dieser Jahre waren vor allem die Arzthonorare, die Kassenzulassungen und die
freie Arztwahl der Patient/-innen. Die Ärzteschaft opponierte dabei insbesondere gegen
die Ausweitung des gesetzlichen Versicherungsschutzes auf immer größere Teile der
Bevölkerung, weil sie Einkommenseinbußen und Einschränkungen der Möglichkeiten
ihrer Berufsausübung befürchtete. Zudem kämpften die organisierten Ärzte gegen
„Laienbehandler" um ihr Behandlungsmonopol.[10]

An der Bedeutung dieser Konfliktfelder änderte sich im Grunde in den nachfolgenden
Jahrzehnten wenig. Auch in der Weimarer Republik ging es im Streit um die Festlegung

---

[6]§ 1 der Satzung hielt das Ziel fest, „die zerstreuten ärztlichen Vereine Deutschlands zu
gemeinsamer Betätigung der wissenschaftlichen und praktischen, auch sozialen Beziehungen des
ärztlichen Standes zu vereinigen". Vgl. Moser, Ärzte 2011, S. 24 f., Zitat aus der Satzung vom
17.09.1873, ebd., S. 25. Zur damaligen Vereinslandschaft in der medizinischen Standesvertretung
vgl. ebd., S. 23–31.

[7]Vgl. Schagen/Schleiermacher, Rahmenbedingungen 2001, S. 471. Das Krankenversicherungsgesetz führte einen Versicherungszwang für Arbeiter zum Zwecke freier ärztlicher Behandlung ein.
Es sah bei krankheitsbedingter Arbeitsunfähigkeit ein Krankengeld als Lohnersatzleistung vor.

[8]Vgl. Lindner, Gesundheitspolitik in der Nachkriegszeit 2004, S. 34. Zur Entwicklung der Kassen-
mitgliedschaften zwischen 1885 und 1911 vgl. Neuhaus, Arbeitskämpfe 1986, S. 256.

[9]Bewusst angelehnt an gewerkschaftliche Organisationsformen und Prinzipien sollte dieser als
Verhandlungspartner mit den Krankenkassen auch das Mittel der kollektiven Arbeitsniederlegung
zur Durchsetzung höherer Einkommen für die Ärzte nutzen. Die Ärztestreiks der Jahre 1920 und
1923 veranlassten aber auch einzelne Krankenkassen dazu, zur Sicherstellung der medizinischen
Versorgung eigene Ambulatorien zu errichten. Vgl. Süß, Gesundheitspolitik 1998, S. 85; Herold-
Schmidt, Ärztliche Interessenvertretung 1997, S. 50–52, S. 92–94; Alber, Gesundheitswesen 1992,
S. 32; Neuhaus, Arbeitskämpfe 1986; Wolff, Mehr als nur materielle Interessen 1997, S. 110–114.

[10]Vgl. Lindner, Gesundheitspolitik in der Nachkriegszeit 2004, S. 34; Moser, Ärzte 2011,
S. 33–42; Arndt, Gesundheitspolitik 2009, S. 32; Herold-Schmidt, Ärztliche Interessenvertretung
1997, S. 55–95; Tascher, „Gleichschaltung" 2016, S. 20.

des Rechtsverhältnisses zwischen der niedergelassenen Ärzteschaft und den Kranken-kassen vor allem um die Zulassungsbedingungen zur Kassenpraxis und die Höhe der ärztlichen Vergütung. Dabei konnten die Ärzte viele Forderungen durchsetzen, auch mit Mitteln des Streiks. Dies betraf etwa wachsende Mitspracherechte bei der Zulassung von Praxen und die Umwandlung von Individual- in Kollektivverträge. Entscheidender Wendepunkt in dieser Konfliktgeschichte war das Jahr 1931. Nun, auf dem Höhepunkt der Weltwirtschaftskrise, wurden den niedergelassenen Ärzten im Tausch gegen Ein-kommensverzichte weitgehende Selbstverwaltungsrechte zugestanden. Die eigentlich zur Kostendämpfung gedachte Maßnahme der Regierung führte zu einer Neugestaltung des Verhältnisses von Ärzten und Krankenkassen. Vor allem wurde der Sicherstellungs-auftrag für die ambulante Versorgung den neu gegründeten, regional gegliederten *Kassenärztlichen Vereinigungen* übertragen. Diese, organisiert als staatlich privilegierte Zwangsorganisationen, waren fortan für die Verteilung der ärztlichen Honorarsummen verantwortlich. Resultat dieser Entwicklung war aber zugleich, dass sich die Ärzte und ihre Interessenvertreter aufgrund ihres Statusdenkens, gepaart mit zunehmenden Abstiegsängsten infolge realer Einkommensverluste in der ökonomischen Depression, politisch nach rechts orientierten. Die „ohnehin mehrheitlich konservative Ärzteschaft" radikalisierte sich in der Endphase der Weimarer Republik.[11]

Die „Machtergreifung" der Nationalsozialisten veränderte das Gesundheitswesen durch drei zeitlich parallel ablaufende und sich inhaltlich überschneidende Prozesse: Die Ausrichtung sämtlicher Organisationen nach dem „Führerprinzip", ihre „Gleich-schaltung" entsprechend der ideologischen Grundprämissen des neuen Staates und die „Zentralisation" von Befugnissen. Unter Federführung des *Nationalsozialistischen Deutschen Ärztebunds* (NSDÄB) wurden nun das Gesundheitswesen und die wissen-schaftlichen Institutionen in der Medizin neu geordnet. Die Ärzte in den Standes-organisationen wählten politisch loyale „Führer". Sie „schalteten" sich „gleich" und wurden so zu „öffentlich-rechtlichen Kontroll-, Überwachungs- und Disziplinierungs-strukturen des NS-Staates".[12] Mit der am 2. August 1933 erfolgten Gründung der *Kassenärztlichen Vereinigung Deutschlands* entstand ein für die Vertretung ärztlicher Interessen gegenüber den Krankenkassen allein zuständiges Gremium. Dieses wurde 1935 in die *Reichsärztekammer* eingegliedert, der nun die Honorierung der ärztlichen Leistungen oblag. Durch die Reichsärzteordnung (RÄO), die zum 1. Januar 1936 in Kraft trat, wurden die freien Ärzteverbände aufgelöst. Als Gegenleistung für ihren Ver-zicht auf das Streikrecht, erhielt die Ärzteschaft die volle Standesgerichtsbarkeit und das Honorarverteilungsmonopol. Auch die Auflösung der Kassenambulatorien wurde

---

[11]Vgl. Süß, Gesundheitspolitik 1998, S. 85; Wolff, Interessen 1997, S. 130, Zitat ebd.

[12]Vgl. Tascher, „Gleichschaltung" 2016, S. 21–23, Zitat S. 22; Rüther, Ärztliches Standeswesen 1997, S. 164 f.

damit erreicht.[13] Das waren keineswegs nur ungewollte Eingriffe in die ärztliche Autonomie. Für die Herauslösung der Ärzte aus der Gewerbeordnung, die Errichtung einer
Reichsärztekammer als alleiniger Standesorganisation und damit als zentraler Instanz
berufsständischer Gerichtsbarkeit sowie für die Abschaffung der Kurierfreiheit hatte die
Ärzteschaft schon seit längerem gekämpft. Im Grunde wurden Mitte der 1930er Jahre
diejenigen Grundsätze verwirklicht, die der Ärztetag von 1926 verabschiedet hatte.
Zudem – und auch das erhöhte die Akzeptanz der Umstrukturierung im Gesundheits-
wesen unter den Medizinern – war die Neuordnung der ärztlichen Standesvertretung
nicht mit einem Personalwechsel in den Führungspositionen der Verbände verbunden.[14]
    Der Soziologe Jens Alber hat das Programm der Nationalsozialisten für die ärzt-
lichen Standesorganisationen auf drei charakteristische Merkmale heruntergebrochen:
„Zerschlagung der Selbstverwaltung der Krankenkassen, Ausschaltung jüdischer
Ärzte und Neugestaltung der Beziehung zwischen Ärzten und Kassen zugunsten der
Ärzte".[15] Bei allen drei Punkten gab es eine hohe Interessenkompatibilität zwischen
den „deutschen" Ärzten und den neuen Machthabern. Das Bestreben der Nationalsozialisten, die in den Kassenverwaltungen dominierenden Sozialdemokraten auszuschalten, kam den ärztlichen Interessenvertretern durchaus gelegen. Zudem passte es
vielen („deutschen") Ärzten angesichts des damaligen Eindrucks einer „Mediziner-
schwemme", dass „Juden"[16], die einen erheblichen Teil der Kassenärzte stellten, aus
ihren Positionen verdrängt werden sollten.[17] Insgesamt, so der Historiker Winfried Süß,
habe sich auf diese Weise das zuvor „distanzierte Verhältnis" zwischen Ärzteschaft und
staatlichen Institutionen in „ein enges Bindungsverhältnis zu den neuen Machthabern"
umgewandelt. Für diese grundsätzliche Übereinstimmung in den Zielen sind die hohen
Mitgliederzahlen der Ärzte in nationalsozialistischen Organisationen ein weiterer Beleg.
Zusammenfassend lässt sich festhalten, dass nach der Machtübernahme der Nationalsozialisten ein „scheinkorporatistisch reguliertes Gesundheitssystem" etabliert wurde,

---

[13]Vgl. Tascher, „Gleichschaltung" 2016, S. 22 f.; Wasem u. a., Gesundheitswesen und Sicherung
2001, S. 477. Zur RÄO vgl. Rüther, Ärztliches Standeswesen 1997, S. 173–175.

[14]Vgl. Wasem u. a., Gesundheitswesen und Sicherung 2001, S. 477 f.; Alber, Gesundheitswesen
1992, S. 40. In den wichtigsten Gremien der Kassenärztlichen Vereinigung dominierten beispielsweise seit 1934 die Mitglieder der Geschäftsführung des Hartmannbundes. Vgl. Wasem u. a.,
Gesundheitswesen und Sicherung 2001, S. 477.

[15]Alber, Gesundheitswesen 1992, S. 37. Zu den einzelnen Punkten vgl. ebd., S. 38–40.

[16]„Jüdisch" war dabei eine Zuschreibung nach religiösen und vor allem nach scheinbar rassischen
Kriterien. Viele der Betroffenen selbst identifizierten sich mit diesen Zuschreibungen nicht. Weil es
sich damit um eine nationalsozialistische Kategorie handelt, wird sie hier zunächst in Anführungs-
strichen gesetzt. Dies wird zwar im weiteren Verlauf der Arbeit aus Lesbarkeitsgründen nicht mehr
weiter geschehen, das ist jedoch nicht als eine kritiklose Übernahme zeitgenössischer Differenz-
kategorien zu verstehen. Zur systematischen Ausgrenzung und Vertreibung jüdischer Mediziner
vgl. Ruzicka, Medizin in totalitären Systemen 2001, S. 24–29.

[17]Zur „Überfüllungskrise" in der Weimarer Republik vgl. die Zahlen und Ausführungen in: Wolff,
Interessen 1997, S. 124–130.

in dem freiberuflich praktizierende Ärzte den ambulanten Sektor dominierten, deren Handeln aber „eng an staatliche Vorgaben gebunden" war. Die „nationalsozialistisch penetrierten Standesorganisationen" wirkten dabei zugleich als „Vertreter beruflicher Sonderinteressen (…) wie als Instrumente professionsinterner Disziplinierung".[18]

5.1.2   Interessenvertretungen der Psychiater vor 1945

Die nervenheilkundlich tätigen Ärzte hatten bereits Mitte des 19. Jahrhunderts eigene wissenschaftliche Gesellschaften zum innerfachlichen Austausch gegründet. Deren Jahrestagungen waren wichtige Diskussionsforen für grundlegende theoretische und methodische Fragen. Sie prägten den Weg der Psychiatrie in den nachfolgenden Jahrzehnten hin zu einer eigenständigen medizinischen Teildisziplin und zu einer empirischen Wissenschaft.[19] Die zentrale wissenschaftliche Fachgesellschaft, der *Deutsche Verein der Irrenärzte*, der 1903 in *Deutscher Verein für Psychiatrie* umbenannt wurde, bezog zudem Stellung bei öffentlicher Kritik an der Anstaltspraxis, begleitete die Phase des rasanten Ausbaus des Anstaltswesen, machte sich für die Einrichtung neuer und den Ausbau bestehender psychiatrischer Lehrstühle stark und forcierte die Gründung psychiatrischer Forschungseinrichtungen.[20] Darüber hinaus formulierte diese Fachgesellschaft im beginnenden 20. Jahrhundert den Anspruch der Psychiater auf Deutungshoheit bei sozialpolitischen Problemstellungen. Ein Anspruch, der den im Grunde bescheidenden Behandlungserfolgen der damaligen Zeit zum Trotz, auch von Staat und Gesellschaft immer häufiger anerkannt wurde. Als während der Weimarer Republik Gesundheit immer stärker als öffentliches Gut gedeutet wurde, und nicht mehr nur als individuelles, wertete das den sozialen Status der Psychiatrie weiter auf und verlieh ihren Ambitionen „in Richtung auf ein umfassendes *social engineering*" Auftrieb.[21] Die Diskussionen in den psychiatrischen Fachgesellschaften waren in den 1920er Jahren durch das Gefühl eines „therapeutischen Aufbruchs" geprägt.[22] Vielfach und lautstark wurden neue Therapiemöglichkeiten beschworen. Auf den Tagungen des *Deutschen Vereins für Psychiatrie* zeigte sich die hohe Zahl an unterschiedlichen therapeutischen Ansätzen. In den Vorträgen wurde die Bedeutung des sozialen Faktors bei der Entstehung und Ausprägung psychischer Erkrankungen ebenso hervorgehoben wie erbbiologische Einflüsse.

---

[18]Süß, Gesundheitspolitik 1998, S. 86.

[19]Vgl. Schmuhl, GDNP 2016, S. 27.

[20]Vgl. ebd., S. 28 f. Zur Geschichte der Anstaltskritik und zum Ausbau des Anstaltswesens zwischen 1850 und 1923 vgl. Brink, Grenzen der Anstalt 2010, S. 36–204. Zur Umbenennung vgl. ebd., S. 194 f.

[21]Vgl. Labisch, Herrschaftssystem und Medizin 2001, S. 59; Zitat aus: Schmuhl, GDNP 2016, S. 37.

[22]Vgl. Schmuhl, GDNP 2016, S. 37 f., Zitat S. 37.

Auch psychoanalytische Ansätze fanden Gehör. Als sich in der Weltwirtschaftskrise die sozialpolitischen Verteilungsspielräume drastisch verengten und in den psychiatrischen Anstalten eine rigide Sparpolitik eingeführt wurde, wurde auch dies von der Fachgesellschaft thematisiert.[23]

Die Situation der psychiatrischen und neurologischen Fachgesellschaften am Ende der Weimarer Republik und im Nationalsozialismus ist durch die Studie von Hans-Walter Schmuhl, dem Vorläuferprojekt zur vorliegenden Arbeit, ausführlich analysiert worden. Sie ist Teil der Erforschung der Medizin im Nationalsozialismus und einem jüngst boomenden Forschungsfeld zur Geschichte der verschiedenen medizinischen Fachgesellschaften unter der NS-Diktatur. Gezeigt haben diese Arbeiten das unterschiedliche Ausmaß der „Verstrickungen" in die nationalsozialistischen Medizinverbrechen und den Umfang der Ausgrenzung und Vertreibung ausländischer, andersgläubiger und politisch unangepasster Personen.[24] Teildisziplinen, die sich erst kürzlich aus anderen medizinischen Bereichen ausdifferenziert oder die ein geringes Sozialprestige genossen hatten, waren davon besonders betroffen. Mit Blick auf die Urologie, die Pädiatrie und die Dermatologie wurde beispielsweise festgestellt, dass die Zahl der Ausgeschlossenen, Geflohenen und Emigrierten dort besonders hoch war. Hier hatten nämlich zuvor jüdische Ärzte erheblichen Anteil an der Etablierung der Fachdisziplinen und ihrer entsprechenden Fachgesellschaften. Zugleich zeigen sich aber auch spezifische Pfade in die „(Selbst-)Gleichschaltung". In allen Fachgesellschaft bildeten sich Gruppen, die aufgrund vielfältiger Motivlagen ein Interesse daran hatten, sich in das NS-Regime zu integrieren.[25]

Für die Fachgesellschaften im Bereich der Nervenheilkunde können für die Jahre bis zum Zweiten Weltkrieg – neben der bereits beschriebenen Ausrichtung auf die Erbgesundheitspolitik – zwei zentrale Prozesse ausgemacht werden: Erstens der organisatorische Zusammenschluss der bisher aufgesplitterten Fachgesellschaften, zweitens der Ausschluss jüdischer und politisch unliebsamer Ärzte. Zum ersten Punkt:

---

[23]Zur Sparpolitik und zur Reaktion des *Deutschen Vereins für Psychiatrie* vgl. Schmuhl, GDNP 2016, S. 38–42. Zur „Ökonomisierung der Irrenfürsorge in den Krisenjahren der Weimarer Republik" vgl. das gleichlautende Kapitel in: Brink, Grenzen der Anstalt 2010, S. 205–269.

[24]Vgl. Groß/Fangerau/Thamer, Medizin und Nationalsozialismus 2009; Eppinger, Schicksal der jüdischen Dermatologen 2001; Seidler, Jüdische Kinderärzte 2007; Rohrbach, Augenheilkunde im Nationalsozialismus 2007; ders., Die Deutsche Ophthalmologische Gesellschaft (DOG) im Nationalsozialismus 2006; Krischel u. a., Urologen im Nationalsozialismus 2011; Rauh/Leven, Arbeitsmedizin im Nationalsozialismus 2013; Eisenberg/Collmann, Neurochirurgen im Nationalsozialismus 2016; Moser, Radiology in the Nazi Era 2014; Forsbach/Hofer, Deutsche Gesellschaft für Innere Medizin in der NS-Zeit 2015; Hinz-Wessels/Beddies, Pädiatrie nach 1945 2016, Groß u. a., Zahnärzte 2018.

[25]Vgl. Krischel/Schmidt/Groß, Medizinische Fachgesellschaften im Nationalsozialismus 2016, S. 10. Zum Ausmaß der Vertreibung in den einzelnen Fachrichtungen vgl. Jütte, Vertreibung 2011, S. 87 f.

Das für die Organisationsgeschichte der psychiatrischen, psychotherapeutischen und neurologischen Fachgesellschaften wichtigste Ereignis war die Gründungsversammlung der *Gesellschaft Deutscher Neurologen und Psychiater* (GDNP) im September 1935. Auf dieser Tagung wurden die bis dahin eigenständigen Vereine *Gesellschaft Deutscher Nervenärzte, Deutscher Verein für Psychiatrie* und *Deutscher Verband für psychische Hygiene,* die zum Teil über eine sich überschneidende Mitgliederschaft verfügten, organisatorisch zu einer einzigen Fachgesellschaft zusammengeführt.[26] Die neue Gesellschaft bündelte damit die Interessen der Psychiatrie, der Neurologie, der psychischen Hygiene und der Rassenhygiene. Den Psychiatern in der GDNP schien dadurch, so Hans-Walter Schmuhl, der „Traum der Weimarer Reformpsychiatrie, das eigene Fach zu einer gesellschaftlichen Leitwissenschaft zur Steuerung sozialer und biologischer Entwicklungen auszubauen, konkrete Gestalt anzunehmen".[27] Dieses Ergebnis war aber nicht, auch darauf verweist Schmuhl, Folge einer zielstrebigen Umsetzung eines zuvor gefassten Plans. Vielmehr hatten situationsbedingte Interessenkoalitionen und Strategien ein erhebliches Gewicht. Dadurch erfolgte die „Gleichschaltung", die keineswegs „von oben" erzwungen wurde, in nacheinander ablaufenden, unterbrochenen Phasen mit sich „überstürzende[n] Ereignissen" und mancher „*ad hoc*-Entscheidung".[28] Zum zweiten Punkt, den Ausschlüssen von Mitgliedern: Die endgültige Entfernung von „nicht-arischen" Ärzten im Allgemeinen und jüdischen Ärzten im Besonderen aus der Mitgliederkartei erfolgte in der GDNP nicht unverzüglich.[29] Die Führung der neurologisch-psychiatrischen Fachgesellschaft ging anfänglich pragmatisch mit ihren

---

[26]Vgl. Schmuhl, GDNP 2016, S. 23–132; Pantel, Neurologie, Psychiatrie und Innere Medizin 1995, S. 94 f.

[27]Schmuhl, Psychiatrie und Politik 2013, S. 143. So waren fast alle Fachgesellschaften auf dem Feld der Nervenheilkunde in die GDNP aufgegangen. Daneben bestanden jedoch weiterhin zahlreiche regionale psychiatrisch-neurologische Gesellschaften, die eigene Tagungen abhielten. Nur die *Allgemeine Ärztliche Gesellschaft für Psychotherapie* ging in diesem Prozess nicht in der GDNP auf. Das Bestreben der GDNP, die psychotherapeutische Fachgesellschaft aufzuspalten und zumindest die ärztlichen Psychotherapeuten in die *Gesellschaft Deutscher Neurologen und Psychiater* zu integrieren, missglückte. Stattdessen schloss sich die *Allgemeine Ärztliche Gesellschaft für Psychotherapie* im Jahr 1935 einer neuen Dachorganisation, der *Neuen Deutschen Heilkunde,* an und grenzte sich so von der GDNP ab. Erst Ende der 1930er Jahre lässt sich von einer „friedlichen Koexistenz" beider Fachgesellschaften sprechen. Eine eigentliche organisatorische Verbindung blieb bis 1945 dennoch aus. Vgl. Roelcke, Verwissenschaftlichungen 2008, S. 134–137; Schmuhl, GDNP 2016, S. 72–77, 153–155, 164–167, 267 f. (Zitat ebd.); Bothe, Neue Deutsche Heilkunde 1991. Zum Umgang mit der 1940 gegründeten *Deutschen Gesellschaft für Kinderpsychiatrie und Heilpädagogik* vgl. Schmuhl, Psychiatrie und Politik 2013, S. 150–152; Hänsel, DKPH im Nationalsozialismus 2017 ; Schmuhl, GDNP 2016, S. 267, 153–155.

[28]Vgl. Schmuhl, GDNP 2016, S. 131, Zitate ebd.

[29]Zur Emigration von Psychiater/-innen vgl. Zalashik/Davidovitch, Professional Identity Across the Borders 2009; Weindling, Alien Psychiatrists 2010.

jüdischen Mitgliedern um. Einerseits gab es in der Satzung von 1935 einen „Arierpara-graphen", anderseits wurden die bestehenden Mitgliedschaften jüdischer Ärzte ein-fach weitergeführt. Allerdings versuchte man, öffentliche Auftritte von Zugehörigen der betreffenden Gruppe auf den Jahresversammlungen zu verhindern und behielt man sich bei Neuanträgen auf Mitgliedschaft das Recht vor, Einzelfallentscheidungen zu treffen. Diese Haltung änderte sich im Herbst 1938: Als den jüdischen Ärzten reichsweit das Approbationsrecht entzogen wurde, erfolgte auch der formale Ausschluss aus der GDNP.[30]

Mit Beginn des Krieges kam die Tätigkeit der GDNP schließlich fast vollständig zum Erliegen. Die internen Ausschüsse tagten nicht weiter, es fanden keine Jahresver-anstaltungen mehr statt und für das Funktionieren der Gesellschaft wichtige Mitglieder wurden zur Wehrmacht eingezogen. Damit existierte die GDNP als Organisation seit Ende 1939 letztlich nur noch auf dem Papier.[31]

5.2 Das Gesundheitswesen zwischen Restauration und Reform

5.2.1 Die Ausgangslage 1945

Die utopische Phase der Psychiatrie[32], die auf der Vision des Faches als zukünftig zentrale Leitwissenschaft des Sozialen aufbaute, kumulierte im Mord von mehr als 200.000 Menschen und der Unfruchtbarmachung von bis zu 400.000 Menschen. Zahl-reiche ehemalige Heil- und Pflegeanstalten waren während des Krieges zu Mordanstalten geworden, die Psychiater hatten das theoretische und methodische Instrumentarium geliefert und sich an Selektionen und Tötungen beteiligt. Das war allgemein bekannt und die Psychiatrie nach dem Zweiten Weltkrieg als Wissenschaft und Praxis deswegen „zutiefst kompromittiert".[33] Zudem war die Infrastruktur der psychiatrischen Versorgung weithin zerstört. Seit der rigorosen Sparpolitik in der Zeit der Weltwirtschaftskrise war kaum noch in die Anstalten investiert worden. Oft befanden sich die Gebäude und auch deren Innenausstattung in einem desaströsen Zustand. Luftkrieg, Umnutzungen und

---

[30]Vgl. Schmuhl, GDNP 2016, S. 267. Vgl. auch Zalashik, Das unselige Erbe 2012.

[31]Vgl. Schmuhl, GDNP 2016, S. 279 f., 392.

[32]Volker Roelcke spricht hiervon unter Bezugnahme auf Klaus Dörners Formulierung von der „Utopie (...) der Endlösung der sozialen Frage". Selbstverständlich ist damit die Wahrnehmung der Zeitgenossen gemeint und keine heutige Kennzeichnung als wünschenswerte Zukunft beabsichtigt. Vgl. Roelcke, Verwissenschaftlichungen 2008, S. 137.

[33]Schmuhl, Psychiatrie und Politik 2013, S. 157. Vgl. Walter, Biologistisches Denken 1998, S. 177; Brink, Grenzen der Anstalt 2010, S. 360 f.

Überbelegung hatten ihr Übriges getan.[34] Selbst dort, wo die Versorgungsinfrastrukturen intakt geblieben waren, wurden diese kaum noch therapeutisch genutzt. Zudem fehlte es an Gütern des alltäglichen Bedarfs. Folglich endete das „Hungersterben" in den Anstalten nicht zusammen mit den militärischen Kampfhandlungen. Unterversorgte Patient/-innen und zum Teil hohe Mortalitätsraten prägten weiterhin das Bild. Dieser Zustand wurde im Allgemeinen von den Anstaltsdirektoren einfach hingenommen.[35] Zudem waren in den Einrichtungen nun vielfach Personen untergebracht, die keinerlei psychiatrische Versorgung benötigten: Ehemalige Zwangsarbeiter und Kriegsgefangene, Obdachlose, verwundete Soldaten, körperlich Kranke und Alte. Die Anstalten – dies war eine zentrale Aufgabe in der Nachkriegszeit – mussten erst einmal wieder „entmischt", also auf psychisch Kranke ausgerichtet werden. Dieser Prozess zog sich bis in die 1950er Jahre hinein. Die Situation der psychiatrischen Anstalten und die Lebensbedingungen derjenigen Psychiatriepatient/-innen, die überlebt hatten, waren dabei stark von lokalen Faktoren abhängig und variierten folglich von Ort zu Ort in teilweise erheblichem Maß.[36]

Bei der Umgestaltung des deutschen Gesundheitswesens nach 1945 spielten die Probleme in den psychiatrischen Einrichtungen jedoch nur eine untergeordnete Rolle. Daher ist es an dieser Stelle notwendig, den Blick auf die gesamte Gesundheitsversorgung in der sogenannten Zusammenbruchgesellschaft zu weiten. Denn es waren die allgemeinen gesundheitlichen und seuchenspezifischen Versorgungsprobleme der direkten Nachkriegszeit, die die Problemwahrnehmung der Funktionseliten in den Gesundheitssystemen prägten und die die in dieser Zeit getroffenen Strukturentscheidungen bedingten.

In seiner Gesamtdarstellung zur jüngeren deutschen Geschichte spricht der Historiker Ulrich Herbert vom damaligen Eindruck einer allgemeinen „Verelendung in Trümmern", mit Hunger, Kälte, Erschöpfung, Desorientierung, Verzweiflung, Schocks, Traumata und Zukunftsängsten. Die Ernährungslage, gemessen an der täglich zur Verfügung stehenden Ration an Kalorien, war schlecht.[37] Bei Einmarsch der Alliierten – je nach Region zwischen dem 21. Oktober 1944 (Aachen) und dem offiziellen Kriegsende am 8. Mai 1945 – war die medizinische Infrastruktur in den Städten erheblich zerstört. Es gab

---

[34]Vgl. Brink, Grenzen der Anstalt 2010, S. 363 f.

[35]Vgl. Faulstich, Hungersterben 1998, S. 661–717; Faulstich, Anstaltspsychiatrie unter den Bedingungen der „Zusammenbruchgesellschaft" 2003. Vgl. auch Brink, Grenzen der Anstalt 2010, S. 362 f. sowie beispielhaft für Hadamar: Lilienthal, Hadamar nach dem Krankenmord 2013. Zur Personalsituation in den Anstalten vgl. Hanrath, Anstaltspsychiatrie 2002, S. 240–243.

[36]Vgl. Hanrath, Anstaltspsychiatrie 2002, S. 240; Brink, Grenzen der Anstalt 2010, S. 360–364.

[37]Vgl. Herbert, Geschichte Deutschlands 2014, S. 550, Zitat ebd. Hierzu vgl. auch Reinisch, Perils of Peace 2013, S. 151–299; Wasem u. a., Gesundheitswesen und Sicherung 2001, S. 464; Moll/Rathert, Neuordnung des Gesundheitswesens 2015, S. 36–38. Thomas Gerst hat allerdings darauf hingewiesen, dass der allgemeine Gesundheitszustand der deutschen Bevölkerung, für die Alliierten durchaus überraschend, gut war. Vgl. Gerst, Ärztliche Standesorganisation 2004, S. 19.

gravierende Versorgungsengpässe, die hygienische Situation war problematisch. Eine große Zahl an Flüchtlingen und *Displaced Persons* prägten die Stadtbilder. Der noch zur Verfügung stehende Wohnraum war überbelegt, die Verkehrsinfrastruktur zerstört. Die Säuglingssterblichkeit war hoch, es gab viele Kranke und Verletzte, es mangelte im Gesundheitswesen an Verbrauchsmaterialien wie Verbandszeug, Sterilisationslösungen und Impfstoffen. Zudem war eine Großzahl der Krankenhausbetten nicht mehr nutzbar. Zahlreiche Einrichtungen der Krankenversorgung – insbesondere in den Ballungsgebieten – waren stark zerstört und fremdbelegt.[38] In der Folge konnte die notwendige medizinische Versorgung nicht sichergestellt werden, Erscheinungen von Unterernährung nahmen zu und Infektionskrankheiten breiteten sich aus. In allen vier Besatzungszonen musste daher zunächst die medizinische Grundversorgung der Bevölkerung gesichert werden, um die Seuchengefahr zu verringern und die bereits ausgebrochenen Seuchen und grassierenden Infektionskrankheiten (Typhus, Fleckfieber, Ruhr, Syphilis) und Krankheiten wie die Tbc wirksam zu bekämpfen. Die gesundheitspolitische Situation war anfänglich überall durch eine ähnliche Problemlage geprägt. Vorrangig ging es um den Wiederaufbau – insbesondere der städtischen – Gesundheitsversorgung und die Eindämmung akuter Gesundheitsgefahren.[39] Die ersten Nachkriegsjahre waren eine Phase der gesundheitspolitischen Mangelverwaltung. In dieser Situation kam der Ärzteschaft bei der Versorgungssicherung eine „herausragende und zentrale Bedeutung" zu.[40]

5.2.2 Die gesundheitspolitischen Absichten der Alliierten

Nach dem Ende des Zweiten Weltkriegs übernahmen die vier Besatzungsmächte in Deutschland die zentralen staatlichen Verwaltungsaufgaben. Dass dem Gesundheitswesen in der alliierten Deutschlandpolitik eine hohe Priorität zukam, war zunächst darauf zurückzuführen, dass die Alliierten ein großes Interesse am Gesundheitszustand der eigenen Besatzungstruppen hatten.[41] Wie Dagmar Ellerbrock für die amerikanische Besatzungszone gezeigt hat, konnte die Gesundheitspolitik andererseits auch ein elementarer Bestandteil des Versuchs sein, eine demokratische Gesellschaft zu errichten. So widmeten sich die Besatzungsmächte dem Feld der Gesundheitspolitik nicht nur

---

[38]Vgl. Makoski, Kirchliche Krankenhäuser und staatliche Finanzierung 2010, S. 57–59.

[39]Vgl. Frerich/Frey, Geschichte der Sozialpolitik 1993, S. 28; Müller, Ärzteschaft 1997, S. 247.

[40]Wasem u. a., Gesundheitswesen und Sicherung 2001, S. 465.

[41]Für die britische Besatzungszone vgl. Sons, Gesundheitspolitik 1983, S. 120–133, für die amerikanische Besatzungszone vgl. Ellerbrock, Healing Democracy 2004. Zum Saarland vgl. Tascher, „Gleichschaltung" 2016, S. 24–30. Die für die Besatzung wichtige Rolle des Gesundheitswesens war den Alliierten schon vor ihrem Einmarsch bewusst. Die alliierten Streitkräfte sammelten daher schon vor der Besetzung Deutschlands Informationen über das deutsche Gesundheitswesen. Hierzu vgl. Gerst, Ärztliche Standesorganisation 2004, S. 19.

unter dem Gesichtspunkt der Sicherstellung grundlegender medizinischer Versorgung. Sie verfolgten auch dezidiert politische Absichten.[42] Es war jedoch angesichts der oben beschriebenen Versorgungslage für keine der vier Besatzungsmächte ratsam, zu schnell und zu grundlegend in das bestehende Gesundheitssystem einzugreifen. Gerade weil es notwendig war, die unmittelbar aus dem Krieg resultierenden Probleme zu bewältigen, wurden die bisherigen Strukturen vorerst weiter genutzt oder gar wiederbelebt. Radikale Neuansätze hatten kaum Aussicht darauf, bald umgesetzt zu werden.[43]

Dennoch kam es unter alliierter Besatzung durchaus zu Veränderungen im Gesundheitswesen. Hier flossen unterschiedliche deutsche Traditionen ebenso ein wie die Erfahrungen der Alliierten mit der Gesundheitspolitik im jeweils eigenen Land. In den drei westlichen Besatzungszonen einerseits und in der sowjetischen Besatzungszone andererseits wurden eigene Entwicklungspfade beschritten und bereits in dieser frühen Phase die strukturellen Bedingungen geschaffen, die das sozialstaatliche Gesicht der beiden später neu entstehenden deutschen Staaten fortan prägen sollten. Schon an der unterschiedlichen Stellung der ärztlichen Standes- und Interessenvertretung war das zu erkennen. Während diese in den westlichen Besatzungszonen schnell wieder an Einfluss gewannen, wurde die ärztliche Selbstverwaltung in der SBZ erheblich eingeschränkt.[44]

Blicken wir zunächst auf die westlichen Besatzungszonen. Von zentraler Bedeutung war dort, dass insbesondere die US-amerikanischen und die britischen „Besatzer" eine starke Zentralisierung ablehnten und stattdessen föderalistische Strukturen bevorzugten.[45] Zwar war 1946/1947 vom *Alliierten Kontrollrat* ein Entwurf zur Neuordnung der Sozialversicherung verfasst worden, der eine am britischen Modell orientierte Einheitsversicherung vorsah und der in der sozialdemokratischen Partei und bei den Gewerkschaften einflussreiche Befürworter fand. Es regte sich aber vor allem in konservativen und liberalen Kreisen erheblicher Widerstand. Diese wollten an der Sozialversicherung „als eine der wenigen deutschen Errungenschaften (...), auf die man stolz sein könne" festhalten. Die Interessenvertretung der Ärzteschaft lehnte eine Einheitsversicherung ab und befürwortete den Kassenpluralismus, das Nebeneinander von gesetzlichen und privaten Krankenkassen sowie die ambulante Versorgung durch freiberuflich tätige Ärzte. Auch aufgrund der wachsenden Spannungen unter den Alliierten

---

[42]Vgl. Ellerbrock, Gesundheitspolitik 2002, S. 326 f., 333 f.

[43]Vgl. Gerst, Ärztliche Standesorganisation 2004, S. 20; Lindner, Gesundheitspolitik in der Nachkriegszeit 2004, S. 36.

[44]Insbesondere das Verhältnis von kommunaler zu staatlicher Verantwortung sowie die Beziehungen der „freien" Ärzteschaft zur gesetzlichen Krankenversicherung haben dabei zur Disposition gestanden. Vgl. Wasem u. a., Gesundheitswesen und Sicherung 2001, S. 465. Zur Tradition der Besatzungsmächte im Umgang mit der korporativen Selbstverwaltung der freien Berufe vgl. Ernst, Prophylaxe 1997, S. 78 f.

[45]Zu den Grundkonzepten der gesundheitspolitischen Vorstellungen der Westalliierten vgl. Wasem u. a., Gesundheitswesen und Sicherung 2001, S. 480–487.

wurde in den westlichen Besatzungszonen daher letztlich die traditionelle Struktur der Sozialversicherung beibehalten.[46]

Das kam der „freien" Ärzteschaft zugute. Auch wenn sich deren Meinungsbildung nach Kriegsende zunächst nur auf regionaler Ebene organisieren konnte, gelang es den Ärzten doch erstaunlich zügig, die Regelungen und Strukturen von 1931 weitgehend wiederherzustellen. Gestützt auf eine Interessenskongruenz mit den Besatzungsmächten konnten bis zum Jahresende 1945 sowohl die regionalen Selbstverwaltungseinrichtungen mit neuem Leben gefüllt als auch die Ärztekammern erhalten oder neu errichtet werden.[47] Intensiviert wurde daraufhin auch die interzonale Zusammenarbeit zwischen Ärztekammern in der französischen, amerikanischen und der britischen Besatzungszone.[48] Die Ärztekammern hatten sich alsbald mit heftigen Verteilungskämpfen innerhalb der Ärzteschaft zu befassen.[49] Eine große Zahl von Ärzten war aus der Wehrmacht und der Kriegsgefangenschaft entlassen worden, zudem waren viele aus dem sowjetischen Herrschaftsgebiet in die anderen drei Besatzungszonen geflohen. Unter diesen Bedingungen war das Niederlassungsrecht stark umkämpft und es wurde zeitweise sogar vor der Aufnahme eines Medizinstudiums gewarnt.[50] Der Arbeitsschwerpunkt der Ärztekammern in den westlichen Besatzungszonen lag daher auf dem Umgang mit dem Überangebot von Ärzten, der Neuregelung der Beziehungen zu den Krankenkassen, Fragen des Niederlassungsrechts und der Honorierung sowie dem Widerstand gegen die im Jahr 1946 geplante Reform der Sozialversicherung. Daneben kümmerten sich die Kammern um die Versorgung der Praxen mit Medikamenten, medizinischen Instrumenten, Heizmaterial und Fachliteratur. Bis zur Gründung der beiden deutschen

---

[46]Vgl. Lindner, Gesundheitspolitik in der Nachkriegszeit 2004, S. 36, Zitat ebd.; Wasem u. a., Gesundheitswesen und Sicherung 2001, S. 503.

[47]Vgl. Moll/Rathert, Neuordnung des Gesundheitswesens 2015, S. 40 f. Zu den regionalen Unterschieden vgl. Gerst, Ärztliche Standesorganisation 2004, S. 20–35.

[48]Bereits im März 1946 wurde der *Nordwestdeutsche Ärztekammerausschuss* gegründet; im Juni 1947 wurde die Errichtung einer zonenübergreifenden *Arbeitsgemeinschaft der Westdeutschen Ärztekammern* – die spätere Bundesärztekammer – beschlossen. Im Herbst 1948 kam es in der amerikanischen und der britischen Besatzungszone zur Gründung der *Arbeitsgemeinschaft der Landesstellen der Kassenärztlichen Vereinigungen des Vereinigten Wirtschaftsgebietes*. Nach Gründung der Bundesrepublik im Jahr 1949 schlossen sich ihr auch die *Kassenärztlichen Vereinigungen* der vormaligen französischen Besatzungszone an. Vgl. Wasem u. a., Gesundheitswesen und Sicherung 2001, S. 489 f.; Moll/Rathert, Neuordnung des Gesundheitswesens 2015, S. 40; Gerst, Neuaufbau und Konsolidierung 1997, S. 195–213.

[49]Die Schärfe der Verteilungskonflikte beruhte nicht auf Gründen eines etwaigen Elitenwechsels. Die personelle Kontinuität war trotz des Ausmaßes der Medizinverbrechen und trotz des überproportional großen Mitgliederanteils der Mediziner in NSDAP- und NS-Organisationen hoch. Vgl. Moll/Rathert, Neuordnung des Gesundheitswesens 2015, S. 40. Zum vergangenheitspolitischen Handeln der Medizineliten vgl. Oehler-Klein/Roelcke, Einführung 2007; Jachertz, Phasen 1997.

[50]Vgl. Wasem u. a., Gesundheitswesen und Sicherung 2001, S. 488.

Staaten erließen die meisten Länder der westlichen Besatzungszonen Ärzte- und Ärzte-
kammergesetze, die die Reichsärzteordnung ablösten. Auf dem Gebiet des Krankenhauswesens konzentrierten sich die zuständigen Stellen vor allem auf die Behebung
der Kriegszerstörungen und die Probleme der Krankenhausfinanzierung.[51] Zu einer
umfassenden Reform und zur Verabschiedung von Krankenhausgesetzen in den Ländern
kam es dagegen während der Besatzungszeit nicht. In den westlichen Besatzungszonen
war somit zwischen 1945 und 1949 „eine Restauration traditioneller Regelungssysteme
und Organisationsformen aus der Zeit vor dem Nationalsozialismus festzustellen".[52]
Dies war ein Trend, der sich nicht nur im Gesundheitswesen niederschlug, sondern wie
die personelle Kontinuität die gesamte Sozialpolitik prägte.

Im sowjetischen Einflussbereich waren die Veränderungen in der Struktur der
Gesundheitsversorgung deutlicher spürbar – nicht zuletzt wegen der Einführung einer
zentral gelenkten Planwirtschaft. Neue Verwaltungsstrukturen wurden geschaffen und
die Tätigkeitsfelder von Angehörigen freier Berufe eingeschränkt.[53] Erster Schritt zur
Zentralisierung des Gesundheitswesens war die Errichtung der *Deutschen Zentralverwaltung für Gesundheitswesen* (DZVG) im Juli 1945.[54] Die DZVG unterstand direkt
der zuständigen sowjetischen Dienststelle. Ihre wichtigsten Leitungs- und Führungspositionen wurden mit KPD- und später SED-Funktionären besetzt. Sie standen der
„bürgerlichen" Ärzteschaft grundsätzlich skeptisch bis kritisch gegenüber. Zügig
kommunalisierte die DZVG mit der *Verordnung über den Neuaufbau des öffentlichen
Gesundheitswesens* die Gesundheitsämter. Zudem leitete sie Maßnahmen zur weiteren
Zentralisierung und zur Verstaatlichung der medizinischen Versorgung ein. Damit wurde
die autonome Stellung der Ärzte im Gesundheitswesen gezielt geschwächt.[55]

Die Standesorganisationen der niedergelassenen Ärzteschaft wurden von der
sowjetischen Militäradministration bereits 1945 verboten.[56] Auch wenn kurz nach
Kriegsende die Ärztekammern und kassenärztlichen Abrechnungsstellen vorübergehend

---

[51]Vgl. Wasem u. a., Gesundheitswesen und Sicherung 2001, S. 488, 504; Gerst, Ärztliche Standesorganisation 2004, S. 35–82.

[52]Vgl. Wasem u. a., Gesundheitswesen und Sicherung 2001, S. 503 f., Zitat S. 503.

[53]Zuständig für diesen Prozess war die SMAD, die auf dem Gebiet der sowjetischen Besatzungszone die alleinige Gesetzgebungskompetenz besaß. Für die Verwaltung vor Ort waren die SMA,
das heißt die auf Länder- und Kreisebene eingerichteten sowjetischen Militärabteilungen, verantwortlich. Vgl. Moll/Rathert, Neuordnung des Gesundheitswesens 2015, S. 45. Zu den
gesundheitspolitischen Forderungen der Parteien in der SBZ vgl. Schagen, Kongruenz der Gesundheitspolitik 2002, S. 387–390.

[54]Überlegungen zur Neuordnung des Gesundheitswesens hatte es zuvor bereits bei der KPD im
Moskauer Exil und beim *Nationalkomitee Freies Deutschland* (NKFD) gegeben. Hierzu vgl.
Müller, Ärzteschaft 1997, S. 246 f. Zur Gründung und zum Aufbau der DZVG vgl. ebd., S. 248–
250.

[55]Vgl. Moll/Rathert, Neuordnung des Gesundheitswesens 2015, S. 45 f.

[56]Vgl. Müller, Ärzteschaft 1997, S. 250.

ihre Tätigkeit wieder aufnehmen konnten, widersprach deren Existenz doch den grundlegenden Neuordnungsplänen der sowjetischen Besatzungsmacht. Schon Ende November 1945 wurde daher die Auflösung der Kammern der freien Heilberufe und der Kassenärztlichen Vereinigungen angeordnet. Die Aufgaben der Selbstverwaltungsorgane der Ärzteschaft gingen an die Landes- und Provinzialverwaltungen und die Sektion Gesundheitswesen im *Freien Deutschen Gewerkschaftsbund* (FDGB) über. Die gewerkschaftliche Vertretung der Ärzte beschränkte sich in diesem System nur noch auf die wirtschaftliche Interessenvertretung. Alle anderen Standesangelegenheiten, so der Wille der DZVG Anfang 1946, sollten auf Ärzteausschüsse übertragen werden, die an die jeweils zuständige Gesundheitsbehörde anzuschließen waren. Die Ärzteausschüsse hatten aber nur eine beratende Funktion, da, so die Begründung der DZVG gegenüber der SMAD, die Ärzteschaft noch „nicht die politische Reife zur Bildung einer selbstständigen Kammer" besäße und die Gefahr drohe, dass sich eine selbstverwaltete Kammer „zu einem Nest der Reaktion entwickel[n]" werde.[57]

Mit einem Rundschreiben vom 28. November 1946 legte der Zentralvorstand des FDGB fest, die Interessenvertretung der Ärzteschaft sei in die Gewerkschaft einzubinden. Die gewerkschaftliche Organisation erfolgte dabei zunächst in Form des *Bundes der Medizinalberufe*, einer selbstverwalteten Fachgruppe als *Abteilung Gesundheitswesen* in der *Industriegewerkschaft*.[58] Darin war nur die so genannte medizinische Intelligenz zusammengeschlossen, also sowohl die selbstständigen als auch die angestellten Ärzte, Zahnärzte und Veterinärmediziner. Diese Fachgruppe sollte neben der Aufgabe, die Ärzteschaft innerhalb der Sozialversicherung zu vertreten, auch Fortbildungsveranstaltungen anbieten, bei denen allerdings – das illustriert die Skepsis gegenüber der bürgerlichen Berufsgruppe noch einmal sehr deutlich – je ein Vertreter der Gesundheitsverwaltung und der SMAD anwesend sein mussten.[59] Weil die FDGB-Spitze befürchtete, dass der *Bund der Medizinalberufe* zunehmend „eine Art Standesorganisation" werden könne, wurde dieser 1949 wieder aufgelöst und seine Mitglieder, nun zusammen mit den Angehörigen der übrigen Heilberufe, in die neu formierte Gewerkschaft Gesundheitswesen im FDGB eingegliedert.[60] Den Bestrebungen der Ärzteschaft, ihre Strukturen der Selbstverwaltung zu bewahren, wurde also in der sowjetischen Besatzungszone nicht entsprochen. Dabei scheute die SMAD auch vor direkten Eingriffen nicht zurück. Sie löste – etwa bei der Bezirksärztekammer Magdeburg – die Geschäftsstellen auf und übergab die Akten an die

---

[57]Vgl. Gerst, Ärztliche Standesorganisation 2004, S. 82–86, Zitat S. 83.

[58]Vgl. ebd., S. 84, S. 86 f. Zum gewerkschaftlichen Organisationsgrad 1947 sowie zum parteipolitischen Engagement der Ärzte vgl. ebd., S. 91–93. Zum Organisationsgrad und zu den Selbstverwaltungskompetenzen der Ärzte im FDGB vgl. Ernst, Prophylaxe 1997, S. 81–89.

[59]Vgl. Gerst, Ärztliche Standesorganisation 2004, S. 88.

[60]Hierzu vgl. Ernst, Prophylaxe 1997, S. 82 f. Das Zitat aus: Protokoll der erweiterten Vorstandssitzung der Zentralverwaltung Gesundheitswesen vom 4.6.1946, BA DQ 1–139, zitiert nach ebd., S. 83.

zuständigen Bezirksverwaltungen.[61] Wenngleich wissenschaftliche Fachgesellschaften mit dem SMAD-Befehl 124 vom 21. Mai 1947 zur *Organisation der deutschen wissenschaftlichen medizinischen Gesellschaften* „zwecks Förderung der weiteren Demokratisierung der deutschen medizinischen Wissenschaft und der Gesundheitsfürsorge in der sowjetischen Besatzungszone" wieder genehmigt wurden, war bereits Ende 1946 von einer professionspolitischen Standesvertretung in der sowjetischen Besatzungszone nicht mehr zu sprechen.[62]

Diesen wegweisenden Entscheidungen zum Trotz beschränkten sich die Maßnahmen der sowjetischen Besatzungsmacht bis 1947 auf die Wiederherstellung eines funktionsfähigen Gesundheitswesens. Eine „Sowjetisierung" – verstanden als gezielte Angleichung der Strukturen an das Modell der UdSSR – blieb bis dahin aus.[63] Bei den angeführten Eingriffen in die bestehende Grundstruktur des öffentlichen Gesundheitswesens handelte es sich in erster Linie um eine „konsequente Kommunalisierung". Nur im Bereich der seuchenpolitischen Maßnahmen lässt sich das partielle Zurückgreifen auf sowjetische Erfahrungen nachweisen.[64] Erst die späteren Befehle der SMAD zum Verbot der privaten Krankenversicherungen, zur Schaffung des Betriebsgesundheitswesens, zum Aufbau eines Systems kommunaler Polikliniken[65] und Ambulatorien sowie zur Errichtung einer Einheitsversicherung lassen sich als Beginn der gezielten Umgestaltung nach sowjetischem Vorbild bewerten. Erst mit diesen Beschlüssen wurde 1947 eine „grundlegende Wende" im ostdeutschen Gesundheitssystem vollzogen.[66]

---

[61] Vgl. Gerst, Ärztliche Standesorganisation 2004, S. 85.

[62] Vgl. ebd., S. 96. Vgl. auch Moll/Rathert, Neuordnung des Gesundheitswesens 2015, S. 55. Der Befehl Nr. 124 nebst dem als Anlage zum Befehl 124 beigefügten Statut der deutschen wissenschaftlichen medizinischen Gesellschaften der Fachärzte sind abgedruckt in: Rohland/Spaar, Die medizinisch-wissenschaftlichen Gesellschaften 1973, S. 266–270.

[63] Vgl. Frerich/Frey, Geschichte der Sozialpolitik 1993, S. 29. Kritisch zum Konzept der „Sowjetisierung" im Gesundheitswesen: Wasem u. a., Gesundheitswesen und Sicherung 2001, S. 470 f. Auch Hockerts verweist darauf, dass das Konzept der „Sowjetisierung" für die Interpretation der sozialpolitischen Veränderungen nur von eingeschränktem Nutzen ist. Vgl. Hockerts, Einführung 1998, S. 9.

[64] Vgl. Frerich/Frey, Geschichte der Sozialpolitik 1993, S. 29, Zitat ebd.

[65] Die Polikliniken waren der zentrale Baustein im neuen Versorgungsmodell. In ihnen sollten möglichst viele Fachrichtungen und neben der Diagnostik auch Einrichtungen wie Labore und Apotheken unter einem Dach zusammenarbeiten.

[66] Insbesondere durch die SMAD-Befehle 28/47 zur Vereinheitlichung der Sozialversicherung auf zonaler Ebene (28.01.1947) sowie die Befehle Nr. 234 (09.10.1947), Nr. 272 (11.12.1947). Vgl. zum Befehl 28/47: BA Berlin, DX 1/453; zur Umgestaltung 1947: Frerich/Frey, Geschichte der Sozialpolitik 1993, S. 29–31, Zitat im Text S. 29; Moll/Rathert, Neuordnung des Gesundheitswesens 2015, S. 52 f.; Müller, Ärzteschaft 1997, S. 251–253. Zum betrieblichen Gesundheitswesen vgl. Hübner, Träger der Sozialpolitik 2001; Hoffmann/Schwarz, Gesellschaftliche Strukturen und sozialpolitische Handlungsfelder 2004, S. 134 f. Die allgemeinen Grundprinzipien des Umbaus des Sozialstaats im gesamten sowjetischen Herrschaftsbereich prägnant dargestellt in: Kaelble, Sozialgeschichte Europas 2007, S. 338–340.

Fortan existierte mit der Sozialversicherung des *Freien Deutschen Gewerkschaftsbundes* eine zentral gelenkte Einheitsversicherung mit einem für alle Versicherten gleich hohen Beitragssatz. Darüber hinaus wurde eine Sozialversicherungspflicht ohne versicherungsrechtliche Differenzierung zwischen einzelnen Berufsgruppen eingeführt, womit die traditionell übliche Trennung von Arbeitern, Angestellten und Beamten aufgehoben wurde.[67] Zudem wurde die Regulierung der kassenärztlichen Abrechnung dem FDGB übertragen.[68]

Auch in den folgenden Jahren wurde die umfassende Zentralisierung des Gesundheitswesens in der sowjetischen Besatzungszone weiter vorangetrieben. Dabei wurden vor allem die Möglichkeiten einer freiberuflichen ärztlichen Tätigkeit erheblich eingeschränkt. Niedergelassene Ärzte wurden allein noch aufgrund der realen Versorgungszwänge und der bereits offenkundig werdenden Ärzteabwanderung geduldet. Im Februar und März 1949 wurde die Approbations- und Niederlassungsordnung geändert. Fortan war die freie Niederlassung von Ärzten in der DDR nur noch in begründeten, eng begrenzten Ausnahmefällen möglich. Sie wurde von den Landesgesundheitsämtern nur dann erteilt, wenn kein Arbeitsplatz im öffentlichen Gesundheitsdienst nachgewiesen werden konnte. Die Erlaubnis war zudem mit der Auflage verbunden, dass freiberuflich niedergelassene Ärzte eine nebenberufliche Tätigkeit in einer Poliklinik, einem Ambulatorium oder einer Betriebspoliklinik annahmen. Zudem wurde die Überschreibung einer Praxis an Familienangehörige generell untersagt. Damit mussten Praxen, die aus Altersgründen nicht mehr weiter betrieben werden konnten, geschlossen werden.[69] Gegen diese Vorgaben regte sich Widerstand. Immer wieder, so Thomas Gerst, „reklamierten die gewerkschaftlichen Fachgruppen der Ärzte, die gemäß Rundschreiben des FDGB als ‚die berufenen Vertretungen der wirtschaftlichen und beruflichen Belange der Medizinalberufe' anzusehen waren, gegenüber der Zentralverwaltung für das Gesundheitswesen den Anspruch, an allen wichtigen, die Ärzteschaft allgemein betreffenden Entscheidungen beteiligt zu werden". Die Proteste blieben jedoch weitgehend wirkungslos. Sie hatten vor allem zur Folge, dass sich das Verhältnis zwischen Gesundheitsverwaltung und Ärzteschaft weiter verschlechterte.[70]

---

[67]Vgl. Moll/Rathert, Neuordnung des Gesundheitswesens 2015, S. 52 f. Die einheitliche Sozialversicherung hatte Verfassungsrang. Ausgenommen von der Versicherungspflicht blieben Selbständige mit über fünf Beschäftigten, Gelegenheitsarbeiter, Geistliche und Ordensangehörige.

[68]Vgl. ebd., S. 45.

[69]Vgl. ebd., S. 50; Frerich/Frey, Geschichte der Sozialpolitik 1993, S. 31; Weber, DDR 2000, S. 20.

[70]Vgl. Gerst, Ärztliche Standesorganisation 2004, S. 88 f., Zitat S. 88, Zitat im Zitat: Rundschreiben vom 28.11.1946, in: Das Deutsche Gesundheitswesen 1947, S. 463. Zu den Protesten der frühen 1950er Jahre vgl. ebd., S. 97–99.

5.2.3   Stufen der Auseinanderentwicklung

Die seit 1945 getroffenen Grundsatzentscheidungen wurden nach der Gründung der beiden deutschen Staaten 1949 nicht mehr revidiert. In der Bundesrepublik etablierte sich ein Gesundheitswesen mit vielen einflussreichen korporativen und selbstverwalteten Akteuren. Verbände spielten „in der Regulierung der medizinischen Versorgung eine herausragende Rolle".[71] Mehrere Berufsverbände vertraten die berufspolitischen Interessen der Ärzte. Die wissenschaftlichen Fachverbände dienten demgegenüber vor allem der Vertretung fachspezifischer Anliegen. Auch die Gesetzgebungsinstanzen zeichneten sich durch Vielfalt und Konkurrenz aus, da die staatliche Regulierung des Gesundheitswesens in der Bundesrepublik seit jeher Angelegenheit sowohl des Bundes als auch der Länder und Kommunen ist.[72] Im Krankenhausbereich existierten neben privaten und freigemeinnützigen Trägern auch öffentliche Anbieter. Das Krankenhauswesen der Bundesrepublik war also durch eine große Zahl an Betreibern und Organisationsformen geprägt, womit sich eine „differenzierte Mischkultur" aus Trägern herausbildete.[73]

Die Vorstellungen davon, was der bundesrepublikanische Sozialstaat zu leisten habe, veränderten sich. In der „Rekonstruktionsphase" zwischen 1949 und 1955 wurde die ärztliche Versorgung durch selbstverwaltete Arztorganisationen sichergestellt, wurden vertragliche Vereinbarung der von den Kassen zu zahlenden Gesamtvergütung getroffen und die Honorarverteilung unter den Ärzten durch die Kassenärztlichen Vereinigungen geregelt.[74] Da auch die zum Teil sehr weitreichenden Reformversuche – insbesondere

---

[71]Vgl. Alber, Gesundheitswesen 1992, S. 18, Zitat ebd.

[72]Die Gesetzgebungskompetenz für die zentrale Institution des staatlichen Gesundheitsversorgungssystems, der Gesetzlichen Krankenversicherung, liegt beim Bund. Alle anderen Aufgaben waren Teil der konkurrierenden Gesetzgebung. Das heißt, hier hatten die Länder Gesetzgebungsbefugnis, wenn der Bund nicht tätig wurde. Für die Gesundheitsversorgung in der Bundesrepublik waren zunächst auf Bundes- wie auf Länderebene das *Arbeitsministerium* und die *Gesundheitsabteilung des Innenministeriums* zuständig. Diese Aufgabenverteilung änderte sich mit der Gründung des Gesundheitsministeriums im November 1961, das fortan die Aufgaben der Gesundheitsabteilung des Innenministeriums übernahm, anfänglich aber nur über begrenzte Ressourcen und Zuständigkeiten verfügte. Die sozialpolitische Absicherung im Krankheitsfall fiel aber weiterhin in den Aufgabenbereich des Arbeitsministeriums. Vgl. Lindner, Gesundheitspolitik in der Nachkriegszeit 2004, S. 39–43. Allgemein zur Ressortzuständigkeit in der BRD und der DDR vgl. Kahlenberg/Hoffmann, Sozialpolitik 2001.

[73]Vgl. Moll/Rathert, Neuordnung des Gesundheitswesens 2015, S. 41, Zitat ebd.

[74]Vgl. Süß, Gesundheitspolitik 1998, S. 61; Alber, Gesundheitswesen 1992, S. 41 f. Das Kassenarztgesetz festigte die starke ärztliche Stellung im Gesundheitssystem, da mit ihm das Ärztemonopol bei der ambulanten Versorgung festgeschrieben wurde. Zudem wurde auf dieser Grundlage erstmals der ambulante Bereich gänzlich vom stationären getrennt. Das im selben Jahr erlassene Gesetz über Verbände der gesetzlichen Krankenkassen und der Ersatzkassen regelte das Verbänderecht und damit auch die Rechtsstellung der Kassen. In der Bundesrepublik führten die Landesverbände der Kassen die Vertragsverhandlungen mit den Kassenärztlichen Vereinigungen,

die Strukturreform der Gesetzlichen Krankenversicherung – in den Jahren 1957–1965 scheiterten und die Jahre 1965 und 1975 eine Phase der massiven Leistungsexpansion innerhalb des bestehenden Systems waren, blieb die Grundstruktur der Gesundheitsversorgung ungeachtet aller Konflikte auch in den folgenden Jahrzehnten „bemerkenswert konstant".[75] Dabei zeigt sich jedoch, und das war relevant für die medizinischen Fachgesellschaften, ein zunehmender Pluralismus auf allen Ebene. Die unterschiedlichen Interessenvertretungen professionalisierten sich zusehends, fanden neue Formen der Kooperation und der Politikberatung. Da die Krankenkassen, die Verbände der Ärzteschaft, die Träger der Krankenhäuser sowie staatliche Institutionen auf Bundes- und Landesebene durchaus unterschiedliche Interessen verfolgten, waren Reibereien und handfeste Konflikte vorprogrammiert. Die Politikberatung war nun nicht mehr Aufgabe nur des öffentlichen Gesundheitsdienstes, sondern lag auch in den Händen der ärztlichen Standesorganisationen. Parallel nahm sowohl auf Länder- als auch auf Bundesebene innerhalb der Ministerialbürokratie der Bedarf nach externem Expertenwissen zu. Die Fachgesellschaften, die im ersten Nachkriegsjahrzehnt vor allem für innerfachlichen Informationsaustausch und Fortbildungen zuständig waren, nahmen an diesem Prozess immer deutlicher als Interessenvertretung in Standesfragen teil und versuchten, den politischen Gremien ihre Expertise anzubieten.[76]

In der DDR vollzog sich die Umgestaltung des Gesundheitswesens in Schüben und wurde von den jeweils geltenden gesellschafts- und wirtschaftspolitischen Konzepten der *Sozialistischen Einheitspartei Deutschlands* beeinflusst.[77] Schon in den *Gesundheitspolitischen Richtlinien der SED,* die am 31. März 1947 beschlossen wurden, war festgehalten worden, dass das Gesundheitswesen verstaatlicht und zentralisiert werden

---

den Landeskrankenhausgesellschaften und anderen Leistungsanbietern. Erhalten blieb dabei das berufsständisch gegliederte System der Krankenkassen. Vgl. Lindner, Gesundheitspolitik in der Nachkriegszeit 2004, S. 101, Moll/Rathert, Neuordnung des Gesundheitswesens 2015, S. 41; Alber, Gesundheitswesen 1992, S. 68. Allgemein zur Beziehung zwischen Ärzten und Krankenkassen im 20. Jahrhundert: Wasem/Vincenti/Behringer, Entwicklungen 2001, S. 450–457.

[75]Vgl. Lindner, Gesundheitspolitik in der Nachkriegszeit 2004, S. 38 f.; Moll/Rathert, Neuordnung des Gesundheitswesens 2015, S. 41; Alber, Gesundheitswesen 1992, S. 20 und 45 f., Zitat S. 20. Allerdings wurde in der Zeit von 1965 bis 1975 das Leistungsrecht der Allgemeinen Ortskrankenkassen – hier kam die Mehrheit der Versicherten aus eher sozial schwächeren Schichten – immer stärker dem der Angestellten-Ersatzkassen angeglichen. Vgl. Süß, Gesundheitspolitik 1998, S. 82.

[76]Vgl. Lindner, Gesundheitspolitik in der Nachkriegszeit 2004, S. 37; Fehlemann, Standespolitik 2001; Süß, Gesundheitspolitik 1998, S. 66; Moll/Rathert, Neuordnung des Gesundheitswesens 2015, S. 43.

[77]Zu nennen sind insbesondere der im Juli 1952 verkündete „Aufbau des Sozialismus", das „Neue Ökonomische System der Planung und Lenkung" und die „Einheit von Wirtschafts- und Sozialpolitik".

solle.[78] Wichtigstes Anliegen war eine allen Bürgern und Bürgerinnen zugängliche, unentgeltliche Behandlung bei freier Arztwahl. Damit orientierte sich die SED an früheren Forderungen der deutschen Arbeiterbewegung.[79] Die Grundlagen der DDR-Gesundheitspolitik wurden also bereits in der Besatzungszeit gelegt. Insbesondere das neue Betriebsgesundheitswesen, der Kern der Gesundheitsversorgung mit dem Ziel der Gesunderhaltung der „Werktätigen", brach mit den gesundheitspolitischen Traditionen.[80] Die SED forcierte die Zentralisierung der medizinischen Versorgung und die Verstaatlichung der Krankenhäuser. Dies begünstigte den allgemeinen Trend zum staatlichen Großkrankenhaus. Neben den Betriebsärzten sollten im neuen Versorgungssystem auch die Polikliniken die ambulante Behandlung der Bevölkerung übernehmen.[81] Ziel und Leitbild der DDR-Gesundheitspolitik war der angestellte Mediziner, nicht der freiberuflich praktizierende Arzt. Der Ausbau der Polikliniken diente auch dazu, die Ärzte in den öffentlichen Dienst zu integrieren und sie zu „Demokraten" im sozialistischen Sinne zu erziehen.[82] Ihre bisherigen Standesprivilegien sollten dadurch abgeschafft und ihr Einkommen an das allgemeine Gehaltsniveau von Akademikern angepasst werden. Diese Maßnahmen schlugen sich rasch in den ärztlichen Berufsstatistiken nieder: 1949 gab es schon fast so viele hauptberuflich im öffentlichen Gesundheitswesen tätige wie niedergelassene Ärzte.[83]

---

[78]Vgl. Frerich/Frey, Geschichte der Sozialpolitik 1993, S. 206. Zu den Leitideen der DDR-Gesundheitspolitik vgl. Süß, Gesundheitspolitik 1998, S. 58–60.

[79]Vgl. Süß, Gesundheitspolitik 1998, S. 58; Moll/Rathert, Neuordnung des Gesundheitswesens 2015, S. 44.

[80]Für Betriebe mit mehr als 5000 Beschäftigten – in der SBZ/DDR keine Seltenheit – sollten z. B. jeweils eigene Betriebspolikliniken zuständig sein. Vgl. SMAD-Befehl Nr. 234 vom 09.10.1947 und SMAD-Befehl 272 vom 11.12.1947.

[81]1950 gab es bereits 148 Polikliniken, von denen 76 selbständig arbeiteten, 20, die einem Krankenhaus und 52, die einer Universitätsklinik angeschlossen waren. Bis 1955 erhöhte sich die Zahl der Polikliniken auf 396, die Zahl der Betriebspolikliniken von 36 auf 78. Auf dem IV. Parteitag der SED wurde 1954 eine positive Bilanz gezogen. Auch wenn 1955 die Planziele des ersten Fünfjahrplans (1950–1955) erst teilweise erfüllt waren, verfügte bereits fast jeder Stadt- und Landkreis über eine eigene Poliklinik. Vgl. Moll/Rathert, Neuordnung des Gesundheitswesens 2015, S. 48; Statistisches Jahrbuch der DDR 1990, S. 373; Frerich/Frey, Geschichte der Sozialpolitik 1993, S. 207–209 und S. 222; Gerst, Ärztliche Standesorganisation 2004, S. 97. Zur Geschichte der Polikliniken vor 1945 vgl. Ernst, Prophylaxe 1997, S. 32.

[82]Vgl. Frerich/Frey, Geschichte der Sozialpolitik 1993, S. 32; Moll/Rathert, Neuordnung des Gesundheitswesens 2015, S. 46 f.

[83]Nicht von allen Ärzten wurde dies allein als pure Zumutung empfunden. Man darf beim Blick auf die bedrohten Standesprivilegien nicht vergessen, dass die Arbeit in den Polikliniken für die Ärzte auch Vorteile besaß: Feste Arbeitszeiten, ein garantierter Urlaub, ein festes Gehalt mit Überstundenbezahlung, kurze Wege zu Kolleg/-innen und Diagnostik sowie eine Ausstattung, die aus öffentlichen Geldern finanziert wurde.

Die Zentralisierungs- und Verstaatlichungspolitik führte aber zugleich, und dies schmälerte die Erfolgsbilanz aus Sicht der SED erheblich, zur Abwanderung medizinischen Personals. So kam es schon in den frühen 1950er Jahren zu „bedenklichen Engpässen" in der medizinischen Versorgung.[84] Die allgemeinen gesundheitspolitischen Ziele der SED gerieten so sehr in Gefahr, dass sie mit einer zurückhaltenderen Politik gegenüber den niedergelassenen Ärzten reagierte. Für jene Ärzte und Ärztinnen, die noch in eigenen Praxen tätig waren, wurden günstigere steuerliche Regelungen erlassen und der Übergang von der Pauschal- zur Einzelleistungsvergütung beschlossen.[85] Parallel verbesserte man auch die finanzielle Situation der Ärzte im öffentlichen Dienst und versuchte, ihr Ansehen in der Öffentlichkeit zu erhöhen.[86] Dennoch musste man in der zweiten Hälfte der 1950er Jahre feststellen, dass mittlerweile zahlreiche erfahrene Fachärzte und Universitätsdozenten sowie etwa ein Viertel aller Absolventen medizinischer Fakultäten und Akademien in die Bundesrepublik übergesiedelt waren.[87] Zusammen mit den ungünstigen gesamtwirtschaftlichen Rahmenbedingungen und der großteils inneffektiven zentralistischen Steuerung bedrohte die anhaltende Fluchtbewegung von medizinischen Fachkräften die ambulante Versorgung der Bevölkerung so sehr, dass sich Unmut breit machte. Dies führte, beginnend mit den Reformdiskussionen im Anschluss an den V. SED-Parteitag 1958, zu Kurskorrekturen in der Gesundheitspolitik. Unter anderem wurde 1960 beschlossen, den medizinischen Berufsgruppen die Gründung einer eigenen berufspolitischen Vertretung, den *Bund Deutscher Ärzte, Zahnärzte und Apotheker,* zuzugestehen.[88] Auch die Niederlassungsordnung wurde neu gestaltet.[89] Trotz dieser Maßnahmen konnte die Abwanderung

---

[84]Vgl. Frerich/Frey, Geschichte der Sozialpolitik 1993, S. 32, 206. Zahlenmaterial zum Ärzte-Einwohner-Schlüssel zwischen 1949 und 1989 in: ebd., S. 208 f. Zahlen zur Wanderungsbewegung von Ärzten vgl. Ernst, Prophylaxe 1997, S. 54–59. Als einschneidend werden insbesondere das verschärfte Passgesetz von 1957 und die III. Hochschulkonferenz 1958 beschrieben. Insgesamt verließen bis 1961 je nach Erfassungsmethode zwischen 7500 und 8740 Ärzte und Ärztinnen das Gebiet der DDR mit Ziel Bundesrepublik. Vgl. ebd. S. 54.

[85]Vgl. Frerich/Frey, Geschichte der Sozialpolitik 1993, S. 211.

[86]Hierzu wurden insbesondere Auszeichnungen gestiftet. Hervorzuheben sind der Nationalpreis und die Auszeichnungen „Hervorragender Wissenschaftler des Volkes" und „Hervorragender Arzt des Volkes". Zur „Intelligenzpolitik" vgl. Frerich/Frey, Geschichte der Sozialpolitik 1993, S. 212.

[87]Vgl. Radke, Kinder- und Jugendmedizin in der DDR 2016, S. 9. Zu den Fluchtmotiven vgl. Ernst, Prophylaxe 1997, S. 63–68.

[88]Vgl. Kommuniqué über Maßnahmen zur weiteren Entwicklung des Gesundheitswesens und zur Förderung der Arbeit der medizinischen Intelligenz des Politbüros des ZK der SED vom 20. Dezember 1960; Frerich/Frey, Geschichte der Sozialpolitik 1993, S. 221–229; Ernst, Prophylaxe 1997, S. 52 f.

[89]Die „Erleichterungen" der 1950er und 1960er Jahre im Einzelnen bei Moll/Rathert, Neuordnung des Gesundheitswesens 2015, S. 51 f. Ausführlich zum geänderten Niederlassungsrecht: Ernst, Prophylaxe 1997, S. 33–36.

von medizinischen Fachkräften gen Westen bis zum Mauerbau jedoch kaum gebremst werden.

Diese Ausführungen hier verweisen bereits auf die marginale Rolle der ärztlichen Interessenvertretungen in der DDR. Die medizinisch-wissenschaftlichen Gesellschaften waren keine eigentlichen Standesvertretungen und konnten dieses Manko weder bei der wirtschaftlichen Interessenvertretung noch im Kampf gegen die Verlagerung der ambulanten ärztlichen Versorgung in die Polikliniken ausgleichen, da jegliche Ansätze zur Weiterführung von Strukturen ärztlicher Selbstverwaltung von staatlicher Seite unterbunden wurden. Für die professionspolitischen Regulierungskompetenzen der Ärzteschaft waren in der DDR die staatliche Medizinalverwaltung und der FDGB zuständig. Die den Universitäten und medizinischen Akademien zugeordneten regionalen medizinisch-wissenschaftlichen Gesellschaften dienten alleine dem wissenschaftlichen Erfahrungsaustausch. Sie waren bewusst nicht als Standesvertretungen konzipiert. Es wurde jedoch staatlicherseits ein gesellschaftlicher „Praxisbezug" eingefordert. Dies war gleichbedeutend mit einer Mitwirkungspflicht bei der Implementierung staatlicher Vorgaben an den Universitäten und in den Versorgungseinrichtungen.[90]

5.3   Unterschiedliche Rahmenbedingungen

Die Rahmenbedingungen für die medizinischen Fachgesellschaften wichen in Ost- und Westdeutschland erheblich voneinander ab. Bei einer ähnlichen Ausgangslage entwickelten sich voneinander abweichende Versorgungssysteme. Unterschiedliche Vorstellungen von der Unabhängigkeit der Mediziner/-innen und über die Rolle der Gesundheitsvorsorge wirkten sich sowohl auf den ärztlichen Berufsstand als auch auf die Struktur und die Trägervielfalt der Gesundheitsversorgung aus.

Das Gesundheitswesen in der Bundesrepublik war geprägt durch ein hohes Maß an Dezentralität, eine starke Stellung der niedergelassenen Ärzte und Ärztinnen, durch eine beschränkte Versicherungspflicht und eine Vielzahl von Versicherungsträgern. Betriebliche Formen der Gesundheitspflege sowie der öffentliche Gesundheitsdienst spielten hingegen eine untergeordnete Rolle. Ambulante und stationäre Behandlung waren in der Bundesrepublik stärker voneinander getrennt als in der DDR. In der Bundesrepublik gab es für diese beiden Bereiche jeweils eigene Regulierungssysteme und auch ein Nebeneinander von staatlichen, privatwirtschaftlichen und korporatistischen Elementen.[91]

---

[90]Vgl. Kumbier, Entstehung 2009, S. 405 f.; Ernst, Prophylaxe 1997, S. 74; Moll/Rathert, Neuordnung des Gesundheitswesens 2015, S. 56.

[91]Vgl. Lindner, Gesundheitspolitik in der Nachkriegszeit 2004, S. 36; Süß, Gesundheitspolitik 1998, S. 72; Moll/Rathert, Neuordnung des Gesundheitswesens 2015, S. 41; Gerlinger, Interessenvermittlung 2009, S. 33.

Während in der Bundesrepublik „fragmentierte Entscheidungsstrukturen, schwach ausgebildete Zentralinstanzen und die korporative Einbindung von Leistungsanbietern und
Kostenträgern in den Steuerungsprozeß" das Gesundheitswesen prägten,[92] war jenes der
DDR durch einen straffen zentralistischen Aufbau ohne kommunale Selbstverwaltung
gekennzeichnet und stark monopolisiert. Oberste Entscheidungsbefugnis in sämtlichen
Sachfragen lag bei der SED-Führung, insbesondere beim Politbüro. Die Gesundheitsversorgung erfolgte auf Basis von zentralstaatlich festgelegten Plänen. Wichtiges Anliegen
der Gesundheitspolitik der DDR war es, in der Bevölkerung ein möglichst großes und
leistungsfähiges Arbeitskräftepotenzial zu sichern. Ergebnis der Umgestaltungen im
Gesundheitswesen war ein verstaatlichtes, auf Prophylaxe hin orientiertes und zentral
gelenktes System. Das Gesundheitswesen hatte für den Aufbau der sozialistischen
Gesellschaft eine hohe staatspolitische Bedeutung – in ihm sollte weithin sichtbar die
soziale Ungleichheit aufgehoben werden. Durch einen für alle gleichen Zugang zur
Gesundheitsversorgung sollten auch gleiche Lebensbedingungen ermöglicht werden.
Deutlich unterschieden sich DDR und Bundesrepublik in der Stellung des öffentlichen
Gesundheitsdienstes. In der Bundesrepublik zeigte sich eine organisatorische Zersplitterung und ein stetiger Funktionsverlust. Der öffentliche Gesundheitsdienst
beschränkte sich dort hauptsächlich auf die Bereiche Gesundheitsschutz und Gesund-
heitsaufsicht. In der DDR waren öffentliches Gesundheitswesen, ambulante und
stationäre Versorgung hingegen ins Gesamtsystem integriert.[93]

Aus der unterschiedlichen Gestaltung der politischen Systeme und der Gesundheitsversorgung resultierte auch eine andere Rolle der medizinischen Fachgesellschaften
beziehungsweise der medizinisch-wissenschaftlichen Gesellschaften. Deren Einflussmöglichkeiten im Sinne einer Standesvertretung waren in der DDR gering. Eine
solche Standesvertretung war zwar auch nicht Hauptaufgabe der medizinischen Fachgesellschaften in der Bundesrepublik, doch wurden hier immerhin zahlreiche Stellungnahmen zu Grundproblemen der Gesundheitsversorgung verfasst. Auch waren
die Fachgesellschaften dort wichtige Kristallisationspunkte von Netzwerken und
Personen, die als Interessenvertretung eine Stimme besaßen. Die medizinischen Fachgesellschaften in der Bundesrepublik brachten sich immer wieder in Konflikte ein,
während die medizinisch-wissenschaftlichen Gesellschaften in der DDR sich von
solchen möglichst fernhielten. Sie „verweigerten in der Regel sowohl Stellungnahmen
zum politischen Geschehen in der DDR als auch die wissenschaftliche Befassung mit

---

[92]Süß, Gesundheitspolitik 1998, S. 61.
[93]Vgl. Kahlenberg/Hoffmann, Sozialpolitik 2001, S. 179; Moll/Rathert, Neuordnung des Gesundheitswesens 2015, S. 45; Süß, Gesundheitspolitik 1998, S. 65.

politisch opportunen Themen".[94] Auch gegenüber der zentralistischen Hochschulpolitik der DDR waren ihre Einflussmöglichkeiten gering.[95] Zugleich, und das war
ein weiterer Unterschied zur Bundesrepublik, kam es zu einer engen personellen Verzahnung mit der Gesundheitsverwaltung. Deren einflussreiche Mitarbeiter waren oftmals
auch im Vorstand der medizinisch-wissenschaftlichen Gesellschaften vertreten.[96] Insgesamt ergaben sich so für die medizinischen Fachgesellschaften in beiden deutschen
Staaten unterschiedliche Betätigungsfelder und Möglichkeiten der Einflussnahme.
Die medizinisch-wissenschaftlichen Gesellschaften der DDR waren viel stärker als die
medizinischen Fachgesellschaften in der Bundesrepublik auf ihre Funktion nach innen
beschränkt. Sie dienten als Foren des fachlichen Austausches und konzentrierten sich
auf Aufgaben in den Bereichen Information über laufende Forschungen und Sicherung
der Weiterbildungsqualität. Diese Funktionen erfüllten die bundesrepublikanischen
Fachgesellschaften auch. Zudem jedoch, waren sie einerseits – nach innen – auch für
die Artikulierung gemeinsamer standespolitischer Interessen maßgeblich. Andererseits waren sie – nach außen – viel stärker als ihre Pendants in der DDR in Prozesse
der Politikberatung und des Ausgleichs von Partikularinteresse einbezogen. Die
Außenfunktion der medizinisch-wissenschaftlichen Gesellschaften beschränkte sich
in der DDR fast ausschließlich auf ihre Rolle bei der Implementierung staatlicher Vorgaben an den Universitäten. Sie fungierte aber vergleichsweise selten als Sprachrohr der
Wissenschaft im politischen und öffentlichen Raum.

---

[94]Ernst, Prophylaxe 1997, S. 74. Vgl. auch Kumbier, Entstehung 2009, S. 406. Als „politisch
opportune Themen" werden von den beiden genannten Autor/-innen die Prophylaxe und die
Sozialhygiene hervorgehoben. Für diese Aufgaben waren in der DDR die Arbeitshygiene-
Inspektionen zuständig.

[95]Vgl. Kumbier, Entstehung 2009, S. 417.

[96]Eisenberg nennt als Beispiel Karl Seidel, der von 1970 bis 1978 Ordinarius für Psychiatrie und
Neurologie an der Humboldt-Universität Berlin und Leiter der Nervenklinik der Charité war und
später zum Leiter der Abteilung Gesundheitspolitik beim ZK der SED ernannt wurde. Vgl. Eisenberg, Emanzipation und Integration 2007, S. 52.

Neugründungen

6

6.1 Von der GDNP zur DGPN

Während des Zweiten Weltkrieges war die Tätigkeit der neurologisch-psychiatrischen Fachgesellschaft weitgehend zum Erliegen gekommen. Mit dem Kriegsende änderte sich dies vorerst nicht. Es gab keine wissenschaftliche Fachgesellschaft im Sinne einer lebendigen Institution mehr, also mit Wahlen, Jahresversammlungen, Vorstandssitzungen und publizistischer Tätigkeit. Erst zwischen dem 9. und 12. September 1947, und damit fast zweieinhalb Jahre nach Kriegsende, kam es auf Einladung von Ernst Kretschmer wieder zu einer „Neurologen- und Psychiatertagung". Sie fand unter Beteiligung von Fachvertreter/-innen aus allen vier Besatzungszonen in Tübingen statt. Da man sich nicht sicher war, ob die *Gesellschaft Deutscher Neurologen und Psychiater* vereinsrechtlich überhaupt noch existierte, bezeichnete man diese Tagung bewusst nicht als offizielle Jahresversammlung der Fachgesellschaft. Die Anwesenden unterließen es daher auch, Schritte in Richtung einer Reorganisation der GDNP einzuleiten. Immerhin war man sich einig, auch im nächsten Jahr eine Tagung abzuhalten. Diese fand auf Einladung des Nachfolgers Ernst Kretschmers als Ordinarius in Marburg, Werner Villinger, statt. Inhaltlich knüpfte man beim Treffen in Marburg an die für 1941 geplante, aber nicht durchgeführte Jahresversammlung der GDNP an.[1]

---

[1] Vgl. Schmuhl, GDNP 2016, S. 398 f. Zu den ersten Tagungen vgl. auch Eisenberg, Emanzipation und Integration 2007, S. 49. Rudolf Lemke (Jena) nahm an beiden Tagungen teil. Seine Briefe aus dieser Zeit zeigen, wie schwer es wurde, eine Reisegenehmigung in die Westzonen zu erhalten. Am 5.5.1948 schrieb er: „Im September ist wieder eine Psychiater Tagung in Marburg. Ich weiß nicht, ob ich diesmal wieder einen Paß bekomme, die Bestimmungen sind jetzt viel strenger." Nach seiner Rückkehr aus Marburg berichtete er am 30.5.1948 knapp: „Und nebenher Psychiater Tagung! – Das ‚Es' spielt bei den Psychiatern immer eine große Rolle, ich weiß nie, was sie

Auf der Marburger Tagung 1948 entschlossen sich die Teilnehmer, zumindest einen „geschäftsführenden Ausschuss" zu gründen. Bei dessen Besetzung berücksichtigten sie Teilnehmer aus allen vier (!) Besatzungszonen und aus Neurologie, Psychotherapie und Psychiatrie. Unter dem Vorsitz von Ernst Kretschmer (Tübingen) gehörten ihm die Professoren Ferdinand Kehrer[2] (1883–1966), Werner Villinger, Fritz Eugen Flügel (1897–1973)[3], Viktor v. Weizsäcker, Heinrich Pette sowie die Obermedizinalräte Schneider und Gottfried Kühnel (1900–1968) an.[4] Um den rechtlichen Status der GDNP zu klären, setzte sich Ernst Kretschmer mit dem zuständigen Amtsgericht München in Verbindung. Dieses stellte fest, dass die *Gesellschaft Deutscher Neurologen und Psychiater* noch bestehe.[5] Daraufhin wurde Kretschmer am 27. Mai 1949 zum Notvorstand bestimmt und der geschäftsführende Ausschuss zum provisorischen Vorstand umgebildet. Diesem oblag nun die Geschäftsführung entsprechend der Satzung von 1935 sowie die Planung einer Mitgliederversammlung und einer ordnungsgemäßen Vorstandswahl.[6]

Eine Statutenkommission wurde am 23. September 1949 am Rande der Göttinger Tagung der GDNP in einer Sitzung des „erweiterten Vorstandes" eingesetzt. Sie bestand neben Kretschmer aus Heinrich Pette und Gottfried Kühnel[7] und damit aus je einem Psychiater, einem Neurologen und einem Psychotherapeuten. Zudem beschloss der „erweiterte Vorstand", den bisherigen Namen und auch die Organisationsform beizubehalten und vier „Sektionen" zu bilden: *Psychiatrie, Neurologie, Psychotherapie mit medizinischer Psychologie* und *Neurochirurgie*. Diese Sektionen sollten sich mit dem Präsidenten der GDNP über „Planungen, insbesondere hinsichtlich ihrer wissenschaftlichen Veranstaltungen und etwaiger Aktionen bei Behörden, Berufsorganisationen und

---

eigentlich damit meinen!" Rudolf Lemke an Hans Trimborn, Schreiben vom 5.5.1948 und vom 30.5.1948, in: Lemke, Briefe 2004.

[2]Ferdinand Adalbert Kehrer war von 1925 bis 1953 Professor für Neurologie und Psychiatrie an der Universität Münster. Er war während des Nationalsozialismus am Erbobergericht in Hamm tätig. Vgl. Mamali, Psychiatrische und Nervenklinik Münster 2012.

[3]Fritz Eugen Flügel, Angehöriger der SA, seit 1937 NSDAP-Mitglied, Beratender Psychiater der Wehrmacht. 1949 Übersiedlung nach Westdeutschland, zunächst nach Tübingen, dann nach Erlangen, wo er seit 1951 ordentlicher Professor und Direktor der psychiatrischen Nervenklinik wurde.

[4]Vgl. Schmuhl, GDNP 2016, S. 399.

[5]Vgl. Protokoll über die Sitzung des erweiterten Vorstandes der GDNP vom 23.9.1949, DGPPN-Archiv Ordner 1 C.

[6]Vgl. ebd.

[7]Gottfried Kühnel war führender Vertreter der Kinderpsychotherapeuten. Er leitete in der NS-Zeit ein Lazarett für Nervenkranke sowie die Poliklinik im Berliner „Göring"-Institut. Er war von 1954 bis 1965 Direktor des Niedersächsischen Landeskrankenhauses Tiefenbrunn (vormals Rasemühle). Vgl. Hänsel, Wegbereiter 2008, S. 187; Beyer, Personelle Kontinuitäten 2018, S. 36.

Presse frühzeitig verständigen".[8] Zudem votierte man für die Gründung von Arbeitsgemeinschaften und Ausschüssen. Die Federführenden einigten sich darauf, die GDNP als eine reine wissenschaftliche Fachgesellschaft zu konzipieren und keine Rolle als Standesvertretung anzustreben, was auch in anderen medizinischen Fachdisziplinen so gehandhabt wurde. Da die westdeutschen Ärztekammern aber nur direkt mit den wissenschaftlichen Gesellschaften verhandeln wollten, musste schon 1951 der *Berufsverband deutscher Neurologen und Psychiater* mit in die *Gesellschaft Deutscher Neurologen und Psychiater* eingebunden werden. 1951 wurde auf der Stuttgarter Jahrestagung der von der Kommission vorgelegte Statutenentwurf auf einer ordentlichen Mitgliederversammlung diskutiert und, mit kleineren Änderungen versehen, einstimmig beschlossen. Weil Kretschmer auf der Vorstandssitzung am 25. September 1951 „dringend" darum gebeten hatte, „man möge ihn wegen Arbeitsüberlastung von seinen Aufgaben als Vorsitzender entbinden", wurde auf der folgenden Jahrestagung Werner Villinger zu seinem Nachfolger gewählt. Den bisherigen Vorsitzenden der GDNP beauftragte man damit, die beschlossene Satzung beim Amtsgericht München anzumelden. Die Eintragung ins Vereinsregister erfolgte exakt sieben Jahre nach Kriegsende am 8. Mai 1952.[9]

Zu diesem Zeitpunkt befand sich die *Gesellschaft Deutscher Neurologen und Psychiater* zugleich schon wieder in Auflösung. 1948 hatten erste Fachbereiche der GDNP begonnen, eigene vereinsrechtlich organisierte wissenschaftliche Fachgesellschaften zu gründen. Nachdem die *Deutsche Gesellschaft für Neurochirurgie* (1948), die *Allgemeine Ärztliche Gesellschaft für Psychotherapie* (1948), die *Deutsche Gesellschaft für Neurologie* (1950), die *Vereinigung Deutscher Neuropathologen* (1950) und die *Deutsche Vereinigung für Jugendpsychiatrie* (1950) gegründet worden waren,[10] verfügten einzig die Psychiater über keine eigenständige Fachgesellschaft außerhalb der GDNP. Während der Vorstoß des Neurologen Georges Schaltenbrand, den gleichen Schritt auch für die Psychiater zu vollziehen, im Frühjahr 1952 noch auf Ablehnung stieß und auch die Direktorenkonferenz der Universitätsnervenkliniken 1953 die Gründung einer psychiatrischen Gesellschaft weder für notwendig noch für wünschenswert erachtete, kam es am 11. Juni 1954 schließlich in Baden-Baden doch noch zu ihrer Gründung. Die Neuorganisation nahm unter Heinrich Pette und Gerhard Döring (1909–1963) – zwei Neurologen – Formen an.[11] Deren Satzungsentwurf, der am 9. April

---

[8]Protokoll über die Sitzung des erweiterten Vorstandes der GDNP vom 23.9.1949, DGPPN-Archiv Ordner 1 C.

[9]Vgl. Schmuhl, GDNP 2016, S. 401; Zitat aus: Protokoll über die Vorstandssitzung der GDNP am 25.9.1951, DGPPN-Archiv Ordner 1 C.

[10]Vgl. Schmuhl, GDNP 2016, S. 402 f. Zur Kinder- und Jugendpsychiatrie vgl. Fangerau/Topp/ Schepker, Kinder- und Jugendpsychiatrie 2017, hier insbesondere die Aufsätze von Hans-Walter Schmuhl und Sascha Topp.

[11]Zur Wahl vgl. Protokoll Sitzung des erweiterten Vorstandes der GDNP anlässlich des Kongresses der Gesellschaft im August 1953, DGPPN-Archiv Ordner 1 C. Auf die NSDAP-Mitgliedschaft Dörings verweisen: Martin/Karenberg/Fangerau, Männer ohne Vergangenheit 2020.

1954 diskutiert wurde, sah vor, die GDNP zu „einem sehr lockeren Zusammenschluss von an sich völlig selbständigen Gesellschaften, Vereinigungen und Arbeitsgemeinschaften" umzuformen. Die *Gesellschaft Deutscher Neurologen und Psychiater* sollte ein Kartellverband werden, der sich auf die Kongressrepräsentation beschränkte. Die Mehrheit der Anwesenden erkannte, dass die Gründung einer eigenen psychiatrischen Fachgesellschaft nicht mehr zu verhindern war. Werner Villinger und Helmut Ehrhardt wurden daher damit beauftragt, einen Satzungsentwurf für „eine neue Deutsche Gesellschaft für Psychiatrie" auszuarbeiten.[12] Als Ergebnis entstand die *Deutsche Gesellschaft für Psychiatrie und Neurologie,* deren Vorstand aus Jürg Zutt als Präsident, Werner Villinger als Vizepräsident und Helmut Ehrhardt als Schriftführer gebildet wurde.[13]

Der neue Name, der Ausdruck eines ganz bestimmten Verständnisses von den Wissenschaften der Psyche war, stieß bei den Neurologen auf sofortige Ablehnung. Innerhalb der GDNP kam es daher im Jahr 1955 zu heftigen Auseinandersetzungen. Als Konsequenz wurde die psychiatrische Fachgesellschaft in *Deutsche Gesellschaft für Psychiatrie und Nervenheilkunde* umbenannt.[14] In der Bundesrepublik entstand somit eine medizinische Fachgesellschaft für die Psychiatrie und eine für die Neurologie. Der 1935 erfolgte Zusammenschluss wurde auf diese Weise rückgängig gemacht. Durch die Gründung einer psychiatrischen Fachgesellschaft hatte die GDNP in ihrer bisherigen Organisationsform keinen Zweck mehr. Deren Mitgliederversammlung beschloss daher auf der Jahrestagung 1955 die Auflösung des Vereins und veranlasste seine Löschung aus dem Vereinsregister. Zugleich gründete sie eine Nachfolgeorganisation, die als Dachorganisation aller Fachgesellschaften der Nervenheilkunde fungieren sollte: den *Gesamtverband Deutscher Nervenärzte.*[15]

---

[12]Protokoll der Sitzung der Direktoren der Universitäts-Nervenkliniken des Bundesgebietes vom 9.4.1954, DGPPN-Archiv Ordner 1 C.

[13]Vgl. Schmuhl, GDNP 2016, S. 403. Vgl. Protokoll der Sitzung der Direktoren der Univ.-Nervenkliniken des Bundesgebietes am 4.7.1953, DGPPN-Archiv Ordner 1 C; Protokoll der Sitzung des erweiterten Vorstandes der GDNP anlässlich des Kongresses der Gesellschaft im August 1953, in: ebd.

[14]Der neue Name wurde durch einen Mitgliederbeschluss am 1.4.1955 auch offiziell bestätigt. Interessanterweise diente der Begriff Nervenheilkunde ursprünglich den Neurologen dazu, den Ansprüchen der Psychiater auf Eigenständigkeit entgegenzutreten. Vgl. Pantel, Neurologie, Psychiatrie und Innere Medizin 1995, S. 85 f.

[15]Dem neugegründeten *Gesamtverband* gehörten korporativ folgende Mitglieder an: Die *Deutsche Gesellschaft für Psychiatrie und Nervenheilkunde,* die *Deutsche Gesellschaft für Neurologie,* die *Allgemeine Ärztliche Gesellschaft für Psychotherapie,* die *Deutsche Gesellschaft für Neurochirurgie,* die *Vereinigung Deutscher Neuropathologen* und die *Deutsche Vereinigung für Jugendpsychiatrie.* In ihrem Vorstand waren zudem Vertreter des *Berufsverbandes Niedergelassener Nervenärzte* als Berater vertreten. In den nachfolgenden Jahren traten dem Gesamtverband auch die *Gesellschaft für Hirntraumatologie und klinische Hirnpathologie,* die *Gesellschaft für Sexualforschung* und die *Deutsche Gesellschaft für Neuroradiologie* bei. Bei der Auflösung der GDNP gingen 1000,-- DM des Gesellschaftsvermögens an die Geschäftsführung des *Gesamtverbands* über. Der Rest des Vermögens wurde entsprechend „ihres Anteils bei dem Zustandekommen

Da in der DDR eine gemeinsame psychiatrisch-neurologische Fachgesellschaft entstand, scheint es hier sinnvoll, auch einen kurzen Seitenblick auf die Geschichte der neurologischen Fachgesellschaft in der Bundesrepublik zu werfen. Die *Deutsche Gesellschaft
für Neurologie* (DGN) wurde 1950 in Hamburg gegründet. Sie sollte die Aufgaben der
15 Jahre zuvor aufgelösten *Gesellschaft Deutscher Nervenärzte* übernehmen. Treibende
Akteure hinter der Neugründung waren Heinrich Pette, Viktor v. Weizsäcker, Georges
Schaltenbrand, Paul Vogel (1900–1979), Oskar Gagel (1899–1978), Hans Robert Müller
(1901–1981) und Gerhard Döring.[16] Einem internationalen Trend entsprechend folgten
innerhalb der Neurologie zahlreiche Neugründungen von Gesellschaften, die sich auf
einzelne Untersuchungsmethoden oder Krankheitsgruppen konzentrierten.[17] In den 1950er
Jahren beschränkte sich die Funktion der DGN darauf, den jeweils nächsten Kongress
zu organisieren. Vereinzelt gab die DGN darüber hinaus Stellungnahmen zur Fach-
arzt- und Weiterbildungsordnung ab. Erst in den 1960er Jahren erweiterte sich das Aufgabenspektrum. Aufgrund der Errichtung eigenständiger Lehrstühle für Neurologie an
den meisten bundesdeutschen Universitäten und angesichts der Schaffung eigenständiger
neurologischer Abteilungen in den Krankenhäusern musste sich die *Deutsche Gesellschaft
für Neurologie* intensiver als zuvor „mit Problemen der Ausbildung und Weiterbildung in
der Neurologie, Kriterien der Facharztqualifikation, Zuständigkeit und Begrenzung des
Tätigkeitsbereiches der Neurologen, der Standardisierung von diagnostischen Kriterien
und Leistungsnormen, Krankenhausplanung und der organisationstechnischen Einstellung
auf Modifikationen der Strukturen ärztlicher Versorgung und des Gesundheitswesens"
befassen.[18] Das Verhältnis der psychiatrischen und der neurologischen Fachgesellschaft
war in der Bundesrepublik – darauf wird weiter unten ausführlich eingegangen – alles
andere als unproblematisch. Denn die Psychiater bezweifelten lange Zeit, dass ein selbstständiges Fach Neurologie sinnvoll sei.

---

des Vermögens und nach Maßgabe ihrer Mitgliederzahl" auf die einzelnen wissenschaftlichen
Gesellschaften verteilt. Die 1953 gewählten Ehrenmitglieder der GDNP wurden, ebenso wie
die Korrespondierenden Mitglieder, in gleicher Eigenschaft in die *Deutsche Gesellschaft für
Psychiatrie und Nervenheilkunde* übernommen. Vgl. Protokoll der Sitzung des erweiterten Vorstandes der GDNP am 18.9.1955, DGPPN-Archiv Ordner 1 C.

[16]Vgl. Eisenberg, Emanzipation und Integration 2007. Zum Umgang mit der NS-Vergangenheit des
Fachs vgl. Fangerau/Martin/Karenberg, *Neurologen und Neurowissenschaftler* 2020.

[17]In der Bundesrepublik war dies zuerst die 1950 gegründete Deutsche EEG-Gesellschaft [heute
Deutsche Gesellschaft für Klinische Neurophysiologie und funktionelle Bildgebung (DGKN)],
später die Deutsche Sektion der Internationalen Liga gegen Epilepsie (1957, seit 2004 Deutsche
Gesellschaft für Epileptologie) und die Deutsche Gesellschaft für Neuroradiologie (1970). Heute
zusätzlich noch die *Deutsche Schlaganfallgesellschaft* (2001, DSG) und die *Deutsche Gesellschaft für Neurologische Intensiv- und Notfallmedizin* (DGNI, 2008). Zum allgemeinen Trend der
zunehmenden Binnendifferenzierung der Interessenvertretungen und zur Pluralisierung der Akteure
im Gesundheitswesen der letzten drei Jahrzehnte vgl. Gerlinger, Interessenvermittlung 2009.

[18]Bauer, Deutsche Gesellschaft für Neurologie 1982, S. 54.

6.2   Von den regionalen zur nationalen medizinisch-wissenschaftlichen Gesellschaft

In der DDR stellte sich die Situation der Fachorganisation anders dar: zum einen existierte eine gemeinsame *Gesellschaft für Psychiatrie und Neurologie*[19], zum anderen bestanden länger als in der Bundesrepublik nur regional organisierte Fachorganisationen. Nachdem der Alliierte Kontrollrat zunächst die medizinischen Standesorganisationen, Vereine und Fachgesellschaften aufgelöst hatte, ermöglichte der SMAD-Befehl Nr. 124 vom 21. Mai 1947 deren Neugründung in der sowjetischen Besatzungszone.[20] Anders als in Westdeutschland durften die medizinisch-wissenschaftlichen Gesellschaften jedoch nicht einfach mit ihren vereinsrechtlich noch existierenden Statuten wiederbelebt werden. Ihre Gründung erfolgte hier auch nicht aufgrund der privaten Initiative von Fachleuten, sondern war an die Universitäten gebunden. Die ersten Regionalgesellschaften für Psychiatrie und Neurologie gründeten sich an den Universitäten in Berlin, Greifswald/Rostock, Jena, Halle und Leipzig. 1954 kamen noch weitere an den neuentstandenen Medizinischen Akademien in Dresden, Erfurt und Magdeburg hinzu. So existierte ein nach Regionen aufgefächertes System von mehreren, direkt mit den jeweiligen Lehrstühlen verbundenen psychiatrisch-neurologischen Gesellschaften.[21]

Schon in den frühen 1950er Jahren mehrten sich allerdings die Stimmen, die die oftmals kleinen wissenschaftlichen Regionalgesellschaften nicht für effektiv hielten. Beanstandet wurde die mangelnde Qualität der von ihnen ausgetragenen Veranstaltungen und der fehlende überregionale Austausch. Bei der Gründung nationaler Fachgesellschaften ging es in der zweiten Hälfte der 1950er Jahre daher auch darum, eine

---

[19]Da sie von Neurologen und neurologisch ausgerichteten Psychiatern dominiert wurden, ist in den Quellen oftmals von den neurologisch-psychiatrischen Gesellschaften die Rede, obwohl der offizielle Titel eine andere Reihenfolge festlegte.

[20]Zuvor war bereits in den westlichen Besatzungszonen die Wiederzulassung gestattet worden.

[21]Vgl. Kumbier, Entstehung 2009, S. 404 f. Die Gründungsgeschichte der Regionalgesellschaften in Greifswald und Berlin dargestellt in ebd., S. 406–408. Die Protokolle der Gründungen der Regionalgesellschaften an den Universität Greifswald, Leipzig und Jena in: BA Berlin DQ 1/277. Die Tätigkeit der Berliner und der Leipziger Regionalgesellschaften in den 1960er Jahren ablesbar an den Protokollen in BA Berlin DQ 1/23.708. In beiden Aktenbänden sind auch die anlässlich der Treffen gehaltenen Vorträge enthalten. Deutlich wird in den angeführten Aktenbänden, wie wenig sich die Regionalgesellschaften in den Anfangsjahren mit Versorgungsfragen, Fragen der Aus- und Weiterbildung oder anderen Standesangelegenheiten befassten. Die Treffen dienten vorrangig der gegenseitigen wissenschaftlichen Information. Vgl. Radke, Kinder- und Jugendmedizin in der DDR 2016, S. 7; Wagner, Neurologie in der DDR 2007, S. 55. In Städten mit mehr als 25 Fachärzten eines Fachgebiets, aber ohne Universität, konnten Tochtergesellschaften gegründet werden, die an die Universität des jeweiligen Landes und später Bezirks angeschlossen waren. Dies betraf im Bereich der Psychiatrie unter anderem Dresden. Erst Ende der 1960er Jahre wurde die Bindung an die Universitäten aufgehoben. Der bis dato darauf verweisende Teil der Namensgebung wurde gestrichen. Zur Berliner Regionalgesellschaft vgl. Thomas, Berliner Gesellschaft für Psychiatrie und Neurologie 2002.

leistungsfähigere Organisationsform zu finden. Ausschlaggebend war aber das Bemühen, nach der Gründung der DDR den medizinischen Fachgesellschaften in der Bundesrepublik eigene nationale Gesellschaften entgegenzusetzen, auch im Hinblick auf deren Nutzen bei der internationalen Anerkennung des neuen Staates.[22]

Auf einen Beschluss des *Ministerrates der DDR* vom 8. Juli 1954 hin wurden zwischen 1956 und 1959 insgesamt sechs nationale medizinische Gesellschaften gegründet. Die Regionalgesellschaften wurden durch diesen Schritt zusammengeführt, ohne dass jedoch deren Eigenständigkeit aufgehoben wurde.[23] Eine nationale medizinisch-wissenschaftliche *Gesellschaft für Psychiatrie und Neurologie* entstand am 11. April 1956.[24] Sie ging weniger auf die Initiative der Regionalgesellschaften und damit der Lehrstuhlinhaber als auf Bestrebungen des *Ministeriums für Gesundheitswesen* zurück. Offizieller Gründungszweck der *Gesellschaft für Psychiatrie und Neurologie in der DDR* war die weitere Entwicklung und Förderung des Fachgebiets. In ihren Tätigkeitsbereich fielen Aufgaben der Forschung sowie Aus- und Weiterbildung.[25]

Die Regionalgesellschaften beschränkten sich auf die Ausrichtung lokaler Vortragsreihen und Kongresse und damit auf die Funktionen des wissenschaftlichen Erfahrungsaustauschs und der ärztlichen Fort- und Weiterbildung durch Vortragsveranstaltungen. Durch die nationale medizinisch-wissenschaftliche Gesellschaft erweiterte sich das Aufgabenspektrum. Sie war nun für die nationalen Kongresse, die zuvor vom *Ministerium für Gesundheitswesen*[26] organisiert wurden, zuständig. Den Gesellschaften oblagen

---

[22]Eine Mitgliedschaft von Regionalgesellschaften in den internationalen Fachvereinigungen war satzungsgemäß nicht möglich. Sie war ausschließlich nationalen Fachgesellschaften vorbehalten. Vgl. Kumbier, Entstehung 2009, S. 409.

[23]Vgl. ebd., S. 410.

[24]Die „Einheit des Fachs" war damit in der DDR auch im Rahmen der nationalen Fachgesellschaft gewährleistet. Vgl. Kurzprotokoll der Sitzung vom 11.4.1956 der Gesellschaft für Psychiatrie und Neurologie in der DDR, BA Berlin DQ 1/2661. Die Satzung, nebst ersten Änderungen in den 1950er Jahren im gleichen Aktenband. Erst 1980 gründete sich innerhalb der Gesellschaft für Psychiatrie und Neurologie eine Sektion Neurologie, die die fachliche Eigenständigkeit der Neurologie begründete. Seit 1980 bestand die GPN aus vier Sektionen: Psychiatrie, Neurologie, Kinderneuropsychiatrie und medizinische Psychologie. Vgl. Wagner, Neurologie in der DDR 2007, S. 55.

[25]Vgl. Wagner, Neurologie in der DDR 2007, S. 55.

[26]Bis zur Schaffung des *Ministeriums für Gesundheitswesen* im Jahr 1950 oblag die Kontrolle der Regionalgesellschaften der DZVG. Die DZVG ging ab Ende 1948, mit einigen institutionellen Zwischenschritten, bis 1950 im MfG auf. Ein *Ministerium für Arbeit und Gesundheitswesen* existierte nur zwischen dem 12.10.1949 und dem 15.11.1950. Danach gab es für beide Bereiche eigenständige Ministerien. Das *Ministerium für Gesundheitswesen der DDR* hatte im deutsch-deutschen Vergleich deutlich mehr Kompetenzen als das zudem erst 1961 geschaffene Gesundheitsministerium in der Bundesrepublik. Denn auch wenn die Sozialversicherung dem Geschäftsbereich des *Ministeriums für Arbeit* (MfA) unterstellt blieb, war das *Ministerium für Gesundheitswesen* die zentrale Behörde im Bereich des Gesundheitswesens. Es betrieb eine stark auf die Erfordernisse des Arbeitsmarktes orientierte Gesundheitspolitik. Vgl. Kahlenberg/Hoffmann, Sozialpolitik 2001, S. 167–176; Ernst, Prophylaxe 1997, S. 39; Boldorf, Sozialpolitische Denk- und Handlungsfelder 2007, S. 99.

fortan Überlegungen zur Ausgestaltung des medizinischen Unterrichts und der ärztlichen Fortbildung. Sie formulierten u. a. Standards für die Weiter- und postgraduale Ausbildung.[27] Sie wurden zugleich stärker in die Pflicht genommen, der sozialistischen Ausgestaltung des Gesundheitswesens und damit auch der Hochschulkaderpolitik und der Durchsetzung staatlicher Vorgaben zu dienen.[28] Einerseits waren somit vermehrt Eingriffsmöglichkeiten des Staates gegeben, andererseits wurden die medizinisch-wissenschaftlichen Gesellschaften aber auch gestärkt. Denn sie hatten nun die Möglichkeit, die Rolle einer repräsentativen Vertreterin des Faches gegenüber staatlichen Entscheidungsgremien zu übernehmen, im internationalen wissenschaftlichen Austausch als Akteure aufzutreten und zunehmend Einfluss auf die Profilierung von wissenschaftlichen Medien (Zeitschriften, Monografien, Lehr- und Handbücher) zu gewinnen.[29]

Nach dem Mauerbau wurden immer mehr nationale medizinisch-wissenschaftliche Gesellschaften gegründet. Ihre stark anwachsende Zahl erforderte die Gründung von fünf Dachorganisationen, die für die Verbindung der Fachgebiete untereinander sowie die Überführung wissenschaftlicher Erkenntnisse in die Praxis und die Erarbeitung von Empfehlungen für einen besseren Gesundheitsschutz der Bevölkerung verantwortlich waren.[30] Die bisherigen „nationalen" medizinisch-wissenschaftlichen Gesellschaften wurden zu Sektionen der Dachgesellschaften und entsandten Vertreter in deren erweiterte Präsidien. Auch die zahlreichen Regionalgesellschaften wurden integriert. Die *Gesellschaft für Psychiatrie und Neurologie* wurde der Dachorganisation *Deutsche Gesellschaft für Klinische Medizin* zugeordnet. Diese wurde schnell zur zahlenmäßig stärksten Dachgesellschaft. 1963 gehörten ihr 27 Gesellschaften, Sektionen oder Arbeitsgemeinschaften und 47 regionale Gesellschaften an. Anfang 1973 waren in ihr bereits fast 17.000 Mitglieder in insgesamt 35 Gesellschaften zusammengeschlossen.[31] Zu diesen gehörten nun

---

[27]Offenkundig wird der Unterschied zwischen den regionalen und der nationalen medizinisch-wissenschaftlichen Gesellschaft in den Protokollen der Vorstandssitzungen. In den Regionalgesellschaften ging es meist nur, und da auch nicht immer, in den Begrüßungsworten des Vorsitzenden kurz um standespolitische Fragen. Der Rest der Treffen war durch wissenschaftliche Vorträge belegt. Die Vorstandssitzungen der *Gesellschaft für Psychiatrie und Neurologie in der DDR* dienten demgegenüber nicht dem wissenschaftlichen Austausch. Hier wurden keine Fachvorträge gehalten, sondern wurde, auf den seltenen und meistens nicht vollzählig besuchten Sitzungen, Koordinationsarbeit geleistet.

[28]Vgl. Rohland/Spaar, Die medizinisch-wissenschaftlichen Gesellschaften 1973, S. 59–102.

[29]Vgl. Radke, Kinder- und Jugendmedizin in der DDR 2016, S. 9.

[30]Vgl. Rohland/Spaar, Die medizinisch-wissenschaftliche Gesellschaften 1973, S. 107 f. Zur Gründungssitzung der *Deutschen Gesellschaft für klinische Medizin* am 5.6.1962 vgl. ebd., S. 109–112. Die Frühgeschichte ausführlich dargelegt in: Matthes/Rohland/Spaar, Die medizinisch-wissenschaftlichen Gesellschaften 1981, S. 137–149.

[31]Vgl. Rohland/Spaar, Die medizinisch-wissenschaftlichen Gesellschaften 1973, S. 108–112 und S. 302–312. Mitgliedszahlen der Sektionen ebd., S. 195. Davon abweichende Zahlen in: Lüderitz/Arnold, Deutsche Gesellschaft für Kardiologie 2002, S. 80.

neben der *Gesellschaft für Psychiatrie und Neurologie der DDR* auch die *Gesellschaft für Ärztliche Psychotherapie der DDR*[32], die *Gesellschaft für Neurochirurgie der DDR*[33], die *Gesellschaft für Neuropathologie der DDR*[34] und die *Gesellschaft für Neuro-Elektrodiagnostik der DDR*[35].

6.3 Funktionen und Schlüsselpositionen in der Deutschen Gesellschaft für Psychiatrie und Nervenheilkunde

Der Vorstand

In der Bundesrepublik Deutschland besetzten bis 1975 folgende Personen die Führungspositionen der Fachgesellschaften: Als Vorsitzende des Vorstands der *Gesellschaft Deutscher Neurologen und Psychiater* amtierten ab 1948 Ernst Kretschmer (1948–1951) und Werner Villinger (1952–1954). Als Präsidenten der *Deutschen Gesellschaft für Psychiatrie und Nervenheilkunde*: Jürg Zutt (1954–1956), Friedrich Mauz (1957–1958), Hans Bürger-Prinz (1959–1960), Heinrich Kranz (1961–1962)[36], Hans Merguet (1963–1964)[37], Friedrich Panse (1965–1966), Robert Schimrigk (1967–1968)[38], Helmut Ehrhardt (1969–1970), Rudolf Degkwitz (1971–1972), Hanns Hippius (1973–1974) und Edmund Christiani (1975–1976). Der Präsident der DGPN wurde mehr ernannt als gewählt. Ein Vorschlag des Vorstandes war bereits gleichbedeutend mit der Präsidentenkür, da er bis einschließlich 1966 stets von der Mitgliederversammlung angenommen wurde. Erst seit der Wahl von Helmut Ehrhardt 1968 gab es Gegenkandidaten.

Anders als in der medizinisch-wissenschaftlichen Gesellschaft der DDR, in der der Vorsitzende meist für eine lange Zeit im Amt blieb, erfolgte der Wechsel an der Spitze der DGPN planmäßig alle zwei Jahre. Dies stellte die Fachgesellschaft vor organisatorische Probleme. Zwar waren die Präsidenten vor ihrer Amtsübernahme bis auf wenige Ausnahmen üblicherweise schon seit mehreren Jahren im Vorstand aktiv

---

[32]Gegründet 1961.

[33]1962 als *Vereinigung der Neurochirurgen in der DDR* gegründet.

[34]Gegründet 1967.

[35]Gegründet 1969. Zur Vorgeschichte der Gründung der einzelnen Sektionen vgl. Protokoll über die Vorstandssitzung der Gesellschaft für Psychiatrie und Neurologie in der DDR am 7.3.1963, BA Berlin DQ 1/3583 1 von 2.

[36]Nicht zu verwechseln mit dem Erbhygieniker und Kriminalbiologe Heinrich Wilhelm Kranz (1897–1945). Zu Heinrich Kranz (1901–1979) vgl. Schmuhl, Kaiser Wilhelm Institute für Anthropology 2008, S. 132.

[37]Mit Hans Merguet wurde erstmals nach 1945 ein Krankenhauspsychiater, der nicht zum Kreis der Lehrstuhlinhaber gehörte, zum Präsidenten gewählt.

[38]Robert Schimrigk war der erste niedergelassene Nervenarzt, der nach dem Zweiten Weltkrieg zum Präsidenten gewählt wurde.

gewesen, mit der Arbeit des Präsidenten selbst waren sie aber meist nicht eingehend vertraut. So lange sich dessen Aufgaben in einem überschaubaren Rahmen hielten, war dies unproblematisch. Es reichte, dass der Präsident nach Ablauf seiner Amtszeit automatisch für weitere zwei Jahre als 2. Vorsitzender der Gesellschaft agierte und damit dem neuen Präsidenten noch zur Seite stand. Zudem lag zwischen Amtsantritt zum jeweiligen Jahresbeginn und der vorangegangenen Wahl auf der Mitgliederversammlung im Oktober des Vorjahres eine Zeitspanne, die es dem designierten Präsidenten ermöglichte, sich einzuarbeiten. Ab Mitte der 1960er Jahre erhöhte sich aber der Arbeitsaufwand erheblich. Daher wurde in der Vorstandssitzung am 11. Dezember 1968 der Vorschlag geäußert, zeitgleich mit der Wahl eines neuen Präsidenten auch dessen Nachfolger zu bestimmen. Dieser Designatus-Präsident könne sich so jeweils zwei Jahre lang auf seine künftige Aufgabe vorbereiten und bereits in die Geschäfte mit einbezogen werden. Mit der angestrebten Dreierkonstellation könne „auch ein weniger optimaler Präsident (…) ohne größere Störungen der Geschäftsführung in Kauf genommen werden". Das Vorhaben wurde jedoch nicht umgesetzt.[39]

Aufgrund der kurzen Amtszeit der Präsidenten kam in der DGPN dem Schriftführer große Bedeutung zu. Er verband durch seine Person die verschiedenen, aufeinanderfolgenden Präsidentschaften. Da er einen Großteil der Unterlagen der Fachgesellschaft, insbesondere die Vorstandsprotokolle, verwaltete, fungierte er zudem als historisches Gedächtnis der Organisation. Er konnte sich – oft als einziger im amtierenden Vorstand – an lange zurückliegende Beschlüsse erinnern.[40] Für die *Gesellschaft Deutscher Neurologen und Psychiater* waren in der Nachkriegszeit Walter Theodor Winkler[41] (in den Jahren 1948 bis 1951) und Helmut Ehrhardt (in den Jahren zwischen 1952 und 1954) als Schriftführer tätig. Für die *Deutsche Gesellschaft für Psychiatrie und Nervenheilkunde* waren es Helmut Ehrhardt (zwischen 1954 und 1968), Werner Mende[42] (von 1969 bis 1974) und Paul Wilhelm Schulte (zwischen 1975 und 1980).

Da der Schriftführer eine so wichtige Funktion einnahm, konnte um diesen Posten auch ein veritabler Machtkampf ausbrechen. Dies erfuhr Helmut Ehrhardt im letzten

---

[39]Protokoll der Vorstandssitzung der DGPN am 11.12.1968, DGPPN-Archiv Ordner 1 G.

[40]Die Schriftführer sind zudem hervorzuheben, weil sie für die heutige Überlieferungslage von großer Bedeutung waren. Ihre Materialsammlungen machen einen Großteil der noch vorhandenen Akten aus. Ihr damaliger Blick auf Relevantes und Irrelevantes, so wie ihre eigene Geschichtspolitik präformieren also auch den Blick des heutigen Historikers.

[41]Walter Theodor Winkler (1914–1984), Studium bei Friedrich Mauz, Promotion bei Ernst Kretschmer in Tübingen, dort auch Oberarzt. In den 1960er Jahren wurde er Leiter des Landeskrankenhauses Gütersloh. Zwischen 1969 und 1973 war er Vorsitzender der *Allgemeinen Ärztlichen Gesellschaft für Psychotherapie*. Winkler war zudem Mitglied der Psychiatrie-Enquete-Kommission. Er galt als ausgewiesener Fachmann und angenehmer Verhandlungspartner, weil er die Kenntnisse von Psychiatrie und Psychoanalyse mit langjähriger klinischer Erfahrung verband.

[42]Werner Mende (1919–2003): Professor für Forensische Psychiatrie an der LMU München.

Drittel der 1960er Jahre, nachdem er bereits 13 Jahre das besagte Amt innehatte. Angegriffen wurde er vonseiten der Lehrstuhlinhaberkonferenz, insbesondere von Joachim-Ernst Meyer (1917–1998)[43]. Dieser hielt es in einem als vertraulich markierten Schreiben an die Führungsriege der DGPN für unvermeidlich, „daß Herr Kollege Ehrhardt trotz seiner außerordentlichen Erfahrung nicht länger einziger Schriftführer unserer Gesellschaft bleibt". Zwei Gründe nannte er als ausschlaggebend. Erstens gäbe es durch die lange Amtszeit Ehrhardts schon seit Jahren niemand anderen mehr, der mit den anfallenden und für die Zukunft des Fachs entscheidenden Problemen „wirklich vertraut ist". Zweitens habe Ehrhardt die jeweiligen Experten in der Fachgesellschaft nicht selten übergangen und ganz absichtlich eine unzureichende Informationspolitik betrieben. Daher schlug Meyer 1967 in einem Grundsatzpapier vor, künftig drei gleichberechtigte Schriftführer zu benennen, deren Funktion auf mindestens zwei, aber maximal vier Jahre beschränkt werden sollte. Diesen drei Schriftführern seien klar voneinander abgegrenzte Aufgabengebiete zuzuteilen. Eine derartige Organisation würde, so die Argumentation Meyers, das Präsidentenamt stärken, entspräche den „Verhältnissen in anderen Ländern" und würde zu einer geringeren individuellen Arbeitsbelastung führen. Dadurch seien auch leichter Kollegen zu finden, die zur Mitarbeit bewegt werden könnten.[44]

Zu den Vorwürfen und der beabsichtigten Beschneidung seiner Kompetenzen musste Ehrhardt Stellung beziehen. In seinem ebenfalls vertraulichen Antwortschreiben an ausgewählte Vorstandsmitglieder führte er als erstes aus, dass der Wunsch Meyers „mich endlich aus der Stellung des Schriftführers verschwinden zu sehen (…) verständlich und nicht neu" sei. Insbesondere emeritierte oder kurz vor ihrer Emeritierung stehende Lehrstuhlinhaber hätten sich auch schon zuvor mit Angriffen auf seine Position hervorgetan. Dabei sei vor allem seine „Machtstellung" oder die Rolle als „graue Eminenz" beklagt worden. Hingegen sei nicht ein einziges Mal „ein präzisiertes sachliches Argument vorgebracht [worden], es war immer nur der persönliche Ärger". Demgegenüber würde Meyer „nunmehr mit jugendlichem Elan ein solches sachliches Argument" anführen. Mit diesem setzte sich Ehrhardt dann auch eingehend auseinander. Er zeichnete dabei das Bild Meyers als eines persönlich verärgerten Opponenten und wies jeden „Vorwurf eines irgendwie gearteten Mißbrauches meines Amtes als Schriftführer der DGPN (…) nachdrücklich zurück". Die Änderungsvorschläge Meyers lehnte er kategorisch ab. Hinter ihnen stecke „die – vielleicht unbewußte – Vorstellung vom allmächtigen Präsidenten-Ordinarius, der die Arbeitswilligkeit und den Arbeitseifer von drei förderungsbedürftigen

---

[43]Joachim-Ernst Meyer: Aus- und Weiterbildung bei Richard Jung, Willibald Scholz, Kurt Kolle, Kurt Beringer und Wilhelm Mayer-Gross. Seit 1963 Lehrstuhlinhaber für Psychiatrie an der Universität Göttingen.

[44]Meyer, Einige Gesichtspunkte zur geplanten Umorganisation der Funktion des Schriftführers unserer Gesellschaft 1967, DGPPN-Archiv Ordner 1 R, dort auch die angeführten Zitate.

Karriere-Aspiranten planmäßig einsetzt". Solcherlei könne jedoch allenfalls eine kurze Zeit gut gehen und auch nur, wenn überhaupt drei Kandidaten aufzutreiben wären. Er plädiere dafür, „tradierte Prinzipien der sog. Selbstverwaltung im Naturschutzpark unserer Universitäten, deren Insuffizienz immerhin so eklatant ist, daß sie Hauptgegenstand aller ernstzunehmenden Reformpläne sind", nicht auf die Geschäftsführung der DGPN zu übertragen.[45] Zudem, so Ehrhardt weiter, könne ein Schriftführer auf den meisten Gebieten gar nicht innerhalb von zwei Jahren zum „Fachmann" werden, da es bei vielen Themen Aufmerksamkeitskonjunkturen mit teils längeren Ruhephasen gebe. Die von ihm selbst entworfenen Satzungen der DGPN seien hier ausreichend, gehörten „zu den besten ihrer Art" und bedürften keiner Veränderung. Unter ihnen sei man schließlich zur zahlenmäßig stärksten medizinischen Fachorganisation Europas geworden. Das Beispiel Frankreich, wo die Landschaft der psychiatrischen Fachgesellschaften „in ein halbes Dutzend und mehr Splittergruppen" zerfalle und wo deren Präsidenten sich nur noch „endlose Prestigekämpfe" lieferten, zeige, wie eine fehlerhafte Reform der Organisationsstruktur in Bedeutungslosigkeit münden könne. Ehrhardt, der hier ganz offensichtlich auch sein Lebenswerk bedroht sah, wollte die nationale und internationale Einflusslosigkeit der französischen Fachgesellschaften jedenfalls nicht auch in der Bundesrepublik riskieren. Im letzten Abschnitt seines Briefes beschwichtigte er jene „wenigen Ordinarien, denen ich ein ständiger Dorn im Auge bin". Zum einen werde die langfristige Entwicklung ohnehin zum hauptberuflichen Funktionär in der DGPN gehen. Zum anderen habe er gar nicht die Absicht, auf Lebenszeit den Schriftführer der DGPN zu „spielen". Der Posten sei für ihn keine Frage der Karriere mehr. Zudem werde er jede demokratische Entscheidung einer qualifizierten Mehrheit gegen sich akzeptieren, er werde sich aber „ganz sicher nicht in schäbige[r] Form (…) abschieben lassen".[46]

Damit herrschte zunächst Ruhe. Als es aber eineinhalb Jahre später um die allgemeine Neuorganisation der Fachgesellschaft ging, wurde auf der Vorstandssitzung vom 11.12.1968 erneut die Forderung nach einer Begrenzung der Amtszeit des Schriftführers erhoben. Dabei kam es nach einer – nicht im Detail überlieferten – konfliktreichen Debatte zu einer Einigung. Angenommen wurde der Vorschlag Friedrich Panses, die Amtszeit des Schriftführers auf sechs Jahre auszudehnen und eine Wiederwahl zuzulassen.[47] Diese Neuregelung betraf Ehrhardt ohnehin nicht mehr, da dieser bereits

---

[45]Alle Zitate aus: Ehrhardt, Zur Frage der Geschäftsführung in der DGPN. Vertrauliches Schreiben vom 28.4.1967, DGPPN-Archiv Ordner 1 R.

[46]Ebd.

[47]Bis dahin hatte sich Ehrhardt alle zwei Jahre auf der Jahrestagung neu bestätigen lassen. Vgl. Protokoll der Vorstandssitzung der DGPN am 11.12.1968, DGPPN-Archiv Ordner 1 G.

als neuer Präsidenten der DGPN feststand. In dieser Funktion hielt er sich in der Amts-
führung zurück. Selbst an der Vorbereitung der Satzungsänderung war er, anders als in
allen Jahren zuvor, nicht mehr beteiligt.[48]

Die Übernahme der Präsidentschaft wurde von seinen Opponenten wahrscheinlich als Höhepunkt von Ehrhardts Machtakkumulation gedeutet, der ein langsamer,
aber absehbarer Einflussverlust folgen würde. In seiner Zeit als Vizepräsident wurde
Ehrhardt dann auch erneut aus der Gesellschaft selbst heraus angegriffen. Der Vorwurf
war nun ein ganz konkreter: Der des Missbrauchs von DGPN-Geldern. Ehrhardt habe
aus Mitteln der Fachgesellschaft Auslandsreisen finanziert, die er auch für eigene berufliche und private Zwecke nutzte. Nachdem die Mitgliederversammlung 1972 in Wiesbaden den Kassenbericht moniert und eine detailliertere Ausgabenauflistung gefordert
hatte, wurde der Vorwurf gegen Ehrhardt erstmalig in der Nachsitzung des Vorstands zur
Mitgliederversammlung – von Hanns Hippius (*1925), seinerzeit designierter Präsident
– ausgesprochen. Die damals noch recht leisen Töne müssen sich schon bald zu einem
unüberhörbaren Gemurmel verdichtet haben. Die vom Kassenwart öffentlich genannte
Gesamtsumme von Reisekosten für Ehrhardt in Höhe von 60.000,-- DM erweckte den
Eindruck, hier habe jemand DGPN-Gelder für seine eigenen Weltreisen genutzt.[49]

Der Zeitpunkt des Angriffs war von seinen Gegnern gut gewählt. Ein neuer Vorstand
stand bereits fest, und die Amtszeit Ehrhardts als Vizepräsident näherte sich dem unaus-
weichlichen Ende. Der Noch-Präsident Degkwitz wollte unter diesen Bedingungen
keine größere Affäre aus der Angelegenheit machen. Offiziell teilte er Ehrhardt mit,
er habe selbst keinen Zweifel daran, dass dieser korrekt gehandelt habe. Dennoch sah
sich Ehrhardt gezwungen, sein bisheriges Wirken – und auch sein Vermächtnis – zu
verteidigen. Er teilte dem DGPN-Präsidenten schriftlich mit, dass die Vorwürfe nichts
weiter seien als Infamie. Seine Funktionärstätigkeit sei jahrzehntelang ehrenamtlich
gewesen, eigentlich sogar ein privates Zuschussgeschäft. Allerdings war Ehrhardt wohl
auch klar, dass er allein mit Hinweis auf seine Verdienste die Angriffe nicht würde
abwehren können. Wie ernst Ehrhardt die Vorwürfe nahm, zeigt die mit Akribie und

---

[48]Ehrhardt blieb nach seiner Präsidentschaft sowohl als international sichtbarer Vertreter der
DGPN als auch als Ausschussmitglied und später als Leiter des historischen Referats der DGPN
ein einflussreiches Mitglied der Fachgesellschaft. In den 1980er Jahren wurde er als „lebender
Ploetz" und „authentischem Kenner aller relevanten Dinge" zum Referenten für „Geschichte der
DGPN" ernannt. Vgl. Meyer-Lindenberg an Ehrhardt, Schreiben vom 24.01.1989, DGPPN-Archiv,
Handakte Ehrhardt aus der Präsidentschaft Meyer-Lindenbergs, ohne Signatur.

[49]Vgl. Helmut Ehrhardt an Rudolf Degkwitz, Schreiben vom 6.11.1972, DGPPN-Archiv Ordner
1 H; Rudolf Degkwitz an Helmut Ehrhardt, Schreiben vom 9.11.1972, DGPPN-Archiv Ordner
1 H. Ehrhardts Reisepraxis war in den 1950er und 1960er Jahre nicht unüblich. Ähnliches findet
sich auch in anderen Bereichen, etwa in der Industrie. Üblicherweise wurden berufliche Auslandsreisen mit Bildungsreisen verbunden und gelegentlich auch die Ehefrauen mitgenommen.

hohem Aufwand zusammengestellte Auflistung seiner Reisetätigkeit und der dafür der DGPN berechneten Kosten.[50]

Der Skandal um Ehrhardts Reisen läutete keinen Personalwechsel in der DGPN ein. Er zog unter ihn einen Schlussstrich. Villinger war bereits 1961, Kretschmer 1964 gestorben. Alle nach Ehrhardt amtierenden Präsidenten der DGPN waren nicht mehr im Deutschen Kaiserreich geboren.[51] Sie teilten die Sozialisations- und Kriegserfahrungen der vorher dominierenden Alterskohorte nicht mehr. Ehrhardt wurde mit seiner 1972 erschienenen Chronik *130 Jahre Deutsche Gesellschaft für Psychiatrie und Nervenheilkunde* noch ein ehrender Abschluss gewährt – eine Gelegenheit, die er zu nutzen wusste, um seine eigene Aufbauarbeit ins rechte Licht zu rücken – aber es war eben doch ein Abschluss. Das Machtzentrum hatte sich schon zuvor zu verschieben begonnen.

Ausschussarbeit

Die DGPN war, wie viele andere Fachgesellschaften im deutschsprachigen Raum auch, auf ehrenamtliches Engagement angewiesen. Neben den jeweiligen Präsidenten waren insbesondere Schriftführer und Kassenwart für das Funktionieren der Gesellschaft verantwortlich. Seit der zweiten Hälfte der 1960er Jahre nahmen jedoch die Positionen mit besonderen Befugnissen in der DGPN zu. Das zeigt ein Blick auf deren Ausschüsse.

Die *Konferenz der Lehrstuhlinhaber* und der *Ständige Ausschuß für Krankenhausfragen*[52] waren seit den Anfängen wichtige Gremien der DGPN.[53] Mitte der 1960er Jahre zeigte sich jedoch Bedarf an weiteren Ausschüssen. Das bisherige System war an seine Grenzen gestoßen. Auf der 1966 in Düsseldorf einberufenen Mitgliederversammlung wurde daher intensiv über die Organisationsstruktur und deren Effektivität debattiert. Da bei einer aktuellen Mitgliederzahl von 1100 und einem Mitgliedsbeitrag von 10,-- DM pro Jahr an die Einrichtung eines ständigen Büros mit hauptamtlichen Kräften nicht zu denken war, wurde beschlossen, die „ständig wachsenden Anforderungen" in Zukunft auf eine Reihe neu zu schaffender Ausschüsse zu verteilen. Diese sollten klar

---

[50]Vgl. Rudolf Degkwitz an Helmut Ehrhardt, Schreiben vom 9.11.1972, DGPPN-Archiv Ordner 1 H; Helmut Ehrhardt an Rudolf Degkwitz, Schreiben vom 6.11.1972, ebd.

[51]Schon Ehrhardt war mit seinem Geburtsjahrgang (1914) deutlich jünger als die vorherigen Präsidenten gewesen (Geburtsjahrgänge 1887–1904), Sein Nachfolger Degkwitz, 1920 geboren, war klar einer anderen Generationskohorte zuzuordnen.

[52]Bis zur Mitgliederversammlung 1964 *Ständiger Ausschuss für Anstaltsfragen*. Die Geschichte des Ausschusses ist von Ehrhardt dargelegt im Protokoll der Mitgliederversammlung der DGPN vom 3.10.1964.

[53]Die Direktorenkonferenz der Universitäts-Nervenkliniken war erstmalig am 4.7.1953, also noch zu Zeiten der GDNP, zusammengetreten. Vgl. Protokoll der Sitzung der Direktoren der Univ.-Nervenkliniken des Bundesgebietes am 4.7.1953, DGPPN-Archiv Ordner 1 C.

abgegrenzte Aufgabenbereiche bearbeiten und Entscheidungsvorlagen formulieren. Die Satzungsänderung von 1964 hatte dazu bereits den Weg geebnet.

Für die Umsetzung dieses Beschlusses wurde ein Gremium bestimmt, das Vorschläge für die Anzahl und die Aufgabengebiete der Ausschüsse erarbeiten sollte. Diesen Empfehlungen folgend gründete die DGPN entsprechend eines Mitgliederbeschlusses vom 7. Juni 1968 sechs neue Ausschüsse[54]: den *Ausschuß für Fragen der Ausbildung, Weiterbildung und Fortbildung*[55], den *Ausschuß zur Pflege internationaler Beziehungen*[56], den *Ausschuß für Rechtsfragen*[57], den *Ausschuß für Fragen der Psychotherapie*[58], den *Ausschuß für Öffentlichkeitsarbeit*[59] und den *Ausschuß für Organisationsfragen*[60]. Auf der Mitgliederversammlung anlässlich des DGPN-Kongresses vom 12. bis 15. Oktober 1968 in Wiesbaden berichteten die Vorsitzenden der Ausschüsse erstmalig von ihrer Arbeit und ihren weiteren Vorhaben.[61]

Bald schon stellten die Vorsitzenden der neuen Ausschüsse Ansprüche im Vorstand der DGPN. Am 11. Dezember 1968 wurde daher erörtert, ob die Ausschussvorsitzenden generell nur eine beratende Funktion besäßen, ob sie immer an den Vorstandssitzungen teilnehmen dürften und inwieweit ihnen als möglicherweise dann ständige Vorstandsmitglieder auch das Stimmrecht eingeräumt werden müsste. Anders als in den sonst als Ergebnisprotokoll überlieferten Mitschriften der Vorstandssitzungen waren diese Punkte so umstritten, dass im damaligen Sitzungsprotokoll sämtliche Stellungnahmen detailliert wiedergegeben wurden. Gegen ein Stimmrecht der Ausschussmitglieder im

---

[54]Vgl. Mitteilungen der DGPN, in: Der Nervenarzt 9 (1968), S. 430–432, hier S. 430; Ehrhardt, 130 Jahre DGPN 1972, S. 32–34.

[55]Vorsitz: Derwort (Gießen), Mitglieder: Claessen (Köln), Harbauer (Frankfurt), Hippius (Berlin), Kulenkampff (Düsseldorf), Jacob (Marburg), Meyer (Homburg a. d. S.), Richter (Gießen), Schulte (Tübingen), Skalweit (Berlin), Wieck (Erlangen).

[56]Vorsitz: Hippius (Berlin), Mitglieder: v. Baeyer (Heidelberg), Claessen (Köln), Ehrhardt (Marburg), Meyer (Göttingen), Ploog (München), Stockhausen (Bonn), Witter (Homburg a. d. S.).

[57]Vorsitz: Ehrhardt (Marburg), Mitglieder: Bresser (Köln), Hanack (Heidelberg), Lienau (Hamburg), Mende (Tübingen), Scheurle (Bedburg-Hau), Stutte (Marburg), Witter (Homburg a. d. S.).

[58]Vorsitz: Bräutigam (Heidelberg), Mitglieder: Dührssen (Berlin), Henrich (Koblenz), Langen (Mainz), Meyer (Göttingen), Richter (Gießen), Schulte (Tübingen), Weitbrecht (Bonn), Winkler (Gütersloh).

[59]Vorsitzender Kulenkampff (Düsseldorf), Mitglieder: v. Ditfurth (Mannheim), Häfner (Heidelberg), Lempp (Tübingen), Römer (Hamburg), Scheid (Köln), Schulz (Günzburg), Weitbrecht (Bonn), Wieser (Bremen).

[60]Vorsitz: Kulenkampff (Düsseldorf), Mitglieder: v. Baeyer (Heidelberg), Bekker (Ansbach), Kisker (Hannover), J.E. Meyer (Göttingen), Müller (Köln), Ploog (München).

[61]Vgl. Ehrhardt, 130 Jahre DGPN 1972, S. 34.

Vorstand optierten Wolf Skalweit (1900–1986)[62], Heinz Sollmann (1908–1971)[63], Robert Schimrigk und Helmut Ehrhardt. Dafür sprachen sich Werner Mende und Hanns Hippius aus. Die Gegner der Ausweitung des Vorstands wandten ein, dass die verschiedenen Gruppen schon über die Vertreter der Lehrstuhlinhaber, der Krankenhauspsychiater und der niedergelassenen Nervenärzte im Vorstand vertreten seien. Sie befürchteten, dass eine noch größere Anzahl an Mitgliedern die Effektivität der Vorstandsarbeit beeinträchtigen werde. Die Befürworter versprachen sich hingegen eine breitere Meinungsbildung. Zudem verwiesen sie auf eine notwendige Gleichstellung der Ausschüsse. Versage man den neuen Ausschüssen das Stimmrecht, so müsse man dieses auch dem *Ständigen Ausschuß für Krankenhausfragen* und der *Konferenz der Lehrstuhlinhaber* aberkennen. In diesen Diskussionen ist ein neuer Ton innerhalb des Vorstands der DGPN deutlich zu vernehmen. Dazu gehörte auch die Forderung von Hippius, die Wahl der Ausschussvorsitzenden zukünftig nach „demokratischen Spielregeln" abzuhalten.[64]

Die Kontroverse um die Stellung der Ausschüsse beruhigte sich nicht. Erst am 26. Mai 1972 nahm der Vorstand der DGPN einen Entwurf über deren zukünftige Organisation an. Er zielte damit auf die Verringerung der Zahl der Mitglieder in den Ausschüssen. Auf Vorschlag von Hanfried Helmchen (*1933) beschlossen die Anwesenden, die genaue Anzahl zwar den jeweiligen Ausschussvorsitzenden zu überlassen, aber eine Empfehlung von vier, maximal sechs Personen auszusprechen. Für diese Gruppe, so das Angebot des Vorstands an die Ausschussmitglieder, würden dann auch die Reisekosten erstattet werden. Beschlossen wurde zudem, die „Ausschussvorsitzenden" in „Referenten des Vorstandes" umzubenennen. Die sechs Ausschüsse, von nun an Referate genannt, waren damit ab sofort dezidiert Einrichtungen des Vorstandes zur Unterstützung seiner Arbeit. Sie wurden also nach außen nur im Auftrag oder gemeinsam mit dem

---

[62]Wolf Skalweit: Studium und Promotion in Hamburg. Assistenzarzt, Oberarzt, Privatdozent und ab 1939 Professor an der Universität Rostock. 1934–1935 Ausbildung in nationalsozialistischer Erb- und Rassenpolitik, Erbgesundheitsobergericht Rostock. Ab 1934 stellvertretender Kreismedizinalrat für Erbgesundheitspflege und stellvertretender Amtsarzt in Rostock. 1934–1939 Vorsitzender des Ortsverband Rostock der *Deutschen Gesellschaft für Rassenhygiene*. Ab 1937 Kreisbeauftragter des Rassenpolitischen Amts der Gauleitung Mecklenburg der NSDAP. Ab 1939 Beratender Militärpsychiater. Nach der Kriegsgefangenschaft Tätigkeit im Landeskrankenhaus Wuppertal und der Landesklinik für Hirnverletzte (Bonn). Ab 1951 Dirigierender Arzt und ab 1953 stellvertretender Direktor der Karl-Bonhoeffer-Heilstätten Berlin. Vgl. Eintrag von "Wolf Skalweit" im Catalogus Professorum Rostochiensium, URL: https://purl.uni-rostock.de/cpr/00003457; Buddrus/Fritzlar, Professoren 2007, S. 387–389.

[63]Sollmann war vom Gründungstag bis zu seinem Tod Kassenführer der DGPN, zudem war er zwischen 1959 und 1964 Vorsitzender, ab 1964 stellvertretender Vorsitzender des *Ständigen Ausschusses für Krankenhausfragen in der DGPN*. Sollmann hatte während des Zweiten Weltkrieges in Breslau unter Werner Villinger gearbeitet. Er verbrachte vier Jahre in russischer Kriegsgefangenschaft, wurde 1952 zum Direktor des Psychiatrischen Krankenhauses in Haina ernannt. Vgl. Ehrhardt, Heinz Sollmann zum Gedächtnis 1972, S. 500.

[64]Protokoll der Vorstandssitzung der DGPN am 11.12.1968, DGPPN-Archiv Ordner 1 G.

Vorstand tätig und waren damit formal dem *Ständige Ausschuß für Krankenhausfragen* und der *Konferenz der Lehrstuhlinhaber* nicht gleichgestellt.[65]

Finanzen und Kassenlage

Belastbare Aussagen zur Finanzlage der DGPN sind für die ersten 20 Jahre leider nicht möglich, genaue Zahlen aus den 1950er und 1960er Jahren fehlen. Rückblickend stellte Helmut Ehrhardt fest, „wenn man den relativ niedrigen Mitgliederstand in den ersten 10 Jahren einbezieht", bedürfe es „keiner besonderen mathematischen Begabung", um sich ein Bild von der anfänglichen Kassenlage zu machen. Jedes Mitglied der DGPN hatte zunächst einen Jahresbeitrag von 5,-- DM zu bezahlen. 1960 beschloss die Mitgliederversammlung eine Erhöhung auf 10,-- DM pro Jahr. 1970 erfolgte eine weitere Erhöhung auf jährlich 25,-- DM. 1951 hatte die GDNP 198 Mitglieder, bis 1966 waren es in der DGPN 1100 geworden. In der ersten Hälfte der 1970er Jahre – im Zeichen der Auseinandersetzung um die Psychiatrie-Enquete – erfolgte ein neuer schubhafter Anstieg der Mitgliederzahl.[66]

Als Grund für die Beitragserhöhung im Jahr 1970 nannte der Vorstand die „allseits gewünschte Aktivierung der Ausschußarbeit".[67] Zur damaligen Zeit belief sich das Vermögen der DGPN auf 16.000,-- DM. Das entsprach etwa der Summe der jährlichen Ausgaben.[68] Der Vermögensbestand der Gesellschaft schrumpfe jedoch von Jahr zu Jahr um mehrere tausend Mark. Der Spesenapparat „verschlinge" das meiste Geld.[69] Die nun beschlossene Beitragserhöhung konnte die steigenden Kosten allerdings auch nur kurz auffangen. Schon fünf Jahre später stand eine neuerliche Anhebung der Mitgliedsbeiträge zur Debatte. So berichtete Kassenführer Mende auf der Außerordentlichen Mitgliederversammlung am 24. Mai 1975 über die unausgeglichene Ein- und Ausgabensituation. Die Einnahmen kamen fast ausschließlich aus den Mitgliedsbeiträgen und beliefen sich auf eine Summe von 30.000,-- DM jährlich. Um die neuen Anforderungen (Betriebskosten der Geschäftsstelle, Auslagen der Vorstandsmitglieder, Referatsleiter und der zu den Sitzungen der Referate zugezogenen Sachverständigen, Briefverkehr mit den Mitgliedern und Mitgliedsbeiträge an die internationalen Organisationen) zu

---

[65]Vgl. Protokoll der Vorstandssitzung der DGPN am 26.5.1972, DGPPN-Archiv Ordner 1 D; Entwurf für die Diskussion über die künftige Organisation der Ausschüsse der DGPN bei der nächsten Vorstandssitzung, DGPPN-Archiv Ordner 1 G.

[66]Vgl. Helmut Ehrhardt an Rudolf Degkwitz, Schreiben vom 6.11.1972, DGPPN-Archiv Ordner 1 H, Zitat ebd. Die Mitgliedszahlen aus: Ehrhardt, 130 Jahre DGPN 1972, S. 19 und 32.

[67]Ehrhardt, 130 Jahre DGPN 1972, S. 38.

[68]Vgl. Protokoll der Vorstandssitzung der DGPN am 22.10.1970, DGPPN-Archiv Ordner 1 G. Zuvor war von Sollmann noch eine Beitragserhöhung auf mindestens 30,-- DM gefordert worden. Er verwies dabei darauf, dass andere medizinische Gesellschaften noch „sehr viel höhere Beiträge" erhoben. Vgl. Protokoll der Vorstandssitzung der DGPN am 22.10.1970, DGPPN-Archiv Ordner 1 E.

[69]Vgl. Protokoll der Vorstandssitzung der DGPN am 1.5.1970, DGPPN-Archiv Ordner 1 G.

erfüllen, sei aber ein Jahresbudget von 70.000,-- DM notwendig.[70] Für seine Stellungnahme auf der Mitgliederversammlung hatte der Vorstand die Zahlen zum einen nach
unten, zum anderen nach oben gerundet, um die Dringlichkeit einer Lösung herauszu-
streichen. Ein interner Zwischenbericht über die Kassenlage, der zwei Monate zuvor
erstellt worden war, hatte noch von Einnahmen von jährlich 35.000,-- DM aus Mitglied-
schaftsbeiträgen, einem Vermögen von 30.000,-- DM und notwendigen Ausgaben von
60.000,-- DM gesprochen. Zudem hatte allein der DGPN-Kongress des Jahres 1974
19.000,-- DM Überschuss erwirtschaftet.[71]

Um die prognostizierten Kosten decken zu können, schlug der Vorstand 1975 vor,
zwei Mitgliederkategorien zu bilden.[72] Für Kollegen in Weiterbildung sollte der Jahresbeitrag weiterhin 25,-- DM betragen, für Kollegen mit abgeschlossener Facharztausbildung auf 80,-- DM steigen. Damit, so Mende, sei ein ausreichender Spielraum für
die neue Ausschussarbeit geschaffen und ließen sich die inflationsbedingten „Preis-
erhöhungen für eine gewisse Zeit wenigstens auffangen".[73] Die Mitgliederversammlung
entschied sich jedoch für eine andere Regelung: Alle angestellten und beamteten Ärzte
und Ärztinnen in Krankenhäusern, Kliniken, Sanatorien, an Gesundheitsämtern, im
Dienst der Bundeswehr und anderen öffentlichen Einrichtungen ohne selbstständige
Liquidationsberechtigung zahlten zukünftig 50,-- DM jährlich, alle niedergelassenen
Ärzte 100,-- DM. Die Beitragserhöhung wurde von der außerordentlichen Mitgliederver-
sammlung genehmigt und trat zum 1. Januar 1976 in Kraft.[74] In den darauffolgenden
Jahren sollte sich die Kassenlage der DGPN stetig verbessern. Zum 26. November
1976 hatte die Gesellschaft ein Vermögen von fast 62.000 DM angehäuft und Jahr für
Jahr einen deutlichen Einnahmenüberschuss erzielt.[75] Das lag auch daran, dass sich die
DGPN seit einigen Jahren intensiv und kontinuierlich um neue Mitglieder bemühte.

---

[70]Protokoll der außerordentlichen Mitgliederversammlung der DGPN am 24.5.1975, DGPPN-
Archiv Ordner 1 L.

[71]Vgl. Zwischenbericht über die gegenwärtige Kassenlage und Kostenvoranschlag, internes
Dokument vom 13.3.1975, in: DGPPN-Archiv Ordner 1 L.

[72]Dies war schon 1970 angedacht worden. Damals sollten „nachgeordnete Ärzte" 15,-- DM, alle
anderen 30,-- DM zahlen, wobei man die Professoren und Chefärzte auffordern wollte, freiwillig
einen Jahresbeitrag von 50,-- DM zu zahlen. Diskussionen gab es dabei über die Belastung für
die niedergelassenen Nervenärzte. Vgl. Protokoll der Vorstandssitzung der DGPN am 1.5.1970,
DGPPN-Archiv Ordner 1 G.

[73]Zwischenbericht über die gegenwärtige Kassenlage und Kostenvoranschlag, internes Dokument
vom 13.3.1975, DGPPN-Archiv Ordner 1 L.

[74]Vgl. Protokoll der außerordentlichen Mitgliederversammlung der DGPN am 24.5.1975, in:
DGPPN-Archiv Ordner 1 L.

[75]Vgl. Kassenbericht für die Jahre 1977 und 1978, in: DGPPN-Archiv Ordner 1 L.

Mitgliederstruktur

1970 hatte die DGPN, wie erwähnt, ungefähr 1100 Mitglieder. Über ein Zehntel von ihnen hatte allerdings seit Jahren keine Beiträge mehr bezahlt, weswegen nun 126 Karten aus der Mitgliederkartei „ausgekämmt" wurden, mehrheitlich von Krankenhauspsychiatern.[76] Um diesen Verlust auszugleichen, plante der Vorstand Ende 1969 eine Werbeaktion. Und dies mit Erfolg. Durch eine intensivierte Mitgliederwerbung kam es zu einem beträchtlichen Zuwachs an Neuanträgen. Am 1. Mai 1970 stellte der Vorstand erfreut fest, dass bereits 171 Anmeldungen zu verzeichnen waren.[77] Bis Oktober 1972 waren 248 Anträge auf Aufnahme in die Gesellschaft eingegangen.[78]

Für die ersten Jahre der Fachgesellschaft fehlen Angaben hinsichtlich der Zusammensetzung der Mitglieder. Erst Ende der 1960er Jahre stieg das Bedürfnis des Vorstands nach aussagekräftigen Mitgliederdaten. Damals war das Mitgliederverzeichnis veraltet – es existierte lediglich eine Karteikartensammlung über die eingegangenen Beiträge.[79] Daher wurde 1968 beschlossen, den Druck eines Mitgliederverzeichnisses vorzubereiten. Hierzu wurde in einer Sondernummer des *Mitteilungsblatts der psychiatrischen Landesverbände und des Ständigen Ausschusses für Krankenhausfragen* der *Deutschen Gesellschaft für Psychiatrie und Nervenheilkunde* eine Namensliste veröffentlicht und die Leser/-innen darum gebeten, die darin enthaltenen Daten abzugleichen und zu ergänzen.[80] Ende 1968 teilte Kassenführer Sollmann im Vorstand mit, dass von den rund 1000 Mitgliedern etwa 150 Hochschullehrer, 350 niedergelassene Ärzte und rund 500 Krankenhausärzte seien.[81] Mitte 1970 waren 40 % der Mitglieder Krankenhauspsychiater.[82] Weniger als zwei Prozent der Mitglieder lebten und arbeiteten in der DDR. In der 1970 im *Nervenarzt* veröffentlichten Mitgliederliste finden sich lediglich achtzehn dort ansässige Personen.[83]

Über die Alterszusammensetzung der Mitglieder lässt sich nur mutmaßen. In den 1970er Jahren wurde aber in der DGPN verschiedentlich thematisiert, man sei ein

---

[76]Vgl. Protokoll der Vorstandssitzung der DGPN am 9.7.1969, DGPPN-Archiv Ordner 1 G.

[77]Der Mitgliederstand betrug nun 1184. Vgl. Protokoll der Vorstandssitzung der DGPN am 1.5.1970, DGPPN-Archiv Ordner 1 G.

[78]Vgl. Protokoll der Vorstandssitzung der DGPN am 22.10.1970, DGPPN-Archiv Ordner 1 E. Zur Mitgliederzahl der DGN vgl. Deuschl/Busse, Deutsche Gesellschaft für Neurologie 2007, S. 58 f.

[79]1970 musste man daher einen hohen Aufwand betreiben, um überhaupt über die aktuellen Adressen aller Mitglieder zu verfügen.Vgl. Protokoll der Vorstandssitzung der DGPN am 22.10.1970, DGPPN-Archiv Ordner 1 E.

[80]Vgl. Sondernummer des Mitteilungsblatts der Psychiatrischen Landesverbände und des Ständigen Ausschusses für Krankenhausfragen der Deutschen Gesellschaft für Psychiatrie und Nervenheilkunde 1969, in: DGPPN-Archiv Ordner 1 G.

[81]Vgl. Protokoll der Vorstandssitzung der DGPN am 11.12.1968, DGPPN-Archiv Ordner 1 G.

[82]Vgl. Protokoll der Vorstandssitzung der DGPN am 1.5.1970, DGPPN-Archiv Ordner 1 G.

[83]Vgl. Beyer, Transit 2018, S. 230. Zu diesen gehörten Karl Leonhard, Dietfried Müller-Hegemann, Johannes Suckow, Hanns Schwarz und Rolf Walther. Vgl. ebd., S. 230 f.

Verein der Etablierten. War das bis dahin durchaus gewünscht gewesen, erschien dies
nun nicht mehr zeitgemäß und opportun. Erste Anzeichen für einen Wandel hatte es
schon 1968 gegeben, als in einer Vorstandssitzung, zum ersten Mal überhaupt, die
Erweiterung und Öffnung des Vorstands für Vertreter des Nachwuchses vorgeschlagen
wurde. Während Lehrstuhlinhaber, Krankenhausärzte und niedergelassene Ärzte stimm-
berechtigt im Vorstand vertreten waren, solle man dies nun auch der „Gruppe der
Nicht-Ordinarien und der wissenschaftlichen Assistenten" zugestehen.[84] Einen echten
Wendepunkt in dieser Frage stellte jedoch erst ein informelles abendliches Treffen vier
Jahre später dar. Am 16. Oktober 1972 – und damit erst nach Gründung der *Deutschen
Gesellschaft für Soziale Psychiatrie*[85] – trafen sich die gerade neu gewählten Vorstands-
mitglieder der DGPN mit einem Teil des bis zum Jahresende amtierenden Vorstandes.
Der neu gewählte Präsident Hippius stellte hierbei fest, es sei notwendig, die Interessenkonflikte um die Enquete innerhalb der DGPN zu lösen. Das könne aber nur gelingen,
wenn die „jüngere Generation" verstärkt in die Fachgesellschaft mit eingebunden werde.
Diese Generation sei zudem auch in den Beirat des *Nervenarztes* aufzunehmen, so ein
weiteres Ziel, das Hippius für seine Amtsperiode ausgab.[86] Offensichtlich war man damit
insgesamt zunächst aber nur begrenzt erfolgreich. So bat auch noch Hippius' Nachfolger als Präsident der DGPN, Edmund Christiani, im Juni 1977 in einem Appell an
alle Mitglieder, um all jene „zu werben, denen Sie sich mit den Zielen der DGPN verbunden sehen" und sich dabei „insbesondere an junge Kolleginnen und Kollegen" zu
wenden.[87] Ein Jahr später bemängelte der Vorstand, dass dies immer noch nicht gelungen
sei. Man beabsichtigte daher einen Katalog der Leistungen der DGPN zu erstellen und
dem Informationsbedürfnis der Mitglieder ebenso wie der potenziellen Bewerber durch
regelmäßige Tätigkeitsberichte des Vorstands und der Referatsleiter sowie durch die Veröffentlichung von Vorstandsbeschlüssen entgegenzukommen.[88]

Öffentlichkeitsarbeit

Als 1968 die Organisationsstruktur der DGPN neu gestaltet wurde, fand sich unter den
sechs neuen Ausschüssen auch ein *Ausschuß für Öffentlichkeitsarbeit*. Dieses Themenfeld hatte zuvor kaum Aufmerksamkeit geweckt. Dem Vorstand der DGPN war aber

---

[84]Mehrere nachfolgende Redner unterstützten das Anliegen, um den großen Kreis der wissenschaftlichen Assistenten, die bis dato nur einen sehr kleinen Teil der Mitglieder der Gesellschaft
ausmachten, für eine „aktive Mitarbeit" zu gewinnen. Protokoll der Vorstandssitzung der DGPN
am 11.12.1968, DGPPN-Archiv Ordner 1 G.

[85]Zur Gründungsgeschichte vgl. Tollgreve, Bewegung in der Psychiatrie, 1984.

[86]Interne Notiz über ein informelles abendliches Treffen mit neu gewählten Vorstandsmitgliedern
und einem Teil des bis zum Jahresende amtierenden Vorstandes der DGPN am 16.10.1972 in Wiesbaden, DGPPN-Archiv Ordner 1 G.

[87]Schreiben an alle Mitglieder, Juni 1976, DGPPN-Archiv Ordner 1 K.

[88]Protokoll der Sitzung des Vorstandes und der Referatsleiter der DGPN am 3.6.1977, in: DGPPN-
Archiv Ordner 1 L.

anscheinend schon jetzt, noch vor dem Startschuss zur Psychiatrie-Enquete, bewusst, dass der kritischen Öffentlichkeit zukünftig hohe Bedeutung zukommen werde. Der *Ausschuß für Öffentlichkeitsarbeit* der DGPN traf sich anfangs halbjährlich und unter reger Beteiligung des Vorstands. Hauptsächlich wurden Presseartikel, Rundfunk- und Fernsehbeiträge über die Psychiatrie richtiggestellt. Dieses ausschließlich reaktive Handeln monierte im Januar 1971 der Programmdirektor der Deutschen Welle, Christian v. Chmielewski. Er warb im DGPN-Ausschuss für eine moderne Pressestelle, die zugleich Dokumentationszentrum sei, offizielle Stellungnahmen erarbeite und gezielt Material für die Presse vorbereite. Man habe kritische Situationen vorauszusehen und ihnen rechtzeitig und aktiv entgegenzusteuern. Den Massenmedien sei eine – jederzeit erreichbare – Möglichkeit zu bieten, sich unverzüglich zu informieren. Es sei empfehlenswert, mit den Fachredakteuren Kontakt zu halten und die journalistische Nachfrage nach Informationen proaktiv zu lenken. Bediene man beispielsweise die Rundfunkmagazine, die stets „auf der Suche nach Material" seien, könne effektiv auf die öffentliche Meinung eingewirkt werden. Personell habe man für eine solche Aufgabe mit einer hochqualifizierten männlichen (!) Halbtagskraft – am besten einem Fachvertreter – und einer Schreibkraft zu planen. Ersatzweise könne man, so ein anderer Sitzungsteilnehmer, versuchen, dass „an jedem Ort ein geeigneter schrift- und redegewandter Psychiater greifbar sei (…), der zu Tagesfragen Stellung nehmen kann".[89]

Dies alles ließ sich nicht umsetzen. Zwar hielt der *Ausschuss für Öffentlichkeitsarbeit* Kontakt zu den Pressestellen der Landeswohlfahrts- und der Landschaftsverbände sowie zu den zuständigen Landesministerien. Auch pflegten seine Mitglieder Beziehungen zu den psychiatrischen Krankenhäusern, die infolge der erhöhten Aufmerksamkeit für die Versorgung psychisch Kranker durch die Enquete immer stärker auch selbst auf Öffentlichkeitsarbeit setzten. Allerdings war es beim damaligen Stand der Finanzen der DGPN nicht möglich, den Ausschuss mit einem ständigen Büro auszustatten: „Die Kosten auch nur des einfachsten Apparates liegen größenordnungsmäßig so hoch, daß die entsprechende Summe (…) undiskutabel ist". Auch in den folgenden Jahren blieb dies so. Das *Referat für Öffentlichkeitsarbeit* berichtete am 7.6.1974, dass es die Realisierung einer Dokumentation über Psychiatrie, den Aufbau eines Archivs und die Errichtung einer Pressestelle nicht schaffe. Der Schwerpunkt liege in eigenen Publikationen für drei Zielgruppen: die sogenannte breite Öffentlichkeit, die Fachöffentlichkeit und die „very important persons". Allerdings beschloss man bald, sich auf die Fachöffentlichkeit und die VIP's zu konzentrieren, und damit auf jene Gruppen, für die sich „vorläufig niemand zuständig fühlt und auch entsprechende Mittel nicht zur

---

[89]Zitate aus Protokoll der Sitzung des Ausschuß für Öffentlichkeitsarbeit der DGPN am 16.1.1971, DGPPN-Archiv Ordner 1 V; Klaus Römer an Stefan Wieser, Schreiben vom 18.1.1971, DGPPN-Archiv Ordner 1 V. Zur Öffentlichkeitsarbeit für die Psychiatrie vgl. Brink, „Keine Angst vor Psychiatern" 2006.

Verfügung gestellt werden können".[90] Erst im Oktober 1977 beschloss der Vorstand der DGPN, begünstigt durch die besser werdende Kassenlage, eine Halbtagskraft für die Geschäftsstelle in München einzustellen, die sich um die Einrichtung einer Pressestelle in der DGPN kümmern und Kontakte zu Berufsverbänden und Massenmedien aufbauen sollte.[91]

Der Wandel der DGPN seit der zweiten Hälfte der 1960er Jahre kann als berufspolitische Professionalisierung bezeichnet werden. Die Fachgesellschaft war seit spätestens Mitte der 1970er Jahre kein überwiegend ehrenamtlich organisierter Verein mehr, sondern besaß eine ausdifferenzierte Organisationsstruktur. Diese Professionalisierung wurde von einem Generationswechsel im DGPN-Vorstand begünstigt. Es dauerte aber fast ein Jahrzehnt, bis die Pläne dank zunehmender finanzieller Leistungsfähigkeit auch umgesetzt werden konnten.

6.4 Funktionen und Schlüsselpositionen in der Gesellschaft für Psychiatrie und Neurologie in der DDR.

Verglichen mit den zur Verfügung stehenden institutionengeschichtlichen Quellen in der Bundesrepublik ist die Quellenlage zur *Gesellschaft für Psychiatrie und Neurologie* und zu den Regionalgesellschaften in der DDR schlecht. Selbst die Fachzeitschrift *Psychiatrie, Neurologie und medizinische Psychologie,* eigentlich offizielles Mitteilungsorgan der *Gesellschaft für Psychiatrie und Neurologie,* enthält nur wenige für eine Institutionengeschichte relevante Informationen. Die dort abgedruckten Protokolle und Berichte der Regionaltreffen und Tagungen referieren bündig die wissenschaftlichen Vorträge, bieten aber keine Auskunft über die Zusammensetzung der Vorstände, die Höhe der Mitgliedsbeiträge, den Mitgliederbestand oder Inhalte der Sitzungen mit berufspolitischen Themen.

Weil die *Gesellschaft für Psychiatrie und Neurologie in der DDR* ihre Vorläufer in den Regionalgesellschaften an den Universitäten und medizinischen Akademien hatte, setzte sich ihr erster Vorstand auch aus deren Vorsitzenden zusammen: Rudolf

---

[90]Die Mitarbeiter des Ministeriums für Jugend, Familie und Gesundheit sowie der Bundeszentrale für gesundheitliche Aufklärung sollten die Aufklärung der „breiten Öffentlichkeit" übernehmen. Zur Diskussion stand auch eine gemeinsame Pressestelle der DGPN mit den Trägern psychiatrischer Krankenhäuser, d. h. die Errichtung eines zentralen Pressebüros. Für die DGPN hätte dies vor allem den Vorteil gehabt, die Kosten der eigenen Öffentlichkeitsarbeit zu verringern. Vgl. Dörre, Herausforderung 2018. Zitate aus: Protokoll der Sitzung des Ausschuß für Öffentlichkeitsarbeit der DGPN am 7.6.1971, DGPPN-Archiv Ordner 1 M; Protokoll der Sitzung des Ausschuß für Öffentlichkeitsarbeit der DGPN am 16.1.1971 und Protokoll der Sitzung des Ausschusses für Öffentlichkeitsarbeit der DGPN am 7.6.1974, DGPPN-Archiv Ordner 1 V.

[91]Vgl. Protokoll der Sitzung des Vorstands und der Referatsleiter der DGPN am 14.10.1977, in: DGPPN-Archiv Ordner 1 L.

Thiele (Berlin), Hanns Schwarz (Greifswald), Franz Günter v. Stockert (Rostock), Rudolf Lemke (Jena), Karl Pönitz (Halle) Dietfried Müller-Hegemann (Leipzig) und Heinrich Stoltenhoff (Arnsdorf bei Dresden).[92] Weitere Mitglieder waren Alexander Mette, Helmuth Grage (Dresden) und Johannes Suckow (Dresden).[93] Sekretär wurde Müller-Hegemann.[94] Erster Vorsitzender war Rudolf Lemke, nach dessen Tod ein Jahr später folgte Karl Leonhard. Es fällt ins Auge, das mit Lemke und Leonhard zwei stark bürgerlich geprägte Psychiater mit guten „Westkontakten" und ohne große Nähe zur SED an der Spitze dieser Organisation standen.[95] Ab Ende der 1950er Jahre bestand der engere Vorstand aus dem ersten und zweiten Vorsitzenden, dem Schatzmeister, dem Sekretär sowie je einem Vertreter der Städtischen Nervenkliniken und Polikliniken, der

---

[92]Vgl. o.A., Ereignisse/Mitteilungen 1956, S. 159.

[93]Vgl. Mitteilung der Hauptabteilung Wissenschaft, ohne Datum, BA Berlin DQ 1/2661. Mette wurde 1950 Mitglied der Volkskammer der DDR, ab 1956 war er Leiter der Hauptabteilung Wissenschaft im Ministerium für Gesundheitswesen, von 1958 bis 1963 Mitglied des ZK der SED. Zudem war er Vorstandsmitglied der *Gesellschaft für Psychiatrie und Neurologie der DDR* und der *Gesellschaft für ärztliche Psychotherapie der DDR.* Er war zudem Mitglied der Pawlow-Kommission. Zur Person Mettes vgl. Ernst, Prophylaxe 1997, S. 386–390; Teitge/Kumbier, Publizieren als Politikum 2015, S. 93, Roelcke, Historiograph 2010. Johannes Franz Suckow (1896–1994) wurde im Juli 1924 promoviert. 1928 ging er als Assistenzarzt zu Paul Schröder (1873–1941) an die Nervenklinik Leipzig. Der Aufforderung Schröders in die NSDAP einzutreten, verweigerte sich Suckow. Dies verhinderte zunächst eine weitere akademische Karriere. Ab Januar 1934 arbeitete Suckow als Abteilungsleiter in der Landes-Heil- und Pflegeanstalt Leipzig-Dösen. Suckow, der ab 1937 Sanitätslehrgänge belegte, wurde bereits im Sommer 1938 einberufen und zuletzt als Stabsarzt verwendet. Suckow wurde im Sommer 1942 durch Mithilfe Kurt Pohlischs von der Ostfront zurückbeordert, da medizinische Gutachter für die „Aktion T4" benötigt wurden. Suckow, der diese Tätigkeit nach eigener Aussage zwar ablehnte, dem aber zugesichert wurde, nicht an Tötungsaktionen, sondern an einer dezidiert wissenschaftlichen Tätigkeit im Rahmen des „Euthanasie"-Programmes mitzuwirken, nahm das Angebot an. Im März 1943 wurde das Forschungsprojekt, an dem er in Wiesloch bei Heidelberg arbeitete, beendet. Er blieb jedoch dort und arbeitete für die Wehrmacht als Arzt in einem Lazarett für Hirnverletzte. Von März bis August 1945 war Suckow in französischer Kriegsgefangenschaft. Nach seiner Entlassung kehrte er nach Leipzig zurück. Bereits 1947 bekam er als „politisch Unbelasteter" einen Lehrauftrag an der Universität Leipzig. Drei Jahre später, 1950, folgte im Alter von 54 Jahren die Habilitation bei Richard Arwed Pfeifer. 1954 wurde er zum Professor mit Lehrauftrag berufen. Drei Jahre später wurde er Lehrstuhlinhaber für Psychiatrie und Neurologie in Dresden. Vgl. Ernst, Prophylaxe 1997, S. 375–379; Wagner/Kästner, Psychiatrische und Nervenklinik der Universität Leipzig 2015, S. 390–393; Lienert, Lebensweg 2000; Dies., „Euthanasie"-Arzt oder Forscher mit weißer Weste? 2007.

[94]1956 machte sich Lemke zunächst für v. Stockert als Sekretär der GPN stark. Vgl. Lemke an Thiele, Schreiben vom 17.12.1956, Archiv der Humboldt-Universität zu Berlin 03.011/6, Bd. 1.

[95]Vgl. Steinberg, Hintergründe, S. 75. Leonhard wurde von zentralen Stellen der DDR durchaus skeptisch beäugt. Noch 1977 hielt ein Bericht über ihn fest: „Während seiner Tätigkeit als Direktor der Nervenklinik gehörte L. nicht zum positiven Kern dieser Klinik. Es gab und gibt heute noch diverse Westverbindungen seinerseits, Veröffentlichungen im Westen und persönliche Westkontakte." Vgl. BStU-Archiv, MfS HA XX/AKG RK Nr. 13.041–13.090.

Anstaltsärzte und der praktizierenden Nervenärzte. Zum weiteren Vorstand gehörten alle Ordinarien für Psychiatrie und Neurologie und damit zugleich auch sämtliche Direktoren der Nervenkliniken an den Universitäten und Medizinischen Akademien, nicht aber die Direktor/-innen der Heil- und Pflegeanstalten.[96]

Für die *Gesellschaft für Psychiatrie und Neurologie (in) der DDR* waren als Vorsitzende des Vorstands[97] Rudolf Lemke (1956/57), Karl Leonhard (1957–1969)[98], Helmut Rennert[99] (1969–1974) und Heinz A. F. Schulze (1974–1983)[100] verantwortlich. Zunächst fällt die lange Amtszeit von Karl Leonhard im Vergleich mit den in der Bundesrepublik üblichen zweijährigen Amtszeiten auf. Leonhard prägte die GPN so lange wie kein anderer Psychiater. Weitere Unterschiede: Es gab für die medizinisch-wissenschaftlichen Gesellschaften keinen Anlass zur Öffentlichkeitsarbeit, da die Öffentlichkeit in der DDR kein Adressat fachgesellschaftlichen Handelns war. Auch war es nicht nötig, Mitglieder zu werben, um die Einnahmen gezielt zu erhöhen. In diesen beiden Bereichen, in denen sich der Professionalisierungswille in der DGPN am deutlichsten zeigte, entfaltete die GPN gerade keine Aktivität. Die medizinisch-wissenschaftlichen Gesellschaften finanzierten sich zwar teilweise aus Mitgliedsbeiträgen, diese wurden allerdings durch erhebliche Mittel aus dem Staatshaushalt ergänzt. Letztere dienten vor allem als Zuschüsse für nationale und internationale Veranstaltungen. Wie eng in der DDR die Verbindungen zum *Ministerium für Gesundheitswesen* waren, wird schon dadurch deutlich, dass – zumindest anfänglich – die Vorstandssitzungen der nationalen *Gesellschaft für Psychiatrie und Neurologie* in Räumlichkeiten des Ministeriums stattfanden. Zudem war, auch dies ein wichtiger Unterschied zur westdeutschen Fachgesellschaft, ein Vertreter des Ministeriums im Vorstand vertreten. Zudem musste der Vorstand nach der Wahl vom Ministerium bestätigt werden, ebenso wie jede Satzungsänderung.[101]

Mitglied der GPN wurde man durch die Mitgliedschaft in einer der Regionalgesellschaften. Diese waren wiederum an die Hochschulen und medizinischen Akademien angebunden, sodass sie sich aus dem Kreis der an diesen Orten tätigen Fachärzte zusammensetzten. Die Mitgliederschaft hatte dementsprechend ein ausgeprägt

---

[96]Vgl. Satzung § 7, BA Berlin DQ 1/2661. Im gleichen Aktenband auch die Satzungen einzelner regionaler Fachgesellschaften.

[97]Die Ergebnisse der Vorstandswahlen der Regionalgesellschaften z. T. erhalten in BA Berlin DQ 1/2661.

[98]Karl Leonhard gehörte vor seinem Amtsantritt an der Charité als Nachfolger von Thiele nicht zum Vorstand der Gesellschaft für Psychiatrie und Neurologie der DDR. Vgl. Leonhard an Thiele, Schreiben vom 4.4.1957, Archiv der Humboldt-Universität zu Berlin 03.011/6, Bd. 1.

[99]Zur Person vgl. Kumbier, Helmut Rennert 2016.

[100]Schulze war ein Schüler Leonhards, der sich in den 1960er Jahren in der Psychopharmakaerforschung engagierte. Vgl. Balz, Aufspalten und neu ordnen 2018, S. 322.

[101]Vgl. Rohland/Spaar, Die medizinisch-wissenschaftlichen Gesellschaften 1973, S. 209; Kumbier, Entstehung 2009, S. 410; Suckow an Mette, Schreiben vom 28.5.1958, BA Berlin DQ 1/2661.

akademisches Profil. Der Mitgliederbestand der Regionalgesellschaften pendelte sich offensichtlich schnell auf eine Zahl zwischen 35 und 40 ein und verdoppelte sich dann bis Ende der 1960er Jahre. Die Mitgliedschaft war grundsätzlich freiwillig.[102] Führendes Personal der Regionalgesellschaften waren die Lehrstuhlinhaber. In ihren Vorständen waren aber auch die vor Ort tätigen Obermedizinalräte und Oberassistenten vertreten.

In den vom MfG bestätigten Satzungen heißt es stets, „daß die Medizinisch-Wissenschaftliche Gesellschaft zum Studium der aktuellen Lebensbedingungen dem wissenschaftlichen Studium und der medizinischen Analyse der Gesundheit in Verbindung mit den Lebensverhältnissen dient und sich zur Aufgabe macht, durch deren Erforschung den Weg zur Erhaltung der Gesundheit und zur Verhütung der Krankheiten zu erschließen". Hanns Schwarz (1898–1977), Ordinarius für Psychiatrie und Neurologie in Greifswald, hielt sie 1961 auch deswegen für „notwendig und unentbehrlich", weil die *Gesellschaft für Psychiatrie und Neurologie,* entgegen dem Trend zur Spezialisierung, „kontemplativ und zusammenfassend" wirke. „Ihr wissenschaftliches Anliegen ist es, mit streng wissenschaftlicher Methodik von außen an den gesunden, erkrankten und wieder gesundenden Menschen heranzugehen, also im wesentlichen die exogenen Faktoren zu studieren, die die psychosomatische Einheit Mensch formen und bilden, bessern und stören, gestalten und verändern."[103] Laut Nachlass von Karl Leonhard war die *Gesellschaft für Psychiatrie und Neurologie* allerdings nur von sehr randständiger Bedeutung.[104] Überhaupt zeigt dessen überlieferte Korrespondenz zwar wie sehr sich der Vorsitzende der GPN um ein hohes Niveau des Programms der Berliner *Gesellschaft für Psychiatrie und Neurologie* bemühte. Hingegen taucht die nationale medizinisch-wissenschaftliche Gesellschaft in seinen Schriftwechseln kaum auf. Sie war für Leonhard wohl vor allem dann von Bedeutung, wenn sie es ihm ermöglichte, seine internationalen Vernetzungen auszubauen, etwa nach Japan oder Ungarn. Leonhards überlieferte Briefe zeugen ansonsten nicht davon, dass die *Gesellschaft für Psychiatrie und Neurologie* eine wichtige Rolle in seinem Berufsleben spielte. Auch gibt es Anzeichen dafür, das Vorstandstreffen nur selten zustande kamen, weil Terminschwierigkeiten bestanden; ein

---

[102]Grundsätzlich konnten neben Ärzt/-innen und Wissenschaftler/-innen auch Mitarbeiter des Gesundheitswesens, und „andere wissenschaftlich interessierte Personen aus den verschiedenen Zweigen der Volkswirtschaft und dem gesellschaftlichen Leben der Deutschen Demokratischen Republik" Mitglieder der medizinisch-wissenschaftlichen Gesellschaften werden. Vgl. Rohland/ Spaar, Die medizinisch-wissenschaftliche Gesellschaften 1973, S. 181, 196, Zitat S. 181.

[103]Alle Zitate: Schwarz, Einleitende Worte, S. Vf. Klinische Demonstrationen an Patient/-innen waren wichtiger Teil der Treffen der Regionalgesellschaften für Psychiatrie und Neurologie. Dies illustriert die berufspraktische Ausrichtung dieser Veranstaltungen.

[104]Gegenüber dem Vertreter des MfG, Mette, und dem Sekretär der GPN, Müller-Hegemann, blieb Leonhard in seinen schriftlichen Äußerungen meist kühl, aber freundlich, seine Korrespondenz mit beiden ist eher spärlich.

weiterer Hinweis auf die geringe Bedeutung, die die Vorstandsmitglieder der *Gesellschaft für Psychiatrie und Neurologie* einräumten. Die Anstaltsärzte und -ärztinnen sammelten sich ohnehin oft in anderen Vereinigungen, etwa der *Gesellschaft für Rehabilitation* (GfR).[105]

---

[105]Zur GfR vgl. Barsch, Geistig behinderte Menschen 2007, S. 102–105.

Konkurrenznetzwerke

Wer von Netzwerken spricht und sie zu Untersuchungsgegenständen macht – und die historische Forschung hat dies in den letzten drei Jahrzehnten umfänglich getan – lässt sich auf eine problematische Metapher ein. Zunächst suggeriert der Begriff des Netzwerks nämlich eine Gleichberechtigung der Verbindungen und Knoten, die es so in der realen sozialen Beziehungswelt nicht gibt. Es wäre nicht sehr hilfreich, sich unter dem *Netzwerk der Psychiater* ein spinnennetzförmiges Gewebe vorzustellen, in dem jede Verbindung und jeder Knotenpunkt wichtig für die Stabilität des Gesamtgebildes waren und in dem sämtliche Längs- und Querverbindungen sich auf ein Individuum oder eine einzelne Organisation im Mittelpunkt ausrichteten. Das *Netzwerk der Psychiater* war weitverzweigt, hatte unterschiedlich dicke Knoten und war ständig in Bewegung. Von Netzwerken zu reden hat aber auch viele Vorteile. Es lenkt die Aufmerksamkeit auf die Stabilität von sozialen und wissenschaftlichen Beziehungen und ermöglicht einen Zugriff auf Personen jenseits der Begrenzungen biografischer Zugänge.[1]

Die psychiatrischen Fachgesellschaften hatten aufgrund ihrer jeweiligen Stellung im Gesundheitswesen in Ost- und Westdeutschland unterschiedliche Potenziale, zu gewichtigen Netzwerkknotenpunkten zu werden. Neben ihnen existierten stets auch andere Organisationsknoten. Im Grunde zählten dazu nicht nur die anderen Fachgesellschaften und die internationalen Organisationen, sondern auch jede Klinik und jedes einzelne Ordinariat. Diese müssen aber gar nicht ausführlich analysiert werden, um einen Überblick über die Konkurrenzsituation der *Gesellschaft für Psychiatrie und*

---

[1] Aufgrund der bekannten Schwächen quantitativer historischer Netzwerkanalysen werde ich darauf verzichten, Kontakte auszuzählen und unübersichtliche Graphiken zu erstellen. Mit einer qualitativen Netzwerkanalyse ist dem hier verfolgten Erkenntnisinteresse besser gedient.

Neurologie und der *Deutschen Gesellschaft für Psychiatrie und Nervenheilkunde* zu gewinnen. Es genügt für die ersten beiden Nachkriegsjahrzehnte sich auf vier Prozesse und Ereignisse zu beschränken: Erstens die Auseinandersetzungen um die Besetzung der Herausgebergremien der psychiatrischen Fachzeitschriften in der unmittelbaren Nachkriegszeit, zweitens das Verhältnis der einzigen nervenheilkundlichen Fachzeitschrift in der DDR zur medizinisch-wissenschaftlichen Gesellschaft, drittens die Bemühungen der *Deutschen Gesellschaft für Psychiatrie und Nervenheilkunde* Mitte der 1950er Jahre, den Einfluss des *Gesamtverbands Deutscher Nervenärzte* zu beschränken und viertens die in Ost- und Westdeutschland um 1960 sich verfestigenden losen Netzwerke der reformorientierten Anstaltspsychiater.

7.1   Fachzeitschriften bilden Einflusssphären

Die Aufgaben der medizinischen Fachzeitschriften waren von Beginn an vielfältig. In ihnen wurden neue Erkenntnisse der breiten wissenschaftlichen Öffentlichkeit präsentiert. Sie waren wichtiger Teil der Ärztesozialisation sowie der Vermittlung von Werten und wissenschaftlichen Orientierungen. Obendrein lassen sie sich als „intellektueller Verflechtungsraum" begreifen, in dem Renommee und wissenschaftliche Anerkennung erworben und verteilt wurden.[2] Auch spiegelt sich dort das wechselhafte Ausmaß innerfachlicher Differenzierung. Denn zur Etablierungsphase einer Teildisziplin gehörte nicht selten auch die Gründung einer eigenen Zeitschrift.[3] Zugleich aber konnten diese Publikationen auch dazu dienen, die Einheit eines Fachs wiederherzustellen – etwa durch übergreifende Artikel, durch grundlegende Methodendiskussionen oder durch Debatten über Ausbildungsfragen und allgemeine Versorgungsprobleme.

Diese Funktionen haben auch die psychiatrischen Fachzeitschriften erfüllt. Dabei zeigte sich deren enge Verbindung mit der psychiatrischen Fachgesellschaft bereits im 19. Jahrhundert. Der *Deutsche Verein der Irrenärzte* ging nämlich im Grunde aus dem Redaktionsgremium der *Allgemeinen Zeitschrift für Psychiatrie und psychisch-gerichtliche Medicin* hervor.[4] Als 1866/67 inhaltliche Meinungsverschiedenheiten im Verein dazu führten, dass Wilhelm Griesinger (1817–1868) sich aus ihm zurückzog und eine eigene Gesellschaft gründete, rief er mit dem *Archiv für Psychiatrie und Nervenkrankheiten* auch eine eigene Zeitschrift ins Leben.[5] Fachzeitschriften wurden also oftmals

---

[2]Thoms, Was lesen Ärzte wirklich? 2014, S. 325; vgl. auch Halling, Netzwerke der Urologie in Deutschland 2015.

[3]Zur Bedeutung von Zeitschriften bei der Institutionalisierung eines Fachs, hier der Rassenhygiene, vgl. Kröner, Von der Rassenhygiene zur Humangenetik 1998.

[4]Die Zeitschrift erschien ab 1844. 1864 konstituierte sich der *Deutsche Verein der Irrenärzte*. Zu dieser Vorgeschichte vgl. Fehlemann u. a., 175 Jahre psychiatrische Fachgesellschaft 2017, S. 4–8.

[5]Vgl. ebd., S. 10.

von genau jenen Persönlichkeiten herausgegeben, die auch in den Fachgesellschaften dominierten.[6] Zur Zeit der Weimarer Republik gab es im Bereich der Nervenheilkunde eine ausdifferenzierte und spezialisierte Zeitschriftenlandschaft. In den 1920er Jahren kamen einige bedeutende Fachorgane hinzu, wie beispielsweise 1928 *Der Nervenarzt* und 1929 die *Fortschritte der Neurologie und Psychiatrie*, aber auch spezialisierte Zeitschriften wie etwa für die Kindernervenheilkunde.[7] Da der Ruf der deutschsprachigen psychiatrischen Zeitschriften noch in der Zwischenkriegszeit exzellent war, wurden sie weit über den deutschen Sprachraum hinweg zur Kenntnis genommen. Im Nationalsozialismus wurde die medizinische Fachpresse „gleichgeschaltet", ein Prozess, der vor den Inhalten der psychiatrisch-neurologischen Zeitschriften nicht haltmachte.[8] Die Fusion des *Deutschen Vereins für Psychiatrie* und des *Deutschen Verbandes für psychische Hygiene* führte beispielsweise zu Diskussionen über das Verhältnis der *Zeitschrift für psychische Hygiene* zu der *Allgemeinen Zeitschrift für Psychiatrie*. Eine Zusammenlegung der Zeitschriften wurde vom *Verband für psychische Hygiene* befürwortet, um die Mitglieder des *Vereins für Psychiatrie* „noch wirksamer und unmittelbarer" für die „eugenischen Bestrebungen" zu gewinnen.[9] Die Entwicklung der psychiatrischen Fachzeitschriften war vor 1945 also eng mit der Geschichte der Fachgesellschaften verbunden. Sie waren nicht nur Mitteilungsorgane, sondern auch wissenschaftliche Machtinstrumente der sich in den Fachgesellschaften bündelnden Netzwerke.

Wie sah nun die Situation nach dem 8. Mai 1945 aus? Am 31. August 1945 schrieb der in Freiburg lebende Neurologe Richard Jung (1911–1986)[10] an den Zürcher Erbbiologen und Rassentheoretiker Ernst Hanhart (1891–1973), dass nun, „nachdem der Krieg vorüber ist, (…) wir hier in unseren Trümmern wieder langsam aufzubauen und zu arbeiten versuchen. Das ist in der Not des Tages mit den Sorgen um Ernährung und Familie recht schwierig. Man kommt kaum zur Wissenschaft."[11] Richard Jungs persönliche Äußerung traf sicherlich auf fast alle deutschen Psychiater und Neurologen in dieser Zeit zu. Die existentiellen Nöte bestimmten den Tagesablauf. Weil die Bibliotheken zerstört, ausgelagert oder nicht mehr aktualisiert worden waren und

---

[6]Ganz allgemein gilt, dass zahlreiche medizinische Fachgesellschaften Herausgeber der jeweils zentralen Fachzeitschrift(en) waren. Vgl. Moll/Rathert, Neuordnung des Gesundheitswesens 2015, S. 43.

[7]Vgl. Steinert/Plewe, Psychiatrie in „Der Nervenarzt" 2005, S. 93. Zur Frühgeschichte der Kinder- und Jugendpsychiatrie vgl. Fangerau/Topp/Schepker, Kinder- und Jugendpsychiatrie 2017, S. 17–223.

[8]Von zentraler Bedeutung hierfür war die Gründung des *Deutschen Ärzteblattes* als Amtsblatt der Reichsärztekammer. Vgl. Tascher, „Gleichschaltung" 2016, S. 22.

[9]Roemer an Rüdin, Schreiben vom 26.11.1933, MPIP-HA: GDA 127, zitiert nach: Schmuhl, GDNP 2016, S. 62. Zur damaligen Debatte um die Zeitschriften vgl. ebd., S. 60–70.

[10]Richard Jung war 1934 in die SA eingetreten. Vgl. Martin/Karenberg/Fangerau, Männer ohne Vergangenheit 2020.

[11]Richard Jung an Ernst Hanhart, Schreiben vom 31.8.1945, UA Freiburg C 92/242.

sämtliche nervenheilkundlichen Publikationsorgane schon seit einigen Jahren nicht mehr erschienen, war wissenschaftliches Arbeiten zunächst mit großen Schwierigkeiten behaftet.

Nach dem Ende des Zweiten Weltkrieges bemühten sich die Verleger und Fachvertreter in den westlichen Besatzungszonen zügig darum, die Arbeit der bisherigen Fachzeitschriften wieder aufzunehmen. Für die Verleger medizinischer Journale versprach dies das Anknüpfen an ein vormals erfolgreiches Geschäftsmodell. Für die einzelnen Fachvertreter bot sich indes die Chance, ihren neu erworbenen oder weiter ausgebauten Einfluss institutionell abzusichern. Herausgeber einer Fachzeitschrift zu sein, versprach eine von Wahlen unabhängige und dauerhafte Machtstellung. Die in ihrer Größe noch überschaubaren Herausgebergremien boten zum einen hilfreiche Schlüsselpositionen mit hoher Reputation. Zum anderen ließ sich mit ihnen der eigene wissenschaftliche Nachwuchs protegieren sowie Aufmerksamkeit auf fachliche Probleme und eigene Interessengebiete lenken. Folglich waren diese Positionen begehrt. Einflussreiche Psychiater versuchten, sich günstig für eine oder mehrere Herausgeberschaften zu positionieren. Dabei ging es weniger um die Faszination der aktuell anstehenden Aufgaben – vordringlich war nicht die Publikation neuer Erkenntnisse, sondern die Herausgabe der liegengebliebenen Forschungsergebnisse[12] – als um die Aussicht, die inhaltliche Ausrichtung des Fachs auf Jahre hin mitzubestimmen.

Es gab jedoch zunächst erhebliche Schwierigkeiten, die wissenschaftlichen Journale wieder zu verlegen. Grund hierfür waren vor allem die begrenzten Papierkontingente. Erschwerend kam hinzu, dass für die Verleger das zukünftige Ausmaß alliierter Beschränkungen und die Auswirkungen der Einteilung in Besatzungszonen – und damit die geografische Größe des zukünftigen Absatzmarktes – nicht abschätzbar waren. Dies war für Verlage eine nicht unerhebliche Hürde, wie eine Aussage von Ferdinand Springer (1881–1965), in dessen Hause ein großer Teil der führenden deutschsprachigen medizinischen Zeitschriften erschien, aus dem Sommer 1946 belegt. Schon fast verzweifelt schrieb er an Franz K. Kessel, einem der zukünftigen Beiratsmitglieder des *Nervenarzt:*

„Ich bemühe mich mit den mir verbliebenen Kräften der Schwierigkeiten Herr zu werden, die sich dem Wiederaufbau des Verlages entgegenstellen. Sie sind ungeheuer. Das Zonenunwesen ist das Haupthindernis. Es zwingt zu Zersplitterung und Dezentralisation. Ich habe in Heidelberg eine Zweigniederlassung errichtet und werde im September dorthin

---

[12]Diese „Auffüllung der vergangenen Jahre" war ein Thema, das sofort nach Kriegsende die Briefwechsel prägte. Das geht aus den Nachlässen der Herausgeber der Fachzeitschriften eindeutig hervor. Vgl. etwa die Briefwechsel im Nachlass von Richard Jung im Universitätsarchiv Freiburg, bspw. C 92/240. Zitat aus: Richard Jung an Heinrich Kranz, Schreiben vom 7.1.1948, UA Freiburg C 92/242.

übersiedeln, ohne Berlin ganz aufgeben zu können. Auch in Göttingen ist ein Stützpunkt errichtet worden und meine Münchner Firma (…) läuft wieder an. Mit dem Wiener Haus habe ich noch keine Fühlung."[13]

Ferdinand Springer war nicht der einzige Herausgeber, der den vormals so bedeutenden Publikationsort Berlin verließ. Angesichts der Lage der geteilten Stadt als unausweichlicher Konfrontationsort der Siegermächte zog die Verlagsbranche genauso wie zahlreiche Forschungsinstitute, Industrieunternehmen, Banken und Versicherungen in die westlichen Besatzungszonen jenseits der Elbe um.[14]

Unter diesen Bedingungen – Papierkontingentierung, Firmenumzüge, Lizenzerteilungen nur durch die Alliierten – wurden nach dem Zweiten Weltkrieg auch traditionsreiche Blätter nicht wieder aufgelegt. Ende der 1940er Jahre war die Anzahl psychiatrischer Fachzeitschriften kleiner als noch vor dem Krieg. So konnte die *Allgemeine Zeitschrift für Psychiatrie und psychisch-gerichtliche Medizin,* trotz mehrerer ernsthafter Versuche, nicht wiederbelebt werden.[15] Das *Archiv für Psychiatrie und Nervenkrankheiten* wurde mit der *Zeitschrift für die Gesamte Neurologie und Psychiatrie* vereinigt.[16] Ohnehin, so

---

[13]Ferdinand Springer an Franz K. Kessel, Schreiben vom 22.6.1946, Archiv des Springer-Verlags C 511. Der in Manchester lebende Kessel war einer der wichtigen Mittler zur britischen Psychiatrie und Neurologie. Zur Geschichte des Springer-Verlags vgl. Sarkowski, Springer-Verlag 1992; Götze, Springer-Verlag 1992. Trotz aller damaligen Schwierigkeiten waren es insbesondere die schon vor 1933 etablierten Verleger, die den Wissenschaftlern an den zerstörten Universitäten immer wieder mit Informationen und auch mit Bücheraltbeständen aushalfen. Als sich beispielsweise Beringer 1946 um den Bezug ausländischer Zeitschriften bemühte und Werner Villinger Ersatz für seine im Krieg verlorene Bibliothek benötigte, richteten sie sich an Ferdinand Springer. Der Verleger konnte in beiden Fällen aushelfen. Vgl. Ferdinand Springer an Kurt Beringer, Schreiben vom 19.11.1946, Archiv des Springer-Verlags D-56-10; Werner Villinger an Ferdinand Springer, Schreiben vom 4.11.1946, Archiv des Springer-Verlags D-53-6.

[14]Vgl. zur Firmenabwanderung aus der „Frontstadt": Large, Biographie einer Stadt 2002, S. 327, 438.

[15]Vgl. Steinert/Plewe, Psychiatrie in „Der Nervenarzt" 2005, S. 93. Zur Geschichte der *Allgemeinen Zeitschrift* im NS vgl. Schmuhl, GDNP 2016, S. 60–63, 66–68. Zur inhaltlichen Ausrichtung vgl. ebd., S. 194. Teitge und Kumbier berichten, dass die *Allgemeine Zeitschrift* seit 1938 als Organ der GDNP im Berliner Verlag de Gryuter herausgegeben worden war. Vgl. Teitge/Kumbier, Geschichte der DDR-Fachzeitschrift 2015, S. 614.

[16]Sie wurde im Springer-Verlag von einem Herausgebergremium aus Kurt Beringer (Freiburg), Ernst Kretschmer (Tübingen), Willibald Scholz (München), Richard Jung (Freiburg) und Traugott Riechert (Freiburg) verlegt. Im Gremium des *Archivs* saßen mit Beringer und Jung zwei der in den Nachkriegsjahren auch als Herausgeber des *Nervenarzt* tätige Psychiater. Vgl. Schriftverkehr in: UA Freiburg C 92/238. Willibald Scholz (1889–1971): Ab 1919 Assistent an der Psychiatrischen Universitätsklinik in Tübingen (unter Robert Gaupp). 1925 dort mit einer neuropathologischen Untersuchung habilitiert. Anschließend Privatdozent an der Universität Tübingen. Ab 1926 als Oberarzt an der Psychiatrischen Universitätsklinik Leipzig (unter Paul Schröder) tätig. 1930 zum außerordentlichen Professor für Psychiatrie und Neurologie an der Universität Leipzig ernannt. 1931 als Stipendiat der Rockefeller-Stiftung an der *Deutschen Forschungsanstalt für Psychiatrie* tätig und außerordentlicher Professor für Psychiatrie und Neurologie an der Universität

die zeitgenössische Einschätzung, wurde ihr nur noch eine geringe Wirkung und Strahl-
kraft attestiert.[17] Noch 1953 monierte Ferdinand Springer, dass „deutsche Autoren auf
schweizerische Archive angewiesen sind". Für ihn schlicht „ein Unding".[18]

Die geringe Zahl an Fachzeitschriften hatte aber noch einen anderen Grund: Die Auf-
lagenhöhen waren zunächst nur niedrig. Dies sprach für den Verleger Ferdinand Springer
zum Beispiel auch gegen eine zu schnelle Ausdifferenzierung der psychiatrisch-neurologischen Zeitschriftenlandschaft. So erklärte er dem Psychiater Werner Villinger,
als dieser 1950 auf eine Wiederaufnahme der *Zeitschrift für Kinderforschung* drängte,
dass in einer Zeit, in der führende Zeitschriften wie das *Archiv für Psychiatrie* nur über
rund 300 Abonnenten verfügten, die Aussichten der geplanten Spezialgebietszeitschrift
„ausserordentlich schlecht" seien.[19]

München. Anschließend Direktor des Hirnpathologischen Instituts der *Deutschen Forschungsanstalt für Psychiatrie*. Ab November 1945 bis 1954 Nachfolger Ernst Rüdins als Geschäftsführer
der *Deutschen Forschungsanstalt für Psychiatrie*. Emeritierung 1960. Er verfügte über gute internationale Kontakte innerhalb der Neuropathologie. Traugott Karl Riechert (1905–1983): Professor
für Neurochirurgie. Ab 1950 erster Vorsitzender der neu gegründeten *Gesellschaft für Neurochirurgie*. Gründungsurkunde abgedruckt in: Zülch, Entwicklung der Neurochirurgie 1984, S. 73.
Zu Riechert vgl. Seidler, Medizinische Fakultät der Albert-Ludwigs-Universität 1993, S. 418.

[17]Das lag auch an der Funktion der „Archive". Denn diese waren – anders als etwa Zeitschriften wie der *Nervenarzt* – für Veröffentlichungen langer Manuskripte von etwa 80–100
Seiten zuständig. Dies passte aber nicht mehr in das Anforderungsprofil der Nachkriegszeit. So
forderten die Herausgeber des *Archivs für Psychiatrie und Nervenkrankheiten vereinigt mit Zeitschrift für die Gesamte Neurologie und Psychiatrie* 1953 in einem Schreiben an die Direktoren
der psychiatrisch-neurologischen Universitätskliniken, Institute und Heilanstalten umfangreiche
organisatorische Maßnahmen zur „Erhaltung der fachwissenschaftlichen, die deutsche Wissenschaft tragenden Archive". Insbesondere dachten sie an die Beschränkung der Artikel auf maximal
zwei Druckbogen. Als Grund dafür nannten sie das „ständige Anwachsen der wissenschaftlichen
Weltliteratur". Dieses zwinge „zu immer knapperer Formulierung der Forschungsergebnisse,
wenn sie auf Beachtung rechnen wollen". Die Herausgeber verwiesen dabei auf „Stimmen aus
dem Ausland" die in kategorischer Weise zum Ausdruck brächten, „daß das Ansehen und damit
die internationale Verbreitung unserer Archive nur durch das hohe wissenschaftliche Niveau und
die prägnante Fassung der einzelnen Beiträge gefördert werden kann." Zitate aus: Herausgeber des
*Archiv für Psychiatrie und Nervenkrankheiten vereinigt mit Zeitschrift für die Gesamte Neurologie
und Psychiatrie* an die Direktoren der psychiatrisch-neurologischen Universitätskliniken, Institute
und Heilanstalten, 1953 (ohne genaues Datum), UA Freiburg C 92/22.

[18]Ferdinand Springer an Jürg Zutt, Schreiben vom 26.7.1953, Archiv des Springer-Verlags E-109-
7.

[19]Vgl. die Schriftwechsel von Werner Villinger mit dem Springer-Verlag, Archiv des Springer-Ver-
lags, D-53-6; Richard Jung an Ferdinand Springer, Schreiben vom 1.7.1952, Archiv des Springer-
Verlags E-109-7. Zitat aus: Ferdinand Springer an Werner Villinger, Schreiben vom 11.3.1950,
Archiv des Springer-Verlags D-53-6. Zur Zeitschrift vgl. auch die Angaben in: Buchge, Springer-
Verlag, S. 92.

Dass die Zahl der Fachzeitschriften nicht zügig wieder anstieg, war aber auch der Verweigerungshaltung einzelner einflussreicher Psychiater und Neurologen geschuldet. Es waren vor allem die bisherigen Herausgeber der großen Fachzeitschriften, die sich gegen Neugründungen sträubten. Ihnen schien die Wiederbelebung der renommierten Blätter vordringlicher. Kurt Beringer, zu diesem Zeitpunkt Leiter der Nervenklinik in Freiburg im Breisgau, trat beispielsweise in seinem umfangreichen Nachkriegsschriftwechsel immer wieder für die Wiederbelebung der älteren Zeitschriften ein und lehnte Neugründungen ab.[20] An den Neurochirurgen Wilhelm Tönnis schrieb er im April 1948,

> „ich höre, daß Sie eine neue Zeitschrift herausgeben wollen, die Neurochirurgie, Neurophysiologie und Anatomie umfassen soll. (…) Wäre es nicht möglich, daß, statt wieder eine neue Zeitschrift zu gründen – nachdem schon in Berlin eine neue neurologische Monatsschrift vor dem Erscheinen ist und in einiger Zeit sicher die Fortschritte wieder auftauchen werden, nachdem aber offenbar auch sonst noch Neugründungsideen herrschen – Sie und Ihre Mitherausgeber an die Zeitschrift für Nervenheilkunde heranträten. Diese, so meine ich, könnte verbreitet werden. Eine Auffrischung täte ihr gut. Und es ist doch für die Deutsche Neurologie und Neurophysiologie die Zeitschrift mit einem ehrwürdigen und wertvollen historischen Gewicht. Erb und Strümpel waren die Gründer. Ich denke auch daran, daß ich nun aus vielen Unterhaltungen mit Ausländern höre, daß diese wieder die alten angesehenen Zeitschriften, die die Institute und Kliniken schon hielten, weiter haben wollen. Aber nur diese. Alle Neuerscheinungen sind ihnen gleichgültig. Gerade aber um auch draußen wieder Geltung zu erreichen würde ich ihr ‚Aufgehn' in der als Exponent deutscher Nervenheilkunde geltenden D.Z.f.N. begrüßen."[21]

Neben den quantitativen sind, das klang bereits an, auch qualitative Verschiebungen zu bemerken. So verlor beispielsweise das *Zentralblatt für die gesamte Neurologie und Psychiatrie* an Bedeutung.[22] Heinrich Kranz (1901–1979)[23], später auch Präsident der

---

[20]Zur einflussreichen Rolle Beringers an der Spitze der Medizinischen Fakultät in Freiburg in der Nachkriegszeit vgl. Seidler, Medizinische Fakultät der Albert-Ludwigs-Universität 1993.

[21]Kurt Beringer an Wilhelm Tönnis, Schreiben vom 7.4.1948, UA Freiburg C 92/3.

[22]Vgl. Steinert/Plewe, Psychiatrie in „Der Nervenarzt" 2005, S. 93. Anfänglich war jedoch noch ein renommiertes Blatt geplant. Dies zeigen die Einladungen zum Beitritt ins Herausgebergremium von 1948 an Beringer, Bonhoeffer, Bleuler, Pette, Scholz, Vogel und Zutt. Hauptherausgeber war Kurt Schneider. Der spätere DGPN-Vorsitzende Kranz wurde am 1. Januar 1948 Schriftführer des *Zentralblatts*. Vgl. Ferdinand Springer an Heinrich Kranz, Schreiben vom 26.12.1947, Archiv des Springer-Verlags D-30-4. 1970 bestätigte der Vorstand der DGPN, dass man die Fortführung des *Zentralblattes für Neurologie und Psychiatrie* beim *Springer-Verlag* unterstütze. Es solle nicht nur erhalten, sondern weiter ausgebaut werden. Vgl. Protokoll der Vorstandssitzung der DGPN am 9.10.1970, DGPPN-Archiv Ordner 1 C.

[23]Heinrich Kranz: Medizinstudium an den Universitäten Bonn, Heidelberg und München, 1925 promoviert. Zwischen 1930 und 1933 Assistent am Kaiser-Wilhelm-Instituts für Anthropologie, menschliche Erblehre und Eugenik, anschließend Wechsel an die Psychiatrische Universitätsklinik nach Breslau, 1936 Habilitation über Kriminalität bei Zwillingen. Kranz, der in der Weimarer Republik dem Zentrum nahegestanden hatte, trat nicht der NSDAP bei. Ab 1933 war er aber Mitglied der SA und des NS-Ärztebundes. Während des Kriegs Nervenarzt in Frankfurt am Main

DGPN, konnte als erster Redakteur dessen ursprüngliches Renommee im In- und Ausland nicht wieder herstellen.[24] Hingegen wurden die ab 1949 wieder erscheinenden *Fortschritte der Neurologie und Psychiatrie und ihrer Grenzgebiete*[25] zu einer der wichtigsten Zeitschriften. Das ursprünglich 1929 gegründete Blatt wies allerdings eine ausschließlich wissenschaftliche Orientierung auf und trat dadurch nicht in direkte Konkurrenz zur anderen herausragenden Zeitschrift der Nachkriegszeit, dem *Nervenarzt,* die sich auch an praktisch tätige niedergelassene Fachärzte wandte. Da die *Fortschritte* im Georg Thieme Verlag erschienen, stellten sie dann aber doch eine Konkurrenz zum vom Springer-Verlag beabsichtigten *Nervenarzt* dar.[26]

Diese Konkurrenz zwischen Verlagen und Zeitschriften ist aufschlussreich, da sie Rückschlüsse auf die Machtverteilung zwischen Verlegern und Herausgebern zulässt. Es war Ferdinand Springer, der versuchte, die Blätter des nervenheilkundlichen Fachgebiets in seinem Verlagshaus zu bündeln. Problematisch fand er an den *Fortschritten,* dass Kurt Beringer sowohl im *Nervenarzt* als auch in den *Fortschritten,* die er schon vor dem Krieg zusammen mit August Bostroem (1886–1944) herausgegeben hatte, dem Herausgebergremien angehören würde.[27] Jürg Zutt, ebenfalls Herausgeber des *Nervenarzt,* argumentierte zwar, Beringers Mitwirkung an den *Fortschritten* würde sicherstellen, dass diese Zeitschrift „lediglich ihre alten Ziele verfolgen und nicht zu einer Originalienzeitschrift" werde.[28] Springer hoffte hingegen darauf, dass Beringer ausschließlich für den *Nervenarzt* tätig werde, und dass eine Absage Beringers an den Georg Thieme Verlag dazu führe, dass „die ‚Fortschritte' zunächst noch ruhen würden". Er lockte Beringer damit, dass ja das „Wiederaufleben der beiden grossen Archive (Archiv und Zeitschrift)" im Springer-Verlag geplant sei und für Beringer durch eine

---

und Militärdienst. Nach dem Krieg Oberarzt unter Kurt Schneider in Heideberg, ab 1948 dort außerplanmäßiger Professor, seit 1949 Direktor der Anstalt Wiesloch. 1951 Ruf an die Universität Mainz auf das Ordinariat für Psychiatrie, dort Nachfolger von Hanns Ruffin. Vgl. Schmuhl, Grenzüberschreitungen 2005, S. 166–174; Klee, Personenlexikon 2005; Verzeichnis der Professorinnen und Professoren der Universität Mainz.

[24]Richard Jung an Heinrich Kranz, Schreiben vom 21.12.1951, Universitätsarchiv Freiburg C 92/238. Das *Zentralblatt* wurde damals im Ausland wohl am meisten nachgefragt. So zumindest Richard Jung an Heinrich Kranz, Schreiben vom 7.1.1948, UA Freiburg C 92/242. Jung schreibt allerdings auch schon damals, dass sich inzwischen eine holländische Konkurrenz etabliert habe, die die Wirkungsreichweite des *Zentralblatts* wohl schmälern dürfte. Kranz war in den Jahren 1961 und 1962 Präsident der DGPN.

[25]Ab 1981 nur noch *Fortschritte der Neurologie und Psychiatrie.*

[26]Zum Georg Thieme Verlag: Staehr, Spurensuche 1986; Links, Schicksal der DDR-Verlage 2009, S. 164–166.

[27]Beringer hatte nach dem Tod Langes dessen Position an der Seite August Bostroems in den *Fortschritten* übernommen. Vgl. Jung, Kurt Beringer 1949, S. 297.

[28]So Zutt, wiedergegeben in: Ferdinand Springer an Kurt Beringer, Schreiben vom 2.1.1947, UA Freiburg C 58/154.

Beteiligung an den *Fortschritten* eine aktive Mitwirkung an diesen dann schon aus Zeit-gründen unmöglich werde.[29] Daraufhin sagte Beringer den *Fortschritten* ab.[30] Man kann die Lehre aus dieser kurzen Geschichte verallgemeinern: Prägende Akteure bei der Reorganisation der Fachzeitschriftenlandschaft waren die Verleger, nicht die Wissen-schaftler und Anstaltsdirektoren.

Anfänglich wurde hart um die inhaltliche Ausrichtung und personelle Besetzung der Fachzeitschriften gerungen. Dies zeigen etwa die Versuche des ersten Nachkriegs-präsidenten der GDNP, Ernst Kretschmer, in Herausgebergremien aufgenommen zu werden. Kretschmer war nicht nur eine prominente und einflussreiche, sondern auch eine umstrittene Persönlichkeit. Insbesondere sein Machtstreben wurde vom Verleger und von den Herausgebern des *Nervenarzt*[31] in deren Briefwechseln oft thematisiert und unver-züglich problematisiert. Schon im Januar 1947 hatte Ferdinand Springer den Eindruck, „dass Kretschmer aus Angst vor einer gewissen Isolierung unter allen Umständen nach Einfluss auf eine Zeitschrift strebt".[32] Zutt und Beringer vermuteten, dass Kretschmer

---

[29]Ebd.

[30]Später wurde er dann auch Mitherausgeber von *Archiv für Psychiatrie und Nervenkrankheiten vereinigt mit Zeitschrift für die Gesamte Neurologie und Psychiatrie*. Vgl. Jung, Kurt Beringer 1949, S. 297.

[31]Unter den Herausgebern und den Mitgliedern des Beirats des *Nervenarzt* waren viele bereits bekannte Namen. Kurt Beringer, Karl Hansen (1893–1962), Wilhelm Mayer-Groß (1889–1961), Erwin Straus (1891–1975), Gustav von Bergmann (1878–1955), Ludwig Binswanger (1881–1966), Karl Bonhoeffer und Viktor von Weizsäcker hatten schon für die Gründungsausgabe des *Nervenarzt* 1928 in einer der beiden Funktionen verantwortlich gezeichnet. Die entscheidenden Personen der Nachkriegszeit waren allerdings Jürg Zutt und Walter von Baeyer. Zusammen prägten sie das Blatt im hiesigen Untersuchungszeitraum maßgeblich. Kurt Beringer, der in der Zwischenkriegszeit wichtiger und einflussreicher Herausgeber mehrerer psychiatrischer Fach-zeitschriften gewesen war und in den ersten Nachkriegsjahren im Zentrum der Konflikte um die Herausgeberschaften stand, spielte nur noch kurze Zeit eine Rolle. Er starb am 11.8.1949 unerwartet und wurde im Herausgebergremium durch seinen Freiburger Schüler Richard Jung ersetzt. Vgl. von Baeyer, 50 Jahre „Der Nervenarzt" 1979, S. 1; Roelcke, Entwicklung 2002, S. 120; Ruffin, Kurt Beringer 1950, S. 206. Jürg Zutt war zudem während des Zweiten Welt-krieges Redakteur des von Karl Bonhoeffer herausgegeben *Zentralblatts für die gesamte Neuro-logie und Psychiatrie*. Vgl. Schmuhl, GDNP 2016, S. 371. Zutt war bestrebt, auch auf die Redaktionen anderer Fachzeitschriften Einfluss zu nehmen. So versuchte er Ende der 1950er Jahre Hans-Hermann Meyer (1909/1910–2000), den Professor für Psychiatrie an der Universität des Saarlandes, aus dem Amt des Schriftleiters des *Zentralblatt* zu drängen. Diesen hielt er in einem Brief an den Springer-Verlag zwar für „einen braven Mann", hätte aber lieber „einen wirklich intelligenten Mann, deren es bei v. Baeyer und Vogel so viele gibt" auf diesem Posten gesehen. Jürg Zutt an Ferdinand Springer, Schreiben vom 22.12.1958, Archiv des Springer-Verlags E-109-7.

[32]Ferdinand Springer an Kurt Beringer, Schreiben vom 2.1.1947, UA Freiburg C 58/154. Ferdinand Springer war die treibende Kraft bei der neuerlichen Etablierung und Profilierung des *Nervenarzt*. Allerdings drängten auch die Psychiater den Springer-Verlag, die Zeitschrift so bald wie möglich wieder erscheinen zu lassen. Seit Mitte 1946 nahm Beringer wieder Manuskripte an, auch wenn er zu diesem Zeitpunkt noch nicht wusste, wann die erste Nachkriegsausgabe erscheinen würde. Schon am 13. November 1946 konnte Ferdinand Springer jedoch erste Erfolge

einen „schweren Affekt" gegen sie hege, der weit zurückreiche. Zumindest berichtete Kurt Beringer mit Verweis auf Villinger und Zutt, dass die Marburger Klinik, an der Kretschmer tätig gewesen war, die einzige gewesen sei, „die den Nervenarzt nicht hielt".[33] Diese Abneigung beruhte indes auf Gegenseitigkeit. Zutt störte sich etwa an Kretschmers „unverhüllten Machtbedürfnisse[n]". Ihm sei zwar „früher doch einmal ein ganz genialer Wurf gelungen", doch habe man mittlerweile den Eindruck, „er leidet unter seiner Sterilität und macht nun Betrieb".[34] Zutt war in seiner Ablehnung Kretschmers durchaus nicht allein. Auch von anderen Kollegen wurde Kretschmer als schwierig im Umgang, machtgierig und eitel wahrgenommen.

Allerdings war Ernst Kretschmer noch immer so einflussreich, dass Kurt Beringer im Sommer 1948 ernstlich überlegte, ob dieser nicht doch Mitherausgeber des *Nervenarzt* werden sollte. Anlass war ein Bericht seiner Assistenten über die kurz zuvor besuchte psychotherapeutische Arbeitswoche bei Kretschmer. Sie berichteten nämlich davon, dass dort nicht nur Leitsätze aufgestellt worden seien, die die Einrichtung einer psychotherapeutischen Ambulanz an jeder Psychiatrischen und Neurologischen Universitätsklinik sowie die Schaffung von stationären Behandlungsmöglichkeiten für psychogene Erkrankungen forderten, sondern auch die Herausgabe einer eigenen Zeitschrift für ärztliche Psychotherapie beabsichtigt wurde. Dies nahm der Herausgeber des *Nervenarzt* als ernste Bedrohung war. So betonte er in einem Schreiben an seinen Mitherausgeber:

---

melden: „Der ‚Nervenarzt' befindet sich im Druck und das 1. Heft erscheint spätestens im Januar." Und tatsächlich: Ab 1947 erschien er wieder monatlich. Vgl. Steinert/Plewe, Psychiatrie in „Der Nervenarzt" 2005, S. 93; Richard Jung an Prof. Kleist (Freiburg), Schreiben vom 13.6.1946, UA Freiburg C 92/242. Zitat aus: Ferdinand Springer an Werner Villinger, Schreiben vom 13.11.1946, Archiv des Springer-Verlags D-53-6. Einschätzung Springers durch Zutt, „sicher ein ausgezeichneter wissenschaftlicher Verleger, eingeengt in seinen Interessen und ein grosser Egoist." Jürg Zutt an Kurt Beringer, Schreiben vom 10.1.1947, UA Freiburg C 58/144. Seit 1946 war Ernst Kretschmer Mitherausgeber der Zeitschrift *Fortschritte der Neurologie und Psychiatrie und ihrer Grenzgebiete.*

[33]Kurt Beringer an Kurt Schneider, Schreiben vom 15.4.1947, UA Freiburg C 58/201.

[34]So zumindest Zutts Eindruck von der im September 1947 stattgefundenen Tagung in Tübingen, bei der er verschiedentlich mit Kretschmer gesprochen und ihn auch einen Abend Zuhause besucht hatte. Wiedergegeben in: Jürg Zutt an Kurt Beringer, Schreiben vom 17.9.1947, UA Freiburg C 58/144. Kretschmer hatte mit „Geniale Menschen" und „Körperbau und Charakter" zwei internationale Bestseller geschrieben. Der damit auch für den Springer-Verlag, in dem die Bücher und ihre Übersetzungen erschienen waren, einhergehende finanzielle Erfolg, schmälerte offenbar nicht die persönliche Abneigung des Verlegers gegenüber einem seiner Starautoren. Vgl. Akten über die Neuauflagen der Schriften und neue Übersetzungen in der unmittelbaren Nachkriegszeit im Archiv des Springer-Verlags.

„Nun existiert ja schon die Zeitschrift von Weizsäcker und Genossen ‚Psyche'. Sie ist für die hoheitsvollen, selbstüberzeugten, doktrinären, eingebildeten Grundpsychotherapeuten, die diese Tätigkeit als Lebensberuf ergreifen. Aber eine, sagen wir einmal etwas lebensnähere, abgekürzte, praktischer ausgerichtete Psychotherapie hat keinen Ort (…). Daß aber der Nervenarzt, der Praktiker gerade über diese psychotherapeutischen Grenzbeziehungen, mehr wissen möchte und immer sehr gerne darüber etwas hört, ist Dir und mir bekannt. Ich habe als Gründer der Zeitschrift, die auf meine Anregung bedingt durch meine Erfahrung als niedergelassener Nervenarzt in Karlsruhe zurückging, meiner ursprünglichen Konzeption gegenüber immer ein recht schlechtes Gewissen. Und zwar weil der Nervenarzt eben zu sehr ins rein wissenschaftliche hineingerückt ist oder anders ausgedrückt, weil gerade die praktischen Bedürfnisse des Nervenarztes nicht abgesättigt werden. Dieses ganz speziell hinsichtlich der Psychotherapie."[35]

Beringer glaubte zu diesem Zeitpunkt, dass nur durch Kretschmers Einbeziehung eine unliebsame Konkurrenzzeitschrift verhindert werde. Zugleich bot sich die Möglichkeit, den Abonnenten der eigenen Zeitschrift in ihren inhaltlichen Bedürfnissen entgegenzukommen. Offenbar ahnte er, dass Zutt dem nur mit erheblichen Bedenken zustimmen würde. Daher erklärte er:

„Ich glaube, daß diese Aktivierung Kretschmers nach der Richtung, daß die Psychotherapie eben auch an den Kliniken mehr betrieben und auch [mit] verständigem Sinne gelehrt wird, sinnvoll ist. Denn schließlich bilden wir ja die Nervenärzte, die sich niederlassen, aus und wir können ihnen ja nun nicht gerade auf diesem Gebiet keine Ausbildung zukommen lassen oder wenigstens kein gedankliches Gerüst vermitteln lassen, auf dem sie später in der Praxis ganz besonders arbeiten müssen. (…) Unsere gemeinsamen Bedenken gegen die konstitutionarchische Selbstherrlichkeit muß man, glaube ich, in einem solchen Falle zurückstellen. Wir dürfen ja nicht vergessen, daß die Zeitschrift die einzige zur Zeit vorliegende Zeitschrift für den Praktiker ist."[36]

Aufgeschreckt durch die mögliche Konkurrenz zum *Nervenarzt* schlug Beringer vor, Kretschmer zu bitten, „ob er nicht diese von ihm gewünschte und geförderte Psychotherapie publizistisch im Nervenarzt vertreten will als ein dritter Mitherausgeber". Dabei könne man ihm, so der Plan, monatlich etwa zwölf bis achtzehn Seiten zur Verfügung stellen.[37]

---

[35]Kurt Beringer an Jürg Zutt, Schreiben vom 30.7.1948, UA Freiburg C 92/3. Den bisher für dieses Fachgebiet Verantwortlichen, Janssen, hielt er diesbezüglich für einen „kompletten Versager", der „seit 1932 nur noch das Herausgeberhonorar eingesteckt [habe]". Ebd. Zur Zeitschrift *Psyche* vgl. Lohmann, 50 Jahre „Psyche" 1996; Hoyer, Getümmel 2008, S. 201–216; Freimüller, Gesellschaftsdiagnosen und Psychoanalyse 2007, S. 177–180; Dehli, Leben 2007, S. 187–199.

[36]Kurt Beringer an Jürg Zutt, Schreiben vom 30.7.1948, UA Freiburg C 92/3.

[37]Vgl. ebd.

Zutt zeigte sich von diesem Ansinnen erwartungsgemäß nicht begeistert.[38] In seiner Antwort an Beringer wird deutlich, dass neben persönlichen Antipathien auch die Auseinandersetzung zwischen Psychiatern und Psychotherapeuten hierfür verantwortlich waren. Denn er stellte ganz allgemein und ohne konkrete Gründe zu nennen infrage, dass es den Psychotherapeuten in Deutschland und in den USA, wo sich die Konsequenzen eines starken Einflusses einer gewandelten Psychoanalyse ja bereits beobachten ließen, darum gehe, dass „man auf diese Art und Weise vielen Menschen helfen kann".[39] Zudem verwies er auch auf den dürftigen Stand der Psychotherapie als Wissenschaft:

> „Ich habe noch nicht finden können, dass bei Weizsäcker oder bei Mitscherlich psycho-
> therapeutisch etwas neues steht, ausser der gelegentlichen Behauptung, dass dieses oder
> jenes geholfen hat. Ich habe mir zu Beginn des 3. Reiches gesagt, über die sogenannte
> offizielle Ausrichtung der Medizin im 3. Reich wird man nach 2 Monaten nichts neues mehr
> schreiben können. Ich habe zu meiner Verwunderung erlebt, dass man 15 Jahre lang scham-
> los ins gleiche Horn geblasen hat und ich muss gestehen, wenn man sich nicht ab und zu
> den Schaum, der geschlagen wurde, aus den Augen gerieben hätte, dann käme einem das
> noch nicht einmal übel vor. Ich habe mir damals den Kopf zerbrochen über das ‚scheinbar
> Neue' und das ‚wirklich Neue'. Die meisten Kinostücke sind scheinbar neue, nicht wirk-
> lich neue. Leider ist es mit einer grossen Zahl der wissenschaftlichen Publikationen auch
> so. Aber ganz furchtbar ist es mit dem, was man psychotherapeutische Publikation nennt."[40]

Auch weiterhin, so Zutt, werde mangelnde Qualität die Psychotherapeuten nicht daran hindern, ihre Gedanken zu publizieren. Es ließe sich wohl kaum vermeiden, „Papier damit zu füllen" und wahrscheinlich werde es „Kretschmers Betriebsamkeit gelingen, die Druckbogen voll zu bekommen und es wird gar nicht übel aussehen". Allerdings werde es sich nur um „leichte und angenehme literarische Kost auf dem Nachttisch des zeitgenössischen Nervenarztes" handeln. In einer von ihm herausgegebenen Fachzeitschrift wolle er derartiges jedenfalls nicht lesen.[41]

Der ansonsten meist souverän agierende Jürg Zutt wollte sich hier wohl nicht allein auf die Kraft der von ihm vorgebrachten Argumente verlassen. Auch war er erst kurz zuvor mit den von ihm angegriffenen v. Weizsäcker und Mitscherlich auf dem Kongress der *Deutschen Gesellschaft für Innere Medizin* (DGIM) aneinander geraten und hatte dabei in der Diskussion um Schaden und Nutzen, um Anspruch und Realität der

---

[38]Nur wenige Tage zuvor hatte er sich schließlich gegenüber Beringer über Kretschmers neueste Gedanken lustig gemacht: „Ich kann es verstehen, dass Du gelegentlich über die Sprache der Existentialisten Deine Spässe machst. Viele haben es verdient. Ich finde aber die Heidegger'sche Geworfenheit wird von der Kretschmer´schen Rutschung noch bei weitem übertroffen." Jürg Zutt an Kurt Beringer, Schreiben vom 20.7.1949, UA Freiburg C 92/3.

[39]Jürg Zutt an Kurt Beringer, Schreiben vom 7.8.1949, UA Freiburg C 92/3.

[40]Ebd. Als Ende der 1950er Jahre unter Leitung von Alexander Mitscherlich ein *Institut und Ausbildungszentrum für Psychoanalyse und Psychosomatische Medizin* (das spätere *Sigmund-Freud-Institut*) geplant und schließlich auch ins Leben gerufen wurde, stieß dies abermals auf Widerstand von Jürg Zutt. Vgl. Hoyer, Getümmel 2008, S. 351 f.; Dehli, Leben 2007, S. 240 f.

[41]Jürg Zutt an Kurt Beringer, Schreiben vom 7.8.1949, UA Freiburg C 92/3.

Psychosomatik, keine gute Figur abgegeben.[42] So drohte er schließlich recht unverhohlen mit dem Rückzug aus dem *Nervenarzt*. Er wies Beringer darauf hin, dass er die Tätigkeit im Herausgebergremium „eigentlich seinerzeit nicht aus dem Gefühl einer inneren Berufung oder Geeignetheit übernommen [habe], sondern nur deshalb, weil durch Straussens Weggang eine Lücke entstanden war". Es habe schlicht nahegelegen, diese Aufgabe zu übernehmen, weil der Springer-Verlag, genauso wie er selbst, in Berlin ansässig war: „Dort musste die Arbeit gemacht werden und ein Anderer war nicht da". Er fände auch jetzt seine Tätigkeit im Referatenteil „weder geschickt, noch (…) befriedigend". Er wolle seinen alten Freund – die beiden kannten sich bereits seit fast einem halben Jahrhundert – jedoch auch „nicht im Stich lassen".[43] Nach diesem Briefwechsel wurde Kretschmer nicht Herausgeber des *Nervenarzt*.[44] Statt ihm wurde 1950 Walter von Baeyer (1904–1987)[45], zu diesem Zeitpunkt außerplanmäßiger Professor in Erlangen, in das Gremium aufgenommen.

Offenkundig galt Kretschmer auch in anderen Herausgebergremium als schwierig. So schrieb Willibald Scholz (1889–1971) 1948 an einen seiner Mitherausgeber des *Archivs für Psychiatrie und Nervenkrankheiten*:

> „Wie unsere gemeinsame Herausgebertätigkeit mit Kretschmer weitergeht, müssen wir nun einmal abwarten. Es ist selbstverständlich auf die Dauer unmöglich, dass einer etwas anderes tut als das, worüber sich die vier anderen geeinigt haben. Ich fühle mich gewissermassen schuldig, weil ich Springer gegenüber die Aufnahme Kretschmers sehr energisch betrieben habe, in der Überzeugung, dass sein Name für das Archiv von Vorteil wäre. Die Frage war damals dadurch sehr akut geworden, dass Kretschmer im Begriffe stand, sich mit den Thiemschen ‚Fortschritten' anderwärts zu binden, wodurch eine verantwortliche Mitarbeit bei Springerschen Zeitschriften unmöglich geworden wäre."[46]

---

[42]Vgl. Die Wortmeldungen und Vorträge der 55. Tagung der DGIM, abgedruckt in: Psyche 3 (1949).

[43]Ebd. Offenkundig waren sich Zutt und Beringer zuletzt nicht mehr wirklich „grün". Beide waren alte Freunde, die sich nun entfremdet hatten. Vgl. Jürg Zutt an Kurt Beringer, Schreiben vom 5.2.1949, UA Freiburg C 92/3; Jürg Zutt an Kurt Beringer, Schreiben vom 18.2.1947, UA Freiburg C 58/144.

[44]Im Nachlass von Ernst Kretschmer im Universitätsarchiv Tübingen findet sich kein Material, das in diesem Fall Auskunft über Kretschmers Reaktionen gibt.

[45]Walter von Baeyer, ein Schüler Kurt Beringers, war zunächst am *Kaiser-Wilhelm-Institut für Psychiatrie* unter Ernst Rüdin in München tätig. Zwischen 1935 und 1945 war er bei der Wehrmacht eingesetzt: Vor dem Krieg als Sanitätsoffizier, während des Krieges als Beratender Psychiater. Die Universität München verwehrte ihm 1944 aufgrund eines Einspruchs der NS-Dozentenschaft die Habilitation. Diese holte er 1947 in Erlangen nach. Zu dieser Zeit war er bereits Chefarzt der Psychiatrischen und Nervenklinischen Abteilung des städtischen Krankenhauses Nürnberg, ab März 1948 außerordentlicher Professor für Neurologie und Psychiatrie in Erlangen. Im Oktober 1955 wurde von Baeyer Nachfolger Kurt Schneiders als Professor und Direktor der Psychiatrisch-Neurologischen Klinik Heidelberg. Vgl. von Baeyer, Jubilare 1963.

[46]Willibald Scholz an Kurt Beringer, Schreiben vom 5.11.1948, UA Freiburg C 92/3.

In den folgenden Jahren nahmen die Beschwerden über Ernst Kretschmer eher noch zu. Als es 1953 um die Wiederbelebung der traditionsreichen Zeitschriften *Archiv* und *Allgemeine Zeitschrift* ging, berichtete Ferdinand Springer Jürg Zutt über vermehrte „Klagen über Herrn Kretschmer".[47] Auch Zutt glaubte in seinem Antwortbrief, dass man „in weiten Kreisen froh" wäre, „wenn die publizistische Alleinherrschaft von Kretschmer in der großen Zeitschrift aufhören würde". Er plädierte daher auch für die Trennung von *Archiv für Psychiatrie und Nervenkrankheiten* und der *Zeitschrift für die Gesamte Neurologie und Psychiatrie* und sicherte zu, dass er selbst und auch Kurt Schneider bereit wären, unter den neuen Bedingungen „in irgendeiner Form sich an der Herausgabe" der dann selbstständigen *Zeitschrift für die Gesamte Neurologie und Psychiatrie* zu beteiligen.[48] Nachfolgend zog sich Kretschmer mehr und mehr zurück. Er verlor auch zunehmend an Einfluss in der GDNP. 1955 gab er deren Vorsitz enttäuscht auf, weil er es nicht hinnehmen konnte, dass mit der Gründung der *Deutschen Gesellschaft für Psychiatrie und Neurologie* „die Idee der GDNP" – „d. h. die Zusammengehörigkeit aller mit dem Fach der Nervenheilkunde beschäftigten Personen" – aufgegeben werde. Mit einer neu gegründeten rein psychiatrischen Gesellschaft, wollte er „nichts mehr zu tun haben".[49] Jürg Zutt wurde daraufhin zum ersten Präsidenten der DGPN gewählt.

In der Psychiatrie existierten also bereits mehrere einflussreiche Netzwerkknotenpunkte, als die psychiatrische Fachgesellschaft noch gar nicht wieder funktionstüchtig war. Der Auseinandersetzung zwischen Ernst Kretschmer und Jürg Zutt wurde hier viel Platz eingeräumt. Denn hier stritt der erste Nachkriegspräsident der GDNP mit dem Gründungspräsidenten der DGPN – allerdings nicht in der Fachgesellschaft selbst, sondern über die zu diesem Zeitpunkt wichtigeren Herausgebergremien der Fachzeitschriften. Die Geschichte der gegenseitigen Animositäten verdeutlicht zugleich den gravierenden Wechsel an der Spitze der Fachgesellschaft. Und schließlich ging es in diesem Streit bereits um das künftige Mitteilungsorgan der DGPN: Denn als Zutt Präsident der DGPN wurde, sorgte er dafür, dass der seit 1947 wieder erscheinende

---

[47]Ferdinand Springer an Jürg Zutt, Schreiben vom 26.7.1953, Archiv des Springer-Verlags E-109-7. Auch unter Psychoanalytikern war Ernst Kretschmer wenig beliebt. Alexander Mitscherlich betonte beispielsweise, dass es schwer falle, „mit einem Menschen derartig infantiler Eitelkeit chinesische Umgangsformen zu pflegen", und Tobias Brocher (1917–1998) unterstellte ihm „scheussliche Politik und zwar reine Machtpolitik". Zitate aus: Alexander Mitscherlich an Tobias Brocher, Schreiben vom 21.12.1954 und Tobias Brocher an Alexander Mitscherlich, Schreiben vom 13.12.1954, beide in: Alexander-Mitscherlich-Archiv Na 7, 23.

[48]Jürg Zutt an Ferdinand Springer, Schreiben vom 30.7.1953, Archiv des Springer-Verlags E-109-7.

[49]Ernst Kretschmer, zitiert im Protokoll der Vorstandssitzung der GDNP am 5.3.1955, zitiert nach: Schmuhl, GDNP 2016, S. 402.

Nervenarzt diesen Status erhielt.[50] Anders als diese Episode aus der Frühphase der bundesrepublikanischen Psychiatrie suggeriert, gab es nachfolgend aber keine nennenswerte personelle Schnittmenge von den Vorständen der DGPN und dem Herausgebergremium ihres Mitteilungsorgans.[51] Ämterüberschneidungen waren zwar möglich, blieben aber die Ausnahme. Die Fachzeitschrift war auch inhaltlich von der Fachgesellschaft unabhängig. Die DGPN befasste sich in ihren Vorstandssitzungen nicht mit der Themensetzung oder der Personalpolitik des *Nervenarzt*. Das ist auch deswegen bedeutsam, weil Jürg Zutt den *Nervenarzt* nach Ablauf seiner Amtszeit als DGPN-Präsident nutzte, um zusammen mit Walter von Baeyer erst der anthropologischen Psychiatrie und später auch den Anfängen der Sozialpsychiatrie in der Bundesrepublik ein Forum zu geben – Ansätze, die von den überwiegend biologisch orientierten Psychiatern im Vorstand der DGPN nicht immer mit dem gleichen Enthusiasmus vertreten wurden.

---

[50]Bis dahin stand noch im Briefkopf des *Archivs für Psychiatrie und Nervenkrankheiten vereinigt mit Zeitschrift für die Gesamte Neurologie und Psychiatrie*: „Offizielles Organ der Gesellschaft Deutscher Neurologen und Psychiater". Vgl. UA Freiburg C 92/28. Dort sind auch die Bemühungen der Herausgeber überliefert, dass die DGPN das *Archiv* als Mitteilungsorgan beibehalte. Vgl. Willibald Scholz an Springer-Verlag, Schreiben vom 26.10.1955, ebd. Ein neues offizielles Organ der Fachgesellschaft war nötig geworden, weil mit der *Allgemeinen Zeitschrift für Psychiatrie und psychisch-gerichtliche Medizin* auch die bisherige Zeitschrift der *Gesellschaft Deutscher Neurologen und Psychiater* eingestellt und nicht wieder aufgelegt worden war. Innerhalb der GDNP/DGPN wurden mehrere der übrig gebliebenen Fachzeitschriften als offizielles Mitteilungsorgan in Erwägung gezogen. Zunächst sollte eigentlich das *Zentralblatt* diese Rolle übernehmen. Auch das *Archiv* wurde als Mitteilungsblatt in Erwägung gezogen. Vgl. Protokoll über die Sitzung des erweiterten Vorstandes der GDNP am 23.9.1949, DGPPN-Archiv Ordner 1 D. Vgl. auch Schmuhl, GDNP 2016, S. 400; von Baeyer, 50 Jahre „Der Nervenarzt" 1979, S. 1 f. Der *Nervenarzt* wurde 1968 zudem auch Mitteilungsorgan der *Deutschen Gesellschaft für Neurologie*. Vgl. Steinert/Plewe, Psychiatrie in „Der Nervenarzt" 2005, S. 97.

[51]Betrachtet man die Gremien des *Nervenarzt* fällt auf: Das Gremium der Herausgeber und der Beirat bestanden ausschließlich aus Männern. Die Größe der beiden zentralen Gremien nahm im Zeitverlauf deutlich zu. Zwischen 1947 und 1975 stieg die Zahl der zeitgleich tätigen Herausgeber von zwei auf acht, die Anzahl der Beiratsmitglieder von acht auf achtundzwanzig. Diese Zunahme war eine direkte Folge der Fächerausdifferenzierung. Es springt zudem die Konstanz der personellen Zusammensetzung ins Auge. Aus den Gremien schied man im Grunde fast nur in Folge langer Krankheit oder Tod aus. Im Normalfall behielten die Herausgeber und Beiräte ihre Posten über mehrere Jahrzehnte.

7.2   Eine Fachzeitschrift für alle Teildisziplinen

In der DDR existierte im gesamten Untersuchungszeitraum nur eine einzige Fachzeitschrift im Bereich der Nervenheilkunde.[52] Über Streitigkeiten zwischen verschiedenen Herausgebergremien, die auch die Geschichte der medizinisch-wissenschaftlichen Gesellschaft beeinflussten, lässt sich also nicht berichten. Ein Blick auf die Personalzusammensetzung ihrer Gremien Ende der 1950er Jahre lässt es zunächst auch unwahrscheinlich erscheinen, dass das Herausgebergremium von *Psychiatrie, Neurologie und medizinische Psychologie* aus Sicht des Vorstands der *Gesellschaft für Psychiatrie und Neurologie* Knotenpunkt eines konkurrierenden Netzwerks war. Zu diesem Zeitpunkt gab es einen hohen Überschneidungsgrad zwischen dem Vorstand der medizinisch-wissenschaftlichen Gesellschaft und den Herausgebern. Doch beginnen wir lieber am Anfang der Geschichte: Bei der 1949 gegründeten *Psychiatrie, Neurologie und medizinische Psychologie* handelte es sich nicht um eine wiederbelebte ältere Fachzeitschrift. Das lag auch daran, dass die vor 1945 etablierten Blätter für psychiatrische und neurologische Themen ihren jeweiligen Verlagsort mehrheitlich nicht in der sowjetischen Besatzungszone hatten.[53] Dieser Umstand kam durchaus den Interessen der sowjetischen Besatzungsmacht entgegen. Denn so konnten die neu gegründeten Zeitschriften von Anfang an in die angestrebte Umgestaltung des Gesundheitswesens einbezogen werden. Zudem waren die Neugründungen ein deutlich sichtbarer Ausdruck eines Bruchs mit hergebrachten Traditionen.[54] In *Psychiatrie, Neurologie und medizinische Psychologie* wurden ähnlich wie im *Nervenarzt* nicht nur wissenschaftliche Fragen behandelt, sondern auch „Organisations-, Struktur- und Entwicklungsfragen des Fachgebiets".[55] Grundsätzlich zeigt sich hier ein ähnlicher Anspruch wie im *Nervenarzt* in der Bundesrepublik, nämlich der Versuch, die gesamte Bandbreite der nervenärztlichen Tätigkeit in Wissenschaft und Praxis abzubilden.

Alleiniger Herausgeber von *Psychiatrie, Neurologie und medizinische Psychologie* war zunächst Karl Bonhoeffer. Er bot sich in den Augen der sowjetischen Militäradministration als erfahrener Herausgeber, anerkannter Hochschullehrer und antifaschistisches Aushängeschild an.[56] Die Zeitschrift beabsichtige, so Bonhoeffer,

---

[52]Nervenheilkundliche Themen wurden allerdings auch in anderen Zeitschriften behandelt: *Das deutsche Gesundheitswesen* (bis 1984, dann *Zeitschrift für klinische Medizin*), *Deine Gesundheit*, *Humanitas*, *Nervenheilkunde*, *Psychologie für die Praxis*, *Ärztliche Jugendkunde*, *Pawlow-Zeitschrift für die höhere Nerventätigkeit*.

[53]Eine Ausnahme war der Georg Thieme Verlag, der ursprünglich in Leipzig ansässig war, aber bereits 1945 nach Wiesbaden (ein Jahr später dann nach Stuttgart) übersiedelte.

[54]Vgl. Teitge/Kumbier, Publizieren als Politikum 2015, S. 89. Zur Gründungsgeschichte ebd., S. 90–93.

[55]Wagner, Neurologie in der DDR 2007, S. 56.

[56]Er war u. a. vormaliger Herausgeber der *Monatsschrift für Psychiatrie und Neurologie*.

sich nicht nur der Psychiatrie und Neurologie, sondern auch der klinischen Psychologie, der Hirnverletztenfürsorge, der Heilpädagogik, der Jugendfürsorge und dem Verwahrlostenproblem zuzuwenden. Nach „dem mehrjährigen Schweigen der deutschen wissenschaftlichen Fachliteratur im Kriege und der vorläufigen Liquidierung der grossen neurologisch-psychiatrischen Fachzeitschriften" käme man damit einem verbreiteten Grundbedürfnis entgegen.[57] Wie schon der Name der Zeitschrift zum Ausdruck brachte, fasste sie Psychiatrie, Neurologie und medizinische Psychologie als ein Themengebiet zusammen. Dies war grundsätzlich neu. Und, wie Bonhoeffer programmatisch schrieb, den Herausforderungen der Zeit angemessen: Das Stoffgebiet der Psychiatrie und Neurologie sei in Richtung ihrer Nachbargebiete zu erweitern. Nur so könne dem Nervenarzt „diese heute besonders wichtige soziale Seite der Grenzgebiete zur Anschauung" gebracht werden. „Es ist doch überhaupt so, dass alles, was die ‚Irrenheilkunde' aus ihrer Sonderstellung heraus und in die Verbindung mit Nachbargebieten hereinbringt, erstrebenswert ist."[58] Die Zeitschrift bezwecke, so Bonhoeffer weiter, „die verwandten und miteinander zusammenhängenden Teilgebiete (…) zu einer Synthese zusammenfassen". Somit richtete sich die neue Publikation auch nicht nur an Psychiater und Neurologen, sondern auch „an den praktischen Psychologen und Psycho-Therapeuten, an den forensischen Psychiater und den Gerichtsgutachter, an den Amtsarzt, den praktischen Arzt und den Pädagogen".[59]

Psychiatrie, Neurologie und medizinische Psychologie sollte nicht nur eine Publikation für die sowjetische Besatzungszone sein. Bonhoeffer begrüßte die Gründung der Fachzeitschrift in ihrem ersten Heft und dankte der „sowjetischen Besatzungsmacht" (sic!) für die Möglichkeit, eine neue Monatsschrift für Psychiatrie, Neurologie und ihre Nachbargebiete erscheinen zu lassen. Er schrieb ihr die Hoffnung ins Stammbuch, dass sie nicht nur ein Publikationsorgan werde, dass „für die Nervenkliniken, Anstalten und die wissenschaftlich arbeitenden Fachgenossen der sowjetischen Besatzungszone" zuständig sei, sondern dazu diene, „über die Zonengrenzen hinweg die wissenschaftlichen Beziehungen zu pflegen und durch die Mitarbeit der Kollegen aus allen deutschen Gauen und dem Ausland den alten Zusammenschluss wieder zu gewinnen, der früher selbstverständlich war und den wir auf den regelmässigen Jahresversammlungen der deutschen Psychiater und Neurologen seinen äusseren Ausdruck finden sahen". Noch denke man an jene Zeit sehnsüchtig zurück, in der die wissenschaftliche und kollegiale Zusammenarbeit noch nicht durch „die nationalsozialistische Politisierung und Terrorisierung" zerstört worden war.[60] Mit der Veröffentlichung des ersten Heftes beabsichtigten Herausgeber und Verleger aber vor allem, den Zeitschriften in den westlichen Besatzungszonen zuvorzukommen. So befürchtete beispielsweise ein Vertreter des Leipziger S. Hirzel-Verlags,

---

[57]Zitate aus: Bonhoeffer, Einführung, BA Berlin DQ 1/308. So auch abgedruckt in der ersten Ausgabe der Zeitschrift.

[58]Ebd.

[59]Ankündigung des ersten Monatshefts (Juli 1947) vom 22.5.1947, BA Berlin DQ 1/308.

[60]Zitate aus: Bonhoeffer, Einführung, BA Berlin DQ 1/308. So auch abgedruckt in der ersten Ausgabe der Zeitschrift.

„dass die Zeitschrift ins Hintertreffen kommt, wenn wir anderen Konkurrenzzeitschriften in der amerikanischen und französischen Zone das Feld länger freigeben. (…) Mir käme es sonst nicht auf den Monat an, aber ich fürchte, dass wir die Herausgeber und Mitarbeiter, die in den anderen Zonen leben, an die Konkurrenzzeitschriften der Westzonen verlieren."[61] Diese Verweise auf den Rivalen aus dem ‚Westen' waren sicherlich auch ein geeignetes Mittel im Wettstreit um knappe Ressourcen. Sie standen daher wohl nicht zufällig in einem Schreiben an die *Deutsche Zentralverwaltung,* die zu diesem Zeitpunkt für die Papierzuteilung und die Lizenzierung der Fachzeitschriften zuständig war.[62] Doch lässt sich das deutsch-deutsche Verhältnis zu diesem Zeitpunkt längst noch nicht auf das eines Wettbewerbs reduzieren. Dies zeigen die ernsthaften Bemühungen, für *Psychiatrie, Neurologie und medizinische Psychologie* namhafte Persönlichkeiten aus den anderen Besatzungszonen zu gewinnen. Zwar konnte nach Absagen Viktor von Weizsäckers und Paul Vogels der ursprünglich eingeplante Posten des westdeutschen Schriftführers nicht besetzt werden. Dennoch gelang es ohne größere Probleme, Fachkollegen aus den anderen Besatzungszonen zur Mitarbeit zu bewegen.[63] Deren Beteiligung wurde dann auch für die Leser und Leserinnen auf dem Deckblatt deutlich sichtbar dokumentiert. Zur Kategorie der „Mitwirkenden" gehörten unter anderem Kurt Schneider, Paul Vogel, Werner Wagner (1904–1956)[64], Hans Jörg Weitbrecht (1909–1975)[65] und Walter Schulte

---

[61]Hirzel-Verlag (Plohmann) an Wladimir Lindenberg, Schreiben vom 21.10.1947, BA Berlin DQ 1/308. Wladimir Lindenberg (1902–1997) leitete in der *Deutschen Zentralverwaltung für Gesundheitswesen* das Referat VI,1 „Körperbeschädigte" und war in den ersten Jahren der zentrale Ansprechpartner des Verlags. Zu seiner Person vgl. Müller, Strafvollzugspolitik 2012, S. 59.

[62]In der Bundesrepublik wurde die Lizenzpflicht im September 1949 aufgehoben. In der DDR hatte sie bis zu deren Ende Bestand. Fragen der Papierkontingentierung blieben die ganze DDR-Zeit über von Bedeutung.

[63]Vgl. Teitge/Kumbier, Publizieren als Politikum 2015, S. 92.

[64]Werner Wagner, 1929 Promotion in Heidelberg, 1936 Habilitation in Breslau. 1938–40 kommissarischer Leiter der Psychiatrischen Klinik Breslau und des dortigen Lehrstuhls, April 1940 erster Oberarzt an der Universitäts-Nervenklinik in Leipzig, 1942 außerordentlicher Professor, Oktober 1942 bis März 1946 kommissarischer Direktor der Klinik und des Lehrstuhls, 1948 Oberarzt an der Münchener Universitäts-Nervenklinik, 1949 Ernennung zum Direktor des Klinischen Institutes der *Deutschen Forschungsanstalt für Psychiatrie* in München. Seit 1933 im Reitersturm der SA, zuletzt Rottenführer, NSDAP-Mitglied ab 1.5.1937, NSDozB seit 1.4.1940. Im Spruchkammerverfahren argumentierte Wagner wenig glaubhaft, dass er ohne eigenes Zutun oder nur als notwendiges Zugeständnis an die Zeit in diese Organisationen aufgenommen wurde, aber eigentlich stets demokratisch-sozialistisch gesinnt gewesen sei. Er konnte aber darauf verweisen, dass er in Fragen der eugenischen Bevölkerungspolitik – auch der „Euthanasie" – Stellung gegen die offizielle NS-Politik bezogen hatte. Dies wurde ihm im Spruchkammerverfahren hoch angerechnet. Zu Werner Wagner vgl. Selbstverfasster Lebenslauf und Spruchkammerbescheid vom 28.3.1947 in: UAF Abt. 13, 179 sowie Steinberg, Werner Wagner 2015.

[65]Hans Jörg Weitbrecht: Medizinstudium in Tübingen und Wien, habilitiert bei Kurt Beringer in Freiburg im Breisgau. Wissenschaftlich stand Weitbrecht in der Tradition von Kurt Schneider, Robert Gaupp und Ernst Kretschmer. Gefördert wurde er auch von Karl Jaspers und Kurt Beringer. 1937–1956 Abteilungsarzt an der Privatklinik Christophsbad in Göppingen, unterbrochen von Kriegsdienst und Kriegsgefangenschaft. 1956 Ruf an den Lehrstuhl für Psychiatrie und Neurologie an der Rheinischen Friedrich-Wilhelms-Universität Bonn. Zusammen mit Klaus Conrad und

(1910–1972)[66]. Diese demonstrative Zusammenarbeit mit Kräften außerhalb der eigenen Besatzungszone führte zu ungehaltenen Reaktionen. Gegenwehr kam insbesondere aus der *Deutschen Zentralverwaltung*. Verlagsvertreter konnten demgegenüber jedoch erfolgreich argumentieren, dass eine Rücknahme der schon erteilten Zusagen erstens zu Spannungen mit den Fachkollegen und einem außenpolitischen Ansehensverlust sowie zweitens zu einem Rückgang der Abonnentenzahl führen würde. Da von Gottfried Ewald, Kurt Schneider, Werner Wagner und Viktor von Weizsäcker bereits Zusagen vorlagen, könne man, so der Vertreter des Hirzel-Verlags, „daran wohl nichts gut ändern, ohne Verstimmungen hervorzurufen". Wären die anderen Zonen nicht vertreten, „dann würde sich die Zeitschrift über ganz Deutschland nicht verbreiten lassen". Man sei aber „auf die ganze deutsche medizinische Wissenschaft angewiesen" und habe auch nur so Aussicht darauf, „im Ausland überall Einzug und Anerkennung zu finden".[67] Mit dieser Argumentation behielten Verleger und Herausgeber die Oberhand. In den folgenden zwei Jahrzehnten waren mehrere prominente Psychiater und Neurologen aus der Bundesrepublik auf dem Deckblatt der Zeitschrift als offiziell „Mitwirkende" vermerkt.[68] Ihr Kreis blieb in den ersten Jahren relativ stabil. Zu- und Abnahmen im Verhältnis zwischen der DDR und der Bundesrepublik waren vor allem auf Übersiedlungen zurückzuführen. Beispiele hierfür waren Karl Pönitz (1888–1973)[69] und Franz Günther von Stockert (1899–1967). Als sie die DDR verließen, konnte man sie nicht, ohne ein politisch unerwünschtes Signal nach außen zu senden, von der Liste streichen. Die insgesamt hohe

---

Werner Scheid war er Herausgeber der *Fortschritte der Neurologie-Psychiatrie und ihrer Grenzgebiete*, später auch Mitherausgeber des *Archivs für Psychiatrie und Nervenheilkunde*. 1966 hielt er im Rahmen einer universitären Vortragsreihe eine Rede zur „Psychiatrie in der Zeit des Nationalsozialismus", in der er die Psychiatrie einerseits als „mißbrauchte" Disziplin beschrieb, andererseits aber auch auf die „Schrittmacher" und „Vollzugshilfen" aus den Reihen der Psychiater verwies. Vgl. Bruchhausen u. a., Medizinische Fakultät 2018, S. 96 f. Zu Weitbrechts Wirken vgl. dessen autobiographische Skizze in: Pongratz, Psychiatrie in Selbstdarstellungen 1977, S. 422–469; Wieck, Hans Jörg Weitbrecht 1976; Huber, Hans Jörg Weitbrecht 1975.

[66]Walter Schulte: Medizinstudium und anschließende Promotion in Frankfurt am Main, Medizinalassistent in Erfurt, Oberarzt in Jena, Habilitation 1943. Nach dem Krieg leitender Oberarzt in Bethel, von 1954 bis 1960 Direktor der Psychiatrischen Anstalt Gütersloh. 1960 folgte er dem Ruf als ordentlicher Professor nach Tübingen, seit 1962 dort Direktor der Universitätsnervenklinik. In der DGPN war er lange Zeit Vertreter der Lehrstuhlinhaber im Vorstand. Vgl. Tölle, In Memoriam Walter Schulte 1973.

[67]S. Hirzel an Wladimir Lindenberg, Schreiben vom 27.6.1947, BA Berlin DQ 1/308.

[68]Dass auf dem Titel von medizinischen Fachzeitschriften der DDR Mitwirkende oder Mitglieder des wissenschaftlichen Beirats genannt wurden, war auch in anderen Fachbereichen üblich. Vgl. etwa zur Urologie: Konert/Moll/Halling, Fachverselbständigung der Urologie 2015, S. 143 f.

[69]Karl Pönitz: Medizinstudium in Leipzig, Promotion 1913, Kriegsteilnahme, Habilitation 1921, 1925 zum außerordentlichen Professor an der Universitätsnervenklinik Halle berufen. NSDAP-Eintritt 1933, SA-Mitglied. Seit Mitte der 1930er Jahre leitete er die erbbiologische Abteilung im Gesundheitsamt der Stadt Halle. Er war Inspekteur der Provinzial-Heilanstalten, Obergutachter für Schwangerschaftsabbrüche sowie Obergutachter in Erbgesundheitsfragen. 1945 zunächst entlassen, 1946 aber entnazifiziert. Mitglied der Liberal-Demokratischen Partei Deutschlands (LDP). 1950 wurde er auf den Lehrstuhl für Psychiatrie und Neurologie an der Universität Halle berufen und leitete seitdem die dazugehörigen Universitätsnervenklinik. Nach seiner Emeritierung blieb er zunächst in Halle, siedelte dann aber im Jahr des Mauerbaus in die Bundesrepublik über.

Anzahl der „Mitwirkenden" und deren Nennung an prominenter Stelle täuscht jedoch einen Einfluss dieses Personenkreises auf die inhaltliche oder redaktionelle Gestaltung der Zeitschrift nur vor. Zwar lässt sich die genaue grenzüberschreitende Zusammenarbeit der Fachvertreter nicht mehr nachvollziehen. Aufgrund der im Bundesarchiv überlieferten Akten muss man aber wohl konstatieren, dass für den Status des „Mitwirkenden" schon die Bereitschaft ausreichte, gelegentlich eigene Arbeiten oder Arbeiten aus der eigenen Klinik unaufgefordert einzusenden. Sie waren aber nicht in den Auswahlprozess der Artikel oder in redaktionelle Vorgänge eingebunden.[70]

Die Zeitschrift war zunächst ein Erfolg. Die Anzahl der Abonnenten war schon früh vergleichsweise hoch. Das lag auch am gesamtdeutschen Anspruch sowie an der insgesamt geringen Zahl deutschsprachiger psychiatrisch-neurologischer Fachzeitschriften. Noch vor ihrem ersten Erscheinen hatten sich im November 1947 zonenübergreifend 1400 Abonnenten gemeldet.[71] Eine beeindruckende Zahl, wenn man sich daran erinnert, dass das in der Bundesrepublik verlegte, altehrwürdige *Archiv für Psychiatrie* – freilich auch mit einem anderen Anspruch und Profil – 1950 nur rund 300 Abonnenten hatte.[72] 1949 wurde die Auflagenhöhe für *Psychiatrie, Neurologie und medizinische Psychologie* auf 1.500 Exemplare festgesetzt.[73]

---

[70]Auf die geringe Bedeutung der „Mitwirkenden" aus den westlichen Besatzungszonen und der Bundesrepublik für die Redaktionsgeschäfte verweist auch die bereits erwähnte Tatsache, dass der Posten des westlichen Schriftführers unbesetzt blieb.

[71]Vgl. Teitge/Kumbier, Publizieren als Politikum 2015, S. 92.

[72]Ferdinand Springer an Werner Villinger, Schreiben vom 11.3.1950, Archiv des Springer-Verlags D-53-6.

[73]Der weitere Verlauf der Auflagenhöhe: Für die 1950er Jahre sind aufgrund von Lücken in der Quellenüberlieferung keine genauen Angaben möglich, doch lässt sich für die 1960er Jahre festhalten, dass die Auflage schon damals nicht ausreichte. Die geringe Anzahl der Exemplare wurde immer wieder beklagt, da sie die stärkere Berücksichtigung der Bildungs- und Weiterbildungsbedürfnisse der jungen Intelligenz behindere. Im August 1962 beantragte der Hirzel-Verlag beim Presseamt des Vorsitzenden des Ministerrates der DDR eine Erhöhung um 200 Exemplare, da man nun auch Ärzte anderer Disziplinen erreiche wolle. Mittlerweile seien Lieferschwierigkeiten festzustellen, weil man mit der Zeitschrift „mehr und mehr alle ärztlichen Belange auf das Spezialgebiet der Psychiatrie in Verbindung zu deren eigentlicher medizinischer Praxis hinlenken" wolle, um zu erreichen, „dass Spezialgebiete der Medizin bei der Diagnose des kranken Menschen auch mit in der allgemeinen Praxis angewandt werden". In Einklang mit diesem Anspruch wurden 1963 als Zielgruppen genannt: Psychiater, Neurologen, Lehrer in Sonderschulen sowie Mitarbeiter der Abteilungen für Gesundheitswesen bei den Räten der Städte. Ein großer Teil der Abonnenten kam zu dieser Zeit aus der DDR. Die internationale Nachfrage war aber erheblich, wie die Vertriebsstatistiken zeigen. In der DDR hätte man dabei wohl sogar noch deutlich mehr Exemplare absetzen können. Die Auflagenhöhe richtete sich nämlich keineswegs nur nach der Nachfrage. Entscheidend war die Papierzuteilung, die aufgrund von Angaben der *Gesellschaft für Psychiatrie und Neurologie* sowie der *Gesellschaft für Ärztliche Psychotherapie* und des Hirzel-Verlages vom Presseamt verfügt wurde. Vgl. Hirzel-Verlag an das Presseamt beim Vorsitzenden des Ministerrats der DDR, Schreiben vom 1.8.1962, BA Berlin DC 9/9112; Genehmigung Nr. 6550/406 vom 15.3.1963, BA Berlin DC 9/1699; BA Berlin DC 9/12. Zur Papierkontingentierung vgl. Löffler, Buch und Lesen 2011, S. 169–177.

Nach Bonhoeffers Tod im Dezember 1948 – kurz nach Erscheinen der ersten Ausgabe –, übernahm Alexander Mette die Nachfolge in der Leitung der Zeitschrift.[74] Mette bekleidete den Herausgeberposten 22 Jahre lang, davon die ersten zehn Jahre in Alleinregie.[75] In der ersten Hälfte der 1950er Jahre beeinflusste er als Mitglied der Staatlichen *Pawlow-Kommission* die inhaltliche Stoßrichtung der Fachzeitschrift im Sinne eigener politischer und wissenschaftlicher Interessen. Alexander Mette war zugleich ab ihrer Gründung Vertreter des *Ministeriums für Gesundheitswesen* im Vorstand der *Gesellschaft für Psychiatrie und Neurologie in der DDR*. 1956 wurde er obendrein auch Leiter der *Hauptabteilung Wissenschaft im Ministerium für Gesundheitswesen,* von 1958 bis 1963 war er Mitglied des *Zentralkomitees der SED*.[76] Immer wieder bezog Mette in seiner Funktion als Herausgeber klar politische Stellung im Sinne des neuen sozialistischen Staates und fiel so durch zahlreiche weltanschaulich motivierte Äußerungen auf. Einige Nervenärzte in der Bundesrepublik und Berlin (West) bewerteten die DDR-Fachzeitschrift aufgrund dieser Personalie als Mittel des Kalten Krieges. Helmut Selbach (1909–1987)[77], Direktor der Psychiatrischen und Nervenklinik der Freien Universität Berlin, trat aus Protest gegen die westdeutschen Fachkollegen, die sich an der „eindeutig bolschewistischen Zeitschrift" beteiligten, sogar aus der *Deutschen Gesellschaft für Neurologie* aus. Selbach begründete dies in seinem Schreiben an den Präsidenten der DGN, Heinrich Pette, damit, dass die DDR-Fachzeitschrift ideologische Positionen vertrete. Insbesondere am Herausgeber ließ er kein gutes Haar. Er prophezeite, dass dieser sich „wegen seiner Einstellung gegenüber deutschgesinnten Studenten später zu verantworten haben" werde.[78] Auch der Psychiater Dietfried Müller-Hegemann wurde von Selbach namentlich genannt und mit konkreten Vorwürfen belastet. Der „derzeitige politische Leiter der ehem. Leipziger Universitäts-Nervenklinik" sei „ein in Moskau ausgebildeter Akteur, der auftragsgemäss auf westdeutschen Kongressen zu sprechen pflegt, während zur gleichen Zeit unseren zuverlässigen Amtskollegen in Mittel- und

---

[74]Bonhoeffers Schüler prägten aber weiterhin die Fachzeitschrift. Dietfried Müller-Hegemann (Leipzig) wurde 1959 Herausgeber, Johannes Suckow (Dresden), Hanns Schwarz (Greifswald), Walter Betzendahl (Kiel), Heinrich Scheller (Würzburg) und Heinrich Roggenbau (Wiesbaden) gehörten zum Kreis der „Mitwirkenden".

[75]Mette war zunächst auch Herausgeber der Zeitschrift *Das Deutsche Gesundheitswesen,* der Disziplinen übergreifenden Zeitschrift der Medizin in der DDR. Vgl. Teitge/Kumbier, Publizieren als Politikum 2015, S. 93.

[76]Vgl. ebd.

[77]Helmut Selbach: Studium der Medizin in Bonn und Würzburg. Approbation 1935, Promotion 1936, Habilitation 1940. SA-Beitritt 1934, NSDAP-Mitglied seit 1937. Mitglied NSDozB und NSDÄB. Zusammenarbeit mit Hugo Spatz, Maximinian de Crinis und Alois Kornmüller. 1945–1950 an der Marburger Universitätsnervenklinik, dort 1949 zum außerplanmäßigen Professor ernannt. 1950–1976 ordentlicher Professor an der FU Berlin. 1953–1971 Vorsitzender der *Berliner Gesellschaft für Psychiatrie und Neurologie.*

[78]Helmut Selbach an Heinrich Pette, Schreiben vom 15.6.1953, Unverzeichneter Nachlass Georges Schaltenbrand, Institut für Geschichte der Medizin, Universität Würzburg, Privatkorrespondenz.

Ostdeutschland die Reise nach Westdeutschland versagt wird".[79] Ähnlich wie Alexander Mette vereinte auch Dietfried Müller-Hegemann Ämter in Partei, Gesundheitswesen, Universität und Klinik. 1959 stieg er in das Herausgebergremium der Fachzeitschrift auf.[80]

Die Regionalgesellschaften und die medizinisch-wissenschaftliche Gesellschaft waren indes noch „bürgerlich" geprägt und äußerten sich als Organisationen nicht zur politischen Tageslage. Der Blick auf Mette und Müller-Hegemann könnte daher zur Annahme verleiten, hier habe eine kommunistisch geführte Fachzeitschrift den Gegenpol zu den bürgerlich geprägten medizinisch-wissenschaftlichen Gesellschaften gebildet. Doch dieser Eindruck täuscht. Zunächst einmal muss festgehalten werden, dass die genannten Personen nicht einfach willfährige Instrumente einer Diktatur waren, sondern die staatlichen Machtpositionen nutzten, um ihren wissenschaftlichen Einfluss auszuweiten. Sie konnten zugleich auf ihr soziales und kulturelles Kapital aus der Sphäre der Wissenschaft zurückgreifen, um es politisch einzusetzen. Folglich waren sie nicht nur Horchposten und Machtinstrument der Partei, sondern spielten die Sphären der Wissenschaft und der Politik auch zum eigenen Nutzen gegeneinander aus. Darüber hinaus muss berücksichtigt werden, dass die Vorsitzenden der an die Universitäten und Medizinischen Akademien angebundenen Regionalgesellschaften für Psychiatrie und Nervenheilkunde „Mitwirkende" der Fachzeitschrift waren. Nach Gründung der *Gesellschaft für Psychiatrie und Neurologie in der DDR,* deren Vorstand sich ja mehrheitlich aus den Vorsitzenden der Regionalgesellschaften zusammensetzte, war damit auch deren Vorstand in die Gremien der Fachzeitschrift integriert. Anderes ließ die dünne Personaldecke in der DDR auch gar nicht zu. Ende der 1950er Jahre wurde zudem nicht nur der damalige Sekretär der *Gesellschaft für Psychiatrie und Neurologie* Müller-Hegemann in das Herausgebergremium aufgenommen, sondern auch deren Vorsitzender Karl Leonhard.[81] Die Erweiterung des Herausgebergremiums wurde mit dem zunehmenden

---

[79]Ebd.

[80]Vgl. Genehmigungsnummer 6550/406 vom 15.3.1963, BA Berlin DC 9/1699. Zur Biographie Müller-Hegemanns vgl. Steinberg, Karriere 2018; Steinberg/Weber, Vermischung von Politik und Wissenschaft 2011, S. 562; Steinberg, Leipziger Universitätspsychiatrie 2005, S. 54–57; Wagner/Kästner, Mit neuem Namen 2015, S. 403–409.

[81]Karl Leonhard war einer der wenigen Psychiater in der DDR, die regelmäßig im *Nervenarzt* publizierten. Auch sein Vorgänger in diesem Amt als Präsident der medizinisch-wissenschaftlichen Gesellschaft, Helmut Rennert, veröffentlichte mehrere Artikel in der westdeutschen Fachzeitschrift. Leonhard prägte dann auch die Ausweitung des Kreises der „Mitwirkenden" im Jahr 1960. Jetzt waren nicht nur alle einflussreichen Neurologen, Psychiater und ärztlichen Psychotherapeuten aus der DDR in diesem Kreis vertreten. Es kamen auch Wissenschaftler aus Westdeutschland dazu, beispielsweise Walter Betzendahl (1896–1980), Karl Kleist und Heinrich Pette. Die Auswahlkriterien lassen sich bedauerlicherweise nicht mehr nachvollziehen. Es war aber wohl Karl Leonhard gewesen, der, anders als Alexander Mette, gute Kontakte in die Bundesrepublik unterhielt, welcher den Kontakt zu den „Mitwirkenden" aus der Bundesrepublik herstellte und pflegte. Er umschmeichelte seine ehemaligen Kollegen aus dem Kleist-Umfeld, um sie zur Mitarbeit an der nun von ihm mitherausgegebenen DDR-Fachzeitschrift zu bewegen. Leonhard

Arbeitsaufkommen in der Redaktion begründet.[82] Es gab damit eine große personelle Schnittmenge zwischen den entscheidungsbefugten Gremien der medizinisch-wissenschaftlichen Gesellschaft und der Fachzeitschrift, wobei sich die interne Machtverteilung durchaus unterschied.

7.3 Die Vormachtstellung in der Nervenheilkunde sichern

In der DDR existierte eine für Psychiatrie und Neurologie gemeinsame medizinisch-wissenschaftliche Gesellschaft. Das hat die Zuständigkeitskonflikte von Beginn an entschärft. Zudem blieben Kompetenzrangeleien meist auf das eng begrenzte Aufgabengebiet der medizinisch-wissenschaftlichen Gesellschaften beschränkt. Anders war dies in der Bundesrepublik. Dort wurde nach der Auflösung der *Gesellschaft Deutscher Neurologen und Psychiater* um die Vorherrschaft unter den nervenheilkundlichen Fachgesellschaften gerungen. Sofort beanspruchte die *Deutsche Gesellschaft für Psychiatrie und Nervenheilkunde* eine herausgehobene Stellung.

Eigentlich sollte der 1955 in Hamburg gegründete *Gesamtverband der Deutschen Nervenärzte* als repräsentative Vertretung aller Nervenärzte in der Bundesrepublik fungieren und Meinungsverschiedenheiten zwischen den einzelnen Fachgesellschaften bereinigen.[83] Durch Vermittlung im *Gesamtverband* sollte die Nervenheilkunde

---

bewegte auch Kleist dazu, die Bitte von Mette und Müller-Hegemann, an der DDR-Zeitschrift mitzuwirken, anzunehmen. Kleist wollte damit „ein wenig an der Erhaltung des geistigen Zusammenhangs zwischen östlichen und dem westlichen Teil von Deutschland" mitwirken. Vgl. Kleist an Leonhard, Schreiben vom 17.11.1959, Archiv der Humboldt-Universität zu Berlin 03.011/6, Bd. 2; Leonhard an Störring, 27.5.1961, Archiv der Humboldt-Universität zu Berlin 03.011/6, Bd. 4.

[82]Vgl. Teitge/Kumbier, Publizieren als Politikum 2015, S. 94.

[83]Vgl. Ehrhardt, Mitgliederversammlung der GDNP 1955, S. 536. Zur Namensgebung vgl. Protokoll der Vorstandssitzung der GDNP vom 5.3.1955, DGPPN-Archiv Ordner 1 C. Bei Gründung gehörten ihm die *Deutsche Gesellschaft für Psychiatrie und Nervenheilkunde*, die *Deutsche Gesellschaft für Neurologie*, die *Allgemeine Ärztliche Gesellschaft für Psychotherapie*, die *Deutsche Gesellschaft für Neurochirurgie* (DGNC), die *Vereinigung Deutscher Neuropathologen*, die *Deutsche Vereinigung für Jugendpsychiatrie* an. Die Gründungsurkunde unterzeichneten für die GDNP Pette und Villinger, für die DGPN Zutt und Villinger, für die DGN Vogel und Schaltenbrand, für die AÄGP Kretschmer und Kühnel, für die DGNC Tönnis und Stender, für die *Deutsche Vereinigung für Jugendpsychiatrie* Villinger und Stutte und für die *Vereinigung Deutscher Neuropathologen* Scholz und Peters. Schon diese Liste zeigt die enge personelle Verflechtung der Fachgesellschaften, die sich auch in den nachfolgenden Jahrzehnten nicht vollständig auflösen sollte. Allein Villinger unterschrieb hier für 3 Organisationen. Vgl. Richtlinien Gesamtverband Deutscher Nervenärzte, vom 14.10.1955, in: DGPPN-Archiv Ordner 1 S; Protokoll der Sitzung des erweiterten Vorstandes der GDNP am 18.9.1955, DGPPN-Archiv Ordner 1 C. Bis Ende der 1960er Jahre stieg die Zahl der Mitgliedsgesellschaften im *Gesamtverband Deutscher Nervenärzte* weiter an. Neu hinzukamen die *Deutsche Gesellschaft für Sexualforschung*, die *Arbeitsgemeinschaft für Hirntraumafragen*, die *Deutsche Sektion der internationalen Liga gegen*

gegenüber entscheidungsbefugten Gremien und Behörden „möglichst geschlossen
auftreten".[84] Der *Gesamtverband* konnte jedoch nie die vormalige Bedeutung der *Gesellschaft Deutscher Neurologen und Psychiater* erreichen, da es der *Deutschen Gesellschaft für Psychiatrie und Nervenheilkunde* zügig gelang, den *Gesamtverband* in seinen
Zuständigkeiten weitgehend zu beschränken. Niemand im Vorstand der DGPN dachte
daran, Einflusseinbußen zugunsten eines übergeordneten Gremiums hinzunehmen,
stattdessen reklamierten die Psychiater die alleinige Wahrnehmung der Interessen des
gesamten Fachgebiets für sich.[85] Sie verwiesen darauf, dass sich die wissenschaftlichen
und praktischen Aufgaben in ihrem Fachgebiet nicht voneinander trennen ließen und
schon der *Deutsche Verein für Psychiatrie* sich immer wieder „eingehend und ausführlich auch mit praktischen Fragen befasste". Diese Fragen, so die einhellige Meinung,
könne man einem „Berufsverband" nicht überlassen: „Wenn man neben den jetzt schon
so zahlreichen wissenschaftlichen Fachgesellschaften auch noch starke Berufsverbände
organisieren würde, so ergäbe sich dadurch nicht eine Vereinfachung, sondern eine
erhebliche Komplizierung der gesamten Geschäftsführung zum Nachteil einer so notwendigen geschlossenen Repräsentation der Psychiater gegenüber den Westdeutschen
Ärztekammern, gesetzgeberischen Gremien, Ministerien, Behörden etc."[86] Schon bei
dessen Gründung achteten die Psychiater folglich darauf, dass der *Gesamtverband* über
kein nennenswertes eigenes Vermögen, sondern lediglich über begrenzte Mittel für die
laufende Geschäftsführung verfügte.[87] Auch der Name des *Gesamtverbands* wurde –
absichtlich, wie man vonseiten der Neurologen vermutete – unglücklich gewählt und war
„völlig unpopulär". Zum einen hatte die DGPN mit ihrer eigenen Namensgebung unter

---

Epilepsie, die *Arbeitsgemeinschaft für Neuropsychopharmakologie und Pharmakopsychiatrie*, der
Berufsverband Deutscher Nervenärzte und die *Arbeitsgemeinschaft für Neuroradiologie*. Daten
aus: Helmchen, Daten zum Gesamtverband Deutscher Nervenärzte 1999, S. 371. In der Geschäfts-
ordnung des *Gesamtverbandes Deutscher Nervenärzte* vom 18.10.1972 ist unter den Mitgliedern
die *Deutsche Gesellschaft für Sexualforschung* nicht mehr aufgeführt. Vgl. ebd., DGPPN-Archiv
Ordner 1 C. Informationen zu den Gesellschaften bietet: Domay, Handbuch 1977, S. 1043–1067.

[84]Eberhard Bay an Gerhard Döring, Schreiben vom 25.1.1958, DGN-Archiv Ordner: DGN
Historie, Zitat mit direktem Bezug auf den *Gesamtverband* ebd.

[85]Neben dem *Gesamtverband* existierte auch die *Arbeitsgemeinschaft der Wissenschaftlich
Medizinischen Fachgesellschaften* (AWMF) sowie der *Berufsverband Deutscher Nervenärzte*
(BVDN). Da die Arbeit dieser Institutionen sich aber in den Akten der DGPN als nicht ent-
scheidungsrelevant niederschlägt, verzichte ich hier auf nähere Ausführungen.

[86]Protokoll der Sitzung der Direktoren der Universitäts-Nervenkliniken des Bundesgebietes vom
31.3.1955, DGPPN-Archiv Ordner 1 C.

[87]Protokoll der Sitzung des erweiterten Vorstandes der GDNP am 18.9.1955, DGPPN-Archiv
Ordner 1 C. Ein eigenes Konto führte der *Gesamtverband* nicht. Stattdessen verwaltete die DGPN
ein Sonderkonto, über welches dessen gesamter Geldverkehr abgewickelt wurde. Vgl. Geschäfts-
ordnung des Gesamtverbandes Deutscher Nervenärzte vom 18.10.1972, DGPPN-Archiv Ordner
1 C.

Umstellung der Reihenfolge den Namen der vorherigen Dachorganisation im Wesentlichen übernommen und damit „den nicht völlig Eingeweihten den Eindruck vermittel[t], dass es sich weiterhin um die Zentralgesellschaft handelte". Zum anderen war international der Ausdruck *Gesellschaft* „bekannter und wirkungsvoller in der Einordnung in die sonstigen wissenschaftlichen Gesellschaften, während ein ‚Gesamtverband' mehr wie eine wirtschaftliche Interessenvertretung anmutet".[88] Gerhard Döring, Schriftführer der *Deutschen Gesellschaft für Neurologie,* gab dem *Gesamtverband* 1955 daher „persönlich keine lange Lebensdauer, nachdem die Psychiatrie zu dem divergierenden Schlage ausgeholt hat, den man uns immer gerne zuschieben möchte".[89] Und ein Jahr später betonte er, dass „dieses Kind (…) nur geboren [wurde]. Ob es lebt, weiss niemand".[90] So hielten es Vertreter der Neurologen für sehr wahrscheinlich, „dass die Bestrebungen der Deutschen Gesellschaft f. Psychiatrie und Nervenheilkunde […], falls nicht noch irgendein Wunder geschieht, doch dazu führen werden, dass sie als die massgebende Vertretung der Nervenärzte gilt".[91] Und tatsächlich war das Vorgehen der DGPN von Erfolg gekrönt: 1957 wurde der *Gesamtverband* als „verhältnismäßig inaktiv" beschrieben.[92] Der *Gesamtverband* hatte dann zwar eine unerwartet lange Lebensdauer, im Gefüge der Fachgesellschaften und -verbände blieb er aber unbedeutend. Zwar gründete der *Gesamtverband* auch eigene Kommissionen, etwa zur Studien- und Hochschulreform. Im Grunde blieb aber als einzige Aufgabe von übergeordneter Relevanz die Vorbereitung und Ausrichtung der eigenen wissenschaftlichen Tagungen. Seine begrenzte Reichweite spiegelt sich auch darin wider, dass der *Gesamtverband* von der Politik nicht als Expertenpool wahrgenommen wurde. Weder rekrutierte man – beispielsweise seitens der Landesministerien oder des Bundesgesundheitsministeriums – Berater über den *Gesamtverband,* noch wandte man sich auf der Suche nach Expertise direkt an ihn. In der Fachöffentlichkeit trat er, anders als die DGPN, kaum in Erscheinung. Mit der Festigung einer herausgehobenen Rolle unter den Fachgesellschaften und -verbänden errang der Vorstand der DGPN einen prestigeträchtigen Sieg. Wie noch zu zeigen sein wird, führte dies jedoch zu nachhaltiger Verstimmung in der Nervenheilkunde. Dies wiederum sollte weitreichende Folgen für das Verhalten des DGPN-Vorstands während des Reformaufbruchs haben.

---

[88] Ohnesorg an Gerhard Döring, Schreiben vom 27.5.1957, DGN-Archiv Ordner DGN Historie.

[89] Gerhard Döring an Paul Vogel, Schreiben vom 8.8.1955, DGN-Archiv Ordner DGN Historie.

[90] Unbekannt (vermutlich Gerhard Döring) an Wilhelm Tönnis, Schreiben vom 30.10.1956, DGN-Archiv Ordner DGN Historie.

[91] Ohnesorg an Gerhard Döring, Schreiben vom 27.5.1957, DGN-Archiv Ordner DGN Historie. Ohnesorg plädierte dann dafür zu erwägen, „ob man nicht die alte Dachorganisation mit psychiatrischer und neurologischer Sektion wieder aufleben lassen sollte, vielleicht mit weiteren Sparten (Neurochirurgie, Neurophysiologie usw.)". Ebd.

[92] Ebd.

7.4   Sammlungspunkte für reformorientierte
Anstaltspsychiater

Um 1960 herum veränderten sich die Netzwerke der Psychiater in Ost- und Westdeutschland. Das hatte weder mit dem Mauerbau noch mit dem allmählich ein-
setzenden Generationenwechsel in der Psychiatrie zu tun.[93] Vielmehr entstanden nun
in beiden deutschen Staaten jenseit der *Gesellschaft für Psychiatrie und Neurologie in
der DDR* und der *Deutschen Gesellschaft für Psychiatrie und Nervenheilkunde* erste
lose Zusammenschlüsse reformorientierter Psychiater. Eine Analyse der Netzwerke der
anthropologisch und sozialpsychiatrisch orientierten Reformprotagonisten hat jüngst
noch einmal bestätigt, dass diese heterogene Gruppe in der Bundesrepublik zunächst
informelle und institutionelle Netzwerke bildete, die sich zunehmend verfestigten,
interdisziplinär öffneten und außerprofessionelle Akteure mit einbezogen.[94] In der
DDR suchten indes einige reformorientierte Anstaltspsychiater/-innen den Zusammenschluss in der *Gesellschaft für Rehabilitation* (GfR). Etwa zur gleichen Zeit wurde dort
auch eine eigene medizinisch-wissenschaftliche Gesellschaft für die ärztlichen Psychotherapeuten gegründet, die in den 1970er und 1980er Jahren zu einer selbstbewussten
Kraft der Reform in den Kliniken werden sollte.

In der DDR war die von Ordinarien dominierte *Gesellschaft für Psychiatrie und
Neurologie* für die Fort- und Weiterbildung an den Universitäten zuständig. Ihre Gremien
befassten sich kaum einmal mit Fragen der Versorgung psychisch Kranker außerhalb der
Universitätskliniken. Jene Psychiater und Psychiaterinnen, die sich vehement für eine
Anstaltsreform einsetzten, sammelten sich dann auch in dem für die Anstaltspsychiatrie
anschlussfähigeren Netzwerk für Rehabilitation. Sozialhygiene und Rehabilitation standen
in der DDR, anders als die von der Gesundheitsverwaltung kaum beachtete Psychiatrie,
mitten im Aufmerksamkeitsfokus von Medizin, Pädagogik, Staat und Partei.[95] Die
Gesellschaft für Rehabilitation bot beispielsweise der Psychiaterin Lise-Lotte Eichler

---

[93]Der Mauerbau am 13. August 1961 hatte beispielsweise keine direkte Auswirkung auf den Kreis
der „Mitwirkenden" der DDR-Fachzeitschrift. Noch über ein Jahrzehnt wurde auf dem Deckblatt
der Zeitschrift auf die Fachvertreter aus der Bundesrepublik verwiesen.

[94]Vgl. Söhner, Zeitzeugen 2020, S. 160. Zu diesen im Einzelnen: Brink, Grenzen der Anstalt 2010,
S. 422–426.

[95]Vgl. Hennings, Rodewischer Thesen 2015, S. 29- 35.

(1907–1985)[96] einen institutionellen Rückhalt für ihre sozialpsychiatrischen Ideen. Eichler verfehlte jedoch ihr Ziel, ihr Engagement auf eine breite und stabile personelle Basis zu stellen. Das lag auch an Karl Leonhards berufspolitisch motivierter Skepsis gegenüber der Sozialhygiene und der Rehablitationsmedizin.[97] Denn der Vorsitzende der *Gesellschaft für Psychiatrie und Neurologie* wollte die Rehabilitation in seinem eigenen Fachbereich in der Hand von Psychiatern wissen. Die psychiatrisch-neurologische Rehabilitation sei „zweifellos in erster Linie unsere Angelegenheit".[98] Um keine Lücke entstehen zu lassen, in der sich die Sozialhygieniker/-innen im psychiatrischen Versorgungsbereich etablieren konnten, forderte Leonhard unter anderem seine Vorstandskollegen in der *Gesellschaft für Psychiatrie und Neurologie* dazu auf, sich selbst mit diesen Themen zu beschäftigen. Als Leonhard versuchte, Eichler in die schließlich neu gegründete *Sektion Rehabilitation in der GPN* einzubinden und sie zur Verbindungsfrau zwischen den Untersektionen der beiden Gesellschaften zu machen, fasste jene dies als Bevormundung auf und lehnte das Ansinnen schroff ab. Als Vertreterin der Anstaltspsychiatrie sträubte sie sich gegen eine enge Kooperation mit den Vertretern der Hochschulpsychiatrie.[99] Sie zog sich daraufhin

---

[96]Liselotte Eichler war ab 1943 Fachärztin in der Landesanstalt Hildburghausen und von 1945 bis 1947 dort als Direktorin tätig. Zwischen 1954 und 1971 leitete sie das Bezirkskrankenhaus Brandenburg-Görden. Sie war Gründungsmitglied des *Fachausschusses für Psychiatrie beim MfG*, seit 1959 Mitglied der *Forschungsgruppe Rehabilitation*, beratendes Mitglied der *Ärztekommission beim ZK der SED*. Seit 1960 war sie Vorstandsmitglied der *Gesellschaft für Psychiatrie und Neurologie der DDR* und der *Gesellschaft für Rehabilitation*. 1963 wurde sie in den *Rat für Planung und Koordinierung der medizinischen Wissenschaften* berufen. Eichler wurde 1961 in einem Rechtshilfeverfahren in der Bundesrepublik richterlich vernommen und behauptete dabei, es habe in ihrer Dienstzeit in Hildburghausen keine Krankentransporte zum Zwecke der Tötung psychisch kranker und gesitig behinderter Menschen gegeben. Vgl. Weinke, Nachkriegsbiographien 2005, S. 247; Hanrath, Anstaltspsychiatrie 2002, S. 434 f.; Hennings, Rodewischer Thesen 2015, S. 44–57.

[97]Leonhard machte sich allerdings auch für Außenfürsorge und Familienpflege stark. So schrieb er 1960 an Lee T. Muth: „Sowohl Außenfürsorge wie Familienpflege sind in den letzten Jahren in Deutschland wieder im Aufbau. Das gilt sowohl für die Bundesrepublik wie für die DDR. Mir ist aber keine Anstalt bekannt, die hier schon Vorbildliches geleistet hätte. (…) An der hiesigen Klinik haben wir eine Art Außenfürsorge bisher nur für neurotische Kranke, die klinisch behandelt und in den Arbeitsprozess zurückgeführt wurden. Durch ambulante Weiterbetreuung gelingt es uns bei diesen Patienten, den Rückfall zu verhüten und sie bei Wohlbefinden zu erhalten." Karl Leonhard an Lee T. Muth, Schreiben vom 25.2.1960, Archiv der Humboldt-Universität zu Berlin 03.011/6, Bd. 3.

[98]Vgl. Hennings, Rodewischer Thesen 2015, S. 38 f., 47–52, Zitat. S. 38 f. (aus: Karl Leonhard: Einladung zur Vorstandssitzung der Gesellschaft für Neurologie und Psychiatrie am 30.11.1962 vom 27.10.1962).

[99]Vgl. Hennings, Rodewischer Thesen 2015, S. 98 f. Jochen Quandt, Oberarzt bei Helmut Rennert in Halle-Wittenberg, übernahm auf Beschluss des Vorstandes der *Gesellschaft für Psychiatrie und Neurologie der DDR* die Leitung der *Sektion Psychiatrisch-Neurologische Rehabilitation*. Vgl. Jochen Quandt an Karl Leonhard, Schreiben vom 13.12.1962, Archiv der Humboldt-Universität zu Berlin 03.011/6, Bd. 5.

auch aus der *Fachgruppe psychiatrische Rehabilitation* der *Gesellschaft für Rehabilitation* zurück und übergab deren Leitung Ehrig Lange (1921–2009)[100].

Lange war zu diesem Zeitpunkt bereits Vorsitzender des *Fachausschusses für Fragen der Universitäts- und Anstaltspsychiatrie,* ein Gremium, dass 1954 gegründet worden war, aber zunächst weitgehend bedeutungslos blieb. Mittlerweile war es aber von einzelnen Anstaltspsychiater/-innen in neuer Zusammensetzung wiederbelebt worden und befasste sich unter anderem mit der Neugliederung der Einzugsbereiche, der fachlichen Differenzierung und Spezialisierung sowie Problemen der Unterbringung besonderer Gruppen jugendlicher, trunksüchtiger und krimineller psychisch Kranker sowie der Neuformulierung des Einweisungsgesetzes.[101] Trotz seiner weiterhin begrenzten Kompetenzen entwickelte sich der Fachausschuss zu einem Zusammenschluss von engagierten und enthusiastischen Anstaltsreformer/-innen.[102]

---

[100]Ehrig Lange, gläubiger Christ und CDU-Mitglied, leitete zwischen 1958 und 1963 das Neurologisch-Psychiatrische Krankenhaus Mühlhausen (Pfafferode). Ende der 1950er Jahre reiste Lange im Auftrag des *Ministeriums für Gesundheitswesen* nach England, um die dortigen sozialpsychiatrischen Reformen zu begutachten. In Mühlhausen führte Lange die „gänzlich geöffnete Klinik" ein. Das von ihm in Mühlhausen (Thüringen) erprobte und für die gesamte DDR empfohlene open-door-System widersprach jedoch dem vorherrschenden Sicherheitsdenken bei der Unterbringung psychisch Kranker und konnte sich deswegen nicht durchsetzen. Er galt aber trotzdem noch in den 1970er Jahren als „der progressivste Psychiater in der DDR". Von 1963 bis 1987 war er Direktor der Neurologisch-Psychiatrischen Klinik der Medizinischen Akademie „Carl Gustav Carus" in Dresden und als solcher auch Mitglied des Vorstandes der *Gesellschaft für Psychiatrie und Neurologie.* Lange war Vorsitzender der *Fachausschusses für Psychiatrie beim Ministerium für Gesundheitswesen* sowie Vorsitzender der *Problemkommission Psychiatrie und Neurologie.* Er war 1971 bis 1983 Vorstandmitglied des Weltverbandes für Psychiatrie (WPA) und damit einer der international sichtbarsten Psychiater aus der DDR. Zitat aus: BStU-Archiv, Mfs Ddn AIM 4344/81 I/I. Vgl. auch BStU-Archiv, MfS Ddn A 192/29–30; BA Berlin DQ 109/258. Zu Ehrig Lange vgl. Süß, Politisch mißbraucht? [2]1998, S. 410 f.; Hennings, Rodewischer Thesen 2015, S. 53 f.

[101]Die Initiative zur Wiederbelebung des Ausschusses wurde von der Ärztekommission beim Politbüro des ZK der SED und der Abteilung Gesundheitspolitik des MfG unterstützt. Der Gesundheitsminister berief in das reaktivierte Gremium drei Hochschulpsychiater und sechs Anstaltsdirektor/-innen – namentlich Müller-Hegemann, Kayserlingk, Parnitzke, Walther, Riepenhausen, Eichler, Schuhmann, Stoltenhoff, Bender. Das Gremium hatte nur beratende Funktion, war also keine autonome Interessenvertretung. Vgl. Hanrath, Anstaltspsychiatrie 2002, S. 429.

[102]Auch Lange selbst nutzte den Fachausschuss für mehrere Initiativen zur Neuordnung der Versorgung. Dazu hatte nicht zuletzt seine Erfahrung auf einer Reise nach Großbritannien geführt. Er forderte „die Gleichstellung der psychiatrischen mit den somatischen Krankenhäusern, die Herbeiführung eines normalen Krankenhausmilieus, die Entlastung der psychiatrischen Krankenhäuser von chronisch Kranken durch die Schaffung entsprechender Heimplätze, die Rehabilitation als Ergebnis der Kombination verschiedener therapeutischer Ansätze, wobei sozialpsychiatrische Maßnahmen gleichrangig neben klinisch-medikamentöse zu stellen seien, sowie die Schaffung von Tages- und Nachtstationen, u. a. zur Entlastung der Bettenbelegung". Vgl. Rose, Anstaltspsychiatrie 2005, S. 118–121, Zitat S. 119. Bevor Lange im Fachausschuss über seine Erfahrungen

Als Konkurrenznetzwerke zur *Gesellschaft für Psychiatrie und Neurologie* sind die sich um Lange und Eichler sammelnden Personen aber eigentlich nicht zu verstehen. Von manchem im Vorstand der *Gesellschaft für Psychiatrie und Neurologie* wurde ihr Einflussgewinn zwar argwöhnisch beäugt, da sich der Vorstand der GPN aber nur selten mit der Anstaltsreform befasste und dieses Thema auch nicht als Teil seines Tätigkeitsfeldes auffasste, gab es im Grunde keinen Zuständigkeitskonflikt, sondern nur unterschiedliche Themenschwerpunkte. Die genannten Zusammenschlüsse sind vielmehr ein Verweis darauf, dass man in der DDR nach Reforminitiativen an anderen Stellen als in der Bundesrepublik suchen muss. Es ist bedauerlich, dass für den *Fachausschuss für Psychiatrie beim Ministerium für Gesundheitswesen,* die *Problemkommission Psychiatrie und Neurologie beim Rat für Planung und Koordinierung der medizinischen Wissenschaften der DDR,* die *Akademie für Ärztliche Fortbildung* (ursprünglich *Akademie für Sozialhygiene, Arbeitshygiene und Ärztliche Fortbildung),* das *Institut für Sozialhygiene* und das *Institut für Planung und Organisation des Gesundheitswesens* immer noch keine umfassenden historischen Studien vorliegen, die genauere Auskunft über die reformbereiten Kräfte in der Psychiatrie, ihre Netzwerke und ihr Verhältnis zu den staatlichen Organen geben. Es wird auf einzelne Reforminitiativen zurückzukommen sein, doch genügt hier der Verweis darauf, dass selbst Ehrig Lange als Vorsitzender der *Problemkommission „Psychiatrie und Neurologie"* die *Gesellschaft für Psychiatrie und Neurologie,* in deren Vorstand er ebenso wie Liselotte Eichler saß, nicht dazu nutzte, um die Initiativen zur Anstaltsreform voranzutreiben.

Wichtiger für die *Gesellschaft für Psychiatrie und Neurologie* als die kleinen Netzwerke einzelner reformorientierter Abstaltspsychiater/-innen, waren die Veränderungen im Gefüge der medizinisch-wissenschaftlichen Gesellschaften, die sich 1960 aus der Gründung der *Gesellschaft für Ärztliche Psychotherapie der DDR* (GÄP)[103] und 1962 aus der Gründung der *Gesellschaft für Psychologie der DDR*[104] ergaben. Den Psychotherapeuten bot sich nämlich durch die Gründung einer eigenen Organisation

---

in Großbritannien gesprochen hatte, hatte sich der Ausschuss noch nicht mit den internationalen Reformbemühungen befasst. Vgl. Hanrath, Anstaltspsychiatrie, S. 431. Es gab zu dieser Zeit allerdings auch in der DDR bereits vereinzelt Veröffentlichungen über sozialpsychiatrische Strömungen in Frankreich, den USA, Großbritannien, der UdSSR und Polen. Etwa: Bierer, Revolution in der Psychiatrie 1960.

[103]Im Gegensatz zu den Akten der *Gesellschaft für Psychiatrie und Neurologie,* sind diejenigen der *Gesellschaft für Ärztliche Psychotherapie der DDR* in größerem Umfang überliefert. Sie geben Auskunft über den Inhalt der Vorstandssitzungen und der Mitgliederversammlungen. Sie beinhalten zudem Teile der Schriftwechsel der Vorstandsmitglieder untereinander und mit den zuständigen staatlichen Stellen. Die ebenfalls erhaltenen Jahresberichte bieten Überblicke über Tagungen, Auslandskongressbesuche und Arbeitsschwerpunkte.

[104]Zuvor hatte sich 1954 bereits eine *Arbeitsgemeinschaft der Psychologen im Gesundheitswesen der DDR* gegründet. Vgl. Geyer, Ostdeutsche Psychotherapiechronik 2011, S. 93. Zur Geschichte der Psychologie in der DDR vgl. Busse, Psychologie 2004.

die seltene Gelegenheit, die Psychotherapie unabhängig von der Psychiatrie und der Inneren Medizin zu etablieren.[105] Die Gründung der daraufhin schnell anwachsenden *Gesellschaft für Ärztliche Psychotherapie der DDR*[106] wurde daher nachträglich auch als eine „Unabhängigkeitserklärung der Psychotherapie gegenüber der ‚Psychiatrie'" interpretiert.[107] Das mag grundsätzlich richtig sein. Man sollte dies aber zugleich nicht überakzentuieren. Dem widerspricht erstens die Zusammensetzung des Vorstands, in dem auch Teile des Vorstands der *Gesellschaft für Psychiatrie und Neurologie* vertreten waren.[108] Zweitens spricht dagegen, dass die Zeitschrift *Psychiatrie, Neurologie und medizinische Psychologie* sogleich nach ihrer Gründung offizielles Mitteilungsorgan der GÄP wurde. Drittens hielten beide medizinisch-wissenschaftlichen Gesellschaften gemeinsame Tagungen ab, beispielsweise 1963 in Leipzig. Viertens blieb auch innerhalb der GÄP umstritten, inwieweit die Psychotherapie ein Teil der Psychiatrie, der Inneren Medizin oder ein eigenständiges Fach sei. In ihr existierte eine stete Spannung zwischen jenen, die die Psychotherapie als ein rein ärztliches Fach etabliert wissen wollten und jenen, die sie auch für andere Berufe zu öffnen gedachten.[109] Fünftens waren für den Vorstand der GÄP die zum Teil sehr heftigen Konflikte mit der 1962 neu entstandenen

---

[105]Vgl. Geyer, Überblick 2011, S. 143.

[106]Während anfänglich die Ärzte als Mitglieder im Verhältnis 5:1 überwogen, standen bei der Mitgliederversammlung 1963 110 Ärzte 112 Psychologen gegenüber. Ende der 1970er Jahre hatte die GÄP ungefähr je 600 psychologische und ärztliche Mitglieder sowie etwa 50 Mitglieder aus anderen Berufsgruppen. Vgl. Müller-Hegemann an Kleinsorge, Klumbies und Höck, Schreiben vom 11.1.1960, BA Berlin DQ 123/20 2 von 2; Geyer, Überblick 2011, S. 144 und S. 244; König, Gesellschaft für Ärztliche Psychotherapie 2011, S. 155–160. Zum Mitgliederstand vgl. Protokoll der Mitgliederversammlung vom 29.11.1963, BA Berlin DQ 123/20 2 von 2. Eine Mitgliederliste mit Stand 1963 in: BA Berlin DQ 123/21 1 von 2. Hier auch der Schriftverkehr zur Aufnahme von Psychologen.

[107]König, Gesellschaft für Ärztliche Psychotherapie 2011, S. 152.

[108]Alle Mitglieder hatten bei der Vollversammlung Stimmrecht, jedoch durften nur die Ärzte den Vorstand wählen. Dabei wurde darauf geachtet, dass sich die Zahl der Psychiater und Internisten im Vorstand die Waage hielt. Die nichtärztlichen Mitglieder, also die Psychologen, konnten lediglich ihren eigenen Vorstandsvertreter wählen.

[109]Vgl. ebd., S. 152 und S. 156; Protokoll der Gründungsversammlung der DDR-Gesellschaft für Ärztliche Psychotherapie, BA Berlin DQ 123/20 2 von 2; Geyer, Ostdeutsche Psychotherapiechronik 2011, S. 31.

Gesellschaft für Psychologie[110] von größerer Bedeutung, als die Konflikte mit den Vertretern der organisierten Universitätspsychiatrie.[111] Die GfP beabsichtigte nämlich eine stärkere Stellung der Diplom-Psychologen in Diagnostik und Therapie durchzusetzen, während die GÄP zunächst vor allem die Interessen der Ärzte vertrat.[112]

---

[110]Das Statut in: BA Berlin DQ 123/1 (Stand 1973).

[111]1962 wurde die Psychologie in der DDR zugleich institutionell neu geordnet. Für die Kliniken und Universitäten wurden Arbeitsschwerpunkte festgelegt: Fortan war die Arbeits- und Ingenieurspsychologie in Berlin und Dresden, die klinische Psychologie in Berlin und Leipzig angesiedelt. Vgl. Geyer, Ostdeutsche Psychotherapiechronik 2011, S. 27–29, 94. Die Pädagogische Psychologie konzentrierte sich an der Universität Leipzig und die Sozialpsychologie an der Universität Jena. „Diese Spezialisierung ersetzte das bis Anfang der 1960er Jahre einheitliche Psychologiestudium mit Diplomabschluss zugunsten einer praxisnaheren fachrichtungsspezifischen Ausbildung". Ebd., S. 146 f.

[112]Vgl. Entwurf eines Studienplans für das Fach Psychologie, hg. vom Berliner Institut für Psychologie, 1963. Dessen Inhalt zitiert in: Gerhard Göllnitz an Karl Leonhard, Schreiben vom 31.1.1964, BA Berlin DQ 123/20 1 von 2.

Zuständigkeitskonflikte 8

8.1 Fachgesellschaften als Grenzzieher

In beiden deutschen Staaten etablierten sich im Versorgungsbereich für psychisch Kranke jeweils mehrere Fachgesellschaften bzw. medizinisch-wissenschaftliche Gesellschaften. Einzelne Akteursgruppen lösten sich aus den bereits bestehenden Organisationen heraus, neue Akteursgruppen sahen sich durch die etablierten Vereinigungen von vornherein nicht repräsentiert und gründeten eigene Fach- und Standesvertretungen.[1] Während es im gesamten Fachbereich der Nervenheilkunde in der DDR fünf medizinisch-wissenschaftliche Gesellschaften gab, wurden es bis 1975 in der Bundesrepublik derer elf.[2] Diese Vielfalt spiegelt nicht nur die unterschiedlichen Interessen verschiedener Ärzte- und Berufsgruppen wider. Sie verdeutlicht auch, dass die Nervenheilkunde aus wissenschaftlichen Feldern besteht, die sich an ihren Grenzen deutlich überschneiden: Psychiatrie, Neurologie, psychische Hygiene, Psychologie und Psychotherapie haben alle die Psyche des Menschen zum Gegenstand. Sie verfolgen aber unterschiedliche Ansätze, basieren auf unterschiedlichen Paradigmen und weichen in

---

[1] Vgl. Schmuhl, GDNP 2016, S. 25.

[2] In der DDR existierte neben der *Gesellschaft für Psychiatrie und Neurologie*: die *Gesellschaft für Ärztliche Psychotherapie der DDR*, die *Gesellschaft für Psychologie der DDR*, die *Gesellschaft für Neuropathologie der DDR* und die *Gesellschaft für Neurochirurgie der DDR*. Für die Bundesrepublik sind aufzulisten: DGPN, *Deutsche Gesellschaft für Neurologie, Allgemeine Ärztliche Gesellschaft für Psychotherapie, Deutsche Gesellschaft für Neurochirurgie, Vereinigung Deutscher Neuropathologen und Neuroanatomen, Deutsche Vereinigung für Jugendpsychiatrie, Deutsche Gesellschaft für Sexualforschung, Deutsche Sektion der Internationalen Liga gegen Epilepsie, Arbeitsgemeinschaft für Hirntraumafragen, Arbeitsgemeinschaft für Neuroradiologie* und die *Deutsche Gesellschaft für Soziale Psychiatrie*.

S. Dörre, *Zwischen NS-„Euthanasie" und Reformaufbruch*, https://doi.org/10.1007/978-3-662-60878-4_8

der Einschätzung des Nutzens einzelner Behandlungsmethoden und Erklärungsmodelle voneinander ab. Daher nutzten die in den psychiatrischen Fachgesellschaften in beiden deutschen Staaten zusammengeschlossenen Personenkreise ihre Organisationen dazu, um Fachgrenzen abzustecken sowie um Ansprüche zu verteidigen. Sie versuchten ihr Betätigungsfeld – oftmals zulasten anderer Expertengruppen – auszudehnen oder gegen die Grenzausweitung anderer, meist benachbarter, Disziplinen abzusichern.

Im Folgenden werde ich zeigen, dass in der Bundesrepublik und der DDR jeweils andere Fachgrenzen besonders umstritten waren. Aufgrund ihrer hohen diskursiven Bedeutung liegt mein Fokus auf dem Überschneidungsfeld von Psychiatrie und Neurologie sowie auf der Grenzbereich zwischen Psychiatrie einerseits und medizinischer Psychologie und Psychotherapie andererseits. Hier versuchten die Psychiater/-innen, vertreten durch ihre Fachgesellschaft, jeweils am stärksten, das eigene Aufgabenfeld auszudehnen. Die GDNP/DGPN stieß dabei mit der *Deutschen Gesellschaft für Neurologie* (DGN), der *Deutschen Gesellschaft für Psychotherapie und Tiefenpsychologie* (DGPT) und der *Allgemeinen Ärztlichen Gesellschaft für Psychotherapie* (AÄGP) zusammen. In der DDR sah sich die *Gesellschaft für Psychiatrie und Neurologie* insbesondere mit der *Gesellschaft für Ärztliche Psychotherapie der DDR* (GÄP) konfrontiert.

8.2   Psychiatrie und Neurologie

Dass es in der Bundesrepublik neben der GDNP/DGPN auch die *Deutsche Gesellschaft für Neurologie* als eigenständige Fachvertretung der Neurologen und Neurologinnen gab, während in der DDR nur eine gemeinsame medizinisch-wissenschaftliche Gesellschaft für Psychiatrie und Neurologie existierte, führte dazu, dass Konflikte zwischen Neurologen und Psychiatern an jeweils anderen Orten und mit anderen Mitteln ausgetragen wurden. Allerdings zeigt sich, dass in beiden deutschen Staaten eher alte Grenzziehungskonflikte wiederbelebt wurden. Immer wieder wurden jene Rechtfertigungen ausgetauscht, die bereits um die Wende vom 19. zum 20. Jahrhundert den Streit um die Position der Neurologie zwischen Internisten und Psychiatern geprägt hatten.[3] Daher ist ein Exkurs in die Anfangsgeschichte der Neurologie zunächst unerlässlich.

Vorgeschichte
Die Neurologie etablierte sich ab den 1880er Jahren als eigenständige Disziplin im Überschneidungsbereich von Psychiatrie und Innerer Medizin.[4] Dabei waren die Grenzen zwischen den Disziplinen zunächst alles andere als eindeutig: Aufbauend auf Wilhelm Griesingers (1817–1868) Diktum „Geisteskrankheiten sind Gehirnkrankheiten",

---

[3] Zu diesen Diskussionen vgl. Pantel, Neurologie, Psychiatrie und Innere Medizin 1995.
[4] Zu diesen vgl. Vogel, Anspruch und institutionelle Stellung 1964, S. 148 f., 152.

verschränkten sich die im Entstehen begriffenen Disziplinen Psychiatrie und Neurologie zu einem gemeinsamen wissenschaftlichen Feld. Wenn dies von den Internisten auch energisch bekämpft wurde, so etablierte sich die Neurologie doch zumindest in Nähe zur Psychiatrie.[5] Eine eigene Interessenvertretung der Neurologen existierte seit 1907.[6] Auf der Gründungsversammlung der *Gesellschaft Deutscher Nervenärzte* (GDN) in Dresden hielt der Neurologe Hermann Oppenheim (1858–1919) programmatisch fest: „Das Spezialfach der Neurologie hat eine solche Ausdehnung angenommen, daß es einer gesonderten Behandlung, getrennt von der inneren Medizin einerseits, von der Psychiatrie andererseits, fähig und würdig ist".[7] Die neue Fachgesellschaft warb dabei jedoch nicht nur um Mitglieder unter den Neurologen, sondern wollte auch Psychiatern, Neurochirurgen und Internisten eine Heimat geben. Die Grenzen zwischen den Disziplinen waren offenkundig nach wie vor nur sehr undeutlich erkennbar. Es gab aber klare Zeichen für den Anspruch der GDN auf Unabhängigkeit. Sie hatte ihr eigenes Publikationsorgan – die *Deutsche Zeitschrift für Nervenheilkunde* –, hielt eigene Kongresse ab und vergab eigene Würdigungen. Der Wille zur weiteren Verselbstständigung fand etwa Ausdruck in Forderungen ihres Vorsitzenden Otfrid Foerster (1873–1941), die Neurologie zum Prüfungsfach zu erheben, an den Universitäten eigene neurologische Forschungsstätten einzurichten und an größeren Allgemeinkrankenhäusern neurologische Abteilungen zu etablieren. Demgegenüber stand aber immer wieder zur Disposition, ob es für Neurologen und Psychiater getrennte wissenschaftliche Fachgesellschaften geben sollte. Auf regionaler Ebene gab es meist gemeinsame Organisationen, die Ordinariate an den Universitätskliniken waren für beide Bereiche zuständig, ebenso wie die Kliniken.[8] Offenkundig gingen einflussreiche Protagonisten trotz getrennter Fachgesellschaften von der Existenz einer gemeinsamen Praxis und einer gemeinsamen Theorie aus. Später, im Jahr 1935, führte die Gründung der *Gesellschaft Deutscher Neurologen und Psychiater* wieder zu einer einzigen Fachgesellschaft für Neurologie und Psychiatrie. Auf Weisung der damaligen Reichsregierung wurde die *Gesellschaft Deutscher Nervenärzte* aufgelöst und formierte sich daraufhin unter der Leitung von Heinrich Pette als neurologische Abteilung in der GDNP neu.[9] In der GDNP

---

[5] Vgl. Schmuhl, GDNP 2016, S. 30.

[6] Vgl. Karenberg, Foundation 2009.

[7] Zitiert nach: Bauer, Deutsche Gesellschaft für Neurologie 1982, S. 47.

[8] Vgl. Schmuhl, GDNP 2016, S. 30 f.

[9] Vgl. Bauer, Deutsche Gesellschaft für Neurologie 1982, S. 51. Zum Verhältnis von Neurologie und Psychiatrie im Nationalsozialismus vgl. Pfeiffer, Neurologie im „Dritten Reich" 1988; Schmuhl, Psychiatrie und Politik 2013, S. 138; Fangerau, Neurologie und Neurologen in der NS-Zeit 2016, S. 2 f. sowie die Beiträge zur Geschichte der Neurologie im Nationalsozialismus, in: Der Nervenarzt, Suppl 1 (2016).

dominierten aber die psychiatrisch ausgerichteten Wissenschaftler: Sie besetzten die wichtigsten Posten und bestimmten weitgehend die Kongressprogramme.[10]

Die Neurologie als Hilfsdisziplin und Partner

In der Bundesrepublik sahen sich die Neurologen nicht selten wie früher schon zwischen zwei starken Fächern und Fachgesellschaften „eingequetscht" – der Psychiatrie und der Inneren Medizin.[11] Nach dem Zweiten Weltkrieg wurde zunächst keine eigene neurologische Interessenvertretung geschaffen. Der 1947 in Tübingen tagende, erste Nachkriegskongress der „Nervenheilkunde" firmierte als Kongress *für Neurologie und Psychiatrie,* obgleich sich die Teilnehmer überwiegend mit Fragen beschäftigten, die wir heute als psychiatrisch bezeichnen würden.[12] Die Tagung, die im Jahr darauf in Marburg ausgerichtet wurde, war hingegen in „Abteilungen" untergliedert, in eine psychiatrische, eine neurologisch-neurochirurgische und eine psychotherapeutische. Auf diesem Kongress fanden auch erste Besprechungen zur Gründung einer neuropathologischen Vereinigung statt,[13] und nur wenig später wurde in Freiburg im Breisgau eine erste neurochirurgische Tagung unter Leitung von Wilhelm Tönnis abgehalten, die zur Gründung der *Deutschen Gesellschaft für Neurochirurgie* führte.[14] Auch die im September 1949 von Kretschmer geleitete erweiterte Vorstandssitzung der *Gesellschaft Deutscher Neurologen und Psychiater* war von nachhaltiger Bedeutung. Auf sie beriefen sich die Neurologen noch Jahre später. Dort war beschlossen worden, in den großen Universitätsstädten „mit reichlichem Patientenmaterial" neben den bestehenden psychiatrisch-neurologischen Lehrstühlen auch eigenständige ordentliche Lehrstühle für Neurologie sowie selbstständige neurologische Kliniken anzustreben. Gedacht wurde dabei an Frankfurt am Main, Köln, München und Leipzig.[15] Am 14. September 1950 kam es dann in Bonn, wo die Neurologen zusammen mit den Neurochirurgen tagten, zur

---

[10]Das spricht die Neurologen nicht frei von dem, was die entgrenzte Medizin im Nationalsozialismus vollbrachte. Denn es ist auch in dieser Zeit noch nicht sachdienlich, zu stark zwischen Neurologen und Psychiatern zu unterscheiden. Zweckmäßiger ist es, einerseits von eher neurologisch und andererseits von überwiegend psychiatrisch ausgerichteten und arbeitenden Ärzten zu sprechen.

[11]Zur Geschichte der *Deutschen Gesellschaft für Innere Medizin* vgl. den Lexikoneintrag in: Domay, Handbuch 1977, S. 998–1000 sowie Hofer, Integration 2017.

[12]Vgl. Döring, 50 Jahre Deutsche Gesellschaft für Neurologie 1957 (Manuskript), S. 13, DGN-Archiv Ordner: DGN Historie (auch abgedruckt als DGN, 50 Jahre Deutsche Gesellschaft für Neurologie 1957, hier aber mit einer anderen Seitenzählung).

[13]Vgl. ebd., S. 14.

[14]Vgl. Verhandlungsbericht, in: Deutsche Zeitschrift für Nervenheilkunde 162 (1950). Zur Biographie von Wilhelm Tönnis vgl. Mennel, Vertreter einer morphologischen Nervenheilkunde 2014, S. 58 f.

[15]Vgl. Protokoll über die Sitzung des erweiterten Vorstandes der GDNP am 23.9.1949, DGPPN-Archiv Ordner 1 C. Vgl. auch Döring, 50 Jahre Deutsche Gesellschaft für Neurologie 1957 (Manuskript), S. 14 f., Zitat S. 15.

Gründung der *Deutschen Gesellschaft für Neurologie*.[16] Diese blieb aber zunächst noch in der GDNP verankert.

In den überlieferten Akten der Deutschen Gesellschaft für Neurologie zeigt sich, dass sich der Konflikt mit den Psychiatern vor allem in Verhandlungen über Aus- und Weiterbildungsfragen sowie bei der Etablierung selbstständiger neurologischer Lehrstühle und unabhängiger, „rein" neurologischer Kliniken niederschlug. Das zeigt schon ein Blick auf das Gründungsjahr der DGN. Ausgangspunkt der damaligen Verstimmung zwischen DGN und GDNP war der Beschluss des in München stattfindenden 54. Deutschen Ärztetages zu einer neuen Facharztordnung. Diese sah neben dem Facharzt für Nerven- und Geisteskrankheiten auch einen Facharzt für Neurologie und einen Facharzt für Neurochirurgie vor.[17] Von den Ärztekammern waren für die Ausbildung zum Facharzt für Neurologie ein Jahr Innere Medizin und drei Jahre Neurologie, ganz ohne Ausbildung in der Psychiatrie, vorgesehen. So sehr dies den Vorstand der DGN gefreut haben mag, so deutlich fühlte er sich hier vom Ärztetag und den dort versammelten Ärztekammervertretern übergangen: Von der neuen Facharztordnung erfuhr er erst aus dem gedruckten Entwurf. Daher beschwerte sich der Vorsitzende der DGN beim Vorsitzenden der Westdeutschen Ärztekammern Hans Neuffer (1892–1968)[18] darüber, dass „unsere Gesellschaft merkwürdigerweise in der ganzen Sache nicht gefragt worden war".[19] Allerdings waren hier nicht nur die Mitsprachewünsche der DGN unberücksichtigt geblieben. Auch die GDNP war überrascht worden. Ihr Vorsitzender Ernst Kretschmer wandte sich daher ebenfalls an Neuffer und beklagte sich über die beabsichtigte Einführung getrennter Facharzt-Titel. Als besonders störend empfand er die Nichteinbeziehung der Fachgesellschaft in den Entscheidungsprozess. Zwar war in der veröffentlichten Mitteilung der Ärztekammern die Rede davon, die wissenschaftlichen Fachgesellschaften hätten die Gelegenheit erhalten, „ihren Standpunkt auch in mündlichen Verhandlungen darzulegen", doch war auch die GDNP offensichtlich von dieser Möglichkeit erst im Nachhinein in Kenntnis gesetzt worden. Kretschmer mahnte daher „die dringend notwendige harmonische Zusammenarbeit zwischen den Ärzteorganisationen und den wissenschaftlichen Gesellschaften" an und betonte, dass das „Vorgehen in den Kreisen

---

[16]Vgl. zu den Tagungen von zwischen 1950 und 1956: Döring, 50 Jahre Deutsche Gesellschaft für Neurologie 1957 (Manuskript), S. 16–21. Prägend für die DGN in den nächsten 15 Jahren waren Heinrich Pette (zunächst als 1. Vorsitzender), Georges Schaltenbrand (zunächst als 2. Vorsitzender), Paul Vogel (zunächst als 3. Vorsitzender) sowie Gerhard Döring (Schriftführer).

[17]Vgl. Ehrhardt, Zur Frage der Facharztausbildung 1955, S. 452.

[18]Hans Neuffer: Medizinstudium in Tübingen, Heidelberg und Kiel, im Ersten Weltkrieg als Arzt eingesetzt, 1921–1927 in China als Arzt tätig, 1929–1936 leitender Arzt der Schutzpolizei im württembergischen Innenministerium, ab 1936 Privatpraxis. Neuffer stand von 1947 bis 1955 der Bezirksärztekammer Nord-Württemberg, von 1955–1958 der Landesärztekammer Baden-Württemberg und von 1949 bis 1959 der Bundesärztekammer vor. Zum Leben und Werk Hans Neuffers vgl. Bundesärztekammer, Wortbericht des 71. Deutschen Ärztetages 1968, S. 5 f.

[19]Zitat aus: Ernst Kretschmer an Heinrich Pette, Schreiben vom 7.11.1950, DGN-Archiv Ordner DGN Historie.

unseres Vorstandes lebhaftes Befremden erregt" habe.[20] In einem weiteren Schreiben unterstrich Kretschmer im Namen der GDNP, die er als „die große Dachorganisation aller mit Nervenheilkunde befassten Teilfächer" charakterisierte, dass die Trennung der Fachärzte für Neurologie und für Nerven- und Geisteskrankheiten seitens seiner Fachgesellschaft abgelehnt werde. Dabei spielte er ganz offensichtlich vor allem auf Zeit: „Die Dinge sind auf dem Gesamtgebiet der Nervenheilkunde mit Einschluss der Psychotherapie heute, auch was die innere Unterteilung der einzelnen Arbeitsgebiete betrifft, in vollem Fluss und brauchen noch Jahre zu einer ruhigen organischen Ausreifung. Bis dahin ist vor improvisierten und verfrühten Organisationsversuchen dringen zu warnen." Er beantragte daher, die beanstandeten Neuerungen im Entwurf der Facharzt-Ordnung zu streichen und es vorerst bei der bisherigen Regelung bewenden zu lassen.[21]

Demgegenüber begrüßte der Vorstand der GDNP den vom Ärztetag geplanten Doppeltitel „Facharzt für Innere Medizin und Neurologie".[22] Denn dieser sah neben zwei Jahren Ausbildung in der Neurologie jeweils ein weiteres Jahr in der Inneren Medizin und in der Psychiatrie vor. Es handele sich folglich um eine „vernünftige Regelung", auch wenn man sonst die Verleihung von Doppeltiteln grundsätzlich ablehnte.[23] Auf der Mitgliederversammlung der GDNP 1951 in Stuttgart wurde diese Aussage noch einmal bekräftigt und zugleich der Facharzt für Neurologie verworfen.[24] Damit war man schließlich auch erfolgreich: Denn die von Werner Villinger und Helmut Ehrhardt vertretene GDNP konnte sich auf einer am 26. März 1955 stattfindenden Sitzung des *Facharztausschusses der Arbeitsgemeinschaft der Westdeutschen Ärztekammern* in Frankfurt am Main mit ihrer Argumentation gegen die von Paul Vogel vertretene Position der DGN durchsetzen. Zugute kam ihnen dabei, dass es in den Kreisen der Ärztekammern und der zuständigen Ministerien generell nur eine geringe Bereitschaft zur Schaffung neuer Facharztkategorien gab.[25]

---

[20]Ernst Kretschmer an Hans Neuffer, Schreiben vom 21.10.1950, DGN-Archiv Ordner DGN Historie.

[21]Vgl. Ernst Kretschmer an Hans Neuffer, Schreiben vom 6.11.1950, Zitat ebd., DGN-Archiv Ordner DGN Historie.

[22]Das sahen die Neurologen in der DGN indes anders. So stellte Paul Vogel kategorisch fest: „Innere- und Nervenkrankheiten ist genauso wenig und soviel ein ‚Doppelfach' wie Neurologie und Psychiatrie". Paul Vogel an Heinrich Pette, Schreiben vom 27.11.1950, DGN-Archiv Ordner DGN Historie. In den Quellen wird „innere" meist kleingeschrieben. Es wird nachfolgend immer die im Original verwendete Schreibweise benutzt.

[23]Protokoll der Vorstandssitzung der GDNP vom 25.9.1951, DGPPN-Archiv Ordner 1 C.

[24]Vgl. Ehrhardt, Zur Frage der Facharztausbildung 1955, S. 452.

[25]Vgl. Protokoll der Sitzung der Direktoren der Universitäts-Nervenkliniken des Bundesgebietes vom 31.3.1955, DGPPN-Archiv Ordner 1 C. In der Bundesrepublik existierte noch bis 1968 einzig der gemeinsame Facharzt für Neurologie und Psychiatrie. Die nachfolgende Umsetzung der Änderung war Ländersache. Je nach Bundesland verzögerte sich damit die Möglichkeit, einen „spezialisierten" Facharzttitel zu erwerben. Das Bundesverfassungsgericht stellte die Zuständigkeit in einem Urteil 1972 noch einmal fest. Der Bund hatte dem Urteil zufolge zur Regelung des Facharztwesens keine Gesetzgebungszuständigkeit. Vgl. BVerfG, 09.05.1972 – 1 BvR 518/62; 1 BvR 308/64.

Auch die Internisten versuchten zu dieser Zeit, ihre Stellung zur Neurologie zu klären. Mit „grosser Sorge" verfolge man, so Paul Martini (1889–1964)[26], seit 1948 Präsident der Deutschen Gesellschaft für Innere Medizin (DGIM), die „Tendenzen, die zu einer immer zunehmenderen Ablösung der Neurologie von der inneren Medizin führen". Ihm schien es ein „Anachronismus" zu sein, dass „einerseits von psychiatrischer Seite – ich meine damit Herrn Kretschmer – versucht wird, die Neurologie völlig an die Psychiatrie zu binden, dass andererseits die ärztlichen Organisationen sich der Anerkennung eines Facharztes ‚für innere und Nervenkrankheiten (oder Neurologie)' widersetzen". Stattdessen sei es „unbedingt nötig, dass an mehr grossen Universitäten als bisher eigene neurologische Lehrstühle errichtet werden" und zugleich „an anderen Universitäten die Neurologie im Verband teils mit der Psychiatrie teils mit der inneren Medizin bleibt". Während Martini den Psychiatern rein standespolitische Erwägungen bei der Ablehnung des Facharzttitels für Neurologie vorwarf, inszenierte er sich selbst als um die Versorgung der Bevölkerung besorgt.[27]

Auch mit historischen Ausführungen versuchte Martini, die Position der GDNP zu schwächen. So hob er hervor:

> „Dass die deutsche (sic!) Gesellschaft für Neurologie und Psychiatrie diesen Kampf um Einverleibung der Neurologie unter Berufung auf die geschichtliche Entwicklung führt, gehört zu den nicht seltenen aber dennoch sehr merkwürdigen Ergebnissen seit Kriegsende. Die Gesellschaft der deutschen Nervenärzte wurde 1934 (sic!) unter der rein nationalsozialistisch begründeten Diktatur, die Herr Rüdin damals ausübte, mit der Deutschen Gesellschaft für Psychiatrie verschmolzen, besser gesagt ihr unterworfen. Grund dafür war das Versagen vieler Psychiater gegenüber der eigentlichen Psychiatrie und deshalb ihre Hinwendung zur Neurologie als das Bestreben, sich den neuen Arbeitsbereich zu sichern; Ferner lag der Grund in der Absicht Herrn Rüdins, auf diese Weise die bis dahin als besonders ‚verjudet' geltenden deutschen Neurologen möglichst sicher für die einseitige Betonung der Erbwissenschaften zu gewinnen."[28]

Mit der nun geplanten „nominellen Trennung von innerer Medizin und Neurologie" werde sich daher, so Martini, „im Bewusstsein der Ärzte ihre Trennung, die durch den Gewaltstreich von 1934 (sic!) eingeleitet ist, doch immer weiter auswirken".[29]

---

[26]Paul Martini, Medizinstudium in München und Kiel, Promotion 1917. Kriegsteilnehmer, anschließend Freikorpsmitglied. Habilitation in München. Er war von 1932 bis 1959 Ordinarius für Innere Medizin an der Universität Bonn, unterbrochen von der Kriegsteilnahme. Martini versuchte direkt nach Kriegsende, die weitgehende Autonomie der Universität zu verteidigen, wandte sich auch daher gegen die Annahme einer Kollektivschuld und plädierte dafür, auf die Selbstheilungskräfte der Universität zu vertrauen. Zu Paul Martini vgl. Hofer, Arzt als therapeutischer Forscher 2019; Forsbach, öffentliche Diskussion der NS-Medizinverbrechen 2015, S. 109.

[27]Vgl. Paul Martini an Prof. Dr. Redeker (Ministerialrat im Bundesinnenministerium), Schreiben vom 25.9.1950, DGN-Archiv Ordner DGN Historie, alle Zitate ebd.

[28]Ebd.

[29]Ebd.

Das Ergebnis dieser Einwände von psychiatrischer und internistischer Seite war, dass in den weiteren Beratungen des *Facharztausschusses der Arbeitsgemeinschaft der Westdeutschen Ärztekammern* und der *Ständigen Konferenz der Facharztausschussvorsitzenden der Landesärztekammern* die Facharztwünsche der sogenannten „Sonderdisziplinen" abgelehnt wurden.[30] Auf dem 58. Deutschen Ärztetag wurde 1955 in Baden-Baden eine Facharztordnung diskutiert, in der es keinen Facharzt für Neurologie, aber weiterhin einen für „Nerven- und Gemütsleiden" gab.[31]

Diese Episode um den Facharzt für Neurologie fällt in die allgemeine Etablierungsphase der medizinischen Fachgesellschaften und zugleich in die Phase des Überlebenskampfes der GDNP. Das mag auch den zum Teil harschen Ton erklären und die aufgerufenen Bedrohungsszenarien nachvollziehbar erscheinen lassen. Immerhin ging es um die Frage, welche Rolle die einzelnen medizinischen Fachgesellschaften in der neu gegründeten Bundesrepublik spielen würden. Dabei war für alle Beteiligten eine schlagkräftige Gesamtvertretung wünschenswert. Zur Disposition stand aber, inwieweit die Einzelgesellschaften bereit waren, hierfür auf Einfluss zu verzichten und den Psychiatern eine herausgehobene Stellung in der Dachorganisation einzuräumen.

Allerdings kann nicht verallgemeinert werden, dass es in der GDNP eine einhellige Position der Psychiater gegenüber den Neurologen gegeben habe, die nur darauf abzielte, deren Bestrebungen nach Anerkennung und Eigenständigkeit zu unterlaufen. So befürwortete etwa Werner Villinger am 7. März 1953 in einer Vorstandssitzung Schaltenbrands Vorschläge zur Schaffung neurologischer Lehrstühle an den Universitäten und zur Beteiligung der neurologischen Ordinariatsvertreter am Unterricht und an den Prüfungen. Der Vorstand beschloss „nach Diskussionen", „sich auf Anfrage nachdrücklich für die Schaffung neurologischer Ordinariate in den vorgesehenen Großstädten einzusetzen". Eine initiative Rolle wollte die GDNP jedoch nicht einnehmen. Es sei „aus prinzipiellen Gründen erforderlich, daß die zuständigen Fakultäten oder Ministerien mit der Frage zunächst an die Gesellschaft herantreten".[32]

Im Jahr 1954 sahen sich die Psychiater innerhalb der GDNP von den Neurologen und Neurochirurgen dazu gedrängt, eine *Deutsche Gesellschaft für Psychiatrie* zu gründen.[33] Den Klinikdirektoren war sofort die mögliche Tragweite eines solchen Schrittes bewusst. Aus Angst vor einem Bedeutungsverlust der Psychiatrie, beschlossen

---

[30]Auch der psychotherapeutische Facharzt wurde dabei zwar immer wieder diskutiert, aber ebenfalls nicht in den endgültigen Katalog der Facharztbezeichnungen aufgenommen. Vgl. Ehrhardt, Zur Frage der Facharztausbildung 1955, S. 452 sowie Protokoll der Sitzung der Direktoren der Universitäts-Nervenkliniken des Bundesgebietes vom 31.3.1955, DGPPN-Archiv Ordner 1 C.

[31]Vorher Facharzt für Nerven- und Geisteskrankheiten. Vgl. ebd.

[32]Vgl. Protokoll der Vorstandssitzung der DGPN vom 7.3.1953, DGPPN-Archiv Ordner 1 D, Zitate ebd.

[33]Da es anfänglich noch darum ging, eine in die GDNP eingegliederte psychiatrische Fachgesellschaft zu gründen und bereits eine derartige für die Neurologie bestand, wird in dieser Phase immer von einer *Gesellschaft für Psychiatrie* gesprochen.

sie auf einer gemeinsamen Sitzung am 9. April 1954, „dass das Arbeitsgebiet der Psychiatrie von der Neurologie mit allen ihren Teildisziplinen auf der einen Seite und der medizinischen Psychologie und Psychotherapie auf der anderen Seite nicht zu trennen" sei. Alle Anwesenden waren sich darüber einig, „dass eine Aufspaltung unseres Faches in der Klinik auf jeden Fall zu vermeiden ist". Sie verwiesen darauf, dass man im Ausland „gerade um diese durchaus fortschrittliche Struktur unserer ,neuro-psychiatrischen' Kliniken" beneidet werde. Sie folgerten daraus: „Eine neue Psychiatrische Gesellschaft kann aus ihrem Aufgabenbereich und ihrer Interessensphäre weder die Neurologie noch die Psychotherapie ausschliessen. Eine psychiatrische Gesellschaft, in der nur über Schizophrenien geredet werden darf, ist sinnlos."[34]

Dass man vonseiten der Psychiater von Anfang an auch für die Neurologen mitzusprechen gedachte, machte 1954 der erste gewählte Name für die Fachgesellschaft deutlich.[35] Der Vorstand der *Deutschen Gesellschaft für Psychiatrie und Neurologie*, der mit Jürg Zutt, Werner Villinger und Helmut Ehrhardt aus vornehmlich psychiatrisch arbeitenden Wissenschaftlern bestand[36], provozierte damit die zu diesem Zeitpunkt bereits bestehende *Deutsche Gesellschaft für Neurologie*. Heinrich Pette und Georges Schaltenbrand wandten sich unverzüglich gegen die beabsichtigte Namensgebung. Der Konflikt eskalierte auf der Vorstandssitzung am 5. März 1955, doch einigten sich die Beteiligten schließlich darauf, der nächsten Mitgliederversammlung der DGPN eine Namensänderung durch die Ersetzung des Wortes „Neurologie" durch „Nervenheilkunde" vorzuschlagen.[37] Diese Umbenennung darf jedoch nicht als Signal gewertet werden, dass die Psychiater den Anspruch aufgaben, für den gesamten Versorgungsbereich zu sprechen. Im Gegenteil. Die nachfolgenden Jahrzehnte blieben durch einen mal offen ausgetragen, mal schwelenden Konflikt zwischen DGPN und DGN geprägt. Der Anspruch auf die Führungsrolle im Bereich der gesamten nervenärztlichen Tätigkeit spiegelte sich zudem auch in der Satzung der *Deutschen Gesellschaft für Psychiatrie und Nervenheilkunde* wider. Die DGPN nahm in ihr im Grunde weiterhin den Status einer übergeordneten Fachgesellschaft für sich in Anspruch. Noch ein Jahrzehnt später hieß es daher in §1 und §4 der Satzung:

„Die Gesellschaft übernimmt als eine wissenschaftliche Vereinigung psychiatrisch-neurologisch interessierter und tätiger Ärzte unter dem Namen ,Deutsche Gesellschaft für

---

[34]Protokoll der Sitzung der Direktoren der Universitäts-Nervenkliniken des Bundesgebietes vom 9.4.1954, DGPPN-Archiv Ordner 1 C.

[35]Vgl. Protokoll der Vorstandssitzung der GDNP vom 11.6.1954, DGPPN-Archiv Ordner 1 C; Protokoll der Vorstandssitzung der GDNP am 5.3.1955, DGPPN-Archiv Ordner 1 C sowie Protokoll der Sitzung der Direktoren der Universitäts-Nervenkliniken des Bundesgebietes vom 31.3.1955, DGPPN-Archiv Ordner 1 C.

[36]Vgl. Schmuhl, GDNP 2016, S. 403.

[37]Der ebenfalls diskutierte Begriff „Neuropsychiatrie" wurde abgelehnt, da er in Deutschland nicht üblich sei.

Psychiatrie und Nervenheilkunde' die Tradition der ältesten wissenschaftlichen Vereinigung in unserem Fachgebiet, des ‚Deutschen Vereins für Psychiatrie'. (...) In Erkenntnis der Zusammengehörigkeit von Psychiatrie, Neurologie, medizinischer Anthropologie und Psychotherapie in Forschung, Lehre und Praxis dient die Gesellschaft durch wissenschaftliche Tagungen und Pflege der persönlichen Beziehungen ihrer Mitglieder der Förderung unserer Wissenschaft und Heilkunde in der Medizin und ihren Nachbargebieten.'"[38]

So gab es nachfolgend noch mehrere Etappen in der Auseinandersetzung zwischen DGPN und DGN.

Ein Konflikt entspann sich zunächst im Herausgebergremium des *Nervenarzt*. Im Mitteilungsorgan der DGPN wurden ja nicht nur psychiatrische Fragen, sondern auch neurologische Themen behandelt.[39] Das war essenziell in einer Zeit, in der die Auseinandersetzung um die Einheit des Fachs mit den Neurologen und eine mögliche Kompetenzausweitung der Psychotherapeuten den Einfluss der DGPN zu verringern drohten. 1956 und 1957 kam es im damals noch überschaubaren dreiköpfigen Herausgebergremium zu erheblichen atmosphärischen Spannungen. Der genaue Anlass ist nicht mehr nachzuvollziehen, da weder die Akten des Verlages noch die Nachlässe der Herausgeber darüber Auskunft geben. Offensichtlich gab es aber Differenzen, die auch die vermittelnde Tätigkeit des Verlegers nicht überbrücken konnte.[40] Jürg Zutt wollte daher Richard Jung durch einen „gewichtigen neurologischen Kliniker", den Neurologen Paul Vogel, ersetzen. Geplant war eine Rochade, denn Vogel sollte von der redaktionellen Betreuung der *Beihefte* zurücktreten und diese an Eberhard Bay (1908–1989)[41] abgeben. Dies schien Zutt auch aus generationellen Überlegungen zweckmäßig, denn „allmählich müssten die Jüngeren ja hinzugezogen werden".[42] Wider Erwarten sagte Paul Vogel jedoch ab. Zutt vermutete dahinter sogleich machtpolitisches Kalkül der Neurologen. Er hegte „den Verdacht, es könnte Pette abgeraten haben aus irgendwelchen fachpolitischen Gründen". Paul Vogel schlug statt seiner wiederum Eberhard Bay vor. Ein

---

[38]Satzung der DGPN, Stand 1966, DGPPN-Archiv Ordner 1 D. Ursprünglich hieß es in §4 statt Krankenhausfragen noch Anstaltsfragen. Die Namensänderung erfolgte auf der Mitgliederversammlung 1964. Vgl. Protokoll über die Mitgliederversammlung der DGPN in Bad Nauheim am 3.10.1964, DGPPN-Archiv Ordner 1 N. Die diversen Satzungen sind enthalten in: DGPPN-Archiv Ordner DGPN 1 D.

[39]Erst Mitte der 1990er Jahre etablierte sich die alternierende Trennung in neurologische und psychiatrische Hefte. Vgl. Steinert/Plewe, Psychiatrie in „Der Nervenarzt" 2005, S. 93. Da in den 1950er Jahren auch zahlreiche psychotherapeutische Beiträge abgedruckt wurden, konnte die Fachzeitschrift zu Recht von sich behaupten, die ganze Breite des Fachgebiets abzudecken. Zur wechselnden Häufigkeit der psychotherapeutischen Artikel vgl. ebd., S. 100.

[40]Vgl. Ferdinand Springer an Jürg Zutt, Schreiben vom 7.12.1956, Archiv des Springer-Verlags E-109–7.

[41]Eberhard Bay war in mindestens einem Fall Gutachter in einem Erbgesundheitsgerichtsprozess. Vgl. Martin/Karenberg/Fangerau, Männer ohne Vergangenheit 2020.

[42]Jürg Zutt an Ferdinand Springer, Schreiben vom 17.1.1957, Archiv des Springer-Verlags E-109–7.

Vorschlag, den Zutt in sachlicher und persönlicher Hinsicht sofort „durchaus diskutabel" fand.[43] Anfang April 1957 war die „Angelegenheit NERVENARZT entschieden". Der bisherige Mitherausgeber Richard Jung hatte sich grundsätzlich einverstanden erklärt, aus dem Gremium auszuscheiden. Er bestand nur darauf, in der Nachfolgefrage noch zurate gezogen zu werden. Zwar war er mit der Besetzung durch Bay nicht ganz glücklich, konnte sich aber mit den zaghaft geäußerten Bedenken nicht durchsetzen.[44] Jung wechselte in den Beirat, um weiterhin die von ihm vertretene Richtung prägen zu können.[45] Bay wurde Mitherausgeber und blieb dies bis 1976. Bei einem Treffen im Sommer 1957 beschlossen der Verleger und das neue Herausgebergremium einstimmig: „Die Richtung des ‚Nervenarzt' bleibt von personellen Änderungen unberührt. Es besteht nicht die Absicht die ‚philosophische' Richtung irgendwie in den Vordergrund zu stellen."[46] Diese kurze Episode verdeutlicht zweierlei: Zum einen vermuteten Neurologen und Psychiater beim jeweiligen Gegenüber nicht fachliche, sondern machtpolitische Gründe für deren Entscheidungen, zum anderen ist aufschlussreich, dass sich weder der Vorstand der DGPN noch der Vorstand der DGN bei der Umbesetzung im Herausgebergremium einmischten. Sie sahen sie als interne Angelegenheit des *Nervenarzt* an.

Als der Deutsche Ärztetag 1957 die Erweiterung des § 25 der Berufsordnung plante, brach zwischen beiden Fachgesellschaften ein heftiger Streit aus. Die Neurologen veranlasste dies zum sofortigen Protest. War man doch bei den Diskussionen um die Ausgestaltung der Ausbildungswege übergangen worden. Der Deutsche Ärztetag hatte lediglich mit der *Deutschen Gesellschaft für Psychiatrie und Nervenheilkunde*, der *Deutschen Gesellschaft für Psychotherapie und Tiefenpsychologie* und der *Allgemeinen Ärztlichen Gesellschaft für Psychotherapie* über die Einführung des Zusatztitels „Psychotherapie" gesprochen. So waren bereits präzise Richtlinien für die Weiterbildung formuliert worden, die der Psychiatrie und den „Nervenkliniken" eine zentrale Stellung einräumten. In seinem Schreiben an Gerhard Döring, dem Ersten Vorsitzenden der *Deutschen Gesellschaft für Neurologie*, betonte Paul Vogel: „Unsere Gesellschaft ist meines Wissens zu keiner dieser Verhandlungen zugezogen worden, obwohl es sich doch um eine Ausbildungsfrage handelt, die auch die Neurologie betrifft. Die Deutsche Gesellschaft für Psychiatrie und Nervenheilkunde hat sich – wie selbstverständlich –

---

[43]Ebd.

[44]Ebd.

[45]Richard Jung wurde 1969 Vorsitzender der DGN. In den 1950er Jahren war er erster Präsident der neugegründeten *Deutschen EEG-Gesellschaft* gewesen.

[46]Ferdinand Springer an Richard Jung, Schreiben vom 18.7.1957, Archiv des Springer-Verlags E-4-2.

zur Repräsentantin der Nervenärzte gemacht."[47] Besonders störte Vogel dabei, dass die neurologischen Kliniken als mögliche Ausbildungsstätte für Psychotherapeuten „überhaupt nicht in Betracht gezogen [wurden,] obwohl doch historisch wie sachlich die Beziehungen der Neurologie zur Psychotherapie viel engere sind als die der Psychiatrie, die sich erst jetzt allmählich auf die Psychotherapie besinnt".[48] Erst Vogels Brief veranlasste die DGN zu eigenen Schritten. In seiner Antwort stimmte Gerhard Döring Vogel grundsätzlich zu und verwies zudem darauf, dass die Neurologen auch an anderen Stellen zu wenig Gehör fänden: „Übrigens soll auch das Bundeskrüppelgesetz ohne uns verhandelt worden sein (…). Wahrscheinlich haben das die Orthopäden allein gemacht."[49] In seiner Beschwerde an den *Facharztausschuss der Arbeitsgemeinschaft der Westdeutschen Ärztekammern* in Köln plädierte Döring daher dafür, im „Namen von Freud, Oppenheim, Nonne, von Weizsäcker u. a. (…) die Neurologischen Kliniken als Ausbildungsstätte genauso einzuordnen und zu berücksichtigen wie die psychiatrischen Kliniken".[50] Auf der nächsten Sitzung der *Ständigen Konferenz der Facharztausschussvorsitzenden der Landesärztekammern* wurde der Brief verlesen und anschließend beantwortet. Dabei machten die Anwesenden klar, dass sie die Interessen der DGN mit dem bisherigen Vorgehen als „ausreichend berücksichtigt" ansahen.[51] Ein Teilnehmer berichtete in einem Schreiben an Döring davon, dass es „kein Verständnis" dafür gegeben habe, neben der DGPN auch die DGN gleichberechtigt anzuhören. Dies wiederum interpretierte man im Vorstand der DGN als Ergebnis des ganz gezielten Eingreifens der DGPN. Diese versuche „allmählich in immer stärkerem Masse, sich als die Vertreterin aller Nervenärzte in den Vordergrund zu spielen".[52]

„Viel Wind", so das zeitgenössische Urteil, verursachte im Jahr 1957 auch eine Stellungnahme der Internisten zur Studienreform. Sie eröffnete auch von dieser Seite aus abermals den Streit um die Zugehörigkeit und die Selbstständigkeit der Neurologie. Für Georges Schaltenbrand, vormaliger Präsident der DGN[53], fingen nun die Internisten

---

[47]Schreiben von Paul Vogel an Gerhard Döring vom 24.4.1957, DGN-Archiv Ordner DGN Historie. Bei der Sitzung der Ständigen Konferenz der Facharztausschussvorsitzenden der Landesärztekammern am 6. und 7. April 1957 waren als Vertreter der Fachgesellschaften anwesend: Mauz, Bitter, Mitscherlich, Winkler, Zutt. Vgl. Auszug aus der Niederschrift über die Sitzung der Ständigen Konferenz der Facharztausschussvorsitzenden der Landesärztekammern am 6. und 7. April 1957, DGN-Archiv Ordner DGN Historie. Mitscherlich hatte dabei anfänglich noch dafür plädiert, dass ein ganzes Jahr eine „Tätigkeit in der Neurologie und Psychiatrie" sein solle. Die Neurologie verschwand dann im Laufe des Treffens aus den Planungen.

[48]Paul Vogel an Gerhard Döring, Schreiben vom 24.4.1957, DGN-Archiv Ordner DGN Historie.

[49]Gerhard Döring an Paul Vogel, Schreiben vom 26.4.1957, DGN-Archiv Ordner DGN Historie.

[50]Deutsche Gesellschaft für Neurologie an Facharztausschuss der Arbeitsgemeinschaft der Westdeutschen Ärztekammern, Schreiben vom 12.5.1957, DGN-Archiv Ordner DGN Historie.

[51]Auszug aus der Niederschrift über die Sitzung der Ständigen Konferenz der Facharztausschussvorsitzenden der Landesärztekammern am 15. Mai 1957, DGN-Archiv Ordner DGN Historie.

[52]Ohnesorg an Gerhard Döring, Schreiben vom 27.5.1957, DGN-Archiv Ordner DGN Historie.

[53]Georges Schaltenbrand war 1953/54 Präsident der DGN. Zwischen 1967 und 1979 war er ihr Ehrenvorsitzender. Vgl. https://dgn.org/component/tlpteam/team/georg-schaltenbrand-1897-1979.

„massiv an gegen die Spezialfächer zu schiessen". In einem Schreiben an Eberhard
Bay verwahrte er sich gegen deren „Warenhausbetriebs-Ideal".[54] Man solle sich, so
sein Vorschlag, mit den Psychiatern auf ein gemeinsames Vorgehen einigen, dabei
allerdings darauf bedacht sein, sich nicht von diesen vertreten zu lassen. Er betonte, es
sei „sehr wichtig, dass wir Neurologen in der Dachorganisation nicht wieder einmal zu
einem ‚Foetus papyraceus' werden". Betraue man einen Psychiater mit den Angelegenheiten der Neurologen, würde dieser das Problem bloß wieder „von der üblichen
amphibischen Warte aus betrachten". Zwar teilten nicht alle Neurologen die Sichtweise
Schaltenbrands, doch sah sich der Vorstand der neurologischen Fachgesellschaft eben
doch „in einer besonders schwierigen Situation, weil unser Gebiet vom Internisten und
vom Psychiater zugleich gepachtet zu sein scheint".[55]

So deutlich aus solchen Zitaten der seinerzeit prägenden Persönlichkeiten der neurologischen Fachgesellschaft der Eindruck spricht, übergangen zu werden und von den
Internisten einerseits und den Psychiatern andererseits bedrängt zu sein, so erfolgreich
war man doch letztlich beim Ausbau des eigenen Fachs. Verantwortlich hierfür war aber
weniger das Wirken der Fachgesellschaft als dasjenige der in ihr organisierten Personen
in ihren Funktionen als Hochschulprofessoren und als Mitglieder der jeweiligen
medizinischen Fakultät. Deutlich wird dies in den Verhandlungen zur Einrichtung eigenständiger neurologischer Lehrstühle. In den frühen 1950er Jahren waren die wenigen
Lehrstühle für Neurologie in Hamburg durch Heinrich Pette, in Würzburg durch Georges
Schaltenbrand und in Heidelberg durch Paul Vogel besetzt. Zudem hatte Viktor v. Weizsäcker seit 1945 den Heidelberger Lehrstuhl für Allgemeine Klinische Medizin inne.
Nur langsam stieg die Zahl der neurologischen Lehrstühle in der Folgezeit an – etwa
durch Ordinariate in Freiburg (Richard Jung) und Düsseldorf (Eberhard Bay). Anfang
der 1960er Jahre war der Ruf nach rein neurologisch besetzten Lehrstühlen indes kaum
mehr zu überhören. Die DGPN musste sich 1961 mit der Situation befassen, dass die
medizinischen Fakultäten in Gießen und Göttingen beschlossen hatten, den neurologisch-psychiatrischen Lehrstuhl aufzutrennen und damit auch die vorhandenen
Nervenkliniken aufzuteilen.[56] Umgehend legte die Konferenz der Lehrstuhlinhaber der
DGPN in einem Schreiben an die beiden Fakultäten dagegen Widerspruch ein. Wie der
damalige Präsident der DGPN, Heinrich Kranz, im eigenen Vorstand am 17. Oktober
1961 berichtete, seien sich die Lehrstuhlinhaber darin einig gewesen, die Errichtung
zweier getrennter Lehrstühle sei weder „angebracht noch notwendig". „Dieser übereilte
Schritt" stehe im Widerspruch zu den Intentionen des Wissenschaftsrates und gefährde
die Stellung „unseres Faches". Man befürworte lediglich weiterhin „die Schaffung
eigener neurologischer Kliniken neben den bestehenden psychisch-neurologischen

---

[54]Georges Schaltenbrand, zitiert in: Unbekannt an Eberhard Bay, Schreiben vom 18.1.1958, DGN-
Archiv Ordner DGN Historie.

[55]Unbekannt an Eberhard Bay, Schreiben vom 18.1.1958, DGN-Archiv Ordner DGN Historie.

[56]Vgl. Zutt, Psychiatrie und Neurologie, S. 1.

Kliniken". „Sachlich vordringlicher" als eigenständige neurologische Lehrstühle sei ohnehin die Schaffung selbstständiger Stellen für die Grundlagenwissenschaften wie Neurophysiologie, Neuropathologie, Neurochemie und für die „Grenzgebiete" wie medizinische Psychologie und Psychotherapie, Jugend- und Sozialpsychiatrie.[57] Kranz schrieb daher am 2. November 1961 einen langen Brief an die Dekane der medizinischen Fakultäten in Gießen und Göttingen. Die Wichtigkeit des Schreibens unterstrich er, in dem er dieses zugleich nachrichtlich auch an die Dekane aller anderen medizinischen Fakultäten im Bundesgebiet und an den amtierenden Präsidenten des Deutschen Fakultätentags richtete. In seinem Brief brandmarkte Kranz die universitäre und klinische Trennung von Neurologie und Psychiatrie als „Ausdruck einer unerwünschten und unglücklichen Entwicklung", insbesondere dann, wenn sie „Schule machen sollte". Die Fächer seien „unlösbar" miteinander verzahnt und gegenseitig integriert. Darauf hinzuweisen, sei, so der argumentative Kniff, keine Schmälerung der Neurologie, sondern „im Gegenteil" die Einsicht, dass die „Psychiatrie ohne Neurologie ein undenkbarer Torso wäre". Es handele sich, so Kranz, hier um eine „Lebensfrage" des Fachs.[58] Der Brief blieb aber – zumindest in Gießen und Göttingen – folgenlos. Gegen die Entschlussfreiheit der Fakultäten in der Gestaltung ihres Lehrstuhlspektrums und ihres Klinikums war nichts auszurichten.

Vor diesem Hintergrund ist die Missstimmung zu verstehen, die das Tagungsprogramm für den 1962 angesetzten Kongress der *Deutschen Gesellschaft für Neurologie* verursachte. Werner Scheid (1909–1987), Direktor der Universitätsnervenklinik Köln-Lindenthal und Inhaber des Lehrstuhls für Neurologie und Psychiatrie an der Universität zu Köln, interpretierte die geplante Tagung als Ausdruck der Bestrebungen der DGN, die Neurologie von der Psychiatrie in „einer sinnlos brutalen und sachfremden Weise (…) abzuspalten". Den Organisatoren des Kongresses warf er vor, „eine stark zunftgeprägte und dafür sachfremde Universitätspolitik zu fördern".[59] Ähnlich äußerte sich Kurt Kolle[60] (1898–1975). Der Ordinarius und Leiter der Nervenklinik der Universität München protestierte insbesondere gegen „die Ausschließung

---

[57]Protokoll der Vorstandssitzung der DGPN am 17.11.1961, Hervorhebungen im Original, DGPPN-Archiv Ordner 1 C. Hervorhebung im Original.

[58]DGPN an Dekane der medizinischen Fakultäten in Gießen und Göttingen, Schreiben vom 2.11.1961, DGPPN-Archiv Ordner 1 N, Hervorhebungen im Original.

[59]Werner Scheid an Heinrich Kranz, Schreiben vom 3.5.1962, DGPPN-Archiv Ordner 1 N.

[60]Kurt Kolle, geboren in Südafrika, aufgewachsen in der Schweiz und bis zum Ersten Weltkrieg britischer Staatsbürger. Es folgten Medizinstudium, Promotion und Habilitation. Seit 1926 arbeitete er in Kiel bei Georg Stertz (1878–1959). Er war Pazifist, überzeugter Demokrat und wurde wegen seiner offenen Ablehnung des Nationalsozialismus bereits im März 1933 von seinen Lehrverpflichtungen beurlaubt und bald darauf gekündigt. Im Mai 1934 wurde er aus der *Gesellschaft Deutscher Nervenärzte* ausgeschlossen. Im selben Jahr veröffentlichte er einen Artikel, in dem er sich eindeutig gegen die von den Nationalsozialisten propagierte Euthanasie positionierte.

der Psychiater" aus der Behandlung des Kongressthemas „Die Stellung der Neurologie in der Medizin".[61] Daraufhin sah sich Heinrich Kranz als Präsident der DGPN veranlasst, mit dem Präsidenten der DGN, Klaus Joachim Zülch (1910–1988)[62], Kontakt aufzunehmen. Da er diesen persönlich sehr schätzte und es seinem eigenen Bekunden nach auch nicht anders in seinem „Temperament" lag, wählte er dabei nicht die Form des scharfen Protestes, sondern versuchte sich „in angemessener Form (…) gegen die offensichtlich psychiatriefeindliche Einstellung der Neurologen-Gesellschaft" zu verwahren.[63] In seinem Brief an Zülch appellierte er an die gegenseitige persönliche Wertschätzung, machte aber auch klar, dass er es in seiner derzeitigen offiziellen Eigenschaft „ausserordentlich bedauern würde, wenn durch die verwunderlich betonte Ausschließung des psychiatrischen Standpunktes aus den um die Stellung der Neurologie kreisenden Diskussionen Ihres Kongresses eine weitere und vertiefte Mißstimmung zwischen unseren Fachrichtungen entstehen sollte, die an sich ebenso unerwünscht wie unnötig wäre". Schon jetzt, so Kranz, sei ein erheblicher Schaden entstanden, sodass sich „die Reaktion der Psychiater (…) in einem weitgehenden Fernbleiben von Ihrer Kongressveranstaltung dokumentieren könnte".[64] Zülch antwortete Kranz daraufhin ebenso freundlich wie bestürzt. Ihm schien ein Missverständnis vorzuliegen. Es sei gerade sein Anliegen gewesen, die Diskussion der Stellung der Neurologie zur Psychiatrie auf dem Kongress auszuklammern. Zugleich müsse er aber auch daran erinnern, dass ein gemeinsamer Beschluss aus dem Jahr 1949 existiere, Ordinariate für Neurologie einzurichten. Er fühle sich diesem Beschluss „qualitativ" nach wie vor verbunden, doch müsse heute „quantitativ" ein neuer Rahmen gestellt werden: An jeder Medizinischen Fakultät – und damit nicht, wie ursprünglich vorgesehen, lediglich in Frankfurt am Main, München und Köln – solle „ein selbständiger neurologischer Lehrstuhl bestehen".

Nach weiteren Schwierigkeiten mit den neuen Machthabern trat Kolle in die NSDAP ein, wurde zum Professor in Frankfurt am Main berufen, leitete eine Zweigstelle *des Deutschen Instituts für Psychologische Forschung und Psychotherapie* und wurde Beratender Psychiater der Wehrmacht. Im Entnazifizierungsverfahren wurde er aufgrund belegter antifaschistischer Grundhaltung und Aktionen entlastet. 1952 wurde er auf den Lehrstuhl für Psychiatrie und Neurologie in München berufen. Später wurde er dort auch Direktor der Universitäts-Nervenklinik. Kurt Kolle beschäftigte sich in der Nachkriegszeit frühzeitig mit Fragen der „Wiedergutmachung" an Zwangssterilisierten. Vgl. Kolle, Opfer der nationalsozialistischen Verfolgung 1958; zum Lebenslauf vgl. Uhlig, Vertriebene Wissenschaftler 1991.

[61]Vgl. Heinrich Kranz an Kurt Kolle, Schreiben vom 19.5.1962, DGPPN-Archiv Ordner 1 N.

[62]Zu diesem Zeitpunkt Leiter des MPI für Hirnforschung und der Städtischen Krankenanstalt Köln-Merheim. Zülch hatte sich frühzeitig für Ideen des Nationalsozialismus begeistert, war Mitglied in der SA (1933) und der NSDAP (1937) geworden. Vgl. Martin/Fangerau/Karenberg, zwei Lebensläufe 2020. Zur Position Zülchs in der DGN vgl. Bewermeyer/Mennel, Klaus Joachim Zülch 2006, S. 57 f. Hier wird jedoch vor allem seine Vortragstätigkeit auf den Kongressen thematisiert. Seine Vorstandstätigkeit wird nicht erwähnt.

[63]Heinrich Kranz an Kurt Kolle, Schreiben vom 19.5.1962, DGPPN-Archiv Ordner 1 N.

[64]Ebd.

Er selbst, so fügte Zülch an, stehe in der eigenen Fachgesellschaft unter Druck. Gerade „die junge neurologische Generation" achte aufmerksam darauf, „ob diesen unseren gegenseitigen Zusicherungen und Erklärungen auch Taten folgen". Um zu beschwichtigen, bot er Kranz an, dieser könne gerne auf dem Neurologenkongress mitdiskutieren und – ein offenkundiges Friedensangebot – meldete sich zugleich als Mitglied der DGPN an.[65] Doch zu sehr waren die Gemüter bereits erregt worden. Auf dem Kongress verschwand daher auch der freundliche Ton, der noch den Briefwechsel der beiden Fachgesellschaftspräsidenten geprägt hatte.

Ein Blick in den *Nervenarzt* zeigt, welche Argumente damals zum Verhältnis von Neurologie und Psychiatrie ausgetauscht wurden. Allein in den Jahrgängen 1962 und 1964 erschienen neun Artikel zum Thema. Die Autoren waren in der psychiatrischen Fachgesellschaft prominente Personen wie Jürg Zutt und Friedrich Panse sowie später einflussreiche Protagonisten der Psychiatriereform wie Caspar Kulenkampff, Karl Peter Kisker (1926–1997) und Hanns Hippius. Aber auch die Neurologen meldeten sich hier zu Wort. Während letztere ihre Aufsätze dabei meist programmatisch mit dem Titel *Neurologie und Psychiatrie* überschrieben, wählten die Psychiater überwiegend die Überschrift *Psychiatrie und Neurologie*. Diese Stellungnahmen lohnen einen näheren Blick.

Der Auftakt oblag Jürg Zutt, damals Direktor der Nervenklinik der Stadt und der Universität Frankfurt am Main und Herausgeber des *Nervenarzt* sowie vormals von 1954–1956 Gründungspräsident der *Deutschen Gesellschaft für Psychiatrie und Nervenheilkunde*. Im Januarheft des *Nervenarzt* von 1962 – also noch Monate vor Veröffentlichung des oben angesprochenen Tagungsprogramms der Neurologen – stellte er angesichts der „rasch sich entwickelnden und differenzierenden Wissenschaften" grundsätzliche Überlegungen zur „Zukunft des eigenen Faches, auch in organisatorischer Hinsicht" an.[66] Die aktuelle Situation der Neurologie schätzte er dabei durchaus positiv ein:

> „An vielen Universitäten gibt es außer neurologischen Abteilungen an den psychiatrischen und Nervenkliniken auch selbständige neurologische Abteilungen oder Kliniken und Polikliniken; es gibt innere Kliniken, die von auch und sogar vorwiegend neurologisch interessierten Forschern geleitet werden. (...) Es gibt Leiter psychiatrisch-neurologischer Kliniken, die selbst als neurologische Forscher hervorgetreten sind und sich als solche einen Namen gemacht haben. Man wird bei aller Verschiedenheit der Einrichtungen nicht sagen können, daß neurologische Krankheitsfälle nicht in geeigneten Spezialkliniken untergebracht werden können; man wird auch nicht sagen können, daß hervorragende Neurologen noch ohne eigene Bettenabteilungen und Polikliniken sich behelfen müssen. Es sind auch eine ganze Reihe neurologischer Krankenhausabteilungen in allgemeinen Krankenhäusern außerhalb der Universität eingerichtet worden, vereinzelt psychiatrisch-neurologische. Diese Entwicklung ist noch im Fluß und daß es nicht schneller damit geht, liegt nicht an den Vertretern der Psychiatrie und Neurologie, sondern an der

---

[65]Klaus Joachim Zülch an Heinrich Kranz, Schreiben vom 26.5.1962, DGPPN-Archiv Ordner 1 N.

[66]Zutt, Psychiatrie und Neurologie, S. 1.

geringen Neigung der Krankenhausträger von der herkömmlichen Krankenhauseinteilung in chirurgische, medizinische und gynäkologische, ergänzt zuweilen durch kleinere, meist operative Spezialfächer abzugehen und der Bedeutung der nervenärztlichen Aufgabe auch in der Schaffung psychiatrisch-neurologischer Krankenhausabteilungen gebührend Rechnung zu tragen."[67]

Im Bereich der Forschungsförderung seien sich, so Zutt weiter, Psychiatrie und Neurologie „einig und auch im ganzen erfolgreich". Es fehle aber an guten universitären Verbindungen der Spezialfächer der medizinischen Fakultäten. Daher habe man sorgsam die Argumente abzuwägen, „bevor man sich entschließt etwas zu trennen, was zusammen lebt, wie an vielen Orten Psychiatrie und Neurologie". Nichtsdestotrotz gebe es auch überzeugende Argumente für eine getrennte Weiterentwicklung: Zum einen die Entstehung der Neurochirurgie als selbstständigem Fach und zum anderen die der anthropologischen Psychiatrie. Aufgrund psychotherapeutischer und soziologischer Einflüsse ließe sich auch eine Psychiatrie denken, die sich auf „ihre eigensten Probleme und Aufgaben" beschränke und dafür weitgehend auf die Neurologie verzichte. Anstalten jedenfalls, „in denen kaum Psychotherapie oder gar keine betrieben wird, die auch nicht eine Fürsorgerin haben, aber: ein Encephalographie-Gerät", seien, so Zutt, eine „Fehlentwicklung".[68] Anhand der eigenen Klinik – die er im Folgenden als „Frankfurter Lösung" anpries – zeigte Zutt daraufhin, wie sich das bestehende organisatorische Problem in der Praxis lösen ließe:

„Psychotherapie, Psychiatrie, Kinderpsychiatrie, Neurologie, Neuroradiologie, Neurochirurgie, Neuropathologie und Neuroanatomie sind in enger räumlicher Verbundenheit oder Nachbarschaft in eigenen Abteilungen oder Instituten vertreten. Der psychiatrisch-neurologischen Klinik (…) zugehörig sind die psychiatrischen Abteilungen mit der nachtklinischen Abteilung, die Abteilung für Kinderpsychiatrie, die neurologischen Abteilungen, die Abteilung für Neuroradiologie einschließlich EEG, die neurochirurgische Abteilung und die zu allen diesen Abteilungen gehörigen Ambulanzen. Die Psychotherapie ist ein selbständiges planmäßiges Extraordinariat mit eigener Abteilung und Ambulanz im Gebäude unserer Klinik. Die Max-Planck-Institute für Nervenanatomie und Neuropathologie befinden sich in eigenen Gebäuden in unmittelbarer Nähe der Klinik. Innerhalb des Gesamtkomplexes – von uns das Frankfurter Nervenzentrum genannt – bestehen die natürlichsten Verbindungen zwischen den verschiedenen Abteilungen durch regelmäßige Konferenzen, Besprechungen, Colloquien und Vorlesungen, ergänzt durch die von mir für wichtig gehaltenen Privatgespräche im gemeinsamen Assistentenkasino und auf den Gängen der Klinik."[69]

Hier machte Zutt zugleich Werbung für die eigene, sich gerade im Bau befindliche Klinik in Frankfurt. Sie werde der gesamten Nervenheilkunde ein gemeinsames

---

[67]Ebd., S. 3.

[68]Ebd., S. 4 und S. 5, Hervorhebung im Original.

[69]Ebd., S. 5. Zur Frankfurter Klinik und auch zur dortigen Tätigkeit von Caspar Kulenkampff vgl. Schönknecht, Verstehende Anthropologie 1999, S. 33 sowie Plan für das Frankfurter „Nervenzentrum" 1963/64, Broschüre (unter Leitung von Jürg Zutt erstellt), UAF Abt. 14, Nr. 2156.

organisatorisches und architektonisches Dach bieten. Die Spezialgebiete sollten dabei unabhängig und selbstständig sein. Allerdings, so Zutt abschließend, entspräche auch „die Verbindung von Psychiatrie und Neurologie zusammen mit den Grundlagenwissenschaften und kleineren Spezialgebieten einem lebendigen Verlangen unserer Zeit". Dies zeige sich etwa im *Gesamtverband deutscher Nervenärzte*, in dessen Kongressen und in der Zeitschrift *Der Nervenarzt*.[70] Es gebe, so Zutts Fazit, „keinen Grund, Psychiatrie und Neurologie dort, wo sie zusammenleben, zu trennen".[71]

Zutts Artikel stieß auf breite Resonanz und regte sowohl Zu- als auch Widerspruch an. Im 1962 erschienen sechsten Jahresheft des *Nervenarzt*, erschienen allein sechs weitere Artikel zum Thema. Friedrich Panse, Direktor der Psychiatrischen Klinik der Medizinischen Akademie Düsseldorf am Rheinischen Landeskrankenhaus Düsseldorf und wenige Jahre später auch Präsident der DGPN (1964/65), nahm in seiner Stellungnahme zuerst lobend auf Zutts Argumentation Bezug und betonte, dass auch er von der „untrennbare[n] Einheit" der beiden Fächer ausging. Als Leiter eines „typische[n] psychiatrische[n] Großkrankenhaus[es] mit zur Zeit 1350, in Kürze 1500 Betten" störten ihn jedoch einige Beschränkungen, die Zutt in seinem Artikel den psychiatrischen Krankenhäusern auferlegen wollte. Dem grundsätzlich zu bejahenden Programm einer ortsnahen Versorgung psychisch Kranker, das Zutt in seinen Veröffentlichungen immer wieder betont hatte, setzte er entgegen, die psychiatrisch-neurologischen Abteilungen müssten „groß und leistungsfähig" sein: „sie müssen Männer, Frauen und Kinder aufnehmen können, neurologisches und psychiatrisches Krankengut mit sehr weit gespannter Symptomatik, zumal hinsichtlich der äußeren Auffälligkeit, bewältigen. Es müssen Elektroencephalograf, Neuroradiologie, Liquor-Labor usw. vorhanden sein." Das alles könnten aber eben nur großstädtische Krankenhäuser leisten. Panse hielt also ein Plädoyer für die Großkrankenhäuser. Sie sollten als wichtige Ausbildungsstätte der Universitäts-Assistenten und als Arbeitsplatz eines Großteils der Psychiater zum zentralen Ort der praktischen Zusammenarbeit von Neurologie und Psychiatrie werden.[72]

Ein Autorenteam aus Neurologen[73] setzte sich hingegen mit Zutts Aussagen über den „Nutzen oder Nachteil einer selbständigen Neurologie für [das psychiatrische] Fach und für die gesamte Medizin" auseinander. Neurologen und Psychiater, so die Autoren, seien Partner, die sich darüber verständigen müssten, „ob die Neurologie eine stärkere Berücksichtigung an Universitäten und Krankenanstalten, in Lehre, Forschung und Praxis verdiene". Die Stellung der Neurologie sei nicht so gefestigt, wie Zutt behaupte. An den 18 Universitäten und medizinischen Akademien sei die Neurologie bislang nur

---

[70]Zutt, Psychiatrie und Neurologie, S. 6.

[71]Ebd.

[72]Vgl. Panse, Psychiatrie, Neurologie und die Psychiatrischen Krankenhäuser 1962, Zitate S. 242–245, Hervorhebung im Original.

[73]Robert Charles Behrend (1920–1996), Heinz Gänshirt (1919–1991), Otto Hallen (1921–2006), Dieter Janz (1920–2016) und Heinrich Kalm (1915–1981). Die Autoren sollten in den darauffolgenden Jahren wichtige Positionen im DGN-Vorstand besetzen.

durch drei Ordinariate und zwei Extraordinariate eigenständig vertreten. Darüber hinaus bestritten die Autoren Zutts Aussage, die Neurologie habe sich als selbstständiges Fach vor allem durch das Interesse der Psychiater an der Gehirnmorphologie entwickeln können. Die Neurologie verdanke vielmehr ihre Anerkennung „letzten Endes doch den Intentionen der inneren Medizin". Die rein neurologischen Universitätskliniken hätten sich „bisher unter dem Mäzenat von Internisten und eher gegen den Widerstand von Psychiatern entwickelt". Statt weiter von der Psychiatrie vergangenheitspolitisch vereinnahmt zu werden, schulde die Psychiatrie der Neurologie vielmehr „einige Dankbarkeit (...), daß sie die klassische Hirnpathologie entzaubert und damit die Psychologie und Psychopathologie von den Fesseln einer materialistisch-mechanistischen Lokalisationslehre befreit habe". Die Autoren kehrten damit das von den Psychiatern immer wieder behauptete Verhältnis von (psychiatrischer) Leitwissenschaft und (neurologischer) Hilfsdisziplin um. Zudem verwiesen sie auf den Nutzen der Neurologie für den gesamten Versorgungsbereich psychisch Kranker. Selbst der *Bundesverband Deutscher Nervenärzte*, so die Autoren, habe ja erst kürzlich darauf hingewiesen, dass „das Krankengut eines praktizierenden Nervenarztes zu zwei Drittel aus Neurologie und zu einem Drittel aus Psychiatrie" bestehe.[74] Die Psychiatrie habe folglich „keinerlei Recht (...), „die gesamte Neurologie allein zu vertreten". Die Autoren, die in ihrem Text um Spitzen nicht verlegen waren, argumentierten daher durchaus mit Augenzwinkern, dass ja sonst „mit dem gleichen Recht (...) die aus der inneren Medizin hervorgegangene Neurologie die Verwaltung der Psychiatrie in Anspruch nehmen" könne. Eine selbstständige Neurologie ließe sich zudem nicht nur aus der Behandlung von Erkrankungen ableiten, die mit dem Aufgabengebiet von Psychiatern nichts zu tun hätten, sondern auch dadurch, dass die „Grenzflächen zu anderen Fächern (...) manchmal weit größer als zur Psychiatrie" seien. Eine fruchtbare Zusammenarbeit sei schließlich auch dann möglich, wenn man organisatorisch getrennte Wege ginge.[75] Der „Schlüsselwissenschaft" Neurologie stehe, so die Autoren, auch eine gestärkte Rolle an den Universitäten zu. Zutts Artikel noch einmal direkt aufgreifend, endeten sie daher mit folgenden Worten:

> „Zutt beschreibt, wie die moderne Psychiatrie genötigt sei, immer weitere Spezialgebiete wie die Kinderpsychiatrie, forensische Psychiatrie, Psychotherapie in sich zuzulassen und wie groß die Aufgabe sei, die die Beschäftigung mit ihren eigenen Grundlagenwissenschaften, der zeitgenössischen Anthropologie und Soziologie mit sich bringe. Darum – und weil auch die klinische Neurologie mit ihren Grundlagenwissenschaften und wissenschaftlichen Methoden, der Neurophysiologie, Neurochemie, Neuroradiologie ein ausgewachsenes Fach darstellt, dessen Vertretung in Lehre und Forschung ,einen ganzen Mann voll in Anspruch nimmt', wiederholen wir seine Frage, ob es nicht ,der Entwicklung und Entfaltung einer modernen Psychiatrie förderlich wäre, wenn sie (...) wenigstens auf weite Bereiche der Neurologie verzichte'. Dabei bewegt uns auch die Hoffnung, daß eine so geartete Psychiatrie einer nur am objektiven Befund

---

[74]Behrend u. a., Neurologie und Psychiatrie 1962, S. 245–247.

[75]Ebd., S. 246 und 247.

orientierten Neurologie überzeugender ins Gewissen reden und einer menschlichen Neurologie nützlicher sein könnte als eine Psychiatrie, die sich der Neurologie im wesentlichen nur zu ihrer eigenen Objektivierung bedient."[76]

Die Autoren, unter ihnen drei einflussreiche Professoren, schossen hier scharf gegen Zutt, der in seinem Artikel im Grunde eher zurückhaltend argumentiert hatte.

Elf jüngere Autoren aus beiden Fachbereichen, unter ihnen Walter Bräutigam (1920–2010), Hanns Hippius, Werner Janzarik (1920–2019), Karl Peter Kisker und Caspar Kulenkampff, brachten sich aus einer anderen Perspektive in die Diskussion ein.[77] Sie sahen sich als Vertreter einer „in die Aufgaben der Neuordnung hineinwachsende[n] Generation", die sich darüber klar zu werden versuche, „wie sie sich die Zukunft denkt". Elegant und spitz zugleich nahmen sie dabei die Position des Kommenden für sich in Anspruch und forderten damit eine bevorzugte Berücksichtigung ihrer Stimme in der gegenwärtigen Diskussion. In bewusster Abgrenzung gegen die Ordinarien verwiesen sie darauf, dass die Frage nach dem Verhältnis von Neurologie und Psychiatrie „nicht vorwiegend an der im Einzelnen recht komplizierten historischen Entwicklung unseres Faches" geklärt werden könne. Sie richteten sich gegen die von beiden Seiten durchaus einseitige Inanspruchnahme der Fachgeschichte und lehnten zugleich auch die bislang geäußerten „Prioritäts- und Prestigeansprüche" ab. Sie forderten, dass die „wohl unausweichlich einfließenden persönlichen Interessen der Gesprächspartner" soweit wie möglich zurücktreten sollten. Entscheidend seien „die gegenwärtigen und die absehbar zukünftigen Erfordernisse, die sachlichen Gegebenheiten der Nervenheilkunde selbst als einer ärztlichen, akademischen und wissenschaftlichen Disziplin".[78] Sie griffen hier Argumentationsweisen auf, die auch von den Fachgesellschaften immer wieder angewandt wurden. Während sie ihre Gegner als Vertreter partikularer Standesinteressen

---

[76]Ebd., S. 248.

[77]Hanns Hippius, damals wissenschaftlicher Assistent und Oberarzt an der Klinik für Psychiatrie der FU Berlin und kurz vor seiner Habilitation in Psychiatrie und Neurologie stehend, amtierte später in der entscheidenden Phase der Psychiatrie-Enquete als Präsident der *Deutschen Gesellschaft für Psychiatrie und Nervenheilkunde*. Karl Peter Kisker arbeitete an der Heidelberger Psychiatrischen Universitätsklinik und hatte dort 1959 habilitiert. 1966 zum psychiatrischen Ordinarius an die Medizinische Hochschule Hannover berufen, richtete er dort eine Abteilung Sozialpsychiatrie ein und leitete diese ab 1974. Caspar Kulenkampff, damals Leitender Oberarzt der Psychiatrischen Klinik der Universität Frankfurt, hatte zuvor unter Jürg Zutt habilitiert. 1970 übernahm Caspar Kulenkampff den Vorsitz der Kommission zur Erstellung einer Psychiatrie-Enquete. Werner Janzarik war kurz zuvor habilitiert worden. Er arbeitete zwischen 1951 und 1974 als Oberarzt und Leiter der Forensischen Sektion der Universität Mainz. 1974 wurde er Nachfolger von Walter Ritter von Baeyer als Direktor der Psychiatrischen Universitätsklinik Heidelberg. Walter Bräutigam war kurz vor dem Veröffentlichungszeitpunkt des zitierten Artikels für eine Arbeit über „Psychotherapie aus anthropologischer Sicht" in Heidelberg habilitiert worden, wo er an der von Alexander Mitscherlich geleiteten Abteilung für Psychosomatische Medizin arbeitete.

[78]Bente u. a., Psychiatrie – Neurologie 1962, S. 274.

hinstellten, die noch in der Vergangenheit leben würden und die einzig ihre Privilegien zu schützen oder auszubauen suchten, stellten sie ihre eigene Position als höherwertig dar, weil man selbst in die Zukunft gerichtet argumentiere, sich um die Versorgung der Bevölkerung sorge und damit überpersönliche Interessen vertrete.

Ihr Hauptargument war allerdings, dass die Förderung und bessere universitäre Verankerung der Neurologie „nicht zu einer Trennung von der Psychiatrie, etwa in Richtung Innere Medizin oder Neurochirurgie" führen müsse. Damit verschoben sie den Fokus, durchaus im Sinne Zutts, auf praktische Fragen der Zusammenarbeit in Klinik und Universität. Es gehe um eine neuartige „Organisation des akademischen Wissenschafts- und Lehrbetriebes im Rahmen der gesamten Nervenheilkunde, sowie der baulichen Planung und inneren Struktur der Nervenkliniken".[79] Abgelehnt wurde eine „reine Neurologie". Die Autoren gaben offen zu, dass die Verselbstständigung der Neurologie gravierende Folgen für die Psychiatrie hätte: „Wenn sich auch die ‚reine Neurologie' in selbstgewählter Beschränkung und Einengung bis zu einem gewissen Grade als lebensfähig erweisen dürfte, so würde der Verzicht der Psychiatrie auf die Neurologie den gesamten psychiatrischen Klinik- und Wissenschaftsbetrieb fragwürdig werden lassen". Insgesamt sei die Aufhebung der „unlösbar miteinander verwoben[en]" Fachgebiete durch eine „vollständige räumliche Trennung" der Kliniken „unzweckmäßig, gewaltsam und schädlich" – nicht zuletzt auch für die Kranken. Es müsse daher um die Neuorganisation des Zusammenlebens der beiden Fächer in der Krankenbehandlung und dem Lehr- und Wissenschaftsbetrieb gehen. Dies könne, so der Lösungsvorschlag, am ehesten in einem „klinischen Zentrum für Nervenheilkunde" geschehen, welches „möglichst viele zur Nervenheilkunde gehörende Teilgebiete in einer architektonischen Verklammerung unter Wahrung ihrer relativen Autonomie kooperativ" zusammenfüge. Beabsichtigt sei also eine „ungewohnt erscheinende Anhäufung selbständiger Lehrstühle in den alles umschließenden und zusammenhaltenden Mauern eines klinischen Zentrums".[80]

Zutt zog daraufhin noch einmal Bilanz und äußerte sich zu den vielfältigen Vorwürfen und Vorschlägen. Er stimmte Panse dabei im Grunde zu, verwies aber auch auf die Sonderstellung der Düsseldorfer Klinik. Die anderen psychiatrischen Krankenhäuser seien allesamt keine Universitätskliniken und lägen meist auch nicht am Rande einer großen Stadt, sondern in ländlicher Abgeschiedenheit. Eine Stellung der psychiatrischen Krankenhäuser, wie sie Panse vorschwebte, sei dadurch im Grunde unmöglich. Den Neurologen, das mag auch an deren eher unversöhnlichem Ton gelegen haben, trat Zutt dieses Mal deutlich konfrontativer gegenüber. Er vermerkte zwar, dass er „nichts gegen die Einrichtung selbständiger neurologischer Abteilungen habe", betonte aber, dass er dies nicht „für die einzig und überall vordringliche Lösung" halte. Schließlich dankte er noch den „Enkel[n], das Gespräch im Sinne gegenseitiger Verständnisbereitschaft

---

[79]Ebd.
[80]Ebd., S. 274 und 275.

fortzusetzen".[81] Mit Zutts Stellungnahme schien die Diskussion, zumindest im Mitteilungsorgan der DGPN, beendet.

Doch schon zwei Jahre später lebte sie wieder auf. 1964 setzten sich mit Paul Vogel und Georges Schaltenbrand zwei DGN-Altpräsidenten noch einmal mit Zutts Vorschlägen auseinander. Paul Vogels auf dem Kongress des *Gesamtverbandes Deutscher Nervenärzte* 1963 in Wiesbaden gehaltenes und hier nun abgedrucktes Referat listete die bekannten Defizite in der neurologischen Ausbildung auf, verwies auf die Spezialisierungen und den Wissenszuwachs in der Neurologie und ersparte den Psychiatern auch nicht den Hinweis darauf, dass die Neurologie andernorts auf der Welt eine viel längere Tradition als eigenständiges Fach habe. Auch wenn hier das Plädoyer für eine selbstständige Neurologie nicht zu überhören war, betrachtete er die Fächer Psychiatrie und Neurologie als „kritische Partnerschaft". „In die Zukunft greifend" erschien ihm dabei der „von Zutt angeregte und von der jüngeren Generation aufgenommene und weiter gesponnene Vorschlag zu sein, Neurologie, Psychiatrie und ihre zugehörigen Spezialdisziplinen zu einem kollegialen Verband in enger räumlicher Nachbarschaft zusammenzuschließen und auf diese Weise die spezialistische Arbeitsteilung in einer größeren Gemeinschaft der Kliniker und Forscher aufzuheben". Der Neurologie müsse aber dabei das zugestanden werden, was bereits für die Psychotherapie, die Neurochirurgie und die Kinderpsychiatrie gelte. Sonst sei – so die eher unverhohlene Drohung – auch eine andere Lösung denkbar: die Eingliederung der Neurologie in ein internistisches Behandlungs- und Versorgungszentrum.[82] Georges Schaltenbrands Beitrag, eine Diskussionsbemerkung auf der selben Wiesbadener Tagung, verwies demgegenüber vor allem auf praktische Probleme. Ausschließlich neurologisch Tätige könnten, so sein Argument, im Grunde nur in Großstädten als niedergelassene Fachärzte existieren. An städtischen Krankenhäusern mittelgroßer Städte seien gemeinsame psychiatrisch-neurologische Abteilungen sinnvoll, in Großstädten ebenso wie an den Universitäten sei eine Trennung von neurologischen und psychiatrischen Abteilungen zu bevorzugen.[83]

Da also die Debatte 1963 auf der Tagung des *Gesamtverbandes* wieder aufgeflackert war, sah sich Jürg Zutt genötigt, weiteren Diskussionen im *Nervenarzt* einen Riegel vorzuschieben. Sein kurzer Artikel trug daher den Untertitel „Gedanken am Ende einer Diskussion". Zutt versuchte den Konflikt in Wohlgefallen aufzulösen. Er betonte den Nutzen der Verschiedenartigkeit der Auffassung und das Recht der Neurologen eine selbstständige akademische Vertretung zu fordern. Er gab ebenso zu, dass „auch Vertreter der Psychiatrie mit schuld" an der bisherigen Abwehr dieser Ansprüche seien, wenn auch „mehr aus Tradition als aufgrund eigenen Interesses". Sodann verschob er das Konfliktfeld, denn, so Zutt, Neurologen und Psychiater seien doch beide von den Fakultäten und

---

[81]Zutt, Psychiatrie und Neurologie 1962, S. 276 und 277.
[82]Vogel, Anspruch und institutionelle Stellung 1964, S. 148, 150–152.
[83]Vgl. Schaltenbrand, Neurologie und Psychiatrie 1964, S. 174 f.

Ministerien abhängig, also von Entscheidungen „nicht unmittelbar Sachverständige[r]". Läge es da nicht nahe, „daß Neurologen und Psychiater das Trennende bei Seite ließen und versuchten, das Gemeinsame wirksam zu fördern"?[84]

Eigentlich war die Diskussion ohnehin schon von der Wirklichkeit überholt worden. So unversöhnlich sich auch die „Enkel" Erbs und Bonhoeffers gegenüberstehen mochten, die Trennung der Lehrstühle für Neurologie und Psychiatrie wurde fortan an allen Universitäten – wenn auch nicht immer ohne Gegenwehr der Professoren für Psychiatrie – üblich.[85] 1968 wurde schließlich sogar der Facharzt für Neurologie eingeführt.[86] Als die DGPN 1974 auf die Entwicklung der letzten Jahre zurückblickte, beugte sie sich der Macht des Faktischen: Gegenüber dem Wissenschaftsrat betonte sie, dass die Förderung der Neurologie durch Verselbstständigung notwendig gewesen sei. Jedoch sei mittlerweile, und hier nahm man alte Argumentationsstränge wieder auf, die „Gefahr der Desintegration" gegeben. Dieser müsse auf Klinikebene durch Integration der Neurologie und der Psychiatrie in ein „Nervenzentrum" entgegengewirkt werden.[87] Die Konferenz der Lehrstuhlinhaber in der DGPN stellte dann auch am 7. Juni 1974 fest, dass man entgegen den Bestrebungen der DGN „unbeschadet der Möglichkeit einer Weiterbildung zum Facharzt entweder für Psychiatrie oder für Neurologie die Weiterbildung zum Nervenarzt (Facharzt für Neurologie und Psychiatrie) im Interesse der Versorgung der Bevölkerung für unbedingt erforderlich" halte.[88] Auch in der Fachgesellschaft der Neurologen wurde die „Gefahr einer Zersplitterung" zunehmend thematisiert. Die zentrifugalen Kräfte der Ausdifferenzierung hatten dort ebenfalls erheblich zugenommen.[89] Es drohe, „die vollständige Erfassung des Krankengeschehen, der Situation und des Schicksals des erkrankten Menschen" verlorenzugehen. Die immer weitere Ausdifferenzierung der medizinische Fächer verstärkte den Fokus der Fachgesellschaften auf neue Grenzen in ihrem Inneren. Der Grundkonflikt zwischen Psychiatrie und Neurologie büßte vor diesem Hintergrund zunehmend an Bedeutung ein. So sah sich beispielsweise die DGN immer stärker bemüßigt, um die Einheit der Neurologie zu kämpfen und die „übergreifende Synthese der klinischen Neurologie" einzufordern.[90]

---

[84]Zutt, Psychiatrie und Neurologie 1964, S. 175 und 176.

[85]Vgl. Pantel, Neurologie, Psychiatrie und Innere Medizin 1995, S. 96.

[86]Vgl. Eisenberg, Emanzipation und Integration 2007, S. 51. 1988 wurde der „Facharzt für Neurologie und Psychiatrie" kurzzeitig abgeschafft, bevor er 1992 wieder eingeführt wurde. Vgl. Pantel, Neurologie, Psychiatrie und Innere Medizin 1995, S. 96.

[87]Vgl. Stellungnahme der DGPN zur Überarbeitung der Empfehlungen des Wissenschaftsrats zur Struktur und zum Ausbau der medizinischen Forschungs- und Ausbildungsstätten aus dem Jahre 1968, neu abgedruckt 1974, S. 6, DGPPN-Archiv Ordner 1 T.

[88]Protokoll der Konferenz der Fachvertreter der DGPN vom 7.6.1974, DGPPN-Archiv Ordner 1 R.

[89]Vgl. Bauer, Deutsche Gesellschaft für Neurologie 1982, S. 53.

[90]Ebd., S. 54.

Die DGPN protegierte seit den 1960er Jahren ein Versorgungsmodell, dass den dominierenden Einfluss der Psychiater zu sichern versprach. Die Forderungen nach der Errichtung von „klinischen Zentren für Nervenheilkunde" sollten sämtliche ärztlichen Disziplinen zur Behandlung der Psyche und des Gehirns unter einem baulichen Dach wieder zusammenführen und die desintegrativen Kräfte der Fächerausdifferenzierung bändigen. Seitens der DGPN wurde dabei eine dominierende Stellung der Psychiater in diesen klinischen Zentren angestrebt. So sehr sich damit der befürchtete Kompetenzverlust in eine Reformforderung ummünzen ließ, so deutlich basierte das neue Versorgungskonzept fatalerweise zwangsläufig weiterhin auf dem Konzept des Großkrankenhauses. Dies hat die zum Teil ablehnende Haltung der DGPN zur gemeindenahen Unterbringung und damit zu einem Kernbestandteil der Psychiatrie-Enquete der 1970er Jahre zumindest verstärkt.

Die Neurologie als moderne Disziplin

In der DDR war die Neurologie die gegenüber der Psychiatrie mit deutlich höherem Renommee versehene Wissenschaft. Einen ersten Hinweis darauf geben die Erinnerungen des Psychiaters und Ärztlichen Direktors Friedrich Rudolf Groß. Innerhalb der Bernburger Nervenklinik sei, so schreibt er rückblickend, „der Kontrast" zwischen Psychiatrie und Neurologie „erheblich" gewesen: „Die Neurologie verkörperte den medizinischen Fortschritt, die Moderne, eben die ‚Klinik', von der man hoffte, daß sich ihr Nimbus dereinst auch auf die Psychiatrie ausdehnen werde. Die Psychiatrie mit ihren verschlossenen Türen, den Wachsälen und Zellen, den Krampf-, Schock- und Komabehandlungen, den Netzbetten und Dauerbädern, der Einheitsfrisur, der blau-weiß gestreiften Drillichuniform und der Geschlechtertrennung war dagegen das Reich des Stillstandes: eine Schattenwelt, von der man nicht wußte, wie man sie jemals beleben und erleuchten solle."[91] Auch wenn diese Zeilen erst nach der „Wende" geschrieben wurden und somit zu berücksichtigen ist, dass sich in ihnen auch nachträgliche Umdeutungen niederschlagen, so bebildern sie eindrücklich den unterschiedlichen Status von Neurologie und Psychiatrie in der DDR. Auf der einen Seite die „Moderne", der „Fortschritt", auf der anderen der „Stillstand" und die „Schattenwelt". Und auch schon zeitgenössisch wurde der unterschiedliche Status von Psychiatrie und Neurologie festgehalten. 1956 hieß es über die Mitglieder der *Gesellschaft für Psychiatrie und Neurologie*, sie arbeiteten meist „mehr neurologisch bzw. hirnneurologisch als psychiatrisch".[92] 1959 klagte Karl Leonhard gegenüber seinem westdeutschen Kollegen Friedrich Panse, dass ein Nachwuchs in der Psychiatrie der DDR eigentlich nicht vorhanden sei, dass es nur in der Neurologie besser aussehe.[93]

---

[91]Groß, Jenseits des Limes 1996, S. 58.

[92]Protokoll über die Tagung der Medizinisch-wissenschaftlichen Gesellschaft für Psychiatrie und Neurologie an der Karl-Marx-Universität Leipzig am 8. Dezember 1956 in Leipzig, a.a.O., S. 255.

[93]Karl Leonhard an Friedrich Panse, Schreiben vom 12.12.1959, Archiv der Humboldt-Universität zu Berlin 03.011/6, Bd. 2.

Gerade weil sie so untypisch für die damalige Zeit waren, fallen die wenigen Gelegenheiten besonders auf, zu denen die Einheit von Neurologie und Psychiatrie zur Disposition stand. So wurde beispielsweise auf der Vorstandssitzung der *Gesellschaft für Psychiatrie und Neurologie* am 5. Februar 1958 über die „Frage der evt. Trennung von Psychiatrie und Neurologie" beraten. Anlass war ein Vorstoß des Staatssekretariats, von dem der Vorstand der erst jüngst gegründeten Gesellschaft nur gerüchteweise erfuhr. Alle Vorstandsmitglieder sprachen sich daraufhin gegen eine solche Trennung aus und wiederholten damit den auch schon zuvor gegenüber dem Staatssekretariat zum Ausdruck gebrachten Standpunkt der Lehrstuhlinhaber.[94]

Als scharfer Kritiker der institutionellen Zwillingsschaft von Psychiatrie und Neurologie trat Karl Pönitz (1888–s1973)[95] hervor. Allerdings war er 1960, zum Zeitpunkt seiner Äußerungen in der DDR-Fachzeitschrift *Psychiatrie, Neurologie und medizinische Psychologie*, bereits emeritiert. Seine Äußerungen sind vor allem deshalb bemerkenswert, weil sie die Entwicklung in der Bundesrepublik als vorbildlich darstellen: In den vergangenen hundert Jahren, sei die Psychiatrie „so stark organisch-neurologisch orientiert" gewesen, dass ein Psychiater „ohne praktische Erfahrung an eigenem neurologischen Krankengut" unvorstellbar sei. Eine „teilweise Abspaltung" der Neurologie sei aber in der Forschung zu empfehlen, die neurologische Tätigkeit solle sich „räumlich und personell getrennt von neuropsychiatrischen Kliniken" entwickeln, und „zwar aus dem Mutterboden der inneren Medizin". Scharf richtete er sich gegen gemeinsame „neurologisch-psychiatrische Teams", die allzu oft an internen Querelen scheiterten. Selbstständige neurologische Dozenturen oder Extraordinariate an den Universitäten

---

[94]Vgl. Johannes Franz Suckow an Alexander Mette, Schreiben vom 1.3.1958, BA Berlin DQ 1/2661; Schwarz an Leonhard, Schreiben vom 15.11.1957, Archiv der Humboldt-Universität zu Berlin 03.011/6, Bd. 1.

[95]Karl Pönitz wurde in Leipzig geboren, studierte in seiner Geburtsstadt Medizin, Philosophie, Geschichte und Rechtswissenschaften. Nach Praktika an den Universitätskliniken in Hamburg-Eppendorf und München wurde er 1913 promoviert. Nachdem Pönitz im Ersten Weltkrieg als Arzt in Polen und Galizien sowie im Reservelazarett Halle an der Saale eingesetzt wurde, habilitierte er sich 1921 an der Universität Halle-Wittenberg und wurde Oberarzt an der dortigen Universitätsnervenklinik. 1925 wurde er zum außerordentlichen Professor berufen. Ab 1933 war Pönitz SA-Sturmarzt und Mitglied der NSDAP. 1935 wird er zum kommissarischen Leiter der Universitätsklinik Halle ernannt, zwei Jahre später wurde er im Gesundheitsamt der Stadt Halle zum Leiter der Abteilung Erb- und Rassenpflege. Zudem war er Obergutachter für Schwangerschaftsabbrüche sowie Erbgesundheitsfragen. Durch seine Tätigkeit als Inspekteur der Provinzial-Heilanstalten machte Pönitz sich mitverantwortlich am Tod von Patient/-innen in der Heilanstalt Altscherbitz. Im Oktober 1945 wurde er aufgrund dieser Tätigkeiten entlassen, arbeitete jedoch weiterhin für die Stadt und wurde 1946 als „tragbar" eingestuft. Ab 1946 war er Mitglied der Liberaldemokratischen Partei. Vier Jahre später wurde er Ordinarius am Lehrstuhl für Psychiatrie und Neurologie in Halle, zudem wurde er 1958 zum Leiter der Universitätsnervenklinik ernannt. 1959 wurde er Mitglied der *Deutschen Akademie der Naturforscher Leopoldina*. Zwei Jahre später verließ er die DDR und zog nach Süddeutschland. Schon 1955 wurde vermutet, dass Pönitz „Obergutachter für Erbgesundheitsgerichte" gewesen sei. In den Fokus des MfS geriet er aber, weil ihm

seien vorzuziehen. Pönitz verwendete die gleichen Argumente, die auch von den Fachvertretern der Neurologen in der Bundesrepublik zu hören waren, um für die Annäherung
der Neurologie an die Innere Medizin, die Physiologie und die Pharmakologie und eine
stärkere Unabhängigkeit gegenüber der Psychiatrie zu werben: „Ein künftiger reiner
Neurologe mag sich einige Grundbegriffe der Psychiatrie aneignen, er bedarf aber in
erster Linie einer mehrjährigen Ausbildung in der Physiologie, speziell in der physiologischen Chemie und vor allen Dingen in der inneren Medizin, einschließlich der
Pharmakologie."[96]

Offenkundig wurde Anfang der 1960er Jahre, also zeitgleich zu den Debatten in
der Bundesrepublik, über eine mögliche Trennung von Neurologie und Psychiatrie
auch in der DDR zumindest nachgedacht. Darauf deutet auch Peter Feudells (1919–
2006) Besprechung der Neuauflage des Lehrbuchs von Rudolf Lemke und Helmut
Rennert (1920–1994) im Jahr 1961 hin. Feudell stellte fest, das Buch gebe zwar den
Studierenden einen Überblick sowohl über die Neurologie als auch die Psychiatrie,
doch solle man in Zukunft, „dem Vorgehen in den meisten anderen Ländern der Welt
folgend, jedem Fache sein eigenes Lehrbuch widmen". Hierfür müsste aber als Vor-
bedingung erst einmal festgelegt werden, welche vorklinischen Kenntnisse in jedem
der beiden Fachgebiete zu vermitteln seien. Zudem müsse „eine gewisse Übereinkunft
darüber best[ehen], was im medizinischen Staatsexamen an Kenntnissen auf dem Gebiet
der Neurologie und Psychiatrie unbedingt gefordert werden muß und was besonderen
Interessen und Bedürfnissen vorbehalten bleiben kann".[97]

Zu einer Trennung beider Disziplinen kam es in der DDR nicht. Eigenständige
neurologische Lehrstühle oder eigenständige neurologische Kliniken blieben die
Ausnahme.[98] Bei der Neugestaltung der Facharztausbildung wurde eine getrennte

---

Verbindungen zu einer ehemaligen Oberrichterin in Westberlin nachgesagt wurden, welche die
Anerkennung „Politischer Ostflüchtlinge" bearbeitete. Vgl. BStU-Archiv, MfS Hle AOP 255/55.
Vgl. auch die Angaben in: Klee, Personenlexikon 2003, S. 466 f.; Hirschinger, Ausmerzung 2001;
Martin-Luther-Universität Halle, Karl Pönitz, online unter: https://www.catalogus-professorum-
halensis.de/poenitzkarl.html; Rennert u. a., Karl Pönitz 1988.

[96]Pönitz, Neuropsychiatrie, Psychiatrie und Neurologie 1960, S. 282 und 283. Dies war eine für
die DDR-Nervenheilkunde untypische Äußerung. Auch dieser fachliche Dissens mag dazu beigetragen haben, dass Karl Pönitz 1961 in die Bundesrepublik übersiedelte. Als Karl Leonhard
1968 versuchte, Karl Pönitz zum Ehrenmitglied der *Gesellschaft für Psychiatrie und Neurologie der DDR* ernennen zu lassen, wurde dieses Ansinnen von der *Abteilung Wissenschaft des
Ministeriums für Gesundheitswesen* abgelehnt. Vgl. Lothar Rohland an Karl Leonhard, Schreiben
vom 1.8.1968, BA Berlin DQ 1/23.708. Die Begründung des Vorstands gegenüber dem MfG in:
Karl Leonhard an Lothar Rohland, Schreiben vom 28.6.1968, BA Berlin DQ 1/23.708.

[97]Feudells Buchbesprechung zu Lemke/Rennert, Neurologie und Psychiatrie 1961, S. 159.

[98]Ausnahmen waren die neurologische Klinik an der Universität Leipzig und der Lehrstuhl für Neurologie an der Universität Rostock. Eine Absage an die Einheit von Neurologie und Psychiatrie waren
selbst diese nicht. Die Gründe für die Teilung des Rostocker Lehrstuhls für Psychiatrie und Neurologie
waren überwiegend allgemeinpolitischer, aber nicht fachpolitischer oder wissenschaftlicher Natur. Zur
Teilung der Rostocker Lehrstühle und zur Etablierung der Kinderpsychiatrie vgl. Universitätsarchiv
Rostock: 1683 Med. Fak., Nervenklinik. Besetzung der Lehrstühle für Psychiatrie und Neurologie
1958–1960; Kumbier/Haack/Zettl, Fächerdifferenzierung 2009; Kumbier, Aufteilung 2019.

Ausbildung von Fachärzten für Neurologie und für Psychiatrie „aus Gründen der dann gefährdeten Patientenversorgung" als für „nicht diskutabel" gehalten.[99] Der daraus resultierende Unterschied zwischen den beiden deutschen Staaten wurde von ausländischen Beobachtern immer wieder bemerkt: Sie nahmen die ostdeutsche Lösung verwundert zur Kenntnis. So blieben auch dem Vorstand der *Deutschen Gesellschaft für Neurologie* – immer auf der Suche nach internationalen Verweisen, mit denen sich die eigene Argumentation für eine eigenständige Neurologie in der Bundesrepublik untermauern ließ – die Unterschiede im deutsch-deutschen Vergleich nicht verborgen. In einem internen Schriftstück von 1967 wurde festgestellt, dass Psychiatrie und Neurologie innerhalb der DDR im Allgemeinen „noch nicht" getrennt seien. In sämtlichen neuropsychiatrischen Großkrankenhäusern seien beide Fachdisziplinen vertreten und an den Universitäten und Medizinischen Akademien bestünden nur im Ausnahmefall eigene Lehrstühle für Neurologie.[100] Die Abweichung vom internationalen Standard thematisierten auch andere. Einer von ihnen hielt auf dem Kongress der *Gesellschaft für Psychiatrie und Neurologie der DDR* 1969 einen Vortrag mit dem Titel: „Sollen die Fächer Psychiatrie und Neurologie zusammen bleiben oder sollen sie getrennt werden?". Für ihn war klar, dass „vom sachlich-fachlichen Standpunkt aus", beide Fächer „unbedingt vereint" bleiben müssten. Psychiater ohne fundiertes neurologisches Wissen tendierten sonst zum einen dazu, „in den Bereich spekulativer Interpretation abzusinken". Zum anderen würden die Neurologen ohne gründliche psychiatrische

---

[99] Vgl. Blätter zur Facharztausbildung Psychiatrie und Neurologie 1965, BA Berlin DQ 123/20 1 von 2. Allerdings gab es seit den späten 1960er Jahren insbesondere in der Neurologie zunehmend inhaltliche Schnittmengen mit anderen Disziplinen, die zur Institutionalisierung neuer Netzwerke führten. Ohne auf die Psychiatrie Rücksicht zu nehmen, gründeten sie kleinere Spezial-Gesellschaften. Vgl. Rohland/Spaar, Die medizinisch-wissenschaftlichen Gesellschaften 1973, S. 198 f.

[100] Internes Dokument vom 25.10.1967, S. 1, DGN-Archiv Ordner DGN Historie. Der Autor des internen Papiers fasste die Lage stichpunktartig zusammen: „Die Nervenklinik der Charité Berlin wird von Professor Leonhard geleitet (Prof. mit Lehrstuhl für Neurologie und Psychiatrie). Die Klinik und Poliklinik für Psychiatrie und Neurologie der Martin-Luther-Universität Halle-Wittenberg in Halle leitet Professor Dr. H. Renner (Lehrstuhlinhaber für Neurologie und Psychiatrie). In Jena leitet die Klinik für Psychiatrie und Neurologie Professor Dr. v. Keyserlingk (Lehrstuhlinhaber für Neurologie und Psychiatrie). Die Rostocker Nervenklinik ist geteilt in einen Lehrstuhl für Neurologie, den Prof. Dr. Sayk und Psychiatrie einschl. Kinderpsychiatrie, den Prof. Göllnitz inne hat. Die Nervenklinik der Karl-Marx-Universität Leipzig ist geteilt in einen Lehrstuhl für Psychiatrie = Professor Dr. Schwarz und in einen Lehrstuhl für Neurologie = Professor Dr. Feudell sowie einen Lehrstuhl für Neuropathologie = Professor Dr. Wünscher. Die Lehrstühle der neuropsychiatrischen Klinik der Medizinischen Akademie Dresden, Erfurt und Magdeburg sind nicht geteilt. Das neuropsychiatrische Fach wird in Dresden von Professor Dr. Lange, in Erfurt von Professor Heydrich und in Magdeburg von Professor Dr. Parnitzke vertreten. An der Medizinischen Akademie für Ärztliche Fortbildung Berlin-Lichtenberg besteht auch ein Lehrstuhl für Neurologie und Psychiatrie (Lehrstuhlinhaber: Professor Dr. Quandt)." Ebd. (Namensschreibfehler im Original – sie sind ein Anzeichen für die geringe Kenntnis der Personen untereinander).

Ausbildung nicht verstehen, „daß der seelische Bereich mehr repräsentiert als eine organisch determinierte Gehirnfunktion". Nur könne beim derzeitigen Niveau der Wissenschaft fast keine Persönlichkeit mehr „beide sich ständig erweiternde Fachgebiete noch im gleichen Ausmaß beherrsch[en]". Es sei daher wohl unvermeidlich, sie lehrmäßig zu trennen. Die Devise werde lauten müssen: „Getrennt marschieren, aber den gemeinsamen Feind, die Krankheit, vereint schlagen."[101]

Entgegen dieser Annahme verschmolzen in der DDR gerade in dieser Zeit in den wissenschaftlichen Artikeln die Neurologen und Psychiater zum sogenannten „Neurologen-Psychiater" – man beachte die Reihenfolge![102] In der DDR blieb in Praxis, Wissenschaft und Lehre auf organisatorischer Basis eine engere Zusammenarbeit zwischen Neurologie und Psychiatrie bestehen als in der Bundesrepublik. Zu Beginn der 1980er Jahre, als in der Bundesrepublik mittlerweile fast an jeder medizinischen Fakultät eigene Lehrstühle für Neurologie und selbstständige neurologische Kliniken existierten, gab es zwar auch in der DDR neurologische Lehrstühle an den Hochschulkliniken, aber nur eine einzige selbstständige neurologische Klinik.[103] Auch wurden in der Facharztordnung Psychiatrie und Neurologie nie getrennt und keine voneinander unabhängigen Fachzeitschriften für beide Fachbereiche gegründet. In der DDR war daher auch die medizinisch-wissenschaftliche Gesellschaft kein Ort, an dem grundlegende Konflikte zwischen Neurologen und Psychiatern ausgetragen wurden. Wie stark auch die *Gesellschaft für Psychiatrie und Neurologie (in) der DDR* mit Grenzziehungsarbeit beschäftigt sein konnte, offenbart daher erst der Blick auf ein anderes Feld: Die medizinische Psychologie und die ärztliche sowie nichtärztliche Psychotherapie.

8.3 Psychiatrie, medizinische Psychologie und Psychotherapie

Für beide deutsche Staaten gilt: Aus der Perspektive der Psychiater und ihrer Fachvertreter bildeten Psychologie und nichtnervenärztliche Psychotherapie ein gemeinsames Feld, auf dem die eigenen Ansprüche energisch verteidigt werden mussten. Immerhin ging es in diesem Fall nicht um Kompetenzstreitigkeiten zwischen zwei unterschiedlich ausgerichteten Nervenarztgruppen, sondern darum, die Ansprüche von Nichtmedizinern gewissenhaft einzuhegen und jenen Medizinern entgegenzutreten, die ohne eine formale nervenärztliche Qualifikation auf das Gebiet der Psychiatrie vordrangen. Es gab jedoch eine getrennte Vorgeschichte, deren Kenntnis für das Verständnis der nachfolgenden Quellenanalyse unerlässlich ist. Daher zunächst ein Blick auf die erste Hälfte des 20. Jahrhunderts:

---

[101]Vgl. Bericht über den Kongreß der Gesellschaft für Psychiatrie und Neurologie der DDR 1969, abgedruckt 1970, S. 428, zitiert hier Erwin Ringel (1921–1994) aus Wien.

[102]So etwa in Müller Hegemann, reaktive Psychosen 1970, S. 172.

[103]Vgl. Eisenberg, Emanzipation und Integration 2007, S. 51 f.

Das „latente Spannungsverhältnis" zwischen Psychiatrie und Psychologie war weniger durch offene Konflikte geprägt als die Beziehung zwischen Psychiatrie und Neurologie.[104] Lange Zeit verstanden sich beide Fächer als „komplementär" und definierten ihr jeweiliges Aufgabengebiet nicht in gegenseitiger Konkurrenz. Während sich die Psychiatrie mit der Behandlung der psychisch Kranken befasste, richtete sich das Erkenntnisinteresse der Psychologie auf das „Denken, Erlernen und Verhalten des *gesunden Menschen*".[105] Das damals noch unproblematische Verhältnis zwischen Psychologie und Psychiatrie lag auch darin begründet, dass sich die Psychologie nicht aus der Medizin, sondern aus der Philosophie heraus entwickelte und in den Geisteswissenschaften nach Eigenständigkeit und Anerkennung strebte. Erste Konflikte mit den Psychiatern ereigneten sich während der Weimarer Republik in Beratungsstellen und bei Gutachten vor Gericht. Die Psychiater brachen nämlich „in das Gehege der Psychologen ein" als sie sich der „psychischen Hygiene, der Prophylaxe psychischer Erkrankungen und der nachgehenden Außenfürsorge zuwandte[n], in die Grenzgebiete zwischen psychischer Krankheit und Gesundheit vordrang[en] und sich für Neurasthenie, sexuelle Normabweichungen oder Psychopathie zu interessieren begann[en]". Sie versuchten unter Rückgriff auf ihre Fachgesellschaft, die Tätigkeit der Psychologen auf die Zuständigkeit für bestimmte Gesellschaftsbereiche und Untersuchungsmethoden zu beschränken: Auf Eignungstest für Wirtschaft, Staatsdienst und Militär.[106]

Das Verhältnis von Psychiatern und Psychotherapeuten war zur selben Zeit „ungleich problematischer".[107] Die ärztlichen Psychotherapeuten sahen ihre Interessen nicht vom *Deutschen Verein für Psychiatrie* vertreten. Sie wandten sich bereits Mitte der 1920er Jahre der Bewegung für psychische Hygiene zu und unterstützten die Gründung des *Deutschen Verbandes für psychische Hygiene*.[108] Weil jedoch die in ihm zusammengeschlossenen Mediziner auf eine psychiatrische Ausrichtung des neu gegründeten Verbandes bestanden, wurde 1926 in Baden-Baden auf dem *Ersten Allgemeinen Ärztlichen Kongress für Psychotherapie* der Grundstein für die *Allgemeine Ärztliche Gesellschaft für Psychotherapie* (AÄGP) gelegt.[109] Diese war, anders als die bisher hier behandelten

---

[104]Schmuhl, GDNP 2016, S. 35.

[105]Ebd., Hervorhebungen im Original. Hier mit Bezug auf Roelcke, Verwissenschaftlichungen 2008, S. 146.

[106]Vgl. Schmuhl, GDNP 2016, S. 35, Zitate ebd.; Roelcke, Verwissenschaftlichungen 2008, S. 138–140.

[107]Vgl. Schmuhl, GDNP 2016, S. 35. Zu den Hauptgründen für diese Entwicklung vgl. ebd., S. 35 f. Zur Frühgeschichte der Psychotherapie vgl. Roelcke, Verwissenschaftlichungen 2008, S. 142 f.; Schröder, Fachstreit 1992; Geuter/Ash, Geschichte der deutschen Psychologie 1985.

[108]Zum *Deutschen Verband für psychische Hygiene* vgl. Roelcke, Verwissenschaftlichungen 2008, S. 135 f.; Schmuhl, GDNP 2016, S. 31–35. Zum Ersten Allgemeinen Ärztlichen Kongreß für Psychotherapie 1926 in Baden-Baden vgl. Zeller, Psychotherapie in der Weimarer Zeit 2001.

[109]Zu den psychotherapeutischen Organisationen vor 1933 vgl. Lockot, Erinnern und Durcharbeiten 1985, S. 39–52.

medizinischen Fachgesellschaften ein eher lockerer internationaler Zusammenschluss, der in Leipzig, Berlin und München deutsche Ortsgruppen unterhielt. Teil des
Etablierungsprozesses der neuen Gesellschaft waren jährlich stattfindenden Kongresse
und die Herausgabe einer eigenen Zeitschrift, dem *Zentralblatt für Psychotherapie und
ihre Grenzgebiete einschließlich der medizinischen Psychologie und der psychischen
Hygiene*. Ein umständlicher Titel, der aber deutlich zum Ausdruck brachte, für welche
Themen sich die AÄGP zuständig fühlte. Prägende Persönlichkeiten waren damals
Robert Sommer (1864–1937), Ernst Kretschmer und Arthur Kronfeld (1886–1941).[110]
Versuche, wie der des Wiener Neurologen Paul Schilder (1886–1940), eine Psychiatrie
auf psychoanalytischer Grundlage zu begründen, blieben hingegen weitgehend
wirkungslos.[111]

Nach der Machtübernahme der Nationalsozialisten wurden Psychologie und Psychotherapie deutlich aufgewertet. In der neuen Regierung und Ministerialbürokratie gab
es ein erhebliches Interesse an den psychologischen Kompetenzen im Bereich der
Eignungsprüfung und der Leistungssteigerung. So erhöhte sich die Nachfrage nach
psychologischem Expertenwissen. Dies wertete wiederum die Position psychologischer
Forschungsinstitute im Bereich der Politikberatung erheblich auf. Insbesondere gilt dies
für das *Deutsche Instituts für Psychologische Forschung und Psychotherapie (Göring-
Institut)*.[112] Staatliche Stellen hielten die dort versammelte Expertise für kriegsrelevant.
Die Wehrmacht wurde zum wichtigsten Arbeit- und Auftraggeber für Psychologen.[113]
Trotz des intellektuellen Aderlasses, aufgrund des Ausschlusses jüdischer Psychologen
und Psychologinnen, erlebte die deutsche Psychologie im Nationalsozialismus einen
enormen quantitativen Aufschwung.[114] Anerkennungserfolge waren die Folge: Im Jahr
1941 wurde die Psychologie als eigenes, reichsweit einheitlich geregeltes Studienfach

---

[110]Vgl. Zeller, Psychotherapie 2001; Schröder, Fachstreit 1995; Schmuhl, GDNP 2016, S. 35.
Ernst Kretschmer legte am 6.4.1933 sein Amt als Vorsitzender der *Allgemeinen Ärztlichen Gesellschaft für Psychotherapie* nieder. Vgl. Lockot, Erinnern und Durcharbeiten 1985, S. 74–79.

[111]Vgl. Schilder, Psychiatrie auf psychoanalytischer Grundlage 1925, neu abgedruckt 1973.

[112]Vgl. Roelcke, Verwissenschaftlichungen 2008, S. 140–143; Cocks, Psychotherapy 1985,
Lockot, Erinnern und Durcharbeiten 1985, S. 188–212.

[113]Vgl. hierzu Lück/Guski-Leinwand, Geschichte der Psychologie [7]2014, S. 15 f. Hier auch
genaue Personalzahlen. Die Heeres- und Luftwaffenpsychologie wurde 1942 zwar aufgelöst, das
lag aber nicht an einem Verlust an Wertschätzung für die psychologische Expertise, sondern daran,
dass angesichts des Kriegsverlaufes eine differenzierte individuelle Prognose der Wehrdiensttaug-
lichkeit und der Eignung nicht mehr sinnvoll erschien. Vgl. ebd., S. 17.

[114]Vgl. Geuter, Professionalisierung 1988. Der Vorstand der *Deutschen Gesellschaft für Psycho-
logie* zeichnete sich beim Ausschluss seiner jüdischen Mitglieder in typischer Weise durch voraus-
eilenden Gehorsam aus. Vgl. Lück/Guski-Leinwand, Geschichte der Psychologie [7]2014, S. 13–18;
Hanrath, Anstaltspsychiatrie 2002, S. 307 f. Zur Vertreibung der jüdischen Psychotherapeuten und
Psychoanalytiker aus den Fachgesellschaften vgl. Lockot, Reinigung der Psychoanalyse 2013,
S. 34–45 sowie in methodischer Hinsicht Lockot, Erinnern und Durcharbeiten 1985, S. 309.

anerkannt.[115] Prägende Persönlichkeit dieser Zeit war Matthias Heinrich Göring (1879–1945)[116], Direktor des *Reichsinstituts* und Vorsitzender der 1933 gegründeten *Deutschen Allgemeinen Ärztlichen Gesellschaft für Psychotherapie* (DAÄGP).

Für die Psychiater verlangte der Kompetenz- und Einflussgewinn von Psychologen und Psychotherapeuten nach einer Reaktion. Doch die *Gesellschaft Deutscher Neurologen und Psychiater* scheiterte 1935 damit, die Psychotherapeuten in ihre Strukturen zu integrieren.[117] Selbst der Versuch, die psychotherapeutische Fachgesellschaft aufzuspalten und zumindest die ärztlichen Psychotherapeuten in die GDNP zu integrieren, missglückte.[118] Um zu „verhüten, dass den Psychiatern die Psychotherapie weggenommen wird" und um die Psychologie „an den Hochschulen in ein gediegenes Fahrwasser" zu lenken, versuchte das Netzwerk um Ernst Rüdin den Vorsitzenden der DAÄGP in den Beirat der GDNP einzubinden.[119] Eine organisatorische Verbindung blieb jedoch aus, und erst Ende der 1930er Jahre etablierte sich eine „friedliche Koexistenz" beider Fachgesellschaften.[120] Dennoch kritisierten die Vertreter der Psychiater den Studiengang für Diplom-Psychologen trotz dessen starken medizinischen Anteils als Beginn einer „neue[n] Kurpfuscher-Gruppe".[121]

Die Angst vor dem „Auftauchen eines zweiten Akademikers auf [d]er Station"[122]

Die Psychotherapie in der DDR hat bislang verglichen mit ihrem westdeutschen Pendant wenig Aufmerksamkeit von Historikern und Historikerinnen auf sich gezogen. Wenden wir den Blick nun daher zunächst wieder auf die dortige Geschichte.

Die wichtigsten Schritte der Etablierung der Psychotherapie an den Nervenkliniken und der Psychologie an den Universitäten der DDR seien hier einleitend stichpunktartig skizziert. Die erste Tagung der Psychiater und Neurologen in der sowjetischen Besatzungszone fand vom 27. bis zum 29. Mai 1948 unter dem Titel Psychotherapie

---

[115]Vgl. Roelcke, Verwissenschaftlichungen 2008, S. 138–140; Lück/Rothe, Fach ohne Geschichte 2018, S. 6–9.

[116]Zu Göring vgl. Lockot, Erinnern und Durcharbeiten 1985, S. 79–87.

[117]Die *Allgemeine Ärztliche Gesellschaft für Psychotherapie* schloss sich stattdessen 1935 einer neuen Dachorganisation, der *Neuen Deutschen Heilkunde*, an. Zu den Auseinandersetzungen mit der GDNP vgl. Lockot, Erinnern und Durcharbeiten 1985, S. 248–261.

[118]Vgl. Schmuhl, GDNP 2016, S. 72–77.

[119]Dies stieß auf energischen Widerstand Ernst Kretschmers. Vgl. Schmuhl, Psychiatrie und Politik 2013, S. 150.

[120]Vgl. Schmuhl, GDNP 2016, S. 268, Zitat ebd. Vgl. auch ebd., S. 164–167. Zum Umgang mit der 1940 gegründeten *Deutschen Gesellschaft für Kinderpsychiatrie und Heilpädagogik* vgl. Schmuhl, Psychiatrie und Politik 2013, S. 150–152.

[121]Schmuhl, Psychiatrie und Politik 2013, S. 150.

[122]Katzenstein, Psychologen im Krankenhaus für Psychiatrie 1957, S. 180.

und Medizinische Psychologie statt.[123] Auch die Fachzeitschrift in der DDR behandelte Psychiatrie, Neurologie und medizinische Psychologie zusammen. Während sich in ihr eine Diskussion um die Eigenständigkeit der Neurologie kaum nachweisen lässt, wurde in den ersten Jahren des Erscheinens in mehreren Artikeln über den Status der medizinischen Psychologie und der ärztlichen Psychotherapie debattiert.[124] Zwei Tendenzen waren dabei prägend: Einmal die Auseinandersetzung mit der Freud'schen Psychoanalyse im Zeichen des Pawlowismus,[125] zum anderen die Bildung erster institutioneller „psychotherapeutische[r] Kristallisationskerne", etwa in Jena, Halle, Leipzig, Dresden und Berlin. Wichtige Vertreter der organisierten Psychiatrie zeigten sich dort als Fürsprecher der ärztlichen Psychotherapie und der medizinischen Psychologie. Zu nennen sind insbesondere Hellmuth Kleinsorge (1920–2001)[126] sowie die ehemaligen Psychoanalytiker Dietfried Müller-Hegemann und Alexander Mette. Sie setzten große Erwartungen in die medizinische Psychologie und eine sozialistische Seelenkunde. Auch der Chefarzt der neurologischen Abteilung des Berliner Krankenhauses im Friedrichshain, Georg Destunis (1905–?), bezeichnete die medizinische Psychologie

---

[123]Vgl. Geyer, Ostdeutsche Psychotherapiechronik 2011, S. 31.

[124]Die Fachzeitschrift *Psychiatrie, Neurologie und medizinische Psychologie* weist, anders als die Zeitschrift *Das Deutsche Gesundheitswesen*, ein größeres Meinungsspektrum zu diesem Thema auf. Im *Deutschen Gesundheitswesen* publizierte von den maßgeblichen Autoren vor allem Müller-Hegemann, der so seine Ansichten einem weitgefassten Leserkreis unterbreitete.

[125]In den 1950er Jahren entwickelten sich die ersten Psychotherapieabteilungen überwiegend im stationären Sektor, im ambulanten Bereich waren sie eine Ausnahme. Durch ihre Spezialisierung auf die Neurosenbehandlung grenzten sich die Psychotherapieabteilungen von der Psychiatrie ab. Die Entwicklung der Psychotherapie wurde durch die Pawlow´sche Schlaftherapie – im Grunde die psychotherapeutische Anwendungsform des Pawlowismus – beeinflusst, doch blieben die Auswirkungen des Pawlowismus auf die in der Versorgungspraxis arbeitenden Psychotherapeuten gering. Auch in theoretischer Hinsicht erfolgten wohl eher nur vordergründige Anpassungen an das neue Paradigma, wurden ansonsten aber die Traditionen aus der deutschen ärztlichen Psychotherapie und der psychosomatischen Medizin weitergeführt. Vgl. Geisthövel/Hitzer, Gezeiten der Anerkennung 2019, S. 182–184; Geyer, Überblick 2011, S. 28 und S. 89; Weise, Psychotherapie in der Psychiatrie 1990, S. 290. Zum Lebensweg Klaus Weises, insbesondere auch zur Arbeit in Rodewisch vgl. die Erinnerungen: Weise, Ohne Titel 2006.

[126]Hellmuth Kleinsorge: Internist, Direktor der Medizinischen Poliklinik in Jena, anschließend ärztlicher Direktor des Bezirkskrankenhauses Schwerin. Unter seiner Leitung wurde 1953 an der Medizinischen Poliklinik der Universität Jena ein *Klinisches Pawlow-Zentrum* gegründet. Kleinsorge war wichtig für die Einführung der Schlaftherapie, die auf Pawlows Ideen basierte. Die *Fachkommission für Fragen der medizinischen Wissenschaft beim ZK* kritisierte Kleinsorge trotzdem als „Psychosomatiker". In der oben angesprochenen Zeit organisierte Kleinsorge für Internisten mehrtägige Einführungskurse in die Psychotherapie. 1956 fand bereits der fünfte dieser Kurse statt, 1960 der achte. 1968 floh Kleinsorge in die Bundesrepublik, nach Tätigkeiten in der Industrie wurde er schließlich auf eine Professur an der Fakultät für Klinische Medizin Mannheim der Universität Heidelberg berufen. Vgl. Ernst, Prophylaxe 1997, S. 316–326 sowie die Berichte über seine Kurse in der Fachzeitschrift.

1951 als „ein sehr wichtiges Fach (wenn nicht das wichtigste)" innerhalb der modernen Medizin.[127]

Als sich 1952 mit Müller-Hegemann ein prominenter Fürsprecher der ärztlichen Psychotherapie zu Wort meldete, wurde deutlich, dass die Psychotherapie im ärztlichen Diagnose- und Therapiearsenal der DDR nur dann eine gewichtige Stellung einnehmen werde, wenn sie die Freud'sche Psychoanalyse strikt ablehne. Dietfried Müller-Hegemann forderte in einem Referat auf der Landestagung der *Gesellschaft für Psychiatrie und Neurologie an der Universität Leipzig* eine „rationale Psychotherapie".[128] Er lehnte die tiefenpsychologischen Verfahren ab und plädierte dafür, „die Erhöhung des menschlichen Bewußtseins und die Stärkung des menschlichen Willens" von Anfang an in den Mittelpunkt der psychotherapeutischen Behandlung zu stellen. Man habe die „sozial wertvollen Eigenschaften des Patienten, (...) in gemeinsamer Arbeit neu zu entwickeln".[129] Auf einer weiteren Sitzung der Medizinisch-wissenschaftlichen Gesellschaft für Psychiatrie und Neurologie an der Karl-Marx-Universität erneuerte er 1956 seine Forderung, die Psychotherapie „auf den Boden des neuzeitlichen klinischen und physiologischen Erfahrungsstandes zu stellen, um die bisher vorwiegend psychogenetische Orientierung zu überwinden".[130] Bei Müller-Hegemann verbanden sich im ersten Nachkriegsjahrzehnt die Kritik an der Freud'schen Psychoanalyse und der Wunsch nach einer ressourcenorientierten Psychotherapie sowie einer evidenzbasierten psychotherapeutischen Forschung und Praxis. Er hoffte auf eine bessere Ausbildung der Allgemeinmediziner sowie eine Integration der Psychotherapie in die Innere Medizin und die Psychiatrie. Dabei reklamierten die Psychiater die Neurosenbehandlung für den Arzt. Hellmuth Kleinsorge plädierte beispielsweise für eine engere Zusammenarbeit von Psychiatrie, Neurologie und Innerer Medizin, um gemeinsam „dem neurotischen Menschen zu helfen".[131]

---

[127]Für ihn war die „Persönlichkeitserfassung" nicht nur „Hauptaufgabe des Medizinpsychologen", sondern eines „jeden Arztes". Eine ärztliche Behandlung sei „ohne Kenntnis der Persönlichkeit des Kranken (...) nicht denkbar". Destunis, Neue Wege der medizinischen Psychologie 1951, S. 49 und 53. Vgl. auch Destunis, Einführung 1955.

[128]Müller-Hegemann, rationale Psychotherapie 1952. Vgl. auch Müller-Hegemann, Zwei Wege 1951; Müller-Hegemann, Psychotherapie bei schizophrenen Prozessen 1952. Auch auf den Tagungen anderer Regionalgesellschaften für Psychiatrie und Neurologie wurden Vorträge über Psychotherapie gehalten. Aufgrund Müller-Hegemanns Position als Vorsitzender der Leipziger Regionalgesellschaft befassten sich aber die Tagungen der Regionalgesellschaft Leipzig überproportional oft mit Themen der Psychotherapie und der Psychohygiene. 1957 veröffentlichte Müller-Hegemann das erste Psychotherapielehrbuch der DDR. Vgl. Müller-Hegemann, Leitfaden 1957.

[129]Müller-Hegemann, rationale Psychotherapie 1952, S. 284.

[130]Protokoll der Sitzung der Medizinisch-wissenschaftlichen Gesellschaft für Psychiatrie und Neurologie an der Karl-Marx-Universität Leipzig am 18. Februar 1956, S. 221 (zitiert hier: Müller-Hegemann).

[131]Kleinsorge, Psychotherapie und Innere Medizin 1952, S. 366.

Die Auseinandersetzung mit der bis dahin in Deutschland praktizierten Psychotherapie stand aber nicht nur im Zeichen der Aushandlung von Zuständigkeitsbereichen
in der Nervenheilkunde. Immer wieder wurde dieses Thema genutzt, um sich eindeutig
positiv zum sozialistischen Projekt[132] und zum neuen sozialistischen Staat zu äußern.
In typischer und auch tonangebender Weise hielt etwa Müller-Hegemann 1951 fest,
dass der Erfolg der Psychotherapie von der „Gestaltung der weiteren gesellschaftlichen
Umwelt" abhänge: „Wo ein vom Imperialismus diktierter Kampf Alle gegen Alle und
Kriegs- und Krisenfurcht vorherrschend sind, werden diese Bemühungen wohl meist
erfolglos bleiben. Für eine Welt, in der die planvolle menschliche Kooperation und die
tägliche Sorge um den Menschen maßgebend sind, werden diese Bemühungen hingegen als Erfolg versprechender Weg zur Heilung neurotischer Fehlentwicklungen
angesehen."[133] Ähnlich argumentierte auch der frühere Inhaber des Hallenser Lehrstuhls, der mittlerweile in Prag lehrende Philosoph und Psychologe Emil Utitz (1883–
1956)[134]: Nach dem er sich seinen Leser/-innen als seit langem der psychiatrischen
Forschung nahestehenden „Nicht-Mediziner" vorgestellt hatte, kritisierte er Sigmund
Freuds Gedanken- und Lehrgebäude als ein „bereits historisch gewordenes Stadium
der Psychiatrie".[135] Doch gerade deshalb forderte er eine Öffnung der Nervenheilkunde gegenüber der Psychotherapie und eine stärkere Mitarbeit der Psychiater am
Aufbau des Sozialismus. Immerhin verwirkliche man nun nach zwei Weltkriegen,
nach Konzentrationslagern und Gaskammern „gesunde politische Verhältnisse", in
denen sich der Psychiater „in die Politik einschalte[n]" könne. Er werde endlich „die
organisatorischen Maßnahmen planen und verwirklichen helfen, die ihm für die geistige
Gesundheit optimal erscheinen".[136]

Während in der Hochphase des Pawlowismus seitens der Psychiater kein allzu
großes Bedürfnis bestand, die Grenzlinie zwischen Psychiatrie und Psychologie klar
zu bestimmen, forderten sie Ende 1956 – der Pawlowismus überschritt gerade seinen
Zenit – die Einschränkung psychologischer Kompetenzen. Am 8. Dezember 1956
stand auf einer Tagung der *Medizinisch-wissenschaftlichen Gesellschaft für Psychiatrie
und Neurologie an der Karl-Marx-Universität Leipzig* die bisherige Stellung des

---

[132]Aufschlussreich hierzu: Wierling, Geboren im Jahr Eins 2002.

[133]Müller-Hegemann, rationale Psychotherapie 1952, S. 284.

[134]Utitz verlor 1933 auf Basis des *Gesetzes zur Wiederherstellung des Berufsbeamtentums* seine
Professur an der Universität Halle, Übersiedlung nach Prag, 1942 ins Ghetto Theresienstadt
deportiert, nach dem Ende des Krieges Professor in Prag.

[135]Utitz, Grundsätzliche Bemerkungen 1952, S. 248 und 249.

[136]Ebd., S. 250 f.

Psychologen in der Therapie explizit zur Disposition.[137] Schon gleich zu Beginn der Tagung forderte Müller-Hegemann eine „grundsätzliche Erörterung" der „Unklarheiten über die Abgrenzung" der Arbeitsbereiche.[138] Er selbst sprach sich dafür aus, die Kompetenzen der Nichtärzte zu beschränken. Die praktisch-medizinische Erfahrung spräche dafür, „daß sich der einheitliche menschliche Gesamtorganismus nicht in der Weise aufteilen läßt, daß der nichtärztliche Psychologe bei der Diagnostik und Therapie ein Aufgabengebiet übernehmen kann, das dem eines Facharztes entspricht". Der Psychologe bleibe für „die Gesamtheit psychischer Vorgänge außerhalb pathologischer Prozesse" zuständig. Eine Zusammenarbeit zwischen Ärzten und Psychologen sei daher im Bereich der Prophylaxe und bei der beruflichen Wiedereingliederung von Psychiatriepatienten durchaus denkbar. Das Hauptziel müsse aber darin bestehen, – und hier griff er die Pläne der Vorjahre auf –, jedem Arzt Grundkenntnisse der medizinischen

---

[137]In gewisser Weise lassen sich die wiedergegebenen Beiträge auf der Leipziger Tagung im Dezember 1956 als Antwort auf einen schon zuvor verfassten, aber erst anschließend veröffentlichten Artikel von Alfred Katzenstein in *Psychiatrie, Neurologie und medizinische Psychologie* lesen, in dem dieser eine stärkere Stellung der Psychologen in der klinischen Behandlung eingefordert hatte. Vgl. Katzenstein, Psychologen im Krankenhaus 1957. Der Psychotherapeut Alfred Katzenstein (1915–2000) war Anfang der 1930er Jahre in jüdischen und sozialistischen Jugendgruppen aktiv gewesen. 1933 wurde er, nachdem er aus Holland mitgebrachte Broschüren über den Reichstagsbrand verteilte, von der Gestapo verhaftet. Aufgrund des Einflusses seiner Eltern kam er nach kurzer Zeit wieder frei und floh, noch bevor er sein Abitur abschließen konnte, nach Frankreich, von wo er wegen politischer Aktivitäten nach Belgien und schließlich in die Niederlande ausgeliefert wurde. Im Spanischen Bürgerkrieg kämpfte Katzenstein in der internationalen Brigade auf Seiten der Spanischen Republik. Zurück in Frankreich wurde er inhaftiert und kam in die Internierungslager in St. Cyprien, Gurs, Vernet und Les Milles, bis es ihm gelang, 1941 in die USA zu emigrieren. Erstmals wieder nach Europa zurück kehrte Katzenstein 1943 als Teil der Counter Intelligence Corps der US-amerikanischen Streitkräfte. Nach dem Krieg ließ sich Katzenstein in den USA in Sozialpädagogik und Psychologie ausbilden. 1954 siedelte er mit seiner Familie zunächst in die Niederlande und noch im selben Jahr in die DDR über. Anfänglich hatte er aufgrund seiner in den USA erworbenen akademischen Titel Schwierigkeiten, Fuß zu fassen. Er arbeitete zunächst im Bezirkskrankenhaus für Psychiatrie und Neurologie in Brandenburg, vier Jahre später wurde er Chefpsychologe in den Heilanstalten Berlin-Buch. Von 1963 bis 1965 habilitierte er sich bei Hans Hiebsch (1922–1990) in Jena. 1973 wurde er zum Professor für Klinische Psychologie berufen. Katzenstein war regelmäßiger Gast auf internationalen Konferenzen, 1971 wurde er Beauftragter für die Internationale Arbeit der GÄP. Vgl. Bernhardt, Freud-Rezeption 2000; Breyvogel, Widerstand im Westen; Geyer, Psychotherapie in Ostdeutschland 2011, S. 241 – 255; Lück, Katzenstein 2015; Ostow, Jews in East Germany 1989.

[138]Vgl. Protokoll über die Tagung der MWGPN an der Karl-Marx-Universität Leipzig am 8. Dezember 1956 in Leipzig, in: Psychiatrie, Neurologie und medizinische Psychologie 8 (1957) S. 253–258, hier S. 253, die folgenden Zitate S. 254.

Psychologie, Psychopathologie und der Psychotherapie vertraut zu machen.[139] Ähnlich argumentierte Hans Szewczyk (1923–1994)[140], forensischer Psychiater und Psychologe an der Charité Berlin. Er forderte, dass Arbeitsgebiet der Psychologen so zu definieren, dass es „seiner Ausbildung und seinem Können" entspreche. Und das hieß für ihn: Im medizinischen Bereich dürfe dieser nicht ohne Arzt arbeiten. Da Psychotherapie „immer ärztliche Aufgabe" sei, lehnte Szewczyk die Tätigkeit von Psychologen ohne ärztliche Supervision auch außerhalb medizinischer Einrichtungen kategorisch ab.[141] Karl Pönitz, kurz zuvor als Lehrstuhlinhaber für Psychiatrie und Neurologie an der Universität Halle emeritiert, forderte vom Psychologen „eine ungewöhnliche Bescheidenheit", da dieser, „so sehr man ihn als Einzelperson oft schätzen muß, (...) nur Gehilfe des Arztes sein" könne. „Es können ihm nur Teilaufgaben unter ärztlicher Leitung gegeben werden."[142] Der Internist und Psychotherapeut Gerhard Klumbies (1919–2015)[143], zu diesem Zeitpunkt an der von Hellmuth Kleinsorge geleiteten Medizinischen Poliklinik der Universität Jena tätig, pflichtete ihm bei: In einer von ihm aufgestellten Rangordnung sah er den Psychologen auf der Ebene anderer an der Klinik beschäftigter nichtärztlicher Akademiker. Mit Chemikern und Physikern gebe es ja auch ein kollegiales Verhältnis, solange diese nicht gegenüber den Patient/-innen als Autoritäten aufträten.[144]

---

[139]Vgl. ebd., Zitate ebd. Der Psychiater und Musiktherapeut Harro Wendt (1918–2006) lehnte indes eine „primitive Vulgärpsychologie" ab, weil sie „in der Hand manches Arztes den Kranken oft mehr schadet als nützt". Eine „reine Behandlung nur vom Geistigen und Emotionalen her" sei nur vertretbar, „wenn Fehlhandlungen oder Fehlleistungen ganz rein vorliegen und sofort aus äußeren Einwirkungen abgeleitet werden können, über das einfühlbar Übliche bei anderen Menschen in gleicher Situation nicht hinausgehen und mit keinen auffälligen körperlichen Begleitsymptomen einhergehen". Auf diesem Feld des psychisch Auffälligen betreibe man aber auch nicht mehr „eigentliche Psychotherapie, sondern Pädagogik, Menschenführung, – Verfahren, die auch der Arzt zuweilen anwenden muß". Alles was darüber hinausgehe, gehöre „in die Hand des (...) psychologisch gebildeten Arztes". Wendt, Wesen der Behandlung 1957, S. 166–168.

[140]Hans Szewczyk: Studium der Medizin und der Psychologie an der Humboldt-Universität zu Berlin, Assistent am Institut für Psychologie bei Kurt Gottschaldt, Habilitation bei Karl Leonhard an der Nervenklinik der Charité. Ab 1961 Leiter der Abteilung für forensische Psychiatrie und Psychologie an der Charité. Als Sachverständiger war er auch an der Neufassung des Strafgesetzbuches der DDR von 1968 beteiligt. 1974 Berufung auf den Lehrstuhl der Humboldt-Universität für Forensische Psychiatrie. Vorstandstätigkeit in der *Gesellschaft für Ärztliche Psychotherapie der DDR*.

[141]Vgl. Protokoll über die Tagung der MWGPN an der Karl-Marx-Universität Leipzig am 8. Dezember 1956 in Leipzig.

[142]Ebd., S. 254 f.

[143]Klumbies war 1960 Gründungsmitglied der *Gesellschaft für Ärztliche Psychotherapie der DDR* und ihr langjähriger Schriftführer. Seine Tätigkeit in Jena dargestellt in: Geyer, Psychotherapie in Ostdeutschland 2011, S. 63–66.

[144]Vgl. Protokoll über die Tagung der MWGPN an der Karl-Marx-Universität Leipzig am 8. Dezember 1956 in Leipzig, S. 256.

Dies waren eher grundsätzliche berufspolitische Aussagen. Doch auch jene Personen, die weniger allgemein, sondern mit ihren konkreten Erfahrungen in der Klinik argumentierten, sahen es ähnlich: Der Fachpsychologe finde zwar bei den Grenzfällen des Psychiatrischen, „im Bereich zwischen Gesund und Krank", ein legitimes Arbeitsgebiet. Er dürfe dann aber nicht „psychologistisch, d. h. mit einer psychologischen Einstellung am falschen Ort, an die Arbeit" herangehen. Er könne zwar „psychische Phänomene am Kranken als abweichend von der Norm" feststellen, doch bleibe „die endgültige Diagnose und Behandlung im Bereich ärztlichen Tuns". Der Psychologe solle dem Arzt seine Dienste anbieten, das hieß: die Fragen der Ärzte beantworten. Der Arzt habe indes die uneingeschränkte Weisungsbefugnis in therapeutischen Belangen. Der Nutzen von Psychologen in der Poliklinik sei zwar mittlerweile erwiesen, aber nur dann, wenn die „sachliche Zusammenarbeit" zwischen den Ärzten und den Psychologen nicht durch „persönlichen Rangstreit" beeinträchtigt werde.[145]

Auch in den Folgejahren verteidigten die Psychiater, darunter auch diejenigen, die der Psychotherapie und der medizinischen Psychologie durchaus wohlwollend gegenüberstanden, das umfassende Behandlungsmonopol der Nervenärzte. Erst Ende der 1960er Jahre flauten die Diskussion zunehmend ab. Es gab sicherlich weiterhin erhebliche „Spannungen", doch beeinflusste dies die Entwicklung der Psychotherapie kaum noch.[146] Als eine von drei Sektionen war die „Psychotherapie für die Praxis" nun ein regelmäßiger Bestandteil der Jahreskongresse der *Gesellschaft für Psychiatrie und Neurologie der DDR*.[147] Bei deren Zusammenkünften wurden die Bedeutung der Psychotherapie und ihre fließenden Grenzen zur Somatotherapie dann auch immer wieder hervorgehoben. Etwa 30 bis 50 % aller Patient/-innen bedürften, so Harro Wendt 1970, „mindestens psychotherapeutischer Mitbehandlung".[148] Ein optimistischer Grundton prägte nun auch die psychotherapeutischen Artikel in *Psychiatrie, Neurologie und medizinische Psychologie*. Zwar schienen noch längst nicht alle Wünsche erfüllt zu sein, doch die Zeit der Grabenkämpfe und der unerfüllten Sehnsucht nach Anerkennung schienen sich dem Ende zu nähern.

Zu einer Auseinandersetzung zwischen GPN und GÄP kam es zu Beginn der 1970er Jahre nach der „Republikflucht" Müller-Hegemanns. Denn die beiden Vorsitzenden der *Gesellschaft für Ärztliche Psychotherapie*, Christa Kohler (1928–2004)[149] und

---

[145]Vgl. Barthel/Schwarz, Zusammenarbeit 1957, S. 171–174, Zitate S. 169 f. und S. 174.

[146]Ebd.

[147]Die Sektion *Psychotherapie für die Praxis* stand zunächst unter wissenschaftlicher Leitung von Müller-Hegemann.

[148]Bericht über den Kongreß der Gesellschaft für Psychiatrie und Neurologie der DDR 1970, S. 433.

[149]Zu Christa Kohler vgl. Steinmetz/Himmerich/Steinberg, „Kommunikative Psychotherapie" 2018.

Kurt Höck (1920–2008)[150], nahmen dies zum Anlasse, um „eine grundsätzliche Veränderung" zu fordern. Sie klagten vor allem darüber, dass die Fachzeitschrift „bisher
die Anforderungen, die wir an ein Mitteilungsblatt unserer Gesellschaft stellen müssen,
nicht erfüll[e]". Die Zeitschrift müsse „nicht nur formal, sondern de facto" zu einem
Mitteilungsorgan beider Gesellschaften werden und „die wissenschaftl. Entwicklung
und Auseinandersetzung beider Fachgebiete der DDR" gleichberechtigt wiedergeben.
Konkret forderten sie, dass „die bisherige personenbezogene Herausgeberschaft dahin
gehend verändert wird, daß die Zeitschrift, wie eine Reihe anderer Zeitschriften in
der DDR, in Zukunft von den Vorständen beider Gesellschaften herausgegeben wird".
Zudem sollte „der bisherige rein formelle und repräsentative Beirat der Zeitschrift aufgelöst (…) und ein völlig neuer Beirat als Arbeitsgremium der Zeitschrift gebildet
[werden], dessen Mitglieder von den Verbänden beider Gesellschaften berufen werden".
Wenn möglich, sollte der Titel der Zeitschrift in *Psychiatrie, Neurologie und Psychotherapie* umbenannt werden. Nötig sei auch eine Festlegung des Anteils beider Gesellschaften am Publikationsumfang der Zeitschrift. Man strebe eine Verteilung 1:1 an,
sodass jeweils zwei Hefte dem Fachgebiet Psychiatrie und Neurologie und „mindestens
jedes 3. Heft" dem Fachgebiet Psychotherapie vorbehalten seien. Zudem bestanden
Kohler und Höck darauf, dass die Auflage erhöht werden müsse, damit wenigstens alle
Mitglieder der medizinisch-wissenschaftlichen Gesellschaften ein Exemplar erhalten
könnten. Zusätzlich müssten die der Psychotherapie vorbehaltenen vier Hefte pro Jahr
in einer noch höheren als der vom Presseamt zugesicherten Auflage erscheinen. Denn
die Psychotherapie als „Querschnittsdisziplin" interessiere ja auch Ärzte anderer
Fachrichtungen, namentlich Internisten, praktische Ärzte, Kinderärzte und Gynäkologen. Nicht zuletzt forderten die Vorsitzenden der GÄP, dass die Herausgeberverträge
so gestaltet werden müssten, dass die Vorstände der medizinisch-wissenschaftlichen
Gesellschaften die Möglichkeit hätten, zusammen mit den Verlagsvertretern personelle
Änderungen im Redaktionsgremium vorzunehmen. Diese Modifikationen sollten auch
für die *Beihefte* gelten. Falls diesen Vorschlägen nicht entsprochen werde, so möge doch
das Generalsekretariat prüfen, ob nicht die Herausgabe einer eigenen Vierteljahresschrift
für Psychotherapie möglich sei.[151]

Zu einer solchen Trennung kam es nicht. Stattdessen wurde beschlossen, die Vorstände der beiden medizinisch-wissenschaftlichen Gesellschaften noch stärker in das
Redaktionskollegium einzubeziehen, um eine „ständige Mitwirkung des Vorstandes bei
der Gestaltung und Weiterentwicklung der Zeitschrift" zu gewährleisten. Auch bei der
„kadermäßigen Veränderung" im Redaktionskollegium wurde den medizinisch-wissenschaftlichen Gesellschaften ein Vorschlags- und Mitspracherecht eingeräumt. Darüber
hinaus war ihr Vorstand berechtigt, sowohl den Chefredakteur als auch die sonstigen

---

[150]Zu Höck vgl. Malisch, Aufstand 2019.

[151]Alle Zitate aus: Christa Kohler und Kurt Höck an Lothar Rohland, Schreiben vom 4.6.1971, BA
Berlin DW 101/481c.

Mitglieder des Redaktionskollegiums zur Berichterstattung und zur Beratung einzuladen. Die Vorstände versprachen im Gegenzug, ihre Mitglieder aktiv zur Mitgestaltung an der Zeitschrift aufzufordern. Festgelegt wurden auch die Platzierung und die Zuständigkeiten der Fachorgane für ihre jeweiligen Mitteilungen. Der *Gesellschaft für Psychiatrie und Neurologie* sollten zehn, der *Gesellschaft für Ärztliche Psychotherapie* fünf Seiten pro Quartal zur Verfügung stehen. Der unterschiedliche Umfang wurde damit begründet, dass erstgenannte Gesellschaft das Gesamtgebiet der Psychiatrie und Neurologie vertrete und damit elf Sektionen und Arbeitsgemeinschaften sowie sieben Regionalgesellschaften.[152]

Auch in den Kliniken änderte sich nun das Bild. In den 1970er Jahren gelang es, in allen Bezirken der DDR stationäre Psychotherapie-Abteilungen an den bereits bestehenden Kliniken einzurichten. Diese waren zwar formal meist in der Psychiatrie oder der Inneren Medizin angesiedelt, de facto jedoch oft relativ eigenständig. Ab 1974 entstanden in den Bezirken der DDR zudem regionale Arbeitsgemeinschaften, die psychotherapeutische Grundkurse für Ärzte anboten. 1978 wurde schließlich der Facharzt für Psychotherapie eingeführt.

Zu einem Revival der Freud'schen Psychoanalyse in der DDR kam es hingegen nicht.[153] Der Pawlowismus hatte die zunächst noch keimende Hoffnung auf eine offizielle Anerkennung der Psychoanalyse schnell zunichte gemacht. Auch nach seinem Ende blieb der Begriff Psychoanalyse in der DDR verpönt, dominierten marxistische Erklärungen für soziale und psychologische Probleme. Allerdings führte das Ende der offiziellen Pawlow-Kampagne auch zu einer Neubewertung Sigmund Freuds. Das zeigt sich beispielsweise in Alexander Mettes 1956 veröffentlichter und mit dem Virchow-Preis ausgezeichneter Freud-Biografie. Sie fiel in Ton und Argument deutlich wohlwollender aus, als man es von diesem Autor hätte erwarten können. Vor allem aber betrieb Mette eine konsequente Historisierung von Freuds Gedanken und interpretierte diese aus ihrem Entstehungskontext heraus.[154] Diese Interpretation prägte fortan die Stellungnahmen zur Freud'schen Psychoanalyse in der DDR. So gesehen war es recht typisch, was Christa Kohler (1928–2004), die die Entwicklung der ärztlichen Psychotherapie in den 1960er- und 1970er-Jahren maßgeblich prägte, 1972 in ihren Anmerkungen zur wissenschaftstheoretischen Situation der Psychotherapie mitteilte.

---

[152]Vgl. Vereinbarung zwischen dem Redaktionskollegium der Zeitschrift Psychiatrie, Neurologie und medizinische Psychologie und den medizinisch-wissenschaftlichen Fachgesellschaften, Protokolle der Sitzung des Redaktionskollegium der Zeitschrift Psychiatrie, Neurologie und medizinische Psychologie am 21.4.1972, beide in: BA Berlin DQ 101/481c, Zitate ebd.

[153]Vgl. Geyer, Überblick 2011, S. 243 f.; Thom, Voraussetzungen 1975, S. 94. Zur Geschichte der Psychoanalyse in der DDR vgl. Bernhardt/Lockot, Mit ohne Freud 2000; Koraus, Freuds Weg nach Osten 2000.

[154]Mette, Sigmund Freud 1956. Es blieb die einzige Freud-Biografie, die jemals in der DDR erschien.

Neben Harald Schultz-Hencke, Jacob Levy Moreno, Hans-Jürgen Eysenck, Joseph
Wolpe, Carl Rogers, Reinhard Tausch und Johannes Heinrich Schultz zählte sie Sigmund
Freud unumwunden zu jenen „anerkannte[n] Vertreter[n] unseres Faches", denen man
„wichtige Teilerkenntnisse und Behandlungsmethoden" verdanke. Doch, so ihre Einschränkung, müsse man sich bewusst sein, dass bei diesen Vorvätern und Referenz-
punkten „Begrenztheiten im Weltbild [...] zu unzulässigen Verabsolutierungen und
Einseitigkeiten" geführt hatten. Auch ließ sich Kohler den Hinweis nicht nehmen, dass
die Psychoanalyse nur ein „Zerrbild vom Menschen" zu bieten habe und nicht wie der
Marxismus von „der aktiv und bewußt handelnden menschlichen Persönlichkeit" ausgehe.[155] Die Psychoanalysekritik verschwand also nie vollends. Womöglich überlebte
die Psychoanalyse sogar, wie Heike Bernhardt vermutet, vor allem „als Phantasma ihres
gefährlichen Potentials".[156]

Die nachträglichen Deutungen der Zeitgenossen zum Verhältnis von Psychiatrie,
ärztlicher Psychotherapie und nichtärztlicher Psychologie sind alles andere als einheitlich. Die Psychologen und Psychotherapeuten behaupteten nach der „Wende",
dass beide Bereiche weitgehend getrennt voneinander existiert hätten. Klaus Weise
(1929–2019) hat so eine im internationalen Vergleich ungewöhnliche, „fast totale
Trennung" und einen „Abbruch der Beziehungen beider Fachgebiete" konstatiert. Auch
in der praktischen Versorgung psychisch Kranker sei es zu einer „scharfe[n] Kompetenz-
abgrenzung" gekommen, sodass spezialisierte Psychotherapieabteilungen kaum noch
mit der Psychiatrie zusammengearbeitet hätten.[157] Michael Geyer hat in die gleiche
Richtung argumentiert und die massiven Widerstände gegen die Integration hervorgehoben. Sie sei paradoxerweise vor allem dort gelungen, wo sich die Psychiatrie als
Naturwissenschaft verstand, neurologische Zugänge und Themensetzungen bevorzugte
und so daseinsanalytische und anthropologische Konzepte an den Rand drängte.[158] Die
Psychiater betonten hingegen die gute Zusammenarbeit in der klinischen Praxis und
erinnerten sich an eine intensive psychologische und psychotherapeutische Weiterbildung der Ärzte. Ihrer Ansicht nach waren Psycholog/-innen und Psychotherapeut/-
innen auf den Stationen, mit regionalen Unterschieden, eine häufig anzutreffende und
auch geachtete Berufsgruppe bei der Behandlung psychisch Kranker gewesen.[159]

---

[155]Kohler, wissenschaftstheoretische Situation der Psychotherapie 1972, S. 9 und S. 17 f., Zitate
ebd.

[156]Bernhardt, Freud-Rezeption 2000, S. 447.

[157]Vgl. Weise, Psychotherapie in der Psychiatrie 1990, S. 291–299, Zitate S. 292, 294, 299.

[158]In der DDR war es für Ärzte mit einem Interesse für Psychotherapie und Psychosomatik sinnvoller, sich der Inneren Medizin zuzuwenden. Hier boten sich bessere Karrierechancen als in der
Psychiatrie. Vgl. Geyer, Überblick 2011, S. 28.

[159]Vgl. Groß, Jenseits des Limes 1996, S. 202 f.

„Dass den Psychologen gegenüber keine unfreundliche Haltung eingenommen werden soll"[160]

In den westlichen Besatzungszonen und in der frühen Bundesrepublik interessierte man sich lebhaft für psychologische Fragen. Die ersten wieder erscheinenden medizinischen Zeitschriften, aber auch populärwissenschaftliche und rein journalistische Texte widmeten sich der Seele oder der Psyche.[161] Der Göttinger Professor für Psychiatrie Gottfried Ewald betonte aufgrund der damaligen Themenkonjunktur, die Psychotherapie sei eine „Weltmode" geworden.[162] Jürg Zutt hielt fest, dass deswegen auch um die Frage der praktischen Betätigung der Psychologen „ein gewisser Lärm entstanden" sei.[163] Dass dieser Zuspruch ein existentielles Problem für die Psychiater zu werden drohte, lag sicher auch am damaligen Zustand des eigenen Fachs. Zum einen war die Psychiatrie durch ihre Aktivitäten im Nationalsozialismus desavouiert, zum anderen formierte sich öffentliche Kritik am psychiatrischen Anstaltsalltag und an der Einweisungspraxis.[164]

Alles deutete in dieser Zeit darauf hin, dass die 1941 geschaffene Anerkennung der Psychologenausbildung durch eine eigene Diplom-Prüfung auch weiterhin Bestand haben werde. Allerdings blieb die Psychologie als eigenständiges Fach zunächst umstritten. Das zeigte sich spätestens, als im Sommer und Herbst 1947 auf den Arbeitstagungen der Westdeutschen Ärztekammern die Stellung der Psychotherapie thematisiert wurde.[165] Hier wurde überlegt, ob die Psychotherapie es den überzähligen Ärzten

---

[160]Protokoll über die Sitzung des erweiterten Vorstandes der GDNP am 23.9.1949, DGPPN-Archiv Ordner 1 C.

[161]Vgl. Stöckel, Psychotherapie als Reformbewegung 2013; Goltermann, Verletzte Körper 1999; Jahrreis, Frage einer nichtmedizinischen Psychotherapie 1950, S. 374.

[162]Ewald, Grenzen der Psychotherapie 1952. Hierzu vgl. auch Stöckel, Psychotherapie als Reformbewegung 2013, S. 320 f. Dabei, und das ist wichtig, wurde in Deutschland die experimentelle Psychologie als weitgehend überholt und überwunden angesehen. Psychologieprofessoren sprachen daher nicht selten auch abwertend über die Anfang der 1950er Jahre in den USA dominierende experimentelle Psychologie. Erst Anfang der 1960er Jahre – beginnend mit dem XVI. Internationalen Kongress für Psychologie, der 1960 in Bonn stattfand – änderte sich dies. Vgl. Lück/Guski-Leinwand, Geschichte der Psychologie [7]2014, S. 18 f.

[163]Zutt, Zur Frage der praktischen Betätigung der Psychologen 1950, S. 375. Er warnte davor, eigene Institutionen und Stellen für Psychologen zu schaffen, „nur um den Lärm zu beschwichtigen". Ebd., S. 376. Zutt äußerte sich schon seit längerem kritisch im *Nervenarzt* zu Grundannahmen und zu den Belegen der Wirksamkeit der Psychotherapie. Vgl. Zutt, Über die gegenwärtige Situation der Psychotherapie 1963, ursprünglich 1935; Zutt, Psychotherapeutische Probleme 1963, ursprünglich 1948.

[164]Dabei standen nicht Gesundheitspolitik und Justiz im Zentrum der Kritik, sondern die Psychiater selbst. Vgl. Noack, Kaninchen und Giftschlangen 2006.

[165]Vgl. Gerst, Ärztliche Standesorganisation 2004, S. 136–138; Stöckel, Psychotherapie als Reformbewegung 2013, S. 310–312.

ermöglichen würde, sich ein neues Tätigkeitsfeld zu erschließen.[166] Der Bedarf war schließlich, aufgrund einer Vielzahl kriegsbedingter seelischer Leiden, groß. Gegen eine intensive psychotherapeutische Weiterbildung der Allgemeinärzte richtete sich zu dieser Gelegenheit Ernst Kretschmer. Im Namen der klinischen Psychiatrie reklamierte er die Psychotherapie als ureigenes Betätigungsfeld und integralen Bestandteil der Psychiatrie.[167]

Fortan richtete sich die Mehrzahl der Psychiater immer wieder gegen die Anerkennung und Aufwertung der nichtärztlichen Psychotherapeut/-innen. Dabei wurden sie unterstützt und auch angetrieben durch die GDNP.[168] Das Verhältnis zur Psychotherapie und zur Psychologie stand bei den Vorstandssitzungen der psychiatrischen Fachgesellschaft auch immer wieder auf der Tagesordnung. 1949 diskutierte der Vorstand der GDNP, wie darauf zu reagieren sei, dass in Göttingen zwischen der medizinischen Fakultät und dem Inhaber des Lehrstuhls für Psychologie eine Vereinbarung getroffen worden war, die es interessierten Nichtmedizinern erlaube, an psychiatrischen Vorlesungen teilzunehmen. Man war zwar der Auffassung, „dass den Psychologen gegenüber keine unfreundliche Haltung eingenommen werden soll", doch nur, solange diese gewährleisteten, „dass kein Kurpfuschertum entsteht oder solchem Vorschub geleistet wird".[169]

Diese Themenkonjunktur schlug sich auch in den Publikationen im *Nervenarzt* nieder.[170] Hier beanstandete etwa Werner Wagner das Bestreben von Psychologen, Neurosen zu behandeln und richtete sich gegen die Forderung, Psychologiestudenten den Zutritt zu psychiatrischen Vorlesungen zu erlauben. In weiteren Artikeln wurden die berufsständischen Gefahren einer Kassenzulassung „psychologischer Lebensberater" und einer Zulassung von Diplompsychologen als Sachverständige und Gutachter vor Gericht beschworen. Man zeigte sich beunruhigt von den „therapeutischen Gelüste[n]

---

[166]Dies geschah, ohne sich mit den medizinischen Fakultäten oder den medizinischen Fachverbänden – die allerdings auch noch nicht handlungsfähig waren – abzustimmen. Vgl. Gerst, Ärztliche Standesorganisation 2004, S. 136.

[167]Vgl. ebd., S. 137.

[168]Vgl. Brink, Grenzen der Anstalt 2010, S. 368.

[169]Protokoll über die Sitzung des erweiterten Vorstandes der GDNP am 23.9.1949, DGPPN-Archiv Ordner 1 C.

[170]Vgl. Wagner, Gedanken zum Münchner Psychologenkongress 1950; von Baeyer, Anmerkungen 1950. Ein Jahr später dann auch nochmals Küppers, Bemerkungen 1951; Meyerhoff, Der Psychologe in der Klinik- und Anstaltspraxis 1950; Zutt, Zur Frage der praktischen Betätigung der Psychologen 1950; Hector, Die gemäßigte Psychologie 1950; Wagner, Fazit 1951. Interessanterweise war es dann Wagner selbst, der sich in einer Auseinandersetzung mit Ernst Kretschmers Lehrbuch „Medizinische Psychologie" im nachfolgenden Heft noch einmal zu Wort meldete. Wagner, Wo steckt der Wind, wenn er nicht weht? 1951. Zudem hatte Anfang 1951 Johannes Heinrich Schultz anhand einer biografischen Skizze von Oskar Vogt über die Geschichte der medizinischen Psychologie in Deutschland berichtet. Schultz, Oskar Vogt 1951. Zur Diskussion im Nervenarzt vgl. auch Hanrath, Anstaltspsychiatrie 2002, S. 308–310.

der akademischen Psychologie".[171] Ganz offensichtlich sammelten die Psychiater hier auch Argumente, um nichtärztliche Berufsgruppen von den Kliniken weitgehend fernzuhalten und die Psychologen auf eine beratende und mithelfende Funktion festzulegen. Denn, so noch einmal Werner Wagner, nur der „Mensch im Besitz von Wissenschaft, vermag praktisch aus seelischer Not zu helfen". Die Psychologie sei jedoch nichts anderes als eine „sehr junge Wissenschaft mit nur wenig gesicherten Ergebnissen". Der heutige Mensch verlange deshalb nur „irrtümlich" nach ihr.[172]

Der Vorstand der DGPN störte sich aber vor allem an der bis dato uneinheitlichen und oft auch unzulänglichen Ausbildung von Tiefenpsychologen und Psychoanalytikern. In der Vorstandssitzung der GDNP am 25.9.1951 unterstützte er Ernst Kretschmers Position[173], die ärztliche Approbation als Mindestanforderung für eine psychotherapeutische Tätigkeit festzuschreiben. Den ausreichend qualifizierten und bereits tätigen nichtärztlichen Psychotherapeuten, wolle man „keine Schwierigkeiten" bereiten, eine Lehranalyse dürfe aber auf keinen Fall zur Bedingung für eine psychotherapeutische Ausbildung werden. Diese sei zudem nicht Aufgabe der kleinen, abseits der Universitäten etablierten Ausbildungsinstitute, sondern der Kliniken, „die 1. eine langjährige Erfahrung in Psychotherapie haben, 2. eigene psychotherapeutische Abteilungen besitzen und 3. alle Spezialmethoden der Psychotherapie vermitteln können".[174] Der Vorstand beschloss sechs Punkte, die den Umgang mit den psychotherapeutisch interessierten Psychologen in den nächsten Jahrzehnten prägen sollten:

1. „Prinzipielle Benevolenz und gegenseitige Unterstützung.
2. Gemeinsamer Kampf gegen das Kurpfuschertum.
3. Psychotherapie ausschließlich Sache der Mediziner.
4. Zulassung der Studierenden der Psychologie an allen Universitäten zum psychiatrischen Unterricht (…).
5. Reibungslose Durchführung der Prüfungsordnung durch die Vertreter der Psychiatrie im psychologischen Diplom-Examen.
6. Schutz der Berufsbezeichnung ‚Psychologie'."[175]

Weniger als ein Jahr später, im August 1952, sah sich der Vorstand der GDNP noch einmal veranlasst, grundsätzlich festzuhalten, „dass der Nichtmediziner nicht in die Klinik gehört". Psychologen und Psychotherapeuten mit einer philosophischen

---

[171]Hector, Die gemäßigte Psychologie 1950, S. 374.

[172]Wagner, Fazit 1951, S. 311.

[173]Breitenwirksam dargelegt in einem Beitrag der *Deutschen Medizinischen Wochenschrift*: Kretschmer, Organisationsfragen 1950.

[174]Protokoll über die Vorstandssitzung der GDNP am 25.9.1951, DGPPN-Archiv Ordner 1 C. Zur Geschichte der Ausbildungsinstitute vgl. Geisthövel/Hitzer, Gezeiten der Anerkennung 2019, S. 187–190.

[175]Protokoll über die Vorstandssitzung der GDNP am 25.9.1951, DGPPN-Archiv Ordner 1 C. Zudem verwies Villinger auf die Notwendigkeit, die „wilden Erziehungsberatungsstellen" einzudämmen. Ebd.

Grundausbildung dürften auch keine Assistentenstellen an Kliniken und in den Anstalten bekleiden.[176] Im März 1955 beschloss man, dass bei der Facharztbezeichnung die alleinige Bezeichnung „Nervenarzt" angestrebt werden müsse. Der geplante „Facharzt für Psychotherapie" sei durch einen Zusatztitel „Psychotherapie" zu ersetzen.[177]

1956 beschloss der Deutsche Ärztetag diesen Zusatztitel „Psychotherapie". Was zunächst wie ein Erfolg klingt, war für die Vertreter der DGPN eine Schlappe. Zusammen mit der AÄGP hatte man verbindliche Qualitätsstandards für die Ausbildungsgänge zur Erlernung der „außerordentlich verantwortungsvollen psychotherapeutischen Methoden" gefordert. Es müsse in Zukunft verhindert werden, „dass Ärzte mit einer ungenügenden und lückenhaften Ausbildung sich psychotherapeutischer Methoden bedienen". Helmut Ehrhardt musste dann aber auf dem Plenum des Deutschen Ärztetages auch den Zusatztitel in der vorgeschlagenen Form zurückweisen, weil im zur Debatte stehenden Entwurf die Lehranalyse als verpflichtend vorgesehen war. Die Psychiater stellten mehrere Änderungsanträge, doch den Vertretern der *Deutschen Gesellschaft für Psychotherapie und Tiefenpsychologie* (DGPT) gelang es, die Stimmung zugunsten des eigenen Vorschlags zu kippen. Ihnen kam zugute, dass mehrere Landesärztekammern schon auf ihren vorherigen Delegiertenversammlungen für die Annahme des Zusatztitels gestimmt hatten. Den Ausschlag gab dann wahrscheinlich die temperamentvolle Rede des Präsidenten, Hans Neuffer, zu Gunsten des Antrags. Der Zusatztitel wurde mit großer Mehrheit beschlossen und die Änderungsanträge von AÄGP und DGPN abgelehnt. Der Zusatztitel „Psychotherapie" wurde fortan „bei Nachweis einer entsprechenden Weiterbildung" gewährt.[178]

Diese Formulierung täuscht darüber hinweg, dass einheitliche Weiterbildungsrichtlinien noch gar nicht existierten.[179] Langwierige und zähe Verhandlungen folgten. In

---

[176]Vgl. Protokoll über die Vorstandssitzung der GDNP am 9.8.1952, DGPPN-Archiv Ordner 1 C.

[177]Protokoll über die Vorstandssitzung der GDNP am 5.3.1955, DGPPN-Archiv Ordner 1 C. Auch im folgenden Jahrzehnt blieb umstritten, welche Zusatztitel zu führen waren. Der Zusatztitel „Psychotherapie" wurde dabei nicht nur von Psychiatern kritisiert, sondern auch von Vertretern des autogenen Trainings. So schlug Johannes Heinrich Schultz (1884–1970) noch 1962 vor, dass durch „den Zusatz ‚Psychoanalyse', kursmässig ausgebildete und erfahrene Allgemeinpsychotherapeuten durch den Zusatz ‚Psychotherapie' und wirklich vollständig nach beiden Richtungen Ausgebildete durch die Bezeichnung ‚Psychotherapie/Psychoanalyse' gekennzeichnet würden". Stellungnahme Schultz zum Aufsatz „Rollenkonflikte im Beruf des Arztes" von A. Mitscherlich, 1962, Alexander-Mitscherlich-Archiv, Na 7, 152.

[178]DGPT-Rundschreiben 37 vom 25.9.1956, Alexander-Mitscherlich-Archiv, Allgemeine Korrespondenz, NA 7, 238.

[179]Konkrete Weiterbildungsrichtlinien wurden auf dem Deutschen Ärztetag nicht beschlossen. Deren Regelung blieb den Fachgesellschaften überlassen. Mauz und Ehrhardt kamen daher nach der Abstimmung auf die DGPT-Vertreter zu und baten, an der Formulierung der geforderten Weiterbildungsrichtlinien beteiligt zu werden. Durch die Entscheidung der Delegiertenversammlung hatten sich die Verhandlungspositionen also deutlich verschoben. Vgl. DGPT-Rundschreiben 37 vom 25.9.1956, Alexander-Mitscherlich-Archiv, Na 7, 238.

einer Besprechung am 28. Februar 1957 tauschten Mauz, Zutt, v. Baeyer, Villinger und Mitscherlich die Argumente aus.[180] Mauz[181] übernahm es, für den Vorstand der DGPN zu sprechen und forderte, keine spezifizierten Ausbildungsbedingungen festzulegen. In der gegenwärtigen Lage sollte nichts kodifiziert werden, was „dann doch nur zu einer unkontrollierbaren Ausstellung von Pauschalbescheinigungen führe". Es sei sinnvoller, an das Verantwortungsbewusstsein der Lehrstuhlinhaber zu appellieren, statt allgemeingültige formale Vorgaben niederzulegen. Jürg Zutt pflichtete ihm bei: Die Bewährungsprobe in Praxis, Lehre und Forschung werde von alleine zeigen, welcher Modus der psychotherapeutischen Ausbildung am vorteilhaftesten mit den klinischen Gegebenheiten zu verbinden sei. Mauz betonte daraufhin, dass ein Arzt, der vier bis fünf Jahre an einer psychiatrischen Klinik ausgebildet worden sei, eine bessere klinisch-psychotherapeutische Ausbildung erfahre als Personen, die an den Instituten der DGPT ausgebildet würden. Die Psychiatrie werde oft missverstanden oder absichtlich in ein falsches Licht gerückt: Nirgendwo werde mehr eine „rein organische Psychiatrie betrieben". Indes bestünde „ein echtes Bedürfnis nach Integration zwischen Psychoanalyse und Psychiatrie". In seinen nach der Sitzung für den persönlichen Gebrauch verfassten Notizen lobte Alexander Mitscherlich, zu dieser Zeit geschäftsführender Vorsitzende der DGPT, die aufgeschlossene und unpolemische Art des Aufeinandertreffens, bemängelte aber zugleich auch die Unkenntnis der psychiatrischen Teilnehmer über die differenzierten Methoden der Tiefenpsychologie. Einer Übergangslösung mit relativ vielen Kompromissen, wie sie die Psychiater vorschlügen, könne man, so seine Empfehlung, jedoch bedenkenlos zustimmen. Sie werde „nicht zu einer Verwässerung der Ausbildung" führen, wenn es gelänge, „durch einen lebhaften Austausch der Kandidaten effektive Propaganda für unseren Ausbildungsweg an unseren Instituten zu machen".

DGPN, AÄGP und DGPT beschlossen 1957 die Baden-Badener Richtlinien, die einen Mindeststandard für die psychotherapeutische Ausbildung festlegten.[182] Für die Psychiater nicht ohne Probleme war dabei, dass nun fixiert war, dass ein Einzelner nie die volle Ausbildung von Psychotherapeuten durchführen könne. Es seien für die

---

[180]Folgendes nach: Aktennotiz von A. Mitscherlich zu einer Besprechung über Fragen der Weiterbildung in der Psychotherapie am 28.2.1957, Alexander-Mitscherlich-Archiv Na 7, 238. Dort auch die folgenden Zitate in diesem Absatz.

[181]Friedrich Mauz, ehemaliger Assistent Kretschmers, hatte bereits den der Psychotherapie vorbehaltenen Tag auf der Jahresversammlung der DGNP 1949 in Marburg geleitet. Während der Verhandlungen über die Baden-Badener Richtlinien war er sowohl Vorsitzender der DGPN als auch der AÄGP. Vgl. Lockot, Reinigung der Psychoanalyse 2013, S. 75; Becker, Bericht über die Jahresversammlung der deutschen Neurologen und Psychiater in Marburg 1949, S. 253.

[182]Vgl. Ehrhardt, Neugestaltung der Facharztausbildung 1966, S. 90; Vgl. auch Protokoll der Vorstandssitzung der DGPN am 17.11.1961, DGPPN-Archiv Ordner 1 C.

Anerkennung als Weiterbildungsstätte immer mindestens zwei „langjährig ausgebildete Lehrkräfte mit Erfahrung in der Kontrolle langfristiger, großer Psychotherapie" und mindestens drei weitere Fachkräfte „mit praktischer Erfahrung in der großen Psychotherapie" zwingend.[183] In der Praxis blieben die Baden-Badener Richtlinien in der Psychiatrie daher relativ bedeutungslos. Weiterhin rangen die drei beteiligten Fachgesellschaften darum, welche Nervenkliniken die Voraussetzungen zur Anerkennung als psychotherapeutische Weiterbildungsstätten vorwiesen.[184] Die DGPT bemängelte beispielsweise noch fünf Jahre später, dass keine der angemeldeten Universitätskliniken die vereinbarten Bedingungen erfülle. Man habe mit dem Beschluss von 1957 einer „wahllosen und unkritischen Pseudopsychotherapie und psychotherapeutischen Polypragmasie Tür und Tor" geöffnet.[185] Änderungen blieben aber auch in den folgenden Jahren aus. Noch 1969 musste die DGPN zugeben, dass bisher keine einzige psychiatrische Klinik die Richtlinien für die Zuerkennung des Zusatztitels erfüllte.[186]

Die grundlegenden Konflikte blieben also in den 1960er Jahren bestehen. Während die DGPT zu erreichen versuchte, „dass jeder Arzt, der Psychotherapie treiben" wolle, „eine Lehranalyse durchmachen" müsse[187], erschienen so manchem Psychiater die nichtärztlichen Psychotherapeuten immer noch als „irgendwelche Kurpfuscher oder Bader".[188] Wie wichtig die Stellung der Psychotherapie für die DGPN als Thema blieb, zeigt sich nicht zuletzt in der Gründung eines eigenen Fachausschusses 1968.[189]

---

[183]DGPT an Ärztekammer Hamburg, Schreiben vom 4.8.1961, Alexander-Mitscherlich-Archiv, Na 7, 239.

[184]Vgl. Protokoll der Konferenz der Direktoren der Neuropsychiatrischen Universitätskliniken des Bundesgebietes am 10.6.1960, DGPPN-Archiv Ordner 1 C. Vorgeschlagen wurden Bonn, Frankfurt am Main, Göttingen, Hamburg, Heidelberg, Freiburg, Kiel, Mainz, München, Münster und Tübingen.

[185]DGPT an Ärztekammer Hamburg, Schreiben vom 4.8.1961, Alexander-Mitscherlich-Archiv, Na 7, 239.

[186]Protokoll über die Vorstandssitzung der DGPN am 16.4.1969, DGPPN-Archiv Ordner 1 E.

[187]Mit direktem Bezug auf Werner Schwidder: Heinrich Masuch an Alexander Mitscherlich, Schreiben vom 15.9.1962, Alexander-Mitscherlich-Archiv Na 7, 240.

[188]J.P. Vogel im Auftrag von H. Becker an die Deutsche Kranken-Versicherungs-A.G., Schreiben vom 8.8.1962, Alexander-Mitscherlich-Archiv, Na 7, 239.

[189]In ihm wurden Fragen der psychotherapeutischen Ausbildung behandelt und aktuelle Tendenzen der psychotherapeutischen Praxis verfolgt und besprochen. Unter Vorsitz von Bräutigam (Heidelberg) gehörten ihm bei seiner Gründung an: Annemarie Dührssen (Berlin, als Schriftführerin und stellvertretende Vorsitzende), Berghammer (Andernach), Henrich (Koblenz), Imhof (Heilbronn), Langen (Mainz), Meyer (Göttingen), Richter (Gießen), Schulte (Tübingen), Weitbrecht (Bonn) und Winkler (Gütersloh). Die ersten Beratungen behandelten die Standards der psychotherapeutischen Ausbildung. Die beiden psychotherapeutischen Gesellschaften (DGPT und AÄGP) beschlossen aufgrund des neukonstituierten Gremiums in der DGPN, den ersten und den stellvertretenden Vorsitzenden des Ausschusses bei den Sitzungen der Vorstands-Komitees

Zwischen DGPT, AÄGP und DGPN war in den Folgejahren die Rolle der Psychotherapeuten in der Psychiatrie-Enquete-Kommission und die Ausgestaltung eines Facharzt für Psychotherapie bzw. für Psychoanalyse oder für analytische Psychotherapie ständiger Streitpunkt.[190] Das Problem wurde auch deswegen für die Psychiater nicht kleiner, weil die Psychologen mittlerweile den offenen Konflikt mit den Psychiatern suchten, sich neue Arbeitsfelder erschlossen und die eigenen Deutungsansprüche erfolgreich ausweiteten. Immer selbstbewusster drangen sie seit den 1960er Jahren in die Bereiche Prävention, Diagnostik, Beratung, Therapie und Rehabilitation psychischer Erkrankungen vor.[191] Dieser Trend verstärkte sich in den 1970er Jahren mit dem Ausbau der sozialpsychiatrischen Dienste, in denen Diplompsychologen mit einer Weiterbildung zum nichtärztlichen Psychotherapeuten als geeignetes Personal galten.[192]

---

zu Ausbildungsfragen als ständige Gäste einzuladen. Vgl. Bräutigam, Konstituierung und Tätigkeit des Ausschusses „Psychotherapie" der DGPN 1969, S. 243. Hier auch Ausführungen zu den Standards in den verschiedenen psychotherapeutischen Ausbildungsrichtlinien. Die Vorsitzenden des DGPN-Ausschusses „Psychotherapie" trugen zwar gelegentlich im Vorstand vor, bedauerlicherweise sind die Akten des Ausschusses aber nicht erhalten geblieben. Die Ergebnisse der Sitzungen sind zudem in den Protokollen der Vorstandssitzungen meist nur sehr knapp wiedergegeben. Die Konflikte zwischen den Fachgesellschaften sollte dann ein Verbindungsausschuss lösen helfen. Auch in diesem spielten Bräutigam und Dührssen eine wichtige Rolle. Annemarie Dührssen (1916–1988), DGPN-Mitglied, setzte sich als Psychoanalytikerin für die Verständigung von Psychiatrie und Psychoanalyse ein. Bräutigam hatte zusammen mit Alexander Mitscherlich in Heidelberg gearbeitet und publiziert. Er leitete ab 1968 die Psychosomatische Klinik in Heidelberg. Er betonte 1969, dass nach einer Zeit der „heftigsten Ausfälle gegen die Psychoanalyse" jetzt doch spürbar ein Wandel in der Psychiatrie eingetreten sei. Bräutigam an Mitscherlich, Schreiben vom 6. Juni 1969, Alexander-Mitscherlich-Archiv Na 7, 21. Vgl. auch Bräutigam, Verhältnis 1986. Zum schwierigen Verhältnis zwischen Bräutigam und Alexander Mitscherlich vgl. Hoyer, Getümmel 2008, S. 443 f.

[190]Noch im Mai 1975 berichtete Dührssen über die Stimmung im Weiterbildungsausschuss der DGPN: „Noch immer sei dort eine gewisse Reserve gegen den Facharzt festzustellen. Die Alternative einer Teilbereichsbezeichnung werde ebenfalls erwogen." Protokoll der Sitzung des Verbindungsausschusses DGPT/AÄGP vom 30.11.1974, DGPT-Archiv, Ordner 7; Protokoll der Sitzung des Verbindungsausschusses DGPT/AÄGP vom 3.5.1975, DGPT-Archiv, Ordner 7.

[191]Vgl. Roelcke, Verwissenschaftlichungen 2008, S. 141. Erste Lehrstühle für klinische Psychologie gab es erst in den 1960er Jahren, erste Lehrbücher erst in den 1970er Jahren. Vgl. Lück/ Guski-Leinwand, Geschichte der Psychologie ⁷2014, S. 196 f.

[192]Vgl. Sozialpsychiatrischer Dienst – Konzeption Rheinland-Pfalz, ca. 1974/75, DGPPN-Archiv Ordner: DGPN 1974/1975.

Das Fach trifft sich 9

Wissenschaftliche Kongresse gehören „zu den wichtigsten Bestandteilen der Wissenschaftspolitik eines Faches innerhalb seiner Berufsgruppen und strahlen darüber hinaus in die breite Fach- und Laienöffentlichkeit". Sie sind zudem wichtige „Foren für strategische Wissenschaftskommunikation und Katalysator für wissenschaftliche Karrieren".[1] Man kann die Bedeutung der von ihnen ausgerichteten Kongresse für die psychiatrischen Fachgesellschaften kaum überschätzen. In der Bundesrepublik stellten sie zudem eine erhebliche Einnahmequelle dar. Allerdings beanspruchte deren Vorbereitung auch einen großen Teil der gesamten Vorstandsarbeit. Die medizinisch-wissenschaftliche Gesellschaft und die Regionalgesellschaften der DDR stützten sich sogar noch stärker auf das Tagungswesen, weil sie die Bekanntmachung, den Austausch und die Vermittlung von medizinischem Spezialwissen als ihre vordringliche Aufgabe ansahen.

Im Folgenden steht zunächst weniger im Vordergrund, über welche Themen auf den von den Fachgesellschaften ausgerichteten Kongressen gesprochen wurde und über welche nicht. Zwar ließe sich dadurch auch die Wissensgeschichte der Psychiatrie beleuchten, doch geht es mir hier zunächst um etwas anderes, nämlich um den Einfluss der Fachgesellschaften auf die Medien des Wissensaustauschs. Daher interessieren die Tagungen und Kongresse stärker als Schauplätze der Machtpolitik, des informellen Informationsaustauschs und des Anknüpfens wissenschaftlicher Kooperationsbeziehungen. Weiter verfolgt wird hier zudem die Analyse der Grenzziehungspraktiken. Hatte sich diese bislang auf das Verhältnis von Psychiatrie und Neurologie sowie von Psychiatrie und Psychologie sowie Psychotherapie beschränkt, wird jetzt deutlich

---

[1]Moll/Halling / Fangerau, „Urologen tagen in Berlin" 2013, S. 1316, 1324.

S. Dörre, *Zwischen NS-„Euthanasie" und Reformaufbruch*,
https://doi.org/10.1007/978-3-662-60878-4_9

werden, dass die DGPN auch mit Deutungs- und Regulierungsansprüchen anderer Expertengruppen konfrontiert wurde, die nicht aus dem Bereich den Psychowissenschaften stammten.

Bei dieser Frageperspektive ist man in der Bundesrepublik damit konfrontiert, dass die Quellenlage hierfür nur als schlecht zu bezeichnen ist. Zwar bemühten sich die medizinischen Fachgesellschaften in der Regel um eine rasche Veröffentlichung der Tagungsberichte.[2] Allerdings sind diese Ausführungen stets äußerst knapp gehalten und geben keine Auskunft über das Zustandekommen der Tagungsthemen und der Rednerlisten. Auch aus den persönlichen Nachlässen der Tagungspräsidenten lassen sich die auf Kongressen betriebene Personal- und Machtpolitik und die informellen Absprachen nicht mehr nachvollziehen. Nur selten finden sich Äußerungen, wie etwa diejenige von Jürg Zutt, der über den Tübinger Kongress 1947 berichtete, Ernst Kretschmer sei hier „sehr mit der Machtpolitik der ‚Kretschmer-Schule' beschäftigt" gewesen.[3] Und selbst wenn solcherlei Einzelheiten einmal erwähnt wurden, fehlen meist genauere Erläuterungen. Von vielen Tagungen sind nur noch das Programm und einige wenige später veröffentlichte Vorträge überliefert. Es gibt nur zwei Ausnahmen: Die Kongresse 1960 und 1964. Diesen ist im Folgenden daher auch jeweils ein eigenes Unterkapitel gewidmet.

Die Quellenlage für die DDR ist demgegenüber insofern deutlich besser, weil dort sämtliche Kongresse von den medizinisch-wissenschaftlichen Gesellschaften vorbereitet wurden und staatliche Organe in die Planung, Auswertung und Finanzierung eingebunden waren.[4] Die regionalen und nationalen medizinisch-wissenschaftlichen Gesellschaften besaßen ein Monopol bei der Ausrichtung von wissenschaftlichen Veranstaltungen und waren diesbezüglich Ansprechpartner für die örtlichen Polizeibehörden und die staatliche Gesundheitsverwaltung. Neben den in den Universitätsarchiven aufbewahrten Dokumenten geben daher auch die Akten des *Ministeriums für Gesundheitswesen* Auskunft über die Tagungsorganisation in der Psychiatrie. Es ging auf diesen Tagungen und Kongressen allerdings nicht um berufspolitische oder versorgungsrechtliche Fragen. Auf die genaue

---

[2] Zunächst war beim ersten Kongress 1947 noch geplant, die Vorträge als Sammelband zu veröffentlichen. Da dies scheiterte, wurde anschließend diskutiert, ob die Kongressberichte nicht in einer Fachzeitschrift veröffentlicht werden sollten. Dies war auch schon früher so erfolgt: Die psychiatrischen Kongressberichte erschienen in der *Allgemeinen Zeitschrift für Psychiatrie*, die neurologischen in der *Deutschen Zeitschrift für Nervenheilkunde*. Nach der Zusammenfassung beider Gesellschaften erschienen die Berichte über die gemeinsamen Kongresse in der *Zeitschrift für die gesamte Neurologie*. Vgl. Kurt Beringer an Gottfried Ewald, 2.6.1949, UA Freiburg C 92/3.

[3] Jürg Zutt an Ferdinand Springer, Schreiben vom 18.9.1947, Archiv des Springer-Verlags D-56-10. Tagungsbericht: Jantz, Bericht 1947.

[4] Laut Gesetzblatt Nr. 40/1951 unterlagen alle Tagungen in der DDR der Meldepflicht bei den zuständigen staatlichen Organen. Dies richtete sich im Bereich der Medizin direkt an die regionalen und später die nationalen medizinisch-wissenschaftlichen Gesellschaften. Vgl. Hinweise für die Vorbereitung und Durchführung von Tagungen, Kongressen und Symposien auf medizinisch-wissenschaftlichem Gebiet in der DDR, BA Berlin DQ 123/20 2 von 2.

Schilderung einzelner Tagungen in der DDR wird daher zunächst verzichtet. Die für den Reformprozess in der DDR bedeutsamen Tagungen in Rodewisch und Brandenburg werden jedoch im anschließenden Argumentationsgang noch ausgiebig gewürdigt.

9.1 Tagungsorganisation in Ost und West

Wie erwähnt, war im Zweiten Weltkrieg der wissenschaftliche Austausch stark eingeschränkt oder kam sogar vollkommen zum Erliegen. So konnte die ursprünglich für 1941 geplante und groß angelegte sechste Jahresversammlung der *Gesellschaft Deutscher Neurologen und Psychiater* nicht stattfinden.[5] Auch nach dem Ende des Zweiten Weltkriegs hielt diese Stagnation erst einmal an. In allen Besatzungszonen war es daher zunächst vordringliches Anliegen der Psychiater und Neurologen, regionale und nationale Tagungen zu veranstalten und zu besuchen. Insbesondere die Ausrichtung regionaler Zusammentreffen war dabei ein Gebot der Stunde. Das lag schon allein an der zerstörten Verkehrsinfrastruktur und dem daraus resultierenden hohen Kosten- und Zeitaufwand für längere Reisen. Trotz dieser Schwierigkeiten war aber auch der Wille, gesamtdeutsche Tagungen zu veranstalten, zunächst groß.[6] Denn befürchtet wurde schon frühzeitig die endgültige Teilung Deutschlands und damit die Entwertung etablierter Wissenschaftskontakte durch neue Grenzziehungen.

Auf dem Gebiet der DDR organisierten zunächst die an die Hochschulen gekoppelten psychiatrisch-neurologischen Regionalgesellschaften den Austausch der Wissenschaftler und Praktiker einer Universität oder einer medizinischen Akademie. Ihre Sitzungen waren kleine Zusammenkünfte zur Fort- und Weiterbildung der ortsansässigen Wissenschaftler. Sie hatten meist den Charakter von Kolloquien mit einigen wenigen Vorträgen und gelegentlichen auswärtigen Gästen. Nach der Gründung der *Gesellschaft für Psychiatrie und Neurologie in der DDR* fanden in der Deutschen Demokratischen Republik auch regelmäßig große psychiatrisch-neurologische Kongresse statt, die ab 1956 durchschnittlich alle drei Jahre abgehalten wurden. Organisiert wurden sie in enger Kooperation mit dem *Ministerium für Gesundheitswesen*.[7] Geleitet wurden die

---

[5]Vgl. Schmuhl, GDNP 2016, S. 334–370.

[6]Das zeigte sich beispielsweise 1948 auf der ersten Tagung der Neurologen und Psychiater im sowjetisch besetzten Teil Berlins. Zu ihr waren auch Paul Vogel, Kurt Schneider, Alexander Mitscherlich, Ernst Kretschmer und Karl Kleist eingeladen. Vgl. Eisenberg, Deutsch-deutsche Neurologie 2011, S. 271.

[7]Sie standen im Untersuchungszeitraum unter den Themen: Aphasien (1956), entzündliche und toxische neurologische Erkrankungen (1959), Neurochemie (1963), Neurovirologie (1965), intrakranielle Tumore (1969), Grundsatzfragen der neurologisch-psychiatrischen Versorgung (1971) sowie akute Krankheitszustände und Notsituationen in Neurologie und Psychiatrie (1974). Vgl. Wagner, Neurologie in der DDR 2007, S. 56. Die Tagungen lagen auch deswegen in ungeraden Jahren, weil die Kongresse der DGPN ab der zweiten Hälfte der 1950er Jahre stets in geraden Jahren stattfanden.

Kongresse von den jeweiligen Vorsitzenden der GPN: Rudolf Lemke, Karl Leonhard, Helmut Rennert und Heinz A.F. Schulze.[8]

Eine quantitative Auswertung dieser Tagungen ist möglich; sie hat aber ihre Tücken. Nichtsdestotrotz lohnt sich ein Blick in die Statistik. Datengrundlage für die nachfolgenden Ausführungen sind die Berichte über Tagungen, Kongresse, Psychiatertreffen, Kolloquien und weitere Veranstaltungen, die in der Fachzeitschrift *Psychiatrie, Neurologie und medizinische Psychologie* erschienen, da diese eine relativ lückenlose Bestandsaufnahme der Tagungsaktivitäten in den namensgebenden Fachbereichen ermöglichen. In den 25 Jahren von 1950–1975 wurde dort über insgesamt 365 Treffen berichtet.[9] Die Anzahl der Tagungen pendelte sich schnell auf ein jährliches Niveau von etwa 16 ein. Entsprechend der Organisation der Fächer gab es fast ausschließlich Tagungen gemeinsam für Neurologie und Psychiatrie. Erst seit Ende der 1960er Jahre kam es vereinzelt zu Spezialtagungen einzelner Subdisziplinen.

Indes bestanden große Unterschiede. So war die Zahl der Vortragenden äußerst uneinheitlich. Während bei den Treffen der Berliner Gesellschaft oft nur zwei oder drei Vorträge gehalten wurden,[10] war die Zahl bei den übrigen Regionalgesellschaften deutlich höher. Dies war auch darauf zurückzuführen, dass die *Berliner Gesellschaft für Psychiatrie und Neurologie* in einem Rhythmus von ein bis zwei Monaten tagte, während andere Regionalgesellschaften sich nur quartalsweise oder sogar nur einmal jährlich trafen.

Der Blick in die Tagungsberichte offenbart die Dominanz der medizinisch-wissenschaftlichen Gesellschaften bei der Planung, Organisation und Ausrichtung der Tagungen. So werden als Ausrichter meist sie und nur ausnahmsweise die jeweiligen Vorsitzenden der Regionalgesellschaften persönlich, das *Ministerium für Gesundheitswesen* sowie in den Anfangsjahren die *Staatliche Pawlow-Kommission* genannt. Zudem zeigt die Auswertung, dass ein Großteil der psychiatrisch-neurologischen Tagungen auf die Aktivitäten der Regionalgesellschaften zurückging. Dabei stechen insbesondere die Gesellschaften in Jena, Leipzig und Berlin hervor. Besondere Fälle waren die Tagungen der Regionalgesellschaften in Jena und Berlin. In Jena wurden in den 1950er Jahren

---

[8]Rückblickend letztgenannter zur Tagungsarbeit während seines Vorsitzes: Schulze, Verhältnis 1988.

[9]In dieser Zahl enthalten sind auch die Tagungen der *Gesellschaft für Ärztliche Psychotherapie* und der *Staatlichen Pawlow-Kommission*. Diese Datenlage ist nicht völlig unproblematisch, da hier in den 1970er Jahren auch die Sitzungen der einzelnen Regionalgesellschaften, aber eben nicht aller, mit aufgezählt werden. Insbesondere die letzten Jahre verzerren das Bild, weil nun die monatlichen Treffen der Berliner Regionalgesellschaft erwähnt werden, aber nur unregelmäßig die Treffen der anderen Regionalgesellschaften.

[10]Zur Geschichte der Berliner Fachgesellschaften vgl. Thomas, Berliner Gesellschaften 2002. Auskunft über das wissenschaftlich hochwertige Programm der *Berliner Gesellschaft für Psychiatrie und Neurologie* gibt auch der Nachlass von Karl Leonhard.

intensive Kontakte zu den Neurologen in Würzburg gepflegt, sodass hier in den Vortrags-
listen immer wieder auch Fachkollegen aus der Bundesrepublik auftauchten.[11] Zwar sind
die konkreten Aussagen über die Sitzungen der Berliner Regionalgesellschaft vergleichsweise spärlich gehalten, doch auch hier wurden die deutsch-deutschen Kontakte eine
Zeit lang intensiv gepflegt.[12] Vergleichsweise aktiv war auch die Regionalgesellschaft
Greifswald/Rostock. Deutlich seltener richteten die Regionalgesellschaften in Dresden
und Halle-Wittenberg eigene psychiatrisch-neurologische Fachtagungen aus. Nur zehn
Tagungen im untersuchten Zeitraum wurden von der *Gesellschaft für Psychiatrie und
Neurologie (in) der DDR* in alleiniger Regie organisiert. Hinzuzuzählen sind jedoch noch
Sitzungen einzelner ihrer Sektionen und der *Gesellschaft für Ärztliche Psychotherapie
der DDR* in etwa ähnlicher Größenordnung. Eine ganz eigene Kategorie bildeten die
Landestagungen. Dort betrug die Zahl der Referate meist zwischen 15 und 20. Von
überregionaler Bedeutung waren Mitte der 1950er Jahre insbesondere die mehrtägigen
Jahresarbeitstagungen der *Staatlichen Pawlow-Kommission*. An ihr nahmen oftmals über
50 Referenten teil. Hier trafen sich eigentlich alle, die in der Psychiatrie und Neurologie
in der DDR Rang und Namen hatten. Auch die internationale Beteiligung war durchaus
rege und beschränkte sich keineswegs nur auf Gäste aus dem sozialistischen Ausland.[13]

Quellen zur Organisation der Tagungsarbeit sind indes weit aufschlussreicher als
diese quantitativen Angaben. Dies gilt besonders für die 1960er Jahre, weil in diesem
Jahrzehnt in Tagungsangelegenheiten die Machtverteilung in der Beziehung zwischen
den medizinisch-wissenschaftlichen Gesellschaften und dem *Ministerium für Gesundheitswesen* neu austariert wurde. In der ersten Hälfte der 1960er Jahre bemühte sich
die zuständige Abteilung im MfG darum, Richtlinien zur Vorbereitung und Durchführung von Veranstaltungen für alle medizinischen Bereiche einheitlich festzulegen.
Offiziell sollte die Zusammenarbeit des Ministeriums und anderer Staatsorgane mit den
medizinisch-wissenschaftlichen Gesellschaften der Effektivitätssteigerung dienen.[14]
Konkret wurde zu diesem Zweck eine einheitliche Terminologie vereinbart, wurden
verbindliche Regeln für die Übernahme von Tagesgeldern und Übernachtungskosten

---

[11]Vgl. Eisenberg, Deutsch-deutsche Neurologie 2011, S. 275.

[12]Zu den deutsch-deutschen Kontakten vgl. Beyer, Sozialpsychiatrischer Transit 2018.

[13]Vgl. die Berichte zu den Sitzungen der *Staatlichen Pawlow-Kommission* in der Zeitschrift
Psychiatrie, Neurologie und medizinische Psychologie. Beispielsweise waren auf ihrer Arbeitstagung im Januar 1954 neben 34 Referenten aus der DDR auch sieben aus der Bundesrepublik
und elf aus dem sozialistischen Ausland anwesend. Im Dezember 1955 kamen 29 Personen aus
der DDR, vier aus der Bundesrepublik, zwölf aus dem sozialistischen Ausland und zehn aus dem
nichtsozialistischen Ausland.

[14]Vgl. Hinweise für die Vorbereitung und Durchführung von Tagungen, Kongressen und
Symposien auf medizinisch-wissenschaftlichem Gebiet in der DDR, BA Berlin DQ 123/20 2 von
2; Empfehlungen des Koordinierungsrates der medizinisch-wissenschaftlichen Gesellschaften
der DDR zur neuzeitlichen Gestaltung von medizinisch-wissenschaftlichen Veranstaltungen,
abgedruckt in: Rohland/Spaar, Medizinisch-wissenschaftliche Gesellschaften 1973, S. 286.

getroffen sowie allgemeingültige Tagungsgebühren festgelegt. Zudem wurden die medizinisch-wissenschaftlichen Gesellschaften dazu verpflichtet, die *Abteilung Wissenschaft* über die von ihnen geplanten Tagungen lange im Voraus zu informieren, damit ein vollständiger Kongresskalender erstellt und die Veranstaltungen rechtzeitig in der jeweils einschlägigen Fachzeitschrift angekündigt werden konnten. Dabei übernahm die *Abteilung Wissenschaft* im MfG – und nicht etwa die medizinisch-wissenschaftlichen Gesellschaften – die Koordinierung von Thematik und Zeitpunkt der Tagungen sowie die Kontakte zu den Herausgebern der Fachzeitschriften.[15]

Darüber hinaus gab es im *Ministerium für Gesundheitswesen* Bestrebungen, die inhaltlichen und organisatorischen Erfahrungen für kommende Tagungen nutzbar zu machen. Daher erging an die medizinisch-wissenschaftlichen Gesellschaften die Aufforderung zu einer einheitlich gestalteten Auswertung der jeweiligen Kongresse. Die verantwortliche Tagungsleitung hatte eine umfangreiche Einschätzung zu liefern, über die Herkunft der Tagungsteilnehmer Auskunft zu geben und Information über die verhandelte Thematik, ihren wissenschaftlichen Inhalt und die erarbeiteten Grundsätze im Hinblick auf die Weiterentwicklung der Forschung, auf Aspekte der medizinischen Praxis und auf notwendige Maßnahmen zur Verbesserung der Organisation des Gesundheitsschutzes zusammenzustellen. Sie sollte auch auf Verbesserungspotenzial der Tagungsorganisation hinweisen und über die beabsichtigte Dokumentation informieren. Vordringliches Anliegen des MfG war die Verbesserung und Effizienzsteigerung der Gesundheitsversorgung, auch durch einen beschleunigten Wissenstransfer in die ärztliche Praxis. Zugleich erhöhte das *Ministerium für Gesundheitswesen* seine potenziellen Kontrollmöglichkeiten. Es griff aber nur selten direkt in die Durchführung der Tagungen ein, sondern konzentrierte sich auf deren Planung und Auswertung. Die praktische Vorbereitung und Durchführung gehörte demgegenüber in das Aufgabengebiet der medizinisch-wissenschaftlichen Gesellschaften – die allerdings ab Ende der 1960er Jahre auch enger an das MfG angebunden waren. Die Vorstände der medizinisch-wissenschaftlichen Gesellschaften hatten über die Thematik zu beschließen und die Tagungsleitung zu übernehmen oder diese an geeignete Fachleute zu delegieren. Nur bei internationalen Kongressen war bei der Zusammensetzung des Tagungspräsidiums zunächst das MfG mit einzubeziehen. Die wissenschaftliche Tagungsleitung hatte dann, was die Reihenfolge der Vorträge und den Kreis der Tagungsteilnehmer anging, wiederum freie Hand. Sie war auch für die Kontaktpflege zu den Referenten verantwortlich.[16]

---

[15]Die Kongresskalender waren beherrschendes Thema in den Fachgesellschaften und den übergeordneten Gremien. Vgl. Rohland/Spaar, Medizinisch-wissenschaftliche Gesellschaften 1973, S. 119–122.

[16]Vgl. Hinweise für die Vorbereitung und Durchführung von Tagungen, Kongressen und Symposien auf medizinisch-wissenschaftlichem Gebiet in der DDR, BA Berlin DQ 123/20 2 von 2.

9.2 Die Kongresse der GDNP/DGPN

Die Kongresse der GDNP/DGPN waren für die Organisation von kaum zu überschätzender inhaltlicher Bedeutung. Sie absorbierten in den Tagungsjahren einen erheblichen Teil der Vorstandsarbeit, weil sich auf den Kongressen nicht selten die Arbeit einer ganzen Präsidentschaftsperiode zusammenfügte und sich zudem das Programm des zukünftigen Vorstands formte. Die Kongresse boten zudem Gelegenheiten für Grundsatzentscheidungen. Auf ihnen wurde auch der jeweils neue Präsident der Fachgesellschaft gewählt, wurden Kommissionen gebildet, Ämter neu besetzt, Satzungsänderungen beschlossen, die Geschäftsberichte verlesen und bestätigt. Auf den Kongressen ging es folglich nicht nur um den Austausch medizinischen Wissens, sondern auch um die berufs- und standespolitische Tätigkeit der Fachgesellschaft.[17]

In den westlichen Besatzungszonen wurde der erste psychiatrisch-neurologische Großkongress vom 9. bis 12. September 1947 von Ernst Kretschmer in Tübingen ausgerichtet, gefolgt von Tagungen in Marburg 1948 und Göttingen 1949.[18] Diese ersten Tagungen waren entscheidend für die neuerliche Etablierung der *Gesellschaft Deutscher Neurologen und Psychiater*. Sie waren – wie bereits dargestellt – deren Ausgangs- und Anknüpfungspunkte. Als die DGPN wiederbelebt worden war, legte der Vorstand unverzüglich Regelungen für die eigenen Kongresse fest. Darin gestand man den einzelnen Bereichen der Nervenheilkunde Gleichberechtigung zu. Die zukünftigen Kongresse sollten, so die grundsätzliche Idee, stets vier Tage umfassen, wobei den einzelnen Sektionen (Psychiatrie, Psychotherapie einschließlich medizinischer Psychologie, Neurologie und Neurochirurgie) jeweils ein Tag zur Verfügung stünde. Die Reihenfolge der einzelnen Sektionen sollte im regelmäßigen Turnus wechseln, dabei sollten aber einerseits Psychiatrie und Psychotherapie, andererseits Neurologie und Neurochirurgie unmittelbar aneinander anschließen, da die zusammengenannten Disziplinen jeweils einen sehr ähnlichen Teilnehmerkreis ansprachen. Für die Tagungen war ein Intervall von zwei Jahren vorgesehen, wobei in den zwischen den „Hauptkongressen" liegenden Jahren „Sondertagungen der Sektionen und Arbeitsgemeinschaften" stattfinden konnten. Auf die Hauptkongressjahre sollten indes keine Sondertagungen und größeren Lokalkongresse gelegt werden.[19]

---

[17]Vgl. Ehrhardt, 130 Jahre DGPN 1972, S. 16–39.

[18]Vgl. Schmuhl, GDNP 2016, S. 398 f.

[19]Vgl. Protokoll über die Sitzung des erweiterten Vorstandes der GDNP am 23.9.1949, DGPPN-Archiv Ordner 1 D, Zitat ebd. Für die Tagung der GDNP 1953 wurde beispielsweise beschlossen, dass der erste Tag von den Neurochirurgen, der zweite von den Neurologen, der dritte von den Psychiatern und der vierte von den medizinischen Psychologen und den Psychotherapeuten bestritten wurde. Vgl. Protokoll der Vorstandssitzung vom 9.8.1952 der GDNP, DGPPN-Archiv, Ordner 1 A; Protokoll der Vorstandssitzung der GDNP vom 6.12.1952, DGPPN-Archiv, Ordner 1 D. Das Tagungsprogramm von 1953 in: DGPPN-Archiv, Ordner 1 O. Vgl. auch das vorläufige Programm der GDNP-Tagung 1951 in: Zeitschrift für Psychotherapie und medizinische Psychologie 1 (1951), S. 134 f. Die DGPN wich von dieser Regelung dann ab, als die Neurolog/-innen und auch die Psychotherapeut/-innen ihre eigenen Kongresse ausrichteten. Die Tagungen der DGPN dauerten ab 1956 für gewöhnlich drei Tage.

Zunächst fanden die Tagungen der Fachgesellschaft allerdings unregelmäßig, meist jährlich statt. Dies änderte sich erst mit der Gründung der DGPN 1954. Es lag dabei im Interesse der neu gegründeten Fachgesellschaft für Psychiatrie und Nervenheilkunde, ein Tagungsformat anzubieten, das für die Besucher nicht nur inhaltlich attraktiv war, sondern auch ein Markenzeichen werden konnte. In seinem offiziellen Einladungsschreiben von März 1955 setzte sich daher Jürg Zutt als Gründungspräsident der DGPN von anderen Tagungen deutlich ab:

> „Die erste Tagung der Deutschen Gesellschaft für Psychiatrie und Neurologie, die die Tradition des Deutschen Vereins für Psychiatrie aufnimmt, will in erster Linie persönliche Begegnungen unter den Mitgliedern der Gesellschaft ermöglichen. Aus diesem Grunde werden nicht, wie dies heute auf wissenschaftlichen Tagungen zumeist üblich ist, eine große Zahl von Vorträgen gehalten, sondern vier Referate über wesentliche theoretische und praktische Probleme aus dem Gesamtgebiet nervenärztlicher Tätigkeit. Zur Diskussion dieser Themen soll ausreichend Zeit sein.“[20]

Diese Konzeption war insbesondere ein Gegenentwurf zu den internationalen Kongressen. Denn sowohl Neurologen als auch Psychiater berichteten schon Mitte der 1950er Jahre von diesen immer wieder, „daß es kaum mehr möglich ist, darüber anders zu berichten, als durch Aufzählung der Hauptreferate und ihrer Hauptreferenten“. Die internationalen Fachkongresse, die für Neurologie und Psychiatrie getrennt abgehalten wurden, waren schon Anfang der 1950er Jahre zu „Großunternehmen angewachsen“.[21] Das wird zumindest in den Tagungsberichten immer wieder behauptet. In dieser Hinsicht typisch war der 1954 im Nervenarzt erscheinende Bericht über den Internationalen Kongress für Neurologie in Lissabon, der im September 1953 stattgefunden hatte. Vom Rezensenten, Klaus Conrad, wurde er als „Monster-Kongress“ bezeichnet, dessen Format nicht zu den Teilnehmerzahlen passe:

> „Man hält immer noch an den Formen fest, in denen man früher Kongresse abhielt, ohne zu bedenken, daß von einem bestimmten Umfang an die Dinge sich grundsätzlich verändern. Man kann einen Kongreß, der sich früher mit 50 Vorträgen vor 200 Teilnehmern abspielte, nicht auf 500 Vorträge vor 2000 Teilnehmern anwachsen lassen und glauben, daß man einfach die Zahl der Vortragssäle verzehnfachen, aber alles weitere so lassen könne, wie früher.“[22]

---

[20]Zutt, Rundbrief und Einladung an alle Mitglieder, März 1955, Archiv des Springer-Verlags, E-109-7.

[21]Conrad, V. Internationaler Kongreß 1954, S. 124.

[22]Ebd., S. 124 f. Diese kritische Stellungnahme hatte möglicherweise auch damit zu tun, dass die deutsche Teilnahme am Kongress zuvor umstritten war. Die Auseinandersetzung hatte sich an Vorwürfen gegenüber Hallervorden entzündet. GDNP und DGN verfassten eine öffentliche Stellungnahme im *Nervenarzt*, in der sie den Vorwürfen, Hallervorden habe für seine Forschung Gehirne von in der „Euthanasie“ getöteten Anstaltspatient/-innen quasi bestellt, zurückwiesen. Jedoch lassen sich Mitte der 1950er Jahre kritische Äußerungen zu den internationalen Großkongressen auch zu allen anderen internationalen Kongressen nachweisen. Vgl. Schmuhl, GDNP 2016, S. 413–415; Topp, Geschichte als Argument 2013, 247–260.

Stattdessen, so Conrad, müsse man die Gesamtanlage dieser Kongresse überdenken. Spezialthemen seien in diesem Rahmen im Grunde nicht mehr sinnvoll zu behandeln. Es sollten eher Themen übergeordneter Relevanz gewählt werden:

> „Je größer der Kongreß, desto aktueller muß das Thema und desto brennender muß das Interesse sein, das dem Thema entgegen gebracht wird. Die Referate müssen mehrsprachig schon bei Kongreßbeginn gedruckt vorliegen (...) brauchen aber deshalb überhaupt nicht nochmals verlesen zu werden, (...), hingegen müßte ungleich viel mehr Raum für die freie Aussprache geschaffen werden".[23]

Es sei – so die gängige Diagnose – nicht verwunderlich, dass viele Sitzungen auf den internationalen Kongressen sehr schlecht besucht seien. Sie kämen dem Hauptbedürfnis der Teilnehmer nach direktem sozialen und wissenschaftlichen Austausch nicht entgegen. Der Besuch derartiger Großveranstaltungen werde auch weiterhin unbefriedigend bleiben, nehme man zukünftig nicht mehr Rücksicht auf die Tatsache, „daß man bei der fortgeschrittenen Spezialisierung von den großen Kongressen kaum mehr eine wissenschaftliche Anregung oder gar Bereicherung, sondern die Ermöglichung der persönlichen Bekanntschaft und privaten Aussprache, insbesondere mit Kollegen aus dem Ausland erwartet". Daher solle doch besser „das wissenschaftliche zugunsten des gesellschaftlichen Programms wesentlich eingeschränkt, das letztere stark erweitert werden".[24]

Vor dem Hintergrund des allgemeinen Tenors der damaligen Zeit wurden die Kongresse der DGPN explizit als eine Gelegenheit zum persönlichen Austausch konzipiert. Ab 1956 fanden sie alle zwei Jahre statt und wurden in der Regel von der DGPN alleine organisiert.[25] Auch wenn der persönliche Austausch weiterhin ein

---

[23]Ebd., S. 125.

[24]Ebd.

[25]Eine Ausnahme war der Kongress 1958 in Bad Nauheim, der unter dem Vorsitz von Friedrich Mauz zusammen mit der *Allgemeinen Ärztlichen Gesellschaft für Psychotherapie* abgehalten wurde. Ab 1959 wurde in den Jahren, in denen die DGPN keinen eigenen Kongress abhielt, in unregelmäßigen Abständen der Kongress des *Gesamtverbandes* ausgerichtet – wie etwa 1959 in Köln und 1963 in Wiesbaden. Diese Veranstaltungen wurden von den Vorstandsmitgliedern der DGPN eher als Ergänzung, denn als Konkurrenz angesehen. Zu offensichtlich waren ihrer Meinung nach die Schwächen der Gesamtverbandstagungen. So berichtete Helmut Ehrhardt über die Tagung in Köln 1959, dass sich an ihr „sehr deutlich" zeige, „dass der Wunschtraum, alle Gesellschaften unter einem Rahmenthema zu einigen, eben nur ein Wunschtraum ist. (...) Auch in Zukunft wird man es im Gesamtverband nur so handhaben können, dass man ein Rahmenthema nimmt und der dabei unvermeidliche einseitige Akzent durch die Person des jeweiligen Präsidenten bestimmt wird. Oder aber man nimmt zwei bis maximal drei Rahmenthemen, dann wird man alle Gesellschaften mehr oder weniger befriedigen können." Ehrhardt an Döring, Schreiben vom 22.9.1959, DGN-Archiv. Mit dieser Ansicht war Ehrhardt nicht allein – es liegen zahlreiche zeitgenössische Stellungnahmen vor, die deutlich machen, dass der auf den Tagungen des Gesamtverbands sichtbare Versuch, alle in ihm vertretenen Disziplinen organisationstechnisch zu integrieren, als eine kaum zu lösende Aufgabe angesehen wurde. Erst Ende der 1960er diskutierte der Vorstand der DGPN den Vorschlag, dass die DGPN nicht nur alle zwei Jahre „in einem

zentrales Anliegen der Kongressorganisatoren bleiben sollte, blieben Zutts konkrete Konzeptionen nur für den ersten DGPN-Kongress gültig. Schon 1956 waren insgesamt 18 Vorträge, ein Abendvortrag und zwei Diskussionsrunden vorgesehen. Diese steigende Tendenz sollte anhalten. Das Tagungsprogramm von 1964 kündigte bereits jeweils zehn Vorträge und ein Podiumsgespräch am ersten und am zweiten Tag sowie fünf Vorträge und ein Podiumsgespräch am dritten Tag an. Die Gremien der DGPN versuchten dennoch weiterhin, Kongresse zu organisieren, die dem verbreiteten Wunsch nach Austausch und persönlicher Bekanntschaft entsprachen.

Tagungsorte und Referentenauswahl

Die Kongresse der GDNP fanden zunächst noch an wechselnden Orten statt, bis sich Bad Nauheim als zentraler Tagungsort etablierte. Eigentlich war zunächst Bad Kissingen vorgesehen, doch da der Kongress damals noch in den August und damit in die Hochsaison fiel, kam ein Badeort nicht infrage. Es war schlicht nicht möglich, die Teilnehmer des mittlerweile sechstägigen und alle nervenheilkundlichen Berufsgruppen umfassenden Kongresses adäquat unterzubringen.[26] Der Vorstand der GDNP votierte daher am 6. Dezember 1952 für München, weil die Stadt „für viele Tagungsteilnehmer auf dem Wege vom oder zum eigentlichen Urlaubsziel liegen dürfte".[27] Zudem stand in München mit dem Deutschen Theater ein großer und prächtiger Veranstaltungsort zur Verfügung.[28] Die Tagung der GDNP zum Oberthema Motorik fand dann in Hamburg im Hörsaal A der Universität statt.[29] Aber schon für die ersten beiden Tagungen der

---

großen Kongress in Erscheinung treten sollte, sondern mehrere kleinere psychiatrische Kolloquien oder Symposien zumindest von der DGPN mitgetragen werden". Protokoll der Vorstandssitzung der DGPN am 16.4.1969, DGPPN-Archiv, Ordner 1 F. Vgl. auch DGPPN-Archiv, Ordner 1 O.

[26]Der sechstägige Kongress umfasste die 4. Tagung der *Vereinigung Deutscher Neuropathologen,* den Kongress der GDNP und die Tagung der *Allgemeinen Ärztlichen Gesellschaft für Psychotherapie.* Vgl. Tagungsprogramm 1953, Kongress der GDNP, DGPPN-Archiv, Ordner 1 O.

[27]Protokoll der Vorstandssitzung vom 6.12.1952 der GDNP, DGPPN-Archiv, Ordner 1 A.

[28]Das Protokoll der Sitzung der Direktoren der Univ.-Nervenkliniken des Bundesgebietes am 4.7.1953, DGPPN-Archiv, Ordner 1 A hält fest, dass auf der Einladung der Tagungsort fälschlicherweise mit „Deutsches Museum" angegeben wurde. Auf dem Tagungsprogramm stand dann aber richtigerweise das Deutsche Theater. In München tagte die DGPN noch einmal 1962. Diesmal fand die Tagung in der Kleinen Kongresshalle im Ausstellungspark auf der Teresienhöhe statt. Vgl. Tagungsprogramm 1962, DGPPN-Archiv, Ordner 1 A.

[29]Vgl. Einladung zum GDNP-Kongress 1955, DGPPN-Archiv, Ordner 1 O; Tagungsbericht: Conrad, Kongreß 1955.

DGPN wählte man Bad Nauheim als Tagungsort.[30] Auch 1958, 1960 und 1964 fand der
Kongress dort statt.[31] Vorteile Bad Nauheims waren die zentrale Lage und die gute ver-
kehrstechnische Anbindung. Da man mittlerweile im Oktober tagte, hatte das zugunsten
Münchens vorgebrachte Urlaubsargument keine Bedeutung mehr. Bad Nauheim war hingegen aus allen Himmelsrichtungen gut zu erreichen. Das traditionsreiche Kurbad, das
sich auf die Rheumabehandlung und Herzbäder spezialisiert hatte, konnte zudem mit
Thermen, großflächigen Parkanlagen und einem reichen Angebot an Kultur und Sport-
möglichkeiten überzeugen.

Der Ort der Kongresse war für die Organisatoren von großer Bedeutung. Für den
heutigen Betrachter ist es indes aufschlussreicher, sich die Auswahl der Referenten
anzusehen. Dabei fällt auf, wie wenig kontrovers diese Fragen innerhalb der *Deutschen
Gesellschaft für Psychiatrie und Nervenheilkunde* behandelt wurden. In den meisten
Protokollen der betreffenden Vorstandssitzungen wird nur der Tagesordnungspunkt
genannt, aber nicht auf die Diskussionen eingegangen. Das war in den letzten Jahren der
Gesellschaft Deutscher Neurologen und Psychiater anders gewesen. Denn in der ersten
Hälfte der 1950er Jahre wurde in den Vorstandssitzungen noch intensiv über die Themen
der Kongressreferate gesprochen. Für die Tagung 1953 hält ein Vorstandsprotokoll fest:

> „Bezüglich der psychiatrischen Hauptreferate wurden eine ganze Reihe von Vorschlägen
> gemacht. Landesrat Dr. Schneider hält es im Interesse der praktischen Psychiatrie für not-
> wendig, die Möglichkeiten und Grenzen der Schocktherapie noch einmal wenigstens
> kurz zur Diskussion zu stellen. Prof. Kehrer hält es für angebracht, wenigstens in einem
> Hauptreferat wieder einmal auf die endogenen Psychosen zurückzukommen und schlägt
> als Rahmenthema ‚Die Depression' vor. Als weitere Themen wurden genannt: ‚Nichtepi-
> leptische anfallsartige Bewußtseinsstörungen', ‚Commotio – Contusio – Rentenneurose',
> ‚Der derzeitige Stand des Wahnproblems'. Der Vorsitzende wird gebeten, durch Umfrage
> weitere Vorschläge einzuholen. Es werden 2 psychotherapeutische Hauptreferate vor-
> geschlagen: 1.) ‚Zum Begriff der Neurose', 2.) ‚Psychodiagnostische Reichweite der Test-
> methoden'. O.M.R. Dr. Kühnel wird sich um die Benennung der Hauptreferenten und
> eventuellen Vorschläge für weitere Themen bemühen."[32]

---

[30]Vgl. Merguet, Anstaltspsychiatrie 1955, S. 384; Tagungsprogramm 2. Tagung der DGPN 1956,
DGPPN-Archiv, Ordner 1 O. In Bad Nauheim fanden die Kongresse im William G. Kerckhoff-
Herzforschungsinstitut der Max-Planck-Gesellschaft statt, die Mitgliederversammlung im dortigen
großen Hörsaal. Zwar wechselte der Kongressort auch noch in den 1960er Jahren, die meisten
DGPN-Kongresse fanden nun aber in Bad Nauheim statt.

[31]Vor dem Mauerbau 1961 bemühten sich andere medizinische Fachgesellschaften noch darum,
gesamtdeutsche Kongresse in Berlin abzuhalten – so etwa die Urologen 1959. Von ähnlichen
Gedankenspielen oder sogar Bestrebungen ist in den überlieferten Akten der psychiatrisch-
nervenheilkundlichen Fachgesellschaft nichts zu entdecken. Vgl. Moll/Halling/Fangerau, „Urologen tagen in Berlin" 2013.

[32]Protokoll der Vorstandssitzung vom 9.8.1952 der GDNP, S. 7 f., DGPPN-Archiv, Ordner 1 A.

In den Folgejahren sind die Vorstandsprotokolle über die Referateauswahl nicht mehr so aussagekräftig.[33] Das lag vor allem daran, dass der 1952 in das Amt des Schriftführers gewählte Helmut Ehrhardt die Aufgaben der Kongressorganisation von Jahr zu Jahr mehr für sich reklamierte. Zwar diskutierte der Vorstand über die Referenten. Doch ist dazu in den Protokollen nie genaueres vermerkt. Es sieht eher so aus, als ob man sich grundsätzlich und einvernehmlich über den von Ehrhardt zusammengestellten und vorgelegten Programmentwurf ausgetauscht hätte. Das ist auch deswegen bemerkenswert, weil man sich angesichts der vielen Vortragsanmeldungen Anfang der 1950er Jahre in der GDNP eigentlich auf eine andere Zuständigkeit geeinigt hatte. So hält das Protokoll der Sitzung der Direktoren der Universitäts-Nervenkliniken des Bundesgebietes am 4. Juli 1953 fest: „Die Zahl der Vortragsmeldungen ist auch in diesem Jahr wieder sehr gross. Eine Beschränkung ist notwendig." Mit der Begründung, „genügend Zeit für die freie Diskussion" haben zu wollen, wurden fortan nur noch aufgeforderte Vorträge gehalten.[34] Noch 1960 betonte der Organisator der Tagung: „Im übrigen sollten mindestens 2 h für die Diskussion zur Verfügung stehen, keinesfalls möchte ich für die gesamte Tagung diese unglücklichen 10-min-Referate von vermeintlichen oder tatsächlichen Karriere-Aspiranten. Es werden nur aufgeforderte Vorträge gehalten und im übrigen soll in der freien Diskussion gefochten werden".[35]

Die letzten Worte stammten vom damals amtierenden ersten Schriftführer der DGPN, Helmut Ehrhardt, der zu dieser Zeit bereits die gesamte Tagungsorganisation in seinen Händen hielt. Doch wie konnte es dazu eigentlich kommen? Hatten doch 1953 die Anstaltsdirektoren noch darin übereingestimmt, „dass die endgültige Programmgestaltung in Zukunft im Wesentlichen Aufgabe des jeweiligen Präsidenten sein soll, da naturgemäss nie alle Wünsche befriedigt werden können, und ein grösseres Gremium die Auswahl erschweren würde."[36] Dass der Präsident die Tagungsorganisation übernahm, war auch noch nach Gründung der DGPN so. Darauf deutet zumindest das Tagungsprogramm von 1956 hin, in dem der Vorstand unter Leitung von Jürg Zutt sich für die Planung des Kongresses verantwortlich zeichnete.[37] Leider sind die nachfolgenden Jahre quellenmäßig nur sehr dünn belegt. Daher ist nicht ganz eindeutig, wer die Zuständigkeit in dieser Zeit hatte. Zumindest ist aber aus späteren Quellen ersichtlich, dass in den

---

[33]Caspar Kulenkampff beschrieb die großen Kongresse dieser Zeit als Orte des Aufeinanderpralls unterschiedlicher Schulen: „Der Vortragssaal wurde nicht selten zum Schlachtfeld (…). Es ging agressiver, polemischer, lebhafter, vielleicht auch bei geringeren Qualitäten, wie mir scheint, fruchtbarer zu als heute". Vgl. Kulenkampff, Erkenntnisinteresse und Pragmatismus 1984, S. 130.

[34]Zitat aus: Protokoll der Sitzung der Direktoren der Univ.-Nervenkliniken des Bundesgebietes am 4.7.1953, DGPPN-Archiv, Ordner 1 A.

[35]Helmut Ehrhardt an Hans Giese, Schreiben vom 17.3.1960, DGPPN-Archiv, Ordner 1 O. Vgl. auch: Offizielle Einladung zum Kongress der DGPN 1960, DGPPN-Archiv, Ordner 1 O.

[36]Protokoll der Sitzung der Direktoren der Univ.-Nervenkliniken des Bundesgebietes am 4.7.1953 in Marburg/Lahn, S. 6 f., DGPPN-Archiv, Ordner 1 A.

[37]Vgl. Tagungsprogramm 2. Tagung der DGPN 1956, DGPPN-Archiv, Ordner 1 O.

1960er Jahren die gesamte Organisationsarbeit in den Händen des zweiten Schriftführers der Gesellschaft liegen sollte.[38] Das war aber in der Realität nicht der Fall. Zwischen Ende der 1950er Jahre und 1969 organisierte der 1. Schriftführer der DGPN, Helmut Ehrhardt, die Kongresse quasi in Alleinregie. Damit ging eine Fülle von Aufgaben einher, deren Bewältigung nicht nur vom Organisationstalent und Pflichtgefühl Ehrhardts zeugen, sondern auch seinen Kontrollanspruch verdeutlichen.

Gewöhnlich richtete Ehrhardt in den ersten drei Monaten eines Kongressjahres Anfragen mit konkreten Themenvorschlägen an die möglichen Referenten. Diese waren zum Teil in den Vorstandssitzungen bereits besprochen worden. Der Schriftführer fragte zudem – wenn auch immer im Namen des Vorstands – diejenigen an, die für die Übernahme des Tagungspräsidiums angedacht waren. Er stellte auch den Kontakt zu denjenigen her, die für ein Podiumsgespräch vorgesehen waren. Rigoros lehnte er Vorschläge ab, die seiner Meinung nach qualitativ oder thematisch nicht ins Programm passten.[39] Damit waren Ehrhardts Aufgaben längst nicht erschöpft. Er besichtigte vorab die Tagungsräumlichkeiten und organisierte die notwendigen technischen Gerätschaften. Er kümmerte sich auch um die Adressen der Nichtmitglieder, als es darum ging, Mitte der 1960er Jahre allen rund 2200 Nervenärzten der Bundesrepublik eine Einladung zukommen zu lassen.[40] Auch das Catering und die Absprache mit dem Städtischen Verkehrsverein organisierte Ehrhardt alleine.[41] Zudem kümmerte er sich um die Organisation des gesamten Begleitprogramms inklusive der Kaffeefahrt für die

---

[38]Die zweiten Schriftführer spielten aufgrund der Präsenz Ehrhardts in den 1960er Jahren keine nennenswerte Rolle. Sie waren bei den Vorstandssitzungen gewöhnlich auch nicht anwesend. Ihre Randposition war ihnen offenkundig durchaus bewusst, weswegen sie zum Teil auch keine Rücksicht auf die DGPN-Belange nahmen. Aus den Akten der DGPN ist nicht ersichtlich, dass Ehrhardt mit ihnen zusammenarbeitete. Nur einmal findet sich der Hinweis auf deren Versäumnisse: „Eigentlich ist die Kongress-Vorbereitung die einzige Aufgabe des 2. Schriftführers, also von Herrn Albrecht. Jetzt höre ich von Herrn Jacob, dass Herr Albrecht irgendwo in Südamerika oder in Afrika ist." Helmut Ehrhardt an Hans Giese, Schreiben vom 17.3.1960, DGPPN-Archiv, Ordner 1 O.

[39]So wurde beispielsweise 1960 neben einem Vortrag über „Hunger und Sattheit" auch ein mögliches Referat von Detlev Ploog zur „Sexualität der Affen" abgelehnt, weil es „nun einmal weder etwas mit den phasischen Psychosen, noch mit der forensischen Psychiatrie, noch mit der Anstaltspsychiatrie zu tun hat". Helmut Ehrhardt an Bürger-Prinz, Schreiben vom 19.8.1960, DGPPN-Archiv, Ordner 1 O.

[40]Vgl. Helmut Ehrhardt an Karl Demeter Verlag, Schreiben vom 11.6.1964, DGPPN-Archiv, Ordner 1 O.

[41]Vgl. Helmut Ehrhardt an J. J. Darboven, Schreiben vom 1.9.1964: „Von der Verwaltung des Kerckhoff-Instituts wurde ich freundlicherweise darauf hingewiesen, daß Sie schon wiederholt bei ähnlichen Veranstaltungen wissenschaftlicher Gesellschaften die Tagungsteilnehmer durch Ausschank Ihres Kaffees in den Sitzungspausen erfreut und erfrischt haben. Wir würden uns sehr freuen und wären Ihnen sehr dankbar, wenn Sie sich auch anläßlich unseres Kongresses zu einer so freundlichen Geste entschließen könnten." DGPPN-Archiv, Ordner 1 O.

Damen. Ehrhardt organisierte auch die Einladungen an Rundfunk und Presse sowie die Drucklegung des Tagungsberichts. In seiner Hand lagen so auch die Korrespondenzen mit Verlag und Druckerei. Bestand der amtierende Präsident nicht explizit auf eine enge Einbindung, korrigierte Ehrhardt zunächst die Druckfahnen des Programmhefts, bevor er diese dem Präsidenten vorlegte und ihn nur noch um unverzügliche Bekanntgabe seiner Änderungswünsche bat. Gelegentlich musste Ehrhardt auch den DGPN-Präsidenten deutlich auf die übliche Verfahrensweise hinweisen. Als Bürger-Prinz 1960 einem Redner, Kurt Kolle, dem Direktor der Nervenklinik der Universität München, „gleich zwei Referate zu übertragen" versuchte, wies ihn Ehrhardt darauf hin, dass dies „zwangsläufig den Zorn vieler Kollegen" hervorrufen würde.[42] Insbesondere das Ansinnen Kurt Kolles, zu „Forensischen Problemen in der Neurologie" zu sprechen, lehnte er unter dem gewählten Rahmenthema des Tages – es ging um die Forensische Psychiatrie – ab. Da „in erster Linie die Probleme der Strafrechtsreform" diskutiert werden sollten, würde ein derartiger Vortrag „völlig aus dem gezogenen Rahmen herausfallen".[43] Es ist nicht ganz uninteressant, wie Ehrhardt diesen Brief beendete. Denn mit Verweis auf die Notwendigkeit einer baldigen abschließenden Entscheidung – die Korrekturfahnen des Tagungsprogramms sollten in den nächsten Tagen eintreffen – war seine Position unmissverständlich:

> „Das ist lediglich meine Ansicht und mein Vorschlag. Die Entscheidung in dieser Frage bitte ich Sie unverzüglich – im strengsten juristischen Wortsinn – zu treffen, und selbstverständlich müssen Sie ganz allein für die Entscheidung die Verantwortung übernehmen. Wenn Sie in dem vorgeschlagenen Sinne entscheiden, müssten Sie Herrn Prof. Kolle entsprechend informieren. Ausserdem müssten die beiden betroffen Herren über die Kürzung ihrer Redezeit Bescheid bekommen."[44]

Abgesehen vom floskelhaften ersten Satz sehen wir hier einen starken Schriftführer in Aktion. Ehrhardt scheute nicht davor zurück, „seinen" Präsidenten unter Druck zu setzen. Er unterließ zwar nicht die üblichen Höflichkeits- und Demutsbekundungen, wies aber auch jede weitere Verantwortung von sich. Zudem lehnte er die Übernahme der aus der ungewünschten Einmischung heraus entstandenen Mehrarbeit ab. Das ist auch deswegen ein bemerkenswert selbstbewusstes Auftreten Ehrhardts, weil Bürger-Prinz sich ganz anders als die meisten anderen DGPN-Präsidenten der 1960er Jahre bei der Kongressplanung anfänglich nicht zurückhielt. Bürger-Prinz beabsichtigte, viele Kollegen direkt einzuladen und nicht den Umweg über Ehrhardt zu wählen, er übernahm dann auch selbstständig die Organisation des ersten Kongresstages zum Thema „endogene phasische Psychosen".

---

[42]Helmut Ehrhardt an Bürger-Prinz, Schreiben vom 25.8.1960, DGPPN-Archiv, Ordner 1 O.
[43]Ebd.
[44]Ebd.

Die Mitgliederversammlungen der DGPN

Für die inhaltliche Arbeit der Fachgesellschaft waren weniger die Mitglieder auf der Mitgliederversammlung als die direkt am Tag vor Kongressbeginn stattfindende Vorstandssitzung und die Sitzung der Lehrstuhlinhaber von entscheidender Bedeutung. Der typische Verlauf einer Mitgliederversammlung lässt sich aus dem Protokoll einer Vorstandssitzung des Jahres 1964 entnehmen: Die meist nur einstündige Mitgliederversammlung fand am zweiten Tag des Kongresses statt. Zunächst eröffnete der aktuelle Präsident die Versammlung und begrüßte die Anwesenden. Dann bat er den 1. Schriftführer – in diesem Falle Ehrhardt – darum, über die Tätigkeit des Vorstandes in den vergangenen zwei Jahren zu berichten. Mehr als Stichworte fielen dabei offenkundig nicht. Anschließend referierte der Kassenführer Heinz Sollmann die aktuelle Kassenlage. Die Kassenprüfung war bereits vorher von zwei unabhängigen Herren vorgenommen worden, „um den Verlauf der Versammlung nicht zu verzögern". Daraufhin trat der Vorstand geschlossen zurück und teilte der Versammlung die Vorschläge des Vorstandes für die Neuwahlen mit. Sofern keine zusätzlichen Kandidaten aus dem Publikum benannt wurden, was lange Zeit nicht vorkam, erfolgte die Wahl satzungsgemäß durch Akklamation.[45] Zwischen den Berichten von Schrift- und Kassenführer und der Entlastung des bisherigen Vorstands hält das Protokoll der Mitgliederversammlung für gewöhnlich den Tagesordnungspunkt „Diskussion der beiden Berichte, evt. Anträge und ggf. Beschlussfassung" fest. Die Mitgliederversammlungen waren jedoch lange Zeit kein Ort für grundsätzliche Aussprachen über den Sinn und Zweck der Gesellschaft und ihre anstehenden Aufgaben. Das zeigt schon die kurze Dauer der Veranstaltung. Angesichts dessen wundert es wenig, dass meist nur ein kleiner Teil der Mitglieder an den Versammlungen teilnahm.

Entscheidender Moment der Mitgliederversammlung war die Wahl eines neuen Präsidenten. Es ist bereits beschrieben worden, dass erst ab 1968 überhaupt einmal mehrere Kandidaten der Mitgliederversammlung zur Wahl gestellt wurden und dass ansonsten der Vorstand seinen Vorschlag von der Mitgliederversammlung nur noch bestätigen ließ. Dabei war oft bis kurz vor der Versammlung überhaupt nicht klar, wer Nachfolger des scheidenden Präsidenten werden sollte. Die Universitätsprofessoren und Direktoren rissen sich nicht um dieses Amt. Sie waren der Ansicht, dass sie ihre fachlichen und wissenschaftspolitischen Interessen in anderen Positionen besser vertreten konnten. Das wiederum stärkte den Schriftführer der Fachgesellschaft.

So auch 1960. Am 30. September – das heißt gerade einmal zwei Wochen vor der anstehenden Wahl – schrieb Ehrhardt an Bürger-Prinz zur Frage der Nachfolgeregelung:

> „In der Vorstandssitzung können wir diese Frage leicht und schnell erledigen. Ob und wie man in der Kliniksdirektoren-Konferenz davon sprechen soll, ist schon problematischer und wäre zu überlegen. Wenn Sie in der Mitgliederversammlung Professor Panse vorschlagen,

---

[45]Vgl. Protokoll der Vorstandssitzung der DGPN am 1.10.1964 in Bad Nauheim, DGPPN-Archiv, Ordner 1 B.

müsste er davon wissen und vor allem auch anwesend sein. Weiterhin müssten Sie sich vorher der evtl. Unterstützung Ihres Vorschlags durch einen anderen Ordinarius, z. B. Prof. Mauz, vergewissern. Evtl. macht man es auch so, dass man in der Mitgliederversammlung nach der Entlastung des bisherigen Vorstandes die Leitung der Neuwahl Herrn Professor Villinger übergibt, der dann den neuen Präsidenten und die anderen Vorstandsmitglieder vorschlägt. Ich hoffe, dass sich dann diese Angelegenheit in 5 min erledigen lässt."[46]

Bürger-Prinz antwortete darauf, dass er mit Herrn Panse bereits wegen der Präsidentschaft verhandelt habe. „Er ist durchaus einverstanden. Ich würde es für sehr nett halten, wenn die Leitung der Wahl Herr Professor Villinger als unser Nestor übernehmen würde."[47] Kurz vor dem Kongress zog Friedrich Panse diese Zusage aber aus persönlichen Gründen zurück.[48] Er übernahm auf der Mitgliederversammlung die Aufgabe, die eigentlich Villinger zugedacht war und schlug Heinrich Kranz als Nachfolger von Bürger-Prinz vor. Die Mitgliederversammlung bestätigte dann nur noch den vorgeschlagenen Vorstand. Einstimmig gewählt wurden Kranz zum 1. Vorsitzenden, Bürger-Prinz zum 2. Vorsitzenden, Ehrhardt zum 1. Schriftführer, Werner Janzarik zum 2. Schriftführer, Heinz Sollmann zum Kassenführer, der amtierende Präsident der ostdeutschen Gesellschaft für Psychiatrie und Neurologie, Karl Leonhard, zum Vertreter der Lehrstuhlinhaber, Hans Erich Schulz (1909–?) zum Vertreter der Anstaltspsychiater und Robert Schimrigk zum Vertreter der niedergelassenen Nervenärzte.[49]

In den Monaten zuvor hatte Ehrhardt noch überlegt, die Präsidentschaft von Bürger-Prinz um ein halbes Jahr zu verlängern, damit die DGPN nicht im letzten Moment auf dem Weltkongress in Montreal mit einem aus den Vorverhandlungen noch nicht bekannten Präsidenten in Erscheinung treten müsse.[50] Dazu kam es dann nicht. Wichtiger an den Überlegungen Ehrhardts ist ohnehin, wie er zugleich versuchte, auf den Wahlvorschlag des Vorstands einzuwirken:

„Grundsätzlich halte ich es für durchaus angebracht, wenn jetzt einmal ein Repräsentant der Anstaltspsychiatrie an die Spitze der Gesellschaft treten würde. Herr Schulte, Gütersloh, wäre wohl die dafür geeignete Persönlichkeit, wenn man nur wüsste, ob er wirklich endgültig in Tübingen abgesagt hat. Es ist aber m. E. unmöglich, ihn als Anstaltspsychiater zum Präsidenten zu machen, wenn er 4 Wochen später ein Ordinariat erklimmt. Weiterhin habe ich an Herrn Panse gedacht, der zur Zeit noch als einziger Ordinarius gleichzeitig Anstaltsleiter ist, Dekan und Rektor war und ausserdem auch altersmässig an der Reihe wäre.

---

[46]Helmut Ehrhardt an Hans Bürger-Prinz, Schreiben vom 30.9.1960, DGPPN-Archiv, Ordner 1 O.

[47]Hans Bürger-Prinz an Helmut Ehrhardt, Schreiben vom 06.10.1960, DGPPN-Archiv, Ordner 1 O.

[48]Vgl. Protokoll der Vorstandssitzung der DGPN am 1.10.1964 in Bad Nauheim, DGPPN-Archiv, Ordner 1 B.

[49]Vgl. Protokoll über die Mitgliederversammlung der DGPN am 15.10.1960, DGPPN-Archiv, Ordner: Deutsche Gesellschaft, Protokolle 1951–1960.

[50]Vgl. Helmut Ehrhardt an Hans Bürger-Prinz, Schreiben vom 30.9.1960, DGPPN-Archiv, Ordner 1 O.

Vielleicht können Sie diese Frage in etwa abzuklären versuchen, weil das am Vorabend der Wahl schlecht möglich ist. Ausserdem sollte der neue Präsident bei seiner Wahl möglichst zugegen sein. Den übrigen Vorstand wird man am besten zur Wiederwahl vorschlagen."[51]

Bürger-Prinz plädierte sodann für Panse.[52] Gewählt wurde schließlich jedoch Heinrich Kranz. Damit kam es zwar nicht zur Wahl eines der ursprünglich von Ehrhardt vorgeschlagenen Kandidaten, das lag aber nur an Panses Stimmungswandel.

Ähnliches ist von der Kandidatenkür zwei Jahre später zu berichten. Auch gegenüber Kranz versuchte Ehrhardt die Nachfolge in seinem Sinne zu beeinflussen. Er war es, der erste Vorschläge unterbreitete und dabei wiederum stark auf die Berücksichtigung eines „Anstaltspsychiaters" drängte. Kranz wollte sich den Vorschlägen aber nicht anschließen. Lasse man zunächst einmal Herrn Schimrigk „aus dem Spiele", so seien die anderen beiden von Ehrhardt vorgeschlagenen Kandidaten „nicht geeignet". Beide seien „sympathische und intelligente Leute", Kranz bezweifelte aber, „ob [sie] geeignet und auch interessiert genug sind, um die Präsidentschaft in der DGPN zu übernehmen".[53] Stattdessen schlug Kranz Siegfried Haddenbrock (1913–2003(?))[54] vor, wohl wissend, dass dieser „in einigen forensischen psychiatrischen Grundsatzfragen" zu Ehrhardt in „Gegnerschaft" stand. Auch Zutt habe er bereits kontaktiert, der mit Haddenbrock einverstanden sei. Ohne Ehrhardt zu fragen hatte er auch Haddenbrock selbst schon angesprochen, der aber „mit erhobenen Händen" abgewehrt habe. Doch sei das letzte Wort diesbezüglich noch nicht gesprochen. „Natürlich wird man in einem solchen Fall diese Reaktion zunächst fast immer erwarten müssen und sie besagt nicht, ob der Betreffende nicht doch zur Übernahme des angetragenen Amtes geneigt wäre. Ich selbst bin auch noch nicht geneigt, ihn als Kandidaten schon gänzlich fallen zu lassen." Lehne Haddenbrock indes ab, dann werde sich Kranz nicht gegen den neuen Vorschlag Ehrhardts, Hans Merguet, sträuben. Wie Ehrhardt darauf reagierte, ist nicht mehr zu ermitteln. Sicher ist nur, dass Haddenbrock nicht Nachfolger von Kranz wurde – gewählt wurde Hans Merguet, dem auch Kranz die fachliche Qualifikation zugestand.[55]

In den Vorstandssitzungen hatte es sich gezeigt und nun auch auf den DGPN-Kongressen: Helmut Ehrhardt interpretierte die Rolle des 1. Schriftführers der

---

[51]Ebd.

[52]Hans Bürger-Prinz an Helmut Ehrhardt, Schreiben vom 16.7.1960, DGPPN-Archiv, Ordner 1 O.

[53]Heinrich Kranz an Helmut Ehrhardt, Schreiben vom 2.8.1962, DGPPN-Archiv, Ordner 1 A.

[54]Siegfried Haddenbrock: 1941/42 Gastaufenthalt an der Deutschen Forschungsanstalt für Psychiatrie in München, 1945 in Göttingen habilitiert, ab 1954 Direktor des Psychiatrischen Landeskrankenhauses Emmendingen. Er sprach sich einerseits frühzeitig gegen die Leukotomie aus, bezog in der Zeit der Strafrechtsreform andererseits aber immer wieder Stellung gegen die von Hans Giese vertretende neue Perspektive auf Sexualstraftäter. Vgl. Meier, Spannungsherde, S. 127.

[55]Heinrich Kranz an Helmut Ehrhardt, Schreiben vom 2.8.1962, DGPPN-Archiv, Ordner 1 A, Zitate ebd.

Fachgesellschaft als Netzwerkknotenpunkt. Ehrhardt, der selbst nicht über die Herausgeberschaft in einer der zentralen Fachzeitschriften agieren konnte (oder wollte) und erst Mitte der 1960er Jahre zum ordentlichen Professor berufen wurde, nutzte die Fachgesellschaft zur Setzung von Themenschwerpunkten und als Kommunikationskanal sowohl in das eigene Fach als auch in die Sphäre der Politik.

Das gesellschaftliche Rahmenprogramm

Die „geselligen Veranstaltungen" waren auf Medizinerkongressen stets mehr als nur bloßes Rahmenprogramm. Sie waren integraler Teil der Bemühungen um eine hohe Teilnehmerzahl. Zugleich dienten sie eben jener Ermöglichung der persönlichen Bekanntschaft und der privaten Aussprache, die die Kommentatoren der internationalen Großkongresse bei diesen so vermissten.[56]

Ein Blick in die Tagungsprogramme zeigt, wie umfangreich und eingespielt der gesellschaftliche Teil der Veranstaltungen war. Schon 1953 wurde den Teilnehmern des GDNP-Kongresses ein abwechslungsreiches Abendprogramm angeboten: Ein Begrüßungsabend, Theater- und Kabarettbesuch nach Wahl, ein Kammerkonzert in Schloss Nymphenburg, ein Gesellschaftsabend mit Bankett im Hotel „Bayerischer Hof" (dunkler Anzug) und zum Abschluss ein „zwangloses Beisammensein". Daneben gab es die Möglichkeit, tagsüber die Universitäts-Nervenklinik, die Deutsche Forschungsanstalt für Psychiatrie und die Heil- und Pflegeanstalt Haar zu besuchen. Besichtigungen der Deutschen Verkehrsausstellung und Führungen durch die verschiedenen Kunstsammlungen Münchens waren ebenfalls vorgesehen. Zudem wurden separate Veranstaltungen „für die Damen" angeboten: Der Besuch der Filmateliers Geiselgasteig mit anschließender Kaffeetafel, die Besichtigung der Nymphenburger Porzellanmanufaktur, die Fahrt nach Herrenchiemsee mit Schlossbesichtigung, der Besuch des Tierparks Hellabrunn und Stadtrundfahrten auf Wunsch.[57] Zwei Jahre später, 1955, in Hamburg war ebenfalls ein Begrüßungsabend vorgesehen, wahlweise der Besuch der Hamburger Staatsoper oder des Schauspielhauses, ein Gesellschaftsabend mit Essen im Hotel Atlantik sowie für diejenigen, die tagsüber nicht am Kongress teilnahmen, eine Dampferfahrt nach Helgoland, Stadt- und Hafenrundfahrten sowie der Besuch der Hamburger Museen.[58] Im beschaulichen Bad Nauheim war das Programm regelmäßig ein anderes als in den Metropolen. 1956 begann man mit einem Begrüßungsabend mit Damen, am folgenden Tag war ein Festessen mit Gesellschaftsabend vorgesehen. Für die Gattinnen gab es tagsüber die Möglichkeit, die Bade- und Kuranlagen zu besuchen sowie eine Kaffeefahrt zu unternehmen. Obendrein war ein populärwissenschaftlicher Abendvortrag vorgesehen. Ein Mitglied der DGPN, der Religionswissenschaftler und Paracelsus-Forscher Kurt Goldammer (1916–1997) aus Marburg, sprach zwei Stunden

---

[56]Conrad, V. Internationaler Kongreß 1954, S. 125.

[57]Vgl. Tagungsprogramm GDNP 1953, DGPPN-Archiv, Ordner 1 O.

[58]Vgl. Einladung zum GDNP-Kongress 1955, DGPPN-Archiv, Ordner 1 O.

über „Paracelsus, das Bild eines ärztlichen Religionsphilosophen". Das Programm hält ausdrücklich fest, dass die „Damen der Kongreßteilnehmer" hierzu herzlich eingeladen waren.[59] Erst in den 1960er Jahren bemühte sich der jeweilige Präsident oder der Tagungsorganisator um bekanntere Gastredner. So hielt beispielsweise der prominente Soziologe Arnold Gehlen (1904–1976) 1960 einen Abendvortrag über die Psychologie eines neuen Kunst-Stils, in dem er sich mit Kandinsky auseinandersetzte.

Die Bad Nauheimer Gesellschaftsprogramme waren auch 1958, 1960 und 1964 dem eben beschriebenen sehr ähnlich. Sie umfassten den Begrüßungsabend „mit Damen", und es war „für die Damen" während der Tagungszeit eine Führung durch die Badeanlagen – Treffpunkt am großen Sprudel – sowie eine Kaffeefahrt zum Johannisberg vorgesehen. Die Abende boten ein Schau- oder Gaukelspiel sowie einen nichtöffentlichen Gesellschaftsabend mit gemeinsamem Abendessen und Tanz sowie am Sonntag einen öffentlichen Gesellschafts-Tanzabend im Kurhaus.[60] 1962 in München bestand das Rahmenprogramm aus dem Begrüßungsabend, einer Fahrt nach Kloster Schäftlarn im Isartal „mit Kaffeetafel im Bräustübl", dem Besuch der Alten Pinakothek „unter sachverständiger Führung", einem Gesellschaftsabend mit Festessen und Tanz sowie einer Führung durch die Schatzkammer der Residenz.[61] Allerdings mussten die Tagungsteilnehmer/-innen auf den Besuch der Alten Pinakothek dann doch verzichten: wegen eines Staatsbesuchs Charles de Gaulles blieb sie für die Öffentlichkeit geschlossen. Dafür wurde kurzfristig der Besuch von Schloss Nymphenburg ins Rahmenprogramm aufgenommen.[62]

Es scheint sinnvoll, sich diese Auflistungen in ihrer steten Gleichförmigkeit nicht entgehen zu lassen. Sie sind nämlich ein Hinweis darauf, dass die Veranstaltungen des gesellschaftlichen Rahmenprogramms nicht zur bloßen Unterhaltung und zum Zeitvertreib gedacht waren. Sie stellten wichtige bildungsbürgerliche Repräsentationstechniken und damit habitualisierte Signale der Respektabilität, der Verlässlichkeit und des gehobenen gesellschaftlichen Status dar. In diesem Licht sehen auch die „Veranstaltungen für die Damen" anders aus: Im bürgerlichen Wertehimmel und in der klassischen bürgerlichen Rollenverteilung waren die Männer für Arbeit und Finanzen, die Frauen für Bildung und Kunst zuständig. Die „Damen" hatten auf den Kongressen

---

[59]Vgl. Tagungsprogramm 1956, DGPPN-Archiv, Ordner 1 O.

[60]Vgl. Tagungsprogramm 1958, DGPPN-Archiv, Ordner 1 O; Offizielle Einladung zum Kongress der DGPN 1960, DGPPN-Archiv, Ordner 1 O.

[61]Vgl. Tagungsprogramm 1962, DGPPN-Archiv, Ordner 1 A.

[62]Vgl. Einlagezettel im Tagungsprogramm. Teilnahmelisten der Tagungsveranstaltungen sind nicht mehr überliefert. Es kann somit auch keine Aussage über die Geschlechterverteilung dort gemacht werden. Als Referenten traten in den 1950er und 1960er Jahren allerdings ausschließlich Männer auf. Das lag nicht nur generell an der Unterrepräsentation von Frauen unter den Medizinern, sondern auch an den Auswahlkriterien für die Referenten. Da bei diesen auf einen Professorentitel oder die Leitung einer Klinik geachtet wurde, kamen Frauen qua ihrer Positionen in den Krankenhäusern und Universitäten nicht als Referentinnen in Betracht.

eine wichtige Funktion. Sie tauchten nicht als Referentinnen auf, waren aber über die Pflege des Kontakts zu den Ehefrauen der Kollegen der Männer in deren Karriereplanungen eingebunden.[63]

Vielleicht lässt sich daher die Atmosphäre der abendlichen Veranstaltungen und der Situation der Ehefrauen auf dem Kongress gar nicht schöner illustrieren, als durch den kurzen Dankesbrief, den Walther Birkmayer (1910–1996) an Helmut Ehrhardt kurz nach der Rückreise vom DGPN-Kongress am 10. Oktober 1964 schrieb:

> „Wieder im neurologischen Alltag in Wien, ist es mir ein aufrichtiges Bedürfnis, Ihnen für die Einladung und für die schönen Tage in Nauheim zu danken. Zu diesem Dank gehört natürlich auch der nette Abend und der Tango, den ich mit Ihrer Gattin tanzen durfte. Ich konnte dabei feststellen, dass ein Dopamin-Mangel bei ihr keineswegs vorliegt, da Rhythmik und extrapyramidale Motorik hervorragend in Erscheinung traten! So eine kurze Phase des kollegialen Beisammenseins ist immer wieder ein affektiver Stress, der einem befähigt, die Tagesarbeit zu Hause mit Schwung anzugehen!"[64]

Die Kongresseinnahmen: Teilnahmegebühren und Industrieausstellungen

Die DGPN als Organisation wollte und musste auf die habitualisierten Verhaltensformen in der Ärzteschaft Rücksicht nehmen. Nichtsdestotrotz hatte sie auch ein monetäres Interesse daran, dass sich die Teilnehmer und „ihre Damen" wohl fühlten und gerne wiederkamen. Immerhin waren Kongresse für die DGPN aufgrund der niedrigen Mitgliedsbeiträge eine wichtige Einnahmequelle. Die Geldflüsse aus den Tagungsgebühren und den Industrieausstellungen waren von existenzieller Bedeutung für die Infrastruktur der Fachgesellschaft.

Die Teilnahmegebühren sind den Tagungsprogrammen zu entnehmen. 1953 zahlten die GDNP-Mitglieder 15,-- DM für die Teilnahme am Kongress, Nichtmitglieder zahlten 25,--, Assistenten in nicht vollbezahlter Stellung 10,--, Ehefrauen, „die an den wissenschaftlichen Sitzungen und gesellschaftlichen Veranstaltungen teilnehmen wollen" 10,-- DM, Tageskarten erhielt man für Mitglieder zu 5,-- DM, für Nichtmitglieder zu 7,-- DM. Später senkte die DGPN die Preise. 1956 hatten Mitglieder 10,-- DM zu zahlen, Nichtmitglieder 15,--, Ärzte in nicht vollbezahlter Stellung 5,--, Ehefrauen 5,--, eine Tageskarte kostete 7,-- DM, Teilnehmer aus der DDR mussten keinen Tagungsbeitrag aufbringen. Diese Preise blieben 1958 stabil, nur die Tageskarte kostete nun 6,-- DM. 1960 änderte sich an dieser Regelung nichts. Für den Kongress 1962 waren indes bereits wieder 15,-- DM von den Mitgliedern zu zahlen. Nichtmitglieder überwiesen 20,-- DM, Assistenten in

---

[63]Vgl. Boehnisch, Gattinnen 1999; Boehnisch, Gruppenbild 2003.

[64]Walther Birkmayer an Helmut Ehrhardt, Schreiben vom 10.10.1964, DGPPN-Archiv, Ordner 1 O. Birkmayer war schon 1932 Mitglied der NSDAP und 1936 Mitglied der SS geworden. 1939 war er Hauptstellenleiter im Rassenpolitischen Amt der NSDAP, wurde dann allerdings wegen nichtarischer Abstammung seines Amtes enthoben. 1954 wurde er auf den Lehrstuhl für Neurologie an der Universität Wien berufen. Nach dem Zweiten Weltkrieg verfasste er zahlreiche Schriften zu Hirnverletzungen, zur Parkinson-Krankheit und zu Neurotransmittern.

nicht vollbezahlter Stellung und Ehefrauen hatten für den gesamten Kongress den Preis einer Tageskarte in Höhe von 10,-- DM zu entrichten. 1964 blieb die Gebühr für Mitglieder gleich, doch erhöhte sich die für Nicht-Mitglieder wieder auf 25,-- DM. Offenkundig gab man aber die Preisdiskriminierung zugunsten der Assistenten in Nichtvollzeit auf. Teilnehmer aus der DDR hatten weiterhin keinen Beitrag zu entrichten.[65]

Industrieausstellungen gehörten in den 1950er Jahren zu den Kongressen dazu. Das Tagungsprogramm hält 1953 fest, dass im Silbersaal des Deutschen Theaters, in unmittelbarer Nähe des Kongresssaales, eine Ausstellung der pharmazeutischen und apparatebauenden Industrie stattfand.[66] Auch im Tagungsprogramm 1958 wird eine Ausstellung des Buchhandels und der „einschlägigen Industrie" angekündigt. Zu diesen ist leider nichts Genaueres überliefert. Sie scheinen aber nicht sehr erfolgreich gewesen zu sein. Zumindest betonte der Vorstand der DGPN 1964, dass man auf eine Industrie-Ausstellung verzichten wolle, „weil frühere Versuche dieser Art keinen rechten Anklang gefunden haben".[67] Eine vollkommen veränderte Situation ergab sich dann 1966. Weil man jetzt nicht mehr in Bad Nauheim, sondern im Karl-Arnold-Haus in Düsseldorf tagte, war eine Industrieausstellung wieder möglich.[68] So ist für diesen Kongress ein eigener Ordner mit Industriekontakten überliefert. Dieser gibt Auskunft über die gestiegenen Bemühungen der DGPN um die medizintechnische Industrie und über die Spendeneinwerbung bei der pharmazeutischen Industrie. Für einen Stand in der Länge von 5 m und einer Tiefe von zwei Metern entfielen 450,-- DM – bei zusätzlich voller Übernahme der Haftung.[69] Insgesamt wurden sechs Stände dieser Größe vermietet; hinzu kamen großzügige Spenden von der pharmazeutischen Industrie. Ansonsten wären die Gesamtausgaben des Kongresses in Höhe von fast 15.000,-- DM auch nicht allein durch die fast 9.000,-- DM Eintrittsgelder zu decken gewesen. Durch die Standeinnahmen von insgesamt 2.700,-- DM, die Spenden der pharmazeutischen Industrie in Höhe von 12.000,-- DM und eine Spende des Landschaftsverbandes Rheinland in Höhe von 3.000,-- DM ergab sich schließlich ein hoher Überschuss.[70] Trotz der Schwierigkeiten, in Bad Nauheim eine Industrieausstellung zu bewerkstelligen, beschloss der Vorstand der DGPN im April 1969, dass der Kongress der Fachgesellschaft im kommenden Jahr möglichst wieder in Bad Nauheim stattfinden solle.[71]

---

[65]Vgl. Tagungsprogramm 1953; Tagungsprogramm 1956; Tagungsprogramm 1962; Offizielle Einladung zum Kongress der DGPN 1960, alle DGPPN-Archiv, Ordner 1 O.

[66]Vgl. Tagungsprogramm 1953, Kongress der GDNP, DGPPN-Archiv, Ordner 1 O, S. 27. Hier auch ein detailliertes Aussteller-Verzeichnis.

[67]Helmut Ehrhardt an Karl Demeter Verlag, Schreiben vom 11.6.1964, DGPPN-Archiv, Ordner 1 O.

[68]Zur Tagung vgl. Vliegen, Chronisch endogene Psychosen 1966, in: DGPPN-Archiv, Ordner 1 P.

[69]Vgl. Troponwerke an Friedrich Panse, Schreiben vom 2.5.1966, in: DGPPN-Archiv, Ordner 1 P.

[70]Vgl. Aufstellung über die Ein- und Ausgaben anlässlich des Kongresses in Düsseldorf, in: DGPPN-Archiv, Ordner 1 P.

[71]Vgl. Protokoll der Vorstandssitzung der DGPN am 16.4.1969, DGPPN-Archiv, Ordner 1 F.

9.3   Zwei weichenstellende DGPN-Kongresse

Die Quellenlage zu den einzelnen Kongressen der DGPN gestattet es nur im Ausnahmefall, diese genauer zu analysieren. Nur von wenigen Treffen ist ausreichend aussage-
kräftiges Material für ein solches Vorgehen tradiert worden. Die Überlieferungslage ist
zum Teil zufallsbedingt, hat aber wohl auch etwas mit der Bedeutung der jeweiligen
Tagungen zu tun. War auch für die Zeitgenossen ersichtlich, dass es sich bei einem
DGPN-Kongress um einen einschneidenden Moment handelte, in dem sich jahrelange
Diskussionen wie in einem Brennglas bündelten, dann erhöhte sich die Wahrscheinlichkeit, dass das historische Material später nicht einfach entsorgt wurde, wenn Ämter neu
besetzt wurden oder die Geschäftsstelle umzog. Es ist daher nicht gänzlich zufällig, dass
sich zu zwei Jahrestagungen der DGPN heute noch Material im Archiv der DGPPN-
Geschäftsstelle finden lässt. Es sind dies die Kongresse der Jahre 1960 und 1964. Auf
der ersteren Tagung kumulierten die Debatten um das Problem der zwangsweisen Freiheitsentziehung durch die Psychiatrie und den Komplex der Schuldfähigkeit psychisch
Kranker, auf der Tagung 1964 wurde das Verhältnis zur Soziologie ausgelotet, die sich
damals begünstigt durch die Verwissenschaftlichung der Politik und die Komplexitäts-
steigerung der Gesellschaft zur neuen Leitwissenschaft aufschwang. Beide Tagungen
hatten also auch etwas mit dem Einfluss konkurrierender Expertengruppen zu tun, in
diesem Fall mit den Juristen 1960 und den Soziologen 1964. Der genauere Blick auf
diese beiden Ereignisse wird zugleich deutlich werden lassen, dass sich auf den DGPN-
Kongressen gesellschaftspolitische Debatten bündelten und danach gefragt wurde, wie
diese in fachgesellschaftliches Handeln transformiert werden könnten. Es wird zudem zu
sehen sein, welches Verständnis das führende Fachgesellschaftspersonal von ihrer Rolle
in der Gesellschaft, als Experten, und von der Fachgesellschaft als Ort der innerfachlichen Meinungsbildung hatten.

9.3.1   Bad Nauheim 1960 – über Freiheitsentzug

Zwischen dem 14. und dem 16. Oktober 1960 fand in Bad Nauheim der Kongress der
Deutschen Gesellschaft für Psychiatrie und Nervenheilkunde statt. Im Voraus war der
Termin mit dem in Zürich stattfindenden Kongress der Neurologen koordiniert worden,
sodass sich beide nicht überschnitten.[72] Nachdem man 1958 zusammen mit den Mitgliedern der *Allgemeinen Ärztlichen Gesellschaft für Psychotherapie* über die Apparate-
medizin in der neurologischen Diagnostik, über allgemeine Schwierigkeiten der
Diagnosestellung und über Wahnphänomene gesprochen hatte, blieben die Psychiater

---

[72]Vgl. Protokoll der Vorstandssitzung der DGPN am 13.9.1959, DGPPN-Archiv, Ordner 1 A.

nun wieder unter sich.[73] Geleitet von Hans Bürger-Prinz und Helmut Ehrhardt tauschten sich die Anwesenden an drei Tagen über drei Themen aus.

Am ersten Tag, den Hans Bürger-Prinz organisiert hatte und leitete, ging es um die endogenen phasischen Psychosen. Neben Bürger-Prinz sprachen Wilhelm Mayer-Gross, Franz Josef Michael Winzenried[74] (1924–1989), Friedrich Duensing (1910–1977)[75], Hans-Joachim Bochnik[76] (1920–2005), Hanns Hippius und Hans-Jörg Weitbrecht. Der Abend wurde abgeschlossen durch den schon erwähnten Vortrag des mit Bürger-Prinz befreundeten Soziologen Arnold Gehlen.[77] Dieser Tag wurde für die Geschichte des Fachs wichtig, weil auf ihm erstmalig „die seit vielen Jahren mit Spannung erwarteten neuen Erkenntnisse der Hamburger Klinik" einer breiten Fachöffentlichkeit vorgestellt wurden.[78] Für die Geschichte der Fachgesellschaft waren aber die folgenden beiden Tage von noch größerer Bedeutung. Der zweite Tag war der Forensischen Psychiatrie gewidmet. Der Schweizer Philosoph und Psychologe Wilhelm Keller (1909–1987) sprach zum Thema „Freiheit, Wille und Schuld", Friedrich Stumpfl (1902–1997)[79] zu „Verhalten und Verantwortung", der Schriftführer der DGPN, Helmut Ehrhardt, zur „Schuldfähigkeit in dem Entwurf eines StGB 1960", der Kriminologe und promovierte

---

[73]Erst 1969, auf der 75. Tagung der *Deutschen Gesellschaft für Innere Medizin* (DGIM), fand wieder eine Gemeinschaftssitzung mit der DGPN statt.

[74]Franz Josef Michael Winzenried war Schüler von Hans Bürger-Prinz, später Ordinarius in Hamburg.

[75]Der Physiologe Friedrich Duensing übernahm nach dem Tod von Klaus Conrad die kommissarische Klinikleitung in Göttingen (1961–1963). Vgl. Rüther, Psychiatrie in Göttingen 2003, S. 193.

[76]Hans-Joachim Bochnik war Schüler von Hans Bürger-Prinz, später Ordinarius in Frankfurt am Main.

[77]Zum freundschaftlichen Verhältnis zu Arnold Gehlen (sowie zu Hans Giese und Helmut Schelsky) vgl. Bürger-Prinz, Ein Psychiater berichtet o. J., S. 350.

[78]Helmut Ehrhardt an Hans Giese, Schreiben vom 17.3.1960, DGPPN-Archiv, Ordner 1 O.

[79]In den 1930er Jahren hatte Stumpfl am *Kaiser-Wilhelm Institut für Genealogie und Demographie der Deutschen Forschungsanstalt für Psychiatrie in München* mehrere Studien zur Sippen- und Zwillingsforschung verfasst. In diesen widmete er sich der Frage, inwiefern Rückfalltäter – im Jargon der Zeit „Schwerkriminelle" – eine biologische Disposition zum Verbrechen aufwiesen. Die von Ernst Rüdin angestoßenen Untersuchungen waren nicht frei von rassenhygienischen Empfehlungen. Stumpfl wollte mit seiner Studie die notwendigen Voraussetzungen für eine zielsichere Verbrechensbekämpfung und Verbrechensverhütung schaffen und versprach, an „einer Eindämmung der Kriminalität durch rassenhygienische Maßnahmen" mitzuarbeiten. Stumpfl war allerdings kein reiner Biologist. Er betonte stets – und das machte seine Aussagen auch nach 1945 noch zitierfähig –, das „Ineinander- und Gegeneinanderwirken biologischer und sozialer, zeitgeistbedingter Faktoren", welche „das bunte Nebeneinander verschieden gerichteter Auslesewirkungen" bedingten. Er schlussfolgerte aber, dass die angeblich hohe Fruchtbarkeit der „abnormen Persönlichkeiten in den Sippen von Rückfallsverbrechern (...) rassenhygienische Maßnahmen unbedingt" erforderlich machen. Nach dem „Anschluss" Österreichs wurde Stumpfl 1939, damals 37 Jahre alt, auf die neu errichtete Professur für Erb- und Rassenbiologie in Innsbruck berufen. 1941 trat er in die NSDAP ein. Nach einigen Umwegen in der Nachkriegszeit war er ab 1953 wieder an der Universität Innsbruck tätig. Ungebrochen ob des Systemwechsels,

Psychiater und Jurist Heinz Leferenz[80] zum „Maßregelrecht in dem Entwurf eines StGB 1960", der Ministerialdirigent des Bundesjustizministeriums, Georg Schwalm, zur „Heilbehandlung und Schwangerschaftsunterbrechung in strafrechtlicher Sicht" und schließlich Hans Giese (1920–1970)[81] über „Homosexuelles Verhalten als Straftatbestand im geltenden und künftigen Strafrecht". Den dritten Kongresstag zum Thema Anstaltspsychiatrie bestritten Hans Erich Schulz, Walter Schulte sowie der Psychiater und Sozialmediziner Herbert Viefhues (1920–2004) mit Vorträgen „Über die psychiatrische Außenfürsorge", über die „Somato- und Psychotherapie im Rahmen der Anstaltspsychiatrie" und über „Neue Organisationsformen psychiatrischer Versorgung".[82] Dieser dritte Tag wird in einem späteren Kapitel des vorliegenden Buches noch eingehend gewürdigt, weil er eine wichtige Momentaufnahme zu Ansichten über den Reformbedarf der psychiatrischen Anstalten in der DGPN ermöglicht. Er ist integraler Teil der Reformgeschichte der Psychiatrie. Weil für die Zeitgenossen das am

---

interessierte ihn weiterhin der Zusammenhang von „asozialem" Verhalten und Erbanlagen. So hielt er auch nach 1945 noch am Konzept der „Minderwertigkeit" fest. In seinem Vortrag auf dem DGPN-Kongress 1960 bemühte sich Stumpfl darum, den Oberbegriff der „Krankhaftigkeit" zu bewahren. Vgl. Stumpfl, Erbanlage und Verbrechen 1933, S. 273–277, Zitate S. 273, 274, 277; Stumpfl, Ursprünge des Verbrechens 1936; Stumpfl, Kriminalbiologische Forschung 1936; Mayer, Eugenische Forschung 2009.

[80]Zu Leferenz und seinem noch in den 1950er Jahren vertretenen Konzept von der anlagebedingten seelischen Abnormität bei Kindern und Jugendlichen vgl. Baumann, Verbrechen 2006, S. 177.

[81]Es ist schwer, sich Giese als Redner nach Stumpfl vorzustellen. Der Kontrast in politischer Gesinnung, Habitus und Inhalt gibt aber auch einen wichtigen Hinweis auf die Bandbreite der Referenten. Fragen der Schuldfähigkeit und Begutachtung trieben Giese jedenfalls nicht um. Doch zur Idee von Krankheit und Strafbarkeit hatte Giese sicherlich eine andere Meinung als Stumpfl. Giese, zur Zeit des Vortrags Dozent in Frankfurt am Main, war der renommierteste und angesehenste Sexualwissenschaftler seiner Zeit und seiner Generation. Giese war selbst Mediziner und kannte die Führungsebene der DGPN gut. Er war bei Werner Villinger 1946 promoviert worden und hatte die Gründung der *Deutschen Gesellschaft für Sexualforschung* initiiert, zu deren Gründungsvorsitzender der jetzige DGPN-Präsident Hans Bürger-Prinz gewählt worden war, bei dem er sich 1959 habilitierte. Der Wortlaut seines Vortrags ist nicht mehr erhalten, aber es ist angesichts seines sonstigen Werkes leicht nachvollziehbar, welche Botschaft er vermittelte: Homosexualität – die zu dieser Zeit bei zahlreichen Experten, Juristen und Polizisten noch als Ausweis sittlicher Minderwertigkeit galt – sei als Straftatbestand vollständig abzuschaffen.Vgl. Sigusch, Sexualwissenschaft 2007, S. 391–394; Dörre, erfüllte Sexualität 2019. Lesenswert ist u. a. immer noch Gieses aus dieser Zeit stammende Verteidigung des Außenseitertums. Giese/Hansen, Psychologie des Außenseiters 1962.

[82]Vgl. Schulz, Außenfürsorge 1962. Schulz war Direktor der Heil- und Pflegeanstalt Lohr am Main. Er hatte sich schon seit der zweiten Hälfte der 1950er Jahre mit eindringlichen Appellen zur Reform der psychiatrischen Versorgungseinrichtungen zu Wort gemeldet. Vgl. Schulz, Denkschrift 1959; Rudloff, Expertenkommissionen 2010, S. 177. Dessen Position zum Halbierungserlass dargelegt in: Coché, Psychiatrie und Gesellschaft 2017, S. 99. Vgl. auch Schulte, Somato- und Psychotherapie 1961; Viefhues, Gruppentherapeutische Einrichtungen 1961.

zweiten Kongresstag verhandelte Thema das entscheidendere war, wird es hier nun etwas genauer beleuchtet.

Ausgewählt und eingeladen von Helmut Ehrhardt ging es an diesem Tag um die Strafrechtsreform und damit auch um die Frage nach dem Nutzen psychiatrischer Expertise für juristische Reformen. Berührt waren zudem die Fundamente des Schuldstrafrechts. Das war für die Tagungsteilnehmer ohnehin von Belang: Die Rechtslage zur Zwangseinweisung war bereits seit Inkrafttreten des Grundgesetzes 1949 umstritten; obendrein war sie uneinheitlich geregelt und in den Augen der Psychiater nicht präzise genug und zu restriktiv gefasst. Verschärft wurde die Situation nun aber noch einmal durch ein Urteil des Bundesverfassungsgerichts vom 10. Februar 1960, das mitten in die Planungsphase des Kongresses fiel. Dieses Urteil erweiterte die richterlichen Zuständigkeiten bei der Zwangseinweisung psychisch Auffälliger.

Die Historikerinnen Cornelia Brink und Stefanie Coché haben die damalige Rechtslage zur Freiheitsentziehung und deren praktische Auswirkungen in den psychiatrischen Versorgungseinrichtungen kenntnisreich dargestellt. Die Vorgeschichte der Diskussionen auf dem DGPN-Kongress 1960 lässt sich anhand ihrer Analysen kurz zusammenfassen: Im Nationalsozialismus waren Zwangseinweisungen vor allem auf polizeiliche Verfügungen und dem ihnen zugrunde liegenden Gedanken der Gefahrenabwehr zurückgegangen. Gesetzliche Basis war das in der Spätphase der Weimarer Republik in Kraft getretene Preußische Polizeiverwaltungsgesetz (PVG), das den Machtzuwachs der Polizei bei Einweisungen wegen Selbst- oder Fremdgefährdung begründete. Danach war es nicht mehr notwendig, eine medizinisch begründete Diagnose abzuwarten. Menschen konnten mit Verweis auf Selbstgefährdung, öffentliche Sicherheit und Ordnung ohne ärztliche Anhörung in eine Anstalt verbracht werden. 1949 beschränkte das Grundgesetz mit Artikel 104 diese Polizeikompetenzen und legte fest, dass eine zwangsweise Unterbringung prinzipiell nur durch einen Richter anzuordnen sei. Damit stellte sich die Frage, inwiefern die Regelungen des PVG von 1931 zur „Gefahreneinweisung" grundgesetzkonform waren. Ging man zunächst mehrheitlich davon aus, dass der Grundgedanke des PVG weiter Gültigkeit besaß, so änderte sich dies in den kommenden Jahren. 1956 beschränkte das Bundesgesetz über das gerichtliche Verfahren bei Freiheitsentziehung den Handlungsspielraum der Psychiater in der Einweisungspraxis, wogegen die betroffenen Ärzte protestierten. Entscheidender als das Grundgesetz und das Bundesgesetz waren aber die Unterbringungsgesetze der Bundesländer, die – in sehr unterschiedlicher Form ausgestaltet – seit 1949 verabschiedet worden waren. Sie führten zu einer geografischen Ungleichbehandlung psychisch Kranker. Von Bundesland zu Bundesland wichen die Zuständigkeiten von Polizei, Richtern und Psychiatern voneinander ab. Dies wurde alsbald problematisiert.[83]

Die Unsicherheit lag aber nicht nur an der Legislative, sondern auch daran, dass Juristen und Psychiater mit Ermessensfragen konfrontiert waren. Zusammen entschieden sie in der Praxis darüber, was eine medizinische Krankheit war und was juristisch als

---

[83]Vgl. Coché, Psychiatrie und Gesellschaft 2017, S. 47 f., 116–139, 151–157.

„gefährlich" für „Sicherheit und Ordnung" eingestuft werden sollte. De facto schlossen sich die Amtsgerichte überwiegend der Meinung der stellungnehmenden Ärzte an. Zudem war es in der frühen Bundesrepublik häufig Usus, den richterlichen Beschluss erst nachträglich einzuholen – und das eben nicht nur bei offenkundig gefährdeten oder gefährlichen Personen. So beunruhigten spektakuläre Fälle der unrechtmäßigen Freiheitsentziehung die Öffentlichkeit. Rufe nach einer bundeseinheitlichen Regelung wurden laut. Zudem klafften Rechtsnorm einerseits und Rechts- und Unterbringungspraxis andererseits eklatant auseinander. Die Psychiater hatten in den 1950er Jahren vor allem dann ein Problem mit der gültigen Rechtsnorm, wenn sie einen Patienten oder eine Patientin für behandlungsbedürftig hielten, dieser aber nicht gemein- oder selbstgefährlich war. Einlieferung und Unterbringung in einer psychiatrischen Anstalt waren unter diesen Bedingungen von der Zustimmung des Betroffenen abhängig. Die Unterbringungsgesetze erfassten solche Fälle nicht, es gab also keine Rechtsgrundlage für eine unfreiwillige Einweisung. Die Psychiater unterstellten dem Kranken dann gefährliche Absichten, ohne dass diese gegeben waren.[84] Schon seit der Gründung der Bundesrepublik hatten sich einflussreiche Psychiater – so etwa Villinger, Zutt und Ehrhardt – zu den ihrer Ansicht nach im Gegensatz zu psychiatrischen Erfahrungen und praktischen Notwendigkeiten stehenden gesetzlichen Regelungen der psychiatrischen Unterbringung zu Wort gemeldet. Allerdings, so hielt es Ehrhardt 1960 fest, hatten diese Einwände in der juristischen Literatur „eine erstaunlich geringe Resonanz gefunden".[85]

So sehr sich die Psychiater auch beklagten, „die Praxis", so hat Stefanie Coché klar festgestellt, „wich von der Rechtsnorm ab und zwar zugunsten einer größeren Machtfülle der Ärzte". Psychiatern gelang es immer wieder, erfolgreich den Richterspruch zu umgehen, indem sie die Entmündigung der Patient/-innen nach dem BGB empfahlen. Dann war nämlich der Vormund berechtigt, der Einweisung zuzustimmen. Vormund waren meist Angehörige der Patient/-innen, die oft eine eigene Agenda verfolgten. Es war in ihrem Interesse – und nicht zwangsläufig auch in dem der Patient/-innen –, wenn sie mit den Psychiatern zusammen eine Entmündigung betrieben.[86] Das Bundesverfassungsgerichtsurteil vom 10. Februar 1960 erschwerte diese Praxis. Fortan konnten Minderjährige und entmündigte Volljährige nicht mehr ohne richterliche Entscheidung allein auf Betreiben des Vormunds in eine geschlossene Abteilung eines psychiatrischen Krankenhauses untergebracht werden. Dies löste die verfahrensrechtliche Unterscheidung zwischen der Freiheitsentziehung durch die öffentliche Gewalt, etwa zum Zwecke der Gefahrenabwehr und der „fürsorglichen" Freiheitsentziehung durch den gesetzlichen Vertreter auf. Bei beiden war nun ein richterliches Urteil notwendig.[87]

---

[84]Vgl. ebd., S. 157 f., 161 f.; Brink, Grenzen der Anstalt 2010, S. 392–398; Noack, Kaninchen und Giftschlangen 2006.

[85]Ehrhardt, Anstaltsunterbringung und Freiheitsentziehung 1960, S. 148 f. Vgl. auch Ehrhardt/Villinger, Forensische und administrative Psychiatrie 1961, S. 288–299.

[86]Vgl. Brink, Grenzen der Anstalt 2010, S. 398; Coché, Psychiatrie und Gesellschaft 2017, S. 159 f., 162, Zitat S. 157.

[87]Vgl. Brink, Grenzen der Anstalt 2010, S. 399.

Psychiater erhoben dagegen Einspruch. Auf der DGPN-Tagung manifestierte sich ihr Widerstand. Rund um die Tagung bildete sich dabei unter einflussreichen Psychiatern auch ein neuer Konsens zu diesem Themenkomplex heraus, wurden bisherige Argumente verworfen und neue erprobt. In den Debatten über das Schuldprinzip und die Beurteilung der Zurechnungsfähigkeit wurden Kernfragen des beruflichen Selbstverständnisses von Psychiatern und Richtern verhandelt. Wie war eine angemessene, fallgerechte Beurteilung der Schuldfähigkeit von Delinquenten sicherzustellen? Angesichts der Vorläufigkeit medizinischen und speziell psychiatrischen Wissens, inkongruenter Ansichten verschiedener Begutachter und einer großen methodischen Fehlerbandbandbreite bei der Begutachtung war dies keine leicht zu beantwortende Frage.

Die Probleme schienen so drängend, dass auf dem DGPN-Kongress schließlich eine Resolution zur „Anstaltsunterbringung und Freiheitsentziehung bei psychisch Kranken" verabschiedet wurde. Ihr alleiniger Urheber war Ehrhardt. Er hatte sie bereits im Sommer vorbereitet.[88] Die Stellungnahme sollte auch nicht mehr mit den DGPN-Mitgliedern diskutiert werden, sondern zum Tagungsbeginn ausformuliert und für die Veröffentlichung bereit sein. „Eine eingehendere Erörterung der ganzen Problematik" sei, so Ehrhardt, „viel zu zeitraubend und in diesem Zusammenhang auch nicht nötig".[89] Einzig der Vorstand und die Lehrstuhlinhaber berieten am Tag vor dem Kongressbeginn noch einmal abschließend über die Stellungnahme. Ehrhardt war in diesem Moment zum Sprecher seiner Zunft geworden und nutzte die Gelegenheit, um davor zu warnen, aus den psychiatrischen Versorgungseinrichtungen für psychisch Kranke, justizeigene Verwahranstalten zu machen.

„Die in Bad Nauheim anläßlich der Tagung der ,Deutschen Gesellschaft für Psychiatrie und Nervenheilkunde' versammelten Nervenärzte fühlen sich verpflichtet, Bundestag, Bundesrat und Bundesregierung nachdrücklich auf die bedrohliche Entwicklung im Bereich der Behandlung und Fürsorge für psychisch Kranke hinzuweisen. Die seit 1949 erlassenen Ausführungsgesetze zu Art. 104 GG haben zusammen mit der einschlägigen Rechtsprechung zu einem unübersehbaren Durcheinander rechtlicher Vorschriften und Meinungen und damit zu einer bedenklichen Rechtsunsicherheit geführt. Die Hoffnung auf ein den praktischen Erfordernissen genügendes und bundeseinheitliches Fürsorgegesetz für psychisch Kranke ist durch die Entscheidung des Bundesverfassungsgerichts vom 10.2.1960 gegenstandslos

---

[88]Zu dessen Vorschlag stellte Bürger-Prinz nur lakonisch fest: „Mit Ihrer Stellungnahme einverstanden. Ich finde sie sehr gut und präzis formuliert." Hans Bürger-Prinz an Helmut Ehrhardt, Schreiben vom 06.10.1960, DGPPN-Archiv, Ordner 1 O. Ehrhardt schlug folgendes Prozedere vor: „Evtl. machen wir es wie die Chirurgen in München, d. h. Sie tragen bei der Eröffnung die Stellungnahme mit einer kurzen Begründung vor und führen den ,einstimmigen' Beschluss und den Beifall der in Bad Nauheim versammelten deutschen Psychiater herbei." Helmut Ehrhardt an Hans Bürger-Prinz, Schreiben vom 19.8.1960, DGPPN-Archiv, Ordner 1 O.

[89]Bereits einen Tag vor der inhaltlichen Sitzung zur forensischen Psychiatrie auf dem Kongress sollte so eine Pressekonferenz unter Teilnahme des DGPN-Präsidenten stattfinden, damit „dieser Beschluss bereits in den Wochenendausgaben wenigstens einiger Zeitungen erscheinen kann". Hans Bürger-Prinz an Helmut Ehrhardt, Schreiben vom 06.10.1960, DGPPN-Archiv, Ordner 1 O.

geworden. Die Interpretation des Art. 104 GG durch das Bundesverfassungsgericht steht auch im Gegensatz zur bisherigen Rechtsprechung und Lehre. In Konsequenz dieser wirklichkeitsfremden Auffassung wird der Krankenhauscharakter unserer psychiatrischen Institutionen zwangsläufig paralysiert und im Sinne justizeigner Verwahranstalten umgedeutet. Die Verantwortung für eine solche Entwicklung, die in krassem Widerspruch zu allen Bestrebungen einer zeitgemäßen Psychohygiene steht, muß von den deutschen Psychiatern abgelehnt werden. Eine sachgerechte Regelung der gesamten Fürsorge für psychisch Kranke ist ein nunmehr vordringliches Anliegen. Es wird vorgeschlagen, unverzüglich ein interprofessionelles Gremium nach dem Vorbild der Royal Commission on the Law Relating to Mental Illness and Mental Deficiency (England) mit der Ausarbeitung geeigneter Vorschläge zu beauftragen. Dieses Gremium wird die ärztlichen, fürsorgerischen und rechtlichen Gesichtspunkte der Problematik gleichermaßen zu berücksichtigen haben."[90]

Ehrhardt orchestrierte als Tagungsorganisator und Schriftführer der DGPN die Resolution und ihre medienwirksame Veröffentlichung. Die Stellungnahme der DGPN wurde den Pressevertretern präsentiert und an den Präsidenten des Deutschen Bundestages, den Präsidenten des Deutschen Bundesrates, den Bundesminister des Innern, den Bundesminister der Justiz sowie an jeden der damals 497 Bundestagsabgeordneten geschickt.[91] Zwar pflichteten wohl einzelne Mitglieder des Bundestages der Resolution der DGPN „aus voller Überzeugung bei",[92] doch dürften die Reaktionen des Adressatenkreises insgesamt weder Ehrhardt noch die DGPN-Gremien zufrieden gestellt haben. Das Bundesministerium der Justiz erklärte sich bereits nach wenigen Tagen für nicht zuständig und verwies an das Bundesministerium des Innern.[93] Erst Mitte März 1961 – also fast genau fünf Monate nach der Resolution – verlautbarte das BMI über den Ausschuss für Petitionen des Deutschen Bundestages: Eine „abschließende sachliche Stellungnahme ist zur Zeit noch nicht möglich". Es bestünde aber die Absicht, diese Angelegenheit in der nächsten Legislaturperiode, das hieß nach der Bundestagswahl am 17. September 1961, aufzugreifen. Es werde als wünschenswert angesehen, die Fragen der Freiheitsentziehung bei psychisch Kranken in allen Bundesländern nach einheitlichen Vorschriften zu handhaben. Zunächst sei jedoch die Rechtslage zu prüfen.[94] Am 27. Juli 1961 schrieb schließlich der Präsident des Deutschen Bundestages, Eugen Gerstenmaier, an Bürger-Prinz – der von Amts wegen als Autor der Petition angesehen

---

[90]Stellungnahme der DGPN zur „Anstaltsunterbringung und Freiheitsentziehung bei psychisch Kranken", DGPPN-Archiv, Ordner 1 A.

[91]Vgl. Helmut Ehrhardt an Hans Bürger-Prinz, Schreiben vom 30.9.1960, DGPPN-Archiv, Ordner 1 O.

[92]Gottfried Leonhard an DGPN, Schreiben vom 17.10.1960, DGPPN-Archiv, Ordner 1 A.

[93]Vgl. Dr. Saage an DGPN, Schreiben vom 23.10.1960, DGPPN-Archiv, Ordner 1 A.

[94]Vgl. Zoller an Ausschuß für Petitionen des Deutschen Bundestages, Schreiben vom 17.3.1961, DGPPN-Archiv, Ordner 1 A, Zitat ebd.

wurde –, das man nach Antrag des zuständigen Ausschusses beschlossen habe, „die Petition als erledigt anzusehen".[95]

Die Stellungnahme der DGPN entfaltete zunächst also keine direkte Wirkung auf die Politik. Diese Episode ist nichtsdestotrotz oder vielleicht sogar deswegen aufschlussreich. Sie zeigt zum einen nämlich, dass sich auf den DGPN-Kongressen die gesellschaftspolitischen Debatten bündelten und auch in fachgesellschaftlichem Handeln niederschlugen, dass dem aber kein demokratisches Verfahren zugrunde lag. Das Zustandekommen der Resolution sagt viel über die Funktionsweise der damaligen DGPN und ihrer Kongresse aus. Die Kongresse dienten zwar der Meinungsbildung, das Heft des Handelns hatten aber einzelne Experten – in diesem Fall für die forensische Psychiatrie Helmut Ehrhardt – in der Hand. Der Präsident – je nachdem, ob ihm das Thema persönlich am Herzen lag, oder nicht – arbeitete mit diesen Experten zusammen oder bestätigt nur noch deren Vorschläge. Zu einer Mitgliederentscheidung kam es nicht, die Aufgabe der Mitgliederversammlung war die Akklamation. Zum anderen verdeutlicht dieser Fall die Art und Weise der Politikberatung der DGPN wie auch den begrenzten Einfluss, den sie damit trotz erheblicher Kraftanstrengung erreichte.

9.3.2 Bad Nauheim 1964 – die Bändigung der Soziologie

Nach dem Bad Nauheimer Kongress 1960 trafen sich die Teilnehmer des nächsten DGPN-Kongresses 1962 in München. Unter der Leitung von Heinrich Kranz tauschten sie sich über „Neuroanatomie, -physiologie und -radiologie im Dienst der Psychiatrie", über „Langstreckenverläufe neurologischer und psychiatrischer Krankheiten" und über „Störungen der Wahrnehmung und Selbstwahrnehmung" aus.[96] 1963 debattierten die Teilnehmer des Kongresses des *Gesamtverbandes Deutscher Nervenärzte* in Wiesbaden unter der Leitung von Jürg Zutt über Intelligenz. Fördernde und hemmende

---

[95]Eugen Gerstenmaier an Hans Bürger-Prinz, Schreiben vom 27.7.1961, DGPPN-Archiv, Ordner 1 A. Die praktischen Einweisungsverfahren entwickelten sich nachfolgend zunächst nicht zu Gunsten der psychisch Kranken. Noch 1970 versuchten Psychiater, die Richter zunächst mit Polizeiverfügungen zu umgehen und sie dann mit bewährten und in ihrem Sinne funktionierenden Standardanträgen zu konfrontieren, statt sich auf eine konkrete Einzelfallschilderung und -abwägung einzulassen. Genaue, systematisch erhobene Daten zur Zwangseinweisungspraxis liegen zwar nicht vor, die wenigen Zahlen aus den 1960er und dann vermehrt aus den 1970er Jahren belegen aber deren gängige Praxis und deren zum Teil hanebüchene Willkürlichkeit. Offenkundig bildeten auch in den 1960er Jahren die gesetzlichen Regelungen noch „keine ausreichende Barriere für den verbreiteten Gebrauch unfreiwilliger Internierungen". Die richterliche Kontrolle bestätigte in der Regel lediglich die psychiatrischen Gutachten. So sehr die Anstalt als Institution ab Ende der 1960er Jahre auch in die öffentliche Kritik geriet, in der Zeit der Psychiatrie-Enquete wurde die Unrechtmäßigkeit zahlreicher Internierung kaum thematisiert. Vgl. Brink, Grenzen der Anstalt 2010, S. 400–409, Zitat S. 403.

[96]Vgl. das Tagungsprogramm 1962, DGPPN-Archiv, Ordner 1 A.

Faktoren der Intelligenzentwicklung und das Thema „Gehirn und Intelligenz" standen auf dem Programm. Zudem diskutierten die versammelten Teilnehmer ganz grundsätzlich über „die Verbundenheit von Psychiatrie und Neurologie".[97] Den schon in den Vorjahrzehnten eingeschlagenen Diskussionspfaden folgend, wurde das prekäre Verhältnis von Neurologie und Psychiatrie auch in den folgenden Monaten immer wieder in den Fachzeitschriften thematisiert, wurden wechselseitige Ansprüche auf Deutungshoheit erhoben und um die Stellung einzelner Facharztgruppen im psychiatrischen Krankenhaus gerungen. Nun rückte 1964 zusätzlich eine bis dato kaum in Erscheinung getretene Wissenschaftlergruppe in den Mittelpunkt der Debatten: Die Soziologen betraten das Parkett des DGPN-Kongresses.

Aufschlussreich für das Verhältnis von Psychiatrie und Soziologie ist vor allem die Vorgeschichte des Kongresses, auf dem es, wie Ehrhardt in seinem Schreiben an die Gesundheitsministerin betonte, darum gehen sollte, „Verbindungslinien zwischen Psychiatrie und Soziologie herauszuarbeiten".[98] Doch die Kongressplanung belastete die Beziehungen eher, als dass neue Kooperationen angebahnt worden wären. Im Laufe des Frühjahrs und des Frühsommers hatten sich nämlich die ursprünglichen Pläne immer stärker in Luft aufgelöst. So war in einem vorläufig erstellten Programm im März 1964 noch vorgesehen, dass neben Bürger-Prinz der Psychoanalytiker Alexander Mitscherlich und der Soziologe René König (1906–1992)[99] die Grundsatzreferate zum Verhältnis von Nervenheilkunde und Soziologie halten sollten.[100] Daraufhin hatte auch Ludwig v. Friedeburg (1924–2010) seine Teilnahme zugesagt. Friedeburg gilt heute als „ein intellektueller Glücksfall der deutschen Nachkriegsgeschichte".[101] Er beabsichtigte,

---

[97]Vgl. Tagungsprogramm des Gesamtverbandes Deutscher Nervenärzte 1963, DGPPN-Archiv, Ordner 1 O.

[98]So zumindest Ehrhardt in seinem Schreiben an Elisabeth Schwarzhaupt vom 10.8.1964, DGPPN-Archiv, Ordner 1 O.

[99]René König war schon damals einer der schillerndsten und produktivsten Soziologen, dem auch eine große journalistische Aufmerksamkeit zuteilwurde. Zur prägenden Rolle in der Familiensoziologie vgl. Schmidt, Wissenschaftshistorische Ortsbestimmungen 2007. Zum damaligen Soziologieverständnis vgl. König, Soziologie 1998, ursprünglich 1965, S. 51–59. Zum zeitgenössischen Stand der Medizinsoziologie in der Bundesrepublik vgl. König, Probleme 1958.

[100]Anfänglich versuchte Bürger-Prinz noch, auf die Zusammensetzung der Referenten einzuwirken. So fragte er beim befreundeten Helmut Schelsky an, ob dieser ihm nicht geeignete Referenten nennen könne. Dieser konnte aber nicht aushelfen. Er antwortete wörtlich: „Jemanden zu finden, der vernünftig über das Verhältnis von Medizin und Soziologie spricht, ist sehr schwer." Die von Schelsky genannten drei Kandidaten, die aber nicht als sehr für die Aufgabe tauglich beschrieben werden, fanden bei Bürger-Prinz keine Zustimmung. Schelsky hatte schon Ende der 1950er Jahre darauf hingewiesen, dass eine soziologische Perspektive von hohem Wert für die Medizin wäre. Vgl. Helmut Schelsky an Bürger Prinz, Schreiben vom 10.3.1964, DGPPN-Archiv, Ordner 1 O; Schelsky, Soziologie des Krankenhauses 1958.

[101]Honneth, Glücksfall 2010. Von Friedeburg war Diplom-Psychologe, hatte sich 1960 bei Theodor W. Adorno über die Soziologie des Betriebsklimas habilitiert, war seit 1962 Professor für Soziologie an der Freien Universität Berlin und gilt heute als einer der wichtigsten Bildungsforscher seiner Zeit.

auf dem DGPN-Kongress über Methodisches zu reden. Davon rückte er aber im Juli 1964 wieder ab, als er von Klaus Dörner (*1933) erfuhr, dass mittlerweile Mitscherlich nicht auf dem Kongress sprechen werde und auch der geschätzte Kollege König durch Gerhard Wurzbacher (1912–1999) ersetzt worden war. Er habe sich, so v. Friedeburg, bei seiner Zusage darauf verlassen, „an Darstellungen der sachlichen und methodologischen Probleme anknüpfen zu können, die mir aus einschlägigen Veröffentlichungen bekannt sind und von deren Stichhaltigkeit und Produktivität ich von vornherein überzeugt sein konnte". Da dies offenkundig nicht mehr der Fall war, zog er seine Zusage zurück.[102] Friedeburgs Schreiben ist knapp gehalten, deutlicher wurde Klaus Dörner. Denn für ihn waren von Friedeburgs Argumente „teilweise einzusehen, und das gerade deswegen, weil er sich sehr für eine psychiatrisch-soziologische Zusammenarbeit engagiert":

> „Einerseits bedauert Friedeburg das Fehlen einer vorherigen Absprache, um ein gemeinsames Konzept zu gewinnen. Zum anderen fühlt er sich soziologisch vereinsamt, da er nun Wurzbacher nicht gerade als adäquaten Gesprächspartner, geschweige denn als soziologischen Repräsentanten sehen kann, wobei auch gesellschaftspolitische Kontroversen hineinspielen, jedoch nicht die Hauptrolle spielen; denn Leute wie R. König oder andere hätte er natürlich akzeptiert. Schließlich fand er es von seiner Wissenschaftssicht her für unverständlich, daß die deutsche Psychoanalyse so wenig Berücksichtigung gefunden hat, da ein Brückenschlag über sie für die Soziologie natürlich von Bedeutung ist."[103]

Themenfindung und Referentenauswahl waren also nicht in Absprache mit den Soziologen erfolgt. Vielmehr hatte Ehrhardt, wie sonst auch, mehr oder weniger im Alleingang versucht, die Referenten auszusuchen und ihnen Themen zuzuweisen. Angesichts dessen, so Dörner, käme der Rückzieher Friedeburgs nicht gerade überraschend. Er habe ja zuvor selbst in einem persönlichen Gespräch mit Ehrhardt seine Befürchtungen schon „mit aller Bescheidenheit anklingen lassen".[104]

Wie es zur Absage von König und Mitscherlich kam, ist den Archivalien nicht mehr zu entnehmen. Statt Mitscherlich sprach der Schweizer Psychiater und Psychoanalytiker Gustav Bally (1893–1966) über die soziologischen Aspekte der Psychologie und fokussierte dabei auf den individuellen Umgang mit den widersprechenden Impulsen verschiedener sozialer Rollen.[105] Mitscherlich hätte wahrscheinlich ein Thema mit mehr gesellschaftspolitischer Brisanz gewählt. Immerhin hatte er 1960 seine Dokumentation von den Ärzteprozessen aus dem Jahr 1949 unter dem Titel *Medizin ohne Menschlichkeit* neu veröffentlicht. Zudem hatte er erst kurz zuvor die DGPT zu einer Antisemitismus-

---

[102]Ludwig v. Friedeburg an Helmut Ehrhardt, Schreiben vom 21.7.1964, DGPPN-Archiv Ordner 1 O.

[103]Klaus Dörner an Helmut Ehrhardt, Schreiben vom 11.8.1964, DGPPN-Archiv Ordner 1 O.

[104]Ebd.

[105]Sein Vortragsmanuskript ist nicht überliefert, es dürfte sich aber mit einem kurz darauf veröffentlichten Aufsatz aus dem *Nervenarzt* weitgehend decken. Vgl. Bally, Aspekte 1965.

resolution veranlasst und eine Studie zu Sozialisationsvorgängen in der Bundesrepublik veröffentlicht, mit der er erstmalig ein sehr großes Publikum erreicht hatte.[106] Vor allem aber hatte er sich in den letzten Jahren intensiv mit der soziologischen Kritik an der Medizin befasst.[107] Mithilfe soziologischer Erklärungsmodelle suchte er nach einer Erklärung für den Tatbestand, dass die Schulmediziner trotz aller – nicht zuletzt von ihm selbst aufgezeigten – Probleme und Ungereimtheiten an den Konventionen ihres Fachs festhielten. Es mag zu einem erheblichen Teil auch an den eigenen Erfahrungen in seiner beruflichen Laufbahn gelegen haben – die Heidelberger Fakultät verweigerte ihm ein Ordinariat und auch die Medizinische Fakultät der Frankfurter Universität lehnte einen Mitscherlich zugedachten Lehrstuhl ab –, dass Mitscherlich dafür die soziale Stellung der ärztlichen Berufsgruppe und deren spezifischen Sozialisationswege verantwortlich machte. Mitscherlich beschrieb die etablierten Vertreter der Psychiatrie zunehmend als Repräsentanten einer traditionsbewussten, ja fast unbeweglichen, Berufsgruppe, die ihren Status und die Richtigkeit ihrer Denkmodelle durch einen einheitlichen, sozial und habituell geschlossenen Bildungsweg absicherte und die an den Universitäten in einer „konservative[n] Selbstfesselung" eine „wohlorganisierte ‚geschlossene Gesellschaft'" formte. „Selbstverständliche" berufsgruppenspezifische Konventionen seien dadurch zu Dogmen erstarrt. Ähnlich wie in einer „Majoritätsreligion" werde auf Kritik mit emotionaler Abwehr reagiert, würden notwendige Elemente der Weiterentwicklung als feindliche Gesinnung interpretiert und Neuerer zu Ketzern abgestempelt. Die „große Haltbarkeit" von mit einer bestimmten „Vorstellung von Wissenschaftlichkeit" verknüpften Vorurteilen waren für Mitscherlich Ergebnis von Machtsicherungsstrategien.[108]

Sich Alexander Mitscherlich als Redner auf einem DGPN-Kongress vorzustellen, fällt nicht leicht. Auffälliger als sein Fernbleiben ist daher wohl, wer ebenfalls nicht auf dem DGPN-Kongress referierte: Caspar Kulenkampff, der bereits auf der 77. Wanderversammlung südwestdeutscher Neurologen und Psychiater am 27. Mai 1961 einen bemerkenswerten Vortrag über die soziologische Bestimmung des „Krankseins" gehalten hatte.[109] Oder Karl Peter Kisker, der auf derselben Veranstaltung über soziale Faktoren der Schizophrenie gesprochen hatte.[110] Die Organisatoren bemühten sich auch nicht um Gäste aus Skandinavien, England und den USA. Nicht einmal Horst Flegel[111], der in diesen Jahren mehrere Artikel über die dortigen Erfahrungen publizierte und auf dem

---

[106]Vgl. DGPT-Resolution vom 5.5.1962, Alexander-Mitscherlich-Archiv, Na 7, 239; Mitscherlich, vaterlose Gesellschaft 1963; Nolte, Gesellschaftsstruktur 2008.

[107]Den intensiven wissenschaftlichen und freundschaftlichen Austausch Mitscherlichs mit einflussreichen Soziologen seiner Zeit beschreibt: Dehli, Leben 2007, S. 245–250.

[108]Vgl. Mitscherlich, Soziologie 1962; Mitscherlich, psychosomatische und konventionelle Medizin ⁴1969, S. 58; Mitscherlich, Krankheit der Medizin ⁴1969, S. 37; Roelcke, Psychotherapie in Westdeutschland 2012, S. 107.

[109]Vgl. Kulenkampff, Bedeutung 1962.

[110]Vgl. Kisker, Schizophrenie und Familie 1962. Zu Kiskers sozialpsychiatrischem Engagement vgl. Beyer, Islands 2016.

[111]Zu Horst Flegel vgl. Söhner/Fangerau/Becker, Soziologie als Impuls 2017, S. 2 f.; Majerus, Psychiatrie im Wandel 2008.

V. Weltkongress für Soziologie in Washington 1962 einen Vortrag zur Soziologie der Krankenhauspsychiatrie gehalten hatte, kam als Redner infrage.[112] Ihnen allen fehlte offenbar (noch) der notwendige Professorentitel.

In den Referaten auf dem DGPN-Kongress ist die Soziologie dann auch der radikalen Kraft, die ihr damals schon zu eigen war, weitgehend beraubt. Statt Repräsentantin eines neuen Blicks auf Phänomene von Normalität, Abweichung und Sozialisation zu sein, wurde sie hier zur Stichwortgeberin und Datenlieferantin degradiert. So diente sie maximal an einigen Stellen als theoretische oder empirische Unterfütterung der eigenen Argumentation. Mit einer anderen Rednerliste hätte der Kontakt zur Soziologie durchaus fruchtbarer verlaufen können. Immerhin wurden zu dieser Zeit in der US-amerikanischen Soziologie bereits Ideen diskutiert, die eine ganz neue Sicht auf den psychisch Kranken nahelegten. Der in dieser Zeit sich formende *labeling approach* erklärte abweichendes Verhalten als zunächst nicht objektiv vorhanden, sondern begriff es als soziale Zuschreibung. Es werde stigmatisiert, erhielt also das Etikett „Devianz" erst in einem sozialen Prozess. Psychiater waren damit nicht mehr behandelnde Ärzte, sondern privilegierte Produzenten von Stigmata und Krankheitsetiketten. In der Bundesrepublik wurde dieser Ansatz erst einige Jahre später von Fritz Sack (*1931) und Thomas Scheff (*1929) in die Diskussion gebracht, und es ist sehr unwahrscheinlich, dass 1964 die DGPN-Vertreter überhaupt Kenntnis über diese Entwicklungen in den USA hatten. Nichtsdestotrotz hätte die Soziologie als Wissenschaft von menschlichen Gruppen der Psychiatrie auch zu diesem Zeitpunkt schon mehr zu bieten gehabt, als auf der Tagung in Bad Nauheim sichtbar wurde. Auch nach dem DGPN-Kongress stimmte damit eine Aussage, die Caspar Kulenkampff bereits in einem Vortrag 1961 tätigte: Die deutsche Psychiatrie hatte „keine ausreichenden Gesichtspunkte entwickelt, um sich mit der Soziologie fruchtbar vereinen zu können".[113] Ein Schritt zur „Versozialwissenschaftlichung" der Psychiatrie war der Kongress 1964 also nicht.[114] In den Referaten wurde zwar auf gesellschaftliche Veränderungsprozesse rekurriert. Dies war aber keineswegs grundsätzlich neu. Über Umweltfaktoren war auch zuvor schon diskutiert worden. Neu war nur, dass diese jetzt (wieder) als soziologisch analysierbar begriffen wurden und man die psychisch Kranken verstärkt als soziale Wesen mit sozialen Bedürfnissen beschrieb und die in der Bevölkerung bestehenden Vorurteile gegenüber ihnen als Problem verstand. Die angekündigte Suche nach den Verbindungslinien blieb indes erst einmal fruchtlos. Das war mehr als Zufall oder Pech. Beim Lesen der Schriftwechsel beschleicht einen schnell das Gefühl, das sich die Psychiater in den Gremien der DGPN nicht von noch einer Nicht-Medizinergruppe in die eigenen

---

[112]Vgl. Flegel, Umgruppierung 1963.

[113]Kulenkampff, Bedeutung 1962, S. 7.

[114]Damit war die Psychiatrie keineswegs allein. Auch die deutsche Kriminologie wehrte sich gegen die Einflüsse der US-amerikanischen Soziologie. Im Übrigen mit ähnlichen Konsequenzen auf die Ausdifferenzierung der Fachgesellschaften und auf den innerfachlichen Generationenkonflikt. Vgl. anhand des Stumpfl-Schülers Armand Mergen: Dörre, Wirtschaftskriminalität 2016.

Angelegenheiten hineinreden lassen wollten. Der mögliche selbstkritische Blick blieb so aus, mit weitreichenden Auswirkungen auf die Reformgeschichte und die Rezeption der Sozialpsychiatrie in der deutschen Psychiatrie.

Zwischenfazit: Schwache Organisationen und durchsetzungsfähige Netzwerke

10

Während des Zweiten Weltkrieges war die Tätigkeit der neurologisch-psychiatrischen Fachgesellschaft zum Erliegen gekommen. Erst ab 1947 wurden Schritte zu ihrer Reorganisation unternommen. Psychiater und Neurologen, die an der Ausformulierung, Anpassung oder Umsetzung der Erbgesundheitspolitik beteiligt gewesen waren, aber während des Nationalsozialismus nicht zu den politisch exponierten Vertretern ihres Fachbereichs gehört hatten, waren hieran beteiligt. In der DDR entstanden zunächst regionale medizinisch-wissenschaftliche Gesellschaften für Psychiatrie und Neurologie, während in der Bundesrepublik die Organisationsstrukturen der *Gesellschaft Deutscher Neurologen und Psychiater* wieder mit Leben gefüllt wurden. Erst Mitte der 1950er Jahre wurde in der DDR für die regionalen Gesellschaften eine übergeordnete Organisation, die *Gesellschaft für Psychiatrie und Neurologie in der DDR*, geschaffen und wurde die *Gesellschaft Deutscher Neurologen und Psychiater* in der Bundesrepublik zugunsten der Gründung der *Deutschen Gesellschaft für Psychiatrie und Nervenheilkunde* aufgelöst.

Beide, die psychiatrische Fachgesellschaft in der Bundesrepublik und die *Gesellschaft für Psychiatrie und Neurologie in der DDR*, stellten fortan Foren für den fachwissenschaftlichen Austausch bereit. Auf den von ihnen ausgerichteten Veranstaltungen wurden aktuelle Forschungsergebnisse diskutiert, zugleich dienten die Treffen der *scientific community* dazu, die Gruppenidentität der Anwesenden zu stärken. Beide Organisationen waren anfänglich vor allem als Kommunikationsplattformen für die Universitätsprofessoren und Klinikdirektoren erfolgreich. Sie waren aber (noch) keine finanziell gut ausgestatteten, schlagkräftigen berufs- und wissenschaftspolitischen Fachvertretungen. Selbst wenn ihre Initiativen von Erfolg gekrönt waren, dann war hierfür oftmals nicht das Wirken der Fachgesellschaft als Organisation ursächlich. Immer wieder muss genau zwischen der Fachgesellschaft und dem sie umgegeben Netzwerk der Hochschulprofessoren unterschieden werden. Sonst würde man die Organisationen, die hier

S. Dörre, *Zwischen NS-„Euthanasie" und Reformaufbruch*, https://doi.org/10.1007/978-3-662-60878-4_10

im Mittelpunkt der Analyse stehen, erheblich überschätzen. Die in ihren Vorständen versammelten Ordinarien waren einflussreiche Akteure, doch weder die GDNP/DGPN noch die GPN dürfen in den ersten Nachkriegsjahrzehnten als zentrale Knotenpunkte im Netzwerk der Psychiatrie verstanden werden.

Sowohl im Vorstand der ostdeutschen als auch der westdeutschen Institution sammelten sich die an den Universitäten lehrenden Fachexperten. Aufgrund der hohen Elitenkontinuität an den medizinischen Fakultäten waren damit zugleich in beiden deutschen Staaten bürgerlich geprägte Ordinarien in den Fachgesellschaften und medizinisch-wissenschaftlichen Gesellschaften federführend. Dass mit Rudolf Lemke und Karl Leonhard zwei Nervenärzte, die dem politischen Projekt der DDR gleichgültig bis ablehnend gegenüberstanden und die über gute „Westkontakte" verfügten, die ersten Vorsitzenden der *Gesellschaft für Psychiatrie und Neurologie in der DDR* wurden, versinnbildlicht, dass auch in der DDR auf die „bürgerliche Intelligenz" Rücksicht genommen wurde und die Psychiatrie sich nicht vollständig dem Primat der Politik unterzuordnen hatte.

Weder die regionalen und die nationale medizinisch-wissenschaftlichen Gesellschaften für Psychiatrie und Neurologie in der DDR noch die psychiatrische Fachgesellschaft in der Bundesrepublik waren in den ersten beiden Jahrzehnten nach der Staatsgründung bedeutende politisch-ideologische Akteure. Bei brisanten außenpolitischen und innenpolitischen Themen hielten sie sich mit eigenen Stellungnahmen zurück. In den ersten beiden Nachkriegsjahrzehnten verstanden sich die GPN und die GDNP/DGPN zudem als gesamtdeutsche Institutionen. Die ersten beiden amtierenden Vorsitzenden der *Gesellschaft für Psychiatrie und Neurologie in der DDR* waren daher zunächst auch im Vorstand der *Deutschen Gesellschaft für Psychiatrie und Nervenheilkunde* vertreten.

Weitere Gemeinsamkeiten kamen hinzu: Erstens verfügten die *Gesellschaft für Psychiatrie und Neurologie (in) der DDR* und die *Deutsche Gesellschaft für Psychiatrie und Nervenheilkunde* nur über begrenzte finanzielle Mittel und waren stark vom ehrenamtlichem Engagement ihrer Vorstandsmitglieder abhängig. Zweitens hatten in beiden Organisationen die Leiter der großen Versorgungseinrichtungen sowie die in freier Praxis niedergelassenen Ärzte nur wenig Mitspracherechte. Drittens gelang es der GPN ebenso wie der DGPN nur selten, die gesundheitspolitische Themensetzung zu beeinflussen. Viertens spielten die Organisationen in den individuellen Karrierestrategien – mit wenigen Ausnahmen – eine untergeordnete Rolle. Selbst die jeweiligen Präsidenten maßen ihrem Amt nur einen geringen Stellenwert bei. In der Bundesrepublik zeigte sich dies an den sich alle zwei Jahre wiederholenden Schwierigkeiten, überhaupt einen Kandidaten zu finden, der bereit war, das Amt zu übernehmen. Die Amtsinhaber meldeten sich sowohl in der Bundesrepublik als auch in der DDR in wichtigen wissenschaftlichen, wissenschaftspolitischen und berufspolitischen Fragen zu Wort, taten dies dann aber meist in einer ihrer anderen Funktionen.

Damit allerdings enden auch schon die grundsätzlichen Gemeinsamkeiten. Die medizinisch-wissenschaftlichen Gesellschaften in der DDR und die medizinischen Fachgesellschaften in der Bundesrepublik operierten in zwei unterschiedlich organisierten Gesundheitssystemen. Das hatte weitreichende Auswirkungen auf ihre Möglichkeiten, die Interessen der von ihnen repräsentierten Ärztegruppen zu vertreten. Die Fragmentierung des Gesundheitssystems der Bundesrepublik brachte eine Vielzahl an korporativen Akteuren hervor, die die unterschiedlichen Interessen verschiedener Gruppen vertraten. Die *Deutsche Gesellschaft für Psychiatrie und Nervenheilkunde* in der Bundesrepublik war daher mehrmals damit konfrontiert, neue Formen der Kooperation, der Interessenartikulation und der Politikberatung zu finden. Im zentralisierten, planwirtschaftlich organisierten und vergleichsweise starren Gesundheitswesen der DDR kam es nicht zu einer vergleichbaren Ausdifferenzierung. Verstärkt wurde dies durch die enge Anbindung der medizinisch-wissenschaftlichen Gesellschaften an die Universitäten und Medizinischen Akademien. Die medizinisch-wissenschaftlichen Gesellschaften wurden in der DDR zudem vom Staat finanziell unterstützt und waren über das *Generalsekretariat der medizinisch-wissenschaftlichen Gesellschaften* organisatorisch mit dem *Ministerium für Gesundheitswesen* verbunden. Ein Vertreter des *Ministeriums für Gesundheitswesen* saß im Vorstand der medizinisch-wissenschaftlichen Gesellschaft.[1] Da das *Generalsekretariat* einheitliche Regelungen für sämtliche medizinisch-wissenschaftlichen Gesellschaften traf, waren die einzelnen medizinisch-wissenschaftlichen Gesellschaften immer wieder auch von Entscheidungen betroffen, die keine Ursachen im von ihnen vertretenden Fachbereich hatten. Einheitliche Satzungen und Verfahrensregelungen gab es für die medizinischen Fachgesellschaften in der Bundesrepublik ebensowenig, wie eine derartig direkte personelle und finanzielle Bindung an die Ministerialverwaltung.

Dies hatte weitere Unterschiede zur Folge: Während sich die medizinisch-wissenschaftlichen Gesellschaften auf Aufgaben im Bereich der ärztlichen Fort- und Weiterbildung beschränkten, verfolgten die medizinischen Fachgesellschaften in der Bundesrepublik ein größeres Zielspektrum. Die *Gesellschaft für Psychiatrie und Neurologie in der DDR* war daher auch enger mit der einzigen in der DDR für diesen medizinischen Versorgungsbereich verlegten Fachzeitschrift verbunden. Im Vorstand der *Gesellschaft für Psychiatrie und Neurologie* und dem Herausgebergremium der Fachzeitschrift saßen die gleichen Ordinarien, wenn auch mit einer anderen Machtverteilung. Aufgrund der geringeren Bevölkerung des Landes schöpften die medizinisch-wissenschaftlichen Gesellschaften in der DDR ohnehin aus einem deutlich kleineren Personalreservoir als die medizinischen Fachgesellschaften in der Bundesrepublik – was sich auch in der längeren Amtszeit ihrer Vorstände niederschlug. Die *Gesellschaft für Psychiatrie und Neurologie* und die gleichnamigen Regionalgesellschaften organisierten zudem

---

[1]Für diesen Personenkreis, der Ämter sowohl an der Universität als auch im staatlichen Gesundheitswesen und in der SED besetzte, fehlt noch eine kollektivbiographische Untersuchung.

zusammen fast alle Fachtagungen mit psychiatrisch-neurologischen Themenschwerpunkten. Die *Gesellschaft Deutscher Neurologen und Psychiater* und die *Deutsche Gesellschaft für Psychiatrie und Nervenheilkunde* waren in der Bundesrepublik hingegen nur lose mit einzelnen Fachzeitschriften verbunden und in die Organisation der Fachtagungen nur dann involviert, wenn es sich um die eigenen, alle zwei Jahre stattfindenden, Kongresse handelte. Damit wurde in der DDR der organisierte kollektive Wissensaustausch durch die medizinisch-wissenschaftliche Gesellschaft weitgehend monopolisiert, in der Bundesrepublik wurde dies hingegen weder versucht, noch hätte es überhaupt Aussicht auf Erfolg gehabt.

Die Unterschiede zwischen der psychiatrisch-neurologischen Gesellschaft in der DDR und der psychiatrisch-nervenheilkundlichen Fachgesellschaft in der Bundesrepublik sind auf gesundheitspolitische Grundsatzentscheidungen der ersten Nachkriegsjahre zurückzuführen. Der Vergleich zwischen der GDNP/DGPN in der Bundesrepublik und der GPN in der DDR zeigt zwei grundverschiedene Wege der Organisation der ärztlichen Interessenvertretungen und des Wissens- und Informationsaustauschs innerhalb der Nervenheilkunde. Das darf erstens nicht dazu verleiten, die medizinisch-wissenschaftlichen Gesellschaften in der DDR ausschließlich als Schnittstellen zwischen Politik und Wissenschaft zu begreifen, an denen sich die Herrschaftsstrukturen und -techniken der DDR analysieren lassen. Zweitens darf über Erfolg und Misserfolg der genannten Organisationen nicht auf Basis von Bewertungsmaßstäben geurteilt werden, die nur aus der Geschichte eines der beiden Staaten gewonnen wurden. Die Stellung der medizinisch-wissenschaftlichen Gesellschaften passte ebenso wie die Stellung der medizinischen Fachgesellschaften zum jeweiligen Gesundheitssystem.

Die Folgen der daraus resultierten spezifischen Vor- und Nachteile sowie die charakteristischen Chancen und Begrenzungen für die Reformbereitschaft und die Neigung, sich mit der NS-Vergangenheit der deutschen Psychiatrie zu befassen, werden im Folgenden noch näher erläutert. An dieser Stelle des Argumentationsganges ist es aber zunächst wichtiger festzuhalten, dass in beiden deutschen Staaten zur *Deutschen Gesellschaft für Psychiatrie und Nervenheilkunde* und zur *Gesellschaft für Psychiatrie und Neurologie* alternative Netzwerkknotenpunkte und Konkurrenzorganisationen existierten. In der unmittelbaren Nachkriegszeit waren dabei die Herausgebergremien der Fachzeitschriften von besonderer Bedeutung. Sie waren wichtige Verdichtungsräume von Expertise und sozialem Kapital und hatten den Vorteil, eine langfristige Netzwerkpflege zu erlauben. Mit ihnen konnten die Richtung von wissenschaftlichen Diskussionen kontinuierlich beeinflusst, Fachpolitik betrieben und den eigenen Schülern und Weggefährten ein Forum gegeben werden. In der Bundesrepublik, in der mehrere nervenheilkundliche Fachzeitschriften publiziert wurden, konnten die Herausgebergremien der medizinischen Fachzeitschriften bedeutende Kristallisationspunkte für Netzwerke von Ordinarien werden, die sich nicht oder nicht mehr von ‚ihrer' Fachgesellschaft vertreten sahen. Zuständigkeitsüberschneidungen und personelle Ämterdopplungen zwischen Herausgebergremien und dem Vorstand der GDNP/DGPN waren die Ausnahme. Auch das Mitteilungsorgan der DGPN, *Der*

Nervenarzt, blieb in den ersten beiden Nachkriegsjahrzehnten unbehelligt von Versuchen der Fachgesellschaft, inhaltlich oder personalpolitisch Einfluss zu nehmen.

Die medizinisch-wissenschaftlichen Gesellschaften hatten zu diesem Zeitpunkt in der DDR klar voneinander abgegrenzte Versorgungs- und Zuständigkeitsfelder. In den späten 1950er Jahren war es aber auch der *Deutschen Gesellschaft für Psychiatrie und Nervenheilkunde* in der Bundesrepublik unter ganz anderen Bedingungen gelungen, die einflussreichste Fachvertretung in der Nervenheilkunde zu werden. Die DGPN hatte schnell nach ihrer Gründung erreicht, dass der *Gesamtverband* und die *Deutsche Gesellschaft für Neurologie* seitens der Politik und der breiteren Fachöffentlichkeit nicht als relevante Ansprechpartner wahrgenommen wurden. Auch die *Allgemeine Ärztliche Gesellschaft für Psychotherapie* war diesbezüglich nur eine schwache Konkurrenz zur Vertretung der Psychiater. Die DGPN wurde seit der zweiten Hälfte der 1950er Jahre als Gesamtvertretung der medizinischen Fachgesellschaften und Berufsverbände im nervenheilkundlichen Versorgungsbereich wahrgenommen, galt bei Bundes- und Landesärztekammern, beim Bundesgesundheitsministerium und bei den für die Versorgung der psychisch Kranken zuständigen Landesministerien und -behörden als Expertenpool. Es gelang ihr also frühzeitig, sich eine Position zu sichern, die eigentlich einer Dachorganisation der Fachgesellschaften im Bereich der Nervenheilkunde zugestanden hätte. Die Rechtmäßigkeit dieser Position wurde in den 1960er Jahren, erstens, von anderen Fachgesellschaften infrage gestellt. Gleichzeitig entstanden, zweitens, alternative lose Netzwerke und neue Organisationen vorwiegend universitär beschäftigter Akteure, deren Mitglieder sich für eine Reform der Strukturen im Bereich der Versorgung psychisch Kranker einsetzten. Noch begriffen diese sich aber nicht als Konkurrenz zur DGPN, mit ihnen existierten nun aber Kristallisationskerne für eine spätere Organisationsgründung auf der Ebene der Fachgesellschaften. Zur gleichen Zeit sammelten sich in der DDR reformorientierte Anstaltspsychiater/-innen ebenfalls abseits der *Gesellschaft für Psychiatrie und Neurologie*. Sie glaubten, durch die *Gesellschaft für Rehabilitation* besser bei der Durchsetzung ihrer Anliegen im Bereich der Heil- und Pflegeanstalten unterstützt und vertreten zu werden.

Unterschiede zwischen Ost- und Westdeutschland existierten so auch im Verhältnis zu den anderen medizinischen Fachgesellschaften bzw. medizinisch-wissenschaftlichen Gesellschaften im Bereich der Nervenheilkunde. Es gab zwar in den ersten zwei Nachkriegsjahrzehnten kaum Konflikte mit anderen Berufsgruppen um die Versorgung der psychisch Kranken, doch investierten die medizinischen Fachgesellschaften und die medizinisch-wissenschaftlichen Gesellschaften einen großen Teil ihrer Ressourcen in die Auseinandersetzungen um den Stellenwert einzelner Disziplinen in der Nervenheilkunde. Diese Konfrontationen waren aktueller Ausdruck einer schon länger andauernden „rivalisierenden Verwissenschaftlichung des Sozialen", in denen sich der gesamte Problemkosmos des Fachs spiegelte: Bezüge zu Versorgungsmodellen, Begriffsverständnissen, Krankheitsbildern und der Klinik als hierarchisch strukturierter Arbeits- und Lebenswelt, Debatten über universitäre Lehrprogramme sowie Fragen der Facharztausbildung und der Weiterbildung waren allgegenwärtig, doch ging es in all diesen Diskussionen vor allem um die Verteidigung des eigenen Expertenstatus'. In einem sich wandelnden gesundheitspolitischen Feld wurden Arbeitsgebiete abgegrenzt und Konflikte um konkurrierende Geltungsansprüche und Deutungskompetenzen ausgetragen. Entlang des „Eisernen Vorhangs" kam es dabei zu getrennten Wegen im Verhältnis der Wissenschaften von der Psyche und dem Gehirn zueinander. In der DDR gab es kaum einmal berufspolitische Auseinandersetzungen zwischen Psychiatern und Neurologen. Beide Nervenarztgruppen wurden von einer vereinten medizinisch-wissenschaftlichen Gesellschaft vertreten und hatten ein gemeinsames Publikationsorgan. Vehement sprach sich in der DDR die Mehrheit der Ordinarien für Psychiatrie und Neurologie gegen eine Trennung der beiden Fachbereiche aus. Indes strebten die Neurologen in der Bundesrepublik schon frühzeitig nach Eigenständigkeit an den Universitäten und in den Kliniken und präferierten eine engere Anbindung an die Innere Medizin. Das schlug sich nicht nur in der Gründung einer eigenen Fachgesellschaft der Neurologen nieder, sondern weckte auch Befürchtungen der nun um Ansehen und Einfluss bangenden Ordinarien für Psychiatrie. In den Auseinandersetzungen über Lehrstuhldenominationen, die Ausgestaltung der Facharzttitel und der Weiterbildungsordnung pochte der Vorstand der DGPN auf eine enge Verbindung zwischen Psychiatrie und Neurologie. Indes ähnelten sich an der Grenze von Psychiatrie und Psychotherapie in beiden deutschen Staaten die Strategien der psychiatrischen Fachvertreter. Die Psychiater wandten – nicht zuletzt mithilfe ihrer Fachgesellschaften – viel Kraft auf, um die Etablierung psychotherapeutischer Abteilung an psychiatrischen Institutionen zu verzögern oder gar gänzlich zu verhindern. Psychotherapie sollte in ihren Augen in den psychiatrischen Versorgungseinrichtungen ausschließlich von Ärzten mit einem Facharzttitel in Psychiatrie ausgeübt werden. Diese Abwehrhaltung gegen die Kompetenzausweitung von Nicht-Ärzten verstärkte die weitgehende institutionelle Trennung von Psychotherapie und Psychiatrie zunächst erheblich. Auch anderen „Nicht-Medizinern" stand man kritisch gegenüber, wenn sie auf auf einen Teil des für sich selbst reklamierten Versorgungsfeldes vorzudringen beabsichtigten. Das zeigte sich in der Bundesrepublik, als es darum ging, die Potenziale einer engeren Zusammenarbeit mit der Soziologie auszuloten. Die im Vorstand der DGPN organisierte Psychiatrie verteidigte erfolgreich ihren Alleinvertretungsanspruch. Erfolgreich bewältigten die Ordinarien für Psychiatrie seit den 1950er Jahren die Legitimationskrise ihres Fachs und hegten dabei zugleich konkurrierende Ansprüche anderer Berufsgruppen ein. Sie versäumte es dadurch aber auch, Reformimpulse aufzugreifen.

Die deutsche Psychiatrie im Kalten Krieg 11

Wenn sich nun der Blick auf die internationalen Kontakte der psychiatrischen Fachgesellschaften richtet, dann hat dies mehrere Gründe: Erstens wird in der historischen
Forschung immer wieder die These vertreten, dass grenzüberschreitenden Angleichungsprozessen nach dem Zweiten Weltkrieg eine hohe Bedeutung für die Ausrichtung der
Psychiatrie zukam.[1] Beim Blick auf die institutionalisierten Wege des wissenschaftlichen
Austauschs über Staatsgrenzen hinweg, stellt sich daher auch die Frage, ob der grenzüberschreitende Wissenstransfer in der Psychiatrie nach dem Zweiten Weltkrieg eine
neue Qualität erreichte. Zweitens wird im Laienpublikum häufig vermutet, dass sich im
historischen Moment der „Wiedervereinigung"[2] 1989/1990 die Psychiatrie in der DDR
deswegen von der in der Bundesrepublik gravierend unterschied, weil sie zuvor auf
sowjetische Vorstellungen und Theorien ausgerichtet gewesen und ideologisiert worden
war.[3] Drittens war die Internationalisierung des Wissensaustauschs ein wichtiges Aufgabengebiet der Fachgesellschaften und der medizinisch-wissenschaftlichen Gesellschaften. Die Internationalisierungsbemühungen sind auch als Strategien interessant. Sie
zielten darauf ab, die Bedeutung im eigenen Fach abzusichern und darüber hinaus grenz-
überschreitend auszudehnen.

---

[1]Vgl. Roelcke, Konzepte, Institutionen und Kontexte 2007, S. 287; Kersting, Einführung 2003,
S. 7; Ernst/Müller, Transnational Psychiatries 2010; Gijswijt-Hofstra u. a., Cultures of Psychiatry
2005; Klein, Governing Madness 2015.

[2]Zur Begriffsgeschichte und zu den alternativen Begrifflichkeiten der Zeitgenossen vgl. Hildebrand, Wiedervereinigung und Staatenwelt 2004, S. 201.

[3]Vergleichende Arbeiten haben indes gezeigt, dass auf lokaler Ebene die Gemeinsamkeiten von
Institutionen unterschiedlicher Staaten oft größer waren als zwischen Institutionen eines Landes.

© Der/die Herausgeber bzw. der/die Autor(en), exklusiv lizenziert durch Springer-Verlag 311
GmbH, DE, ein Teil von Springer Nature 2021
S. Dörre, *Zwischen NS-„Euthanasie" und Reformaufbruch*,
https://doi.org/10.1007/978-3-662-60878-4_11

Zunächst ist die Vorgeschichte internationaler Beziehungen in der Psychiatrie zu rekapitulieren und ein Blick auf die direkte Nachkriegszeit zu werfen. Anschließend kann am Versuch, die DDR-Psychiatrie am Vorbild der Sowjetunion organisatorisch, inhaltlich und politisch neu auszurichten, gezeigt werden, welches Spannungsverhältnis sich zwischen Ideologie und Wissenschaften in diesem Bereich der Medizin ergab und welche Bedeutung dabei den Regionalgesellschaften für Psychiatrie und Neurologie zukam. Die Analyse von internationalen Vernetzungsstrategien wird daraufhin Aufschluss darüber geben, inwiefern es in der Psychiatrie der DDR zu einer einseitigen Ausrichtung des Wissenstransfers auf andere sozialistische Länder kam. Anschließend wird für die Bundesrepublik erläutert, welchen Stellenwert Anleihen aus dem anglo-amerikanischen Raum hatten.

11.1 Anschluss an die Weltwissenschaft gewinnen[4]

In der Psychiatrie gab es eine lange Tradition transnationalen Wissenstransfers und internationaler Kontakte. Selbst ein kursorischer Blick in die Inhaltsverzeichnisse der führenden Fachzeitschriften genügt, um zu erkennen, wie wichtig der Blick ins Ausland zu unterschiedlichen Zeiten war und welche Tagungen und Konferenzen dabei eine besondere Rolle spielten. Abgesehen von dem Jahrzehnt zwischen 1914 und 1924 war die deutsche Psychiatrie bis 1933 international hervorragend vernetzt. Die wichtigsten Verbindungen verliefen vor allem im deutschsprachigen Raum, aber auch nach Frankreich. Für die Psychiater im ausgehenden 19. und frühen 20. Jahrhundert waren Ausbildungszwischenstationen in Paris oder Zürich nicht ungewöhnlich. Das Selbstverständnis der deutschen Psychiater war allerdings weitgehend das der weltweit vorbildab- und tonangebenden Wissenschaftler und Kliniker. So war es nicht wenigen deutschsprachigen Psychiatern ein wichtiges Anliegen ihre in den eigenen Augen überlegene Sicht auf psychiatrische Phänomene im Ausland zu verbreiten. Weil sie sich weltweit als Speerspitze der Forschung verstanden, ließ sich die Zusammenarbeit mit Wissenschaftlern anderer Länder auch vortrefflich dazu nutzen, den eigenen Wissensvorsprung in Szene zu setzen und damit wiederum Deutungshoheit zu erlangen. Obendrein ließ sich im Ausland Renommee von einem Kontext in einen anderen übertragen. Schon im 19. Jahrhundert war ein schnell wachsendes Ansehen unter Fachkollegen im Ausland einigen Forschern eine große Hilfe bei der Durchsetzung ihrer Vorstellungen im eigenen Land.[5]

---

[4]Ferdinand Springer an Franz K. Kessel, Schreiben vom 22.06.1946, Archiv des Springer-Verlags C 511.

[5]So etwa bei Emil Kraepelin in den späten 1880er Jahren. Vgl. Fehlemann u. a., 175 Jahre psychiatrische Fachgesellschaft in Deutschland 2017, S. 9.

Der internationale Wissenstransfer kam auch im Nationalsozialismus nicht zum Erliegen. Er richtete sich aber verstärkt an politisch opportunen Themen aus. Dies lag auch daran, dass die eugenische Bewegung keineswegs ein auf Deutschland beschränktes Phänomen war. An vielen Orten auf der Welt wurde von der Umgestaltung der menschlichen Gesellschaften auf Grundlage der Erb- und Rassenbiologie und durch die „Ausmerzung" bzw. die Sterilisation von „Erbkranken" geträumt. Der Soziologe Stefan Kühl hat in seinem lesenswerten Buch über die „Internationale der Rassisten" belegt, wie verbreitet der wissenschaftlich abgesicherte Wunsch von der genetischen Verbesserung des Menschen und des „Volkskörpers" waren. Lange Zeit erkannten selbst gut informierte Zeitgenossen nicht, wo auf der Welt sich diese Gedanken am konsequentesten in Politik umsetzen würden. Neben Deutschland standen die USA, Skandinavien und Großbritannien, zum Teil auch Frankreich als Kandidaten bereit. Obendrein wurden eugenische Ideen auch in Japan, der UdSSR, China, Brasilien und zahlreichen anderen Ländern diskutiert. Weltweit stießen sie auf breite politische Zustimmung: Nicht nur bei Nationalisten und Faschisten, sondern auch bei Liberalen, Sozialisten, selbst unter Anarchisten.[6] Unter diesen Vorzeichen verwundert es kaum, dass die in Deutschland nach 1933 getroffenen rassenpolitischen Regelungen von nicht wenigen ausländischen Wissenschaftlern, Politikern und Journalisten als nachahmenswert hervorgehoben wurden. Die mit eugenischen Fragen befassten Wissenschaftler vernetzten sich auch nach 1933 noch international, lernten voneinander und maßen ihre Erfolge aneinander. So wirkte ein Netzwerk von europäischen und nordamerikanischen Eugenikern und Rassenhygienikern zugleich „engagiert an der Legitimierung der nationalsozialistischen Rassenpolitik innerhalb und außerhalb Deutschlands" mit.[7]

Diese internationalen Kontakte institutionalisierten sich auch in der neurologisch-psychiatrischen Fachgesellschaft, der GDNP. Die Satzung der Fachgesellschaft beinhaltete die Möglichkeit, ausländische Ärzte als außerordentliche Mitglieder aufzunehmen, die dann auch als Gäste auf den Jahresversammlungen der *Gesellschaft Deutscher Neurologen und Psychiater* vortrugen.[8] Allein von den 46 Ärztinnen und Ärzten, die in der Gründungsphase eine Mitgliedschaft in der GDNP beantragten, hatten acht keinen deutschen Pass. Die Schranken für ausländische Nichtmitglieder waren jedoch hoch. Rüdin, Nitsche und Pette forderten einhellig, dass man „größte Zurückhaltung üben" solle, diese auf den eigenen Jahrestagungen referieren zu lassen.[9] Das führte dazu, dass auf den fünf Jahresversammlungen der GDNP zwischen 1935 und

---

[6]Vgl. Kühl, Internationale der Rassisten [2]2014.

[7]Ebd., S. 165. Zum österreichischen Fall vgl. Mayer, Eugenische Initiativen 2005. Für die „Schockmethoden": Roelcke/Schmuhl, Heroische Therapien 2013.

[8]Vgl. Schmuhl, GDNP 2016, S. 150. Allerdings wurden zu den Jahresversammlungen eben auch nur jene Ausländer eingeladen, die Mitglieder waren. Vgl. ebd., S. 150 f.

[9]Ernst Rüdin an Paul Nitsche, Schreiben vom 13.07.1936, MPIP-HA: GDA 27, zitiert nach: Ebd., S. 150.

1939 insgesamt nur 62 Referenten, Vortragende und Besucher aus dem Ausland zugegen waren.[10] Zugleich besuchten deutsche Psychiater weiterhin internationale Tagungen, wie die Konferenzen der *International Federation of Eugenic Organizations,* die internationalen Tagungen zur psychischen Hygiene, die internationalen Kongresse für Kinderpsychiatrie und die Weltkongresse für Bevölkerungswissenschaft. Hier warb das führende Personal der Fachgesellschaft – allen voran Paul Nitsche und Ernst Rüdin – für die eigene Konzeption psychiatrischer Genetik und Rassenhygiene und damit für die nationalsozialistische Erbgesundheitspolitik. Die daraus erwachsenen Kooperationen kamen erst mit Beginn des Zweiten Weltkriegs zum Erliegen.[11]

In der unmittelbaren Nachkriegszeit ging es dann zunächst darum, sich wieder dem Stand der internationalen Forschung anzunähern. Der Verleger Ferdinand Springer versuchte beispielsweise, als es um die Wiedergründung der psychiatrischen Fachzeitschriften ging, Kontakte zu im Ausland lebenden deutschen Psychiatern, Neurologen und Neurochirurgen aufzunehmen. Man sei, so schrieb er im Sommer 1946, „sehr bestrebt den Anschluss an die Weltwissenschaft wieder herzustellen".[12] Seine Briefwechsel aus dieser Zeit zeigen, wie schwer es war, Informationen über den aktuellen psychiatrischen Wissensstand in anderen Ländern zu bekommen und wie schwierig sich die Kontaktaufnahme zu den Emigranten gestaltete.[13] Auch bei den Ordinarien für Psychiatrie stand die Rehabilitierung der deutschen Psychiatrie im Ausland weit oben auf der Tagesordnung.[14] Doch zugleich störte sie bis in die frühen 1950er Jahre, dass die eigenen Leistungen in der Welt nicht ausreichend gewürdigt würden. Auf den ersten internationalen Tagungen der Nachkriegszeit, etwa dem Neurologen-Kongress 1949 in Paris, waren nur wenige deutsche Besucher anwesend. Zudem bestand auch für die deutsche Leserschaft kaum die Möglichkeit, „sich über die Ergebnisse dieses Kongresses zu informieren".[15] 1951 berichtete der Neurologe Klaus Joachim Zülch vom Südamerikanischen Neurochirurgen Kongress in Porto Alegre: „Das Bild (…), nach dem man Südamerika wohl in etwa beurteilen kann, war insofern erschütternd, als in den Referaten aber auch nicht ein einziger deutscher Autor zitiert wurde. (…) Man fragt sich manchmal wirklich, warum wir

---

[10]Diese kamen aus 22 Ländern, meist aus den Nachbarländern, aber auch aus den USA, der Türkei und Japan. Vgl. Ebd., S. 151.

[11]Vgl. Ebd., S. 194–207.

[12]Ferdinand Springer an Franz K. Kessel, Schreiben vom 22.06.1946, Archiv des Springer-Verlags, C 511.

[13]Nachdem 1938 „nicht-arischen" Ärzten die Approbation entzogen und Mitglieder jüdischer Herkunft und Glaubens aus der GDNP ausgeschlossen wurden, wurden viele Ausgeschlossene ermordet oder mussten emigrieren. Nur wenige der Überlebenden kamen nach 1945 wieder zurück. Einige erneuerten ihre Kontakte zu Forschern in Deutschland, andere lehnten dies ab. Vgl. Schmuhl, GDNP 2016, S. 135–150.

[14]Dass das auch ein staatspolitisches Anliegen war, zeigt Paulmann, Haltung der Zurückhaltung 2006.

[15]Zitat aus: Conrad, V. Internationaler Kongreß 1954, S. 124.

Deutschen überhaupt noch publizieren. Wir haben ja nicht einmal das Geld, um auf die überseeischen Kongresse Vertreter, geschweige denn eine Equipe zu schicken."[16] Ganz allgemein kann man davon ausgehen, dass die deutschen Psychiater erst ab 1953/54 wieder auf internationale Tagungen eingeladen wurden und sich bis dahin auch selbst mit internationalen Beiträgen eher ,verschämt' zurückhielten.

11.2 Sowjetisierung und Ideologisierung

In der DDR-Psychiatrie ging es in den frühen 1950er Jahren vor allem um die Rezeption der Lehren des russischen Nobelpreisträgers Iwan Petrowitsch Pawlow (1849–1936). Es handelte sich beim Pawlowismus um eine kurze, aber aufschlussreiche Episode in der Geschichte der Psychiatrie in der DDR. An ihr lässt sich zeigen, dass sich führende Persönlichkeiten der regionalen medizinisch-wissenschaftlichen Gesellschaften und der Gesundheitsverwaltung für eine Neuausrichtung der Nervenheilkunde nach sowjetischem Vorbild stark machten. Zu diesen Persönlichkeiten gehörte Dietfried Müller-Hegemann, um den es auch danach geht, weil er sich zwischen 1954 und 1958 mehrmals öffentlichkeitswirksam und universitätsintern gegen eine Wiederbewaffnung der Bundesrepublik aussprach. Abschließend wird anhand ausgewählter Beispiele gezeigt, wie die internationalen Vernetzungsstrategien der Psychiater in der DDR aussahen.

11.2.1 Die Pawlowisierung der Nervenheilkunde in der DDR

Der Pawlowismus in der Medizin der DDR
In der Frühphase der DDR wurden zentrale Richtungsentscheidungen für die langfristige Entwicklung des Gesundheitswesens getroffen. In genau diese Zeit fällt auch die gezielte Einführung des Pawlowismus als neuer theoretischer Bezugspunkt in der Medizin. Es handelte sich dabei um eine Anfang der 1950er Jahre „von der Sowjetunion initiierte und von der SED mit Nachdruck ,durchgeführte' Kampagne für die Lehren des russischen Physiologen Pawlows".[17] Auch die Psychiatrie war von dieser Kampagne betroffen. Unter Rückgriff auf sowjetische Forschungsarbeiten stärkte der Pawlowismus, die Lehre von der höheren Nerventätigkeit, die neurologische Ausrichtung der Psychiatrie

---

[16]Klaus Joachim Zülch an Ferdinand Springer, Schreiben vom 27.05.1951, Archiv des Springer-Verlags, E-109-6. Und auch Hanns Hippius erinnerte sich an seine Ankunft 1952 in Berlin: „At the time we didn't have much contact with other countries, because people still remembered what happened in psychiatry during the Nazi regime in Germany. When I was an assistant we had difficulties in getting information from the rest of the world. We spoke only German and no other languages." Hippius interviewed by Andrea Tone 2004, http: http://d.plnk.co/ACNP/50th/Transcripts/Hanns%20Hippius%20by%20Andrea%20Tone.doc.

[17]Ernst, Prophylaxe 1997, S. 310.

und verknüpfte Hirnpathologie und Psychiatrie eng miteinander. Denn in den Augen der Interpreten der Lehren des Physiologen Ivan Petrovich Pawlow (1849–1936) waren Geisteskrankheiten physiologisch beobachtbare Gehirnkrankheiten, deren Symptome durch Reize aus der sozialen Umwelt ausgelöst wurden. Im Gegensatz zu älteren dualistischen Auffassungen galt ihnen Pawlows Lehre als eine „geschlossene Theorie der Einheit von Organismus und Umwelt und der einzelnen Teile des Organismus und ihrer Funktion, einschließlich der psychischen, untereinander".[18] Der Name Pawlow stand damit erstens für eine „neurodynamische Interpretation der Pathogenese weitverbreiteter und wichtiger Krankheiten", zweitens für eine ganzheitliche Betrachtung der Gehirnfunktionen und drittens dafür, „das Gesamtgebiet der psychiatrischen Krankheitsprozesse und Einzelphänomene auf eine Anzahl relativ einfacher, experimentell jederzeit demonstrierbarer pathophysiologischer Vorgänge zurückzuführen".[19]

Doch es ging um weit mehr als nur die organisatorische oder paradigmatische Erneuerung der DDR-Wissenschaften. Der Pawlowschen Theorie wurde nicht nur ein medizinischer Mehrwert attestiert, sondern auch ein gesellschaftlicher. Die Pawlowsche Lehre „von organischen sowie psychischen Prozessen als Ergebnis materieller Reflexketten" stützte demnach „das Ideengebäude des Materialismus marxistisch-leninistischer Prägung".[20] Die „fortschrittliche Ideologie"[21] des Pawlowismus ließ sich damit auch ohne weiteres in den größeren Rahmen der Umgestaltung des Gesundheitswesens und der gesamten Gesellschaft stellen, diente dazu, die bisherigen „ideologischen Grundlagen der Naturwissenschaft und der Medizin" zu hinterfragen und die genannten Wissenschaftsbereiche auf Basis der Erkenntnisse der sowjetischen Wissenschaft auf den Boden des dialektischen historischen Materialismus zu stellen.[22] Der Pawlowismus kann als Versuch angesehen werden, die Medizin in der DDR im Sinne sozialistischer Gesellschaftsvorstellungen ideologisch zu steuern und inhaltlich nach dem Vorbild der Sowjetunion auszurichten.[23]

---

[18]Resolution der Pawlow-Tagung 1953.

[19]Müller-Hegemann, Neue Wege 1955, S. 196, 199 f.

[20]Vgl. Mette, Kriterien des Fortschritts 1952, S. 133. Zitate aus Busse, Sowjetwissenschaft 1998, S. 153; Hanrath, Anstaltspsychiatrie 2002, S. 403.

[21]Mette, Umschau 1951, S. 309.

[22]Mette, Pawlows großes Erbe 1951, S. 179. Hier mit Bezug auf Kurt Winters Polemik gegen die Psychosomatik.

[23]Vgl. Busse, Sowjetwissenschaft 1998, S. 152. Das ist auch deswegen von Bedeutung, weil die medizinischen Wissenschaften ja bereits im Nationalsozialismus ihre wissenschaftlichen Normen mit weltanschaulichen Anforderungen in Übereinklang gebracht und in der Folge ihr bis dato hohes wissenschaftliches Ansehen in der Welt eingebüßt hatten. So argumentiert bereits Ernst, Prophylaxe 1997, S. 308.

Erste Rezeptionen

Dem Pawlowismus in der DDR ging eine „Pawlowisierung" in der sowjetischen Wissenschaft voraus. Pawlow war auch dort nach seinem Tod 1936 zunächst in Vergessenheit geraten.[24] Erst 1949, anlässlich der Feierlichkeiten seines 100. Geburtstags, wurden Pawlows Lehren vor dem Hintergrund des sich zuspitzenden Kalten Krieges dazu genutzt, „auf wissenschaftlichem Gebiet eine umgreifende und flächendeckende ideologisch betriebene Kampagne" anzustoßen. Ziel des Politbüros der KPdSU war es, den Ruf der sowjetischen Wissenschaft in der Welt zu erhöhen und die Pawlowsche Lehre „als unmittelbare einzel- bzw. naturwissenschaftliche Einlösung des dialektischen Materialismus vorzuführen". In diese Zeit fällt auch die Neuveröffentlichung der Werke Pawlows, die Gründung von Fachzeitschriften für die Erforschung der höheren Nerventätigkeit und die Einrichtung von Schulungskursen für Ärzte und Lehrer. Es ist nicht übertrieben davon zu sprechen, dass die Pawlowsche Lehre in der Sowjetunion damals zum Leitstern der Medizin, der Psychologie, der Pädagogik und weiterer verwandter Fächern erhoben wurde.[25]

Von der mit dem Namen Pawlow verbundenen neuen inhaltlichen Linie in der Wissenschaftspolitik der UdSSR wurden die Ärzte aus den medizinischen Fakultäten in der DDR gelinde gesprochen überrascht. Sie waren gerade noch mit der Umstellung der Hochschullandschaft nach sowjetischem Vorbild beschäftigt.[26] Dies allein wuchs sich schon zu einer Hypothek im Kampf um die alte – bürgerliche – Intelligenz aus. Nun sollten sich die Ärzte obendrein noch inhaltlich vollkommen neu orientieren.[27] Da die Lehren des Nobelpreisträgers Pawlow in der deutschen Medizin bis dahin kaum wissenschaftlichen Nachhall erzeugt hatten, gab es zudem einen erheblichen Informationsmangel.[28] Die ersten Artikel in den medizinischen Fachzeitschriften stellten daher zunächst einmal das Werk des sowjetischen Physiologen vor.[29] In der Nerven-

---

[24]Vgl. Busse, Sowjetwissenschaft 1998, S. 154. Pawlows Arbeiten und dessen Position in der UdSSR dargestellt in: Ernst, Prophylaxe 1997, S. 310–312.

[25]Vgl. Busse, Sowjetwissenschaft 1998, S. 153 f., Zitat S. 153.

[26]In den Jahren 1945 bis einschließlich 1948 war die Hochschulpolitik noch nicht durch radikale Umbrüche geprägt. Die erste Hochschulreform begann im Februar 1949 und zielte auf die Einschränkung der Länderhoheit. Seit dem III. Parteitag im Juli 1950 erhob die Parteiführung der SED „wiederholt und mit wachsendem Nachdruck die ‚Errungenschaften der Sowjetwissenschaft' zur Richtschnur für alle Disziplinen". Anfang 1951 wurden mit der Verordnung über die Neuordnung des Hochschulwesens die Universitäten direkt dem neugegründeten Staatssekretariat für Hochschulwesen (StHsw) unterstellt. Vgl. Ernst, Prophylaxe 1997, S. 207–209, Zitat S. 313. Zu den Akademikern vgl. Jessen, Akademische Elite 1999.

[27]Vgl. Busse, Sowjetwissenschaft 1998, S. 155.

[28]Vgl. Ernst, Prophylaxe 1997, S. 312.

[29]Vorangegangen war 1949 eine mehrseitige Abhandlung zu Pawlows 100. Todestag, die ihn aber überwiegend noch als Physiologen des Tieres ehrt. Vgl. Peters, Zum 100. Geburtstag 1949. Peters war damals Professor der experimentellen Psychologie an der Universität Istanbul. Zentrale nachfolgende Veröffentlichungen dann: Zeitschrift für Ärztliche Fortbildung 23/24 vom 15.12.1950

heilkunde eröffnete dabei der alleinige Herausgeber von *Psychiatrie, Neurologie und
medizinische Psychologie,* Alexander Mette, diese Informationsoffensive. Mit ihm
steht ein vormals überzeugter Anhänger der Freud'schen Psychoanalyse[30] am Beginn
der Pawlowkampagne in der Nervenheilkunde. 1951 betonte er in einem mehrseitigen
Artikel die große internationale Wirkung der Forschung Pawlows für die Psychologie
und hob dessen 1923 und 1927 erschienene Werke über die „höchste Nerventätigkeit von
Tieren", „über die bedingten Reflexe" und die „Aktivität der Hirnrinde" hervor. Noch,
so mahnte er, sei die Resonanz dieser Forschungsergebnisse im deutschen Schrifttum
viel zu gering.[31] Die aktuellen Rezeptionsanstrengungen in der Psychiatrie müssten nun
endlich über die bisherigen zaghaften Versuche hinausgehen.[32] Ein simples Anpassen
der bisherigen Forschung und der medizinischen Praxis an die Pawlowschen Erkenntnisse reiche, so Mette, nicht aus. Folgerichtig ging er hart mit jenen ins Gericht, denen
er unterstellte, sie würden nur oberflächliche Anpassungen an die neue Wissens-
ordnung vornehmen: So mancher Psychologe und Gehirnpathologe bezeichne sich zwar
bereits als Vertreter „einer neuen ‚dynamischen' Betrachtungsweise", bediene sich den
experimentell ermittelten Funden Pawlows jedoch „vielfach nur als Aushängeschild".[33]

Die gestellte Aufgabe für die Mediziner in der DDR war groß: bisherige Traditionslinien galt es rigoros zu kappen. Nicht nur einzelne Vorstellungen waren zu revidieren,
sondern die Medizin grundlegend zu erneuern. Fortan galten neue Kriterien für wissenschaftliche Objektivität. Das sah man zeitgleich auch in der UdSSR so. In der *Resolution
der gemeinsamen wissenschaftlichen Tagung der Akademie der Wissenschaften und der*

---

mit der Veröffentlichung der wichtigsten Referate und Ergebnisse der gemeinsamen Tagung der
Akademie der Wissenschaften und der medizinischen Akademie der Wissenschaften vom 28.6.-
4.7.1950 sowie dem Artikel: Bykow, Entwicklung 1950. Nachfolgend: Winter, grundlegende
Fragen 1951.

[30]Mette gab noch 1945/1946 Vorlesungen an der Volkshochschule Steglitz über die Psychoanalyse
Sigmund Freuds und hielt in den ersten Nachkriegsjahren intensive Kontakte zu anderen Psychoanalytikern, u. a. zu Carl Müller-Braunschweig (1881–1958). Vgl. Bundesarchiv Koblenz ZSG
161/7.

[31]Verantwortlich machte er dafür nicht die Mediziner selbst, sondern die Nationalsozialisten.
Sie hätten die Rezeption der erst kurz vor ihrer Machtübernahme ins Deutsche über-
setzten Pawlowschen Erkenntnisse verhindert. „Die Knebelung fortschrittlicher Literatur und
wahrer Wissenschaft während der Hitler-Epoche" habe keine „erschöpfende Auswertung der
Pawlowschen Forschungsergebnisse" gestattet. Mette, Pawlows großes Erbe 1951, S. 177.

[32]Pawlows Erkenntnisse seien überhaupt, so Mette, bislang ungenügend in die medizinischen
Disziplinen eingedrungen – namentlich nennt Mette die Hygiene, die Bäderkunde und die Körper-
kultur. Bislang sei in der deutschsprachigen Forschung die Tragweite der Pawlowschen Lehre nicht
erkannt, insbesondere vernachlässige man die „Milieu-Einwirkungen" in dessen Werk. Vgl. Mette,
Pawlows großes Erbe 1951, S. 177–179.

[33]Ebd., S. 177 f. Dies treffe sogar auf die UdSSR zu. Vgl. ebd. S. 178.

medizinischen Akademie der Wissenschaften der UdSSR von 1951 wandten sich die Unterzeichner ebenfalls direkt gegen deutsche Traditionslinien:

> „Das wissenschaftliche Erbe Pawlows hat in so mancher Hinsicht nicht die Beachtung gefunden, die dem allgemeinen Fortschritt seiner Idee zukommt. Die Anhänger verschiedener metaphysischer, pseudowissenschaftlicher Konzeptionen, (…) die den Einfluß der reaktionären Wissenschaft kapitalistischer Länder widerspiegeln, haben sich hartnäckig der breiten Entfaltung der Ideen und Lehren Pawlows in Medizin und Biologie widersetzt und unserer Wissenschaft geschadet."[34]

Mette, ganz auf dieser wissenschaftspolitischen Linie, ließ die Resolution umgehend in der psychiatrisch-neurologischen Fachzeitschrift der DDR abdrucken. Dadurch konnte er seinen eigenen politischen Willen zur Umsetzung der Neuausrichtung der Nervenheilkunde fachöffentlichkeitswirksam bekunden, die Marschrichtung vorgeben und die sowjetische Gesundheits- und Wissenschaftspolitik als Vorbild festschreiben.

Dass es zunächst erforderlich war, ein Wissensdefizit zu beheben, zeigen die Veröffentlichungen in der Fachzeitschrift im Oktoberheft 1951. Unter Rückgriff auf sowjetische Autoren wurde die Lehre Pawlows von der höheren Nervenfunktion allgemeinverständlich vorgestellt und deren Bedeutung für die Neuropathologie und für das Verstehen und die praktische Therapie von Neurosen und Aphasien beschworen.[35] Auch in anderen wichtigen medizinischen Fachzeitschriften wie den *Heilberufen* und im *Ärztekalender* erschienen wegweisende Artikel über die Pawlowsche Theorie.[36] Doch auch diese stammten mehrheitlich aus der Feder sowjetischer Autoren, weil im deutschsprachigen Raum die „Personaldecke für die Popularisierung Pawlows (…) ausgesprochen dünn" war.[37] Wichtiger

---

[34]Resolution der gemeinsamen wissenschaftlichen Tagung der Akademie der Wissenschaften und der medizinischen Akademie der Wissenschaften der UdSSR, die den Problemen der physiologischen Lehre J.P. Pawlows gewidmet war, in: Psychiatrie, Neurologie und medizinische Psychologie 7 (1951), S. 203–207, hier S. 203 f.

[35]Vgl. Dawidenkov, Lehre Pawlows 1951, S. 295–297.

[36]Vgl. Ernst, Prophylaxe 1997, S. 313.

[37]Ebd., S. 325. Auch die 1951/1952 in der DDR gegründete *Pawlow-Zeitschrift für höhere Nerventätigkeit* brachte keinen einzigen Artikel von deutschen Wissenschaftlern. Dort erschienen ausschließlich Übersetzungen der Beiträge aus der namensgleichen sowjetischen Zeitschrift, die von der *Akademie der Wissenschaften der UdSSR* unter dem Chefredakteur A. G. Iwanow-Smolenski herausgegeben wurde. Diese galt nach Mette zusammen mit der Zeitschrift *Sowjetisches Gesundheitswesen* und den Faltbeilagen des *Deutschen Gesundheitswesens* als zentrales Medium des Kontakts mit der sowjetischen Fachliteratur. Vgl. Mette, Bedeutung 1968, S. 113. Die deutsche Ausgabe wurde herausgegeben durch das *Dokumentationszentrum für wissenschaftliche medizinische Literatur* unter Redaktion von J. Segal (Berlin), Dietfried Müller-Hegemann (Leipzig) und Lothar Pickenhain (Berlin). Verlegt wurde es vom VEB Verlag Volk und Gesundheit in Berlin. Das Dokumentationszentrum für wissenschaftliche medizinische Literatur war in Berlin ansässig. Vgl. Impressum Jahrgang 1952.

Kumulationspunkt dieser Entwicklung war die Pawlow-Tagung am 9. Februar 1952.[38] Auch, wenn auf ihr noch mehrere „unorthodoxe" Lesarten Pawlows zu vernehmen waren,[39] brachten sich doch spätestens zu diesem Zeitpunkt die zukünftigen Protagonisten der Pawlowisierung in der DDR in Stellung.

Der Pawlowismus als Dogma

Stefan Busse hat für die UdSSR von einer „dogmatischen Phase" des Pawlowismus gesprochen, die von 1950 bis 1953 reichte. Diese sei von einer „kritischen Phase" abgelöst worden, die sich bis zum XX. Parteitag der KPdSU 1956 erstreckte.[40] In der DDR setzte diese Entwicklung etwas zeitverzögert ein. Dies ist zum Teil auch darauf zurückzuführen, dass sie sich stark auf Beiträge sowjetischer Autoren stützte, deren Übersetzung eine Weile dauerte. Nichtsdestotrotz lässt sich Busses Phaseneinteilung auch für die Interpretation der DDR-Nervenheilkunde nutzen, da der Pawlowismus ab 1952 die Theoriedebatten in der Psychiatrie, der Neurologie und der klinischen Psychologie der DDR in immer stärkerem Maße prägte. Noch wurde um die richtige Lesart und die Tragweite des Pawlowismus gerungen. Doch zugleich wurde ein umfangreiches Programm zur Pawlowisierung ausgearbeitet, das vor allem auf die Institutionalisierung, Popularisierung und Kanonisierung der Lehre Pawlows abzielte. Hierbei spielten zwei Personen eine zentrale Rolle: Der bereits mehrfach zitierte Alexander Mette und Dietfried Müller-Hegemann, der in der historischen Forschung als einer der „engagiertesten Pawlow-Propagandisten" gilt.[41] Beide argumentierten mit sehr ähnlichen Argumenten und nutzten den Pawlowismus zur wissenschaftlichen Neuausrichtung ihrer bisherigen Arbeitsgebiete – insbesondere im Bereich der medizinischen Psychologie und der ärztlichen Psychotherapie.[42] Sie betrieben zu diesem Zwecke auch die zügige Übersetzung der Referate der Moskauer Tagung von 1951 und deren Veröffentlichung in der Fachpresse.[43]

---

[38]Sie wurde von der Tochtergesellschaft Dresden der medizinisch-wissenschaftlichen Gesellschaft an der Universität Leipzig durchgeführt. Vgl. Mette, Zwischen zwei Tagungen 1952. Anna-Sabine Ernst vermutet, dass die Dresdner Konferenz eher von einzelnen Forschern ausging als bereits von der SED angestoßen wurde. Vgl. Ernst, Prophylaxe 1997, S. 314.

[39]Ernst, Prophylaxe 1997, S. 326.

[40]Vgl. Busse, Sowjetwissenschaft 1998, S. 154.

[41]Ernst, Prophylaxe 1997, S. 324.

[42]Dies ist u. a. sichtbar an einem von Müller-Hegemann gehaltenen Vortrag auf der Sitzung der *Gesellschaft für Neurologie und Psychiatrie an der Universität Berlin* am 14.01.1952. Auch auf überregionalen wissenschaftlichen Tagungen stimmte Mette üblicherweise den Auslegungen der Pawlowschen Lehren durch Müller-Hegemann zu und besprach auch dessen Neuveröffentlichungen in diesem Sinne positiv. Vgl. Müller-Hegemann, Bemerkungen zur Lehre Pawlows 1952; Mette, Pawlow-Tagung 1953, S. 134.

[43]Vgl. Busse, Sowjetwissenschaft 1998, S. 160.

Zeitgleich wurde die Pawlow-Propaganda im Partei- und Staatsapparat institutionalisiert. So ordnete das Sekretariat des ZK im November 1952 an, eine wissenschaftliche Pawlow-Tagung unter Obhut des MfG und des *Staatssekretariats für Hochschulwesen der DDR* zu organisieren und legte zugleich die Themen der Referenten fest.[44] Diese Tagung wurde dann am Jahresbeginn 1953 unter Leitung von Maxim Zetkin (1883–1965)[45] durchgeführt.[46] Anders als auf der Dresdner Tagung ein Jahr zuvor war nun eine sehr große Zahl an Besuchern aus dem In- und Ausland anwesend. Die Teilnehmerstatistik spricht von insgesamt 1800 Personen, darunter überwiegend Psychologen und Mediziner.[47] Mit der Tagung und der daran anschließenden innerfachlichen Debatte wurden fachwissenschaftliche und weltanschaulich-ideologische Ziele verfolgt.[48]

Wie umfangreich das damalige Reformprogramm war, zeigt die auf der Pawlow-Tagung verabschiedete Resolution. Basierend auf der Annahme eines eklatanten Defizits in der Rezeption und Umsetzung der Erkenntnisse Pawlows wurden sechs weitreichende Forderungen aufgestellt. Sie beinhalteten neben der Übersetzung und Herausgabe der Werke Pawlows die Gründung eines Pawlow-Instituts, welches als Zentrum der experimentellen Forschung dienen, den wissenschaftlichen Nachwuchs ausbilden, die Pawlowschen Erkenntnisse verbreiten und die Forschung im theoretisch-experimentellen und klinischen Bereich koordinieren sollte.[49] Darüber hinaus sollten klinische Zentren für Studium und Anwendung der Lehre Pawlows eingerichtet werden. An den

---

[44]Vgl. Ernst, Prophylaxe 1997, S. 314 f.

[45]Der Chirurg Maxim Zetkin war die zentrale Person in der *Deutschen Zentralverwaltung für Gesundheitswesen*. Aufgrund seines guten Verhältnisses zu den sowjetischen Besatzungsbehörden sowie seinem Ansehen in der Gesundheitsverwaltung der frühen DDR war er aus Sicht der Partei über jeden Verdacht der „politischen Unklarheit" erhaben. Zetkin war seit 1902 in der SPD, USPD und KPD organisiert und hatte sich in der russischen Emigration und in der Roten Armee große Verdienste erworben. Diese und weitere Angaben zu Zetkin aus: Schleiermacher/Schagen, Rekonstruktion und Innovation 2010, S. 205 und 216.

[46]Vgl. die Unterlagen über die ersten gemeinsamen Besprechungen zur Vorbereitung des Berliner Psychiater- und Neurologen-Kongresses im Jahr 1953 in: BA Berlin DQ/1/20030.

[47]Schon auf der Tagung der GDNP 1951 hatte sich Müller-Hegemann – seinem eigenen Bericht nach – mehreren westdeutschen Kollegen gegenübergesehen, die sich mit ihm über den Pawlowismus austauschen wollten. Vgl. Bericht über die Fahrt der Ärztedelegation der DDR zum Kongreß der Neurologen und Psychiater in Stuttgart, 26.09.1951–30.09.1951 (Müller Hegemann), Universitätsarchiv Leipzig, Med. Fak. C III/1/12a, fol. 7r, 8, nach: Beyer, Transit 2018, S. 223 f. Das auch die Pawlowrezeption auf der Tagung im Jahr 1953 nicht vollständig den Wünschen der SED und des MfG entsprach, zeigen: Busse, Sowjetwissenschaft 1998, S. 156 f.; Ernst, Prophylaxe 1997, S. 326.

[48]Deutlich übten sich die Veranstalter angesichts des Medizinermangels im Spagat zwischen radikaler Neuausrichtung und Integrationssignalen. Vgl. Busse, Sowjetwissenschaft 1998, S. 156; Resolution der Pawlow-Tagung 1953, S. 127.

[49]Gefordert wurden auch bessere Bedingungen für längere Studienaufenthalte in Forschungsstätten der Sowjetunion und anderer „befreundeter Länder", um überhaupt qualifizierte Mitarbeiter des Instituts heranbilden zu können.

Universitäten galt es die Lehre Pawlows mittels einer obligatorischen Vorlesung in allen medizinischen Disziplinen zu verankern. Arbeitstagungen über Fragen der Pawlowschen Lehre, insbesondere auf den Gebieten der Physiologie und der ihr verwandten Disziplinen, sowie der Therapie wurden geplant und damit auch direkt die medizinisch-wissenschaftlichen Gesellschaften angesprochen, deren Aufgabe die Ausrichtung dieser Tagungen war. Abschließend forderte die Resolution die „praktische Anwendung der Lehren Pawlows bei der Gestaltung der Krankenhäuser und ihres Betriebes", ohne aber direkt darauf einzugehen, was genau dies bedeuten sollte.[50]

Die in der Resolution festgehaltenen Ziele der Institutionalisierung, Popularisierung und Kanonisierung der Lehre Pawlows wurden zügig erreicht. Es folgten mehrere Institutsgründungen – eine auch in der Nervenheilkunde: das Pawlow-Institut in Jena. Kurz nach der Tagung wurde zudem eine *Staatliche Pawlow-Kommission beim MfG* eingerichtet.[51] Auch in der nervenärztlichen Fachzeitschrift *Psychiatrie, Neurologie und medizinische Psychologie* häuften sich nun Artikel mit dezidiertem Pawlowbezug. Dabei fällt allerdings auf, dass es fast ausschließlich Mette und Müller-Hegemann waren, die mit ihren Beiträgen den Nutzen von Pawlows Schriften für die Nervenheilkunde zu belegen versuchten. Offenkundig konnte der Herausgeber sonst niemanden in der DDR finden, der darüber berichten konnte oder wollte.

Das Ende des Pawlowismus

In der Sekundärliteratur zum Pawlowismus wird der Tod Stalins im Frühjahr 1953 als wichtiger Wendepunkt bewertet, da er in der Sowjetunion eine langsame Abkehr vom Pawlowschen Paradigma einläutete. Mitte der 1950er Jahre hatte die Debatte ihren Zenit überschritten; die „dogmatische Phase" war nun vorbei.[52] Das spürt man in der DDR auf der Anfang des Jahres 1954 abgehaltenen Pawlow-Tagung jedoch noch nicht. Die dort getätigten programmatischen Äußerungen unterschieden sich kaum von den bisherigen. Die „Pawlowisten" in der DDR antizipierten die veränderte Wissenschaftspolitik in der UdSSR zu diesem Zeitpunkt noch nicht. Das zeigt sich vor allem an Alexander Mette, der weiterhin die Deutungshoheit in dieser Diskussion beanspruchte und sie auch besaß. In einem in der von ihm herausgegebenen Fachzeitschrift erschienenen Bericht über die unter der wissenschaftlichen Leitung von Kleinsorge, Jung und Müller-Hegemann durchgeführte Arbeitstagung der *Staatlichen Pawlow-Kommission* nutzte er den Kurzüberblick über die Referate noch einmal dazu, um „gegen restliches kategorielles Denken

---

[50]Vgl. Resolution der Pawlow-Tagung 1953, S. 127.

[51]Deren Leitung übernahm Maxim Zetkin. Von den zwölf wissenschaftlichen Mitgliedern besaßen zehn ein SED-Parteibuch, darunter Alexander Mette und Dietfried Müller-Hegemann. Umfangreiche Informationen zum Personenkreis vgl. Ernst, Prophylaxe 1997, S. 323–325.

[52]Vgl. Busse, Sowjetwissenschaft 1998, S. 154; sowie zeitgenössisch: Weinschenk, Rezension zu Brandt, Sowjetmedizin 1959, S. 230; Weinschenk, Pawlows Lehre 1957.

Stellung" zu beziehen.[53] Offenkundig war das Ideengebäude, das um den Namen Pawlow herum gezimmert worden war, 1954 noch intakt und das gewünschte Niveau der Pawlowisierung noch nicht erreicht.[54]

Erst ab 1955 sind auch in der DDR Auflösungstendenzen zu bemerken. In der psychiatrischen Fachzeitschrift erschienen zwar weiterhin Aufsätze, die sich auf Pawlow bezogen, doch in den Ausgaben des Jahres 1956 ist die Absetzbewegung immer deutlicher zu spüren. Auch erschien noch eine Bibliografie der deutschsprachigen Veröffentlichungen zu Pawlow, doch hatte der russische Physiologe zu diesem Zeitpunkt als Gewährsmann für allgemeine Reformforderungen längst ausgedient. Müller-Hegemann, der in der Fachzeitschrift 1956 mehrmals zur „neuzeitlichen Psychotherapie" veröffentlichte, nahm in seinen Beiträgen immer seltener direkt Bezug auf Pawlow.[55] Die wenigen Passagen, in denen er sich noch auf die konkreten Arbeiten des russischen Physiologen bezog, rückten an den Rand des Argumentationsgangs. Pawlow war wieder zu einem normalen Denker im wissenschaftlichen Verweiskosmos geworden.

Auch in den Lehrbüchern schlug sich der Pawlowismus kaum nieder. Rudolf Lemke, der Gründungsvorsitzende der *Gesellschaft für Psychiatrie und Neurologie in der DDR*, befasste sich schon in der Erstauflage von *Neurologie und Psychiatrie* (1956) nur am Rande mit der Pawlow-Lehre und Hellmuth Rennert, der nach Lemkes Tod die zweite Auflage besorgte (1960), stellte fest, dass er „die Anwendungsmöglichkeit der Lehre Pawlows von der höheren Nerventätigkeit des Menschen in der Psychiatrie (...) vor allem in grundsätzlichen philosophischen und physiologischen Bereichen" sehe, sie aber aus der Diagnostik und dem klinischen Alltag fernzuhalten sei.[56] In späteren Jahren

---

[53]Mette mit Bezug auf seine eigene Stellungnahme. Vgl. Mette, Bericht über die Arbeitstagung 1954, S. 177.

[54]Sämtliche Vorträge, auch das Eingangsreferat von Müller-Hegemann, der Pawlow-Tagung 1954 enthalten in BA Berlin DQ 1/20447. Zur Vorbereitung der Tagung vgl. BA Berlin DQ 1/20030.

[55]Vgl. bspw. Protokoll der Sitzung der Medizinisch-wissenschaftlichen Gesellschaft für Psychiatrie und Neurologie an der Karl-Marx-Universität, 18.02.1956; Müller-Hegemann, Das ärztliche Gespräch 1956. Müller-Hegemann forderte in letztgenannter Veröffentlichung weiterhin, die Psychotherapie „auf den Boden des neuzeitlichen klinischen und physiologischen Erfahrungsstandes zu stellen, um die bisher vorwiegend psychogenetische Orientierung zu überwinden", rekurriert dabei aber nicht mehr explizit auf Pawlow.

[56]Vgl. Lemke, Neurologie und Psychiatrie 1956 und Lemke, Neurologie und Psychiatrie [2]1960 (hg. von Rennert). Zitat aus: Hand, Pawlows Beitrag 1972, S. 56. Zwar erschien 1960 die vierte Auflage des Lehrbuches der Psychiatrie von W. A. Giljarowski in deutscher Übersetzung im Verlag *Volk und Gesundheit*, doch blieb dessen Wirkung begrenzt. Mit dem Lehrbuch setzte sich in der Bundesrepublik auch Hans Sattes von der Universitäts-Nervenklinik Würzburg, die enge Kontakte zu den Neurologen in Jena pflegte, auseinander. In seiner kritischen Besprechung fasst er zusammen: „Das eigentlich Psychiatrische bleibt gegenüber dem Aufwand an politischer und weltanschaulicher Theorie dürftig, um nicht zu sagen primitiv. Man hofft vergeblich auf irgendeine Bereicherung in psychopathologischer Hinsicht und findet nur eine sehr undifferenzierte, in vieler Hinsicht rückständig wirkende, auch sprachlich nicht gut dargestellte Behandlung der allgemeinen und speziellen Psychiatrie, die sich in alten ausgefahren Gleisen bewegt. – Man möchte

galt Pawlows Werk immer noch als revolutionär und bedeutsam, doch wurde es nun vor allem als Immunisierung gegen das biologistische und erbbiologische Denken in der Psychiatrie interpretiert.[57]

Von politischer Seite aus kam es in der DDR erst nach dem XX. Parteitag der KPdSU im Februar 1956 zu einer offenen „Kehrtwende" in Bezug auf den Pawlowismus. Dieser Parteitag der Kommunistischen Partei der Sowjetunion war der erste nach Stalins Tod. Nikita Chruschtschow rechnete auf ihm in einer Geheimrede mit seinem Vorgänger ab und verurteilte Stalins politische Säuberungen. Doch die Auswirkungen beschränkten sich nicht nur auf die Entzauberung der kommunistischen Ikone Stalin, die Entstalinisierung zeitigte auch Effekte auf die zuvor verfolgten wissenschaftlichen Ansätze. Jetzt setzte sich selbst die Parteikonferenz der SED, namentlich der Staatsratsvorsitzende Walter Ulbricht, kritisch mit dem bisherigen Verlauf der Pawlow-Rezeption auseinander. Das Schlagwort der „Vulgarisierung" der Pawlowschen Lehre machte die Runde.[58] Bei den Psychiatern ging man nun deutlich auf Distanz zur Sowjetwissenschaft. Wenn man nun „wissenschaftliche Exaktheit" einforderte, dann war das – anders als in den Jahren zuvor – meist gegen Pawlow gerichtet.[59] Angesichts fehlender politischer Unterstützung stellten die Pawlow-Kommissionen im letzten Drittel der 1950er Jahre ihre Arbeit ein.[60] Anfang der 1960er Jahre wurde schließlich die deutschsprachige Ausgabe der *Pawlow-Zeitschrift für höhere Nerventätigkeit* eingestellt. Als Begründung ließ die Redaktion[61] ihre Leser wissen:

„Zu diesem Schritt sehen sich Redaktion und Verlag veranlaßt, weil sich in den letzten Jahren eine immer größere Anzahl von Interessenten ausreichende Kenntnisse der russischen Sprache angeeignet hat, so daß sie die russische Ausgabe der Zeitschrift im Original verfolgen kann. Alle Beiträge der „Pawlow-Zeitschrift für höhere Nerventätigkeit" werden nach wie vor ausführlich im Referateblatt „Die Medizin der Sowjetunion und der Volksdemokratien im Referat" (VEB Verlag Volk und Gesundheit, Berlin) referiert.

---

nicht hoffen, daß die Studenten in der Zone nach diesem Buch Psychiatrie zu lernen versuchen." Sattes, Psychiatrie und Weltanschauung 1963, S. 549. Die Kritik Sattes ist teilweise berechtigt, für den Gesamteindruck aber trügerisch. Insbesondere die weltanschaulichen Referenzen spielten nur im einleitenden Teil sowie im Teil zu den sozialen Problemen der Psychiatrie eine dominierende Rolle.

[57]Etwa in: Mette, Neurologie und Psychiatrie 1968, S. 404.

[58]Vgl. Busse, Sowjetwissenschaft 1998, S. 157 f.

[59]Zitat aus: Becker, sechste Sitzung der Pawlow-Kommission 1956, S. 684, zitiert nach: Busse, Sowjetwissenschaft 1998, S. 158.

[60]Nicht mehr genau datierbar. Vgl. Hanrath, Anstaltspsychiatrie 2002, S. 329. Nachfolgenden Versuche Müller-Hegemanns, die Pawlow-Kommission in der Nervenheilkunde wieder zu beleben, blieben erfolglos. Vgl. Ernst, Prophylaxe 1997, S. 329.

[61]Bestehend aus: Dietfried Müller-Hegemann (Leipzig), G. Gießmann und Lothar Pickenhain (beide Magdeburg).

Dieses Organ wie auch die russische Originalausgabe der „Pawlow-Zeitschrift" können bei allen Postzeitungsämtern der DDR im Abonnement bezogen werden. Wir danken unseren verehrten Lesern für die bisherige Treue zu Ihrer Zeitschrift und hoffen, daß sie sich der empfohlenen Zeitschriften als neue Informationsquelle ausgiebig bedienen."[62]

Wer die geringe Wirkung des Russisch-Unterrichts in der DDR – und die führenden Psychiater dieser Zeit hatten diesen ja noch nicht einmal erhalten – kennt, wird dieser offiziellen Begründung gegenüber skeptisch sein. Zwar mögen rudimentäre Sprachkenntnisse durchaus vorhanden gewesen sein; dennoch reichten sie zum Lesen fachwissenschaftlicher Artikel wohl nur in seltenen Fällen aus.

Anfänglich waren die Erwartungen an die praktischen Konsequenzen der Pawlowrezeption groß. So hob M. Gehring 1953 in seiner Buchbesprechung zum Tagungsband der ersten offiziellen Pawlow-Tagung hervor, „daß das systematische Studium der Lehren Pawlows auch bei uns zu erheblichen Fortschritten in der wissenschaftlichen Forschung und in der medizinischen Praxis" führen wird.[63] Im Januar 1954 war sich der Tagungsleiter der Arbeitstagung der *Staatlichen Pawlow-Kommission der Deutschen Demokratischen Republik* Jung sicher, dass durch die Konferenz nun „der Weg von der theoretischen Diskussion zur praktischen Arbeit beschritten" worden sei.[64] Eineinhalb Jahre später, im Sommer 1955, betonte Müller-Hegemann in der Fachzeitschrift den „therapeutische[n] Optimismus der Pawlowschen Schule" und die „humanitäre Einstellung der Pawlowschen Schule zum Kranken". Pawlow sei, so Müller-Hegemann, kein Praktiker gewesen. Zwei Jahre vor seinem Tod habe er dies selbst auch mit den Worten „Ich war und bleibe Physiologe und jetzt natürlich so spät werde ich es auch nicht mehr schaffen, Kliniker zu werden" eingesehen. Doch, so Müller-Hegemann, habe sich Pawlow intensiv mit „psychiatrisch-neurologischen Problemen, insbesondere mit den Neurosen, mit psychotischen Phänomenen, deren Therapie durch Heilschlaf, Brommedikation, durch Suggestion und Hypnose (…) beschäftigt".[65] Auf Basis der angeführten Zitate könnte man annehmen, der Pawlowismus habe in der klinischen Praxis zu tiefgreifenden Veränderungen geführt. Dies war jedoch nicht der Fall. Die dafür zur Verfügung stehende Zeit – zwischen der eben zitierten Äußerung Jungs und der Abkehr vom Pawlowismus liegen gerade einmal zwei Jahre – war schlicht zu kurz. In der medizinischen Praxis blieben die meisten Ärzte

---

[62]Verlag und Redaktion der deutschen Ausgabe, o. T., in: Pawlow-Zeitschrift für höhere Nerventätigkeit 5/6 (1961), o. S.

[63]Gehring, Buchbesprechung zu Goetze/Mette/Pickenhain, Pawlow-Tagung 1953, S. 396. Noch 1968 behauptete Mette in diesem Sinne, dass der Pawlowismus zumindest in der Sowjetunion eng mit der „Betreuung der geisteskranken Patienten nach dem Prinzip größtmöglicher Ausschaltung des Zwangs" verbunden gewesen sei. Mette, Neurologie und Psychiatrie 1968, S. 403.

[64]Mette, Arbeitstagung der Staatlichen Pawlow-Kommission 1954, S. 180.

[65]Müller-Hegemann, Neue Wege 1955, S. 193 und 201.

trotz der neuen theoretischen Grundlage ihrem bisherigen praktischen Erfahrungswissen verpflichtet.[66]

Die psychiatrische Fachzeitschrift beinhaltete folgerichtig bis einschließlich 1954 kaum „pawlowistische" Beiträge mit praxistauglichen psychiatrischen Therapievorschlägen. Die Ausnahme waren Übersetzungen von ausländischen Berichten zur Schlaftherapie. Erst nachdem auf der Pawlow-Tagung 1954 und dann noch einmal eingehend auf der Pawlow-Tagung 1955 viel über die Schlaftherapie gesprochen worden war, nahm die Anzahl der in der Fachzeitschrift der DDR abgedruckten Erfahrungsberichte deutlich zu.[67] Auf Basis des Reiz-Reaktions-Schemas und der Vorstellung eines zweiten Signalsystems beim Menschen zielte die Dauerschlaftherapie darauf ab, die Reize und damit auch die ,krankhaften' Reaktionen des Patienten auszuschalten und so das „neurologische Gleichgewicht im Organismus wiederherzustellen".[68] Sie wurde insbesondere von Müller-Hegemann in Leipzig und von Hellmuth Kleinsorge in Jena betrieben. Die Dauerschlaftherapie, die mit unterschiedlichen therapeutischen Erfolgen angewandt wurde, erweiterte allerdings nur das Therapiespektrum.[69] Ende der 1950er Jahre wurde die Schlafkur in den damals gebräuchlichen Lehr- und Handbüchern zwar noch beschrieben und auch bei diversen Indikationen anempfohlen, sie hatte zu diesem Zeitpunkt aber „den Höhepunkt ihrer Bedeutung und Anerkennung längst überschritten". Sie galt schon um 1960 nicht mehr als dem aktuellen Kenntnisstand entsprechend. Sie verschwand dann Ende der 1960er Jahre auch aus der psychiatrischen Literatur.[70] Die sonstigen bisherigen Behandlungsmethoden wurden auch zuvor bereits unter lediglich minimalen Anpassungen weitergeführt.[71]

---

[66]Vgl. Ernst, Prophylaxe 1997, S. 328.

[67]Zur Schlaftherapie in der DDR vgl. Scholz/Steinberg, Theorie und Praxis 2011.

[68]Hanrath, Anstaltspsychiatrie 2002, S. 410. Umstritten war dabei, inwieweit diese Therapie eine medikamentöse sein müsse oder solle. Müller-Hegemann beispielsweise grenzte die Pawlowsche Schlaftherapie dezidiert von den bisherigen Formen der Dauernarkose ab. In ihr ginge es um „einen physiologischen Heilschlaf, der mit bedingt reflektorischen Reizen, auch mit hypnotischen und anderen suggestiven Beeinflussungen herbeigeführt und unterhalten wird", bei dem „die medikamentöse Beeinflussung" zurücktrete, bisweilen sogar ganz fortgelassen werden könne. Müller-Hegemann, Neue Wege 1955, S. 200.

[69]Außerdem war die Wirkung hier keine langfristige. 1962 betonten Ärzte des Bezirkskrankenhauses für Psychiatrie und Neurologie Stadtroda, dass der Erfahrungsaustausch bei der Dauerschlafbehandlung und bei psychotherapeutischen Methoden nach Pawlow mit der Sowjetunion „in den letzten Jahren praktisch mit Null zu bezeichnen" sei. Abteilung Gesundheits- und Sozialwesen des Rats des Bezirks Gera an MfG, Schreiben vom 27.01.1962, BA Berlin DQ 1/3583 1 von 2.

[70]Vgl. Steinberg/Weber, Vermischung von Politik und Wissenschaft 2011, S. 567 f., Zitat S. 568.

[71]Hanrath hat zu Recht hervorgehoben, dass die Pawlow-Bezüge, die sich in der Beschreibung von Elektroschockverfahren, Arbeitstherapie und autogenen Training finden lassen, nur eine Art „Mimikry"-Effekt waren. Hanrath, Anstaltspsychiatrie 2002, S. 414.

Wissenschaftspolitische Bewährungsprobe und personalpolitische Weichenstellung

Der Pawlowismus bot sich an, um kurz nach der Gründung des neuen Staates Zuverlässigkeit und Zugehörigkeit zu signalisieren. So gelang es, sich für herausgehobene Positionen im Fach zu empfehlen. So gesehen war es sogar der entscheidende Vorteil, dass sich der Pawlowismus vor allem als theoretischer Impuls niederschlug, der kaum in die Praxis eindrang.

Selbst, wenn innerhalb der DDR-Diskussionen „nicht jene inquisitorische Vehemenz" anzutreffen war „wie in den sowjetischen Originaldiskussionen", so bot die Pawlow-Diskussion doch die Chance, die Mediziner „über eine Weltanschauungsdebatte in den Fachwissenschaften zu binden und zu egalisieren".[72] Wie erfolgreich dieses Unterfangen auch immer gewesen sein mag, für einzelne Wissenschaftler war die kurze Phase des Pawlowismus von zentraler Bedeutung. Begreift man sie als ein erstes Experimentierfeld der Zuverlässigkeit und der Bereitschaft zur wissenschaftlichen Unterordnung unter den Primat des Staates, dann lässt sich der Pawlowismus als ein Elitenbewährungsprogramm analysieren.[73] Alexander Mette und Dietfried Müller-Hegemann, deren berufliche Qualifikation als Psychoanalytiker in der SBZ schnell an Wert verlor, hatten die Zeichen der neuen Zeit erkannt und die mit dem Pawlowismus verbundenen Möglichkeiten ausgeschöpft. Deswegen wurden die bewährten Kader nach dem Ende des Pawlowismus in der DDR auch nicht ausgetauscht. Die Absage an das Forschungsparadigma beendete gerade nicht deren wissenschaftlichen und berufspolitischen Karrieren. Im Gegenteil: Sie blieben in der medizinisch-wissenschaftlichen Gesellschaft ebenso wie in der Fachzeitschrift und an den Universitäten in ihren Ämtern.[74] Den Pawlowismus als Katalysator

---

[72]Busse, Sowjetwissenschaft 1998, Zitate S. 155 und 156. Interessanterweise haben das auch die Beteiligten rückblickend so hervorgehoben. In Abgrenzung zu den sowjetischen Diskussionen unter Neuropathologen und Psychiatern und deren Kritik an konkurrierenden Deutungsmustern hob Alexander Mette 1968 hervor: „Von den scharfen Trennungsstrichen, die in der Polemik statuiert worden waren, wurde überdies hernach manches gemildert". Selbst jene Kollegen wie Karl Leonhard, „die die Plastizität des Gehirns im Sinne Pavlovs ablehnen (...), gelten als wertvolle Bundesgenossen im Wirken für die Erneuerung der Psychiatrie". Mette, Bedeutung 1968, S. 114.

[73]Das betont auch Ernst, wenn sie hervorhebt, dass die SED den Pawlowismus als „Durchgangsstation" dachte, die eine „erzieherische" Wirkung auf die Ärzte und Wissenschaftler habe, da einerseits Begrifflichkeiten und Argumentationsweisen eingeübt wurden, andererseits aber auch die „unpolitischen" Mediziner über den Pawlowismus zum wissenschaftlichen Sozialismus geleitet werden konnten. Ernst, Prophylaxe 1997, S. 319.

[74]1957 erhielt Müller-Hegemann „gegen leisen Widerstand" der Medizinischen Fakultät die ordentliche Professur und das Direktorat für die Leipziger Klinik, die er seit 1952 kommissarisch leitete. Müller-Hegemann, darauf wird gleich noch eingehender hingewiesen, geriet allerdings schon seit der zweiten Hälfte der 1950er Jahre immer mehr ins Abseits. Zum Ende der Karriere Hegemanns vgl. Scholz/Steinberg, Schlaftherapie 2011, S. 324; Steinberg/Weber, Vermischung von Politik und Wissenschaft 2011.

und Bewährungsprobe zu begreifen erklärt, warum eine bestimmte Personengruppe in den nachfolgenden zehn bis 15 Jahren jenen Überschneidungsbereich von Politik und psychiatrischer Wissenschaft dominierte, zudem auch die medizinisch-wissenschaftliche Gesellschaft gehörte. Doch die medizinisch-wissenschaftlichen Gesellschaften wurden dadurch weder politisiert noch dem *Ministerium für Gesundheitswesen* angegliedert. Denn als sich in zeitlicher Nähe zum offiziellen Ende des Pawlowismus die *Gesellschaft für Psychiatrie und Neurologie in der DDR* gründete, gehörten die ersten Vorsitzenden, Rudolf Lemke und Karl Leonhard, gerade nicht zu dem Personenkreis, der sich zuvor in der Pawlow-Diskussion fachlich und ideologisch im Sinne des neuen Staates positioniert hatte.

11.2.2 Die Furcht vor der Remilitarisierung der Bundesrepublik

Nur selten äußerten sich in der DDR Psychiater in ihrer Funktion als Mitglieder der medizinisch-wissenschaftlichen Gesellschaften, als Klinikdirektoren oder als Universitätsbedienstete öffentlich zu politischen Vorkommnissen in der Bundesrepublik. Die regelmäßig von den Klinik- und Abteilungsleiter/-innen angefertigten Stimmungsberichte bezogen zwar weltpolitische Ereignisse und deren Aufnahme unter der Belegschaft mit ein, politische Resolutionen der führenden Psychiater gab es aber nur selten.[75] Ausnahmen datieren auf die Jahre 1954 und 1958, als es erst um die Wiederbewaffnung Westdeutschlands und später um die atomare Bestückung der Bundeswehr ging.

Am 29. November 1954 adressierte die Ärzteschaft der Neurologisch-Psychiatrischen Klinik der Karl-Marx-Universität Leipzig ein Schreiben an die Ärzte in der Volkskammer, die Ärzte im Bonner Bundestag und andere einflussreiche Mediziner in der Bundesrepublik. In ihm drückten die Unterzeichner, darunter Dietfried Müller-Hegemann und Harro Wendt, ihre Sorge über die Aufrüstung Westdeutschlands aus und gemahnten zum Handeln.[76] Konkreter Anlass war die Unterzeichnung der Pariser Verträge durch Konrad Adenauer am 23. Oktober 1954, mit denen das Besatzungsstatut für die Bundesrepublik Deutschland beendet und der Beitritt zur NATO und zur Westeuropäischen Union (WEU) vertraglich vereinbart wurde. Initial war aber erst ein Schreiben des Präsidenten des Nationalrates, Erich Correns[77], vom 10. November 1954, in dem dieser in „großer Sorge um das Schicksal unseres Vaterlandes" die Bereit-

---

[75]Unzählige Stimmungsberichte aus den 1970er Jahren finden sich in den Universitätsarchiven, u. a. in UA Rostock, 1678 Med. Fak, Nervenklinik, Abt. für Neurologie 1957–1977.

[76]Schreiben der Ärzteschaft der Neurologisch-Psychiatrischen Klinik der Karl-Marx-Universität Leipzig in der Frage der Aufrüstung Westdeutschlands, BA Berlin DQ/1/6099.

[77]Der Chemiker Erich Paul Hubert Correns (1896–1981) war zwischen 1950 und 1981 Präsident des Nationalrates, dem obersten Gremium der Nationalen Front als Zusammenschluss der Parteien und Massenorganisationen in der DDR.

schaft der Eliten der DDR einforderte, „aus der Sphäre [des] persönlichen Wirkens herauszutreten und im Interesse der Nation zu handeln". Würde, so Correns weiter, das Abkommen durch den Bundestag ratifiziert, bedeute dies eine 500.000 Mann starke Armee auf dem Gebiet der Bundesrepublik und die Besetzung „unserer Heimat" bis zum Jahr 1998 sowie die endgültige Abtrennung des Saargebiets von Deutschland.[78] Adenauer wolle, so Correns, vollendete Tatsachen schaffen, die Wiedervereinigung Deutschlands „auf demokratischer Grundlage"[79] und eine Konferenz der vier Besatzungsmächte zur „friedlichen Lösung des Deutschlandproblems" verhindern. Da die Ratifizierung bereits für den Dezember vorgesehen war, sei schnelles Handeln nötig. Deswegen beschwor Correns die Adressaten:

> „In dieser für unser deutsches Vaterland so ernsten Stunde appelliere ich an Sie. Machen Sie Ihre Autorität und Ihren Einfluß geltend! Wenden Sie sich bitte schriftlich an Ihre Berufskollegen, Ihre Bekannten und Angehörigen im Westen unserer Heimat, vor allem aber an die Bundestagsabgeordneten. (…) Mit solchen Appellen handeln Sie im Sinne und im Interesse unseres deutschen Volkes."[80]

Es ist nicht mehr in allen Einzelheiten nachvollziehbar, was die Leipziger Ärzte der Neurologisch-Psychiatrischen Klinik dazu bewog, dieser Forderung Folge zu leisten. Überliefert ist aber das Ergebnis. Die Ärzte setzten einen Brief an die „geehrte[n] Kollege[n]" auf, der aufgrund seiner Tonlage und der verwendeten Argumentationen einen genaueren Blick wert ist.

Nicht einmal zehn Jahre nach Beendigung des letzten Weltkrieges drohe, so die Leipziger Nervenärzte, ein neuerlicher bewaffneter Konflikt. Mit „grösster Sorge" beobachte man „die weithin gediehenen Vorbereitungen zur Aufstellung einer westdeutschen Armee von grössten militärischen Potenzen".[81] Da bislang niemand Westdeutschland bedroht habe, könnten aus einer solchen Aufrüstung „nur die weithin verlängerte Spaltung Deutschlands und die sprunghafte Vergrösserung der Kriegsgefahr" folgen. Es ginge „um Schicksalsfragen des Volkes", namentlich um „Auf- oder Abrüstung, um Krieg oder Frieden". In dieser Situation dürften die Ärzte nicht schweigen. Sei man doch als Arzt gewohnt, sich mit jeder Noxe und ihren Wirkungen auf den Organismus zu beschäftigen, „jeden Gefahrenherd zu beseitigen, jede lebensfähige Zelle zu erhalten". Also könne man auch nicht

---

[78]In einem Abkommen über das Saarstatut hatten sich die Bundesrepublik Deutschland und Frankreich auf eine Volksabstimmung geeinigt. Sie ergab am 23. Oktober 1955 eine 2/3-Mehrheit für die Eingliederung des Saarlands in die Bundesrepublik.

[79]Hier ist das Demokratieverständnis der DDR gemeint, dass darauf basierte, dass die politische Macht von der Arbeiterklasse unter Führung ihrer Partei ausgeübt wurde. Zum Sprachgebrauch vgl. Wolf, sozialistische Demokratie 2000, S. 208.

[80]Correns zitiert aus: UAL Med Fak CIII/1/1c, Bd. 1.

[81]Diese und die unmittelbar nachfolgenden Zitate: BA Berlin DQ/1/6099.

„schweigend zusehen, wenn viele Millionen menschlicher Organismen der wachsenden Gefahr kriegerischer Auseinandersetzung im Zeitalter der Wasserstoffbombe ausgesetzt werden. (…) Wir als Ärzte sind der Meinung, dass die vorhandenen deutschen bewaffneten Verbände, gemessen an dem Schicksal unseres Volkes in den letzten 4 Jahrzehnten und in einem evtl. ausbrechenden 3. Weltkrieg, noch zu gross sind und beiderseits verringert werden sollten. Wir bedürfen keines militärischen Prestiges, viel grösser wäre das Ansehen des Deutschen Volkes in der Welt, wenn es gelänge, im deutschen Rahmen zu einem Abrüstungsabkommen zu gelangen. Keine Macht der Welt und auch keine Besatzungs-macht könnte uns an einem solchen alle friedlichen Kräfte der Welt begeisternden und uns Deutsche verbindenden Schritt hindern.“[82]

Abschließend zogen die Unterzeichner eine medizinische Koryphäe heran, um ihren Forderungen Nachdruck zu verleihen. Kein geringerer als Rudolf Virchow (1821–1902) wurde mit seiner Aussage zitiert, Ärzte seien „zu allen Zeiten die Apostel des Friedens und der Versöhnung gewesen“. Im Geiste dieses Ausspruchs fordere man „mit jedem nur möglichen Nachdruck: Setzen Sie alle ihre Kräfte ein, damit nicht neue Riesenarmeen aufgestellt werden, die die Gefahr in sich bergen, dass die Deutschen nicht mehr ver-handeln, sondern aufeinander schiessen könnten“.[83]

Schon in diesem Schreiben hatten die Autor/-innen bemerkt, sie wüssten wohl, dass die eigene Stimme allein kein großes Gewicht haben werde. Sie hatten aber auch darauf verwiesen, dass man ja nicht allein stünde im „unaufhörlichen Bestreben, das Grauen eines neuen Weltkrieges abzuwenden“. Gemessen am entworfenen Bedrohungsszenario war der Erfolg des Briefes gegen „die westdeutsche Remilitarisierung“[84] dennoch ernüchternd. Man habe, so Müller-Hegemann in seinem abschließenden Bericht an Correns, zwar Zustimmung von mehreren Ärzten „in der DDR und der Westdeutschen Bundesrepublik“ erhalten; Ärzte, die Mitglieder des Bundestages seien, hätten sich aber nicht gemeldet. Müller-Hegemanns abschließende Versicherung an den Präsidenten des Nationalrats kann als Floskel bezeichnet werden: Man werde „auch weiterhin alle Kräfte daran setzen (…), um unserer Heimat eine nochmalige kriegerische Auseinandersetzung zu ersparen“.[85]

Der spätere Sekretär der *Gesellschaft für Psychiatrie und Neurologie in der DDR*, Müller-Hegemann, erscheint hier als linientreuer Genosse, der versuchte, die politischen und ideologischen Zeichen der Zeit zu erkennen und sich dementsprechend zu ver-halten. Dieser Eindruck ist nicht vollkommen falsch, verdeckt aber zweierlei: Erstens war Müller-Hegemann tatsächlich überzeugter Kommunist. Er war bereits vor 1933 in der Kommunistischen Partei Deutschlands (KPD) organisiert gewesen und hatte in der

---

[82]Ebd.

[83]Ebd.

[84]„Remilitarisierung“ war kein bloßes Synonym für „Wiederaufrüstung“ oder „Wieder-bewaffnung“. Im Begriff bündelte sich die Skepsis gegenüber dem Militär als politischer Kraft.

[85]Zitate aus: Dietfried Müller-Hegemann an Erich Correns, Schreiben vom 05.04.1955, UAL Med Fak CIII/1/1c, Bd. 2.

sowjetischen Kriegsgefangenschaft eine Antifa-Schule geleitet.[86] Wenn Müller-Hegemann als einer der „umstrittensten und widersprüchlichsten Psychiater seiner Zeit" bezeichnet wird[87], dann hat das auch damit zu tun, dass er eben nicht nur Propagandist, sondern auch Glaubender war. Anfänglich damit erfolgreich, die Möglichkeiten des neuen politischen Systems für die eigene Karriere aber auch für die Verbreitung der eigenen wissenschaftlichen Ansichten und therapeutischen Konzeptionen zu nutzen, hatte er sich im Grenzbereich zwischen Politik und Wissenschaft positioniert, konnte diesen dann aber eben auch nicht mehr verlassen, als sich die Stimmung gegen ihn drehte. Zweitens würde eine solche Sichtweise die Konflikte außer Acht lassen, die Müller-Hegemann ab Mitte der 1950er Jahre mit wichtigen Personen der Parteiführung austrug. Nach der Publikation einer psychologischen Erklärung des Faschismus 1955[88] spürte er erstmals, dass die Vermischung von weltanschaulichen und wissenschaftlichen Argumenten sich auch gegen ihn selbst wenden konnte. Offiziell galt der „Hitler-Faschismus" als Teil der historisch-materialistischen Gesetzmäßigkeit, also als Zuspitzung des Imperialismus. Müller-Hegemanns Diagnose, es habe sich dabei um eine psychopathologische Erscheinung gehandelt, war damit nicht vereinbar. Sie stieß bei einflussreichen Persönlichkeiten, wie etwa Kurt Winter (1910–1987)[89], auf Ablehnung und brachte Müller-Hegemann den Vorwurf des Revisionismus ein. Das ging so weit, dass Müller-Hegemann seit Mitte der 1950er Jahre in internen Schriftstücken des Parteiapparats und der Ministerialbürokratie als „Opposition" bezeichnet wurde.[90]

Doch Müller-Hegemann stellte nach den vorangegangenen Konflikten mit der Partei sein politisches Wirken nicht ein. Das zeigen zwei Episoden aus dem Jahr 1958. Müller-Hegemann bezog damals im Namen der Medizinischen Fakultät der Universität Leipzig gegen die drohende atomare Bewaffnung der Bundeswehr Stellung.[91] Der größere historische Kontext ist hier wichtig: Unmittelbar zuvor hatte es bereits mehrere erfolg-

---

[86]Vgl. Steinberg, Versuch einer Übersicht 2016, S. 199.

[87]Scholz/Steinberg, Schlaftherapie 2011, S. 323.

[88]Müller-Hegemann, Psychologie des deutschen Faschisten 1955. Kurz eingeordnet in: Bernhardt u. a., Chronik 2000, S. 391 und in: Bernhardt, Mit Sigmund Freud 2000, S. 187 f.

[89]Kurt Winter war Ordinarius für Sozialhygiene, Rektor der *Akademie für Ärztliche Fortbildung* und Direktor des Hygiene-Instituts der Humboldt-Universität zu Berlin.

[90]Vgl. Steinberg, Versuch einer Übersicht 2016, S. 199.

[91]Vgl. Dietfried Müller-Hegemann an Walter Seitz, Schreiben vom 15.04.1958, UAL Med Fak CIII/1/1c, Bd. 2. Müller-Hegemann richtete sich an Walter Seitz (1905–1997), dem Direktor der Medizinischen Poliklinik der Universität München, um zu prüfen, ob dieser bereit sei, mit ihm in einem gemeinsamen Appell „gegen die Atomkriegsdrohungen" in Leipzig oder in München an die Öffentlichkeit zu treten. Er hatte sich schon zwei Monate zuvor an Seitz gewandt, doch insistierte er angesichts der Vorkommnisse der letzten Wochen, die in seinen Augen unweigerlich in eine atomare Bewaffnung der Bundeswehr führten, noch einmal. Ebd.

lose internationale Abrüstungsinitiativen für Mitteleuropa[92] gegeben. Realpolitischer Hintergrund war die seit einiger Zeit in Europa zu beobachtende atomare Aufrüstung, denn insbesondere Frankreich und Großbritannien drängten auf eine Bestückung der Bundeswehr mit Atomwaffen, da diese kostengünstiger zu unterhalten waren als konventionelle Kampfverbände, bei denen die UdSSR in Europa längst ein Übergewicht erreicht hatte.[93] Als 1957 Bundeskanzler Konrad Adenauer auf einer Pressekonferenz taktische Atomwaffen als bloße „Weiterentwicklung der Artillerie" bezeichnete und folgerichtig die Bewaffnung der Bundeswehr mit ihnen forderte, schien eine neuartige Bedrohungssituation zu entstehen.[94] Zu diesem Zeitpunkt hatten zwar die USA bereits Atomsprengköpfe in der Bundesrepublik stationiert, deren Einsatz lag aber nicht im Entscheidungsbereich der Bundesregierung.

Gegen die beabsichtigte atomare Aufrüstung der Bundeswehr richteten sich in der Bundesrepublik namenhafte Wissenschaftler und Ärzte. In der sogenannten „Göttinger Erklärung" verurteilten 1957 18 Kernphysiker um Otto Hahn und Carl Friedrich von Weizsäcker die nukleare Abschreckungsdoktrin und wollte die Nutzung der Kernkraft auf friedliche Zwecke begrenzt wissen.[95] Dies wurde auch in der DDR bemerkt. Und so schrieb Müller-Hegemann an einen Fachkollegen in der Bundesrepublik, den er noch von früheren Karrierestationen her kannte, dass jeder „der verantwortungsbewusst den Geschicken unseres Volkes gegenübersteht", „immer wieder nach Mitteln und Wegen suchen (müsse), um der zunehmenden Gefahr eines Atomkrieges auf deutschem Boden entgegenzutreten".[96] Eine von ihm in diesem Sinne verfasste Resolution ist zwar in den Akten des Universitätsarchivs Leipzig nicht mehr aufzufinden, doch lässt sich mit Sicherheit sagen, dass sie einige Aufregung verursachte. Denn sie stieß in der eigenen Fakultät nicht nur auf Zustimmung. So entwickelte sich beispielsweise ein veritabler Zwist zwischen Müller-Hegemann und dem Direktor der Orthopädischen Klinik der Karl-Marx-Universität, Peter Friedrich Matzen (1909–1986). Dieser warf Müller-Hegemann vor, sich „einseitig den sowjetischen Standpunkt zu eigen" zu machen. Dabei würde Müller-Hegemann unterschlagen, dass auch die Gegenseite durchaus annehmbare Abrüstungsvorschläge unterbreitet habe. Er, Matzen, halte es, und damit richtete er sich

---

[92]Zur Geschichte des politischen Raumkonzepts „Mitteleuropa" vgl. Schultz, Raumkonstrukte 2002, S. 352–361 und Rudolph, Stellvertreter am falschen Platz 1988.

[93]Allgemein zur weltpolitischen Lage in diesen Jahren vgl. Stöver, Kalte Krieg 2007.

[94]Vgl. Wette, Anti-Atombewegung 1998, S. 177.

[95]Da jedoch die CDU/CSU-Fraktion im Bundestag über eine Stimmenmehrheit verfügte, beschloss dieser am 25. März 1958 die Aufstellung atomarer Waffen in der Bundesrepublik, wenn sie unter dem Oberbefehl der NATO stünden. Ende 1958 entschied der NATO-Rat, dass die in Westeuropa stationierten atomaren Kurzstreckenraketen dem Oberbefehl der US-Armee unterstellt blieben. Vgl. Forschungsstelle für Zeitgeschichte in Hamburg u. a., „Kampf dem Atomtod!" 2009; Stempel, Ärztinnen und Ärzte gegen Remilitarisierung und Atombewaffnung 1991.

[96]Vgl. Dietfried Müller-Hegemann an Walter Seitz, Schreiben vom 15.04.1958, UAL Med Fak CIII/1/1c, Bd. 2.

direkt gegen die im Resolutionsentwurf formulierten Ideen Müller-Hegemanns, nicht für sinnvoll, dass sich jetzt auch noch die Medizinische Fakultät in Leipzig „einer einseitigen Stellungnahme zu Gunsten der sowjetischen Abrüstungspläne (…) anschließt".[97] Stattdessen wolle er das „Gewissen der Politiker in beiden Lagern" anrufen. Matzen schlug daher einen neuen Wortlaut der Resolution vor:[98]

> „Die Entwicklung der nuklearen Waffen hat den Krieg als Mittel der zwischen- und innerstaatlichen Auseinandersetzung ad absurdum geführt. Die ‚Fortschritte' der Waffentechnik bei den herkömmlichen Waffen haben die Schrecken auch eines nicht nuklearen künftigen Krieges vervielfacht. Es kann mit Sicherheit vorhergesagt werden, daß jede künftige kriegerische Auseinandersetzung schließlich im Atomkrieg münden kann. Als Ärzte und Hochschullehrer appellieren die Unterzeichnenden an die Politiker aller Länder, den Krieg als Mittel der Bereinigung nationaler und internationaler Meinungsverschiedenheiten unmöglich zu machen. Es heißt umdenken, ehe es zu spät ist!"[99]

Das war – in Inhalt und Ton – noch nicht ungewöhnlich, auch wenn Matzen, der in Stalingrad schwer verwundet worden war, damit den Schwerpunkt vom Schrecken eines atomaren Todes auf die des konventionellen Krieges ausdehnte und sich damit nicht nur gegen die Atommächte USA, UdSSR und Großbritannien richtete. Angriffsfläche boten vielmehr die nachfolgend von Matzen gestellten Forderungen. Im Einzelnen verlangte die Resolution nun nämlich nicht allein die „Beendigung der Atomwaffenversuche und -herstellung" sowie die „Vernichtung der vorhandenen Atomwaffen", sondern auch die „Beendigung der Verhetzung der Völker durch einseitig gefärbte und entstellende Berichterstattung", die allgemeine „Ächtung des Krieges", die „Anerkennung des Selbstbestimmungsrechts der Völker". Und selbst dies könne nur der Anfang sein: Zukünftig müsse man auch eine allgemeine stufenweise Abrüstung, die „Schaffung eines Weltparlaments mithilfe der Vereinten Nationen zur Beratung und Bereinigung internationaler und wo nötig auch nationaler Streitfragen" erwägen sowie die „Schaffung einer internationalen Polizeitruppe, deren Einsatz ausschließlich dem Weltparlament obliegt".[100] Matzen forderte hier also nicht nur die Verhinderung der atomaren

---

[97]Der Plan des polnischen Außenminister Adam Rapacki zur begrenzten Demilitarisierung in Mitteleuropa, u. a. einer atomwaffenfreien Zone (Volksrepublik Polen, Deutsche Demokratische Republik, Bundesrepublik Deutschland, später unter Einbeziehung der Tschechoslowakei) wurde am 2. Oktober 1957 auf der UN-Vollversammlung vorgestellt. Die Vertragspartner des Warschauer Pakts unterstützten den Plan, die NATO-Staaten lehnten ihn ab. Problematisch war für sie das konventionelle militärische Übergewicht der Warschauer-Pakt-Staaten in Europa. Im Vorfeld hatte es bereits mehrere erfolglose sowjetische Demilitarisierungsinitiativen gegeben. Vgl. Gehler, Neutralität und Neutralisierungspläne 2005.

[98]Peter Friedrich Matzen an Dietfried Müller-Hegemann, Schreiben vom 25.02.1958, UAL Med Fak CIII/1/1c, Bd. 2.

[99]Ebd., Schreiben vom 25.02.1958, UAL Med Fak CIII/1/1c, Bd. 2. Hervorhebung im Original.

[100]Ebd.

Bewaffnung der Bundeswehr, sondern das, was im heutigen politikwissenschaftlichen Jargon „Weltinnenpolitik" genannt wird.

Für heutige Leser/-innen liest sich Matzens Resolutionsentwurf, der auch Forderungen der damaligen Friedensbewegung aufgriff, vielleicht radikal und utopisch, aber sicherlich nicht bedrohlich und revisionistisch.[101] Im Kontext der Block-konfrontation machte sich Matzen damit jedoch einflussreiche Gegner. Das spürte er schon einen Monat später. Nach der Rückkehr von einer Auslandsreise verfasste Müller-Hegemann unverzüglich eine scharf formulierte Antwort. Zunächst beharrte Müller-Hegemann darauf, dass Matzens Argumente viel zu weit und am Kernproblem vorbeigingen. Die Atomwaffen, nicht die „herkömmlichen Waffen" seien das Problem. Auch wenn Matzen immer wiederhole, dass er die Schrecken des letzten Krieges erlebt habe, so lasse sich diese „Gleichstellung nicht objektiv begründen". Die nuklearen Waffen potenzierten alle jemals vorhandenen Zerstörungsmittel. Da die Sowjetunion die einzige Großmacht sei, die sich bedingungslos bereit erklärt habe, die Atomwaffenver-suche sofort einzustellen, wenn die anderen Mächte dies ebenfalls täten, gebühre ihr jede Unterstützung. Matzen habe dies nicht verstanden, mache dafür aber Vorschläge, die zu diesem Zeitpunkt gar keine Aussicht auf Verwirklichung hätten und so von dem „einzig wichtigen Vorschlag" ablenkten. Müller-Hegemann warf Matzen offen vor, dass dieser „den zunehmenden Massenkampf der Völker gegen die Gefahr des Atomtodes abzu-schwächen sucht" und die „schonungslose Anprangerung der Kriegshetzer und Atom-waffenverbrecher durch die Publikationsorgane unserer Republik" als „Verhetzung der Völker" diffamiere. Er, Müller-Hegemann, sei der Überzeugung, „dass die politische Situation in Deutschland viel zu ernst für solche Manöver geworden [sei] und dass es an der Zeit [sei], sich klar für die friedenserhaltenden Kräfte der Welt zu entscheiden". Er sei, hierbei ins kollektive „Wir" verfallend, gerne bereit, ihm, Matzen, in dieser Hinsicht behilflich zu sein.[102]

Offenkundig blieb es nicht bei dieser schriftlichen Reaktion, denn in einem weiteren Schriftstück Matzens ist von einer Fakultätssitzung am 26. März die Rede, auf der Müller-Hegemann die Glaubwürdigkeit des Friedenswillens seines Opponenten bestritten habe. Matzen zeigte sich nun noch einmal schriftlich erschüttert und erinnerte daran, dass die von ihm gemachten Vorschläge in ähnlicher Form bereits 1946 von Albert Einstein formuliert worden seien. Dieser werde doch gewiss auch von Müller-Hegemann nicht als „kapitalistischer Kriegshetzer" verdächtigt. Insbesondere sei er „beeindruckt", dass Müller-Hegemann, „einen Appell zur Ächtung des Krieges und der Gewaltan-wendung für unrealistisch halte". „Lassen Sie sich daher mit aller Deutlichkeit sagen, wer den Krieg als Mittel der Auseinandersetzung zwischen den Völkern nicht ablehnt,

---

[101]Knapp zu den Zielen und der Resonanz der damaligen Friedensbewegung in der Bundes-republik, insbesondere zur Ohne-mich-Bewegung und Kampf-dem-Atomtod-Bewegung: Buro, Friedensbewegung 2008, insbesondere S. 272 f.

[102]Dietfried Müller-Hegemann an Peter Friedrich Matzen, UAL Med Fak CIII/1/1c, Bd. 2.

sondern ihn sogar als unter bestimmten Voraussetzungen für zulässig bezeichnet, will den Atomkrieg." Müller-Hegemanns Bemerkung zum Informationsdienst der DDR wies Matzen empört zurück und sah in ihr eine Entstellung seiner ursprünglichen Aussage. Die weiteren Vorschläge seien nicht utopisch, sondern ein möglicher Weg zur langfristigen Befriedung der Welt. Die Aufgabe des Hochschullehrers bestehe, so Matzen, nicht darin, „sich das Denken durch andere abnehmen zu lassen, sondern klar und logisch nach Überprüfung sämtlicher Standpunkte Stellung zu beziehen". Mit Schlagworten, „wie kapitalistischer Kriegshetzer, Faschist, Bandit, Gangster u. dgl." werde „nichts erreicht".[103]

Der Konflikt zwischen Müller-Hegemann und Matzen – ein Konflikt zwischen einem „sozialistischen" und einem „bürgerlichen" Mediziner – zeigt, wie mit dem Meinungspluralismus, den es auch in der DDR immer gegeben hat, umgegangen wurde. Politische Stellungnahmen konnten nicht im öffentlichen Raum – wie etwa zeitgleich die Göttinger Erklärung in der Bundesrepublik – diskutiert werden. Das machte die Universität zum Austragungsort politischer Meinungsverschiedenheiten. Deutlich spürbar ist in den angeführten Zitaten auch, dass sich die Stimmung innerhalb der Medizinischen Fakultät Leipzig verändert hatte und sich Konfrontationen zuspitzten. Das hatte seine Gründe nicht nur in persönlichen Animositäten, sondern ist in den Kontext der Hochschulpolitik einzuordnen. Nach einer ersten Phase zwischen 1945 und 1956, die durch ein Ausbalancieren zwischen universitären Traditionen, politischen Interventionen und Pragmatismus geprägt war, folgte eine Phase „kulturrevolutionärer Radikalisierung". Mehrere Motive lagen diesem Kurswechsel zugrunde: „Sofern er Teil der politischen Antwort auf die besonders an den Universitäten fühlbar gewordene Entstalinisierungskrise nach dem XX. Parteitag der KPdSU war, diente er zur Absicherung der SED-Herrschaft in den Hochschulen. Soweit er die Weichen für den nächsten Ausbauschub des Hochschulwesens stellte, zog er seine Antriebe aus der anlaufenden Debatte zur ‚Wissenschaftlich-Technischen Revolution'. Und nicht zu verkennen ist ein kulturrevolutionärer Impuls, der sich mit den beiden anderen Motiven mischte und direkt auf die Berufungspolitik durchzuschlagen drohte: Mit der Verschärfung der Kaderpolitik seit dem 32. ZK-Plenum im Sommer 1957, der aufgeheizten Propaganda zur Eroberung der Kultur durch die Arbeiterklasse, die in den ‚Bitterfelder Weg' mündete, mit der endgültigen Gleichschaltung der Justiz auf der Babelsberger Konferenz vom April 1958 und der Brigadebewegung in den Betrieben inszenierte die SED-Spitze einen Mobilisierungskurs mit unüberhörbar antiprofessionellen und antibürokratischen Tönen."[104] Parallel dazu spitzte sich die Weltlage zu: Vorläufiger Endpunkt war das Ultimatum Nikita

---

[103]Peter Friedrich Matzen an Dietfried Müller-Hegemann, Schreiben 27.03.1958, UAL Med Fak CIII/1/1c, Bd. 2. Es ist aus der Personal-Akte Müller-Hegemanns nicht mehr zu entnehmen, wie dieser Konflikt ausging. Zumindest blieb Matzen bis zu seiner Emeritierung 1975 Direktor der orthopädischen Klinik und Professor für Orthopädie.

[104]Jessen, Akademische Elite 1999, S. 85.

Chruschtschows am 27. November 1958, in der er die drei westlichen Besatzungsmächte aufforderte, innerhalb von sechs Monaten den Westteil Berlins in eine entmilitarisierte Freie Stadt umzuwandeln. Sonst, so die Drohung, werde die Sowjetunion der DDR die Kontrolle über die Verbindungswege zwischen Westdeutschland und Berlin (West) übertragen.[105]

Es liegt nahe zu vermuten, dass es Müller-Hegemann im Konflikt mit Matzen nicht allein um den Atomkrieg als vielmehr darum ging, die Lücken in der eigenen Front zu schließen. Er war in der Medizinischen Fakultät umstritten und bekam nun auch in der von ihm geleiteten Klinik immer stärker Gegenwind zu spüren. In dieser Situation stellte er sich, wie schon während des Pawlowismus, ostentativ hinter die offizielle Linie des Politbüros. Ähnlich muss man wohl seinen ebenfalls in diese Zeit fallenden Aufruf zur Volkskammerwahl am 16. November 1958 verstehen. In ihm vermischte er die sozialistische Interpretation der jüngeren deutschen Vergangenheit mit der aktuellen Bedrohungslage.[106] Indem Müller-Hegemann biografisch argumentierte, rückte er die anstehende Wahl in die Nähe der Richtungswahl 1930[107] und überhöhte so deren historische Bedeutung:

> „Vor 28 Jahren war ich zum ersten Mal wahlberechtigt. Damals, in der Zeit zwischen den beiden mörderischsten Kriegen der neueren Geschichte, herrschte bei den meisten Deutschen noch die Illusion vor, man könne mit dem Wahlschein der bürgerlichen Weimarer Demokratie den Frieden und die demokratischen Rechte des Volkes erhalten. Ja, es war eine Illusion, da die Offensive kapitalstarker Mächte mit ihren Stahlhelm-, SA- und SS-Organisationen, mit dem Staatsstreich Hindenburgs gegen die SPD-Regierung Preussens und der bald folgenden Einrichtung der Hitler-Diktatur geradewegs in das grösste Morden der Neuzeit führte."[108]

Nun marschierten, so Müller-Hegemann weiter, heute wieder in Westdeutschland, „inszeniert von den gleichen kapitalstarken Mächten Stahlhelm und SS-Organisationen auf, beherrscht schon die Aufrüstung das politische Leben und gellt der Schrei nach Revanche, nach Eroberung neuen Lebensraumes im Osten zu uns herüber". Der Arzt müsse sich in diesem Moment bekennen. Er sei es gewohnt, „um jedes einzelne Leben zu ringen, jede lebensfähige Zelle zu erhalten". Er könne daher nicht schweigen, „wenn zu alledem noch die Drohung mit dem Atomtod das Leben der Menschheit insgesamt gefährdet". Es heiße nun Stellung zu beziehen, so Müller-Hegemann weiter,

---

[105]Vgl. Uhl, Krieg um Berlin? 2008.

[106]Aufruf von Müller-Hegemann zur Wahl 1958, UAL, PA 1516 (Müller-Hegemann).

[107]In der Reichstagswahl 1930 wurde die NSDAP erstmalig zweitstärkste Fraktion. In der Folgezeit regierten die Kabinette nicht mehr mit Hilfe einer parlamentarischen Regierung, sondern mit Hilfe der Notverordnungsvollmachten des Reichspräsidenten Paul von Hindenburg (Verordnungen nach Art. 48 WRV).

[108]Aufruf von Müller-Hegemann zur Wahl 1958, UAL, PA 1516 (Müller-Hegemann), Hervorhebung im Original.

und „diejenigen Politiker voll [zu] unterstützen, die durch ihr ganzes Wirken bewiesen haben, dass sie Verteidiger des Weltfriedens waren, sind und sein werden". Weil alle Maßnahmen der DDR-Regierung darauf gerichtet seien, den Frieden zu erhalten und zu festigen, werde er am 16. November seine Stimme den Kandidaten der Nationalen Front geben: „Ich rufe Sie alle auf, das gleiche zu tun".[109]

In diesem Wahlaufruf ging es nicht darum, Stimmung für bestimmte Kandidaten und Parteien zu machen. Andere Kandidaten als die der Nationalen Front waren zur Volkskammerwahl ohnehin nicht zugelassen. Es ging um die Erhöhung der Wahlbeteiligung und der Zustimmungsquote. In der DDR war – wie in vielen anderen sozialistischen Staaten auch – eine hohe Wahlbeteiligung bedeutsamer Nachweis dafür, dass die gewählten Funktionäre die vermeintlichen Interessen des Volkes vertraten. Deswegen gingen die Bemühungen im Voraus vor allem dahin, die Bürger und Bürgerinnen der DDR zum Gang an die Wahlurne zu motivieren.[110]

Es ist bereits hervorgehoben worden, dass es keine leichte Aufgabe ist, Müller-Hegemanns politische Äußerungen im Grenzbereich von Klinikleitung, Wissenschaftsbetrieb und Parteikarriere eindeutig einzuordnen. Offenkundig ist aber, dass Müller-Hegemann stärker als seine Fachkollegen inneruniversitär in Erscheinung trat, wenn die Abgrenzung der Blöcke an der Frage nach Krieg und Frieden verhandelt wurde. Sein Ton war dabei so kompromisslos wie schon zuvor in der Pawlow-Debatte. Die These von Anna-Sabine Ernst, Müller-Hegemann sei von der Partei durch deren „Politisierung von Wissenschaft" abgenutzt und verbraucht worden,[111] ist zumindest insofern zu unterstützen, dass der Satz nicht nur im Passiv, sondern auch im Aktiv seine Richtigkeit behält: Müller-Hegemann hat sich im Prozess der „Politisierung von Wissenschaft" auch selbst verschlissen. Er blieb seinen fachlichen und politischen Überzeugungen treu, bezog offensiv Stellung zum politischen Tagesgeschehen, agitierte als Kalter Krieger. Er tat dies einerseits aus politischer Überzeugung, andererseits versuchte er damit in den 1950er Jahren seine Machtbasis in der Klinik und in seinem Fach auszubauen.

In den 1960er Jahren schlugen die bisherigen Vorteile des Wirkens im Überschneidungsbereich von Politik und Wissenschaft für ihn persönlich ins Negative um. Anfang der 1960er Jahre war er massiver Kritik sowohl von der unteren Parteiebene innerhalb der eigenen Klinik als auch von der Administration im *Ministerium für*

---

[109]Ebd.

[110]Die offizielle Wahlbeteiligung lag damals schließlich bei 98,8 %, davon stimmten 99,87 % dem Wahlvorschlag der Nationalen Front zu. Die fehlenden 0,13 Prozentpunkte entfielen auf ungültige Stimmen. In den „Beteilungsdiktaturen" des 20. Jahrhunderts hatten Wahlen eine wichtige Funktion. Mit ihnen sollten Konsens und Einheit zwischen Regierenden und Regierten nicht nur inszeniert und beschworen, sondern auch verwirklicht werden. Vgl. Jessen/Richter, Voting 2011; Wildt, Volksgemeinschaft als Selbstermächtigung 2007.

[111]Ernst, Prophylaxe 1997, S. 293 und S. 307 f. Das sich Wissenschaften nicht einfach politisieren lassen, sondern Wissenschaft und Politik füreinander Ressourcen sind, darauf verweist: Ash, Wissenschaft und Politik 2010.

Gesundheitswesen und im ZK der SED ausgesetzt. Ideologisch und fachlich hatte er sich in die Ecke drängen lassen, teilweise gar selber gestellt. Es folgte die Demontage seiner Person. Schließlich sah er sich veranlasst, seine Ämter an der Universität Leipzig niederzulegen und die ärztliche Leitung des Wilhelm-Griesinger-Krankenhauses in Ostberlin zu übernehmen.[112] Zunehmende Publikationsbeschränkungen führten schließlich dazu, dass Müller-Hegemann 1971 – kurz bevor er die Delegation der DDR für den Weltkongress der Psychiatrie leiten sollte – von einer Reise in die Bundesrepublik nicht mehr zurückkehrte.[113] Dieses Ende der Karriere Müller-Hegemanns in der DDR war aber in den 1950er Jahren noch nicht absehbar. Sein Engagement gegen die Aufrüstung der Bundeswehr zeigt, wie in der DDR der 1950er Jahre grundsätzlich auf zwei Arten Fachpolitik betrieben wurde: Über wissenschaftliche Veröffentlichungen und über die Parteihierarchie.[114] Das Müller-Hegemann dabei aber nie als Vorsitzender der Leipziger Regionalgesellschaft oder als Sekretär der *Gesellschaft für Psychiatrie und Neurologie in der DDR* auftrat, sondern als Hochschullehrer und Klinikdirektor sprach, verweist zugleich darauf, dass die medizinisch-wissenschaftlichen Gesellschaften keine bedeutenden politisch-ideologischen Akteure waren.

11.2.3 Vernetzungen mit Osteuropa

Selbst in der Hochphase des Pawlowismus, einer Zeit der vermehrten Rezeption sowjetischer Autoren, hatte es nur selten einen direkten Austausch mit Psychiatern aus den anderen sozialistischen Staaten gegeben. Russische Texte wurden zwar ins Deutsche übersetzt, Delegationsreisen hingegen blieben eine Ausnahme, und größere

---

[112]Vgl. Balz, psychophysische Medizin 2019, S. 218. Karl Leonhard hatte ihm am 6. Juni 1964 noch die Unterstützung der *Gesellschaft für Psychiatrie und Neurologie* zugesichert, Müller-Hegemann kam aber wohl auf dieses Angebot nicht zurück. Vgl. Karl Leonhard an Dietfried Müller-Hegemann, Schreiben vom 06.06.1964, Archiv der Humboldt-Universität zu Berlin 03011/6, Bd. 6. Am 27. September 1965 bat Müller-Hegemann Leonhard, ihn von seiner Tätigkeit als Sekretär der *Gesellschaft für Psychiatrie und Neurologie* zu entbinden, diese Funktion sei doch eigentlich ein Posten für den Nachwuchs. Vgl. Dietfried Müller-Hegemann an Karl Leonhard, Schreiben vom 27.09.1965, Archiv der Humboldt-Universität zu Berlin 03011/6.

[113]Im Nachhinein führte Müller-Hegemann seine Ausbootung in der DDR auf seine kritische Haltung zum Mauerbau zurück. Vgl. Bernhardt, Mit Sigmund Freud 2000, S. 200. Müller-Hegemann war als Rentner gereist, da er als Verfolgter des Naziregimes bereits 60-jährig in den Ruhestand gehen konnte (auch wenn er zunächst weiterarbeitete). Vgl. ebd., S. 202. Die Akten des Ministeriums für Staatssicherheit geben Auskunft über den Vorfall und die internationalen Reaktionen. Sein nachträglich veröffentlichtes Buch „Die Mauerkrankheit" erfülle, so kann man dort lesen, den Tatbestand der staatsfeindlichen Hetze. Vgl. BStU-Archiv MfS AP 33192/92; MfS HA XX ZMA Nr. 2554; MfS ZMD Nr. 984. Vgl. auch Steinberg/Weber, Vermischung von Politik und Wissenschaft 2011, S. 568.

[114]Vgl. hierzu Steinberg/Weber, Vermischung von Politik und Wissenschaft 2011, S. 564.

Kongresse mit internationaler Beteiligung waren selten. Auch nachfolgend erhöhte sich der Austausch von Psychiatern innerhalb des Ostblocks zunächst nicht. Erst Ende der 1950er Jahre nahm die Reisetätigkeit von Psychiatern aus der DDR zu.

In den späten 1950er und frühen 1960er Jahren wurden vermehrt Studienreisen nach Ungarn und in die ČSSR unternommen, deutlich seltener in die UdSSR, nach Polen oder Rumänien.[115] In den Akten des *Ministeriums für Gesundheitswesen* zu den Reisekadern spielten jedoch selbst dann noch die Psychiater zunächst keine große Rolle. Bis Mitte der 1970er Jahre gibt es erheblich mehr Berichte von Neurologen, Kinder- und Jugendpsychiatern sowie von ärztlichen Psychotherapeuten als von Psychiatern, die sich mit der Behandlung von psychisch Erkrankten im Erwachsenenalter befassten.[116] Neben Gesprächen mit den Zuständigen in den ausländischen Gesundheitsministerien standen auf den wenigen Reisen von Psychiatern vor allem Besichtigungen Psychiatrischer Krankenhäuser auf dem Programm. Thematisiert wurden beispielsweise die Vorteile eines Psychiatrisch-Neurologischen Zentralinstituts, die Verwendung „moderner" Psychopharmaka und das Ansehen, welches die Psychiatrie innerhalb des jeweiligen sozialistischen Gesundheitswesens genoss.[117] So hielt 1959 beispielsweise der Bericht über eine Studienreise nach Polen die Vorteile einer straffen Zentralisierung fest: Das dortige psychiatrische Zentralinstitut betreibe „bedeutende eigene wissenschaftliche Forschungsarbeiten (…). Es werden laufend wissenschaftliche Veranstaltungen abgehalten. Das gesamte Forschungsprogramm für das ganze Land Polen wird im Institut beraten, dann dem Wissenschaftlichen Rat zur Billigung vorgelegt." Darüber hinaus betonte die Delegation in ihrem Bericht, dass die Psychiatrie in Polen „ein wichtiges Teilgebiet des Gesundheitswesens [ist und als] Wissenschaft und in der Praxis größeres Ansehen [genießt] als bei uns". Derartige grundsätzliche Aussagen sind aber für

---

[115]Vgl. Sektor Spez. Gesundheitsschutz, Referat Psychiatrie, Geplante Studienreisen f. d. Jahr 1963/1964 im Rahmen des Gesundheitsabkommens, Aufstellung vom 30.01.1962, BA Berlin DQ 1/3583 1 von 2. Da auch im Gegenzug nur wenige Delegationen aus der UdSSR die Psychiater in der DDR besuchten, ist eine „Sowjetisierung" schon aufgrund des fehlenden direkten Austauschs fraglich. Hält man die Akten des *Ministeriums für Gesundheitswesen* über die Reisekader für allgemein aussagekräftig, drängt sich der Eindruck auf, dass enge Kontakte zu Fachkollegen innerhalb des Ostblocks in den 1950er und den frühen 1960er Jahren generell nur selten bestanden.

[116]Sollte dieser Quellenbestand aussagekräftig und repräsentativ sein, dann spielte beispielsweise erst ab den späten 1970er Jahren die Mitarbeit der DDR-Psychiater in der 1974 gegründeten *World Federation of Societies of Biological Psychiatry* eine Rolle. Vgl. BA Berlin DQ/101/584a. Zur international gut vernetzten neurologischen Liquorforschung vgl. UA Rostock, 1678 Med. Fak, Nervenklinik, Abt. für Neurologie 1957–1977.

[117]Vgl. Bericht über eine Studienreise in die Volksrepublik Polen vom 04.05.1959–18.05.1959, BA Berlin DQ 1/3583 2 von 2. Zu den transnationalen Verflechtungen im Bereich der Psychopharmaka vgl. Hess, Crossing the Wall 2007; Weber, Vom Brom zum Luminal 2005.

die späten 1950er Jahre eher untypisch. Die Kinder- und Jugendpsychiatrie bildete den inhaltlichen Schwerpunkt der damaligen Reiseberichte.[118]

Insbesondere die ungarische Heilpädagogik wurde von den Kinder- und Jugend-psychiatern aus der DDR als vorbildlich gepriesen. Sie war offenkundig ein wichtiger Referenzpunkt beim Umgang mit der „große[n] Zahl der schwachsinnigen Kinder in der DDR". In Ungarn könne man lernen, das nicht leichthin zwischen „echten Pflege-fällen (Idioten) und förderungs- und rehabilitationsfähigen Imbezillen und Debilen" unterschieden werden solle. Man habe stets zu prüfen, „ob die als bildungsunfähig gestempelten Kinder wirklich bildungsunfähig sind". Die ungarische Methode würde doch zeigen, dass die Pädagogik im Verbund mit der Nervenheilkunde noch nicht alle Möglichkeiten ausgeschöpft habe. Da die Delegation in Ungarn erlebt habe, wie viele Kinder, bei denen in der DDR immer häufiger Anträge eingingen, sie in psychiatrische Krankenhäuser aufzunehmen, unterrichtslos erzogen werden könnten, sei man sich sicher, „daß wenn die Arbeit erst einmal angelaufen ist, wir durch diese Methode dem vorbeugen können, daß sich die Pflegefälle in unseren psychiatrischen Krankenhäusern und Heilanstalten immer mehr vermehren". Immerhin sei es nicht Aufgabe der Ärzte, „einen Menschen zum Pflegefall zu stempeln, sondern im Gegenteil einen geschädigten Menschen wiederherzustellen und ein geschädigtes Kind erst zum Menschen werden zu lassen". Folglich schlug die DDR-Delegation vor, die in Ungarn angewandte „Methode der unterrichtslosen Erziehung" auch im eigenen Staat zu realisieren.[119]

Insbesondere am 1958 in Rostock gegründeten Lehrstuhl für Kinderpsychiatrie unter der Leitung von Gerhard Göllnitz (1920–2003)[120] institutionalisierte sich in den 1960er Jahren die Zusammenarbeit mit Kinder- und Jugendpsychiatern aus den anderen sozialistischen Staaten.[121] Gerhard Göllnitz, Vorsitzender der 1962 gegründeten Sektion Kinderneuropsychiatrie in der *Gesellschaft für Psychiatrie und Neurologie der DDR*,[122] hatte jedoch zunächst versucht, in die *Vereinigung*

---

[118]Bericht über die Studienreise in die CSR vom 05.11.1957–04.12.1957 betr. Kinderpsychiatrie, BA Berlin DQ/1/3583 2/2.

[119]Zwei deutschsprechende ungarische Heilpädagogen sollten für einige Monate in die DDR abgeordnet werden, um bei der Ein- und Durchführung der neuen Methode zu helfen. Zitate aus: Ergebnisse der Studienreise in die Volksrepublik Ungarn (1.–14. Juni 1959) zum Studium der heil-pädagogischen Methode von Prof. Dr. Bárczi, BA Berlin, DQ 1/3583 1/2. Vgl. auch Reiseberichte in DQ/1/3583 2/2. Später ähnlich: Bartsch, Bericht über meinen Studienaufenthalt in Budapest, 10.10.1961, BA Berlin DQ/3583 1/2.

[120]Zur Person vgl. Eintrag zu „Gerhard Göllnitz" im Catalogus Professorum Rostochiensium, URL: http://purl.uni-rostock.de/cpr/00002125.

[121]Der Rostocker Lehrstuhl war der erste in der DDR mit dieser Denomination. In der Bundes-republik war 1954 in Marburg der erste kinderpsychiatrische Lehrstuhl geschaffen worden. Vgl. Häßler, Kinderneuropsychiatrie 2017, S. 620.

[122]Zudem war Göllnitz Vorstandsmitglied der Arbeitsgemeinschaft „Geschädigtes Kind" der *Gesellschaft für Rehabilitation der DDR* und Vorsitzender der Sektion Kinder-Psychotherapie der *Gesellschaft für Ärztliche Psychotherapie*. Vgl. Häßler, Kinderneuropsychiatrie 2017,

Europäischer Pädopsychiater (UEP) eingebunden zu werden. Die UEP war 1955 von Kinderpsychiatern aus der Bundesrepublik, der Schweiz und aus Frankreich gegründet worden; bis in die 1960er Jahre hinein bemühten sich die dort versammelten Wissenschaftler indes nicht um den Kontakt zu den Fachkolleg/-innen in den sozialistischen Ländern. Göllnitz' Bemühen um Austausch und Aufnahme war daher zunächst nicht von Erfolg gekrönt. Er folgte daraufhin der Aufforderung Lothar Rohlands, dem Generalsekretär der medizinisch-wissenschaftlichen Gesellschaften beim MfG, die Mitarbeit in der *Arbeitsgemeinschaft der Kinder- und Jugendpsychiater der sozialistischen Länder* zu forcieren.[123] Diese wurde Mitte der 1960er Jahre als direkte Konkurrenz zur UEP gegründet. Göllnitz leitete dann auch die DDR-Delegation zu deren ersten internationalen Symposium (08.–11. Juli 1965),[124] das zusammen mit dem *Ministerium für Gesundheitswesen der VR Polen* veranstaltet wurde. Göllnitz konnte im Anschluss an die Tagung berichten, dass ein gemeinsames Statut der Arbeitsgemeinschaft erarbeitet und dass er selbst für die nächsten zwei Jahre zum Präsidenten der Arbeitsgemeinschaft gewählt worden war. Zudem hatte Göllnitz erreicht, dass das offizielle Organ der Arbeitsgemeinschaft in der DDR im Rahmen der Beihefte der Zeitschrift *Psychiatrie, Neurologie und medizinische Psychologie* erschien.[125]

Es folgten weitere Gemeinschaftsprojekte: 1965 einigten sich Göllnitz und Heinrich Kirchmair (1906–1969)[126] im Namen der Abteilung für Kinderneuropsychiatrie der Universitäts-Nervenklinik Rostock und der Kinderklinik der Universität Rostock auf einen Kooperationsvertrag mit dem Lehrstuhl für Psychiatrie am Moskauer *Pirogow-Institut für Medizin* und der Abteilung für Höhere Nerventätigkeit des *Instituts für Hygiene des Kindes- und Jugendalters beim Ministerium für Gesundheitswesen der UdSSR*. Gemeinsame Forschungsprojekte, gemeinsam verfasste Lehrbücher, zahlreiche

---

S. 621; Göllnitz, Reisebericht zum II. Internationalen Kongreß der Internationalen Gesellschaft zum wissenschaftlichen Studium des Schwachsinns vom 25.08.1970–02.09.1970 in Warschau, BA Berlin DQ/1/5066. Zu den thematischen Schwerpunkten in seinen wissenschaftlichen Veröffentlichungen zum kindlichen Gehirn vgl. Castell u. a., Kinder- und Jugendpsychiatrie 2003, S. 329–339. Biographisches ebd., S. 494–496. Die Unterlagen der Staatssicherheit halten fest, dass der parteilose Göllnitz zum MfS „einen guten Kontakt" pflege. BStU-Archiv MfS BV Rst Leiter der BV Nr. 147.

[123]Gerhard Göllnitz an Lothar Rohland, Schreiben vom 07.11.1969, BA Berlin DQ/101/584b.

[124]Neben Göllnitz nahmen Rennert, Rösler, Bergmann, Göhler, Funke, Dober, Bunge, Wendt, Schmitz und Blumenthal an ihr teil.

[125]Bericht über die Teilnahme von Wissenschaftlern der DDR am 1. Symposium für Kinder- und Jugendpsychiatrie der sozialistischen Länder vom 14.07.1965, BA Berlin DQ 1/3583 1 von 2.

[126]Zuvor war Kirchmaier Klinikleiter in Hamburg, Professor für Kinderheilkunde in Würzburg, Bagdad und in Berlin gewesen. Er war Gründungs- und Vorstandsmitglied der *Gesellschaft für Pädiatrie der DDR*. Vgl. zur Person: Hinz-Wessels, Besetzung der pädiatrischen Lehrstühle 2016.

Tagungen, Studienreisen und Forschungsaufenthalte folgten aus dieser produktiven und keineswegs einseitigen Zusammenarbeit.[127] Diese Vernetzungsintensität war vergleichsweise imposant. Offenkundig schwebte Göllnitz jedoch mehr vor, als nur intensive Kontakte mit den Kinder- und Jugendpsychiatern in den sozialistischen „Bruderstaaten". So betrieb er um 1970 noch einmal den Versuch einer Integration in die UEP mit der offiziellen Begründung, die Vormacht der Kinderpsychiater aus dem „Westen" zu verringern. Neben dem wissenschaftlichen Gewinn versprach er dem *Generalsekretariat der Medizinisch-wissenschaftlichen Gesellschaften im MfG* einen außenpolitischen Nutzen:

> „Der wissenschaftliche Nutzen liegt darin, daß für das neue und noch in den meisten Ländern nicht allzu gut fundierte Fachgebiet der ‚Kinderneuropsychiatrie' eine fachliche Vereinigung besteht, die sich um Abgrenzung terminologischer Art, der Therapie, gewisser Zusammenarbeit in der Forschung bemüht. Je breiter hier die Mitgliedergesellschaften vertreten sind, desto mehr wird der Einfluß der ursprünglich kleinen Kerngruppe (Bundesrepublik, Schweiz, Holland) verringert, desto stärker kann ein echter Erfahrungsaustausch angebahnt werden. Die europäische Union betont vor allem auch die Einheit der Neurologie und Psychiatrie im Kindes- und Jugendalter und hat durch ihre langjährige Entwicklung eine gewisse Konsolidierung erreicht, die den meist jüngeren kinderpsychiatrischen Vereinigungen in den sozialistischen Ländern in manchen Organisations-, Ausbildungs- und Forschungsfragen nutzbringend sein könnte."[128]

Dieses Zitat zeigt in geradezu typischer Weise wie derartige Ersuche, in Zeiten der Hallstein-Doktrin und des Anerkennungswettrennens auf internationaler Bühne[129], in der DDR am geschicktesten zu begründen waren: Wissenschaftlicher wurde ebenso wie außenpolitischer Nutzen betont. Indem Göllnitz zugleich aber auch die Fachkombination in der DDR (Neurologie und Psychiatrie) als fortschrittlich darstellte, signalisierte er, dass man nicht nur Mitglied einer internationalen Organisation werde, sondern dort auch auf Anerkennung hoffen und sogar eine führende Rolle auf dem internationalen Parkett

---

[127]Wissenschaftler dieser vier Einrichtungen bearbeiteten zunächst das Thema „Gesetzmäßigkeiten der Synchronie und Asynchronie der Entwicklungen im Kindes- und Jugendalter". Später bearbeiteten die genannten Institutionen zusammen das Thema „Fragen der Dekompensationsbereitschaft und Kompensationsfähigkeit bei somato-psychischen Störungen der Entwicklung". Ein weiteres Ergebnis dieser Zusammenarbeit war das gemeinsam von Wissenschaftlern der DDR und der UdSSR verfasste und 1973 herausgegebene Lehrbuch „Beiträge zur somatopsychischen Entwicklung im Kindesalter". Vgl. Zeitungsartikel vom 08.01.1972, UA Rostock, 1682 Med. Fak. Nervenklinik Abt. Kinder-Neuro-Psychiatrie 1957–1977; Interne Notiz vom 27.11.1968, UA Rostock, 1682 Med. Fak. Nervenklinik Abt. Kinder-Neuro-Psychiatrie 1957–1977; Häßler, Kinderneuropsychiatrie 2017, S. 621.

[128]Begründung für eine Aufnahme der Sektion Kinderneuropsychiatrie der Gesellschaft für Psychiatrie und Neurologie der DDR, Göllnitz an Ministerium für Gesundheitswesen, Generalsekretariat der Medizinisch-Wissenschaftlichen Gesellschaften der DDR, Schreiben vom 10.07.1970, BA Berlin DQ/101/584b.

[129]Vgl. Gray, Germany's Cold War 2003; Kilian, Hallstein-Doktrin 2001; Schulz, Die zwei deutschen Staaten 2010.

einnehmen könne. Diese Argumentationsweise nutzte sich keineswegs ab. Auch in den kommenden Jahren wurde die Verringerung des Einflusses der westdeutschen Kinderpsychiater immer wieder als Argument für ein verstärktes Engagement innerhalb der UEP bemüht.[130]

In seinem Bericht über den IV. Kongress der *Union Europäischer Kinderpsychiater* in Stockholm (1971) zeigt sich dies noch einmal. Weil es auf dem Kongress überwiegend um Depressionszustände bei Kindern und Jugendlichen gegangen sei, habe, so Göllnitz, der Drogenmissbrauch einen breiten Raum in den Erörterungen eingenommen. In den Berichten der Redner aus den kapitalistischen Ländern sei dabei recht deutlich zum Ausdruck gekommen, „daß der überhöhte Drogenkonsum Symptom für die geistige Notlage der Jugend sei" und dass die dortige Gesellschaftsordnung „die brennende Frage nach dem Sinn des Lebens nicht hinlänglich beantworten könne", sondern Profitdenken die „vernünftige Verfolgung vor allem der Verführer zum Drogenkonsum verhindern". Zugleich habe der Kongress gezeigt, dass in der europäischen Kinder- und Jugendpsychiatrie, vor allem die „somatischen und wissenschaftlich exakten Methoden stark dominieren, während auf der anderen Seite tiefenpsychologische Spekulationen nur als Randerscheinung zu beobachten sind". Die Kinderneuropsychiatrie der DDR, „die streng naturwissenschaftlich somatisch einerseits, pharmakopsychiatrisch und sozialpsychiatrisch andererseits orientiert" sei, „die auch in den psychotherapeutischen Methoden nur das Bewährte und Solide einer Erziehung zur Gemeinschaft und zur Anpassung, zur richtigen Einschätzung der eigenen Leistungsfähigkeit beinhaltet, [stünde] innerhalb der europäischen Kinder- und Jugendpsychiatrie durchaus mit an vorderster Front."[131]

Mitte der 1970er Jahre hatte Göllnitz sein persönliches Anliegen erreicht und stieg innerhalb der UEP zum Vizepräsidenten auf.[132] Diese Geschichte zeigt, wie selbst in den nervenheilkundlichen Fachbereichen, in denen die Wissenschaftskontakte in den Ostblock besonders intensiv waren, diese nur als ein Teil einer größeren internationalen Vernetzungsstrategien anzusehen sind.[133] Auch weist sie daraufhin, wie Wissenschaftler

---

[130]Vgl. Generalsekretariat der med.-wiss. Gesellschaften beim Ministerium für Gesundheitswesen der DDR, Konzeption für die weitere Arbeit der DDR in der Union Europäischer Pädopsychiater – UEP [1979], BA Berlin DQ/101/584b.

[131]Göllnitz, Bericht über den IV. Kongreß der Union Europäischer Kinderpsychiater in Stockholm 30.08.1971–3.9.1971, BA Berlin DQ/101/584b sowie BA Berlin DQ/1/3444.

[132]Vgl. Häßler, Kinderneuropsychiatrie 2017, S. 621. Fortan spiegelte sich die Mitarbeit der DDR-Psychiater in der *Europäischen Gesellschaft für Kinder- und Jugendpsychiatrie* auch deutlich in den Akten des *Ministeriums für Gesundheitswesen*. Vgl. BA Berlin DQ/101/584b. Eine Auflistung der Mitgliedschaften von Einzelpersonen und der medizinisch-wissenschaftlichen Gesellschaften der DDR in internationalen wissenschaftlichen Vereinigungen bei Rohland/Spaar, Die medizinisch-wissenschaftlichen Gesellschaften 1973, S. 316–325.

[133]Das zeigt sich auch im Nachlass von Karl Leonhard. Für diesen lag es durchaus nahe, sich bei bestimmten Fachproblemen um eine bessere Zusammenarbeit im Ostblock zu bemühen. Doch wird zugleich deutlich, dass dies stets nur ein Teil einer größeren internationalen Vernetzungsstrategie war. Vgl. Archiv der Humboldt-Universität zu Berlin 03011/6, Bd. 6.

in die Praktiken der Außenrepräsentation der DDR eingebunden waren. In den Reise-
berichten von Göllnitz und in seinen Ersuchen um Aufnahme in die UEP wird deutlich, wie eng wissenschaftlicher und politischer Nutzen gekoppelt waren. Beides musste
gegeben sein, um weitere Reisen oder den Beitritt – und den nötigen Devisenbeitrag –
in einer internationalen Organisation zu begründen. Wie so oft bei Quellen aus der
DDR ist es dabei kaum nachzuvollziehen, inwiefern die Äußerungen zum politischen
Nutzen einen instrumentellen Charakter besaßen. Die Schriftstücke aus der Feder von
Gerhard Göllnitz enthüllen aber, wie geschickt er auf die jeweilige politische Situation
rekurrierte. Vor vorschnellen Interpretationen warnt damit auch dieser Fall: Weder
politisierte Göllnitz die von ihm vertretene Wissenschaft, noch waren die politischen
Äußerungen bloße Floskeln. Sie dienten der Ressourcenallokation für wissenschaftliche
Zwecke.

Der Unterschied dieses Vorgehens zu den Äußerungen von Müller-Hegemann aus den
1950er Jahren ist dennoch augenfällig. Das liegt nicht nur an den verschiedenen Quellen-
arten, die hier verwendet wurden. Es ist auch ein Verweis darauf, dass sich die DDR
nach dem Mauerbau stabilisierte und damit den propagandistischen Aufwand reduzieren
konnte. Im Vergleich zu den 1950er Jahren wirken die Äußerungen der 1960er Jahre ent-
ideologisiert, aber zugleich politisiert. Sie beinhalteten weniger Bezüge auf den ideologischen Konflikt zwischen Sozialismus und Kapitalismus, versprachen dafür aber viel
häufiger einen konkreten außen- und wissenschaftspolitischen Nutzen. Das war wohl
auch typisch für eine neue Generation von Nervenärzten, zu denen neben Gerhard Göllnitz auch der Neurologe Johannes Sayk (1923–2005) und die Psychiater Helmut Rennert
(1920–1994) und Ehrig Lange (1921–2009) gehörten. Sie hatten meist rasch Karriere
gemacht und einen Lehrstuhl schon vor ihrem 40. Geburtstag übernommen.[134] Vor allem
waren sie aber – anders als die Generation von Mette und Müller-Hegemann – bereits im
Universitätssystem der DDR sozialisiert worden.

11.3   Der lange Weg nach Westen

Gab es in der Bundesrepublik ein Äquivalent zur oben beschriebenen Einbindung der
DDR-Psychiatrie in die Wissenstransferprozesse im Ostblock? Inwiefern orientierten
sich die Psychiater in der Bundesrepublik stärker als in den Jahren vor 1945 nach
Westen[135]? Bei welchen Themen zeigte sich dies besonders deutlich? Diesen Fragen
nachgehend, folge ich nun den zeitgenössischen Aufmerksamkeitskonjunkturen in

---

[134]Viele der zwischen 1958 und 1961 in der DDR Berufenen erhielten bereits kurze Zeit nach der
Dozentur einen Lehrstuhl. Vgl. Kumbier, Protagonist 2016, S. 29.

[135]Im Sinne eines kulturhistorisch sensiblen Vorgehens wird hier nicht behauptet, dass es den
„Westen" als homogenen Raum oder Wertegemeinschaft tatsächlich gibt oder gab, sondern wird
von den jeweils zeitgenössischen Vorstellungen über den „Westen" ausgegangen.

der Bundesrepublik. Veränderungen im internationalen Referenzsystem zeigen sich dabei zum einen quantitativ. Nach einer kurzen Phase des gestiegenen Interesses für die psychiatrische Entwicklung in anderen Ländern in den ersten Nachkriegsjahren konzentrierten sich die Psychiater in der Bundesrepublik in den 1950er Jahren wieder überwiegend auf sich selbst. Das änderte sich erst in den 1960er Jahren. Nun kam es zu einer neuen Suchbewegung nach Vorbildern jenseits der eigenen Landesgrenzen. Zum anderen gilt das aber auch in qualitativer Hinsicht. So zeigt sich, dass die einzelnen Jahrzehnte durch spezifische nationale Fokusverengungen geprägt waren. Ging der Blick zunächst über den Atlantik zu den deutschen Emigranten in die USA, so schauten die Psychiater der Bundesrepublik in den 1950er Jahren vor allem in die unmittelbare europäische Nachbarschaft. In den 1960er Jahren wiederum spielten diese Nachbarländer keine entscheidende Rolle mehr: Anleihen aus Großbritannien und den USA standen nun im Vordergrund. Zudem wird deutlich, dass zunehmend die Debatten über die Gegenwarts- und Zukunftsfragen des Faches mit Verweisen auf ausländische Vorbilder angereichert wurden. Ging es bis in die frühen 1960er Jahre nur um persönliche Kontakte sowie um Forschungsergebnisse einzelner ausländischer Wissenschaftler/innen, so wurden ab Anfang der 1960er Jahre auf neue Art und Weise Forderungen nach einer Strukturreform von Gesundheits- und Anstaltsversorgung anhand von Beispielen aus dem Ausland plausibilisiert und mit Dringlichkeit versehen.

11.3.1 „In der Sonne öffentlicher Gunst" – Reiseberichte zur Psychiatrie in den USA

Sieben deutsche Ärzte reisten im Frühling 1949 auf Einladung der US-Militärregierung drei Monate lang durch die USA.[136] Zur Reisegruppe gehörten auch die beiden Psychiater Werner Wagner und Walter von Baeyer.[137] Sie besichtigten psychiatrische Einrichtungen, nahmen an Kursen und Diskussionen teil und hielten Vorträge. Ihre Reiseeindrücke waren geprägt durch Kontraste: Während in Deutschland die Psychiatrie nicht im Mittelpunkt des medizinischen Interesses und auch nicht „in der Sonne öffentlicher Gunst" stünde, sei die Psychiatrie in den USA „fast ohne Übertreibung gesagt – Königin unter den übrigen ärztlichen Disziplinen". In Deutschland laste, so von Baeyer in seinem Reisebericht, nicht nur die Vergangenheit auf der Psychiatrie, sondern es herrschten auch Selbst-

---

[136]Die Reisenden waren aufgrund der Vorschläge der Unitarian Medical Mission, die im Sommer 1948 Deutschland bereist hatte, ausgewählt worden. Finanziert wurde die Reise aus Mitteln der US-Regierung. Der Aufenthalt in den USA dauerte vom 25. März bis zum 18. Juni 1949 und beinhaltete folgende Stationen: Washington, Baltimore, Lexington, Louisville, Cincinnati, Topeka, Chicago, Traverse City, Cleveland, Boston, Hartford, Norwich und New York. Vgl. v. Baeyer, Gegenwärtige Psychiatrie 1950, S. 2 f.

[137]Walter v. Baeyer hat diese Reise rückblickend als „überwältigend" beschrieben. Vgl. Söhner/Fangerau/Becker, Blick über die Grenzen 2015, S. 124.

zweifel und Skepsis. Demgegenüber betreibe man das Fach in den USA „mit hoffnungs-vollem Enthusiasmus" und unter „erstaunlich[er]" und wohlwollender Anteilnahme der Öffentlichkeit. Der Psychiater gelte für viele persönliche und soziale Notstände als „der rechte Helfer". Der Glaube an „die Tragweite psychiatrischer Erkenntnis, die Schätzung psychiatrischer Wirkungsmöglichkeiten, das Vertrauen auf den Psychiater" waren „weit stärker entwickelt" als in der Heimat. Zudem bemerkten die Reisenden auch die bessere Ausstattung der Kliniken, etwa mit Elektroencephalografen. Anders als in der Bundes-republik spielten – und das irritierte – die „begrifflich-psychopathologische Diagnostik" und die Begriffsbildung kaum eine Rolle, sie stünden vielmehr, „soweit sie psycho-logisch-deskriptiv sind, im Geruche der Oberflächlichkeit und Begriffsspalterei". Vor allem aber sei die Psychotherapie in den USA, anders als in Deutschland, sowohl in der Psychiatrie als auch in der Behandlung von „Nichtgeisteskranken" längst etabliert.[138]

Walter von Baeyer zufolge sei dies alles durchaus nicht immer schon so gewesen. Die „expansive Entwicklung" der Psychiatrie in den USA war für ihn ein Phänomen der letzten 15 Jahre; ermöglicht durch die Einwanderung vertriebener, auch deutsch-sprachiger Psychiater und begünstigt durch die gestiegene Aufmerksamkeit für Kriegs-neurosen. Alles in allem war dies ein sehr positiver Erfahrungsbericht.[139] Walter von Baeyer verwies zwar immer wieder an zentralen Stellen seiner Schilderungen auf den gänzlich anderen gesellschaftlichen Kontext der US-amerikanischen Nervenheilkunde, zeigte sich aber von den dortigen Bedingungen fasziniert. Folgerichtig forderte er seine deutschen Kollegen dazu auf, vermehrt zum Arbeiten in die USA zu gehen, um praktische Erfahrungen im US-Gesundheitssystem zu sammeln.

Da Reiseeindrücke oft einseitig seien, war von Baeyer allerdings selbst unsicher, ob er „wirklich das Wesentliche gesehen und gesagt" habe. Würde ein amerikanischer Fachkollege seine Wissenschaft und Praxis nicht möglicherweise gänzlich anders charakterisieren?[140] So ergriffen im *Nervenarzt* nur wenige Monate später Ruth Wilmanns Lidz und Theodore Lidz von der *Johns Hopkins School of Medicine* in Balti-more das Wort.[141] Verglichen mit den Reiseeindrücken von Walter von Baeyer kamen sie durchaus zu abweichenden Positionen und Erklärungen. Dieser Artikel ist auch deswegen interessant, weil die Autorin Ruth Wilmanns Lidz (1910–1995) Deutsch-land gut kannte.[142] 1934 vor den Nationalsozialisten aus Deutschland geflohen, traf

---

[138]Vgl. v. Baeyer, Gegenwärtige Psychiatrie 1950, S. 3, Zitate S. 3 und 7.

[139]Wie die deutschsprachigen Psychiater ihre Kritik an der Psychoanalyse nach 1945 erneuerten und veränderten, zeigt: Kauders, Freud-Komplex, S. 161–202.

[140]Vgl. v. Baeyer, Gegenwärtige Psychiatrie 1950, Zitate S. 5 und 9.

[141]Wilmanns Lidz/Lidz, Interpretation 1950, S. 490.

[142]Ruth Wilmanns Lidz, die Tochter des Psychiaters Franz Heinrich Karl Wilmanns (1873–1945), berichtet in ihren Lebenserinnerungen ausführlich über ihre beruflichen Erfahrungen in den USA. Vgl. Lidz, Leben 1994. Zu Ruth Wilmanns Lidz vgl. Eichsen, Der Weg, die neue Heimat 2016.

sie Theodore Lidz (1910–2001) am vom Psychiater Adolf Meyer (1866–1950)[143]
geleiteten Johns Hopkins Hospital und heiratete ihn schließlich 1939. Sie hatte also
eine auf eigenen Erfahrungen beruhende Vorstellung von dem, was deutsche Leser und
Leserinnen interessierte oder was sie bereits über die Nervenheilkunde in den USA zu
wissen glaubten. Das Ehepaar Lidz hob daher in seinem Artikel zunächst die grundsätzlichen Unterschiede zwischen den Nervenheilkunden beider Länder hervor: In
den USA gebe es keine unterschiedlichen Denkschulen, dafür aber einen grundsätzlichen Pragmatismus, der die Kombination mannigfaltiger Untersuchungsmethoden und
Therapien zum Wohle des jeweiligen Patienten möglich mache.[144] Sie betonten zudem
den großen Einfluss der Sozialwissenschaften auf medizinische Theorien und die ärztliche Praxis. Insbesondere im letzten Aspekt schienen sich für Wilmanns Lidz und Lidz
die europäische und die US-amerikanische Psychiatrie deutlich zu unterscheiden. Bei
der Beschäftigung mit Geisteskrankheiten, bewege man sich „in völlig verschiedenen
Richtungen". Die gleichen Bezeichnungen seien mittlerweile „Symbole für durchaus
verschiedene Begriffe". Europäische Beobachter deuteten daher die US-amerikanische
Psychiatrie oft falsch. Insbesondere übersähen sie, dass die Psychiatrie in den USA
nicht der Freud'schen Psychoanalyse, sondern dem Einfluss von Soziologie und Kultur-
anthropologie eine Stellung und Verbreitung verdanke, „wie sie vorher in der Geschichte
der Psychiatrie unbekannt waren". Erst durch die Versozialwissenschaftlichung habe
sich ein ausgeprägtes Selbstbewusstsein des Fachs und ein neuer Zugang zur menschlichen Psyche entwickelt.[145] Dies wollten die Autoren nicht als Vorwurf oder als
Angebot an die Psychiater anderer Länder verstanden wissen. Das ist ein wichtiger
Aspekt, weil sich die diesbezügliche Argumentation auch durch fast alle weiteren nachfolgend zitierten Berichte wie ein roter Faden ziehen wird: Die unterschiedlichen Wege
in der nervenheilkundlichen Versorgung der Bevölkerung der Welt lägen im Grunde
in der Natur der Sache selbst. Die Psychiatrie sei von allen medizinischen Wissenschaften am stärksten durch nationale und kulturelle Umstände sowie unterschiedliche

---

[143]Adolf Meyer (1866–1950) war einer der bekanntesten Psychiater der ersten Hälfte des 20. Jahrhunderts. Der in der Schweiz geborene, aufgewachsene und ausgebildete Meyer emigrierte 1892
in die USA. Er war von 1910 bis 1941 leitender Psychiater am Johns Hopkins Hospital. 1927 und
1928 war er Präsident der *American Psychiatric Association*.

[144]Mit dem angloamerikanischen Pragmatismus und seinem Nutzen für Patient/-innen, Gesellschaft und Anstaltsreform war ein Topos angesprochen, der auch in den kommenden Jahrzehnten
immer wieder aufgerufen wurde. Wilmanns Lidz/Lidz, Interpretation 1950, S. 490.

[145]Vgl. ebd., S. 490 f., Zitat S. 490. Auch nachfolgend assoziierten einflussreiche deutsche
Psychiater die Psychiatrie in den USA aber vor allem mit der Psychoanalyse. Bürger-Prinz fand
noch in seinen Memoiren, dass nach 1945 die „außerordentliche Resonanz" der Freud'schen
Psychoanalyse in den USA nicht wissenschaftlich begründet gewesen sei, sondern „Züge des
Hysterischen" getragen habe. Bürger-Prinz, Psychiater [Neuauflage o. J.], S. 109.

kulturelle Einstellungen zum Menschen geprägt.[146] Die Psychiatrie der USA sei somit
im Kern eine US-amerikanische; geprägt durch „den schnellen Wandel von Generation
zu Generation", in dem sich die „Züge der Persönlichkeit, die durch Generationen hindurch in der alten Heimat fest verwurzelt waren", schnell abschliffen. Ein rapider
Kulturangleich der Angehörigen der nächsten Generation sei geradezu Kern der Ent-
wicklungsgeschichte eines US-Amerikaners. Vor diesem Hintergrund sei es auch den
Psychiatern viel leichter möglich gewesen, die menschlichen Anpassungsleistungen an
ein sich stetig wandelndes soziales und kulturelles Umfeld zu würdigen und sich stärker
an den „Möglichkeit[en] enormer Änderungen der Persönlichkeit trotz vererbter oder
konstitutioneller Faktoren" zu orientieren.[147] In den USA lasse man sich vom „Gefühl
für die mächtige potenzielle Anpassungsfähigkeit des menschlichen Organismus" leiten
und pflege daher auch einen anderen diagnostischen Gebrauch als in Deutschland, wo
man im Sinne der Psychiatrie Kraepelins die verschiedenen psychiatrischen Krankheiten vor allem zu klassifizieren suche. In den USA sei man sich hingegen in Abkehr
von dieser Sichtweise längst bewusst, dass „psychiatrische Krankheiten, abgesehen
von den organischen Syndromen, (…) Abweichungen der Persönlichkeitsentwicklung
[darstellen], die nie in zwei Individuen genau dieselben sind".[148] Weil so in der US-
amerikanischen Nervenheilkunde die Bedeutung des Milieus und der Familie bei der
kindlichen Entwicklung sowie die Rolle der Eltern als zentrale Instanz der primären
Sozialisation in den Fokus gerückt waren, befassten sich die Psychiater verstärkt mit
Fragen der sozialen Fürsorge und der Vorbeugung und immer seltener mit Fragen der
Sterilisation.[149] Mit dieser Themensetzung gehe, so Wilmanns Lidz und Lidz weiter,
auch ein verstärktes Interesse an den Bedingungen für die Entwicklung einer relativ
stabilen Persönlichkeit einher. Man wende sich nicht mehr nur dem „Abnormen"
zu, sondern erforsche die Resilienzfaktoren. Man frage weniger nach den Ursachen
der Krankheit als nach den individuellen Lösungsansätzen. Da die psychologischen

---

[146]Wilmanns Lidz/Lidz, Interpretation 1950, S. 490. Auch Walter von Baeyer begründete das
unterschiedliche Gesicht der Psychiatrie in beiden Ländern mit den kulturellen Besonderheiten
der beiden Völker: „Es macht einige Schwierigkeit, sich vorzustellen, daß in unserem Lande sich
einander fremde Menschen in der Gruppendiskussion oder im improvisierten Theaterspiel der konventionellen Maske und sozialen Geniertheit soweit entäußern, wie es für psychotherapeutische
Zwecke nötig ist. Drüben scheint das möglich zu sein, vielleicht weil das soziale Klima von vornherein ein anderes ist." V. Baeyer, Gegenwärtige Psychiatrie 1950, S. 8.

[147]Wilmans Lidz/Lidz, Interpretation 1950, S. 490.

[148]Ebd., S. 493.

[149]Vgl. ebd., S. 494 und das Zitat auf S. 493: „Da die Übertragung als umweltbedingt und nicht
als genetisch angesehen wird, besteht wenig Interesse für Sterilisation mit Ausnahme von Epilepsie und den schweren Formen des Schwachsinns." Auch von Baeyer betonte, nicht die „Verhütung durch eugenische Sterilisation" stehe in den USA im Vordergrund, auch wenn es in
einigen Bundesstaaten gesetzlich verpflichtende Regelungen dafür gebe. V. Baeyer, Gegenwärtige
Psychiatrie 1950, S. 7.

Mechanismen bei allen Menschen ähnlich seien, gebe es keinen Grund mehr, den Tätigkeitsbereich der Psychiater auf das „Abnormale" zu beschränken. In vielen gesellschaftlichen Teilbereichen, u. a. in der Industrie, in der Pädagogik und in der Armee, seien sie daher zu gefragten Experten geworden. Angesichts dessen suche die Psychiatrie „heute nicht mehr nach Anerkennung überhaupt, sondern nach Anerkennung ihrer Grenzen".[150]

Hier ist sicherlich Skepsis gegenüber der allzu positiven Darstellung der Zustände in den USA angebracht. Die für heutige Leser/-innen vertraute Wortwahl und Grundeinstellung dürfen nicht darüber hinwegtäuschen, dass wir uns in den 40er Jahren des 20. Jahrhunderts befinden, also in einer Zeit in der der Zustand der US-amerikanischen Versorgungseinrichtungen für psychisch Kranke nicht heutigen Standards entsprach und von einer flächendeckenden psychotherapeutischen Versorgung der Bevölkerung ohnehin keine Rede sein konnte. Offenkundig bestand aber auf beiden Seiten des Atlantiks der Eindruck, dass die US-amerikanische Nervenheilkunde auf anderer Basis stehe als die deutsche. So verschwammen in der Darstellung von Wilmanns Lidz und Lidz nicht zufällig die Grenzen zwischen Psychiatrie, Psychologie und Psychotherapie. Das Autorenpaar ging von einem zusammengehörigen Fachgebiet aus. Hingegen hielten sie die Verbindung zur Neurologie für nicht so stark ausgeprägt, sie stellte in ihren Augen schlichtweg „keine ausreichende Grundlage für den Psychiater" dar. Da im Mittelpunkt der Patient und nicht die Krankheitseinheit stehe, seien indes die Internisten zu bedeutsamen Kooperationspartnern geworden.[151]

Taugten derartige Reiseeindrücke und Erfahrungsberichte überhaupt als Impulse zu Veränderungen? Hier ist ein Blick auf Werner Villinger aufschlussreich. 1952, also sogar noch nach den oben zitierten Äußerungen, hielt Villinger als amtierender Präsident einen Vortrag auf der Jahrestagung der neurologisch-psychiatrischen Fachgesellschaft, in dem er Beobachtungen seiner erst jüngst durchgeführten Reise durch die Vereinigten Staaten von Amerika verarbeitete. Bemerkenswert, so Volker Roelcke, ist der starke Kontrast, den diese Rede gegenüber einem thematisch ähnlichen, vier Jahre zuvor gehaltenen Vortrag Villingers aufwies. Denn nun bezog er sich explizit auf die internationalen Debatten und Konzepte in der Kinder- und Jugendpsychiatrie. Er nutzte die Gelegenheit, um sich dem deutschen Publikum als deren Kenner zu präsentieren. Allerdings, und das ist durchaus typisch für die damalige Zeit, hatte diese „neue Weltläufigkeit eher einen rhetorischen Charakter", fand also keinen direkten Eingang in die klinische Diagnostik. Weil sich Villinger deutlich von psychogenen und soziologischen Krankheitsinterpretationen absetzte, blieben seine konkreten Ausführungen von einem „de facto biologischen, im Körperinneren des Patienten angelegten Krankheitsverständnis" geprägt. So war er auch schon 1949 in einem Bericht über eine Studienreise nach England verfahren: Obwohl er in seinem Bericht explizit das englische System lobte und vermeintliche Impulse für die eigene Arbeit herausstellte, blieb der Auslandsaufenthalt in der

---

[150]Vgl. Wilmans Lidz/Lidz, Interpretation 1950, S. 492, alle Zitate ebd.
[151]Vgl. ebd., S. 491 f., Zitat im Fließtext S. 492.

Praxis letztlich wirkungslos. Das Erblichkeitsparadigma und die etablierten Weisen der Krankheitsklassifikation waren offenkundig so tief in seinem ärztlichen Denken verankert, dass es nicht durch ein paar Reiseerfahrungen in eine epistemische Krise versetzt werden konnte. Die eugenisch-rassenhygienisch motivierte „Erbgesundheitspolitik" des Nationalsozialismus war mit der Kriegsniederlage keineswegs aus den Köpfen verschwunden und „Referenzen an psychiatrische Akteure der NS-staatlichen Ordnungspolitik" blieben möglich und unwidersprochen.[152]

Allgemeiner gesprochen: In der frühen Nachkriegszeit veränderten sich die wissenschaftlichen Prämissen, die verwendete Sprache und die dahinterliegenden Wertvorstellungen nur geringfügig. Eine „Anpassung an den internationalen Diskussionsstand" erfolgte nur langsam.[153] So sehr sich einzelne deutsche Psychiater auch für die US-Psychiatrie interessierten, sie ließen keinen Zweifel daran, dass sich deren Erfolgsbedingungen nicht einfach übertragen ließen. Zunächst blieb daher der Blick in die USA erstaunlich folgenlos.[154] Die Rezeption dürfte auch durch die in den bürgerlichen Schichten weit verbreitete herablassende Haltung gegenüber der angeblichen Gleichmacherei der US-amerikanischen Massen(konsum)gesellschaft erschwert worden sein. Gesamtgesellschaftlich war erst Mitte der 1960er Jahre „auch mit bloßem Auge wahrzunehmen, daß sich die Bundesrepublik als ein westliches Gemeinwesen entfaltete, dessen soziale und politische Orientierungsmuster sich von denen der Weimarer Republik und der frühen Nachkriegszeit deutlich unterschieden".[155] So wichtig die Beschäftigung mit der Psychiatrie in den USA ab 1963, dem Jahr der Kennedy-Botschaft[156], auch wieder werden sollte, zunächst war in den 1950er Jahren der Blick in die unmittelbare Nachbarschaft bedeutsamer.[157]

---

[152]Vgl. Roelcke, Erbbiologie und Kriegserfahrung 2017, S. 458–462, Zitate S. 458, 459 und 461. Zu den internationalen Verflechtungen in der Kinder- und Jugendpsychiatrie vgl. Castell u. a., Kinder- und Jugendpsychiatrie 2003, S. 161–255. Zur Bedeutung Villingers in der Kinder- und Jugendpsychiatrie vgl. ebd., S. 463–480. Zu Villingers England- und Amerikareise vgl. Ewald, Offener Brief 1958, S. 310 f.

[153]Roelcke, Erbbiologie und Kriegserfahrung 2017, S. 462.

[154]Dies verwundert wenig, wenn man sich ähnliche Prozesse in verwandten Bereichen vergegenwärtigt. Allein die deutschsprachigen Diskussionen über die Vorstellungen von der sozialen Bedingtheit von Verbrechen in den 1960er Jahren zeigen deutlich, wie gering zunächst der Einfluss soziologischer Deutungsansätze in der Bundesrepublik in den Verhaltenswissenschaften war und wieviel Gegenwehr sie auch noch über zwanzig Jahre nach Kriegsende hervorriefen. Vgl. Baumann, Verbrechen 2006. Zur Bedeutung der US-amerikanischen Psychologie in der Psychologie der Bundesrepublik der Nachkriegszeit vgl. Bernhardt/Lockot, Mit ohne Freud 2000; Tändler, Das therapeutische Jahrzehnt 2016, S. 72–77.

[155]Doering-Manteuffel, Amerikanisierung und Westernisierung 1999, S. 48.

[156]Kennedy, Special Message 1964 [1963].

[157]Weiterhin wurde gelegentlich über Einzelaspekte der US-amerikanischen Psychiatrie berichtet, die bemerkenswert zu sein schienen. Bspw. Erdmann, Rauwolfia-Behandlung 1956; Hartmann, Wesenszüge 1957; Rosenkötter, amerikanische Psychiatrie 1958.

11.3.2 Vertrauen zurückgewinnen – Kontakte in die Nachbarstaaten

Die bundesrepublikanische Psychiatrie der 1950er Jahre war von zwei gegensätzlichen Tendenzen geprägt: Erstens dem Bemühen um internationale Anerkennung und zweitens die Rückbesinnung auf „deutsche" Traditionen. Erschienen Artikel über die Psychiatrien in der Schweiz und Frankreich, so wurden dort drei Themen stets nur am Rande behandelt, die in der Berichterstattung über die US-amerikanische Nervenheilkunde noch im Vordergrund gestanden hatten: Die psychische Hygiene, die Anstaltsausstattung und die Psychoanalyse. Wie sehr die Beschäftigung mit dem Ausland durch die aktuellen Problemwahrnehmungen im eigenen Land geprägt war, verdeutlicht die Themenwahl der Auslandsberichte der 1950er Jahre: Dort ging es beispielsweise um die Strafrechtsreform in der Schweiz und die Klassifizierungsschemata in Frankreich.

Dass die Suche nach konkreten Anknüpfungspunkten zu den westlichen Nachbarstaaten im Vordergrund stand, wurde auf der Tagung der *Gesellschaft Deutscher Neurologen und Psychiater* in München 1953 deutlich. Als es um die „Entwicklungstendenzen der modernen Psychiatrie" ging,[158] sprachen Mario Gozzano (1898–1986) über die Psychiatrie in Italien, Torsten Sjögren (1896–1974) über die Psychiatrie in den „nordischen Ländern", Jakob Wyrsch (1892–1980)[159] über die Psychiatrie in der Schweiz, Hans Hoff (1897–1969) über die Psychiatrie in Österreich und Francisco Llavero (1906–2007) über die Psychiatrie auf der iberischen Halbinsel.[160] Ein Referent zur Entwicklung in den USA fehlte hingegen. Die ausländischen Gäste waren sichtlich bemüht, einerseits Anknüpfungspunkte an die deutschen Kollegen aufzuzeigen und auf die lange gemeinsame Geschichte zu verweisen, andererseits die Eigenständigkeit ihrer nationalen Entwicklungspfade positiv hervorzuheben. So erinnerte beispielsweise Jakob

---

[158]Dieser Vorschlag ging auf Werner Villinger zurück. Vgl. Protokoll der Vorstandssitzung der GDNP vom 06.12.1952, DGPPN-Archiv, Ordner 1 A.

[159]Jakob Wyrsch war zum damaligen Zeitpunkt außerordentlicher Professor für gerichtliche Psychiatrie an der Universität Bern.

[160]Von den 16 ursprünglich vorgesehenen Referenten kamen sieben aus dem Ausland. Vgl. Tagungsprogramm Kongress der DGPN 1953, in: DGPPN-Archiv, Ordner 1 O. Zudem waren zahlreiche Gäste aus den USA zugegen, so Lothar B. Kalinowsky (1899–1992), der unter anderem bei Weygandt, Nonne und Bonhoeffer Assistenzarzt gewesen war. Er war einer der Psychiater, die nach der Machtübernahme der Nationalsozialisten emigrieren mussten. Er galt entsprechend der nationalsozialistischen Rassenlehre als „jüdischer Mischling". Ein bereits eröffnetes Habilitationsverfahren wurde daher abgebrochen. 1933 wurde er von der Charité vertrieben und ging nach Italien (Rom), doch auch dort wurden 1939 Rassengesetze eingeführt, die ihn wiederum zur Emigration veranlassten. Nach erfolglosen Versuchen, nach England einzuwandern, verließ er Europa und ging in die USA, wo er an der Columbia-Universität in New York arbeitete. Schon frühzeitig nach dem Ende des Zweiten Weltkrieges setzte er sich dafür ein, dass ein enger Kontakt zwischen den Psychiatern der USA und den westlichen Besatzungszonen zustande kam. Er war u.a. ein wichtiger Koordinator und Vermittler bei den ersten USA-Reisen deutscher Psychiater. Vgl. Meyer, Glückwunsch 1970.

Wyrsch daran, dass bis 1933 die Entwicklungen in der Psychiatrie „im ganzen deutschen Sprachraum" in gleicher Richtung verlaufen seien. Die Psychiater hätten die gleichen Ziele verfolgt und die gleiche wissenschaftliche Sprache gesprochen. Erst im Zweiten Weltkrieg seien diese Verbindungen abgerissen, sodass den Schweizer Psychiatern nichts Anderes übrig geblieben sei „als ein bißchen Autarkie". Seine Ausführungen darüber, warum dies auch Vorteile gehabt habe, verweisen darauf, wie kritisch die internationale Ausweitung des wissenschaftlichen Kommunikationsraums ganz generell gesehen werden konnte. Wyrsch betonte nämlich, dass „[i]n der dünnen Luft der internationalen Geistigkeit (…) man leicht dem Spekulieren oder heutzutage noch lieber dem Reglementieren hoch über den Köpfen jener Mitmenschen hinweg [verfalle], die durch diese Reglemente und Programme dann betroffen werden sollen". Einer Wissenschaft wie der Psychiatrie, „die letzten Endes im Konkreten wurzelt und von kranken Menschen auszugehen hat", stünde dies auf Dauer nicht gut zu Gesicht. Notwendigerweise habe die Psychiatrie national und regional ihr „eigenes Gepräge".[161]

Nach konkreten Anknüpfungspunkten suchte anschließend Klaus Conrad, der als Deutscher über aktuelle Tendenzen in der französischen psychiatrischen Wissenschaft berichtete. Diese hielt er zwar für „sowohl in diagnostischer, wie in psychopathologischer Hinsicht wesentlich vielfältiger und verwirrender als die deutsche". Auch seien die Begriffe, etwa der des *Delirs,* nicht deckungsgleich, weil die französische Psychiatrie die „gewaltige Umformung der alten Psychiatrie durch Kraepelin, Bleuler, Bonhoeffer nicht in jener Radikalität durchgeführt hat" wie in Deutschland. Trotzdem zeigten sich gerade in Arbeiten von Henri Ey (1900–1977) und einer jüngeren Gruppe von Psychiatern, die dieser um sich versammle, „deutliche Berührungsflächen" mit „gewissen modernen deutschen Bestrebungen":[162]

> „So zeigen also die modernsten französischen Tendenzen und Strömungen einen Dynamismus und Evolutionismus, der gerade dem deutschen Denken überaus adäquat und konform ist. Soweit sich anscheinend die französische und die deutsche Psychiatrie im letzten halben Jahrhundert auseinanderentwickelt und entfremdet haben, so stark sind heute Kräfte am Werk, sie wieder einander näher zu bringen. Dies ist außerordentlich begrüßenswert und alle Bemühungen darum erscheinen lohnend, waren doch der französische oder allgemeiner: der romanische und der deutsche, oder allgemeiner: der germanische Geist bisher die beiden Pole eines Feldes der europäischen Geistigkeit, die dieser Polarität bedurfte, um zu bestehen. Denn nur zwischen diesen beiden Polen entstand jenes fruchtbare Spannungsfeld, in dem allein die großen schöpferischen geistigen Leistungen des Abendlandes möglich waren."[163]

---

[161]Wyrsch, Psychiatrie in der Schweiz 1954, S. 111, 113.

[162]Vgl. ebd., S. 114–117, Zitate S. 114 und 117.

[163]Ebd., S. 118. Diesen Vortrag Conrads auf dem GDNP-Kongress griff Klaus Hartmann 1958 noch einmal auf. Anknüpfend bemerkte er, dass dem deutschen Beobachter auch weiterhin die terminologischen Besonderheiten der französischen Psychiatrie ins Auge fielen. In Frankreich verfolge man einen pluralistischeren Ansatz bei der Klassifikation der Schizophrenien. Allerdings hätten sich mittlerweile – und das habe Conrad noch nicht sehen können – in der praktischen

Diese Aussagen sind nicht nur deshalb interessant, weil sich die damaligen Zeit-
umstände, geprägt durch Westintegration, deutsch-französische Aussöhnung und
Abendlanddebatten, markant in die Bemerkungen Klaus Conrads einschrieben. Sie
verdeutlichen zusammen mit den Überlegungen von Wyrsch, in welche Richtung der
Wissenstransfer tendierte, welche psychiatrischen Strömungen in den Nachbarländern
für anknüpfungsfähig gehalten wurden und wer als Kooperationspartner infrage kam.
Entscheidend ist dabei, dass in den Äußerungen der 1950er Jahre weniger nationale
Modelle als einzelne Forscherpersönlichkeiten im Vordergrund standen.[164] Das fällt vor
allem auf, wenn man die Äußerungen mit denen aus den 1960er Jahren vergleicht, wie
es weiter unten geschieht. In den 1950er Jahren blickten die Psychiater in der Bundesrepublik, und diese Beobachtung lässt sich durchaus verallgemeinern, nur selten auf
die Strukturen der Versorgung psychisch Kranker im Ausland, sondern diskutierten
stattdessen konkrete Therapie- und Klassifikationsansätze. Es schien ihnen leichter,
nach deren Nutzen für die Psychiatrie in der Bundesrepublik zu fragen, als grundsätzliche Alternativen der psychiatrischen Versorgung zu diskutieren, wie sie zuvor in den
Berichten über die Lage in den USA zumindest anklangen und wie sie später das Gros
der Reiseberichte der 1960er Jahre bestimmen sollten.

In den 1950er Jahren betonten die Psychiater der Bundesrepublik hingegen noch
in auffälliger Weise die eigenen Stärken. Sie beriefen sich vermehrt auf ihre Wurzeln
und wollten daher wissen, wer in den angrenzenden Ländern ähnlich dachte wie sie
selbst. Zeigte nicht gerade das Wirtschaftswunder, dass man es aus eigener Kraft, dank
„deutscher" Tugenden wie Wille, Kraft, Disziplin und den technischen und wissenschaftlichen Leistungen wieder zu Weltgeltung brachte? Vor diesem Hintergrund blieben
die Anleihen an das Ausland begrenzt. Das ging zum einen mit einer kritischeren Einstellung gegenüber der Nervenheilkunde in den USA einher, begrenzte aber zum
anderen auch die möglichen Anleihen aus den Nachbarstaaten. Diese instrumentelle
Beschäftigung mit dem Ausland war durchaus sinnvoll. Sie führte aber auch dazu, dass
es den deutschen Psychiatern bei ihren Auslandskontakten mehrheitlich nicht um ein
weltoffenes und vorurteilsfreies Lernen, sondern um gezielte Anleihen, Kooperationen
und um das Einpassen fremder Erfahrungen in eigene Kontexte ging.

Dies änderte sich erst, als es in den 1960er Jahren immer häufiger um anstehende
Strukturentscheidungen ging. Nun wurde in ganz anderem Ausmaß als zuvor über die
grundsätzliche Möglichkeit diskutiert, „ausländische" Versorgungsmodelle auf das
bundesrepublikanische Psychiatriesystem zu übertragen.

Arbeit der Psychotherapeuten und in einzelnen Kliniken Gruppentherapien, Psychodramas und
analytische Einzeltherapien durchaus etabliert. Die wesentlichste Veränderung zum Stand von
1953 sei aber die Einführung der Pharmakotherapie. Auftrieb habe auch die Kinderpsychiatrie
genommen, die sich „immer mehr zu einem bevorzugten Arbeits- und Forschungsgebiet der
modernen klinischen Psychiatrie entwickelt". Hartmann, Grundzüge 1958, S. 82.

[164]Zu nennen sind insbesondere Eugen und Manfred Bleuler aus der Schweiz und der schon
erwähnte Henri Ey aus Frankreich.

11.3.3 Neue Vorbilder – Berichte über die angloamerikanische Psychiatrie in den 1960er Jahren

In den 1960er Jahren erschienen im *Nervenarzt* zahlreiche Reise- und Erfahrungsberichte aus England[165] und den USA. Dabei wurde im Falle Englands ein neues sozialpsychiatrisches Vorbild etabliert. Die USA-Referenzen dieser Zeit hatten eine andere
Funktion: Sie verdeutlichten, dass eine Veränderung der psychiatrischen Versorgungsstrukturen hin zu offenen und gemeindenahen Angeboten für psychisch Kranke tatsächlich möglich war und wie diese implementiert werden konnte.

Das ausländische Reformmodell: Die sozialpsychiatrische Versorgung in England

Wie sah das englische Vorbild in den 1960er Jahren genau aus, das den Leser/-innen
im *Nervenarzt,* dem offiziellen aber inhaltlich unabhängigen Mitteilungsorgan der
DGPN, vermittelt wurde?[166] Es fällt sofort auf: Schwerpunktthemen lagen in jenen
Bereichen, die einige Jahre später die Reformdebatte in der Zeit der Psychiatrie-Enquete
dominieren sollten. Es ging um die Reduzierung der geschlossenen Abteilungen, um
den Ausbau gemeindenaher Versorgungsstrukturen, um die Ausdifferenzierung der
psychiatrischen Institutionen, um die Verkleinerung, Spezialisierung und bauliche Veränderung der überkommenen Großanstalten und um die Integration der Psychotherapie
in die psychiatrische Behandlungspraxis. Schon die Vielfalt der Themen verdeutlicht,
dass hier ein gesamtes Versorgungssystem auf dem Prüfstand stand. Es ging nicht nur um
marginale Verbesserungen, sondern um eine grundlegende Neuausrichtung.[167]

Den Berichterstattern fiel zunächst auf, wie ähnlich die Situation in Großbritannien
und der Bundesrepublik kurz zuvor noch gewesen war: Die Anstalten waren überfüllt,
chronische Fälle häuften sich, es fehlte an Pflegepersonal.[168] Als Konsequenz dieser
Problemanalyse habe man aber in Großbritannien – anders als in der Bundesrepublik

---

[165]Die Organisation der psychiatrischen Versorgung war in Großbritannien sehr unterschiedlich
geregelt. Die deutschsprachigen Autoren nahmen diese Unterschiede aber nicht immer korrekt war.
Zitiert sind im Folgenden die Quellenbegriffe.

[166]In den späten 1950er Jahren wurde die psychiatrische Versorgung in England nur gelegentlich erwähnt, allerdings dann im Bereich der Rehabilitation als vorbildlich beschrieben. Daneben
finden sich auch Artikel zu Einzelproblemen, bspw. Schimmelpfennig, Befunddokumentation und
Statistik 1959.

[167]Zur Ausgangslage in England: Quensel, Psychiatrie-Komplex 2018, S. 305.

[168]Schmalbach, psychiatrische Tagesklinik 1961, S. 222. Kurt Schmalbach (1923–1976) war in
Hamburg 1964–1970 Privatdozent für Neurologie und 1970–1976 wissenschaftlicher Rat und
Professor für Neurologie. Vgl. Eintrag von „Kurt Schmalbach" im Hamburger Professorinnen- und
Professorenkatalog, URL: https://www.hpk.uni-hamburg.de/resolve/id/cph_person_00001250.

– Rehabilitationszentren, Nachtkliniken und Tageskliniken errichtet.[169] Mit dieser institutionellen Ausdifferenzierung habe man zugleich einen neuartigen Umgang mit den Patient/-innen und eine Kompetenzverlagerung von den Ärzten auf das nichtärztliche Personal erreicht.[170] Die Umstrukturierung der institutionellen Versorgungslandschaft hatte somit den Anstaltsalltag verändert und zu einer offenen und wertschätzenden Atmosphäre der unterschiedlichen Berufsgruppen untereinander und gegenüber den Patient/-innen beigetragen.

Zentraler Bestandteil der Artikel über die englische Reform waren Ausführungen über das „Anstaltssyndrom", mit dem jene Folgen langer Aufenthalte in einer psychiatrischen Vewahreinrichtung bezeichnet wurden, die bislang für Symptome psychischer Erkrankungen gehalten worden waren. Die Anstalt, so konnte man 1962 lesen, mache abhängig. Sie halte den Patienten fest, statt ihn zu befähigen, ein Leben außerhalb ihrer Mauern zu führen. Nach längerem Anstaltsaufenthalt sei der Kranke sozial und wirtschaftlich bankrott, ihm fehle jeglicher Antrieb zur Veränderung seines Zustandes, er versinke in Apathie. Die neuen somatischen Therapien und „Beruhigungsdrogen" würden den Patienten zwar empfänglicher machen „für eine veränderte, positivere, weniger autoritäre Haltung des Pflege- und Ärztepersonals", entscheidend für den Heilungserfolg sei aber die Berücksichtigung der sozialen Faktoren in der Behandlung. Bezahlte industrielle Arbeit, die Einbeziehung der Familien der psychisch Kranken in den Anstaltsalltag, die Verlegung geeigneter Patientengruppen in städtische Unterbringungsmöglichkeiten und die allmähliche Auflösung der Geschlechtertrennung in den Anstalten seien dazu geeignet, den schwindenden Kontakt mit der Außenwelt, den Ver-

---

[169]Deren Nutzen sei für Psychotiker, Depressive, chronische Neurotiker und auch eine kleine Anzahl von Schizophrenen mittlerweile unumstritten. Insgesamt geht Schmalbach im Ton zwar verhalten, im Inhalt aber deutlich von einer vielversprechenden Erfolgsquote der bisherigen Bemühungen aus. Von insgesamt 209 Patienten fielen in den Jahren 1956–1958 84 Personen in die Gruppe „erfolgreiche soziale Rückführung", bei 46 seien immerhin Teilerfolge zu verzeichnen, die restlichen 79 seien „Versager", aber nur 6 von ihnen hätten in eine Anstalt eingeliefert werden müssen. Bei der Mehrzahl der „Kranken" habe es sich um an sehr hartnäckigen Neurosen leidenden Menschen gehandelt. Da dieser Patiententyp sich „in den Polikliniken ansammelt" und ihnen hier meist ein „therapeutische[r] Nihilismus" entgegengebracht werde, erschienen die Ergebnisse „hoffnungsvoll". Schmalbach, psychiatrische Tagesklinik 1961, S. 224.

[170]Genannt wurden Assistenten, Pfleger, Heilgymnasten, Arbeitstherapeuten und klinische Psychologen. Dies führe zwar auch zu einem höheren Abstimmungsbedarf, doch die aus diesem Grund anberaumten wöchentlichen Konferenzen seien letztlich zum Wohle der Patienten: „Jeder, auch das jüngste Mitglied des Personals, trägt hier seine Beobachtungen vor und stellt Fragen. Dadurch erhält der leitende Psychiater ein recht klares Bild über die Fortschritte der Patienten, über Versagen der Behandlung, aber auch über die Reaktionen der Ärzte und Pfleger gegenüber einzelnen Patienten, was besonders beim Umgang mit den intelligenteren Neurotikern und abnormen Persönlichkeiten wichtig ist. (…) Bei dieser Konferenz werden die medizinischen Belange der Kranken, Labor- und Röntgenuntersuchungen, notwendige EEG's usw. besprochen und veranlaßt. So erhält jeder an der Behandlung Beteiligte ein umfassendes Bild über die Kranken." Ebd.

lust normaler Arbeitsgewohnheiten, die Einbuße an Entscheidungskompetenz, kurz die Auswirkungen des Anstaltssyndroms zu verringern.[171] Die Einführung des open-door Systems wirke „psychologisch außerordentlich günstig". Zahlreiche Patienten würden sich nun dazu entscheiden, freiwillig in die Klinik zu gehen und dort zu bleiben, da „man ebenso leicht wieder raus kann wie man reingekommen ist". Zudem löse sich das Überbelegungsproblem. Denn mit der Einführung des open-door-Systems könne ohne Qualitätsverlust die psychiatrische Bettenanzahl um etwa ein Drittel verringert werden.[172]

Ein Erfolg dieser Maßnahmen sei aber keineswegs garantiert. Erst die institutionelle Ausdifferenzierung der Psychiatrie, eine schrittweise Einführung der Neuerungen und flankierende Maßnahmen zum Vertrauenserwerb würden zu einer breiten Akzeptanz des open-door-Systems führen. Zunächst seien also die psychisch Kranken nach ihren institutionellen Bedürfnissen zu trennen: Auf der einen Seite „gemeingefährliche Geisteskranke" und „Schwachsinnige", für die geschlossene Dauereinrichtungen weiterhin benötigt werden würden, auf der anderen Seite all jene, für die die geplanten Institutionen einer „groß angelegten Außenfürsorge" keine Überforderung darstellten. Erst die Existenz dieser Institutionen mit geschlossenen Türen ermögliche den Behandlungserfolg des open-door-Systems.[173] Als weitere Erfolgsbedingung galt die Einführung des neuen Konzepts in kleinen Schritten. Nicht nur die Patient/-innen, sondern auch das Personal und die Öffentlichkeit seien mittels „Vorarbeit und Umerziehung" auf den neuen Umgang mit den psychisch Kranken vorzubereiten. Zunächst habe also ein „radikale[r] Gesinnungswandel und eine ganz veränderte Ein-

---

[171]Vgl. Freudenberg, Anstaltssyndrom 1962, S. 166–172, Zitate S. 166 f. Freudenberg bezog sich dezidiert auf Goffmans 1957 erschienene Charakterisierung der psychiatrischen Anstalten als *total institutions*, die den räumlichen und sozialen Bewegungsradius ihrer Insassen bewusst einengten, sie einem rigiden und für alle einheitlichen Zeitregime unterwarfen und sie als prinzipiell unmündig behandelten. Das ist ideengeschichtlich insofern interessant, weil Goffmans Studie in dieser Zeit in der Bundesrepublik kaum zur Kenntnis genommen wurde.

[172]Leppien, open-door-System 1963, Zitate S. 215–218. Der Artikel basierte auf einem am 2. November 1962 bei der *Frankfurter Nervenärztlichen Gesellschaft* gehaltenen Vortrag, in dem er seine Reiseerfahrungen aus dem Juli desselben Jahres verarbeitete.

[173]Eine derartige Separierung sei nötig, weil drei Patientengruppen der Einführung des open-door-Systems in allen psychiatrischen Anstalten entgegenstünden: die „Selbstgefährlichen", die „Gemeingefährlichen" und die „Schwachsinnigen". Während sich die „Selbstgefährlichen" möglicherweise sogar noch in das open-door-System integrieren ließen, müsse man die „Gemeingefährlichen" weiterhin „in eine der großen, mit hohen Mauern umschlossenen" Anstalten einliefern. Zudem brauche es „spezielle Schwachsinnigen-Anstalten". Leppien bezog sich, wie auch die anderen hier vorgestellten Autoren der 1960er Jahre, nicht auf deutsche Erfahrungen mit der „offenen Anstalt", wie sie etwa Heinz W. Klopp 1958 auf der Winterversammlung der baden-württembergischen Psychiater und nachfolgend im *Nervenarzt* beschrieben hatte. Ebd., Klopp, Betreuung 1959.

stellung zu den Kranken" einzusetzen. Dies betreffe längst nicht nur die behandelnden Ärzte, sondern alle am Versorgungsprozess Beteiligten.[174]

Anfänglich stand das Konzept der „offenen Türen" im Fokus der Berichte, doch schon bald wurde direkt Bezug auf das Konzept der „therapeutischen Gemeinschaft" genommen. Ein Konzept, das in klarer Abgrenzung zum Bewahrungsprinzip mit geschlossenen Anstalten und einem den Patient/-innen von außen auferlegtem Reglement entstanden war. Als Geburtshelfer der Idee einer therapeutischen Gemeinschaft galt Maxwell Jones (1907–1990). Dieser argumentierte, dass „abnormes" Verhalten in der Gruppe zu tolerieren, zu akzeptieren und offen zu besprechen sei. Indem man gemeinsam nach dessen Hintergründen und psychologischen Bedeutungen suche, beginne der Kranke damit, sich von seiner Mitwelt angenommen und mehr und mehr verstanden zu fühlen. Die therapeutische Gemeinschaft wurde so zum zentralen Ort der Wiederherstellung und Heilung. Sie war damit weit mehr als eine Strukturveränderung der Anstalt, sie war zugleich eine aktivierende Behandlung mit therapeutischen Potenzen. In dem man die Ideen der therapeutischen Gemeinschaft konsequent auf architektonischer Ebene umsetzte, ließ sich zudem die Großanstalt zerteilen. Die vielfältigen, aufeinander abgestimmten Therapiearten fanden dann nämlich in jeweils kleinen, autochthonen und flexiblen Hospitaleinheiten statt, sodass Architektur und Behandlungsansatz eine qualitativ neue Einheit bilden konnten.[175]

In den zitierten Artikeln wurde den deutsche Leser/-innen Anfang der 1960er Jahre ein revolutionäres System vorgestellt und zudem für immer mehr Krankengruppen empfohlen: Psychotherapie, Gruppentherapie, Somatotherapie, Beschäftigungs- und Arbeitstherapie, Psychopharmakabehandlung, ambulant durchgeführte Elektroschockbehandlung und ausgedehnte Möglichkeiten der Freizeitgestaltung waren integrale Bestandteile einer „Milieutherapie", „welche das ganze Leben im Hospital durchzieht". Das Ziel bestand in einer Spitalatmosphäre, die sich so wenig wie möglich von dem Leben „draußen" unterschied. „In einer solchen Atmosphäre" gebe „es keine Kranken mehr, die eingeschlossen werden müssen".[176] Das ermögliche vielen Patient/-innen ein „neuartiges Erleben".[177] Die „therapeutische Gemeinschaft" wurde – nach Schocktherapie, Arbeitstherapie und der Einführung der Neuroleptika – in den Rang einer vierten Revolution im therapeutischen Handeln der Psychiater erhoben.[178]

---

[174]Leppien, open-door-System 1963, S. 215, 217 f.

[175]Vgl. Jones, Prinzipien der therapeutischen Gemeinschaft 1976. Ein knapper Überblick bei: Quensel, Psychiatrie-Komplex 2018, S. 254–258.

[176]Leppien, open-door-System 1963, S. 215, 217, 218.

[177]Flegel, Therapiegemeinschafts-Hospital 1965, S. 106.

[178]So beispielsweise in: Ebd. Landesmedizinalrat Horst Flegel war damals am von Friedrich Panse geleiteten Rheinischen Landeskrankenhaus Düsseldorf tätig. Er machte sich auch in den nachfolgenden Jahren für den Übergang von einer custodialen zu einer therapeutischen Psychiatrie stark.

Waren die Reporte aus der englischen Psychiatrie bis dahin geradezu unkritisch euphorisch gewesen, so relativierten die Berichterstatter diesen Eindruck in der zweiten Hälfte der 1960er Jahre. England war nun nicht mehr das Wunderland, das zuvor mancher nach seiner Reise beschrieben hatte. Die Ärzte, so stellte man nun erschreckt fest, waren überlastet, schlecht bezahlt und verließen in großer Anzahl das Land.[179] Insgesamt, so der Tenor, sei in einzelnen wegweisenden psychiatrischen Modelleinrichtungen viel vollbracht worden, doch sei damit noch kein neuer allgemeiner Standard erreicht. Vor allzu großem Optimismus wurde nun gewarnt; noch sei durch belastbare Überprüfungen der Heilungsergebnisse gar nicht gesichert, ob die englische Variante der Gemeindepsychiatrie den kleinen psychiatrischen Abteilungen an allgemeinen Krankenhäusern überlegen sei. Obendrein sei eine vollständige Umstrukturierung der psychiatrischen Versorgung „eine Frage von Jahrzehnten".[180]

Schon für die Reiseberichte über die USA ist festgestellt worden, dass die dortige Nervenheilkunde zwar gepriesen wurde, dies aber mit einer weit verbreiteten Skepsis gegenüber der Übernahme von Versorgungsmodellen aus einem als andersartig wahrgenommenen Kulturkontext einherging. Für die zur Vorbildrolle der Modellinstitute in England zitierten Artikel ist ähnliches zu konstatieren. Die Autoren verwiesen stets eindringlich auf die Grenzen des Wissens- und Praxistransfers. Die Psychiatrie sei in ein spezifisches soziales Umfeld eingebettet, folglich sei es beispielsweise „zweifelsohne (…) falsch, den Versuch zu unternehmen, die Tagesklinik in völlig gleicher Form zu transplantieren". Man habe in Deutschland eben nicht das gleiche Interesse am Klubleben wie in England. Auch unterschieden sich die Völker in ihren Einstellungen „zu Vergnügungen, zum Heim und manchen anderen Lebensbereichen". Der Versuch der vollständigen Übertragung sei somit zum Scheitern verurteilt. Man habe Anpassungen „an die speziellen soziologischen Gegebenheiten" in der Bundesrepublik vorzunehmen.[181] Die Erfolge der englischen Psychiatrie seien nämlich nicht zuletzt dem vermeintlichen Volkscharakter geschuldet. In der gemeindenahen Sozialpsychiatrie könne sich die „pragmatisch-nüchterne Seite der Briten offensichtlich entfalten".[182] Derartige Äußerungen zum „Volks-

---

[179]Vatankhah, Studienreise 1966, S. 316. H. Vatankhah aus der von Friedrich Mauz geleiteten Universitäts-Nervenklinik Münster in Westfalen reiste 1966 ins Royal Edinburgh Hospital, dem „schottische[n] ‚Mekka' der angelsächsischen Psychiatrie". Er besuchte aber auch andere städtische und ländliche Anstalten, darunter auch das Claybury-Hospital in London, eines „der bestrenommierten in England". Ebd., S. 314.

[180]Vgl. Dilling, Gemeindepsychiatrie und Rehabilitation 1970, S. 28 f., Zitat S. 28. Horst Dilling war zum Veröffentlichungszeitpunkt am *Max-Planck-Institut* in München beschäftigt. Er hob später, nach zwei vom MPI für Psychiatrie und vom Bundesministerium für Jugend, Familie und Gesundheit unterstützten Reisen, die Vorbildrolle der norwegischen Psychiatrie hervor. Vgl. Dilling/Jørstad, Grundzüge 1976.

[181]Schmalbach, psychiatrische Tagesklinik 1961, S. 224.

[182]Vgl. Vatankhah, Studienreise 1966, S. 313–317, Zitat ebd.

charakter", die sich in den damaligen Texten in Hülle und Fülle finden, waren mehr als nur Reminiszenzen an eine bildungsbürgerliche Länderkunde älteren Stils, die sich für fremde Mentalitäten interessierte.[183] Sie hatten konkrete Funktionen. Erstens schienen sie zu erklären, dass die Zustände in der deutschen Psychiatrie nicht die Schuld der Psychiater, sondern der Besonderheit deutschen Geistes zu verdanken seien. Zweitens verwiesen sie darauf, dass die als notwendig erachteten Strukturveränderungen steril bleiben würden, wenn sie nicht auf einer Mentalitätsveränderung beruhten. Das englische Versorgungssystem sei daher wohl vorerst weder mit den deutschen Anstaltsdirektoren noch mit den deutschen Patient/-innen zu verwirklichen.[184]

Der Blick auf die englischen Neuerungen führte also in der ersten Hälfte der 1960er Jahre zunächst dazu, dass sich junge Assistenzärzte mit den Spielräumen der Umgestaltung der psychiatrischen Versorgung beschäftigten. Sie loteten aus, welche auf ganz unterschiedlichen Ebenen angesiedelten Vorteile damit einhergehen könnten, welche Widerstände aber andererseits auch zu erwarten seien.[185] In der zweiten Hälfte der 1960er Jahre stellte sich hingegen Ernüchterung ein.

Der Weg zur Reform – ein erneuter Blick in die USA

Wie bereits erläutert, gab es in der unmittelbaren Nachkriegszeit zunächst eine kurze Phase, in der die Blicke der Psychiater sich auf die Vereinigten Staaten von Amerika richteten. Das hatte auch ganz allgemeine Gründe: Man darf nicht vergessen, dass in Deutschland viele Diskussionen über die Bedrohungen der modernen Massen- und Konsumgesellschaft auch schon vor 1945 mit Verweisen auf die USA geführt wurden, direkte Kontakte zu US-Amerikanern aber Seltenheitswert hatten.[186] Das änderte sich nun mit den in Deutschland stationierten amerikanischen Soldaten. Die geringen direkten Auswirkungen der frühen USA-Reisen und der Kontakte mit US-Amerikanern in Deutschland auf die Psychiatrie in der Bundesrepublik sind bereits festgehalten worden. Sie lagen nicht ausschließlich in der von den Zeitgenossen wahrgenommenen Unterschiedlichkeit der Wissenschaftssysteme und Wissenskulturen begründet, sondern hatten wohl auch habituelle Ursachen.[187] So wichtig die kulturelle „Amerikanisierung"

---

[183]Derartige Ausführungen zu den Volkscharakteren sind keineswegs ungewöhnlich. Sie schienen damals durchaus bedeutsam für die Frage des Wissenstransfers. Die 1950er und 1960er Jahre waren ohnehin noch eine Hochphase der mentalitätsgeschichtlichen länderkundlichen Betrachtungen. Vgl. Wardenga, „Kultur" 2005, S. 17–32.

[184]Dilling, Gemeindepsychiatrie und Rehabilitation 1970, S. 286.

[185]So etwa ein Kongressbericht von 1964: Wyss, „Soziale Psychiatrie" 1964, in: DGPPN-Archiv, Ordner 1 U. Das fand im Übrigen nicht nur in der einschlägigen Fachpresse statt. So erschienen beispielsweise auch in der *Frankfurter Allgemeinen Zeitung* als überregionaler Tageszeitung Mitte der 1960er Jahre mehrere Artikel zur Sozialpsychiatrie in England.

[186]Vgl. Klautke, Unbegrenzte Möglichkeiten 2003.

[187]Zur Vorstellung spezifischer nationaler Wissenschaftsstile und deren begrenzende Auswirkung auf den Wissenstransfer vgl. Fangerau/Müller, National Styles? 2005, S. 207–209 und S. 216–220.

in den 1950er Jahren auch für bestimmte gesellschaftliche Schichten wurde, im deutschen Bildungsbürgertum wurde „Amerika" weiterhin zumindest argwöhnisch beäugt, wenn nicht sogar offen verachtet. Man darf sich von nachträglichen Mythen wie dem Umschwung der Stimmung im Zuge der Rosinenbombergeschwader bei der Berlin-Blockade 1948/1949 nicht täuschen lassen. Es kann keineswegs die Rede davon sein, dass die Eliten der Bundesrepublik die politischen und ökonomischen Strukturen sowie ideelle Strömungen in den USA mehrheitlich als nachahmenswert einstuften. Als gesamtgesellschaftliches Vorbild kamen die USA in den 1950er Jahren nicht in Betracht. Die Deutschen orientierten sich vor allem an den eigenen Traditionen, gelegentlich an ihren europäischen Nachbarn im Westen, mit denen sie zum „Abendland" verschmolzen. Diese Überheblichkeit aus Nationalismus und Eurozentrismus hat wahrscheinlich so manchen Transfer mit den USA blockiert oder zumindest erschwert. Das gilt vor allem für jene Psychiater, die die USA als Land einer vulgarisierten Freud'schen Psychoanalyse wahrnahmen und schon daher skeptisch gegenüber den dortigen Vorstellungen über die Psyche des Individuums eingestellt waren.[188]

Nun war die Gruppe der Psychiater viel zu groß und heterogen, als dass sich bezüglich ihrer Haltung zu den USA eine für alle gleichermaßen passende Aussage treffen ließe. Allerdings kann man feststellen, dass zumindest das Interesse an der US-Psychiatrie mit der Zeit zunahm. Die allgemein recht grundsätzliche Ablehnung der psychiatrischen Ausrichtung in den USA änderte sich 1963 schlagartig. Der bisherige Konsens über die Nichtvergleichbarkeit und Nichtübertragbarkeit galt nicht mehr. Hierfür grundlegend war die am 5. Februar 1963 vor dem Kongress gehaltene Rede des US-Präsidenten John F. Kennedy über „Psychische Krankheiten und Entwicklungshemmnisse". Sie stellte keineswegs nur eine präsidiale Mahnung ohne praktische Auswirkungen dar, sondern war die Ankündigung eines zügigen Reformprogramms, das mit sehr viel Geld die Versorgung psychisch Kranker grundlegend zu verändern versprach. Mit Bezug auf die Erhebung einer Sachverständigenkommission drang Kennedy auf intensive prophylaktische Maßnahmen, auf die Erhöhung der Personalschlüssel, die Verbesserung des Ausbildungsniveaus und die Errichtung gemeindenaher Behandlungszentren in der Psychiatrie. So sollte es gelingen, wie jüngere Psychiater in der Bundesrepublik sogleich feststellten, die „kalte Barmherzigkeit der Isolierung in Anstalten durch die offene Warmherzigkeit einer gemeinschaftsnahen Betreuung" zu ersetzen.[189]

---

[188]Vgl. Greiner, Test the West 1997; Maase, BRAVO Amerika 1999, S. 36–43; Schildt, Abendland 1999. Eine Analyse der Amerikawahrnehmung deutscher Mediziner ist noch ein Forschungsdesiderat, doch vor dem Hintergrund der allgemeinen Literatur zur Wahrnehmung der USA im deutschen Bildungsbürgertum ist es plausibel anzunehmen, das Ärzte in den ersten Nachkriegsjahrzehnten ebenfalls nicht frei von antiamerikanischen Vorurteilen waren.

[189]Kisker, Klinische und gemeinschaftsnahe Behandlungszentren 1964, S. 233.

Kennedys Rede schlug sich, das ist hier entscheidend, fast unverzüglich in den Reformdebatten in der Bundesrepublik nieder. Als im Juni 1964 Karl Peter Kisker im *Nervenarzt* nach dem Nutzen von klinischen und gemeinschaftsnahen Behandlungszentren fragte, lautete der Untertitel zwar „Heute in England, Canada und Skandinavien, morgen in den USA, übermorgen bei uns?", doch der größte Teil seiner Ausführungen befasste sich mit den Vereinigten Staaten von Amerika. Bislang, so Kisker, sei die psychiatrische Praxis des ansonsten so „dynamischen Subkontinents" sehr statisch gewesen. Riesige, abgelegene und personell unterbesetzte Mental Hospitals auf der einen Seite und „Universitäts-Institute mit wenigen Kranken und vielen Forschungsmaschinen" auf der anderen Seite prägten die psychiatrische Versorgungslandschaft. Während der Ausbau der psychiatrisch-psychohygienischen Beratungsdienste weit vorangeschritten sei, würden die psychiatrischen Großkrankenhäuser der USA sogar verglichen mit deutschen Verhältnissen schlechter abschneiden. Doch mittlerweile müsse, so Kisker, der qualitative Vergleich der US-amerikanischen mit der deutschen Psychiatrie letzterer zu denken geben. Die Zeit der „psychiatrischen Monstre-Anstalten" (sic!), der personellen Unterbesetzung und der langen Hospitalisierungsdauer neige sich in den USA dem Ende entgegen. Die amerikanischen Psychiater seien – und hier tauchte der Topos vom pragmatischen „Volkscharakter" der US-Amerikaner wieder auf – viel eher dazu bereit, Selbstkritik zu üben, die eigene Rückständigkeit einzusehen und das Notwendige nüchtern anzupacken. Millionen über Millionen an US-Dollar würden mittlerweile ausgegeben, um die Versorgung psychisch Kranker zu verbessern, eine „moderne" Behandlung zu gewährleisten und die Anzahl internierter Kranker „um Hunderttausende" zu reduzieren. Kisker prognostizierte zweierlei: Erstens, dass bei der gemeindenahen Betreuung Wirksamkeit und Sparsamkeit Hand in Hand gingen und dass zweitens ein grundlegender Wandel der psychiatrischen Versorgungslandschaft sehr schnell vonstattengehen könne.[190]

Den Unterschied zwischen den staatlichen Rahmenbedingungen verdeutlichte Kisker anschließend mit dem Vergleich der erwähnten Rede Kennedys vor dem US-Kongress und dem einleitenden Teil des neuen Bundessozialhilfegesetzes (BSHG). Während Kennedy konkrete Maßnahmen vorschlage und psychische Entwicklungshemmnisse und psychische Krankheiten unter „gleichrangigen Rehabilitationsverpflichtungen" einordne, bliebe das BSHG „in seinen praktisch-institutionellen Rahmenvorstellungen ganz formalistisch" und rücke die psychisch Kranken „unter falscher Würdigung ihrer Rehabilitationschancen in eine diskreditierende Kann-Bestimmung".[191] Während man bereits in allen „modernen",

---

[190]Ebd., Zitate S. 233–235. Kiskers Erwartung nach werde die „Metamorphose der amerikanischen psychiatrischen Praxis in wenigen Jahren komplett sein". Ebd. S. 234.

[191]Ebd., S. 234. Dort weiter: „Sieht man einmal davon ab, daß eine spezifizierte Erklärung des deutschen Bundeskanzlers über die psychiatrische Versorgung der Bevölkerung einem Wunder gleichkommen würde, so ist Kennedy offensichtlich besser beraten gewesen als die Ministerialbeamten, welchen den psychiatrischen Teil des BSHG kreierten.".

hoch entwickelten Ländern die Versorgungsstrukturen dezentralisiere, indem man sie gemeindenah neu organisiere, baue, plane und organisiere man in Deutschland „auf weite Strecken traditionalistisch an diesen Erfahrungen vorbei, so als säßen wir selbst in einem weltabgeschiedenen psychiatrischen Großkrankenhaus". In der Bundesrepublik verweigere man sich, so Kisker, den Konsequenzen aus dem schnell anwachsenden „soziatrisch-pharmakologische[n] Wissen". Insbesondere die Träger der psychiatrischen Einrichtungen seien in die Pflicht zu nehmen. Gegen alle altbekannten Argumente müssten sie sich dazu bekennen, „die Fortschritte des Auslandes auf deutsche Verhält-nisse [zu] übertragen". Denn „jede psychiatrische Einrichtung, die jetzt noch nach Größe, Lage und innerer Organisation geplant und gebaut wird, ohne ein gemeinschaftsnahes psychiatrisches Behandlungszentrum (…) zu sein, zementiert den Rückstand der deutschen psychiatrischen Praxis".[192] Hier sparte Kisker nicht mit Vorwürfen. Auch wenn er deren Adressaten nicht namentlich nannte, fasste er die üblichen Argumente der Anstalts-direktoren in der DGPN gegen eine konsequent gemeindenahe Psychiatrie zusammen:

> „psychiatrische Einrichtungen mit 300 Betten seien ,unökonomisch'; psychiatrische Abteilungen an Allgemeinkrankenhäusern seien ,nicht leistungsfähig'; man habe englische, skandinavische u.a. Anstalten ,besichtigt' und finde die unseren ,vorbildlich'; man dürfe die heilende Wirkung der Ländlichkeit nicht gering achten; der deutsche Patient brauche die väterlich-direktorale Autorität des Psychiaters; man dürfe die Anstalten nicht zu ,Abfall-eimern für chronische Fälle' machen; die deutsche Rechtsprechung verbiete eine Demo-kratisierung der Krankenhausführung; die Außenfürsorge sei schließlich in Deutschland erfunden worden und könne ruhig engbrüstig bleiben, da wir ja praktizierende Nervenärzte und eine limitierende Ärztekammer hätten; seit Simon brauche uns niemand mehr zu lehren, was ,aktive Krankenbehandlung' und Soziotherapie sei; man dürfe die ,Realitäten' nicht außer acht lassen und müsse sich nach den regionalen Gegebenheiten richten usw."[193]

Dies, so kann man dem Text von Kisker entnehmen, seien vorgeschobene Argumente, die vor allem darauf abzielten, den Prototyp des „exklusiv praktizierenden Nerven-arztes und des hierarchisch organisierten Anstalts-Obermedizinalrats" zu schützen.[194] Denn der Ausbau der gemeindenahen Behandlungszentren und die Kompetenzaus-weitung des sonstigen Personals müsse zu einem Bedeutungsverlust des bisherigen Psychiaters alten Stils führen.[195] In Kiskers Text ist deutlich zu spüren, dass dies für ihn kein Grund zum Bedauern wäre. Er forderte die „Preisgabe der dirigistischen Hierarchie

---

[192]Ebd., S. 236 f.

[193]Ebd., S. 237.

[194]Vgl. Ebd., S. 236 f., Zitat S. 236.

[195]Die Position des modernen Psychiaters werde „im neuartigen Behandlungsstil (…) in bestimmter Hinsicht eine sekundäre". Er ordne nur noch im Hintergrund und stifte Kontakte zwischen den Team-Mitgliedern. Damit greife er nur noch in kritischen Situationen ein, gebe alle Aufgaben ab, „die nicht unmittelbar und in speziell psychiatrischem Sinne therapeutisch effektiv sind". Ebd., S. 237.

zugunsten einer diskutierten Autorität".[196] Aus Kiskers Text spricht eine deutliche Lust an der Konfrontation mit der älteren Psychiatergeneration, die sich über den Umweg der Thematisierung US-amerikanischer Reformen äußerte.

Die gleichen Argumente tauchten auch noch in den Debatten der späten 1960er und 1970er Jahre auf. Einige der offen und öffentlich ausgetragenen Konflikte der Nachfolgejahre lassen sich also auf die Diskussion um die Psychiatriereform der USA zurückführen, in der die Positionen der Reformgegner und -befürworter erstmals öffentlich aufeinanderstießen. Die Beschäftigung mit den US-amerikanischen Verhältnissen war schließlich auch ein Spiel über Bande. Das vorrangige Ziel bestand nicht darin, mehr Wissen über die Psychiatrie in den USA zu erhalten, sondern Argumente für eine Reform in der Bundesrepublik zu sammeln. Während also in den Artikeln über die Psychiatrie in England die Frage im Mittelpunkt stand, was sich in vergleichbarer Weise in der Bundesrepublik verwirklichen ließe, war es in den Berichten über die Psychiatrie in den USA die Frage, wie diese Ziele erreicht werden könnten. Damit zeichneten sich schon Mitte der 1960er Jahre deutlich die zukünftigen Konfliktlinien der unterschiedlichen Psychiatergenerationen in Fragen der Psychiatriereform ab.

---

[196]Kisker bezog sich dabei explizit auf die Veröffentlichungen Häfners. Ebd., S. 237. Im gleichen Jahr erschienen noch einige weitere Artikel, die die Psychiatrie der BRD kritisierten und die US-amerikanischen Verhältnisse zum Vorbild anempfohlen. Dabei ist allerdings auffällig, dass es in den Artikeln entweder um überschaubare organisatorische Veränderungen ging oder um allgemeine gesetzliche Richtlinien. Vgl. Schreiner, psychiatrische Krankengeschichten 1964; Günther, Planung von Anstalten 1964. Letztgenannter Artikel betonte abschließend, dass die Regelungen in den USA als Anregungen gedacht sind, „wenn auch manche, besonders personelle Forderungen für deutsche Verhältnisse unerreichbar scheinen". Ebd., S. 263.

Auf internationalem Parkett 12

12.1 Internationalisierungsstrategien

Die medizinisch-wissenschaftlichen Regionalgesellschaften und die *Gesellschaft Deutscher Neurologen und Psychiater* spielten bei der Wiederanknüpfung internationaler Kontakte anfänglich nur eine nachrangige Rolle. Es handelte sich noch um individuelle Strategien – die Wissenschaftler agierten bei ihren Kontakten als Lehrstuhlinhaber oder Klinikdirektoren, nicht als Vertreter einer Fachgesellschaft. Erst in den 1960er Jahren intensivierten und institutionalisierten die psychiatrischen Gesellschaften sowohl in der DDR als auch in der Bundesrepublik ihre Bemühungen um internationale Kontakte. In der DDR wirkte nun das *Generalsekretariat der medizinisch-wissenschaftlichen Gesellschaften im Ministerium für Gesundheitswesen* auf einen verstärkten Wissenschaftstransfer innerhalb der sozialistischen Länder hin. Die Gestaltung der Beziehungen zu den Partnergesellschaften der anderen sozialistischen Länder wurde eine der vordringlichen Aufgaben aller medizinisch-wissenschaftlicher Gesellschaften. Es waren nun üblicherweise die medizinisch-wissenschaftlichen Gesellschaften, die Vorschläge zur Zusammensetzung der Delegationen zu internationalen Kongressen oder zu Gruppenreisen vorbereiteten. Sie beantragten zunächst die Teilnehmeranzahl der Delegation beim *Ministerium für Gesundheitswesen* und schlugen dann, nach internen Beratungen, die personelle Zusammensetzung vor. Diese Nominierungsvorschläge wurden anschließend vom Generalsekretariat der *Deutschen Gesellschaft für klinische Medizin* begutachtet. Einen anderen Weg für berufliche Reisen in das Ausland als offizielle Delegationen gab es für Mediziner nicht.[1]

---

[1]Vgl. Rohland/Spaar, Die medizinisch-wissenschaftlichen Gesellschaften 1973, S. 206; BA Berlin DQ 123/19 2 von 2.

In der Bundesrepublik hatten in der GDNP und in der DGPN zunächst vor allem Einzelpersonen wie Walter von Baeyer, Jürg Zutt und Helmut Ehrhardt die Kontakte ins Ausland für die oder in Absprache mit der DGPN gepflegt, ohne aber einen expliziten Auftrag dafür erhalten zu haben. Erst in den späten Fünfzigerjahren befasste sich der DGPN-Vorstand mit binationalen Psychiatertreffen.[2] Oft scheiterten diese aber daran, dass es der DGPN nicht gelang, Spezialisten für jedes Fach- und Themengebiet mit entsprechenden Fremdsprachenkenntnissen zu gewinnen.[3] Weil dieses Problem auch noch in den späten 1960er Jahren bestand, gründete die DGPN 1968 einen *Ausschuss zur Pflege internationaler Beziehungen*.[4] Seine Mitglieder, insbesondere der Ausschussvorsitzende Hermann Witter (1916–1991)[5], bemühten sich um deutschsprachige Kooperationspartner im Ausland sowie um Deutsch als internationale Kongresssprache und als offizielle Sprache der *World Psychiatric Association* (WPA)[6]. Sie verwiesen auf das „bedauerliche Beispiel" der *Internationalen Gesellschaft für Kriminologie*, in der nur Englisch, Französisch und Spanisch zugelassen seien, und verlangten von den deutschen Sektionsmitgliedern und Teilnehmern, dass sie ihre Vorträge in deutscher Sprache

---

[2] Zu nennen sind vor allem die deutsch-französischen und die deutsch-englischen Psychiatertreffen, für die die DGPN später auch Reisekostenzuschüsse an die eigenen Mitglieder zahlte. Seit Ende der 1960er Jahre geplant und immer wieder diskutiert wurden auch deutsch-dänische, deutsch-skandinavische und deutsch-griechische Psychiatertreffen.

[3] Als die DGPN 1972 zusammen mit der *Société Médico-Psychologique* ein deutsch-französisches Psychiatertreffen zum Thema „Ökologie und Psychiatrie" veranstaltete, trat dieses Manko – wie so oft – deutlich zutage. Da die ganze Veranstaltung in französischer Sprache abgehalten werden sollte und Übersetzungen nicht vorgesehen waren, sei es schwierig, so der Ausschussvorsitzende, „geeignete Kollegen zu finden, die ausreichende französische Sprachkenntnisse haben". Schließlich sei man bestrebt, auf eine einigermaßen gleichmäßige Verteilung der Berufsgruppen und Fachgebiete zu achten und halte es zudem für wichtig, „daß die Delegation nicht nur aus Herren bestehen sollte", doch ließe sich bei deutsch-französischen Treffen nur auf die im Saarland ansässigen Psychiater zurückgreifen, eine wiederum ebenfalls ungewünschte „landschaftliche Einseitigkeit". Hermann Witter an die Mitglieder des Ausschusses zur Pflege internationaler Beziehungen der DGPN, Schreiben vom 08.03.1972, DGPPN-Archiv, Ordner 2A.

[4] Erstmals trat der neue DGPN-Ausschuss am 07.06.1968 unter dem Vorsitz von Hanns Hippius in Baden-Baden zusammen. Die Mitglieder waren: von Baeyer (Heidelberg), Claessen (Köln), Döhner (Schleswig), Ehrhardt (Marburg a. d. Lahn), Gerber (Merzig a. d. Saar), J.-E. Meyer (Göttingen), Ploog (München), Stockhausen (Bonn), Witter (Homburg a. d. Saar). Anfänglich tagte der Ausschuss zwei Mal pro Jahr. Ab dem 01.10.1969 übernahm Hermann Witter absprachegemäß den Vorsitz des Ausschusses. Vgl. Mitteilungen des Ausschusses zur Pflege internationaler Beziehungen der DGPN, in: Der Nervenarzt 40 (1969), S. 399 f.

[5] Hermann Witter leitete ab 1968 das von ihm gegründete Institut für Gerichtliche Psychologie und Psychiatrie (IGPuP) an der Universität des Saarlandes. Er hatte sich zuvor in der DGPN für französisch-deutsche Psychiatertreffen stark gemacht.

[6] Die WPA wurde 1961 auf dem III. Weltkongress der Psychiatrie in Montreal gegründet. Sie war vorwiegend eine Vereinigung der nationalen Gesellschaften für Psychiatrie. Neben den korporativen Mitgliedschaften waren aber auch Mitgliedschaften von Einzelpersonen möglich. Offizielle Tagungssprachen waren Englisch, Französisch, Spanisch und Deutsch.

hielten, „damit Deutsch als offizielle Sprache des Weltverbandes und des Kongresses nicht vernachlässigt wird".[7] Die immer stärkere Verbreitung von Englisch als gängiger Kongresssprache begrüßte auch der Vorstand der DGPN nicht. Er sprach 1970 die Empfehlung aus, „daß in Zukunft bei kleineren Tagungen mehr die deutsche Sprache als Verhandlungssprache gepflegt werden sollte".[8] Im Jahr zuvor hatte der Vorstand bereits beschlossen, dass es zwar weiterhin wünschenswert sei, ausländische Prominenz als Redner zu gewinnen, dass die Auswahl aber „streng sachbezogen" erfolgen solle und nur deutsch sprechende Referenten zur Teilnahme aufgefordert werden sollten.[9]

Der Ausschuss *zur Pflege internationaler Beziehungen* gab sich ein ambitioniertes Programm. Er wollte zur zentral verantwortlichen Stelle für die internationalen Kontakte der Psychiater in der Bundesrepublik werden. Um die Beziehungen zu Psychiatern anderer Länder „zu pflegen und zu intensivieren" beabsichtigte man, Kontakte zu den Fachgesellschaften anderer Länder, zu internationalen Institutionen wie der Weltgesundheitsorganisation und zu internationalen Gesellschaften wie der *World Psychiatric Association* und der *World Federation for Mental Health* (WFMH) aufzunehmen. Auch wollte man die Mitglieder der DGPN über gemeinsame Veranstaltungen der DGPN mit ausländischen Fachgesellschaften und über Einladungen zu Tagungen ausländischer Gesellschaften auf dem Laufenden halten. Persönliche Beziehungen von Mitgliedern der DGPN zu ausländischen Fachkollegen sollten unterstützt und Mitglieder der DGPN bei Besuchen von psychiatrischen Institutionen im Ausland beraten werden. Auch beabsichtigte man, Information über die Tätigkeit ausländischer Gast-Dozenten an Kliniken in der Bundesrepublik und in Berlin (West) zu sammeln, dem Vorstand der DGPN beratend zur Verfügung zu stehen und ihm Vorschläge für korrespondierende Mitgliedschaften der DGPN zu unterbreiten.[10]

Schnell stellten sich erste Erfolge des Gremiums ein. Schon auf einer Ausschusssitzung am 11. Oktober 1968 wurde beschlossen, die Zusammenarbeit mit der *Weltvereinigung für Psychiatrie* und der *Weltvereinigung für geistige Gesundheit* zu intensivieren. Im Vordergrund sollte die Kontaktpflege mit der WPA stehen, da die DGPN hier bereits korporatives Mitglied war und sich die Ausschussmitglieder von dieser Zusammenarbeit mehr Renommee und Einfluss versprachen. Gegenüber der WPA fungierte der *Ausschuss zur Pflege internationaler Beziehungen* als nationaler Ansprechpartner. Er koordinierte die WPA-Mitgliedschaft und hatte eine Gatekeeper-Funktion für die psychiatrischen Weltkongresse, das heißt, er bestimmte maßgeblich darüber mit, wie sich die bundesrepublikanischen Delegationen für die jeweiligen Kongresse zusammensetzten. Der

---

[7]Protokoll der Sitzung des Ausschusses zur Pflege internationaler Beziehungen der DGPN am 13.6.1970, DGPN-Archiv, Ordner 2A.

[8]Protokoll der Vorstandssitzung der DGPN am 09.10.1970, DGPPN-Archiv, Ordner 1C.

[9]Protokoll der Vorstandssitzung der DGPN am 16.04.1969, DGPPN-Archiv, Ordner 1F.

[10]Vgl. Mitteilung des „Ausschusses zur Pflege internationaler Beziehungen" der DGPN, in: Der Nervenarzt 8 (1969), S. 399 f., hier S. 399.

jeweilige Leiter des Ausschusses schlug in den Vorstandssitzungen die Zusammensetzung der Delegation für die Weltkongresse und andere internationale Tagungen vor. Diese wurden dann meist vom Vorstand der DGPN gebilligt, der auch über die finanzielle Unterstützung für die Delegationsmitglieder entschied.[11] Zudem wurde angeregt, auf der bevorstehenden Mitgliederversammlung der DGPN neun Ehrenmitgliedschaften zu verleihen sowie 17 weitere korrespondierende Mitglieder zur „Aktivierung der internationalen Kontakte" aufzunehmen.[12] Neben diesen zum Teil eher symbolischen Bemühungen um stärkere internationale Einbindung war es aber nicht zuletzt dem *Ausschuss zur Pflege internationaler Beziehungen* zu verdanken, dass ein aktualisiertes Mitgliederverzeichnis sowie eine „Gesamtliste" aller in Deutschland tätigen Psychiater erstellt wurde, um „Besuchern aus dem Ausland eine schnelle Orientierung über die Psychiatrie in Deutschland [zu] ermöglichen".[13] Der neu gegründete Ausschuss achtete zunächst auch sehr penibel auf seine Sichtbarkeit und informierte zu diesem Zweck ab 1969 im *Nervenarzt* regelmäßig über die internationalen Aktivitäten der DGPN.[14] Diese kurze Phase der Internationalisierungseuphorie fiel nicht zufällig in die Präsidentschaft Helmut Ehrhardts. Mit ihm war eine weitgereiste Persönlichkeit vom langjährigen Schriftführer zum Präsidenten der DGPN aufgestiegen. Ehrhardt protegierte den neuen Ausschuss, thematisierte die internationalen Kontakte auch immer wieder in den Vorstandssitzungen und bemühte sich darum, internationale Großkongresse in die Bundesrepublik zu holen.[15]

---

[11]Vgl. Protokoll der Sitzung des Ausschusses zur Pflege internationaler Beziehungen der DGPN am 11.10.1968, DGPPN-Archiv, Ordner 2A.

[12]Zitat aus: Protokoll der ordentlichen Mitgliederversammlung, in: Der Nervenarzt 39 (1968), S. 560–562; vgl. auch Mitteilung des „Ausschusses zur Pflege internationaler Beziehungen" der DGPN, in: Der Nervenarzt 8 (1969), S. 399 f., hier S. 400. Mit dem Stand vom Herbst 1968 hatte die DGPN somit zwölf Ehrenmitglieder und 40 korrespondierende Mitglieder. Der Schwerpunkt auf Mitglieder aus Westeuropa und Nordamerika ist dabei auffallend. Sämtliche Ehrenmitglieder stammten aus diesen beiden Weltregionen, von den korrespondierenden Mitgliedern waren es immerhin etwa drei Viertel.

[13]Mitteilung des „Ausschusses zur Pflege internationaler Beziehungen" der DGPN, in: Der Nervenarzt 8 (1969), S. 399 f., hier S. 400.

[14]Neben Berichten über die Tätigkeit des Ausschusses finden sich dort Informationen zur WPA und aktuelle Auflistungen der anstehenden internationalen Tagungen. Ab dem Jahr 1969 wurden kurzzeitig auch die Namen der in der Bundesrepublik anwesenden ausländischen Gastprofessoren und Gastdozenten veröffentlicht. Noch unter dem Vorsitz Witter wurde dies aber wieder eingestellt, da die Bekanntgabe meist erst zu einem Zeitpunkt erfolgte, als die Besucher das Gastland schon längst wieder verlassen hatten. Hierzu vgl. Protokoll der Sitzung des Ausschusses zur Pflege internationaler Beziehungen der DGPN am 30.05.1969 und Hermann Witter an Detlev Ploog, Schreiben vom 30.05.1973, DGPPN-Archiv, Ordner 2A.

[15]Vgl. Hermann Witter an Detlev Ploog, Schreiben vom 30.05.1973, DGPPN-Archiv, Ordner 2A; Protokoll der Vorstandssitzung der DGPN am 20.05.1971, DGPPN-Archiv, Ordner 1 E; Reimer, XXI. Jahrestagung der Europäischen Liga für psychische Hygiene, DGPPN-Archiv, Ordner 1H; Entschließung der Europäischen Liga für psychische Hygiene vom 20.09.1969, DGPPN-Archiv, Ordner 1 G.

Doch die Realität der Ausschussarbeit fiel weit hinter die Ansprüche zurück. Darauf deutet zumindest ein ausführlicher Bericht über die zurückliegenden Aktivitäten des Gremiums hin, den der bisherige Vorsitzende Hermann Witter 1973 anlässlich der Amts- und Unterlagenübergabe an Detlev Ploog (1920–2005)[16] verfasste.[17] In diesem Schreiben machte Witter seinen Nachfolger – dem eigenen Vernehmen nach nicht um zu klagen, sondern um „auf die Realität hin[zu]weisen" – darauf aufmerksam, dass der Ausschuss vollkommen von der Initiative des Vorsitzenden abhänge. Mit Ausnahme von Walter von Baeyer gebe es auf Rundschreiben und Bitten um Vorschläge, Einsprüche oder Zustimmungen „nur ausnahmsweise eine Reaktion". Die meisten Ausschussmitglieder seien „sehr froh, wenn keine Sitzungen zustandekommen", ständig träfen Absagen auf Sitzungsvorschläge ein. Da die Ausschussmitglieder „genügend Verpflichtungen am Halse" hätten, könnten sie mit Recht erwarten, dass alle Aufgaben des Ausschusses „letztlich vom Vorsitzenden geregelt werden". Weil sich die Aufgaben des Ausschusses vielfach mit denen des Präsidenten der DGPN überschnitten, sei die Tätigkeit des Ausschusses oft schlichtweg „überflüssig".[18] Eigentlich beschränke man sich darauf, die neuesten Mitteilungen und das Bulletin der WPA zu lesen und den Inhalt kurz für das eigene Mitteilungsorgan zusammenzufassen.[19]

12.2 Blockkonfrontation in der Zeit der Entspannungspolitik

Die *Deutsche Gesellschaft für Psychiatrie und Nervenheilkunde* und die *Gesellschaft für Psychiatrie und Neurologie in der DDR* gaben in den 1950er und 1960er Jahren keine offiziellen Stellungnahmen zu weltpolitischen Ereignissen ab. Weder anlässlich des Mauerbaus, noch zum Vietnam-Krieg oder zur Entspannungspolitik haben sich die psychiatrischen Fachgesellschaften öffentlich oder fachöffentlich geäußert. Diese Zurückhaltung war ab Anfang der 1970er Jahre nicht mehr möglich. Was war geschehen?

---

[16]Detlev Walter Ploog war Psychiater, Anthropologe und Primatenforscher. Ab 1960 war er am Münchner Max-Planck-Institut für Psychiatrie tätig, zwischen 1966–1989 war er dort Direktor der Klinik.

[17]Im Mai 1972 bat Witter den DGPN-Vorsitzenden Degkwitz, aus gesundheitlichen Gründen von seinem Amt zurücktreten zu dürfen. Seinen persönlichen Nachfolgevorschlägen (Ehrhardt, Joachim-Ernst Meyer, Stockhausen und Döhner) wurde jedoch nicht entsprochen. Vgl. Witter an Degkwitz, Schreiben vom 12.5.1972, DGPPN-Archiv 2A; Schulte an Mende, Schreiben vom 24.11.1972, DGPPN-Archiv, Ordner 1 G; Witter an Ploog, Schreiben vom 30.05.1973, DGPPN-Archiv, Ordner 2A.

[18]Als Beispiel führte Witter an, dass er als Ausschussvorsitzender zwar des Öfteren mit Vorschlägen zur Ernennung von korrespondierenden Mitgliedern und Ehrenmitgliedern der DGPN befasst gewesen sei, letztlich die Entscheidung aber immer beim Präsidenten und dem Schriftführer der Gesellschaft gelegen hätte.

[19]Hermann Witter an Detlev Ploog, Schreiben vom 30.05.1973, DGPPN-Archiv, Ordner 2A.

Zwischen dem 28. November und dem 4. Dezember 1971 trafen sich 6000 Psychiater aus der ganzen Welt in Mexico-City zum Weltkongress der Psychiatrie.[20] Die Themen der Plenarsitzungen waren vielfältig. Sie behandelten „[d]ie Arbeit der WHO im Bereich der Psychiatrie, Familientherapie, biochemische Korrelate psychischer Störungen, Gebrauch und Mißbrauch psychoaktiver Drogen, die Aggression in psychiatrischer Sicht, Rauschmittelabhängigkeit im Jugendalter, Stellung und Aufgabe des Psychiaters in unserer Zeit, Rehabilitation in der Psychiatrie, Entwicklungstendenzen der Geronto-psychiatrie, Ökologie und Psychiatrie."[21] Beherrschendes Thema der Konferenz war jedoch der Missbrauch psychiatrischer Methoden und Institutionen.[22] Anlass gab die „als staatliches Repressionsinstrument angewandte Praxis der psychiatrischen Etikettierung, Internierung und Zwangsbehandlung von psychisch nicht kranken Regimekritikern in der Sowjetunion".[23]

Schon ab Mitte der 1960er Jahre hatte es immer wieder Berichte über den politischen Missbrauch der Psychiatrie in der UdSSR gegeben, doch war man in westlichen Psychiaterkreisen lange Zeit skeptisch, „inwieweit die Berichte aus der Sowjetunion der Wahrheit entsprachen, zumal führende sowjetische Psychiater (…) internationalen Fachverbänden angehörten und die Vorwürfe kategorisch bestritten".[24] Die Vorwürfe erreichten 1971 jedoch eine neue Qualität und verursachten auch in der Öffentlich-keit erhebliches Aufsehen. Dem Führungsgremium der *World Psychiatric Association* war daher schon frühzeitig bewusst, dass das Thema des politischen Missbrauchs der Psychiatrie die Organisation vor eine innere Zerreißprobe stellen könnte. So wurde unter den damaligen Vorstandsmitgliedern schon ein Jahr vor dem Kongress die Frage diskutiert, ob man sich zu diesen Vorwürfen vorab äußern solle und ob es sinnvoll sei, sich mit einer Bitte an die russischen Behörden zu wenden, um „eine neutrale Experten-kommission zur Untersuchung der fraglichen Dissenter-Fälle zuzulassen". So war bei-spielsweise Walter von Baeyer, einziger deutscher Vertreter im Vorstand der WPA[25],

---

[20]Mittlerweile hatte die WPA 76 nationale Mitgliedsgesellschaften, von der jede das Patronat einer der Veranstaltungen übernahm und einen Ehrenvorsitzenden stellte. Die DGPN hatte den Vorsitz in der zweiten Plenarversammlung. Das Amt übernahm Walter von Baeyer. Da sämtliche Ämter mit Ausnahme des Generalsekretärs und des Schatzmeisters neu besetzt wurden, war der bisherige Vertreter der DGPN in den erweiterten Vorstand aufgerückt. In diesem war nun auch Ehrhardt vertreten. Etwa 90 Teilnehmer kamen aus der Bundesrepublik. Vgl. die Mitteilungen des Aus-schusses zur Pflege internationaler Beziehungen, in: Der Nervenarzt 4 (1970), S. 208, Der Nerven-arzt 11 (1970), S. 575 f., Der Nervenarzt 3 (1971), S. 167 f.; Ehrhardt, Der Fünfte Weltkongreß für Psychiatrie in Mexico, DGPPN-Archiv, Ordner 1 H.

[21]Ehrhardt, Der Fünfte Weltkongreß für Psychiatrie in Mexico, DGPPN-Archiv, Ordner 1 H.

[22]Vgl. Süß, Politisch mißbraucht? [1]1998, S. 28.

[23]Ebd., S. 18. Süß beschreibt sowohl den Tatbestand als auch die Reaktionen. Vgl. ebd., S. 18–32. Zum Folgenden vgl. van Voren, Abuse of Psychiatry 2010.

[24]Süß, Politisch mißbraucht? [1]1998, S. 27.

[25]Walter von Baeyer amtierte zwischen 1966 und 1971 als Vizepräsident der WPA. Vgl. World Psychiatric Association: The Executive Committee of the World Psychiatric Association, Ende

davon überzeugt, dass die Vorwürfe auf Tatsachen und nicht auf Fälschungen beruhten, doch hielt er solche Vorfälle für Ausnahmen, nicht aber für ein strukturelles Problem. Zudem glaubte er, dass gerade ein deutscher Psychiater diese Punkte nicht öffentlich anklagen oder untersuchen sollte.[26] Im Einvernehmen mit dem WPA-Generalsekretär Denis Leigh[27] wollte er zunächst inoffiziell mit Vertretern der russischen Psychiatrie in Kontakt treten. Einen Monat vor der Kongresseröffnung schrieb er an Leigh:

„In der Dissenterfrage stimme ich Ihnen im Prinzip zu: Es muss zuerst mit den russischen Kollegen gesprochen werden, ehe wir als internationale Vereinigung offiziell Stellung nehmen. Allerdings ist zu bedenken, dass die russische Psychiatrie ja keineswegs als Ganze beschuldigt wird, sondern nur diese oder jene Unterkommission, die sich der Regierung gegenüber allzu willfährig zeigte. (…) Ich glaube, wir müssen von vornherein klar stellen, dass es nicht um die russische Psychiatrie geht, sondern um einzelne Fälle, für deren falsche Beurteilung man nie und nimmer die grosse Mehrzahl der ethisch einwandfreien Kollegen verantwortlich machen kann."[28]

Doch selbst wenn es sich nur um Einzelfälle handeln sollte, war klar – das macht die Antwort von Denis Leigh deutlich –, dass die erst auf dem vorangegangenen Weltkongress gegründete WPA zwischen die Fronten des Kalten Krieges geraten war:

„Bestimmt wird uns dieses Problem noch einiges Kopfzerbrechen bereiten, und vielleicht müssen wir sogar den Zusammenbruch all der so geduldig und mit viel Mühe aufgebauten Beziehungen zu den sozialistischen Staaten in Kauf nehmen. Was uns unsere russischen Kollegen wohl am meisten ankreiden, ist, dass sie bis anhin keine Möglichkeit gehabt haben, sich zu den gegen sie angeführten Protesten äussern zu können. Es gehen Briefe von Leuten ein, die auf Wunsch der Amnesty International Klage einreichen, und ich bin überzeugt, dass diese Leute keine der Veröffentlichungen je zu Auge bekommen haben. Anzuklagen, ohne dem andern die Möglichkeit zur Verteidigung zu geben ist sicher im

---

1977, in: DGPPN-Archiv, Ordner 1 L. Im beratenden Beirat der WPA war mit Helmut Ehrhardt auch ein Psychiater aus der Führungsriege der DGPN vertreten. Zudem bestanden thematische Sektionen in der WPA. Sie wurden anfangs vor allem durch Psychiater aus den USA und Großbritannien geprägt. Hubert Harbauer (1919–1980) war aber Mitglied der Sektion Kinder- und Jugendpsychiatrie und Helmut Ehrhardt Mitglied der Sektion Forensische Psychiatrie. Die Sektion *Transcultural Psychiatry* wurde zunächst sogar von Jürg Zutt geleitet, der das Amt jedoch noch im Laufe der Wahlperiode an den bisherigen Vize-Vorsitzenden der Sektion, Walter von Baeyer, abgab. Vgl. Zutt an López Ibor, Schreiben vom 04.11.1968, UA Heidelberg Rep 63–109; Witter an von Baeyer, Schreiben vom 25.02.1970, UA Heidelberg Rep 63/111. Zur Gründungsgeschichte der Sektion Transkulturelle Psychiatrie vgl. UA Rep 63–110.

[26]Vgl. Walter v. Baeyer an Denis Leigh, Schreiben vom 27.10.1970, UA Heidelberg Rep 63–115, Zitat ebd.

[27]Denis Leigh war Nachfolger von Henri Ey als Generalsekretär der WPA (1966–1977). Vgl. World Psychiatric Association: The Executive Committee of the World Psychiatric Association, Ende 1977, in: DGPPN-Archiv, Ordner 1 L.

[28]Walter v. Baeyer an Leigh, Schreiben vom 10.11.1970, UA Heidelberg Rep 63–115.

Widerspruch zu britischer Ideologie. (…) Die Lösung dieser Dissenter-Frage ist sicher eine interessante und heikle Aufgabe, die viel Ueberlegung und taktvolle, unparteiische Verhandlungen erfordert."[29]

Von Anfang war dem Führungsgremium der WPA bewusst, dass man mit größter Zurückhaltung agieren müsse.[30] Der Versuch, behutsam vorzugehen, hatte auch mit eigenen Problemen zu tun. Interessanterweise war es nicht von Baeyer, der mit Blick auf die deutsche Vergangenheit so argumentierte, sondern Leigh, der betonte, „sollte sich z. B. England in einer ähnlichen Lage befinden wie Russland – zweifelsohne kommen auch hier Misshandlungen auf dem Gebiet der Psychiatrie vor – so hätte ich das Gefühl, dass diese Angelegenheit mit den englischen Psychiatern direkt ausgefochten werden sollte".[31]

Die Frage der „psychiatrische[n] Sonderbehandlung" kritischer Intellektueller in der UdSSR führte „während des ganzen Kongresses [zu] zeitraubenden und kontroversen Diskussionen". Umstritten war vor allem, ob der Weltverband überhaupt berechtigt sei, eine Stellungnahme abzugeben. Mit dem Verweis darauf, die WPA sei als Dachorganisation der nationalen Gesellschaften der Psychiater eine wissenschaftliche und keine politische Institution, wurde eine mögliche Stellungnahme schließlich von deutscher Seite abgelehnt. Die Struktur der WPA erfordere, so Helmut Ehrhardt in seinem Kongressbericht, „die Anerkennung unterschiedlicher politischer, ökonomischer und gesellschaftlicher Systeme als Realität, unabhängig von der persönlichen Überzeugung". Der Verband habe „weder die rechtliche Kompetenz noch eine reale Möglichkeit, tatsächliche oder vermeintliche Fälle des Mißbrauchs psychiatrischer Methoden und Institutionen für ideologisch-politische Zwecke in concreto zu überprüfen und dazu Stellung zu nehmen".[32] Mit dieser Haltung war Ehrhardt im Weltverband keineswegs allein. Der Vorschlag Leighs, „in Zusammenarbeit mit anderen internationalen Organisationen eine ethische Kommission [zu] gründen, die die Aufgabe hat, eine Urkunde ethischer Richtlinien für Psychiatrie zu verfassen"[33] fand auf dem Weltkongress keine Mehrheit. Ein *Committee on Ethics* wurde vorerst nicht etabliert.[34]

---

[29]Denis Leigh an Walter v. Baeyer, Schreiben vom 03.11.1971, UA Heidelberg Rep 63–115.

[30]Vgl. Juan José López Ibor an Walter v. Baeyer, Schreiben vom 23.10.1971, UA Heidelberg Rep 63–115.

[31]Denis Leigh an Walter v. Baeyer, Schreiben vom 03.11.1971, UA Heidelberg Rep 63–115.

[32]Ehrhardt, Der Fünfte Weltkongreß für Psychiatrie in Mexico, DGPPN-Archiv, Ordner 1H.

[33]Denis Leigh an Walter v. Baeyer, Schreiben vom 03.11.1971, UA Heidelberg Rep 63–115.

[34]Dass geschah erst 1973. Allgemeinverbindliche Ethik-Standards für die Psychiatrie wurden schließlich im August 1977 auf dem Weltkongress der WPA in Honolulu verabschiedet. Ausgangspunkt war eine Diskussion über den fortgesetzten Psychiatriemissbrauch in der Sowjetunion. Mit einer sehr knappen Mehrheit von 90 zu 88 Stimmen verabschiedete der Weltkongress dann auch eine Resolution gegen den politischen Missbrauch der Psychiatrie, in dem der systematische Missbrauch in der Sowjetunion explizit benannt wurde. Vgl. UA Heidelberg Rep 63–113 und Rep 63–114.

Auf dem Weltkongress anwesend war auch eine Delegation aus der DDR. Sie sollte dort noch eine wichtige Rolle spielen, denn die DDR-Delegierten verteidigten die Vertreter der UdSSR gegen die vorgebrachten Missbrauchsvorwürfe.[35] Diese Delegation wurde geleitet vom Psychiater Karl Seidel.[36] Delegationssekretär und zugleich einziger weiterer Delegierter war Heinz A.F. Schulze.[37] Die Reise stand unter der Schirmherrschaft des *Generalsekretariats der Medizinisch-wissenschaftlichen Gesellschaften der DDR* und sollte ursprünglich von Dietfried Müller-Hegemann angeführt werden, der zu diesem Zeitpunkt aber bereits „republikflüchtig" geworden war.[38]

Der Kongressbericht Karl Seidels lohnt eines genaueren Blickes.[39] Der wissenschaftliche Teil des Berichts behandelte zunächst die Sozialpsychiatrie US-amerikanischer Prägung und verteidigte demgegenüber die biologischen Ansätze in der Psychiatrie. Von den über 1200 Vorträgen, so Seidel, seien zwischen einem Sechstel und einem Fünftel von US-Amerikanern gehalten worden. Überhaupt seien die 6000 Teilnehmer sehr ungleichmäßig auf die dem Weltverband angehörigen nationalen Gesellschaften verteilt gewesen. Rund 2500 seien aus den USA gekommen, 150 aus der Bundesrepublik Deutschland. Es seien auffallend viele Inder anwesend gewesen, aus den sozialistischen Staaten aber nur kleine Delegationen: Die UdSSR mit 15 Teilnehmern, die DDR und die Sozialistischen Republik Rumänien mit jeweils zwei, die Volksrepublik Polen und die ČSSR sogar mit jeweils nur einem Vertreter. In starkem Maße hätten sich daher auf dem Weltkongress die „im einzelnen heterogenen Auffassungen der US-amerikanischen Psychiatrie mit vielen Schattierungen psychoanalytischer, behavioristischer und interaktionalistischer Ausgangspositionen" gezeigt. Unverkennbar sei dabei, so Seidel, die „Überbetonung des Sozialen in der Pathogenese psychischer Krankheiten" gewesen. Auch sei eine Tendenz zu vermerken, die „so verstandene und ausgedehnte Sozialpsychiatrie in einer ‚Therapie

---

[35]Vgl. Süß, Politisch mißbraucht? [2]1998, S. 589 f.

[36]Vgl. ebd. [2]1998, S. 584. Zur DDR im Weltverband für Psychiatrie vgl. ebd., S. 583–671.

[37]Er hielt auch als einziger der Delegation einen Vortrag auf dem Kongress. Dieser verlief, so Seidel, erfolgreich und wurde mit guter Resonanz aufgenommen. Thema des Vortrags war die psychiatrische Fachausbildung in der DDR. Diese könne, so Seidel, international als vorbildlich gelten.

[38]Vgl. Süß, Politisch mißbraucht? [2]1998, S. 585. Müller-Hegemann war nichtsdestotrotz mit seiner Ehefrau auf dem Kongress anwesend. Beide, so Seidel, seien aber den DDR-Delegierten ausgewichen. Gleiches träfe auf das Ehepaar Jus, ehemals Warschau, zu. Müller-Hegemann habe den noch aus der DDR eingereichten Vortrag gehalten und habe darin über Untersuchungen in dem früher von ihm geleiteten Krankenhaus in Berlin berichtet. Er sei unter der Ortsbezeichnung Philadelphia aufgetreten. Vgl. Seidel, Bericht über den V. Weltkongreß für Psychiatrie, Mexiko City, 28.11.–04.12.1971, BA Berlin DQ/1/3444. In seinem IM-Bericht bezeichnete Seidel Müller-Hegemann als „Verräter" und unterstellte ihm, das Gesundheitswesen der DDR verunglimpft zu haben und „Stimmung zu machen". Vgl. Süß, Politisch mißbraucht? [2]1998, S. 587.

[39]Seidel, Bericht über den V. Weltkongreß für Psychiatrie, Mexiko City, 28.11.–04.12.1971, BA Berlin DQ/1/3444.

der Gesellschaft' münden" zu lassen. Dabei sei freilich „in keiner Weise auf die tatsächlichen Wurzeln sozialer Beeinträchtigung" – also deren ökonomischer Grundlage – in den USA eingegangen worden. Ganz anders hätten die Psychiater aus der
Sowjetunion argumentiert. In seinem Vortrag über die „Rolle des Psychiaters heute"
habe Andrei Sneschnewski (1904–1987)[40] in „ausgewogener Weise" betont, „es
komme heute darauf an, die Korrelation biologischer und sozialer Faktoren in der
Ätiologie psychischer Erkrankungen aufzuklären". Dazu gehörten neben der Patho-
physiologie der höheren Nerventätigkeit, die Molekularbiologie, die Biochemie und
der Einfluss psychogenetischer und sozialer Faktoren. Ohne direkt darauf einzugehen und auch ohne auffällige ideologische Referenzen zeichnete Seidel mit seinen
kurzen Charakterisierungen das Bild einer fortschrittlichen und modernen sowjetischen
Nervenheilkunde auf der einen Seite und einer mehrheitlich fehlgeleiteten US-
amerikanischen Psychiatrie auf der anderen Seite.[41] Insgesamt, so Seidel, hätten
die Vorträge in ihrer Gesamtheit nur in Einzelfragen Neues ergeben. Das allgemeine
Niveau sei bloß durchschnittlich gewesen. Ein neuer allgemeiner Forschungstrend
sei gegenwärtig nicht auszumachen. Das „starke Überwiegen sogenannter sozialpsychiatrischer Aktivitäten" und epidemiologischer Betrachtungen dürfe nicht als
Richtungswechsel missverstanden werden. Vergleiche man die Psychiatrie der DDR
mit dem auf dem Weltkongress erkennbaren Niveau, so sei im Allgemeinen kein auf-
fallender Rückstand festzustellen. Eine wichtige Ausnahme bilde aber die Erforschung
der biologischen Ursachen psychischer Erkrankungen. Hier seien unter anderem aus
den USA, aus Japan, Schweden, England aber auch aus „Westdeutschland" Ergebnisse
mitgeteilt worden, die auf eine Verzögerung der Entwicklung in der DDR von etwa
zehn bis zwölf Jahren hinwiesen.

So viel zunächst aus dem wissenschaftlichen Teil des Berichts. Die Delegations-
berichte der Reisekader umfassten aber auch immer einen politischen Teil. Dort zeigte
sich, wie wichtig der DDR um 1970 internationale Anerkennung war und wie stark
die Wissenschaftler in die Außenrepräsentation der DDR einbezogen wurden. Zudem
hält dieser Teil von Seidels Bericht für das hier im Vordergrund stehende Thema, den
Mißbrauch der Psychiatrie in der Sowjetunion, ein paar interessante Einzelheiten bereit,

---

[40]Andrei V. Sneschnewski war Direktor des Psychiatrischen Forschungsinstituts in Moskau und
Mitglied der Akademie der Medizinischen Wissenschaften der UdSSR. Er gilt als Exponent der
Moskauer Schule, die sich während der Entstalinisierung als führend durchsetzte. Sneschnewski
stellte mit seiner Diagnose „schleichende Schizophrenie" ein politisches Unterdrückungs-
instrument zur Verfügung. In ihr wurden von der Parteilinie abweichende politische Ansichten zu
einem psychiatrischen Krankheitsbild umgedeutet. So konnten Regimekritiker ohne Strafprozess
interniert und mit Psychopharmaka ruhiggestellt werden. Vgl. Süß, Rückschau 2018, S. 112.

[41]Unterschied zu den Äußerungen der 1950er Jahre ist, dass Freud hier nicht mehr als zentrales
Feindbild genutzt wurde. Die Kritik an der Psychiatrie in den USA verengte sich vielmehr auf
die dortige Sozialpsychiatrie. Zugleich wurde die sowjetische Psychiatrie längst nicht mehr allein
mit dem Pawlowismus identifiziert.

die sich aus den Quellen der bundesrepublikanischen Teilnehmer nicht herausfiltern lassen.

Zunächst war laut Seidel alles gut abgelaufen. Man sei vor Antritt der Reise ausführlich vom Direktor des *Generalsekretariats der Medizinisch-Wissenschaftlichen Gesellschaften der DDR* beraten worden, die Einreiseformalitäten seien „ausgesprochen wohlwollend" verlaufen und man sei am Flughafen in Mexiko freundlich vom amtierenden Leiter der DDR-Handelsvertretung empfangen worden. Auch die Anmeldung auf dem Kongress sei reibungslos verlaufen, insbesondere habe auch der Austausch des ursprünglich angemeldeten Tagungsteilnehmers Müller-Hegemann durch Seidel keine Probleme bereitet. Die beiden DDR-Delegierten wurden von der Kongressleitung jeweils zu Vorsitzenden von halbtägigen Sitzungen eingesetzt, wobei auch die Ankündigung als Vertreter der DDR korrekt erfolgt sei. Gleiches sei auch über den Vortrag Schulzes zu berichten, dessen Manuskript im Kongressband ebenfalls mit der korrekten Staatsbezeichnung abgedruckt worden sei. Es konnte also festgestellt werden, „daß die Eigenständigkeit der DDR-Delegation von der Kongreßleitung, aber auch von westdeutschen Teilnehmern voll respektiert wurde". Auch hätten Delegierte aus Indien, Japan, einzelnen südamerikanischen Staaten und auch aus den USA Kontakt zu den Delegierten aus der DDR gesucht. Dabei hätten nicht nur fachliche, sondern auch politische Themen eine Rolle gespielt. Die Gesprächspartner hätten signalisiert, dass der DDR in der UNO, ihren nachgeordneten Organisationen und insbesondere der WHO eine gleichberechtigte Mitgliedschaft zustehe. Und auch die Generalversammlung der WPA, an der Heinz A. F. Schulze für die DDR teilgenommen hatte, habe beschlossen, dass die sozialistischen Länder in den Gremien der WPA stärker vertreten sein sollten.[42]

Insgesamt war Seidel mit dem Verlauf des Weltkongresses außerordentlich zufrieden. Nach der Rückkehr aus Mexiko sah er sich dennoch veranlasst, sofort zu Lothar Rohland, dem Generalsekretär der *Medizinisch-wissenschaftlichen Gesellschaften der DDR*, zu eilen. Denn, so suggeriert der Bericht Seidels, gänzlich unerwartet sei es auf

---

[42]Neben der Bundesrepublik Deutschland war nun auch die DDR im Komitee vertreten. Hierfür wurde Ehrig Lange vorgeschlagen und schließlich auch ohne weitere Diskussionen gewählt. Das war eine pikante Wahl. Lange war selbst gar nicht anwesend und nur aufgrund seines guten Rufs im „Westen" vorgeschlagen worden. Der Delegierte der DDR konnte gegen das CDU-Mitglied Lange nichts einwenden, weil dieser als anerkannter Fachmann galt. Vgl. Seidel, Bericht über den V. Weltkongreß für Psychiatrie, Mexiko City, 28.11.–04.12.1971, BA Berlin DQ/1/3444. Lange wurde für den nächsten Weltkongress 1977 in Honolulu nicht als Delegierter nominiert. Man wollte zuverlässigere Kader vor Ort wissen. Vgl. Balz/Klöppel, Wendung nach Innen 2015, S. 555; Süß, Politisch mißbraucht? [2]1998, S. 587 f. Als assoziierter Sekretär wurde zudem Marat Enochowitsch Wartanjan aus der UdSSR in das Exekutivkomitee gewählt. Dieser war Direktor des Forschungsinstitutes für psychische Gesundheit der UdSSR in Moskau. Laut Sonja Süß, war er der „Hauptkonkurrent G. W. Morosows im Führungsanspruch über die sowjetische Psychiatrie und ein ausgesprochener Apologet des sowjetischen Psychiatriemißbrauchs". Zwischen 1977 und 1983 war Wartanjan Mitglied des Ethik-Komitees des Weltverbandes. Vgl. Süß, Politisch mißbraucht? [2]1998, S. 27.

der Generalversammlung um den Vorwurf des politischen Missbrauchs der Psychiatrie in der UdSSR gegangen. Zunächst habe der Generalsekretär der WPA berichtet, dass beim Weltverband Anschuldigungen gegenüber der *Allunionsgesellschaft für Psychiatrie der UdSSR* vorlägen, die der „sowjetischen Gesellschaft die Duldung eines Mißbrauchs der Psychiatrie" vorwarfen. Eine Konsultation mit Andrei Sneschnewski habe, so der Generalsekretär, zwar zu einer befriedigenden Klärung geführt, das Komitee und das Exekutivkomitee der WPA verträten jedoch die Meinung, dass man die Angelegenheit in der Generalversammlung diskutieren solle. Dies sei zwar in den Statuten nicht vorgesehen, da nur Zuschriften von Einzelpersonen vorlägen und keine nationale Gesellschaft offiziell Klage führe. Da man jedoch damit rechne, dass dies bald geschehe, wolle man der Generalversammlung die Bildung eines „Ethischen Komitees" vorschlagen, dass sich dann mit derlei Angelegenheiten befassen solle.

Daraufhin, folgt man dem Bericht von Karl Seidel, hätten sich der Delegierte der ČSSR (Venzowski) und der Delegierte der DDR (Schulze) verständigt, eine gemeinsame Erklärung abzugeben. Darin wiesen sie die Anschuldigungen gegen die sowjetischen Kollegen zurück und lehnten auch die Bildung eines Ethikkomitees ab. Als Begründung führten sie an, dass die Delegierten der Sowjetunion nicht anwesend seien und man daher jede weitere Diskussion als Diffamierung ansehen müsse. Schließlich drohten die beiden sogar unverhohlen mit dem geschlossenen Austritt der sozialistischen Länder aus dem Weltverband. Zumindest aus den deutschen Akten ist nicht mehr einwandfrei zu rekonstruieren, warum die Vertreter der Sowjetunion nicht anwesend waren. Der Bericht von Karl Seidel legt einen Zufall oder sogar ein Komplott nahe. Er verweist nämlich darauf, dass die Delegationen Eintrittskarten für eine parallel stattfindende Ballettvorführung erhalten hätten, und daher sämtliche Vertreter der sozialistischen Länder, mit Ausnahme der DDR, der ČSSR und Kubas, auf der Nachmittagssitzung der Vollversammlung fehlten.[43] Zumindest Zweifel an dieser Interpretation sind angebracht. Denn im Bericht betonte Seidel ja auch, dass WPA-Vertreter vor der Sitzung bereits das Gespräch mit sowjetischen Vertretern gesucht hatten. Auch hatte der Briefwechsel zwischen Denis Leigh und Walter von Baeyer schon festgestellt, dass der WPA-Vorstand die Vertreter der Sowjetunion zunächst anhören wollte, gerade weil man einen Eklat und eine Zerreißprobe für die WPA zu vermeiden suchte. Es ist daher eher von einem absichtlichen Fernbleiben der anderen Delegationen der sozialistischen Länder auszugehen. Aufgabe des DDR-Vertreters wäre es in dieser Lesart gewesen, die Beschlussfassung ohne eine direkte Konfrontation zu verhindern, indem er die Einbeziehung der Beschuldigten in die Abstimmung forderte und damit letztlich das Thema auf den nächsten Weltkongress verschob.[44]

---

[43]Auch die DDR-Delegation hatte Ballettkarten erhalten. Vgl. Sonja Süß, Politisch mißbraucht? ²1998, S. 589.

[44]Bei diesem war die Auseinandersetzung dann bereits in ein neues qualitatives Stadium übergegangen. Hierzu vgl. Süß, Politisch mißbraucht? ²1998, S. 592-671.

Ganz so schnell ließ sich die Diskussion über die Gründung eines Ethik-Komitees in der Generalversammlung der WPA aber nicht abwürgen. Helmut Ehrhardt[45] als Vertreter der Bundesrepublik und der Mexikaner Guido Belsasso als Vertreter der Gastgeber unternahmen den Versuch, „in vermittelndem Ton" darzulegen, dass die Komitee-Gründung sich nicht einseitig gegen die sowjetische Mitgliedsgesellschaft richte, sondern dass ganz allgemein eine Möglichkeit geschaffen werden solle, „derartige Fragen zu klären und gegebenenfalls auch angegriffene Länder in Schutz zu nehmen". Dieses Argument fruchtete jedoch nicht. Weiterhin hielten die Vertreter der ČSSR und der DDR ihre Ablehnung aufrecht, zunehmend auch unterstützt durch die Vertreter Kubas, Indiens, Brasiliens, Argentiniens und Nikaraguas. Daraufhin ließ das Präsidium den Tagesordnungspunkt fallen, wollte stattdessen aber eine Resolution in der Generalversammlung zur Abstimmung bringen.[46] Diese hätte den folgenden Wortlaut gehabt:

> „Der Weltverband für Psychiatrie weist warnend auf den schwerwiegenden Schaden hin, den die politisch-ideologisch getragenen ‚antipsychiatrischen' Hetzkampagnen stiften, in denen die Psychiatrie die Rolle eines gesellschaftlichen Repressionsmittels spielt, – was tatsächlich niemals ihre Aufgabe ist. Der Weltverband für Psychiatrie versichert, daß die Psychiatrie nichts anderes ist und nichts anderes sein kann, als ein wichtiger Zweig der Medizin, der der Vorbeugung und Behandlung von psychischen <u>Krankheiten</u> dient. Der Weltverband empfiehlt allen seinen angeschlossenen psychiatrischen Gesellschaften, ihren Mitgliedern, die öffentliche Meinung und die Regierung ihres Landes auf den ausgesprochen medizinischen Charakter und den ausschließlich therapeutischen Gebrauch der psychiatrischen Institutionen aufmerksam zu machen. Der Weltverband für Psychiatrie verurteilt jede politische Ausnutzung der Begriffe, Methoden und Institutionen der psychiatrischen Medizin, die einzig und allein für die psychischen Krankheiten da ist."[47]

Die vorgelegte Resolution fand aber keine Unterstützung. Vielmehr forderten die Vertreter der obengenannten Länder durch Zurufe und Diskussionsbemerkungen das Präsidium auf, die Sitzung abzubrechen. Dabei wurden sie, so behauptet es Seidel, schließlich sogar durch Vertreter der USA unterstützt. Zu diesem Zeitpunkt, so Seidel, „herrschte eine etwas turbulente Stimmung und im Präsidium eine gewisse Verwirrung, wonach vom Generalsekretär bekannt gegeben wurde, daß die Diskussion abgebrochen werde".[48]

Am nächsten Tag informierten Schulze und Venzowski den sowjetischen Delegationsleiter über den Verlauf des Vortags. Dieser bedankte sich offiziell bei den beiden im Namen der ganzen sowjetischen Delegation für den „äußerst wichtig[en]" und als erfreulich betrachteten Erfolg. Dennoch gab es Gegenwind: Die Handelsvertretung der DDR

---

[45]Sein Tagungsbericht abgedruckt in: Ehrhardt, Der fünfte Weltkongreß für Psychiatrie in Mexiko 1972.

[46]Zitate aus dem Bericht Seidels.

[47]Ebd. Hervorhebung im Original.

[48]Ebd.

in Mexiko musste die Delegationsteilnehmer davon unterrichten, dass eine „heftige
Pressekampagne" angelaufen sei, in der auch „von einer organisierten kommunistischen
Aktion" die Rede war, die das Vorhaben, die möglichen Missstände aufzuklären, hinter-
trieben habe.[49]

Als unmittelbare Folge der Debatten auf dem Weltkongress beschäftigte das Thema
des Missbrauchs der Psychiatrie auch die DGPN. Der Vorstand beschloss sogleich
in seiner nächsten Sitzung eine offizielle Stellungnahme, in der er sich der Linie der
WPA anschloss. Helmut Ehrhardt hatte zuvor im Vorstand berichtet, dass es trotz der
Bemühungen von *Amnesty International* auf dem Internationalen Psychiaterkongress
in Mexiko aus „Rücksicht auf die Vertreter der Ostblock-Staaten" nicht zu einer
Entschließung gekommen sei.[50] Mit nachfolgender Resolution verfolgte der DGPN-
Vorstand dem eigenen Bekunden nach das Ziel, nicht nur zu den Vorkommnissen auf
dem Weltkongress Stellung zu beziehen, sondern zugleich einer generellen psychiatrie-
kritischen Haltung in der Bundesrepublik entgegenzutreten und „im Hinblick auf frühere
Erfahrungen im eigenen Land" zu sprechen.[51] Die Stellungnahme umfasste vier Punkte.
In ihnen wurde festgehalten, dass „jeder Mißbrauch psychiatrischer Methoden und
Institutionen zu ideologisch-politischen Zwecken" den „Regeln der Ethik des ärztlichen
Berufes wie den Prinzipien einer allgemein-verbindlichen Sozial-Ethik" widerspreche.
Dass die DGPN als eine ausschließlich „ärztliche und wissenschaftliche Organisation"
lediglich fachspezifische Aufgaben erfülle und sich ihr politisches Engagement auf die
„fachliche Beratung und eine Beeinflussung der Gesundheits- und Sozialpolitik mit dem
Ziel einer Verbesserung der Hilfe für psychisch Kranke und im Sinne der Förderung
von Psychiatrie und Psychohygiene" beschränke. Dass daher die DGPN tatsächliche
oder vermeintliche Fälle des Mißbrauchs psychiatrischer Methoden und Institutionen
für ideologisch-politische Zwecke in anderen Ländern nicht überprüfen könne und
dazu auch keine Stellungnahmen abgebe. Und dass ihre Gremien „die publizistische
Verwertung tatsächlicher oder vermeintlicher Fälle des Mißbrauchs psychiatrischer
Methoden und Institutionen zu ideologisch-politischen Zwecken im Sinne einer Auf-
hetzung der öffentlichen Meinung gegen die Psychiatrie ganz allgemein" als unver-
antwortlich ansähen und verurteilten. „Die Notwendigkeit einer Verbesserung der Hilfe
für den psychisch Kranken, Behinderten und Gefährdeten in vielen Ländern verlang[e]

---

[49]In der gleichen Akte des Bundesarchivs finden sich auch Übersetzungen der Presseberichte.
In einem Interview der Zeitung Excelsior mit dem sowjetischen Delegationsleiter ordnete dieser
die Vorkommnisse am 01.12.1971 wie folgt ein: „Das ist ein Manöver des ‚Kalten Krieges', von
Experten lanciert. Das begann, nicht durch Zufall, während der Vorbereitungsperiode zu diesem
Kongreß und seit der Übersetzung des Buches ‚Wer ist verrückt' von Medvedev ins Englische.
[50]Protokoll der Vorstandssitzung der DGPN am 21.01.1972, DGPPN-Archiv, Ordner 1 F.
[51]Ehrhardt, Zum Mißbrauch psychiatrischer Methoden und Institutionen, DGPPN-Archiv, Ordner
1 H, abgedruckt in: Ehrhardt, Zum Mißbrauch psychiatrischer Methoden und Institutionen 1972.

eine sachliche Aufklärung der Öffentlichkeit und eine breite Unterstützung durch die publizistischen Organe der Meinungsbildung".[52]

Mit dieser Stellungnahme machte die DGPN klar, dass sie sich zu den Vorwürfen im Einzelnen nicht äußern werde und die Verwertung derselben durch eine kritische Öffentlichkeit als Bedrohung für das Ansehen des eigenen Berufsstandes begriff. Der Kontrast zum Text der nicht verabschiedeten WPA-Resolution fällt auf. Die WPA wollte den Mitgliedsgesellschaften empfehlen, in der Öffentlichkeit und gegenüber den politischen Akteuren aktiv darauf hinzuwirken, dass die Institutionen und Methoden der Psychiatrie ausschließlich zu medizinischen Zwecken genutzt würden. Die DGPN bestätigte zwar einen Normenverstoß, lehnte es aber ab, die von der WPA geforderten Aufgaben zu übernehmen. Die DGPN-Erklärung war eben gerade keine Verpflichtung in diesem Sinne. Wenn auch in beiden Resolutionen die starke antipsychiatrische Stimmung in den westlichen Öffentlichkeiten thematisiert wurde, so geschah dies auf sehr unterschiedliche Weise. Die WPA wehrte sich gegen eine einseitige Darstellung der Psychiatrie als Repressionsinstrument, die DGPN bemängelt die Berichterstattung über vermeintliche und tatsächliche Fälle des Missbrauchs der Psychiatrie. Das ist kein unwesentlicher Unterschied. Denn während sich die WPA nur gegen die radikale „Antipsychiatrie" gewandt hatte, forderte die DGPN sogar eine Zurückhaltung bei der Berichterstattung über tatsächliche Missstände, weil Derartiges Wasser auf die Mühlen der Antipsychiatrie sei. Insbesondere Helmut Ehrhardt verwies in diesem Zusammenhang stets darauf, dass es dabei erhebliche Definitionsprobleme gebe. So berechtigt sein Einwand war, erst einmal zu klären, was missbräuchlicher, was mangelhafter oder fehlender Gebrauch der Psychiatrie sei, so war seinen Stellungnahmen immer auch die Tendenz zur übertriebenen Relativierung zu eigen.[53]

Das Thema des politischen Missbrauchs der Psychiatrie begleitete die Gremien der DGPN ab dem Weltkongress in Mexiko kontinuierlich.[54] Richtig verschärften sich die

---

[52]Ebd., S. 224.

[53]Vgl. Ehrhardt, Nutzen oder Schaden der Psychiatrie, UA Heidelberg Rep 63–108.

[54]Der Tätigkeitsbericht des Vorstandes der DGPN für das Jahr 1973 berichtete über ein Referat von Walter von Baeyer über das Thema des Mißbrauchs psychiatrischer Institutionen und eine anschließende Beratung des Vorstands darüber. Dabei habe man sich auf die Frage konzentriert, ob seitens der DGPN eine Stellungnahme zu dem in Zusammenhang mit den Aufrufen von Sacharow in die Öffentlichkeit gelangten Informationen über die Rolle der Psychiatrie in der Sowjetunion erfolgen solle. Aufgrund von Berichten von Vorstandsmitgliedern, die vom 11. bis 20. Oktober 1973 psychiatrische Einrichtungen in Moskau und Leningrad besichtigt hatten, und in Einvernehmen mit englischen und schweizerischen Kollegen, stellte der Vorstand jedoch fest, dass die Situation nicht eindeutig zu klären sei, jedenfalls nicht in dem Maße, dass sie eine offizielle Stellungnahme der DGPN rechtfertigen würde. Zugleich beschloss der Vorstand aber, das Thema auf dem DGPN-Kongress 1974 in München zu behandeln. So geschah es auch. Der Einladung zum Kongress ist zu entnehmen, dass am 12. Oktober 1974 in einer Vormittags- und einer Nachmittagssitzung „Zur Kritik an der Psychiatrie" gesprochen werden sollte. Eingeladen waren unter anderem Brill (Long Island), von Baeyer (Heidelberg), Heinrich (Düsseldorf), Degkwitz (Freiburg), Kulenkampff (Köln), Finzen (Tübingen). Der Titel der Sitzung und das sonstige Vor-

Auseinandersetzungen ab 1976.[55] Nun kam es zu dramatischen Zuspitzungen, zum Ausschluss der sowjetischen Psychiater aus der WPA, zur Gründung der *Deutschen Vereinigung gegen politischen Missbrauch der Psychiatrie e. V.* (DVpMP), zur Gründung der *International Association on the Political Use of Psychiatry* (IAPUP) und schließlich zu einer DGPN-Kommission zur Überprüfung einzelner Fälle in der Sowjetunion. Diese Entwicklungen liegen nicht im Untersuchungszeitraum und können hier deswegen auch nicht ausführlich geschildert werden. Es ist aber zu bemerken, dass die in den frühen 1970er Jahren bei diesen Diskussionen in Deutschland beteiligten Personen noch 15 Jahre später in die gleichen Positionskämpfe verwickelt waren. So schrieb am 29. Januar 1986 Friedrich Weinberger (*1937), der Vorsitzender der DVpMP, einen langen Brief an Karsten Vilmar (*1930)[56], Präsident der Bundesärztekammer. Anlass war die Verleihung des Friedensnobelpreises an die *International Physicians for the Prevention of Nuclear War* (IPPNW), bei der auch zwei sowjetischen Repräsentanten dieser Assoziation und ihre sowjetische Mitgliedsgruppe ausgezeichnet wurden, denen man Beteiligung am politischen Missbrauch der Psychiatrie vorwarf.[57] Weinberger bemängelte in seinem Schreiben die offizielle Stellungnahme der *Bundesärztekammer,* in der – unter Berufung auf Helmut Ehrhardt – Zweifel an den Anschuldigungen geäußert wurden. Indes hätte der *Deutsche Ärztetag* den Missbrauch der Psychiatrie, als „unübersehbare Tatsache" längst anerkannt und wiederholt verurteilt.

---

gehen des DGPN-Vorstands lässt vermuten, dass hier aber nur am Rande über die Vorfälle in der Sowjetunion debattiert wurde. Der politische Mißbrauch der Psychiatrie wurde unter den größeren Kontext der Kritik an der Psychiatrie subsummiert, worunter auch sozialpsychiatrische und antipsychiatrische Stellungnahmen fielen. Vgl. Spektrum, Dezember 1973, S. 168; Mitteilungen der DGPN, Tätigkeitsbericht des Vorstandes der DGPN für das Jahr 1973, DGPPN-Archiv, Ordner: Protokolle, Listen. Aktuelle Korrespondenz II 1970–1974. Das Reiseprogramm, zwei Reiseberichte sowie Presseberichte enthalten in: DGPPN-Archiv 2 C; Einladung zum Kongress der DGPN 1974, DGPPN-Archiv, Ordner 1 H.

[55]Vgl. van Voren, Cold War in Psychiatry 2010. Vgl. DGPPN-Archiv, Ordner 2 D.

[56]Karsten Vilmar wurde kurze Zeit später für seine apologetischen Aussagen zum Nationalsozialismus öffentlich kritisiert. Anlass war ein von ihm verfasster Artikel im *Deutschen Ärzteblatt* im April 1987. Vgl. Kersting, Anstaltsärzte 1996, S. 341.

[57]Es handelte sich dabei um den Kardiologen Jewgenij Tschasow und den Psychiater Marat Wartanjan. Ersterem wurde als Mitglied des Zentralkomitees der KPdSU direkte Mitverantwortung für den Krieg in Afghanistan und „das Martyrium Professor Sacharows" angelastet, letzterem, „der einer erdrückenden Beweislast zum Trotz über Jahr und Tag den Mißbrauch der Psychiatrie in der UdSSR zur Unterdrückung Andersdenkender in Abrede stellt, direkte Mitverantwortung an eben diesem Mißbrauch". Friedrich Weinberger an Karsten Vilmar, Schreiben vom 29.1.1986, UA Heidelberg Rep 63/130. Zum Fall Sacharow vgl. Süß, MfS-Repressionstaktik 2009; Kemper, Medizin gegen den Kalten Krieg 2016; Andrew/Mitrochin, Schwarzbuch 1999, S. 416–425. Zur Person und zur Kritik an Tschasow vgl. o. A., Dünnes Eis 1985.

„Ähnlich hat dies, den Widerständen der Sowjets und ihrer Helfershelfer (à la Ehrhardt) zum Trotz auch der Weltverband für Psychiatrie getan. (…) Es ist uns unbegreiflich, wie die Bundesärztekammer bei der lange schon schwelenden Auseinandersetzung einen so umstrittenen Mann wie Herrn Prof. Ehrhardt als verläßlichen Informanten akzeptieren konnte. (…) Wie in anderen ethischen Grundsatzfragen ist die Entscheidung fällig: Man kann nicht gegen die ‚Euthanasie‘ sprechen und gleichzeitig Herrn Hackethal[58] hofieren. Ebensowenig kann man den Psychiatrie-Mißbrauch verurteilen und es gleichzeitig mit Herrn Ehrhardt halten.“[59]

Seitdem der Mißbrauch der Psychiatrie Anfang der 1970er Jahre bekannt geworden sei, habe Ehrhardt „keinen Schachzug ausgelassen, die Fakten zu verwischen, ernsthafte Kritik von den Mißbrauchern abzuwenden und jeden Druck abzufedern, der sie bewegen könnte, ihr übles Tun zu lassen“. Deshalb werde Ehrhardt im Weltverband für Psychiatrie und auch in der DGPN „vielfach unterstützt“. Ehrhardt habe sich „quasi als der deutsche Wartanjan erwiesen“ und jahrelang „finten- und erfindungsreich“ mit der Sowjetpsychiatrie sympathisiert und deren Unterdrückungspraxis schöngefärbt.[60]

Das Thema des politischen Missbrauchs, darauf verweist diese Quelle aus dem Jahr 1986, hatte also noch einen langen Nachklang. Es sollte auch die „Wendezeit“ 1989/1990 und den Blick auf die Psychiatrie in der DDR mitprägen.[61] Denn den Psychiatern in der DDR wurde – weil man die dortigen Zustände mit denen in der UdSSR gleichsetzte – vorgeworfen, sie wären in den systematischen politischen Missbrauch der Psychiatrie mit eingebunden gewesen.[62]

---

[58]Julius Hackethal (1921–1997), deutscher Chirurg, der sich zu dieser Zeit öffentlichkeitswirksam für die Sterbehilfe engagierte.

[59]Friedrich Weinberger an Karsten Vilmar, Schreiben vom 29.01.1986, UA Heidelberg Rep 63/130.

[60]Ebd.

[61]Vgl. Fehlemann u. a., 175 Jahre psychiatrische Fachgesellschaften 2017, S. 26 f.

[62]Vgl. Franke, DDR-Psychiatrie und Transformation 2017.

Zwischenfazit: Getrennte und gemeinsame Wege

Spätestens mit dem Kriegsende wurde unter Psychiatern in Deutschland die Einsicht unvermeidbar, dass ihre vormals weltweit tonangebende Wissenschaft zu lange von internationalen Weiterentwicklungen abgeschottet gewesen war und in der Fachöffentlichkeit der Welt erheblich an Reputation verloren hatte. Die deutschen Psychiater bemühten sich in dieser Situation um ausländische Fachliteratur und die Wiederaufnahme der durch den Krieg verhinderten grenzüberschreitenden wissenschaftlichen Kontakte. Sie blickten zunächst durchaus wissbegierig auf die Situation des eigenen Berufsstands im Ausland und interessierten sich für das dortige Verhältnis der Psychowissenschaften zueinander. Einige bereisten auch andere Länder, um sich vor Ort einen Überblick über Neuerungen in der Versorgung und Behandlung psychisch Kranker zu verschaffen und mit ausländischen Fachkollegen Forschungsergebnisse zu diskutieren. Dies stieß aber weder einen Paradigmenwechsel, etwa im Sinne einer Abkehr von der biologischen und einer Hinwendung zur sozialen Psychiatrie oder durch eine gestiegene Wertschätzung für die Psychoanalyse, noch eine Reform der Versorgungsstrukturen oder der Ausbildungsgänge an – nur sehr langsam vermischten sich traditionelle Orientierungen und neue Eindrücke.

In der frühen Bundesrepublik beschränkten die Psychiater ihre Bemühungen um internationale Beziehungen schon bald auf den persönlichen Kontakt zu Wissenschaftlern, deren Forschungsansätze kompatibel mit den eigenen Zugangsweisen zu sein schienen. Sie suchten eher nach einzelnen Kooperationspartnern für eigene Forschungsprojekte, um grundsätzliche Alternativen zum Versorgungsmodell ging es nur in Ausnahmefällen. Für sie stand die Wiederbelebung eigener Fachtraditionen durch die Rückbesinnung auf unbelastet erscheinende Teile der Weimarer Psychiatrie im Vordergrund. Tatsächlich gelang es ihnen so, zuvor verspieltes Ansehen zurückzugewinnen: Ab Mitte der 1950er Jahre waren wieder Gäste aus dem Ausland auf Veranstaltungen in der Bundesrepublik zugegen und wurden westdeutsche Wissenschaftler

S. Dörre, *Zwischen NS-„Euthanasie" und Reformaufbruch*, https://doi.org/10.1007/978-3-662-60878-4_13

zu internationalen Kongressen eingeladen. Doch erst die 1960er Jahre waren durch die Suche nach Reformvorbildern jenseits des deutschen Sprachraums und eine enorme quantitative und qualitative Zunahme des grenzüberschreitenden Wissenstransfers geprägt. Insbesondere wurden nun Reflexionen über die drängenden Gegenwartsprobleme und Zukunftsfragen des Faches mit ausländischen Beispielen angereichert und dadurch plausibilisiert. So entstand für die Reform der Versorgungsstrukturen ein neuartiger Referenzrahmen und Verweisraum. Psychiater aus der Bundesrepublik diente die Entwicklung in Großbritannien als Beleg für die reale Chance, die als bedrückend und stagnierend empfundenen Zustände bei der psychiatrischen Versorgung der eigenen Bevölkerung zu beheben. In den Berichten über die englische Psychiatrie wurde über das Anstaltssyndrom berichtet, von Erfolgen des Open-door-Systems und der Therapeutischen Gemeinschaft geschwärmt, die Wirkungen der Verkleinerung der Versorgungseinrichtungen und der Differenzierung der Krankengruppen beschrieben. Nach dem Startschuss zu einer schnellen und umfassenden Anstaltsreform in den USA, wurden die dortigen Veränderungen immer dann erwähnt, wenn man darauf verweisen wollte, dass die Umsetzung großangelegter Reformvorhaben nicht nur vom guten Willen der Beteiligten, sondern von mutigen politischen Entscheidungen und von weitreichenden finanziellen Zusagen abhingen. Die Berichte aus den Modelleinrichtungen beider Länder etablierten aber keine neuen Vorbilder, sondern erweiterten lediglich den Möglichkeitsraum. Selbst die vollends Begeisterten unter den Autoren fragten skeptisch, ob die andernorts so erfolgreich erprobten gemeinde- und sozialpsychiatrischen Ansätze mit deutschen Patient/-innen, deutschen Pflegekräften und deutschen Ärzten überhaupt umgesetzt werden könnten. Zudem glaubte kaum jemand daran, dass sich auf der politischen Ebene alsbald eine Mehrheit für diese Innovationen erreichen ließe. Die *Deutsche Gesellschaft für Psychiatrie und Nervenheilkunde* war in diesem Rezeptionsprozess kein zentraler Akteur. Sie bemühte sich um die Intensivierung der grenzüberschreitenden Kontakte, aber die international besonders gut vernetzten Psychiater agierten mehrheitlich als Universitätsprofessoren, Klinik- und Anstaltsdirektoren. Erst in der zweiten Hälfte der 1960er Jahre wurden die internationalen Beziehungen in der Fachgesellschaft institutionalisiert bzw. als Tagesordnungspunkte in den Vorstandssitzungen aufgewertet.

Die Situation in der DDR war eine andere. Schon frühzeitig bestanden dort vonseiten der sowjetischen Besatzungsmacht und der SED Pläne, die Gesundheitsversorgung nach dem Modell der Sowjetunion umzugestalten. Anfang der 1950er Jahre wurde das führende Personal an den Universitäten, in den Versorgungseinrichtungen und in den medizinisch-wissenschaftlichen Regionalgesellschaften mit der Pawlow-Kampagne konfrontiert. Mit ihr erreichte der grenzüberschreitende Kontakte innerhalb der Nervenheilkunde des „Ostblocks" schon in den frühen 1950er Jahren ein außergewöhnliches Maß. Doch wichtiger war, dass sich mit ihr die grundsätzliche Bereitschaft der Hochschulpsychiater testen ließ, sich mit den in der Sowjetunion als fortschrittlich geltenden Ideen zu beschäftigen. Ob man in dieser Situation für den Pawlowismus eintrat oder nicht, war vom Lebensalter, von den persönlichen politischen Überzeugungen und

Erfahrungen, der eigenen beruflichen Situation und dem Wissenschaftsverständnis abhängig. Mit weltanschaulichen Positionierungen und in bewusster Vermengung wissenschaftlicher und politischer Ziele traten sowohl der zukünftige Vertreter des *Ministeriums für Gesundheitswesen* im Vorstand der *Gesellschaft für Psychiatrie und Neurologie in der DDR,* als auch deren langjähriger Schriftführer hervor. Sie lobten überschwänglich die medizinische Wissenschaft in der UdSSR und zogen mit Pawlows Lehre gegen die Freud'sche Psychoanalyse zu Felde. Sie forderten einen Paradigmenwechsel in Psychotherapie und Psychiatrie ein und bemängelten den fehlenden Sinn und Nutzen traditioneller Theorie- und Behandlungsansätze. Dass Wissenschaftler wie in diesem Fall bewusst ein neues Paradigma zum Ausbau der eigenen Machtbasis und zur Ressourcenakkumulation nutzten, ist keineswegs ungewöhnlich. Beide waren aber gerade keine in der Psychiatrie schon lange fest etablierten Personen, sondern Psychoanalytiker, die sich zu diesem Zeitpunkt um ihre Hochschulkarriere sorgten. Ihnen ermöglichte es der Pawlowismus, ihre beruflichen Positionen im Überschneidungsbereich zwischen den Sphären Politik und Wissenschaft zu festigen. Es handelte sich jedoch auch bei ihnen keineswegs um Opportunisten, die sich lediglich dem neuen Regime andienten. Sie waren überzeugte Kommunisten und verbanden mit dem Pawlowismus die Möglichkeit, sowohl politisch zu wirken als auch ihre wissenschaftlichen und therapeutische Ziele zu verfolgen. Anders als diese beiden Personen nahm der Großteil der Vorstände der regionalen medizinisch-wissenschaftlichen Gesellschaften für Psychiatrie und Neurologie lediglich vordergründige Anpassungen an das neue Paradigma vor. Selbst auf ihrem Höhepunkt erreichte die Pawlowkampagne so nur eine Minderheit der Nervenärzte in der DDR. In den Fort- und Weiterbildungsveranstaltungen der zu dieser Zeit noch weitgehend selbstständigen und bürgerlich geprägten medizinisch-wissenschaftlichen Gesellschaften spielte der Pawlowismus   allenfalls eine untergeordnete Rolle. Rein politisch motivierte Aussagen waren aus den *Gesellschaften für Psychiatrie und Neurologie* ohnehin nicht zu vernehmen, da ihr Spitzenpersonal dem sozialistischen Projekt überwiegend abwartend, wenn nicht sogar skeptisch und ablehnend gegenüberstand. Dieser Personenkreis verteidigte in den ersten Jahren des neugegründeten Staates ihre traditionelle Berufsauffassung, die ihnen vertrauten Behandlungsformen und die bisherigen Organisationsstrukturen. Begünstigt durch die Furcht der SED vor einer weiteren Ärzteabwanderung und das Ende des Stalinismus blieb der Pawlowismus letztlich nur eine kurze und relativ folgenlose Episode in der Geschichte der Psychiatrie in der DDR. Als „Sowjetisierung" der Psychiatrie kann man sie schon allein aufgrund ihrer geringen Auswirkungen auf die Behandlungspraxis nicht werten. Selbst die scharfe Kritik an den Belegen des Wahrheitsgehalts der psychoanalytischen Therapie und dem Nutzen der psychoanalytischen Behandlungsmethode waren im Vergleich mit der Bundesrepublik nur in der Wortwahl bemerkenswert. Auch die verstärkt biologisch-neurologische Ausrichtung der Psychiatrie ist nicht als direkter oder ausschließlicher Effekt der Pawlowkampagne zu werten.

Auch nachfolgend traten die medizinisch-wissenschaftlichen Gesellschaften für Psychiatrie und Neurologie nicht durch gezielt ideologische Aktionen hervor. Das Beispiel des Sekretärs der *Gesellschaft für Psychiatrie und Neurologie in der DDR,* der sich persönlich gegen die Wiederbewaffnung in der Bundesrepublik engagierte, zeigte dann trotz dessen staatsnahen Äußerungen auch bloß noch einmal die geringe Bedeutung der medizinisch-wissenschaftlichen Gesellschaften bei der ideologischen Einbindung der Ärzteschaft. Inneruniversitär war es auch für ihn selbst bei politischen Anliegen sinnvoller, sich als Klinikleiter zu Wort zu melden. In der Psychiatrie der DDR gab es keine umfassende Ideologisierung der Wissenschaft. Zu diesem Befund passt, dass eine einseitige Ausrichtung des Wissenstransfers nach „Osten" nicht nachgewiesen werden konnte. Selbst jene Kollegen, die in den 1950er und 1960er Jahren die Kontakte zu Fachkollegen im sozialistischen Ausland besonders nachhaltig pflegten, tauschten sich zugleich auch mit Wissenschaftlern aus dem „Westen" aus. Geschickt nutzten sie politische Argumente, um ihre internationalen Vernetzungsstrategien zu verfolgen.

Es ist bereits darauf hingewiesen worden, dass sich die psychiatrisch-nervenheilkundliche Fachgesellschaft in der Bundesrepublik und die medizinisch-wissenschaftliche Gesellschaft für Psychiatrie und Neurologie in der DDR lange Zeit nicht öffentlich zur weltpolitischen Lage äußerten. Der Vorstand der zunächst noch durch bürgerliche Psychiater geprägten *Gesellschaft für Psychiatrie und Neurologie* hielt sich mit politischen Stellungnahmen ohnehin zurück. Zugleich waren die Vorstände beider Organisationen in den ersten beiden Nachkriegsjahrzehnten an guten deutsch-deutschen Beziehungen interessiert. Man kannte sich noch von gemeinsamen Karrierestationen und schätzte sich nicht selten auch persönlich. Paradoxerweise änderte sich dies in der Phase der deutsch-deutschen Entspannungspolitik. Im Konflikt um die Bewertung des politischen Missbrauchs der Psychiatrie in der Sowjetunion gerieten die deutschen Psychiater und ihre Fachgesellschaften mitten in den Kalten Krieg. Der Generationswechsel unter den Hochschulpsychiatern in der DDR, der in der zweiten Hälfte der 1960er Jahre junge SED-Kader ohne direkte persönliche Bindung zu den Psychiatrieprofessoren in der Bundesrepublik zu Ordinarien machte, führte dazu, dass die Vertreter der *Gesellschaft für Psychiatrie und Neurologie* auf dem Weltkongress der Psychiatrie 1971 die politische Linie der DDR verfochten und sich bereitwillig in die ihnen zugedachten außenpolitischen Rollen fügten. In der Bundesrepublik verurteilte der Vorstand der *Deutschen Gesellschaft für Psychiatrie und Nervenheilkunde* die Praktiken in der Sowjetunion und nahm mit Befremden das Agieren der ostdeutschen Fachkollegen zur Kenntnis. Doch selbst in diesem Moment bestand nur ein geringes Interesse daran, das Konfliktpotenzial willentlich zu erhöhen. Diese Zurückhaltung war aber nicht darauf zurückzuführen, dass man das Klima zwischen den Psychiatern beider Staaten nicht verschlechtern wollte. Der Vorstand der DGPN fürchtete zu diesem Zeitpunkt mehr um das öffentliche Image der Psychiatrie im eigenen Land. Er wollte die antipsychiatrische Stimmung nicht noch nähren und verharmloste so zunächst die Vorwürfe gegen die Psychiater in der Sowjetunion.

Eine getrennte Entwicklung der Psychiatrie in der DDR und in der Bundesrepublik hat es zunächst also nicht gegeben. Trotz aller Tendenzen, die beide Staaten
zunehmend in ihre jeweiligen politischen Blöcke integrierten und politisch, kulturell und
wirtschaftlich auf den jeweiligen Blockhegemon ausrichteten, nutzten die Psychiater
die gleiche Fachsprache, kannten sich oftmals aus gemeinsamen Assistenzarztzeiten
und publizierten in denselben Fachorganen. Auf der Klinikebene zeigen sich ohnehin
großen Unterschiede innerhalb der einzelnen Staaten und zugleich ein hoher Deckungs-
grad therapeutischer Ansätze und Methoden zwischen Einrichtungen unterschiedlicher Länder. Auch diesbezüglich hat es an der innerdeutschen Grenze keine national
zugespitzte Blockkonfrontation zwischen zwei unterschiedlichen Psychiatrien –
zwischen einer „sowjetisierten" DDR-Psychiatrie und einer „verwestlichten" Psychiatrie
in der Bundesrepublik – gegeben. Die von Robert van Voren für die Diskussionen um
den Psychiatriemissbrauch in der UdSSR in den 1980er Jahren überzeugend dargelegte
These vom Kalten Krieg in der Psychiatrie lässt sich also nicht schon auf die frühen
1970er Jahre übertragen. Allerdings blieb die Fachentwicklung in der DDR seitens der
Psychiater in der Bundesrepublik zunehmend unkommentiert. Schon frühzeitig zeigte
sich damit bei den Psychiatern die typische Asymmetrie in der Wechselbeziehung
zwischen den beiden deutschen Staaten.

Problemdiagnosen ohne Konsequenzen

14

14.1 Die Zusammenbruchgesellschaft als „Reformfenster"?

Der Bedeutungsgewinn der Psychiatrie nach der Machtübergabe an die National-sozialisten 1933 basierte auf einer engen Bindung an die „Rassenhygiene". Doch die Hoffnungen darauf, eine politisch relevante „Leitwissenschaft" zu werden, erfüllten sich mittelfristig nicht. Die ab 1934 vorgenommenen Zwangssterilisierungen, die 1939 initiierten Patient/-innenmorde sowie die parallel dazu erfolgte Schließung zahlreicher psychiatrischer Heil- und Pflegeanstalten führten zu einer Legitimationskrise.[1] Im Krieg wurden die finanziellen Ressourcen zudem neu verteilt, Personal und Anstalts-räume wurden umgenutzt. Die *Reichsarbeitsgemeinschaft Heil- und Pflegeanstalten* nutzte im Sommer 1943 die *‚Aktion Brandt'*[2] dazu, den in regionaler Verantwortung weiter andauernden Massenmord an Psychiatriepatient/-innen wieder ihrer Kontrolle zu unterwerfen. In dieser Situation verfassten die führenden Psychiater des „Dritten Reiches" eine bemerkenswerte Denkschrift und händigten sie an den *Reichsgesund-heitsführer* Leonardo Conti (1900–1945) sowie Karl Brandt (1904–1948), dem für die zivile und militärische Gesundheitsversorgung zuständigen Generalkommissar, aus. Ihr Memorandum war sowohl eine defensive Reaktion auf die im Krieg veränderte Lage, als auch der Entwurf einer Perspektive für die Nachkriegspsychiatrie.[3]

---

[1]Vgl. Sandner, Zukunftsprojekt 2006, S. 117.

[2]Die Verlagerung von Krankenhaus- und Lazarettbetten in Gebiete, die nicht vom Luftkrieg bedroht waren, verbunden mit dem Versuch, die dortigen Kapazitäten nicht durch Alte, „Sieche" und psychisch Kranke zu blockieren.

[3]Vgl. Hohendorf, Therapieunfähigkeit 2013, S. 290; Schmuhl, „Euthanasie" und Krankenmord 2011, S. 232.

Die Autoren – Ernst Rüdin, Maximinian de Crinis, Carl Schneider, Hans Heinze und Hermann Paul Nitsche – beschrieben zunächst den Wandel der Psychiatrie seit Beginn der 1920er Jahre. Neue Behandlungsmethoden waren eingeführt und neue Aufgaben, insbesondere im Bereich der erbbiologischen Forschung und Praxis, übernommen worden. Dies habe, so die Autoren, die Psychiatrie in eine „im echten Sinne des Wortes ärztlich heilende Disziplin" verwandelt.[4] Doch seit einigen Jahren sei ein erheblicher Ansehensverlust zu beklagen. Die Psychiater würden immer häufiger „als auf verlorenem Posten stehend und als nutzlos hingestellt", ihre Arbeit „entwertet und diskreditiert". In „Laien-Kreisen" werde fatalerweise psychische Krankheit mit erbbiologischer Minderwertigkeit gleichgesetzt. Und selbst bei den Gesundheitsbehörden würden „die naivsten Vorstellungen" über das baldige vollständige „Erlöschen der geistigen Erkrankungen" kursieren. Man irre aber, wenn man davon ausgehe, nach dem Krieg keine Ärzte mehr für die Geisteskranken zu brauchen. Derartige falsche Prognosen schreckten zudem, so die Autoren, junge tüchtige Ärzte ab, eine psychiatrische Fachausbildung zu ergreifen, wo es doch eigentlich darum gehen müsse, die Psychiatrie nicht obsolet, sondern „leistungsfähig" zu machen. Sie werde nämlich von der Staats- und Gesundheitsführung „zur Erreichung ihrer völkischen und gesundheitspolitischen Ziele" auch weiterhin benötigt.[5]

Folglich müssten jetzt die Fachärzte sachgemäß geschult und der Psychiatrie „tüchtige junge Kräfte" zugeführt werden. Denn bedauerlicherweise stimme es, so die Verfasser der Denkschrift selbstkritisch, dass „nicht alle praktischen Psychiater auf der Höhe der von ihnen zu verlangenden Leistungsfähigkeit" stünden, dass sich in den Anstalten die „seelisch tief abgesunkene[n] und verblödete[n] chronisch Kranke[n] häuften", dass die Mehrzahl der Anstalten ungünstig und „fern von Kulturzentren und namentlich von den Stätten wissenschaftlicher Fortbildung" lägen. Je häufiger aber „tüchtige" Fachärzte der Bevölkerung die Erfolge der modernen Arbeits- und Schocktherapien vor Augen führten und je sichtbarer die Behandlungserfolge gerade bei Schwerstkranken seien, „umso williger" werde die Bevölkerung auch auf die erbbiologischen Maßnahmen „eingehen". Die Psychiatrie könne dann zeigen, dass sie „gleichzeitig Heil- und Vorbeugungsarbeit im Großen leiste". Auch die Maßnahmen der „Euthanasie" würden dann „allgemeines Verständnis und Billigung finden", da sichergestellt und bekannt sei, „dass in jedem Fall bei psychischen Erkrankungen alle Möglichkeiten erschöpft werden, um die Kranken zu heilen oder doch so weit zu bessern, dass sie, sei es in ihren Berufen, sei es in einer anderen Form, volkswirtschaftlich wertvoller Beschäftigung zugeführt werden".[6]

---

[4]Zitiert nach: Hohendorf, Therapieunfähigkeit 2013, S. 290.

[5]Denkschrift „Gedanken und Anregungen betr. die künftige Entwicklung der Psychiatrie" 1943, abgedruckt in: Kersting/Schmuhl, Quellen 2004, Zitate S. 622–624.

[6]Ebd.

Wie Hans-Walter Schmuhl schon in den 1980er Jahren gezeigt hat, manifestierte sich im Memorandum von 1943 die für die NS-Psychiatrie paradigmatische „Dialektik von Heilen und Vernichtung". Modernisierung und Massenmord schlossen sich nicht aus, sondern bedingten sich gegenseitig.[7] Mit ihrem Reformprogramm ging es den Autoren, unter denen auch vormalige „T4"-Täter waren, nämlich darum, die Psychiatrie durch die Patient/-innenmorde nicht überflüssig, sondern zukunftsfähig zu machen. Die durch die Tötungen eingesparten Mittel sollten nicht in den Krieg oder in andere Bereiche der Gesundheitsversorgung, sondern in die psychiatrischen Kliniken und Forschungseinrichtungen fließen. Erst die Mordaktionen ermöglichen es, so die in der Denkschrift implizit zum Ausdruck gebrachte Annahme, aus den Heil- und Pflegeanstalten forschungs- und therapieintensive Krankenhäuser zu machen.[8]

Das Memorandum von 1943 sollte jedoch keine Wirkung mehr entfalten. Angesichts des weiteren Kriegsverlaufs blieb es „Vermächtnis [der] nun hinfällig gewordenen Reformarbeit".[9] Nach 1945 knüpfte auch niemand mehr explizit an dieses Schriftstück an. Das hatte wenig mit den in ihr enthaltenden Rechtfertigungen für die Patient/-innenmorde zu tun. Es ist vielmehr fraglich, ob die die Zeit nach 1945 prägenden Psychiater überhaupt von der Existenz dieser Denkschrift Kenntnis hatten. Diese Initiative von 1943 steht hier dennoch nicht ohne Grund am Beginn der Reformgeschichte. Denn auch wenn der von den Autoren angenommene Rahmen bald ein gänzlich anderer sein sollte – statt den „Endsieg" zu feiern, hatte man die totale militärische und moralische Niederlage hinzunehmen –, so erübrigten sich die Forderungen nach einer umfassenden Strukturreform der psychiatrischen Versorgung und nach einer besseren Ausbildung des eigenen Fachnachwuchses nicht. Die 1943 niedergeschriebenen Ideen bildeten das Grundgerüst der Reformbemühungen bis zum Abschlussbericht der Enquete-Kommission 1975 – und darüber hinaus. Sie wurden dafür aber – wie noch zu zeigen sein wird – an entscheidenden Stellen modifiziert.[10]

Die Historikerin Cornelia Brink hat in ihrem Buch über die „Grenzen der Anstalt" eine interessante Frage aufgeworfen: „Warum wurden die psychiatrischen Anstalten nicht geschlossen, als der Zweite Weltkrieg beendet war?" Hatten sie nicht ihre gänzliche Unzulänglichkeit erwiesen, weil sie als Institutionen nicht verhinderten, dass Heil- und Pflegeanstalten zu Mordzentren wurden? Wäre es in der damaligen Situation nicht möglich gewesen, für die Überlebenden gänzlich neue Versorgungsformen zu finden?

---

[7]Vgl. Schmuhl, Rassenhygiene, Nationalsozialismus und Euthanasie 1987. Hendrik van den Bussche hat hingegen in Frage gestellt, ob die neuen Heilungsmethoden nicht vor allem eine Feigenblattfunktion hatten. Da sie nur marginal zur Anwendung gekommen seien, müsse man eher von „Verwahrlosen und Vernichten" sprechen. Vgl. van den Bussche, Personalprobleme, Disziplinkrise und Selbstdeprofessionalisierung 2015, S. 163.

[8]Vgl. Sandner, Zukunftsprojekt 2006, S. 128–130.

[9]Götz Aly, zitiert nach: Sandner, Zukunftsprojekt 2006, S. 138 f.

[10]Vgl. Schmuhl, Reformpsychiatrie und Massenmord ²1994; Hohendorf, Therapieunfähigkeit 2013, S. 291.

„Wie niemals zuvor", so Brink, hätten die Verantwortlichen in diesem historischen Moment, „das Anstaltsmodell mit geringem Aufwand" aufgeben können.[11] Doch das war für die Zeitgenossen offensichtlich keine Option. Die Abschaffung der großen und abgelegenen psychiatrischen Heil- und Pflegeanstalten diskutierten weder die Alliierten noch die Deutschen jemals ernsthaft. Weil zunächst die unmittelbar aus dem Krieg resultierenden Probleme zu bewältigen waren, hatten radikale Neuansätze für eine Reform der Versorgungsstrukturen kaum Aussicht darauf, praktisch umgesetzt zu werden. Die abgelegenen Groß-Anstalten als zentrale Institutionen der Versorgung psychisch Kranker aufrechtzuerhalten, lag nicht zuletzt im Interesse der Anstaltsleiter. Bei einer Zentralisierung der Anstaltsfürsorge – wie sie etwa in Westfalen kurzzeitig diskutiert wurde – hätten sie um ihre Autonomie gegenüber den dadurch erstarkenden Verwaltungsfachleuten in den Gesundheitsbehörden fürchten müssen. Auch die Idee, die Heil- und Pflegeanstalten voneinander zu trennen, stieß unter den Direktoren auf Ablehnung. Sie wollten keine reinen Verwahranstalten. So blieb die Betreuung von akut und chronisch Erkrankten unter einem Dach bestehen. Man verwaltete das noch Vorhandene und stellte in der Folgezeit die alten Strukturen wieder her.[12] Die Pflege-sätze wurden nicht erhöht, der Halbierungserlass[13] aus dem September 1942 nicht zurückgenommen. Sowohl in der östlichen wie in den westlichen Besatzungszonen wurden Sanierungsmaßnahmen lediglich „halbherzig ergriffen". Dass auch Schritte gegen die Überbelegung keine Priorität hatten, hat die Historikerin Sabine Hanrath als „ein sicheres Indiz für die marginale Bedeutung" des psychiatrischen Versorgungs-bereichs gewertet.[14] Zwar existierten große Unterschiede in den Lebensbedingungen für psychisch Kranke vor Ort, doch dauerte es grosso modo bis zur Gründung der beiden deutschen Staaten, ehe sich der Anstaltsalltag „einigermaßen normalisierte".[15] Selbst am Ende der Besatzungszeit waren zahlreiche Missstände noch nicht abgestellt. So wichtig die Strukturentscheidungen der Besatzungszeit langfristig für die Auseinander-entwicklung der Psychiatriesysteme beider deutscher Staaten werden sollten, sie blieben

---

[11]Brink, Grenzen der Anstalt 2010, S. 360 f.

[12]Vgl. Lindner, Gesundheitspolitik in der Nachkriegszeit 2004, S. 36; Brink, Grenzen der Anstalt 2010, S. 361–366.

[13]Der Halbierungserlass hatte festgelegt: „Werden gegen Krankheit versicherte Geisteskranke von anderen Stellen als den Trägern der gesetzlichen Krankenversicherung in Heil- und Pflegeanstalten eingewiesen und treten die Fürsorgeverbände als Kostenträger auf, so sind die den Fürsorgever-bänden durch die Unterbringung entstandenen Kosten – ungeachtet der Gründe, auf denen die Unterbringung beruht – (…) je zur Hälfte von dem Träger der gesetzlichen Krankenversicherung und dem Fürsorgeverband zu tragen." Ministerialblatt des Reichs- und Preußischen Ministeriums des Innern Nr. 37 vom 16.09.1942, S. 1826.

[14]Hanrath, Strukturkrise und Reformbeginn 2003, S. 41. Zur Reorganisation des Anstaltswesens in der SBZ vgl. Hanrath, Anstaltspsychiatrie 2002, S. 154–159; Rosen, Anstaltspsychiatrie in der DDR 2005.

[15]Brink, Grenzen der Anstalt 2010, S. 362.

anfänglich für die stationäre psychiatrische Anstaltsversorgung folgenlos. Statt aus der moralischen Katastrophe heraus tiefgreifende Reformen anzugehen oder zumindest zu diskutieren, zog sich die praktische Psychiatrie „hinter die Mauern der heruntergekommenen Anstalten zurück".[16]

14.2 Reformbedarf in der Psychiatrie

14.2.1 Die Psychiatrie als „Schlangengrube"

Spätestens nach Bekanntwerden der „Euthanasie"-Verbrechen hatten die deutschen Psychiater ein Vertrauens- und Legitimationsproblem. Selbst nach dem Ende der Berichterstattung über die juristischen Ahndungsbemühungen wurde es nur für kurze Zeit ruhig. Schon bald geriet die Psychiatrie wieder unter öffentliche Beobachtung. Erste sorgfältig recherchierte Berichte über die Zustände in den psychiatrischen Versorgungseinrichtungen erschienen. Eine Reportage im *Stern* über die hessische Landesheilanstalt Eichberg berichtete darüber, „daß Patienten nicht entlassen würden, weil ihre Arbeitskraft in der Anstalt gebaucht werde", dass drakonische Strafen an der Tagesordnung wären und die angewandten Therapien weder zeitgemäß noch medizinisch notwendig seien.[17]

Vor allem aber anhand aufsehenerregender Fälle und Strafprozesse bündelten sich in der Bundesrepublik die diffusen Ängste vor einer Freiheitsberaubung durch medizinische und juristische Experten und wurde Kritik an der Einweisungspraxis der Psychiater laut. Der Eindruck, dass die Heil- und Pflegeanstalten für jedermann schnell zu einer Falle werden konnten, aus der – ob psychisch krank oder nicht – kein Entrinnen mehr möglich war, war wohl weit verbreitet. Befeuert hatte dieses Gefühl der US-amerikanische Kinofilm *The Snake Pit,* der unter dem Titel *Die Schlangengrube* in der ersten Hälfte des Jahres 1950 in den deutschen Kinos lief und von dem der Tiefenpsychologe Harald Schultz-Hencke (1892–1953) schon vor seiner erstmaligen öffentlichen Aufführung zurecht annahm, dass er „in Deutschland einiges Für und Wider in Bewegung setzen" werde, „so wie er das seit längerer Zeit in Amerika, England und

---

[16]Schmuhl, Kontinuität und Diskontinuität? 1993, S. 135. Hier nur in Bezug auf das Gebiet der zukünftigen Bundesrepublik Deutschland.

[17]Vgl. Noack, Giftschlangen 2006, S. 316, Zitat ebd. Angesprochen wurden auch die vorherige „Euthanasie" in der Anstalt und die Verstrickungen der leitenden Ärzte in die NS-Medizinverbrechen. Der Artikel hatte Folgen: Es kam zu einem Gerichtsprozess wegen übler Nachrede und Verleumdung gegen den Autor und dessen Fotografen. Zudem richtete das hessische Innenministerium eine Untersuchungskommission ein. Deren Leitung übernahm Werner Villinger, der nach einem angemeldeten Besuch der Anstalt und ohne Zeugen zu befragen feststellte, „daß größere Beanstandungen nicht erhoben werden können". Vgl. ebd., Villinger zitiert nach: Ebd., S. 317.

Frankreich schon tut".[18] Der Topos der unrechtmäßigen Einweisung war schon zuvor
Bestandteil des kollektiven Assoziationsrepertoires, doch wurde er nun mit neuen
wirkungsvollen Bildern über inhumane Bedingungen in den Anstalten versehen.[19] Insbesondere der Prozess gegen Martin-Heinrich Corten (1889–1962) erregte im Jahr 1950
die Gemüter.[20] Durch Boulevard- und Qualitätspresse begleitet, wurde vor der 11. Straf-
kammer des Hamburger Landgerichts gegen den Arzt Corten wegen des Verdachts auf
unrechtmäßige Einweisung seiner eigenen Ehefrau verhandelt. Ihm wurde vorgeworfen,
er habe seine Gattin in der Psychiatrie untergebracht, um ungestört mit seiner Geliebten
zusammen leben zu können. Im Prozess erstellte Hans Bürger-Prinz– mittlerweile wieder
Ordinarius für Psychiatrie in Hamburg – ein entlastendes Gutachten, in dem er seine
ursprüngliche Schizophreniediagnose für die Ehefrau bestätigte. Das Verfahren endete
zwar mit einem Freispruch, doch beruhigte sich die öffentliche Stimmung nicht.[21] Für
Hans Bürger-Prinz hatte ohnehin nicht ein einzelner Arzt, sondern die ganze Psychiatrie
auf der Anklagebank gesessen. In seinen Memoiren erinnerte er sich noch zwei Jahrzehnte später daran, dass das Verfahren zwar keinen juristischen Schuldspruch über
Corten, doch aber einen öffentlichen moralischen Schuldspruch über die Psychiatrie zur
Folge hatte. „Für uns Ärzte konnte es schlimmer kaum kommen (…). Die Vertrauens-
krise, in die der Prozeß die Klinik stürzte, war furchtbar. Siebzehn Jahre Aufbauarbeit
waren zunichte."[22] Bürger-Prinz sah in dem Prozess und der Berichterstattung darüber
also keine Chance, die Praxis der Zwangseinweisungen zu erklären oder zu verändern.[23]
Seiner Meinung nach wurde in der Presse die seit 1933 vollbrachte „Aufbauarbeit"
infrage gestellt.[24] Gemeint war mit dieser Jahreszahl zwar nicht die Machtübernahme
der Nationalsozialisten, sondern sein Amtsantritt in Hamburg, doch die 1930er und
1940er Jahre waren für Bürger-Prinz, wie an diesem Zitat erkennbar ist, keineswegs

---

[18]Schultz-Hencke an v. Baeyer, Schreiben vom 14.2.1950, Bundesarchiv Koblenz B 363/59. Zum
Film vgl. Noack, Giftschlangen 2006, S. 312–315.

[19]Vgl. Brink, Grenzen der Anstalt 2010, S. 372 f.; Noack, Giftschlangen 2006, S. 311. Es
hatte auch im Deutschen Kaiserreich bereits eine hohe Aufmerksamkeit für das Thema der
unrechtmäßigen Kasernierung in psychiatrischen Anstalten gegeben. Vgl. Brink, Angst, S. 341.

[20]Vgl. Noack, Giftschlangen, S. 318–325.

[21]Vgl. Brink, Grenzen der Anstalt 2010, S. 374 f. und S. 378 f.; Noack, Giftschlangen, S. 320 und
S. 325.

[22]Bürger-Prinz, Ein Psychiater berichtet 1975, S. 202 und S. 207, zitiert nach: Brink, Grenzen der
Anstalt 2010, S. 377.

[23]Die Skandalberichte und die aufsehenerregenden juristischen Prozesse befeuerten insgesamt
weniger die Diskussionen um die Unterbringungsformen als die Fachdebatten über Zwangseinweisungen und ein neues Psychiatriegesetz. Nur wenige Psychiater reagierten auf die publizistischen
Berichte offensiv. Immerhin forderte der Direktor der Gütersloher Provinzialheilanstalt, dass sich
die Anstalten gegenüber der Bevölkerung öffnen müssten. Er bot dann auch öffentliche Führungen
durch die eigene Anstalt an, um die Besucher von der Notwendigkeit und der Wissenschaftlichkeit
der Psychiatrie zu überzeugen. Vgl. Brink, Grenzen der Anstalt 2010, S. 376–378.

[24]Vgl. ebd., S. 377.

die „dunklen Jahre" – und da war er keine Ausnahme. In einer ihnen genehmen Weise und mit dem Ziel, das Ansehen der eigenen Person und Profession nicht zu schädigen, erinnerten sich die Psychiater nur sehr selektiv. Sie betonten die beeindruckenden Fortschritte ärztlicher Heilkunst in den letzten Jahrzehnten und verschwiegen zugleich die Krankentötungen. Damit lösten sie die Verschränkung von „Heilen und Vernichten" auf.

Die Äußerungen von Bürger-Prinz sind aber auch deswegen bemerkenswert, weil sie zeigen, dass der Großteil der Psychiater – das war bei Expertengruppen in der frühen Bundesrepublik keine Seltenheit[25] – in den gewohnten Defensivpositionen gegenüber der Öffentlichkeit verharrte. Sie kritisierten die Sensationslust der Presse, hielten die öffentliche Empörung für übertrieben und sprachen selbst dort, wo sie die Kritik für berechtigt hielten, nur beschwichtigend von bedauerlichen Ausnahmefällen. Hans Bürger-Prinz ging sogar so weit, den Journalisten offen zu drohen. So behauptete er, über deren psychische Erkrankungen informiert zu sein. Lediglich aus Respekt vor dem Arztgeheimnis werde er dieses Wissen für sich behalten.[26] Auch Erich Altenkämper schrieb 1953 in den *Ärztlichen Mitteilungen* in für diese Zeit sehr typischer Weise: „Die Einstellung der vergangenen Epoche zum Geisteskrankenproblem, die Euthanasieprozesse, die vielen Prozesse wegen angeblicher Freiheitsberaubung, die Veröffentlichungen einer verantwortungslosen Sensationspresse unter dem Mantel angeblicher Humanität haben im Verein mit der schon immer beim Laien bestehenden, tiefenpsychologisch und entwicklungsgeschichtlichen Scheu vor dem Problem der Geisteskrankheiten eine antipsychiatrische Einstellung in der Öffentlichkeit erzeugt, die tatsächlich nicht berechtigt ist."[27] Die Öffentlichkeit war für die Psychiater offenkundig noch kein ernst zu nehmender Adressat, sondern nur eine Ansammlung von vorurteilsbeladenen Laien. Sie bevorzugten die Diskussion unter Fachkollegen und die Einflussnahme über die eingespielten Kanäle zu Politik und Justiz. Diese Haltung ist typisch für das elitäre Standesbewusstsein der Mediziner in der frühen Bundesrepublik.

14.2.2 Der erste DGPN-Präsident fordert eine Neuausrichtung der Psychiatrie

Die Psychiatrie stand in den frühen 1950er Jahren durchaus im Licht der öffentlichen, juristischen und regierungsamtlichen Aufmerksamkeit. Wenn es auch vor allem darum ging, wie man die „Gesunden" vor einer unrechtmäßigen Unterbringung und Entmündigung schützen könne, so tauchten in den verschiedenen Presseberichten doch auch Schilderungen der Zustände in den „Irrenanstalten" auf, wurden der therapeutische Nutzen von „Kasernierung" und trister und stumpfsinniger Anstaltsatmosphäre

---

[25]Vgl. von Hodenberg, Konsens und Krise 2006.

[26]Vgl. Brink, Grenzen der Anstalt 2010, S. 377.

[27]Altenkämper, Verwahrung geisteskranker Personen 1953, S. 436 f., zitiert nach: ebd., S. 376 f.

angezweifelt.[28] Derartige Aussagen von Journalisten standen im scharfen Kontrast zu den Beschreibungen des Anstaltsalltags durch die Psychiater. Heinrich Schulte (1898–1983), Klinikchef in Bremen, verkündete beispielsweise im Jahr 1949, dass das „Odium der ehemaligen Irrenanstalten (…) heute ganz allgemein und zumal in Deutschland völlig unangebracht" sei. Schließlich seien „aktive Behandlungsmaßnahmen" an die Stelle der Dauerinternierung getreten.[29] Auch für Jürg Zutt bestand einige Jahre später kein Zweifel daran, dass in der Bundesrepublik „im ganzen gesehen die Einrichtungen (…) gut sind". Die allseits bekannten und beklagten Probleme, so der erste DGPN-Präsident, seien nicht spezifisch für die Bundesrepublik, sondern wären auf der ganzen Welt akut. In Deutschland hätten die Zustände sogar „bis zu einem gewissen Grade eine günstigere Entwicklung genommen (…) als anderwärts".[30] Derartige Äußerungen lassen sich angesichts der realen Zustände, darauf hat Cornelia Brink verwiesen, wohl nur als selbstbewusst zur Schau gestellter „Willen zu Veränderung und therapeutischem Neuanfang" interpretieren.[31]

Psychiater forderten in der ersten Hälfte der 1950er Jahre die Implementierung neuer Therapiekonzepte und eine andere Sichtweise auf verschiedene psychische Erkrankungen. Sie stellten hingegen kaum einmal Überlegungen zur grundlegenden Umgestaltung der Unterbringungs- und Versorgungsstrukturen an. Das wurde auch auf der Tagung der *Gesellschaft Deutscher Neurologen und Psychiater* deutlich, die mit prominenter internationaler Besetzung 1953 in München stattfand. Als es am dritten Sitzungstag, um die „Entwicklungstendenzen der modernen Psychiatrie"[32] ging, sah Jürg Zutt die aktuelle klinische Psychiatrie „von der gewaltigen Konzeption Kraepelins (…) beherrscht", die ihre „entscheidende Gegenposition" im Gedanken- und Theoriegebäude Freuds finde. Vertreter beider Richtungen, so Zutt, seien in ihrem Streit aber mittlerweile erstarrt. Er hingegen vertrat eine dritte, anthropologisch erweiterte Perspektive. Aus dieser seien bislang gültige Grundbegriff zu revidieren, altbekannte Phänomene neu zu bedenken und der „Blick von erstarrten Theorien freizumachen". Mit ihr könne man „das gesicherte Gut der psychiatrischen Erfahrung (…) bewahren" und zugleich bisher Unverständliches verstehen.[33] Für diese veränderte Perspektive der Psychiatrie machte sich Jürg Zutt als Hochschullehrer, als Klinikchef, als Präsident der DGPN und als

---

[28]Vgl. Brink, Grenzen der Anstalt 2010, S. 377–379.

[29]Zitiert nach: Ebd., S. 368.

[30]Zutt, Über das psychiatrische Krankenhauswesen 1963, ursprünglich 1956, S. 537.

[31]Brink, Grenzen der Anstalt 2010, S. 368.

[32]Der Themenvorschlag ging auf Werner Villinger zurück. Vgl. Protokoll der Vorstandssitzung der GDNP vom 6.12.1952, DGPPN-Archiv, Ordner 1 A.

[33]Alle Zitate aus: Zutt, Entwicklungstendenzen 1963, ursprünglich 1953/54.

Herausgeber des *Nervenarzt* auch weiterhin stark.[34] Schon bald wurde ihm bewusst, dass seine neue wissenschaftliche Sichtweise auch Konsequenzen für die Unterbringung der psychisch Kranken haben musste.

Zutt setzte sich daher im Folgenden auch für eine Modernisierung der psychiatrischen Versorgungsstrukturen ein. In einem Artikel in der Zeitschrift *Das Krankenhaus* wies er 1956 auf den großen Reformbedarf hin und positionierte sich gegen den allgemeinen Trend der Zeit, Großkrankenhäuser mit mehr als 500 Betten zu schaffen.[35] Stattdessen, so Zutt, seien psychiatrisch-neurologische Krankenabteilungen in den Allgemeinkrankenhäusern einzurichten. Das hierfür benötigte Personal sei „in großer Zahl" vorhanden, doch würden die an den Universitätskliniken ausgebildeten Kräfte sich bislang lieber als Nervenärzte niederlassen oder als Ärzte in die großen Anstalten gehen. Nur in diesen Versorgungsbereichen käme noch zur Anwendung, was der Nachwuchs an den Universitätskliniken lerne. Leichte Fälle und Grenzfälle zu anderen Spezialgebieten, wie man sie beispielsweise jährlich zu Tausenden in der „Frankfurter Nervenpoliklinik" behandle, fielen andernorts durch das Raster der Versorgung. Man solle doch bei aller berechtigter Beschäftigung mit den chronisch Kranken nicht übersehen, so Zutt, dass für die sinn- und zeitgemäße Linderung der Nöte der Kranken zu fordern sei, „nicht neue Anstalten zu schaffen oder die bestehenden zu vergrößern, sondern psychiatrisch-neurologische Krankenabteilungen, moderne Nervenabteilungen in allgemeinen Krankenhäusern zu errichten".[36] Der amtierende Vorsitzende der DGPN hob als wegweisende Ausnahmen die Universitätskliniken hervor. Dort sei, dank der engen Verbindung von Psychiatrie und Neurologie, eine sinnvolle architektonisch-räumliche Lösung vorhanden. Habe man einmal, wie Zutt durch den Wechsel von der Berliner Charité nach Würzburg, den gravierenden Unterschied zwischen einer funktionstüchtigen Universitätsklinik und einer abgelegenen psychiatrischen Anstalt erlebt, so sei evident, dass eine fortschrittliche psychiatrische Krankenversorgung nur im Verbund mit den Universitätskliniken und den städtischen Krankenhäusern zu erreichen sei.[37]

---

[34]Vgl. Schönknecht Verstehende Anthropologie 1999, S. 27. Zutt gehörte ab Mitte der 1950er Jahre zur südwestdeutschen Phänomenologisch-Anthropologischen Schule, zu der auch Werner Wagner, Walter von Baeyer und Hanns Ruffin (1902–1979) zählen. Er prägte mit seinem Fokus auf das Verstehen der Lebensgeschichte der einzelnen psychisch Kranken die psychiatrische Praxis mit und leitete aus den anthropologischen Erkenntnissen eine sozialpsychiatrische Praxis ab.

[35]Die Entwicklung zum Großkrankenhaus war weniger auf politischen Willen zurückzuführen als vielmehr auf wirtschaftliche und medizinische Ursachen. Insbesondere die verbesserte – aber eben auch teure – Medizintechnik und der steigende Gerätebedarf ließen den Bau spezialisierter Großkrankenhäuser sinnvoll erscheinen. Vgl. Lindner, Gesundheitspolitik in der Nachkriegszeit 2004, S. 109.

[36]Zutt, Über das psychiatrische Krankenhauswesen 1963, ursprünglich 1956, S. 542.

[37]Zutt lehnte allerdings ganz kleine psychiatrische Abteilungen „als Rückfall in die Zeit der Tobzellen oder Tobhäuser" ab. Ebd., S. 541.

Zutt war nicht der Einzige, der in der zweiten Hälfte der 1950er Jahre sein Unbehagen an der bestehenden Anstaltspsychiatrie äußerte und weitgehende Strukturreformen einforderte. 1957 sah auch der Psychiater Manfred in der Beeck (1920–2004)[38] erheblichen Handlungsbedarf. In seinem 1957 im renommierten de-Gruyter-Verlag erschienenen Reformprogramm, bezog er sich auf die umfassende, auf vollkommenes körperliches, geistiges und soziales Wohlergehen abzielende WHO-Definition von Gesundheit. Sie stellte er dem Buch als Zitat programmatisch voran und sie leitete ihn in seiner Argumentation für die „Erreichung des besten Gesundheitszustands" für alle.[39] Für in der Beeck, der aus eigener Anschauung psychiatrische Einrichtungen in England, den Niederlanden, Frankreich und Italien kannte, waren die aktuellen Fragen der Psychiatrie sowohl in medizinischer, sozialer wie auch juristischer Hinsicht, überall „praktisch gleich". Auf der ganzen Welt, so in der Beeck, steige die Zahl der in Anstalten untergebrachten Kranken, seien Kliniken und Anstalten überbelegt und würden neue Großanstalten geplant. Weltweit stellten die beengten Verhältnisse in den Einrichtungen der psychiatrischen Versorgung den Behandlungserfolg in Frage. Sie führten zu längeren Verweildauern und steigender Belegung. Nicht nur in der Bundesrepublik seien Werkstätten und Behandlungsräume mit Betten vollgestellt und zeige sich der Personalmangel.[40] In der Beeck strebte eine „individuelle Psychiatrie" an und forderte im Einklang mit den Erfahrungen im Ausland die getrennte Unterbringung von Patientengruppen entsprechend ihren „speziellen Bedürfnissen". Erst dadurch könne die Lücke zwischen den theoretischen Behandlungsmöglichkeiten und den praktischen Bedingungen geschlossen werden. Schließlich sei es längst keine Frage der Erkenntnisse mehr, sondern eine des Wollens, Therapien den Bedürfnissen der Patienten individuell anzupassen. Arbeite man hierfür mit den Verwaltungsfachleuten und den Juristen in „Verantwortung der Sache gegenüber und Begeisterung zur Sache" zusammen, dann könnten, so seine Hoffnung, „die Heilanstalten wirklich zu psychiatrischen Krankenhäusern werden".[41]

Im gleichen Jahr forderte auch der *Deutsche Verein für öffentliche und private Fürsorge* unter Vorsitz von Walter von Baeyer großangelegte Reformen der psychiatrischen Versorgung. Und am 14. Juni 1957 erhielt Friedrich Panse vom Vorstand der DGPN,

---

[38]In der Beeck war durch Gerhard Schmidt geprägt worden, bei dem er 1947 in Lübeck als Volontärarzt arbeitete und der als erster Psychiater überhaupt zuvor in einem Radiobeitrag zur NS-„Euthanasie" öffentlich kritisch Stellung bezogen hatte. Zum Zeitpunkt der Veröffentlichung war er als Landesmedizinalrat am psychiatrischen Landeskrankenhaus Münster beschäftigt. In den Gremien der DGPN spielte er keine Rolle. Vgl. Kersting, Hypothek 2003, S. 68–72; Kersting, Psychiatrie-Reform und „Vergangenheitsbewältigung" 2007, S. 368, Kersting, Anstaltsärzte 1996, S. 357–359.

[39]In der Beeck, Praktische Psychiatrie 1957, o. S.

[40]Ebd., S. 109 f.

[41]Ebd.

mittlerweile unter Vorsitz von Friedrich Mauz, den Auftrag, ein Gutachten über „Entwicklung, Stand und Notwendigkeiten des Psychiatrischen Krankenhauses" zu erstellen.[42] Ab 1958 organisierten sich jüngere Psychiater wie Heinz Häfner, Caspar Kulenkampff, Karl Peter Kisker, Gregor Bosch[43], Werner Janzarik und Walter Bräutigam im informellen *Rhein-Main-Klub*. Noch entfaltete dies alles jedoch keine nennenswerte Außenwirkung. Es sind eher aus dem Rückblick wichtige Kristallisationspunkte, als dass sich daraus schon für die Zeitgenossen der Eindruck eines möglichen Reformknotenpunktes ergeben hätte.[44] Um den Appellen größere Wirksamkeit zu verleihen, wurde 1959 der *Aktionsausschuss zur Hilfe für psychisch Kranke* gebildet. Auf eine Initiative des *Deutschen Vereins für öffentliche und private Fürsorge* sowie der *Deutschen Zentrale für Volksgesundheitspflege* zurückgehend, sollte das Gremium dazu dienen, Reformen voranzutreiben und die verstreuten Akteure zu koordinieren.[45] Zu diesem Zeitpunkt waren die Versorgungseinrichtungen längst wieder überfüllt. Laut Statistischem Bundesamt standen 1959 in der Bundesrepublik 92.470 psychiatrische Betten in den Landeskrankenhäusern zur Verfügung. Hinzu kamen 1500 bis 2000 Betten in Universitätskliniken und wenige weitere in den Allgemeinkrankenhäusern.[46] Nicht einmal drei Prozent der psychiatrischen Betten entsprachen damit den formalen Anforderungen, die Zutt ein paar Jahre zuvor formuliert hatte.

In der zweiten Hälfte der 1950er Jahre wurden aber nicht nur Probleme artikuliert, sondern auch erste Verbesserungsversuche unternommen. Auf Initiative einzelner Anstalts- und Klinikdirektoren entstanden lokale „Inseln" der Reform. An den Universitätskliniken und in den Landesanstalten wurde versucht, „neue Therapien in alten Strukturen" zu etablieren. Anknüpfungspunkte bot die Arbeitstherapie aus der Weimarer Republik. Auch veränderte die Einführung von Chlorpromazin als erstes Neuroleptikum die Versorgungseinrichtungen. Die Pharmakotherapie wurde zur Voraussetzung für die

---

[42]Vgl. Brink, Grenzen der Anstalt 2010, S. 412; in der Beeck, Praktische Psychiatrie 1957; Söhner/ Fangerau / Becker, Blick über die Grenzen 2015, S. 125.

[43]Gregor Bosch war Ende der 1950er Jahre mit einem Europarats-Stipendium in Paris und hatte die sektorisierte Psychiatrie im 13. Arrondisement kennengelernt. Er arbeitete als Assistent von Jürg Zutt in Frankfurt am Main. Bosch machte sich später in der Enquete-Zeit als Mitglied der Sachverständigenkommission und als Mitglied der Arbeitsgruppen *Extramurale Dienste* und *Ausbildung und Personal* für die Verringerung von Zwangseinweisungen und die Intensivierung der psychiatrischen Nachsorge stark. Er war zu diesem Zeitpunkt Lehrstuhlinhaber für Sozialpsychiatrie an der Freien Universität in Berlin. Vgl. Kulenkampff, Zeugenbefragung 1985, S. 29; Schönknecht, Anthropologie 1999, S. 101.

[44]Vgl. Söhner/Fangerau/Becker, Blick über die Grenzen 2015, S. 125; Siemen, Mythos der Enquete 2001; Brink, Grenzen der Anstalt 2010, S. 418.

[45]Zum Aktionsausschuss gehörten nicht nur v. Baeyer, Kisker und Häfner, sondern auch Helmut Ehrhard. Zum Aktionsausschuss vgl. Söhner/Fangerau / Becker, Blick über die Grenzen 2015, S. 125; Hanrath, Strukturkrise und Reformbeginn 2003, S. 58.

[46]Vgl. Brink, Grenzen der Anstalt 2010, S. 418.

therapeutische Arbeit. Sie schuf auf den Stationen die nötige Ruhe, um im Sinne der Arbeits-, Milieu- und Psychotherapie therapeutisch zu wirken. Offene und halboffene Angebote boten für Patient/-innen, Angehörige und Psychiater eine überzeugende Alternative zur dauerhaften Unterbringung. Dennoch: Ungeachtet dieser neuen Möglichkeiten und entgegen der Plädoyers einflussreicher Fachvertreter wurden die Heil- und Pflegeanstalten seit den späten 1950er Jahren immer größer. Finanzielle Mittel flossen auch weiterhin vor allem in den Ausbau und die Erneuerung des Bestehenden.[47]

Angesichts dieser Diskrepanzen behandelte die DGPN 1960 auf ihrem Kongress die Probleme der „Anstaltspsychiatrie". Thematisiert wurden die psychiatrische Außenfürsorge, die Rolle von „Somato- und Psychotherapie im Rahmen der Anstaltspsychiatrie" und „neue Organisationsformen psychiatrischer Versorgung". Walter Schulte formulierte hier bereits in groben Zügen, was er 1962 in Buchform („Klinik der ‚Anstalts'-Psychiatrie") darlegen sollte. Absichtlich sprach er dabei noch von „Anstalten" und nicht von „Kliniken" oder „Krankenhäusern". Am Anstaltsbegriff festzuhalten, so Schulte, sollte signalisieren, dass es mit einer neuen Bezeichnung nicht getan sei. Statt, wie vielerorts schon geschehen, die Institutionen umzubenennen, solle man doch bei der hergebrachten Bezeichnung bleiben, bis eine „alles umfassenden[e] konstellative […] Psychiatrie mit einer kommunikativen Therapie" erreicht sei.[48] Schulte forderte, die psychisch Kranken entsprechend ihren Bedürfnissen voneinander zu trennen, und stellte so das Modell der geschlossenen, gemischten Heil- und Pflegeanstalt zur Disposition. Dies dürfe aber nicht dazu führen, dass man die chronisch Kranken als „im Grunde uninteressant, peinliche Relikte einer Zeit, in der man noch nicht richtig zu behandeln verstand", betrachte. Ihre Lebensqualität entscheide über „Wert und Unwert gegenwärtiger und zukünftiger Wege der Anstaltspsychiatrie".[49]

Walter Schulte war kurz zuvor Lehrstuhlnachfolger Ernst Kretschmers in Tübingen geworden. Er preschte in seiner neuen Funktion ungewohnt öffentlichkeitswirksam vor und beklagte vor Journalisten den Zustand der deutschen psychiatrischen Landeskrankenhäuser und Universitätskliniken. Von seinem Amtsvorgänger wurde er dafür getadelt: In einem Brief an Schulte beschwerte sich Kretschmer darüber, dass in verschiedenen Zeitungen ein düsteres Bild von der Tübinger Einrichtung gezeichnet

---

[47]Vgl. ebd., S. 413–422, Zitat S. 413. Zur Finanzierung der psychiatrischen Landeskrankenhäuer vgl. Alber, Gesundheitswesen 1992, S. 43; Lindner, Gesundheitspolitik in der Nachkriegszeit 2004, S. 102–106.

[48]Schulte verwies darauf, dass eine Umbenennung noch keine andere Praxis bedeute. Ersetze man den Begriff „Anstalts"-Psychiatrie schon jetzt, so tue man den Dingen Gewalt an. Doch war der veränderte Begriff nicht selten auch die institutionelle Festschreibung eines Anspruches. So gesehen konnte die semantische Verschiebung es ermöglichen, die Missstände zu artikulieren und die „Klinik" auf ein neues Leitbild zu verpflichten. Zitat aus: Schulte, Klinik der „Anstalts"-Psychiatrie 1962, S. 2, zitiert nach: Brink, Grenzen der Anstalt 2010, S. 421.

[49]Ebd., S. 419.

worden sei. Man habe sie als „ganz veraltet" dargestellt, einmal sogar mit einem „Bau aus der Steinzeit" verglichen. „Diese rein negative Tönung hat in weiten Teilen Kopfschütteln erregt. Ich möchte nicht, dass das schöne Vertrauensverhältnis, das unter meiner Leitung zwischen Klinik und Bevölkerung bestand, getrübt wird. Die Kritik, die wir beide an der baulichen Rückständigkeit der Klinik geübt haben und üben, müsste sich ausschließlich an die Regierung richten. Mündlich oder gedruckt an die Öffentlichkeit gerichtet, könnte sie nur Misstrauen in der Bevölkerung erwecken und dadurch gerade auch Ihnen den Beginn Ihrer Tätigkeit erschweren."[50] Hier begegnen uns drei altvertraute Argumente: Das Vertrauen zwischen Arzt und Patient dürfe nicht durch öffentliche Kritik zerstört werden, die Öffentlichkeit sei nicht der richtige Ort, um Reformen zu debattieren oder Mißstände zu benennen und alle Vorwürfe gegen die Psychiater als Einzelpersonen und als Zunft seien zu unterlassen, da die Politiker die eigentlichen Verantwortlichen seien. Diese Episode verdeutlicht, wie schwierig es um 1960 noch war, die Bedingungen in den psychiatrischen Anstalten im eigenen Fach offen zur Sprache zu bringen.

---

[50]Ernst Kretschmer an Walter Schulte, Schreiben vom 03.10.1960, UAT 749/E12.

Aufbruchsstimmung in der Psychiatrie

15

Schon Mitte der 1950er Jahre wurden international die Probleme der psychiatrischen Unterbringung thematisiert. Großbritannien, die Niederlande, Dänemark und Schweden legten daraufhin Reformprogramme auf. Ende der 1950er Jahre war von einer internationalen Aufbruchsstimmung jedoch nicht mehr viel zu spüren. Das änderte sich erst 1963 mit der Kennedy-Botschaft *(Special Message to the Congress on Mental Illness and Mental Retardation)* und dem darin angekündigten finanzkräftigen Programm zur Reform der Versorgungsstrukturen für psychisch Kranke in den USA. Daraufhin kam auch in anderen Ländern noch einmal Bewegung in die Diskussionen. Das wurde schnell in den psychiatrischen Veröffentlichungen der Bundesrepublik erkennbar. Im deutschsprachigen Raum war die neue Euphorie aber am deutlichsten auf einer Tagung in der DDR zu spüren.

15.1   Sozialpsychiatrie in der DDR: Die Rodewischer Thesen

Auf dem internationalen Symposium über psychiatrische Rehabilitation in Rodewisch im Vogtland diskutierten dreieinhalb Monate nach der Kennedy-Botschaft 120 Ärzt/-innen, Therapeut/-innen und Sozialpädagog/-innen über die Zukunft der psychiatrischen Versorgung. Unter ihnen waren auch zahlreiche Direktoren der neurologisch-psychiatrischen Krankenhäuser. An drei Kongresstagen verständigten sie sich über die „Rehabilitation der Psychosen", die „Arbeitstherapie" und die „Probleme der Kinder- und Jugendneuropsychiatrie". Erstmals wurden dort unter großer Anteilnahme der Fachöffentlichkeit sozialpsychiatrische Ansätze als Basis für die psychiatrische Arbeit in der DDR bezeichnet. Das Symposium in Rodewisch war nichts weniger als der Versuch, eine einheitliche Perspektive für die Reform der Psychiatrie zu entwickeln und verbindliche Leitlinien zu formulieren. Es galt den Organisatoren und Initiatoren schon vor seinem Beginn als zukunftsweisend.[1]

Die Situation der Psychiater/-innen in der DDR hatte sich in den letzten Jahren verändert. Das Elitenbewährungsprogramm des Pawlowismus hatte bereits Mitte der 1950er Jahre ausgedient, und fortan zeigte die Politik vermehrt Bereitschaft, den Interessen der Mediziner/-innen entgegenzukommen, um weitere Abwanderungen zu vermeiden.[2] So konnten sich medizinische Fachkräfte ab Ende der 1950er Jahre berechtigte Hoffnungen machen, zukünftig im Gesundheitswesen besser repräsentiert zu sein.[3]

Nach Beginn des Mauerbaus am 13. August 1961 waren derartige Rücksichtnahmen nicht mehr nötig.[4] Zügig führte die endgültige Schließung der innerdeutschen Grenze zur Institutionalisierung und Stabilisierung der Planwirtschaft und ermöglichte eine forcierte Sozialisierung. Zugleich traute man sich in Staat und Partei nun auf zahlreichen Gebieten, Reformen anzustoßen oder zumindest die offene Diskussion von Problemen zuzulassen. Das staatliche Gesundheitswesen konsolidierte sich zusehends: In den 1960er Jahren erhöhte sich die Anzahl der Ärzte und Pflegekräfte ebenso wie die Zahl der Krankenhausbetten.[5] Auch das Aufgabengebiet der medizinisch-wissenschaftlichen Gesellschaften erweiterte sich. Sie wurden nun bei der Beteiligung an

---

[1]Schon 1958 und 1962 hatte es in der DDR internationale Rehabilitationskongresse gegeben, zunächst mit 300, dann mit 800 Besuchern. Allerdings waren die Psychiater auf diesen beiden Kongressen in der Minderheit. Die Anwesenden kamen 1963 überwiegend aus der DDR und dem sozialistischen Ausland. Es waren aber auch Redner und Besucher aus dem nichtsozialistischen Ausland zugegen. Vgl. Steinberg, Hintergründe 2014, S. 73; Rose, Anstaltspsychiatrie 2005, S. 122; Schulz, Rodewischer Thesen 2003, S. 92; Hennings, Rodewischer Thesen 2015, S. 60 f.; Barsch, Gestig behinderte Menschen 2007, S. 209.

[2]Die materiellen und ideellen Zugeständnisse an die Ärzteschaft fielen meist in Stabilitätskrisen der DDR und waren zuvorderst durch die Abwanderung ärztlichen Personals motiviert. Vgl. Ernst, Prophylaxe 1997, S. 50 und S. 87 f. Zwischen 1949 und 1961 hatten rund 2,7 Mio. Personen die DDR verlassen. Vgl. Heidemeyer, Flucht und Zuwanderung 1994, S. 43. Dabei handelte es sich überwiegend um Menschen im arbeitsfähigen Alter. Über 50 % derjenigen, die die DDR verließen, waren sogar unter 25 Jahren alt. Vgl. Weber, DDR 2000, S. 58. Zahlen zur Ärzteabwanderung bei Moll/Rathert, Neuordnung des Gesundheitswesens 2015, S. 51. Allgemeine Zahlen und Graphiken in: Bispinck, „Republikflucht" 2003. Zur erneuten Abwanderungsbewegung von Medizinern in den frühen 1970er Jahren und die Reaktion des Ministeriums für Staatssicherheit (MfS) vgl. Süß, Gesundheitspolitik 1998, S. 151–168.

[3]Vgl. Hanrath, Anstaltspsychiatrie 2002, S. 427.

[4]Ein entscheidender Einschnitt war der Mauerbau vor allem für die niedergelassenen Ärzte. Denn während bis 1961 noch von einem „Mischungsverhältnis selbständiger und staatlich alimentierter Mediziner" gesprochen werden kann, wurden die freiberuflichen Mediziner anschließend vollends zu einer „Randerscheinung" des DDR-Gesundheitswesens. Vgl. Süß, Gesundheitspolitik 1998, S. 87, Zitat ebd.

[5]Vgl. Frerich/Frey, Geschichte der Sozialpolitik 1993, S. 231–236.

Kongressen außerhalb der DDR, bei der Kaderbedarfsplanung und bei der Ausarbeitung der neuen Facharztordnung mit einbezogen.[6] Zudem wurden sie in die Erstellung von Entwicklungsprogrammen für ihr jeweiliges Fachgebiet eingebunden.[7] Eine berufliche Selbstverwaltung und Interessenvertretung für die Ärzte gab es zwar immer noch nicht, doch boten sich neue Möglichkeiten der Mitgestaltung.[8]

In diese Phase der innenpolitischen Öffnung und der Ausweitung der Kompetenzen der medizinisch-wissenschaftlichen Gesellschaften fällt auch das Symposium in Rodewisch. Dessen Organisatoren boten nicht einfach nur eine Diskussionsplattform. Sie versuchten vielmehr, grundlegende Reformen verbindlich festzuschreiben. Rolf Walther[9] und Lise-Lotte Eichler machten sich seit 1960 für die Ausrichtung eines Symposiums

---

[6]Vgl. Rohland/Spaar, Die medizinisch-wissenschaftlichen Gesellschaften 1973, S. 121.

[7]Auf der Weimarer Gesundheitskonferenz des ZK der SED – 11. bis 13. Februar 1960 – wurde der *Rat für Planung und Koordinierung der medizinischen Wissenschaft* ins Leben gerufen. Er sollte die „einheitliche Entwicklung der medizinischen Wissenschaft und des Gesundheitswesens" sichern. Ihm wurden fachbereichsspezifische Problemkommissionen zugeordnet. Sie sollten, dabei eng mit den staatlichen Organen zusammenarbeitend, an der Planung und Leitung im Gesundheitswesen teilnehmen. Die *Problemkommission „Psychiatrie und Neurologie"* leitete Ehrig Lange (1921–2009). Vgl. BA Berlin DQ 1/2421, DQ 1/23058; Rohland/Spaar, Die medizinisch-wissenschaftlichen Gesellschaften 1973, S. 95, 119 f., Zitat S. 95.

[8]Durch das Ärztekommuniqué von 1960 war indes eine Erwartungshaltung unter den Ärzt/innen geweckt worden, die man nun wieder dämpfen musste. Mit dem *Kommuniqué über Maßnahmen zur weiteren Entwicklung des Gesundheitswesens und zur Förderung der Arbeit der medizinischen Intelligenz* hatte das *Politbüro des ZK der SED* am 20. Dezember 1960 beschlossen, den medizinischen Berufsgruppen die Gründung einer eigenen Gewerkschaft zuzugestehen. Vgl. Frerich/Frey, Geschichte der Sozialpolitik 1993, S. 228 f.; Ernst, Prophylaxe 1997, S. 52 f., S. 87–89.

[9]Rolf Walther, zuvor in Uchtspringe, nun Leiter in Rodewisch, war schon frühzeitig mit Veröffentlichungen zur „nachgehenden psychiatrischen Fürsorge" hervorgetreten. Vgl. Walther, Wiederaufnahme 1953. Ab Mai 1959 war er Leiter der Sonderkommission Psychiatrie (Unterabteilung der Forschungsgruppe Rehabilitation). Vgl. Hanrath, Anstaltspsychiatrie, S. 435; Rank/Eisenschmidt, Geschichte der gelben Häuser 2018, S. 103 f. Angeregt durch die Untersuchung von Missständen in der psychiatrischen Anstalt Pfafferode (Thüringen), formulierte Rolf Walther bereits im Jahr 1958 zusammen mit dem Direktor der Psychiatrie in Leipzig-Dösen, Josef Riepenhausen (1910–1960), eine umfassende Problemanalyse. Weil in Pfafferode die therapeutische Seite der Psychiatrie vernachlässigt und exzessiv Zwangsmethoden angewandt worden waren, forderten sie von der zuständigen Gesundheitsverwaltung Schritte, um den Verwahrcharakter der Psychiatrie aufzuheben. Konkret verlangten sie höhere Ausbildungsstandards, die Verbesserung der Fortbildung, die Sanierung und bauliche Umgestaltung der vorhandenen Anstaltsgebäude, bessere Ausstattung der Kliniken sowie eine Gleichstellung der psychiatrischen Anstalten mit den Allgemeinkrankenhäusern. Da die juristische Verhandlung der Ereignisse in Pfafferode das *Ministerium für Gesundheitswesen* aufschreckte, signalisierte es zunächst Unterstützung. Walther und Riepenhausen hofften daher, dass aus den Vorfällen in Pfafferode die notwendigen Konsequenzen gezogen werden würden. Dies Hoffnung erfüllte sich jedoch nicht. Vgl. Rose, Anstaltspsychiatrie 2005, S. 115 f.; Hanrath, Anstaltspsychiatrie 2002, S. 428.

über psychiatrische Rehabilitation stark. Sie mobilisierten dafür auch den *Fachaus-schusses für Fragen der Universitäts- und Anstaltspsychiatrie.* Unterstützt wurden sie aber vor allem von Sozialhygieniker/-innen.[10] Die Initiative für die Rodewischer Tagung ging also nicht von den Hochschulpsychiatern, sondern von den Anstaltspsychiater/-innen aus, die wiederum auf den Beistand der Rehabilitationsmediziner bauten.[11] Die Veranstalterliste des Rodewischer Symposiums vermittelt dann aber den Eindruck, bei dessen Vorbereitung hätten alle wichtigen Kräfte an einem Strang gezogen. Neben der *Gesellschaft für Rehabilitation* waren die *Sektion für psychiatrisch-neurologische Rehabilitation der Gesellschaft für Psychiatrie und Neurologie der DDR* sowie die *Ministerien für Gesundheitswesen* der DDR und der ČSSR als offizielle Veranstalter auf-gelistet.[12] Doch tatsächlich forderte in Rodewisch nur eine kleine Gruppe von Anstalts-psychiater/-innen die etablierte Hochschulpsychiatrie heraus. Karl Leonhard war als Vorsitzender der *Gesellschaft für Psychiatrie und Neurologie* nicht in die Vorbereitung des Symposiums involviert. Er beharrte erst später darauf, dass die von ihm vertretene medizinisch-wissenschaftliche Gesellschaft auf dem Tagungsprogramm als Veranstalter mitaufgeführt werde.[13]

Die Rodewischer Thesen sind der Entwurf einer umfassenden Modernisierung der Versorgungsstrukturen, die darin münden sollte, aus großen geschlossen Anstalten kleinere, offene Kliniken zu machen. Ihre Autoren beabsichtigten, „den Standort der psychiatrischen Disziplin zu bestimmen, ihre zukünftige Entwicklung zu umreißen und die Aufgaben der psychiatrischen Anstalten sowie der dort Tätigen neu zu definieren".[14] Die zehn Thesen enthalten die Differenzierung der Patientengruppen nach ihren therapeutischen Bedürfnissen, die Ersetzung des „Sicherungsprinzips"

---

[10]Vgl. Hanrath, Strukturkrise und Reformbeginn 2003, S. 58; Rose, Anstaltspsychiatrie 2005, S. 116–118. Jüngst ist insbesondere die Rolle des Hallenser Medizinprofessor Karlheinz Renker (1921–1982) hervorgehoben worden. Renker war Vorsitzender der *Gesellschaft für Rehabilitation in der DDR,* die sich Anfang der 1960er Jahre aus der *Deutschen Gesellschaft für die gesamte Hygiene* entwickelt hatte. Renker war 1940 in die NSDAP und 1946 in die SED eingetreten. Seit 1962 war er verantwortlicher Redakteur der *Zeitschrift für die gesamte Hygiene und ihre Grenz-gebiete,* in der die Rodewischer Thesen 1965 auch erstmalig veröffentlicht wurden. Auf die Bedeutung Renkers verweist: Steinberg, Hintergründe 2014, S. 72 f. Die Informationen zur Person aus ebd.

[11]Kurz vor dem Rodewischer Symposium setzte der Vorstand der *Gesellschaft für Rehabilitation* eine Arbeitstagung (10./11. Januar 1963) an und erarbeitete Thesen für eine Rahmenverordnung über Rehabilitation, die Grundlage für eine Gesetzgebung sein sollte. Vgl. Quandt an Leonhard, Schreiben vom 14.01.1963, Archiv der Humboldt-Universität zu Berlin 03011/6, Bd. 5.

[12]Vgl. Schulz, Rodewischer Thesen 2003, S. 91.

[13]Karl Leonhard hielt als Vorsitzender der *Gesellschaft für Psychiatrie und Neurologie in der DDR* auf der Rodewischer Tagung schließlich ebenfalls einen Vortrag – so wie bereits auf den vor-herigen Tagungen der *Gesellschaft für Rehabilitation.* Vgl. Steinberg, Hintergründe 2014, S. 74 f.; Hennings, Rodewischer Thesen 2015, S. 38, 53.

[14]Hanrath, Anstaltspsychiatrie 2002, S. 436.

durch das „Fürsorgeprinzip", die Förderung einer aktiven therapeutischen Einstellung, eine „humane Grundhaltung" gegenüber den Patient/-innen sowie die Beschränkung der Zwangsmaßnahmen auf das absolut Nötigste. Geschlossene Großanstalten sollten in kleinere, mit ambulanten Diensten versehene, offenere Einheiten umgewandelt und Menschen mit psychischen Erkrankungen körperlich Erkrankten gleichgestellt werden. Die Versorgung sollte dezentralisiert werden und gemeindenaher erfolgen. Die materielle und personelle Ausstattung der Einrichtungen sollte verbessert, die psychisch Kranken entstigmatisiert und ihre soziale Integration gefördert werden. Vorgesehen war auch die wechselseitige Integration psychiatrischer, neurologischer, medikamentöser, psycho- und soziotherapeutischer Verfahren. Die Autoren der Rodewischer Thesen forderten zudem, sich nicht nur den akut Kranken, sondern auch den chronisch Kranken zuzuwenden, um deren Anzahl in den Einrichtungen durch Bemühungen um berufliche und soziale Eingliederung zu reduzieren. Die Haltung eines therapeutischen Nihilismus bei chronisch Kranken sei aufzugeben und für diese Patientengruppe eine wirksame, heilungsfördernde Umgebung zu schaffen. Spezialeinrichtungen für juvenile und Alterskranke sollten aufgebaut werden. Die Behandlung war allgemein auf die „Rückführung ins tätige, freie und verantwortliche Leben" und damit auf das Berufsleben auszurichten.[15] Insgesamt zielten die Rodewischer Thesen auf eine Anpassung des Krankheitsverständnisses an neue Erkenntnisse, auf die Umsetzung rehabilitativer Therapien durch die Psychiater und damit einer spezifischeren, den Bedürfnissen der Patient/-innen entsprechenden Behandlung. Zugleich formulierten die Autoren einen Anspruch auf die Führungsrolle im Reformprozess. Bereits in ihrem ersten Satz machten sie deutlich, dass die soziale Wiedereingliederung der Kranken eine ärztliche Aufgabe sei und die Befugnisse der Psychiater erweitert werden müssten.[16]

Mit den Rodewischer Thesen lag 1963 ein knapp formuliertes, zugleich aber inhaltlich weitreichendes Reformpapier vor. Indes wurde hier, so hat der Medizinhistoriker Wolfgang Rose argumentiert, inhaltlich nichts Neues formuliert. Die Forderungen waren auch zuvor schon erhoben und in Richtung der zuständigen Stellen in Verwaltung und Partei kommuniziert worden.[17] Ehrig Lange, Vorsitzender des *Fachausschusses für Psychiatrie beim MfG*[18] und nach Eichlers Rückzug auch Leiter der *Fachgruppe*

---

[15]Arbeit, die in der DDR als menschliches Grundbedürfnis interpretiert wurde, sollte der Erziehung und zugleich der Heilung der psychisch Kranken dienen. Der Betrieb war in der DDR daher auch mehr als nur die Arbeitsstätte, er war Keimzelle der sozialistischen Gemeinschaft. Auf die große Bedeutung der Arbeitstherapie in der Psychiatrie verweist: Armbruster, Arbeitstherapie in der DDR 2018.

[16]Vgl. Schulz, Rodewischer Thesen 2003, S. 90 und S. 97.

[17]Vgl. Rose, Anstaltspsychiatrie 2005, S. 124; Hanrath, Anstaltspsychiatrie 2002, S. 437.

[18]Nach 1963 spielte der *Fachausschuss für Psychiatrie* keine bedeutende Rolle mehr. Er blieb, so hat Sabine Hanrath auf Basis der Akten im Bundesarchiv festgestellt, „letztlich immer eine von der Politik abhängige Variable mit geringen Handlungsspielräumen und Entscheidungskompetenzen". Vom MfG fortwährend misstrauisch beobachtet, ja gegängelt, zunehmend in sich gegenseitig blockierende Unterabteilungen zergliedert, gingen von ihm kaum mehr verändernde Impulse aus.

psychiatrische Rehabilitation der GfR, bemühte sich nach dem Symposium unermüdlich beim *Ministerium für Gesundheitswesen* um Unterstützung für das Reformpapier. Ein Erfolg war ihm aber nicht vergönnt. Dem Bestreben, die Rodewischer Thesen zum offiziellen und verbindlichen Handlungsrahmen für die Psychiatrie in der gesamten DDR zu machen, versagten die politischen Stellen ihre Zustimmung. Das MfG unterstützte die Vorschläge nicht, weil es die Kosten der Reform scheute und in der Parteiführung andere gesundheitspolitische Prioritäten gesetzt wurden. Zudem widersprachen die Thesen an zentralen Stellen der offiziellen marxistisch-leninistischen Lehre und dem damit verbundenen Bild von Mensch und Gesellschaft. Ebenso wie das MfG versagten auch die für die Finanzierung zuständigen Kreisbehörden ihre Unterstützung. Die politischen Institutionen waren nicht bereit, Ressourcen in diesen Bereich der medizinischen Versorgung zu investieren.[19]

Die geringe Auswirkung der Rodewischer Thesen auf die konkrete Versorgungssituation dürfte zudem der Konkurrenzsituation zwischen den medizinisch-wissenschaftlichen Gesellschaften geschuldet gewesen sein. Ähnlich wie in der Bundesrepublik ging es auch bei den Bemühungen um die Reform der psychiatrischen Versorgungsstrukturen in der DDR nie allein um die Situation der psychisch Kranken, sondern stets auch um Einfluss und Deutungshoheit in der Nervenheilkunde. Für den Vorsitzenden der *Gesellschaft für Psychiatrie und Neurologie,* Karl Leonhard, entbehrte die Rodewischer Tagung sogar jeglicher Relevanz. Seine eigenen Forschungsschwerpunkte lagen erstens auf anderen Feldern als der sozialpsychiatrischen Versorgungsstrukturen, zweitens störte ihn die sozialhygienische Ausrichtung in der *Gesellschaft für Rehabilitation.*[20]

Da das MfG 1963 beschloss, in allen medizinischen Fachbereichen Problemkommissionen zu bilden, wurde auch der *Fachausschuss Psychiatrie* in eine *Problemkommission Psychohygiene und geistige Gesundheit* überführt. Anfänglich machten sich die Mitglieder dieses Gremiums noch die Hoffnung, hier ihre sozialpsychiatrischen Ideen einbringen zu können. Bald wurde jedoch klar, dass die verantwortlichen Gesundheitspolitiker keine sozialpsychiatrisch ausgerichtete Nervenheilkunde, sondern eine biologisch ausgerichtete Neuropsychiatrie unter Einbeziehung der Gesundheitserziehung präferierten. Die Problemkommission legte ihren Fokus auf psychohygienische, prophylaktische, neurologische und neurochemische Fragestellungen, was das Gremium wiederum für die Hochschulpsychiater deutlich interessanter machte als für Anstaltspsychiater/-innen. Vgl. Hanrath, Anstaltspsychiatrie 2002, S. 433, 439 (Zitat); Balz/Klöppel, Wendung 2016, S. 546–548.

[19]Vgl. Balz/Klöppel, Wendung nach Innen 2016 S. 545; Rose, Anstaltspsychiatrie 2005, S. 124 f. und 132; Hennings, Rodewischer Thesen 2015, S. 54; Schulz, Rodewischer Thesen 2003, S. 93; Hanrath, Anstaltspsychiatrie 2002, S. 438 f.

[20]Vgl. Hennings, Rodewischer Thesen 2015, S. 38; Geisthövel, Individualtherapie der Neurosen 2019, S. 222 und S. 226–232; Leonhard, o.T., in: Pongratz, Psychiatrie in Selbstdarstellungen 1977, S. 281; Beckmann, Karl Leonhard 1998, S. 119. Ob Dietfried Müller-Hegemann, der sich im Kontext der Rehabilitation schon 1958 für eine flächendeckende ambulante Versorgung von psychisch Kranken stark machte, am Rodewischer Symposium teilnahm, ist unklar. Vgl. Hennings, Rodewischer Thesen 2015, S. 39 f.

Leonhard behinderte sogar, so konnte der Medizinhistoriker Holger Steinberg zeigen, die Veröffentlichung eines Tagungsbandes, der eine größere Reichweite für die Reformvorschläge bedeutet hätte. Die *Gesellschaft für Psychiatrie und Neurologie* förderte also die Reformbemühungen nicht. Als Vertreterin der Universitätspsychiatrie und im Einklang mit den politischen Stellen behinderte sie vielmehr absichtlich die Implementierung der Reformideen. Auch in der psychiatrischen Fachzeitschrift, dem Mitteilungsorgan der GPN, wurden die Thesen nicht veröffentlicht.[21]

Nimmt man dies alles zusammen, so zeigt sich ein scharfer Interessenkonflikt zwischen Teilen der Anstaltspsychiatrie auf der einen Seite sowie Hochschulpsychiatrie und Gesundheitspolitik auf der anderen Seite. Zugleich ist jedoch zu berücksichtigen, dass längst nicht alle Anstaltsleitungen von den Reformbestrebungen ihrer Kolleg/-innen überzeugt waren. Sie störten sich daran, dass eine konsequente Umsetzung der Rodewischer Thesen der herrschenden Krankheitslehre widersprochen hätte, die Nutzung der Arbeitskraft der Patient/-innen erschwert worden wäre und sie zudem für das Personal einen hohen Arbeitsaufwand im Umstrukturierungsprozess bedeutet hätte. Realisiert wurden die in den Rodewischer Thesen formulierten Vorhaben daher lediglich auf lokaler Ebene, etwa in Brandenburg, Mühlhausen und Rodewisch selbst, wo die Gitter vor den Fenstern entfernt und rehabilitative Programme entwickelt wurden, dies alles in Abhängigkeit vom persönlichen Engagement der lokal Verantwortlichen und der dort vorhandenen finanziellen und personellen Ressourcen.[22]

Nichtsdestotrotz waren die Rodewischer Thesen eine bemerkenswerte Reforminitiative und zeugen vom hohen Engagement einzelner Anstaltspsychiater/-innen. Sie waren nicht nur Ausweis der sozialpsychiatrischen Reformbemühungen in der DDR, sondern auch Ausdruck eines internationalen Phänomens. Mit ihren Forderungen und Vorschlägen orientierten sich die Verfasser weitgehend an dem, was in Modellinstituten in England bereits erprobt wurde – und sie verwiesen auch explizit darauf. Indem sie sich auch auf das sowjetische Dispensairesystem bezogen, bemühten sie parallel dazu auch eine sozialistische Tradition extramuraler Versorgung.[23] Doch anders als zehn Jahre später in der Bundesrepublik führte von hier kein Weg hin zum Umbau des psychiatrischen Versorgungssystems. Extramurale Angebote blieben selten.

---

[21]Vgl. Steinberg, Hintergründe 2014, S. 74; Kumbier/Armbruster, Sozialpsychiatrische Reformen 2015, S. 362. Die Rodewischer Thesen wurden erst 1965 – und dann in einer mit psychiatrischen Themen nur am Rande befassten Zeitschrift, der *Zeitschrift für die gesamte Hygiene,* veröffentlicht. Sie waren allerdings zunächst auch nur als Dokument für den internen Gebrauch gedacht, als Vorlage für die zuständige Gesundheitsverwaltung und als Diskussionsgrundlage für die beteiligten Ärzte. Vgl. Hanrath, Anstaltspsychiatrie 2002, S. 438.

[22]Vgl. Barsch, Gestig behinderte Menschen 2007, S. 209; Rose, Anstaltspsychiatrie 2005, S. 121–124.

[23]Vgl. Rose, Anstaltspsychiatrie 2005, S. 118 f.; Balz/Klöppel, Wendung nach Innen 2016, S. 544 f. und S. 553; Schulz, Rodewischer Thesen, S. 92–97; Hanrath, Anstaltspsychiatrie 2002, S. 436 f.; Kumbier/Armbruster, Sozialpsychiatrische Reformen 2015, S. 363.

15.2   Die Rezeption der Rodewischer Thesen in der Bundesrepublik

In Ost- und in Westdeutschland dominierten in Fragen der Strukturreform der Psychiatrie die gleichen Vorbilder. Zwar wurde von den Psychiatern in der DDR gelegentlich auch auf Referenzbeispiele in anderen sozialistischen Ländern verwiesen. Dies geschah aber eher nachrangig und ergänzend. Das ermöglichte auch nach dem Mauerbau blockübergreifende Allianzen. Aus der Bundesrepublik trugen auf der Rodewischer Tagung auch Karl Peter Kisker[24] über „Pharmakotherapeutische Voraussetzungen der Rehabilitation Schizophrener", W. Geller (Bonn) über „Gefährdung der Rehabilitation durch Fehlbehandlung mit neuroleptischen Mitteln" und Hans Merguet über die „Gezielte Gymnastik bei Schwerstkatatonien" vor.[25] Das war nicht der erste Vortrag Merguets auf einer Tagung in der DDR. Er hatte schon auf dem Rehabilitationskongress 1958 zur „Rehabilitation in der Anstaltspsychiatrie" gesprochen.[26] Diesmal war Merguet aber zur gleichen Zeit Präsident der DGPN und nahm die in Rodewisch beschlossenen Reformvorschläge zum Anlass, darauf hinzuwirken, dass auch in der Bundesrepublik bald eine ähnliche Reaktion erfolge.[27]

Merguet hatte schon auf der 1. Tagung der DGPN 1955 ein Referat über die „Anstaltspsychiatrie in unserer Zeit" gehalten, dabei Reformen eingefordert und war diesem Thema auch in den nachfolgenden Jahren treu geblieben.[28] 1961 sprach er sich dafür aus, „die Behandlung Geisteskranker in der geschlossenen Anstalt auf einen kleineren Kreis zu beschränken und sie häufiger, als man früher glaubte verantworten zu dürfen, durch andere ärztlich-therapeutische und soziale Maßnahmen zu ersetzen".[29] Dass er jetzt, 1963, auf das Beispiel Rodewisch verwies, hat seiner Argumentation vor dem Hintergrund des Kalten Kriegs möglicherweise aber eher geschadet. Zumindest blieb ein Widerhall auf seine positive Besprechung der Tagung in Rodewisch aus. Aus

---

[24]Kisker unterhielt gute Kontakte zu Psychiatern in der DDR, so auch schon längere Zeit zu Rolf Walther. Zwischen 1959 und 1967 besuchte er mindestens viermal die Dresdner Kongresse der psychiatrisch-neurologischen Gesellschaft. Schon 1967 stellte Karl-Peter Kisker fest, dass nicht so sehr die deutsch-deutsche Grenze, sondern unterschiedliche Ansichten über das Wesen psychischer Erkrankungen die Vernetzungen beeinflussten. Er suchte daher auch in der DDR nach Verbündeten für die sozialpsychiatrische Reformen. Vgl. Beyer, Transit 2018, S. 228.

[25]Ursprünglich sollten eigentlich nur zwei Gäste aus der Bundesrepublik vortragen, weil der Partei- und Staatsapparat der DDR sich auf den Austausch mit Wissenschaftlern aus den sozialistischen Ländern beschränken wollte. Vgl. Steinberg, Hintergründe 2014, S. 73; Schulz, Rodewischer Thesen 2003, S. 91.

[26]Vgl. Hennings, Rodewischer Thesen 2015, S. 37.

[27]Vgl. Merguet, Eine bedeutungsvolle Tagung 1963. Knappe Informationen zu Merguets Rolle in Rodewisch bietet: Hennings, Entstehungsgeschichte 2015.

[28]Vgl. Merguet, Anstaltspsychiatrie in unserer Zeit 1955.

[29]Merguet, Psychiatrische Anstaltsorganisation 1961, S. 108.

Merguets gescheitertem Versuch, die Rodewischer Thesen als direktes Reformvorbild in der Bundesrepublik zu etablieren, war die Lehre zu ziehen, dass sich hier mit Verweisen auf Erfahrungen im „Osten" kaum neue Impulse für die Reform der psychiatrischen Versorgungsstrukturen generieren ließen. Es war wirkungsvoller, angloamerikanische Entwicklungen als Plausibilitätsgeneratoren für die eigenen Forderungen nach einer Anstaltsreform zu nutzen.[30] Im Januar 1964 veröffentlichte Jürg Zutt einen halbseitigen Zeitungsartikel in der Frankfurter Allgemeinen über die „weltweite Revolution im psychiatrischen Krankenhauswesen", in dem er auch auf eine Tagung „in der Ostzone" im Mai 1963 zu sprechen kam und deren abschließende Resolution – die Rodewischer Thesen – ausgiebig zitierte. Er agierte aber anders als Merguet. Die Thesen der DDR-Psychiater interpretierte Zutt lediglich als Ausdruck der weltweit „sich anbahnenden, mancherorts schon vollziehenden" Veränderungen.[31] Er nutzte die DDR-Tagung als treffendes Argument im Systemkonflikt, indem er sie nicht zum Vorbild, sondern stattdessen zum Nachweis des eigenen Rückstands erklärte. Der vollständige Titel seines Beitrags hieß nicht umsonst „Neue Wege zur Heilung der geistig Kranken. Weltweite Revolution im psychiatrischen Krankenhauswesen – ohne Deutschland". Bedenke man, so Zutt, „daß Deutschland einmal – vor ungefähr hundert Jahren – auch in der Behandlung psychisch Kranker zu den führenden Nationen der Welt gehört[e]", so müsse man mit Bedauern feststellen, „daß im ganzen gesehen die Bundesrepublik heute rückständig" sei.[32]

Einige wenige weitere Schlaglichter sollen genügen, um die Bedeutung dieser Monate in der Bundesrepublik zu belegen[33]: Die *Konferenz der Kultusminister der Länder* forderte 1964 zum ersten Mal die Modernisierung der psychiatrischen Krankenhäuser. Auf Länderebene entstanden erste Kommissionen und wurden Gutachten in

---

[30]Erst recht, nachdem der US-amerikanische Präsident im Frühsommer 1963 eine umjubelte Reise durch die Bundesrepublik und nach West-Berlin unternommen hatte. Die ihm dabei entgegengebrachte Sympathie und sein unverkennbarer Glamourfaktor schienen auch auf die Reformforderungen in der Bundesrepublik abfärben zu können.

[31]Als weitere Belege dienten ihm der Weltkongress für Psychiatrie 1962, die Kennedy-Botschaft an den US-amerikanischen Kongress 1963 sowie ein fünftägiges Treffen der *Internationalen Krankenhausgesellschaft* in Paris. Letztgenanntes, so Zutt, sei dominiert worden von Vertretern der „fortschrittlichen Länder, vor allem England, Frankreich, Holland und Schweden". Die Beteiligung Deutschlands war hingegen nur verschwindend gering gewesen, Deutsch hatte nicht einmal als Kongresssprache gedient und es sei von „deutschen Verhältnissen" gar nicht gesprochen worden. Auch hätten die führenden deutschen Fachzeitschriften kaum darüber berichtet. In der Zeitschrift *Der Krankenhausarzt* sei nur eine stümperhafte Übersetzung erschienen, bei der offenbar geworden sei, „daß der Übersetzer gar nicht weiß, was eine Tagklinik (sic!) ist und daß es sich um einen in Fachkreisen eingebürgerten Begriff handelt". Zutt, Neue Wege 1964, hier auch das Zitat aus dem Fließtext.

[32]Ebd.

[33]Dass der gesamtgesellschaftliche Reformaufbruch bereits 1964 einsetzte argumentieren: Lorenz/ Walter, 1964 2014.

Auftrag gegeben, um die psychiatrische Krankenhausplanung zu verändern.[34] 1964 gab der *Aktionsausschuss* eine *Empfehlung zur zeitgemäßen Gestaltung psychiatrisch-neurologischer Einrichtungen zur Versorgung der Bevölkerung* heraus. Die Autoren, Hans-Erich Schulz, Caspar Kulenkampff und Karl Peter Kisker, traten damit aus ihrem bisherigen Wirkungsfeld, den Universitätskliniken, wo sie als jüngere Assistenten und Oberärzte von sozialpsychiatrisch interessierten Psychiatrie-Ordinarien gefördert worden waren, heraus.[35] Sie richteten sich nicht mehr nur an die Fachöffentlichkeit, sondern forderten öffentlich „den Ausbau der Anstalten, die Einrichtung von Übergangs-einrichtungen, die Differenzierung von Patientengruppen sowie die Verbesserung der Personalsituation", wie es ihrer Meinung nach in den USA gerade geschah.[36]

15.3 Die Zukunft des psychiatrischen Krankenhauswesens

1964 erschien auch die sieben Jahre zuvor von der DGPN in Auftrag gegebene Studie zur Zukunft des psychiatrischen Krankenhauses. Ihr Autor, Friedrich Panse, legte nach zahlreichen Reisen, vielen davon ins Ausland, nicht lediglich ein kurzes Gutachten oder ein in Thesen zusammengefasstes Reformprogramm vor, sondern präsentierte eine über 800 Seiten starke Monografie über die psychiatrische Versorgung auf der gesamten Welt.[37] Zur Erinnerung: Panse war kein unbeschriebenes Blatt. Während des National-sozialismus hatte er eng mit Kurt Pohlisch zusammengearbeitet und war als „T4"-Gut-achter tätig gewesen. Zudem war er in die damaligen militärpsychiatrischen Maßnahmen aktiv eingebunden. Zum Veröffentlichungszeitpunkt 1964 war Panse ordentlicher Professor für Psychiatrie an der *Medizinischen Akademie Düsseldorf* und Leitender Direktor des *Rheinischen Landeskrankenhauses Düsseldorf,* war also in keiner der abgelegenen Heil-und Pflegeanstalten tätig. Wie ein Jahrzehnt zuvor für Zutt, so war auch für Panse „zur vollkommenen Humanisierung eines Psychiatrischen Kranken-hauses" nicht die Anstalt, sondern das Allgemeine Krankenhaus vorbildgebend, „alle institutiven und materiellen Einrichtungen zum Wohl, zum Behagen und zum Nutzen des Kranken" seien so zu entwickeln, dass „eine sehr weitgehende, wenn auch an die längeren Verweildauern angepaßte Annäherung an das Allgemeine Krankenhaus erreicht werden kann".[38]

---

[34]Vgl. Brink, Grenzen der Anstalt 2010, S. 462.

[35]Vgl. Schulz/Kulenkampff/Kisker, Empfehlungen zur Gestaltung 1964, S. 225 f.; Söhner/Fangerau/Becker, Blick über die Grenzen 2015, S. 126 f.

[36]Zahlreiche Vorschläge der späteren Enquete-Berichte sind hier bereits enthalten. Vgl. Brink, Grenzen der Anstalt 2010, S. 423.

[37]Panse, Das psychiatrische Krankenhauswesen 1964. Panses Buch erschien ein Jahr nach der Kennedy-Botschaft, die er auch vollständig und erstmals in deutscher Sprache abdruckte.

[38]Ebd., S. 308.

Panse verblüffte seine Leser/-innen gleich im Vorwort mit einer neuen Sichtweise:

> „Es wurde Wert darauf gelegt, die Darstellung so zu gestalten, daß sie die Sicht des psychisch Kranken wiedergibt und dessen Bedürfnissen gerecht wird, denen sich dann die Auffassungen der Gesellschaft einzuordnen haben und nicht umgekehrt, wie es lange Zeit hindurch geschah. Sie ist im ausschließlichen Interesse des psychisch Kranken geschrieben und soll vertieftes Verständnis für ihn wecken auch in Kreisen einer größeren Öffentlichkeit, die sich bisher noch nicht mit ihm befaßten und in denen noch manche ungerechtfertigten Vorurteile ihm gegenüber zu überwinden sind. (…) Das Buch möchte ferner das Gewissen aller jener anrühren, die für die Fürsorge und das Wohl der psychisch Kranken unter uns verantwortlich sind und überprüfen mögen, ob alles in ihrem Wirkungsbereich so ist, daß man es als optimal ansprechen kann. Nicht zuletzt aus diesem Grunde ist die Darstellung wirklichkeitsgetreu und unverblümt."[39]

Panse entwarf wegweisende Zukunftsperspektiven für das psychiatrische Krankenhaus. Er forderte den Ausbau aktivierender, psychotherapeutischer und resozialisierender Behandlungsformen, Arbeitstherapie in geräumigen Werk- und Betriebsstätten sowie die Integration von Kunst-, Gestaltungs-, Musik-, Tanz- und Bewegungstherapie in die Psychiatrie. Er empfahl, lichtdurchflutete und wohnlich eingerichtete Aufenthaltsräume sowie psychotherapeutische Stationen einzurichten, Tages- und Nachtkliniken anzugliedern und plädierte für die Differenzierung der Krankengruppen sowie für den Ausbau der psychiatrischen Krankenhäuser zu Forschungsstätten.[40] Er hoffte dabei darauf, dass es dem Psychiater zukünftig gelingen werde, „möglichst viele seiner Patienten tatsächlich und vollständig" zu heilen. „Gelänge ihm dies, wäre er vieler seiner an nicht oder nicht ganz Heilbaren ansetzenden Bemühungen enthoben. Die Verweildauern seiner Patienten würden entscheidend verkürzt und die schwere Hypothek seiner allein über ein Drittel des Bestandes umfassenden chronischen Schizophrenien würde dann nicht mehr sein Haus belasten."[41]

Der „Heilatmosphäre" widmet Panse viele Seiten. Auf ihnen zeigte er, wie mit kleinen und größeren Veränderungen eine „Atmosphäre der Geborgenheit, des Mitfühlens und des Verständnisses, der völlig fehlenden Kluft, des Verbundenbleibens mit der Gesellschaft" geschaffen werden könne, sodass die Menschenwürde der Kranken gewahrt bleibe. „Die Langeweile, die fehlende Anregung, die Einfallslosig-

---

[39] Ebd., S. VIf.

[40] Als typisches „Relikt aus vorpsychiatrischen Zeiten" beschreibt Panse die Funktion der psychiatrischen Krankenhäuser zur Unterbringung „geisteskranker Krimineller" und „krimineller Geisteskranker". Ebd., S. 56. Für die Öffnung der Psychiatrie gegenüber psychotherapeutischen Verfahren und Ansätzen hatte sich Panse auch zuvor bereits stark gemacht, indem er die Integration der „klinischen Psychologie" in die Psychiatrie forderte. Unter „Psychologie" subsummierte Panse im Grunde sämtliche psychotherapeutischen Theorien und Methoden, auch Freud, Adler und Jung, die Gestalttheoretiker und die Vertreter der Ganzheitspsychologie. Vgl. Panse, Klinische Psychologie 1960.

[41] Panse, Das psychiatrische Krankenhauswesen 1964, S. 308.

keit, die Kargheit, (…) so darf eben die zukünftige Atmosphäre des Psychiatrischen Krankenhauses nicht mehr sein". Der Umgang mit den Kranken solle persönlicher, Zuteilungen und Ausstattung reichlicher, die übergroßen Abteilungen aufgelöst und Resozialisierungsmaßnahmen angeboten werden. Absichtlich sprach Panse daher auch von „Wohnen" und nicht von „Unterbringung". Im Abschnitt „‚Schöner wohnen', auch im Psychiatrischen Krankenhaus", dessen Überschrift explizit auf die beliebte, seit 1960 erscheinende gleichnamige Innenausstattungs-Zeitschrift Bezug nahm, unterbreitete er seine zunächst banal erscheinende Vorschläge, indem er dafür plädierte, Bilder aufzuhängen und die Räume mit Blumen zu schmücken. Man solle den psychisch Kranken auch „gute Kunst in Form der etwas aufwendigeren Plastiken nicht vorenthalten". Sämtliche Räume sollten so ausgestaltet werden, dass die Patienten einen „seelischen Gewinn davon haben". Ihr Gemüt solle ergriffen, die Stimmung je nach Bedarf angeregt, gehoben oder beruhigt und ihr Interesse geweckt werden.[42] Unter Berufung auf Hans Merguet hob Panse die Möglichkeiten hervor, das Wohnen im psychiatrischen Krankenhaus behaglicher zu machen, indem

> „beispielsweise von Porzellangeschirr gegessen wird und dabei – mit geringen Einschränkungen auf einer Minderheit von Abteilungen – Messer und Gabel benutzt werden, wie zu Hause auch. Es muß Sorge getragen werden, daß jeder Patient seinen Schrank, seinen Nachttisch und seinen Stuhl am Bett hat und anderes mehr. Kurzgesagt, daß er nichts entbehrt, was er – bei vernünftigem Standard – auch zu Hause haben würde. Wo es irgend geht, sollten auch lichte und farbige Vorhänge an den Fenstern sein; das gilt auch für die Abteilungen der akut und schwer Erkrankten, deren Aggressionen sich ganz selten an schönen Dingen auslassen. Und die Gitter haben, wo sie noch versehentlich vorhanden sein sollten, zu verschwinden."[43]

Panse unterbreitete auch Pläne für den Neubau ganzer Komplexe, doch zielten seine Überlegungen vor allem auf schnelle Verbesserungen im vorhandenen Architekturkorsett.[44] Sein Fokus lag weniger auf der Reform der Versorgungsstrukturen als auf der Umgestaltung und Modernisierung der Krankenhäuser. Hier zeigte er sich indes regelrecht euphorisiert von den Möglichkeiten. Panse erscheint in dieser Veröffentlichung als ein ganz anderer als 20 Jahre zuvor, als er sich noch mit Kriegsneurosen beschäftigte. Personelle Kontinuität ist nicht immer gleichbedeutend mit intellektuellem Stillstand. Wandel ist nicht per se gleichzusetzen mit Opportunismus.

Friedrich Panse wurde nicht zuletzt aufgrund dieser Veröffentlichung auf dem DGPN-Kongress 1964 zum Präsidenten der Fachgesellschaft gewählt. In ihr ent-

---

[42]Ebd., S. 299–325, Zitate S. 299, 300, 309, 323 und 325.

[43]Ebd., S. 325.

[44]Schließlich müsse aber auch, so Panse, die bauliche Struktur, die sich in eineinhalb Jahrhunderten herausgebildet und verfestigt habe, so verändert werden, dass „stark differenzierte kleine Abteilungen von Gruppen- oder Familiencharakter" existierten. Vgl. Ebd., S. 299 und S. 303, Zitat S. 299.

warf er nämlich zugleich auch eine Zukunftsperspektive für die DGPN. Sie habe sich die *American Psychiatric Association* (APA) zum Vorbild zu nehmen. Denn die APA sei eine gut organisierte Interessenvertretung und ein etablierter Ansprechpartner für die US-amerikanische Politik, habe weit mehr als 10.000 Mitglieder, organisiere große Jahrestagungen, veröffentliche selbst umfangreiche Literatur zur praktischen Psychiatrie, befasse sich lenkend und anregend mit Organisationsfragen, trage zur Verwirklichung architektonischer Änderungsvorschläge bei, gebe laufend eine eigene Zeitschrift mit zahllosen Anregungen und Überblicken heraus und beaufsichtige alle staatlichen Anstalten. Anders als die DGPN, so konnte man Panses Äußerungen getrost verstehen, war die APA „überall im psychiatrischen Alltag spürbar". Sie gab „ständig fördernde Impulse", regte behördliche Initiativen an und weise so in die Zukunft.[45] Offenkundig ahnten führende Psychiater schon, dass sich auch die DGPN als Organisation verändern müsse, wolle sie als Akteur im Prozess der Anstaltsreform eine Rolle spielen.

15.4   Der DGPN-Kongress 1964

Der DGPN-Kongress 1964 sollte, so hob es Ehrhardt in seinem persönlichen Einladungsschreiben an die Bundesgesundheitsministerin hervor, unter anderem „der Vorbereitung einer Art ‚Kennedy-Botschaft' für die BRD dienen". Nicht alle Referate sind später auch publiziert worden. Trotzdem lässt sich jener Tag, an dem es um das Thema „Theorie und Praxis der sozialen Psychiatrie" ging, gut rekonstruieren. Der offizielle Pressebericht hielt fest:

> „Der amtierende Präsident der DGPN, Med. Dir. Dr. Merguet, sprach aus seiner jahrzehntelangen Erfahrung als Anstaltspsychiater in eindringlichen und mahnenden Worten über die aktuelle Situation, über die Möglichkeiten und die Dringlichkeit einer Verbesserung der Hilfe für psychisch Kranke. Er verlas ein Telegramm der Frau Bundesministerin für Gesundheitswesen, Dr. Elisabeth Schwarzhaupt, in dem sie ihr besonderes Interesse und ihr Verständnis für die Anliegen der DGPN bekundete und ihre Unterstützung zusagt. Dringend notwendig ist die Vermehrung der Stellen für Ärzte und Pflegepersonal sowie institutioneller Ausbau und Verbesserung der psychiatrischen Krankenhäuser. Darüber hinaus die Schaffung neuer Organisationsformen für eine zeitgemäße psychiatrische Fürsorge und Vorsorge."[46]

Unter der Sitzungsleitung Walter von Baeyers führte zunächst der DGPN-Präsident Merguet persönlich in das Thema ein.[47] Daraufhin sprachen Gerhard Wurzbacher

---

[45]Panse, Das psychiatrische Krankenhauswesen 1964, S. 693 f.

[46]Pressebericht der DGPN zum Kongress in Bad Nauheim 1964, DGPPN-Archiv, Ordner 1 O.

[47]Ehrhardt hatte von Baeyer im Namen des Vorstandes der DGPN gebeten, „das Tagespräsidium am 1. Kongreßtag, am 02.10.1964, in Bad Nauheim zu übernehmen. Angesichts Ihres besonderen Interesses für Fragen der sozialen Psychiatrie dürfte diese Bitte persönlich wie sachlich vollauf begründet sein." Helmut Ehrhardt an Walter von Baeyer, Schreiben vom 27.08.1964, DGPPN-Archiv, Ordner 1 O.

(1912–1999) über „Soziologische Forschungen zum Sozialisationsprozeß: Theorien und Methoden", Hans Bürger-Prinz zu „Psychiatrie und Soziologie", Gustav Bally zu „Psychotherapie und Soziologie", Klaus Dörner über „Interview und Exploration", Walter Döhner (1919–2003)[48] zu „Soziologische Stellung und soziale Aufgabe des psychiatrischen Krankenhauses", Heinz Häfner über „Erfahrungen mit der Rehabilitation jugendlicher Schizophrener", Henricus Cornelius Rümke (1893–1967) zum Thema „Sozialpsychiatrie und Psychohygiene international gesehen", Hermann Stutte (1909–1982) über „Soziale Aufgaben der Jugendpsychiatrie" und Walter Schulte über „Sozialmedizinische Aspekte in der Behandlung und Fürsorge bei Alterskranken".[49] Den Abschluss des offiziellen Tagungsprogramms bildete ein Podiumsgespräch unter Leitung von Helmut Ehrhardt, der erst wenige Monate zuvor als Professor auf den neu geschaffenen Lehrstuhl für Forensik und Sozialpsychiatrie an der Philipps-Universität Marburg berufen worden war.[50] Anschließend wartete auf die Teilnehmer eine „ernsthafte Komödie". Im Rahmen der gesellschaftlichen Veranstaltungen des Kongresses wurde im Kurtheater das Gastspiel „Die verschenkten Jahre" aufgeführt.[51] Der Titel des Stücks war mehr Zufall als Ironie. Dennoch dürfte so mancher Redner schon in der Sitzung zuvor bemerkt haben, dass in der deutschen Psychiatrie ein paar Jahre verschenkt worden waren.

Nachdem die ersten Vorträge des Tages eher theoretischer Natur und von Absichtsbekundungen geprägt waren, oblag es dem Leiter des Landeskrankenhauses Schleswig, Walter Döhner, die erste Stellungnahme aus Sicht der klinischen Praxis abzugeben. Döhner war vom Kongressleiter Hans Merguet, der seine sich nun dem Ende zuneigende zweijährige Amtszeit als DGPN-Präsident genutzt hatte, um sich immer wieder zur

---

[48]Döhner studierte zwischen 1938 und 1943 Medizin in Berlin, München, Königsberg und Göttingen. Er wurde 1944 in Göttingen promoviert. Dort war er zwischen 1941 und 1944 Hilfsarzt einer neurologischen Abteilung, 1944/1945 zunächst Stationsarzt in der neurologischen Abteilung in Breslau, anschließend für kurze Zeit Stationsarzt in der neurologischen Abteilung in Halle a. d. Saale, bevor er dort an der Martin-Luther-Universität Halle-Wittenberg wiss. Assistent für Neurologie, Psychiatrie wurde. Ab 1951 wissenschaftlicher Assistent für Neurologie, Psychiatrie in Düsseldorf, auch Gutachter für Hirnverletzte beim Versorgungsamt Düsseldorf. Zwischen 1954 und 1961 wissenschaftlicher Assistent für Psychiatrie, Neurologie an der Psychiatrischen und Nervenklinik der Medizinischen Fakultät der Christian-Albrechts-Universität zu Kiel. Ab 1961 ärztlicher Leiter des Landeskrankenhauses in Schleswig und apl. Professor für Neurologie, Psychiatrie in Kiel. Zur Person vgl. https://www.gelehrtenverzeichnis.de/person/6654a806-f7f8-23d7-f6e5-4ed35a55c8b4?lang=de.

[49]Vgl. Schulte, Sozialmedizinische Aspekte 1965.

[50]Der während des Berufungsverfahrens amtierende DGPN-Präsident Kranz hatte sich dabei für Ehrhardt stark gemacht. Vgl. Heinrich Kranz an Helmut Ehrhardt, Schreiben vom 02.08.1962, DGPPN-Archiv, Ordner 1 A.

[51]Vgl. Tagungsführer Kongress der DGPN, Bad Nauheim 2.–4. Oktober 1964, DGPPN-Archiv, Ordner 1 O.

Anstaltsreform zu äußern[52], persönlich gebeten worden, über seine Erfahrungen „beim Auf-, Um- und Ausbau" eines psychiatrischen Landeskrankenhauses zu berichten. Grundsätzlich seien in Schleswig dieselben Herausforderungen zu bewältigen, „wie sie vor jedem Anstaltsleiter stehen, der eine der fast durchweg alten Anstalten mit überlebten Ausgangspositionen organisatorisch umgestalten muß, um sie den fortschrittlichen Forderungen unserer Zeit anzupassen".[53]

Dem Wunsch des DGPN-Präsidenten folgend sprach Döhner nicht über die Universitätskliniken, die psychiatrischen Abteilungen in Allgemeinkrankenhäusern und die wenigen bereits existierenden Übergangseinrichtungen. Ihm ging es explizit um die „legitimen Nachfolger der Irrenanstalten bzw. Heil- und Pflegeanstalten des vorigen Jahrhunderts".[54] Mittlerweile würden, so Döhner, „fast überall die notwendigsten Sanierungsmaßnahmen und Verbesserungen" in Angriff genommen. „[E]insichtige und aufgeschlossene Anstaltspsychiater" hätten erkannt, dass die gesellschaftlichen Veränderungen „nach einschneidenden Reformen mit innerer Umstrukturierung und Schaffung neuer Organisationsformen verlangte[n]". Allerdings seien diese Bestrebungen oft an den veralteten Infrastrukturen der meist viel zu großen Häuser, an fehlenden finanziellen Mitteln und unzureichender Unterstützung der zuständigen Gesundheitsbehörden gescheitert.[55] Döhner behauptete, dass es eine eindeutige Frontstellung zwischen der reformbereiten Anstaltspsychiatrie auf der einen Seite und einer auf Sparmaßnahmen fixierten Gesundheitsverwaltung auf der anderen Seite gebe.

Sieben Voraussetzungen, so war von ihm sodann zu vernehmen, seien für eine „sozial orientierte und auf Individualtherapie ausgerichtete Anstaltspsychiatrie" zu

---

[52]Hans Merguet hatte schon auf der 1. Tagung der DGPN 1955 ein Referat über die „Anstaltspsychiatrie in unserer Zeit" gehalten und dabei Reformen eingefordert. Diesem Thema war er auch in den nachfolgenden Jahren treu geblieben. 1963 hatte Merguet an der Tagung in Rodewisch in der DDR teilgenommen und sich anschließend – wenn auch nur mit wenig Widerhall – für eine ähnliche Reformagenda in der Bundesrepublik stark gemacht. Er hatte sich während seiner Präsidentschaft immer wieder zu Fragen der Anstaltsreform geäußert und war zuvor bereits in diesem Bereich publizistisch hervorgetreten. Merguet, Anstaltspsychiatrie 1955; Merguet, Psychiatrische Anstaltsorganisation 1961; Merguet, Eine bedeutungsvolle Tagung 1963. Informationen zu Merguets Rolle in Rodewisch bietet: Hennings, Entstehungsgeschichte 2015.

[53]Hans Merguet an Walter Döhner, Schreiben vom 23.11.1963, DGPPN-Archiv, Ordner 1 O.

[54]Von „Anstalten" sprach Döhner anschließend nur noch selten. Auch in anderen Stellungnahmen der Zeit wird deutlich, dass der Begriff der Anstalt von dem des psychiatrischen Krankenhauses langsam abgelöst wurde. In der Mitgliederversammlung der DGPN am 03.10.1964 wurde beschlossen, den *Ständigen Ausschuss für Anstaltsfragen* in *Ständigen Ausschuss für Krankenhausfragen* umzubenennen. Zudem wurde in der Satzung der Begriff Anstaltspsychiater durch den Begriff Krankenhauspsychiater ersetzt. Auch in fast allen Bundesländern waren die früheren Heil- und Pflegeanstalten mittlerweile umbenannt worden. Vgl. Protokoll über die Mitgliederversammlung der DGPN in Bad Nauheim am 3.10.1964, DGPPN-Archiv, Ordner 1 B.

[55]Döhner, Soziologische Stellung 1965, S. 218.

erfüllen: Erstens die Aufklärung der Öffentlichkeit und ein Abbau der gesellschaftlichen Vorurteile gegenüber den psychisch Kranken. Zweitens seien medizinisch-
ärztlicher, pflegerischer und der Verwaltungs-Sektor so in Einklang zu bringen, dass
beim psychisch Kranken nicht der Eindruck entstehe, er sei den Anforderungen der
Institution wehrlos ausgeliefert. Drittens müsse das „einseitige und überspitzte Spar-
samkeitsprinzip" aufgegeben werden, welches im Wesentlichen den aktuellen Zustand
„übergroßer, ständig überfüllter, ärmlich eingerichteter und personell mangelhaft
besetzter Häuser" verschuldet habe. Viertens seien die Anstalten zu „entflechten",
indem Sondereinrichtungen für „Schwachsinnige", Alterskranke und psychisch gestörte
Kriminelle geschaffen würden. Fünftens müssten die Unterbringungsgesetze verändert
werden. Sie hätten einen „ausgesprochenen Polizeiverordnungscharakter" und würden
das Vertrauensverhältnis zwischen Arzt und Patient erheblich belasten. Sechstens sei
die Außenfürsorge zu stärken und weitgehend von bürokratischen Zwängen und Verwaltungsarbeit zu entlasten. Schließlich sei siebtens die Zahl der ärztlichen Stellen
mit befriedigenden Aufstiegsmöglichkeiten zu erhöhen, sei zur Facharztanerkennung
eine obligatorische Ausbildungszeit in einem psychiatrischen Krankenhaus von sechs
bis zwölf Monaten einzuführen, die Zahl des Rehabilitationspersonals zu erhöhen und
auch dieser Personenkreis besser zu schulen und besser zu entlohnen. Folge man diesen
Ratschlägen nicht, so stände zu befürchten, dass die psychiatrischen Krankenhäuser
personell ausbluteten. Könne man es den Ärzten verdenken, wenn sie resignierten und
andernorts Stellen anträten? Könne man es dem Pflegepersonal vorwerfen, wenn es
in den „insuffizienten Institutionen" abstumpfte? Die zu Recht enttäuschten und ver-
bitterten Krankenhauspsychiater müssten sich jedoch, so Döhners Forderung auf dem
DGPN-Kongress, zur Wehr setzen. Mit Nachdruck hätten sie endlich Versäumtes nachzuholen und alles zu tun, „um veraltete Häuser zu modernisieren, sie umzubauen und
zu verkleinern". Andernfalls seien weitere Abwertung und Diffamierung, insbesondere
der chronisch Kranken, nicht aufzuhalten, würden die psychiatrischen Krankenhäuser unweigerlich zu „reine[n] Bewahranstalten" degradiert.[56] Unter Bezug auf
Friedrich Panses Veröffentlichung zu „Entwicklung, Stand, Reichweite und Zukunft"
des psychiatrischen Krankenhauses verwies Döhner allerdings auch darauf, dass die
Psychiatrie auf das psychiatrische Krankenhaus nicht verzichten könne: „Selbst bei
allem Bemühen wären andere Institutionen nach Größe und Gliederung kaum in
der Lage, die differenzierten Aufgaben der Anstaltspsychiatrie zu übernehmen."[57]
Weder Döhner noch Panse meinten dies als Absage an den vermehrten Aufbau von
psychiatrischen Abteilungen an Allgemeinkrankenhäusern. „Kliniker und Anstalts-

---

[56] Alle Zitate aus: Döhner, Soziologische Stellung 1965, S. 218 f.

[57] Ebd., S. 219. Döhner zitiert in seinem Text nicht nur ausgiebig Panse, sondern auch Kolle, von
Baeyer, Kulenkampff, Schulz, Rhode und Schulte.

psychiater" sollten ja gerade „nicht gegeneinander, sondern miteinander als Anwälte und Sprecher das Schicksal der ihnen anvertrauten psychisch Kranken verbessern wollen".[58]

Döhner erweckte nicht den Eindruck, man habe für diese Umstellungen viel Zeit. In manchen Passagen ist der alarmierende Unterton kaum zu überhören. „Geradezu trostlos" sei beispielsweise bis vor kurzem die Situation der psychiatrischen Landeskrankenhäuser in Schleswig-Holstein gewesen. Erst nachdem man „die maßgeblichen Behörden – vor allem aber auch die Politiker" davon überzeugt hatte, „daß eine Umgestaltung und Modernisierung notwendig, aber auch möglich ist", habe man, basierend auf den eigenen „großzügigen und weitschauenden" Planungen, mit Reformen beginnen können. Mittlerweile sei in Schleswig-Holstein nicht nur ein Kabinettsbeschluss erreicht worden, der den Umbau, die Modernisierung und den Neubau psychiatrischer Krankenhäuser vorsah. Neben einer Planungskommission gebe es auch einen interministeriellen Ausschuss, der sich mit dem Ausbau der Sondereinrichtungen befasste.[59]

Die Stimmung, die in diesem Vortrag zum Ausdruck kam, ist bemerkenswert. Es ist wenig zu spüren vom Gestus und Duktus der Abwehr. Sicherlich auch begünstigt durch die damalige internationale Aufbruchsstimmung, schien eine Reform der psychiatrischen Versorgungseinrichtungen aus der Gruppe der Anstaltsdirektoren heraus möglich. Auch die offizielle Pressemitteilung der DGPN verdeutlicht dies. Mit eindeutigen Formulierungen wurde die Reformbedürftigkeit der psychiatrischen Anstalt hervorgehoben:

> „Die Behandlung und Fürsorge für den seelisch irgendwie gestörten oder kranken Menschen ist ein ebenso differenziertes wie dringliches Problem in unserer heutigen Konsum- und Massengesellschaft. Immer mehr Menschen bedürfen der Hilfe des Psychiaters und Psychotherapeuten. Es ist bei weitem nicht genug, was heute in unserem Land für die psychisch Kranken geschieht. Durch den Kongress in B. Nauheim sollten nicht nur die Fachkollegen, sondern gerade auch die verantwortlichen Behörden und breitere Öffentlichkeit auf die Ergänzungs-, Verbesserungs- und Reformbedürftigkeit unserer Institutionen der praktischen Psychiatrie hingewiesen werden."[60]

Auf dem DGPN-Kongress 1964 konnten aufmerksame Zuhörer/-innen also bereits vieles vernehmen, was zur selben Zeit der *Aktionsausschuss zur Verbesserung der Hilfe für psychisch Kranke* forderte und was später in den Enquete-Berichten von 1973 und 1975 stehen würde: Erfahrungen im In- und Ausland zeigten, dass man für alle psychiatrischen Krankenhäuser annähernd gleiche Richtlinien aufstellen könne, schrittweise müssten die bestehenden Einrichtungen auf eine Bettenanzahl von 400 bis 600 reduziert werden, für akut Kranke seien kleine Stationen „im Sinne einer modernen Aufnahmeklinik bzw. eines Klinikzentrums unter Konzentrierung aller diagnostischen und therapeutischen Möglichkeiten" zu schaffen. Es müsse kleine, wohnlich eingerichtete

---

[58]Döhner, Soziologische Stellung 1965, S. 219.

[59]Ebd., S. 220.

[60]Pressebericht DGPN: Kongress in Bad Nauheim vom 2.10. bis 4.10.1964 in B. Nauheim, DGPPN-Archiv, Ordner 1 O.

Stationen mit gezielter, sehr differenzierter Milieu- und Beschäftigungstherapie in nicht zu großen, richtig zusammengesetzten Gruppen geben. Dafür seien die unterschiedlichen Arten von Kranken voneinander zu trennen. Weil es zudem auch immer mehr psychische Erkrankungen gebe, bei denen die Patient/-innen mittels unterstützender Therapie zumindest einen Teil ihrer Zeit außerhalb der Krankenhäuser verbringen könnten, habe man Nacht- und Tagesabteilungen einzurichten. Zudem solle das psychiatrische Krankenhaus wieder vermehrt Forschungsaufgaben übernehmen.[61]

Diese Äußerungen auf dem DGPN-Kongress 1964 und in der von der DGPN in Auftrag gegebenen Studie von Friedrich Panse zum psychiatrischen Krankenhauswesen zeigen zweierlei: Zum einen verweisen sie darauf, dass in den späteren Enquete-Berichten letztlich inhaltlich wenig Neues stand. Sie bildeten vielmehr den damaligen Ist-Zustand ab und stellten umfangreicher als jemals zuvor belastbares Zahlenmaterial zur Verfügung. Allerdings war die Unhaltbarkeit der Zustände in den psychiatrischen Versorgungseinrichtungen schon 1964 hinreichend belegt. Was die Zielvorstellungen anging, reichten die Enquete-Berichte kaum über das hinaus, was hier auf den letzten Seiten bereits beschrieben wurde. In manchen Punkten blieben sie sogar deutlich hinter den Forderungen aus den 1960er Jahren zurück. Zum anderen hatte die DGPN ganz offenkundig Mitte der 1960er Jahre durchaus das Potenzial, eine treibende Kraft bei der Psychiatriereform zu werden. Denn wie anders konnte man Döhners Appell auf dem Kongress verstehen als einen Aufruf zum Handeln:

> „Die Zeit ist gekommen, wo es darum geht, den begonnenen Weg mit gediegener Sach-
> kenntnis, konsequent und ausdauernd weiterzuverfolgen bei kritischer Einschätzung
> des Ausmaßes der zu erwartenden Schwierigkeiten und unter Beachtung der richtigen
> Begrenzungen. Der Einzelne steht aber auf verlorenem Posten, wenn es nicht gelingt, in
> gemeinsamen Einsatz und enger Zusammenarbeit mit Universitätskliniken, psychiatrischen
> Abteilungen allgemeiner Krankenhäuser und niedergelassenen Nervenärzten sich in
> erhöhtem Maße der Menschen anzunehmen, die meist ohne eigene Schuld unglücklich
> geworden und auf fremde Hilfe angewiesen sind."[62]

Ausdruck dieses Suchens nach einer selbstbestimmten und ausbalancierten Anstalts-reform unter Abwehr allzu radikaler Konzeptionen war die Mitgliederversammlung. Sie wählte 1964 – auf Vorschlag des Vorstands und wie üblich einstimmig per

---

[61]Döhner, Soziologische Stellung 1965, S. 220 f., Zitat S. 220.
[62]Ebd., S. 221.

Akklamation – Friedrich Panse (Düsseldorf) zum neuen Präsidenten der DGPN.[63] Er hatte mit seinem jüngst erschienen Buch über Entwicklung, Stand, Reichweite und Zukunft des psychiatrischen Krankenhauswesens für die Bewahrung der psychiatrischen Großkrankenhäuser als zentrale Orte der Behandlung psychisch Kranker plädiert, zugleich aber auch gefordert, die Anstalten zu modernisieren, umzubauen und zu verkleinern.[64] Auch befürwortete er die verstärkte Integration der Psychologie in die psychiatrische Praxis und damit auch eine engere Zusammenarbeit von Psychologen, Psychotherapeuten und Psychiatern. Mit ihm besetzte jedoch zugleich ein weiterer ehemaliger „T4"-Gutachter das höchste Amt der psychiatrischen Fachgesellschaft.[65]

Zu diesem Zeitpunkt, Mitte der 1960er Jahre, spürten auch die in den Stellungnahmen der Psychiater oft so harsch kritisierten Gesundheitspolitiker der Bundesländer den gestiegenen Handlungsdruck. Die *Konferenz der für das Gesundheitswesen zuständigen Minister und Senatoren der Länder* formulierte am 9. Oktober 1964 eine Stellungnahme zu *Entwicklungsformen des psychiatrischen Krankenhauses in der heutigen Zeit,* die ein Acht-Punkte-Programm enthielt: Erstens seien die vorhandenen psychiatrischen Krankenhäuser, soweit die Bausubstanz dies zulasse, „auszubauen, aufzulockern und zu modernisieren". Zweitens seien in den vorhandenen Einrichtungen diagnostisch-therapeutische Zentren für akut Behandlungsbedürftige zu schaffen. Drittens beabsichtigte man, geeigneten psychiatrischen Krankenhäusern Übergangseinrichtungen in Form von Tag-Nacht-Kliniken anzugliedern. Viertens sollten die abgelegenen großen psychiatrischen Krankenhäuser durch ihnen zugeordnete klinische und soziotherapeutische Einrichtungen in den nächstgelegenen Städten ergänzt werden. Fünftens seien entsprechend den Empfehlungen der Weltgesundheitsorganisation neue kleinere Einrichtungen in den Ballungsräumen zu schaffen. Sechstens sollten in Großstädten ohne eigenes psychiatrisches Krankenhaus psychiatrisch-neurologische Krankenhausabteilungen eingerichtet werden. Siebtens sei

---

[63]Auf der Mitgliederversammlung am 03.10.1964 wurden zudem Merguet als 2. Vorsitzender, Ehrhardt als 1. Schriftführer, Haase (Düsseldorf) als 2. Schriftführer, Sollmann als Kassenführer, Störring (Kiel) als Vertreter der Lehrstuhlinhaber, Skalweit (Berlin) als Vertreter der Krankenhauspsychiater und Schimrigk (Dortmund) als Vertreter der praktizierenden Nervenärzte gewählt. Vgl. Wichtige Mitteilungen vom Kongreß der DGPN in Bad Nauheim vom 2. bis 4.10.1964, in: Mitteilungsblatt der psychiatrischen Landesverbände und des Ständigen Ausschusses für Krankenhausfragen der DGPN 6 (1964), S. 1.

[64]Vgl. Panse, Das psychiatrische Krankenhauswesen 1964. Das korrespondierte mit Panses Position zum Verhältnis von Neurologie und Psychiatrie. Vgl. Panse, Psychiatrie, Neurologie und die Psychiatrischen Krankenhäuser 1962.

[65]Vgl. Panse, Klinische Psychologie 1960. Panse begrüßte sogar in Großstädten den Ausbau psychiatrischer Abteilungen an allgemeinen Krankenhäusern als „kleine Psychiatrie" mit Psychotherapie und Sozialpsychiatrie –, wollte diese aber auf die Notfall- und Akutbehandlung beschränkt wissen.

das „modernisierte psychiatrische Krankenhauswesen" durch eine aktive Außenfürsorge in Verbindung mit den für Psychohygiene und gesundheitliche Volksbelehrung zuständigen Gremien zu ergänzen. Schließlich sei achtens die berufliche und soziale Rehabilitation der Kranken zu stärken.[66] Diese Forderungen weichen im Detail erheblich von denen der Psychiater ab, doch ihre Stoßrichtung war die gleiche. Offenkundig war auch bei den politisch zuständigen Stellen bemerkt worden, dass erheblicher Modernisierungsbedarf bestand und die psychiatrischen Versorgungsstrukturen grundlegend zu reformieren seien.

Diese Stellungnahme der Gesundheitspolitiker der Länder beschwichtigte die Psychiater nicht. Im Gegenteil eröffnete sie ihnen neue Möglichkeiten der Problemadressierung und -artikulation. Ihr Ton wurde nun fordernder. Heinz Häfner beschwor, unterstützt von Walter von Baeyer und Karl Peter Kisker, 1965 in einer mittlerweile fast legendären Denkschrift den „nationale[n] Notstand".[67] Er mahnte „dringliche Reformen" in der Psychiatrie der Bundesrepublik und den Aufbau sozialpsychiatrischer Einrichtungen an. Wieder wurde ohne Beschönigung auf die veraltete Struktur der bestehenden psychiatrischen Versorgung, auf die zu großen, zu abgelegenen und zu wenig auf Therapie ausgerichteten Anstalten verwiesen. Bekannt war bereits auch die Klage über unzureichende finanzielle Mittelausstattung und den Mangel an hinreichend ausgebildetem ärztlichem und nichtärztlichem Personal. Provokativ und neu waren hingegen die vehemente Forderungen nach einer Öffnung der Behandlung auch durch die Mitwirkung von Psychologen und Sozialarbeitern und die Annahme, dass fast alle psychisch Kranken im Grunde rehabilitationsfähig seien und eine Hospitalisierung gerade einmal bei nur zehn Prozent aller bislang in psychiatrischen Institutionen Untergebrachten angemessen sei. Die Autoren gingen davon aus, dass die Hälfte der stationär untergebrachten psychisch Kranken eigentlich nur eine ambulante Behandlung und weitere vierzig Prozent lediglich eine qualifizierte hausärztliche Behandlung benötigten. In diesem Punkt ging die Denkschrift deutlich über die bislang vorgestellten Reformansätze hinaus, die an der zentralen Stellung des psychiatrischen Krankenhauses im Versorgungssystem für psychisch Kranke festhielten. Das Vorhaben, die veralteten Anstalten

---

[66]Alle Zitate aus: Entwicklungsformen des psychiatrischen Krankenhauses in der heutigen Zeit. Entschließung der Konferenz der für das Gesundheitswesen zuständigen Minister und Senatoren der Länder am 09.10.1964 in Lübeck, in: BMJFG, Materialsammlung II 1973, S. 219.

[67]Häfner/von Baeyer/Kisker, Dringliche Reformen 1965.

zu verkleinern, gemeindenäher unterzubringen und stärker sozialpsychiatrisch auszurichten, war indes auch bei anderen Psychiatern zustimmungsfähig.[68]

Trotz des alarmistischen Untertons blieb ein merkliches Echo auf die Rede vom
„nationalen Notstand" ebenso aus wie auf die vorherigen Stellungnahmen.[69] Der geringe
Effekt ihrer Denkschriften, Memoranden und Resolutionen missfiel den Psychiatern.
Doch offenkundig kam in dieser Situation niemand auf die Idee, die DGPN zum
institutionellen Kristallisationspunkt der Reformbestrebungen zu machen und zur Lobby
einer umfassenden Psychiatriereform umzufunktionieren.[70]

---

[68]Brink, Grenzen der Anstalt 2010, S. 425.

[69]Söhner/Fangerau/Becker, Blick über die Grenzen 2015, S. 128.

[70]Stattdessen gründeten Häfner, von Baeyer und Kisker im Juli 1965 den Verein zur Errichtung
und Förderung eines Modellinstituts für sozialpsychiatrische Therapie und Forschung Heidelberg
e. V. Sie riefen zwar „interessierte und verantwortungsbewusste Kreise" dazu auf, sie zu unterstützen, wählten damit aber den Weg über ein Modellinstitut und nicht über eine standes- und
berufspolitische Vereinigung. Die genannten Personen hatten bereits in Modelleinrichtungen wie
Übergangsheimen, Tag- und Nachtkliniken gute Erfahrungen mit lokalen Initiativen gemacht.
Vgl. Häfner/Martini, Zentralinstitut für Seelische Gesundheit 2011, Rotzoll, Zentralinstitut
(Manuskript); Kersting, Psychiatriereform 2007, S. 379; Brink, Grenzen der Anstalt 2010, S. 425.

Revolte und Reform 16

Schon in den 1960er Jahren, so ist bislang argumentiert worden, forderten Psychiater aus unterschiedlichen Versorgungsbereichen tiefgreifende Reformen in der Versorgung psychisch Kranker. Nur: trotz aller Absichtserklärungen und lokal zu bemerkender Bemühungen blieben die Probleme in der Praxis virulent. Mancherorts existierten lokale Reforminitiativen; am bekanntesten sind die in Heidelberg und Gütersloh.[1] Doch einzelne Einrichtungen als Reformeinrichtungen zu etikettieren, andere hingegen nicht, verkennt die tatsächlichen Zustände. Denn meist existierten lediglich kleine Reforminseln innerhalb ansonsten weitgehend unangetasteter Strukturen. Auf „moderne" Therapeutik ausgerichtete Einzelabteilungen bei weiterhin großen Verwahrabteilungen innerhalb einer Klinik waren der Normalfall des direkten Nebeneinanders von Altem und Neuem. So sah man selbst in den stärker sozialpsychiatrisch ausgerichteten Einrichtungen große, überfüllte Wachsäle, war das Personal unzureichend ausgebildet, demotiviert und am Schicksal der ihnen Anvertrauten desinteressiert.[2] Noch reichte der Reformelan nicht aus, um einen tiefgreifenden Wandel anzustoßen. Es baute sich aber „auf breiter Front ein Erwartungsstau" auf, wie Hans-Walter Schmuhl betont hat.[3]

Im Folgenden stehen die Jahre 1968 bis 1975 im Vordergrund. Dabei handelt es sich um eine Zeit, in der sich in der Bundesrepublik die Reformbestrebungen in einem

---

[1]Vgl. Forsbach, Die 68er und die Medizin 2011, S. 129.

[2]Vgl. Brink, Grenzen der Anstalt 2010, S. 420 f.

[3]Zugleich hat er darauf verwiesen, dass auch diese Ansätze einer „Reform vor der Reform" nicht im luftleeren Raum stattfanden, sondern sich mit strukturellen Bedingungen auseinandersetzten, die bereits während des Zweiten Weltkrieges – und davor – problematisiert worden waren. Vgl. Schmuhl, Einführung 2003, S. 15.

© Der/die Herausgeber bzw. der/die Autor(en), exklusiv lizenziert durch Springer-Verlag GmbH, DE, ein Teil von Springer Nature 2021
S. Dörre, *Zwischen NS-„Euthanasie" und Reformaufbruch,*
https://doi.org/10.1007/978-3-662-60878-4_16

neuen gesellschaftspolitischen Umfeld und mit unerwarteter Schwungkraft entfalteten. Zu fragen wird sein, wie es angesichts der tendenziellen Zustimmung zur Psychiatriereform Mitte der 1960er Jahre zu erklären ist, dass sich für die Zeitgenossen in der ersten Hälfte der 1970er Jahre der Eindruck verfestigte, nun einen Konflikt zwischen scheinbar reformunwilligen etablierten Psychiatern und einer jungen Generation begeisterter sozialpsychiatrisch Gesinnter zu erleben. Die Zeichen der Zeit standen offenkundig auf Konfrontation statt Kooperation. Das ist mehr als eine Randbemerkung. Doch wie beeinflusste die aufgeladene Atmosphäre in der westdeutschen Gesellschaft die Psychiatriereform?[4] Eine vergleichbare Aufmerksamkeitskonjunktur für die Unzulänglichkeiten der Versorgung psychisch Kranker hat es in der DDR nicht gegeben. Und dennoch wurden auch dort Probleme diskutiert und wurde versucht, Reformen einzuleiten. Der Erfolg war bescheiden, und doch lohnt sich ein Blick auf die dortigen Reforminitiativen vom Anfang bis zur Mitte der 1970er. Sie geben auch Aufschluss über die Erfolgsbedingungen der Psychiatriereform in der Bundesrepublik und zeigen, warum sich nachfolgend die Bedingungen in den psychiatrischen Versorgungseinrichtungen in Ost- und Westdeutschland immer deutlicher auseinanderentwickelten.

16.1   Konfrontationen

Nach mittlerweile jahrzehntelangen medialen Auseinandersetzungen um die Interpretationshoheit über „1968"[5] wird das quantitative Ausmaß der Studentenbewegung meist überschätzt. Sie beschränkte sich zum einen nur auf einige Universitätsstädte und erreichte zum anderen auch nur einen Bruchteil der Studierenden. Weder quantitativ noch qualitativ hielten die angehenden Ärzte und Ärztinnen dabei mit ihren Kommilitonen von den geisteswissenschaftlichen Fakultäten mit. Doch auch bei ihnen zeigten sich eine rasante Politisierung, neue Argumentationsweisen und Plausibilisierungsstrategien, neue Formen des politischen Protests und die Lust an der Konfrontation. Die Studierenden der Medizin, aber auch die jüngeren Ärzte und Ärztinnen in den Kliniken kritisierten unvermittelt lautstark die Machtasymmetrien im Arzt-Pflegekraft-Patient-Verhältnis und das ebenso paternalistische wie patriarchale Karrieresystem in den Kliniken. Der Medizinhistoriker Ralf Forsbach hat auf breiter

---

[4]Franz-Werner Kersting hat das „Überlagerungs-, Durchdringungs- und Beschleunigungsverhältnis" von Psychiatriereform und 1968 betont und weitere Forschung zu diesem Wechselverhältnis angemahnt. Kersting, Psychiatriereform und `68 1998, S. 285.

[5]Jüngst hat Armin Nassehi eine lesenswerte Analyse der Chiffre „68" vorgelegt, die weder den wünschbaren Nutzen von Liberalisierung, Pluralisierung, Individualisierung und Inklusion, noch deren Kosten unterschlägt. Vor allem zeichnet sich die Publikation durch eine sehr genaue Unterscheidung zwischen den Motiven einzelner herausragender Akteure und den Erfolgsbedingungen, die nur zu einem kleinen Teil im linksalternativen Studierendenmilieu zu suchen sind, aus. Vgl. Nassehi, Gab es 1968? 2018.

Quellenbasis belegt, dass die Reformanliegen der „68er" in der Medizin kaum den Anspruch auf Originalität erheben konnten, dass sich aber die Art und Weise veränderte, in der Forderungen artikuliert wurden, die Anliegen dadurch einem breiteren Publikum bekannt wurden und so auch mehr Aussicht darauf hatten, umgesetzt zu werden.[6] Von „1968" gingen gesellschaftliche Handlungsimpulse aus. Das ist die produktive Seite des Protests: Er mobilisierte und setzte Energien frei.

Der Ton, der in diesem Generationenkonflikt angeschlagen wurde, verhärtete die Fronten jedoch so nachhaltig, dass Reforminitiativen teilweise nicht aus inhaltlichen, sondern aus persönlichen und habituellen Gründen abgelehnt wurden. Es entwickelte sich eine äußerst kompromissfeindliche Stimmungslage. Dabei war es für die Lösung von Sachfragen nicht immer hilfreich, wenn vonseiten des Nachwuchses bewusst ein marxistisch-maoistisches Vokabular verwendet und Probleme in der Versorgung psychisch Kranker mit Faschismustheorien und in Klassenkampfvokabeln zu erklären versucht wurden. In konfrontativer Absicht etwa eine Verbindung zwischen Vietnamkrieg und der psychiatrischen Versorgungssituation im Westen zu ziehen, generierte zwar Aufmerksamkeit, erzeugte in den höheren Hierarchieebenen der psychiatrischen Versorgungseinrichtungen aber auch Abwehr gegen die Reformideen. Angesichts der fast unüberwindbar scheinenden allgemeinen gesellschaftlichen Verkrustungen wurde brachial argumentiert, und es wurden Personen angegriffen, die für sich in Anspruch nahmen, in den vorangegangenen Jahrzehnten ihr Möglichstes für eine bessere Versorgung der psychisch Kranken getan zu haben. Die jüngere Generation nahm so manche „Lernerfahrungen einiger älterer Jahrgänge" nicht wahr oder wollte sie nicht gelten lassen.[7] Dieser grundsätzliche Vorwurf, Konflikte in nicht zielführender Weise zugespitzt zu haben, trifft allerdings beide Seiten. Die Psychiatrie-Ordinarien ließen sich auf diese Konfrontation ein. Sie, die in ihrem Berufsalltag weniger als ihre Kollegen in den „Anstalten" mit den schlimmsten Zuständen der Krankenversorgung, hingegen mehr mit den aufbegehrenden Studenten konfrontiert waren, hatten nur selten Verständnis für derlei Proteste. Wo sie sich persönlich attackiert fühlten, warfen sie wahlweise mit Kommunismus- und Faschismusvorwürfen um sich oder rückten die reformbereiten Kräfte – die doch Verbündete hätten sein können – in die Nähe des aufkommenden Linksterrorismus.

Seit dem Jahr 1968 erzielte Kritik an der Institution Anstalt eine unerwartete mediale Breitenwirkung. Es wurden nicht mehr nur die Diskrepanzen zwischen ärztlichem Heilungsversprechen und den katastrophalen Lebensbedingungen der stationär behandelten psychisch Kranken sowie die finanzielle und personelle Unterversorgung der Einrichtungen kritisiert oder die Gefahr einer fälschlichen Zwangseinweisungen hervorgehoben, sondern das gesamte, auf Absonderung, gesellschaftliche Exklusion und

---

[6]Vgl. Forsbach, Die 68er und die Medizin 2011, S. 9–11.
[7]Kersting, Psychiatriereform und `68 1998, S. 282. An die damalige Stimmung erinnert sich Hanfried Helmchen in: Helmchen, Psychiatrie an der FU Berlin 2007, S. 110 f.

Disziplinierung ausgerichtete „System Anstalt" infrage gestellt. Die „politisch-emotional aufgeladene Diskussions- und Konfliktatmosphäre" der Zeit kristallisierte sich in der Anstaltskritik. Hier war es möglich, die Probleme der gesamten Gesellschaft an einer konkreten Institution zu verhandeln. Wenn von „Wahnsinn" oder „Anstalt" die Rede war, dann ging es oft mehr um die allgemeinen politisch-gesellschaftlichen Verhältnisse als um die psychisch Kranken selbst.[8] Das Interesse an Aufklärung über die gegenwärtigen Zustände in den psychiatrischen Landeskrankenhäusern stieg explosionsartig an,[9] und Schilderungen wie die Frank Fischers aus „Irrenhäuser. Kranke klagen an" verbreiteten sich rasch.[10] Deren publizistische Erfolge machten Berichte über die gravierenden Mängel in der Versorgung psychisch Kranker zu einem beliebten journalistischen Genre. Der Buchmarkt gierte nach Schriften, die Gesellschafts- und Anstaltskritik zusammenführten.[11]

Nur wenige Psychiater forderten angesichts dieses diskursiven Rahmens ernsthaft, die Einrichtungen für psychisch Kranke den Blicken der interessierten Öffentlichkeit zu öffnen. Heinz Häfner hingegen ist einer derjenigen, die deren Tore nicht verschlossen halten wollten. Er sah die Journalisten als Verbündete der Psychiater an. Sie würden, so Häfner 1968, gebraucht, um die Missstände schonungslos offenzulegen. Nur mit ihrer Hilfe werde man von der Politik überhaupt beachtet. Außerdem nähre jedes Beschönigen nur das ohnehin verbreitete Misstrauen gegenüber der Psychiatrie. Die Massenmedien, so Häfner, seien für Kritik und Aufklärung unerlässlich. Mit ihrer Hilfe ließen sich auch sozial besonders benachteiligte Gruppen erreichen, um ihnen zu vermitteln, dass für seelische Erkrankungen mittlerweile „moderne Behandlungsmethoden

---

[8]Brink, Grenzen der Anstalt 2010, S. 404, 412; Kersting, Psychiatriereform und `68 1998, S. 284.

[9]Indizien dafür sind: die Publikation „Medizin ohne Menschlichkeit" entwickelte sich zu einem Verkaufsschlager, die universitären Veranstaltungen der Psychiater Walter Schulte und Walter von Baeyer zur Psychiatrie im Nationalsozialismus stießen auf großes Interesse; Walter Theodor Winkler (Gütersloh) nahm 1969 Stellung zum „therapeutischen Nihilismus" bei der Massenvernichtung „lebensunwerten Lebens". Zu Walter Schulte vgl. Kersting, Der lange Schatten des NS-Krankenmords 2007, S. 380–384; Forsbach, Die 68er und die Medizin 2011, S. 56. Vgl. auch Schulte, „Euthanasie" und Sterilisation 1965; Winkler, Fortschritte der psychiatrischen Therapie 1969; Gollin u. a., Dokumentation 1968; ferner Kersting, Psychiatriereform und `68 1998, S. 295.

[10]Caspar Kulenkampff war einer der wenigen Psychiater, der das Buch Fischers nicht verriss, sondern ihm in seiner Rezension im *Nervenarzt* bei aller Kritik an der Darstellung beipflichtete, dass die beklagten Missstände zu beheben seien. Vgl. Brink, Grenzen der Anstalt 2010, 443–450, hier insbesondere S. 447 f.

[11]Renommierte Verlage veröffentlichten ab 1969 unter anderem Klaus Dörners Schrift „Bürger und Irre", Goffmans bereits 1961 im Original erschienene Buch „Asyle" lag 1970 erstmals in deutscher Übersetzung vor, im folgenden Jahr auch Michel Foucaults „Wahnsinn und Gesellschaft", das ebenfalls 1961 im Original erschienen war, sowie Franco Basaglias „Die negierte Institution".

und Behandlungseinrichtungen" bereitstünden.[12] Bei den meisten Krankenhaus- und Klinikdirektoren verfing diese Argumentation jedoch nicht. Sie befürchteten mit der Verbreitung öffentlicher Kritik auch Skandalberichte über das eigene Haus.

Die „Antipsychiatrie" entwickelte sich mit ihren massenmedial vermittelten Thesen mehr und mehr zum Schreckgespenst etablierter Psychiater. So mahnte die DGPN, die antipsychiatrischen Aktivitäten und Verunglimpfungen nicht als Bagatellen anzusehen.[13] Interessanterweise waren es aber vor allem die stark sozial- und gemeindepsychiatrisch orientierten Kräfte, wie etwa Walter von Baeyer und Heinz Häfner, die sich konkret vor Ort mit Gruppierungen konfrontiert sahen, die die staatlichen Versorgungsstrukturen nicht erneuern, sondern grundsätzlich abschaffen wollten.[14] Die „Reformer" sahen sich so seit Ende der 1960er Jahre an zwei Fronten Kritikern gegenüber: Ihre Bemühungen gingen auf der einen Seite den radikalen Kräften nicht weit genug, auf der anderen Seite wurden sie von großen Teilen der etablierten Psychiatrie in inhaltliche und habituelle Nähe zur „Antipsychiatrie" gerückt. Vertreter/-innen der „Reformpsychiatrie", bestrebt, die „Reform" vor der „Revolution" zu retten, werteten daraufhin die Vertreter der „Antipsychiatriebewegung" ab.[15]

16.2   Die Ereignisse überschlagen sich

Ende der 1960er Jahre schien die deutsche Psychiatrie im internationalen Vergleich sehr weit zurückgefallen zu sein. Als Kern des Problems wurden in der Bundesrepublik die 130 überbelegten psychiatrischen Krankenhäuser – die Hälfte davon in öffentlicher Hand – mit ihren zusammen etwa 100.000 Betten ausgemacht.[16] Von diesen Einrichtungen, die jeweils für ein großes Einzugsgebiet zuständig waren, hatten einige über

---

[12]Brink, Grenzen der Anstalt 2010, S. 429. Zitat: Häfner, Vorurteile 1970, S. 73.

[13]Vgl. Tätigkeitsbericht des Vorstandes der DGPN für das Jahr 1973 1974, S. 397. Für Wirbel in der DGPN sorgte vor allem die Scientology-Sekte, aber auch ein Artikel des Stern vom 8. März 1973 mit dem Titel *Als Pfleger in der Schlangengrube*.

[14]Vgl. Pross, SPK 2016. In Heidelberg erreichten die Aktivitäten des Sozialistischen Patientenkollektivs (SPK) mit ihrer Gleichsetzung von Psychiatrie und Strafvollzug, mit dem Slogan „die Krankheit zu einer Waffe machen" und der Identifikation mit den Opfern des Nationalsozialismus, ein hohes Maß an Aufmerksamkeit. Die Auseinandersetzungen um den Film „SPK-Komplex" zeigen, dass diese Konflikte noch bis in unsere heutige Zeit hineinwirken – wenn sich auch die Argumente zum Teil den aktuellen Diskursformationen angepasst haben und nur noch wenig mit den damals gebräuchlichen Argumenten zu tun haben. In der Diskussion um die Einordnung des SPK zeigt sich vor allem, wie stark sich die Protagonist/-innen von damals auch heute noch angegriffen fühlen. Eine emotionale Beruhigung durch zeitlichen Abstand ist jedenfalls nicht zu bemerken.

[15]Vgl. Brink, Grenzen der Anstalt 2010, S. 457.

[16]Die Zählung der Krankenhausbetten war auf Länderebene uneinheitlich. Es existieren daher mehrere unterschiedliche Gesamtzahlen.

2000, eine sogar über 3000 Betten. Sie waren für heterogene Krankengruppen zuständig, besaßen aber nur begrenzte Möglichkeiten, diese auch differenziert, ihren unterschiedlichen Bedürfnissen entsprechend, zu behandeln.

Nach ersten konkreten Schritten schon 1968, nahm die Reform 1969 deutlich Fahrt auf, bis sich im Jahr 1970 die Ereignisse überschlugen. Im März 1968 legte der *Wissenschaftsrat* Empfehlungen zur Struktur und zum Ausbau der medizinischen Forschungs- und Ausbildungsstätten vor. Er forderte darin eine Auffächerung der Psychiatrie, durch Etablierung einer eigenständigen Kinder- und Jugendpsychiatrie und spezieller Einrichtungen für Alterskranke. Die zunehmende Bedeutung der Sozialpsychiatrie werde zudem, so die Erwartung des *Wissenschaftsrates*, eine gravierende Umstrukturierung der psychiatrischen Kliniken zur Folge haben, „wie sie etwa in der Einrichtung der ‚Community Mental Health Centers‘ in England, den skandinavischen Ländern und den USA ihren Niederschlag gefunden hat". Die klinischen Abteilungen herkömmlicher Art, würden „mit Teilhospitalisierungs-Institutionen (Tages- und Nachtkliniken), beruflichen und sozialen Rehabilitationseinrichtungen, Notfalldiensten usw. kombiniert" werden, um „die soziale Umwelt, die ein Bestandteil von Ätiologie, Dynamik und Verlauf sehr vieler psychischer Krankheiten ist, in die Forschung und die Behandlung einzubeziehen". Zugleich forderte der *Wissenschaftsrat* – für alle medizinischen Teilbereiche – eine stärkere Einbeziehung außeruniversitärer Gesundheitseinrichtungen in den klinischen Unterricht.[17]

Am 21. Mai 1968 beschloss der 71. Deutsche Ärztetag in Wiesbaden nach jahrelangen Beratungen eine Neufassung der Facharztordnung, die künftig Weiterbildungsordnung hieß. Für die Nervenheilkunde sollte es nun vier Fachärzte geben: den Facharzt für Psychiatrie, den Facharzt für Neurologie, den Facharzt für Neurologie und Psychiatrie sowie den Facharzt für Kinder- und Jugendpsychiatrie. In der Ausbildung für den Facharzt für Psychiatrie war ein halbes Jahr in einem psychiatrischen Landeskrankenhaus vorgesehen, angehende Fachärzte konnten damit ihre Facharztausbildung nicht mehr allein an einer Universitätsnervenklinik absolvieren. Die Weiterbildungsordnung legte zudem folgende Bestandteile der theoretischen Ausbildung für den Facharzt für Psychiatrie fest:

> „Allgemeine, soziale, medizinische und Entwicklungspsychologie, Psychohygiene und Sozialpsychiatrie, Psychosomatik, Neurosenlehre und Tiefenpsychologie, allgemeine und spezielle Psychopathologie; und in der Praxis: Klinische Psychiatrie (einschließlich Kinder- und Jugendpsychiatrie), tiefenpsychologische Anamnese und Exploration, soziologische Interviewtechnik, Behandlungsverfahren, besonders Psychopharmakotherapie, Rehabilitation und Prävention."[18]

---

[17]Empfehlungen des Wissenschaftsrates 1968, S. 48 f. und S. 109, Zitate S. 49. Die Verteilung der insgesamt 4716 universitären Betten für Neurologie und Psychiatrie auf die fünfundzwanzig bestehenden klinischen Forschungs- und Ausbildungsstätten S. 158.

[18]Bundesministerium für Jugend, Familie und Gesundheit, Materialsammlung I 1973, S. 54.

Der Vorstand der DGPN zeigte sich damit zufrieden. „In langen und schwierigen Verhandlungen" habe man zusammen mit dem *Ständigen Ausschuß für Krankenhausfragen* und dem *Berufsverband der niedergelassenen Nervenärzte* Vorschläge „vollinhaltlich in die Ärztetags-Vorlage" einbringen können. Mit der Schaffung von nunmehr vier Weiterbildungsgängen mit jeweils unterschiedlicher Akzentuierung der Psychiatrie war man nicht rundweg einverstanden, sah aber einen Erfolg in der inhaltlichen Präzisierung der Weiterbildung durch die Erstellung von Weiterbildungskatalogen. Diese Kataloge nähmen die notwendige Reform des Medizinstudiums in Teilen vorweg und würden helfen, dass „beträchtliche Qualifikationsgefälle zwischen einzelnen Weiterbildungsstätten" zu verringern.[19]

Im Mai 1969 erklärte der Wissenschaftsrat die Psychiatrie in der Bundesrepublik für dringend reformbedürftig und bezeichnete die psychiatrische Krankenversorgung als mangelhaft.[20] Am 28. Oktober 1969 mahnte Willi Brandt in seiner Regierungserklärung an, dass psychisch Kranke und geistig Behinderte nicht nur materielle Unterstützung, sondern auch menschliche Solidarität zustünde.[21] In der Folge veränderten sich die sozialpolitischen Schwerpunktsetzungen.[22] Aufbauend auf den Initiativen der Großen Koalition rückten mit der Übernahme der Regierungsführung durch die SPD die Probleme von sozialen Randgruppen in den Mittelpunkt der Sozialpolitik.[23] Die „Soziale Psychiatrie" fand jetzt auch politische Unterstützung – sowohl bei den Parteien als auch in den neuen sozialen Bewegungen. 1970 trat in Nordrhein-Westfalen das Gesetz über Hilfen und Schutzmaßnahmen bei psychischen Krankheiten in Kraft, in dem nun nicht mehr nur ein ordnungsrechtlicher Rahmen abgesteckt, sondern auch fürsorgerische Aspekte mitberücksichtigt wurden. Auf der Gütersloher Fortbildungswoche sowie auf dem Deutschen Ärztetag und im Deutschen Bundestag wurde über die psychiatrische Versorgung diskutiert.[24] Im gleichen Jahr ging aus dem *Mannheimer Kreis* die *Deutsche*

---

[19]Mitteilungen der DGPN, in: Der Nervenarzt 9 (1968), S. 431, 432.

[20]Nach BMJFG, Materialsammlung I 1973, S. 4.

[21]Vgl. Forsbach, Die 68er und die Medizin 2011, S. 125.

[22]Vgl. Brink, Grenzen der Anstalt 2010, S. 463.

[23]Der Soziologe Friedrich Fürstenberg hatte den Begriff der „Randgruppe" 1965 prominent gemacht, mit dem er zeigen wollte, dass Gruppen existierten, die fern von der „Kerngesellschaft" standen. Vgl. Fürstenberg, Randgruppen 1965. Wilfried Rudloff hat überzeugend argumentiert, dass dabei die stärksten Impulse nicht von den Politikern ausgingen – auch wenn die politischen und administrativen Funktionsträger die „entscheidenden Gelenkstellen" besetzten, „um neue Themen und Konzepte in das Räderwerk sozialstaatlicher Programmformulierung einspeisen zu können". Wichtiger waren Impulse von den Betroffenen selbst, aus der professionellen Fachwelt und von gesellschaftspolitisch Engagierten. Das herausragende Beispiel für diese Prozesse ist sicherlich die Psychiatrie-Enquete. Vgl. Rudloff, Sozialstaat, Randgruppen und bundesrepublikanische Gesellschaft 2003, S. 182 f., Zitate S. 183.

[24]Vgl. Finzen, Ansätze zu einer gemeindenahen Psychiatrie 1970.

Gesellschaft für Soziale Psychiatrie (DGSP) hervor. Politiker, in der Psychiatrie Tätige und immer größere Kreise der Bevölkerung forderten nun zügige und sichtbare Verbesserungen in der Versorgung psychisch Kranker.[25]

16.2.1 Premiere I: Der Deutsche Bundestag befasst sich mit der Psychiatrie

Am 5. März 1970 stellten Walter Picard (1923–2000)[26] namens der CDU/CSU- Fraktion sowie weitere Einzelpersonen den Antrag, der Deutsche Bundestag möge eine „Sachverständigenkommission zur Erarbeitung eines Berichts über die Lage der Psychiatrie in der Bundesrepublik" einberufen. Zuvor hatte es im Deutschen Bundestag stets nur wenige kleine und mündliche Anfragen zum Themenkomplex Psychiatrie und Menschen mit psychischen Behinderung gegeben.[27] Nun aber forderte Picard, eine „umfassende Untersuchung über die psychiatrisch-psychohygienische (…) Versorgung der Bevölkerung durchzuführen oder durchführen zu lassen".[28] Sein Ansatz sollte für die gesamte Enquete prägend werden. Er war nämlich der Überzeugung, dass, bevor man „modernisiere", ein allumfassendes Bild über die gegenwärtige Situation vorliegen müsse. Ohne genaue Kenntnis der bestehenden Verhältnisse, so seine Grundannahme, ließe sich keine Reform beginnen.[29] Das sei auch in den anderen „Kulturnationen" beim Aufbau einer sozialpsychiatrischen Praxis so gewesen: „Überall war Voraussetzung ein Gesamtplan". Ohne „einheitliche Überlegungen" käme man auch in der Bundesrepublik nicht voran.[30] Es mangele, so Picard nun ganz anders als viele reformorientierte Psychiater in den 1960er Jahren, an Wissen über den tatsächlichen Zustand der psychiatrischen Versorgung. Die bislang immer wieder angeführten Zahlen seien nur Extrapolationen, ausgehend von kleineren Einzeluntersuchungen. Man benötige aber belastbare Daten für das gesamte Bundesgebiet.[31] Bis diese vorlägen, so Picard, seien Sofortmaßnahmen in Angriff zu

---

[25]Vgl. Söhner/Fangerau/Becker, Blick über die Grenzen 2015, S. 128.

[26]Walter Picard war seit 1965 CDU-Abgeordneter im Deutschen Bundestag.

[27]Sie hatten sich auf den Umgang mit Triebverbrechern, auf jugendpsychiatrische Versorgungsangebote, Hilfen für körperlich und geistig behinderte sowie lernbehinderte Kinder, die Personalsituation in psychiatrischen Einrichtungen und die Aufklärung der Bevölkerung über psychisch Kranke konzentriert. Vgl. die Anfragen und Antworten in: BMJFG, Materialsammlung I 1973, S. 181–204.

[28]Bundestagsdrucksache VI/474, abgedruckt in: BMJFG, Materialsammlung I 1973, S. 2.

[29]Hier schlug sich das Planungsdenken der Zeit nieder. Moderne brauchte Planung, und für Planung benötigte man verlässliche Daten. Vgl. Protokoll der Beratung der Drucksache VI/474, abgedruckt in: Ebd., S. 7 f.

[30]Ebd., S. 13.

[31]Ebd., S. 7 f.

nehmen, insbesondere, um die angespannte Personalsituation in den Einrichtungen zu verbessern.

Am 17. April 1970 befasste sich der Bundestag in einer Fragestunde mit dem Antrag.
Vertreter aller vier im Parlament vertretener Parteien nutzten – wenn auch vor sehr
überschaubarer Kulisse[32] – die Möglichkeit, sich für eine deutliche Verbesserung der
Situation der psychisch Kranken auszusprechen. Erstmals konnte auf dieser politischen
Bühne mit Walter Picard ein Abgeordneter den Rückstand der deutschen Psychiatrie im
internationalen Vergleich anprangern, die desaströsen Zustände in den psychiatrischen
Landeskrankenhäusern schildern, die Diskriminierung der psychisch Kranken auf-
grund der niedrigen Krankenkassensätze beklagen und die Gleichstellung der seelisch
Erkrankten mit den somatisch Erkrankten einfordern. Picard griff die öffentliche Debatte
auf, indem er Frank Fischers Buch „Irrenhäuser – Kranke klagen an" erwähnte und
Heinz Häfners Formulierung vom „nationalen Notstand" zitierte.[33] Er verwies aber
auch auf Friedrich Panses Publikation von 1964 und trug damit die seit Jahren von den
Psychiatern erhobenen Klagen ins Parlament.[34] Die Personalsituation müsse verbessert,
die Trennung zwischen Universität und „sogenannter Anstaltspsychiatrie" aufgehoben,
der Anteil des psychotherapeutischen und psychiatrischen Unterrichts im Medizinstudium erhöht und beide genannten Bereiche der Nervenheilkunde als Prüfungsfach
aufgewertet werden. Steigen sollte die Zahl der psychiatrischen Abteilungen an allgemeinen Krankenhäusern, weil damit erstens die „Zurückführung der Psychiatrie in die
allgemeine Medizin", zweitens die „Resozialisierung des (…) Kranken" und drittens –
wie aus dem Publikum zu vernehmen war – die „Hinführung der anderen Mediziner zur
Psychiatrie" erreicht werden könne.[35] Picard plädierte für eine „Modernisierung" der

---

[32]Es war der letzte Tagesordnungspunkt am Ende einer langen Sitzungswoche. Ein Großteil der
Bänke im Parlament blieb leer. Vgl. Bundesärztekammer, Wortbericht des 73. Deutschen Ärztetag
1970, S. 57.

[33]Protokoll der Beratung der Drucksache VI/474, S. 5.

[34]Vgl. Brink, Grenzen der Anstalt 2010, S. 466. Insbesondere als es um die Personalsituation ging,
zitierte Picard ausführlich aus Friedrich Panses „Standardwerk für den gesamten Problembereich":
„Die große Bedeutung, die gerade das Pflegepersonal für die psychiatrischen Patienten und deren
Wohlbefinden hat, ist genauer ins Auge zu fassen. Während in einem allgemeinen Krankenhaus
mit kurzer Verweildauer und intensiven diagnostisch-therapeutischen Maßnahmen der Chefarzt
und der Stationsarzt in der Sicht des Patienten meist jedoch die dominierende Rolle spielt, ist
das bei der längeren, nicht selten jahre- und lebenslangen Verweildauer in einem psychiatrischen
Krankenhaus anders. (…) Vom Verhalten des Pflegepersonals hängen aber weitgehend die
Stimmungen des Alltags, die menschlichen Kontaktmöglichkeiten und die Befriedigung des Aus-
sprachebedürfnisses für den Patienten ab. Dieser Alltag besteht (…) aus den übrigen 23 h (…), in
denen mindestens der durchschnittliche Patient keinen persönlichen Kontakt mit dem Arzt oder
seinen besuchenden Angehörigen hat, sondern auf sich selbst, auf die Mitkranken und eben auf
die für ihn in dieser langen Zeit so überaus wichtigen Pflegekräfte angewiesen, man könnte auch
sagen: ihnen ausgeliefert ist." Protokoll der Beratung der Drucksache VI/474, S. 10.

[35]Protokoll der Beratung der Drucksache VI/474, S. 11.

bestehenden psychiatrischen Mammutanstalten und (!) die Einrichtung nichtstationärer Dienste und gemeindenaher Kleineinrichtungen.[36]

In der anschließenden Debatte unterstützte die Bundesministerin für Jugend, Familie und Gesundheit, Käte Strobel (1907–1996), das Anliegen Picards. Auch sie empfand die aktuelle Situation als „völlig unbefriedigend", bemängelte, dass die psychisch Kranken „praktisch Stiefkinder der Gesellschaft" seien und dass die psychiatrische Versorgung mit der „modernen Entwicklung der Psychiatrie nicht Schritt gehalten" habe.[37] Eine „völlige Neuplanung" sei „dringend nötig". An die Stelle „des polizeilichen Unterbringungsdenkens" müsse der Gedanke der Fürsorge treten.[38] Sie warnte jedoch zugleich vor übertriebenen Erwartungen. Vor allem sei mit schnellen Ergebnissen nicht zu rechnen, die Enquete werde, so Strobel, „viel längere Zeit" beanspruchen, als es die Antragsteller vorsahen.[39] Nach der Aussprache wurde einmütig beschlossen, den Antrag vom Ältestenrat an den zuständigen Ausschuss für Jugend, Familie und Gesundheit zu überweisen. Dieser beschloss am 23. April 1970 zwei Expertenanhörungen.

16.2.2 Premiere II: Der Ärztetag befasst sich mit der Psychiatrie

Am 26. Mai 1970 debattierten die Delegierten des 73. Deutschen Ärztetages in Stuttgart über die Versorgungsstrukturen für psychisch Kranke. Zunächst eröffnete der Präsident, Ernst Fromm (1917–1992), die Vormittagssitzung, in dem er das Auditorium „nach einem herrlichen Opernabend-Ballettabend" willkommen hieß. Scherzhaft teilte er den Männern im Saal mit, sie könnten ganz beruhigt tagen, weil sich ein Teil der Ehefrauen bei einer Werksführung bei Mercedes befände, wo sie sich parallel zur Arbeit ihrer Gatten „den entsprechenden Zweitwagen" aussuchten. Nachdem er damit Schmunzeln im Saal hervorgerufen haben dürfte, begrüßte er Walter Schulte, Vertreter der Lehrstuhlinhaber im Vorstand der DGPN und Direktor der Universitätsnervenklinik Tübingen, zu dessen Grundsatzreferat.[40]

Für Schulte war der Tagesordnungspunkt ein Einschnitt. In seiner fast 100-jährigen Geschichte hatte sich der Deutsche Ärztetag noch nie mit der Fürsorge für psychisch Kranke und psychisch Gefährdete befasst. Dies stünde geradezu symptomatisch für die Ausgrenzung und Absonderung der psychisch Kranken, für das Desinteresse der Gesellschaft und die Vorurteile der Öffentlichkeit und der meisten Ärzte. Nun handle

---

[36]Ebd., S. 8 f.

[37]Ebd., S. 17 f.

[38]Ebd., S. 18.

[39]Picard und seine Mitstreiter gingen in ihrem Antrag im Jahr 1970 davon aus, dass ein Bericht dem Bundestag bis zum 31. März 1971 vorgelegt werden könne. Ebd., S. 2.

[40]Vgl. Bundesärztekammer, Wortbericht des 73. Deutschen Ärztetag 1970, S. 57.

es sich erstens aber um ein gesundheitspolitisches Problem von eminenter Bedeutung. Zweitens habe sich in der Psychiatrie ein tiefgreifender Wandel vollzogen. Mittlerweile seien „die Zeiten des therapeutischen Nihilismus (…) überwunden". Somatotherapie, Psychotherapie, Soziotherapie und Prävention ließen es zu, einen Großteil der bislang für unheilbar gehaltenen Patienten zur „Entlassungsreife" zu bringen. Dafür seien aber „die strukturellen, räumlichen, personellen und finanziellen Voraussetzungen" erst noch zu schaffen. Es bestehe ein „unermeßlicher Nachholbedarf". Der Zuwachs an therapeutischen Optionen müsse nun auch endlich in der Gesellschaft – wo die Toleranzgrenze für die nicht so Leistungsfähigen „eher im Sinken als im Steigen" begriffen sei – eine Entsprechung finden. Insgesamt blieben Schultes Aussagen im Rahmen dessen, was sich als Problembeschreibung und Reformforderung bis dahin bereits etabliert hatte und was er selbst auch andernorts schon vorgetragen hatte. Zum wiederholten Male forderte Schulte die Gleichstellung der seelisch Kranken mit den körperlich Kranken, beklagte das deutliche Zurückfallen hinter den internationalen Trend und die fortdauernde Stigmatisierung jener, die sich in psychiatrischer Behandlung befanden.[41]

Merklich, so Schulte, habe sich in letzter Zeit jedoch das öffentliche Klima gewandelt. Zwar gäbe es weiterhin genügend Gründe für Beanstandungen an der psychiatrischen Krankenbehandlung, doch müsse er sich entschlossen „gegen Übertreibungen und Verzerrungen, gegen Unterstellungen von Zwangsjacken, Fesselungen und Inhaftierungen in Zellen, gegen Schlagzeilen in Zeitungen: ‚Prügel und Schikanen hinter Anstaltsmauern' oder ‚Kranken betteln: bitte nicht schlagen'" wehren. Mit derartigen Berichten würden Hilfsbedürftige in Angst und Schrecken versetzt sowie der Mitarbeiternachwuchs entmutigt. Es handele sich bei den skandalisierten Fällen nur um „kriminelle Entgleisungen" und nicht, wie die Berichte aus journalistischer Feder suggerierten, um das allgemeine Gesicht der Psychiatrie. So sei Manches bereits erreicht worden. Man habe „mit minimaler personeller Besetzung Schwerstkranke" versorgt sowie bauliche Neu- und Umgestaltungen vorgenommen. Es gelte, so schlussfolgerte Schulte aus den seiner Meinung nach fehlerhaften Berichten in der Tages- und Wochenpresse, bei der Information der Öffentlichkeit „in jener schmalen Zone zu bleiben, in der notwendige Kritik an den Verhältnissen gewagt, wenn notwendig auch alarmierend gebracht wird – es soll nichts vertuscht und verbrämt werden –, andererseits aber aufkeimendes Vertrauen von Patienten und neues Bemühen hilfsbereiter Kräfte nicht zum Unheil psychiatrischer Krankenversorgung erstickt werden".[42]

Immerhin sei nun die Öffentlichkeit in nützlicher Weise alarmiert. Vielen Journalisten sei man dafür Dank schuldig, dass sie „sachgerechte Mithilfe" geleistet hätten. Denn erst dadurch sei der Bundestag „im Gesamt wenig und reichlich spät", aber doch endlich hellhörig geworden. Auf dem Ärztetag wolle man freilich nicht „auf dieser höchsten Alarmstufe" über Versäumtes lamentieren, sondern konkrete kurz-, mittel- und langfristige

---

[41]Vgl. ebd., S. 57, alle Zitate ebd.

[42]Ebd., S. 57 f.

Konzeptionen „zur Behandlung akuter Notstände" beraten.[43] Die psychiatrische Versorgungsstruktur sei entsprechend dem internationalen Standard in Richtung auf Gemeindezentren zu entwickeln:

> „Eines ist sicher: innerhalb der bisherigen Struktur läßt sich nicht das erreichen, was heutzutage auf diesem Gebiet im Interesse einer Verbesserung der psychiatrischen Krankenversorgung durchgesetzt werden muß. (…) [N]icht die Erhöhung der Bettenzahl ist das Wichtigste, sondern eine gänzliche Umstrukturierung der traditionellen psychiatrischen Institutionen unter dem Gesichtswinkel einer Psychiatrie, der es nicht um Verwahrung und Ausklammerung, sondern um Behandlung und Eingliederung zu tun ist in der Richtung auf therapeutische Gemeinschaften, in denen in höherem Maße Mitarbeiterinnen und Mitarbeiter, Schwestern und Pfleger, Sozialarbeiter, ja vor allem die Patienten selbst am Behandlungsprozeß mitbeteiligt sind, mit dem Endziel psychiatrischer Gemeindezentren (community health centers)."[44]

Die bereits existierenden psychiatrischen Großkrankenhäuser seien zu öffnen, zu verkleinern und zu differenzieren. Man könne die „so anachronistisch anmutenden Mammutanstalten" zwar nicht einfach zerschlagen, sie aber zumindest nach Art eines Departementsystems aufteilen.[45] Neubauten in entlegenen geografischen Gebieten gelte es zu verhindern.

Für einen „Stilwandel" müsse die Arbeitstherapie weiterentwickelt und funktionstüchtige Sondereinrichtungen für Jugendliche, Suchtkranke, Alte, „Schwachsinnige" und §42b StGB-Patienten geschaffen werden. Auch diese Gruppen hätten etwas Besseres verdient als Verwahrung. Ihnen stehe „im Interesse einer humanisierten Psychiatrie" eine situationsgerechte Behandlung, Heilerziehung, Vorbeugung und Resozialisierung zu.[46] Notwendig sei der Ausbau von Prävention und Nachsorge. Insbesondere Tag- und Nachtkliniken seien zu errichten.[47] Die Sozialpsychiatrie sei so in Forschung und Lehre zu verankern, dass sie „aus dem Stadium unfruchtbaren Geredes heraustritt". Der Nachwuchs müsse besser ausgebildet und besser bezahlt werden, das Sozialprestige der in der Psychiatrie Beschäftigten sei zu erhöhen. Laienhelfer seien zu gewinnen, nicht um Lücken zu füllen, sondern um die Psychiatrie zur Gesellschaft hin zu öffnen. All dies werde zwar zunächst viel Engagement benötigen und hohe Kosten verursachen, aber

---

[43]Vgl. ebd., alle Zitate S. 57 und S. 58.

[44]Ebd., S. 58.

[45]Ebd.

[46]Ebd.

[47]Für die in den Modellinstituten wichtigen Einrichtungen wie Tages- und Nachtkliniken musste allerdings zunächst die Vergütung dieser Leistungen mit den Krankenkassen geklärt werden. 1970 erreichte man schließlich, dass die Ortskrankenkassen für Tagesklinikpatient/-innen 75 % des vollen Satzes zahlten, für die Nachtklinikpatient/-innen jeweils 15,-- DM pro Nacht Abgeltung. Das Hauptproblem war damit aber noch nicht behoben: die deutlich höhere Kassenleistung für technische Dienste wie Röntgen gegenüber den psychologischen Leistungen. Vgl. BMJFG, Materialsammlung I 1973, S. 52.

später „eine Entlastung der bisherigen psychiatrischen Institutionen und eine Entspannung der Atmosphäre für psychisch Kranke bringen".[48]

Zudem sei die psychiatrische Forschung zu intensivieren. Schulte zeichnete diesbezüglich ein betrübliches Bild. Denn Forschung sei nicht nur im Bereich der Somatik nötig, sondern auch „zur Erhellung der Psycho- und Soziodynamik von Psychosen und Neurosen, von Drogenabhängigkeiten, zur Klärung der soziokulturellen Konstellation im Vorfeld, in der Erhellung der Familienstruktur und in der Objektivierung der peristatischen Faktoren, die für Wiedererkrankungen, unter Umständen aber auch für Ersterkrankungen mitverantwortlich zu machen sind." Nicht nur die „ganz daniederliegenden Forschungszentren und -abteilungen an den Universitätskliniken" seien zu fördern, sondern es seien auch entsprechende Institutionen an den psychiatrischen Landeskrankenhäusern und psychotherapeutischen Ausbildungsstätten zu errichten.[49] Schulte verteidigte in seinem Vortrag auf dem Ärztetag die bisherigen Reformbemühungen, wies die öffentlichen Vorwürfe von sich und seinem Berufsstand und forderte Anerkennung für die bisherigen Anstrengungen ein. Zugleich benannte er die Mängel und bot Möglichkeiten an, diese zu beheben.

Die nachfolgenden Redner verfehlten allerdings meist den Kern des Anliegen Schultes deutlich – ein Hinweis darauf, dass das Interesse unter den anwesenden Ärzten an diesem Thema nicht besonders ausgeprägt war. Die Debatte über die Reform der Versorgung für die psychisch Kranken wurde teilweise vollständig überlagert von einem tags zuvor diskutierten Thema: dem ansteigenden Suchtmittelkonsum. So bezogen sich zahlreiche Redner vor allem auf einen kleinen Passus in Schultes Rede zu den Sondereinrichtungen für jugendliche Suchtkranke. Sie betonten die schädliche Wirkung von Haschisch und beschworen das Bild einer von ausländischen Produzenten und Händlern erzeugten „Rauschgiftwelle" herauf.[50] Die Kommentatoren verengten damit Schultes Äußerungen auf ein Thema, bei dem sich die etablierten älteren Herren um die Jugend sorgen konnten und sich gerade nicht mit den von Schulte angemahnten konkreten kurz-,

---

[48]Die Zitate aus: Bundesärztekammer, Wortbericht des 73. Deutschen Ärztetag 1970, S. 59.

[49]Ebd., S. 60. Der CDU-Abgeordnete Walter Picard hatte dies kurz zuvor noch anders gesehen. Im Bundestag hatte er betont, die Psychiatrie sei längst „aus dem Stadium der Bewahrmedizin (…) in das Stadium der Behandlungsmedizin übergetreten". Die „Vielzahl von beklagenswerten Mängeln" bestünden nicht aufgrund von sachlicher und fachlicher Unkenntnis. Es herrsche kein Mangel an psychiatrischen Erkenntnissen, sondern ein Mangel an Umsetzungswillen. Protokoll der Beratung der Drucksache VI/474, S. 11 f., Zitat S. 10.

[50]Der Rauschmittelkonsum war ein bedeutendes Thema der Zeit. Nachdem 1968 das Bundessozialgericht (Alkohol-)Sucht als Krankheit anerkannt hatte, nahm die Anzahl psychiatrischer Publikationen zu diesem Thema zu. In diesen zeigt sich eine langsame Abkehr der Psychiater vom Bild des willensschwachen Süchtigen. Die Berichte über exzessiven Rauschmittelkonsum in der Studierendenbewegung führten zeitgleich aber auch zu einer Konjunktur der Gefahrenprognose Sucht.

mittel- und langfristigen Konzeptionen befassen mussten.[51] Als schließlich Helmut Ehrhardt das Wort ergriff, bemängelte er genau diese einseitige Interpretation des Problems. Ehrhardt, zu dieser Zeit Vorsitzender der DGPN und zugleich Mitglied des *Wissenschaftlichen Beirats der Ärztekammer*, mahnte eindringlich davor, die Themen jugendlicher Suchtmittelmissbrauch und Hilfe für psychisch Kranke zu vermischen. In seiner kurzen Wortmeldung stehen für die Geschichte der DGPN aufschlussreiche Sätze. In ihnen spiegelt sich das Selbstverständnis der Organisation: „Ganz selbstverständlich", habe man sich in den verschiedenen Sektionen der DGPN längst mit all den von Schulte genannten Problemen auseinandergesetzt. Nur sei es eben Tatsache, „daß die Resonanz unserer mit eindrucksvollen Fakten belegten Warnungen und Forderungen nur bescheiden war, bzw. ganz ausblieb". Endlich, hier und nun, müssten Entscheidungen gefällt werden, „wann, wie und wo etwas verwirklicht werden kann". Es sei nicht hinzunehmen, wenn stattdessen Programme ohne konkreten Kostenplan entworfen würden. Die Modernisierung und Reform der Versorgung werde viel Geld kosten und ginge nur mit speziell qualifiziertem Personal in ausreichender Zahl. Um diese Probleme in ihrer ganzen Tragweite deutlich zu machen, könne eine Entschließung dieses Ärztetages „viel zur Klärung beitragen".[52] Ehrhardt verfolgte hier also eine klassische Strategie der Interessenvertretung. Er forderte die Unterstützung des Ärztetags ein, um bei den Politikern Handlungsdruck entfalten zu können. Es gelang Ehrhardt jedoch mit seiner kurzen Intervention nicht, die Diskussion wieder auf den von Schulte zu Beginn der Sitzung beschriebenen Problemkomplex zu verschieben. Mehrere nachfolgende Redner, darunter auch der spätere DGPN-Präsident Edmund Christiani (1908–1977), befassten sich stattdessen wieder mit den Suchtmittelgefahren. Der *Deutsche Ärztetag* nahm am Ende der Debatte allerdings trotzdem die Zusammenfassung des Referats von Schulte einstimmig als Entschließung an.[53]

16.2.3 Die Expertenanhörungen vor dem Bundestagsausschuss für Jugend, Familie und Gesundheit

Der Ausschuss für Jugend, Familie und Gesundheit – mit Abgeordneten aller Fraktionen – hatte am 23. April 1970 zwei Expertenanhörungen beschlossen. Dessen Mitglieder trafen sich am 8. Oktober 1970 mit Direktoren von Kliniken und Landeskrankenhäusern sowie den amtierenden Vorsitzenden der DGPN und dem *Bundesverband Deutscher Nervenärzte*. Geladen waren unter anderen Helmut Ehrhardt, Heinz Häfner, Karl Peter Kisker, Caspar Kulenkampff, Walter Schulte, Paul Wilhelm Schulte, Hermann Stutte und Walter-Theodor Winkler. Aufgrund seiner Kenntnisse der politischen Zuständigkeiten und

---

[51]Vgl. Bundesärztekammer, Wortbericht des 73. Deutschen Ärztetag 1970, S. 60 f.

[52]Ebd., S. 62.

[53]Vgl. Ebd., S. 67.

seinen langjährigen Erfahrungen in der Politikberatung, schlug hier die Stunde von Helmut Ehrhardt. Er schaffte es am ehesten, auf die Belange der Abgeordneten einzugehen. Denn diese standen ja vor allem vor einer Herausforderung des Föderalismus. Für sie ging es um die Kompetenzverteilung zwischen Bund und Ländern und die Frage, welche Aufgaben und Zuständigkeiten der Bund überhaupt übernehmen könne.[54] Das hatten die Abgeordneten schon in der Bundestagsdebatte deutlich gemacht, als sie zwar die existierenden Anfänge der Reformen auf Länderebene lobend erwähnten, aber aufgrund deren unzureichender Durchschlagskraft fragten, wie denn der nicht zuständige Bund tätig werden könne.[55]

Die Möglichkeiten des Bundes waren eng begrenzt: Er konnte Modelleinrichtungen fördern – wenn diese überregional tätig waren – und Rehabilitationseinrichtungen finanzieren.[56] Der Bund konnte auch Zielvorstellungen für eine moderne Sozial-psychiatrie formulieren und – nach der Finanzreform war dies grundsätzlich möglich – sich über die Universitätskliniken an der Reform beteiligen. Da aber lagen ja die größten Probleme gerade nicht. Die Krankenhausplanung und damit die Bereitstellung von Betten war Ländersache – eine bundesweit einheitliche Krankenhausbedarfsplanung existierte damals noch nicht.[57] Auch im Bereich der Aus-, Fort- und Weiterbildung

---

[54]Das war vor allem deswegen schwierig, weil erst jüngst, in der fünften Legislaturperiode, der Versuch gescheitert war, den Artikel 74 Absatz 19 des Grundgesetzes dahingehend zu ändern, dass eine Kompetenzausweitung des Bundes bei der Behandlung psychischer Erkrankungen möglich geworden wäre. Die Zuständigkeit für die Verhütung und Bekämpfung von Krankheiten wurde aber nicht auf den Bund übertragen. Ein Bundesgesetz zur Hilfe für psychisch Kranke war damit nicht möglich. Die Bundesgesundheitsministerin hatte in der Bundestagsdebatte darauf hingewiesen, dass der Bund nicht in die Länderhoheit eingreifen werde. Ziel der erst kürzlich beschlossenen Finanzreform sei es ja gerade gewesen, „zu einer klaren Trennung bei der Finanzierung bestimmter Aufgaben zu kommen". Mischfinanzierungen waren unerwünscht, hatte man diese durch die Finanzreform doch gerade erst bereinigt. Vgl. BT-Drucksache V/3515; Zitat aus: Protokoll der Beratung der Drucksache VI/474, S. 19.

[55]Protokoll der Beratung der Drucksache VI/474, S. 13.

[56]Letztere Kompetenz lag nicht bei den Gesundheitsministerien der Länder, sondern beim Bundes-arbeitsminister und bei der Bundesanstalt für Arbeit. Bedeutendste Modelleinrichtung war das Zentralinstitut in Mannheim. Der Bund wollte nicht zu viele Modelleinrichtungen unterstützen. Noch in der Bundestagsdebatte 1970 betonte die Bundesgesundheitsministerin: „Der Bund kann (…) Modellkliniken fördern, die überregional tätig sind. Er kann es (…) nur im Rahmen seiner finanziellen Möglichkeiten. Es liegt einfach im Sinne des Modells, daß man nicht zehn solcher Modelle machen kann, sondern nur eines." Protokoll der Beratung der Drucksache VI/474 im Deutschen Bundestag, abgedruckt in: BMJFG, Materialsammlung I 1973, S. 19. Allgemein zur Geschichte des *Zentralinstituts* vgl. Rotzoll, Zentralinstitut für Seelische Gesundheit (Buch-manuskript); Häfner/Martini, Zentralinstitut für Seelische Gesundheit 2011.

[57]Erst das Bundesgesetz zur wirtschaftlichen Sicherung der Krankenhäuser (Krankenhaus-finanzierungsgesetz) regelte 1972 die Gestaltung der Krankenhauspflegesätze neu und verpflichtete die Bundesländer zur Erstellung von Krankenhausbedarfsplänen. Vgl. Lindner, Gesundheitspolitik in der Nachkriegszeit 2004, S. 106 f.; Alber, Gesundheitswesen 1992, S. 43. Zur Krankenhaus-finanzierung in der frühen Bundesrepublik vgl. Igl, Entwicklungen 2001.

hatte der Bund keine Handhabe. Die Hoffnung der Bundestagsabgeordneten reduzierte sich darauf, dass eine Beteiligung des Bundes an den Krankenhausinvestitionen in den Ländern Finanzmittel freimachte, die diese dann für die psychiatrischen Landeskrankenhäuser einsetzen konnten.[58]

In der siebenstündigen Expertenanhörung ergriffen zunächst Kulenkampff, Häfner und Ehrhardt das Wort. Caspar Kulenkampffs Problemdiagnose hätte harscher kaum ausfallen können: Man hinke den Möglichkeiten hinterher, habe „bislang keinen allgemein begehbaren Weg zu übersichtlichen, angemessen dimensionierten, modern strukturierten Behandlungseinheiten gefunden, die dort verortet sind, wo sie eben hingehören, nämlich in den Kommunen". Man habe es auch versäumt, ein „generell gültiges und realisierbares Konzept einer Rehabilitationskette" zu entwickeln, „die von der Station, wo sich die Kranken befinden, über die Ambulanz bis hin zur regionalen Nachsorge reicht und flexible Übergangseinrichtungen sowie beschützende Werkstätten einschließt". Weder gebe es ausreichend attraktive und spezialisierte Ausbildungsangebote für das gesamte medizinische Personal, noch eine angemessene Bezahlung und gesellschaftliche Wertschätzung seiner Arbeit. Man wisse nicht, „was aus dem Riesenkomplex der psychiatrischen Krankenhäuser eigentlich werden soll, welchen Stellenwert sie in einem modernen, gemeindenah orientierten System einnehmen könnten", und sei unsicher, „wie die Entflechtung und Dezentralisierung zu bewerkstelligen sei". Es sei ein Skandal, und man lasse diesen weiterhin zu, dass einem „das Problem der Behandlung des Alkoholismus, der Alterspsychiatrie, der Unterbringung straffälliger Geisteskranker über den Kopf" wachse. Unklar sei, „wie wir aus dem Gestrüpp querstehender Zuständigkeiten und Kompetenzen herauskommen sollen – und wer schließlich all das, was notwendig ist, bezahlen soll". Grundsätzlich und auf allen Ebenen, so Kulenkampff, war also etwas schiefgelaufen.[59]

Ehrhardt konnte dieser Problembeschreibung nur zustimmen. Hierin bestand nicht der Dissens. Doch Ehrhardt teilte nicht die Vorstellung, dass man nicht wüsste, was zu tun sei. Er warnte davor, mit dem Handeln zu warten, bis ein umfassender Enquetebericht vorliege. Man müsse kurz-, mittel- und langfristige Planungen unterscheiden. Eine ganze Reihe von kurzfristigen Maßnahmen könne man in den psychiatrischen Landeskrankenhäusern durchführen, ohne erst lange auf Ergebnisse groß angelegter Ist-Stand-Untersuchungen zu warten. Es sei in der augenblicklichen Situation eigentlich klar, was „gemacht werden müßte und könnte". Man solle nicht die „beliebte Methode, Dinge auf die lange Bank zu schieben und zu sagen, das sei nicht restlos ,erforscht'" auf dem Rücken der psychisch Kranken anwenden.[60]

---

[58]Vgl. Protokoll der Beratung der Drucksache VI/474, S. 19.

[59]Vgl. BMJFG, Materialsammlung I 1973, S. 33, alle Zitate ebd.

[60]Vgl. Stenographischer Bericht über die öffentliche Informationssitzung 1970, in: Ebd., S. 39.

Der DGPN-Präsident drückte also aufs Gaspedal. Durchaus in Abgrenzung zu Kulenkampff und Häfner unterschied er dabei fein säuberlich zwei Komplexe: dem, „was wir (…) in unseren jetzigen psychiatrischen Krankenhäusern kurzfristig und vordringlich machen müssen, und dem, was etwa, (…) mit der Öffnung von innen nach außen, in der Schaffung von Übergangseinrichtungen, in Institutionen der community psychiatry etc. geschaffen werden kann". Nicht erstgenannter Komplex, sondern Letzteres benötige eine sorgfältig vorbereitete mittel- und langfristige Planung. Folglich könne man „vordringliche Maßnahmen innerhalb der Krankenhauspsychiatrie nun auch sehr bald (…) treffen".[61]

Auch Häfner hatte gefordert, dass man nicht mit der Umsetzung warten könne, bis die Enquete fertig sei. Aus der internationalen Entwicklung sei ja abzuleiten, was man tun müsse. Dazu gehörte für Häfner „der Verzicht auf weitere Kapazitätsausweitungen oder Neubauten psychiatrischer Großkrankenhäuser, von denen noch einige im Bau, im Ausbau oder in der Planung der verschiedenen Träger in der Bundesrepublik begriffen sind". Ehrhardt versuchte hingegen, die aktuelle politische Aufmerksamkeit auf die Modernisierung der psychiatrischen Landeskrankenhäuser und weg von ihrer Ersetzung zu lenken. Man brauche, so Ehrhardt, nicht erst zu erforschen, wie die Personalsituation sei und wie das Nachwuchs-Problem aussehe. Hier könne man umgehend agieren. Auch Sanierungsmaßnahmen an Gebäuden seien offenkundig notwendig. Und schon jetzt könne man die Universitäten besser für die Ausbildung der zukünftigen Psychiater-generation ausrüsten, etwa indem man das bislang sträflich vernachlässigte Fachgebiet „Sozialpsychiatrie" fördere. Er habe sich beispielsweise als „der Inhaber des ersten Lehr-stuhls mit der spektakulären Bezeichnung ‚Sozialpsychiatrie' in der Bundesrepublik" bis vor drei Monaten mit einem kleinen Zimmer begnügen müssen und könne bis zum heutigen Tage auf keinen Assistenten zurückgreifen.[62]

Ehrhardt traf mit seinen Ausführungen den „parlamentarischen Nerv", wie der Vor-sitzende der Ausschusssitzung Hauck betonte, erstens, weil er konkrete Maßnahmen ansprach, zweitens weil er die gesetzlichen Hürden gleich mitdachte und drittens, weil er berücksichtigte, welche Zuständigkeiten der Bund überhaupt hatte. Das war Kulenkampff und Häfner in ihren Referaten nicht im gleichen Maße gelungen. Karl Peter Kiskers Wunsch nach strikter Zentralisierung der psychiatrischen Dienste und einem hand-lungskräftigen bundesweit agierenden Gremium, schien den Abgeordneten realitäts-fern zu sein.[63] Doch auch Ehrhardt gelang es nicht, die Abgeordneten in seinem Sinne

---

[61]Ebd., S. 42.

[62]Vgl. ebd., S. 38–41, Zitate S. 38 f. und S. 41.

[63]Kisker betonte: „Das psychiatrische Referat des Bundesgesundheitsministeriums ist ohnmächtig, unterbesetzt und unwirksam. Es verfügt nicht über differenzierte Daten über Bedarf, Institutionen und Personal. Im Vergleich zu anderen Kulturländern besteht im Bereich der administrativen Zentrale ein bedauerlicher Rückstand. Es ergibt sich ein dringendes Bedürfnis nach Schaffung eines aktiven Leitgremiums, welches unbeschadet der gesundheitspolitischen Kompetenz-abgrenzung zwischen Bund und Ländern allein durch einen ständigen Informationsfluß politische Normierungen erzwingt." Ebd., S. 65 f.

zu überzeugen. Sie fanden zwar die Unterscheidung von mittelfristigen und langfristigen Maßnahmen grundsätzlich sinnvoll, verwiesen aber zugleich auf das Dilemma, dass, je mehr man in alte Einrichtungen investiere, diese „um so wertvoller und damit um so beharrender werden". Neue Kapazitäten in alten Einrichtungen sollten daher nicht mehr geschaffen werden, doch bei den bestehenden Plänen zur Verbesserung der Zustände in den Landeskrankenhäusern ginge es immer auch um deren Vergrößerung. „Je mehr Sie in alte Häuser investieren, desto weniger kommen Sie zu Reformen: Das ist eine tragische und eine paradoxe Situation, der man sich aber einmal stellen muß. Denn die Reform kostet zum Schluß riesige Gelder."[64] Der hier zitierte Abgeordnete hatte damit ins Schwarze getroffen. Tatsächlich waren sich die Experten vor allem in diesem Punkt uneinig: Wohin sollten die möglicherweise in Zukunft bereitgestellten Bundes- und freigesetzten Landesmittel vordringlich fließen? Wo war der akute Handlungsbedarf am größten? Bei diesen Fragen prallten die unterschiedlichen Gesamtkonzepte aufeinander. Das ließ sich nicht so einfach mit dem gemeinsam verwendeten Vokabular von der Notwendigkeit der „Strukturreform", von der „Verbesserung der Lage", von der nötigen Umstellung von „Verwahrung" auf „Fürsorge" verdecken.[65]

Die drei Experten Kulenkampff, Häfner und Ehrhardt hatten offenkundig voneinander abweichende Ansichten über den Weg, das Ziel zu erreichen. Kulenkampff und Häfner plädierten für einen erstrangigen Ausbau extramuraler Angebote. Ehrhardt wollte zunächst die Bedingungen in den bestehenden Häusern verbessern. Kulenkampff forderte Zurückhaltung bei Modernisierungsinvestitionen und wollte diese nur bei ganz katastrophalen Engpässen nicht aufschieben. Gerade für die bestehenden Großeinrichtungen müsse man, so Kulenkampff, erst mal ein vernünftiges Konzept haben, damit nicht riesige Geldbeträge verschwendet würden. Der Dissens zu Ehrhardt trat hier offen zu Tage. Denn Ehrhardt hatte ja genau anders herum argumentiert: Für die Sanierung der psychiatrischen Landeskrankenhäuser brauche man keinen großen Plan, sondern für die Errichtung der extramuralen Angebote. Wenn Häfner forderte, „keine Kapazitätserweiterungen mehr von (...) Institutionen alten Typs, aber Finanzierung von Reformplänen und Erneuerungen dieser Krankenhäuser"[66], dann hielt Ehrhardt ihm ent-

---

[64]Ebd., S. 45. Alleine für die „konventionelle Weiterentwicklung und Modernisierung der psychiatrischen Krankenhäuser" benötigten, so war die Vermutung, die 13 Anstaltsträger für den Zeitraum von 1970–1972 eine Bausumme von 1 Mrd. DM, für die Jahre 1973–1980 eine Bausumme von 2 Mrd. DM. Vgl. ebd.

[65]Die Experten vermieden offenen Streit. Vor den Vertreter/-innen der Politik waren sie bestrebt, ein relativ geschlossenes Bild abzugeben. Das war gerade dann möglich, wenn man die unstrittigen Probleme betonte.

[66]Ebd., S. 47. Häfner empfahl ein Krankenhausfinanzierungsgesetz des Bundes nach dem Vorbild Kanadas. Dort sehe das Gesetz die Unterstützung von Neubauten allgemeiner Krankenhäuser mit „Bundesmitteln" vor, wenn auf 1000 Betten mindestens 200 psychiatrische Betten kämen. Nur dann gebe es Finanzierungszuschüsse. Vgl. ebd.

gegen, dass es schlicht unrealistisch sei, „unter der Vorstellung zu arbeiten, wir könnten nun die alten Krankenhäuser abreißen und neu hinstellen. Wir müssen schon von den bestehenden Institutionen ausgehen" und in diese investieren.[67] Darin fand er Unterstützung durch den Leiter des Landeskrankenhauses Gütersloh Walter Theodor Winkler. Winkler plädierte „mit Nachdruck dafür, daß die vorhandenen psychiatrischen Landeskrankenhäuser im großen Stil umgebaut, renoviert und modernisiert werden". Man könne mit den alten Gebäuden immer noch etwas anfangen. „Bevor wir alles abreißen und neue Krankenhäuser bauen können, werden viele Jahre und Jahrzehnte vergehen. Wir können nicht dulden, daß Patienten noch lange Zeit so wie heute in vielen Anstalten untergebracht sind."[68] Ihm pflichtete auch der Sprecher für die niedergelassenen Nervenärzte bei. Diesem, Wolfram Leonhardt, der zugleich Vertreter der niedergelassenen Ärzte im Vorstand der DGPN war, schien es bedenklich, „Material, insbesondere auch finanzielle Mittel, Einrichtungen, Pflegepersonal und Ärzte für [sozialpsychiatrische] Institutionen einzusetzen, wenn der katastrophale Mangel an Betten, Pflegepersonal und Ärzten für die lebensnotwendige Behandlung Akutkranker nicht behoben ist". Man dürfe nicht den zweiten Schritt vor dem ersten tun.[69] Ähnlich sah es der Vertreter der Bundesarbeitsgemeinschaft der Träger psychiatrischer Krankenhäuser, Hans-Werner Müller (1916–2007). Man solle sich auf keinen Fall „ausschließlich darauf (...) konzentrieren, kleine, moderne psychiatrische Krankenhäuser neu zu errichten".[70] So wollten Kulenkampff und Häfner sich dann auch nicht verstanden wissen. Sie betonten daher, dass „kein Mensch [verlangen werde], das Alte abzureißen und mit einer Tabula rasa zu beginnen".[71] An der Modernisierung der bestehenden Großkrankenhäuser, „auch derjenigen unter ihnen, die wir in fünfzig Jahren sicher nicht mehr brauchen werden, [dürfe] im Interesse einer humanen Versorgung psychisch Kranker nicht gespart werden".[72]

Die zweite Expertenanhörung des Ausschusses fand am 22. April 1971 im Landeskrankenhaus Emmendingen diesmal unter Hinzuziehung von Psychologen, Therapeuten, Sozialarbeiter/-innen und Pflegenden statt.[73] Diese Anhörung ergab folgende Empfehlungen:

---

[67]Ebd., S. 48.

[68]Ebd., S. 62. Winkler wurde Mitglied der Sachverständigenkommission und ihrer Arbeitsgruppe *Intramurale Dienste*.

[69]Ebd., S. 74. Leonhardt wurde Mitglied der Sachverständigenkommission und engagierte sich in der Arbeitsgruppe *Extramurale Dienste*.

[70]Ebd., S. 85.

[71]Ebd., S. 33.

[72]Ebd., S. 39.

[73]Zu ihnen gehörten auch Niels Pörksen, Helmtraud Schmidt-Gante und Eberhard Schmidt. Schmidt-Gante und Pörksen wurden nachfolgend Mitglieder der Arbeitsgruppe *Extramurale Dienste* der Sachverständigenkommission.

„1. Abbau der Vorurteile gegen den psychisch Kranken in unserer Gesellschaft;

2. Ausbau einer modernen und sinnvollen Arbeits- und Beschäftigungstherapie in den stationären Einrichtungen;

3. Schaffung von beschützenden Werkstätten mit dem Ziel einer vollen beruflichen Eingliederung;

4. Errichtung von Tages- und Nachtkliniken, Übergangsheimen, Ambulanzen, Beratungsstellen sozialpsychiatrischer Dienste;

5. Schaffung von psychiatrischen Abteilungen in Allgemeinkrankenhäusern und Verbesserung der vorhandenen Einrichtungen;

6. Verbesserung der Ausbildung, Fort- und Weiterbildung aller psychiatrisch Tätigen mit der Heranbildung zur Teamarbeit, Koordination und Kooperation;

7. Ausschöpfung aller therapeutischen Kapazitäten zur Verbesserung der Gesamtsituation der Psychiatrie."[74]

Aufgrund dieser Problemanalysen empfahl der Berichterstatter des Ausschusses dem Bundestag, die Bundesregierung aufzufordern, eine Enquete über die Lage der Psychiatrie in der Bundesrepublik Deutschland erstellen zu lassen. Ohne weitere Debatte auf parlamentarischem Parkett, wurde diese am 23. Juni 1971 vom Bundestag beschlossen.

16.2.4 Die DGPN tagt

Direkt im Anschluss an die erste Expertenanhörung debattierten rund 130 Vertreter aus Psychiatrie, Politik und Öffentlichkeit in der Evangelischen Akademie Loccum das Thema „Der psychisch Kranke und die Gesellschaft" und forderten in einer Resolution an den Bundestagsausschuss für Jugend, Familie und Gesundheit, die psychiatrische Versorgung grundlegend zu reformieren.[75] Und auch auf dem anstehenden DGPN-Kongress stand die Sozialpsychiatrie im Mittelpunkt.[76] Dass es zu dieser Schwerpunktsetzung kam, ergab sich, so Helmut Ehrhardt als Vorsitzender der DGPN und als Präsident der Tagung, nicht zuletzt aus der „etwas überraschenden Öffnung unserer Gesundheits- und Sozialpolitik in Richtung Psychiatrie".[77] Die Psychiatrie, so begann Ehrhardt, sei von allen Disziplinen der

---

[74]Bundestagsrucksache VI/2322 1973, S. 179.

[75]Vgl. Lauter/Meyer, Kranke 1971. Vgl. auch Brink, Grenzen der Anstalt 2010, S. 465.

[76]Dabei offenbarten die Beiträge, was für die DGPN sozialpsychiatrische Themen waren: Die Mehrheit der Vorträge drehte sich um Rauschmittelmissbrauch, die Unterbringung von Rechtsbrechern und die transkulturelle Psychiatrie. Die Vorträge erschienen 1972 unter dem Titel „Perspektiven der heutigen Psychiatrie". Das BMJFG unterstützte die Drucklegung.

[77]Ehrhardt, Vorwort 1972, o. S. Seine Eröffnungsrede ist nur in nachträglich ergänzter Form überliefert. In den Zitaten hat sich daher oft schon die Erfahrung mit den sich im Folgenden überschlagenden Zeitläuften eingeschrieben.

klinischen Medizin diejenige, die „psychische und soziale Bedingungen der Entstehung und Behandlung in ihren Bereich fallender Krankheiten, Störungen und Gefährdungen nicht übersehen und nicht ausblenden" dürfe. Sie habe dies eigentlich auch nie vollständig getan – „wenn auch einzelne Schulen in bestimmten Zeitabschnitten den einen oder den anderen Aspekt zu isoliert gesehen oder überbewertet haben".[78] Blättere man in den Kongressberichten der letzten einhundert Jahre, so erscheine die aktuelle Fokussierung auf sozialpsychiatrische Themen keineswegs als „Stilbruch" oder als „bloße Zugeständnisse an einen fragwürdigen Zeitgeist". Die enge Verzahnung von Theorie, Wissenschaft und Praxis sei für die Psychiatrie konstitutiv – schon 1854 in den ersten Statuten der *Deutschen Gesellschaft für Psychiatrie und gerichtliche Psychologie* sei die Förderung zugleich der theoretischen wie der praktischen Psychiatrie ausdrücklich als Zweck der Gesellschaft herausgestellt worden. Erst die „rasche und erfolgreiche Entwicklung der naturwissenschaftlichen Medizin" habe in der Psychiatrie zu einer „Distanzierung und Entfremdung zwischen Wissenschaft und Praxis" und zwischen Universitätskliniken und psychiatrischen Krankenhäusern geführt. Eingedenk des „spürbaren Graben[s] zwischen sog. Universitäts- und sog. Anstalts-Psychiatrie" habe man bei der Wiedergründung der Fachgesellschaft nach dem Zweiten Weltkrieg „bewußt diesen zentralen Aufgabenbereich in unsere geltenden Satzungen übernommen". Einen „Elfenbeinturm der Wissenschaft" dürfe es nicht geben. Trotz aller Fortschritte der Pharmakotherapie und der auch weiterhin notwendigen somatischen Grundlagenforschung könne man es sich ohnehin nicht leisten, „auf naturwissenschaftliche Forschungsergebnisse zu warten, in dem Glauben und in der stillen Hoffnung, daß damit viele oder gar sämtliche der uns heute bedrückenden Probleme der Sozialpsychiatrie gelöst würden".[79]

Der amtierende DGPN-Präsident, ohnehin an der Fachgeschichte interessiert, stellte mit diesen Äußerungen Kontinuität her und versuchte für einen Teil seiner Zuhörer, den sich ankündigenden Veränderungen das Bedrohliche zu nehmen. Auch für den anderen Teil offerierte er ein Integrationsangebot. Denn, so Ehrhardt, die sozialpsychiatrischen Gedanken hätten in der Fachgesellschaft seit jeher einen festen Platz. Wenn heute „Sozialpsychiatrie" in aller Munde sei, dann doch nur, weil dieses „Etikett" mittlerweile „in allen Regenbogenfarben schiller[e]". Verstehe man den Begriff vor allem als Bezeichnung für „sehr konkrete Bedürfnisse einer vieldimensionalen, gestuften und gegliederten Hilfe zur Behandlung und Rehabilitation von aus psychopathologischen Gründen Hilfsbedürftigen", dann sei an ihm nichts bedrohlich und nichts grundlegend neu.[80]

---

[78]Ebd. Die Eröffnungsreden der DGPN-Kongresse aus den Vorjahren sind größtenteils nicht überliefert. Dadurch fehlt eine wichtige Quelle, in der die aktuelle Lage des Fachs reflektiert und zur gesellschaftlichen Funktion der Wissenschaft Stellung bezogen wurde.

[79]Die Zitate aus: Ehrhardt, Situation 1972, S. 9 f.

[80]Ebd., S. 11.

Dann kam Ehrhardt auf die Daten zu sprechen: Insgesamt gebe es in der Bundes-republik 113.000 psychiatrische Krankenhausbetten. Man habe damit einen Betten-schlüssel von 1,84:1000, wobei die WHO einen Schlüssel von 3:1000 fordere. In den letzten Jahren habe sich dieses Verhältnis nicht verbessert. Stattdessen sei in nur wenigen Jahren der Anteil der durch Alkoholiker und Alterskranke belegten psychiatrischen Krankenhausbetten von 15 % auf 50 % hochgeschnellt.[81] Strebe man unter diesen Bedingungen eine Verbesserung und Neuordnung der psychiatrischen Versorgung an, dann habe man zunächst einmal konkrete Vorstellungen davon zu entwickeln, „was man unter Berücksichtigung der gegebenen Voraussetzungen in welcher Reihenfolge ver-wirklichen kann". Selbstverständlich brauche ein demokratisches Gemeinwesen Kritik, doch eben „nur dann, wenn sie nicht als Selbstzweck betrieben wird, wenn sie sich nicht in der Aufdeckung tatsächlicher oder vermeintlicher Mißstände erschöpft". Was „unbefriedigend, schlecht, verbesserungsbedürftig" in der psychiatrischen Versorgung, insbesondere in den psychiatrischen Krankenhäusern sei, dass „wissen die in diesen Häusern tätigen Psychiater nur zu gut. Wir haben es auch durchaus nicht ‚geheim' zu halten oder zu vertuschen versucht, schon deswegen nicht, weil es um unsere Patienten wie um unsere eigenen Interessen geht."[82]

Ehrhardt forderte, sich von „der psychiatrisch-neurologischen Universitäts-Klinik alter Prägung" zu verabschieden. Stattdessen brauche man psychiatrische Kliniken, „in denen der Student und der angehende Facharzt die ganze Psychiatrie in Theorie und Praxis lernen kann". Man werde sich um die „enge Zusammenarbeit mit einem psychiatrischen ‚Großkrankenhaus', mit einem Rehabilitationszentrum, mit extramuralen Beratungsdiensten und gemeindepsychiatrischen Einrichtungen, die neu zu schaffen sind, bemühen müssen". Vor diesem Hintergrund sei die „Frage nach der ‚Trennung' von Neurologie und Psychiatrie oder Psychotherapie, Kinderpsychiatrie usw. (...) nur noch historisch interessant". Nun gehe es „um neue Formen der Zusammenarbeit, die gefunden und entwickelt werden müssen, um der großen Zahl von Psychiatern, die wir in Zukunft brauchen, die Kenntnisse und Erfahrungen vermitteln zu können, die sie zur Bewältigung der ihnen von der Praxis gestellten Aufgaben benötigen". Der Blick, so Ehrhardt, insbesondere in die USA zeige, dass der Weg zur Umsetzung gemeinde-psychiatrischer Ansätze, trotz weitreichender Finanzierung, steiniger werde, als viele Fürsprecher dieses Versorgungsmodells sich bewusst wären. Ohnehin, und hier knüpfte

---

[81]Ebd., S. 10. Im 1971 veröffentlichten Rahmenplan der DGPN finden sich andere Zahlen. Hier wurde für 1969 eine Gesamtbettenanzahl von 81.832 angegeben. Dabei variierte die Betten-anzahl pro tausend Einwohner von Bundesland zu Bundesland erheblich. In Hamburg und Baden-Württemberg waren es knapp unter 1 Bett, in Schleswig–Holstein 2,16 Betten. Die Abweichungen in der Gesamtzahl gründeten darauf, dass nicht eindeutig definiert war, was unter einem „psychiatrischen Bett" eigentlich zu verstehen sei. So kam es zu zum Teil erheblich voneinander abweichenden Ist-Zahlen. Vgl. Rahmenplan 1971, abgedruckt 1972, S. 127.

[82]Alle Zitate aus: Ehrhardt, Situation 1972, S. 10 f.

Ehrhardt an Diskussionen aus den 1960er Jahren an, ließen sich „die meisten der ausländischen Modelle, soweit man sie überhaupt schon als bewährt bezeichnen kann, nicht einfach kopieren".[83]

Ehrhardt vermied in seinem Vortrag Aussagen über die architektonische Umgestaltung der bestehenden Gebäude. Er konzentrierte sich auf die Personalsituation, da er in diesem Themenfeld konkrete Handlungsmöglichkeiten sah und auf die neu erwachte politische Unterstützung hoffen konnte. Die Neuordnung, Reform und Verbesserung im Bereich der Psychiatrie sei, so Ehrhardt, „in erster Linie" eine Personalfrage. Blicke man auf das Durchschnittsalter der Krankenhauspsychiater, sei unverkennbar, dass viele von ihnen kurz vor dem Ruhestand stünden. Wer sollte sie ersetzen und wo sollten die für die gemeindenahe Psychiatrie ausgebildeten Psychiater, Psychologen, Sozialarbeiter, Schwestern und Pfleger herkommen? Wer vermittle ihnen die unerlässliche allgemeine und spezielle Ausbildung?[84] Man kann diese Äußerungen und Fragen auch so verstehen: Was sollte man mit Neubauten anfangen, wenn man diese gar nicht sinnvoll nutzen könne?

Auf dem Kongress nahm auch Walter Schulte grundsätzlich positiv Stellung zur Sozialpsychiatrie und hob die Diskrepanz zwischen Ist- und Soll-Zustand hervor: „Ansätze, Anfänge sind vorhanden. Bisher aber existiert nicht ein einziges funktionierendes psychiatrisches Gemeindezentrum. Selbst das Mannheimer Modell[85], auf das sich die größten Hoffnungen richten, ist über die ersten Realisierungsstadien nicht hinausgekommen."[86] Die aktuelle Situation sei schlicht „beschämend". Hätte nicht so manche Forderung der Sozialpsychiatrie in Deutschland auf einen fruchtbaren Boden fallen können? Seien nicht Außenfürsorge, Familienpflege und eine aktivere Krankenbehandlung eigentlich früher einmal eine deutsche Entdeckung gewesen? Hätten sich nicht schon Griesinger und Kraepelin sozialpsychiatrisch engagiert?[87] So stellte auch Schulte zunächst Kontinuität im psychiatrischen Denken her, verwies auf Anknüpfungspunkte und nahm den sozialpsychiatrischen Forderungen so den Anschein der radikalen Umwälzung. Sie erschienen vielmehr als eine „Revolution" im ursprünglichen Wortsinn, als ein Zurück zum guten Alten. Die Vorträge des Kongresses waren nicht ohne einen schwärmerischen Unterton, aber sie waren weit von einer Utopie entfernt. Die

---

[83]Alle Zitate ebd., S. 12.

[84]Vgl. ebd., S. 12.

[85]Gemeint war das Zentralinstitut für Seelische Gesundheit.

[86]Schulte, Sozialpsychiatrie 1972, S. 77.

[87]„Der letztere setzte sich für Familienpflege, für das Prinzip der ‚offenen Tür' ein und berichtete, er habe Kranke, die jahrelang in der geschlossenen Anstalt gelebt hätten, unter dem Einfluß der freien Bewegung und selbständigen Beschäftigung auf geradezu überraschende Weise wieder aufleben gesehen. Er setzte sich insbesondere für Hilfsvereine ein, um – wie er sagte – den Genesenden und Gebesserten die Rückkehr in das Leben zu erleichtern und ihnen auch ferner mit Rat und Tat beizustehen." Ebd.

zu erwartenden Probleme waren stets überbordender Teil der Analysen. Schultes Vortrag zeigt, warum. Denn er versuchte, auf der einen Seite den „sozialpsychiatrisch Faszinierten und Erfahrenen" die Grenzen der Sozialpsychiatrie vor Augen zu führen und auf der anderen Seite den „Skeptiker[n] und Zögerer[n]" jeden Vorwand für ihr ablehnendes Verhalten zu nehmen. Insbesondere letzteren hielt er „in aller Deutlichkeit" entgegen,[88] es ginge nun nicht

> „um Sanierung, Reformierung und Verbesserung bisheriger Verhältnisse, nicht einfach um Erhöhung der Bettenzahl, sondern um Neuorientierung, um bauliche und personelle Umstrukturierung der veralteten Institutionen und um den Entwurf neuer Strukturen unter der Konzeption einer Psychiatrie, der es nicht um Verwahrung und Ausklammerung, sondern um Prävention und Rehabilitation, um intensive Behandlung und erneuten Anschluß dieser Patienten an ihre gewohnte Umwelt zu tun ist. Voraussetzung ist die Öffnung, Verkleinerung und Differenzierung der Behandlungseinheiten und nicht die Errichtung weiterer, womöglich schwer zugänglicher Mammutanstalten mit über 1000 Betten."[89]

Schulte vermutete hinter den vermeintlich rationalen Argumenten gegen eine bessere Versorgung der psychisch Kranken eine mehr oder weniger bewusste Abwehrhaltungen gegen die grundsätzlichen Behandlungsprinzipien der Sozialpsychiatrie. Um zu belegen, wie seriös diese jedoch sei, erachtete es Schulte für geboten, auf die Limitierungen dieser Ansätze zu verweisen. Die Sozialpsychiatrie werde „sich um so überzeugender durchsetzen und einer kritischen Beurteilung standhalten, je mehr sie nicht nur Forderungen stellt und sich ihrer Möglichkeiten, sondern auch ihrer Grenzen bewußt ist". Risiken wie die Verharmlosung von Aggressivität, Suizidalität und Progredienz, die zunehmende Belastung der Familien der Betroffenen, neue Formen des Hospitalismus in sozialpsychiatrischen Einrichtungen, die Überforderung des Kranken und der Überschreitung der Toleranzgrenze der Gesellschaft, dürften nicht einfach ignoriert oder unterschlagen werden. Er warnte schließlich die jüngeren Sozialpsychiater direkt, einen Absolutheitsanspruch zu erheben. Die Sozialpsychiatrie würde sich maßlos überschätzen, „wenn sie meinte, für alle psychischen Störungen pauschal eine Lösung der Frage nach Entstehung, Wesen, Behandlung und Vorbeugung anbieten zu können".[90]

Für noch größeres Aufsehen sorgte wohl aber der britische Sozialpsychiater John Kenneth Wing (1923–2010) mit seiner provokanten These, man werde die „herkömmliche Anstalt" in Zukunft überhaupt nicht mehr benötigen.[91] Dem konnte und wollte der Vorstand der DGPN nicht folgen. Um nicht falsch verstanden zu werden, betonte er, dass er es als „selbstverständliche Aufgabe der zuständigen Fachgesellschaft" ansah, an einer

---

[88]Ebd., S. 77.

[89]Ebd., S. 77 f.

[90]Vgl. ebd., S. 70–84, Zitate S. 83 und S. 84.

[91]Wing zitiert nach: Finzen/Schädle-Deininger, Psychiatrie-Enquete 1979, S. 27.

durchgreifenden Verbesserung und Neuordnung der psychiatrischen Versorgung mitzuarbeiten.[92] Auf einer Sondersitzung stießen diese beiden Positionen unter lebhafter
Beteiligung des Auditoriums aufeinander. Ein Kompromiss war nicht zu finden. In der
schließlich verabschiedeten Stellungnahme zur Situation und Reform der Krankenhauspsychiatrie standen dann auch vor allem Formelkompromisse und eine Vielzahl unterschiedlicher Forderungen. Auf bessere Ausbildungs- und Weiterbildungsmöglichkeiten
konnten sich die Anwesenden noch einigen. Dann wurde es schwieriger. So beinhaltete
die Resolution schließlich sowohl die Feststellung, dass die bestehenden Einrichtungen
die Basis für die Versorgung psychisch Kranker seien und durch die funktionale
Zusammenfassung präventiver, therapeutischer und nachsorgender Dienste ausgebaut
werden sollten, als auch die Diagnose, dass gemeindenahe Zentren die Garanten für
die bestmögliche psychiatrische Versorgung der Gesamtbevölkerung darstellten.[93] Das
Nebeneinander in ihrer Reichweite nicht immer kompatibler Forderungen spiegelt wohl
ganz gut die Stimmung auf dem Kongress wider. So wurde zwar eine „bedarfsgerechte"
und „zeitgemäße" psychiatrische Versorgung gefordert, diese aber nicht definiert. Nun
haben natürlich gerade Formelkompromisse oft den Vorteil, dass sich hinter ihnen unterschiedliche Interessen zusammenführen und Gemeinsamkeiten herstellen lassen. In
der Stellungnahme der DGPN verständigten sich die unterschiedlichen Gruppen also
zunächst grundsätzlich auf die Notwendigkeit zum Handeln. Doch in Kenntnis der
unmittelbar folgenden Ereignisse ist klar, dass dies nicht ausreichte, um die mittlerweile
entstandenen Gräben zu überbrücken. Trotz manch ausgestreckter Hand gelang es dem
Vorstand der DGPN nicht, die direkte Auseinandersetzung mit der Gruppe der sozialpsychiatrisch Begeisterten so zu gestalten, dass diese in der DGPN eine wirkungsvolle
Kraft für die Psychiatriereform sahen.

16.2.5 Der Gesundheitsbericht der Bundesregierung

Die Strukturreform für die Versorgung der psychisch Kranken war aber ohnehin nicht
allein auf der Ebene der Fachgesellschaft entscheidend voranzutreiben. Sie stand in einem
größeren gesundheitspolitischen Rahmen. In der Ära Brandt erhöhten sich die sozialpolitischen Gestaltungswünsche und Steuerungsabsichten. Aus einer „kompensatorischen"
wurde eine „aktive Sozialpolitik".[94] Das zeigte auch der am 18. Dezember 1970 veröffentlichte Gesundheitsbericht der Bundesregierung. In ihm war längst nicht mehr die Rede von
einem Problem, das sich allein auf die psychiatrischen Landeskrankenhäuser beschränkte.
Alle Bereiche der Gesundheitsversorgung seien auf die Früherkennung von Krankheiten und die gesundheitliche Aufklärung der Bevölkerung auszurichten, die gesamte

---

[92]Ehrhardt, Vorwort 1972, o. S.

[93]Vgl. Stellungnahme zur Situation und Reform 1970, abgedruckt 1972, S. 125.

[94]Rudloff, Sozialstaat, Randgruppen und bundesrepublikanische Gesellschaft 2003, S. 186.

Krankenhausversorgung sei zu verbessern, die Krankenhausfinanzierung sei angesichts des jährlichen Milliardendefizits zu reformieren, ein bedarfsgerecht gegliedertes System leistungsfähiger Krankenhäuser, die auf dem aktuellen technischen Stand seien und jedem Bürger, „unabhängig von seiner sozialen Stellung und seinem Wohnort", zur Verfügung stünden, sei zu schaffen. In diesem Zusammenhang bewertete der Bericht die Behandlung, Beratung und Betreuung der psychisch Kranken als „eine der dringlichsten Aufgaben der Gesundheitspolitik". Allerdings, so schränkten seine Autoren ein, habe die Bundes-regierung keine Möglichkeit, durch ein Gesetz bundeseinheitliche Regelungen für die psychiatrische Versorgung der Bevölkerung zu schaffen.[95]

Der Bericht hielt aber bereits fest, dass dank „neuartiger Pharmaka, sozial-therapeutischer, ambulanter, halbstationärer und stationärer Maßnahmen, eine Umgestaltung der psychiatrischen Einrichtungen sowie durch Änderung der Einstellung der Gesellschaft gegenüber dem psychisch Kranken eine wesentlich größere Aussicht für eine erfolgreiche Rehabilitation als früher besteht". Notwendig sei zum einen die ver-stärkte Aufklärung der Öffentlichkeit über psychische Leiden, „um zu einem Abbau des Mißtrauens und der Vorurteile gegenüber dem psychisch Kranken aber auch gegenüber den psychiatrischen Institutionen" zu kommen, zum anderen der Ausbau der präventiven psychiatrischen Früherkennung, weil rechtzeitige Eingriffe, die sonst langandauernde Unterbringung in einer psychiatrischen Institution verkürzen könnten. Außerdem sei das Personal dieser Einrichtungen besser auszubilden.[96] Dies alles war bekannt, bevor die Sachverständigenkommission ihre Arbeit aufnahm.

16.3   Die DGPN und die Sachverständigenkommission

Die Bundesregierung setzte, entsprechend dem ihr vom Parlament erteilten Auftrag, eine Sachverständigenkommission (SVK) zur Erarbeitung der Enquete ein. Sie war mehrheit-lich mit Ärzten besetzt, ein Drittel der Mitglieder kam aus der Universitätspsychiatrie.[97] Unter den Sachverständigen waren sowohl Mitglieder der DGPN, als auch der *Deutschen Gesellschaft für Soziale Psychiatrie* und der *Deutschen Gesellschaft für Psychotherapie*

---

[95]Vgl. Gesundheitsbericht der Bundesregierung (BT-Drucksache VI/1667), zitiert aus: BMJFG, Materialsammlung II 1973, S. 77–79, Zitate S. 78, 79. Der Bund beabsichtigte dafür 600 Mio. DM jährlich bereitzustellen. Vgl. ebd., S. 78.

[96]Alle Zitate ebd. Der Schlußbericht einer vom Bundesministerium für Jugend, Familie und Gesundheit geförderten Untersuchung über die Probleme und Reformschwerpunke im Gesund-heitswesen der Bundesrepublik zeigt dann 1973, wie deutlich die von den Psychiatern diskutierten Probleme als allgemeine Probleme des Gesundheitswesens wahrgenommen wurden. Vgl. BMJFG, Problemanalysen 1973.

[97]Das traf auch für die zunächst neun, später zehn Arbeitsgruppen zu. In ihr blieben die Angehörigen nichtärztlicher Professionen wie Psychotherapeuten oder Sozialarbeiter, Pädagogen, Verwaltungsfach-leute und Rechtsexperten in der Minderheit. Vgl. Brink, Grenzen der Anstalt 2010, S. 467 f.

und Tiefenpsychologie sowie Vertreter des zuständigen Bundesministeriums und der Bundesländer. Das erste Treffen der Sachverständigenkommission fand am 16. Juli 1971 auf Einladung Caspar Kulenkampffs in der Zentrale des Landschaftsverbands Rheinland in Köln statt. Zeitlich lag es damit schon nach dem ursprünglich geplanten Termin für die Vorlage des Abschlussberichts. Das wichtigste Gremium der Enquetekommission war deren Vorstand – bestehend aus dem Vorsitzenden, seinen beiden Stellvertretern, dem Geschäftsführer sowie dem Präsidenten der DGPN.[98] Auf der konstituierenden Sitzung am 31. August 1971 wurde Caspar Kulenkampff zum Vorsitzenden gewählt.[99] Häfner und H. Siede (für die Länder) wurden zu stellvertretenen Vorsitzenden, der Diplompsychologe V. Zumpe zum Geschäftsführer ernannt. Die administrative Geschäftsführung übernahm die überparteiliche *Aktion Psychisch Kranke* und damit ein fraktionsübergreifendes Bündnis aus Ärzt/-innen und Politiker/-innen, das sich für gemeindenahe Unterbringungskonzepte, für den Ausbau der ambulanten und teilstationären Versorgung und für die Gleichstellung von psychisch Kranken mit körperlich Kranken einsetzte.[100] Da Caspar Kulenkampff auch stellvertretender Vorsitzender der *Aktion Psychisch Kranke* war, liefen bei ihm sämtliche Fäden zusammen.[101] Parallel zur Arbeit an der Enquete veranstaltete

---

[98]Der Vorsitzende der DGPN war nicht ad personam, sondern ad institutionem im Vorstand der SVK vertreten.

[99]Caspar Kulenkampff hatte bis 1967 die sozialpsychiatrische Abteilung der Universitätsnervenklinik Frankfurt am Main geleitet. Daraufhin war er einem Ruf auf den psychiatrischen Lehrstuhl der Universität Düsseldorf gefolgt. Doch da hielt es Kulenkampff nicht lange. Überzeugt, dass er eine Strukturreform der Versorgung psychisch Kranker als Ordinarius nicht würde anschieben können, gab er seinen Lehrstuhl auf und wurde Dezernent für Psychiatrie im Rheinland, bevor er 1971 die Leitung der Enquetekommission übernahm. Vgl. Schönknecht, Verstehende Anthropologie 1999, S. 101. Rückblickend beschrieb Kulenkampff 1984 diese Entscheidung so, dass ihn 1967 der Wechsel von Frankfurt an die Anstalt in Düsseldorf-Gravenberg erschreckt habe. Er habe dort „das Anstaltsleben in seiner puren Form" kennengelernt. „Von Hunderten von Patienten wußte ich überhaupt nicht, was sie hatten, sondern musste mir von den Pflegern erzählen lassen, daß sie dort schon viele Jahre sind. (…) Und ich sah auch, daß die Behinderten nicht versorgt sind, sondern daß sie randständig blieben, weil die Ärzte ja mehr in akuten Bereichen tätig sind. Vielleicht war man auch empfindsam dafür geworden. Und das ist der Grund, weswegen wir dann, – also ich jedenfalls – (durch Zufälle war das möglich) gesagt haben: Jetzt muß ich, nachdem wir eigentlich von 1964 bis an die Siebziger Jahre unentwegt Denkschriften und Arbeiten und sonstiges Zeug von uns gegeben hatten, das überhaupt keine politische Wirkung hatte, das politische Handwerk lernen, damit ich wirksam werden kann. In der Universität kann ich das nicht, da kann ich nur Vorträge halten. So ist das gekommen." Aussage von Kulenkampff, Zeugenbefragung 1985, S. 30 f.

[100]Ihr gehörten unter anderem Bosch, Dörner, Finzen, Häfner, Kisker, Köster, Meier, Richartz, Ehrhardt und Winkler an. Patient/-innen wurden explizit nicht aufgenommen. Vgl. Brink, Grenzen der Anstalt 2010, S. 465. Zunächst hatte die DGPN versucht, Einfluss auf die *Aktion Psychisch Kranke* zu gewinnen, scheiterte damit aber rasch. In der Vorstandssitzung vom 1.5.1970 war man einhellig der Meinung, „daß die DGPN der einzige relevante Gesprächspartner" für die neugegründete *Aktion Psychisch Kranke* sei. Im Laufe der Enquete gab es aber immer häufiger Konflikte, weil die *Aktion Psychisch Kranke* den Eindruck erweckte, sie sei das offizielle Sprachrohr der Enquete-Kommission. Vgl. Tätigkeitsbericht des Vorstandes der DGPN für das Jahr 1973, veröffentlicht 1974, S. 397.

[101]Vgl. Kulenkampff, Erkenntnisinteresse und Pragmatismus 1984.

die *Aktion* zahlreiche Informationstagungen und öffentliche Diskussionsrunden zwischen Mitgliedern der Sachverständigenkommission und Parlamentariern.

16.3.1 Grundlegende DGPN-Positionen

Im neben dem Vorstand wichtigsten Gremium der DGPN, dem *Ständigen Ausschuss für Krankenhausfragen* – in dem sich die Direktoren der psychiatrischen Krankenhäuser abstimmten –, hieß „Reform" lange Zeit: der Neubau von Gebäuden und die Behebung des Personalmangels bei Ärzten und Pflegekräften. Seine Vertreter in der Sachverständigenkommission forderten daher zunächst höhere Investitionen für die bestehenden Institutionen und stellten die bisherige Grundstruktur der Versorgung nicht infrage. Kern ihrer Vorschläge war der Ausbau der bereits existierenden Einrichtungen zu sogenannten Nervenzentren. In diesen Nervenzentren sollten unter einem Dach Psychiatrie, Neurologie, Psychotherapie und forensische Psychiatrie zusammengeführt werden. Zugleich sollten dort Forschung, Aus- und Weiterbildung fest verankert und damit die Unterschiede zu den Universitätskliniken abgebaut werden.[102]

Fast zeitgleich zur konstituierenden Sitzung der Sachverständigenkommission veröffentlichte die DGPN 1971 im *Deutschen Ärzteblatt* ihren *Rahmenplan zur Versorgung psychisch Kranker in der Bundesrepublik* und verteilte ihn an die zuständigen Landes- und Bundesministerien. Der Rahmenplan bot klar formulierte Leitlinien zur Verbesserung der Versorgung psychisch Kranker und zeigte „konkrete Schritte zur Sanierung und Reform" auf. Erstellt und redaktionell betreut hatten ihn Mitglieder des DGPN-Vorstands, des *Ständigen Ausschusses für Krankenhausfragen der DGPN* sowie des Vorstandes des *Berufsverbandes Deutscher Nervenärzte*. Am Rahmenplan waren unter anderem Rudolf Degkwitz, Albert Derwort, Walter Döhner, Heinz Häfner, Hanfried Helmchen (*1933), Hans Peter Kitzig, Caspar Kulenkampff, Robert Schimrigk, Paul W. Schulte, Stefan Wieser, Walter Theodor Winkler, und Detlev v. Zerssen (*1926) beteiligt – und damit nicht nur führende Vertreter der DGPN, sondern auch zahlreiche Personen, die nachfolgend die Arbeit der Sachverständigenkommission prägen sollten.

Schon der erste Satz des Rahmenplans war ein markantes Statement: „Seit etwa zwei Jahrzehnten bemühen sich viele Psychiater um eine Verbesserung der Versorgung psychisch Kranker in der Bundesrepublik". Demgegenüber, so sollten die Leser/-innen diesen Satz wohl interpretieren, kam die Initiative des Deutschen Bundestages reichlich spät. Die Versorgung psychisch Kranker in der Bundesrepublik, so die Autoren in ihren Vorbemerkungen weiter, sei im Laufe der vergangenen Jahre immer unzureichender geworden, die längst bekannten Reformerfordernisse seien bisher kaum in Angriff

---

[102]Denn, so das berechtigte Argument, die Aufnahmekriterien der Unikliniken bei der Patientenaufnahme seien von der Realität des klinischen Alltags zu weit entfernt, um bedarfsgerecht Nachwuchs ausbilden und anwendungsorientierte Forschung betreiben zu können.

genommen, der Nachholbedarf sei nur notdürftig ausgeglichen und die offenkundigen Mängel nur durch Einzelmaßnahmen gelindert worden. Seit dem Zweiten Weltkrieg habe man „nur die Gebäude für ein Drittel der Betten neu errichtet oder entscheidend renoviert". Geradezu skandalös mute es an, dass bei stark angewachsener Bevölkerung, die Anzahl der psychiatrischen Betten seit 1936 gleichgeblieben sei.[103]

Wie schon auf den DGPN-Kongressen 1964 und 1970, zeigte sich auch im Rahmenplan der Fokus auf die bestehenden Einrichtungen. Da neue Institutionen in absehbarer Zeit noch nicht zur Verfügung stünden, sei in den vorhandenen Einrichtungen „jetzt und auf vorläufig nicht absehbare Zeit der größte Teil der psychisch Kranken" zu versorgen. Die Krankenhausträger hätten daher die vorhandenen Einrichtungen zu optimieren. Im Wortlaut des Rahmenberichts hieß das: „Sanierung der Bausubstanz ohne Kapazitätsausweitung und Beseitigung der Personalnot". Wenn man auch „die Reform des Versorgungssystems energisch in Angriff" nehmen wollte, so waren „vorhandene Erfahrungen zu berücksichtigen, neuartige Vorstellungen zunächst in Modellinstituten zu erproben und die Möglichkeit, sie in der Breite anzuwenden und auf deutsche Verhältnisse zu übertragen, zu überprüfen".[104]

Die Personalausstattung sei sofort zu verbessern und könne auch schnell angehoben werden. Sie habe in den letzten zwei Jahrzehnten mit dem Anstieg der Patient/-innenaufnahmen nicht Schritt gehalten, sei de facto – durch eine allgemeine Reduzierung der Wochenarbeitszeit des Pflegepersonals – sogar gesunken. Selbst wenn, so rechneten die Autoren des Rahmenplans vor, der Personalschlüssel bei 1:5 läge, bedeute dies, Arbeitszeitregelungen, Nachtwachen, Urlaub und Funktionsstellen eingerechnet, dass eine Pflegeperson durchschnittlich 15 Kranke betreue. Obendrein sei ein Viertel bis ein Drittel der Pflegestellen mit Auszubildenden besetzt, die wöchentlich acht Stunden für den Unterricht abgestellt werden müssten. Ein großer Teil der zu Recht kritisierten Mißstände seien als „Ausdruck der Hilflosigkeit des überforderten Pflegepersonals" zu werten.[105] Mit der Schaffung neuer Planstellen, mit besser ausgebildetem Personal, neuen Ausbildungsmöglichkeiten für die sozialpsychiatrischen Berufe und der Anpassung des Personalschlüssels an die Richtlinien der WHO könne man daher direkt an den Ursachen ansetzen und schnell Abhilfe schaffen.[106]

---

[103]Vgl. Rahmenplan 1971, abgedruckt 1972, S. 126–132, die Zitate S. 126, 127, 132.

[104]Vgl. ebd., S. 127 f., Zitate ebd.

[105]Immer wieder kritisierten die Klinikdirektoren und Universitätsprofessoren das Regime der Schwestern in den Abteilungen und das unausgebildete (und zur Brutalität neigende) Pflegepersonal. Walter Schulte hob beispielsweise 1970 die Probleme mit den überalterten, überwiegend männlichen Pflegern hervor: „Es ist außerordentlich schwierig, einem 50jährigen Pfleger, der dazu neigt, aufgrund seiner nicht zu bestreitenden Verdienste, allen neuen Entwicklungen ‚seine Erfahrungen' entgegenzustellen, zu einer einigermaßen befriedigenden, aber auch nicht hinderlichen Funktion zu verhelfen. Mit einem in Gewohnheiten erstarrten, schlüsselklirrenden Personal läßt sich jedenfalls eine Umstrukturierung psychiatrischer Krankenversorgung nicht erreichen." Stenographischer Bericht über die öffentliche Informationssitzung 1970, abgedruckt 1973, S. 55.

[106]Vgl. Rahmenplan 1971, abgedruckt 1972, S. 130–136, Zitate S. 130 und S. 131.

Die Liste der weiteren Probleme war lang und aus den Reformforderungen der 1960er Jahre bekannt: die Arbeitstherapie sei oft nur in behelfsmäßig eingerichteten Räumen möglich, die Entfernung zwischen Wohnort der Patient/-innen und dem nächstgelegenen Krankenhaus sei teilweise sehr weit, weil die Einrichtungen an den Grenzen und nicht im Zentrum der Einzugsgebiete errichtet worden seien, Tages- und Nachtkliniken gebe es kaum, moderne industrienahe Rehabilitationseinrichtungen seien nur in Ansätzen, Werkstätten und Wohnheime für psychisch Behinderte nur in unzureichender Zahl vorhanden, die psychiatrischen Dienste der Gesundheitsämter seien personell unterbesetzt und zu wenige Nervenärzte und Psychotherapeuten niedergelassen. Es bestehe die Gefahr, eine große Gruppe der Daueruntergebrachten zu schaffen, sozial isoliert, beruflich schlecht qualifiziert und oft hohen Lebensalters. Was nach der Beteuerung folgte, der Wandel zu einer somatotherapeutischen, psychotherapeutischen und soziotherapeutischen Psychiatrie habe sich bereits vollzogen, waren bekannte Forderungen: entsprechende Einrichtungen seien zu schaffen, seelisch Kranke den körperlich Kranken gleichzustellen, die Wiedereingliederungsbemühungen zu intensivieren, zusätzliche Hospitalisierungsschäden zu verhindern. Sodann stellte der *Rahmenplan* folgende Leitlinien zur Diskussion: Erstens sollte die Psychiatrie in die allgemeine Medizin integriert werden, zweitens sollten die Behandlungsmöglichkeiten sowohl innerhalb wie außerhalb des Krankenhauses unter Einbeziehung der Rehabilitation vielfach gestuft werden, drittens sollte die Entfernungen zwischen Wohnort der Kranken und Behandlungseinrichtungen möglichst kurz sein, viertens seien für die langfristig zu Betreuenden „beschützende Einrichtungen" zu schaffen, die „auf die Eigentümlichkeiten der verschiedenen Gruppen psychisch Kranker zugeschnitten" seien.[107]

Aus diesen Leitlinien ergab sich, dass zunächst die Versorgung psychisch Kranker regional neu zu gliedern war. In Ballungsräumen sollte eine Versorgungsregion nicht mehr als 250.000 bis 300.000 Einwohner umfassen, in dünner besiedelten Gebieten sollten die Behandlungszentren in maximal einer Stunde Fahrtzeit mit den öffentlichen Verkehrsmitteln vom Wohnort aus erreichbar sein. Nicht stationär behandlungsbedürftige Fälle sollten von den niedergelassenen Nervenärzten behandelt werden, deren Möglichkeiten durch kleine offene Belegabteilungen in allgemeinen Krankenhäusern erweitert werden sollten.[108] Für akute Fälle sollte ein klinisches Zentrum geschaffen werden, das „mit allen diagnostischen und therapeutischen Möglichkeiten ausgestattet ist". Es sollte möglichst im Verbund mit einem Allgemeinkrankenhaus bestehen „und die Versorgung aller psychisch Kranken in seiner Region sicherstellen". Nach ihrer akuten Phase seien die psychisch Kranken in Spezialeinrichtungen (Gerontopsychiatrie, Einrichtungen für suchtmittelabhängige Erwachsene, drogenabhängige Jugendliche, „erwachsene Schwachsinnige", psychisch kranke Kinder und Jugendliche und psychisch kranke

---

[107]Vgl. ebd., S. 130–133, Zitat S. 133.

[108]Vgl. ebd., S. 134.

Rechtsbrecher) unterzubringen. Zudem sei die Vor- und Nachsorge im außerärztlichen Bereich auszubauen und zu koordinieren. Eine Kooperation aller in diesem Bereich tätigen Gruppen und Institutionen sei anzustreben.[109]

Um dies zu erreichen, sei, so die Autoren, eine gehörige Portion Pragmatismus nötig. Angesichts „des großen Abstandes der jetzigen Verhältnisse von den für notwendig erachteten", sei ein schrittweises Vorgehen unumgänglich. Man brauche keinen starren Plan vollenden, sondern müsse „je nach Gegebenheit und Möglichkeiten" agieren. Schon jeder einzelne Schritt zur Mängelbeseitigung werde eine Verbesserung der Situation zur Folge haben. Parallel zur umgehenden Beseitigung der schlimmsten Nöte, seien neue Konzepte zu erproben. Man habe aber insgesamt von den gegebenen Verhältnissen auszugehen und die Möglichkeiten nüchtern zu beurteilen: „Unrealistische Programme" würden bloß „zu Enttäuschungen und zur Verunsicherung derer [führen], die wahrscheinlich noch für eine lange Übergangszeit unter erheblich verbesserungsbedürftigen Verhältnissen arbeiten müssen".[110] Diesen Ansatz vertrat der Vorstand der DGPN auch in der Sachverständigenkommission, am einflussreichsten in der Arbeitsgruppe *Intramurale Dienste*. Anfänglich mit diesem Ansatz die gesamte Arbeit der Sachverständigenkommission prägend, änderte sich die Lage mit dem Zwischenbericht der Sachverständigenkommission im Jahr 1973.

16.3.2 Der Enquete-Zwischenbericht

Am 18. Januar 1973 gab Willy Brandt im Deutschen Bundestag eine Regierungserklärung zur „moderne[n] Sozialpolitik" ab. Nachdem man, so der Bundeskanzler, die soziale Sicherung für den Großteil der Menschen ausgebaut habe, müsse man sich nun „den Menschen zuwenden, die durch persönliches Schicksal am Rande der Gesellschaft leben". Insbesondere seien die „vielen Behinderten und Schwerbeschädigten" wieder in den Arbeitsprozess einzugliedern. Die berufliche, schulische, medizinische und psychische Rehabilitation sei aber auch für geistig Behinderte, vor allem für die geistig behinderten Kinder, anzustreben. Denn „durch bewundernswerte und geduldige Arbeit" sei mittlerweile bewiesen, dass viele von ihnen „zur Rehabilitation fähig sind, wenn man sich ihrer nur annimmt". Diese mit Kindern gemachten Erfahrungen, so Brandt, könnten auf andere Altersgruppen übertragen werden. Doch dürfe man bei allem Rehabilitationsoptimismus nicht vergessen: „Die unheilbar Kranken brauchen unsere tätige Barmherzigkeit mehr als alle anderen."[111]

---

[109]Vgl. ebd., S. 135 f., Zitate ebd.

[110]Vgl. ebd., S. 127 f. und S. 136 f., Zitate S. 127 f.

[111]Die zentralen Auszüge abgedruckt in: BMFG, Materialsammlung I 1973, nachfolgende Zitate ebd., S. 1.

Nur zwei Wochen später kamen die Verhältnisse in den psychiatrischen Krankenhäusern im Bundestag explizit zur Sprache. Ein Abgeordneter der Opposition hatte
angefragt, ob es zutreffe, dass „viele Patienten in den psychiatrischen Krankenhäusern unter menschenunwürdigen Verhältnissen leben". Darauf antwortete der
Parlamentarische Staatssekretär Heinz Westphal (1924–1998), „daß es psychiatrische
Krankenhäuser gibt, die nicht den Mindestanforderungen an eine moderne Versorgung
psychisch Kranker entsprechen", dass zurzeit aber noch keine umfassenden Angaben
über Ausstattung, Belegung und innere Struktur dieser Krankenhäuser vorlägen. Er verwies darauf, dass für den Bau und den Betrieb von psychiatrischen Krankenhäusern
nicht der Bund zuständig sei, dass aber mit dem 1972 in Kraft getretenen Gesetz zur
wirtschaftlichen Sicherung der Krankenhäuser und zur Regelung der Krankenhauspflegesätze ein entscheidender Schritt zur Verbesserung der finanziellen Grundlagen
bereits erreicht wurde. Bund, Länder, Gemeinden und freie Träger seien, so Westphal,
gemeinsam bestrebt, durch Neubau und Modernisierung „entsprechend der Landes-
krankenhausplanung und durch Änderung der Verhältnisse in den psychiatrischen
Krankenanstalten und ihrer inneren Struktur eine nachhaltige Besserung herbeizu-
führen". Dies könne jedoch „nur sehr langfristig verwirklicht werden".[112]

Im Frühjahr und im Sommer 1973 prüfte das Bundesministerium für Jugend, Familie
und Gesundheit den Zwischenbericht der Sachverständigenkommission, anschließend
wurde er im Kabinett besprochen und dann dem Bundestag zugeleitet. Im Oktober 1973
wurde er der Öffentlichkeit präsentiert. In ihm beschrieben seine Verfasser zunächst
eine überforderte, unterfinanzierte und menschenunwürdige Psychiatrie und plädierten
daraufhin für eine Trennung der unterschiedlichen Krankengruppen und eine Verkleinerung der psychiatrischen Krankenhäuser. Sofortmaßnahmen, die für die bereits
stationär untergebrachten Patienten ergriffen werden sollten, standen im Zentrum des
Zwischenberichts. Der Einfluss sozialpsychiatrischer Vorschläge war durchaus vorhanden, der Bericht bot aber trotzdem inhaltlich zum einen kaum Neues und entbehrte zum anderen jeder radikalen Forderung.[113] Der DGPN war es gelungen, sich
mit ihren Positionen weitgehend durchzusetzen. Der Zwischenbericht hielt fest, dass
die bestehenden Krankenhäuser „noch für lange Zeit die Hauptlast der stationären Versorgung tragen müssen" und langfristige Strukturveränderungen nicht zulasten der
bestehenden Einrichtungen gehen dürften. Ohnehin würden die Empfehlungen „überwiegend in langfristigen Programmen" umgesetzt werden. Vor allem in den Passagen
zu den Sofortmaßnahmen zeigte sich der Einfluss der DGPN: Unter dem Hauptziel,
der „Befriedigung humaner Grundbedürfnisse der in psychiatrischen Einrichtungen
stationär untergebrachten Patienten", wurden vier Punkte subsumiert: Erstens der „Ersatz
unzumutbarer baufälliger Substanz", zweitens die Bereitstellung von Sondermitteln
für Renovierungsmaßnahmen, drittens eine Verbesserung der sanitären Ausstattung,

---

[112]Westphal, in: Ebd., S. 213.

[113]Vgl. Brink, Grenzen der Anstalt 2010, S. 468 f.

eine angemessene Möblierung und das Tragen der eigenen Kleidung sowie viertens die gerechte Entlohnung derjenigen Patient/-innen, die in stationären Einrichtungen arbeiteten.[114]

Da der Zwischenbericht der Enquete-Kommission vor allem medizinische Argumente enthielt, ist er als Beleg für die Entpolitisierung der Psychiatriereform interpretiert worden. Doch der Rückbezug auf medizinische Sachargumente kaschierte bloß notdürftig, dass die Beteiligten sich nur mit Mühe auf die Eckpunkte der zukünftig anzustrebenden Versorgung hatten einigen können. Nicht jeder reagierte begeistert auf den Zwischenbericht. Während mancher den Bericht in Presseerklärungen „als wichtigen Beitrag zur Beseitigung der auf diesem Gebiet unserer medizinischen Versorgung herrschenden brutalen Realität" begrüßte, kritisierten ihn andere wegen seiner fehlenden gesellschaftskritischen Stoßrichtung. Auch die niedergelassenen Nervenärzte bemängelten den Bericht, speziell die beabsichtige Einrichtung von Ambulanzen in psychiatrischen Krankenhäusern.[115]

Während man die ersten zwei Jahre der Enquete-Arbeit durchaus als Erfolg der in der DGPN vertretenen Psychiater werten kann, veränderten die Diskussionen über den Zwischenbericht die Enquete-Arbeit bis zum Abschlussbericht erheblich. Nun brachen zum einen alte berufspolitische Auseinandersetzungen wieder auf. Zum anderen wurde deutlich, dass von einer Beruhigung der Debatte insgesamt keine Rede sein konnte.

16.3.3 Abgrenzungskonflikte in der Enquete-Zeit, I

Erfolgreich war es den Psychiatern nach dem Zweiten Weltkrieg gelungen, die Ansprüche von Nichtmedizinern abzuwehren und das ärztliche Behandlungsmonopol zu verteidigen. Psychotherapie sollte in den Kliniken ausschließlich von den zuständigen Fachärzten ausgeübt und damit verhindert werden, dass eine neue akademische Berufsgruppe mit einer gänzlich anderen wissenschaftlichen Sozialisation in den Kliniken Fuß fasste und das bisherige Gefüge der unterschiedlichen Berufsgruppen störte. Der Nichtmediziner, so die grundsätzliche Linie der GDNP/DGPN, sei von der stationären Behandlung fernzuhalten.

---

[114]Bundestagsdrucksache VII/1124, S. 3, 23, 27.

[115]Vgl. Brink, Grenzen der Anstalt 2010, S. 468–470, Zitat S. 469 f. Diese Konflikte traten offen zu Tage, als in Bad Boll vom 7. bis 9. Dezember 1973 die Enquetemitglieder mit Vertretern politischer und berufspolitischer Institutionen über den Zwischenbericht der Sachverständigenkommission diskutierten. Neben den Grundprinzipien des zukünftigen psychiatrischen Versorgungssystems standen Panels zu den extramuralen und zu den intramuralen Diensten auf dem Programm. Winkler sprach über die krankenhauszentrierten Dienste, Hippius zu Ausbildungsfragen. Im letzten Panel der Tagung zu den Problemen der politischen Realisierung der Psychiatriereform nahm ein Vertreter der DGPN am Podiumsgespräch teil. Vgl. Tagungsprogramm, DGPT-Archiv, Ordner 21A.

Die berufs- und standespolitische Vertretung der Psychiater hatte deswegen schon lange gegen die Kassenzulassung von psychoanalytischen und tiefenpsychologischen Behandlungsverfahren sowie gegen die Zulassung von Diplompsychologen als Sachverständige und Gutachter vor Gericht argumentiert. Bis 1970 hatten sich aber entscheidende Veränderungen ergeben. Insgesamt war die Vertretung der Psychotherapeuten in den 1950er und 1960er Jahren berufspolitisch sehr erfolgreich gewesen. Stationen dieser Anerkennung waren: die Einführung der Zusatzbezeichnung „Psychotherapie", die Differenzierung der Psychotherapie-Positionen in der Gebührenordnung, die Definition der Neurose als Krankheit in der Reichsversicherungsordnung, schließlich die Richtlinien zur Einführung der tiefenpsychologisch fundierten und analytischen Psychotherapie in die kassenärztliche Versorgung. Mit der erst kurz zuvor beschlossenen neuen Approbationsordnung für Ärzte waren Lehrveranstaltungen der medizinischen Soziologie und der medizinischen Psychologie verpflichtend zu belegen – was einer akademischen Anerkennung dieser Teilbereiche gleichkam.[116] Doch nicht nur die berufspolitische Situation, auch die therapeutischen Ansichten hatten sich verändert. So waren insbesondere Kurzzeit- und Gruppentherapieverfahren ausprobiert worden. Zudem schwappte nun die verhaltenstherapeutische Welle aus den USA auch in die Bundesrepublik.[117]

Walter Schulte forderte vor dem Hintergrund dieser Entwicklung in seiner Rede auf dem Ärztetag 1970 nicht nur den Ausbau der psychotherapeutischen Versorgung, sondern auch eine „Umstellung von der wenigen einzelnen vorbehaltenen Langstreckenanalyse auf tiefenpsychologisch fokal orientierte Kurzverfahren, auf Gruppenpsycho- und Verhaltenstherapie sowie Trainingsmethoden". Zugleich ging er davon aus, dass für den neu geschaffenen Facharzt für Psychiatrie „eine besondere psychotherapeutische Akzentuierung (…) immer selbstverständlicher" werden würde.[118] Schulte, für den Psychotherapie und Sozialpsychiatrie eng zusammengehörten, verwies auch in der Informationssitzung des Ausschusses für Jugend, Familie und Gesundheit darauf, dass die Medizinstudierenden starkes Interesse an und Aufgeschlossenheit gegenüber Fragen der Tiefenpsychologie, der Psychoanalyse und der Sozialpsychiatrie zeigten. Daher möge man doch schon in den ersten Semestern versuchen, „die Psychotherapie, die Soziotherapie, die Sozialpsychiatrie, die Gruppentherapie, die Trainingsverfahren, die Selbsterfahrungen in Gruppen und dergleichen" zu vermitteln.[119]

---

[116]1971 folgten schließlich die Ersatzkassen dem Beispiel der 1967 mit den RVO-Kassen vereinbarten Richtlinien. Sie ermöglichten darüber hinaus die Delegation von psychotherapeutischen Leistungen an nichtärztliche Psychotherapeuten. Ebenfalls 1971 bestätigte die Bundesversicherungsanstalt für Angestellte ihre Leistungspflicht bei chronischen neurotischen Erkrankungen. Damit waren längst nicht alle Probleme gelöst, doch war es international einzigartig, dass die ambulante psychotherapeutische Versorgung ein so umfassender Teil der Leistungen der gesetzlichen Sozialversicherung wurde.

[117]Vgl. Batra, Geschichte der Verhaltenstherapie 2013.

[118]Bundesärztekammer, Wortbericht des 73. Deutschen Ärztetag 1970, S. 59.

[119]BMJFG, Materialsammlung I 1973, S. 53 f.

Eine stärkere Berücksichtigung psychotherapeutischer Verfahren in der „modernen Psychiatrie" erwartete auch Heinz Häfner. Dafür sollte das bisher vorwiegend außerhalb der Universitäten im Rahmen psychotherapeutischer Ausbildungsinstitute vermittelte psychotherapeutische Wissen als „Anteil psychiatrischen Wissens" an die Universitäten und Krankenhäuser „geholt" werden. Sonst, so die Befürchtung, werde es eine „Trennung zwischen einer Art Neuro-Psychiatrie, die sich dann nur für seelisch nicht behandelbare Leiden zuständig fühlt, und der Psychotherapie, die für alle eigentlich seelischen Störungen zuständig wäre" etablieren. In einem „patienten-orientierten Modell moderner psychiatrischer Versorgung" gehöre beides aber zusammen.[120] In der Expertenanhörung verlieh er 1970 der Erwartung Ausdruck, dass es auch auf dem Gebiet der Psychotherapie zu einer Angleichung an den internationalen Trend kommen werde. Wie in anderen Ländern längst üblich, werde der Psychologe eines Tages auch in der Bundesrepublik entscheidend am Behandlungsprozess beteiligt sein. Zwar stelle die „Abgrenzung der therapeutischen Kompetenz der Psychologen ein Problem" dar, und auch deren Ausbildungsniveau „für die Aufgaben einer ‚klinischen Psychologie'" sei längst nicht ausreichend, man benötige aber wie in den Vereinigten Staaten und in Großbritannien neben dem wissenschaftlichen auch einen klinischen Ausbildungszweig der Psychologie.[121]

Walter Theodor Winkler verwies 1970 – ähnliches im Sinn – indes auf die Realitäten in den psychiatrischen Landeskrankenhäusern: Von einer „gründliche[n] Psychotherapie etwa im Sinne einer psychoanalytischen oder auch nur tiefenpsychologisch fundierten Behandlung einzelner Patienten" könne allenfalls im Ausnahmefall die Rede sein. Die hierfür qualifizierten Ärzte seien schlicht nicht vorhanden. Der bisherige Arztschlüssel und die überbordenden Verwaltungsverpflichtungen ließen „eine eingehende Beschäftigung mit den einzelnen Patienten (…) überhaupt nicht zu". Die Alltagswirklichkeit, so stellte Winkler fest, erschwere, ja verhindere eine umfassende psychotherapeutische Behandlung. Mit der Errichtung von Psychotherapie-Stationen sei es beileibe nicht getan. Man müsse die Psychologen für die individuelle Psychotherapie hinzuziehen, da die Ärzte, auch die medizinischen Nachwuchskräfte, dafür nicht ausreichend qualifiziert seien und die Psychologen zumindest in dieser Hinsicht „zum Teil besser geschult" wären.[122]

---

[120]Häfner, Allgemeine Probleme 1972, S. 88. Häfner forderte 1970 indes die Trennung von Psychiatrie und Neurologie. „Die Neurologie ist eine naturwissenschaftliche Disziplin, die vorwiegend andere Methoden anwendet und andere Bereiche zu versorgen hat als die Psychiatrie." Stenographischer Bericht über die öffentliche Informationssitzung 1970, abgedruckt 1973, S. 47.

[121]Vgl. Stenographischer Bericht über die öffentliche Informationssitzung 1970, abgedruckt 1973, S. 51, Zitate ebd.

[122]Vgl. ebd., S. 61 f., Zitate ebd. Demgegenüber eine Minderheitenmeinung: Privatdozent Dr. Brengelmann, der darauf verwies, dass Psychoanalyse und Tiefenpsychologie nicht wirtschaftlich seien, zu lange bräuchten und die Anzahl der behandelten Fälle pro Therapeut zu gering sei. Hoffnung, so Brengelmann, mache aber die Verhaltenstherapie. Ebd., S. 80.

Anders als diese Stellungnahmen aber erwarten ließen, spielten Psychoanalyse, Psychotherapie und Psychagogik in der Sachverständigenkommission bis 1973 keine nennenswerte Rolle.[123] Das befürchtete Horst-Eberhard Richter (1923–2011), Lehrstuhlinhaber für Psychosomatik in Gießen und einflussreiches Mitglied der *Deutschen Psychoanalytischen Vereinigung,* schon am Beginn des Enquete-Prozesses.[124] Er sah die Sachverständigenkommission fest in der Hand der Psychiater und damit von jener Berufsgruppe dominiert, die eine Etablierung der Psychotherapie bislang immer zu verhindern trachtete: Die Enquete sei „im Wesentlichen von den Psychiatern gesteuert, welche uns das ganze Problem eingebrockt haben". Richter vermutete, dass die Psychiater der Kliniken in Mannheim, Hannover und Frankfurt „in Kooperation mit einigen Bundestagsabgeordneten, vor allem der CDU, maßgeblich an der (…) Initiative [gemeint war die SVK] beteiligt" waren. Für Richter war eine „Verschwörung" im Gange: Die Psychiater hätten sich mit der CDU/CSU-Fraktion im Bundestag verbündet und die SPD-Fraktion getäuscht, um die „Psychoanalyse und ihre Anwendungen" auszuschalten. Schon in den Expertenanhörungen im Vorfeld der Enquete seien die insgesamt 25 „Sachverständige[n]" – Richter verwendete hier absichtlich die Anführungsstriche – 14 Psychiater, vier Psychologen, zwei Pfleger je eine Schwester und Sozialpädagogin sowie mit nur einem Psychoanalytiker, dem Direktor des Institutes für Psychoanalyse und Psychotherapie in Hamburg, Ulrich Ehebald (1921–2010), „politisch völlig einseitig ausgewählt" worden.[125]

> „Insgesamt handelt es sich nach meinem Eindruck um eine leicht durchsichtige Verschwörung, die alle antianalytisch orientierten Gruppen der Psychiatrie, der Psychologie, der Verhaltenstherapie und der offiziellen Gesundheitspolitik in Deutschland zusammengeführt hat. (…) Jedenfalls sind der Bundestagsausschuß, die Fraktionen und das Gesundheitsministerium hundertprozentig auf die Taktik der Clique hereingefallen oder haben sogar sehenden Auges mitgespielt. (…) Nach meinem Eindruck handelt es sich um nicht mehr und nicht weniger als eine zweite große politische Aktion zur Diskriminierung und Ausschaltung der Psychoanalyse und ihrer Anwendungen. Nur wiederholt sich die primitive Gewaltaktion aus der Nazizeit heute mit ungleich eleganteren und viel besser maskierten Mitteln."[126]

---

[123]Indes waren in der ersten Hälfte der 1970er Jahre auf Tagungen und in den Fachzeitschriften, etwa im *Nervenarzt,* häufig Stellungnahmen zu hören bzw. zu lesen, die eine engere Verbindung von Psychotherapie und Psychiatrie forderten oder von Bemühungen in der klinischen Praxis berichteten. Beispielsweise: Helmchen, Ausbildung in Psychiatrie 1974; Bräutigam, Psychiatrische und psychotherapeutische Versorgung 1974.

[124]Zu Richters Konzeption der Psychosomatik vgl. Elberfeld, Horst-Eberhard Richter 2019.

[125]Horst-Eberhard Richter an Alexander Mitscherlich, Schreiben vom 22.11.1971, DGPT-Archiv, Ordner 21A. Zum berufspolitischen Engagement Mitscherlichs vgl. Freimüller, Grenzgänger 2019.

[126]Horst-Eberhard Richter an Alexander Mitscherlich, Schreiben vom 22.11.1971, DGPT-Archiv, Ordner 21A.

Richter befürchtete nun zu Recht, dass der SVK-Bericht ein immenses politisches Gewicht entwickeln werde und sah die bisherigen berufspolitischen Erfolge der Analytiker in Gefahr. Indem man in der Sachverständigenkommission die Psychoanalyse, Psychosomatik und Psychotherapie unter dem Etikett „Extramurale Psychiatrie" abhandele, sorge die Enquete dafür, dass die Psychoanalyse und die Psychosomatische Medizin als eigenständig sichtbare Ansätze verschwänden. Es sei erforderlich, sofort zu handeln, möglicherweise sogar beim Bundeskanzler direkt zu intervenieren. Willi Brandt verstehe „immerhin so viel von diesen Dingen, daß man vielleicht in Erwägung ziehen könnte, auch ihn selbst zu informieren". Es sei doch zu vermuten, dass die SPD-Fraktion „bisher mit Geschick darüber getäuscht worden ist, was sie hier eigentlich unterstützt".[127]

Richter war nicht als Einziger aufgeschreckt. Auch der amtierende Vorsitzende der DGPT, Clemens de Boor[128] (1920–2005), beanstandete bei der zuständigen Bundesministerin Käte Strobel die Zusammensetzung der Sachverständigenkommission und die Vernachlässigung des psychotherapeutisch-psychoanalytisch-psychosomatischen Bereichs. Der Themenkatalog der Bundestagsdebatte und die Zusammensetzung der Experten-Kommission zeige, so de Boor, „daß hier nur die zwar wichtigen Probleme der im engeren Sinne psychiatrisch Kranken untersucht werden, daß aber die ohne Zweifel ebenso gewichtigen Fragen der Neurosen, der psychosomatischen Erkrankungen, der Psychotherapie und Neurosenprophylaxe unberücksichtigt bleiben". Die Hospitalisierungs- und Rehabilitationsprobleme der psychiatrisch Kranken seien gewaltig, aber sie stellten „eben doch nur einen Teilbereich der Gesamtsituation der psychisch Kranken dar". Die geplante Überprüfung laufe Gefahr, „in einseitiger und daher unsachgemäßer Weise durchgeführt" zu werden und „damit notwendigerweise zu verfälschten Ergebnissen [zu] führen".[129] Der DGPT-Vorsitzende verwies auf den Unterschied zwischen psychisch Kranken und psychiatrisch Kranken und schlussfolgerte, dass, wolle sich der Bundestag mit dem Problemfeld der psychisch Kranken auseinandersetzen, er nicht einfach die Hälfte der Betroffenen aus der Untersuchung ausklammern könne. Die Antwort des Staatssekretärs im Bundesministerium für Jugend, Familie und Gesundheit war abwiegelnd. Man habe die Kommission absichtlich „aus Gründen der Arbeitsfähigkeit so klein wie möglich" gehalten.[130]

---

[127]Ebd.

[128]Clemens de Boor: 1949 medizinisches Staatsexamen an der Universität Marburg, nach der Promotion an der Medizinischen Klinik in Heidelberg tätig, 1950 Abschluss der Ausbildung zum Psychoanalytiker (Förderung durch die Rockefeller Foundation), 1954 Wechsel in die Psychosomatische Universitätsklinik Heidelberg (unter Alexander Mitscherlich), 1964 venia legendi, 1967 Professur am Sigmund-Freud-Institut, später Leiter des Sigmund-Freud-Instituts, 1970–1972 Vorsitzender der DGPT.

[129]Vgl. Clemens de Boor an Strobel, Schreiben vom 01.12.1971, DGPT-Archiv, Ordner 21A, Zitat ebd.

[130]Ludwig von Manger-Koenig an Clemens de Boor, Schreiben vom 16.12.1971, DGPT-Archiv, Ordner 21A.

Am 5. Februar 1972 berichtete Clemens de Boor in der Vorstandssitzung der DGPT, dass es mittlerweile gelungen sei, in der Sachverständigenkommission Mitglieder der DGPT unterzubringen. Äußerst bedauerlich fand er, „daß einzelne DGPT-Mitglieder, die schon in einem frühen Stadium mit der Bundestagsenquête in Berührung gekommen waren, die Interessen der DGPT gar nicht oder nur sehr unzureichend vertreten hätten".[131] Gemeint waren damit sowohl Heinz Häfner als auch Annemarie Dührssen (1916–1998). Auch Richter bedauerte „besonders, daß Herr Häfner, der nach meinen Informationen in dieser Gruppe sehr aktiv gewesen sein soll, dort integriert mitspielt, ohne uns auf den Plan gerufen zu haben".[132] Und Horst Dilling verwies darauf, dass völlig unklar sei, ob Mitglieder der DGPT und psychotherapeutisch ausgebildete oder tätige Psychiater in der Sachverständigenkommission, „die sachlichen Interessen, die das Gebiet der Psychotherapie betreffen, auch tatsächlich in der Kommission vertreten".[133]

Die Arbeitsgruppe Psychotherapie/Psychosomatik der Sachverständigenkommission trat erstmalig am 29. Mai 1972 zusammen. Sprecherin der Arbeitsgruppe wurde die Leiterin des *Instituts für Psychogene Erkrankungen der AOK Berlin*, Annemarie Dührssen[134], nachdem Horst-Eberhard Richter es abgelehnt hatte, diese Funktion zu übernehmen.[135] Teil dieser Arbeitsgruppe war auch Walter Bräutigam, der als Verbindungsmann zwischen DGPN, DGPT und AÄGP fungierte. Schon auf ihrer ersten Sitzung vermuteten die Mitglieder der Arbeitsgruppe, sie hätten in der Sachverständigenkommission nur eine „Alibi-Funktion". Würde man durch die Mitwirkung an der Enquete nicht nur zur Vertuschung der Probleme beitragen? Sie erwogen daher, „eine ‚Gegen-Enquête' zu bringen". Die geringe Bedeutung der Psychotherapie in der Sachverständigenkommission sei ja nichts Neues, sondern „geradezu ein klassisches Beispiel". Die Psychiater hätten schon immer die Psychoanalytiker aus allen Gremien „herausgegrault". „Der Vorwurf des ‚Vierwände-Analytikers' (Pfister-Amende) oder des ‚Hintercouchlers' (Moser)" werde von den Psychiatern „in aggressiver Weise verwendet, um den Psychoanalytiker nach wir vor in den Elfenbein-Turm einschließen zu können".[136]

---

[131]Protokoll der Vorstandssitzung am 05.02.1972, DGPT-Archiv, Ordner 1970–1975.

[132]Horst-Eberhard Richter an Alexander Mitscherlich, Schreiben vom 22.11.1971, DGPT-Archiv, Ordner 21A.

[133]Horst Dilling an Vogel, Schreiben vom 30.07.1973, DGPT-Archiv, Ordner 21A. Der Oberarzt der Psychiatrischen Universitätsklinik München war Mitglied der Sachverständigenkommission sowie ihrer Arbeitsgruppe *Ist-Daten* und der *Nomenklatur-Kommission*.

[134]Zur umstrittenen Rolle Dührssens in der berufspolitischen Anerkennung der psychotherapeutischen Ansätze vgl. Duckheim, Annemarie Dührssen 2019.

[135]Richter war aber Mitglied der Sachverständigenkommission und leitete ab Ende 1973 die sechs neu entstandenen Arbeitsgruppen Psychotherapie/Psychosomatik.

[136]Sämtliche Zitate aus: Protokoll der Arbeitsgruppe „Psychotherapie, Psychosomatik", I. Tagung vom 29.–30.05.1972, DGPT-Archiv, Ordner 21A.

Vor diesem Hintergrund veröffentlichte die DGPT 1972 eine Denkschrift zur Lage der Psychotherapie in der Bundesrepublik. Es herrsche, so war darin zu lesen, geradezu eine „gesundheitspolitische Notlage". Die bestehenden Kapazitäten seien bei weitem nicht ausreichend, schätzungsweise bedürften eine halbe Millionen Menschen in der Bundesrepublik einer psychotherapeutischen Langzeitbehandlung, da sie unter schweren neurotischen und psychosomatischen Krankheiten litten. Die insgesamt rund tausend praktizierenden Psychotherapeuten könnten mit den Methoden der analytischen Psychotherapie aber im Jahr nur etwa 15.000 bis 20.000 Patienten behandeln. Das verlängere das Leiden des Einzelnen, führe zur Chronifizierung der Erkrankungen und zur Verschlechterung der Heilungsaussichten – bei „nicht unerebliche[n] volkswirtschaftliche[n] Ausfälle[n] durch Arbeitsausfall und Frührenten". Die Anzahl der Psychotherapeuten werde sich aber nicht schnell genug erhöhen lassen, da die anerkannten Ausbildungsinstitute ausgelastet seien und nicht ohne weiteres vergrößert werden könnten. Der Bund und die Länder müssten sich daher am Ausbau bestehender und an der Gründung neuer Ausbildungsstätten für Psychotherapie in freier Trägerschaft, der Gründung staatlicher Ausbildungsinstitute und dem Ausbau psychoanalytischer Lehrstühle an den Hochschulen aller Bundesländer und einer ausreichenden Ausbildungsförderung der Ausbildungskandidaten für Psychotherapie finanziell beteiligen.[137] Die Wirkung dieser Feststellungen und Forderungen blieb gering.

Kurz vor Veröffentlichung des Zwischenberichts der Sachverständigenkommission 1973 wurde deutlich, wie wenig Einfluss die DGPT in der Kommission wirklich besaß. Sie war weitestgehend von den Informationsflüssen ausgeschlossen. Ulrich Ehebald unterrichtete als Mitglied der Arbeitsgruppe Psychotherapie/Psychosomatik der Sachverständigenkommission am 23. Mai 1973 den Vorstand der DGPT über die Bedrohung, die vom Zwischenbericht ausging:

> „Ich halte diesen Zwischenbericht hinsichtlich der darin geschilderten völlig verzerrten Lage der Psychotherapie und der psychotherapeutischen Ausbildung für katastrophal. Die Art und Weise, in der unsere mühsame Arbeit in der Arbeitsgruppe ‚Psychotherapie, Psychosomatik' manipuliert worden ist, muß unseren energischen Protest und zügige Gegenmaßnahmen zur Folge haben. (…) Es kann nicht der mindeste Zweifel darüber bestehen, daß die psychiatrischen Organisationen in diesem Lande versuchen, die Psychotherapie und Tiefenpsychologie voll in die Psychiatrie einzugliedern. Wenn diese Bestrebungen zum Ziele gelangen sollten, wird es in Zukunft nur noch ‚psychiatrische Behandlung' (Psychotherapie oder dergl.) in diesem Lande geben. Wenn wir überleben wollen und die Selbständigkeit unseres Berufsstandes wahren wollen, heißt es rasch und entschlossen zu handeln."[138]

Auch Horst-Eberhard Richter sah Handlungsbedarf. Er forderte den Vorstand der DGPT auf, darauf zu drängen, dass die DGPT in der Sachverständigenkommission mit der

---

[137]Vgl. DGPN, Denkschrift 1972.

[138]Ulrich Ehebald an Vorstand der DGPT, Schreiben vom 23.05.1973, DGPT-Archiv, Ordner 21A.

DGPN gleichgestellt werde, sei doch, „die Deutsche Gesellschaft für Psychiatrie und Neurologie [sic!], (…) offiziell durch ihren Vorsitzenden im Vorstand der Enquete-Kommission repräsentiert". Dieser decke mit seiner Fachkompetenz aber nur einen Teil des Bereiches ab, den der Bundestag für die Erhebung vorgesehen habe. Richter bemängelte einmal mehr, dass „kein Mensch" wisse, „aufgrund welcher Kriterien die (…) Mitglieder der Kommission bestimmt worden sind"; zwar seien einzelne Mitglieder der DGPT in den Arbeitsgruppen tätig, doch habe bislang so gut wie niemand den Zwischenbericht in Gänze zu Gesicht bekommen. Die Enquete sei eine einzige Geheimniskrämerei. Alles Wichtige geschehe auf kleinen Klausurtagungen. Die Mitglieder der Arbeitsgruppen seien auf Verschwiegenheit nach außen verpflichtet und würden nicht über den Wortlaut des Zwischenberichts informiert. Nicht einmal innerhalb der Arbeitsgruppen sei damit eine kritische Diskussion des Berichtes möglich.[139]

Richter plädierte daher im Frühsommer 1973 für die Schaffung einer großen Fachöffentlichkeit, um sich Gehör zu verschaffen: Die Angelegenheit sei so schwerwiegend, dass die Verantwortung für die Empfehlungen der Sachverständigenkommission „nicht allein von uns paar Leuten getragen werden kann, sondern sich auf eine breitere Diskussionsbasis stützen muß". Weil die Psychotherapie in der Sachverständigenkommission unterrepräsentiert und „im mächtigen Vorstand überhaupt nicht vertreten" sei, hielt er es für politisch ineffektiv, „grundsätzliche Einwendungen nur aus unserer kleinen Arbeitsgruppe" heraus vorzutragen.[140]

Der Zwischenbericht vermittelte in den Augen der profilierten Vertreter der psychosomatischen Therapieansätze ein verzerrtes Bild. Er suggeriere fälschlicherweise, dass es zum einen psychisch Kranke und zum anderen körperlich Kranke gebe, und dass die psychisch Kranken alleiniges Versorgungsgebiet der Psychiatrie sei. Unerwähnt bliebe, dass ein großer Teil der psychisch Kranken nicht von den niedergelassenen Nervenärzten und den psychiatrischen Kliniken behandelt werde. Das „bislang noch sehr mangelhaft entwickelte System der ambulanten und stationären psychotherapeutischen Dienste für die Neurosen und psychosomatischen Störungen" sei aber „bekanntlich nicht von der organisierten Psychiatrie (vielfach sogar bedauerlicherweise gegen deren Widerstand) entwickelt" worden. Die Enquete-Kommission sei „sehr deutlich der Versuchung erlegen", auf diesem Feld der psychischen Krankheiten und Störungen, „den traditionellen, aber nie in der Praxis realisierten Anspruch der Psychiatrie aufzuwärmen, auch die Belange [dieses] Versorgungssystems mit vertreten zu wollen". Man müsse klarstellen, dass die Psychosomatik und die Psychotherapie eigenständige Fächer seien und auch weitere Felder des psychotherapeutischen Handelns im außerpsychiatrischen Bereich der Psychagogik, der Erziehungs- und Familienberatung lägen. Der Zwischen-

---

[139]Horst-Eberhard Richter an Friedrich Beese, Schreiben vom 30.05.1973, DGPT-Archiv, Ordner 21A.

[140]Horst-Eberhard Richter an Annemarie Dührssen, Schreiben vom 22.06.1973, DGPT-Archiv, Ordner 21A.

bericht täusche indes vor, „daß die Psychiatrie kompetenterweise alle diese (…) Bereiche
mit vertrete, obwohl sie in Wirklichkeit die Institutionalisierung dieser Dienste, die Ausbildung und standespolitische Förderung der dazugehörenden Berufsgruppen vielerorts
eher hemmt als fördert". Die drohende schädliche Zersplitterung der Versorgungsdienste
gründe nicht im aktuellen Handeln der Psychotherapeuten und Psychosomatiker, sondern
sei vielmehr entscheidend dadurch gefördert worden, „daß die Psychiatrie ihre ehedem
unbestrittene Vormachtstellung durch Generationen hindurch dazu mißbraucht hat, die
Entwicklung der Psychotherapie und der Psychosomatischen Medizin zu stören, so daß
das neue Fachgebiet sich überhaupt nur in weiter Entfernung von der Psychiatrie entwickeln konnte". Der Zwischenbericht verkehre Ursache und Wirkung. Die Psychotherapeuten müssten sich gegen die Unterstellung wehren, „sie wollten die psychosoziale
Medizin etwa aufgrund partikulärer Prestigebedürfnisse spalten". Richter befürchtete,
dass die Autoren des Zwischenberichts Psychotherapie und Psychosomatik „aus macht-
politischen Gründen [der] Psychiatrie unterstellt[en]".[141]

Problematisch war das unterschiedlich große Skandalisierungspotenzial von Psychotherapie und Psychiatrie. Ordne man, so Richter weiter, Notstände in Rangfolgen ein, so
stehe an oberster Stelle stets das, „was man am leichtesten dramatisieren kann". Freilich
seien die Zustände in zahlreichen Psychiatrischen Landeskrankenhäusern schrecklich,
doch könne man sie eben auch „ungemein eindrucksvoll darstellen". Demgegenüber
verblasse die „Not der massenweise fehlbehandelten Neurotiker und psychosomatisch
Kranken", werde „das Elend der unbehandelten Frühformen seelischer Störungen im
Kindesalter, aus denen später oft die schwersten psychosozialen Schäden entstehen, (…)
kaum sichtbar".[142]

> „Politisch gesehen wäre eine mit größtem Aufwand betriebene präventive Versorgung kind-
> licher Frühschäden (durch Kinderpsychotherapeuten, Psychagogen, Familientherapeuten)
> sicher ebenso wichtig wie eine gründliche Reform des psychiatrischen Anstaltswesens.
> Zumindest müßte man es den Politikern überlassen, das Für und Wider vor der Festlegung
> von Prioritäten abzuwägen, anstatt von vornherein die Ansprüche der Anstaltspsychiatrie so
> einseitig überzubetonen, daß die Politiker sich gezwungen fühlen müssen, die Gelder ganz
> vornehmlich in diesen Bereich zu lenken."[143]

Es sei, so Richter, geradezu zynisch, wenn der Zwischenbericht festhalte, man sehe sich
nicht in der Lage, konkrete Ideen zum notwendigen Ausbau der psychosomatischen
Medizin vorzulegen. Man hätte ja eine Arbeitsgruppe mit dieser Aufgabe beauftragen
können. Statt aber dieses Versäumnis einzugestehen, unterbreite man groteske Vorschläge
und fiele weit hinter die Forderungen der DFG-Denkschrift zur Lage der ärztlichen

---

[141]Ebd.
[142]Ebd.
[143]Ebd.

Psychotherapie und der psychosomatischen Medizin von 1964[144] zurück, in dem man nicht die Eigenständigkeit der Psychosomatik, sondern nur die Errichtung von „Psychosomatische[n] Abteilungen mit Modellcharakter" fordere. Die Vorschläge der Kommission entsprächen so wenig den „modernen Erkenntnissen im Fachgebiet", dass man nur Rivalitätsgründe vermuten könne. Richter bemängelte also nicht nur Einzelabschnitte des Berichts, sondern dessen „irreführende[s] Grundkonzept". Die Enquete würdige nicht alle Bereiche der psychosozialen Medizin gleichermaßen, die sich mit der Behandlung, Prävention und Nachsorge von psychisch Kranken beschäftigten. Während die Sachverständigenkommission für sich in Anspruch nehme, „alle eben angesprochenen Bereiche umfassend zu untersuchen und für Reformvorschläge zu berücksichtigen", beschränke man sich doch in Wirklichkeit nur auf ein Teilgebiet, nämlich auf die „Psychiatrie im engeren Sinne". Für diese werde dann „ein großzügiger Ausbau verlangt". Richter fragte angesichts des Übergewichts der Psychiater und der „hoffnungslosen Minderheit" der Psychotherapeuten und Psychosomatiker in der Sachverständigenkommission, ob diese überhaupt der richtige Ort sei, um den Forderungen der DGPT Geltung zu verschaffen. Solle man nicht besser darauf hinwirken, in der Enquete den Versorgungsbereich Psychotherapie/Psychosomatik ganz auszuklammern und hierfür eine gesonderte Enquete zu etablieren?[145]

Zum Zeitpunkt dieses Briefes lag der DGPT der Zwischenbericht immer noch nicht vor. Der Parlamentarische Staatssekretär im BMJFG, Heinz Westphal, lehnte es auch Ende Juli 1973 noch ab, den Zwischenbericht vorab der Fachgesellschaft zu übersenden. Er verwies auf den parlamentarischen Verfahrensweg und zeigte auch keinerlei Bereitschaft, die Kommission durch die Berufung weiterer Mitglieder auszuweiten. Es scheine ihm fraglich, „ob Fachverbände durch Vertretung eines Vorstandsmitgliedes in der Kommission auftreten sollten, um dann bei Neuwahlen wieder abgelöst zu werden". Die in der Kommission vertretenen Personen böten ausreichend Gelegenheit, die in der DGPT erarbeiteten Auffassungen in die Beratungen einzubringen.[146] Offenkundig galten ihm die DGPN und die *Aktion Psychisch Kranke* als Sprachrohre der Interessen des gesamten Versorgungsbereichs. Heinz Häfner argumentierte in einem Brief mit dem Kopfbogen der Sachverständigenkommission am 23. August 1973 ähnlich. Man könne den Bericht nicht der DGPT vorlegen, bevor das Parlament diesen nicht zur Kenntnis genommen habe. Die Existenz eines solchen Zwischenberichts, der die Interessen der DGPT berühre, aber nicht einmal ihrem Vorstand vorliege, sei sicherlich „eine unglückliche Sache". Er müsse aber um Verständnis für die Kommission bitten: „Das parlamentarische Verfahren auferlegt uns eine Schweigepflicht über den Inhalt des Zwischenberichts bis zu dem Zeitpunkt, wo er dem Parlament vorliegt." Außerdem habe Frau Dührssen den Entwurf des Zwischen-

---

[144]Vgl. Görres, Denkschrift zur Lage der ärztlichen Psychotherapie 1964.

[145]Horst-Eberhard Richter an Annemarie Dührssen, Schreiben vom 22.06.1973, DGPT-Archiv, Ordner 21A.

[146]Heinz Westphal an Friedrich Beese, Schreiben vom 26. Juli 1973, DGPT-Archiv, Ordner 21A.

berichts gebilligt. Dem Vorsitzenden der DGPT und ärztlichen Direktor der Psychotherapeutischen Klinik in Stuttgart-Sonnenberg, Friedrich Beese (1921-2012), versicherte
Häfner in diesem Schreiben persönlich, dass er die Belange der Psychotherapie innerhalb der Kommission vertrete, aber nicht „als Repräsentant der DGPT oder irgend einer
anderen Fachgesellschaft sprechen oder handeln könnte". Die Nichtberücksichtigung
der DGPT in der SVK sei bedauerlich, aber nicht zu ändern. Die Aufnahme eines Mit-
glieds des geschäftsführenden Vorstands der DGPT kraft Amtes in die Kommission sei
nicht durchsetzbar. Damit bestehe zwar zweifellos eine Ungerechtigkeit im Vergleich zur
DGPN, doch habe der Vorstand der Kommission kein Recht, neue Vorstandsmitglieder zu
berufen, sondern könne dies nur bei den Arbeitsgruppen tun. Häfner versprach aber, sich
künftig für eine engere Zusammenarbeit stark zu machen und die DGPT umfangreicher
und schneller als bisher zu informieren. Er werde sich, so versicherte er noch einmal
abschließend, „persönlich weiterhin nachhaltig für die Belange der Psychotherapie innerhalb der Kommission und des Vorstands einsetzen".[147] Trotz Häfners Zusagen ließen sich
die unter den Anwesenden der nächsten außerordentlichen Vorstandssitzung der DGPT
„bestehenden Zweifel an einer möglichen befriedigenden Zusammenarbeit innerhalb der
Enquête" nicht beseitigen. Zu deutlich schlug der im Spätherbst nun endlich vorliegende
Zwischenbericht einen anderen Ton an.[148]

Die Unzufriedenheit war aufseiten der Psychotherapeuten groß. Doch umstritten
war, wie weit man den Konflikt mit den Psychiatern eskalieren lassen wollte. Der Vorstand der DGPT befürchtete, dass er mit einer klaren Abgrenzung von der bisherigen
Arbeit der Enquete die Sachverständigenkommission brüskieren könnte, verwies aber
zugleich darauf, dass man selbst von dieser sehr unhöflich behandelt worden sei. Richter
formulierte schließlich eine Stellungnahme, die eine „ergänzende, selbstständig durch-
zuführende Erhebung über den Versorgungsbereich der nicht-psychiatrisch erfassten
seelisch Kranken" forderte und die der Vorstand mit großer Mehrheit annahm.[149]
Die DGPT und ihre Vertreter waren in den folgenden Wochen in auch für sie selbst

---

[147]Heinz Häfner an Friedrich Beese, Schreiben vom 23.08.1973, DGPT-Archiv, Ordner 21A.

[148]Protokoll über die außerordentliche Vorstandssitzung am 10.11.1973, DGPT-Archiv, Ordner
1970–1975. An der Sitzung nahmen als geladene Gäste auch Walter Bräutigam, H. Enke und
Alexander Mitscherlich teil.

[149]Der Vorstand stimmte zudem dem Wunsch von Herrn Schepank und Herrn Müller-Küppers zu,
trotz dieser Abstimmung in ihren jeweiligen Arbeitsgruppen der Enquete tätig bleiben zu können.
Insbesondere Müller-Küppers brachte seine persönliche Unsicherheit zum Ausdruck, „in die ihn
das vorliegende Abstimmungsergebnis des Vorstandes wegen seines erklärten kontroversen Stand-
punktes in einigen der strittigen Diskussionspassagen versetzt hatte". Er signalisierte daher dem
Vorstand, dass es eventuell besser sei, ihn von seinem Amt im Vorstand der DGPT zu entbinden.
Der Geschäftsführende Vorsitzende, Friedrich Beese, bat ihn jedoch im Namen aller Vorstands-
mitglieder, diesen Vorschlag noch einmal zu überdenken und sprach ihm das volle Vertrauen des
Vorstandes aus. Vgl. Protokoll über die außerordentliche Vorstandssitzung am 10.11.1973, DGPT-
Archiv, Ordner 1970–1975, Zitate ebd.

unerwarteter Weise erfolgreich. Die Unterkommission „Psychotherapie" wurde aufgelöst und eine neue Abteilung „Psychotherapie" mit sechs Arbeitsgruppen eingesetzt.[150] Nunmehr erhalte, so war sich der DGPT-Vorstand in einem Mitgliederrundschreiben Anfang 1974 sicher, die Psychotherapie als Wissenschaft und Praxis in der Sachverständigenkommission „den ihr angemessenen Raum".[151]

Doch schon wenige Monate später drohte die Sachverständigenkommission erneut am Konflikt zwischen den Psychiatern und den Psychotherapeuten zu scheitern. In der Sitzung des *Arbeitskreises der Leiter der öffentlichen psychiatrischen Krankenhäuser in der Bundesrepublik Deutschland und in West-Berlin* am 24. April 1975 berichtete Kulenkampff unter Anwesenheit des neugewählten Präsidenten der DGPN, Edmund Christiani, über den Stand der Arbeit in der Sachverständigenkommission. Bis zur Vorlage des Schlussberichts am 1. Oktober 1975 sei noch vieles zu erledigen. Verständigungsschwierigkeiten mit den Psychotherapeut/-innen müssten erst noch ausgeräumt werden. Winkler berichtete über die „Harmonisierungsgespräche" in denen die Psychotherapeuten zwar mehr Bereitschaft zeigten, mit den Psychiatern „sachlich zusammenzuarbeiten", doch weiterhin – und laut Winkler auch zu Recht – darauf hinwiesen, dass nicht nur Patient/-innen in den psychiatrischen Fachkrankenhäusern unterversorgt seien, sondern auch die von Neurosen und psychosomatischen Störungen und Krankheiten betroffenen Menschen. Fritz Reimer wies darauf hin, „daß die Enquête-Kommission aus der Tatsache der mangelhaften Stationär-Versorgung der psychisch Kranken (…) inauguriert worden sei und ggf. Gefahr laufe, in eine so nicht erwünschte Richtung abgedrängt zu werden, wenn man Wünschen und Vorstellungen vonseiten der Psychotherapeuten, die zudem unter sich uneins [seien], über Gebühr Gewicht beilege". Kulenkampff erklärte daraufhin, dass der Auftrag an die Sachverständigenkommission darin bestünde, eine „Erhebung über die Lage der Psychiatrie oder der psychisch Kranken in der Bundesrepublik Deutschland anzufertigen". Daraus ergebe sich einerseits die notwendige Beteiligung der Psychotherapeuten. Es biete sich aber auch anderseits die Chance, „die Psychotherapie wieder in die Psychiatrie zu integrieren". Hätten die Psychiater lange die Psychotherapie „weitgehend ignoriert", so könne man jetzt die Nervenärzte zur Psychotherapie animieren.[152]

---

[150]Psychotherapeutische Versorgung im Rahmen allgemeinärztlicher Praxis, ambulante fachpsychotherapeutische Versorgung von Erwachsenen, ambulante fachpsychotherapeutische Versorgung von Jugendlichen und Kindern, stationäre Therapie, psychotherapeutische und psychosomatische Therapie, Ausbildung von Psychotherapeuten und Sozialtherapeuten.

[151]Mitgliederrundschreiben der DGPT 1/1974, DGPT-Archiv, Ordner 1970–1975.

[152]Protokoll über die Sitzung des Arbeitskreises der Leiter der öffentlichen psychiatrischen Krankenhäuser in der Bundesrepublik Deutschland und in West-Berlin vom 24.04.1975, DGPN-Archiv, Ordner DGPN 1974/1975.

16.3.4 Abgrenzungskonflikte in der Enquete-Zeit, II

Die *Deutsche Gesellschaft für Psychiatrie und Nervenheilkunde* tat sich lange Zeit schwer damit, den Facharztnachwuchs und die nichtärztlichen Beschäftigten in der Psychiatrie in ihre Strukturen und Entscheidungsprozesse mit einzubinden. Diese Gruppen sahen in der DGPN keine geeignete Interessenvertretung, zumal für sie führende Positionen in absehbarer Zeit unerreichbar waren. Außerdem hielten sie spätestens seit Ende der 1960er Jahre die inhaltlichen Schnittmengen mit der DGPN für zu gering. Sie interessierten sich vor allem für die sozialen Ursachen von psychischen Störungen und hielten die bisherigen Versorgungsstrukturen für die Genesung der psychisch Kranken nicht nur für ungeeignet, sondern sahen sie sogar als kontraproduktiv an. Im Frühjahr 1970 beschlossen daher einige junge, reformorientierte Psychiater/-innen auf einem in Hamburg stattfindenden sozialpsychiatrischen Kongress, sich künftig regelmäßig zum Zwecke des Erfahrungsaustauschs zu treffen.[153] Einen Monat später, bei einer ersten Zusammenkunft, riefen in Mannheim Psychiater, Schwestern, Pfleger, Sozialarbeiter, Arbeitstherapeuten, Psychologen, Soziologen sowie Studierende den sogenannten *Mannheimer Kreis* ins Leben.[154] Ausschlaggebend für dessen weitere Institutionalisierung war dann der DGPN-Kongress im Herbst 1970, der die Diskrepanz zwischen Absichtsbekundung und Aktion offen zutage treten ließ.

Auf diesem gewann am 24. Oktober Caspar Kulenkampff die Wahl zum Präsidenten der DGPN. 111 der 234 anwesenden Mitglieder hatten ihm die Stimme gegeben. Das waren deutlich mehr, als Hans Jörg Weitbrecht und Walter Schulte auf sich vereinen konnten.[155] Dies war für viele Jüngere im Fachbereich ein Signal zum Aufbruch. Kulenkampff verkörperte eine andere Psychiatrie und einen neuen Führungsstil.[156] Doch bei dem Ergebnis sollte es nicht bleiben. Die Wahl wurde angefochten – mit gravierenden Konsequenzen für die Landschaft der psychiatrischen Fachgesellschaften. Kulenkampff wurde abgesetzt, da „zumindest begründete Bedenken gegen den ordnungsgemäßen Ablauf der Vorstandswahl" bestanden. Die sozialpsychiatrisch Begeisterten sahen sich dadurch in der Annahme bestätigt, sich mit ihren Anliegen in der

---

[153]Diesen Kongress zum Thema „Rückkehr des psychisch Kranken in die Gesellschaft" hat Asmus Finzen rückblickend als „Urknall" bezeichnet, weil auf ihm „der schmollend abziehende Professor Bürger-Prinz" hinter sich laut vernehmbar die Tür zugeschlagen habe. Vgl. Finzen, Vorwort 1984, S. 5.

[154]Vgl. Brink, Grenzen der Anstalt 2010, S. 463; Forsbach, Die 68er und die Medizin 2011, S. 133 f.

[155]Vgl. Protokoll der Mitgliederversammlung der DGPN 1970, abgedruckt 1971; Ehrhardt, Anfechtung und Wiederholung der Vorstandswahl 1971.

[156]Kulenkampff war aber kein Kandidat, der von „außen" kam. Er hatte in den Jahren zuvor bereits wichtige Ämter in den Ausschüssen der DGPN übernommen. Auf dem Kongress hatten spätere Vertreter der DGSP zudem gefordert, den Namensbestandteil „Nervenheilkunde" zu streichen. Damit scheiterten sie aber an der Mehrheit der Mitglieder und am Willen des Vorstands.

DGPN nicht durchsetzen zu können. Schließlich gründeten sie in direkter Reaktion und in bewusster Abgrenzung zur DGPN im November 1970 die *Deutsche Gesellschaft für Soziale Psychiatrie* (DGSP).[157]

Frei von eigener historischer Schuld, nutzten die Jüngeren die Gunst der Stunde und die Kraft des revolutionären Impetus. Sie bildeten keinen linkspolitischen Flügel in der DGPN, sondern etablierten eine konkurrierende Organisation. Der nun einsetzende rege Zulauf bestätigte und belohnte diese Strategie.[158] Die DGSP stand in den Augen der jüngeren Zeitgenossen für eine alternative Psychiatrie und wurde zum Sammelbecken für sozial- und gemeindepsychiatrisch orientierte Personen aus allen Bereichen der Versorgung psychisch Kranker.[159] Die DGSP hatte daher eine ganz andere Mitgliederstruktur als die DGPN. In ihr dominierte die Alterskohorte der 25- bis 35-jährigen – darunter auch viele Oberärzte aus den psychiatrischen Kliniken. Auch der Gründungsvorstand der DGSP besaß dementsprechend ein anderes Profil als zeitgleich der Vorstand der DGPN. In ihm waren nicht nur männliche Ärzte auf dem Höhepunkt ihrer Karriere vertreten, wie bei der DGPN, sondern es waren vor allem jüngere Mitarbeiter/-innen, die aus allen Berufsgruppen in der Psychiatrie stammten.[160] Mit der DGSP existierte nun ein multiprofessioneller Organisationskern der Sozialpsychiatrie, der den Mitgliedern eine institutionelle Basis bot und Vernetzungen und Austausch erleichterte. Sie setzte sich insbesondere für eine Versorgung psychisch Kranker außerhalb der großen Einrichtungen ein, folglich also für eine konsequente Deterritorialisierung der psychiatrischen Versorgung.

Der Forderungskatalog der DGSP war lang. Sie engagierte sich für den Auf- und Ausbau ambulanter Beratungsdienste zur Verminderung stationärer Aufnahmen. Kleinere Einzugsgebiete und eine gemeindenahe Versorgung sollten es ermöglichen, der Bedeutung von Vorsorge, Wiedereingliederung und Nachsorge gerecht

---

[157]Vgl. Brink, Grenzen der Anstalt 2010, S. 463. Aus der Perspektive des beteiligten Zeitgenossen: Finzen, Erinnerungen an die Anfänge [o. J.]; Claussen, Versuch 1990. Die Gründung der DGSP war dabei bereits selbst ein Akt der Abgrenzung von der Antipsychiatrie. Zunächst durften daher nur in der Psychiatrie Tätige Mitglied der DGSP werden. Das schloss Studierende als ordentliche Mitglieder aus. Es gab allerdings nichtstimmberechtigte Fördermitgliedschaften. Vgl. Finzen, Vorwort 1984, S. 5; Finzen, Erinnerungen an die Anfänge [o. J.], S. 148.

[158]Zu ihren Tagungen reisten schon bald über tausend Teilnehmer und der Mitgliederbestand der DGSP nahm in der ersten Hälfte der 1970er Jahre sprunghaft zu. Zur gleichen Zeit konnte allerdings auch die DGPN ihre Mitgliederzahl erheblich steigern. Vgl. Brink, Grenzen der Anstalt 2010, S. 464, Finzen, Erinnerungen an die Anfänge [o. J.], S. 152 f.

[159]Vgl. Brink, Grenzen der Anstalt 2010, S. 463; Kersting, Psychiatriereform und `68 1998, S. 288.

[160]Bei der Gründungsversammlung waren anwesend: Gregor Bosch, Klaus Dörner, Elisabeth Schröder-Jenner, Rolf Schütz, Jörg Engeland, Manfred Bauer, Mark Richartz, Rosvitha Huber, Rainer Seidel. Erste Vorsitzende der DGSP wurde die Sozialarbeiterin Helmtraud Schmidt-Ganthe. Vgl. Finzen, Erinnerungen an die Anfänge [o. J.], S. 148 f. Allgemein zur Sozialstruktur ihrer Mitglieder und zum politischen Instrumentarium vgl. Tollgreve, Bewegung 1984.

zu werden. Daraus ergab sich auch eine engere Verzahnung von medizinischer und sozialer Versorgung. Die DGSP forderte bessere Arbeitsbedingungen sowie höhere Ausbildungsstandards für die Pflegekräfte und den Einflusszugewinn von nichtärztlichen Berufsgruppen in der Klinik. Darüber hinaus machte sie sich für eine kollegiale Stations- und Krankenhausleitung sowie einen kooperativen Arbeitsstil auf allen Ebenen stark. Sie beharrte darauf, dass jeder Anstaltspsychiater einen Teil seiner Arbeitszeit im Außendienst verbringen und dass in den psychiatrischen Großkrankenhäusern eigenständige neurologische und psychotherapeutische Abteilungen eingerichtet würden. Sie wollte durch gezielte Öffentlichkeitsarbeit eine Einstellungsveränderung der Bevölkerung zu psychisch Kranken und zur Psychiatrie befördern, weil aus den verbreiteten Vorurteilen Widerstände gegen gemeindenahe Einrichtungen erwachsen konnten. Das alles lässt sich als großangelegtes Programm zur Öffnung der Anstalten verstehen.

Die DGSP stand damit – in ihrer Selbstwahrnehmung – im direkten Widerspruch zur „konservativen Anstaltspsychiatrie", die die psychiatrischen Landeskrankenhäuser nicht ersetzen, sondern modernisieren wollte.[161] Ihre Mitglieder interpretierten die Skepsis der Etablierten mehrheitlich als Verweigerungshaltung. Angesichts des Vorwurfs von Rudolf Degkwitz, die Gemeindepsychiatrie sei eine „Teakholz-Utopie" mit einem „verhängnisvolle[n] Absolutismus: Entweder alles in Teakholz oder garnichts"[162], ist es verständlich, dass für die Verfechter gemeindenaher Versorgungskonzepte die DGPN kein geeignetes berufspolitisches Sprachrohr mehr abgab. Zudem dürfte ein tief verankertes Misstrauen gegen alle, die im Nationalsozialismus beruflich sozialisiert worden waren, eine Rolle gespielt haben.

Dem Vorstand der DGPN gelang es nicht, mit seinem fast wie ein Mantra stetig wiederholten Ausspruch „auch die Sozialpsychiatrie gehöre zur Psychiatrie", die sich in der DGSP formende Bewegung in die Strukturen der DGPN zu integrieren. Das war vor allem deswegen bedrohlich, weil der DGSP bald die Fähigkeit zu einer strukturellen Reform der Krankenversorgung zugesprochen wurde. Sie galt schnell als echte Alternative und wurde zu einem wichtigen Ansprechpartner und Reformverbündeten. Da sie nicht nur auf Verbindungen zu politischen Parteien und Ministerien setzte, sondern auch Gewerkschaften, Stadt- und Länderparlamente sowie Journalisten und die breite Öffentlichkeit bewusst in den Reformprozess mit einbezog, verbreitete sie zugleich die gesellschaftliche Basis für die Reformanstrengungen.[163] Dass entwertete wiederum die

---

[161]Vgl. Brink, Grenzen der Anstalt 2010, S. 464 f. Von „Konservativen" spricht in diesem Zusammenhang Manfred Bauer. Vgl. Bauer, Reform als soziale Bewegung 2003. Die 1971 erstmalig erschienenen und in mehreren Auflagen verlegten Erinnerungen von Hans Bürger-Prinz sind eine bislang kaum berücksichtigte Quelle für den damaligen Gedankenkosmos der „konservativen" Psychiater. Vgl. Hans Bürger-Prinz, Ein Psychiater berichtet 1971.

[162]O.A., Vorschlagjammer 1971, S. 1.

[163]Dabei wurden auch ungewöhnliche Allianzen geschlossen. So kam es beispielsweise, dass Asmus Finzen mit zahlreichen Artikeln in der eher konservativen Frankfurter Allgemeinen Zeitung

bisherigen Einflusskanäle der DGPN und machte die DGSP zu einer ernstzunehmenden Expertenkonkurrenz, die in den Gremien der DGPN erstmalig das Gefühl erzeugte, auf dem ureigenen Betätigungsfeld wirklich gefährdet zu sein. Im Vorstand der DGPN herrschte die Meinung vor, die DGSP verstehe sich „in einer kritischen Gegenposition zur DGPN" und ihr führendes Personal stehe „in einem starken Affront" zu ihr.[164] Das führte zu einem recht starren Festhalten an den Überzeugungen der Nachkriegszeit. Die etablierten Klinik- und Universitätspsychiater reagierten mit Abwehr, Entrüstung und Unverständnis. Sie hielten sich selbst für Leidtragende einer jahrzehntelang politisch gewollten finanziellen Unterversorgung und beabsichtigten als die Erfahrenen, im Umstrukturierungsprozess als maßgebliche Experten angesehen zu werden. Es ging in diesem historischen Moment also nicht allein um einen inhaltlichen Streit zwischen Vertretern unterschiedlicher Versorgungsmodelle, sondern um fehlende Anerkennung für die Bemühungen der jeweiligen Gegenseite.

Unter diesen neuen Vorzeichen kam es am Rande der *Wanderversammlung Südwestdeutscher Neurologen und Psychiater* am 5. Juni 1971 in Baden-Baden zur Neuwahl des DGPN-Präsidenten. Rudolf Degkwitz, dessen Name bei der ersten Wahl nicht zur Abstimmung gestanden hatte, erhielt nun den größten Anteil der Stimmen. Für Kulenkampff votierte nur noch ein Drittel der Anwesenden.[165]

Spätestens jetzt gingen die Zeitgenossen davon aus, dass sich mit der DGPN und der DGSP eigentlich zwei Lager und zwei Generationen unversöhnlich gegenüberstünden. Die DGPN vertrete die arrivierten Herren in weißen Kitteln, die DGSP die jungen Assistenzärzte und -ärztinnen, Psycholog/-innen und Pflegekräfte. Die DGPN hingegen verstand sich selbst als Stimme der Pragmatik und der Vernunft und sah in der DGSP die irrationalen Kräfte der Antipsychiatrie am Werk. Auf der anderen Seite betrachtete die DGSP die DGPN als Hindernis auf dem Weg zu einer besseren und menschlicheren Versorgung der psychisch Kranken. Diese Zuspitzung war so offensichtlich, dass sie

---

die Psychiatrie-Enquete begleitete. Cornelia Brink hat darauf verwiesen, dass sich die DGSP hingegen nicht mit Bürgerinitiativen verbündete, was zur gleichen Zeit in anderen europäischen Ländern durchaus eine Rolle spielte. Vgl. Brink, Grenzen der Anstalt 2010, S. 464 f.

[164]Caspar Kulenkampff an Asmus Finzen, Schreiben vom 02.08.1972, Universitätsarchiv Heidelberg, Rep 63–75. Im Konflikt zwischen DGPN und DGSP ging es auch um unterschiedliche internationale Vorbilder. In Kreisen der DGSP wurden England und die USA immer wieder als Vergleichsmaßstab und Zielvision herangezogen. Die Zustände der dortigen Sozial- und Gemeindepsychiatrie wurden dabei zum Teil idealisiert und in unzulässiger Weise verabsolutiert. Einflussreiche Vertreter der DGPN beschäftigten sich demgegenüber intensiv mit dem „skandinavischen Modell". Für vorbildlich hielten sie Schweden und Dänemark, weil hier die gemeindenahe Sozialpsychiatrie nicht gegen das Modell der großen Anstalten entworfen worden war, sondern in ihm. Dies hatte beispielsweise in Schweden zur Neugestaltung und zum Neubau großer Kliniken geführt, und dabei die bisherigen Organisationsstrukturen, die den deutschen sehr ähnlich erschienen, unangetastet gelassen.

[165]Vgl. Ehrhardt, 130 Jahre DGPN 1972, S. 39.

sich sogar in den Akten der DDR-Staatssicherheit niederschlug. Ein westdeutscher Universitätsprofessor berichtete 1973 über den Konflikt in der Psychiatrie der Bundesrepublik und beschrieb die Akteure in der Sachverständigenkommission dabei auf eine für die jüngere und politisch eher linksstehende Generation recht typische Weise: Häfner und Hippius charakterisierte er als „reaktionär (…), z. T. recht unfein in der Wahl ihrer Methoden bei der Ablehnung fortschrittl. Kräfte (bpw. Hippius)"; Rudolf Degkwitz „sei ausgesprochen ,schwarz', habe NS-Vergangenheit"; Karl-Peter Kisker „sei problematisch, außerordentlich geltungssüchtig und empfindlich, im Ganzen aber für fortschrittl. Ideen aufgeschlossen", Walter Theodor Winkler „sei recht aufgeschlossen, ausgesprochen einflußreich", Ehrhardt „sei stockreaktionär", Klaus Dörner und Horst Flegel stünden „politisch der DDR nahe" und seien „als Kommunistenfreunde seitens der reaktionären Leute verschrien, sollten gefördert, zitiert etc. werden."[166]

Ein solcher Eindruck konnte auch deshalb entstehen, weil beide Seiten nicht mit gegenseitigen Vorwürfen sparten. Die DGPN-Vorstände stellten die DGSP und Teile der Sachverständigenkommission unter Ideologieverdacht. Helmut Ehrhardt beschrieb die DGSP als „rote Zelle in der Psychiatrie", die zu einem „Marsch durch die Institutionen" ansetze.[167] Der Vertreter der niedergelassenen Nervenärzte im DGPN-Vorstand, Wolfram Leonhardt, berichtete aus den Ausschüssen der Enquete:

„Meine Erfahrungen bei der Sachverständigenkommission (…) zeigen, daß als ,Sozialisten' verharmloste, kommunistische Gruppen gemäß Anleitung der leninistischen Ideologie die Gesellschaft in ihrem Sinne umfunktionieren wollen, indem sie unter anderem den Einbruch über die Medizin versuchen. Hier bot sich in den letzten Jahren die Psychiatrie besonders an, da in diesem Fachbereich in der Tat Verbesserungen notwendig waren. Die notwendigen Verbesserungen wurden von den linken Extremisten als Vorwand genommen, ihre ideologischen Zielvorstellungen durchzusetzen. So war auch anfänglich in der oben erwähnten Sachverständigenkommission „Psychiatrie" ein entsprechender Trend zu verzeichnen, den wir Pragmatiker in den letzten Monaten nur mühsam versachlichen konnten."[168]

Ähnliche Polemiken und gegenseitige Vorwürfe der Politisierung und Ideologisierung finden sich in den internen Schriftwechseln immer wieder.[169] In den frühen 1970er Jahren war die Diskussionsatmosphäre zwischen den Generationen vergiftet, das Klima emotional aufgeladen.[170]

---

[166]Bericht über psychiatrische Lehrstuhlinhaber in der BRD 1973, MfS AIM 13788/83 II/2.

[167]Helmut Ehrhardt an Walter v. Baeyer, vertrauliches Schreiben ohne genaues Datum, vermutlich 1972, DGPPN-Archiv, Ordner 1 H. Mit der ,Roten Zelle in der Psychiatrie' meinte Ehrhardt dezidiert Klaus Dörner und Asmus Finzen. Vgl. ebd.

[168]Wolfram Leonhardt an den Präsidenten der Landesärztekammer, Schreiben vom 13. Mai 1975, DGPPN-Archiv, Ordner 1 I.

[169]Vgl. bspw. Caspar Kulenkampff an Walter v. Baeyer, Schreiben vom 21.07.1972, UA Heidelberg, Rep 63–75.

[170]Vgl. Koenen, Das rote Jahrzehnt 2001.

Die hier zitierten Äußerungen waren mehr als nur Versuche der Verunglimpfung politischer Gegenspieler. Der harsche Ton war sicherlich auch Reaktion auf die ebenfalls überzogenen Vorwürfe der Gegenseite. Doch zeugen sie darüber hinaus von einer tiefen Verunsicherung. Man muss sich aus Sicht der DGPN die plötzlichen Herausforderungen klarmachen: In der Öffentlichkeit wurde das Handeln der Psychiater skandalisiert und dessen Sinn ganz grundsätzlich infrage gestellt. Bislang nicht an Fragen der Versorgung psychisch Kranker interessierte Gruppen forderten auf einmal Mitsprache und Teilhabe am Reformprozess ein. Dies bedrohte die bisherigen berufspolitischen Einflusswege der DGPN und entwertete ihre Strategien der politischen Arbeit. Das Modell der gemeinde-nahen Sozialpsychiatrie stellte nicht allein die bisherige Versorgungsstruktur infrage, sondern dessen Vertreter/-innen schickten sich auch an, die Macht über materielle Ressourcen neu zu verteilen. Der Anspruch der DGPN, erfolgreich für das gesamte Fach zu sprechen, stand zur Disposition.

Bedroht in ihrer Vormachtstellung, forcierte die DGPN ihren eigenen Professionalisierungsprozess: Sie richtete eine Geschäftsstelle ein, intensivierte die Ausschussarbeit und versuchte erstmals, mit gezielter Öffentlichkeitsarbeit die journalistische Themenwahl mit zu bestimmen. Sie gründete ein Mitteilungsblatt für die eigene Fachgemeinde und mischte sich zum ersten Mal auch in die Angelegenheiten der Redaktion ihres Mitteilungsorgans ein, um eine Übernahme des *Nervenarzt* durch die Sozialpsychiater zu verhindern. Zugleich setzte sie alles daran, die Öffentlichkeit aus den konkreten Enquete-Diskussion rauszuhalten. Die DGPN beschwerte sich daher intern immer wieder über die mangelnde Diskretion derjenigen, die die Adressierung der Öffentlichkeit bewusst als Strategie einsetzten. Sie wollte eine Sachverständigen-kommission, die den Ausgleich innerhalb des Expertengremiums ohne Störung oder Beobachtung von außen suchte.

Als die Arbeit der Sachverständigenkommission in ihre abschließende Phase ging, veränderten sich die Stellungnahmen der DGPN. Zwischendurch hatten Spezialthemen die Agenda bestimmt, nun wurde die Kritik wieder grundsätzlicher.[171] Die DGPN monierte, dass der Schlussbericht nur noch ein Sammelsurium „utopischer Reform-konzepte" sei. Die Vorschläge seien nicht nur unpraktikabel, sondern auch nicht zu finanzieren. Längst hatten sich nämlich die ökonomischen Rahmenbedingungen dramatisch verändert. Mit der Ölkrise 1973 endete der Nachkriegsboom, schnell gerieten die öffentlichen Haushalte unter Druck, Sparmaßnahmen schienen (ganz anders als noch zu Beginn der Enquete) nicht mehr ausgeschlossen zu sein. Die DGPN mahnte die

---

[171]Die DGPN sah sich gezwungen, vor allem gegen die thematische Ausweitung der Sachver-ständigenkommission anzugehen. Denn insbesondere die mittlerweile auch diskutierte Neu-ordnung der Stations- und Krankenhausleitung war der Vertretung der Krankenhausleiter nicht willkommen. Die DGPN versuchte, alle Eingriffe der Sachverständigenkommission in die Leitungsstruktur der Krankenhäuser zu unterbinden und bezweifelte die Zuständigkeit der Sach-verständigenkommission.

Sachverständigenkommission daher, „realisierbare Forderungen" und eine Prioritäten-liste aufzustellen.[172] Der Vorsitzende des *Ständigen Ausschusses für Krankenhausfragen* forderte:

> „Zweck dieses sehr aufwendigen und kostspieligen Unternehmens [gemeint war die Sachverständigenkommission] soll es sein, die Lage und die Versorgung der psychisch Kranken unmittelbar, d. h. sobald wie möglich zu verbessern. Dazu können sicher nicht weit vorausgreifende Zukunftsplanungen mit verläßlich nicht nachprüfbaren Zahlen-tendenzen helfen, die in den nächsten Jahren ohnehin nicht realisierbar sind. (...) Vor allem sollten die Sanierung und Umstrukturierung der Landeskrankenhäuser nicht aufgehalten werden durch Warten auf Versuche, kleine Abteilungen (unter 200 Betten) an allgemeinen Krankenhäusern zu installieren. Wir fürchten, daß dies zu der hinreichend bekannten Aus-leseversorgung führt, während die psychiatrischen Fachkrankenhäuser in der heutigen unerfreulichen Versorgungssituation retardiert werden."[173]

Ähnlich äußerte sich auch Rudolf Degkwitz eine Woche später: „Es wird ein Idealplan mit kleinen Schönheitsfehlern für das nächste Jahrtausend aufgestellt. Die Sachver-ständigen haben aber kein Wort dazu gesagt, wie der jetzige Zustand in den Endzustand überführt werden soll. (...) Die Prioritäten sind bis heute niemals in einer Sitzung der Kommission behandelt worden." Degkwitz forderte daher, dass sich die DGPN mög-licherweise „ganz von dem Enquête-Bericht distanzieren muß". Erst nach einem solchen Schritt habe man „den Rücken wieder frei dafür, [sich] mit der Bundesärztekammer in Verbindung zu setzen und dann entsprechend auf das Parlament einzuwirken".[174] Der Eindruck, nicht mehr ausreichend Gehör mit ihren Sachargumenten zu finden, schlug sich 1974 auch auf dem 77. Ärztetag nieder. In ihren Stellungnahmen verliehen die Redner ihrer Sorge Ausdruck, die Psychiatrie werde nun wieder verstärkt politisiert.[175]

16.3.5 Der Enquete-Schlussbericht 1975

Der Enquete-Prozess war langwierig. Erst nach fünf Jahren[176] legte die Sachver-ständigenkommission eine über 1600 Seiten dicke Zusammenstellung der gesammelten Daten vor. Dieser Abschlussbericht fasste die bestehenden Defizite zusammen und unter-

---

[172]Vgl. Protokoll der Vorstandssitzung vom 11.02.1974, Zitat S. 6. Allgemein zur Auswirkung der Ersten Ölkrise vgl. Doering-Manteuffel/Raphael, Nach dem Boom 2008.

[173]Der Vorsitzende des StAK der DGPN am 26. August 1975, Schreiben an alle Mitglieder des engeren und weiteren Vorstandes der DGPN, DGPPN-Archiv, Ordner 1 I.

[174]Die Zitate aus: Rudolf Degkwitz an Hanns Hippius und Edmund Christiani, Schreiben vom 03.09.1975; DGPPN-Archiv, Ordner 1 I. Degkwitz war Mitglied der Sachverständigenkommission sowie Mitglied ihrer Arbeitsgruppen *Intramurale Dienste* und *Ist-Daten*.

[175]Vgl. Forsbach, Die 68er und die Medizin 2011, S. 138.

[176]Gerechnet vom Antrag Picards im Bundestag 1970.

mauerte sie statistisch. In ihm stand aber überwiegend Bekanntes, das nur noch einmal
materialreich belegt wurde.[177]

Es hatte sich schon zuvor abgezeichnet, dass sich die Mitglieder der Sachverständigenkommission nicht auf eine der beiden infrage kommenden Reformvarianten würde
einigen könne. Sie ließen auch im Abschlussbericht beide Positionen nebeneinander
stehen: „eine strukturkonservative Lösung, die auf den quantitativen Ausbau der Kliniken,
mehr Betten und mehr Personal setzte, und eine auf Strukturveränderung zielende
Lösung, die ein Konzept der Ausdifferenzierung mittels ergänzender teilstationärer und
ambulanter Einrichtungen mit dem Ziel vertrat, den stationären Sektor langfristig zu verkleinern".[178] Weder wurden die Großkrankenhäuser – wie beispielsweise in Italien – aufgelöst, noch dem Ausbau der ambulanten Versorgung eine Absage erteilt. Das bisherige
Versorgungsmodell aus öffentlichen Landeskrankenhäusern und privatwirtschaftlich
arbeitenden niedergelassenen Nervenärzten wurde lediglich durch eine „dritte Säule" –
die der Vor- und Nachsorge und der Übergangseinrichtungen – ergänzt.[179] Vier zentrale
Prinzipien – „von denen unter gar keinen Umständen abgewichen werden darf" – hielt
der Abschlussbericht fest: Das Prinzip der gemeindenahen Versorgung, das Prinzip der
bedarfsgerechten und umfassenden Versorgung aller psychisch Kranken und geistig
Behinderten, das Prinzip der bedarfsgerechten Koordination aller Versorgungsdienste und
das Prinzip der Gleichstellung psychisch Kranker mit körperlich Kranken.[180]

Interessanter als die Passagen zu den einzelnen Problemkomplexen sind die Aussagen zu den gesetzten Prioritäten. Gleich im ersten Satz war zu lesen, dass die Sachverständigenkommission die Grundforderung aus ihrem Zwischenbericht aufrechterhalte,
wonach „die Beseitigung grober inhumaner Mißstände unbedingt jeder Neuordnung der
Versorgung psychisch Kranker und Behinderter vorauszugehen hat". „Auf keinen Fall"
dürften die Reformen „auf dem Rücken derjenigen ausgetragen werden, die sich gegenwärtig in den psychiatrischen Einrichtungen befinden". Da mit einer breiten Streuung der
finanziellen Mittel unter den gegebenen Bedingungen – begrenzte Personalressourcen
und Ausbildungsmöglichkeiten – „kein augenfälliger Erfolg" in der Verbesserung und
Angleichung der Lebensbedingungen psychisch Kranker zu erreichen sei, sei das „Fest-
legen abgestufter Vorrangigkeiten und Dringlichkeiten (…) unerläßlich". Prioritär seien
der Aus- und Aufbau der komplementären Dienste im „Heimsektor", der Aus- und Aufbau der ambulanten Dienste, der Aufbau von psychiatrischen Abteilungen an Allgemein-

---

[177]Die betreffende Bundestagsdrucksache umfasste dann immer noch 426 Seiten. Caspar
Kulenkampff sagte 1984 aus, dass die Enquete lediglich darin bestanden habe, hinzuschreiben,
„was damals Bewußtseinslage war. Das war nicht besser und nicht schlechter als das, was damals
in der Psychiatrie – vorbereitet während der Sechziger Jahre – einfach auf dem Tisch lag." Vgl.
Zeugenbefragung 1985, S. 35; https://dipbt.bundestag.de/doc/btd/07/042/0704200.pdf.

[178]Brink, Grenzen der Anstalt 2010, S. 472.

[179]Vgl. ebd., Zitat ebd.

[180]Vgl. Bundestagsdrucksache VII/4200, S. 408.

krankenhäusern[181], die Förderung der Aus-, Weiter- und Fortbildung des Personals, der Aufbau eigenständiger Einrichtungen für Kinder und Jugendliche sowie für Suchtkranke und die Errichtung von insgesamt 31 Modellversorgungsgebieten. Nicht als Prioritäten eingestuft wurden unter anderem die Verbesserung der psychiatrischen Forschung an den Landeskrankenhäusern und die Situation der „Alterskranken".[182]

Der Enquetebericht fiel gegenüber den Reformforderungen der späten 1950er und frühen 1960er Jahre in mancherlei Hinsicht deutlich zurück. Abschließend dürfte keine der beteiligten Parteien mit dem Ergebnis zufrieden gewesen sein.[183] Besonders betroffen waren die jungen Reformer, sie sahen sich auch um ihre Bewegung geprellt. Doch auch die etablierten Kräfte hatten einige „Kröten zu schlucken".[184]

Eine wichtige, und nachfolgend einflussreiche, Forderung hatte der Vorstand der DGPN durchgesetzt: Psychiatrische Abteilungen in Allgemeinkrankenhäusern sollten mindestens 200 Betten umfassen. Gerade in diesem Punkt hatten die Vertreter der DGSP vehement auf eine viel kleinere Mindestgröße gedrängt. Doch auch der DGPN-Vorstand war mit dem vorliegenden Ergebnis nicht zufrieden. Hanns Hippius bemängelte im Namen der DGPN, dass der Abschlussbericht in mancherlei Hinsicht gegenüber dem 1971 von der DGPN verfassten und veröffentlichten *Rahmenplan zur Versorgung psychisch Kranker in der Bundesrepublik* zurückfalle.[185] Zudem seien „verschiedene

---

[181]Diese sollten aber über mindestens 200 Betten verfügen, weil sonst, so der Bericht, weder ihre Effizienz noch ihre Funktionstüchtigkeit gewährleistet sei.

[182]Vgl. ebd., S. 408–410, Zitate S. 408.

[183]Der Schlussbericht hielt zum Verhältnis der konkurrierenden Berufsgruppen fest: „Es läßt sich feststellen, daß das Bewußtsein der gemeinsamen Verantwortung auf dem Gebiet der psychosozialen Gesundheit in letzter Zeit zu einer gewissen Milderung von Rivalitäten und Spannungen geführt hat, die jahrzehntelang die Zusammenarbeit zwischen verschiedenen Schulen, Fachdisziplinen und Berufsgruppen im System der Versorgung psychisch Kranker und Behinderter erschwert haben. Dennoch sieht man nach wie vor schwer überbrückbare Unterschiede zwischen den Anhängern des traditionellen, vorwiegend biologisch-naturwissenschaftlichen Konzeptes von psychischer Krankheit einerseits und den Repräsentanten eines Krankheitsverständnisses, das an den psychischen und sozialen Konflikten der Menschen ansetzt, andererseits. Zwischen diesen eher polarisierten theoretischen Grundpositionen und zum Teil ohne klaren Bezug zu diesen hat sich in den letzten Jahrzehnten eine Reihe von neuen Therapieverfahren entfaltet, die dazu beitragen, das Bild von Psychiatrie und Psychotherapie/Psychosomatik im Augenblick ziemlich vielgestaltig erscheinen zu lassen. Man kann resümieren, daß dieses Gebiet der Heilkunde in seinen Strukturen und Methoden nach einer langen Phase traditionsgeprägter Verfestigung in eine starke Bewegung geraten ist und in den experimentierenden Bemühungen um eine neue Orientierung viel von der Unsicherheit spüren läßt, die unsere gesellschaftliche Situation heute überhaupt ausmacht." Bundestagsdrucksache VII/4200, S. 65.

[184]Wie wenig die Autoren des Abschlussberichts diesen als gelungenen Kompromiss auffassten, zeigte sich in den insgesamt acht Sondervoten von Mitgliedern der Sachverständigenkommission.

[185]Auch in den Presseerklärungen versuchte die DGPN, den Schlussbericht der Sachverständigenkommission als Fortentwicklung des von der DGPN im September 1971 veröffentlichten Rahmenplans umzudeuten und damit zu betonen, man könne auf bisheriger Ebene weiterarbeiten. Das Sondervotum wurde an alle Bundestagsabgeordneten gesandt und im Deutschen Ärzteblatt ver-

Teile des Schlußberichts weitschweifig und unklar". Verschiedene Forderungen –
Sofortmaßnahmen zur Beseitigung aktueller Mißstände; Vorschläge zur Verbesserung
der Versorgung – würden nicht mehr so klar und eindeutig ausgesprochen, wie das im
Zwischenbericht geschehen war. Schließlich werde „durch die Art der Darstellung
vieler Probleme im Schlußbericht der nicht berechtigte Eindruck erweckt, als seien die
niedergelegten Vorschläge und Empfehlungen der einzig mögliche Weg, die Situation
der psychisch Kranken und Behinderten in der Bundesrepublik zu verbessern". Als
besonders problematisch sah der Vorstand der DGPN an, dass man, statt unterschiedliche Wege aufzuzeigen, die Darstellung alternativer Betrachtungsweisen bewusst vermieden habe. Dadurch seien viele Formulierungen „unverbindlich und mehrdeutig"
geworden. Die Gegenüberstellung klarer Alternativen, so monierte Hippius, wäre hier
zweckmäßiger gewesen. Stattdessen halte der Schlussbericht so viele unterschiedliche
Vorschläge bereit, dass sich die Gesundheitspolitiker, je nach ihren eigenen Zielen daran
beliebig bedienen könnten.[186]

Zudem störte man sich im DGPN-Vorstand daran, dass sich so mancher Teil des
Abschlussberichts wie eine Empfehlung zur „Aufgliederung in ein psychiatrisches und
in ein psychotherapeutisch/psychosomatisches Versorgungssystem" lese. Dies gefährde
das „Ziel der Verbesserung der Situation der psychisch Kranken". Es drohe dadurch
gar eine neue Form der „Zweiklassen-Psychiatrie", obwohl doch eigentlich verhindert
werden müsse, „daß Reform-Maßnahmen zugunsten einzelner Patientengruppen (...)
neue benachteiligte Gruppen entstehen lassen". Zudem richtete sich die DGPN gegen
bestimmte Begrifflichkeiten im Schlussbericht. Diese seien dazu angetan, „beim Leser
falsche Vorstellungen hinsichtlich wichtiger Grundpositionen in der Psychiatrie" zu
erwecken.

> „Deswegen sei hier ausdrücklich hervorgehoben, daß Psychotherapie nicht gleichbedeutend
> ist mit psychoanalytischer Psychotherapie. Vielmehr gibt es heute ein breites Spektrum
> psychotherapeutischer Methoden, die im Rahmen der Versorgung der Bevölkerung nicht
> vernachlässigt werden dürfen. So kommen z. B. dem ärztlichen Beratungsgespräch und den
> sogenannten pragmatischen Verfahren eine größere Bedeutung zu, als aus dem Bericht zu
> ersehen ist. Und im Zusammenhang damit ist auch zu betonen, daß für die Verknüpfung der
> Begriffe Psychosomatik und Psychotherapie (i.e.S. psychoanalytische Psychotherapie) —
> wie dies im Schlußbericht durchweg geschieht – die sachlichen Argumente weit schwächer
> sind, als aus der im gesamten Bericht gebrauchten Formulierung ‚Psychotherapie/Psycho-
> somatik' hervorgeht. So lange es auf dem Gebiet der Psychosomatik noch so wenig

---

öffentlicht. In der breiteren Öffentlichkeit begrüßte die DGPN den Schlussbericht. Insbesondere
richtet man sich gegen institutionalisierte, ambulante Dienste. Priorität hätten Lehre und
Forschung in der Psychiatrie.

[186]Vgl. Bundestagsdrucksache VII/4200, S. 411 f., Zitate ebd.

gesicherte Erkenntnisse gibt wie bisher, kann sich die DGPN nicht dafür aussprechen, die stationären psychosomatischen Institutionen überproportional zu vermehren."[187]

Man könne dem Abschlussbericht in der Feststellung zustimmen, dass „die Versorgung der psychisch Kranken und geistig Behinderten (…) sich bisher an zu einseitig biologisch ausgerichteten Konzepten von Krankheit und Gesundheit orientiert hat", doch sehe man nun die Gefahr aufscheinen, dass in Psychiatrie und Psychotherapie einseitig die psychodynamischen und sozialen Aspekte psychischer Krankheiten, Störungen und Behinderungen betont würden.[188] Dem im Namen des DGPN-Vorstands abgegebenen Sondervotum von Hanns Hippius schlossen sich als Mitglieder der Sachverständigenkommission an: Rudolf Degkwitz, Horst Dilling, Hubert Harbauer (1919–1980), Hans-Werner Janz (1906–2003), Wolfram Leonhardt, Fritz Reimer und Detlev v. Zerssen.

Als am 25. November 1975 der „Bericht über die Lage der Psychiatrie in der Bundesrepublik Deutschland" durch die Bundesregierung dem Deutschen Bundestag zugeleitet wurde, distanzierte sich auch das Bundesministerium für Jugend, Familie und Gesundheit in einem Begleitschreiben vom Bericht. Erstens sei die Enquete „weder als Ganzes noch in den Einzelteilen" als Bericht der Bundesregierung anzusehen, zweitens sei die Verwirklichung der Vorschläge von den finanziellen Spielräumen abhängig und drittens werde die „Realisierung nur sehr langsam und abgestuft möglich" sein.[189] Daraufhin war es wenig überraschend, dass nach dem Schlussbericht sofortige Effekte auf breiter Basis ausblieben. Was sich von den vielen Verbesserungsvorschlägen umsetzen lassen sollte, das war 1975 noch längst nicht entschieden.[190]

Der Bericht blieb vom Bundestag lange Zeit unkommentiert. Zwischen 1976 und 1979 waren die Bundesländer aufgefordert, Stellungnahmen zur Enquete zu formulieren. Die meisten Länder stimmten der Enquete in denjenigen Punkten zu, in denen es um die Bestandsaufnahme ging. Gegenüber den Forderungen der Sachverständigenkommission waren sie zurückhaltender.[191] Auch die Fachverbände waren zu Stellungnahmen aufgerufen. Die DGPN formulierte im Januar 1976 dabei auch Forderungen an sich selbst. Sie beabsichtige, die nichtärztliche Öffentlichkeit weiterhin gezielt und in stärkerem Maße für die Psychiatrie zu interessieren. An die politischen Adressaten gerichtet machte die DGPN deutlich, dass es nun darauf ankäme, „nach sicher zu erwartender weiterer kritischer aber konstruktiver Prüfung" Prioritäten zu setzen und sodann zielstrebig zu handeln. Was zweckmäßig und ausgewogen sei, dürfe dabei nicht allein in die Entscheidungshoheit der Politiker fallen: „Es bleibt die Gefahr, sich mit Eifer einer guten Sache zu verschreiben, aber im Methodischen stecken zu bleiben, sich zu verlieren."

---

[187]Ebd., S. 414.

[188]Ebd.

[189]Vgl. Bundestags-Drucksache 8/2565, Zitat S. 279.

[190]Vgl. Brink, Grenzen der Anstalt 2010, S. 474.

[191]Vgl. Tollgreve, Bewegung in der Psychiatrie? 1984, S. 21.

Die Verbesserung der Lage der psychisch Kranken dürfe nicht allein eine Frage der finanziellen Möglichkeiten sein.[192]

> „Jetzt laufen die Kranken Gefahr, daß schon in Angriff genommene Psychiatriepläne der Länder mit minderer Eile oder weniger umfangreich als unbedingt notwendig weitergeführt werden. Die Deutsche Gesellschaft für Psychiatrie und Nervenheilkunde wendet sich an Bund, Länder und sonstige Träger stationärer, halbstationärer und flankierender Maßnahmen, in vollem Umfang die schon bestehende Planung durchzuführen und zu beschleunigen. Der Bürger ist dies dem seelisch Kranken nach bisher ständiger Vernachlässigung schuldig. (…) Unsere psychisch kranken und behinderten Mitbürger warten auf unsere Hilfe."[193]

Erst weitere drei Jahre später gab die Bundesregierung eine Stellungnahme ab. In dieser verwies sie auf die Zuständigkeit der Bundesländer.[194] Damit war man im Grunde wieder beim Diskussionsstand von 1970 angekommen. Zurecht befürchteten Vertreter der Sozialpsychiatrie daher, dass der Bericht der Psychiatrie-Enquete bloß „auf Bücherregalen und in Schubladen der Ämter verstaubt".[195] Es bewahrheitete sich damit, was die Bundestagsgesundheitsministerin schon in der Bundestagsdebatte 1970 zu bedenken gegeben hatte: Eine Enquete könne „eine Initialzündung für Maßnahmen" sein. Doch seien „eine Analyse der Lage und daraus [gezogene] Schlußfolgerungen für die notwendigen Maßnahmen (…) noch keine Verbesserung. Es ist eben nur eine Enquete".[196]

16.4 Die Brandenburger Thesen

Der Abschlussbericht der Psychiatrie-Enquete stellte zahlreiche Bezüge zu internationalen Vorbildern her. Die Mitglieder der Sachverständigenkommission waren in mehrere Länder gereist, allerdings nicht in die DDR.[197] Die dortige Psychiatrie betrachtete man nicht als zukunftsweisend. Folglich fehlte auch im Schlussbericht eine Auseinandersetzung mit der psychiatrischen Versorgung in der DDR und sogar ein Verweis auf die Rodewischer Thesen. Das ist erklärungsbedürftig, wenn man bedenkt, dass in der DDR zeitgleich zur Arbeit der Sachverständigenkommission erneut über Wege zur Überwindung der Verwahrpsychiatrie nachgedacht wurde.

Trotz günstiger wirtschaftlicher Rahmenbedingungen waren die Forderungen der Rodewischer Thesen in der DDR bis zu diesem Zeitpunkt nur vereinzelt umgesetzt

---

[192]Vgl. Bundestags-Drucksache VIII/2565, S. 280, Zitat ebd.

[193]Ebd., S. 280 f.

[194]Vgl. Tollgreve, Bewegung in der Psychiatrie? 1984, S. 21; Kersting, Psychiatriereform und `68 1998, S. 289.

[195]Finzen/Schädle-Deininger, Psychiatrie-Enquete 1979, S. I.

[196]Protokoll der Beratung der Bundestagsdrucksache VI/474, S. 18.

[197]Vgl. Söhner/Fangerau/Becker, Blick über die Grenzen 2015.

worden.[198] Weithin waren sie ohne Wirkung geblieben, nicht zuletzt, weil ihnen die zuständigen Gesundheitspolitiker und die *Gesellschaft für Psychiatrie und Neurologie der DDR* die Unterstützung verwehrten. Der Trend zum staatlichen Großkrankenhaus und damit auch zu immer größeren psychiatrischen Versorgungseinrichtungen hatte sich zudem nicht abgeschwächt.[199] Als sich fünf Jahre nach dem Symposium in Rodewisch, 1968, erstmals der *Volkskammerausschuss für Gesundheitswesen* mit den Problemen in der Versorgung für psychisch Kranke beschäftigte, stand lediglich die Förderung und Betreuung hirngeschädigter Kinder im Vordergrund. Ehrig Lange und Lise-Lotte Eichler schafften es zu dieser Gelegenheit trotz ihrer Verweise auf die Rodewischer Thesen und das seitdem Versäumte zum wiederholten Mal nicht, zu verhindern, dass das niedrige gesellschaftliche Ansehen der psychisch Kranken und geistig behinderten Menschen die gesundheitspolitischen Prioritäten beeinflusste. Dass Handlungsbedarf bestehe, bezweifelte zwar zu dieser Gelegenheit kaum jemand ernsthaft, doch angesichts der zu erwartenden hohen Kosten wurde davon abgesehen, einen grundlegenden Umstrukturierungsprozess in Gang zu setzen.[200] Auch verhinderten zu dieser Zeit einflussreiche Personen wie Alexander Mette eine realistische Bestandsaufnahme, wenn sie behaupteten, dass die Fortschritte der Neurologie und Psychiatrie in den sozialistischen Ländern zu der Feststellung berechtigten, „daß diese Sparte mit der günstigen Entwicklung der übrigen Zweige des sozialistischen Gesundheitsschutzes Schritt gehalten hat und daß die damit erreichte Stufe ein Optimum darstellt, das die Gewähr für ständige weitere Vervollkommnung bietet".[201]

Im letzten Drittel der 1960er Jahre veränderten sich die Bedingungen, unter denen die *Gesellschaft für Psychiatrie und Neurologie der DDR* arbeitete. Zunächst wurden die medizinischen Disziplinen auf dem Nationalen Symposium *Sozialismus, wissenschaftlich-technische Revolution und Medizin* im Oktober 1967 dazu gedrängt, Ursachen für unterschiedliche fachliche Auffassungen in ihren Reihen zu klären und ihre wissenschaftlichen Positionen auf eine dialektisch-materialistische Basis zu stellen.[202] Noch

---

[198]In einzelnen Kliniken orientierten sich die in der Psychiatrie Tätigen aber am Konzept der Therapeutischen Gemeinschaft und lehnten sich so an den britischen Psychiater Maxwell Jones an. Hervorstechen die Bemühungen in der Bezirksnervenklinik Brandenburg an der Havel, einer der größten psychiatrischen Einrichtungen in der DDR mit 2.400 Betten. Vgl. Kumbier/Haack, Brandenburger Thesen 2017, S. 247.

[199]Anzahl und Bettenzahl in ihrer Entwicklung angegeben in: Frerich/Frey, Geschichte der Sozialpolitik 1993, S. 215. Vgl. zur Bettenanzahl auch Ernst, Prophylaxe 1997, S. 31.

[200]Vgl. Rose, Anstaltspsychiatrie 2005, S. 135 f.

[201]Mette, Neurologie und Psychiatrie 1968, S. 409.

[202]Vgl. Nationales Symposium, Sozialismus 1969. Der Vorstand der *Gesellschaft für Ärztliche Psychotherapie* sah sich durch die Beschlüsse von 1967 dazu gezwungen, eine verbindliche Neurosenlehre auszuarbeiten und eine darauf basierende einheitliche therapeutische Strategie zu entwickeln. Das endgültige Gerüst dieser Lehre war zwar ein Kompromiss, mit dem sich weiterhin unterschiedliche therapeutische Ansätze verbinden ließen, er vereinheitlichte aber auch – durchaus auch zum Nutzen des Fachs – die Lehrmeinungen. Hier veränderte ein politischer Eingriff, ver-

stärker wirkte sich die *Brandenburger Konferenz* im Februar 1971 auf das Fachgebiet aus. Auf ihr versuchte die *Abteilung Gesundheitspolitik des ZK der SED* die
Fächer Psychiatrie und Psychotherapie politisch zu instrumentalisieren. Was nach der
Pawlowismus-Phase lange Zeit keine Rolle mehr gespielt hatte, Versuche der direkten
ideologisch motivierten Beeinflussung der fachlichen Ausrichtung der Psychiatrie,
kehrte nun am Ende der Ära Ulbricht unerwartet heftig zurück. Die Konferenz mutierte
zur Generalabrechnung mit großen Teilen der in der Nervenheilkunde beschäftigten
Führungskräfte.[203] Doch Anlass zur Kritik waren nicht etwa die skandalösen Lebensbedingungen in den Versorgungseinrichtungen oder die bis dato nicht gelungene
Umsetzung der Rodewischer Thesen. Besorgt war man in der politischen Führung vielmehr um die ideologische Zuverlässigkeit der Fachvertreter. Die Psychiatrie schien
den Parteikadern ein Residuum bürgerlicher Privilegien und westlicher Orientierung
geblieben zu sein. Insbesondere den älteren Psychiatern schlug aus der *Abteilung
Gesundheitspolitik des ZK der SED* Misstrauen entgegen. Dort war man der Ansicht,
dass „ernste Mängel, insbesondere in der Weiterentwicklung der ideologischen Grundlagen des psychiatrischen Fachgebietes" bestünden. Das Fachgebiet sei in verschiedene
Lehrmeinungen zersplittert und nicht zuletzt seien Konzeptionen aus dem westlichen
Ausland, insbesondere der Bundesrepublik, übernommen worden. Unter dem Motto
„Fragen der ideologischen Situation in den Fachgebieten Psychiatrie/Neurologie und
Psychologie" wurde von den etwa 300 Teilnehmern, darunter die Ordinarien und Vertreter aller Fachkrankenhäuser und Nervenkliniken, eine „Parteiliche Wissenschaft"
gefordert.[204]

Dies war zugleich ein direkter Angriff auf leitende Personen in der *Gesellschaft für
Psychiatrie und Neurologie,* der mittlerweile Helmut Rennert vorstand, der *Gesell-
schaft für Ärztliche Psychotherapie* sowie dem Herausgebergremium von *Psychiatrie,
Neurologie und medizinische Psychologie.* Im Fokus standen Personen, die angeblich
„nicht marxistisch-leninistische Psychotherapieverfahren" vertraten. Sie hatten sich dem
Vorwurf zu erwehren, ihre Arbeit stünde nicht auf der Basis des Marxismus-Leninis-
mus, sei immer noch idealistisch und „gesamtdeutsch".[205] Auch weiteren führenden
Fachvertretern der Psychiatrie und Neurologie wurde eine „mangelnde marxistisch-

---

mittelt durch das Handeln der medizinisch-wissenschaftlichen Gesellschaft, die wissenschaftliche
Schwerpunktsetzung. Vgl. König, Gesellschaft für Ärztliche Psychotherapie 2011, S. 157–161;
Rohland/Spaar, Die medizinisch-wissenschaftlichen Gesellschaften 1973, S. 123; Geyer, Überblick
2011, S. 243.

[203]Zuvor hatte das Politbüro über die Situation im Gesundheitswesen beraten und die Lage in der
Psychiatrie für problematisch befunden.

[204]Zitate aus: Geyer, Psychotherapie 2011, S. 243; Süß, politisch mißbraucht 1998, S. 323 f.;
Bernhardt u. a., Chronik 2000, S. 396.

[205]Vgl. Rose, Anstaltspsychiatrie 2005, S. 159 f.; Balz/Klöppel, Wendung nach Innen 2015, S. 555 f.

leninistische Fundierung der Forschung" vorgehalten.[206] Folgt man einem bei Sonja Süß publizierten Protokoll eines Inoffiziellen Mitarbeiters des *Ministeriums für Staatssicherheit*, so führten diese Angriffe zu geschlossenem Widerstand der anwesenden Ärzte. Die namentlich Angegriffenen reagierten mit Verweisen auf die bekannten Probleme in Sach- und Personalausstattung, auf die verfallene Infrastruktur, auf die Probleme der Medikamentenzuteilung und auf die Internationalität der Forschung. Auch weitere Leiter der großen psychiatrischen Krankenhäuser verweigerten sich vehement der beabsichtigten Politisierung der Psychiatrie.[207]

Zum Zweck der stärkeren Indienstnahme der medizinisch-wissenschaftlichen Gesellschaften bei der Durchsetzung von Regierungsbeschlüssen wurde in diesen Jahren auch ein *Koordinierungsrat der medizinisch-wissenschaftlichen Gesellschaften* gebildet und dem *Ministerium für Gesundheitswesen* direkt unterstellt.[208] Dieses Gremium sollte die Koordination der medizinischen Kongresse in der DDR übernehmen und den Kontakt zu internationalen medizinisch-wissenschaftlichen Gesellschaften pflegen. Es diente der Förderung der Nachwuchskader sowie der „Profilierung" der Fachzeitschriften und wissenschaftlichen Tagungen. Der Koordinierungsrat gründete zudem zahlreiche Kommissionen und gab Empfehlungen zur Tätigkeit der medizinisch-wissenschaftlichen Gesellschaften heraus. Er koordinierte die Tätigkeit der einzelnen Gesellschaften und kontrollierte, ob sie sich an die Beschlüsse der Parteitage und Plenartagungen der SED hielten, ob sie deren Umsetzung in Wissenschaft und medizinischer Praxis betrieben – im damaligen Jargon die „Aktivierung ihrer Mitglieder zur Durchsetzung der neuesten wissenschaftlichen Erkenntnisse, Forschungsergebnisse und Arbeitsmethoden".[209] Durch

---

[206]Süß, Politisch mißbraucht? [2]1998, S. 327, zitiert in: Teitge/Kumbier, Publizieren als Politikum 2015, S. 95.

[207]Vgl. Geyer, Ostdeutsche Psychotherapiechronik 2011, S. 245 f.; Süß, Politisch mißbraucht? [2]1998, S. 323–327. Hier auch das Zitat aus der IM-Akte „Grabowski", Teilablage der Arbeitsakte, Bd. 4, Bl. 168, zitiert nach ebd., S. 323 f. Inwiefern die medizinisch-wissenschaftliche Gesellschaft als Kristallisationskern dieses Widerstands eine Rolle spielte, ist nicht zu belegen, kann aber bezweifelt werden.

[208]Dabei wurde der Koordinierungsrat durch ein Büro unterstützt, dem je ein Vertreter des *Sekretariats des Rates für Planung und Koordinierung der medizinischen Wissenschaften,* der *Akademie für Ärztliche Fortbildung* und des *Generalsekretariats der medizinischen-wissenschaftlichen Gesellschaften* angehörten. Die *Akademie für Ärztliche Fortbildung der DDR* (AfÄF) war direkt dem *Ministerium für Gesundheitswesen* unterstellt. Es handelte sich bei ihr um eine wissenschaftliche Einrichtung, die für die Weiterbildung im Gesundheitswesen zuständig war. Die AfÄf war 1954 als *Akademie für Sozialhygiene, Arbeitshygiene und Ärztliche Fortbildung* entstanden. 1961 in *Deutsche Akademie für Ärztliche Fortbildung* umbenannt, ab 1972 *Akademie für Ärztliche Fortbildung der DDR.* Zu ihrer Geschichte vgl. Mros, Wissenschaftliche Institutionen 2003; Mros/ Jäschke, Akademie für Ärztliche Fortbildung 1997. Vgl. auch Aktenbestand: BA Berlin DQ 103.

[209]Vgl. Lüderitz/Arnold, 75 Jahre Deutsche Gesellschaft für Kardiologie 2002, S. 78–80; Rohland/Spaar, Die medizinisch-wissenschaftlichen Gesellschaften 1973, S. 125–130 und S. 184, Zitate ebd. Statut und Vereinbarung über die Bildung und Empfehlungen des Koordinierungsrates abgedruckt in: ebd., S. 273–293.

die Bildung des Koordinierungsrates wurden die politischen Kontroll- und Eingriffsmöglichkeiten erhöht. Das ging einher mit einer Aufwertung der sogenannten Leitungs-
tätigkeit der Präsidien und Vorstände der medizinisch-wissenschaftlichen Gesellschaften
und erweiterte deren Aufgabenspektrum. Sie beschäftigten sich nun intensiver mit der
„Förderung des wissenschaftlichen Fortschritts auf dem Gebiet der Medizin", der
„Umsetzung neuer wissenschaftlicher Erkenntnisse in die Praxis des Gesundheitsschutzes", der „ständige[n] Verbesserung der medizinischen Betreuung der Bevölkerung"
sowie der „Gestaltung des wissenschaftlichen Erfahrungsaustausches im nationalen und
internationalen Rahmen", der „berufliche[n] Qualifizierung ihrer Mitglieder" und der
„Pflege der sozialistischen Gemeinschaftsarbeit und der kollegialen Kontakte".[210]

Viola Balz und Ulrike Klöppel haben gezeigt, dass nach den 1960er Jahren, in denen
es zumindest in begrenztem Ausmaß reformorientierten Psychiater/-innen gelungen war,
mit ihren ambitionierten Vorschlägen Einfluss auf die Gesundheitspolitik zu gewinnen,
die 1970er Jahre von den parteitreuen Psychiater/-innen bestimmt wurden. Letztgenannte
hätten sich der politischen Forderung nach einer biologischen Sicht auf psychische
Krankheiten untergeordnet und das Verhältnis von Gesellschaft und psychischer
Erkrankung nicht mehr thematisiert.[211] Anfang der 1970er Jahre wirkte sich aber nicht
nur der Generationswechsel an den Hochschulen und in den Versorgungseinrichtungen
auf die psychiatrischen Debatten aus, sondern auch die bewusste Beschneidung der
Mitsprachemöglichkeiten psychiatrischer Fachvertreter – deutlich sichtbar durch die
Einstellung der Tätigkeit der Problemkommission Psychiatrie[212] und auf der bereits
beschriebenen *Konferenz zu Fragen der ideologischen Situation in den Fachgebieten
Psychiatrie/Neurologie und Psychologie*.

Die Jahre um 1970 waren also in mehrerlei Hinsicht eine Übergangsphase für die
medizinisch-wissenschaftlichen Gesellschaften. Im Bereich Psychiatrie und Neurologie
wechselte nicht nur der Vorsitz der *Gesellschaft für Psychiatrie und Neurologie der
DDR*.[213] Die „Republikflucht" Dietfried Müller-Hegemanns bot auch den willkommenen
Anlass, eine „politisch motivierte Umstrukturierung" der Redaktion der Fachzeit-

---

[210]Rohland/Spaar, Die medizinisch-wissenschaftlichen Gesellschaften 1973, S. 181.

[211]Vgl. Balz/Klöppel, Wendung nach Innen 2015, S. 539. Andererseits diskutierte 1971 die *Gesellschaft für Psychiatrie und Neurologie der DDR* auf ihrem Fachkongress über die Sozialpsychiatrie
und die Reform der psychiatrischen Versorgung. Ehrig Lange berichtete darüber in *Psychiatrie,
Neurologie und medizinische Psychologie*. Vgl. Lange, Prognose 1972.

[212]Diese tagte 1971 zum letzten Mal. Das lag allerdings weniger an der besonderen Situation
der Psychiatrie. Sämtliche Problemkommissionen im Bereich des Gesundheitswesens wurden
umstrukturiert und waren fortan zur Bedeutungslosigkeit verdammt. Offiziell wurde die Problemkommission Psychiatrie 1978 aufgelöst. Vgl. Balz/Klöppel, Wendung nach Innen 2015, S. 554.

[213]Auch zahlreiche Positionen in den Versorgungseinrichtungen wurden altersbedingt neu besetzt.
Bei den Hochschullehrern war dieser Schritt schon vorher erfolgt, weil nach dem Zweiten Weltkrieg zunächst eine ältere Psychiatergeneration die Posten besetzt hatte. Zum Generationswechsel
an den Hochschulen vgl. Kumbier/Haack, Hochschullehrer 2015; Jessen, Akademische Elite 1999.

schrift voranzutreiben.[214] Die Veränderungen wurden nach außen zwar mit der Sub-
spezialisierung begründet, aus den internen Quellen geht indes eindeutig hervor, dass
mit der Umgestaltung die Fachzeitschrift einer stärkeren direkten Kontrolle unterworfen
werden sollte.[215] Auf Drängen des Leiters des *Generalsekretariats der medizinisch-*
wissenschaftlichen Gesellschaften beim Ministerium für Gesundheitswesen, Lothar Rohland[216], und unter Federführung von Karl Seidel (*1930)[217], wurde die medizinische
Fachzeitschrift neugestaltet.[218] Sie sollte nun klar als Zeitschrift aus der DDR erkennbar sein, weswegen alle Posten ausschließlich mit Wissenschaftlern der DDR besetzt
und die bisher unter der Rubrik „unter besonderer Mitarbeit von" aufgeführten Wissenschaftler aus der Bundesrepublik von ihren Rechten und Pflichten entbunden wurden.[219]
Das Redaktionskollegium sollte dazu verpflichtet werden, „planmäßig und systematisch

---

[214]Teitge/Kumbier, Publizieren als Politikum 2015, S. 95.

[215]Vgl. Rundbrief „An unsere Autoren, Abonnenten und Leser", BA-Lichterfelde DQ 101/481c.
Für einen kurzen Übergangszeitraum wurde der an der Charité ansässige Facharzt für Neuro-
logie und Psychiatrie Siegfried Schirmer (1927–2013) Chefredakteur. 1972 übernahm Heinz A.F.
Schulze (1922–2015) dieses Amt. Die Zeitschrift wurde fortan von einem Redaktionskollegium
herausgegeben, das aus dem bisherigem Herausgeber Karl Leonhard, Helmut Rennert, Christa
Kohler, Gerhard Göllnitz, Peter Feudell (1919–2006), Karl Seidel und Siegfried Schirmer bestand.
Vgl. Wagner, Neurologie in der DDR 2007, S. 56; Teitge/Kumbier, Publizieren als Politikum 2015,
S. 94–96. Zu Feudell vgl. Wagner/Kästner, Neurologische Abteilung Leipzig 2015, S. 420–439.

[216]Vgl. Rohland, Informationen über Veränderungen in der inhaltlichen Konzeption sowie über
die neue Zusammensetzung des Redaktionskollegiums der Zeitschrift *Psychiatrie, Neurologie*
und medizinische Psychotherapie, 14.12.1971, BA-Lichterfelde DQ 101/481c. Lothar Rohland
(*1928) war kein Mediziner, sondern hauptamtlicher Funktionär. 1947 Eintritt in die SED, 1969–
1989 Direktor des Generalsekretariats der medizinisch-wissenschaftlichen Gesellschaften beim
Ministerium für Gesundheitswesen der DDR. Von Zeitgenossen wird er nachträglich als „Polit-
offizier" und mächtiger Beauftragter der SED-Führung und der Staatssicherheit beschrieben. Sein
Einfluss auf die Besetzung der Vorstandspositionen der medizinisch-wissenschaftlichen Fachgesellschaften und auf die Genehmigung als Reisekader war hoch. Bei Lothar Rohland, über viele
Jahre zugleich Parteisekretär des Gesundheitsministeriums, liefen, so Sonja Süß, „die Fäden der
Macht von Partei, MfS und Regierung zusammen". Vgl. Süß, Politisch mißbraucht? [2]1998, S. 585,
180; Franke/Ludwig, Psychosomatische Gynäkologie 2011, S. 431.

[217]Seidel, seit 1947 Mitglied der SED, war bis dato nicht „Mitwirkender" der Fachzeitschrift. Kurz
zuvor war er Inhaber des Lehrstuhls für Psychiatrie an der Humboldt-Universität zu Berlin und
damit Nachfolger von Karl Leonhard geworden. In den 1980er Jahren stieg Seidel zum wichtigsten
Gesundheitspolitiker der DDR auf. Vgl. Payk, Psychiater und Psychotherapeuten 2012; Bergien,
True Believers 2018, S. 191; Grashoff, Selbsttötungen, https://www.bundesstiftung-aufarbeitung.
de/uploads/pdf/grashoff.pdf, S. 2; Grashoff, Suizidprävention 2013, S. 169; BStU-Archiv, MfS
AIM 13788/83.

[218]Vgl. Seidel, Vorstellungen zur Gestaltung der medizinischen Fachzeitschrift „Psychiatrie,
Neurologie und medizinische Psychotherapie", 05.07.1971, BA Berlin DQ 101/481c.

[219]Allerdings führte dies zu keinem Einflussverlust oder einer sinkenden Zitierhäufigkeit der westdeutschen Psychiater, Neurologen und Psychologen. Zum anderen wurden auch zahlreiche vorher
Genannte aus der DDR nicht mehr auf dem Deckblatt erwähnt.

den höchsten Stand der Wissenschaft" zu vermitteln und „insbesondere zur Klärung ideologischer Fragen im Wissenschaftsgebiet" beizutragen. Dies lief im Grunde darauf hinaus, der Zeitschrift nur formal ihren unabhängigen Status zu lassen und die Einfluss-möglichkeiten der *Gesellschaft für Psychiatrie und Neurologie* und der *Gesellschaft für Ärztliche Psychotherapie* zu erhöhen.[220]

Als sich die Lage langsam wieder beruhigte, veröffentlichten Siegfried Schirmer[221], Karl Müller und Helmut F. Späte neun Thesen zur Therapeutischen Gemeinschaft. Dies war als Diskussionsgrundlage für eine Tagung in Brandenburg-Görden gedacht.[222] Vorgestellt wurde jedoch nicht nur eine lokale Initiative, sondern ein Weg für alle psychiatrischen Versorgungseinrichtungen.[223] Dass die Brandenburger Thesen „nicht mehr von den alten Reformern, sondern von jüngeren parteigebundenen Psychiatern formuliert" wurden, hatte gravierende inhaltliche Konsequenzen. Die Autoren schlugen einen anderen Weg ein, als ihn Lange und Eichler zuvor präferiert hatten. Zentrale Bestandteile der Rodewischer Thesen verschwanden.[224] Die Brandenburger Thesen zielten weder auf eine Veränderung der Gesellschaft, noch waren sie eine Art Forderungskatalog an die Politik.[225] Während die Verfasser der Rodewischer Thesen

---

[220]Zitat aus: Seidel, Vorstellungen zur Gestaltung der medizinischen Fachzeitschrift „Psychiatrie, Neurologie und medizinische Psychotherapie", 05.07.1971, BA-Lichterfelde DQ 101/481c. Bei der Umgestaltung musste auf Teile des bisherigen Personals zurückgegriffen werden. Alles andere wäre angesichts der geringen Anzahl von überhaupt in Frage kommenden Persönlichkeiten von vornherein zum Scheitern verurteilt gewesen. Seidels Aussagen zeigen aber die Unruhe, die Müller-Hegemanns „Ausreise" verursacht hatte: Er wog beispielsweise genau ab, inwiefern Karl Leonhard, der als einziger verbliebener bisheriger Herausgeber weiterhin in Frage für eine führende Rolle kam, zuverlässig und willens sei, die Änderungen mitzutragen. Dabei kam er zu einer positiven Einschätzung, seines Vorgängers an der Charité: „Der derzeitige allein[ig]e Herausgeber, Herr Prof. Leonhard, Berlin, interessiert sich z. Zt. aktiv und positiv für die weitere Gestaltung der Zeitschrift. Er ist bezüglich einer Umgestaltung im oben angeführten Sinne sehr aufgeschlossen. Man kann ihn in die weitere Beratung einbeziehen. Es wäre bei dieser Sachlage denkbar und angesichts der persönlichen Verdienste und der internationalen Bekanntheit von Prof. Leonhard sogar zweckmäßig, zu prüfen, ob man ihm die Herausgeberschaft weiterhin überlassen könnte." Ebd.

[221]Siegfried Schirmer hatte sich nach der Direktionsübernahme in Brandenburg Anfang der 1970er Jahre darum bemüht, dort das Konzept der „Therapeutischen Gemeinschaft" einzuführen.

[222]Die Tagung wurde durch die *Sektion Rehabilitation* in der *Medizinisch-Wissenschaftlichen Gesellschaft für Psychiatrie und Neurologie* unterstützt.

[223]Vgl. Kumbier/Haack, Brandenburger Thesen 2017, S. 250 f.

[224]Vgl. Rose, Anstaltspsychiatrie 2015, S. 163 f.; Balz/Klöppel, Wendung nach Innen 2015, S. 559, Zitat ebd. Arbeit und Rehabilitation waren nun weniger zentral als in den Rodewischer Thesen, da die Autoren festgestellt hatten, dass eine Wiederherstellung der Arbeitsfähigkeit noch keine Integration in die Gesellschaft bedeutete, sondern das hierfür soziale Kompetenzen zu vermitteln seien. Vgl. Hanrath, Anstaltspsychiatrie 2002, S. 446 f.

[225]In den Brandenburger Thesen spielte zwar die aus England stammende „therapeutische Gemein-schaft" eine wichtige Rolle, auch wurden Wissenschaftler aus dem nicht-sozialistischen Ausland zitiert, doch war die Brandenburger Tagung, anders als es noch in Rodewisch der Fall gewesen

die umfassende Modernisierung der Versorgungsstrukturen gefordert hatten und weit-
flächig aus den großen geschlossen Anstalten kleinere offene Kliniken machen wollten,
beschränkten sich die Autoren der Brandenburger Thesen darauf, die Bedingungen in
den Versorgungseinrichtungen zu problematisieren. Sie fokussierten auf die Isolierung
der Patient/-innen und die hierarchische Struktur in den Anstalten, empfahlen mehr Mit-
bestimmungsrechte für die Patient/-innen und Mitarbeiter/-innen sowie die Einführung
von Patientenversammlungen. Diese Problemverengung hatte den Vorteil, konkret am
unmittelbar beeinflussbaren Handlungsraum vor Ort anzusetzen. Bei der Umsetzung der
Vorschläge war man so nicht mehr auf die Unterstützung der Medizinalverwaltung und
der Politik angewiesen.[226] Dennoch hätte ein Forderungskatalog für eine bessere Ausstattung der Versorgungseinrichtungen, eine Kampagne gegen die Stigmatisierung der
psychisch Kranken und ein großangelegtes Positionspapier zur Reform der Gesundheitsversorgung anders ausgesehen.

Schon die erste Fassung der Brandenburger Thesen war kaum politisch.[227] Nach der
Brandenburger Tagung wurde die Reforminitiative jedoch noch weiter „entpolitisiert".

---

war, keine internationale Veranstaltung, sondern eine Angelegenheit der Psychiater/-innen aus
der DDR. Trotzdem sind die Brandenburger Thesen ein nochmaliger Verweis darauf, dass sich
Psychiater in Ost- und Westdeutschland an zum Teil sehr ähnlichen ausländischen Referenz-
modellen orientierten und sich immer noch gegenseitig wahrnahmen. In der DDR wurde genau
beobachtet, was im westeuropäischen Ausland und in den USA an Reformen umgesetzt wurden.
In der ersten Fassung erwähnten die Brandenburger Thesen explizit Freudenberg, Klaus Dörner,
Erving Goffman und Maxwell Jones. Das wiederum war nicht ohne Schwierigkeiten, denn aus den
staatlichen und parteilichen Führungsgremien schlug den reformorientierten Psychiatern dadurch
erhöhtes Misstrauen entgegen. In der zweiten Fassung grenzten sich die Autoren daher dezidiert
von der westdeutschen Psychiatrie ab. Allerdings blieben Referenzen auf die genannten Vordenker möglich, weil diese ja die Missstände in den psychiatrischen Anstalten als fast logische
Konsequenz der bürgerlichen Gesellschaft ansahen. Vgl. Kumbier/Haack, Brandenburger Thesen
2017, S. 248 f.; Hanrath, Anstaltspsychiatrie 2002, S. 445 f.

[226]Anders als in der Bundesrepublik waren für den Widerstand aus der Gesundheitsverwaltung
nicht die akuten ökonomischen Schwierigkeiten ausschlaggebend. Die DDR wurde erst mit mehr-
jähriger Verzögerung von der Ölpreiskrise getroffen, weil mit der Sowjetunion langfristige Liefer-
verträge existierten und die DDR damit vom Weltmarktpreis für Rohöl zunächst unabhängig
war. Durch den vergleichsweise günstigen Rohstoffeinkaufspreis profitierte die auf Veredelung
spezialisierte DDR zunächst sogar von der Ölpreishausse.

[227]Die Vertreter sozialpsychiatrischer Ansätze waren in der DDR immer darauf angewiesen, die
Sozialpsychiatrie als vereinbar mit dem marxistisch-leninistischen Menschenbild in der DDR darzustellen. Da dieses davon ausging, dass der Mensch sowohl biologisches wie auch soziales Wesen
sei, war es für die Sozialpsychiatrie grundsätzlich anschlussfähig. Als problematisch erwies sich
hingegen, dass die Antipsychiatrie in den 1970er Jahren – ein mehrheitlich „westliches" Phänomen
und eine sehr inhomogene Bewegung – ganz bewusst das marxistische Vokabular benutzte. Deutlichen Abgrenzung waren erforderlich. Vgl. Palme, Sozialpsychiatrie 2015, S. 702; Hanrath, Anstaltspsychiatrie 2002, S. 445 f.

Zwar rückten die Autoren nicht vom Ideal der *Therapeutischen Gemeinschaft* ab, doch entsprach die 1976 veröffentlichte Version der Brandenburger Thesen auffälligerweise an jenen Stellen nicht der ersten Version, in denen die Reform ursprünglich „über die Anstaltsmauern hinaus" blickte. In der Fassung von 1976 wurde – wohl aus einer Mischung von politischem Druck und Selbstzensur – die Gesundheitspolitik fast vollständig ihrer Verantwortung für die Missstände enthoben. Stattdessen wurden die Schwierigkeiten als Nachwirkung und Überbleibsel der „bürgerlichen Gesellschaft" interpretiert. Damit trugen die Psychiater/-innen in den Versorgungseinrichtungen die volle Verantwortung für die Missstände. In dieser Fassung waren die Brandenburger Thesen kein Plädoyer mehr für eine sozialpsychiatrisch statt biologisch ausgerichtete Psychiatrie.[228]

Weil die Brandenburger Thesen deutlich weniger grundsätzlich angelegt waren als die Rodewischer Thesen, sind sie als Teil einer „Wendung nach Innen" interpretiert worden. Die Psychiater/-innen, so die gängige Interpretation, hätten sich fortan auf das in den Kliniken Machbare beschränkt. Das Personal dort wurde zum Garanten der Reform – ausschließlich von ihnen hing die zukünftige Qualität der therapeutischen Heilatmosphäre ab. Man muss das alles nicht als Kapitulation vor dem Faktischen interpretieren, sondern kann auch die Bemühungen um das Mögliche hervorheben. Dann gerät in den Blick, dass die Brandenburger Thesen keineswegs wirkungslos blieben. In ihrer Folge wurde die (Gruppen-)Psychotherapie ausgebaut, sozialpsychiatrische Aspekte wurden in der Ausbildung insbesondere des Pflegepersonals verankert, mancherorts wurden teilstationäre Kapazitäten in Tages- und Nachkliniken aufgebaut.[229] Wenn sich dadurch auch der Charakter der großen Versorgungseinrichtungen nur wenig veränderte, so boten die Brandenburger Thesen den in der Psychiatrie tätigen Reformwilligen eine Richtschnur für die Gestaltungsmöglichkeiten vor Ort. Anders als in der Bundesrepublik blieb die Psychiatrie in der DDR dadurch aber „sozial unsichtbar".[230]

---

[228]Vgl. Hanrath, Anstaltspsychiatrie 2002, S. 447; Rose, Anstaltspsychiatrie, S. 165; Kumbier/Haack, Brandenburger Thesen 2017, S. 251 f.; Balz/Klöppel, Wendung nach Innen 2015, S. 559–561.
[229]Vgl. Kumbier/Haack, Brandenburger Thesen 2017, S. 257–259, Rose, Anstaltspsychiatrie, S. 168, 171; Palme, Sozialpsychiatrie 2015, S. 715–722.
[230]Mitzscherlich, Psychiatrie in der DDR ²2011, S. 30.

Zwischenfazit: Reformvorschläge und Reformmöglichkeiten

Die Vernichtung der angeblich Unheilbaren war im Nationalsozialismus nicht nur Ausdruck der Aufgabe des therapeutischen Anspruchs und Ergebnis eines enttäuschten Heilungsoptimismus gewesen. Im Wunsch nach einer handlungsfähigen Psychiatrie hatte sich das Töten auch mit einem ambitionierten Reformprogramm verbunden, in dem die öffentlichen Heil und Pflegeanstalten finanziell und personell bessergestellt, die Ausbildungsstandards in der Psychiatrie erhöht und die Arbeitsbedingungen der Psychiater erleichtert werden sollten. Auch wenn nach 1945 niemand mehr direkt an dieses ausformulierte Reformprogramm anknüpfte, so waren doch viele der während des Zweiten Weltkrieges für eine Psychiatrie nach dem „Endsieg" formulierten Ziele keineswegs obsolet geworden. Zu einer Verbesserung der Arbeitsbedingungen kam es jedoch zunächst ebenso wenig wie zu nennenswerten Investitionen in die Versorgungsinfrastruktur. Trotz Bekanntwerden eines Teils der „Euthanasie"-Verbrechen stand in der Besatzungszeit weder die Sanierung und Modernisierung der Einrichtungen noch eine grundlegende Strukturreform der psychiatrischen Versorgung zur Debatte. In der umfassenden Gesellschaftskrise war kaum einer am Leid und an den Lebensbedingungen der in den Anstalten verbliebenen psychisch Kranken interessiert. Die Heil- und Pflegeanstalten wurden weder abgeschafft noch unverzüglich wieder auf den therapeutischen Alltag ausgerichtet. Vielmehr ging in ihnen die Unterversorgung weiter – mit dramatischen Folgen für die Überlebenschancen der verbliebenen Patientinnen und Patienten. Die Mehrheit der Leiter der Heil- und Pflegeanstalten nahm dies hin und auch die alliierten Stellen sahen Verbesserungen in der Versorgung von Menschen mit psychischen Erkrankungen nicht als vordringlich an.

Als 1949 die beiden deutschen Staaten gegründet wurden, sahen sich die Psychiater in Ost- und in Westdeutschland mit ähnlichen Herausforderungen konfrontiert. Sie hatten beträchtlich an Ansehen verloren und spürten die erheblichen Bedenken seitens der psychisch Kranken und ihrer Angehörigen gegenüber der Institution Anstalt und der

© Der/die Herausgeber bzw. der/die Autor(en), exklusiv lizenziert durch Springer-Verlag GmbH, DE, ein Teil von Springer Nature 2021
S. Dörre, *Zwischen NS-„Euthanasie" und Reformaufbruch*,
https://doi.org/10.1007/978-3-662-60878-4_17

medizinischen Fachdisziplin Psychiatrie. In der jungen Bundesrepublik führten Anfang der 1950er Jahre Skandalberichte über unrechtmäßige Internierungen in psychiatrischen Anstalten zu einem weiterem Vertrauensverlust. Die Leiter der Heil- und Pflegeanstalten und die Klinikdirektoren bemühten sich angesichts dessen vor allem um Ruhe. Erst ab Mitte der 1950er Jahre forderten einzelne Psychiater mit langsam ansteigender Häufigkeit und Dringlichkeit, die abgelegenen Versorgungseinrichtungen patientengruppenspezifischer und offener zu gestalten sowie die Palette der Versorgungsangebote um wohnortnahe Einrichtungen zu erweitern. Sie verlangten Investitionen in die Bausubstanz und höhere Personalschlüssel. Aus den 1960er Jahren sind daher zahlreiche eindrucksvolle Plädoyers für eine Humanisierung der Psychiatrie überliefert. Vor allem mit Verweisen auf die internationale Entwicklung wurde nun die Lage im eigenen Land als rückständig wahrgenommen. Insbesondere die Generation der Oberärzte bereiste das Ausland, um sich vor Ort Einblicke in die dortigen Modellinstitute zu verschaffen. In ihren Berichten kann man eine harsche Kritik an der Verwahrfunktion der Psychiatrie und ein Eingeständnis der begrenzten therapeutischen Erfolge der bisherigen Unterbringung lesen. Das „Anstaltssyndrom" wurde diskutiert, das open-door-System und die Einführung der „therapeutischen Gemeinschaft" empfohlen. Die veralteten, riesigen und abgelegenen Heil- und Pflegeanstalten sollten durch gesellschaftlich akzeptierte Krankenhäuser ersetzt werden, in denen die psychisch Kranken nicht mehr von ihrem sozialen Umfeld ferngehalten und in ihrer Lebensgestaltung nicht noch zusätzlich behindert würden. Diesen Fürsprachen, Eingaben und Mahnungen zum Trotz blieb jedoch der Ausbau innerhalb der bestehenden Strukturen der zentrale Trend der Nachkriegszeit. Die Versorgungseinrichtungen wurden immer größer. Obwohl dies als Problem durchaus erkannt und fachintern auch beklagt wurde, kam es nicht zu einer nennenswerten Gegenbewegung aus dem Kreis der für die psychisch Kranken verantwortlichen Ärzte und Ärztinnen. Lediglich Inseln der Reform entstanden – das waren aber meist nur einzelne Abteilungen in wenigen Kliniken und Anstalten, die die Situation nur einer überschaubaren Anzahl von Menschen mit psychischen Erkrankungen verbesserten. Trotz therapeutischer Innovationen und sozialpsychiatrischer Bemühungen, stagnierte die Entwicklung im Großen und Ganzen.

In der Bundesrepublik kamen im zweiten Nachkriegsjahrzehnt mehrere Initiativen zur Verbesserung der Versorgung psychisch Kranker auch aus den Reihen des Vorstands der psychiatrischen Fachgesellschaft. Schon der erste Präsident der *Deutschen Gesellschaft für Psychiatrie und Nervenheilkunde,* Jürg Zutt, forderte seine Fachkollegen dazu auf, die Versorgungsstrukturen von den Bedürfnissen der Kranken ausgehend umzustrukturieren, Alternativen zur Anstaltspsychiatrie zu entwickeln und für die Heil- und Pflegeanstalten das Niveau der Universitätskliniken anzustreben. Er richtete sich schon frühzeitig gegen den allgemeinen Trend der Zeit, Großkrankenhäuser mit mehr als 500 Betten zu bilden, plädierte für die Integration psychiatrisch-neurologischer Krankenabteilungen in die Allgemeinkrankenhäuser und forderte die Erprobung und Errichtung ambulanter und teilstationärer Einrichtungen. Die bisherigen Versorgungsstrukturen, daran ließ Zutt keinen Zweifel, widersprachen einer den aktuellen wissenschaftlichen Erkenntnissen entsprechenden Versorgung der psychisch Kranken. Nur wenig später, im Jahr 1957, waren die Probleme in der Anstaltsversorgung im Vorstand der *Deutschen Gesellschaft für Psychiatrie und Nervenheilkunde* so offensichtlich, dass unter dem nun amtierenden Vorsitzenden Friedrich Mauz beschlossen wurde, dem Psychiater Friedrich Panse den Auftrag zu erteilen, ein Gutachten zur gegenwärtigen Situation und zur Zukunft des psychiatrischen Krankenhauses zu erarbeiten. In diesem wurde dann eine bessere Finanzierung, ein großzügiger Umbau und eine Verkleinerung der psychiatrischen Krankenhäuser gefordert, um diese weitgehend, wenn auch an die längeren Verweildauern der Patient/-innen angepasst, an das Niveau der Allgemeinkrankenhäuser anzugleichen. Ferner plädierte Panse dafür, die Psychotherapie stärker in die psychiatrische Praxis zu integrieren und psychiatrische Abteilungen an Allgemeinkrankenhäusern einzurichten. Nicht alle, aber viele dieser Vorschläge aus den Reihen der DGPN kamen aus den kleineren und besser finanzierten Universitätskliniken. Offenkundig fiel dort die Diskrepanz zwischen dem, was eine zeitgemäße Psychiatrie eigentlich könne oder können sollte, und dem, was sie andernorts tat bzw. gerade nicht tat, besonders auf. Doch auch der erste Anstaltsleiter im Amt des DGPN-Präsidenten, Hans Merguet, nutzte seine Funktion, um auf die herrschenden Missstände in den großen, überfüllten und geografisch abgelegenen psychiatrischen Landeskrankenhäuser hinzuweisen und Lösungen vorzuschlagen. Am Ende seiner Amtszeit debattierten die Mitglieder der DGPN auf einem Kongress über mögliche Strukturreformen. Die damaligen Äußerungen führten nicht nur allen Anwesenden vor Augen, welche Probleme bestanden. Aufforderungen zum sofortigen, wenn auch ruhig abwägenden und überlegten Handeln, hatten einen prominenten Platz. So manche Idee der Gemeinde- und Sozialpsychiatrie wurde in der *Deutschen Gesellschaft für Psychiatrie und Nervenheilkunde* zu dieser Zeit durchaus wohlwollend diskutiert. Doch geschah dies ausschließlich im fachinternen Raum und unter weitgehendem Ausschluss der Öffentlichkeit. Eine Verantwortung für die offengelegten Missstände lehnte der Vorstand der DGPN zudem ab und zog sich stattdessen auf die Position zurück, die Psychiater seien in ihren Reformbemühungen stets durch Politik und Ministerialverwaltung ausgebremst worden.

Selbst gut ausgearbeitete und ernstgemeinte Memoranden, Thesenpapiere und Petitionen blieben in den 1960er Jahren überwiegend wirkungslos. Es ist der Vergleich mit den ebenfalls weitgehend einflusslosen Reforminitiativen in der Deutschen Demokratischen Republik, der Hinweise auf die Gründe für die geringe Durchschlagkraft der damaligen Reformvorschläge gibt. Denn obwohl es in der DDR engagierte Anstaltspsychiater/-innen und Rehabilitationsmediziner schafften, 1963 ein knapp formuliertes und inhaltlich weitreichendes sozialpsychiatrisches Reformpapier vorzulegen, versandete ihre Initiative. Zwar stand die Anstaltspsychiatrie nicht geschlossen hinter den Rodewischer Thesen, doch scheiterte die republikweite Umsetzung der Vorhaben vor allem an der mangelnden Unterstützung der staatlichen Gesundheitsverwaltung. Nur verstärkenden Effekt hatte, dass die *Gesellschaft für Psychiatrie und Neurologie der DDR*, insbesondere ihr Vorsitzender Karl Leonhard, die Initiative nicht unterstützte, sondern sich aktiv darum bemühte, ihren Einfluss zu begrenzen. Zur gleichen Zeit war der Enthusiasmus unter den Klinikdirektoren und Ordinarien in der Bundesrepublik zwar stärker ausgeprägt als unter den Direktoren der Heil- und Pflegeanstalten, doch auch dort blieb den fachintern diskutierten Reformvorschlägen die politische Unterstützung versagt. In beiden deutschen Staaten gelang es den reformbereiten Kräften in der Psychiatrie nicht, einflussreiche Funktionsträger der Politik für eine Psychiatriereform zu gewinnen. Sie scheiterten in den 1960er Jahren vor allem an der Mobilisierung für ihre Vorhaben. Zudem hatten die Reformbefürworter entweder – wie in der DDR – nicht die Möglichkeit oder besaßen – wie in der Bundesrepublik – nicht den Willen, stärker auf die Ressource Öffentlichkeit zurückzugreifen. In der DDR existierte keine unabhängige Presse, die sich für die Missstände in der Versorgung für psychisch Kranke hätte interessieren können, in der Bundesrepublik dominierte die Angst der Psychiater vor den unintendierten und nicht zu kontrollierenden Folgen einer Skandalisierung. Die Öffentlichkeit war für Psychiater in beiden deutschen Staaten aus unterschiedlichen Gründen nicht der geeignete Ort, um Reformen zu debattieren oder Missstände schonungslos offenzulegen. So fehlte es in beiden deutschen Staaten nicht an Konzepten für eine Psychiatriereform, sondern an öffentlichem Interesse und an Unterstützung aus der Politik.

Die Chance auf einen tiefgreifenden Wandel ergab sich erst, als in der Bundesrepublik die neugewählte sozial-liberale Koalition bislang weitgehend vergessene Randgruppen in den Fokus der Sozialpolitik rückte und Berichte aus journalistischer Feder die unhaltbaren Zustände in den Versorgungseinrichtungen für Menschen mit psychischen Erkrankungen andauernd und breitenwirksam skandalisierten. Unterstützt durch den Beginn einer neuen Ära expansiver Sozialpolitik und den Wandel der politischen Kommunikation überschritt die Aufmerksamkeit für die Problemlagen in der Psychiatrie erstmals eine kritische Schwelle und erzeugte den nötigen politischen Handlungsdruck. Es war der gesellschaftspolitische Nähr- und Resonanzboden des gesamtgesellschaftlichen Aufbruchs, der es zuließ, dass sich die Kritik in ein politisches Reformprojekt transformierte und nun endlich ein Weg von Einzelinitiativen und Forderungskatalogen zu einer breiten Reformbewegung führte.[1]

Das plötzlich erwachte Interesse an Fragen der Psychiatriereform seitens der Bundespolitik wurde vom Vorstand der DGPN zunächst als längst überfällig wahrgenommen und grundsätzlich begrüßt. Obwohl die *Deutsche Gesellschaft für Psychiatrie und Nervenheilkunde* 1970 mit über 1000 Mitgliedern die größte psychiatrische Vereinigung Europas war, blieb sie jedoch mit ihren Reforminitiativen weiterhin erfolglos. Ihren Vorstandsmitgliedern bereitete es sichtlich Probleme, sich mit der neuen Rolle der Öffentlichkeit anzufreunden und sich von den bisher verfolgten Strategien der

---

[1]Vgl. Kersting, Psychiatriereform und `68, S. 289–291.

Interessenvertretung zu trennen. Sie fürchteten angesichts antipsychiatrischer Selbstversuche und Schriften die Skandalisierung, sahen ihren Expertenstatus in Gefahr und hätten am liebsten ohne Einbeziehung der Öffentlichkeit operiert, sich auf die Kompromissbildung in Fachkreisen konzentriert und über einen direkten Draht zur Politik agiert. Der weithin wirkungslose *Rahmenplan* der DGPN verweist auf die Grenzen dieser Strategie. Denn die Ergebnisse der ausschließlich von einem Expertengremium fachintern geführten Debatten generierten bei den verantwortlichen Stellen und in der publizistischen Öffentlichkeit kaum Aufmerksamkeit, obwohl mit dem *Rahmenplan* schon vor dem Beginn der Arbeit der Sachverständigenkommission ein Reformprogramm vorlag, das erstens von einem zum Teil mit der Sachverständigenkommission identischen Personal verfasst wurde und zweitens in den Grundaussagen große Teile der Empfehlungen der Psychiatrie-Enquete vorwegnahm. Wie auch Jahre später im Abschlussbericht der Sachverständigenkommission lag der Fokus im *Rahmenplan* auf der Differenzierung der Krankengruppen – mit dem Zweck einer bedarfsgerechteren Versorgung und der Verkleinerung der psychiatrischen Landeskrankenhäuser –, auf der Sanierung der Bausubstanz ohne weitere Kapazitätserweiterungen und auf personellen Verbesserungen, weil diese zügig umgesetzt werden konnten. Die Autoren des *Rahmenplans* der DGPN gingen davon aus, dass neue Institutionen in absehbarer Zeit und in ausreichender Zahl nicht zur Verfügung stehen würden, und daher in die vorhandenen Einrichtungen investiert werden sollte.

Mehr Aufmerksamkeit erregten jene, die nicht von den bestehenden Institutionen ausgingen, sondern diese weitgehend abschaffen wollten. So drohte der DGPN ein massiver Einflussverlust, weil sie nur noch für eine von mehreren Psychiatergruppen sprach. Insbesondere gegenüber der neugegründeten *Deutschen Gesellschaft für Soziale Psychiatrie* verhärteten sich die Fronten schnell. In diesem Konflikt ging es nicht nur um voneinander stark abweichende Vorstellungen und Ziele bei der Reform der Versorgungsstrukturen, sondern auch um die Macht in der Klinik und im Fach. Entlang eines Generationskonflikts und habitueller Differenzen prallten unterschiedliche Überzeugungen über das politisch Machbare und innerbetrieblich Wünschbare aufeinander. Während der Vorstand der DGPN die zentrale Stellung des psychiatrischen Großkrankenhauses vielleicht bedauerte, aber sie aktuell für unausweichlich hielt, suggerierten die Vertreter/-innen der DGSP, dass mit ausreichend politischem Willen rasche und deutlich weiterreichende Veränderungen möglich seien. Die DGPN setzte auf die Modernisierung der psychiatrischen Landeskrankenhäuser, während die Vertreter der neu gegründeten DGSP deren Auflösung zugunsten einer konsequent gemeindenahen Versorgung forderten. Der Vorstand der DGPN verstand sich in dieser Situation mehr und mehr als Sprecher der von den Vertretern einer gemeindenahen Versorgung angeblich völlig vernachlässigten chronischen Kranken. Das wiederum konnte verstanden

werden als ein krampfhaftes Festhalten am Alten und eine Haltung der Reformver-
weigerung. In einem unversöhnlich geführten Generationskonflikt fassten die Jüngeren
die Psychiatriereform zunehmend als Teil eines gesamtgesellschaftlichen Reformprojekts
auf, während die älteren Vertreter der DGPN diese als innerpsychiatrische Angelegenheit ansahen und jegliche gesellschaftspolitische Schlagrichtung ablehnten. So wichtig
das Engagement der jüngeren Generation reformbegeisterter Psychiater/-innen ab 1968
auch war, es wäre wohl ohne die „günstige Opportunitätsstruktur des sozialen Wandels"
genauso schnell versandet wie die Initiativen der Vorjahre.[2]

---

[2]Vgl. Bude, Das Altern einer Generation 1995, S. 358. Bude betont daher auch, dass die Motive
der Reformanliegen nicht mit einer Erklärung des Erfolgs der sozialen Bewegungen verwechselt
werden dürfen.

Der Rückblick als Reformimpuls?

Die Fachgeschichte hat in den Wortmeldungen der Vorstände der GDNP/DGPN immer wieder eine Rolle gespielt. Insbesondere bei der Grenzziehungsarbeit gegenüber anderen nervenheilkundlichen Teilbereichen kam man ohne historische Referenzen nicht aus. Im Folgenden geht es aber um die Frage, wie sich in den 1950er und 1960er Jahren Psychiater zur Psychiatrie im Nationalsozialismus äußerten und ob sie aus ihrer Beschäftigung mit diesem Thema die Verpflichtung ableiteten, die Versorgungsstrukturen für Menschen mit psychischen Erkrankungen zu reformieren. Es war nämlich keineswegs ungewöhnlich, die Fachgeschichte als Argument in Reformdebatten heranzuziehen. Das war nicht nur bildungsbürgerliches Schmuckwerk, sondern bot auch Orientierung, ermöglichte Selbstvergewisserung, stützte Gruppenidentitäten und gestattete die Einordnung bestimmter tagesaktueller Entwicklungen als entweder *fortschrittlich* und *modern* oder als *überkommen* und *veraltet*. In den – manchmal nur wenige Jahrzehnte, manchmal die gesamte Menschheitsgeschichte seit der Antike umfassenden – Rückblicken machten die Autoren zweierlei deutlich: Zum einen hatte es in Vorzeiten viele Anknüpfungspunkte für eine Reform der Psychiatrie gegeben, zum anderen hatten die akuten Probleme – insbesondere die Dominanz der abgelegenen Großanstalten in der Versorgung chronisch psychisch Kranker – eine sehr lange Vorgeschichte. Es fällt erst auf den zweiten Blick auf, dass nur selten direkte Schlussfolgerungen aus den ausführlichen historischen Schilderungen gezogen wurden. Offenkundig dienten die historischen Referenzen gar nicht dazu, Plausibilität für die Lösungsvorschläge zu erzeugen oder eine moralische Verpflichtung zum sofortigen Handeln zu begründen. Es reichte mit ihnen zu zeigen, wie verkrustet die Strukturen der psychiatrischen Versorgung waren und darauf zu verweisen, dass es zu jeder Zeit Psychiater gegeben hatte, die mit innovativen Ansätzen die Bedingungen für die psychisch Kranken zu verbessern beabsichtigten.

Zu klären ist also, ob Wegbereiter der Psychiatriereform eine intensive und selbstkritische Auseinandersetzung mit der NS-Vergangenheit des Fachs für nötig hielten und sie explizit mit Forderungen nach einer Reform der Versorgungsstrukturen für psychisch Kranke verbanden. Für die DDR wird vermutet, dass die Nichtbeschäftigung mit der NS-Vergangenheit Reformen nachhaltig verhindert hat. Der Fokus liegt im Folgenden trotzdem einzig auf der Bundesrepublik, weil die Psychiater in der medizinisch-wissenschaftlichen Gesellschaft für Psychiatrie und Neurologie die Geschichte der Psychiatrie im Nationalsozialismus in die Bundesrepublik auslagerten und im Untersuchungszeitraum keine eigenen Vorschläge zur Reform der psychiatrischen Versorgungsstrukturen unterbreiteten. Es wird aber an einigen Stellen darauf verwiesen, dass in der DDR die Diskussionen und Entwicklungen in der Bundesrepublik beobachtet und kommentiert wurden. Nachfolgend werden die Wiedergutmachungsdebatten, die Heyde-Sawade-Affäre, die Diskussionen um den Pädiater Werner Catel, die Mitte der 1960er Jahre von Psychiatern veröffentlichten Beiträge zur Sterbehilfe und der Abschlussbericht der Psychiatrie-Enquete daraufhin untersucht, ob und wie Psychiatriereform und Vergangenheitsbewältigung miteinander verknüpft waren.

18.1   Wiedergutmachungspolitik ohne die Psychiatrieopfer

Nach der Kriegsniederlage 1945 pflockten zunächst die Siegermächte die Eckpfeiler der Wiedergutmachungspolitik ein. Maßgeblich war damit das alliierte Verständnis davon, wer ein zu entschädigendes Opfer sei.[1] Ab 1949 hatten freilich die deutschen Instanzen die notwendigen Interpretations-, Finanz- und Gesetzgebungsspielräume, um auch andere Opfergruppen zu entschädigen. So wurde dann auch in der deutschen Öffentlichkeit rege darüber gestritten, welche Gruppen als NS-Opfer anerkannt und damit in die „Wiedergutmachung" integriert werden sollten. Der Historiker Constantin Goschler hat argumentiert, dass das direkt nach 1945 zunächst moralisch begründete Anliegen in politisch mehrheitsfähiges Handeln umgewandelt werden musste und sich dies in einer Monetarisierung, Verrechtlichung und Politisierung von Moral niederschlug.[2] Dabei gab es freilich zwischen den beiden deutschen Staaten gravierende Unterschiede in Bezug auf die sogenannten „Hauptopfer". Standen in der Bundesrepublik die aufgrund ihres jüdischen Glaubens oder ihrer angeblichen Rassenzugehörigkeit Verfolgten im Mittelpunkt der Bemühungen, so waren es in der DDR vor allem die zuvor in den Konzentrationslagern inhaftierten Kommunisten.[3] In beiden Staaten wurden aber

---

[1]Vgl. Surmann, Rehabilitation and Indemnification 2014, S. 113.

[2]Vgl. Goschler, Schuld und Schulden 2007, S. 111.

[3]In der DDR war „der individuelle Beitrag zum Kampf gegen den Faschismus" das zentrale Kriterium für die Genehmigung sozialpolitischer Vergünstigungen. Die Verfolgten des Naziregimes (VdN) waren ab 1949 sozialpolitisch privilegiert, bekamen höhere Renten und hatten Zugang zu besserem Wohnraum und einer besseren Gesundheitsversorgung. Dies war gedacht als Anerkennung für die von den „Kämpfern" erbrachten Opfer. Die VdN waren dafür eingebunden in die innenpolitischen Legitimationsstrategien der DDR, sie verliehen „dem antifaschistischen

bestimmte Gruppen von vorneherein ausgeschlossen: „Zigeuner" und andere im Dritten Reich als „Asoziale" verfolgte Gruppen, Zwangsarbeiter und die Opfer von Zwangs-sterilisationen.[4]

Die Gründe, warum die Zwangssterilisierten in der Bundesrepublik nicht entschädigt wurden, sind auf mehreren Ebenen zu suchen: In der Besatzungszeit ging es zunächst um Fürsorgemaßnahmen für die befreiten Lagerinsassen und um Rückerstattungen der-jenigen Vermögenswerte, die „arisiert" oder aufgrund anderer politischer, religiöser und rassischer Verfolgungsgründe entzogen worden waren. Als dann über die Aus-weitung des entschädigungsberechtigten Personenkreises öffentlich debattiert wurde, zeigte sich schnell, dass in diesem Politikfeld neben dem Gedanken der „Wieder-gutmachung" auch Selbstviktimisierungen, Selbstgerechtigkeit, Schuldabwehr und aggressives Schlussstrichdenken politischen Einfluss entfalteten. Im 1953 erstmals erlassenen und bis 1965 mehrfach novellierten Bundesentschädigungsgesetz (BEG) wurden nur die religiös, rassisch oder politisch Verfolgten als entschädigungsberechtigt anerkannt. So hatten beispielsweise nur jene Personen, die aus den genannten Gründen in den Konzentrationslagern und damit ohne rechtskräftiges Urteil der Erbgesundheits-gerichte zwangsweise sterilisiert worden waren, einen Anspruch auf Entschädigungs-leistungen.[5] So blieb dem Großteil der Zwangssterilisierten die Möglichkeit verwehrt, als aus rassischen Gründen Verfolgte anerkannt zu werden. Die Sterilisationen waren zwar eugenisch motiviert und damit Teil der Politik der „Rassereinhaltung" gewesen; die Opfer, so das Argument für die Nichtentschädigung, seien aber nicht als Teil einer minderwertigen menschlichen Rasse, sondern „nur" als minderwertiger Teil einer Rasse klassifiziert worden. Dies blieb weitgehend unwidersprochen, weil in Fachkreisen die staatliche Sterilisationspraxis durch die NS-Verbrechen keineswegs desavouiert worden, sondern weiterhin international verbreitet war.[6] Auch wenn deutsche Psychiater nach

---

Gründungsmythos biographische Glaubwürdigkeit". Als eigentliche „Wiedergutmachung" galt ohnehin die Existenz eines antifaschistischen Staates auf deutschem Boden. Von Constantin Goschler stammt die schöne Formulierung, dass es der SED-Führung nicht darum gegangen sei, „die Schuld an den Opfern, sondern den Lauf der Geschichte zu heilen". Vgl. ebd., S. 108–122, Zitate S. 114, 119.

[4]Vgl. ebd., S. 112, Zitat ebd.; Surmann, Rehabilitation and Indemnification 2014, S. 113 f.

[5]Bei aller berechtigten Kritik an der Unzulänglichkeit der getroffenen Regelungen darf dabei nicht übersehen werden, dass selbst diese Entscheidungen hart errungen waren. Sie wurden, so der Politikwissenschaftler Peter Reichel, „eher gegen als mit dem Willen von großen Teilen der Gesell-schaft und des Parlaments getroffen". Die Versorgungsansprüche der NS-Verfolgten bedrohten die Ansprüche der Ausgebombten, Vertriebenen und sonstigen Kriegsgeschädigten. Vgl. Reichel, Ver-gangenheitsbewältigung 2003, S. 73–82, Zitat ebd., S. 74; Zielke, Sterilisation per Gesetz 2006, S. 43.

[6]Beispielsweise in allen skandinavischen Staaten, sowie in vielen Ländern der später so genannten ‚Dritten Welt'.

1945 nur noch selten direkt von der „Erbgesundheit des deutschen Volkes" faselten, blieb die erbbiologische Hintergrundideologie doch bis weit in die 1950er Jahre intakt. Anders als der Rassenkrieg, blieb die Rassenhygiene in der Medizin und in den Ministerialverwaltungen ein durchaus akzeptabler Teil der NS-Vergangenheit.[7] Die Wissenschaftlichkeit der alten GzVeN-Gutachten wurde daher fachintern auch nicht bezweifelt. Hinzu kam, dass die Organe der Rechtsprechung die Gültigkeit der GzVeN-Urteile nicht in Frage stellten. Die Betroffenen waren daher gezwungen, eine Entschädigung nach § 839 BGB zu erwirken, doch mussten sie hierfür eine Amtspflichtverletzung nachweisen, was in der Praxis eine unüberwindliche Hürde darstellte. Das *Gesetz zur Verhütung erbkranken Nachwuchses* war, so die herrschende Meinung in der Rechtsprechung, gesetzeskonform. Die Richter und ärztlichen Beisitzer der Erbgesundheits- und Erbgesundheitsobergerichte wurden folglich strafrechtlich nicht für ihre Mitwirkung an der nationalsozialistischen Erbgesundheitspolitik belangt.[8] Zudem agierte die psychiatrische Fachgesellschaft zu Lasten der zuvor Zwangssterilisierten. Sie argumentierte in einer Untersuchung zur möglichen Wiederherstellung der Zeugungsfähigkeit durch Refertilisierung, dass nur ein geringer Teil der infrage kommenden Personen von dieser Möglichkeit überhaupt Gebrauch machen werde und die Erfolgsaussichten der Prozedur gering seien. Sie schlussfolgerte daher, dass man die Gerichte, Behörden und Ärzte mit derartigen Ansinnen nicht belangen solle.[9] Die Psychiater plädierten aber nicht nur bei den Zwangssterilisierten für größte Zurückhaltung bei der Anerkennung von Wiedergutmachungsansprüchen. Sie argumentierten so auch bei den ehemaligen

---

[7]Vgl. Roelcke, Deutscher Sonderweg? 2010, S. 54; Brink, Grenzen der Anstalt 2010, S. 365; Surmann, Rehabilitation and Indemnification 2014, S. 115 f., 120; Zielke, Sterilisation per Gesetz 2006, S. 53, 62 f.; Tümmers, Anerkennungskämpfe 2011.; Die menschliche Vererbungswissenschaft stand jedoch ganz offenkundig in Misskredit, musste institutionelle Einbußen hinnehmen und sich semantisch neu ordnen. Sie verlor nach dem Krieg im Vergleich zum Stand vor 1945 insgesamt zehn Lehrstühle. Nur in Münster gab es Mitte der fünfziger Jahre noch ein planmäßiges Ordinariat für Humangenetik und in Göttingen ein planmäßiges Extraordinariat für menschliche Erblehre. Die Verfechter staatlicher Sterilisationsgesetze – es handelte sich nicht selten um die gleichen Experten wie zuvor – begründeten die Maßnahmen nun auch nicht mehr vorwiegend mit eugenischen, sondern mit bevölkerungspolitischen, der Familienplanung und der Sozialfürsorge entnommenen Argumenten. Vgl. Cottebrune, menschliche Vererbungswissenschaft 2008, S. 214–216. Zur Eugenik im Zeichen einer „neuen Sachlichkeit" nach 1945 vgl. Wolf, Eugenische Vernunft 2008, S. 497–707. Zum eugenischen Gedankengut in der Bundesrepublik vgl. Schenk, Bevölkerungspolitik 2015; Schenk, Sterilisationspraxis 2013.

[8]Vgl. Zielke, Sterilisation per Gesetz 2006, S. 44; Sierck/Radtke, WohlTÄTER-Mafia 1984, S. 24 f. Im Mai 1946 wurden in der SBZ Sterilisationen aus politischen und rassischen Gründen als Verbrechen gegen die Menschlichkeit im Sinne des Gesetzes Nr. 10 des Kontrollrats der Alliierten Besatzungsmächte bewertet. Somit war es dort grundsätzlich möglich, die an den GzVeN-Verfahren beteiligten Ärzte anzuklagen und mit Zuchthaus bis zu zehn Jahren zu bestrafen. Eine rigorose Umsetzung scheiterte aber bald schon am Ärztemangel.

[9]Vgl. Zielke, Sterilisation per Gesetz 2006, S. 62 f.

Kriegsgefangenen, weil sie die psychische Belastbarkeit des Menschen für im Grunde fast grenzenlos hielten.[10]

Georg Blessin, Ministerialrat im Bundesfinanzministerium, hat 1960 eine Schrift über die Wiedergutmachung der Bundesrepublik verfasst, die zeigen sollte, wie groß die bisherigen Anstrengungen waren. Blessin erweckte zunächst für den Bereich der NS-Medizinverbrechen geschickt den Eindruck, es bestünden ausreichend Möglichkeiten, Entschädigungsansprüche durchzusetzen. Indem er mit der Feststellung einstieg, der „NS-Staat [habe, um] bestimmte Vorstellungen über die Reinhaltung der Rasse zu verwirklichen" und „ungewünschten Nachwuchs zu verhindern", sterilisiert, und anschließend darauf hinwies, dass das Bundesentschädigungsgesetz all jenen die auf Basis rassischer Grundsätze einen Schaden an Körper und Gesundheit erlitten hatten eine Entschädigung zugestehe, suggerierte er, die Zwangssterilisierten hätten einen generellen Anspruch auf Kompensation. Die Versicherung, dass für jene, die ohne Durchführung eines GzVeN-Verfahrens zwangsweise sterilisiert worden waren, „Härteleistungen zum Schadensausgleich" möglich waren, verstärkte diesen Eindruck. Erst anschließend verwies Blessin auf die grundsätzliche Rechtmäßigkeit der GzVeN-Verfahren.[11]

Während im Bundesfinanzministerium 1960 die Überzeugung vorherrschte, dass die gezahlten Entschädigungsbeträge eine ausreichend hohe Summe erreicht hatten und alle Opfergruppen entschädigt worden seien, wurde 1961 im *Wiedergutmachungsausschuss* die bisherige Ungleichbehandlung der aus rassischen und aus eugenischen Gründen Sterilisierten infrage gestellt und debattiert, ob das GzVeN ein Unrechtsgesetz gewesen sei.[12] Als externe Sachverständige wurden u. a. der frühere Rassenhygieniker und jetzige Genetiker Hans Nachtsheim[13] (1890–1979) und die Psychiater Werner Villinger und

---

[10]Vgl. Goltermann, Gesellschaft der Überlebenden 2009, S. 259–262, 295 f., 334 f.

[11]Blessin ging von ca. 100.000 nach dem GzVeN sterilisierten Personen aus. Die Tötung von Geisteskranken wertete Blessin als „dunkles Kapitel nationalsozialistischen Unrechts", das während des Krieges mit „erschreckender Leichtfertigkeit und Brutalität" begangen worden war. Blessin schätzte die Zahl der Getöten auf ca. 25.000 Personen. Von diesen seien als geschädigte Personen die unterhaltsberechtigten Hinterbliebenen anzusehen. Für diese käme ein Härteausgleich im Rahmen des § 171 des BEG in Frage. Außerdem bestehe die Möglichkeit, Ansprüche geltend zu machen, die auf dem Allgemeinen Kriegsfolgengesetz vom 5. November 1957 basierten. Dafür sei es aber notwendig nachzuweisen, dass der getötete Geisteskranke, die Hinterbliebenen finanziell unterhalten hatte oder nach seiner möglichen Gesundung unterhalten hätte. Vgl. Blessin, Wiedergutmachung 1960, S. 85–87.

[12]Ausführlich zum Folgenden: Tümmers, Anerkennungskämpfe 2011, S. 131–136.

[13]Nachtsheim war seit Langem Wortführer der Befürworter für eine gesetzlich geregelte Sterilisation. Er forderte in den 1950er und 1960er Jahren immer wieder die „Unterbindung der Fortpflanzung der Träger krankhafter Erbanlagen". Dies trug ihm unter anderem eine Kontroverse mit Alexander Mitscherlich ein. Vgl. Hoyer, Getümmel 2008, S. 422 f.; Nachtsheim, Sterilisation 1956, S. 215; zeitgleich zur Sitzung des Wiedergutmachungsausschusses: Nachtsheim, Notwendigkeit 1964. Zu Nachtsheims Rolle im Wiedergutmachungsausschuss vgl. Zielke, S. 138–140.

Helmut Ehrhardt zurate gezogen. Vehement lehnten sie eine monetäre Kompensation nach dem Bundesentschädigungsgesetz ab. Nachtsheim, der Gutachter für die Erbgesundheitsgerichte gewesen war und sich an Menschenexperimenten beteiligt hatte[14], führte aus, dass das GzVeN ein unpolitisches und auf keinen Fall ein verbrecherisches Gesetz gewesen sei.[15] Ehrhardt, während des Nationalsozialismus als Beisitzer am Erbgesundheitsgericht Breslau tätig[16], argumentierte, dass nur die, „die wirklich verfolgt worden sind, die wirklich etwas gelitten" haben oder deren Erwerbschancen sich verschlechtert hätten, entschädigt werden sollten. Die seelischen Schäden, die erlittenen Schmerzen und die entzogenen Möglichkeiten der Lebensgestaltung stellten für ihn keinen Entschädigungsgrund dar.[17] Villinger, vormals als „T4"-Gutachter und in Hamm sowie in Breslau am Erbgesundheitsgericht tätig, verwies auf die Gefahr einer „Neurotisierung dieser Sterilisierten", also eine durch die Anerkennung als Opfer heraufbeschworene Welle neuer Neurosen.[18] Es war auch diesen vorgebrachten Einwänden geschuldet, dass das parlamentarische Komitee und das *Bundesministerium für Finanzen* sich auf wissenschaftliche Expertise berufen konnten, als sie angesichts der drohenden Kosten zur Schlussfolgerung gelangten, dass das GzVeN auch weiterhin nicht als NS-Unrechtsgesetz einzustufen sei. Die Aussagen der psychiatrischen Sachverständigen wurden auch bei der abschließenden Neufassung des BEG 1965 berücksichtigt und dienten dem Bundesminister für Finanzen, Rolf Dahlgrün (1908–1969), im März 1966 als Begründung, um die finanzielle Entschädigung der Zwangssterilisierten abzulehnen.[19]

---

[14] Vgl. Weindling, Ressourcen 2016, S. 522; von Schwerin, Experimentalisierung 2004.

[15] Vgl. Zielke, Sterilisation per Gesetz 2006, S. 99–102.

[16] Vgl. Rauh/Topp, Konzeptgeschichten 2019, S. 263.

[17] Vgl. DGPPN, erfasst, verfolgt, vernichtet 2014, S. 180 f., Zitat S. 181.

[18] Ebd, S. 182. Die Gründe gegen eine wissenschaftliche Berechtigung der Diagnose „Rentenneurose" stellte später zusammen: Mascher, Rentenneurose 1976.

[19] Vgl. Entschädigung von Sterilisationen. Schriftliche Antwort des Bundesministers Dr. Dahlgrün auf die Frage XIV/3 Drucksache V/386 des Abg. Hirsch, in: Bundesministerium für Jugend, Familie und Gesundheit, Materialsammlung II zur Enquete 1973, S. 103 f. Dahlgrün ging zu diesem Zeitpunkt bereits von 175.000 bis 200.000 nach dem GzVeN Sterilisierten im Bundesgebiet aus. Zu Dahlgrüns Position vgl. Tümmers, Anerkennungskämpfe 2011, S. 228 f. Auch der Psychiater Walter Schulte begrüßte die (Nicht-)Entschädigungsregelung des BEG. Zurecht gebe es heute keine Erbgesundheitsgerichte mehr, doch sei das Erbgesundheitsgesetz kein typisches Unrechtsgesetz gewesen. Ein Recht auf Entschädigung gebe es daher nur, wenn die Anordnung der Unfruchtbarmachung „auch den Maximen des damaligen Gesetzes nicht entsprochen hätte". Schulte, „Euthanasie" und Sterilisation 1965, S. 79. Dass die Opfer der Zwangssterilisierungen mit den gleichen Urteilen und Vorurteilen konfrontiert blieben, die sie auch schon zuvor erfahren hatten und sich in manchen Fällen sogar den gleichen Ärzten gegenübersahen, die nach 1934 über die gesellschaftliche Wünschbarkeit ihre Fortpflanzungsfähigkeit befunden hatten, darauf verweist: Surmann, Rehabilitation and Indemnification 2014, S. 118 f.

Die beiden psychiatrischen Experten votierten in der Anhörung des Wiedergutmachungsausschusses 1961 aber nicht nur gegen eine Ausweitung des BEG, sondern
warben auch für ein neues Sterilisationsgesetz.[20] Ehrhardt warnte auch deshalb vor
einer Anerkennung des GzVeN als nationalsozialistisches Unrechtsgesetz, weil er
befürchtete, dass damit auf Jahre eine Neuregelung der Sterilisationsmöglichkeiten
verhindert werde.[21] Er und Villinger hatten sich schon zuvor für eine gesetzliche
Regelung zur Sterilisation ausgesprochen. Villinger entwarf bereits 1947 auf Wunsch
der amerikanischen Besatzungsmacht ein neues Sterilisationsgesetz, zusammen mit
Ehrhardt befürwortete er 1957 im Namen der DGPN die eugenische Indikation für
Sterilisationen.[22] Auch noch 1961 empfahlen sie Teile des GzVeN und der damit verbundenen Verfahren als vorbildlich. In Verkehrung der Tatsachen behauptete etwa
Villinger, die Psychiater hätten sich in den GzVeN-Verfahren darum bemüht, mit den
Kranken und Angehörigen zu sprechen, bevor ein Urteil gefällt wurde. Ehrhardt hob
hervor, dass der Indikatorenkatalog den damaligen wissenschaftlichen Erkenntnissen
entsprochen habe und weiterhin entspreche. Mit Ausnahme des Alkoholismus, der als
Indikation schon im Nationalsozialismus umstritten gewesen sei, könne man die Ausführungsverordnung des GzVeN vom 18. Juli 1935 im Grunde weiterhin anwenden. Eine
Verletzung der individuellen Rechte auf physische Unversehrtheit seien die im GzVeN
getroffenen Maßnahmen nicht.[23]

18.2   Stellungnahmen zu den Psychiatrieverbrechen bleiben aus

Parallel zu den Diskussionen um die Entschädigung der nach dem GzVeN zwangsweise sterilisierten Personen, wurden die Psychiater in der Bundesrepublik unerwartet
heftig mit Berichten über die NS-„Euthanasie" konfrontiert. Vor allem die eher zufällig
erfolgte Festnahme des unter falschem Namen in Schleswig-Holstein lebenden ehemaligen „T4"-Obergutachters Werner Heyde und die Diskussionen um die Beteiligung
Werner Catels an der „Kindereuthanasie" erhitzten die Gemüter. Zur gleichen Zeit

---

[20]Zielke verweist darauf, dass ähnliche Forderungen in den 1950er Jahren auch von Ernst
Kretschmer, mehreren anderen medizinischen Fachgesellschaften und vom Deutschen Ärztetag
erhoben wurden. Vgl. Zielke, Sterilisation per Gesetz 2006, S. 65–70.

[21]Vgl. ebd., S. 95 und 103.

[22]Die soziale Indikation lehnten sie indes ab. Sie sprachen auch zu diesem Zeitpunkt nur noch für
einen Teil des Vorstands der DGPN. Nicht alle seiner Mitglieder konnten sich für die Idee einer
erneuten gesetzlichen Regelung eugenischer Sterilisationen erwärmen. Vgl. Schmuhl, DGNP
2016, S. 406–413.

[23]Vgl. Zielke, Sterilisation per Gesetz 2006, S. 72 und S. 103; Ehrhardt/Villinger, Forensische und
adminstrative Psychiatrie 1961, S. 244–247.

erschien auch Alexander Mitscherlichs Dokumentation des Nürnberger Ärzteprozesses in einer neuen Auflage im Münchner Piper-Verlag. Nicht mehr mit dem Titel „Wissenschaft ohne Menschlichkeit" versehen, sondern als „Medizin ohne Menschlichkeit" publiziert, rief die Neuauflage deutlich größere Resonanz hervor als die Erstveröffentlichung. Sie war ein „Sensationserfolg" und prägte eine ganze Generation, die sich als Nachgeborene mit den NS-Medizinverbrechen zu beschäftigen begannen.[24] Große Resonanz in der deutschen Öffentlichkeit fand Anfang der 1960er Jahre auch das Verfahren gegen Adolf Eichmann (1906–1962), der sich für das Organisieren des Holocaust vor dem Jerusalemer Bezirksgericht verantworten musste und in diesem Verfahren zum Tode verurteilt wurde. Zwei Jahre darauf, im Winter 1963/1964, standen dann auch in der Bundesrepublik zwei wegweisende NS-Prozesse an: Am 20. Dezember 1963 begann im Frankfurter Rathaus der erste Auschwitz-Prozess und für Februar 1964 war der Prozessauftakt gegen Heyde u. a. vorgesehen. Begleitet worden waren die jahrelangen Ermittlungen durch zahlreiche Presseartikel, deren Autoren kenntnisreich über die Judenvernichtung, die Erbgesundheitsgesetzgebung und die „Aktion T4" berichteten. Aus heutiger Sicht waren diese Artikel nicht immer ganz korrekt, sie entsprachen aber dem damaligen Wissensstand. Insbesondere der Fall Heyde/Sawade hatte Auswirkungen auf das bisherige Spitzenpersonal der *Deutschen Gesellschaft für Psychiatrie und Nervenheilkunde*. Er bietet sich daher an, um den Umgang der Fachgesellschaft mit der Geschichte der NS-Psychiatrie genauer zu untersuchen.

Am 12. November 1959 stellte sich der Psychiater Werner Heyde (1902–1964) alias Fritz Sawade der Justiz in Frankfurt am Main. Er war eine der Hauptverantwortlichen der „Euthanasie"-Aktion gewesen, hatte es aber in der Nachkriegszeit geschafft, nicht zur Rechenschaft gezogen zu werden.[25] Er war zwar schon Ende Mai 1945 durch

---

[24]In seinem Vorwort beklagte der Autor in drastischen Worten den bisherigen Umgang der Deutschen mit ihrer historischen Schuld. Er warf ihnen vor, mit „Tüchtigkeit und Ordnungsgabe das Grauen gebannt" und sich in die Verdrängung geflüchtet zu haben. Mitscherlich zitiert nach: Freimüller, Verdrängung und Bewältigung 2008, S. 126 f.

[25]Heyde hatte als junger Freiwilliger am Ersten Weltkrieg teilgenommen, sich nach der Kapitulation einem Freikorps angeschlossen und war im März 1920 am Kapp-Putsch beteiligt. Ab dem Sommersemester 1920 studierte er Medizin und hörte dabei in Freiburg auch Vorlesungen des dortigen Psychiaters Hoche, der in seiner Schrift „Die Freigabe der Vernichtung lebensunwerten Lebens" von „geistig Toten", „leeren Menschenhülsen" und „Ballastexistenzen" sprach. Nach seiner Approbation in Würzburg arbeitete Heyde zunächst bei Martin Reichhardt. 1932 wurde Heyde Privatdozent für Psychiatrie und Neurologie an der Würzburger Universität. Schon kurz nach der so genannten Machtergreifung der Nationalsozialisten trat er in die NSDAP ein, arbeitete im Rassenpolitischen Amt Würzburg und engagierte sich als Beisitzer am Würzburger Erbgesundheitsgericht für die Durchsetzung des GzVeN. Im Sommersemester 1939 wurde Heyde zum außerordentlichen Professor an der Universität Würzburg ernannt, im darauffolgenden Wintersemester wurde er Nachfolger Martin Reichardts auf dem Würzburger Lehrstuhl für Psychiatrie und Neurologie und Direktor der Klinik. Zu diesem Zeitpunkt war er bereits in die Vorbereitung der „Aktion T4" involviert. 1940 stieg er schließlich zum Leiter der medizinischen Abteilung der „Zentraldienststelle" und Obergutachter der „Aktion T4" auf.

britische Truppen verhaftet worden. Nach seiner Internierung in Dänemark und seiner Auslieferung an die deutsche Justiz gelang ihm im Juli 1947 aber die Flucht. Heyde war als möglicher Zeuge zum Nürnberger Ärzteprozess gebracht worden. Von anderen Zeugen und durch die vorgelegten Dokumente während der Verhandlungen stark belastet, dürfte ihm bewusst geworden sein, dass ihm ein eigenes Verfahren drohte. Auf dem Rücktransport ins Frankfurter Untersuchungsgefängnis sprang er daher in seiner alten Wirkungsstätte Würzburg aus dem LKW und setzte sich anschließend so rasch wie möglich aus der amerikanischen Besatzungszone gen Norden ab. In Schleswig-Holstein gelang es Heyde, unbehelligt unter neuem Namen zu leben. Dafür musste er nicht untertauchen: Unterstützt durch ehemalige Kameraden, machte er bereits nach wenigen Jahren als vielgefragter Gutachter bei Gerichten, Versorgungsämtern und Berufsgenossenschaften eine zweite finanziell einträgliche Karriere. Zahlreichen Amts-trägern, mit denen er in den 1950er Jahren zusammenarbeitete, war Sawades wahre Identität bekannt. Bei Vortragsabenden traf er auch auf Vorstände der psychiatrischen und der neurologischen Fachgesellschaft. Doch auch Heinrich Pette, den er schon aus Berliner Zeiten kannte, und Hans Bürger-Prinz, den er in Hamburg während des Krieges aufgesucht hatte, erstatteten keine Anzeige gegen ihn.[26]

Die Situation änderte sich erst, als sich der Kieler Ordinarius für Innere Medizin, Helmuth Reinwein (1895–1966), wegen der Lärmbelästigungen durch die studentische Verbindungen „Saxonia" und „Troglodytia" in einem Nachbarschaftsstreit über die den Verbindungen wohlgesonnene Kieler Justiz ärgerte. Der renommierte Professor ließ sich von den Beschwichtigungsversuchen nicht beruhigen, sondern drohte offen damit, Heyde – der in den Streit gar nicht verwickelt war – zu enttarnen. Die nachfolgende Eskalation des Geschehens hatte Reinwein nicht mehr unter Kontrolle. Entscheidend ist, dass die nun offiziell gesäten Zweifel an Sawades Identität darin gipfelten, dass dieser dazu aufgefordert wurde, seine Approbationsurkunde vorzulegen. Da er eine solche mit seinem neuen Namen versehen nicht besaß, verließ er fluchtartig seinen Wohn-ort. Er reiste zunächst nach Würzburg, um sich mit seinem ehemaligen Mentor Martin Reichhardt – wir erinnern uns an dessen äußerst kritische Haltung gegenüber der Ent-nazifizierung – und einem ihm persönlich bekannten Anwalt zu beraten. Nachdem die Fahndung gegen ihn ausgeschrieben worden war, stellte er sich der Staatsanwaltschaft. Nun saß ein für die Patient/-innenmorde zentral Verantwortlicher in Untersuchungshaft.[27]

---

[26]Vgl. Godau-Schüttke, Heyde-Sawade-Affäre ³2010, S. 61–90. Zur damaligen Situation in Schleswig-Holstein, die ein Untertauchen erleichterte, vgl. ebd., S. 90–94.

[27]Der Fall erschütterte das politische System in Schleswig-Holstein. Zwei parlamentarische Unter-suchungsausschüsse wurden eingesetzt, um zu klären, wie es Heyde gelungen war, unbehelligt unterzutauchen. Der Ausschuss ermittelte, wer Sawades wahre Identität gekannt hatte und wer dieses Wissen bewusst verschleierte. In der Namensauflistung tauchte keiner der Vorstände der GDNP/DGPN auf. Auch Pette und Bürger-Prinz wurden dort nicht erwähnt. Vgl. Schlesw.-Holstein. Landtag, 4. Wahlperiode, Drucks. Nr. 444 und 445 vom 24.06.1961, Stenogr. Bericht 63. Sitzung vom 27.06.1961; Godau-Schüttke, Heyde-Sawade-Affäre ³2010, S. 219–233.

Der Spiegel erwartete 1961, dass in dem anstehenden Strafverfahren gegen Heyde „sämtliche Verharmlosungsthesen ad absurdum geführt werden [würden], mit denen in der jüngsten Vergangenheit ehemalige NS-Ärzte, leichtgläubige Juristen und kommentarfreudige Staatsfunktionäre die Aktion zur Vernichtung angeblich unwerten Lebens zu erklären versuchten". Ein Artikel über die als „Kreuzelschreiber" titulierten „T4"-Gutachter, nannte neben Heyde auch die noch lebenden „T4"-Gutachter Berthold Kihn (1895–1964), Werner Villinger und Friedrich Mauz namentlich.[28] Insbesondere für Werner Villinger hatte dies Konsequenzen. Sein Name war schon in den der Anklageerhebung gegen Heyde/Sawade vorausgehenden Vernehmungen gefallen. Als er daraufhin befragt wurde, hielt er an seiner bis dato erfolgreichen Strategie des Leugnens fest, unterstrich seine Nazi-Gegnerschaft durch Verweise auf ein „Euthanasie"-Opfer in der eigenen Familie und verwies auf einen angeblichen Interventionsversuch bei Ministerialrat Herbert Linden. Der Spiegel-Artikel machte die Anschuldigungen gegen ihn nun aber öffentlich. Villinger wurde erneut als Zeuge vernommen und bekräftigte dabei, diesmal sogar unter Eid, niemals „T4"-Gutachter gewesen zu sein.[29] Wenige Tage darauf kehrte der 73-jährige von einer Bergwanderung nicht zurück.[30] Große Aufmerksamkeit erregte

---

[28] Friedrich Panse wurde hingegen nicht mit aufgelistet. O.A., Die Kreuzelschreiber 1961, S. 39. Auch im Zusammenhang mit diesem Artikel spielte Alexander Mitscherlich eine wichtige Rolle. In den Augen so mancher Psychiater trat er nun erneut als „Nestbeschmutzer" in Erscheinung. Mitscherlich war nämlich Förderer des für den zitierten Artikel verantwortlichen Spiegel-Redakteurs Bert Honolka. Er unterstützte diesen nicht nur finanziell und schrieb zu dessen Buch „Die Kreuzelschreiber" ein Nachwort. Beim Fischer-Verlag setzte er sich darüber hinaus für Honolka ein, damit dieser den Heyde/Sawade-Prozess im Gerichtssaal beobachten und seinen Bericht in einem renommierten Verlag publizieren könne. Vgl. Freimüller, Verdrängung und Bewältigung 2008, S. 127.

[29] Im Spätsommer 1961 geriet auch ein anderer ehemaliger GDNP-Vorsitzender in den Sog der Heyde-Sawade-Affäre. Ernst Kretschmer wurde als Zeuge zur Strafsache gegen Heyde geladen. In einem Brief an die Geschäftsstelle des Landgerichts Limburg an der Lahn versuchte Kretschmer auf eine Nichtberücksichtigung als Zeuge hinzuwirken. Man solle von seiner Vernehmung absehen, weil er nichts Sachdienliches beitragen könne und zudem aufgrund seines vorgerückten Lebensalters und einer Erkrankung sehr schonungsbedürftig sei. Ihm sei „Herr Professor Heyde (…) nur ganz flüchtig bekannt" und er könne weder über seine Persönlichkeit noch über dessen seinerzeitigen Motive und Pläne etwas aussagen („zu politisch differenten Verhandlungen und Sitzungen war ich als Nichtparteigenosse nicht zugezogen; dies gilt auch für die speziellen Verhandlungen in Sachen der sogen. ‚Euthanasie', die wie ich glaube, besonders 1941 vor dem dann abgesagten psychiatrisch-neurologischen Kongress liefen"). Ernst Kretschmer an die Geschäftsstelle des Landgerichts Limburg a. d. Lahn, Schreiben vom 17.07.1961, UAT 749/E12.

[30] Der Zeitpunkt des Todes – nur 13 Tage nach der letzten Vernehmung – hat später zu Spekulationen Anlass gegeben. Inwiefern der erwähnte Spiegel-Artikel und der nachfolgende Meineid ursächlich mit dem Tod Villingers in Verbindung zu bringen sind, ist umstritten. Möglich schien außer einem Suizid auch ein Infarkt, der zu einem Absturz im Gebirge führte. Im Nachruf auf seinen Mentor sprach Helmut Ehrhardt von einem Schlaganfall als Todesursache. Rolf Castell verweist darauf, dass die Unglücksstelle für einen Suizid nicht sehr geeignet gewesen sei

der Zeitpunkt des Todes Werner Villingers jedoch nicht. Er starb wenige Tage vor dem Bau der Berliner Mauer – ein Ereignis, das schnell alle anderen Themen aus den Schlagzeilen verdrängte.

Zweieinhalb Jahre nach Werner Heydes Verhaftung, am 22. Mai 1962, erhob der Frankfurter Generalstaatsanwalt Fritz Bauer (1903–1968) Anklage wegen Mordes an mindestens 100.000 Menschen.[31] Zu einem Prozess gegen Heyde kam es nicht, da sich der Angeklagte am 13. Februar 1964 kurz vor dem angesetzten Prozessbeginn am Heizkörper seiner Zelle erhängte.[32] Das Nachrichtenmagazin *Der Spiegel* widmete dem „Euthanasie-Professor" nach diesem Suizid eine Titelgeschichte und bewarb seine Ausgabe mit Heydes von einem schwarzen Kreuz durchgestrichenen Konterfei. Unter anderem beinhaltete das Heft die Schilderung eines erst wenige Tage zurückliegenden Treffens des Spiegel-Redakteurs Peter Thelen mit Heyde, in dem Heyde die Tötung unheilbarer Geisteskranker nicht mehr vertrat. Seine Bedenken waren aber nicht moralisch begründet, er zeigte sich nur von der praktischen Undurchführbarkeit der ansonsten für ihn sinnvollen Maßnahme überzeugt.[33]

Das gesamte Verfahren gegen Heyde und weitere Mitangeklagte vor dem Schwurgerichtsverfahren in Limburg wurde am 28. August 1964 eingestellt.[34] *Der Spiegel* bemängelte, dass durch Heydes Tod die wohl einmalige Möglichkeit vertan wurde,

---

und vermutet, dass wahrscheinlich „ein oder mehrere Stürze vor dem Hintergrund der bekannten Verwirrtheitszustände mit Nystagmus" ursächlich für den Tod waren. Vgl. Castell, Kinder- und Jugendpsychiatrie 2003, S. 477–480, Zitat S. 479.

[31] Vgl. Vormbaum, „Euthanasie" vor Gericht 2005; Rautenberg, Bedeutung 2015.

[32] Die Rechtssprechungspraxis hatte sich zu diesem Zeitpunkt eigentlich, verglichen mit den „Euthanasie"-Prozessen in der unmittelbaren Nachkriegszeit, bereits erheblich zu Gunsten der Angeklagten verändert. Hierzu hatte das strikte Rückwirkungsverbot ebenso beigetragen wie die Aufhebung des KRG 10 als Sonderstrafrecht. Den Straftatbestand „Verbrechen gegen die Menschlichkeit" gab es somit nicht mehr. Zur Ahndung der NS-Verbrechen blieb nun das deutsche Strafrecht, welches jedoch ein völlig unzureichendes Mittel für die juristische Verfolgung der vielschichtigen sowie systematischen NS-Verbrechenskomplexe war und in einer „Gehilfenjudikatur" mündete. Sowohl die Zahl der Ermittlungen als auch der Prozesse war so bereits in den frühen 1950er Jahren erheblich zurückgegangen. Vgl. Romeike, Transitional Justice 2016, S. 16; Reichel, Vergangenheitsbewältigung 2003, S. 183; Hohmann, „Euthanasie"-Prozeß Dresden 1993, S. 124.

[33] In jedem politischen System, so Heyde, werde die „Euthanasie" an der Unvollkommenheit der Menschen scheitern, egal wie idealistisch sie gesinnt seien. Vgl. O. A., Hausmitteilung 1964, S. 3.

[34] Auch Friedrich Tillmann (1903–1964), Büroleiter der „T4"-Zentrale, war wenige Tage vor Heyde verstorben – ob ebenfalls durch Suizid oder durch einen Unglücksfall konnte nie zweifelsfrei geklärt werden. Der Angeklagte Gerhard Bohne (1902–1981), Mitorganisator der „Euthanasie"-Aktion, hatte sich zu diesem Zeitpunkt längst nach Südamerika abgesetzt. Er wurde nach langem Hin und Her noch einmal an die Bundesrepublik ausgeliefert, aber schließlich als verhandlungsunfähig eingestuft, sodass er nicht rechtskräftig verurteilt wurde. Nur der letzte übriggebliebene Angeklagte, eher eine Randfigur des Verfahrens, Hans Hefelmann (1906–1986), war noch in Deutschland, allerdings verhandlungsunfähig.

„vor einem deutschen Tribunal historisch gültig" zu beweisen, „daß Hitlers Gnadentod-
Aktion krimineller Massenmord war, der nichts mit dem zu schaffen hat, was Mediziner,
Philosophen und Theologen aller Zeiten und aller Nationen unter ‚Euthanasie‘ verstanden haben und, zum Teil, noch heute praktiziert wissen wollen".[35] Auch Mitglieder
des Vorstands der psychiatrischen Fachgesellschaft zeigten sich nach der Einstellung
des Verfahrens enttäuscht. Helmut Ehrhardt kritisierte, dass die „einem Rechts-
staat gegebenen Möglichkeiten der Unrechtsbekämpfung gegenüber machtstaatlich
inaugurierten und überdimensionierten ‚Aktionen‘ dieser Art irgendwie inadäquat sind".
Sie würden der „kultivierten und perfektionierten Methode der Verschleierung und
Verlagerung persönlicher Verantwortung" nicht gerecht. Die juristischen Prozesse, so
Ehrhardt, nützten wenig, wenn man doch vor allem die notwendige Einsicht verbreiten
wolle, dass „es besser und richtiger ist, mißgebildete und unheilbar Geisteskranke nicht
zu töten".[36]

Hier sprach der Professor für Forensik und Sozialpsychiatrie allerdings nicht in seiner
Funktion als amtierender Schriftführer der DGPN. Dass war kein Zufall. Die DGPN
äußerte sich zu diesem Zeitpunkt überhaupt nicht zu den Enthüllungen und Vorkommnissen. Zwischen 1959 und 1964 haben sich die DGPN-Gremien nicht ein einziges Mal
mit der Person Heydes, dem anstehenden Prozess gegen ihn, den Vorwürfen gegenüber
Mauz und Villinger oder der „Euthanasie"-Berichterstattung befasst. Eine Stellungnahme wurde nicht einmal in Erwägung gezogen. Weiterhin versuchten die Vorstandsmitglieder der DGPN, die medizinische Fachgesellschaft erst gar nicht in die Nähe der
NS-Medizinverbrechen zu rücken.[37]

---

[35]O. A., Handvoll Asche 1964, S. 29.

[36]Ehrhardt, Euthanasie 1965, S. 1. Wenige Jahre später, 1967/1968, wurde in Frankfurt am Main
gegen drei Ärzte wegen Beihilfe zum Massenmord an Geisteskranken verhandelt. Nach neun
Monaten endete der Prozess mit einem Freispruch für alle Angeklagten, „obwohl das Gericht
sie als ‚Mordgehilfen‘ im objektiven Sinne bezeichnet hatte". Ein weiterer Prozess endete am
20.12.1968 nach 20 Monaten mit über 180 Verhandlungstagen, mehreren Sachverständigen-
anhörungen und insgesamt fast 300 Zeugen. Auch hier zeigte sich das Problem mit der Gehilfenjudikatur. Die Verteidiger schafften es immer wieder, die Angeklagten als kleine „Rädchen im
Getriebe" darzustellen und verwiesen auf den vorgeblichen „Befehlsnotstand". Das Urteil lautete
daher nur auf „Beihilfe zum Mord", zog aber zumindest Haftstrafen von acht und zehn Jahren
nach sich. Vgl. Hohmann, „Euthanasie"-Prozeß Dresden 1993, S. 128; van Laak, Schreibtischtäter
2018, S. 307; Glienke, de-facto-Amnestie 2011.

[37]Auch in der DDR wurde der Fall aufmerksam verfolgt und kommentiert. 1963 drehte die DEFA
einen Film über Werner Heyde. Einer der Autoren war der Jurist Friedrich Karl Kaul (1906–1981),
der den Fall auch zu einem Roman verarbeitete und der in der Bundesrepublik als Vertreter der in
der DDR ansässigen Opfer als Nebenkläger in mehreren NS-Prozessen auftrat. Kaul war 1932 als
Jurist promoviert worden. 1933 wurde er aus dem Justizdienst entlassen und inhaftiert. Nach dem
Kriegsende war er Verteidiger im Verbotsprozess gegen die KPD, nahm am Eichmann-Prozess in
Jerusalem teil und war Nebenkläger im Frankfurter Auschwitz-Prozess. Dem Fall Heyde-Sawade
widmete er das 1971 in Frankfurt am Main veröffentlichte Buch „Dr. Sawade macht Karriere. Der

So ist auch ein Interview des vormaligen DGPN-Präsidenten Hans Bürger-Prinz mit der Illustrierten *Der Stern* aus dem Jahr 1964 einzuordnen.[38] In ihm wandte sich Bürger-Prinz gegen den bequemen Mythos von einigen wenigen Exzess-Tätern und gegen die in den Medien weitverbreiteten Schilderungen der Täter als zur Perversion neigenden ideologisch verblendeten „Asozialen", „als Bestien" und „Psychopathen".[39] Er verwarf damit jene Interpretationen, die ausschließlich auf Spekulationen über Charakter oder Prädispositionen der „Direkttäter" beruhten und damit die NS-Verbrechen in unzulässiger Weise individualisierten und pathologisierten. Stattdessen insistierte er auf das grundsätzliche menschliche „Potential", zum Massenmörder zu werden. Der Nationalsozialismus hatte in dieser Interpretation einen Handlungsraum eröffnet, der es in einem sich über die Jahre und vor allem im Zweiten Weltkrieg dramatisch zuspitzenden Radikalisierungsprozess Menschen ermöglichte, Taten auszuführen, die sie sich selbst noch kurz zuvor oder unter anderen Umständen nicht hätten

---

Fall des Euthanasie-Arztes Dr. Heyde". Zur Person vgl. Rosskopf, Friedrich Karl Kaul 2002. Im 1965 veröffentlichten Braunbuch – einer Kampagne der DDR gegen die immer noch in führenden Ämtern der Bundesrepublik befindlichen NS-Eliten – wurden Catel und Heyde als Teil der Gruppe „gewissenlose[r] Professoren und Ärzte" namentlich genannt, die „die volle Verantwortung für die Euthanasie-Morde und die verbrecherischen Versuche an KZ-Häftlingen" trugen. Vgl. Nationalrat der Nationalen Front, Braunbuch 1965. Im Braunbuch wurde für die SBZ/DDR von Mai 1945 bis Dezember 1964 wegen Beteiligung an Verbrechen gegen den Frieden und die Menschlichkeit und wegen Kriegsverbrechen 16.572 Anklagen und 12.807 Verurteilungen angegeben, während in der bevölkerungsreicheren Bundesrepublik bis zum 1. Januar 1964 nur 12.457 Personen angeklagt und nur 6100 Personen rechtskräftig verurteilt worden seien. Das Braunbuch enthielt 1800 Namen von „schwerbelasteten führenden Nazi-Funktionären und Kriegsverbrechern, die sich heute ungehindert in entscheidenden Stellungen des westdeutschen Staats- und Wirtschaftsapparat betätigen oder aber hohe Staatspensionen für ihre ‚verdienstvolle' Tätigkeit im ‚Dritten Reich' beziehen." Das Braunbuch richtete sich direkt an die westdeutsche Öffentlichkeit. Seine Autoren beabsichtigten Druck auf die Strafverfolgungsbehörden der Bundesrepublik auszuüben und zu verdeutlichen, wo das „bessere Deutschland" liege. Ebd., S. 7. Mauz, Panse und Villinger, letzterer ohnehin bereits verstorben, wurden dort hingegen nicht erwähnt. Auch auf die medizinischen Beisitzer und Gutachter an den Erbgesundheitsgerichten geht das Braunbuch nicht ein. Die Autoren gingen zum damaligen Zeitpunkt von etwa 100.000 „Euthanasie"-Toten aus. Vgl. ebd., S. 288.

[38]Dieses Interview mit Bürger-Prinz ist als Teil einer allgemeinen Diskursverschiebung zu betrachten, die sich 1963 auch in der Veröffentlichung von Hannah Arendts (1906–1975) „Eichmann in Jerusalem" und ihrer Formulierung von der „Banalität des Bösen" sowie im ersten Auschwitz-Prozess zeigte. In den Aussagen von Bürger-Prinz schlug sich ein neuartiger Blick auf den Nationalsozialismus nieder, in dem neben personellen verstärkt strukturelle Ursachen berücksichtigt wurden. Vgl. Bürger-Prinz, Mörder 1964. Goltermann, Gesellschaft der Überlebenden 2009, S. 398 f.

[39]In den Fragen der Stern-Journalisten wurden sie beispielsweise immer nur als „Lustmörder", „Sadisten" und „Schlächter" bezeichnet.

vorstellen können.[40] Für Bürger-Prinz waren „Durchschnittsmenschen" schlicht anfällig für moralisch fragwürdiges Verhalten. Er blendete dabei aus, dass die bürgerliche Elite der damaligen Gesellschaft, in deren Namen er jetzt eine moralische Überlegenheit beanspruchte, an den Verbrechen beteiligt gewesen war. Auch an anderen Stellen verwischte er entscheidende Unterschiede auf der Suche nach den strukturellen Ursachen für die Verbrechen in Auschwitz. Auffällig und für die psychiatrischen Stellungnahmen aus dieser Zeit typisch ist, dass Bürger-Prinz die Opfer völlig ausblendete und ihr Leid nicht thematisierte. Auch beschränkte er sich in seinem Interview auf Aussagen über die Täter in den Konzentrationslagern. Die NS-Medizinverbrechen ließ er unerwähnt, und das nur wenige Wochen, bevor der Prozess gegen Werner Heyde eröffnet werden sollte. Selbst die Interviewer fragten nicht genauer nach, welche Position Bürger-Prinz zur „Euthanasie" einnahm.

18.3   Debatten über „Euthanasie" und „Sterbehilfe"

In der ersten Hälfte der 1960er Jahre wurde auch die Rolle des Lehrstuhlinhabers für Kinderheilkunde an der Christian-Albrechts-Universität zu Kiel, Werner Catel, in der „Kinder-Euthanasie" öffentlich diskutiert. Zwar bescheinigte ihm der evangelische Theologe und christdemokratische Kultusminister Schleswig-Holsteins, Edo Osterloh (1909–1964), er habe bei der Auswahl der zu tötenden Kinder „im sittlichen Sinne nichts Unrechtes getan"[41], doch setzte nun eine breite öffentliche Debatte über den im Entnazifizierungsverfahren noch vollständig „entlasteten" ein. Rudolf Degkwitz sen., der schon 1949 ein Ermittlungsverfahren gegen Catel ausgelöst hatte, welches aber ergebnislos eingestellt worden war, erstattete nun erneut Strafanzeige gegen ihn und erreichte mit seinen Klagen über die Elitenkontinuität in Psychiatrie und Pädiatrie nun endlich eine größere Öffentlichkeit.[42] Das veranlasste das Kieler Innenminister, ein Verfahren zum

---

[40]Dass sich die Aussage, wir könnten grundsätzlich alle Mörder sein, angesichts des unterkühlten Auftritts von Bürger-Prinz auch als Apologie lesen ließ, war wohl auch den Mitarbeitern des *Stern* klar. Zumindest fühlte sich die Redaktion bemüßigt, den Leser/-innen vorsorglich zu erklären, dass die Äußerungen von Bürger-Prinz „keine Entschuldigung für die SS-Schergen" seien.

[41]Vgl. Zocher, Edo Osterloh 2007, Zitat: S. 471; Godau-Schüttke, Heyde-Sawade-Affäre [3]2010, S. 180 f.

[42]Degkwitz forderte am Beispiel Catels einen neuen Umgang der Mediziner mit der NS-Vergangenheit. Degkwitz war sich sicher, dass „das durch die Menschenexperimente in den KZs und durch die Passivität gegenüber Hitlers Masseneuthanasie geschädigte Ansehen der deutschen Medizin" nur durch „eine offene mannhafte Diskussion dessen, was geschehen ist, eine Reinigung des deutschen Ärztehauses und eine ebenso gründliche Durchlüftung der deutschen medizinischen Fakultäten" wiederhergestellt werden könne. Degkwitz, „Masseneuthanasie" 1960, S. 2383, zitiert nach: Topp, Geschichte als Argument 2013, S. 113. Zu Degkwitz vgl. van den Bussche, Rudolf Degkwitz 1999.

Approbationsentzug gegen Catel zu eröffnen. Dieser leitete daraufhin seine vorzeitige Emeritierung ein.[43]

Doch diese Reaktion war nicht als Schuldeingeständnis gedacht. In einem längeren Spiegel-Interview vertrat Werner Catel offensiv die Position, Kinder zu töten, die „keine seelische Regung" zeigten, sei keine „Euthanasie", da es sich lediglich um „seelenlose Wesen" und nicht um „werdende Menschen" handele. Seinen Kritikern warf er vor, sich nur hinter dem Begriff der Humanität zu verstecken.[44] Es sei aber im Gegenteil humaner, „die idiotischen Kinder von ihrem Unglück zu erlösen, als sie zur Qual für ihre Angehörigen vegetieren zu lassen". Schließlich forderte er den Gesetzgeber dazu auf, endlich eine Regelung zu treffen, die es dem Arzt in genau definiertem Umfang erlaube, „vollidiotische Kinder" zu töten.[45] Im gleichen Jahr veröffentlichte Werner Catel auch eine akademische Verteidigungsschrift. Unter dem Titel „Grenzsituationen des Lebens"[46] rechtfertigte er mit drastischen Formulierungen die Tötung schwerstgeschädigter Kinder und erwachsener unheilbarer Geisteskranker.[47]

---

[43]Das Verfahren wurde seitens der Landesregierung 1965 eingestellt. Pikanterweise war an dieser Entscheidung auch der Präsident der schleswig-holsteinischen Ärztekammer maßgeblich beteiligt. Dabei handelte es sich um den Kieler Psychiater Edmund Christiani, der in der Endphase der Psychiatrie-Enquete der DGPN vorstehen sollte. Vgl. Topp, Geschichte als Argument 2013, S. 107 f.

[44]„Wenn sie (die Kritiker) wenigstens darauf verzichteten, in Vorträgen emotionale, pseudo-moralische Ausführungen zu machen: Prüfungen durch Leid, Schicksalsfügung und dergleichen Füllworte mehr. Jeder Arzt, der sich in der Praxis mit unheilbaren Idioten befassen muß, weiß von den bis zur Zerstörung reichenden Konfliktsituationen in den Ehen. Er kennt das immer neue Grauen beim Anblick der Monstren, die Auflösung sozialer Bindungen, das Ausbleiben weiterer, mit großer Wahrscheinlichkeit gesunder Kinder. Aber von alldem ist nicht die Rede." O. A., Aus Menschlichkeit töten? 1964, S. 43. Catel beschränkte seine Aussagen auf Kinder mit einem fehlenden Großhirn, Wasserkopf und anderen Hirnmissbildungen. Auch bei diesen sei die „völlige Idiotie" Voraussetzung, körperliche Mißbildungen allein dürften niemals Grund für eine Tötung sein. Zeige sich „irgendein, wenn auch noch so geringer Kontakt zur Außenwelt, eine noch so bescheidene Entwicklung zum Menschen hin, dann ist die Euthanasie ausgeschlossen". Ebd.

[45]Allerdings sollte, so Catel, die Entscheidung hierfür alleine in Händen der Eltern liegen und musste zudem von einem unabhängigen Ethikkomitee genehmigt werden. Der zuständige Arzt könne nur die Diagnose stellen und eine Empfehlung aussprechen. Er schätzte dabei die Zahl der jährlich zur Tötungsentscheidung in Frage kommenden Kinder auf etwa 2000 und die Gesamt-zahl der „mißgebildeten und vollidiotischen Kinder[n]" auf etwa 16.000. Ebd., S. 41 f., 46 f. Auch im Begleitartikel wurde das „Reichsausschussverfahren" als legitim und unbedeutend dargestellt: „Soweit bis heute nachgewiesen, hielt sich dieser ‚Reichsausschuß', der bis 1945 amtierte, an die ursprünglich gesetzten Grenzen: Getötet wurden nur idiotische oder sonst schwer mißgebildete Kinder. Ihre Zahl läßt sich nicht exakt feststellen. Sie war aber verschwindend gering gegenüber den Tötungsziffern der uferlosen Aktion, die Hitler im Herbst 1939 auslöste." O.A., Handvoll Asche 1964, S. 31.

[46]Der Begriff stammt aus Karl Jaspers Existenzphilosophie und bezeichnet unausweichliche und krisenhaft zugespitzte Situationen wie Alter, Krankheit und Tod.

[47]Vgl. Catel, Grenzsituationen 1962 sowie Topp, Geschichte als Argument 2013, S. 119–163.

Catels Äußerungen wurden in der journalistischen Presse und von Fachkollegen unterschiedlich aufgenommen.[48] Die Bandbreite reichte von Zustimmung bis zur scharfen Ablehnung.[49] Helmut Ehrhardt hielt die „Grenzsituationen" für ein „sehr fragwürdiges Buch". Selbst „in dem oft zitierten Fall einer schwersten Hirnmißbildung, eines Monstrum oder einer massa carnis, die als ‚geistigtot' oder auch – im psychologischen Sinn – ‚seelenlos' charakterisiert wird", bestehe ein grundsätzlicher Unterschied, „ob ein Arzt durch Verzicht auf ‚künstliche' Mittel der Lebensverlängerung Sterbehilfe leistet oder ob er dieses Wesen als lebensunwert ‚beseitigt' bzw. ‚vernichtet'".[50] Walter Schulte fand es befremdlich, dass Catel zwar von der „Aktion T4" abrückte, „aber in einem seltsamen Rechtfertigungsversuch bei mißgebildeten Idioten die Freigabe des Lebens unter leidenschaftlichem Appell an die Menschlichkeit" empfahl.[51]

Die beiden letztgenannten Psychiater befassten sich zu dieser Zeit bereits selbst intensiv mit der Geschichte der NS-„Euthanasie".[52] Mit ihren 1965 publizierten Veröffentlichungen machten sie materialreich und detailliert Informationen über die Tat-

---

[48]Seit 1960 berichtete auch die DDR-Presse über die Vorwürfe gegenüber Werner Catel, der zwar 1946 in die westlichen Besatzungszonen gegangen und mit einem Publikationsverbot belegt worden war, dessen Schriften aber mittlerweile auch in der DDR wieder verbreitet waren. Sein Lehrbuch zur Kinderheilkunde war dort das Standardlehrbuch für Kinderkrankenschwestern. Ab 1961 wurde dieses in der DDR nicht mehr zur Anschaffung empfohlen, 1964 wurde Catel zudem als Herausgeber der *Kinderärztlichen Praxis* abgelöst. Die ostdeutschen Pädiater lehnten die Forderungen Catels nach einer neuen „Euthanasie"-Möglichkeit bei Säuglingen und Kleinkindern mehrheitlich strikt ab. 1964 bezeichnete der Psychiater Hanns Schwarz in der Zeitschrift *humanitas* Catels *Grenzsituationen* als „Schandfleck". Nicht nur in der Bundesrepublik, sondern auch in der DDR konnte sich indes so mancher nicht zu einer klar verurteilende Position gegenüber dem früher an der Leipziger Universitätsklinik als Direktor und Leiter der 1941 eingerichteten „Kinderfachabteilung" tätigen Werner Catel durchringen. So erwähnte beispielsweise die 1965 verfasste Festschrift zum 550-jährigen Bestehen der Leipziger Medizinischen Fakultät die Tätigkeit Catels im Rahmen der „Kindereuthanasie" nicht, sondern würdigte ihn allein auf Grund seiner wissenschaftlichen Leistungen. Vor allem ehemalige Weggefährten taten sich schwer mit einer Distanzierung und hielten die akademische Loyalität aufrecht. Vgl. Hinz-Wessels, Umgang mit der NS-Kindereuthanasie 2019; Schwarz, „Der Schoss ist fruchtbar noch" 1964. Dass das Ministerium für Staatssicherheit nicht nur belastendes Material über NS-Täter in der Bundesrepublik sammelte, sondern zum Teil auch schwer Belastete als Inoffizielle Mitarbeiter anwarb, zeigte sich auch im Umgang mit ehemaligen Mitarbeitern Werner Catels. Vgl. Topp, Geschichte als Argument, S. 273–279.

[49]Vgl. Topp, Geschichte als Argument 2013, S. 119–135.

[50]Ehrhardt, Euthanasie 1965, S. 2 und S. 5.

[51]Schulte, „Euthanasie" und Sterilisation 1965, S. 86 f.

[52]Das schlug sich bereits 1961 nieder in: Ehrhardt/Villinger, Forensische und adminsitrative Psychiatrie 1961, S. 235–237.

abläufe und ihre Ermöglichungsbedingungen verfügbar.[53] Sie bezeichneten darin die Erbdiagnostik im Nationalsozialismus als unpräzise und vage[54] und argumentierten vehement gegen eine Tötung psychisch oder körperlich Kranker.

Wenig akkurat waren indes ihre Aussagen zum Täterkreis. So betonte beispielsweise Schulte fälschlicherweise, dass der Großteil der Psychiater das GzVeN „als ungeheure Belastung und Infragestellung ihrer Arbeit" empfunden habe. Begeisterte Anhänger der Eugenik und Befürworter der Zwangseingriffe habe es nur in sehr kleiner Anzahl gegeben und die Erbgesundheitsrichter hätten auch keineswegs „blindwütig" sterilisiert, sondern seien vielmehr bestrebt gewesen, „exogene oder reaktive Momente zu eruieren und damit die Annahme einer Erbkrankheit unwahrscheinlich zu machen". Was dann die Nationalsozialisten „unter der Devise ‚Gnadentod' für unheilbar Kranke" verübten, habe in den Tötungsanstalten in den Händen von jungen, beruflich unerfahrenen und politisch zuverlässigen Ärzten gelegen.[55] Die einzigen namentlich von ihm genannten Täter, Heyde und Nitsche, stellte er als Missbrauchte dar, die von den Machthabern nur zur „wissenschaftlichen Verbrämung der Aktion" benutzt worden seien. Das Vertrauen, das die Öffentlichkeit den Ärzten entgegenbracht habe, sei von der politischen Führung schamlos ausgenutzt worden. Von den etablierten Psychiatern hätte kaum einer etwas gewusst, diejenigen, die davon erfuhren – namentlich nannte Schulte Büchner, Sauerbruch, Klare, Creutz, Schneider, Kleist und Ewald – hätten Widerspruch

---

[53]Das ein eklatanter Mangel an Wissen über die konkreten Abläufe existierte, hatte auch Karl Jaspers zur gleichen Zeit bemerkt. Man wisse zwar, so Jaspers, vom „Geisteskrankenmord", doch „wie er konkret vor sich ging, darüber ist nicht sehr viel bekannt." Jaspers, Vorwort 1965, S. 9. Diese Zeilen stammen aus dem ebenfalls 1965 erschienenen Buch Gerhard Schmidts „Selektion in der Heilanstalt 1939–1945". Dieses konnte erst zwanzig 20 Jahre nach Fertigstellung des Manuskripts veröffentlicht werden. Gerhard Schmidt (1904–1991) hatte in einem Rundfunkbeitrag am 20. November 1945 als erster Psychiater überhaupt öffentlich über die Morde an Psychiatriepatient/-innen gesprochen. Sein zugrundeliegendes Manuskript fand aber keinen Verleger. Es zirkulierte noch zwei Jahre als Habilitationsschrift an der Medizinischen Fakultät Hamburg, dann verschwand es. Nun, 1965, wurde es vom Evangelischen Verlagswerk Stuttgart publiziert. Schmidt hatte ab Ende der 1930er Jahre an der Deutschen Forschungsanstalt für Psychiatrie und an der von Kurt Schneider geleiteten psychiatrischen Klinik des Städtischen Krankenhauses München-Schwabing gearbeitet. Zwischen 1947 und 1965 war er Chefarzt in Lübeck, ab 1965 Professor für Psychiatrie und Neurologie an der Medizinischen Akademie Lübeck. 1986 erhielt er die Wilhelm-Griesinger-Medaille der *Deutschen Gesellschaft für Psychiatrie, Psychotherapie und Nervenheilkunde*. Seine Publikation zur „Euthanasie" war zunächst von Schneider und Jaspers verhindert worden. Vgl. Hohendorf, Representation of Nazi „Euthanasia" 2007/2008, S. 38–41; Trenckmann, Nach Hadamar 1993, S. 274; Bormuth, Lebensführung ²2018, S. 227.

[54]Vgl. Ehrhardt, Euthanasie 1965, S. 24 f. Schulte ging sogar noch einen Schritt weiter. Er betonte, man habe gar nicht alle Träger „kranker" Erbanlagen erfassen können und die Mutation nicht bedacht. Mittlerweile sei zweifelhaft, ob es sich eindeutig um Erbkrankheiten gehandelt habe. Psychische Erkrankungen seien, so Schulte, nie nur erbbedingt, sondern auch milieuabhängig. Vgl. Schulte, „Euthanasie" und Sterilisation 1965, S. 77–79.

[55]Vgl. Schulte, „Euthanasie" und Sterilisation 1965, S. 76–79, Zitate ebd. und S. 80 f.

erhoben oder sich ausdrücklich von der Aktion distanziert.[56] Die deutsche Ärzteschaft, die deutsche Psychiatrie oder überhaupt ein von Fachkollegen anerkannter Ausschuss von Ärzten und Psychiatern seien „niemals z. Zt. der Vorbereitung oder Durchführung dieser Vernichtungsaktionen gefragt oder auch nur informiert worden". Die Maßnahmen seien „niemals Gegenstand wissenschaftlicher Publikationen, Diskussionen oder Empfehlungen" gewesen. Die jüngere Generation, zu der sich auch Schulte zählte, habe ohnehin keine Kenntnis davon, geschweige denn Einfluss darauf gehabt. Selbst wenn man Gerüchte gehört habe, „hielten wir es für ausgeschlossen, daß im Rücken der Front eine derartige Aktion überhaupt ablaufen könnte".[57]

Auch Ehrhardt betonte, es sei nur ein „kleine[r] Kreis besonders zuverlässiger Parteigenossen (…) maßgeblich an der Vorbereitung und der Durchführung der Aktion beteiligt" gewesen. Die Tötungsärzte schilderte Ehrhardt dann auch als eigentlich nicht zum medizinischen Berufsstand gehörend: Sie seien weniger Arzt als „Abdecker" gewesen. Ihre Tätigkeit habe nur als „letztes Täuschungsmanöver zur Beruhigung der Patienten" gedient.[58] „Die ‚deutsche Psychiatrie' oder eine Mehrheit der deutschen Psychiater [habe hingegen] niemals auch nur die hypothetische Forderung nach einer gesetzlich begrenzten ‚Vernichtung lebensunwerten Lebens' akzeptiert".[59] Um dies zu belegen, verwies Ehrhardt auf den Protest von Gottfried Ewald. Ehrhardt erweckte mit dieser Gegenüberstellung – junge, politisch indoktrinierte und unerfahrene Männer auf der einen; erfahrene, anständige und widerständige Ärzte auf der anderen Seite – den Eindruck, Ewald habe für das Gros der etablierten Psychiater gestanden. Er berief sich auch auf andere Ärzte, Juristen und Seelsorger, die „in aller Stille" zahlreiche „Umgehungs- und Ausweichmaßnahmen oder -versuche" unternommen hätten. Auch für diejenigen, die in keine der beiden Kategorien – die offenen und die stillen Widerständler – fielen, hielt Ehrhardt eine Entschuldigung bereit: Die, die mitgemacht hätten, seien gar nicht imstande gewesen, die Konsequenzen ihrer Mitwirkung zu überblicken. Der „Machtstaat" habe die „Methode der Verschleierung und Verlagerung persönlicher Verantwortung" so perfektioniert, dass die Beteiligten von damals mit Fug und Recht behaupten könnten, sie hätten „nur ganz vage und nur partielle oder gar keine Vorstellungen" vom Gesamtzusammenhang gehabt.[60] Ehrhardt behauptete sogar,

---

[56]Vgl. Ebd., S. 84 f.

[57]Ebd., S. 84. In fast jedem Satz dieser Passagen nutzt Schulte das Wort „niemals". Offenkundig war er nicht bereit, Differenzierungen vorzunehmen.

[58]„Eine wirkliche Untersuchung entfiel schon aus Mangel an Zeit und an Kenntnissen. Man wußte, daß eine Begutachtung durch mehrere namhafte ‚Kapazitäten' vorlag und daß die Anordnung aus der nächsten Umgebung des ‚Führers' kam. Das erschien als völlig ausreichende fachliche und rechtliche Begründung dieser Tätigkeit. Man konnte sich auf den Vergleich von Listen beschränken und gelegentlich einen irrtümlich in die Aktion geratenen Kriegsteilnehmer zurückstellen." Ehrhardt, Euthanasie 1965, S. 35.

[59]Ebd., S. 42. Unerwähnt blieb so auch die bereits öffentlich bekannt gewordene Tätigkeit von Villinger und Mauz als „T4"-Gutachter.

[60]Ebd., S. 31 und S. 36 f.

dass es ein „Führungskorps der Psychiatrie" nicht gegeben habe und die Möglichkeit der freien Meinungsbildung oder der Vorbereitung einer gemeinsamen Stellungnahme für die Psychiater nicht bestanden habe.[61] Nicht die Psychiater als Berufsstand hatten also versagt, sondern die politische Führung.[62]

Schulte und Ehrhardt setzte jeweils ihren eigenen Schlussstrich unter diese Geschichte. Schulte stellte lakonisch fest: „Die Hauptbeteiligten sind tot, suicidiert, hingerichtet". Ehrhardts Analyse der Vernichtung angeblich lebensunwerten Lebens mündete in einem Freispruch für die deutsche Psychiatrie und ihre berufsständischen Vertretungen.[63] Er erteilte daher auch sämtlichen Erklärungen eine Absage, die darauf basierten, den „Arzt ohne Gewissen" als eine ubiquitäre Einzelerscheinung und die „Medizin ohne Menschlichkeit" als globales Phänomen zu betrachten.[64] Er leitete aus seiner Beschäftigung mit dem Thema ab, dass es nicht sinnvoll sei, sich fortdauernd mit den NS-Krankenmorden zu beschäftigen. Man käme mit dem „Vergangenheits-bewältigungs-Affekt allein" nicht weiter.[65] Sowohl die „Euthanasie" wie auch die „Vernichtung lebensunwerten Lebens" seien „mehr im Blick auf Gegenwart und Zukunft

---

[61]Ebd., S. 41 f.

[62]Zudem sei, so Ehrhardt, auch die Justiz verantwortlich. Die „Vernichtungsaktion" sei „nicht einfach eine ‚ärztliche Angelegenheit', eine Sache ‚der' deutschen Psychiatrie gewesen", wie es „Schlagworte wie ‚Medizin ohne Menschlichkeit', ‚Ärzte ohne Gewissen' oder ‚Kreuzelschreiber'" nahelegten und wie sich auch aus der „Lektüre der Urteile der bisherigen ‚Euthanasie-Prozessen' ergebe, in denen fast ausschließlich Ärzte oder ärztliche Hilfskräfte abgeurteilt" wurden. Unmoralische Personen habe es auch unter Richtern, Staatsanwälten und Rechtsanwälten gegeben. Entscheidend sei gewesen, dass Adolf Hitler ausdrücklich darauf bestanden habe, „daß die Tötung der Geisteskranken von Ärzten vollzogen würde, obwohl nur ein Gashahn aufzudrehen war. Hätte er die Tötung durch Staatsanwälte befohlen, vielleicht um der Sache einen ‚justizförmigen' Anstrich zu geben, so glaubt wohl niemand im Ernst, daß sich die für diese Aufgabe erforderlichen Staatsanwälte nicht gefunden hätten." Ebd., S. 41.

[63]Ehrhardt reproduzierte damit Aussagen von Werner Villinger, der im Zuge der Hallervordenaffäre 1952/1953 behauptet hatte, dass die GDNP „stets und eindeutig die ohne Rechtsgrundlage mehr oder weniger heimlich durchgeführte Euthanasie-Aktion abgelehnt" habe und dass die „Euthanasie-Aktion von einer ganz kleinen Gruppe deutscher Ärzte – von denen keiner eine führende Rolle in der Gesellschaft gespielt hat oder spielt" durchgeführt worden sei. Werner Villinger und Georges Schaltenbrand an Lima, Schreiben vom 10.04.1953, zitiert nach: Topp, Geschichte als Argument, S. 256. Seine Argumentationslinie sollte Ehrhardt auch in den kommenden Jahren beibehalten. In der 1972 erschienenen Festschrift zum 130-jährigen Fachgesellschaftsjubiläum behauptete er erneut, dass die GDNP nicht an den NS-Krankenmorden beteiligt gewesen sei und aus ihren Reihen auch niemand davon gewusst habe. Im selben Jahr bemängelte er, dass im Entwurf des Fünften Gesetzes zur Reform des Strafrechts die Sterilisation nicht einwilligungsfähiger geistig Behinderter untersagt blieb. Vgl. Ehrhardt, Schwangerschaftsabbruch und Sterilisation 1972, S. 339.

[64]Auch beim Rückblick auf den Nürnberger Ärzteprozess bezog Ehrhardt eine klare Frontstellung zu Alexander Mitscherlich und Viktor von Weizsäcker. In Nürnberg habe gerade nicht „der Geist der Medizin" unsichtbar auf der Anklagebank gesessen.

[65]Ehrhardt, Euthanasie 1965, S. 2.

als auf die ‚unbewältigte Vergangenheit'" relevant.[66] Gehe es um Grundfragen der ärztlichen Ethik, „die zu einem nicht geringen Teil untrennbar mit der weltanschaulich-religiösen Überzeugung des einzelnen Arztes verbunden sind", helfe die Kenntnis des „ethisch klare[n] Extremfall[s]" der Massentötung von Geisteskranken im Zweiten Weltkrieg nicht. Während bei letzterem eine eindeutige Verurteilung möglich sei, könne man in manch anderer „Grenzsituation" des menschlichen Lebens „die gestellte Alternativfrage nicht so eindeutig und so überzeugend beantworten".[67] Den Autoren ging es nämlich im Kern gar nicht um eine Auseinandersetzung mit der NS-„Euthanasie". Sie interessierten sich weniger für die Ermöglichungsbedingungen oder wollten den Opfern einen Teil ihrer Würde zurückzugeben, indem sie ihr Leid anerkannten. Sie verfassten Stellungnahmen zu damals aktuellen Sterbehilfe- und Sterilisationsdebatten. Ehrhardt und Schulte wogen hier die NS-Vergangenheit vor der Folie aktueller Entwicklungen ab. Hintergrund war eine internationale Debatte über die Sterbehilfe. Die „Thalidomid-Tragödie" (Contergan) hatte das Schicksal behinderter Kinder in den Fokus der öffentlichen Aufmerksamkeit gerückt und die Richtung der Debatte verändert. Ernsthaft wurde nun über die Tötung von Kindern mit ausschließlich körperlichen Behinderungen ohne jegliche Anzeichen für eine Erblichkeit der Defekte nachgedacht.[68] Schulte und Ehrhardt neigten also dazu, die NS-Verbrechen mit Bezügen auf aktuelle Ereignisse zu verharmlosen, anstatt, wie heute üblich, problematische Tendenzen mit NS-Verweisen zu brandmarken.[69] Sie versuchten gewissermaßen, den Nationalsozialismus in den Giftschrank zu verbannen, um aktuelle Problemlagen frei von den Hypotheken der Vergangenheit diskutieren zu können. In ihren Stellungnahmen mischten sich Selbstrechtfertigung, tatsächliche Unkenntnis und der Wunsch, akute Probleme ohne Rücksicht auf die Vergangenheit zu behandeln.

Es dürfte nach den bisherigen Erkenntnissen nicht überraschen: Auch diese Beschäftigung mit der NS-„Euthanasie" schlug sich nicht in den Diskussionen im Vorstand der DGPN nieder. Ehrhardt veröffentlichte sein Buch als Ordinarius in Marburg. Er setzte das Thema nicht auf die Tagesordnung des Vorstands und nutzte auch ansonsten nicht die psychiatrische Fachgesellschaft, um seiner Publikation Aufmerksamkeit zu verschaffen. Wie schon unmittelbar nach dem Zweiten Weltkrieg dürfte dafür das Ziel

---

[66]Ehrhardt verstand „Euthanasie" als Sterbehilfe und bezeichnete die Medizinverbrechen der Nationalsozialisten daher als „Vernichtung ‚lebensunwerten' Lebens". Er verwendete den Begriff der „Euthanasie" damit gerade nicht – wie damals in der öffentlichen Berichterstattung zum NS-Krankenmord üblich – als Synonym für die Tötung der Psychiatriepatient/-innen im Nationalsozialismus, sondern bezog ihn ausschließlich auf die Sterbehilfe bei unabwendbar Totgeweihten.

[67]Ebd., S. 54.

[68]Die eminente Bedeutung des Arzneimittelskandals für die Regulierung der pharmazeutischen Industrie, die Neukonfiguration des Politikfeldes „Behindertenpolitik" und die öffentliche Thematisierung von „Behinderung" beschreiben: Großbölting/Lenhard-Schramm, Contergan 2017. Zur medialen Wirkung vgl. Steinmetz, Ungewollte Politisierung 2003.

[69]Vgl. Leven, „NS-Euthanasie" 1998, S. 14.

ausschlaggebend gewesen sein, die ärztlichen Standesorganisationen aus allem Gerede herauszuhalten. Dem Schweigen und Ausblenden der NS-Medizinverbrechen durch die DGPN leistete dies weiteren Vorschub.

18.4   Vergangenheitsbewältigung als Reformimpuls?

Nach einer kurzen Phase der Aufmerksamkeit für die NS-Medizinverbrechen unter alliierter Besatzung war es in der Bundesrepublik also zunächst über ein Jahrzehnt ruhig um diesen Tatkomplex. Die Öffentlichkeit interessierte sich nicht dafür und die Ärzteschaft hatte sich erfolgreich versichert, dass an den schrecklichen Taten nur wenige Fachkollegen beteiligt waren, dass diese mittlerweile alle hart bestraft seien und dass die Standesorganisationen der Ärzte in die Verbrechenskomplexe nicht eingebunden waren. Das Beschweigen der NS-Psychiatrieverbrechen endete in der Bundesrepublik erst in den frühen 1960er Jahren. Nachrichtenmagazine, Wochen- und Tageszeitungen berichteten über die Zwangssterilisationen und die Morde an psychisch Kranken. Öffentlich als „T4"-Gutachter namentlich genannt wurden auch ehemalige Präsidenten der psychiatrischen Fachgesellschaft. Doch das hat den Vorstand der *Deutschen Gesellschaft für Psychiatrie und Nervenheilkunde* nicht dazu bewegt, eine Stellungnahme zu den Vorwürfen abzugeben oder intern über die Konsequenzen der offengelegten Beteiligung einzelner führender Mitglieder an den nationalsozialistischen Psychiatrieverbrechen zu diskutieren. Als sich Personen aus dem DGPN-Vorstand Mitte der 1960er Jahre mit der NS-„Euthanasie" befassten, trieb sie der Grundgedanke, dass es die Lösung aktueller Probleme behindere, wenn in unzulässiger Weise Vergleiche mit der Psychiatrie während des Nationalsozialismus gezogen würden.

Das ist die eine Seite der Geschichte. Auf der anderen steht die Vermutung, dass der Reformstau in der deutschen Psychiatrie mit den unaufgearbeiteten NS-Psychiatrieverbrechen unmittelbar in Verbindung zu bringen ist. Und tatsächlich gibt es vereinzelte Belege dafür, dass in den 1950er und 1960er Jahren das Denken einiger Psychiater durch einen Wechselbezug zwischen Reformengagement und Schuldreflexion geprägt war. So hatte der Psychiater Manfred in der Beeck (1920–2004)[70] bereits 1957 beklagt, dass nach 1933 die psychisch Kranken, entsprechend der „„Umwertung aller Werte' jener Jahre", immer mehr vernachlässigt und schließlich „planwirtschaftlich" erfasst

---

[70]In der Beeck war durch Gerhard Schmidt geprägt worden, bei dem er 1947 in Lübeck als Volontär arbeitete und der als erster Psychiater überhaupt zuvor in einem Radiobeitrag zur NS-„Euthanasie" öffentlich kritisch Stellung bezogen hatte. Zum Zeitpunkt der Veröffentlichung war er als Landesmedizinalrat am psychiatrischen Landeskrankenhaus Münster beschäftigt. Vgl. Kersting, Hypothek 2003, S. 68–72; Kersting, Psychiatrie-Reform und „Vergangenheitsbewältigung" 2007, S. 368, Kersting, Anstaltsärzte 1996, S. 357–359.

worden seien: „mit ihren traurigen ‚Euthanasie'-Folgen".[71] Die „geistig und seelisch
Geschädigten" seien während des Nationalsozialismus zunächst lediglich „verwaltet,
dann sterilisiert und schließlich vergast" worden. Diese Schuld, so in der Beeck,
hätten die deutschen Psychiater längst nicht abgetragen. Man dürfe daher „die seelisch
Leidenden" nicht weiterhin „als zweitrangige Menschen und als Patienten 4. Klasse"
ansehen und behandeln.[72] 1963 hatte dann der Psychiater Martin Schrenk (1922-?) auf
der Gütersloher Fortbildungswoche betont:

> „Wir haben in der Anstaltspsychiatrie Rückstände aufzuholen – wie alle anderen Länder
> und Staaten auch. (…) Aber es gibt für die Psychiatrie in Deutschland noch ganz spezielle,
> historisch bedingte ‚Rückstände'. [Auch in der Psychiatrie ist eine] Wiedergutmachung
> möglich und notwendig: einmal an den überlebenden Betroffenen, zum anderen – gleich-
> sam stellvertretend – an den jetzt in unserer Gesellschaft lebenden Kranken und Pflege-
> bedürftigen, die persönlich gar nicht von Hitlers Euthanasie betroffen sind, die aber als
> Stellvertreter der Betroffenen betrachtet werden sollten. (…) Wir haben (…) eine ganz
> spezielle moralische Verpflichtung als Erbe unserer Geschichte."[73]

Auch Walter Schulte zog 1965 Lehren aus seiner Beschäftigung mit den NS-Psychiatrieverbrechen für die anstehende Psychiatriereform:

> „Für den Psychiater und Psychotherapeuten kann die rechte Antwort auf die Vernichtungs-
> aktionen nur folgende sein:
>
> 1. Senkung der Mißbildungsquote, Erforschung ihrer Ursachen (…).
> 2. Lebenshilfe für das geistig behinderte Kind; Heime für mißgebildete Kinder.
> 3. Ausbau der psychiatrischen Behandlungsstätten, der Kliniken und Landeskranken-
>   häuser, Hebung des Milieus, Belebung der Atmosphäre; Verbesserung der baulichen und
>   personellen Verhältnisse; Werbung von Mitarbeitern.
> 4. Mehr Arbeits- und Beschäftigungstherapie, Somato- und Psychotherapie unter Berück-
>   sichtigung der psychodynamischen Zusammenhänge.

---

[71]In der Beeck, Praktische Psychiatrie 1957, S. 11. Der Nationalsozialismus war für in der Beeck
vor allem als Unterbrechung der Simon'schen „aktiven Krankenbehandlung" von Bedeutung. Vgl.
auch: Kersting, Psychiatrie-Reform und „Vergangenheitsbewältigung" 2007, S. 365–368.

[72]In der Beeck, Praktische Psychiatrie 1957, S. 110.

[73]Franz-Werner Kersting hat darauf verwiesen, dass solche Aussagen jedoch Ausnahme-
erscheinungen waren. Sie zeigen nur die Möglichkeiten des Sagbaren. Das mit Schrenck ein
Psychiater, der in der Zwischenkriegszeit geboren wurde, ganz anders sprach als die noch im
Kaiserreich aufgewachsenen Psychiater, verweist darauf, dass die Belastung der NS-Täter-
generation nun durch Angehörige der „skeptischen Generation" – wenn auch nicht namentlich,
sondern nur im Abstrakten – angesprochen werden konnte. Doch auch deren Angehörige hatten
Rücksicht zu nehmen auf die Generation ihrer Lehrer und Mentoren. Davon hingen Karrierechancen ab. Vgl. Kersting, Der lange Schatten 2017 (Vortragsmanuskript 2017), hier auch das
Zitat. Ich danke Franz-Werner Kersting für den Hinweis auf Martin Schrenk und die Überlassung
seines Manuskripts.

5. Schaffung neuer Organisationsformen für die psychiatrischen Institutionen; Öffnung der Behandlungsfelder; Übergangsheime für teilsozialisierte Kranke; Tag- und Nachtkliniken.

6. Wiedereingliederung in Beruf und Familie; aufseiten der Gesellschaft: größere Bereitschaft, für eine Zeit anfällig, auffällig oder hinfällig gewordene Menschen zu behalten oder wiederaufzunehmen, sie zu fördern und nicht einfach nur auszuklammern."[74]

Aus jahrzehntelanger Erfahrung mit der Behandlung chronisch Kranker wisse er, so Schulte weiter, „wieviel gerade in den Jahren nach dem Kriege als Antwort auf jene furchtbaren Aktionen hat erreicht werden können, so viel Vertrauen auch die Psychiatrie gerade durch diese Aktionen verloren hat. Man weiß allerdings auch, wieviel mehr noch geschehen kann und muß. Das ist der prospektive Gesichtspunkt, der sich aus diesem düsteren Kapitel der Geschichte unseres Volkes ergibt."[75]

Doch diese Zitate dürfen nicht darüber hinweg täuschen, dass zu dieser Zeit die Reformbedürftigkeit der psychiatrischen Versorgungseinrichtungen nicht so sehr aus der Beschäftigung mit den NS-Krankenmorden abgeleitet wurde, sondern aus den sozialen Bedürfnissen der Patient/-innen und aus den Erfahrungen mit der Psychiatriereform in anderen Ländern.[76] Die „Humanisierung der Psychiatrie", eine differenzierte psychiatrische Versorgung, die Reduktion der Bettenanzahl in den psychiatrischen Landesanstalten, höhere Personalschlüssel, die Schaffung extramuraler Versorgungsangebote, die Einrichtung psychiatrischer Abteilungen in Allgemeinkrankenhäusern, die Integration der Psychiatrie in die Medizin sowie eine Aus- und Weiterbildungsreform ließen sich so viel wirkungsvoller fordern als mit Verweisen auf die Medizinverbrechen zwischen 1933 und 1945. Viele Kritiker der bestehenden Situation blendeten die NS-Patient/-innenmorde damit zwar weitgehend aus, gelangten aber in der Ära der „Reform vor der Reform" trotzdem sowohl zur Einsicht, dass die Versorgungsstrukturen

---

[74]Schulte, „Euthanasie" und Sterilisation 1965, S. 88.

[75]Ebd., S. 88 f. Und auch die Denkschrift mit dem Titel *Dringliche Reformen in der psychiatrischen Krankenversorgung der Bundesrepublik* stellte einen Konnex zwischen nationalsozialistischen Medizinverbrechen und der Reformnotwendigkeit der psychiatrischen Landeskrankenhäuser her. Die Autoren, Walter von Baeyer, Heinz Häfner und Karl Peter Kisker hatten sich zuvor bereits intensiv mit dem Thema „Psychiatrie der Verfolgten" auseinandergesetzt und 1964 in der gleichnamigen, international vielbeachteten Studie die Reaktionen der Opfer der nationalsozialistischen Verfolgung auf die „Extrembelastungen" untersucht. Sie forderten, dass das Wissen über diese Vorgänge „in aller Schärfe wachgehalten, ja erweitert und vertieft" werden müsse. Sie bezogen sich dabei zwar allein auf die Opfer in den Konzentrationslagern und nicht auf die zwangssterilisierten Patient/-innen oder die ermordeten Psychiatrieinsassen, forderten aber auch eine Berücksichtigung der Zwangssterilisierten im Bundesentschädigungsgesetz. Vgl. von Baeyer u. a., Psychiatrie der Verfolgten 1964; Forsbach, Die 68er und die Medizin 2011, S. 73, S. 126 f.; Rotzoll/Hohendorf, Zwischen Tabu und Reformimpuls 2007, S. 325; Kersting, Hypothek 2003, S. 71 f.

[76]Ausführlicher: Dörre, Konservative Reform 2020.

für psychisch Kranke reformbedürftig seien, als auch zu ausformulierten Reform-programmen.[77]

Ende der 1960er Jahre thematisierte dann die Studentenbewegung die NS-Ver-gangenheit auf neue Weise: es mischten sich ernstgemeintes Interesse an der lange Zeit tabuisierten NS-Geschichte, der Schock über die Elitenkontinuität der Elterngeneration und der Wunsch nach Veränderung. Endlich wurden nun die NS-Kontinuitäten in den betroffenen Institutionen angesprochen: An den Universitäten richteten sich die Studierenden gegen einzelne Professoren, die bereits in der NS-Zeit gelehrt und geforscht hatten.[78] Der Medizinhistoriker Ralf Forsbach hat gezeigt, wie diese Fälle nach einem einheitlichen Muster abliefen: zunächst wurde die NS-Belastung aufgedeckt, dann in übertriebener Weise angeprangert. Dies führte zum Glaubwürdigkeitsverlust der Enttarner und dann nicht selten zur Teilrehabilitierung der Enttarnten. Nicht die Vor-würfe an sich, sondern die Art, wie sie vorgetragen und verhandelt wurden, war mitunter problematisch.[79] In ihnen vermengte sich die Auseinandersetzung mit der Geschichte des NS-Regimes und den Patient/-innenmorden mit „einer stark politisierten ‚Faschismus-debatte'". Der akademische Nachwuchs hantierte mit recht simplen binären Feindbildern und einer fragwürdigen Gesamtinterpretation der deutschen Geschichte. Die Historie wurde von beiden Seiten instrumentalisiert. Dadurch geriet, darauf hat der Historiker Ulrich Herbert verwiesen,

> „die rekonstruierbare Wirklichkeit der NS-Vergangenheit in den Hintergrund zugunsten eines immer abstrakteren und synthetischeren Begriffs vom ‚Faschismus', als dessen hervorstechende Kennzeichen nicht länger der Genozid an den Juden und überhaupt die

---

[77]Selbst Klaus Dörners mittlerweile zum Ausgangspunkt der NS-„Aufarbeitung" in der Psychiatrie stilisierter Artikel „Nationalsozialismus und Lebensvernichtung" von 1967 verknüpfte aktuelle Psychiatriereform und NS-„Euthanasie" noch nicht. Dies geschah bei Dörner erst einige Jahre später. Vgl. Kersting, Hypothek 2003; Dörner, Bürger und Irre 1969. Walter von Baeyer zeigt diesen Wandel indes schon an, als er 1967 „in einem Schreiben an das baden-württembergische Kultusministerium offen ‚das gewaltige Unrecht' an[sprach], ‚das den psychisch Kranken durch den Nationalsozialismus in unserem Lande angetan worden ist'" und dies mit dem „Rückstand der psychiatrischen Behandlungseinrichtungen" und der aktuellen „Verantwortung für den Fort-schritt" zusammenbrachte. Forsbach, Die 68er und die Medizin 2011, S. 125 f. Es bedarf weiterer Forschung, ob die argumentative Verknüpfung von NS-Vergangenheit und Psychiatriereform bei den Adressaten überhaupt verfing. Insbesondere in den Verwaltungsabteilungen und bei den politischen Entscheidungsträgern dominierten wahrscheinlich andere Logiken.

[78] Das galt auch für die Psychiatrie, wie das Beispiel der Universitätsklinik Heidelberg zeigt, wo nun die Rolle des Psychiaters Carl Schneider in der NS-„Euthanasie" thematisiert wurde. Vgl. Rot-zoll/Hohendorf, Zwischen Tabu und Reformimpuls 2007; Forsbach, Die 68er und die Medizin 2011, S. 47–74; Remy, Heidelberg Myth 2002.

[79]Vgl. Forsbach, Die 68er und die Medizin 2011, S. 70. Die Schuld hierfür ist freilich nicht allein in der Konfrontationsfreudigkeit und der Jugend der Studierenden zu suchen. Die Universitäten und Kliniken erschwerten es ihnen erheblich, indem sich die Gremien der Selbstverwaltung weit-gehend der Auseinandersetzung mit den Vorwürfen verweigerten.

Massenverbrechen des NS-Regimes angesehen wurden, sondern etwa – in der verbreiteten Trivialform der These – das Bündnis von Monopolindustrie und Diktatur zur Ausschaltung der deutschen Arbeiterbewegung".[80]

Wenn nun auch intensiv über die NS-Verbrechen, über die Elitenkontinuität und über das System „Anstalt" debattiert wurde, so waren diese Themen doch nur lose miteinander verbunden. Die Ursachen für die aktuellen Missstände in den psychiatrischen Versorgungseinrichtungen wurden von kaum jemanden in der Psychiatriepolitik des Nationalsozialismus gesucht. Direkte Bezüge zu den Medizinverbrechen im Zweiten Weltkrieg hatten so auch in der Vorbereitungs- und Frühphase der Enquete Seltenheitswert.[81] Oftmals wandten sich diejenigen, die nach den Gründen für die „katastrophale Lage" fahndeten, sogar ausdrücklich dagegen, der NS-Vergangenheit ein zu großes Gewicht beizumessen. Der CDU-Abgeordnete Walter Picard, der das Anliegen erst in den Bundestag getragen hatte, betonte etwa, für das Problem, dass die „Erkenntnisse der modernen Psychiatrie" noch nicht in die Praxis implementiert wurden, gebe es mehr Gründe als „die 12 Jahre der nationalsozialistischen Vergangenheit".[82] Auch der Vertreter der niedergelassenen Nervenärzte im Vorstand der DGPN, Wolfram Leonhardt, verwies darauf, dass die Missstände nichts mit der „politischen Vergangenheit" zu tun hätten. Seit dem letzten Weltkrieg seien 25 Jahre vergangen und damit Zeit genug für Reformen. Leonhardt betonte – sich dabei im Einklang mit der Meinung vieler seiner Fachkollegen wissend –, dass die finanzielle Mittelausstattung an der desolaten Lage schuld sei.[83] Ein Redner auf dem Ärztetag 1970 beklagte sogar offen die Scheinheiligkeit der Politiker: Die politisch Verantwortlichen, „die die Zuständigkeit für psychisch Kranke und deren Unterbringung so gerne einander zuschieben", würden „immer wieder" die damaligen Krankenmorde verurteilen. Dieselben Damen und Herren würden dann aber die konkreten und akuten Probleme in der Versorgung für psychisch Kranke nicht auf die

---

[80]Herbert, Vernichtungspolitik 1998, S. 17. Herbert verweist auch darauf, dass diese Auffassung erhebliche Schnittmengen mit der die Historiographie der DDR beherrschenden Auffassung aufwies, „wonach auch die rassistische Terror- und Vernichtungspolitik der Nationalsozialisten allein auf die Eroberungs- und Herrschaftspläne des deutschen Imperialismus, letztlich des deutschen Großkapitals, zurückzuführen sei". Ebd., S. 18.

[81]Ernst Köhler hat den Akteuren der Psychiatrie-Enquete schon 1984 vorgeworfen, sie hätten „keinen angemessenen Begriff von der Geschichtlichkeit der Irrenhäuser entwickelt", weil sie übersahen, dass der Massenmord von Beginn an Teil der Anstaltsreform gewesen sei. Vgl. Köhler, Thesen zur Psychiatrieenquete 1985, S. 45.

[82]Protokoll der Beratung der Drucksache VI/474 1973, S. 5. Zu Picard als „außerprofessioneller Schlüsselfigur" vgl. Söhner, Oral History 2020, S. 88–94, 162.

[83]Vgl. Stenographischer Bericht über die öffentliche Informationssitzung des Ausschusses für Jugend, Familie und Gesundheit, in: BMJFG, Materialsammlung 1973, S. 75. Leonhardt engagierte sich in den 1970er Jahren für die Aufwertung der niedergelassenen Nervenärzte, die seiner Meinung nach effektiver war als die „Einrichtung von immer mehr und immer verschiedeneren Institutionen". Leonhardt, Grundsätze einer humanen Psychiatrie 1977, S. 1155.

politische Tagesordnung setzen.[84] Das war keine zufällige Momentaufnahme aus dem Jahr 1970. Selbst noch drei Jahre später blieb die NS-„Euthanasie" im Zwischenbericht der Sachverständigenkommission unerwähnt.

Erst 1975 wartete der Abschlussbericht mit einer umfangreichen historischen Stellungnahme auf. Weit in die Menschheitsgeschichte zurückgreifend betonten die Autoren, dass man immer wieder in der Geschichte der psychiatrischen Versorgung auf das „Problem der angemessenen Versorgung der chronisch Kranken und aller derjenigen, bei denen eine aufnahmebereite Gruppe in der Gemeinschaft fehlt", stoße. Die in der Sachverständigenkommission thematisierten Probleme hätten eine lange Vorgeschichte: Das „autoritär-pädagogische Prinzip der Disziplinierung und Bevormundung", die Trennung von Anstalts- und Lehrbetrieb, die fehlenden Neubauten und die zu hohen Bettenkapazitäten pro Anstalt, der Personalmangel und die fehlende Entflechtung der unterschiedlichen Patientenkategorien seien keine neuen Erscheinungen. Die Autoren dieser Passagen verdeutlichten mithilfe des historischen Rückblicks vor allem, wie tief die aktuellen Schwierigkeiten und Problemstellungen in der Struktur der Versorgungseinrichtungen verankert waren. Immer wieder verwiesen sie darauf, dass die Probleme schon über ein Jahrhundert alt seien und seitdem auf eine befriedigende Lösung warteten.[85]

Zugleich konnte man auf zahlreiche positive Beispiele aus der Geschichte der Nervenheilkunde verweisen. Schon im Altertum habe man den Nutzen der Psychotherapie erkannt und später in der Aufklärung habe man die Geisteskranken aus der fatalen Gleichsetzung mit Kriminellen und Asozialen befreit, die Toll- und Zuchthäuser im Namen von Freiheit, Gleichheit und Brüderlichkeit aufgelöst und die Geisteskranken als Patienten angesehen. Positive Erwähnung fanden auch die im frühen 19. Jahrhundert unter dem Gesichtspunkt der Diätetik betriebenen sozialpsychiatrischen Aktivitäten (gesellige Veranstaltungen, Arbeitstherapie und musische Therapie) und das „No restraint" aus der zweiten Hälfte des 19. Jahrhunderts, das als Ansatz zur „Liberalisierung der psychiatrischen Anstalten" gewürdigt wurde. Man habe versucht, auf die Anwendung mechanischer Zwangsmittel und moralischer Repressalien zu verzichten, habe die Bewegungsfreiheit der Kranken erweitert, die Familienpflege ausgebaut. Ganz besonders hoben die Autoren die Idee des „Stadtasyls" von Wilhelm Griesinger hervor. Sie sei Beispiel einer gelungenen Kombination der „naturwissenschaftlichen, klinisch fundierten Psychiatrie" und der gemeindenahen Unterbringung der psychisch Kranken. Die „Stadtasyle", so hatte Griesinger geplant, sollten in jeder größeren Stadt als Teile von Allgemeinkrankenhäusern eingerichtet werden und sowohl für akute als auch für chronische Kranke zuständig sein. Für die Psychiatrie hätte dies bedeutet, mit den anderen Disziplinen gleichgestellt zu werden; für den Psychiater hätte

---

[84]Bundesärztekammer, Wortbericht des 73. Deutschen Ärztetages 1970, S. 63.
[85]Vgl. Bundestags-Drucksache 7/4200, S. 57–65, Zitate ebd.

sich die Möglichkeit ergeben, die Patient/-innen in ihren Lebensumständen kennenzulernen; und für die Patient/-innen selbst hätte sich die Nähe zu Familie und Freunden als
therapeutischer Faktor herausgestellt. Man hätte den Kontakt zwischen dem psychisch
Kranken und seiner Umgebung intensivieren, die psychiatrischen Einrichtungen
differenzieren und abstufen sowie von der „kasernenhaften Anhäufung der Patienten
in ‚palast- oder klosterartigen Gebäuden' wegkommen" können. Ergebnis wäre eine
dezentralisierte Versorgung gewesen, die „dem geeigneten Kranken eine freie Bewegung,
eine bessere Erhaltung seiner Individualität und die Wohltat des Lebens unter Gesunden"
ermöglicht hätte. Griesinger erstrahlte hier als erster Sozialpsychiater. Die Autoren des
Abschlussberichts der Enquete lobten an mehreren Stellen auch die im ersten Drittel
des 20. Jahrhunderts von den Heil- und Pflegeanstalten ausgegangene Arbeits- und
Beschäftigungstherapie, würdigten die Außenfürsorge und die Entwicklung neuer
körperlicher Therapieverfahren in der Zwischenkriegszeit. Es hatte also, so verdeutlichte der historische Rückblick, durchaus Lösungsansätze gegeben, die wieder aufzugreifen sich lohnten. Man könne an Vieles anknüpfen, was „in der heutigen praktischen
Psychiatrie als scheinbar neue Errungenschaften wieder entdeckt werde".[86]

Demgegenüber spielten die Aussagen zu den Jahren zwischen 1933 und 1945 nur eine
untergeordnete Rolle. Die Eugenik und ihre Auswirkungen auf die Psychiatrie wurden
erwähnt, die Diskussion um die „Freigabe der Vernichtung lebensunwerten Lebens" in
der Zwischenkriegszeit wurde als Gegenbewegung zu den damaligen Bemühungen
um bessere Versorgungs- und Behandlungsmöglichkeiten eingeordnet. Die Autoren
hielten auch fest, dass durch die erzwungene „Emigration qualifizierter Psychiater
in der Zeit des Nationalsozialismus" die Standards der Versorgung und der Forschung
abgesunken seien. Aufgezählt wurden die Diagnosen des GzVeN, und auch Hinweise auf die psychischen Folgen der Zwangssterilisationen für die Betroffenen fehlten
nicht. Die Autoren umrissen, wie das Euthanasieprogramm in den Vorkriegsjahren
propagandistisch vorbereitet worden war, und verwiesen darauf, dass ab Herbst 1939
„schätzungsweise 80.000 psychisch Kranke und Behinderte sowie Epilepsie-Kranke (...)
in Gaskammern, durch eine Überdosis von Morphium und Barbitursäurepräparaten oder
durch allmählichen Nahrungsentzug getötet wurden". Sie erinnerten zudem daran, dass
„etwa 5.000 hirngeschädigte Kinder der Tötungsmaschinerie zum Opfer gefallen" waren.
Die Beteiligung der Psychiater an den Zwangssterilisationen und den Patient/-innen-
morden blieb indes weiterhin unerwähnt. Im Gegenteil wurde in den kurzen Aussagen
suggeriert, dass die Politik die psychisch Kranken den Psychiatern entrissen und zur Vernichtung freigegeben hatte. Man lag mit diesen Äußerungen wieder ganz im Tenor der
Nachkriegszeit.[87]

---

[86]Vgl. ebd., Zitate ebd.
[87]Vgl. Bundestags-Drucksache 7/4200, S. 62, Zitate ebd.

Während allgemeine historische Argumente bei den Reformbemühungen schon frühzeitig eine wichtige Rolle spielten, wurden NS-Bezüge erst in den späten 1970er Jahren
und verstärkt in den 1980er Jahren zu einem bedeutsamen, die Psychiatriereform rechtfertigendem Argument.[88] Der Nationalsozialismus wurde erst jetzt weithin als Erklärung
für die im internationalen Vergleich verzögerte Reform akzeptiert. Erst um 1980 wurden
die „Reform-Engagierten" zugleich zu „Geschichts-Interessierten".[89]

---

[88]Sichtbar etwa in der DGSP-Denkschrift „Holocaust und die Psychiatrie" von 1979 sowie
in Degkwitz, Medizinisches Denken 1985.

[89]Dörner, Bürger und Irre 1999, S. V, zitiert nach: Fangerau/Nolte, Anstaltspsychiatrie 2006, S. 9.

Resümee

Noch im Jahr 1972 behauptete Helmut Ehrhardt, eine für die Geschichte der psychiatrischen Fachgesellschaft in den ersten Jahrzehnten der Bundesrepublik zentrale Person, dass die organisierte Psychiatrie die NS-„Euthanasie" zu keinem Zeitpunkt gedeckt, befürwortet oder gefördert habe. In einer anlässlich des 130-jährigen Jubiläums der nervenärztlichen Fachgesellschaften verfassten Festschrift betonte er, dass das Fehlverhalten einzelner Psychiater nicht der „deutschen Psychiatrie" als Ganzes angelastet werden dürfe. Mittlerweile ist jedoch zweifelsfrei belegt, dass die standes- und berufspolitische Vertretung der Psychiater bei der praktischen Umsetzung des *Gesetzes zur Verhütung erbkranken Nachwuchses* eine Schlüsselrolle spielte. Sie arbeitete eng mit der „T4"-Zentrale zusammen und hatte die massenhafte und zwangsweise Sterilisierung vermeintlich „erbkranker" Menschen zu verantworten. Das Spitzenpersonal der Psychiater befürwortete die Zwangssterilisierungen und Patient/-innentötungen und unterstützte die Vernichtung vorgeblich „wertlosen" Lebens auch in der Praxis. Zentrale Persönlichkeiten der neurologisch-psychiatrischen Fachgesellschaft bzw. des Netzwerks, das die Organisationsstruktur der *Gesellschaft Deutscher Neurologen und Psychiater* umspannte, propagierten und legitimierten das Vorgehen gegen psychisch Kranke und die Begleitforschung zur „Euthanasie". Kritische Stimmen aus den eigenen Reihen wurden durchweg marginalisiert. Heute steht fest, wie falsch, man muss sogar sagen: absichtlich falsch, Ehrhardts eingangs zitierte Darstellung war: Zahlreiche Psychiater, die in der Fachgesellschaft hohes Ansehen genossen und führende Posten besetzten, trugen eine erhebliche Mitschuld an der Unfruchtbarmachung von bis zu 400.000 Menschen und am Mord von über 200.000 der ihnen anvertrauten Patientinnen und Patienten.

Ehrhardts Äußerung von 1972 ist typisch für das Geschichts- und Selbstbild der Psychiater in den ersten Nachkriegsjahrzehnten. Sie leugneten die Beteiligung an der Vernichtungspolitik und bestritten jegliche eigene Verantwortung. Auch der Ausschluss von als „jüdisch" und „politisch unzuverlässig" geltenden Kolleg/-innen und die erzwungene Forschung an Psychiatriepatient/-innen wurden tabuisiert. Stattdessen

S. Dörre, *Zwischen NS-„Euthanasie" und Reformaufbruch*,
https://doi.org/10.1007/978-3-662-60878-4

behauptete man immer wieder, selbst Opfer der „psychiatriefeindlichen Haltung" der Nationalsozialisten gewesen zu sein. Für das Leid der Patient/-innen und das begangene Unrecht wurden andere verantwortlich gemacht: Politische Instanzen, der Krieg und eine Bevölkerung, die für die psychisch Kranken nur Geringschätzung übrighatte. Nur in wenigen Momenten erwähnten die bundesdeutschen Psychiater die Medizinverbrechen überhaupt. Eine vollumfängliche Klärung der Vorkommnisse forderte kaum einer. Auf der Ebene der Fachgesellschaften ermöglichte dieses Verschweigen, Ausblenden und Vergessen eine hohe Elitenkontinuität, die im Rückblick schockiert. So waren die ersten fünf bundesdeutschen Nachkriegspräsidenten direkt an der nationalsozialistischen Erb-gesundheitspolitik beteiligt; von den ersten zehn bis 1970 amtierenden Präsidenten waren es sieben. Friedrich Mauz, Friedrich Panse und Werner Villinger waren „T4"-Gut-achter, hatten also zusammen mit anderen Fachkollegen allein auf Aktenbasis in einem kollektiven bürokratischen Verfahren Todesurteile verhängt. Die drei Genannten sowie Ernst Kretschmer, Hans Bürger-Prinz, Jürg Zutt und Helmut Ehrhardt waren Beisitzer bzw. Gutachter der Erbgesundheitsgerichte gewesen, hatten also die Gesetzgebung zur zwangsweisen Sterilisierung von vermeintlich Erbkranken mitgetragen. Bürger-Prinz, Panse, Mauz und Villinger hatten zudem als Militärpsychiater den Angriffskrieg unterstützt. Aber auch in der DDR waren Kontinuitäten zu verzeichnen: Hier stiegen mit Rudolf Lemke und Karl Leonhard Beisitzer der Erbgesundheitsgerichte zu Vor-sitzenden der republikweiten psychiatrisch-neurologischen Fachgesellschaft auf. Mit Ausnahme von Ernst Kretschmer und Heinrich Kranz waren die im Deutschen Kaiser-reich geborenen Nachkriegspräsidenten zudem alle Mitglieder der NSDAP gewesen. Kretschmer und Mauz hatten am 11. November 1933 das Bekenntnis der deutschen Professoren zu Adolf Hitler und dem nationalsozialistischen Staat unterzeichnete. Viele der Genannten waren dem Nationalsozialistischen Deutschen Ärztebund und dem Nationalsozialistischen Dozentenbund beigetreten. Einige von ihnen waren zudem Mit-glieder der SA oder fördernde Mitglieder der SS. Mit Ausnahme von Friedrich Panse, der zumindest angeklagt wurde, wurden sie für ihre Taten nie strafrechtlich belangt.

Nach dem Zusammenbruch der nationalsozialistischen Diktatur war zunächst keines-wegs klar, dass dieser Übergang so nahtlos verlaufen würde: Vorerst war nicht abzu-sehen, welches Ausmaß die Entnazifizierung annehmen würde, wer also weiter seinem Beruf nachgehen könne. Der Begriff Elitenkontinuität verdeckt, dass diejenigen, die Anfang der 1950er Jahre wieder fest im Sattel saßen, bei Kriegsende mit erheblichen Unsicherheiten konfrontiert waren, da ihre Stellung als Ordinarien und Klinikdirektoren gefährdet schien. Denn es war zumindest für kurze Zeit durchaus wahrscheinlich, dass die Zwangssterilisationen als Verbrechen gegen die Menschlichkeit bewertet und die „T4"-Gutachter hart bestraft werden würden. Auch hätten theoretisch sämtliche NSDAP-Mitglieder dauerhaft ihrer universitären Ämter enthoben werden können. Einzelne der späteren Fachgesellschaftspräsidenten wurden zunächst beurlaubt oder entlassen, sämt-liche vormaligen NSDAP-Mitglieder hatten in den Entnazifizierungsverfahren ihre ver-meintliche Unschuld zu beweisen und diejenigen, die an Universitäten in den ehemals deutschen Gebieten gelehrt hatten, mussten neu berufen werden. Für die meisten von ihnen war die unmittelbare Nachkriegszeit folglich keine Phase der ungebrochenen Kontinuität: Die Entnazifizierungsverfahren zogen sich meist über mehrere Jahre hin und eine sofortige Fortsetzung der Karriere gelang nur im Einzelfall.

Die Belasteten profitieren jedoch im Zeitverlauf von einer vergangenheitspolitischen und strafrechtlichen Neubewertung. Dies gilt insbesondere für die Verrechtlichung und Individualisierung der Spruchkammerverfahren und die zunehmende Bereitschaft der Justiz, die Entlastungsgründe der Beschuldigten anzuerkennen. In allen vier Besatzungszonen blieben der entschlossene Elitenaustausch und die Bemühungen um rigorose strafrechtliche Ahndung der Medizinverbrechen auf einen kurzen Zeitraum beschränkt. Ein umfassender Elitenwechsel in der Ärzteschaft blieb auch deswegen aus, weil für medizinische Experten zahlreiche Ausnahmeregelungen griffen. Das Ergebnis der Entnazifizierung war jedoch nicht allein von den gesundheitspolitischen Notwendigkeiten, vom Willen der Besatzungsmächte oder vom Grad der individuellen Belastung abhängig. Ausschlaggebend war das Verhalten der Betroffenen nach dem Mai 1945, ihre Bereitschaft, sich von den zu offenkundig belasteten Teilen bisheriger Netzwerke loszusagen und ihre Anstrengungen, die eigenen sozialen und kulturellen Ressourcen zu mobilisieren, um sich zu entlasten. Schon in kurzer Zeit hatte sich ein Set an Erfolg versprechenden Formulierungen und Begründungen ergeben, mit denen die Belasteten ihre eigene Biografie umdeuteten. Dabei konnten sie auch auf die Unterstützung ihrer Fachkollegen zählen. Zum geläufigen Entschuldungsnarrativ gehörte die Behauptung, dass die NSDAP-Mitgliedschaft nur ein formaler Akt und kein Indiz für die wirkliche Gesinnung gewesen sei. Immer wieder wurde auch fälschlicherweise behauptet, man sei 1937 automatisch und ohne eigenes Zutun in die Partei aufgenommen worden. In Bezug auf die Medizinverbrechen wurde argumentiert, man habe wissenschaftlich interveniert und bewusst bürokratische Verfahren verlangsamt, um den Kreis der zu Sterilisierenden und zu Tötenden einzuschränken. Irgendwo fand sich immer ein Beleg dafür, sich abwägend zu erbbiologischen Fragen geäußert zu haben. Die Psychiater bestätigten sich wechselseitig, dass sie gefordert hatten, sorgfältig zu diagnostizieren, um keine Fehlentscheidungen zu verursachen. Wer bereit war, den eigenen Lebenslauf umzudeuten und über die richtige Ressourcenausstattung verfügte, der konnte auf ein günstiges Ergebnis der Entnazifizierung hoffen. In dieser Situation entstanden neue Abhängigkeiten und Loyalitäten. Es war der gegenseitige Beistand in einer Phase großer Unsicherheit, der den Zusammenhalt der Nachkriegsnetzwerke sowie das schnelle kollektive Verdrängen und Beschweigen der „Euthanasie" begründete und der die psychiatrischen Fachgesellschaften inhaltlich und personell noch lange prägen sollte. Strukturgebend waren die ersten Jahre nach dem Kriegsende auch, weil in diesem Zeitraum zahlreiche wichtige Posten, darunter Herausgeberschaften der Fachzeitschriften sowie Ordinariate, neu besetzt wurden. Im Ergebnis wurde die Psychiatrie nach den beiden Staatsgründungen maßgeblich durch Personen geprägt, die vor 1945 an der nationalsozialistischen Erbgesundheitspolitik beteiligt waren.

Die psychiatrischen Fachgesellschaften lassen sich jedoch nicht pauschal als Sammelbecken alter NS-Eliten auffassen, die ihre Organisationen instrumentalisierten, um nicht zur Rechenschaft gezogen zu werden. Der Begriff der Elitenkontinuität hat nicht nur die Tücke zu suggerieren, es habe einen bruchlosen Übergang gegeben. Er verdeckt auch, dass ein Teil der direkt an den Mordtaten beteiligten Personen die Besatzungszeit nicht überlebte. Unter denjenigen, die in den „T4"-Anstalten die Gashähne bedient hatten, war die Überlebensrate niedrig. Auch Vorstände der neurologisch-psychiatrischen Fachgesellschaft begingen Suizid, schieden alters- oder krankheitsbedingt aus dem aktiven Dienst aus – und wanderten aus der sowjetischen Besatzungszone in die westlichen Besatzungszonen ab. Dadurch fielen belastete Personen weg. Die sechs in den Mordanstalten Hadamar, Brandenburg, Grafeneck, Bernburg, Pirna/Sonnenstein und Hartheim verantwortlichen Ärzte, das Personal der *Zentraldienststelle* und der innerste Führungszirkel der *Gesellschaft Deutscher Neurologen und Psychiater* um Ernst Rüdin spielten in den psychiatrischen Fachgesellschaften nach 1945 in den beiden deutschen Staaten keine tragende Rolle mehr.

Es waren vor allem ehemalige Gutachter und Beisitzer der Erbgesundheitsgerichte sowie in der Bundesrepublik „T4"-Gutachter und Beratende Psychiater der Wehrmacht, die in der Nachkriegszeit als geschätzte Hochschullehrer und anerkannte Wissenschaftler Führungspositionen in den psychiatrischen Fachgesellschaften übernahmen. Diese Entwicklung wurde auch durch ein nachlassendes öffentliches Interesse an den Medizinverbrechen, dem offiziellen Abschluss der Entnazifizierung und, zumindest im Falle der Bundesrepublik, durch die hohe Elitenkontinuität in der Justiz begünstigt. Darüber hinaus bestand kein Interesse zur Reintegration von Psychiatern, die nach 1933 in die Emigration gezwungen worden waren. Vielmehr trugen die beamtenrechtlichen Regelungen dazu bei, die im Zuge der Entnazifizierungen Entlassenen gegenüber den Emigrierten zu bevorteilen. Nicht zuletzt spielten die Kontinuitäten im eugenischen Denken den belasteten Personen in die Hände. Zudem darf nicht vergessen werden: Die militärische und moralische Niederlage war für die meisten Menschen vor allem eine persönliche und familiäre Katastrophe. Ebenso wie die überwältigende Mehrheit der deutschen Bevölkerung reflektierte der Großteil der Psychiater in der Zusammenbruchgesellschaft nicht die eigene Mitschuld, sondern machte die Besatzungsmächte für die als miserabel empfundene persönliche Lage verantwortlich. Darüber hinaus setzte sich das Narrativ durch, dass die deutsche Bevölkerung von einer kleinen, korrupten Clique von Fanatikern in den Abgrund geführt worden sei, wozu externe Ereignisse und Faktoren – der Versailler Vertrag, die Weltwirtschaftskrise und die britische Appeasementpolitik – beigetragen hätten. Ähnlich wirkte sich in der sowjetischen Besatzungszone die offizielle Erklärung von Faschismus und Krieg als sozioökonomische Folgeerscheinung des „bürgerlich-imperialistischen Monopolkapitalismus" aus. Gerade weil der Krieg als Ausnahmezustand begriffen und die Schuld bei äußeren oder übergeordneten Kräften gesucht wurde, wurden die Rufe nach einem Schlussstrich so schnell so laut. Eine Mehrheit der Deutschen verstand ohnehin nicht, warum sie von den Alliierten und der Weltöffentlichkeit für die Verbrechen „der Nazis" verantwortlich gemacht wurde. Sie widersetzten sich den Konsequenzen eines Krieges, den viele von ihnen zum Teil bis kurz vor Schluss bejubelt hatten. Schon zwei Jahre nach Kriegsende schien ihnen die aktuelle Zeit so düster, dass vor diesem Hintergrund die für sie persönlich zunächst ruhige und durch soziale Einheit und ökonomischen Wohlstand geprägte NS-Frühphase umso heller erstrahlte.

Vor diesem Hintergrund bildete sich in den ersten drei Nachkriegsjahren eine ganz bestimmte Erzählung über die Psychiatrie im Nationalsozialismus heraus. Unter großzügiger Ausblendung der eigenen Verstrickungen in die Erbgesundheitspolitik machten sich die Psychiater selbst zu Opfern des NS-Regimes oder beanspruchten sogar den Status von Widerstandskämpfern. In diesem weit verbreiteten Narrativ bezeichneten die einflussreichsten Psychiater den Nationalsozialismus mehrheitlich als „Aufstand des Pöbels" und als eine schwere Prüfung für alle humanistisch Gebildeten. Zentral für dieses Narrativ war zunächst die Behauptung, dass dem „Nazi-Ungeist" eine aufrechte Wissenschaft gegenübergestanden habe, der es gelungen sei, die Barbarei versteckt hinter Universitäts- und Klinikmauern im Kern unbeschadet zu überstehen. Die Taten im Rahmen der „Euthanasie" wurden so zu Folgen individuellen moralischen Fehlverhaltens und charakterlicher Mängel. Die medizinische Forschung an „Euthanasie"-Opfern und KZ-Häftlingen stellte man als wertlose Pseudowissenschaft dar. Wer sich von den weiterhin etablierten Koryphäen an den Medizinverbrechen beteiligt hatte, habe dies entweder aus Unkenntnis getan, oder „um Schlimmeres zu verhindern". Der Großteil der Psychiater habe hingegen versucht, die ihnen anvertrauten Patient/-innen zu schützen und deren Leben zu retten. Die Direkttäter, von denen es nur sehr wenige gegeben habe, seien hart bestraft worden. Auch die ärztlichen Standesorganisationen seien unbelastet, weil sie während des Krieges an der freien Meinungsäußerung gehindert worden waren. Die *Gesellschaft Deutscher Neurologen und Psychiater,* so fasste es ihr erster Nachkriegspräsident 1947 zusammen, sei von unwissenschaftlichen Kräften gekapert und schließlich zum Schweigen gebracht worden. Dieses in der zweiten Hälfte der 1940er Jahre geschaffene Geschichtsbild sollte das Selbstverständnis und die Außendarstellung der psychiatrischen Fachgesellschaft jahrzehntelang prägen. Man unterschlug dabei geflissentlich, wie begeistert anerkannte Wissenschaftler 1933 die neuen Möglichkeiten, Handlungs- und Karriereoptionen ergriffen hatten. In Vergessenheit geriet, dass sich Psychiatrie und Neurologie nicht einfach durch die Politik hatten vereinnahmen lassen, sondern dass die an der Erbbiologie Interessierten ohne großes Zögern auf das Angebot zur Selbstmobilisierung eingegangen waren. Die wenigen Fachkolleg/-innen, die sich gegen dieses Entlastungsnarrativ positionierten, ein hartes Durchgreifen bei der Entnazifizierung forderten und nach strukturellen Gründen für die Beteiligung der Mediziner an den NS-Verbrechen suchten, wurden als „Nestbeschmutzer" diffamiert, was ihre Universitätskarrieren zum Teil erheblich behinderte. In der DDR galt die Geschichte der Psychiatrieverbrechen im Nationalsozialismus als Erbe der Bundesrepublik. Daher gab es auch hier keine Auseinandersetzung mit der Vergangenheit. So äußerte sich die *Gesellschaft für Psychiatrie und Neurologie* zu keinem Zeitpunkt offiziell zu den Psychiatrieverbrechen im Nationalsozialismus.

Die personellen, ideengeschichtlichen und strukturellen Kontinuitäten und die Selbst-
darstellung der Psychiater als eigentliche Opfer der NS-Psychiatriepolitik haben die
Anerkennung des Leids der psychisch Kranken lange Zeit ebenso behindert wie die
Auseinandersetzung mit den tatsächlichen Ursachen der Medizinverbrechen. Noch
Jahrzehnte nach dem Kriegsende fehlte den Vorständen in den psychiatrischen Fach-
gesellschaften der Mut, sich diesen Themen und der aus ihnen erwachsenen Verantwortung zu stellen. Es gehörte zur Strategie der *Deutschen Gesellschaft für
Psychiatrie und Nervenheilkunde,* die Fachgesellschaft und überhaupt die ärztlichen
Berufsverbände aus allem Gerede über NS-Belastungen herauszuhalten. Selbst als Ende
der 1950er und in der ersten Hälfte der 1960er Jahre in der bundesrepublikanischen
Öffentlichkeit über die NS-„Euthanasie" berichtet und vormalige Präsidenten der
psychiatrischen Fachgesellschaft als „T4"-Gutachter in der Presse namentlich genannt
wurden, fiel es gar nicht auf, dass der Vorstand der *Deutschen Gesellschaft für
Psychiatrie und Nervenheilkunde* keine offizielle Stellungnahme zu den erhobenen Vorwürfen abgab. Es war gar nicht nötig, die NS-Vergangenheit aktiv zu vertuschen. Und
als sich einzelne Vorstandsmitglieder der psychiatrisch-nervenheilkundlichen Fachgesellschaft aus eigenem Antrieb mit der NS-„Euthanasie" befassten, dann leitete sie die
Überzeugung, dass das Gedenken an die Geschichte der NS-Psychiatrie eine Belastung
darstelle, die sinnvolle politische Regelungen für aktuelle Probleme verhindere.

In der Rückschau ist die Beteiligung von nach 1945 tonangebenden Psychiatern an
der nationalsozialistischen Erbgesundheitspolitik aber auch in einen engen Zusammenhang mit dem fehlenden Reformelan in der deutschen Nachkriegspsychiatrie gebracht
worden. Die direkte persönliche Verbindung diente als Erklärung dafür, dass weder
von den „Euthanasie"-Prozessen in der unmittelbaren Nachkriegszeit, noch von den
Wiedergutmachungsdebatten Reformimpulse für die psychiatrische Versorgung ausgingen. Die von der Politik in Wiedergutmachungsfragen gehörten psychiatrischen
Experten, darunter einflussreiche Persönlichkeiten aus dem Vorstand der *Deutschen
Gesellschaft für Psychiatrie und Nervenheilkunde,* die sich während des Nationalsozialismus an der Rechtsprechung zur Erbgesundheitspolitik beteiligt hatten,
spielten ja auch tatsächlich eine unrühmliche Rolle, als sie den Anspruch der Zwangssterilisierten auf Entschädigung bezweifelten und selbst eine symbolische Anerkennung
ihres Leids kategorisch ablehnten. Weiterhin hielten gewichtige Teile des Vorstands
der DGPN die Eugenik für akzeptabel. Helmut Ehrhardt konnte sich noch in den
1960er und 1970er Jahren für die Sterilisation psychisch Kranker aussprechen, ohne
einen sofortigen öffentlichen Aufschrei zu provozieren. Doch spielte bis einschließlich
1975 das Argument keine Rolle, dass wegen der NS-Psychiatrieverbrechen – und die
Zwangssterilisationen zählten für die meisten Psychiater ohnehin nicht dazu – eine
besondere Verantwortung für eine menschenwürdigere Unterbringung und eine bessere
therapeutische Versorgung der psychisch Kranken angezeigt sei. So gesehen ist Friedrich
Panses Reformschrift aus dem Jahr 1964 in vielerlei Hinsicht typisch. In diesem Bericht
über Entwicklung, Stand, Reichweite und Zukunft des psychiatrischen Krankenhauswesens wurde der Nationalsozialismus völlig ausgeblendet und Zwangssterilisationen

und „Euthanasie" nicht einmal erwähnt. Um seine Leserinnen und Leser davon zu
überzeugen, wie notwendig eine Reform der Versorgungsstrukturen für Menschen mit
psychischen Erkrankungen sei, verwies er lediglich auf internationale Vorbilder und
die sozialen und therapeutischen Bedürfnisse der Patient/-innen. Auf die Geschichte
der deutschen Psychiatrie griff er nur im Falle positiver Referenzpunkte aus den Jahren
vor den Krankenmorden zurück. Eine Reform nach internationalem Vorbild, so ließ sich
daraus ableiten, sei eigentlich ein Anknüpfen an das goldene Zeitalter der deutschen
Psychiatrie. Auch in anderen Memoranden und Plädoyers für eine Psychiatriereform
blieben während der 1960er Jahre die Zwangssterilisierungen und die Morde in den
psychiatrischen Heil- und Pflegeanstalten meist unerwähnt und zwar selbst dann, wenn
der Nationalsozialismus als Phase der rigorosen Abwertung und Geringschätzung
der psychisch Kranken interpretiert wurde. Forderte man zu dieser Zeit in Deutschland die tiefgreifende Reform der psychiatrischen Versorgung, dann machte man um
die Geschichte des eigenen Fachs zwischen 1933 und 1945 meist einen weiten Bogen.
Erst Ende der 1970er Jahre, als die nach 1945 tonangebende Psychiatergeneration
altersbedingt aus ihren Ämtern ausgeschieden war und sich Frustration ob der weithin schleppend verlaufenden Umsetzung der Psychiatriereform einstellte, wurde die
Beschäftigung mit dem Nationalsozialismus in der Bundesrepublik zu einem wichtigen
Reformimpuls. Auch in der DDR führte aus der Beschäftigung mit dem Nationalsozialismus kein direkter Weg zu einer Reform der Versorgung der psychisch Kranken. Genau
wie in der Bundesrepublik plausibilisierte man auch dort die Reformvorhaben durch
Verweise auf Erfolge im (meist westlichen) Ausland und mit Hinweisen auf die sozialen
Bedürfnisse der psychisch Kranken.

Direkte Verstrickungen von Ordinarien für Psychiatrie in die NS-Erbgesundheitspolitik waren wohl nicht das entscheidende Hindernis für eine Reform der
psychiatrischen Versorgungsstrukturen in den 1950er und 1960er Jahren. Die Problemwahrnehmungen der Vorstände der psychiatrisch-nervenheilkundlichen Fachgesellschaft
und der medizinisch-wissenschaftlichen Gesellschaft für Psychiatrie und Neurologie
verweisen sowohl auf psychiatrieinterne als auch auf gesamtgesellschaftliche Faktoren.
Erstens hatten unter den Bedingungen der Zusammenbruchgesellschaft radikale Ansätze
für die zügige Neuorganisation der psychiatrischen Versorgungsstrukturen trotz der
erschütternden Berichte über die „T4"-Mordanstalten keine Aussicht auf Erfolg. Das
nach Staatszusammenbrüchen stets nur kurze Zeitfenster für Reformen blieb im Bereich
der psychiatrischen Versorgung ungenutzt. Zweitens stand die psychiatrische Versorgung
auch nicht auf der Prioritätenliste der beiden deutschen Nachkriegsgesellschaften. Dass
die stationär untergebrachten psychisch Kranken selbst vor dem Hintergrund des ökonomischen Aufschwungs der 1950er Jahre wenig bis nichts von der Verbesserung der
materiellen Lebensbedingungen außerhalb ihrer Einrichtungen merkten, war für die
Gesundheitsverwaltung und die Politik in beiden deutschen Staaten kein Anlass, auf
Reformen des Versorgungssystems zu drängen. Drittens hatten die Psychiater ein für
Experten in der Nachkriegszeit zwar typisches, für die Reformen aber nicht förder-
liches Verständnis von Öffentlichkeit. Sie fürchteten die Skandalisierung der Probleme

in ihrem Einflussbereich, weil darin das Potenzial lag, das Vertrauen der Bevölkerung gegenüber den psychiatrischen Institutionen noch weiter zu unterminieren und die eigene Arbeit zu erschweren. Selbst wenn sie forderten, die Bevölkerung aufzuklären und die weitverbreiteten Vorurteile gegenüber psychisch Kranken abzubauen, so zeigten sie nur wenig Interesse daran, sich selbst dieser Aufgabe zu widmen und sich diesbezüglich öffentlich zu exponieren. Als medizinische Experten setzten sie nicht auf öffentlichen Reformdruck. Vielmehr verfolgten sie ihre Ziele in kleinen Expertenzirkeln im Überschneidungsbereich von Wissenschaft, Krankenversorgung und Politik. So scheiterten auch überlegte und ausformulierte Initiativen. In der DDR ließ das politische System eine öffentliche Problemanalyse nicht zu, in der Bundesrepublik nutzten die Experten die Öffentlichkeit nicht als Katalysator für ihre Reformanliegen. Viertens mangelte es an gut ausgestatten Organisation, die sich für überregionale Reformen in der Psychiatrie einsetzten. Die Fachgesellschaften hätten diese Lücke theoretisch füllen können, verstanden sich jedoch als Vertreter der Universitätspsychiatrie. Ihre beschränkten Ressourcen setzten sie zunächst vor allem zur Einflusssicherung gegenüber konkurrierenden Berufsgruppen und nicht für die Durchsetzung von Reformprogrammen ein.

Während die Organisation des Gesundheitswesens in der DDR dazu führte, dass der Vorstand der *Gesellschaft für Psychiatrie und Neurologie* die Reform der Versorgungsstrukturen nicht als ureigenes Aufgabengebiet ansah und Initiativen aus der Anstaltspsychiatrie aus Machterwägungen heraus sogar torpedierte, kamen im zweiten und dritten Nachkriegsjahrzehnt aus der Reihe der Vorstände der psychiatrischen Fachgesellschaft in der Bundesrepublik bemerkenswerte Reforminitiativen. Diese verdeutlichen bereits für einen unerwartet frühen Zeitpunkt die Bereitschaft, sich mit den Missständen in der Versorgung der psychisch Kranken zu beschäftigen und sollten als Ausweis ernstgemeinten Reformwillens bewertet werden. Die *Deutsche Gesellschaft für Psychiatrie und Nervenheilkunde* hätte zwischen der Mitte der 1950er und der Mitte der 1960er Jahre zu einer treibenden Kraft des Reformaufbruchs werden können. Das reformbereite Lager in den Reihen der DGPN scheiterte jedoch an der mangelnden Unterstützung seiner Initiativen und es gelang ihm auch nicht, die angestrebten Verbesserungen im eigenen Verantwortungsbereich umfänglich umzusetzen.

Die seitens der *Deutschen Gesellschaft für Psychiatrie und Nervenheilkunde* formulierten Stellungnahmen zur Psychiatriereform waren Teil eines breiten Spektrums an Vorschlägen und die DGPN mehr als nur ein Netzwerkknotenpunkt der „Anstaltslobby", die „mit Klauen und Zähnen" am bisherigen Versorgungsmodell der „isolierten" Psychiatrischen Großkrankenhäuser festhielt.[1] Dies auszublenden führt dazu, den gesellschaftlichen Ort der Kritik an den Versorgungsbedingungen in der Psychiatrie zu eng zu bemessen. Diese Feststellung darf freilich nicht dazu verleiten, sämtliche Unterschiede zu verwischen. Der Vorstand der DGPN stand der Idee einer konsequent gemeindenahen Psychiatrie sehr skeptisch gegenüber und sprach sich vehement für eine Umgestaltung im bestehenden System und damit für die Beibehaltung

---

[1]Häfner, Psychiatriereform 2016, S 128, 134.

der psychiatrischen Landeskrankenhäuser aus. Seine Mitglieder schätzten Autorität, Konstanz und Kontinuität, glaubten an die Herrschaft von Eliten, gerierten sich als erfahrene Vertreter einer überzeitlichen und allgemeingültigen pragmatischen Vernunft, wehrten sich gegen den Einflussgewinn einer kritischen Öffentlichkeit und blieben gegenüber jedweder Utopie und einem „Zuviel" an Innovation skeptisch. Sie bevorzugten ein kleinschrittiges Vorgehen und verstanden sich somit auch nicht als wissenschafts- und berufspolitischer Arm der Vertreter einer großangelegten Reform.

Nichtsdestotrotz sammelten sich in der DGPN Akteure, die als Teil der Reformbemühungen ernst genommen werden sollten. Ab Mitte der 1950er Jahre setzte sich in ihren Gremien mehr und mehr die Überzeugung durch, dass eine Reform nötig und wünschenswert sei. Sie begannen damit, die Versorgungseinrichtungen von den Bedürfnissen der in ihr untergebrachten Klientel ausgehend zu konzipieren und internationale Modellversuche zu rezipieren. Ihre Stellungnahmen zur Psychiatriereform zeigen dann auch das allmähliche Verblassen nationalsozialistischer Wertorientierungen. Zuvor stramm nationalkonservative Kreise, die in die NS-Erbgesundheitspolitik involviert gewesen waren, trennten sich allmählich von jenen Reformbestandteilen der NS-Psychiatrie, die den zweiten Teil des Programms „Heilen und Vernichten" ausgemacht hatten. Kenner der bundesrepublikanischen Geschichte kann dies eigentlich nicht überraschen. Auch in anderen gesellschaftlichen Teilbereichen waren die Liberalisierungsprozesse der 1960er Jahre in ihrem Ursprung gerade nicht auf gegenkulturelle Gruppierungen der jüngeren Generationen zurückzuführen, sondern vielmehr auf den Einstellungswandel etablierter Kreise während der sogenannten Wirtschaftswunderjahre. Man kann Personen wie den „T4"-Gutachter und Präsidenten der DGPN Friedrich Panse als Opportunisten ansehen, die sich in politischen Systeme unterschiedlichster Couleur geschmeidig einfügten. Man kann ihnen aber auch eine begrüßenswerte Anpassungsleistung zugestehen, ohne dadurch die erschreckende personelle und ideengeschichtliche Kontinuität zu relativieren oder von den geschichtspolitischen Versäumnissen der *Deutsche Gesellschaft für Psychiatrie und Nervenheilkunde* abzulenken.

Dies eröffnet einen Weg zur Neubewertung des Reformaufbruchs in der Psychiatrie und ermöglicht den Ausbruch aus der „politisch-emotional aufgeladene[n] Diskussions- und Konfliktatmosphäre" der frühen 1970er Jahre.[2] Die lange Zeit prägenden Geschichtsbilder zur Reformära sollten künftig als Ergebnis fachinterner vergangenheitspolitischer Deutungskämpfe verstanden und selbst wieder historisiert werden. Eine genauere Kenntnis der Reformvorschläge der 1950er und 1960er Jahre führt schließlich auch zu der Frage, ob tatsächlich kein Ereignis in der Geschichte der Medizin das Schicksal der psychisch Kranken und die psychiatrische Versorgung so einschneidend verbessert hat wie die Psychiatrie-Enquete in der Bundesrepublik Deutschland.[3] Sie schuf Öffentlich-

---

[2]Kersting, Psychiatriereform und `68 1998, S 284 f.

[3]Auch Söhner hat jüngst die Psychiatrie-Enquete als Teil eines „längeren Modernisierungsprozess[es] der Psychiatrie in der Bundesrepublik" interpretiert. Vgl. Söhner, Zeitzeugen 2020, S 159.

keit und Legitimität für die Reformvorhaben, erhöhte den Druck auf die Verantwortlichen und führte zu einer mehrere Jahre andauernden kontinuierlichen Beschäftigung mit den Missständen in den Versorgungseinrichtungen für psychisch Kranke. Dennoch enthielt der *Bericht über die Lage der Psychiatrie in der Bundesrepublik Deutschland* inhaltlich nur wenig Neues. Ferner belebten die Diskussionen in der Sachverständigenkommission oft nur ältere Konflikte um Zuständigkeiten, Kompetenzen, Einfluss und materielle Ressourcen. 1975 lag zudem mit dem Abschlussbericht kein konkreter handlungsleitender Plan, sondern nur eine umfangreiche Ist-Stands-Erhebung vor. Weiter ist fraglich, ob der Enquete-Prozess eine Konsensfindung der reformbereiten Psychiatriefachwelt ermöglichte. Die polarisierende Zuspitzung der späten 1960er und frühen 1970er Jahre erzeugte zwar wichtige Handlungsimpulse sowie öffentliches Interesse, doch reduzierte sie zugleich die Kompromissfähigkeit im eigenen Fachbereich. In einer emotional aufgeheizten Stimmung und in gegenseitigen Vorwürfen gefangen, waren die Opponenten zunehmend einem Lagerdenken verhaftet. Mit ihren Formelkompromissen hat die Enquete die verschiedenen Akteursgruppen nicht versöhnt – sie standen sich am Ende des Prozesses keineswegs weniger konfrontativ gegenüber als zu dessen Beginn.

Biographischer Anhang

Hans Bürger-Prinz (1897–1976)

Hans Bürger-Prinz wurde am 16. November 1897 in Weinheim (Baden) geboren. Er studierte Medizin, zunächst in Bonn, dann in Köln, wo er 1924 auch promoviert wurde. 1930 habilitierte sich Bürger-Prinz unter Gustav Aschaffenburg an der Universitätsklinik Köln, ein Jahr später wechselte er an die Universitätsklinik Leipzig. 1936 folgte die Berufung als außerordentlicher Professor an die Universität Hamburg, im selben Jahr übernahm er dort die Vertretung des Lehrstuhls für Psychiatrie und Nervenheilkunde sowie die kommissarische Leitung der Psychiatrischen Universitätsklinik. Im Mai 1933 trat Bürger-Prinz der NSDAP und der SA bei. Er beteiligte sich an der Vorbereitung der Bücherverbrennungen und wirkte als Mitglied des Erbgesundheitsgerichts in Leipzig an der Durchführung des Gesetzes zur Verhütung erbkranken Nachwuchses mit. Ab 1938 gehörte er dem Erbgesundheitsgericht Hamburg an. 1939 wurde Bürger-Prinz in Hamburg zum ordentlichen Professor ernannt. Zwischen 1941 und 1945 war Bürger-Prinz Dekan der dortigen Universität. Die von ihm geleitete Psychiatrische Klinik war sowohl mittel- als auch unmittelbar an der Tötung von Patient/-innen beteiligt. Als Beratender Psychiater der Wehrmacht führte er in seinem Wehrkreis X ein brutales Regiment über die psychisch dekompensierten Soldaten. Nach Kriegsende wurde er zunächst vom Dienst suspendiert. Zwei Jahre später bekleidete er wieder seine alten Ämter als Professor und Klinikdirektor. 1950 beteiligte sich Bürger-Prinz an der Gründung der *Deutschen Gesellschaft für Sexualforschung*. Von 1959 bis 1960 amtierte Bürger-Prinz als Präsident der *Deutschen Gesellschaft für Psychiatrie und Nervenheilkunde*. Bürger-Prinz blieb bis zu seiner Emeritierung 1966 in Hamburg und leitete bis 1968 die Psychiatrische und Nervenklinik und die Poliklinik Hamburg.

Rudolf Degkwitz, jun. (1920–1990)

Rudolf Degkwitz wurde am 20. Juni 1920 in München geboren. Medizinstudium und Promotion in München. Aufgrund seiner Aktivitäten im Hamburger Kreis der Widerstandsgruppe Weiße Rose wurde er 1943 festgenommen und blieb bis zum Ende des Krieges inhaftiert. 1959 habilitierte sich Degkwitz in Frankfurt am Main. Ein Jahr später

© Der/die Herausgeber bzw. der/die Autor(en), exklusiv lizenziert durch Springer-Verlag GmbH, DE, ein Teil von Springer Nature 2021
S. Dörre, *Zwischen NS-„Euthanasie" und Reformaufbruch*,
https://doi.org/10.1007/978-3-662-60878-4

wurde er als Nachfolger Hanns Ruffins zum Direktor der Psychiatrischen Universitäts-klinik Freiburg ernannt. Er übte dieses Amt bis 1987 aus. Seit 1968 war er zudem ordent-licher Professor an der Albert-Ludwigs-Universität in Freiburg sowie 1969/70 dort Dekan. Von 1979 bis 1981 war er Prorektor. Degkwitz war von 1971 bis 1972 Präsident der *Deutschen Gesellschaft für Psychiatrie und Nervenheilkunde*. In seine Amtszeit fällt die Veröffentlichung des *Rahmenplans zur Versorgung psychisch Kranker in der Bundes-republik*. Qua Amt war er im Vorstand der Sachverständigenkommission zur Erstellung der Psychiatrie-Enquete vertreten.

Helmut Ehrhardt (1914–1997)

Helmut Ehrhardt wurde am 24. März 1914 in Kassel geboren. Zwischen 1934 und 1940 studierte er Psychologie, Philosophie, Literaturwissenschaften, Kunstgeschichte und Medizin in München, Berlin und Breslau. Ab 1940 arbeitete er als Assistent und Abteilungsarzt bei Werner Villinger in Breslau. Dort wurde er 1941 auch in Medizin promoviert, nachdem er bereits 1939 seinen Doktortitel in Philosophie erlangt hatte. Ehrhardt, der ab 1937 Mitglied der NSDAP war, war in Breslau als Beisitzer am Erb-gesundheitsgericht tätig. Nach Kriegsende ließ er sich zunächst als Nervenarzt in Kaiserslautern nieder, bevor er 1949 Villinger an die Philipps-Universität Marburg folgte, wo er sich ein Jahr später im Fach Psychiatrie und Neurologie habilitierte und als Privatdozent tätig wurde. Ab 1955 wurde Ehrhardt unter Villinger Oberarzt der Uni-versitätsnervenklinik in Marburg. Ein Jahr später wurde er außerordentlicher Professor sowie ab 1964 Professor für Forensik und Sozialpsychiatrie. Er war in den frühen 1960er Jahren psychiatrischer Sachverständiger im Ausschuss für Wiedergutmachungsfragen, in dem er eine Entschädigung für die im Nationalsozialismus zwangsweise Sterilisierten kategorisch ablehnte. Von 1962 bis zu seiner Emeritierung 1982 war Ehrhardt Direktor des Instituts für Gerichtliche und Sozialpsychiatrie in Marburg. Zudem war er von 1966 bis 1969 stellvertretender Präsident der *Deutschen Gesellschaft für Sexualforschung* und von 1969 bis 1970 Präsident der *Deutschen Gesellschaft für Psychiatrie und Nerven-heilkunde,* deren Schriftführer er bereits seit 1952 war. Nach seiner Amtszeit als DGPN-Präsident blieb er in der Organisation Leiter des Ausschusses für Rechtsfragen und war innerhalb des Ausschusses für Internationale Beziehungen für die USA zuständig. Er verfasste zudem die Festschrift der DGPN, in der er festhielt, dass der psychiatrischen Fachgesellschaft keinerlei Beteiligung an NS-Verbrechen attestiert werden könne. Ehrhardt war Präsident und Vize-Präsident der Europäischen Liga für Psychische Hygiene, war Mitglied im Bundesgesundheitsrat, Mitglied des Wissenschaftlichen Bei-rats der Ärztekammer und wurde nach langjähriger Tätigkeit im Beirat der WPA und als Mitglied der WPA-Sektion Forensische Psychiatrie Ehrenmitglied des Weltverbands für Psychiatrie.

Hanns Hippius (*1925)

Hanns Hippius wurde am 18. April 1925 in Mühlhausen (Thüringen) geboren. Er studierte zwischen 1944 und 1952 Medizin und Chemie in Freiburg, Marburg und

Berlin. Er habilitierte in den Fächern Psychiatrie und Neurologie, ab 1968 war er Ordinarius an der Freien Universität Berlin sowie Direktor der Psychiatrischen Klinik II der FU, von 1971 bis 1994 übte er dieses Amt an der Psychiatrischen Klinik der Ludwig-Maximilians-Universität München aus. In den Jahren 1973/1974 war Hippius Präsident der *Deutschen Gesellschaft für Psychiatrie und Nervenheilkunde*. In dieser Zeit war er Mitglied der Sachverständigenkommission zur Erstellung einer Psychiatrie-Enquete. Er verfasste das Sondervotum der DGPN zu deren Abschlussbericht.

Heinrich Kranz (1901–1979)

Heinrich Kranz wurde am 26. Januar 1901 in Aachen geboren. Das Studium der Medizin absolvierte er an den Universitäten Bonn, Heidelberg und München. 1925 wurde er promoviert. Ab 1926 war er als praktischer Arzt in Simmerath (Eifel) tätig, vier Jahre später, 1930, ging Kranz als Assistent an das Kaiser-Wilhelm-Institut für Anthropologie, menschliche Erblehre und Eugenik in Berlin-Dahlem. Im Oktober 1933 wurde sein Vertrag nicht verlängert, da er als „politisch unzuverlässig" eingestuft wurde. Daraufhin arbeitete Kranz als Assistent des Zwillingsforschers und Kriminalbiologen Johannes Lange an der Universitätsklinik Breslau, wo er sich 1936 auch habilitierte. 1940 ging er als Nervenarzt nach Frankfurt am Main. Er war nicht Mitglied der NSDAP, aber der SA und des NSDÄB. Nach dem Kriegsdienst wurde er 1945 in Frankfurt am Main Oberarzt, 1948 folgte eine außerplanmäßige Professur an der Universität Heidelberg. Ein Jahr später wurde er Direktor der Heil- und Pflegeanstalt Wiesloch, 1951 wurde er auf eine Professur sowie auf den Posten des Direktors an der Nervenklinik der Universität Mainz berufen. 1961/1962 war Kranz Präsident der *Deutschen Gesellschaft für Psychiatrie und Nervenheilkunde*.

Ernst Kretschmer (1888–1964)

Ernst Kretschmer wurde am 8. Oktober 1888 in Wüstenrot bei Heilbronn geboren. Er studierte zunächst Philosophie, Kunstgeschichte, Literatur und Geschichte in Tübingen, bevor er zur Medizin in München und Hamburg wechselte. 1914 wurde Kretschmer bei Robert Gaupp in Tübingen promoviert. Nach seiner Habilitation dort 1918 erhielt er eine außerordentliche Professur. 1926 übernahm er den Lehrstuhl für Psychiatrie und Neurologie an der Universität Marburg und wurde zum Direktor der dortigen Psychiatrischen Klinik ernannt. Ab 1929 war er Vorsitzender der *Allgemeinen Ärztlichen Gesellschaft für Psychotherapie,* an deren Gründung er auch mitbeteiligt war. Aufgrund politischen Drucks legte er im April 1933 das Amt im Vorstand nieder. Kretschmer unterschrieb im November 1933 das „Bekenntnis der Professoren an den deutschen Universitäten und Hochschulen zu Adolf Hitler und dem nationalsozialistischen Staat" und war förderndes Mitglied der SS. Er war indes kein Mitglied der NSDAP. Ab 1934 war Kretschmer Vorstandsmitglied des *Deutschen Vereins für Psychiatrie,* in dem er eine psychotherapeutische Richtung vertrat. Ab 1935 war er Mitglied des Beirats der *Gesellschaft Deutscher Neurologen und Psychiater.* Als Beisitzer am Erbgesundheitsgericht in Marburg und Kassel war er mitverantwortlich für Zwangssterilisationen, darüber hinaus besuchte er 1940 die Tötungsanstalt Bernburg und nahm an Beiratssitzungen der „Aktion T4" teil. 1946 kehrte Kretschmer nach Tübingen zurück und übernahm dort die Professur für Psychiatrie und Neurologie sowie die Direktion der Universitätsklinik Tübingen. Mit der Reorganisation der *Gesellschaft Deutscher Neurologen und Psychiater* 1948/1949 wurde Kretschmer deren Vorsitzender. Im September 1951 wurde Kretschmer auf eigenen Wunsch von diesem Posten entpflichtet und widmete sich fortan seiner Tätigkeit in der *Allgemeinen Ärztlichen Gesellschaft für Psychotherapie,* die er 1948 wiedergegründet hatte.

Caspar Kulenkampff (1922–2002)

Caspar Kulenkampff wurde 1922 in Bremen geboren. Er studierte in Berlin, Hamburg und Heidelberg und wurde 1946 in Medizin promoviert. In der unmittelbaren Nachkriegszeit gehörte er dem Zentralausschuss der Hamburger Studentenschaft an, der sich für die Entnazifizierung des Lehrkörpers stark machte. Ab 1952 arbeitete er an der Psychiatrischen Klinik der Universität Frankfurt, wo er 1957 bei seinem Stiefvater, Jürg Zutt, habilitierte. Ab 1960 wurde Kulenkampff dort leitender Oberarzt. 1964 schrieb er zusammen mit Hans-Erich Schulz und Karl Peter Kisker die Empfehlungen des *Aktionsausschusses zur Verbesserung der Hilfe für Psychisch Kranke* zur zeitgemäßen Gestaltung psychiatrisch-neurologischer Einrichtungen. Von 1964 bis 1977 war Kulenkampff Mitherausgeber der Zeitschrift *Der Nervenarzt.* 1967 erhielt er einen Ruf auf den psychiatrischen Lehrstuhl der Universität Düsseldorf, verbunden mit der Leitung der Rheinischen Kliniken mit 1600 Betten. Überzeugt davon, dass er eine Strukturreform der Versorgung psychisch Kranker als Ordinarius nicht würde vorantreiben können, gab er jedoch schon im Sommer 1971 seinen Lehrstuhl auf und wurde Dezernent für Psychiatrie im Landschaftsverband Rheinland. In dieser Position blieb er bis 1983 tätig. Ab 1968 war er in der *Deutschen Gesellschaft für Psychiatrie und Nervenheilkunde* Vorsitzender des vier Jahre später aufgelösten Ausschusses für Organisationsfragen. Er war zudem Mitglied des Ausschusses für Fragen der Ausbildung, Weiterbildung und Fortbildung. Auf dem DGPN-Kongress 1970 wurde Kulenkampff zunächst zum Präsidenten gewählt. Diese Wahl wurde aber wegen Unregelmäßigkeiten annulliert. Die Neuwahl entschied Rudolf Degkwitz für sich. Ab 1971 hatte Kulenkampff den Vorsitz der vom Bundestag einberufenen Enquete-Kommission inne, die mit dem 1975 veröffentlichten Bericht über die Lage der Psychiatrie eine Empfehlung zur Neustrukturierung der Psychiatrie formulierte. Er war in diesem Zeitraum zudem stellvertretender Vorsitzender der *Aktion Psychisch Kranke.*

Rudolf Lemke (1906–1957)

Geboren wurde Rudolf Lemke am 6. April 1906 in Stettin. Er studierte Medizin, zunächst in Jena, dann in Wien, Freiburg und Berlin. Sein Staatsexamen und im gleichen Jahr seine Promotion erwarb er 1928 wiederum in Jena. Lemke arbeitete anschließend in Jena an der Medizinischen Klinik und dem Pathologischen Institut sowie am Diakonissenkrankenhaus in Dresden. Seit 1931 war Lemke an der von Hans

Berger geleiteten Jenaer Psychiatrischen und Nervenklinik tätig, wo er sich vier Jahre später auch habilitierte. Ebenfalls 1935 wurde er Oberarzt, ein Jahr später bekam er eine Dozentur. Ab 1934 war Lemke am Erbgesundheitsobergericht tätig. Dort war er unter anderem als Gutachter für Homosexuellenverfahren zuständig. Der NSDAP trat er, nachdem er 1937 einen Aufnahmeantrag gestellt hatte, 1939 bei. Lemke wurde 1940 als Medizinalrat verbeamtet, 1942 bekam er eine außerplanmäßige Professur. 1945 wurde er zum kommissarischen Leiter der Jenaer Nervenklinik ernannt, es folgte drei Jahre später die kommissarische Leitung des Lehrstuhls für Psychiatrie, ehe er 1949 zum Ordinarius und ein Jahr später auch zum Direktor der Klinik für Psychiatrie und Neurologie in Jena berufen wurde. Lemke war Vorsitzender der *Medizinisch-wissenschaftlichen Gesellschaft für Psychiatrie und Neurologie an der Universität Jena* sowie Gründungsvorsitzender der *Gesellschaft für Psychiatrie und Neurologie in der DDR*. Als dieser war er auch Vertreter der Lehrstuhlinhaber im Vorstand der *Deutschen Gesellschaft für Psychiatrie und Nervenheilkunde*.

Karl Leonhard (1904–1988)

Geboren wurde Karl Leonhard am 21. März 1904 als Sohn eines Pfarrers im bayrischen Edelsfeld. Er war das fünfte von elf Kindern. Nach dem Abitur studierte Leonhard Medizin, zunächst in Erlangen, später in Berlin und München. Vor allem die Vorlesungen Karl Bonhoeffers in Berlin prägten seinen Wunsch, Psychiater zu werden. 1928 legte er das ärztliche Staatsexamen ab, 1929 wurde er in Erlangen bei Gottfried Ewald promoviert und war anschließend an der dortigen Psychiatrischen und Nervenklinik Assistenzarzt. Von 1931 bis 1935 arbeitete Leonhard zunächst als Assistenz-, dann als Oberarzt an der Heil- und Pflegeanstalt Gabersee in Oberbayern. Ab 1936 war er Oberarzt bei Karl Kleist an der Nervenklinik der Universität Frankfurt am Main, ein Jahr später schloss er dort seine Habilitation ab. In Frankfurt war Leonhard Beisitzer am Erbgesundheitsgericht, zuvor hatte er bereits an der Integration des Terminus der „Angstpsychose" im Gesetz zur Verhütung erbkranken Nachwuchses Anteil. 1937 erfolgte sein Eintritt in die NSDAP. Leonhard wirkte nicht an der nationalsozialistischen „Euthanasie" mit. Er verhinderte durch seine Tätigkeit an der Frankfurter Nervenklinik sogar den Abtransport von Patient/-innen. Ab 1944 war Leonhard außerplanmäßiger Professor der Universität Frankfurt am Main. Nach mehreren erfolglos verlaufenden Berufungsverfahren siedelte er 1955 in die DDR über. Dort übernahm er zunächst den Lehrstuhl für Psychiatrie und Neurologie an der Medizinischen Akademie in Erfurt, zwei Jahre später wechselte er an die Humboldt-Universität zu Berlin und die Nervenklinik der Charité. 1964 versuchte Leonhard, an die Universität in Frankfurt am Main zu wechseln, was jedoch das Staatssekretariat für Hochschulwesen der DDR verhinderte. Seiner Lehrtätigkeit ging er bis zur Emeritierung 1969 nach. Ab 1959 war Leonhard Mitherausgeber der Zeitschrift *Psychiatrie, Neurologie und medizinische Psychologie*, dem Organ der *Gesellschaft für Psychiatrie und Neurologie der DDR*. Leonhard war in seiner Amtszeit als Ordinarius Vorsitzender der *Berliner Gesellschaft für Psychiatrie und Neurologie* sowie von 1957 bis 1969 Vorsitzender der *Gesellschaft für Psychiatrie und Neurologie (in) der DDR.* Er gehörte zudem dem Vorstand der *Gesellschaft für Ärztliche Psycho-therapie* an. In den späten 1950er und frühen 1960er Jahren war er zudem im Vorstand der *Deutschen Gesellschaft für Psychiatrie und Nervenheilkunde* Vertreter der Lehrstuhl-inhaber.

Friedrich Mauz (1900–1979)

Friedrich Mauz wurde am 1. Mai 1900 in Esslingen am Neckar geboren. Er studierte Medizin in Freiburg im Breisgau und in Würzburg. 1925 wurde er bei Robert Gaupp in Tübingen promoviert. 1928 habilitierte sich Mauz an der Philipps-Universität Marburg bei Ernst Kretschmer. 1933 unterzeichnete er das „Bekenntnis der Professoren an den deutschen Universitäten und Hochschulen zu Adolf Hitler und dem national-sozialistischen Staat". 1934 nahm er eine außerordentliche Professur für Psychiatrie und Neurologie in Marburg an. Zwischen 1936 und 1938 lehrte Mauz als Vertretungs-professor an den Universitäten Gießen und Kiel. Am 1. Mai 1937 trat Mauz der NSDAP bei, zudem war er Mitglied im NSDÄB und im NS-Dozentenbund. Entgegen der eigenen nachträglichen Darstellung, wirkte Mauz aktiv an der Durchführung der national-sozialistischen Erbgesundheitspolitik mit. Zwischen 1935 und 1939 war er Antrag-steller, Gutachter und ärztlicher Beisitzer des Kasseler Erbgesundheitsobergerichts. 1939 wurde Mauz an die Universität Königsberg berufen, wo er zunächst die Vertretung des Lehrstuhls für Psychiatrie und Neurologie übernahm bevor er im selben Jahr zum außerordentlichen, 1941 zum ordentlichen Professor ernannt wurde. Zwischen 1939 und 1941 war Mauz einer der Gutachter der „Aktion T4". Zwischen 1947 und 1953 leitete er als Ärztlicher Direktor das Allgemeine Krankenhaus in Hamburg-Langenhorn. Von 1953 bis zu seiner Emeritierung 1968 übernahm Mauz den Lehrstuhl für Psychiatrie der Westfälischen Wilhelms-Universität Münster, zudem war er Direktor der dortigen Uni-versitätsklinik und 1956/1957 Dekan der Universität. Im Jahr 1956 wurde er Mitglied der Deutschen Akademie der Naturforscher Leopoldina, 1957/1958 war er Präsident der *Deutschen Gesellschaft für Psychiatrie und Nervenheilkunde.* In diesen Zeitraum fällt auch der Auftrag der DGPN an Friedrich Panse, eine Denkschrift über die Lage und die Zukunft des psychiatrischen Krankenhauses zu verfassen. 1972 wurde Mauz die Ehrenmitgliedschaft der DGPN verliehen, die ihm 2011 aufgrund seiner Aktivitäten im Nationalsozialismus posthum wieder aberkannt wurde.

Hans Merguet (1892–1981)

Hans Merguet wurde am 30. Juni 1892 geboren. Ab 1934 war Merguet Oberarzt und stellvertretender Direktor der Provinzialheilanstalt Warstein. Er wurde am 1. Mai 1937 in die NSDAP aufgenommen und war SA-Mitglied. 1938 wurde Merguet an die Provinzialheilanstalt Gütersloh versetzt. 1941 lehnte er die ihm angetragene Nach-folge Paul Pohlmanns (Leitung Dortmund-Aplerbeck) ab, möglicherweise, weil dieser Posten mit einer Mitwirkung an der „Kindereuthanasie" verbunden gewesen wäre. 1946 wurde Merguet vorübergehend suspendiert, drei Jahre später wurde er Direktor der Provinzialheilanstalt Lengerich. Dieses Amt übte er bis 1957 aus. Bereits in den 1950er

Jahren setzte er sich für eine Reform der psychiatrischen Versorgungseinrichtungen ein. 1963/1964 war Merguet Präsident der *Deutschen Gesellschaft für Psychiatrie und Nervenheilkunde* und damit nach 1945 der erste, der dieses Amt ohne eigenen Lehrstuhl ausübte. Während seiner Präsidentschaft nahm Merguet als einer von drei Rednern aus der Bundesrepublik an der internationalen Tagung in Rodewisch (DDR) teil.

Alexander Mette (1897–1985)

Alexander Mette wurde am 15. Januar 1897 in Lübeck geboren. 1916 begann er ein Medizinstudium, dass ihn nach München, Berlin, Heidelberg und Halle führte und welches er 1923 mit dem Staatsexamen abschloss. Anschließend begann er eine Ausbildung als Facharzt für Nerven- und Gemütskrankheiten. 1926/1927 absolvierte er in Leipzig bei Therese Benedek eine psychoanalytische Ausbildung, kurze Zeit später trat er der *Deutschen Psychoanalytischen Gesellschaft* bei und schloss seine Promotion ab. Anschließend war Mette als niedergelassener Nervenarzt in Berlin-Steglitz tätig und am *Institut der Internationalen Psychoanalytischen Vereinigung* aktiv. Während des Nationalsozialismus konnte er nicht mehr als Psychoanalytiker praktizieren, hielt aber seine Nervenarztpraxis weiter offen. 1938 wurde er Mitglied der Nationalsozialistischen Volkswohlfahrt und des Nationalsozialistischen Kraftfahrkorps. Während des Zweiten Weltkriegs war er zeitweilig als Soldat eingesetzt. Im August 1945 wurde Mette Mitglied der KPD, 1946 Mitglied der SED. Nach Kriegsende praktizierte er weiter in seiner Praxis, bemühte sich im Sommer 1946 jedoch um eine Anstellung als Dozent am neugegründeten *Berliner Institut für Psychotherapie*. Nachdem ihm sein Wunsch verwehrt wurde, übernahm Mette leitende Funktionen im Aufbau des Gesundheitssystems in der SBZ. Zunächst arbeitete Mette als stellvertretender Direktor, bald darauf als Leiter des thüringischen Gesundheitsamtes. Zu dieser Zeit begann auch seine Tätigkeit als Chefredakteur der Zeitschrift *Das Deutsche Gesundheitswesen*. Zwischen 1949 und 1951 war er Lehrbeauftragter für Sozialpolitik der Universität Jena. 1949 wurde er Herausgeber der Fachzeitschrift *Psychiatrie, Neurologie und medizinische Psychologie*. 1951 kehrte Mette nach Berlin zurück, wo er zunächst im *Ministerium für Gesundheitswesen* tätig war. Ab 1952 war er Cheflektor des Verlages *Volk und Gesundheit*. In dieser Funktion war er maßgeblich an der Publikation der Schriften von Iwan Petrowitsch Pawlow beteiligt. Er war zudem Mitglied der *Staatlichen Pawlow-Kommission*. 1954 folgte Mette dem Ruf der Humboldt-Universität zu Berlin als Professor mit Lehrauftrag für Psychotherapie, vier Jahre später wurde er im *Ministerium für Gesundheitswesen* Leiter der *Hauptabteilung Wissenschaft*. 1959 wurde er an der Humboldt-Universität zu Berlin Professor für Geschichte der Medizin sowie Direktor des dazugehörigen Instituts. Ab 1960 gab er die *Zeitschrift für Geschichte der Naturwissenschaften, Technik und Medizin* heraus. Mette bekleidete darüber hinaus seit Mitte der 1950er Jahre zahlreiche politische Ämter: Er war Präsidialrat des Kulturbundes, bekleidete ein Mandat der SED in der Volkskammer und war Mitglied des Zentralkomitees der SED. Im Vorstand der *Gesellschaft für Psychiatrie und Neurologie (in) der DDR* und im Vorstand der *Gesellschaft für ärztliche Psychotherapie der DDR* war er Vertreter des *Ministeriums für Gesundheits-wesen.*

Dietfried Müller-Hegemann (1910–1989)

Dietfried Müller-Hegemann, geboren am 5. Mai 1910 im damals zu Österreich-Ungarn gehörenden Ljubljana, studierte von 1930 bis 1936 Medizin und Philosophie in München, Wien, Königsberg und Berlin. 1927 trat er dem Kommunistischen Jugendver-band, 1932 der KPD bei. An der Friedrich-Wilhelms-Universität Berlin betätigte sich Müller-Hegemann nach eigenem Bekunden am kommunistischen Widerstand und war an der Herstellung und Verbreitung von antifaschistischen Flugblättern beteiligt. Von 1936 bis 1943 war Müller-Hegemann Ausbildungskandidat am *Deutschen Institut für Psycho-logische Forschung und Psychotherapie* bei Harald Schultz-Hencke in Berlin, zudem ab 1937 Assistent von Karl Bonhoeffer an der Nervenklinik der Berliner Charité und den Nerven- und Heilstätten Berlin-Wittenau. 1940/1941 war er als Stabs- und Truppen-arzt an der Ostfront eingesetzt, ab 1943 als Lazarettarzt in Berlin-Tempelhof und Pots-dam. Gegen Kriegsende geriet Müller-Hegemann in sowjetische Kriegsgefangenschaft und kehrte erst 1948 nach Deutschland zurück. Nun leitete er in Berlin eine „Antifa-Schule", die der Umerziehung aus der Sowjetunion zurückkehrender Kriegsgefangener diente. Ab 1950 arbeitete Müller-Hegemann wieder an der Charité unter Leitung Rudolf Thieles. Ein Jahr später habilitierte er sich dort auf dem Gebiet Psychiatrie und Neurologie. Als ideologisch zuverlässiger Verfechter des Pawlowismus machte Müller-Hegemann rasch Karriere. Im Jahr 1952 wurde er kommissarischer Direktor der Psychiatrischen und Nervenklinik der Universität Leipzig. In dieser Zeit war er Bezirkstagabgeordneter in Leipzig sowie Mitglied der dortigen SED-Kreisleitung. Als Mitglied der Staatlichen Pawlow-Kommission leitete er die Pawlow-Tagung in Leipzig 1953. 1955 erfolgte die Ernennung zum Professor mit Lehrauftrag für Psychiatrie und Neurologie an der Medizinischen Fakultät der Universität Leipzig, zwei Jahre später wurde er als ordentlicher Professor auf den Lehrstuhl berufen. Von 1954 bis 1956 war er zudem als Leiter der *Hauptabteilung Wissenschaft* am *Ministerium für Gesund-heit* tätig. Ab 1959 gehörte Müller-Hegemann zu den Herausgebern der Fachzeitschrift *Psychiatrie, Neurologie und medizinische Psychologie,* zudem war er Vorstandsmitglied der *Gesellschaft für Psychiatrie und Neurologie der DDR* und Vorsitzender der *Gesell-schaft für Ärztliche Psychotherapie der DDR.* Ende August 1964 trat Müller-Hegemann nach einem lang andauernden Konflikt mit der Parteiführung von seinen akademischen Ämtern zurück und übernahm stattdessen die Leitung des Wilhelm-Griesinger-Fachkrankenhauses in Berlin. Er vertrat die DDR auch weiterhin international und erhielt zahlreiche Auszeichnungen (u. a. den „Vaterländischen Verdienstorden"). Im Mai 1971 besuchte Müller-Hegemann, der auch nach dem Weggang aus Leipzig weiterhin unter Beobachtung des MfS und der SED stand, einen Fachkongress in München, nach dessen Ende er nicht wieder in die DDR zurückkehrte. Seine Entscheidung begründete er mit der Behinderung seiner wissenschaftlichen, insbesondere seiner publizistischen Arbeit. Nach der „Republikflucht" arbeitete Müller-Hegemann zunächst als Visiting

Professor an der University of Pensylvania, ehe er sich dem Aufbau der Psychotherapie-abteilung des Knappschaftskrankenhauses Essen-Steele widmete. 1973 veröffentlichte er in der Bundesrepublik ein Buch über „Das Mauersyndrom", in dem er die seelischen Folgen der innerdeutschen Grenzanlagen beschrieb. 1975 ließ er sich als Nervenarzt und Psychotherapeut in freier Praxis nieder.

Friedrich Albert Panse (1899–1973)

Friedrich Albert Panse wurde am 30. März 1899 in Essen geboren. Er studierte von 1919 bis 1923 in Münster und Berlin Medizin. Im Anschluss an sein Studium arbeitete Panse unter Karl Bonhoeffer an der Psychiatrischen und Nervenklinik der Berliner Charité. Dort schloss er 1924 seine Promotion ab. Anschließend arbeitete er an den Wittenauer Heilstätten Berlin, wo er zunächst als Assistenz- und später als Anstalts- und Oberarzt tätig war. Seine Habilitation an der Friedrich-Wilhelms-Universität zu Berlin erfolgte 1936. Im gleichen Jahr wurde er Leitender Arzt des Rheinischen Provinzial-Instituts für psychiatrisch-neurologische Erbforschung in Bonn. Dort war er ab 1937 auch als Dozent mit dem Lehrauftrag „Rassenhygiene" tätig, 1942 folgte die außerplanmäßige Professur für Psychiatrie, Neurologie und Rassenhygiene. Ab 1935 war Panse Mitglied des Erbgesundheitsobergerichts in Berlin, ein Jahr später auch in Köln. Ab Mai 1940 war er zudem als Gutachter der „Aktion T4" tätig. In den etwa 600 von ihm bearbeiteten Fällen sprach er sich mindestens 15 Mal für eine Tötungsentscheidung aus. Daneben führte Panse im Reservelazarett Porz-Ensen an Soldaten die Behandlung von Kriegs-traumata durch. Die dabei von ihm eingesetzte Behandlung mit galvanischem Strom wurde als „Pansen" bekannt. Nach Ende des Krieges wurde Panse angeklagt, letztlich aber trotz seiner Tätigkeiten im Dienst der nationalsozialistischen Erbgesundheitspolitik überwiegend entlastet. Er verlor seine Anstellung als außerplanmäßiger Professor, eine Entscheidung, gegen die er sich 1952 vor dem Landesverwaltungsgericht in Düsseldorf erfolgreich wehrte. 1950 wurde Panse Leiter der Rheinischen Landesklinik für Hirnver-letzte. Von 1954 bis zu seiner Emeritierung 1967 arbeitete er als ordentlicher Professor für Psychiatrie an der Universität Düsseldorf sowie als Direktor der Psychiatrischen Klinik der Medizinischen Akademie Düsseldorf am Rheinischen Landeskrankenhauses Düsseldorf-Grafenberg. 1965/1966 war er Präsident der *Deutschen Gesellschaft für Psychiatrie und Nervenheilkunde*. 1972 bekam er die Ehrenmitgliedschaft dieser Gesell-schaft verliehen, die ihm 2011 aufgrund seiner Tätigkeit im Rahmen der „Aktion T4" wieder aberkannt wurde.

Helmut Rennert (1920–1994)

Geboren wurde Helmut Rennert am 14. Februar 1920 in Dessau. Nach dem Wehr-dienst 1938 studierte er Medizin in Leipzig und Jena. 1944 wurde er promoviert. 1946 folgte eine Anstellung an der Nervenklinik der Universität Jena, zunächst als Assistenz-, ab 1950 als Oberarzt. Zwei Jahre später habilitierte er sich, im selben Jahr bekam er eine Dozentur für Psychiatrie und Neurologie an der Universität Jena. 1956 wurde er Professor mit Lehrauftrag am neu geschaffenen Lehrstuhl für Kinderpsychiatrie. 1957

wurde er als Nachfolger Rudolf Lemkes kommissarischer Direktor der Universitäts-
nervenklinik Jena. 1958 übernahm er die Leitung der Klinik für Psychiatrie und Neurologie der Universität Halle und wurde dort Professor für Psychiatrie und Neurologie.
Zum Ordinarius dieses Lehrstuhls wurde er jedoch erst 1969 ernannt. Rennert war ab
1965 Mitglied der *Deutschen Akademie der Naturforscher Leopoldina*, zwischen 1978
und 1989 war er auch ihr Vizepräsident im Medizinischen Bereich. Zudem war er
zwischen 1969 und 1974 Vorsitzender der *Gesellschaft für Neurologie und Psychiatrie
der DDR* und der *Medizinisch-wissenschaftlichen Gesellschaft für Psychiatrie und
Neurologie der Martin-Luther-Universität Halle-Wittenberg.*

Robert Schimrigk (1904–1976)

Robert Schimrigk wurde am 5. Februar 1904 in Wickenrode bei Kassel geboren. 1930
schloss er sein Medizinstudium, das ihn nach Marburg und Münster geführt hatte, mit
dem Staatsexamen ab. Anschließend arbeitete er in Lyck (Ostpreußen) als Medizinalassistent, ehe er seine Fachausbildung bei Ferdinand Kehrer in Münster absolvierte.
1933 folgte die Promotion. 1938 ließ sich Schimrigk als Nervenarzt mit eigener Praxis
in Dortmund nieder, die er bis kurz vor seinem Tod führte. Zudem hatte er zwischen
1948 und 1959 einen Lehrauftrag am Heilpädagogischen Institut in Dortmund. 1955
wurde er zum Präsidenten der Ärztekammer Westfalen-Lippe gewählt, ein Amt, welches
er 18 Jahre lang ausübte, bis er 1973 auf eigenen Wunsch zurücktrat. Schimrigk wurde
anschließend zum Ehrenpräsidenten der Ärztekammer ernannt. 1967/1968 war er
Präsident der *Deutschen Gesellschaft für Psychiatrie und Nervenheilkunde.* Er war der
erste Vorsitzende der Fachgesellschaft nach dem Zweiten Weltkrieg, der als niedergelassener Arzt tätig war.

Heinz A. F. Schulze (1922–2015)

Heinz A. F. Schulze wurde 1922 geboren. Zwischen 1949 und 1954 Studium und
Promotion der Humanmedizin an der Charité, Habilitation 1963. Während des Kalten
Krieges war er zwei Jahre Gast am Institut für Hirnforschung und allgemeine Biologie in
Neustadt/Schwarzwald. 1971 wurde Schulze Vorsitzender der *Berliner Gesellschaft für
Psychiatrie und Neurologie.* Ab 1972 war er Chefredakteur der Zeitschrift *Psychiatrie,
Neurologie und medizinische Psychologie,* ab 1974 leitete er die *Gesellschaft für
Psychiatrie und Neurologie der DDR.* 1978 übernahm er das Direktorat der Nervenklinik
der Charité. Die Reisekadereinschätzung durch Karl Seidel bescheinigte ihm 1977, er
habe „als nationaler Delegierter bei der Generalversammlung beim Weltkongress für
Psychiatrie 1971 in Mexiko City" wesentlich daran mitgewirkt, „eine antisowjetische
Resolution zu Fall zu bringen".

Hanns Schwarz (1898–1977)

Hanns Schwarz wurde am 25. Juni 1898 in Berlin geboren. Von 1918 bis 1923
studierte er Medizin in Freiburg im Breisgau, München und Berlin. 1924 wurde er
dort promoviert und war fortan bis 1928 als Assistenz-, von 1928 bis 1932 als Ober-

arzt an der Nervenklinik der Charité Berlin unter Karl Bonhoeffer tätig. 1933 wurde er Leiter der Heil- und Pflegeanstalt Berolinum in Berlin-Lankwitz. Aufgrund der Ehe mit einer Jüdin sowie eines fehlenden „Ariernachweises" wurde Hanns Schwarz 1938 entlassen, aus der Reichsärztekammer ausgeschlossen und mit einem Praxisverbot belegt. Zwischen 1943 und 1945 arbeitete er an einer privaten Nervenheilanstalt für Kinder im bayrischen Schwabing. Ab Mai 1945 nahm er zunächst seine Tätigkeit als niedergelassener Arzt wieder auf, bevor er im Herbst 1946 trotz fehlender Habilitation dem Ruf als außerordentlicher Professor und Direktor der Nervenklinik an die Universität Greifswald folgte. 1947 erfolgte die Ernennung zum Ordinarius, was er bis zu seiner Emeritierung 1965 blieb. Im März 1948 war Schwarz an der Gründung der *Gesellschaft für Psychiatrie und Neurologie in Mecklenburg* beteiligt, deren erster Vorsitzender er wurde. Zudem war er Mitbegründer und erster Präsident der *Deutschen Gemeinschaft zum Schutze der Kinder* sowie im Vorstand der *Gesellschaft für Psychiatrie und Neurologie (in) der DDR* aktiv.

Werner Villinger (1887–1961)

Werner Villinger wurde am 9. Oktober 1887 in Besigheim bei Ludwigsburg geboren. Er absolvierte sein Studium der Medizin von 1909 bis 1914 in München, Kiel und Straßburg. 1920 wurde er in Tübingen bei Robert Gaupp promoviert, ab 1926 arbeitete er im Landesjugendamt der Stadt Hamburg, 1931 wurde er Leitender Oberarzt des ärztlichen Dienstes dieses Jugendamts. Villinger habilitierte sich bei Wilhelm Weygandt. Ab 1934 war er Chefarzt der v. Bodelschwinghschen Anstalten in Bethel. Als Leitender Arzt war Villinger dort dafür verantwortlich, durch Antragstellung auf Sterilisation das *Gesetz zur Verhütung erbkranken Nachwuchses* praktisch umzusetzen. Am 1. Februar 1940 folgte er einem Ruf an die Universität Breslau. Villinger nahm eine ambivalente Rolle in der „Euthanasie"-Politik der Nationalsozialisten ein. Einerseits unterstützte er die Bemühungen v. Bodelschwinghs gegen die Ermordungen von Menschen mit Behinderung, andererseits wird ab März 1941 sein Name in Gutachter-Listen der „Aktion T4" geführt. Das Kriegsende erlebte Villinger in Tübingen, wo er aufgrund der Berufung von Ernst Kretschmer aber nicht bleiben konnte. Er wechselte 1946 auf die Leitung der Psychiatrischen und Nervenklinik der Universität Marburg und wurde dort zum ordentlichen Professor ernannt. Mehrmals plädierte er in der Nachkriegszeit für ein neuerliches Sterilisationsgesetz. Villinger war 1950 Vorsitzender der *Deutschen Vereinigung für Jugendpsychiatrie,* von 1951 bis 1953 war er Präsident der *Gesellschaft Deutscher Neurologen und Psychiater.* Er war darüber hinaus in den 1950er Jahren im Ärztlichen Beirat der *Deutschen Multiple Sklerose Gesellschaft* und gründete 1958 die *Bundesvereinigung Lebenshilfe für das geistig behinderte Kind* mit. Anfang der 1960er Jahre sprach er sich als Sachverständiger im Ausschuss für Wiedergutmachungsfragen gegen die Entschädigung der nach dem GzVeN sterilisierten Psychiatriepatient/-innen aus. Im Zuge der Heyde-Sawade-Affäre wurde seine Mitwirkung an der „Aktion T4" öffentlich. Er starb kurz darauf.

Jürg Zutt (1893–1980)

Jürg Zutt wurde am 28. Juni 1893 in Karlsruhe geboren. Er studierte ab 1911, unterbrochen vom Militärdienst im Ersten Weltkrieg, Medizin in Freiburg im Breisgau und in Kiel. Im April 1920 wurde Zutt in Freiburg promoviert. Ab 1923 arbeitete er an der Charité als wissenschaftlicher Assistent von Karl Bonhoeffer. 1928 gründete Zutt gemeinsam mit Wilhelm Mayer-Gross, Karl Hansen und Kurt Beringer die Fachzeitschrift *Der Nervenarzt*. Im Jahr 1932 erfolgte die Habilitation an der Medizinischen Fakultät der Friedrich-Wilhelms-Universität zu Berlin. Mit Bonhoeffer gemeinsam erstellte Zutt 1933 das psychiatrische Gutachten über den Hauptangeklagten im Reichstagsbrandprozess, Marinus van der Lubbe. Die Berufung auf einen Lehrstuhl erfolgte in den Folgejahren aufgrund politischer Differenzen mit dem Nationalsozialisten zunächst nicht. Aufgrund seiner Tätigkeiten an der Charité war er jedoch Gutachter für Anträge auf Sterilisation, von denen er 55 % befürwortete. Auf Vermittlung Bonhoeffers wurde Zutt 1937 zum Leitenden Arzt der Kuranstalten Westend, einer Tätigkeit, der er bis 1946 nachging. 1939 wurde er außerordentlicher Professor an der Friedrich-Wilhelms-Universität zu Berlin. Im selben Jahr wurde er kurzzeitig zum Militärdienst einberufen, ihm gelang es jedoch, stattdessen die Leitung der Nervenpoliklinik der Charité zu übernehmen. Nach Ende des Zweiten Weltkrieges übernahm Zutt den Lehrstuhl für Psychiatrie und Nervenheilkunde an der Universität Würzburg. Vier Jahre später, im August 1950, wechselte Zutt auf den Lehrstuhl für Psychiatrie und Neurologie der Universität Frankfurt am Main. 1954 wurde er zum Gründungspräsidenten der *Deutschen Gesellschaft für Psychiatrie und Neurologie/Nervenheilkunde* gewählt. Diese Position behielt er bis 1956. 1961 übernahm er den Vorsitz des *Gesamtverbandes Deutscher Nervenärzte*. Zutt war in den ersten drei Nachkriegsjahrzehnten der prägende Herausgeber der Fachzeitschrift *Der Nervenarzt*. Zwischen 1966 und 1968 war er zudem Leiter der Sektion *Transcultural Psychiatry* im *Weltverband für Psychiatrie*.

Literatur

Unveröffentlichtes Quellenmaterial

Alexander-Mitscherlich-Archiv

Na 7, 15; Na 7, 21; Na 7, 23; Na 7, 152, Na 7, 238, Na 7, 239, Na 7, 240

Archiv der Deutschen Gesellschaft für Neurologie

3 Ordner mit identischer Aufschrift, ohne Nummerierung: DGN-Archiv DGN Historie

Archiv der Deutschen Gesellschaft für Psychiatrie und Psychotherapie, Psychosomatik und Nervenheilkunde (Signaturauflösung)

1 A = Ordner: Deutsche Gesellschaft, Protokolle 1951–1963, etc.
1 B = Ordner: DGPN, Protokolle, Korrespondenz 1963–1972
1 C = Ordner: DGPN, Protokolle, Vorstand, Mitgliederversammlung
1 D = Ordner: DGPN, Protokolle, Vorstand
1 E = Ordner: Amtszeit von Prof. Ehrhardt
1 F = Ordner: DGPN, Protokolle der Vorstandssitzungen 1968–1972
1 G = Ordner: Verwaltung Vorstand 1969–1972, VV01
1 H = Ordner: DGPN, Protokolle, aktuelle Korrespondenz II, 1970–1974
1 I = Ordner: DGPN Schriftverkehr 1970 bis Ende 1975
1 J = Ordner: DGPN 1974/1975
1 K = Ordner: DGPN Schriftverkehr 1976
1 L = Ordner: Verwaltung Vorstand 1974 bis 1978 VV03
1 M = Ordner: DGPN A-K
1 N = Ordner: Präsident, 2. Akte

© Der/die Herausgeber bzw. der/die Autor(en), exklusiv lizenziert durch Springer-Verlag GmbH, DE, ein Teil von Springer Nature 2021
S. Dörre, *Zwischen NS-„Euthanasie" und Reformaufbruch*,
https://doi.org/10.1007/978-3-662-60878-4

1 O = Ordner: Kongress Bad Nauheim 1964

1 P = Ordner: DGPN, Firmen, Aussteller, Lokale u. Veranstaltungen

1 R = Ordner: DGPN, Berufsverband 1966–1978

1 S = Ordner: Gesamtverband I 1955–1973

1 T = Ordner: DGPN, Lehrstuhlinhaber Psychiatrie, AWMF

1 U = Ordner: DGPN, Psychiatrisches Krankenhaus

1 V = Ordner: Öffentlichkeitsarbeit DGPN 1970-1975

2 A = Hängeordner: Intern. Bez.

2 B = Hängeordner: DGPN „Spektrum"

2 C = Hängeordner: Wissenschaftlicher Austausch mit UdSSR

2 D = Hängeordner: Deutsche Vereinigung gegen politischen Missbrauch der Psychiatrie

Archiv der Deutschen Gesellschaft für Psychoanalyse, Psychotherapie, Psychosomatik und Tiefenpsychologie

DGPT-Archiv, Ordner 1970–1975; DGPT-Archiv, Ordner 21A; DGPT-Archiv, Ordner 7

Archiv der Humboldt-Universität zu Berlin

03011/6, Bd. 1–8; 03011/8–10; Personalakte Prof. Dr. Leonhard, Karl; Charité-Personalakte bis 1993, Prof. Leonhard, Karl

Archiv des Instituts für Geschichte der Medizin, Universität Würzburg

Unverzeichneter Nachlass Georg Schaltenbrand, Privatkorrespondenz

Archiv des Springer-Verlags

C 511; C 577; C 1182; D-30-4; D-53-6; D-56-10; E-4-2; E-109-6; E-109-7

BStU-Archiv

MfS AIM 13788/83 II/2; MfS AIM 13788/83 II/1; MfS AIM 1847/71 II/4; MfS BV Rst Leiter der BV Nr. 147; MfS HA IX/11 RHE 133-70 Teil 2; MfS AP 33192/92; MfS HA XX Nr. 41; MfS HA XX/AKG RK Nr. 13041–13090; MfS BV Berlin Abt. XX Nr. 11961; MfS AIM 2180/91 T. I/1; Mfs Ddn AIM 4344/81 I/I; MfS Ddn A 192/29-30; MfS ZOS Nr. 3852; MfS Hle AOP 255/55; MfS HA XX ZMA Nr. 2554; MfS ZMD Nr. 984; MfS HA XX/AKG RK Nr. 13041–13090

Bundesarchiv Berlin

BAB DC 9/12; BAB DC 9/1699; BAB DC 9/9112; BAB DQ 1/139; BAB DQ 1/277; BAB DQ
1/308; BAB DQ 1/2421; BAB DQ 1/2661; BAB DQ 1/3444; BAB DQ 1/3583 1 von 2; BAB
DQ 1/3583 2 von 2; BAB DQ 1/4342; BAB DQ 1/5066; BAB DQ 1/5357 1 von 2; BAB DQ
1/5357 2 von 2; BAB DQ 1/6086; BAB DQ 1/6099; BAB DQ 1/20030; BAB DQ 1/20447;
BAB DQ 1/23058; BAB DQ 1/23708; BAB DQ 101; BAB DQ 101/481c; BAB DQ 101/584a 2
von 2; BAB; BAB DQ 103; DQ 120/23-2; BAB DQ 123/1; BAB DQ 123/19 1 von 2; BAB DQ
123/19 2 von 2, BAB DQ 123/20 1 von 2; BAB DQ 123/20 2 von 2; BAB DQ 123/21 1 von 2;
BAB DX 1/453; BAB Q 1/93

Bundesarchiv Koblenz

BAK B 363/59; BAK ZSG 161/7

Universitätsarchiv Frankfurt am Main

UAF Abt. 4, Nr. 1454; UAF Abt. 13, Nr. 179; UAF Abt. 14, Nr. 2156; UAF Abt. 14, Nr. 2386

Universitätsarchiv Freiburg

UAF C 58/144; UAF C 58/148; UAF C 58/153; UAF C 58/201; UAF C 92/3; UAF C 92/28; UAF
C 92/238, UAF C 92/242

Universitätsarchiv Heidelberg

UAH H-III-589; Rep 63–108; UAH Rep 63/111; UAH Rep 63–113; UAH Rep 63–114; UAH Rep
63–115; UAH Rep 63/130; UAH Rep 63–74 UAH Rep 63–75, UAH Rep 63–76; UAH Rep
63–109; UAH Rep 63–110; UAH Rep 63/111

Universitätsarchiv Leipzig

UAL Med Fak CIII/1/1c, Bd. 1; UAL Med Fak CIII/1/1c, Bd. 2; UAL, PA 1516 (Müller-Hegemann)

Universitätsarchiv Rostock

UAR 1678 Med. Fak, Nervenklinik, Abt. für Neurologie 1957–1977; UAR 1679 Med. Fak. Nervenklinik: Besetzung des Lehrstuhls für Neurologie und Psychiatrie 1948–1954; UAR 1683 Med. Fak., Nervenklinik. Besetzung der Lehrstühle für Psychiatrie und Neurologie 1958-1960; UAR K056-0791 Kurator, Verwaltung d. Lehrstuhls f. Psychiatrie 1936–1948; UAR K056-0783, Kurator, Wiederbesetzung des Lehrstuhls f. Psychiatrie 1936–1948

Universitätsarchiv Tübingen

UAT 749/E12; UAT 749/S21-11; UAT 749/S27; UAT 749/S33

Veröffentlichtes Quellenmaterial

Akademie für Ärztliche Fortbildung der DDR (Hrsg) (1975) Arzt-Patient-Verhältnis und Schwester-Patient-Verhältnis. Auswahlbiografie. Berlin

Albert E (1974) Herrn Professor Karl Leonhard zum 70. Geburtstag. Nervenarzt 45:499

Altenkämper E (1953) Verhalten des Arztes bei Verwahrung geisteskranker Personen. Ärztl Mitt 124:436–439

Ausschusses für Jugend, Familie und Gesundheit (1970) Stenographischer Bericht über die öffentliche Informationssitzung am Donnerstag, dem 8. Oktober 1970. In: Bundesministerium für Jugend, Familie und Gesundheit (Hrsg) (1973) Materialsammlung I zur Enquete über die Lage der Psychiatrie in der BRD. Stuttgart, S. 27–116

Bally G (1965) Soziologische Aspekte der Tiefenpsychologie. Nervenarzt 36:66–70

Baeyer Wv (1950) Gegenwärtige Psychiatrie in den Vereinigten Staaten. Nervenarzt 21:2–9

Baeyer Wv (1961) Diskussionsbeitrag zur Frage der Beurteilung der Schuldfähigkeit psychopathisch-neurotischer Rechtsbrecher anläßlich des Kongresses der Deutschen Gesellschaft für Psychiatrie und Nervenheilkunde vom 14.–16. Oktober 1960 in Bad Nauheim. Zugleich eine Bemerkung zur Arbeit „Die Unbestimmtheitsrelation von Freiheit und Unfreiheit als methodologischer Grenzbegriff der forensischen Psychiatrie" von S. Haddenbrock. Nervenarzt 32:225–227

Barthel E, Schwarz B (1957) Zusammenarbeit von Arzt und Psychologen in der Poliklinik einer psychiatrischen Klinik. Psychiatr Neurol Med Psychol 9:169–174

Basaglia F (1971) Die negierte Institution oder Die Gemeinschaft der Ausgeschlossenen – Ein Experiment der psychiatrischen Klinik in Görz. Frankfurt a. M.

Bauer HJ (1982) Die Deutsche Gesellschaft für Neurologie – Stellung und Wirken im historischen Wandel und Fortschritt der Medizin. In: Seitz, D (Hrsg) 75 Jahre Deutsche Gesellschaft für Neurologie 1907–1982. Lübeck, S. 47–55

Becker HH (1949) Bericht über die Jahresversammlung der deutschen Neurologen und Psychiater in Marburg. Psychiatr Neurol Med Psychol 1:249–259

Becker HH (1956) Die sechste Sitzung der Pawlow-Kommission beim Deutschen Pädagogischen Zentralinstitut. Pädagogik 6:680–686

Behrend RC et al (1962) Neurologie und Psychiatrie. Nervenarzt 33:245–248

Benedetti G (1954) Psychotherapie der Schizophrenie. Nervenarzt 25:197–201

Bente D et al (1962) Psychiatrie – Neurologie. Nervenarzt 33:274 f.

Bierer J (1960) Eine Revolution in der Psychiatrie Großbritanniens. Das Deutsche Gesundheitswesen 15:645–650

Bierer J (1964) Tag- und Nachtkliniken. Krankenhaus 4:212–217

Binding K, Hoche AE (2006) Die Freigabe der Vernichtung lebensunwerten Lebens. Ihr Maß und ihre Form, ursprünglich 1920, Berlin

Blessin G (1960) Wiedergutmachung. Bad Godesberg

Bonhoeffer K (1947) Vergleichende psychopathologische Erfahrungen aus. den beiden Weltkriegen. Nervenarzt 18:1–4

Bonhoeffer K (1969a) Führerpersönlichkeit und Massenwahn [1947]. In: Zutt J, Straus E, Scheller H (Hrsg) Karl Bonhoeffer. Zum Hundertsten Geburtstag am 31. März 1968. Berlin, S. 108–114

Bonhoeffer K (1969b) Lebenserinnerungen von Karl Bonhoeffer – Geschrieben für die Familie [1948]. In: Zutt J, Straus E, Scheller H (Hrsg) Karl Bonhoeffer. Zum Hundertsten Geburtstag am 31. März 1968. Berlin, S. 8–107

Bonhoeffer K (1949) Einführung. Psychiatr, Neurol Med Psychol 1:1

Brandt M (1957) Wege und Umwege der Sowjetmedizin. Einblick in die russische Literatur von 1946–1956. Berlin

Bräutigam W (1962) Zweite Tagung deutscher und französischer Psychiater in Bamberg vom 21. bis 24.7.1960. Nervenarzt 33:36–40

Bräutigam W (1969) Konstituierung und Tätigkeit des Ausschusses „Psychotherapie" der Deutschen Gesellschaft für Psychiatrie und Nervenheilkunde (Mitteilungen der Deutschen Gesellschaft für Psychiatrie und Nervenheilkunde). Nervenarzt 40:243 f.

Bräutigam W (1974) Psychiatrische und psychotherapeutische Versorgung psychisch Kranker. Stellungnahme zum Diskussionsbeitrag „Für eine ungeteilte Versorgung psychisch Kranker in der BRD" von H. Lauter, J.E. Meyer und F. Specht. Nervenarzt 45:600–602

Bräutigam W (1986) Zum Verhältnis von Psychiatrie und Psychoanalyse aus gegenwärtiger Sicht (Psychoanalytisches Verstehen und psychotherapeutisches Handeln). In: Heimann H, Gaertner HJ (Hrsg) Das Verhältnis der Psychiatrie zu ihren Nachbardisziplinen. Berlin, S. 47–54

Brigl H, Lindinger H (1963) Psychotherapeutische Station und Rehabilitationsabteilung in der psychiatrischen Heilanstalt. Nervenarzt 34:549–550

Brunnberg H (1964) Psychiatrische Abteilung in allgemeinen Krankenhäusern. Das Krankenh 4:210–212

Bundesärztekammer (1968) Öffentliche Kundgebung des 71. Deutschen Ärztetages im Großen Saal des Kurhauses Wiesbaden am 21. Mai 1968, 16 Uhr, in: Wortbericht des 71. Deutschen Ärztetages vom 20. Mai bis 22. Mai 1968 in Wiesbaden, hg. von der Bundesärztekammer (Arbeitsgemeinschaft der Westdeutschen Ärztekammern). o. O., S. 85–95

Bundesärztekammer (1970) Wortbericht des 73. Deutschen Ärztetages vom 23. Mai bis 27. Mai 1970 in Stuttgart, hg. von der Bundesärztekammer (Arbeitsgemeinschaft der Westdeutschen Ärztekammern). Köln

Bundesministerium für Jugend, Familie und Gesundheit (Hrsg) (1973) Materialsammlung I zur Enquete über die Lage der Psychiatrie in der BRD. Stuttgart

Bundesministerium für Jugend, Familie und Gesundheit (Hrsg) (1973) Materialsammlung II zur Enquete über die Lage der Psychiatrie in der BRD. Stuttgart

Bundesministerium für Jugend, Familie und Gesundheit (Hrsg) (1973) Problemanalysen und Reformschwerpunkte für das Gesundheitswesen der Bundesrepublik Deutschland. Schlußbericht über eine vom Bundesministerium für Jugend, Familie und Gesundheit geförderte Untersuchung der Studiengruppe für Systemforschung e. V. Stuttgart

Bundestagsdrucksache VI/2322

Bundestagsdrucksache V/3515

Bundestagsdrucksache VII/4200

Bürger-Prinz H (1964) Wir könnten alle Mörder sein. Der Stern 6:56–60

Bürger-Prinz H (1971) Ein Psychiater berichtet. Hamburg

Bürger-Prinz H (1972) Geleitwort. In: Hand I (Hrsg) Pawlows Beitrag zur Psychiatrie. Entwicklungs- und Strukturanalyse einer Forschungsrichtung. Stuttgart, S. V f.

Bykow KM (1950) Die Entwicklung der Ideen I.P. Pawlows. Z Ärztl Fortbild 23/24:618–636

Catel W (1962) Grenzsituationen des Lebens. Beitrag zum Problem der begrenzten Euthanasie. Nürnberg

Conrad K (1950) Der IV. internationale Neurologenkongreß vom 5. bis 10. September 1949 in Paris. Fortschritte Neurol 18:127–168

Conrad K (1954) Über moderne Strömungen der französischen Psychiatrie. Nervenarzt 25:114–118

Conrad K (1954) V. Internationaler Kongreß für Neurologie in Lissabon vom 7.–12. September 1953, mit einigen Bemerkungen über die internationalen Großkongresse. Nervenarzt 25:124 f.

Conrad K (1955) Kongreß deutscher Neurologen und Psychiater vom 19.–22. September 1955 in Hamburg. Nervenarzt 26:531 f.

Dawidenkov SM (1951) Die Lehre Pawlows von den höheren Nervenfunktionen und die aktuellen Aufgaben der klinischen Neuropathologie. Psychiatr Neurol Med Psychol 3:295–298

Degkwitz R (1960) „Masseneuthanasie" im Dritten Reich. Ärztl Mitt 45:2382 f.

Degkwitz R et al (1975) Vorbemerkungen zur 4. Auflage der deutschen Ausgabe. In: Degkwitz R et al. im Auftrage der DGPN (Hrsg) Diagnosenschlüssel und Glossar psychiatrischer Krankheiten. Berlin, S. 1–3

Degkwitz R (1985) Medizinisches Denken und Handeln im Nationalsozialismus. Fortschr Neurol Psychiatr 53:212–215

Degkwitz R, Schulte PW (1971) Einige Zahlen zur Versorgung psychisch Kranker in der Bundesrepublik. Bisherige Entwicklung – Status quo – Vorschläge zur Verbesserung. Nervenarzt 42:169–180

Denkschrift (1943) „Gedanken und Anregungen betr. Die künftige Entwicklung der Psychiatrie", abgedruckt in: Kersting F-W, Schmuhl H-W (Hrsg) (2004) Quellen zur Geschichte der Anstaltspsychiatrie in Westfalen, Bd 2: 1914–1955. Paderborn, S. 619–625

Denkschrift (1964) zur Lage der ärztlichen Psychotherapie und der psychosomatischen Medizin, im Auftrag der Deutschen Forschungsgemeinschaft verfaßt von Albert Görres, unter besonderer Mitwirkung von Robert Heiss, Helmut Thomä, Thure v. Uexküll. Wiesbaden

Denkschrift (1972) zur Lage der Psychotherapie in der Bundesrepublik, hg. von der Deutschen Gesellschaft für Psychotherapie und Tiefenpsychologie. o. O.

Destunis G (1951) Neue Wege der medizinischen Psychologie (Die biodynamische Richtung). Psychiatr Neurol Med Psychol 3:49–53

Destunis G (1955) Einführung in die medizinische Psychologie (Für Mediziner und Psychologen). Berlin

Deutsche Gesellschaft für Psychiatrie und Nervenheilkunde (Hrsg) (1988) Mitgliederverzeichnis 1988. Gräfelfing

Deutsche Gesellschaft für Neurologie (Hrsg) (1957) 50 Jahre Deutsche Gesellschaft für Neurologie. o.O.

DGPN (1968) Mitteilungen der Deutschen Gesellschaft für Psychiatrie und Nervenheilkunde. Nervenarzt 39:430–432

DGPN (1969) Mitteilungen der Deutschen Gesellschaft für Psychiatrie und Nervenheilkunde. Nervenarzt 40:243 f.

DGPN (1969) Mitteilung des „Ausschusses zur Pflege internationaler Beziehungen" der Deutschen Gesellschaft für Psychiatrie und Nervenheilkunde. Nervenarzt 40:399 f.

DGPN (1969) Mitteilung des „Ausschusses zur Pflege internationaler Beziehungen" der Deutschen Gesellschaft für Psychiatrie und Nervenheilkunde: Informationen über Organisation und Arbeitsweise der World Psychiatric Association (WPA). Nervenarzt 40:598–600

DGPN (1970) Mitteilung des „Ausschusses zur Pflege internationaler Beziehungen" der Deutschen Gesellschaft für Psychiatrie und Nervenheilkunde. Nervenarzt 41:575 f.

DGPN (1971) Mitteilungen des „Ausschusses zur Pflege internationaler Beziehungen" der Deutschen Gesellschaft für Psychiatrie und Nervenheilkunde. Nervenarzt 42:167 f.

DGPN (1972) Rahmenplan zur Versorgung psychisch Kranker in der Bundesrepublik, Entwicklung und heutige Situation – Vorschläge zur Verbesserung. In: Ehrhardt HE (Hrsg) Perspektiven der heutigen Psychiatrie. Frankfurt a. M., S. 126–138

DGPN (1972) Stellungnahme zur Situation und Reform der Krankenhauspsychiatrie in der BRD. In: Ehrhardt H (Hrsg) Perspektiven der heutigen Psychiatrie. Frankfurt a. M.

DGPN (1969) Mitteilung des „Ausschusses zur Pflege internationaler Beziehungen" der Deutschen Gesellschaft für Psychiatrie und Nervenheilkunde. Nervenarzt 40:452

DGPN (1970) Mitteilungen der Deutschen Gesellschaft für Psychiatrie und Nervenheilkunde: Der Kongreß der DGPN 1970. Nervenarzt 41:420, 469–471

DGPN (1970) Mitteilungen des „Ausschusses zur Pflege internationaler Beziehungen" der Deutschen Gesellschaft für Psychiatrie und Nervenheilkunde. Nervenarzt 41:208

Dilling H (1970) Gemeindepsychiatrie und Rehabilitation in England. Nervenarzt 41:277–286

Dilling H, Jørstad J (1976) Grundzüge der psychiatrischen Versorgung. Nervenarzt 47:411–416

Döhner W (1965) Soziologische Stellung und soziale Aufgaben des psychiatrischen Krankenhauses. Nervenarzt 36:218–221

Domay F (Hrsg) (1977) Handbuch der deutschen wissenschaftlichen Akademien und Gesellschaften einschließlich zahlreicher Vereine, Forschungsinstitute und Arbeitsgemeinschaften in der Bundesrepublik Deutschland. Wiesbaden

Dörner K (1969) Bürger und Irre. Zur Sozialgeschichte und Wissenschaftssoziologie der Psychiatrie. Frankfurt a. M.

Dörner K (1999) Bürger und Irre. Zur Sozialgeschichte und Wissenschaftssoziologie der Psychiatrie. Frankfurt a. M.

Ehrhardt H (1955) Mitteilungen der Deutschen Gesellschaft für Psychiatrie und Neurologie. Zur Frage der Facharztausbildung. Nervenarzt 26:452–454

Ehrhardt H (1960) Anstaltsunterbringung und Freiheitsentziehung, in: Der medizinische Sachverständige. Z Gesamte Med Gutachtertätigkeit 7:146–153

Ehrhardt H (1965) Euthanasie und Vernichtung „lebensunwerten" Lebens. Stuttgart.

Ehrhardt H (1966) Zur Neugestaltung der Facharztausbildung (Mitteilungen der Deutschen Gesellschaft für Psychiatrie und Nervenheilkunde). Nervenarzt 37:89–91

Ehrhardt H (1968) Zum Stand der Diskussion über die Beurteilung der strafrechtlichen Verantwortlichkeit. In: Colmant, J H (Hrsg) Vitalität. Festschrift zum siebzigsten Geburtstag von Prof. Dr. H. Bürger-Prinz. Stuttgart, S. 259–293

Ehrhardt H (1970) Vom Nutzen oder Schaden der Psychiatrie. Anmerkungen zu einem Symposium des Weltverbandes für Psychiatrie, in: Medical Tribune vom 22.5.1970

Ehrhardt H (1972) 130 Jahre Deutsche Gesellschaft für Psychiatrie und Nervenheilkunde. Wiesbaden

Ehrhardt H (1972) Der fünfte Weltkongreß für Psychiatrie in Mexiko. Mitteilungen der DGPN. Nervenarzt 43:223 f.

Ehrhardt H (1972) Schwangerschaftsabbruch und Sterilisation. Stellungnahme zu dem Entwurf eines Fünften Gesetzes zur Reform des Strafrechts (5. StrRG) vom 14.2.1972 (BR-Drucks. 58/72), vorbereitet vom Ausschuß für Strafrechtsfragen. Nervenarzt 43:337–339

Ehrhardt H (1972) Vorwort. In: Ehrhardt HE (Hrsg) Perspektiven der heutigen Psychiatrie. Frankfurt a. M., o. S.

Ehrhardt H (1972) Zur Situation der Psychiatrie in der Bundesrepublik Deutschland. In: Ehrhardt H (Hrsg) Perspektiven der heutigen Psychiatrie. Frankfurt a. M., S. 9–16

Ehrhardt H, Ploog D, Stutte H (Hrsg) (1958) Psychiatrie und Gesellschaft. Ergebnisse und Probleme der Sozialpsychiatrie. Bern

Ehrhardt H (1972) Heinz Sollmann zum Gedächtnis. Nervenarzt 43:500

Ehrhardt H (1972) Zum Mißbrauch psychiatrischer Methoden und Institutionen. Nervenarzt 43:224

Ehrhardt H, Villinger W (1961) Forensische und administrative Psychiatrie. In: Gruhle HW (†), Jung R, Mayer-Gross W (†), Müller M (Hrsg) Psychiatrie der Gegenwart. Forschung und Praxis, Bd. III: Soziale und angewandte Psychiatrie. Berlin, S. 181–350

Elsässer G (1961) Erfahrungen an 1400 Kriegsneurosen (Aus einem neurologisch-psychiatrischen Reserve-Lazarett des 2. Weltkrieges). In: Gruhle HW (†), Jung R, Mayer-Gross W (†), Müller M (Hrsg) Psychiatrie der Gegenwart, Bd. III: Soziale und Angewandte Psychiatrie. Berlin, S. 623–630

Erdmann C-E (1956) Neues über die Rauwolfia-Behandlung unter besonderer Berücksichtigung der Literatur in den USA. Nervenarzt 27:75–19

Ewald G (1952) Die Grenzen der Psychotherapie. Stuttgart

Ewald G (1958) Werner Villingers Bedeutung für die Sozialpsychiatrie. Offener Brief. In: Ehrhardt H, Ploog D, Stutte H (Hrsg) Psychiatrie und Gesellschaft. Ergebnisse und Probleme der Sozialpsychiatrie. Bern, S. 305–313

Ey H (1967) Organisation der öffentlichen psychiatrischen Einrichtungen in Frankreich. Nervenarzt 36:381–384

Finzen A (1970) Ansätze zu einer gemeindenahen Psychiatrie. In: Landschaftsverband Westfalen-Lippe (Hrsg) Gütersloher Fortbildungswoche, o. O., S. 223–247

Finzen A (1975) Zugänglichkeit für alle. Die Bedeutung der geographischen Lage psychiatrischer Krankenhäuser für Aufnahmeraten und Verweildauer. Bemerkungen und Ergänzungen zu einer Arbeit von Horst Dilling. Nervenarzt 46:591–599

Finzen A (1984) Vorwort. In: Tollgreve C (Hrsg) Bewegung in der Psychiatrie? Die DGSP zwischen Gegeninitiative und etabliertem Verband. Loccum, S. 5–8

Finzen A (2020) Erinnerungen an die Anfänge von DGSP und Mannheimer Kreis (1970 bis 1982). In: Finzen A (Hrsg) Erlebte Psychiatriegeschichte Band II – Bewegte Jahre (www.finzen.de/onlinetexte), S. 138–164

Finzen A, Schädle-Deininger H (1979) „Unter elenden menschenunwürdigen Umständen". Die Psychiatrie-Enquete. Rehburg-Loccum

Flegel H (1963) Umgruppierung in einer psychiatrischen Abteilung als Soziotherapie. Beitrag zu einer Soziologie der Krankenhauspsychiatrie. Nervenarzt 34:384–391

Flegel H (1965) Das Therapiegemeinschafts-Hospital. Bericht über einen Studienaufenthalt am Claybury-Hospital, London-Woodford/England. Nervenarzt 36:105–113

Flegel H (1968) Kooperationsmodelle der institutionellen Psychiatrie für Praxis, Lehre und Forschung in den USA. Nervenarzt 39:227–231

Freudenberg RK (1962) Das Anstaltssyndrom und seine Überwindung. Nervenarzt 33:165–172

Fürstenberg F (1965) Randgruppen in der modernen Gesellschaft. Soziale Welt 16:236–245

Gänshirt H (1962) VII. Internationaler Kongreß für Neurologie vom 10.–15. September 1961 in Rom. Nervenarzt 33:40 f.

Gastager H, Schindler R (1961) Rehabilitationstherapie bei Schizophrenen. Nervenarzt 32:368–374

Gaupp R (1920) Die Freigabe der Vernichtung lebensunwerten Lebens. Dtsch Strafr Zeitg 7:332–337

Gaupp R (1925) Die Unfruchtbarmachung geistig und sittlich Kranker und Minderwertiger. Erweitertes Referat, erstattet auf der Jahresversammlung des Deutschen Vereins für Psychiatrie am 3. September 1925 in Kassel. Berlin

Gehring M (1953) Buchbesprechung zu E. Goetze, A. Mette, L. Pickenhain: Pawlow-Tagung Leipzig, 15. und 16. Januar 1953, Leipzig 1953. Psychiatr Neurol Med Psychol 5:369 f.

Giese H, Hansen J (1962) Die Psychologie des Außenseiters. In: Festschrift für Hans Bürger-Prinz (Hrsg) Randzonen menschlichen Verhaltens. Beiträge zur Psychiatrie und Neurologie. Stuttgart, S. 242–254

Giljarowsky WA (1964) Die Lehre von den bedingten Reflexen und ihre Entwicklung in der russischen Psychiatrie. In: Walter Gruhle H (†), Jung R, Mayer-Gross W (†), Müller M (Hrsg) Psychiatrie der Gegenwart IV. Berlin, S. 444–477

Ginestet D, Deniker P (1967) Die in Frankreich gebräuchlichen Arzneimittel in der Therapie der Geisteskrankheiten. Nervenarzt 38:400–403

Glatzel J (1975) Die Antipsychiatrie. Psychiatrie in der Kritik. Stuttgart

Goffman E (1973) Asyle. Über die soziale Situation psychiatrischer Patienten und anderer Insassen. Frankfurt a. M.

Göppert H (1962) Klinische Psychotherapie der Neurosen im Rahmen der Psychiatrischen Klinik. Nervenarzt 33:106–111

Gottschaldt K et al (1958) An alle Psychologen. Z Psychol 1/2:1 f.

Gütt A, Rüdin E, Ruttke F (1934) Gesetz zur Verhütung erbkranken Nachwuchses vom 14. Juli 1933. Mit Auszug aus dem Gesetz gegen gefährliche Gewohnheitsverbrecher und über Maßregeln der Sicherung und Besserung vom 24. Nov. 1933. München

Guyotat J (1967) Unterricht der Psychiatrie in Frankreich. Nervenarzt 38:387–390

Haddenbrock S (1961) Schlußwort zu vorstehendem Beitrag. Nervenarzt 32:227 f.

Häfner H (1972) Allgemeine Probleme und heutige Bedürfnisse der psychiatrischen Krankenversorgung. In: Ehrhardt HE (Hrsg) Perspektiven der heutigen Psychiatrie. Frankfurt a. M., S. 85–95

Häfner H, Baeyer W von, Kisker KP (1965) Dringliche Reformen in der psychiatrischen Krankenversorgung der Bundesrepublik. Helfen und Heilen. Diagn Ther Rehabil 4:118–125

Hand I (1972) Pawlows Beitrag zur Psychiatrie. Entwicklungs- und Strukturanalyse einer Forschungsrichtung. Stuttgart

Hartmann K (1957) Über Wesenszüge der modernen amerikanischen Psychologie. Nervenarzt 28:360–363

Hausmanova (1955) Über die Anwendung der Schlaftherapien der Klinik für Neurologie in Warschau. Psychiatr Neurol Med Psychol 7:208

Hector H (1950) Die gemäßigte Psychologie. Nervenarzt 21:372–374

Heinz H (1970) Vorurteile der Öffentlichkeit gegenüber psychisch Kranken. Gruppendynamik. Forsch Prax 1:70–73

Helmchen H (1975) Ausbildung in Psychiatrie, psychosomatischer Medizin und Psychotherapie. Nervenarzt 45:428–435

Hippius H (1975): Sondervotum. https://www.dgppn.de/fileadmin/user_upload/_medien/dokumente/enquete1975/19-sondervotum.pdf. Zugegriffen: 10. Juni 2020

Hippius H, Kanowski S (1974) Zum gegenwärtigen Stand der Gerontopsychiatrie in der Bundesrepublik. Nervenarzt 45:289–297

Hoff H (1965) Vorwort. In: Ehrhardt H (Hrsg) Euthanasie und Vernichtung „lebensunwerten" Lebens. Stuttgart, S. V f.

Holtmann W (1953) Aktuelle Probleme der ärztlichen Begutachtung im Blickwinkel der Pawlowschen Lehre. Psychiatr Neurol Med Psychol 5:392–397

Honecker E (1971) Bericht des Zentralkomitees der Sozialistischen Deutschen Einheitspartei an den VIII. Parteitag der SED. In: Sozialistische Einheitspartei Deutschlands (Hrsg) Protokoll der Verhandlungen des VIII. Parteitags der SED, 15. bis 19. Juni 1971 in Berlin, Bd 1. Ost-Berlin, S. 34 ff.

In der Beeck M (1957) Praktische Psychiatrie. Berlin

Entwicklungsformen des psychiatrischen Krankenhauses in der heutigen Zeit. Entschließung der Konferenz der für das Gesundheitswesen zuständigen Minister und Senatoren der Länder am 9.10.1964 in Lübeck, in: Bundesministerium für Jugend, Familie und Gesundheit (Hrsg) (1973) Materialsammlung II zur Enquete über die Lage der Psychiatrie in der BRD. Stuttgart, S. 219

Deutsche Gesellschaft für Soziale Psychiatrie: Denkschrift „Holocaust und die Psychiatrie" – oder der Versuch, das Schweigen in der Bundesrepublik zu brechen (1979)- In: Klaus D (1980) Der Krieg gegen die psychisch Kranken. Nach „Holocaust". Erkennen – Trauern – Begegnen. Frankfurt a. M.

Jahrreis W (1950) Bemerkungen zur Frage einer nichtmedizinischen Psychotherapie in den Vereinigten Staaten. Nervenarzt 21:374 f.

Jantz H (1947) Bericht über die Neurologen- und Psychiatertagung in Tübingen, September 1947. Nervenarzt 18:562–564

Jaspers K (1965) Vorwort. In: Schmidt G (Hrsg) Selektion in der Heilanstalt 1939–1945. Stuttgart, S. 9–12

Jean P (1964) Der Bau von Nervenkliniken in Frankreich. Krankenhaus 4:205–208

Jones M (1976) Prinzipien der therapeutischen Gemeinschaft. Soziales Lernen und Sozialpsychiatrie, hg. von Edgar Heim. Bern

Jungjohann EE (1967) Die Geschichte der Schwachsinnigenfürsorge in den USA aus psychiatrischer Sicht. Nervenarzt 38:113–116

Katzenstein A (1955) Psychotherapie in Amerika und ihre theoretischen Grundlangen. Psychiatr Neurol Med Psychol 7:18–32

Katzenstein A (1957) Über die Arbeit des Psychologen im Krankenhaus für Psychiatrie. Psychiatr Neurol Med Psychol 9:175–182

Kaul FK (1971) Dr. Sawade macht Karriere. Der Fall des Euthanasiearztes Dr. Heyde. Frankfurt a. M.

Keller W (1954) Psychologie und Philosophie des Wollens. München

Kennedy JF (1964) Special message to the congress on mental illness and mental retardation. In: Public Papers of the Presidents of the United States: John F. Kennedy. Containing the Public Messages, Speeches, and Statements of the President, January 1 to November 22, 1963. Washington, S. 126–137

Kisker KP (1962) Schizophrenie und Familie. Nervenarzt 33:13 ff.

Kisker KP (1964) Klinische und gemeinschaftsnahe Behandlungszentren heute und morgen. Heute in England, Canada und Skandinavien, morgen in den USA, übermorgen bei uns? Nervenarzt 35:233–237

Kisker KP (1972) Ausbildung in Psychiatrie. Kritisches und Vorschläge. Nervenarzt 43:512–519

Klages W (1976) Friedrich Panse 1899–1973. Nervenarzt 47:745 f.

Kleinsorge H (1952) Psychotherapie und Innere Medizin. Psychiatr Neurol Med Psychol 4:361–366

Klopp HW (1959) Über die Betreuung Geisteskranker in der offenen Anstalt. Nervenarzt 30:459–463

Kohler C (1972) Die wissenschaftstheoretische Situation der Psychotherapie. In: Helm J (Hrsg) Psychotherapieforschung. Fragen, Versuche, Fakten. Berlin, S. 9–26

Kolle K (1958) Die Opfer der nationalsozialistischen Verfolgung in psychiatrischer Sicht. Nerven-arzt 29:148–158

König R (1965) Soziologie als Oppositionswissenschaft und Gesellschaftskritik, neu abgedruckt in: König R (1998) Soziologie und Humanist. Texte aus vier Jahrzehnten hrsg. von Oliver König und Michael Klein. Opladen, S. 51–59

Koordinierungsrates der medizinisch-wissenschaftlichen Gesellschaften (1973) Empfehlungen des Koordinierungsrates der medizinisch-wissenschaftlichen Gesellschaften der DDR zur neuzeit-lichen Gestaltung von medizinisch-wissenschaftlichen Veranstaltungen, abgedruckt in: Rohland L, Spaar H (1973) Die medizinisch-wissenschaftlichen Gesellschaften der DDR. Geschichte – Funktion und Aufgaben. Berlin, S. 286–293

Kraepelin E (1908) Zur Entartungsfrage. Zbl Nervenheilkd Psychiatr 31:745–751

Kretschmer E (1934) Konstitutionslehre und Rassenhygiene. In: Rüdin E (Hrsg) Erblehre und Rassenhygiene im völkischen Staat. München, S. 184–193

Kretschmer E (Hrsg) (1948) Naturforschung und Medizin in Deutschland 1939–1946. Für Deutschland bestimmte Ausgabe der FIAT Review of German Science, Bd 83: Psychiatrie. Wiesbaden

Kretschmer E (1948) Ansprache zur Eröffnung des Tübinger Kongresse für Psychiatrie und Neuro-logie 1947. In: Kretschmer E (Hrsg) Bericht über den Kongress für Neurologie und Psychiatrie Tübingen 1947. Tübingen, S. VII–IX

Kretschmer E (1950) Organisationsfragen der deutschen Psychotherapie. Dtsch Med Wochenschr 75:377–379

Kretschmer E (1929) Geniale Menschen. Mit einer Porträtsammlung. Berlin

Kretschmer E (1942) Geniale Menschen. Mit einer Porträtsammlung. Berlin

Kretschmer E (1945) Das Ende d. Rassenwahns. o. O.

Kretschmer E (1951) Zum Geleit. Z Psychother Med Psychol 1:1

Kretschmer E (1963) Gestalten und Gedanken. Erlebnisse von Ernst Kretschmer. Stuttgart

Kulenkampff C (1962) Gedanken zur Bedeutung soziologischer Faktoren in der Genese endogener Psychosen. Nervenarzt 33:6–13

Küppers K (1951) Bemerkungen zu Wagners „Gedanken zum Münchner Psychologenkongreß 1949". Nervenarzt 22:107 f.

Lange E (1966) Die Entwicklung der Psychiatrie in der DDR. Grundsätze, Ziele, Konsequenzen. Deutsc Gesundheitsw 21:1089–1094

Lange E (1972) Zur Prognose der neurologischen und psychiatrischen Versorgung. Psychiatr Neurol Med Psychol 24:676–694

Lauber HL (1959) Über einen Entwurf zu einem britischen Gesetz über die Zwangseinweisung von Geisteskranken. Nervenarzt 30:504–507

Lauter H, Meyer J-E (Hrsg) (1971) Der psychisch Kranke und die Gesellschaft. Tagung der Evangelischen Akademie Loccum. Stuttgart

Lemke R (1956) Neurologie und Psychiatrie. Leipzig

Lemke S (Hrsg) (2004) „Das Malen bringt mich über die Krise der Jetzt Zeit hin weg". Briefe zwischen Hans Trimborn und Rudolf Lemke 1931 bis 1957. Jena

Lemke R (1960) Neurologie und Psychiatrie, hg. von Helmut Rennert. Leipzig

Leonhardt W (1977) Grundsätze einer humanen Psychiatrie. Gedanken eines niedergelassenen Nervenarztes zum Sachverständigenbericht über die Lage der Psychiatrie. Deutsc Ärztebl 17:1155–1161

Leppien R (1963) Das open-door-System in Nottingham/England, seine Voraussetzungen und Aus-wirkungen. Nervenarzt 34:215–219

Leuner H (1970) Psychotherapie und Rehabilitation. Achtjährige Erfahrung an der Psycho-therapeutischen Abteilung einer Psychiatrischen Klinik. Nervenarzt 41:123–130

Llavero F (1953) Symptom und Kausalität. Grundfragen der Neurologie und Psychiatrie. Stuttgart

López Ibor JJ (1967) Ansprache zur Eröffnung des IV. Weltkongresses für Psychiatrie, Madrid 1966. Nervenarzt 38:1–6

Lundquist G (1964) Psychiatrische Abteilung in allgemeinen Krankenhäusern. Einige Entwicklungslinien in der schwedischen Psychiatrie. Krankenhaus 4:208–210

Mascher WL (1976) Die Rentenneurose. Versuch einer Bestandsaufnahme. Nervenarzt 47:417–423

Mattheis R (1965) Praktische Psychiatrie in Holland (Vergleichende Studie als Ergebnis einer Fellowship des Europarats). Nervenarzt 36:268–271

Matthes T, Rohland L, Spaar H (1981) Die medizinisch-wissenschaftlichen Gesellschaften der DDR. Geschichte – Funktion – Aufgaben, Teil 1, hg. vom Koordinierungsrat der medizinisch-wissenschaftlichen Gesellschaften der DDR, 2., überarbeitete Aufl. Berlin

Mauz F (1934) Das biologische Denken in der Psychiatrie. Medizinische Welt 37:1303 f.

Mauz F (1956) Robert Gaupp (1870–1953). In: Kolle K (Hrsg) Grosse Nervenärzte. 21 Lebensbilder, Bd 1, Stuttgart, S. 139–149

Mauz F (1965) In Memoriam. Ernst Kretschmer 1888–1964. Nervenarzt 36:237 f.

Mecklinger L, Kriewald H, Lämmel R (1974) Gesundheitsschutz und soziale Betreuung der Bürger. Berlin

Mende W (1970) Bericht über das vierte Deutsch-Französische Psychiater-Treffen in Brauweiler bei Köln vom 11.6.–26.6.1970. Nervenarzt 41:522–524

Mendel L (1953) Bemerkungen zur Auffassung von Erziehungsfragen im Sinne der Pawlowschen Lehre. Psychiatr Neurol Med Psychol 5:334–339

Merguet H (1955) Die Anstaltspsychiatrie in unserer Zeit. Nervenarzt 26:384–390

Merguet H (1961) Psychiatrische Anstaltsorganisation. Psychiatrische Anstaltsorganisation. Arbeitstherapie, Milieugestaltung, Gruppentherapie. In: Gruhle WH et al (Hrsg) Psychiatrie der Gegenwart, Bd III. Berlin, S. 75–110

Merguet H (1963) Eine bedeutungsvolle Tagung. Mitteilungsblatt der Psychiatrischen Landesverbände und des Ständigen Ausschusses für Anstaltsfragen der DGPN 5:1–3

Mette A (1951) Um I.P. Pawlows großes Erbe und die neue Humanpsychologie. Psychiatr Neurol Med Psychol 3:177–180

Mette A (1951) Umschau im Fachgebiet (Teil I). Psychiatr Neurol Med Psychol 3:306–309

Mette A (1952) Kriterien des Fortschritts. Psychiatrie Neurol Med Psychol 4:129–134

Mette A (1952) Zum neuen Jahr. Psychiatr Neurol Med Psychol 4:29 f.

Mette A (1952) Zwischen zwei Tagungen. Psychiatr Neurol Med Psychol 4:353–355

Mette A (1953) Bemerkungen zur Frage der Entstehung von Spracheigentümlichkeiten im Initialstadium der Schizophrenie auf dem Boden der Lehre I.P. Pawlows. Psychiatr Neurol Med Psychol 5:383–391

Mette A (1953) Bericht über die Pawlow-Tagung, Leipzig 15.–16. Januar 1953. Psychiatr Neurol Med Psychol 5:128–134

Mette A (1953) Buchbesprechung zu: Dietfried Müller-Hegemann: Die Psychotherapie bei schizophrenen Prozessen, Leipzig 1952. Psychiatr Neurol Med Psychol 5:180 f.

Mette A (1954) Bericht über die Arbeitstagung der Staatlichen Pawlow-Kommission der Deutschen Demokratischen Republik vom 15.–17.1.1954 in Leipzig. Psychiatr Neurol Med Psychol 6:173–180

Mette A (1955) Die Lehre I.P. Pawlows und ihre Bedeutung für die Psychotherapie. Leipzig

Mette A (1956) Bericht über die Arbeitstagung der Staatlichen Pawlow-Kommission der Deutschen Demokratischen Republik über zentrale Regulationen der Funktionen des Organismus, 1.–3.12.1955. Psychiatr Neurol Med Psychol 8:146–153

Mette A (1956) Sigmund Freud. Berlin

Mette A (1957) Buchbesprechung zu Harry C. Wells: Sigmund Freud und seine Lehre. Psychiatr Neurol Med Psychol 9:225

Mette A (1957) Freud und Pawlow. Psychiatr Neurol Med Psychol 9:217–225

Mette A (1968) Neurologie und Psychiatrie. In Mette A, Winter I (Hrsg) Geschichte der Medizin. Einführung in ihre Grundzüge. Berlin, S. 383–409

Mette A (1968) Die Bedeutung der sowjetischen Neuropathologie und Psychiatrie für die Neugestaltung der Fachrichtung während des Aufbaus des Gesundheitsschutzes in der DDR. NTM 5:101–118

Mette A (1952) Zum Monat der deutsch-sowjetischen Freundschaft. Psychiatr Neurol Med Psychol 4:321

Meyer J-E (1970) Glückwunsch zum 70. Geburtstag von L. B. Kalinowsky. Nervenarzt 41:105

Meyerhoff H (1950) Der Psychologe in der Klinik- und Anstaltspraxis. Nervenarzt 21:525 f.

Mignot H (1967) Die Gesetzgebung für die Geisteskranken in Frankreich. Nervenarzt 38:384–387

Mitscherlich A (1962) Zur Soziologie des ärztlichen Berufes. In: Eschenburg T (Hrsg) Festgabe für Carlo Schmid. Dargebracht von seinen Freunden, Schülern und Kollegen. Tübingen, S. 129–139

Mitscherlich A (1969) Die Krankheit der Medizin. Zur Soziologie des ärztlichen Berufes. In: Mitscherlich A (Hrsg) Krankheit als Konflikt. Studien zur psychosomatischen Medizin, Bd 1. Frankfurt a. M., S. 35–52

Mitscherlich A (1969) Die psychosomatische und die konventionelle Medizin. Von der Bedeutung sozialer Vorentscheidungen für die medizinische Forschung und Praxis. In: Mitscherlich A (Hrsg) Krankheit als Konflikt. Studien zur psychosomatischen Medizin, Bd 1. Frankfurt a. M., S. 53–73

Mitscherlich A (1983) Ein Leben für die Psychoanalyse. Anmerkungen zu meiner Zeit. Frankfurt a. M.

Mitscherlich A (1963) Auf dem Weg zur vaterlosen Gesellschaft. Ideen zur Sozialpsychologie. München

Mitscherlich A, Mielke F (1949) Wissenschaft ohne Menschlichkeit. Heidelberg

Mitscherlich A, Mielke F (1960) Medizin ohne Menschlichkeit. Frankfurt a. M.

Moeller ML (1969) Psychotherapeutische Beratung für Studierende an der Universität Gießen. Vorläufiger Bericht, Probleme und Überlegungen. Nervenarzt 40:155–163

Morel BA (1857) Traité des dégénérecences physiques, intellectuelles et morales. Paris

Müller M (1950) Die Bedeutung der Maßnahmen des schweizerischen Strafgesetzes für den Psychiater. Nervenarzt 21:483–486

Müller C (1961) Die Psychotherapie Schizophrener an der Zürcher Klinik. Versuch einer vorläufigen katamnestischen Übersicht. Nervenarzt 32:354–368

Müller-Hegemann D (1951) Zwei Wege in der modernen Psychotherapie. Deutsc Gesundheitsw 23:641–646

Müller-Hegemann D (1952) Beitrag zu einer rationalen Psychotherapie. Psychiatr Neurol Med Psychol 4:274–285

Müller-Hegemann D (1952) Bemerkungen zur Lehre Pawlows mit besonderer Berücksichtigung der Lehre vom zweiten Signalsystem (Bericht der Sitzung der Gesellschaft für Neurologie und Psychiatrie an der Universität Berlin vom 14.1.1952). Psychiatr Neurol Med Psychol 4:127

Müller-Hegemann D (1955) Neue Wege der psychiatrisch-neurologischen Forschung auf Grund der Arbeiten der Pawlow-Schule. Psychiatr Neurol Med Psychol 7:193–203

Müller-Hegemann D (1955) Zur Psychologie des deutschen Faschisten. Rudolstadt

Müller-Hegemann D (1956) Das ärztliche Gespräch in der Psychotherapie. Psychiatr Neurol Med Psychol 8:45–50

Müller-Hegemann D (1956) Protokoll der Tagung der Medizinisch-wissenschaftlichen Gesellschaft für Psychiatrie und Neurologie an der Karl-Marx-Universität Leipzig, 19.11.1955.
Psychiatr Neurol Med Psychol 8:154–158

Müller-Hegemann D (1957) Psychotherapie – Ein Leitfaden für Ärzte und Studierende. Berlin

Müller-Hegemann D (1968) Psychohygiene und Psychotherapie in ihrer Stellung zum Fragen-
komplex „Sozialismus, wissenschaftlich-technische Revolution und Medizin". Psychiatr Neurol
Med Psychol 20:153–155

Müller-Hegemann D (1969) Herrn Prof. Dr. med. habil. H. v. Keyserlingk zum 60. Geburtstag.
Psychiatr Neurol Med Psychol 21:324

Müller-Hegemann D (1970) Über reaktive Psychosen. Psychiatr Neurol Med Psychol 22:172–177

Müller-Hegemann D (1952) Die Psychotherapie bei schizophrenen Prozessen. Erfahrungen und
Probleme. Leipzig

Mysytschenko AP, Halperin SE (1952) o.T., in: Aus dem medizinischen Schrifttum der Sowjetunion und der volksdemokratischen Länder 1:1–11

Nachtsheim H (1956) Sterilisation aus eugenischer Sicht. Rhein Ärztebl 10:215–219

Nachtsheim H (1964) Die Notwendigkeit einer aktiven Erbgesundheitspflege. Gesundheitspolitik
6:321–339

Nationales Symposium (1969) Sozialismus, wissenschaftlich-technische Revolution und Medizin.
Berlin, in: Verhandlungen des Rates für Planung und Koordinierung der medizinischen Wissenschaften beim Ministerium für Gesundheitswesen der DDR, Bd. 6. Berlin

Nationalrat der Nationalen Front des Demokratischen Deutschland Dokumentationszentrum der
Staatlichen Archivverwaltung der DDR (1965) Braunbuch. Kriegs- und Naziverbrecher in der
Bundesrepublik. Staat, Wirtschaft, Armee, Verwaltung, Justiz, Wissenschaft. Berlin

O. A. (1951) Resolution der gemeinsamen wissenschaftlichen Tagung der Akademie der Wissenschaften und der medizinischen Akademie der Wissenschaften der UdSSR, die den Problemen
der physiologischen Lehre J.P. Pawlows gewidmet war. Psychiatr Neurol Med Psychol 3:203–
207

O. A. (1954) Fortbildungskurse an der Medizinischen Univ. Poliklinik Jena vom 20. bis
22.11.1953. Psychiatr Neurol Med Psychol 6:313 f.

O. A. (1956) Protokoll der Sitzung der Medizinisch-wissenschaftlichen Gesellschaft für
Psychiatrie und Neurologie an der Karl-Marx-Universität, 18.2.1956. Psychiatr Neurol Med
Psychol 8:221–223

O. A. (1957) Protokoll über die Tagung der Medizinisch-wissenschaftlichen Gesellschaft für
Psychiatrie und Neurologie an der Karl-Marx-Universität Leipzig am 8. Dezember 1956 in
Leipzig. Psychiatr Neurol Med Psychol 9:253–258

O. A. (1958) In Memoriam. Rudolf Lemke (1906–1957). Nervenarzt 29:86 f.

O. A. (1961) Die Kreuzelschreiber. Der Spiegel 19:35–44

O. A. (1961) Sitzungsberichte Deutsche Gesellschaft für Neurologie, Schweizerische Neurologische Gesellschaft, Vereinigung Deutscher Neuropathologen und Neuroanatomen. Z
Gesamte Neurol Psychiatr 164:153–240

O. A. (1964) Aus Menschlichkeit töten? Der Spiegel 8:41–47

O. A. (1964) Hausmitteilung vom 17.2.194. Der Spiegel 8:3

O. A. (1964) NS-Verbrechen. Euthanasie. Handvoll Asche. Der Spiegel 8:28–38

O. A. (1968) Protokoll der ordentlichen Mitgliederversammlung. Nervenarzt 39:560–562

O. A. (1970) 75. Tagung der Deutschen Gesellschaft für Innere Medizin in Verbindung mit der
Deutschen Gesellschaft für Psychiatrie und Nervenheilkunde. Zentralbl Gesamte Neurol
Psychiatr 191:1–15

O. A. (1971) Vorschlagjammer – Auf der Suche nach Integrationsmodellen. Mitteilungsblatt der Psychiatrischen Landesverbände und des Ständigen Ausschusses für Anstaltsfragen der Deutsche Gesellschaft für Psychiatrie und Nervenheilkunde 3:1 f.

O. A. (1985) Dünnes Eis. Der Spiegel 50:147 f.

O. A. (2011) Beschluss zur Aberkennung der Ehrenmitgliedschaften vom 24. November 2011 im Rahmen der DGPPN-Mitgliederversammlung. Nervenarzt 82:1632–1634

O. A. (1953) Resolution von der Pawlow-Tagung am 15. und 16. Januar 1953 in Leipzig. Psychiatr Neurol Med Psychol 5:127

O. A. (1956) Ereignisse/Mitteilungen. Psychiatr Neurol Med Psychol 8:159

O. A. (1971) Ehrung von Prof. López Ibor durch Bundespräsidenten. Nervenarzt 42:448

Panse F (1925) Das Schicksal von Renten- und Kriegsneurotikern in seiner Abhängigkeit von Begutachtung und Umwelteinflüssen. Deut Z Nervenheilkunde 88:232–237

Panse F (1926) Das Schicksal von Renten- und Kriegsneurotikern nach Erlangung ihrer Ansprüche. Arch Psychiatr 77:61–92

Panse F (1940) Das Erb- und Erscheinungsbild der Psychopathen. Bonn

Panse F (1960) Klinische Psychologie, ein psychiatrisches Bedürfnis, in: Arbeitsgemeinschaft für Forschung des Landes Nordrhein-Westfalen, 90. Sitzung am 1. Juli 1959 in Düsseldorf. Köln, S. 7–32

Panse F (1962) Psychiatrie, Neurologie und die Psychiatrischen Krankenhäuser. Nervenarzt 33:242–245

Panse F (1964) Das psychiatrische Krankenhauswesen. Entwicklung, Stand, Reichweite und Zukunft. Stuttgart

Panse F (1936) Erbfragen bei Geisteskranken. Nach Vorträgen an der Staatsmedizinischen Akademie Berlin. Leipzig

Panse F (1952) Angst und Schreck in klinisch-psychologischer und sozialmedizinischer Sicht. Dargestellt an Hand von Erlebnisberichten aus dem Luftkrieg. Stuttgart

Panse F (1958) Medizinische und berufliche Rehabilitation in den USA. Bericht über eine Studienreise. München

Pawlow IP (1951) Naturwissenschaft und Gehirn. Psychiatr Neurol Med Psychol 3:289–295

Peters W (1949) Zum 100. Geburtstag von Pavlov. Psychiatr Neurol Med Psychol 1:259–264

Platen-Hallermund A (1948) Die Tötung Geisteskranker in Deutschland. Aus der Deutschen Ärztekommission beim Amerikanischen Militärgericht. Frankfurt a. M.

Pönitz K (1960) Neuropsychiatrie, Psychiatrie und Neurologie. Ein kurzer historischer Rückblick und Ausblick. Psychiatr Neurol Med Psychol 12:281–284

Preissler H-P (1970) Zur Praxis des schwedischen Maßnahmesystems. Nervenarzt 41:371–380

Rates für Planung und Koordinierung der medizinischen Wissenschaft beim Ministerium für Gesundheitswesen (1966) Verhandlungen des Rates für Planung und Koordinierung der medizinischen Wissenschaft beim Ministerium für Gesundheitswesen, Band 5: Zu Problemen des Gesundheitsschutzes beim umfassenden Aufbau des Sozialismus und ihren Konsequenzen für die spezialisierten Zentren der Forschung, Lehre und Erziehung sowie der spezialisierten gesundheitlichen Betreuung (4. Plenartagung). Berlin

Richter K (1962) Über die Psychiatrie von Henri Ey. Nervenarzt 33:502–506

Ringel E (1970) Sollten die Fächer Psychiatrie und Neurologie zusammen bleiben oder sollen sie getrennt werden? Bericht über den Kongreß der Gesellschaft für Psychiatrie und Neurologie der DDR vom 2. bis 4. Oktober 1969 in Leipzig. Psychiatr Neurol Med Psychol 22:428–435

Rittershaus E (1936) Konstitution oder Rasse? München

Rohland L, Spaar H (1973) Die medizinisch-wissenschaftlichen Gesellschaften der DDR. Geschichte, Funktion und Aufgaben. Berlin

Rosenkötter L (1958) Über die amerikanische Psychiatrie. Nervenarzt 29:82 f.

Rösner K (1960) Psychotherapie in der inneren Medizin. Ein Bericht über den 8. Fortbildungs-lehrgang an der Medizinischen Universitäts-Poliklinik Jena. Psychiatr Neurol Med Psychol 12:343–349

Rüdin E (Hrsg) (1934) Erblehre und Rassenhygiene im völkischen Staat. München

Rüdin E, Nitsche P (1940) Bericht über die V. Jahresversammlung der Gesellschaft Deutscher Neurologen und Psychiater vom 26. bis 28. März 1939 in Wiesbaden. Allg Z Psychiatr 114:164–208

Ruffin H (1950) Kurt Beringer (1893–1949). Deut Z Nervenheilkunde 162:199–208

Sattes H (1963) Psychiatrie und Weltanschauung. Bemerkungen zum Lehrbuch der Psychiatrie von W.A. Giljarowski. Nervenarzt 34:548 f.

Schaltenbrand G (1964) Die Beziehungen zwischen Neurologie und Psychiatrie. Nervenarzt 35:174 f.

Schelsky H (1958) Die Soziologie des Krankenhauses im Rahmen einer Soziologie der Medizin. Krankenhausarzt 31:169–176

Schilder P (1973) Entwurf einer Psychiatrie auf psychoanalytischer Grundlage. Frankfurt a. M.

Schriftliche Antwort des Bundesministers Dr. Dahlgrün auf die Frage XIV/3 Drucksache V/386 des Abg. Hirsch. In: Bundesministerium für Jugend, Familie und Gesundheit (Hrsg) (1973): Materialsammlung II zur Enquete über die Lage der Psychiatrie in der BRD, Stuttgart, S. 103 f.

Schimmelpfennig GW (1959) Befunddokumentation und Statistik in der englischen Psychiatrie. Nervenarzt 30:227–229

Schirmer S, Müller K, Späte HF (1974) Neun Thesen zur Therapeutischen Gemeinschaft. Psychiatr Neurol Med Psychol 26:50–54

Schliack H (1962) Neurologie und Psychiatrie. Gedanken zum gleichnamigen Aufsatz von J. Zutt. Nervenarzt 33:273

Schmalbach K (1961) Eine psychiatrische Tagesklinik als Teil der psychiatrischen Poliklinik. Nervenarzt 32:222–224

Schmidt G (1965) Selektion in der Heilanstalt 1939–1945. Stuttgart

Schulte W (1961) Somato- und Psychotherapie im Rahmen der Anstaltspsychiatrie. Deut Med Wochenschr 20:973–980

Schulte W (1962) Klinik der „Anstalts"-Psychiatrie. Stuttgart

Schulte W (1965) Sozialmedizinische Aspekte in der Behandlung und Fürsorge bei Alterskranken. Nervenarzt 36:162–166

Schulte W (1965) „Euthanasie" und Sterilisation. In: Flitner A (Hrsg): Deutsches Geistesleben und Nationalsozialismus. Eine Vortragsreihe der Universität Tübingen mit einem Nachwort von Hermann Dien. Tübingen, S. 73–89

Schulte W (1972) Sozialpsychiatrie in ihren Forderungen, Möglichkeiten und Grenzen. In: Ehrhardt HE (Hrsg) Perspektiven der heutigen Psychiatrie. Frankfurt a. M, S. 77–84

Schultz JH (1951) Oskar Vogt in der Geschichte der medizinischen Psychologie Deutschlands. Nervenarzt 22:40 f.

Schulz HE (1951) Kritische Bemerkungen zur Frage der Re- oder Neuorganisation der psychiatrischen Außenfürsorge. Psychiatr Neurol Med Psychol 3:114–121 und 149–154

Schulz HE (1951) Die Psychisch Kranken. Denkschrift über die Lage und die notwendigen Maßnahmen zu deren Verbesserung. Nachrichtendienst Dtsch Ver Öffentl Priv Fürs 39:44–47

Schulz HE (1962) Über psychiatrische Außenfürsorge. Nervenarzt 33:494–501

Schulze HAF (1975) (Red.): Grundlagen und Praxis der neuropsychiatrischen Pharmakotherapie. Leipzig

Schulze HAF (1988) Das Verhältnis von Grundbetreuung und Intensivbetreuung in der klinischen Neurologie. In: Rabending G et al (Hrsg) Psychiatrie und Neurologie in der medizinischen

Grundbetreuung. Ergebnisse der Gesamttagung der Gesellschaft für Psychiatrie und Neurologie der DDR mit internationaler Beteiligung vom 26.–29. Oktober 1986 in Neubrandenburg. Leipzig, S. 13–16

Schulz HE, Kulenkampff C, Kisker KP (1964) Empfehlungen zur Gestaltung neuzeitlich psychiatrisch-neurologischer Einrichtungen zur Versorgung der Bevölkerung. Nachrichtendienst des Deutschen Vereins für öffentliche und soziale Fürsorge Juli, S. 225 ff.

Schwarz H (1954) Besprechung von: Dr. Llavero (Madrid): Symptom und Kausalität. Grundlagen der Neurologie und Psychiatrie, Hamburg 1953. Psychiatr Neurol Med Psychol 6:59 f.

Schwarz H (1957) Die Psychosomatik im Blickfeld des Klinikers. Psychiatr Neurol Med Psychol 9:1–8

Schwarz H (1961) Einleitende Worte. In: Schwarz H (Hrsg) Das milieugeschädigte Kind. Bericht über die 3. Tagung der Medizinisch-Wissenschaftlichen Gesellschaft in der DDR zum Studium der aktuellen Lebensbedingungen (27.–28. November 1959 in Leipzig). Jena, S. V–VII

Schwarz H (1964) „Der Schoss ist fruchtbar noch, aus dem das kroch". Ein Beitrag zum Problem der Euthanasie. Humanitas 8: o. S.

Späte HF, Schirmer S, Müller K (1973) Auf dem Wege zur Therapeutischen Gemeinschaft. Psychiatr Neurol Med Psychol 25:591–598

Statistisches Amt der DDR (1991) Statistisches Jahrbuch der DDR 1990. Berlin

Stertz G (1956) Karl Bonhoeffer 1868–1948. In: Kolle K (Hrsg) Grosse Nervenärzte. 21 Lebensbilder, Bd 1. Stuttgart, S. 17–26

Stringaris MG (1950) Asoziale und verbrecherische Schizophrene in Griechenland. Nervenarzt 11:487 f.

Stumpfl F (1933) Erbanlage und Verbrechen. 1. Teil. Die Kriminalität bei den Geschwistern und bei den Vettern und Basen der Ausgangsfälle. Z Gesamte Neurol Psychiatr 1/2:283–326

Stumpfl F (1936) Die Ursprünge des Verbrechens dargestellt am Lebenslauf von Zwillingen. Leipzig

Stumpfl F (1936) Kriminalbiologische Forschung und der Vollzug von Strafen und sichernden Maßnahmen. Der Gerichtssaal 108:338–361

Stumpfl F (1975) Kriminalität. Pathorhytmie, Wahn. Psychosomatisch-dynamische Strukturgesetzlichkeiten menschlicher Handlungen in Konfliktsituationen. Berlin

Stumpfl F (1935) Erbanlage und Verbrechen. Charakterologische und psychiatrische Sippenuntersuchungen. Berlin

Stutte H (1961) I. Kongreß der Union Européenne de Pédopsychiatrie (UEP). Nervenarzt 32:128 f.

Süllwold L (1970) Forschungsziele und neuere Aspekte in der Psychotherapie. Nervenarzt 41:27–31

Thannhauser SJ (1959) Paul Martini zum 70. Geburtstag. Dtsch Med Wochenschr 84:154 f.

Thom A (1975) Theoretische und ideologische Voraussetzungen der Einstellung der Psychiatrie und Psychotherapie auf die persönlichkeitsbildenden Aufgaben des sozialistischen Gesundheitswesens. In: Ehmann G, Löther R (Hrsg) Sozialismus – Medizin – Persönlichkeit. Materialien eines Symposiums der Akademie für Ärztliche Fortbildung der DDR. Berlin, S. 44–55

Tölle R (1973) In Memoriam Walter Schulte 1910–1972. Nervenarzt 44:275–278

Utitz E (1952) Grundsätzliche Bemerkungen zur medizinischen Psychologie. Psychiatr Neurol Med Psychol 4:248–252

Vatankhah H (1966) Eindrücke einer Studienreise durch psychiatrische Institute in England. Nervenarzt 37:313–317

Verlag und Redaktion der deutschen Ausgabe der Pawlow-Zeitschrift für höhere Nerventätigkeit (1961) Vorwort. Pawlow-Zeitschrift für höhere Nerventätigkeit 5/6: o. S.

Viefhues H (1961) Gruppentherapeutische Einrichtungen außerhalb des Krankenhauses. Die geschützte Arbeitsstätte für psychisch Kranke und der Patientenklub. Nervenarzt 32:211–217

Villinger W (1952) Europäisches Seminar über die psychiatrisch-psychologisch-soziologische Untersuchung der Kriminellen. Nervenarzt 23: 352 f.

Villinger W (1959) Frohe Menschen in unserer Zeit. Gemeinsinn und Selbstverantwortung im Dienste der psychischen Gesundheit, Vortrag zur Eröffnung des Weltgesundheitstages 1959 in Bad Godesberg. Dtsch Med Wochenschr 84:1560–1564

Vogel P (1964) Anspruch und institutionelle Stellung der Neurologie. Nervenarzt 35:148–152

von Baeyer Walter (1963) Jubilare. Jürg Zutt – 70 Jahre. Nervenarzt 34:289 f.

von Baeyer W (1950) Anmerkungen zum Aufsatz „Gedanken zum Münchner Psychologenkongreß 1949" von Prof. Werner Wagner. Nervenarzt 21:101 f.

von Baeyer W (1979) 50 Jahre „Der Nervenarzt". Nervenarzt 50:1 f.

von Baeyer W, Häfner H, Kisker KP (1964) Psychiatrie der Verfolgten. Psychopathologische und gutachtliche Erfahrungen an Opfern der nationalsozialistischen Verfolgung und vergleichbare Extrembelastungen. Berlin

Wagner W (1950) Gedanken zum Münchner Psychologenkongress. Nervenarzt 21:97–100

Wagner W (1951) Fazit einer Diskussion um die Psychologie. Nervenarzt 22:310 f.

Wagner W (1951) Wo steckt der Wind, wenn er nicht weht? Betrachtungen zur Medizinischen Psychologie von Ernst Kretschmer. Nervenarzt 22:343–347

Weinschenk C (1957) Über Pawlows Lehre von der Physiologie der Großhirnsphären in ihrer Beziehung zur Neurologie und Psychiatrie. Nervenarzt 28:488–499

Weinschenk C (1959) Rezension zu Max Brandt: Wege und Umwege der Sowjetmedizin. Einblick in die russische Literatur von 1946–1956, Berlin 1957. Nervenarzt 30:230

Wendt H (1957) Gedanken zum Wesen der Behandlung. Psychiatr Neurol Med Psychol 9:166–168

Wieck HH (1976) Prof. Dr. Hans Jörg Weitbrecht 1909–1975. Nervenarzt 47:609 f.

Wilmanns Lidz R (1994) Ein erfülltes Leben. In: Hermanns L (Hrsg) Psychoanalyse in Selbstdarstellungen II. Tübingen, S. 277–311

Wilmanns-Lidz R, Lidz T (1950) Eine Interpretation der Grundideen der amerikanischen Psychiatrie. Nervenarzt 21:490–494

Wing JK (1970) Über Funktion und Effektivität eines Zentrums für Gemeindepsychiatrie, Vortrag, Kongress der DGPN. Bad Nauheim

Winkler WT (1982) Zur historischen Entwicklung der Beziehungen zwischen Psychotherapie und Psychiatrie in Deutschland seit 1900 unter besonderer Berücksichtigung der Psychoanalyse. In: Helmchen H, Linden M, Rüger U (Hrsg) Psychotherapie in der Psychiatrie. Berlin, S. 11–25

Winter K (1951) Über einige grundlegende Fragen in der Medizin. Z Ärztl Fortbild 5(6):113–117

Wissenschaftsrat (1968) Empfehlungen des Wissenschaftsrates zur Struktur und zum Ausbau dermedizinischen Forschungs- und Ausbildungsstätten. Bonn

Witter H (Hrsg) (1987) Der psychiatrische Sachverständige im Strafrecht. Berlin

Wu-Chen-i (1955) Über die Arbeit auf dem Gebiet der Psychiatrie und Neurologie in der Volksrepublik China. Psychiatr Neurol Med Psychol 7:280 f.

Wyrsch J (1954) Über die Psychiatrie in der Schweiz in den letzten Jahrzehnten. Nervenarzt 25:111–114

Wyss N (1964) „Soziale Psychiatrie". Vorbildliche psychiatrische Krankenhausverhältnisse in England/Kongreß in London. Frankfurter Allgemeine Zeitung vom 1.9.1964, S. 14

Zutt J (1949) Nachruf auf Karl Bonhoeffer. Nervenarzt 20:241–244

Zutt J (1950) Zur Frage der praktischen Betätigung der Psychologen. Vorwissenschaftliche Menschenkenntnis und objektivierende Methoden. Nervenarzt 21:375 f.

Zutt J (1962) Psychiatrie und Neurologie. Nervenarzt 33:1–6

Zutt J (1962) Psychiatrie und Neurologie. Stellungnahme zur Diskussion. Nervenarzt 33:275–277

Zutt J (1963) Über die gegenwärtige Situation der Psychotherapie. In: Zutt J (Hrsg) Auf dem Wege zu einer anthropologischen Psychiatrie. Gesammelte Aufsätze. Berlin, S. 482–488 [ursprünglich 1935]

Zutt J (1963) Psychotherapeutische Probleme. Interpretation oder Heilung. Die besondere Nosologie. In: Zutt J (Hrsg) Auf dem Wege zu einer anthropologischen Psychiatrie. Gesammelte Aufsätze. Berlin, S. 498–506 [ursprünglich 1948]

Zutt J (1963) Entwicklungstendenzen in der modernen Psychiatrie, Referat eines Vortrags auf der Tagung der GDNP München 1953. In: Zutt J (Hrsg) Auf dem Weg zu einer anthropologischen Psychiatrie. Gesammelte Aufsätze. Berlin, S. 296–298 [ursprünglich 1954]

Zutt J (1963) Über das psychiatrische Krankenhauswesen. Rückblick und Ausblick. In: Zutt J (Hrsg) Auf dem Weg zu einer anthropologischen Psychiatrie. Gesammelte Aufsätze. Berlin, S. 537–542 [ursprünglich 1956]

Zutt J (1964) Neue Wege zur Heilung der geistig Kranken. Weltweite Revolution im psychiatrischen Krankenhauswesen – ohne Deutschland. Frankfurter Allgemeine Zeitung vom 21.1.1964, S. 9

Zutt J (1964) Psychiatrie und Neurologie. Gedanken am Ende einer Diskussion. Nervenarzt 35:175 f.

Zutt J (1967) Tagungsbericht zum ersten Weltkongreß des Weltverbandes der Psychiatrie in Madrid. Nervenarzt 38:42 f.

Zwischenbericht der Sachverständigenkommission zur Erarbeitung der Enquête über die Lage der Psychiatrie in der Bundesrepublik Deutschland, Bundestagsdrucksache 7/1124 vom 19.10.1973

Sekundärliteratur

Adams A (2013) Psychopathologie und „Rasse". Verhandlungen „rassischer" Differenz in der Erforschung psychischer Leiden (1890–1933). Bielefeld

Alber J (1992) Das Gesundheitswesen der Bundesrepublik Deutschland. Entwicklung, Struktur und Funktionsweise. Frankfurt a. M.

Aly G (^{2}1989) „Aktion T 4" – Modell des Massenmordes. In: Aly G (Hrsg) Aktion T4 1939–1945. Die „Euthanasie"-Zentrale in der Tiergartenstraße 4. Berlin, S. 11–20

Aly G (2013) Die Belasteten. „Euthanasie" 1939–1945. Eine Gesellschaftsgeschichte. Frankfurt a. M.

Andrew C, Mitrochin W (1999) Das Schwarzbuch des KGB. Moskaus Kampf gegen den Westen. Berlin

Angermann MC, Winkler I (2001) Wer, was, wie viel, wo? Eine Analyse der Publikationen deutscher Autoren zu sozialpsychiatrischen Themen in wissenschaftlichen Zeitschriften. Psychiatr Prax 28:368–375

Armbruster J (2018) Zur Entwicklung der Arbeitstherapie in der DDR unter besonderer Berücksichtigung des Bezirkskrankenhauses Stralsund. In: Kumbier E, Steinberg H (Hrsg) Psychiatrie in der DDR. Beiträge zur Geschichte. Berlin-Brandenburg, S. 261–274

Arndt M (2009) Gesundheitspolitik im geteilten Berlin 1948 bis 1961. Köln

Ash MG (2001) Medizin im Nationalsozialismus – Wissenschaftliche Arbeit als Weg der Aufarbeitung. In: Horn S, Malina P (Hrsg) Medizin im Nationalsozialismus – Wissenschaftliche Arbeit als Weg der Aufarbeitung. Wiener Gespräche zur Sozialgeschichte der Medizin. Wien, S. 87–99

Ash MG (2006) Wissens- und Wissenschaftstransfer – Einführende Bemerkungen. Ber Wissenschaftsgesch 29:181–189

Ash MG (2010) Wissenschaft und Politik. Eine Beziehungsgeschichte im 20. Jahrhundert. AfS 50:11–46

Ash MG, Hau M (2000) Der normale Körper, seelisch erblickt. In: Schmölders C, Gilman SL (Hrsg) Gesichter der Weimarer Republik. Eine physiognomische Kulturgeschichte. Köln, S. 12–31

Bajohr F (2013) Neuere Täterforschung, Version: 1.0. In: Docupedia-Zeitgeschichte, 18.06.2013. http://docupedia.de/zg/bajohr_neuere_taeterforschung_v1_de_2013. Zugegriffen: 10. Juni 2020

Balz V (2018) Aufspalten und neu ordnen. Dokumentationssysteme, Psychopathologie und Psychopharmaka in der BRD und DDR, 1955–1985. In: Kumbier E, Steinberg H (Hrsg) Psychiatrie in der DDR. Beiträge zur Geschichte. Berlin-Brandenburg, S. 315–330

Balz V (2019) Dietfried Müller-Hegemann oder psychophysische Medizin à la Pawlow. In: Geisthövel A, Hitzer B (Hrsg) Auf der Suche nach einer anderen Medizin. Psychosomatik im 20. Jahrhundert. Berlin, S. 211–221

Balz V, Klöppel U (2015) Wendung nach Innen. Sozialpsychiatrie, Gesundheitspolitik und Psychopharmaka in der Deutschen Demokratischen Republik 1960–1989. Viertelj Zeitg 4:539–567

Barck S, Langermann M, Lokatis S (1997) „Jedes Buch ein Abenteuer". Zensur-System und literarische Öffentlichkeiten in der DDR bis Ende der sechziger Jahre. Berlin

Barck S, Lokatis S (2003) Fenster zur Welt. Eine Geschichte des DDR-Verlages Volk und Welt. Berlin

Barsch S (2007) Geistig behinderte Menschen in der DDR. Erziehung – Bildung – Betreuung. Oberhausen

Batra A (^{4}2013) Geschichte der Verhaltenstherapie. In: Batra A, Wassmann R, Buchkremer G (Hrsg) Verhaltenstherapie. Grundlagen – Methoden – Anwendungsgebiete. Stuttgart, S. 27–29

Bauer M (2003) Reform als soziale Bewegung: Der „Mannheimer Kreis" und die Gründung der „Deutschen Gesellschaft für Soziale Psychiatrie". In: Kersting F-W (Hrsg) Psychiatriereform als Gesellschaftsreform. Die Hypothek des Nationalsozialismus und der Aufbruch der sechziger Jahre. Paderborn, S. 155–163

Baumann I (2006) Dem Verbrechen auf der Spur. Eine Geschichte der Kriminologie und Kriminalpolitik in Deutschland 1880 bis 1980. Göttingen

Baumgartner G, Hebig D (Hrsg) (1996 und 1997) Biographisches Handbuch der SBZ/DDR 1945–1990, 2 Bd. München

Becker P (2002) Verderbnis und Entartung. Eine Geschichte der Kriminologie des 19. Jahrhunderts als Diskurs und Praxis. Göttingen

Beckmann H (1998) Karl Leonhard (1904–1988). In: Schliack H, Hippius H (Hrsg) Nervenärzte. Biographien. Stuttgart, S. 111–120

Beckmann H (2003) Karl Leonhards Lebensweg (1904–1988). In: Leonhard K, Beckmann H (Hrsg) Aufteilung der endogenen Psychosen und ihre differenzierte Ätiologie. Stuttgart, S. 418–419

Beddies T (2004) Universitätspsychiatrie im NS. Die Nervenklinik der Berliner Charité unter Karl Bonhoeffer und Maximinian de Crinis. In: Bruch R vom (Hrsg) Die Berliner Universität unterm Hakenkreuz, Bd 2. Berlin, S. 55–72

Beddies T (2008) Zwangssterilisation und „Euthanasie". Die Psychiatrische und Nervenklinik der Charité unter Karl Bonhoeffer und Maximinian de Crinis. In: Hanfried Helmchen (Hrsg) Psychiater und Zeitgeist. Zur Geschichte der Psychiatrie in Berlin. Lengerich, S. 275–287

Beddies T (2009) Karl Bonhoeffer und die Nervenklinik der Charité. In: Moskopp D, Jäkel D (Hrsg) Karl Bonhoeffer – ein Nervenarzt. Vorträge zum 60. Geburtstag. Berlin, S. 43–65

Beddies T (2013) „Aktive Krankenbehandlung" und „Arbeitstherapie". Anwendungsformen und Begründungszusammenhänge bei Hermann Simon und Carl Schneider. In: Schmuhl H-W, Roelcke V (Hrsg) „Heroische Therapien". Die deutsche Psychiatrie im internationalen Vergleich, (1918–1945). Göttingen, S. 251–286

Beddies T, Hübener K (Hrsg) (2003) Dokumente zur Psychiatrie im Nationalsozialismus. Berlin

Beddies T, Hübener K (2004) Einleitung. In: Beddies T, Hübener K (Hrsg) Kinder in der NS-Psychiatrie. Berlin, S. 9–14

Behrend RC (1982) Heinrich Pette – ein Leitbild. In: Seitz D (Hrsg) 75 Jahre Deutsche Gesellschaft für Neurologie 1907–1982. Lübeck, S. 67–84

Bender P (1996) Episode oder Epoche? Zur Geschichte des geteilten Deutschlands. München

Bender P (2008) Deutschlands Wiederkehr. Eine ungeteilte Nachkriegsgeschichte 1945–1990. Bonn

Benz W, Distel B (Hrsg) (1988) Medizin im NS-Staat – Täter, Opfer, Handlanger. München

Benzenhöfer U (2006) Zur Genese des Gesetzes zur Verhütung erbkranken Nachwuchses. Münster

Berger G (1998) Die Beratenden Psychiater des deutschen Heeres 1939 bis 1945. Frankfurt a. M.

Bergien R (2018) True believers becoming funded experts? Personnel profile and political power in the SED central committee's sectoral apparatus, 1946–1989. In: Bergien R, Giesecke J (Hrsg) Communist parties revisited. Sociocultural approaches to party rule in the soviet bloc, 1956–1991. New York, S. 190–211

Bernhard P, Nehring H (Hrsg) (2014) Den Kalten Krieg denken. Beiträge zur sozialen Ideengeschichte. Essen

Bernhardt H et al (2000) Chronik zur Psychoanalyse in Ostdeutschland. In: Bernhardt H, Lockot R (Hrsg) Mit ohne Freud. Zur Geschichte der Psychoanalyse in Ostdeutschland. Gießen, S. 380–406

Bernhardt H (2000) „Frau Bernhardt, glauben Sie an Libido?" Ein Gespräch mit Alfred Katenstein und biographischer Kommentar. In: Bernhardt H, Lockot R (Hrsg) Mit ohne Freud. Zur Geschichte der Psychoanalyse in Ostdeutschland. Gießen, S. 204–226

Bernhardt H (2000) Mit Sigmund Freud und Iwan Petrowitsch Pawlow im Kalten Krieg. Walter Hollitscher, Alexander Mette und Dietfried Müller-Hegemann in der DDR. In: Bernhardt H, Lockot R (Hrsg) Mit ohne Freud. Zur Geschichte der Psychoanalyse in Ostdeutschland. Gießen, S. 172–203

Bernhardt H (2000) Zur Freud-Rezeption in der DDR am Beispiel von Alfred Katzenstein. In: Schlösser A-M, Höhfeld K (Hrsg) Psychoanalyse als Beruf. Bibliothek der Psychoanalyse. Gießen, S. 443–462

Bernhardt H, Lockot R (2000) Mit ohne Freud. Zur Geschichte der Psychoanalyse in Ostdeutschland. Gießen

Bewermeyer H, Mennel H-D (2006) Klaus Joachim Zülch. Ein bedeutender Neurologe und Neuropathologe. Stuttgart

Beyer C (2009) Von der „Kreis-Irrenanstalt" zum Pfalzklinikum. Eine Geschichte der Psychiatrie in Klingenmünster. Kaiserslautern

Beyer C (2013) Gottfried Ewald und die „Aktion T4" in Göttingen. Nervenarzt 84:1049–1055

Beyer C (2014) „Ko-Existenz" im „Trainingslager" – Karl Peter Kisker und die Frühphase der Hannoveraner Sozialpsychiatrie 1966–1972. Sozialps Inf 1:28–32

Beyer C (2016) „Islands of Reform". Early transformations of the mental health service in lower saxony, Germany in the 60s. In: Kritsotaki D, Long V, Smith M (Hrsg) Deinstitutionalisation and after. Post-War psychiatry in the Western World. Basel, S. 99–114

Beyer C (2018) Sozialpsychiatrischer Transit – Kontakte zwischen Psychiatern in Ost und West im Umfeld der bundesdeutschen Psychiatriereform. In: Kumbier E, Steinberg H (Hrsg) Psychiatrie in der DDR. Beiträge zur Geschichte. Berlin-Brandenburg, S. 221–233

Bispinck H (2003) „Republikflucht". Flucht und Ausreise als Problem für die DDR-Führung. In: Hoffmann D, Schwarz M, Wentker H (Hrsg) Vor dem Mauerbau. Politik und Gesellschaft in der DDR der fünfziger Jahre. München, S. 285–309

Blasius D (1991) Psychiatrischer Mord in der Zeit des Nationalsozialismus. Perspektiven und Motive. In: Vanja C, Vogt M (Bearb.): Euthanasie in Hadamar. Die nationalsozialistische Vernichtungspolitik in hessischen Anstalten. Kassel, S. 51–58

Blasius D (1994) „Einfache Seelenstörung". Geschichte der deutschen Psychiatrie 1800–1945. Frankfurt a. M.

Bloxham D (2006) Pragmatismus als Programm. Die Ahndung deutscher Kriegsverbrechen durch Großbritannien. In: Frei N (Hrsg) Transnationale Vergangenheitspolitik. Der Umgang mit deutschen Kriegsverbrechern in Europa nach dem Zweiten Weltkrieg. Göttingen, S. 140–179

Bock G (1986) Zwangssterilisation im Nationalsozialismus. Studien zur Rassenpolitik und Frauenpolitik. Opladen

Boehnisch T (2003) Gruppenbild ohne Dame? Aspekte der Selbstkonstitution einer gesellschaftlichen Elite. In: Hradil S, Imbusch P (Hrsg) Oberschichten – Eliten – Herrschende Klassen. Opladen, S. 175–192

Boehnisch T (1999) Gattinnen. Die Frauen der Elite. Münster

Bohleber W (2019) Von der Orthodoxie zur Pluralität. Kontroversen über Schlüsselbegriffe der Psychoanalyse. Göttingen

Böhm B (2002) „Im Sammeltransport verlegt". Die Einbeziehung der sächsischen Kranken- und Behinderteneinrichtungen in die „Aktion T4". Sonnenstein. Beiträge zur Geschichte des Sonnensteins und der Sächsischen Schweiz 4:23–80

Böhm B (Hrsg) (2008) Fundamentale Gebote der Sittlichkeit. Der „Euthanasie"-Prozess vor dem Landgericht Dresden 1947. Dresden

Böhm B (2008) Die Tötungsanstalt Pirna-Sonnenstein 1940/41. In: Henke K-D (Hrsg) Tödliche Medizin im Nationalsozialismus. Von der Rassenhygiene zum Massenmord. Köln, S. 149–170

Boldorf M (2007) Sozialpolitische Denk- und Handlungsfelder. In: Ruck M, Boldorf M (Hrsg) Geschichte der Sozialpolitik in Deutschland seit 1945. 1957–1966 BRD. Sozialpolitik im Zeichen des erreichten Wohlstandes, Bd 4. Baden-Baden, S. 85–149

Bonhomme FL (2015) Psychiatrie und Gesellschaft in der Deutschen Demokratischen Republik Geschichten von Patienten der Psychiatrischen und Nervenklinik der Charité (Ost-Berlin, 1960–1968). Diss. med Potsdam. https://publishup.uni-potsdam.de/opus4-ubp/frontdoor/deliver/index/docId/40716/file/le_bonhomme_diss.pdf. Zugegriffen: 10. Juni 2020

Bormuth M ([2]2018) Lebensführung in der Moderne. Karl Jaspers und die Psychoanalyse. Stuttgart-Bad Cannstatt

Bothe D (1991) Neue Deutsche Heilkunde 1933–1945. Dargestellt anhand der Zeitschrift „Hippokrates" und der Entwicklung der volksheilkundlichen Laienbewegung. Husum

Bottin A, van den Bussche H (1989) Opposition und Widerstand. In: Bussche H van den (Hrsg) Medizinische Wissenschaft im „Dritten Reich". Kontinuität, Anpassung und Opposition an der Hamburger Medizinischen Fakultät. Berlin, S. 399–418

Bouvier B (2002) Die DDR – ein Sozialstaat? Sozialpolitik in der Ära Honecker. Bonn

Brink C (2002) Zwangseinweisungen in die Psychiatrie. In: Herbert U (Hrsg) Wandlungsprozesse in Westdeutschland. Belastung, Integration, Liberalisierung 1945–1980. Göttingen, S. 467–507

Brink C (2006) „Keine Angst vor Psychiatern." Psychiatrie, Psychiatriekritik und Öffentlichkeit in der Bundesrepublik Deutschland (1960–1980). In: Fangerau H, Nolte K (Hrsg) „Moderne" Anstaltspsychiatrie im 19. und 20. Jahrhundert – Legitimation und Kritik. Stuttgart, S. 341–360

Brink C (2010) Die Grenzen der Anstalt. Psychiatrie und Gesellschaft in Deutschland 1860–1980. Göttingen

Brockhagen U (1994) Nach Nürnberg. Vergangenheitsbewältigung und Westintegration in der Ära Adenauer. Hamburg

Browning C (1998) Die Debatte über die Täter des Holocaust. In: Herbert U. (Hrsg) Nationalsozialistische Vernichtungspolitik 1939–1945. Neue Forschungen und Kontroversen. Frankfurt a. M., S. 148–169

Browning C (2003) Die Entfesselung der ‚Endlösung'. Nationalsozialistische Judenpolitik 1939–1945. Berlin

Bruchhausen W, Hofer H-G, Holzgreve W, Schott H (2018) Die Medizinische Fakultät. In: Becker T, Rosin P (Hrsg) Die Natur- und Lebenswissenschaften. Geschichte der Universität Bonn, Bd 4. Göttingen, S. 7–212

Brückner B (2006) Psychiatriegeschichte und Patientengeschichte. Eine Literaturübersicht zum Stand der deutschsprachigen Forschung. Sozialps Inf 4:26–30

Brückner B, Fabri A (2015) Zutt, Jürg. Biographisches Archiv der Psychiatrie. www.biapsy.de/index.php/de/9-biographien-a-z/60-zutt-juerg. Zugegriffen: 10. Juni 2020

Brückner B, Fabri A (2015) Kretschmer, Ernst. Biographisches Archiv der Psychiatrie. https://biapsy.de/index.php/de/9-biographien-a-z/109-kretschmer-ernst. Zugegriffen: 10. Juni 2020

Bruder K-J (Hrsg) (2003) „Die biographische Wahrheit ist nicht zu haben." Psychoanalyse und Biographieforschung. Heidelberg

Brüne M (2004) Domestikation und Menschenauslese – Versuch einer Kritik vom evolutions-biologischen Standpunkt aus. In: Brüne M, Payk TR (Hrsg) Sozialdarwinismus, Genetik und Euthanasie. Menschenbilder in der Psychiatrie. Stuttgart, S. 49–70

Bryant MS (2003) Justice and national socialist medicalized killing: postwar „Euthanasia" trials and the spirit of Nuremberg, 1945–1953. In: Mildt D de (Hrsg) Staatsverbrechen vor Gericht. Festschrift für Christiaan Frederik Rüter zum 65. Geburtstag. Amsterdam, S. 9–23

Buchge W (1994) Der Springer-Verlag. Katalog seiner Zeitschriften 1843–1992. Berlin

Buddrus M, Fritzlar S (2007) Die Professoren der Universität Rostock im Dritten Reich. München

Bundesministerium für Arbeit und Soziales (2006), Statistische Übersichten zur Sozialpolitik in Deutschland seit 1945 (Band SBZ/DDR), Verfasser Steiner A unter Mitarbeit von Judt M, Reichel T. Bonn

Buro A (2008) Friedensbewegung. In: Roth R, Rucht D (Hrsg) Die sozialen Bewegungen in Deutschland seit 1945. Ein Handbuch. Frankfurt a. M., S. 267–291

Buscher FM (2006) Bestrafen und erziehen. „Nürnberg" und das Kriegsverbrecherprogramm der USA. In: Frei N (Hrsg) Transnationale Vergangenheitspolitik. Der Umgang mit deutschen Kriegsverbrechern in Europa nach dem Zweiten Weltkrieg. Göttingen, S. 94–139

Busse S (1998) „Von der Sowjetwissenschaft lernen": Pawlowismus und Psychologie. Psychol Gesch 1(2):150–173

Busse S (2004) Psychologie in der DDR. Die Verteidigung der Wissenschaft und die Formung der Subjekte. Weinheim

Castell R et al (2003) Geschichte der Kinder- und Jugendpsychiatrie in Deutschland in den Jahren 1937 bis 1961. Göttingen

Castell R (Hrsg) (2008) Hundert Jahre Kinder- und Jugendpsychiatrie. Biografien und Autobio-graphien. Göttingen

Chroust P (1987) Friedrich Mennecke. Innenansichten eines medizinischen Täters im National-sozialismus. In: Aly G et al (Hrsg) Biedermann und Schreibtischtäter. Materialien zur deutschen Täter-Biographie. Berlin, S. 67–122

Clausen J (1990) „Der fast hoffnungslosen Versuch, eine Geschichte der DGSP zu schreiben". Soz Psych 49:4–15

Coché S (2017) Psychiatrie und Gesellschaft. Psychiatrische Einweisungspraxis im „Dritten Reich", in der DDR und der Bundesrepublik 1941–1963. Göttingen

Cocks G (1985) Psychotherapy in the Third Reich the Goering Institute. New York

Conci M (2005) Sullivan neu entdecken. Leben und Werk Harry Stack Sullivans und seine Bedeutung für Psychiatrie, Psychotherapie und Psychoanalyse. Gießen

Cottebrune A (2008) Der planbare Mensch. Die Deutsche Forschungsgemeinschaft und die menschliche Vererbungswissenschaft, 1920–1970. Stuttgart

Dalicho W (1971) Sterilisationen in Köln auf Grund des Gesetzes zur Verhütung erbkranken Nachwuchses vom 14. Juli 1933 nach Akten des Erbgesundheitsgerichts von 1934 bis 1943, Diss. med. Köln

Daston L, Galison P (2007) Objektivität. Frankfurt a. M.

Daum M, Deppe H-U (1991) Zwangssterilisation in Frankfurt am Main 1933–1945. Frankfurt a. M.

Dehli M (2007) Leben als Konflikt. Zur Biographie Alexander Mitscherlichs. Göttingen

de Mildt, DW (1996) In the name of the people: perpetrators of genocide on the reflection of their post-war prosecution in West Germany: the „Euthanasia" and „Aktion Reinhardt" Trial Cases. Alphen aan den Rijn

de Mildt, D (Hrsg) (2009) Tatkomplex NS-Euthanasie. Die ost- und westdeutschen Strafurteile seit 1945, Bd 2. Amsterdam

Deuschl G, Busse O (2007) Die Deutsche Gesellschaft für Neurologie (DGN): Vergangenheit und Zukunft. In: Kömpf D (Hrsg) 100 Jahre Deutsche Gesellschaft für Neurologie. Berlin, S. 57–61

DGPPN (Hrsg) (2014) Erfasst, verfolgt, vernichtet. Kranke und behinderte Menschen im Nationalsozialismus. Berlin

Diercks H (2014) „Euthanasie". Die Morde an Menschen mit Behinderungen und psychischen Erkrankungen in Hamburg im Nationalsozialismus. Texte, Fotos, Dokumente. Hamburg

Dietzsch I (2004) Grenzen überschreiten? Deutsch-deutsche Briefwechsel 1948–1989. Köln

Doering-Manteuffel A (1999) Wie westlich sind die Deutschen? Amerikanisierung und Westernisierung im 20. Jahrhundert. Göttingen

Doering-Manteuffel A, Raphael L (2008) Nach dem Boom. Perspektiven auf die Zeitgeschichte seit 1970. Göttingen

Dörner K (2002) „Ich darf nicht denken." Das medizinische Selbstverständnis der Angeklagten. In: Dörner K, Ebbinghaus A (Hrsg) Vernichten und Heilen. Der Nürnberger Ärzteprozeß und seine Folgen. Berlin, S. 331–358

Dörner K (1988) Tödliches Mitleid. Zur Frage der Unerträglichkeit des Lebens. Gütersloh

Dörre S (2016) Wirtschaftskriminalität als psycho- und soziopathologische Erscheinung. Der „Täter im weißen Kragen" 1965–1975. In: Berghoff H, Rauh C, Welskopp T (Hrsg) Tatort Unternehmen. Zur Geschichte der Wirtschaftskriminalität im 20. und 21. Jahrhundert. Berlin, S. 129–150

Dörre S (2018) Die Psychiatrie-Enquete als Herausforderung. Die organisatorische Erneuerung der Deutschen Gesellschaft für Psychiatrie und Nervenheilkunde in der ersten Hälfte der 1970er Jahre. Schr Deutsc Ges Gesch Nervenheilk 24:119–139

Dörre S (2019) „Gelungene" und „erfüllte" Sexualität. Psychiatrische und psychotherapeutische Normen für sexuelle Gesundheit im Wandel. Virus 18:193–212

Dörre S (2019) Die psychiatrische Fachgesellschaft in der Nachkriegszeit (1945–1975). Psyche im Fokus 1:42–47

Drecoll A (2009) Die Biographie eines Entwurzelten. Der Kinderarzt Erich Benjamin. In: Bauer T, Kraus E, Kuller C, Süß W (Hrsg) Gesichter der Zeitgeschichte. Deutsche Lebensläufe im 20. Jahrhundert. München, S. 103–114

Dressen W (1996) NS-„Euthanasie"-Prozesse in der Bundesrepublik Deutschland im Wandel der Zeit. In: Loewy H, Winkler B (Hrsg) NS-„Euthanasie" vor Gericht. Fritz Bauer und die Grenzen juristischer Bewältigung. Frankfurt a. M., S. 35–58

Duckheim S (2019) Annemarie Dührssen oder die gesundheitspolitische Anpassung der Psychoanalyse. In: Geisthövel A, Hitzer B (Hrsg) Auf der Suche nach einer anderen Medizin. Berlin, S. 233–242

Dührssen A (1994) Ein Jahrhundert Psychoanalytische Bewegung in Deutschland. Göttingen

Ebbinghaus A (Hrsg) (1996) Opfer und Täterinnen. Frauenbiographien des Nationalsozialismus. Frankfurt a. M.

Ebbinghaus A (2000) Einleitung: Blicke auf den Nürnberger Ärzteprozeß. Der Nürnberger Ärzteprozeß 1946/47. Wortprotokolle, Anklage- und Verteidigungsmaterial, Quellen zum Umfeld, Im Auftrag der Stiftung für Sozialgeschichte des 20. Jahrhunderts, hg. von Klaus Dörner, Angelika Ebbinghaus und Karsten Linne in Zusammenarbeit mit Karl Heinz Roth und Paul Weindling. München, S. 11–69

Ebbinghaus A (2008) Mediziner vor Gericht. In: Henke K-D (Hrsg) Tödliche Medizin im Nationalsozialismus. Von der Rassenhygiene zum Massenmord. Köln, S. 203–224

Ebbinghaus A, Kaupen-Haas H, Roth K-H (Hrsg) (1984) Heilen und Vernichten im Mustergau Hamburg. Bevölkerungs- und Gesundheitspolitik im Dritten Reich. Hamburg

Eckart WU (2010) „Ein Feld der rationalen Vernichtungspolitik". Biopolitische Ideen und Praktiken vom Malthusianismus bis zum nationalsozialistischen Sterilisationsgesetz. In: Rotzoll M et al (Hrsg) Die nationalsozialistische „Euthanasie"-Aktion „T4" und ihre Opfer. Geschichte und ethische Konsequenzen für die Gegenwart. Paderborn, S. 25–41

Eghigian G (2002) Was there a communist Psychiatry? Politics and East German Psychiatric Care, 1945–1989. Harvard Rev Psychiatry 10:364–368

Eichsen R (2016) Der Weg, die neue Heimat. Ruth Wilmanns-Lidz und andere Frauen in psychologischen Berufen als Immigrantinnen in den USA. In: Heidel C-P (Hrsg) Jüdinnen und Psyche. Frankfurt a. M., S. 237–267

Einhaus C (2006) Zwangssterilisation in Bonn (1933–1945). Die medizinischen Sachverständigen vor dem Erbgesundheitsgericht. Köln

Eisenberg U (2007) Zwischen Emanzipation und Integration: Neurologie im geteilten Deutschland (1945–1990). In: Deutsche Gesellschaft für Neurologie (Hrsg) 100 Jahre Deutsche Gesellschaft für Neurologie. Berlin, S. 48–54

Eisenberg U (2011) Deutsch-deutsche Neurologie: Vom innerdeutschen Verhältnis der west- und ostdeutschen Fachgesellschaften 1945–1970. Schr Deuts Ges Gesch Nervenheilk 17:269–284

Eisenberg U, Collmann H (2016) Deutsche Neurochirurgen im Nationalsozialismus – ein vorläufiger Überblick über den Stand der Forschung. In: Krischel M, Schmidt M, Groß D (Hrsg) Medizinische Fachgesellschaften im Nationalsozialismus. Bestandsaufnahme und Perspektiven. Berlin, S. 103–114

Elberfeld J (2019) Horst-Eberhard Richter oder die Entdeckung der Familie als psychosozialer Krankheitsfaktor. In: Geisthövel A, Hitzer B (Hrsg) Auf der Suche nach einer anderen Medizin. Berlin, S. 349–360

Ellerbrock D (2002) Gesundheitspolitik in der amerikanischen Besatzungszone 1945–1949. In: Woelk W, Vögele J (Hrsg) Geschichte der Gesundheitspolitik in Deutschland. Berlin, S. 313–345

Ellerbrock D (2004) Healing Democracy. Demokratie als Heilmittel: Gesundheit, Krankheit und Politik in der amerikanischen Besatzungszone 1945–1949. Bonn

Eppinger S (2001) Das Schicksal der jüdischen Dermatologen Deutschlands in der Zeit des Nationalsozialismus. Frankfurt a. M.

Erices R (2018) Fehlende Aufarbeitung. Zwangssterilisationen in Leipzig in der NS-Zeit und der spätere Umgang damit. In: Kumbier E, Steinberg H (Hrsg) Psychiatrie in der DDR. Beiträge zur Geschichte. Berlin-Brandenburg, S. 69–77

Ernst A-S (1997) „Die beste Prophylaxe ist der Sozialismus". Ärzte und medizinische Hochschullehrer in der SBZ/DDR 1945–1961. Münster

Ernst W, Müller T (2010) Introduction. In: Ernst W, Müller T (Hrsg) Transnationale psychiatries: social and cultural histories of psychiatry in comparative perspective, c. 1800–2000, Cambridge, S. IX–XXIII

Falkai P, Gruber O, Nesseler T (2011) Beschluss zur Aberkennung der Ehrenmitgliedschaften vom 24. November 2011 im Rahmen der DGPPN-Mitgliederversammlung. Nervenarzt 82:1632–1634

Fangerau H (2003) Der „Bauer-Fischer-Lenz" in der Buchkritik 1921–1940: Eine quantifizierende Untersuchung zur zeitgenössischen Rezeption rassenhygienischer Theorien. Med J 38:57–81

Fangerau H (2011) Urologie im Nationalsozialismus – eine medizinische Fachgesellschaft zwischen Professionalisierung und Vertreibung. In: Krischel M et al (Hrsg) Urologen im Nationalsozialismus. Zwischen Anpassung und Vertreibung. Berlin, S. 13–21

Fangerau H (2016) Neurologie und Neurologen in der NS-Zeit. Thematische Einführung. Nervenarzt Suppl 1:2–4

Fangerau H, Topp S, Schepker K (Hrsg) (2017) Kinder- und Jugendpsychiatrie im Nationalsozialismus und in der Nachkriegszeit. Zur Geschichte ihrer Konsolidierung. Berlin

Fangerau H, Müller I (2002): Das Standardwerk der Rassenhygiene von Erwin Baur, Eugen Fischer und Fritz Lenz im Urteil der Psychiatrie und Neurologie 1921–1940. Nervenarzt 73:1039-1046.

Fangerau H, Müller I (2005) National styles? Jacques Loeb's analysis of German and American science around 1900 in his correspondence with Ernst Mach. Centaurus 47:207–225

Fangerau H, Noack T (2006) Rassenhygiene in Deutschland und Medizin im Nationalsozialismus. In: Schulz S et al (Hrsg) Geschichte, Theorie und Ethik der Medizin. Eine Einführung. Frankfurt a. M., S. 224–246

Fangerau H, Martin M, Karenberg A (2020) Neurologen und Neurowissenschaftler: Wer war ein Nazi? Zum Umgang mit der NS-Belastung in der Geschichte der deutschen Medizin. Nervenarzt 91:3–12

Faulstich, H (1998) Hungersterben in der Psychiatrie 1914–1949. Mit einer Topographie der NS-Psychiatrie. Freiburg

Faulstich H (2000) Die Zahl der „Euthanasie"-Opfer. In: Frewer A, Eickhoff C (Hrsg) „Euthanasie" und die aktuelle Sterbehilfe-Debatte. Die historischen Hintergründe medizinischer Ethik. Frankfurt a. M., S. 218–236

Faulstich H (2003) Die Anstaltspsychiatrie unter den Bedingungen der „Zusammenbruchgesellschaft". In: Kersting F-W (Hrsg) Psychiatriereform als Gesellschaftsreform. Die Hypothek des Nationalsozialismus und der Aufbruch der sechziger Jahre. Paderborn, S. 21–30

Fehlemann S (2001) Die Standespolitik der Ärzteschaft in Westdeutschland – ein Neubeginn? Das Beispiel des Kassenarztrechts. In: Brandes D, Labisch A, Ruzicka T (Hrsg) Mensch und Medizin in totalitären und demokratischen Gesellschaften. Essen, S. 137–145

Fehlemann S, Fangerau H, Dörre S, Schneider F (2017) Psychiatrie – Politik – Wissenschaft. 175 Jahre psychiatrische Fachgesellschaft in Deutschland. Die Geschichte der DGPPN und ihrer Vorgängerorganisationen, hg. von der DGPPN. Berlin

Fischer T, Lorenz MN (Hrsg) (2007) Lexikon der „Vergangenheitsbewältigung" in Deutschland. Debatten- und Diskursgeschichte des Nationalsozialismus nach 1945. Bielefeld

Forsbach R (2006) Die Medizinische Fakultät der Universität Bonn im „Dritten Reich". München

Forsbach R (2008) Der Kampf um Gerechtigkeit. Zur Erneuerung der Medizinischen Fakultät der Universität Bonn nach dem Ende der NS-Herrschaft. In: Becker T (Hrsg) Zwischen Diktatur und Neubeginn. Die Universität Bonn im „Dritten Reich" und in der Nachkriegszeit. Göttingen, S. 273–272

Forsbach R (2011) Die 68er und die Medizin. Gesundheitspolitik und Patientenverhalten in der Bundesrepublik Deutschland (1960–2010). Göttingen

Forsbach R (2012) Friedrich Panse – etabliert in allen Systemen. Psychiater in der Weimarer Republik, im „Dritten Reich" und in der Bundesrepublik. Nervenarzt 83:329–336

Forsbach R (2015) Die öffentliche Diskussion der NS-Medizinverbrechen in Deutschland seit 1945. Kollektivschuld, Vergangenheitsbewältigung, Moralismus. In: Braese S, Groß D (Hrsg) NS-Medizin und Öffentlichkeit. Formen der Aufarbeitung nach 1945. Frankfurt a. M., S. 97–132

Forsbach R (2018) Panse, Friedrich Albert. In: Biographisches Archiv der Psychiatrie. biapsy.de/index.php/en/9-biographien-a-z/269-panse-friedrich-albert-e. Zugegriffen: 10. Juni 2020

Forsbach R, Hofer H-G (2015) Die Deutsche Gesellschaft für Innere Medizin in der NS-Zeit. Ausstellung aus Anlass des 121. Kongresses der Deutschen Gesellschaft für Innere Medizin, 18.–21. April 2015 in Mannheim. Wiesbaden

Forschungsstelle für Zeitgeschichte in Hamburg/Institut für Friedensforschung und Sicherheitspolitik, Carl-Friedrich von Weizsäcker-Zentrum für Naturwissenschaft und Friedensforschung (Hrsg) (2009) „Kampf dem Atomtod!". Die Protestbewegung 1957/58 in zeithistorischer und gegenwärtiger Perspektive. München

Foschepoth J (1997) German reaction to defeat and occupation. In: Moeller RG (Hrsg) West Germany under construction. Politics, society, and culture in the Adenauer Era. Ann Arbor, S. 73–89

Foucault M (1969) Wahnsinn und Gesellschaft. Eine Geschichte des Wahns im Zeitalter der Vernunft. Frankfurt a. M.

Franke K (2017) Die DDR-Psychiatrie und deren Transformation nach 1989 im Gedächtnis ihrer Akteure. In: Haag H, Heß P, Leonhard N (Hrsg) Volkseigenes Erinnern. Die DDR im sozialen Gedächtnis. Wiesbaden, S. 111–138

Franke P, Ludwig A (2011) Psychosomatische Gynäkologie – Die Arbeitsgemeinschaft für Psychosomatische Gynäkologie und Geburtshilfe. In: Geyer M (Hrsg) Psychotherapie in Ostdeutschland. Geschichte und Geschichten 1945–1995. Göttingen, S. 426–436

Frei N (Hrsg) (2001) Karrieren im Zwielicht. Hitlers Eliten nach 1945. Frankfurt a. M.

Frei N (2006) Nach der Tat. Die Ahndung deutscher Kriegs- und NS-Verbrechen in Europa – eine Bilanz. in: Frei N (Hrsg) Transnationale Vergangenheitspolitik. Der Umgang mit deutschen Kriegsverbrechern in Europa nach dem Zweiten Weltkrieg. Göttingen, S. 7–36

Frei N (2009) Deutsche Lernprozesse, NS-Vergangenheit und Generationsfolge seit 1945. In: Frei N(Hrsg) 1945 und wir. Das Dritte Reich im Bewußtsein der Deutschen. München, S. 38–55

Frei N (^{2}2003) Vergangenheitspolitik. Die Anfänge der Bundesrepublik und die NS-Vergangenheit. München

Freimüller T (2008) Verdrängung und Bewältigung. Alexander Mitscherlich und die NS-Vergangenheit. In: Freimüller T (Hrsg) Psychoanalyse und Protest. Alexander Mitscherlich und die „Achtundsechziger". Göttingen, S. 118–132

Freimüller T (2010) Wie eine Flaschenpost. Alexander Mitscherlichs Dokumentation des Nürnberger Ärzteprozesses. Zeith Forsch 7:145–151

Freimüller T (2019) Alexander Mitscherlich oder wie ein Grenzgänger zum Makler der psychosomatischen Medizin wurde. In: Geisthövel A, Hitzer B (Hrsg) Auf der Suche nach einer anderen Medizin. Berlin, S. 201–210

Freimüller T (2007) Alexander Mitscherlich. Gesellschaftsdiagnosen und Psychoanalyse nach Hitler. Göttingen

Frerich J, Frey M (1993) Handbuch der Geschichte der Sozialpolitik in Deutschland, Band 2:Sozialpolitik in der Deutschen Demokratischen Republik. München

Friedlander H (^{2}1989) Jüdische Anstaltspatienten im NS-Deutschland. In: Aly G (Hrsg) Aktion T4. 1939–1945. Die „Euthanasie"-Zentrale in der Tiergartenstraße 4. Berlin, S. 34–44

Friedlander H (1997) Der Weg zum NS-Genozid. Von der Euthanasie zur Endlösung. Berlin

Friedman A, Hudemann R (Hrsg) (2016) Diskriminiert – vernichtet – vergessen. Behinderte in der Sowjetunion, unter nationalsozialistischer Besatzung und im Ostblock 1917–1991. Stuttgart

Fuchs P et al (2004) Minderjährige als Opfer der Krankenmordaktion „T4". In: Beddies T, Hübener K (Hrsg) Kinder in der NS-Psychiatrie. Berlin, S. 55–70

Fuchs P et al (Hrsg) (2007) „Das Vergessen der Vernichtung ist Teil der Vernichtung selbst". Lebensgeschichten von Opfern der nationalsozialistischen „Euthanasie". Göttingen

Galassi S (2004) Kriminologie im Deutschen Kaiserreich. Geschichte einer gebrochenen Verwissenschaftlichung. Stuttgart

Garner C (1997) Public service personnel in West Germany in the 1950s: controversial policy decisions and their effects on social composition, gender structure, and the role of former Nazis. In: Moeller RG (Hrsg) West Germany under construction. Politics, society, and culture in the Adenauer Era. Ann Arbor, S. 135–195

Gay P (2004) Die Republik der Außenseiter. Geist und Kultur der Weimarer Zeit. Frankfurt a. M.

Gehler M (2005) Neutralität und Neutralisierungspläne für Mitteleuropa? Österreich, Ungarn, Tschechoslowakei und Polen. In: Geppert D, Wengst U (Hrsg) Neutralität – Chance oder Chimäre? Konzepte des Dritten Weges für Deutschland und die Welt 1945–1990. München, S. 105–131

Geisthövel A (2019) Karl Leonhard oder die Individualtherapie der Neurosen. In: Geisthövel A, Hitzer B (Hrsg) Auf der Suche nach einer anderen Medizin. Psychosomatik im 20. Jahrhundert. Berlin, S. 222–232

Geisthövel A (2019) Viktor von Weizsäcker oder die „monumentale Unruhe" einer subjektiven Medizin. In: Geisthövel A, Hitzer B (Hrsg) Auf der Suche nach einer anderen Medizin. Berlin, S. 144–154

Geisthövel A, Hitzer B (2019) Gezeiten der Anerkennung. Streben nach Wissenschaftlichkeit meets Wissenschafts- und Gesellschaftskritik (1945–1970). In: Geisthövel A, Hitzer B (Hrsg) Auf der Suche nach einer anderen Medizin. Berlin, S. 179–200

George U et al (Hrsg) (2006) Hadamar. Heilstätte, Tötungsanstalt. Therapiezentrum. Marburg

Gerhard U-J, Schönberg A (2007) Die Rolle von Rudolf Lemke bei der Etablierung der Kinderneuropsychiatrie in der Nachkriegszeit. In: Hoßfeld U, Kaiser T, Mestrup H (Hrsg) Hochschule im Sozialismus. Studien zur Geschichte der Friedrich-Schiller-Universität Jena (1945–1990), Bd 2. Köln, S. 1971–1980

Gerlinger T (2009) Der Wandel der Interessenvermittlung in der Gesundheitspolitik. In: Rehder B, Winter T von, Willems U (Hrsg) Interessenvermittlung in Politikfeldern. Vergleichende Befunde der Policy- und Verbändeforschung. Wiesbaden, S. 33–51

Gerst T (1994) „Nürnberger Ärzteprozeß" und ärztliche Standespolitik. Der Auftrag der Ärztekommission an Alexander Mitscherlich zur Beobachtung und Dokumentation des Prozeßverlaufs. Deutsc Ärztebl 91:1037–1046

Gerst T (1997) Neuaufbau und Konsolidierung: Ärztliche Selbstverwaltung und Interessenvertretung in den drei Westzonen und der Bundesrepublik Deutschland 1945–1995. In: Jütte R (Hrsg) Geschichte der deutschen Ärzteschaft. Organisierte Berufs- und Gesundheitspolitik im 19. und 20. Jahrhundert. Köln, S. 195–242

Gerst T (2004) Ärztliche Standesorganisation und Standespolitik in Deutschland 1945–1955. Stuttgart

Geuter U (1988) Die Professionalisierung der deutschen Psychologie im Nationalsozialismus. Frankfurt a. M.

Geuter U, Ash M (1985) Geschichte der deutschen Psychologie im 20. Jahrhundert. Opladen

Geyer M (Hrsg) (2011) Psychotherapie in Ostdeutschland. Geschichte und Geschichten 1945–1959. Göttingen

Geyer M (2011) Ostdeutsche Psychotherapiechronik 1945–1949. In: Geyer M (Hrsg) Psychotherapie in Ostdeutschland. Geschichte und Geschichten 1945–1995. Göttingen, S. 29–32

Geyer M (2011) Ostdeutsche Psychotherapiechronik 1950–1959. In: Geyer M (Hrsg) Psychotherapie in Ostdeutschland. Geschichte und Geschichten 1945–1959. Göttingen, S. 90–95

Geyer M (2011) Ostdeutsche Psychotherapiechronik 1960–1969. In: Geyer M (Hrsg) Psychotherapie in Ostdeutschland. Geschichte und Geschichten 1945–1959. Göttingen, S. 145–151

Geyer M (2011) Ostdeutsche Psychotherapiechronik 1970–1979. in: Geyer M (Hrsg) Psychotherapie in Ostdeutschland. Geschichte und Geschichten 1945–1959. Göttingen, S. 246–256

Geyer M (2011) Überblick. In: Geyer M (Hrsg) Psychotherapie in Ostdeutschland. Geschichte und Geschichten 1945–1995. Göttingen, S. 27 f

Geyer M (2011) Überblick. In: Geyer M (Hrsg) Psychotherapie in Ostdeutschland. Geschichte und Geschichten 1945–1995. Göttingen, S. 89 f

Geyer M (2011) Überblick, In: Geyer M (Hrsg) Psychotherapie in Ostdeutschland. Geschichte und Geschichten 1945–1995. Göttingen, S. 143 f

Geyer M (2011) Überblick. In: Geyer M (Hrsg) Psychotherapie in Ostdeutschland. Geschichte und Geschichten 1945–1995. Göttingen, S. 243 f

Gieryn T (1983) Boundary-work and the demarcation of science from non-science: strains and interests in professional ideologies of scientists. Am Sociol Rev 6:781–795

Glienke SA (2011) Die de-facto-Amnestie von Schreibtischtätern. In: Perels J, Wette W (Hrsg) Mit reinem Gewissen. Wehrmachtrichter in der Bundesrepublik und ihre Opfer. Berlin, S. 262–277

Godau-Schüttke K-D ([3]2010) Die Heyde-Sawade-Affäre. Wie Juristen und Mediziner den NS-Euthanasieprofessor Heyde nach 1945 deckten und straflos blieben. Baden-Baden

Goddemeier C (2003) Theorie vom „gehemmten Menschen". 1953 starb der Begründer der Neopsychoanalyse. Deutsc Ärztebl 100:259

Goldhagen DJ (1996) Hitlers willige Vollstrecker. Ganz gewöhnliche Deutsche und der Holocaust. München

Goltermann S (1999) Verletzte Körper oder „Building National Bodies". Kriegsheimkehrer, „Krankheit" und Psychiatrie in der westdeutschen Nachkriegsgesellschaft, 1945–1955. Werkst Gesch 24:83–98

Goltermann S (2009) Die Gesellschaft der Überlebenden. Deutsche Kriegsheimkehrer und ihre Gewalterfahrungen im Zweiten Weltkrieg. München

Goltermann S (2013) Gewalt und Trauma. Zur Verwandlung psychiatrischen Wissens in Ost- und Westdeutschland seit dem Zweiten Weltkrieg. In: Wolters C, Beyer C, Lohff B (Hrsg) Abweichung und Normalität. Psychiatrie in Deutschland vom Kaiserreich bis zur Deutschen Einheit. Bielefeld, S. 279–308

Goschler C (1992) Wiedergutmachung. Westdeutschland und die Verfolgten des Nationalsozialismus (1945–1954). München

Goschler C (2007) Schuld und Schulden. Die Politik der Wiedergutmachung für NS-Verfolgte. In: Schmid H, Krzymianowska J (Hrsg) Politische Erinnerung. Geschichte und kollektive Identität. Würzburg, S. 108–122

Götze H (1992) Der Springer-Verlag. Teil II 1945–1992. Berlin

Grashoff U (2013) Getrennte Wege und vorsichtige Wiederverbindung. Aktivitäten zur Suizidprävention in beiden deutschen Staaten. In: Brunner D, Grashoff U, Kötzing A (Hrsg) Asymmetrisch verflochten? Neue Forschungen zur gesamtdeutschen Nachkriegsgeschichte. Berlin, S. 166–180

Grashoff U (2020) Der Umgang mit Selbsttötungen in der DDR 1949–1990. https://www.bundesstiftung-aufarbeitung.de/uploads/pdf/grashoff.pdf. Zugegriffen: 10. Juni 2020

Grau G (2001) Herrschaft der Sachverständigen. Zur Rolle von Medizinern bei der Durchsetzung der nationalsozialistischen Homosexuellenpolitik. Z Sexualfor 14:146–165

Gray WG (2003) Germany's cold war. The global campaign to isolate East Germany, 1949–1969. Chapel Hill

Greiner B (1997) „Test the West". Über die „Amerikanisierung" der Bundesrepublik Deutschland. Mittelweg 36 (5):4–40

Greve M (1998) Die organisierte Vernichtung „lebensunwerten Lebens" im Rahmen der „Aktion T4": Dargestellt am Beispiel des Wirkens und der strafrechtlichen Verfolgung ausgewählter NS-Tötungsärzte. Pfaffenweiler

Greve B (2017) Prof. Dr. med. Rudolf Degkwitz (19.1.1889–21.5.1973). Sein wissenschaftliches und politisches Leben vom Kaiserreich bis zur Demokratie, Diss. med. Hannover

Groß FR (1996) Jenseits des Limes, 40 Jahre Psychiater in der DDR. Bonn

Groß D et al (Hrsg) (2018) Zahnärzte und Zahnheilkunde im „Dritten Reich". Eine Bestandsaufnahme. Berlin

Großbölting T, Lenhard-Schramm N (2017) Contergan. Arzneimittelskandal und permanentes Politikum. in: Großbölting T, Lenhard-Schramm N (Hrsg) Contergan. Hintergründe und Folgen eines Arzneimittel-Skandals. Göttingen, S. 7–21

Groß D, Fangerau H, Thamer HU (2009) Medizin und Nationalsozialismus. In: Westermann S, Kühl R, Groß D (Hrsg) Medizin im Dienst der „Erbgesundheit". Beiträge zur Geschichte der Eugenik und Rassenhygiene. Münster, S. 5–9

Grübler G (Hrsg) (2007) Quellen zur deutschen Euthanasie-Diskussion 1895–1941. Berlin

Grundmann K (2001) Zusammenbruch und Neubeginn – ein Ausblick. In: Aumüller G (Hrsg) Die Marburger Medizinische Fakultät im „Dritten Reich". München, S. 651–667

Haase N, Pampel B (2001) Vorwort. In: Haase N, Pampel B (Hrsg) Die Waldheimer „Prozesse" – fünfzig Jahre danach. Dokumentation der Tagung der Stiftung Sächsische Gedenkstätten am 28. und 29. September 2000 in Waldheim. Baden Baden, S. VII–XIII

Häfner H (2015) Psychiatriereform in Deutschland. Vorgeschichte, Durchführung und Nachwirkung der Psychiatrie-Enquete – Ein Erfahrungsbericht. Schr Deutsc Gesch Nervenheilkd 21:459–495

Häfner H, Martini H (2011) Das Zentralinstitut für Seelische Gesundheit. Gründungsgeschichte und Gegenwart. München

Halling T (2015) Institutionelle und soziale Netzwerke der Urologie in Deutschland zwischen 1949 und 1990. In: Halling T, Moll FH, Fangerau H (Hrsg) Urologie 1945–1990. Entwicklungen und Vernetzung der Medizin in beiden deutschen Staaten. Berlin, S 215–233

Halling T, Liebe M, Schäfer J (2007) Arbeits- und Erwerbsfähigkeit und das Recht auf Leben. Der „Wert des Menschen" in der Psychiatrie nach dem Ersten Weltkrieg. In: Ehmer J, Ferdinand U, Reulecke J (Hrsg) Herausforderung Bevölkerung. Zu Entwicklungen des modernen Denkens über die Bevölkerung vor und nach dem „Dritten Reich". Wiesbaden, S. 133–146

Halling T, Moll FH, Fangerau H (2015) Zeitgeschichte der Urologie – Herangehensweisen und Probleme. In: Halling T, Moll FH, Fangerau H (Hrsg) Urologie 1945–1990. Entwicklung und Vernetzung der Medizin in beiden deutschen Staaten. Berlin, S. 1–18

Hanrath S (2002) Diskriminiert – vernichtet – vergessen. Behinderte in der Sowjetunion, unter nationalsozialistischer Besatzung und im Ostblock. Paderborn

Hanrath S (2002) Zwischen ‚Euthanasie' und Psychiatriereform. Anstaltspsychiatrie in Westfalen und Brandenburg. Ein deutsch-deutscher Vergleich (1945–1964). Paderborn

Hanrath S (2003) Strukturkrise und Reformbeginn. Die Anstaltspsychiatrie in der DDR und der Bundesrepublik bis zu den 60er Jahren. In: Kersting F-W (Hrsg) Psychiatriereform als Gesellschaftsreform. Die Hypothek des Nationalsozialismus und der Aufbruch der sechziger Jahre. Paderborn, S. 31–61

Hänsel D (2017) Die Deutsche Gesellschaft für Kinderpsychiatrie und Heilpädagogik im Nationalsozialismus als verkappte Fachgesellschaft für Sonderpädagogik. In: Fangerau H, Topp S, Schepker K (Hrsg) Kinder- und Jugendpsychiatrie im Nationalsozialismus und in der Nachkriegszeit. Zur Geschichte ihrer Konsolidierung. Berlin, S. 253–276

Hänsel D (2008) Karl Tornow als Wegbereiter der sonderpädagogischen Profession. Die Grundlegung des Bestehenden in der NS-Zeit. Bad Heilbrunn

Harms I (2010) Die Gutachten der Meldebogen. Kurzbiografien. In: Rotzoll M et al (Hrsg) Die nationalsozialistische „Euthanasie"-Aktion „T4" und ihre Opfer. Geschichte und ethische Konsequenzen für die Gegenwart. Paderborn, S. 405–420

Harms I (2010) Die Meldebogen und ihre Gutachter. In: Rotzoll M et al (Hrsg) Die nationalsozialistische „Euthanasie"-Aktion „T4" und ihre Opfer. Geschichte und ethische Konsequenzen für die Gegenwart. Paderborn, S. 259–271

Hartmann H, Unger CR (2010) Einleitung. Zur transnationalen Wissensgeschichte der Demografie. Ber Wissenschaftsgesch 33:235–245

Häßler F (2017) Kinderneuropsychiatrie in der DDR. In: Fangerau H, Topp S, Schepker K (Hrsg) Kinder- und Jugendpsychiatrie im Nationalsozialismus und in der Nachkriegszeit. Geschichte einer Konsolidierung. Berlin, S. 619–626

Hastings JJ (1976) Die Akten des Office of Military Government for Germany (U.S.). Viertelj Zeitg 1:75–101

Hau M (2004) The holistic gaze in German medicine, 1890–1930. Bull Hist Med 74:495–524

Heberer P (2004) Eine Kontinuität der Tötungsoperationen. Die T4-Täter und die „Aktion T4". In: Musial B (Hrsg) „Aktion Reinhardt". Der Völkermord an den Juden im Generalgouvernement 1941–1944. Osnabrück, S. 285–308

Heberer P (2008) Early postwar justice in the American zone: the „Hadamar Murder Factory" trial. In: Heberer P, Matthäus J (Hrsg) Atrocities on trial. Historical perspectives on the politics of prosecuting war crimes. Lincoln, S. 25–47

Heidemeyer H (1994) Flucht und Zuwanderung aus der SBZ/DDR. Die Flüchtlingspolitik derBundesrepublik Deutschland bis zum Bau der Berliner Mauer. Düsseldorf

Heinemann I (2004) Die Rasseexperten der SS und die bevölkerungspolitische Neuordnung Südosteuropas. In Beer M, Seewann G (Hrsg) Südostforschung im Schatten des Dritten Reiches. Institutionen – Inhalte – Personen. München, S. 135–157

Helmchen H (1999) Daten zum Gesamtverband Deutscher Nervenärzte. In: von Wild KRH, Hömberg V, Ritz A (Hrsg) Das schädelhirnverletzte Kind. Motorische Rehabilitation, Qualitätsmanagement. München u.a., S. 370–372

Helmchen H (Hrsg) (2007) Geschichte der Psychiatrie an der Freien Universität Berlin. Lengerich

Hennings L (2018) Die Entstehungsgeschichte der Rodewischer Thesen im Kontext von Psychiatrie, Sozialhygiene und Rehabilitationsmedizin der DDR. In: Kumbier E, Steinberg H (Hrsg) Psychiatrie in der DDR. Beiträge zur Geschichte. Berlin-Brandenburg, S. 237–246

Hennings L (2015) Die Entstehungsgeschichte der Rodewischer Thesen im Kontext von Psychiatrie, Sozialhygiene und Rehabilitationsmedizin der DDR, Diss. med. Lübeck

Herbert U (1995) Rückkehr in die Bürgerlichkeit? NS-Eliten in der Bundesrepublik. In: Weisbrod B (Hrsg) Rechtsradikalismus in der politischen Kultur der Nachkriegszeit: Die verzögerte Normalisierung in Niedersachsen. Hannover, S. 157–173

Herbert U (1996) Best. Biographische Studien über Radikalismus. Weltanschauung und Vernunft, 1903–1989. Bonn

Herbert U (1998) Vernichtungspolitik. Neue Antworten und Fragen zur Geschichte des „Holocaust". In: Herbert U (Hrsg) Nationalsozialistische Vernichtungspolitik 1939–1945. Neue Forschungen und Kontroversen. Frankfurt a. M., S. 9–66

Herbert U (2007) Europe in high modernity. Reflections on a theory of the 20th century. J Mod Eur Hist 5:5–21

Herbert U (2014) Geschichte Deutschlands im 20. Jahrhundert. München

Herbert U, Groehler O (1992) Zweierlei Bewältigung. Vier Beiträge über den Umgang mit der NS-Vergangenheit in beiden deutschen Staaten. Hamburg.

Herf J (1997) Divided memory. The Nazi past in the two Germanys. Cambridge/Mass

Hermle L (2004) Das Degenerationsparadigma in der psychiatrischen Forschung. In: Brüne M, Payk TR (Hrsg) Sozialdarwinismus, Genetik und Euthanasie. Menschenbilder in der Psychiatrie. Stuttgart, S. 25–36

Herold-Schmidt H (1997) Ärztliche Interessenvertretung im Kaiserreich 1871–1914. In: Jütte R (Hrsg) Geschichte der deutschen Ärzteschaft. Organisierte Berufs- und Gesundheitspolitik im 19. und 20. Jahrhundert. Köln, S. 43–95

Herren M (2001) „Die Erweiterung des Wissens beruht vorzugsweise auf dem Kontakt mit der Aussenwelt". Wissenschaftliche Netzwerke aus historischer Perspektive. Zeitschr Gesch 49: 197–207

Herzog D (2017) Cold War Freud. Psychoanalysis in an age of catastrophes. Cambridge

Hess (2001) The Rodewisch (1963) and Brandenburg (1974) proposition. Hist Psychiatry 22:232–243

Hess V (2010) Epilog. In: Bleker J, Hess V (Hrsg) Die Charité. Geschichte(n) eines Krankenhauses. Berlin, S. 243–247

Hess V (2015) Beyond the therapeutic revolution: psychopharmaceuticals crossing the Berlin Wall. In: Savelli M, Marks S (Hrsg) Psychiatry in communist Europe. Basingstoke, S. 153–179

Hess V, Majerus B (2011) Writing the history of psychiatry in the 20th century. Hist Psychiatry 2:139–145

Heyll U (1997) Friedrich Panse und die psychiatrische Erbforschung. In: Esch MG et al (Hrsg) Die Medizinische Akademie Düsseldorf im Nationalsozialismus. Essen, S. 318–340

Hildebrand K (2004) Wiedervereinigung und Staatenwelt. Probleme und Perspektiven der Forschung zur deutschen Einheit 1989/90. Viertelj Zeitgesch 2:193–201

Hilpert R (1995) Rekonstruktion der Geschichte eines speziellen Elektrosuggestivverfahrens („Pansen") aus Archivmaterialien des Heeressanitätswesens der Wehrmacht und dessen Einordnung in das Kriegsneurosenproblem des Zweiten Weltkriegs, Diss med. Leipzig

Himmelreich B (2010) The Nazi „Euthanasia" in Slovenia in 1941. In: Rotzoll M et al (Hrsg) Die nationalsozialistische „Euthanasie"-Aktion „T4" und ihre Opfer. Geschichte und ethische Konsequenzen für die Gegenwart. Paderborn u.a., S. 184–188

Hinz-Wessels A (2010) Jüdische Opfer der „Aktion T4" im Spiegel der überlieferten „Euthanasie"-Krankenakten im Bundesarchiv. In: Rotzoll M et al (Hrsg) Die nationalsozialistische „Euthanasie"-Aktion „T4". Geschichte und ethische Konsequenzen für die Gegenwart. Paderborn u.a., S. 143–146

Hinz-Wessels A (2010) Neue Dokumentenfunde zur Organisation und Geheimhaltung der „Aktion T4". In: Rotzoll M et al (Hrsg) Die nationalsozialistische „Euthanasie"-Aktion „T4" und ihre Opfer. Geschichte und ethische Konsequenzen für die Gegenwart. Paderborn u.a., S. 77–82

Hinz-Wessels A (2016) Die Besetzung der pädiatrischen Lehrstühle in der SBZ und frühen DDR. Personeller Umbruch im Zeichen des politischen Neuanfangs nach dem Zweiten Weltkrieg? Med J 51:124–161

Hinz-Wessels A (2019) Der Name von Catel ist überall grundsätzlich zu streichen. Zum individuellen, kollektiven und staatlichen Umgang mit der NS-Kindereuthanasie in der SBZ/DDR. Med J 54:241–276

Hinz-Wessels A, Beddies T (Hrsg) (2016) Pädiatrie nach 1945 in der Bundesrepublik Deutschland und der DDR, im Auftrag der Deutschen Gesellschaft für Kinder- und Jugendmedizin (DGKJ). Monatsschrift Kinderheilkunde 1:1–120

Hippius HF (2004) Interviewed by Andrea Tone, Paris, France, 21.6.2004, http://d.plnk.co/ACNP/50th/Transcripts/Hanns%20Hippius%20by%20Andrea%20Tone.doc. Zugegriffen: 10. Juni 2020.

Hippius H, Möller H-J, Müller N, Neundorfer G (2005) Die Psychiatrische Klinik der Universität München 1904–2004. Heidelberg

Hirschinger F (2001) „Zur Ausmerzung freigegeben". Halle und die Landesheilanstalt Altscherbitz 1933–1945. Köln

Hirschinger F (2008) Die Strafverfolgung von NS-Euthanasieverbrechern in der SBZ/DDR. In: Henke K-D (Hrsg) Tödliche Medizin im Nationalsozialismus. Köln, S. 225–246

Hochmuth U, Meyer G (1969) Streiflichter aus dem Hamburger Widerstand 1933–1945. Berichte und Dokumente. Frankfurt a. M.

Hockerts HG (1998) Einführung. In: Hockerts HG (Hrsg) Drei Wege deutscher Sozialstaatlichkeit. NS-Diktatur, Bundesrepublik und DDR im Vergleich. München, S. 7–25

Hofer H-G (2019) Der Arzt als therapeutischer Forscher. Paul Martini und die Verwissenschaftlichung der klinischen Medizin. Acta Historica Leopoldina 74:41–59

Hofer H-G, Forsbach R (2017) Der Versuch einer großen Integration. Paul Martini und der erste Nachkriegskongress der Deutschen Gesellschaft für Innere Medizin. NTM 25:35–68

Hoff P (2004) Psychiatrische Krankheitsmodelle – historische und aktuelle Aspekte. In: Brüne M, Payk TR (Hrsg) Sozialdarwinismus, Genetik und Euthanasie. Menschenbilder in der Psychiatrie. Stuttgart, S. 17–24

Hoffmann U (2001) „Das ist wohl ein Stück verdrängt worden…". Zum Umgang mit den „Euthanasie"-Verbrechen in der DDR. In: Leo A, Reif-Spirek P (Hrsg) Vielstimmiges Schweigen. Neue Studien zum DDR-Antifaschismus. Berlin, S. 51–66

Hoffmann U (2010) Normale Leute? Kollektivbiografische Anmerkungen zu den Tätern der NS-„Euthanasie". In: Rotzoll M et al (Hrsg) Die nationalsozialistische „Euthanasie"-Aktion „T4" und ihre Opfer. Geschichte und ethische Konsequenzen für die Gegenwart. Paderborn u.a., S. 252–258

Hoffmann D, Schwarz M (2004) Gesellschaftliche Strukturen und Sozialpolitische Handlungsfelder. In: Hoffmann D, Schwarz M (Hrsg) Geschichte der Sozialpolitik in Deutschland seit 1945, Bd. 8: DDR 1949-1961. Baden-Baden, S. 73–157

Hofmann K (2018) „Ich hatte nie davon gehört, daß man die Juden vernichten will." Die Zentrale Stelle in Ludwigsburg und die Grenzen der Strafverfolgung. In: van Laak D, Rose D (Hrsg) Schreibtischtäter. Begriff – Geschichte – Typologie. Göttingen, S. 73–91

Hohendorf G (2013) Therapieunfähigkeit als Selektionskriterium. Die „Schocktherapieverfahren" und die Organisationszentrale der nationalsozialistischen „Euthanasie" in der Berliner Tiergartenstraße 4, 1939–1945. In: Schmuhl H-W, Roelcke V (Hrsg) „Heroische Therapien". Die deutsche Psychiatrie im internationalen Vergleich, 1918–1945. Göttingen, S. 287–307

Hohendorf G (2007/2008) The representation of Nazi "Euthanasia" in German psychiatry 1945 to 1998 – A preliminary survey. Korot – Israel J Hist Med Sci 19:29–48

Hohendorf G, Rotzoll M (2004) „Kindereuthanasie" in Heidelberg. In: Beddies T, Hübener K (Hrsg) Kinder in der NS-Psychiatrie. Berlin, S. 125–148

Hohmann JS (1993) Der „Euthanasie"-Prozeß Dresden 1947. Eine zeitgeschichtliche Dokumentation. Frankfurt a. M.

Hohmann J, Wieland G (1996) MfS-Operationsvorgang „Teufel". „Euthanasie"-Arzt Otto Hebold vor Gericht. Berlin

Höllen M (^{2}1989) Episkopat und „T4". In: Aly G (Hrsg) Aktion T4. 1939–1945. Die „Euthanasie"-Zentrale in der Tiergartenstraße 4, Berlin. S. 84–91

Holtkamp M (2002) Werner Villinger (1887–1961). Die Kontinuität des Minderwertigkeitsgedankens in der Jugend- und Sozialpsychiatrie. Husum

Honneth A (2010) Ein intellektueller Glücksfall der deutschen Nachkriegsgeschichte. Nachruf auf Ludwig von Friedeburg. http://www.forschung-frankfurt.uni-frankfurt.de/36050702/15Honneth.pdf. Zugegriffen: 10. Juni 2020

Hoyer T (2008) Im Getümmel der Welt. Alexander Mitscherlich – Ein Porträt. Göttingen

Hübner P (2001) Betriebe als Träger der Sozialpolitik, betriebliche Sozialpolitik (SBZ). In: Wengst U (Hrsg) Geschichte der Sozialpolitik in Deutschland seit 1945, Band 2/1: 1945–1949. Die Zeit der Besatzungszonen. Sozialpolitik zwischen Kriegsende und der Gründung zweier deutscher Staaten. Baden-Baden, S. 920–943

Huerkamp C (1985) Der Aufstieg der Ärzte im 19. Jahrhundert. Vom gelehrten Stand zum professionellen Experten. Das Beispiel Preußens. Göttingen

Igl G (2001) Entwicklungen auf dem Gebiet der Krankenhausfinanzierung und der Krankenhauspolitik. In: Schulz G (Hrsg) Geschichte der Sozialpolitik in Deutschland seit 1945, Bd. 3: 1949–1957. Bundesrepublik Deutschland. Bewältigung der Kriegsfolgen, Rückkehr zur sozialpolitischen Normalität. Baden-Baden, S. 467–473

Jachertz N (1997) Phasen der „Vergangenheitsbewältigung" in der deutschen Ärzteschaft nach dem Zweiten Weltkrieg. In: Jütte R (Hrsg) Geschichte der deutschen Ärzteschaft. Organisierte Berufs- und Gesundheitspolitik im 19. und 20. Jahrhundert. Köln, S. 275–288

Jähner H (2020) Wolfszeit. Deutschland und die Deutschen 1945–1955. Hamburg

Jahr C (2018) Ein „Wort mit bösem Beiklang". Elemente, Ursprünge und Verwendung des Begriffs „Schreibtischtäter". In: van Laak D, Rose D (Hrsg) Schreibtischtäter. Begriff – Geschichte – Typologie. Göttingen, S. 31–58

Jarausch KH (1998) Realer Sozialismus als Fürsorgediktatur. Zur begrifflichen Einordnung der DDR. APuZ 8:33–46

Jarausch KH (2004) „Die Teile als Ganzes erkennen". Zur Integration der beiden deutschen Nachkriegsgeschichten. Zeithistorische Forschungen/Studies in Contemporary History, Online-Ausgabe, 1, H. 1, Druckausgabe: S 10–30. http://www.zeithistorische-forschungen.de/1-2004/id=4538. Zugegriffen: 10. Juni 2020

Jarausch KH (2004) Die Umkehr. Deutsche Wandlungen 1945–1995. Bonn

Jaroszewski Z (2000) Die Vernichtung psychisch Kranker in Polen 1939–1944. In: Rapoport SM, Thom A (Hrsg) Das Schicksal der Medizin im Faschismus. Auftrag und Verpflichtung zur Bewahrung von Humanismus und Frieden. Berlin, S. 33–36

Jenss H, Gerken G, Lerch MM (2013) 100 Jahre Deutsche Gesellschaft für Verdauungs- und Stoffwechselkrankheiten, München. https://www.dgvs.de/wp-content/uploads/2016/11/100_Jahre_DGVS_Webversion_Einzelseiten_s.pdf. Zugegriffen: 10. Juni 2020

Jeskow J (2007) Die Entnazifizierung des Lehrkörpers an der Universität Jena von 1945 bis 1948. In: Hoßfeld U, Kaiser T, Mestrup H (Hrsg) Hochschule im Sozialismus. Studien zur Geschichte der Friedrich-Schiller-Universität Jena (1945–1990), Band 1. Köln, S. 71–95

Jessen R (1999) Akademische Elite und kommunistische Diktatur. Die ostdeutsche Hochschullehrerschaft in der Ulbricht-Ära. Göttingen

Jessen R, Richter H (Hrsg) (2011) Voting for Hitler and Stalin: elections under 20th century dictatorships, Frankfurt a. M.

John J (2007) Der Mythos vom „rein gebliebenen Geist": Denkmuster und Strategien des intellektuellen Neubeginns 1945. In: Hoßfeld U, Kaiser T, Mestrup H (Hrsg) Hochschule im Sozialismus. Studien zur Geschichte der Friedrich-Schiller-Universität Jena (1945–1990), Band 1. Köln, S. 19–70

Jütte R (1997) Die Entwicklung des ärztlichen Vereinswesens und des organisierten Ärztestandes bis 1871. In: Jütte R (Hrsg) Geschichte der deutschen Ärzteschaft. Organisierte Berufs- und Gesundheitspolitik im 19. und 20. Jahrhundert. Köln, S. 15–42

Jütte R (2011) Die Vertreibung jüdischer und „staatsfeindlicher" Ärztinnen und Ärzte. In: Jütte R (Hrsg) Medizin und Nationalsozialismus. Bilanz und Perspektiven der Forschung. Göttingen, S. 83–93

Jütte R (2011) Krankenpflege. In: Jütte R (Hrsg) Medizin und Nationalsozialismus. Bilanz und Perspektiven der Forschung. Göttingen, S. 94–105

Jütte R et al (2011) Medizin und Nationalsozialismus. Bilanz und Perspektiven der Forschung. Göttingen

Kaelble H (2007) Sozialgeschichte Europas 1945 bis zur Gegenwart. Bonn

Kahlenberg FP, Hoffmann D (2001) Sozialpolitik als Aufgabe zentraler Verwaltungen in Deutschland – Ein verwaltungsgeschichtlicher Überblick 1945–1990. In: Bundesministerium für Arbeit und Sozialordnung und Bundesarchiv (Hrsg) Geschichte der Sozialpolitik in Deutschland seit 1945, Bd. 1. Baden-Baden, S. 103–182

Kaiser J-C (2008) Widerspruch und Widerstand gegen die Krankenmorde. In: Henke K-D (Hrsg) Tödliche Medizin im Nationalsozialismus Von der Rassenhygiene zum Massenmord. Köln, S. 171–183

Kaiser J-C, Nowak K, Schwartz M (Hrsg) (1992) Eugenik, Sterilisation, „Euthanasie". Politische Biologie in Deutschland 1895–1945. Eine Dokumentation. Berlin

Kaminsky U (2014) „Gnadentod" und Ökonomismus. Zu ethischen Rechtfertigungsmustern der NS-„Euthanasie". In: Bialas W, Fritze L (Hrsg) Ideologie und Moral im Nationalsozialismus. Göttingen, S. 235–265

Kaminsky U (2017) Eugenik als Sozialutopie und Gesellschaftspolitik. In: Hedwig A, Petter D (Hrsg) Auslese der Starken – „Ausmerzung" der Schwachen. Eugenik und NS-„Euthanasie" im 20. Jahrhundert. Marburg, S. 13–25

Kaminsky U (2005/2006) Die Evangelische Kirche und der Widerstand gegen die „Euthanasie". Jahrb Jur Zeitg 7:64–88

Kaminsky U, Jenner H (1997) Die Innere Mission und die nationalsozialistischen Krankenmorde. In: Jenner H, Klieme J (Hrsg) Nationalsozialistische Euthanasieverbrechen und Einrichtungen der Inneren Mission. Eine Übersicht. Reutlingen, S. 13–31

Karenberg A (2009) The foundation of the Society of German Neurologists in 1907 and the first two presidents (Neurognostics Question). J Hist Neurosci 18:211–213

Karenberg A (2009) The foundation of the Society of German Neurologists in 1907 and the first two presidents (Neurognostics Answer). J Hist Neurosci 18:230–234

Kater MH (1989) Doctors under Hitler. Chapel Hill/N.C. [dt.: Ärzte als Hitlers Helfer. Hamburg 2000]

Kauders AD (2014) Der Freud Komplex. Eine Geschichte der Psychoanalyse in Deutschland. Berlin

Kemper C (2016) Medizin gegen den Kalten Krieg. Ärzte in der anti-atomaren Friedensbewegung der 1980er Jahre. Göttingen

Kempowski W (2005) Das Echolot. Abgesang 45. Ein kollektives Tagebuch. München

Kepplinger B, Reese H (2010) Das Funktionieren einer Tötungsanstalt. Das Beispiel Hartheim/Linz. In: Rotzoll M et al (Hrsg) Die nationalsozialistische „Euthanasie"-Aktion „T4" und ihre Opfer. Geschichte und ethische Konsequenzen für die Gegenwart. Paderborn u.a., S. 91–99

Kersting F-W (1993) Mediziner zwischen „Drittem Reich" und Bundesrepublik. Die Anstaltsärzte des Provinzialverbandes Westfalen. In: Kersting F-W, Teppe K, Walter B (Hrsg) Nach Hadamar. Zum Verhältnis von Psychiatrie und Gesellschaft im 20. Jahrhundert. Paderborn, S. 253–272

Kersting F-W (1996) Anstaltsärzte zwischen Kaiserreich und Bundesrepublik – das Beispiel Westfalen. Paderborn

Kersting F-W (1998) Psychiatriereform und `68. Westfälische Forschungen 48:283–295

Kersting F-W (2003) Einführung. In: ders (Hrsg) Psychiatriereform als Gesellschaftsreform. Die Hypothek des Nationalsozialismus und der Aufbruch der sechziger Jahre. Paderborn u.a., S. 1–12

Kersting F-W (2003) Vor Ernst Klee. Die Hypothek der NS-Medizinverbrechen als Reformimpuls. In: Kerstin F-W (Hrsg) Psychiatriereform als Gesellschaftsreform. Die Hypothek des Nationalsozialismus und der Aufbruch der sechziger Jahre. Paderborn u.a., S. 63–80

Kersting F-W (2004) Abschied von der „totalen Institution"? Die westdeutsche Anstaltspsychiatrie zwischen Nationalsozialismus und den Siebzigerjahren. Arch Sozialg 44:267–292

Kersting F-W (2007) Psychiatrie-Reform und „Vergangenheitsbewältigung" 1955–1975. In: Oehler-Klein S, Roelcke V (Hrsg) Vergangenheitspolitik in der universitären Medizin nach 1945. Institutionelle und individuelle Strategien im Umgang mit dem Nationalsozialismus. Stuttgart, S. 361–386

Kersting F-W (2017) Der Psychiater Hermann Simon im Erinnerungskulturellen Kontext. In: Frese M, Weidner M (Hrsg) Verhandelte Erinnerungen. Der Umgang mit Ehrungen, Denkmälern und Gedenkorten nach 1945. Paderborn, S. 209–229

Kilian W (2001) Die Hallstein-Doktrin. Der diplomatische Krieg zwischen der BRD und der DDR 1955–1973, aus den Akten der beiden deutschen Außenministerien. Berlin

Kinzel K (2012) Geschichte ohne Kausalität.Abgrenzungsstrategien gegen die Wissenschaftssoziologie in zeitgenössischen Ansätzen historischer Epistemologie. Ber Wissenschaftsgesch 35:147–162

Klautke E (2003) Unbegrenzte Möglichkeiten. „Amerikanisierung" in Deutschland und Frankreich (1900–1933). Stuttgart

Klee E (Hrsg) (1985) Dokumente zur „Euthanasie". Frankfurt a. M.

Klee E (1986) Was sie taten – was sie wurden. Ärzte, Juristen und andere Beteiligte am Kranken- und Judenmord. Frankfurt a. M.

Klee E (2001) Deutsche Medizin im Dritten Reich. Karrieren vor und nach 1945. Frankfurt a. M.

Klee E (²2005) Das Personenlexikon zum Dritten Reich. Wer war was vor und nach 1945. Frankfurt a. M.

Klein A (2015) Governing madness – transforming psychiatry: disability history and the formation of cultural knowledge in West Germany in the 1970s and 1980s. Moving Soc 53:11–37

Kleßmann C (1993) Verflechtung und Abgrenzung. Aspekte der geteilten und zusammengehörigen deutschen Nachkriegsgeschichte. APuZ 43:30–41

Kleßmann C (2005) Konturen einer integrierten Nachkriegsgeschichte. APuZ 55:3–11

Kleßmann C (2010) 1945 – welthistorische Zäsur und „Stunde Null", Version: 1.0. In: Docupedia-Zeitgeschichte, 15.10.2010. http://docupedia.de/zg/klessmann_1945_v1_de_2010. Zugegriffen: 10. Juni 2020

Kłodziński S (²1989) Die „Aktion 14f13". Der Transport von 575 Häftlingen von Auschwitz in das „Sanatorium Dresden". In: Aly G (Hrsg) Aktion T4. 1939-1945. Die „Euthanasie"-Zentrale in der Tiergartenstraße 4. Berlin, S. 136–146

Koenen G (2001) Das rote Jahrzehnt. Unsere kleine deutsche Kulturrevolution 1967–1977. Köln

Köhler E (1985) Thesen zur Psychiatrieenquete. In: Wenzl H, Wolter DK (Hrsg) Blick zurück nach vorn. Psychiatrie zwischen 1945 und 1984. Sozialpsychiatrische Jahrestagung der DGSP 1984. Bonn, S. 44–57

Konert J, Moll FH, Halling T (2015) Die Fachverselbständigung der Urologie in der DDR. In: Halling T, Moll FH, Fangerau H (Hrsg) Urologie 1945–1990. Entwicklung und Vernetzung der Medizin in beiden deutschen Staaten. Berlin, S. 127–148

König W (2011) Von der Gründung der Gesellschaft für Ärztliche Psychotherapie 1960 zur 5. Jahrestagung von Bad Elster 1969. In: Geyer M (Hrsg) Psychotherapie in Ostdeutschland. Geschichte und Geschichten 1945–1995. Göttingen, S. 151–161

Königstein R (2004) Nationalsozialistischer „Euthanasie"-Mord in Baden und Württemberg. ZeitschWürttembe Landesg 63:381–489

Koraus H-J (2000) Freuds Weg nach Osten vor und nach der Wende. Forum der Psychoanalyse 2:177–185

Krähwinkel E (2001) Die Krankenversorgung. In: Aumüller G et al (Hrsg) Die Marburger Medizinische Fakultät im „Dritten Reich". München, S. 410–485

Krause H, Maisch A (2009) „Ausmerzen". Eugenik, Zwangssterilisierung und Krankenmord in Schwäbisch Hall 1933–1945. Schwäbisch Hall

Krischel M et al (Hrsg) (2011) Urologen im Nationalsozialismus. Zwischen Anpassung und Vertreibung, 2 Bde. Berlin

Krischel M, Schmidt M, Groß D (2016) Medizinische Fachgesellschaften im Nationalsozialismus. Bestandsaufnahme und Perspektiven vergleichender Institutionengeschichte. In: Krischel M, Schmidt M, Groß D (Hrsg) Medizinische Fachgesellschaften im Nationalsozialismus. Bestandsaufnahme und Perspektiven. Berlin, S. 7–15

Kröner, H-P (1998) Von der Rassenhygiene zur Humangenetik. Das Kaiser-Wilhelm-Institut für Anthropologie, menschliche Erblehre und Eugenik nach dem Kriege. Stuttgart

Kühl S (^{2}2014) Die Internationale der Rassisten. Aufstieg und Niedergang der internationalen Bewegung für Eugenik und Rassenhygiene im 20. Jahrhundert. Frankfurt a. M.

Kulenkampff C (1984) Erkenntnisinteresse und Pragmatismus. Erinnerungen an die Zeit von 1945 bis 1970. In: Dörner K (Hrsg) Fortschritte der Psychiatrie im Umgang mit Menschen. Wert und Unwert des Menschen im 20. Jahrhundert. Rehburg-Loccum, S. 127–138

Kulesza W (2010) „Euthanasie"-Morde an polnischen Psychiatriepatient/innen während des Zweiten Weltkriegs. In: Rotzoll M et al (Hrsg) Die nationalsozialistische „Euthanasie"-Aktion „T4" und ihre Opfer. Geschichte und ethische Konsequenzen für die Gegenwart. Paderborn u.a., S. 175–183

Kumbier E (2009) Die Entstehung der Fachgesellschaften für Psychiatrie und Neurologie in der DDR. Schr Deutsc Ges Gesch Nervenheilkd 15:403–412

Kumbier E (2016) Helmut Rennert – Protagonist der Psychiatrie in der DDR? Acta Historica Leopoldina 65:21–36

Kumbier E (2019) Die Aufteilung des psychiatrischen Lehrstuhls 1958. Notwendige Fächerdifferenzierung oder politisches Kalkül? In: Reisinger EC, Haack K (Hrsg) Die Medizinische Fakultät der Universität Rostock. 600 Jahre im Dienst der Menschen (1419–2019). Köln, S. 357–368

Kumbier E, Armbruster J (2015) Sozialpsychiatrische Reformen. Ein Beitrag zur Aufarbeitung der Geschichte der ostdeutschen Psychiatrie. Nervenheilkunde 5:362–366

Kumbier E, Haack K (2015) Hochschullehrer in der Sowjetischen Besatzungszone und DDR bis 1961. Der akademische Generationswechsel an den Universitätsnervenkliniken. Nervenarzt 86:624–634

Kumbier E, Haack K (2018) Psychiatrie in der DDR zwischen Aufbruch und Stagnation. Die Brandenburger Thesen zur „Therapeutischen Gemeinschaft (1974/76). In: Kumbier E, Steinberg H (Hrsg) Psychiatrie in der DDR. Beiträge zur Geschichte. Berlin-Brandenburg, S. 247–260

Kumbier E, Haack K, Zettl UK (2009) Fächerdifferenzierung unter sozialistischen Bedingungen – Die Etablierung der Neurologie an der Universität Rostock. Fort Neur Psych 77(1):3–6

Kuntz D (Hrsg) (2004) Deadly medicine: creating the master race. Chapel Hill/N.C.

Labisch A (2001) Herrschaftssystem und Medizin – Weimarer Republik und ‚Drittes Reich' als Fallstudien. In: Ruzicka T u.a. (Hrsg) Mensch und Medizin in totalitären und demokratischen Gesellschaften, Beiträge zu einer tschechisch-deutschen Tagung der Universitäten Prag und Düsseldorf. Essen, S. 51–60

Labisch A, Tennstedt F (1985) Der Weg zum „Gesetz über die Vereinheitlichung des Gesundheitswesens" vom 3. Juli 1934. Entwicklungslinien und -momente des staatlichen und kommunalen Gesundheitswesens in Deutschland, Teil 2. Düsseldorf

Landwehr A (2002) Das Sichtbare sichtbar machen. Annäherungen an „Wissen" als Kategorie historischer Forschung. In: Landwehr A (Hrsg) Geschichte(n) der Wirklichkeit. Beiträge zur Sozial- und Kulturgeschichte des Wissens. Augsburg, S. 61–89

Landwehr A (2003) Diskurs – Macht – Wissen. Perspektiven einer Kulturgeschichte des Politischen. Arch Kulturgesch 85:71–117

Landwehr A (2007) Wissensgeschichte. In: Schützeichel R (Hrsg) Handbuch Wissenssoziologie und Wissensforschung. Konstanz, S. 801–813

Lang H-J (1996) Der Grafeneck-Prozeß vor dem Tübinger Landgericht. In: Pretsch HJ (Hrsg) „Euthanasie". Krankenmorde in Südwestdeutschland. Zwiefalten, S. 143–145

Large DC (2002) Berlin. Biographie einer Stadt. München

Leibfried S u.a. (1995) Zeit der Armut. Lebensläufe im Sozialstaat. Frankfurt a. M.

Leonhardt M, Foerster K (1996) Hermann F. Hoffmann (1891–1944) – Die Tübinger Psychiatrie auf dem Weg in den Nationalsozialismus. Nervenarzt 67:947–952

Leven K-H (1998) Die „NS-Euthanasie" und die gegenwärtige Debatte um aktive Sterbehilfe. In: Illhardt F-J, Heiss HW, Dornberg M (Hrsg) Sterbehilfe – Handeln oder Unterlassen? Referate einer medizinischen Fortbildungsveranstaltung vom Zentrum für Ethik und Recht in der Medizin und dem Zentrum für Geriatrie und Gerontologie Freiburg am 19. und 20. Januar 1996. Stuttgart, S. 9–23

Ley A (2002) Nationalsozialistische Erbgesundheitspflege im Spannungsfeld gesellschaftlicher Interessen: ideologische, ökonomische und medizinische Ziele des Sterilisationsgesetzes. In: Woelk W, Vögele J (Hrsg) Geschichte der Gesundheitspolitik in Deutschland. Berlin, S. 187–196

Ley A (2003) Zwangssterilisation und Ärzteschaft. Hintergründe und Ziele ärztlichen Handelns 1934–1945. Frankfurt a. M.

Ley A (2006) Psychiatriekritik durch Psychiater. Sozialreformerische und professionspolitische Ziele des Erlanger Anstaltsdirektors Gustav Kolb (1870–1938). In: Fangerau H, Nolte K (Hrsg) „Moderne" Anstaltspsychiatrie im 19. und 20. Jahrhundert – Legitimation und Kritik. Stuttgart, S. 195–219

Ley A, Hinz-Wessels A (Hrsg) (2012) Die Euthanasie-Anstalt Brandenburg an der Havel. Morde an Kranken und Behinderten im Nationalsozialismus. Berlin

Lifton RJ (1989) Ärzte im Dritten Reich. Mit einer Einführung von Dieter Ohlmeier und einer Begrüßung von Peter Kutter. Festvortrag zu Alexander Mitscherlichs 80. Geburtstag. Frankfurt a. M.

Lifton RJ (1986) The Nazi doctors. Medical killing and the psychology of genocide. New York

Lilienthal G (2001) Die Opfer der NS-„Euthanasie"-Verbrechen. In: Sandner P, Aumüller G, Vanja C (Hrsg) Heilbar und nützlich. Ziele und Wege der Psychiatrie in Marburg an der Lahn. Marburg, S. 276–304

Lilienthal G (2010) Von der „zentralen" zur „kooperativen Euthanasie". Die Tötungsanstalt Hadamar und die ‚T4' (1942–45). In: Rotzoll M u.a. (Hrsg) Die nationalsozialistische „Euthanasie"-Aktion „T4" und ihre Opfer. Geschichte und ethische Konsequenzen für die Gegenwart. Paderborn, S. 100–110

Lilienthal G (2013) „Die Erbschaft, die ich antrat, war sehr unerfreulich". Hadamar nach dem Krankenmord. In: Wolters C, Beyer C, Lohff B (Hrsg) Abweichung und Normalität. Psychiatrie in Deutschland vom Kaiserreich bis zur Deutschen Einheit. Bielefeld, S. 199–218

Lindner U (2004) Gesundheitspolitik in der Nachkriegszeit. Großbritannien und die Bundesrepublik Deutschland im Vergleich. München

Linek J (2016) Gesundheitsvorsorge in der DDR zwischen Propaganda und Praxis. Stuttgart

Links C (2009) Das Schicksal der DDR-Verlage. Die Privatisierung und ihre Konsequenzen. Berlin

Lockot R (1985) Erinnern und Durcharbeiten. Zur Geschichte der Psychoanalyse und Psychotherapie im Nationalsozialismus. Frankfurt a. M.

Lockot R (1994) Die Reinigung der Psychoanalyse. Die Deutschen Psychoanalytische Gesellschaft im Spiegel von Dokumenten und Zeitzeugen (1933–1951). Tübingen

Löffler D (2011) Buch und Lesen in der DDR. Ein literatursoziologischer Überblick. Bonn

Lohmann H-M (1987) Alexander Mitscherlich. Reinbek bei Hamburg

Lohmann H-M (1996) 50 Jahre „Psyche" (1947–1996). In: Plänkert T u.a. (Hrsg) Psychoanalyse in Frankfurt am Main. Zerstörte Anfänge, Wiederannäherungen, Entwicklungen. Tübingen, S. 753–756

Loos H (1992) „Anerkannte Unterordnung" – ein Rückblick auf die Psychiatrie-Entwicklung in der DDR. In: Reimer F u.a. (Hrsg) Grundlagen und Gestaltungsmöglichkeiten der Versorgung psychisch Kranker und Behinderter, Tagungsbericht 29.11.–1.12.1990. Köln, S. 174–180

Lorenz R, Walter F (2014) 1964 – das Jahr, mit dem ‚68' begann. Bielefeld

Lück HE (2003) Zur Autobiographie von Alfred Katzenstein. „Ich denke doch, daß es nötig ist, bewußt sein Leben zu gestalten und sich nicht von Zufälligkeiten übermäßig treiben zu lassen". In: Bruder K-J (Hrsg) „Die biographische Wahrheit ist nicht zu haben." Psychoanalyse und Biographieforschung. Heidelberg, S. 205–219

Lück HE (2015) Katzenstein, Alfred. In: Wolfradt U et al (Hrsg) Deutschsprachige Psychologinnen und Psychologen 1933–1945. Ein Personenlexikon, ergänzt um einen Text von Erich Stern. Wiesbaden, S 231

Lück HE, Guski-Leinwand S (²2014) Geschichte der Psychologie. Strömungen, Schulen, Entwicklungen. Stuttgart

Lück HE, Rothe M (2018) Allgemeine Psychologie – ein Fach ohne Geschichte? Journal für Psychologie 26:9–29

Lüderitz B, Arnold G (Hrsg) (2002) 75 Jahre Deutsche Gesellschaft für Kardiologie – Herz- und Kreislaufforschung. Berlin

Lutz P (2006) Herz und Vernunft. Angehörige von „Euthanasie"-Opfern im Schriftwechsel mit den Anstalten. In: Fangerau H, Nolte K (Hrsg) „Moderne" Anstaltspsychiatrie im 19. und 20. Jahrhundert – Legitimation und Kritik. Stuttgart, S. 143–167

Maase K (1992) BRAVO Amerika. Erkundungen zur Jugendkultur der Bundesrepublik in den fünfziger Jahren. Hamburg

Mackensen R, Reulecke J, Ehmer J (Hrsg) (2009) Ursprünge, Arten und Folgen des Konstrukts „Bevölkerung" vor, im und nach dem „Dritten Reich". Wiesbaden

Mai C, van den Bussche H (1989) Die Forschung. In: van den Bussche H (Hrsg) Medizinische Wissenschaft im „Dritten Reich". Kontinuität, Anpassung und Opposition an der Hamburger Medizinischen Fakultät. Berlin, S. 165–266

Majerus B (2008) Psychiatrie im Wandel. Das Fallbeispiel Karl-Bonhoeffer-Nervenklinik (1960–1980). Med J 3/4:344–371

Makoski K (2010) Kirchliche Krankenhäuser und staatliche Finanzierung. Geschichte, Ausgestaltung, verfassungsrechtliche Anforderungen. Frankfurt am Main

Malich L (2019) Kurt Höck oder der verordnete Aufstand des neurotischen Körpers. In: Geisthövel A, Hitzer B (Hrsg) Auf der Suche nach einer anderen Medizin. Psychosomatik im 20. Jahrhundert. Frankfurt a. M., S. 300–312

Mamali I (2012) Psychiatrische und Nervenklinik Münster 1925 bis 1953. In: Thamer H-U, Droste D, Happ S (Hrsg) Die Universität Münster im Nationalsozialismus. Kontinuitäten und Brüche zwischen 1920 und 1960. Münster, S. 531–568

Spohr Marc, Müller T (2017) Zwangssterilisationen an einem Städtischen Krankenhaus zur Zeit des Nationalsozialismus. In: Müller T, Kanis-Seyfried U, Reichelt B, Schepker R (Hrsg) Psychiatrie in Oberschwaben. Die „Weissenau" bei Ravensburg zwischen Versorgungsfunktion und universitärer Forschung. Zwiefalten, S. 171–195

Marks S, Savelli M (2015) Communist Europe and transnational psychiatry. In: Marks S, Savelli M (Hrsg) Psychiatry in communist Europe. Basingstoke, S. 1–26

Marschall J (1994) Aufrechter Gang im DDR-Sozialismus. Walter Janka und der Aufbau-Verlag. Münster

Martin M, Karenberg A, Fangerau H (2016) Neurologie und Neurologen in der NS-Zeit: Voraussetzungen und Rahmenbedingungen vor und nach 1933. Nervenarzt 87:5–17

Martin M, Karenberg A, Fangerau H (2020) Die zwei Lebensläufe des Klaus Joachim Zülch (1910–1988). Nervenarzt 91:61–70

Martin M, Karenberg A, Fangerau H (2020) Männer ohne Vergangenheit? (Ehren-)Vorsitzende der DGN nach 1957 und ihre NS-Belastung. Nervenarzt 91:109–118.

Martin M, Karenberg A, Fangerau H (2020) Zwischen „Affirmation und Kritik": Karl Kleist und Viktor von Weizsäcker zwischen 1933 und 1945. Nervenarzt 91:80–88

Mayer T (2005) Eugenische Initiativen und Netzwerke in Österreich von 1918–1945. Virus. 5:43–80

Mayer T (2009) Eugenische Forschung als „eine politische nationalsozialistische Tätigkeit". Die akademische Verbindung von Eugenik, Anthropologie, Kriminalbiologie und Psychiatrie am Beispiel des Karriereverlaufs von Friedrich Stumpfl (1902–1997). Schr Deutsc Ges Gesch Nervenheilkd 15:239–265

Meador M (2000) Angst vor Freud. Gespräche mit Harro Wendt und Infrid Tögel. In: Bernhardt H, Lockot R (Hrsg) Mit ohne Freud. Zur Geschichte der Psychoanalyse in Ostdeutschland. Gießen, S. 268–282

Meier M (2015) Spannungsherde. Psychochirurgie nach dem Zweiten Weltkrieg. Göttingen

Mettauer P (2010) Vergessen und Erinnern. Die Geschichte der Tagung nach Quellen und Zeitzeugen, Vortrag am 21. und 28. April im Rahmen der 60. Lindauer Psychotherapiewochen

Mettauer P (2010) Vergessen und Erinnern. Die Lindauer Psychotherapiewochen aus historischer Perspektive. München

Meusch M (2006) Die strafrechtliche Verfolgung der Hadamarer „Euthanasie"-Morde. In: George U u.a. (Hrsg) Hadamar. Heilstätte – Tötungsanstalt – Therapiezentrum. Marburg, S. 305–326

Meusch M (2008) Der Düsseldorfer „Euthanasie"-Prozess und die juristische Exkulpation von NS-Tätern. In: Böhm B, Hacke G (Hrsg) Fundamentale Gebote der Sittlichkeit. Der „Euthanasie"-Prozess vor dem Landgericht Dresden 1947. Dresden, S. 172–189

Mitzscherlich B (²2011) Psychiatrie in der DDR – ein anderes Universum? In: Mitzscherlich B, Müller T (Hrsg) Psychiatrie in der DDR – Erzählungen von Zeitzeugen. Frankfurt a. M., S. 9–34

Moisel C (2006) Résistance und Repressalien. Die Kriegsverbrecherprozesse in der französischen Zone und in Frankreich. In: Frei N (Hrsg) Transnationale Vergangenheitspolitik. Der Umgang mit deutschen Kriegsverbrechern in Europa nach dem Zweiten Weltkrieg. Göttingen, S. 247–282

Möller T (2006) Die psychiatrische Kritik an gesellschaftlichen Vorurteilen als medizinische Legitimationsstrategie. In: Fangerau H, Nolte K (Hrsg) „Moderne" Anstaltspsychiatrie im 19. und 20. Jahrhundert – Legitimation und Kritik. Stuttgart, S. 221–237

Möller T (2010) Vom wissenschaftlichen Wissen zum gesellschaftlichen Vorurteil. Erblichkeit und Psychopathologie im deutschen Epilepsiediskurs. Frankfurt a. M.

Moll F, Rathert P (2015) Neuordnung des Gesundheitswesens in beiden deutschen Staaten. In: Halling T, Moll F, Fangerau H (Hrsg) Urologie 1945–1990. Entwicklung und Vernetzung der Medizin in beiden deutschen Staaten. Berlin, S. 35–59

Moll FH, Halling T, Fangerau H (2013) „Urologen tagen in Berlin". Martin Stolze (1900–1989) und der Urologenkongress 1959 in Ost- und Westberlin. Der Urologe 9:1314–1326

Moser G (2014) Radiology in the Nazi Era, Part 1 and 2. Strahlentherapie und Onkologie 190:502–512

Moser G (2011) Ärzte, Gesundheitswesen und Wohlfahrtsstaat. Freiburg

Mros B (2003) Wissenschaftliche Institutionen des Ministeriums für Gesundheitswesen der DDR in Berlin-Lichtenberg. Akademie für Ärztliche Fortbildung. Berlin

Mros B, Jäschke G (1997) Die Akademie für Ärztliche Fortbildung der DDR. Ihr Werden, ihr Wirken und ihr Ende. Hochschule Ost 2:80–91

Müller K-D (1997) Die Ärzteschaft im staatlichen Gesundheitswesen der SBZ und der DDR 1945–1989. In: Jütte R (Hrsg) Geschichte der deutschen Ärzteschaft. Organisierte Berufs- und Gesundheitspolitik im 19. und 20. Jahrhundert. Köln, S. 243–273

Müller R (2007) „Viele haben mehr in Not und Tod gelitten als ich". Die Rolle Ernst Kretschmers bei der Kontinuitätssicherung der Psychiatrie. In: Oehler-Klein S, Roelcke V (Hrsg) Vergangenheitspolitik in der universitären Medizin nach 1945. Institutionelle und individuelle Strategien im Umgang mit dem Nationalsozialismus. Stuttgart, S. 387–405

Müller I (1987) Furchtbare Juristen. Die unbewältigte Vergangenheit unserer Justiz. München

Müller J (2012) Strafvollzugspolitik und Haftregime in der SBZ und in der DDR. Sachsen in der Ära Ulbricht. Göttingen

Müller TR, Mitzscherlich B (Hrsg) (2011) Psychiatrie in der DDR. Erzählungen von Zeitzeugen. Frankfurt a. M.

Müller T, Ricken D (2004) Alexander Mitscherlichs „politische" Psychoanalyse, seine Beziehungen zur Humanmedizin und die Wahrnehmung der bundesdeutschen Öffentlichkeit. Tel Aviver Jahrbuch für deutsche Geschichte 32:219–257

Müller-Seidel W (1999) Alfred Erich Hoche. Lebensgeschichte im Spannungsfeld von Psychiatrie, Strafrecht und Literatur. München

Münkler H, Hacke J (2009) Politische Mythisierungsprozesse in der Bundesrepublik: Entwicklungen und Tendenzen. In: Münkler H, Hacke J (Hrsg) Wege in die neue Bundesrepublik. Politische Mythen und kollektive Selbstbilder nach 1989. Frankfurt am Main/New York, S. 15–31

Nassehi A (2018) Gab es 1968? Eine Spurensuche. Hamburg

Neuhaus R (1986) Arbeitskämpfe, Ärztestreiks, Sozialreformer. Sozialpolitische Konfliktregelung 1900 bis 1914. Berlin

Neumärker K-J (2008) Karl Leonhard (1904–1988). Psychiater und Neurologe an der Charité in Berlin. Nervenheilkunde 4:327–333

Neumärker K-J (2017) Karl Bonhoeffer. Berlin

Niederhut Jens (2009) Grenzenlose Gemeinschaft? Die scientific community im Kalten Krieg. Osteuropa 10:57–68

Niederhut J (2005) Die Reisekader. Auswahl und Disziplinierung einer privilegierten Minderheit in der DDR. Leipzig

Niederhut J (2007) Wissenschaftsaustausch im Kalten Krieg. Die ostdeutschen Naturwissenschaftler und der Westen. Köln

Noack T (2006) Über Kaninchen und Giftschlangen. Psychiatrie und Öffentlichkeit in der frühen Bundesrepublik. In: Fangerau H, Nolte K (Hrsg) „Moderne" Anstaltspsychiatrie im 19. und 20. Jahrhundert – Legitimation und Kritik. Stuttgart, S. 311–340

Noack T (2017) NS-Euthanasie und internationale Öffentlichkeit. Die Rezeption der deutschen Behinderten- und Krankenmorde im Zweiten Weltkrieg. Frankfurt a. M.

Nolte P (2008) Von der Gesellschaftsstruktur zur Seelenverfassung. Die Psychologisierung der Sozialdiagnose in den 1960er Jahren. In: Freimüller T (Hrsg) Psychoanalyse und Protest. Alexander Mitscherlich und die „Achtundsechziger". Göttingen, S. 73–96

Nolte K, Fangerau H (2006) Einleitung: „Moderne" Anstaltskritik im 19. und 20. Jahrhundert – Legitimation und Kritik. In: Fangerau H, Nolte K (Hrsg) „Moderne" Anstaltspsychiatrie im 19. und 20. Jahrhundert – Legitimation und Kritik. Stuttgart, S. 7–21

Nowak K (1989) Sterilisation, Krankenmord und Innere Mission. In: Aly G (Hrsg) Aktion T4. 1939–1945. Die „Euthanasie"-Zentrale in der Tiergartenstraße 4. Berlin, S. 73–83

Nowak K (2002) Entwertung des Menschen. Menschenbild, Psychiatrie und Gesellschaft im 19./20. Jahrhundert. Sonnenstein. Beiträge zur Geschichte des Sonnensteins und der Sächsischen Schweiz 4:12–22

O. A.: Nachruf Professor Degkwitz. Spektr Psych Nervenheilk 5:206

O. A. (2020) Eintrag zu „Kurt Schmalbach" im Hamburger Professorinnen- und Professoren-katalog. https://www.hpk.uni-hamburg.de/resolve/id/cph_person_00001250. Zugriff am 10. Juni 2020

O. A. (2020) Eintrag zu „Heinrich Kranz". Verzeichnis der Professorinnen und Professoren der Universität Mainz. http://gutenberg-biographics.ub.uni-mainz.de/id/df6bbc30-63cb-4e1a-8387-938a6e246334. Zugriff am 10. Juni 2020

O.A. (1985) Zeugenbefragung – Psychiatrie in der Bundesrepublik Deutschland und Westberlin. In: Wenzl H, Wolter DK (Hrsg) Blick zurück nach vorn. Psychiatrie zwischen 1945 und 1984. Sozialpsychiatrische Jahrestagung der DGSP 1984. Bonn, S. 11–44

Oehler-Klein S, Roelcke V (2007) Einführung. Das Vergangenheitspolitische Handeln der medizinischen Eliten nach 1945. In: Oehler-Klein S, Roelcke V (Hrsg) Vergangenheitspolitik in der universitären Medizin nach 1945. Institutionelle und individuelle Strategien im Umgang mit dem Nationalsozialismus. Stuttgart, S. 9–17

Ostow R (1989) Jews in Contemporary East Germany. The children of Moses in the land of Marx. New York

Palme M (2015) Die Sozialpsychiatrie in der DDR. Reformbewegung zwischen medizinischer Wissenschaft und sozialistischem Gesellschaftssystem. Schriftenreihe DGGN 21:701–733

Pantel J (1995) Neurologie, Psychiatrie und Innere Medizin. Verlauf und Dynamik eines historischen Streits. Würzb Med Mitt 11:77–99

Paul G (Hrsg) (2002) Die Täter der Shoah. Fanatische Nationalsozialisten oder ganz normale Deutsche? Göttingen

Paulmann J (Hrsg) (2006) Die Haltung der Zurückhaltung. Auswärtige Selbstdarstellungen nach 1945 und die Suche nach einem erneuerten Selbstverständnis in der Bundesrepublik. Bremen

Payk TR (2004) Degenerationslehre und Euthanasie. In: Brüne M, Payk TR (Hrsg) Sozialdarwinis-mus, Genetik und Euthanasie. Menschenbilder in der Psychiatrie. Stuttgart, S. 9–16

Payk TR (2012) Psychiater und Psychotherapeuten. Berufsbilder in der medizinischen und psycho-logischen Heilkunde. Stuttgart

Pelz L (2006) „…Aber ich sorge mich so um mein Kind …". Kinderärzte und NS-„Kinder-Euthanasie". Göttingen

Perels J, Wette W (Hrsg) (2011) Mit reinem Gewissen. Wehrmachtrichter in der Bundesrepublik und ihre Opfer. Berlin

Person J (2005) Der Pathographische Blick. Physiognomik, Atavismustheorien und Kulturkritik 1870–1930. Würzburg

Pfäfflin F u.a. (1989) Die Krankenversorgung. In: van den Bussche H (Hrsg) Medizinische Wissenschaft im „Dritten Reich". Kontinuität, Anpassung und Opposition an der Hamburger Medizinischen Fakultät. Berlin, S. 267–380

Pfeiffer J (1998) Zur Neurologie im „Dritten Reich" und ihre Nachwirkungen. Nervenarzt 69:728–733

Pfeiffer J (2001) Das Psychiatrische Krankenhaus Marburg und das Max-Planck-Institut für Hirnforschung. Persönliche und institutionelle Beziehungen. In: Sandner P, Aumüller G, Vanja C (Hrsg) Heilbar und nützlich. Ziele und Wege der Psychiatrie in Marburg an der Lahn. Marburg, S. 353–361

Pfeiffer J (2007) Phasen der deutschen Nachkriegsauseinandersetzung mit den Krankentötungen 1939–1945. In: Oehler-Klein S, Roelcke V (Hrsg) Vergangenheitspolitik in der universitären Medizin nach 1945. Institutionelle und individuelle Strategien im Umgang mit dem Nationalsozialismus. Stuttgart, S. 331–359

Pfeiffer J (Hrsg) (1992) Menschenverachtung und Opportunismus. Zur Medizin im Dritten Reich. Tübingen

Pingel F (1993) Die NS-Psychiatrie im Spiegel des historischen Bewußtseins und sozialpolitischen Denkens in der Bundesrepublik. In: Kersting F-W, Teppe K, Walter B (Hrsg) Nach Hadamar. Zum Verhältnis von Psychiatrie und Gesellschaft im 20. Jahrhundert. Paderborn, S. 174–201

Pohl D (^{3}2001) „Rassenpolitik", Judenverfolgung, Völkermord. In: Möller H u.a. (Hrsg) Die tödliche Utopie. Bilder, Texte, Dokumente, Daten zum Dritten Reich. München, S. 206–267

Pongratz LJ (Hrsg) Psychiatrie in Selbstdarstellungen. Bern

Priwitzer M (2007) Ernst Kretschmer und das Wahnproblem. Stuttgart

Pross C (2016) „Wir wollten ins Verderben rennen". Die Geschichte des Sozialistischen Patientenkollektivs Heidelberg. Köln

Pross C, Aly G (Bearb.) (1989) Der Wert des Menschen. Medizin in Deutschland 1918–1945. Berlin

Quensel S (2018) Irre, Anstalt, Therapie. Der Psychiatrie-Komplex. Wiesbaden

Radkau J (1998) Das Zeitalter der Nervosität. Deutschland zwischen Bismarck und Hitler. München

Radke M (2016) Entwicklung der Kinder- und Jugendmedizin in der DDR. Medizinisch-wissenschaftliche Gesellschaften, Hochschul- und Berufungspolitik, Strukturen. In: Pädiatrie nach 1945 in der Bundesrepublik Deutschland und der DDR, im Auftrag der Deutschen Gesellschaft für Kinder- und Jugendmedizin (DGKJ) herausgegeben von A. Hinz-Wessels und T. Beddies (Monatsschr Kinderheilkd [Suppl 1]), S. 1–120

Rafalzik S (2010) Wirtschaftsspionage der DDR. Exemplarisch untersucht anhand der DDR-Reisekader unter besonderer Berücksichtigung der Schriften der „Juristischen Hochschule" des MfS. Berlin

Rank M, Eisenschmidt K (2018) Die Geschichte der gelben Häuser. 125 Jahre Krankenhaus Rodewisch. Rodewisch

Raphael L (1996) Die Verwissenschaftlichung des Sozialen als methodische und konzeptionelle Herausforderung für eine Sozialgeschichte des 20. Jahrhunderts. Gesch Gesellsc 22:165–193

Raphael L (1998) Experten im Sozialstaat. In: Hockerts HG (Hrsg) Drei Wege deutscher Sozialstaatlichkeit. NS-Diktatur, Bundesrepublik und DDR im Vergleich. München, S. 231–258

Rattner J (1990) Klassiker der Tiefenpsychologie. München

Rauh P, Leven K-H (2013) Ernst Wilhelm Baader (1892–1962) und die Arbeitsmedizin im Nationalsozialismus. Frankfurt a. M.

Rauh P, Prüll L (2020) Krank durch den Krieg? Der Umgang mit psychisch kranken Veteranen in Deutschland in der Zeit der Weltkriege. Portal Militärgeschichte. http://portal-militaergeschichte.de/sites/default/files/pdf/rauh_pruell_krank.pdf. Zugegriffen: 10. Juni 2020

Rauh P, Topp S (2019) Konzeptgeschichten. Zur Marburger Psychiatrie im 19. und 20. Jahrhundert. Göttingen

Rautenberg EC (2015) Die Bedeutung des Generalstaatsanwalts Dr. Fritz Bauer für die Auseinandersetzung mit dem NS-Unrecht. Forschungsjournal Soz Beweg 4:162–196

Regener S (2010) Visuelle Gewalt. Menschenbilder aus der Psychiatrie des 20. Jahrhunderts. Bielefeld

Reichel P (2003) Vergangenheitsbewältigung in Deutschland. Die politisch-justitielle Auseinandersetzung mit der NS-Diktatur nach 1945. Bonn

Reif-Spirek P (2001) Später Abschied von einem Mythos. Jussuf Ibrahim und die Stadt Jena. In: Leo A, Reif-Spirek P (Hrsg) Vielstimmiges Schweigen. Neue Studien zum DDR-Antifaschismus. Berlin, S. 21–50

Reinisch J (2013) The perils of peace. The public health crisis in occupied Germany. Oxford

Remschmidt H (^{2}2019) Kontinuität und Innovation. Die Geschichte der Kinder- und Jugendpsychiatrie an der Philipps-Universität Marburg. Göttingen

Remy SP (2002) The Heidelberg myth. The nazification and denazification of a German university. Cambridge

Riedesser P, Verderber A (1996) „Maschinengewehre hinter der Front". Zur Geschichte der deutschen Militärpsychiatrie. Frankfurt a. M.

Rieß V (2004) Christian Wirth. In: Mallmann K-M, Paul G (Hrsg) Karrieren der Gewalt. Nationalsozialistische Täterbiographien. Darmstadt, S. 239–251

Roelcke V (2002) Die Entwicklung der Psychiatrie zwischen 1880 und 1932. Theoriebildung, Institutionen, Interaktionen mit zeitgenössischer Wissenschafts- und Sozialpolitik. In: vom Bruch R, Kaderas B (Hrsg) Wissenschaften und Wissenschaftspolitik. Bestandsaufnahmen zu Formationen, Brüchen und Kontinuitäten im Deutschland des 20. Jahrhundert. Stuttgart, S. 109–124

Roelcke V (2004) Wissenschaft zwischen Innovation und Entgrenzung: Biomedizinische Forschung an den Kaiser-Wilhelm-Instituten, 1911–1945. In: Brüne M, Payk TR (Hrsg) Sozialdarwinismus, Genetik und Euthanasie. Menschenbilder in der Psychiatrie. Stuttgart, S. 92–109

Roelcke V (2005) Continuities or ruptures? Concepts, institutions and contexts of twentieth-century German psychiatry and mental health care. In: Gihswijt-Hofstra A et al (Hrsg) Psychiatric cultures compares. Psychiatry and mental health care in the twentieth century. Amsterdam, S. 162–182

Roelcke V (2006) Humanexperimente während der Zeit des Nationalsozialismus. In: Forsbach R (Hrsg) Medizin im „Dritten Reich". Humanexperimente, „Euthanasie" und die Debatten der Gegenwart. Hamburg, S. 99–134

Roelcke V (2007) Konzepte, Institutionen und Kontexte in der deutschen Psychiatrie des 20. Jahrhunderts: Kontinuitäten und Brüche. In: Prinz M (Hrsg) Gesellschaftlicher Wandel im Jahrhundert der Politik. Nordwestdeutschland im internationalen Vergleich 1920–1960. Paderborn, S. 287–313

Roelcke V (2007) Trauma or responsibility? Memories and historiographies of Nazi psychiatry in postwar Germany. In: Srat A, Davidovich N, Alberstein M (Hrsg) Trauma and memory, reading, healing, and making law. Stanford, S. 225–242

Roelcke V (2008) Rivalisierende „Verwissenschaftlichungen des Sozialen". Psychiatrie, Psychologie und Psychotherapie im 20. Jahrhundert. In: Reulecke J, Roelcke V (Hrsg) Wissenschaften im 20. Jahrhundert: Universitäten in der modernen Wissenschaftsgesellschaft. Stuttgart, S. 131–148

Roelcke V (2008) Wissenschaft im Dienste des Reiches. Ernst Rüdin und die deutsche Forschungsanstalt für Psychiatrie. In: Hajak S, Zarusky J (Hrsg) München und der Nationalsozialismus. Menschen, Orte, Strukturen. Berlin, S. 313–331

Roelcke V (2010) Der Historiograph als Politiker. Ambivalenzen, Erträge, Anregungen. Kommentar zu Alexander Mette: Die Bedeutung der sowjetischen Neuropathologie und Psychiatrie für die Neugestaltung der Fachrichtung während des Aufbaus des Gesundheitsschutzes in der DDR (1968). NTM 18:357–363

Roelcke V (2010) Deutscher Sonderweg? Die eugenische Bewegung in europäischer Perspektive bis in die 1930er Jahre. In: Rotzoll M et al (Hrsg) Die nationalsozialistische „Euthanasie"-Aktion „T4" und ihre Opfer. Geschichte und ethische Konsequenzen für die Gegenwart. Paderborn, S. 47–55

Roelcke V (2012) Psychotherapie in Westdeutschland nach 1945. Brüche, Kontinuitäten, Thematisierungen und Reflexionen zur nationalsozialistischen Vergangenheit. Psychotherapeut 57:103–112

Roelcke V (2013) Die Etablierung der psychiatrischen Genetik, ca. 1900–1960. Wechselbeziehungen zwischen Psychiatrie, Eugenik und Humangenetik. In: Wolters C, Beyer C, Lohff B (Hrsg) Abweichung und Normalität. Psychiatrie in Deutschland vom Kaiserreich bis zur Deutschen Einheit. Bielefeld, S. 111–136

Roelcke V (2015) Zwischen Standesehre und Selbstreflexion. Zur zögerlichen Thematisierung von medizinischem Fehlverhalten im Nationalsozialismus durch die Bundesärztekammer, ca. 1985–2012. In: Braese S, Groß D (Hrsg) NS-Medizin und Öffentlichkeit. Formen der Aufarbeitung nach 1945. Frankfurt a. M., S. 133–176

Roelcke V (2016) Forschungsbericht. Richard Siebeck und die Medizin im Nationalsozialismus: Haltung und Handeln bis 1945 und in der Nachkriegszeit, Stand vom 25.10.2016. https://www.dgpt.de/fileadmin/download/Geschichte_der_DGPT/Roelcke_2016_Siebeck__25_10_2016.pdf. Zugegriffen: 10. Juni 2020

Roelcke V (2017) Erbbiologie und Kriegserfahrung in der Kinder- und Jugendpsychiatrie der frühen Nachkriegszeit: Kontinuitäten und Kontexte bei Hermann Stutte. In: Fangerau H, Topp S, Schepker K (Hrsg) Kinder- und Jugendpsychiatrie im Nationalsozialismus und in der Nachkriegszeit. Zur Geschichte ihrer Konsolidierung. Berlin, S. 447–464

Roelcke V, Hohendorf G, Rotzoll M (2000) Erbpsychologische Forschung im Kontext der „Euthanasie". Neue Dokumente und Aspekte zu Carl Schneider, Julius Deussen und Ernst Rüdin. Fortschr Neurol Psychiatr 66:331–336

Roelcke V, Hohendorf G, Rotzoll M (2000) Psychiatrische Wissenschaft, „Euthanasie" und der „Neue Mensch". Zur Diskussion um anthropologische Prämissen und Wertsetzungen in der Medizin im Nationalsozialismus. In: Frewer A, Eickhoff C (Hrsg) „Euthanasie" und die aktuelle Sterbehilfe-Debatte. Die historischen Hintergründe medizinischer Ethik. Frankfurt a. M., S. 193–217

Rohrbach M (2006) Die Deutsche Ophthalmologische Gesellschaft (DOG) im Nationalsozialismus. Klin Monatsblätter Augenheilkd 223:869–876

Rohrbach M (2007) Augenheilkunde im Nationalsozialismus. Stuttgart

Romeike S (2016) Transitional Justice in Deutschland nach 1945 und nach 1990. Nürnberg

Rose W (2005) Anstaltspsychiatrie in der DDR. Die brandenburgischen Kliniken zwischen 1945 und 1990. Berlin-Brandenburg

Rose D (2018) Zur Einführung: Schreibtischtäter – ein Typus der Moderne? In: van Laak D, Rose D (Hrsg) Schreibtischtäter. Begriff – Geschichte – Typologie. Göttingen, S. 11–30

Rosskopf A (2002) Friedrich Karl Kaul. Anwalt im geteilten Deutschland (1906–1981). Berlin

Roth KH (²1989) „Ich klage an". Aus der Entstehungsgeschichte eines Propaganda-Films. In: Aly G (Hrsg) Aktion T4. 1939–1945. Die „Euthanasie"-Zentrale in der Tiergartenstraße 4. Berlin, S. 93–116

Rotzoll M. (o. J.) Das Zentralinstitut für Seelische Gesundheit. Die Gründungsgeschichte – Aufbruch in die Psychiatriereform, unveröffentlichtes Manuskript

Rotzoll M, Hohendorf G (2007) Zwischen Tabu und Reformimpuls. Der Umgang mit der Nationalsozialistischen Vergangenheit in der Heidelberger psychiatrischen Universitätsklinik nach 1945. In: Oehler-Klein S, Roelcke V (Hrsg) Vergangenheitspolitik in der universitären

Medizin nach 1945. Institutionelle und individuelle Strategien im Umgang mit dem Nationalsozialismus. Stuttgart, S. 307–330

Rotzoll M, Fuchs P, Hohendorf G (2010) Die nationalsozialistische „Euthanasieaktion T4".
Nervenarzt 81:1326–1332

Rotzoll M, Hohendorf G, Fuchs P (2010) Die nationalsozialistische „Euthanasie"-Aktion T4
und ihre Opfer. Von den historischen Bedingungen bis zu den Konsequenzen für die Ethik
in der Gegenwart. Eine Einführung. In: Rotzoll M et al (Hrsg) Die nationalsozialistische
„Euthanasie"-Aktion „T4" und ihre Opfer. Geschichte und ethische Konsequenzen für die
Gegenwart. Paderborn, S. 13–22

Rückerl A (1982) NS-Verbrechen vor Gericht. Versuch einer Vergangenheitsbewältigung. Heidelberg

Rudloff W (2003) Sozialstaat, Randgruppen und bundesrepublikanische Gesellschaft. Umbrüche
und Entwicklungen in den sechziger und frühen siebziger Jahren. In: Kersting F-W (Hrsg)
Psychiatriereform als Gesellschaftsreform. Die Hypothek des Nationalsozialismus und der Aufbruch der sechziger Jahre. Paderborn, S. 181–219

Rudloff W (2010) Expertenkommissionen, Masterpläne und Modellprogramme. Die bundes-
deutsche Psychiatriereform als Paradefall „verwissenschaftlichter" Politik? Arch Sozialgesch
50:169–216

Rudolph H (1988) Ein Stellvertreter am falschen Platz. Zur Mitteleuropa-Diskussion in der
Bundesrepublik. In: Papcke S, Weidenfeld W (Hrsg) Traumland Mitteleuropa? Beiträge zu
einer aktuellen Kontroverse. Darmstadt, S. 136–144

Rupnow D, Lipphardt V, Thiel J, Wessely C (Hrsg) (2008) Pseudowissenschaft. Konzeptionen von
Nichtwissenschaftlichkeit in der Wissenschaftsgeschichte. Frankfurt a. M.

Rüther M (1997) Ärztliches Standeswesen im Nationalsozialismus 1933-1945. In: Robert J (Hg.):
Geschichte der deutschen Ärzteschaft. Organisierte Berufs- und Gesundheitspolitik im 19. und
20. Jahrhundert. Köln, S. 143–193

Rüther E (2003) Zur Geschichte der Psychiatrie in Göttingen, Teil II. Hippius H (Hrsg) Uni-
versitätskolloquium zur Schizophrenie, Bd 1. Berlin, S. 187–194

Ruzicka T (2001) Die Rolle der Medizin in totalitären Systemen. Eine Einführung. In: Ruzicka T
et al (Hrsg) Mensch und Medizin in totalitären und demokratischen Gesellschaften, Beiträge
zu einer tschechisch-deutschen Tagung der Universitäten Prag und Düsseldorf. Essen, S. 15–32

Sabrow M (2005) NS-Vergangenheit in der geteilten deutschen Gesellschaft. In: Kleßmann C,
Lautzas P (Hrsg) Teilung und Integration. Die doppelte deutsche Nachkriegsgeschichte als
wissenschaftliches und didaktisches Problem. Bonn, S. 132–151

Sammet K (2003) Burgfrieden und Totenstille – Die Irrenanstalt Hamburg-Langenhorn, die Verwaltung und der Hunger 1914–1918. Z Vereins hamburgische Gesch 89:149–174

Sammet K (2019) Die Staatskrankenanstalt Friedrichsberg unter Wilhelm Weygandt 1908 bis
1934. Schr Deutsc Ges Gesch Nervenheilkd 25:41–74

Sandner P (2006) Auf der Suche nach dem Zukunftsprojekt. Die NS-Leitwissenschaft Psychiatrie
und ihre Legitimationskrise. Fangerau H, Nolte K (Hrsg) „Moderne" Anstaltspsychiatrie im 19.
und 20. Jahrhundert – Legitimation und Kritik. Stuttgart, S. 117–142

Sandner P (2010) Von den Illusionen der Mediziner zu den Maßnahmen der Manager. Der Bezirk
Wiesbaden als Beispiel für die rassenhygienische Kehrtwende 1933–1939. In: Rotzoll M et al
(Hrsg) Die nationalsozialistische „Euthanasie"-Aktion „T4" und ihre Opfer. Geschichte und
ethische Konsequenzen für die Gegenwart. Paderborn, S. 56–65

Sarasin P (2011) Was ist Wissensgeschichte? Int Arch Sozialgesch deutsc Lit 1:159–172

Sarasin P, Sommer M (Hrsg) (2010) Evolution. Ein interdisziplinäres Handbuch. Stuttgart

Sarkowski H (1992) Der Springer-Verlag. Teil I 1842–1945. Berlin

Schäfer W (1991) „Bis endlich der langersehnte Umschwung kam." Anmerkungen zur Rolle des
    Marburger Psychiaters Werner Villinger in der NS- und Nachkriegszeit. In: Fachschaft Medizin
    der Philipps-Universität Marburg (Hrsg) „Bis endlich der langersehnte Umschwung kam..."
    Von der Verantwortung der Medizin unter dem Nationalsozialismus. Marburg, S. 178–283

Schäfer L, Schnelle T (Hrsg) (1983) Ludwik Fleck. Erfahrung und Tatsache. Frankfurt a. M.

Schagen U (2002) Kongruenz der Gesundheitspolitik von Arbeiterparteien, Militäradministration
    und der Zentralverwaltung für das Gesundheitswesen in der Sowjetischen Besatzungszone? In:
    Woelk W, Vögele J (Hrsg) Geschichte der Gesundheitspolitik in Deutschland. Berlin, S. 379–
    404

Schagen U, Schleiermacher S (2001) Rahmenbedingungen für die Reorganisation des Gesund-
    heitswesens, in: Wasem J et al: Gesundheitswesen und Sicherung bei Krankheit und im
    Pflegefall. In: Wengst U (Hrsg) Geschichte der Sozialpolitik in Deutschland seit 1945, Band
    2/1: 1945–1949. Die Zeit der Besatzungszonen. Sozialpolitik zwischen Kriegsende und der
    Gründung zweier deutscher Staaten. Baden-Baden, S. 461–528

Scharnetzky J (2012) Horst Schumann. Ein aktiver Anhänger der nationalsozialistischen Rassen-
    und Vernichtungspolitik. In: Piper C, Schmeitzner M, Naser G (Hrsg) Braune Karrieren.
    Dresdner Täter und Akteure im Nationalsozialismus. Dresden, S. 168–171

Scharnetzky J (2012) Paul Rost und Helmut Fischer. Von den Krankenmorden auf dem Sonnen-
    stein zur Shoah in Polen und Italien. In: Piper C, Schmeitzner M, Naser G (Hrsg) Braune
    Karrieren. Dresdner Täter und Akteure im Nationalsozialismus. Dresden, S. 172–177

Scharsach H-H (2000) Die Ärzte der Nazis. Wien

Schenk B-M (2013) Behinderung – Genetik – Vorsorge. Sterilisationspraxis und humangenetische
    Beratung in der Bundesrepublik. Zeithist Forsch 10:433–454

Schenk B-M (2015) Bevölkerungspolitik im Kleinen: Sterilisation in der humangenetischen
    Beratungspraxis im Hamburger AK Barmbek. In: Etzemüller T (Hrsg) Vom „Volk" zur
    „Population". Interventionistische Bevölkerungspolitik in der Nachkriegszeit. Münster, S. 223–
    240

Schepker R (2017) Finanzierung von Krankenhausbehandlung in den 50er-Jahren unter dem Fort-
    wirken des „Halbierungserlasses". In: Fangerau H, Topp S, Schepker K (Hrsg) Kinder- und
    Jugendpsychiatrie im Nationalsozialismus und in der Nachkriegszeit. Berlin, S. 485–510

Schildt A (1999) Zwischen Abendland und Amerika. Studien zur westdeutschen Ideenlandschaft
    der 50er Jahre. Berlin

Schildt A, Siegfried D (2009) Deutsche Kulturgeschichte. Die Bundesrepublik – 1945 bis zur
    Gegenwart. Bonn

Schivelbusch W (2001) Die Kultur der Niederlage. Der amerikanische Süden 1865, Frankreich
    1871, Deutschland 1918. Berlin

Schleiermacher S, Schagen U (2008) Medizinische Forschung als Pseudowissenschaft. Selbst-
    reinigungsrituale der Medizin nach dem Nürnberger Ärzteprozess. In: Rupnow D, Lipphardt V,
    Thiel J, Wessely C (Hrsg) Pseudowissenschaft. Konzeptionen von Nichtwissenschaftlichkeit in
    der Wissenschaftsgeschichte. Frankfurt a. M., S. 251–278

Schleiermacher S, Schagen U (2010) Rekonstruktion und Innovation (1949–1961). In: Bleker J,
    Hess V (Hrsg) Die Charité. Geschichte(n) eines Krankenhauses. Berlin, S. 204–241

Schlögel K (2003) Im Raume lesen wir die Zeit. Über Zivilisationsgeschichte und Geopolitik.
    Wien

Schmid H (2007) „Wir Antifaschisten". Zum Spannungsfeld generationeller Erfahrung und
    politischer Ideologie in der DDR. In: Schmid H, Krzymianowska J (Hrsg) Politische
    Erinnerung. Geschichte und kollektive Identität. Würzburg, S. 150–167

Schmidt C (1981) Zu den Motiven „alter Kämpfer" in der NSDAP. In: Peukert D, Reulecke J (Hrsg) Alltag im Nationalsozialismus. Vom Ende der Weimarer Republik bis zum Zweiten Weltkrieg. Wuppertal, S. 21–43

Schmidt U (2007) Wissenschaftshistorische Ortsbestimmungen – die deutsche Familiensoziologie der Nachkriegszeit. In: Klein M (Hrsg) Themen und Konzepte in der Familiensoziologie der Nachkriegszeit. Würzburg, S. 13–47

Schmidt U (2009) Hitlers Arzt Karl Brandt. Medizin und Macht im Dritten Reich. Berlin

Schmiedebach H-P (1990) Kretschmer. In: Killy W, Vierhaus R (Hrsg) Deutsche biographische Enzyklopädie. München, S. 99 f.

Schmiedebach H-P, Beddies T, Schulz J, Priebe S (2000) Offene Fürsorge – Rodewischer Thesen – Psychiatrie-Enquete. Drei Reformansätze im Vergleich. Psychiatr Prax 27:138–143

Schmierer K (2002) Medizingeschichte und Politik. Karrieren des Fritz Lejeune in der Weimarer Republik und im Nationalsozialismus. Husum

Schmitt S (2018) Das Ringen um das Selbst. Schizophrenie in Wissenschaft, Gesellschaft und Kultur nach 1945. Berlin

Schmuhl H-W (1987) Rassenhygiene, Nationalsozialismus, Euthanasie: Von der Verhütung zur Vernichtung „lebensunwerten Lebens", 1890–1945. Göttingen

Schmuhl H-W (1991) Reformpsychiatrie und Massenmord. In: Prinz M, Zitelmann R (Hrsg) Nationalsozialismus und Modernisierung. Darmstadt, S. 239–266

Schmuhl H-W (1993) Kontinuität und Diskontinuität? Zum epochalen Charakter der Psychiatrie im Nationalsozialismus. In: Kersting F-W, Treppe K, Walter B (Hrsg) Nach Hadamar. Zum Verhältnis von Psychiatrie und Gesellschaft im 20. Jahrhundert. Paderborn, S. 112–136

Schmuhl H-W (1993) Philipp Bouhler – Ein Vorreiter des Massenmords. In: Smelser R, Syring E, Zitelmann R (Hrsg) Die braune Elite, Bd 2. Darmstadt, S. 39–50

Schmuhl H-W (2003) Einführung. In: Kersting F-W (Hrsg) Psychiatriereform als Gesellschaftsreform. Die Hypothek des Nationalsozialismus und der Aufbruch der sechziger Jahre. Paderborn, S. 15–20

Schmuhl H-W (2005) Grenzüberschreitungen. Das Kaiser-Wilhelm-Institut für Anthropologie, menschliche Erblehre und Eugenik, 1927–1945. Göttingen

Schmuhl H-W (2010) Die Genesis der „Euthanasie". Interpretationsansätze. In: Rotzoll M et al (Hrsg) Die nationalsozialistische „Euthanasie"-Aktion „T4" und ihre Opfer. Geschichte und ethische Konsequenzen für die Gegenwart. Paderborn, S. 66–73

Schmuhl H-W (2011) „Euthanasie" und Krankenmord. In: Jütte R (Hrsg) Medizin und Nationalsozialismus Bilanz und Perspektiven der Forschung. Göttingen, S. 214–255

Schmuhl H-W (2011) Eugenik und Rassenanthropologie. In: Jütte R (Hrsg) Medizin und Nationalsozialismus Bilanz und Perspektiven der Forschung. Göttingen, S. 24–38

Schmuhl H-W (2011) Zwangssterilisation. In: Jütte R (Hrsg) Medizin und Nationalsozialismus Bilanz und Perspektiven der Forschung. Göttingen, S. 201–213

Schmuhl H-W (2013) Psychiatrie und Politik. Die Gesellschaft Deutscher Neurologen und Psychiater im Nationalsozialismus. In: Wolters C, Beyer C, Lohff B (Hrsg) Abweichung und Normalität. Psychiatrie in Deutschland vom Kaiserreich bis zur Deutschen Einheit. Bielefeld, S. 137–157

Schmuhl H-W (2013) Walter Creutz und die „Euthanasie" in der Rheinprovinz. Zwischen Resistenz und Kollaboration. Nervenarzt 84:1069–1074

Schmuhl H-W (2016) Die Gesellschaft Deutscher Neurologen und Psychiater im Nationalsozialismus. Berlin

Schmuhl H-W (2017) Die Gesellschaft Deutscher Neurologen und Psychiater und die Verselbständigung der Kinder- und Jugendpsychiatrie. Konkurrenz oder Kooperation? In: Fangerau H,

Topp S, Schepker K (Hrsg) Kinder- und Jugendpsychiatrie im Nationalsozialismus und in der Nachkriegszeit. Zur Geschichte ihrer Konsolidierung. Berlin, S. 284–292

Schmuhl H-W (2008) The Kaiser Wilhelm Institute for Anthropology, Human Heredity and Eugenics, 1927–1945. Crossing Boundaries. Dordrecht

Schmuhl H-W, Roelcke V (Hrsg) (2013) „Heroische Therapien". Die deutsche Psychiatrie im internationalen Vergleich, 1918–1945. Göttingen.

Schneider F (2011) Erklärung des Präsidenten der Deutschen Gesellschaft für Psychiatrie, Psychotherapie und Nervenheilkunde (DGPPN). In: Schneider F (Hrsg) Psychiatrie im Nationalsozialismus. Erinnerung und Verantwortung. Berlin, S. 3–37

Scholz D, Steinberg H (2011) Die Theorie und Praxis der Pawlow'schen Schlaftherapie in der DDR. Psychiatr Prax 38:323–328

Schönknecht P (1999) Die Bedeutung der verstehenden Anthropologie von Jürg Zutt (1893–1980) für Theorie und Praxis der Psychiatrie. Würzburg

Schoppmann C (^{2}1997) Nationalsozialistische Sexualpolitik und weibliche Homosexualität. Pfaffenweiler

Schröder C (1992) Der Fachstreit um das Seelenheil. Psychotherapiegeschichte zwischen 1880 und 1932. Frankfurt a. M.

Schröder C, Geyer M, Theilemann S (2011) Die Ausgangssituation – Wurzeln der Psychotherapie in Ost- und Mitteldeutschland. In: Geyer M (Hrsg) Psychotherapie in Ostdeutschland. Geschichte und Geschichten 1945–1995. Göttingen, S. 32–55

Schröter S (1994) Psychiatrie in Waldheim/Sachsen (1716–1946). Ein Beitrag zur forensischen Psychiatrie in Deutschland. Frankfurt a. M.

Schultz H-D (2002) Raumkonstrukte der klassischen deutschsprachigen Geographie des 19./20. Jahrhunderts im Kontext ihrer Zeit. Ein Überblick. Gesch Gesellsch 3:343–377

Schulz J (2003) Die Rodewischer Thesen von 1963 – ein Versuch zur Reform der DDR-Psychiatrie. In: Kersting F-W (Hrsg) Psychiatriereform als Gesellschaftsreform. Die Hypothek des Nationalsozialismus und der Aufbruch der sechziger Jahre. Paderborn, S. 87–100

Schulze D, Rotzoll M (2018) Ausgefallene „Stunde Null" – Die sächsische Heil- und Pflegeanstalt Großschweidnitz nach 1945. In: Kumbier E, Steinberg H (Hrsg) Psychiatrie in der DDR. Beiträge zur Geschichte. Berlin-Brandenburg

Schwartz M (1995) Sozialistische Eugenik. Eugenische Sozialtechnologien in Deutschland und Politik der deutschen Sozialdemokratie 1890–1933. Bonn

Schwartz M (1998) „Euthanasie"-Debatten in Deutschland (1895–1945). Vierteljahr Zeitgesch 4:617–665

Schwarz J (2020) Biographie von Karl Leonhard. In: Biographisches Archiv der Psychiatrie (BIAPSY). https://biapsy.de/index.php/de/9-biographien-a-z/64-leonhard-karl. Zugegriffen: 10. Juni 2020

Schweizer-Martinschek P (2018) Die Strafverfolgung von NS-„Euthanasie"-Verbrechen in SBZ und DDR. In: Kumbier E, Steinberg H (Hrsg) Psychiatrie in der DDR. Beiträge zur Geschichte. Berlin-Brandenburg, S. 55–68

Seibt G (2018) Schreibtischtäter. In: van Laak D, Rose D (Hrsg) Schreibtischtäter. Begriff – Geschichte – Typologie. Göttingen (Wiederabdruck, zuerst erschienen 1999), S. 29 f.

Seidler E (1982) „Kretschmer, Ernst". Neue Deutsche Biographie 13:15. http://www.deutsche-biographie.de/pnd118715909.html. Zugegriffen: 10. Juni 2020

Seidler E (2007) Jüdische Kinderärzte 1933--1945. Entrechtet – geflohen – ermordet, erweiterte Neuauflage. Basel

Seidler E (1993) Die Medizinische Fakultät der Albert-Ludwigs-Universität Freiburg im Breisgau. Grundlagen und Entwicklung. Berlin

Seidler, E: Kinderärzte 1933-1945: entrechtet – geflohen – ermordet. Bonn 2000.

Seliger H (2016) Politische Anwälte? Die Verteidiger der Nürnberger Prozesse. Baden-Baden

Shevell M, Pfeiffer J (2001) Julius Hallervorden's wartime activities. Implication for science under dictatorship. Pediatr Neurol 25:162–165

Siemen H-L (2001) Vom Mythos der Enquete. Versuche einer kritischen Annäherung. In: Bremer F, Hansen H, Blume J (Hrsg) Wie geht's denn heute? Sozialpsychiatrie zwischen alten Idealen und neuen Herausforderungen. Neumünster, S. 35–50

Siemens D (2017) Stormtroopers a new history of Hitler's Brownshirts. Yale

Sierck U, Radtke N (1984) Die WohlTÄTER-Mafia. Vom Erbgesundheitsgericht zur Humangenetischen Beratung. Hamburg

Sigusch V (2007) Geschichte der Sexualwissenschaft. Frankfurt a. M.

Silberzahn-Jandt G, Schmuhl H-W (2012) Friedrich Mauz – T4-Gutachter und Militärpsychiater. Nervenarzt 83:321–328

Söhner F, Fangerau H, Becker T (2015) Blick über die Grenzen. Internationale Entwicklungen im Vorfeld der Psychiatrie-Enquete. In: Armbruster J, Dietrich A, Hahn D, Ratzke K (Hrsg) 40 Jahre Psychiatrie-Enquete. Blick zurück nach vorne. Köln, S. 122–137

Söhner F, Fangerau H, Becker T (2017) Soziologie als Impuls für die Psychiatrie-Enquete in der Bundesrepublik? Ergebnisse aus Zeitzeugeninterviews und Dokumenten. Psychiatr Prax 44:1–9

Sons H-U (1983) Gesundheitspolitik während der Besatzungszeit. Das öffentliche Gesundheitswesen in Nordrhein-Westfalen 1945–49. Wuppertal

Staehr C (1986) Spurensuche. Ein Wissenschaftsverlag im Spiegel seiner Zeitschriften 1886–1986. Stuttgart

Steinberg H (2005) Die Leipziger Universitätspsychiatrie – Eine Tour d'horizon durch zwei Jahrhunderte Psychiatriegeschichte. In: Steinberg H (Hrsg) Leipziger Psychiatriegeschichtliche Vorlesungen. Leipzig, S. 13–73

Steinberg H (2014) Karl Leonhard hat „kein Interesse!" – Hintergründe über das Rodewischer Symposium aus neu aufgetauchten Quellen. Psychiatr Prax 41:71–75

Steinberg H (2016) 25 Jahre nach der „Wiedervereinigung": Versuch einer Übersicht über die Psychiatrie in der DDR. Teil 1: Nachkriegszeit, Pawlowisierung, psychopharmakologische Ära und sozialpsychiatrische Bewegung. Fortschr Neurol Psychiatr 84:196–210

Steinberg H (2018) Die Karriere des Psychiaters Dietfried Müller-Hegemann (1910–1989) als Beispiel eines politisch gewollten Auf- und Abstiegs in der DDR. Nervenarzt 1:78–87

Steinberg H, Weber MM (2011) Vermischung von Politik und Wissenschaft in der DDR. Die Untersuchung der Todesfälle an der Leipziger Neurologisch-Psychiatrischen Universitätsklinik unter Müller-Hegemann 1963. Fortschr Neurol Psychiatr 79:561–569

Steiner A (2007) Von Plan zu Plan. Eine Wirtschaftsgeschichte der DDR. Bonn

Steinert T, Plewe B (2005) Psychiatrie in „Der Nervenarzt" von 1928-2000, in: Nervenarzt 76:93-102.

Steinmetz W (2003) Ungewollte Politisierung durch die Medien? Die Contergan-Affäre. In: Weisbrod B (Hrsg) Die Politik der Öffentlichkeit – Die Öffentlichkeit der Politik. Göttingen, S. 195–228

Steinmetz M (Hrsg) (2014) Eine Werkbiografie über Christa Kohler (1928–2004). Psychotherapeutische und sozialpsychiatrische Forschung und Praxis in der DDR. Leipzig

Steinmetz M, Himerich H, Steinberg H (2018) Christa Kohlers „Kommunikative Psychotherapie" – Ein integratives Psychotherapiekonzept im biografischen, wissenschaftlichen und historischen Kontext. In: Kumbier E, Steinberg H (Hrsg) Psychiatrie in der DDR. Beiträge zur Geschichte. Berlin-Brandenburg, S. 331–348

Stempel G (1991) Neues Denken in den 50er Jahren – Ärztinnen und Ärzte gegen Remilitarisierung und Atombewaffnung in der Bundesrepublik Deutschland. In: Ruprecht TM (Hrsg) Äskulap oder Mars? Ärzte gegen den Krieg. Bremen, S. 451–467

Stöckel S (2013) Psychotherapie als Reformbewegung im Nachkriegsdeutschland. In: Wolters C, Beyer C, Lohff B (Hrsg) Abweichung und Normalität. Psychiatrie in Deutschland vom Kaiserreich bis zur Deutschen Einheit. Bielefeld, S. 309–323

Storm T (2010) Bestandsaufnahme: Die Haltung der Kirchen zu den NS-„Euthanasie"-Verbrechen. In: Rotzoll M et al (Hrsg) Die nationalsozialistische „Euthanasie"-Aktion „T4" und ihre Opfer. Geschichte und ethische Konsequenzen für die Gegenwart. Paderborn, S 111–133

Stöver B (2007) Der Kalte Krieg. Geschichte eines radikalen Zeitalters, 1947–1991. München

Strauss HA, Röder W (1980–1983) Biographisches Handbuch der deutschsprachigen Emigration nach 1933, 3 Bde. München

Surmann R (2014) Rehabilitation and indemnification for the victims of forced sterilization and „euthanasia". The West German policies of „compensation" („Wiedergutmachung"). In: Roelcke V, Topp S, Lepicard E (Hrsg) Silence, scapegoats, self-reflection. The shadow of Nazi medical crimes on medicine and bioethics. Göttingen, S. 113–127

Süß W (1998) Gesundheitspolitik. In: Hockerts HG (Hrsg) Drei Wege deutscher Sozialstaatlichkeit. NS-Diktatur, Bundesrepublik und DDR im Vergleich. München, S. 55–100

Süß W (2003) Der „Volkskörper" im Krieg. Gesundheitspolitik, Gesundheitsverhältnisse und Krankenmord im nationalsozialistischen Deutschland 1939–1945. München

Süß W (2009) Wandlungen der MfS-Repressionstaktik seit Mitte der siebziger Jahre im Kontext der Beratungen der Ostblock-Geheimdienste zur Bekämpfung der „ideologischen Diversion". In: Ansorg L et al (Hrsg) „Das Land ist still – noch!" Herrschaftswandel und politische Gegnerschaft in der DDR (1971–1989). Köln, S. 111–134

Süß W (2011) Medizin im Krieg. In: Jütte R (Hrsg) Medizin und Nationalsozialismus. Bilanz und Perspektiven der Forschung. Göttingen, S. 190–200

Süß W (2011) Medizinische Praxis. In: Jütte R (Hrsg) Medizin und Nationalsozialismus. Bilanz und Perspektiven der Forschung. Göttingen, S. 179–189

Süß S (2018) Zur Frage eines politischen Missbrauchs der Psychiatrie in der DDR. Eine Rückschau nach 20 Jahren. In: Kumbier E, Steinberg H (Hrsg) Psychiatrie in der DDR. Beiträge zur Geschichte. Berlin-Brandenburg, S. 111–126

Süß S (1998) Politisch mißbraucht? Psychiatrie und Staatssicherheit in der DDR. Berlin

Szarejko P, Wasilewski B, Glinski J (1989) Die Methoden der Tötung psychisch Kranker in Polen während des Okkupationsregimes. In: Rapoport SM, Thom A (Hrsg) Das Schicksal der Medizin im Faschismus. Auftrag und Verpflichtung zur Bewahrung von Humanismus und Frieden (Nachdruck 2000), S. 66–68

Szordrzynski J (2020) Entnazifizierung – am Beispiel Hamburgs. https://www.hamburg.de/ns-dabeigewesene/4433186/entnazifizierung-hamburg/. Zugegriffen: 10. Juni 2020

Tändler M (2016) Das therapeutische Jahrzehnt. Der Psychoboom in den siebziger Jahren. Göttingen

Tascher G (2016) Die politisch und ideologisch ausgerichtete „Gleichschaltung" der ärztlichen Standesorganisationen ab 1933 und deren Auswirkung auf die ärztliche Berufsausübung vor und nach 1945. In: Krischel M, Schmidt M, Groß D (Hrsg) Medizinische Fachgesellschaften im Nationalsozialismus. Bestandsaufnahme und Perspektiven. Berlin, S. 19–30

Teitge M, Kumbier E (2015) Medizinisches Publizieren als Politikum. Zur Entstehungsgeschichte der Zeitschrift „Psychiatrie, Neurologie und medizinische Psychologie" in der SBZ/DDR. In: Hechler D, Pasternack P (Hrsg) Ein Vierteljahrhundert später. Zur politischen Geschichte der DDR-Wissenschaft. die hochschule 1, S. 89–100

Teitge M, Kumbier E (2015) Zur Geschichte der DDR-Fachzeitschrift Psychiatrie, Neurologie und medizinische Psychologie (1949–1990). Nervenarzt 86:614–623

Thom A (1994) Die Nachkriegslage der Psychiatrie in Sachsen 1945–1948. Sozialpsychiatr Inf 1:8–11

Thomas KA (2002) Die Berliner Gesellschaft für Psychiatrie und Neurologie in Ost- und West-
berlin (1947–1991). Ein Vergleich ihrer Tätigkeit, Diss. med., Berlin

Thom A, Caregorodcev GI (Hrsg) (1989) Medizin unterm Hakenkreuz. Berlin

Thoms U (2014) Was lesen Ärzte wirklich? Medizinische Zeitschriften und Pharma-Marketing von
1900 bis zum Ende der 1970er Jahre. Med J 49:287–329

Thomson, P (1996) Ärzte auf dem Weg ins „Dritte Reich". Studien zur Arbeitsmarktsituation, zum
Selbstverständnis und zur Standespolitik der Ärzteschaft gegenüber der staatlichen Sozialversicherung während der Weimarer Republik. Husum

Thomson M, Weindling P (1993) Sterilisationspolitik in Großbritannien und Deutschland. In:
Kersting F-W, Teppe K, Walter B (Hrsg) Nach Hadamar. Zum Verhältnis von Psychiatrie und
Gesellschaft im 20. Jahrhundert. Paderborn, S. 137–149

Thom A, Spaar H (Hrsg) (1983) Medizin im Faschismus. Symposium über das Schicksal der
Medizin in der Zeit des Faschismus in Deutschland 1933–1945. Berlin

Tollgreve C (1984) Bewegung in der Psychiatrie? Die DGSP zwischen Gegeninitiative und
etabliertem Verband. Loccum

Töpolt B (2012) Heinrich Eufinger. Chefarzt der Frauenklinik Dresden-Friedrichstadt und Mitver-
antwortlicher an der Zwangssterilisierung Dresdner Frauen. In: Piper C, Schmeitzner M, Naser
G (Hrsg) Braune Karrieren. Dresdner Täter und Akteure im Nationalsozialismus. Dresden,
S. 162–167

Topp S (2004) Der „Reichsausschuß zur wissenschaftlichen Erfassung erb- und anlagebedingter
schwerer Leiden". Zur Organisation der Ermordung minderjähriger Kranker im Nationalsozialismus 1939–1945. In: Beddies T, Hübener K (Hrsg) Kinder in der NS-Psychiatrie. Berlin,
S. 17–54

Topp S (2013) Geschichte als Argument in der Nachkriegsmedizin. Formen der Vergegen-
wärtigung der nationalsozialistischen Euthanasie zwischen Politisierung und Historiographie.
Göttingen

Trenckmann U (1993) Nach Hadamar. Zur Rezeption der NS-Vergangenheit durch die deutsche
Psychiatrie. In: Kersting F-W, Teppe K, Walter B (Hrsg) Nach Hadamar. Zum Verhältnis von
Psychiatrie und Gesellschaft im 20. Jahrhundert. Paderborn, S. 273–286

Treppe K (1993) Bewältigung von Vergangenheit? Der westfälische „Euthanasie"-Prozeß. In:
Kersting F-W, Treppe K, Walter, B (1993) Nach Hadamar. Zum Verhältnis von Psychiatrie und
Gesellschaft im 20. Jahrhundert. Paderborn, S. 202–252

Tümmers H (2010) Fern der Berliner Zentrale. Tübinger Ärzte und ihre Handlungsspielräume im
Umgang mit „Psychopathen". In: Quinkert B, Rauh P, Winkler U (Hrsg) Krieg und Psychiatrie
1914–1950. Göttingen, S 104–128

Tümmers H (2011) Anerkennungskämpfe. Die Nachgeschichte der nationalsozialistischen
Zwangssterilisationen in der Bundesrepublik. Göttingen

Uhl M (2008) Krieg um Berlin? Die sowjetische Militär- und Sicherheitspolitik in der zweiten
Berlin-Krise 1958 bis 1962. München

Uhlig R (1991) Vertriebene Wissenschaftler der Christian-Albrechts-Universität zu Kiel (CAU)
nach 1933. Zur Geschichte der CAU im Nationalsozialismus. Eine Dokumentation. Frankfurt
a. M.

van den Bussche H (1989) „Zusammenbruch" und Nachkriegszeit. In: van den Bussche H (Hrsg)
Medizinische Wissenschaft im „Dritten Reich". Kontinuität, Anpassung und Opposition an der
Hamburger Medizinischen Fakultät. Berlin, S. 419–446

van den Bussche H (1989) Akademische Karrieren im „Dritten Reich". In: van den Bussche H
(Hrsg) Medizinische Wissenschaft im „Dritten Reich". Kontinuität, Anpassung und Opposition
an der Hamburger Medizinischen Fakultät. Berlin, S. 63–117

van den Bussche H (1989) Die Lehre. In: van den Bussche H (Hrsg) Medizinische Wissenschaft im „Dritten Reich". Kontinuität, Anpassung und Opposition an der Hamburger Medizinischen Fakultät. Berlin, S. 381–398

van den Bussche H (1989) Die Fakultät im Strudel der „neuen Zeit". In: van den Bussche H (Hrsg) Medizinische Wissenschaft im „Dritten Reich". Kontinuität, Anpassung und Opposition an der Hamburger Medizinischen Fakultät. Hamburg, S. 118–164

van den Bussche H (1999) Rudolf Degkwitz. Die politische Kontroverse um einen außergewöhnlichen Kinderarzt. Kinder- und Jugendarzt 30:425–431 und 549–556

van den Bussche H (2015) Personalprobleme, Disziplinkrise und Selbstdeprofessionalisierung der Psychiatrie im Nationalsozialismus. Schr Deutsc Ges Gesch Nervenheilkd 21:127–175

Vanja C, Blasius D (Hrsg) (2011) Euthanasie in Hadamar. Die nationalsozialistische Vernichtungspolitik in hessischen Anstalten. Begleitband zur Ausstellung des Landeswohlfahrtsverbandes Hessen. Kassel

van Laak D (2018) Schreibtischtäter – eine vorläufige Bilanz. In: van Laak D, Rose D (Hrsg) Schreibtischtäter. Begriff – Geschichte – Typologie. Göttingen, S. 297–312

van Laak D, Rose D (2018) Vorwort. In: van Laak D, Rose D (Hrsg) Schreibtischtäter. Begriff – Geschichte – Typologie. Göttingen, S. 9 f.

van Voren R (2010) Abuse of psychiatry for political purposes in the USSR. A case-study and personal account of the efforts to bring them to an end. In: Helmchen H, Sartorius N (Hrsg) Ethics in psychiatry. European contributions. Heidelberg, S. 489–508

van Voren R (2010) Cold war in psychiatry. Human factors, secret actors. Amsterdam

Vollnhals C (Hrsg) (1991) Entnazifizierung. Politische Säuberung und Rehabilitierung in den vier Besatzungszonen 1945–1949. München

von Cranach M (2010) Mitwissen und Kooperation. Die Haltung der Anstaltspsychiatrie. In: Rotzoll M et al (Hrsg) Die nationalsozialistische „Euthanasie"-Aktion „T4" und ihre Opfer. Geschichte und ethische Konsequenzen für die Gegenwart. Paderborn, S. 83–90

von Hodenberg C (2006) Konsens und Krise. Eine Geschichte der westdeutschen Medienöffentlichkeit 1945 bis 1973. Göttingen

von Schwerin A (2004) Experimentalisierung des Menschen. Der Genetiker Hans Nachtsheim und die vergleichende Erbpathologie 1920–1945. Göttingen

Vorbaum T (Hrsg) (2005) „Euthanasie" vor Gericht. Die Anklageschrift des Generalstaatsanwalts beim OLG Frankfurt/M. gegen Dr. Werner Heyde u. a. vom 22. Mai 1962. Berlin

Vossen J (2001) Gesundheitsämter im Nationalsozialismus. Rassenhygiene und offene Gesundheitsfürsorge in Westfalen 1900–1950. Essen

Wagner A (2007) Neurologie in der DDR. Aspekte zur Struktur und Profilbildung. In: Kömpf D (Hrsg) 100 Jahre Deutsche Gesellschaft für Neurologie. Berlin, S. 55 f.

Wagner A, Kästner I (2015) Ab 1953 mit neuem Namen: Die Neurologisch-Psychiatrische Klinik der Karl-Marx-Universität (KMU) Leipzig von 1953 bis 1964/65 – ein Beitrag aus neurologsicher Sicht. In: Wagner A, Steinberg H (Hrsg) Neurologie an der Universität Leipzig. Beiträge zur Entwicklung des klinischen Fachgebietes von 1880 bis 1985. Leipzig, S. 401–414

Wagner A, Kästner I (2015) Die Neurologische Abteilung an der Medizinischen Klinik der Universität Leipzig von 1945 bis 1985. In: Wagner A, Steinberg H (Hrsg) Neurologie an der Universität Leipzig. Beiträge zur Entwicklung des klinischen Fachgebietes von 1880 bis 1985. Leipzig, S. 415–439

Wahl M (2015) „Warum habt ihr solche Angst, dass wir nicht wiederkommen?"‚Grenzübertritte' der medizinischen Intelligenz in den 1970er Jahren. In: Frewer A, Erices R (Hrsg) Medizinethik in der DDR. Moralische und menschenrechtliche Fragen im Gesundheitswesen. Stuttgart, S. 59–80

Walter B (1993) Fürsorgepflicht und Heilungsanspruch. Die Überforderung der Anstalt (1870–1930). In: Kersting F-W et al (Hrsg) Nach Hadamar. Zum Verhältnis von Psychiatrie und Gesellschaft im 20. Jahrhundert. Paderborn, S. 66–98

Walter B (1998) Biologistisches Denken und der Wandel des Menschenbildes in der Psychiatrie (1900–1945). In: Krupka J (Hrsg) Clemens August Graf von Galen: Menschenrechte – Widerstand – Euthanasie – Neubeginn. Münster, S. 163–183

Walter B (2002) Hermann Simon – Psychiatriereformer, Sozialdarwinist, Nationalist? Nervenarzt 73:1047–1054

Wardenga U (2005) „Kultur" und historische Perspektive in der Geographie. Geogr Z 93:17–32

Wasem J et al (2001) Gesundheitswesen und Sicherung bei Krankheit und im Pflegefall. In: Wengst U (Hrsg) Geschichte der Sozialpolitik in Deutschland seit 1945, Band 2/1: 1945–1949. Die Zeit der Besatzungszonen. Sozialpolitik zwischen Kriegsende und der Gründung zweier deutscher Staaten. Baden-Baden, S. 461–528

Wasem J, Vincenti A, Behringer A (2001) Entwicklungen in der Krankenversicherung und im Gesundheitswesen. In: Schulz G (Hrsg) Geschichte der Sozialpolitik in Deutschland seit 1945, Bd 3: 1949–1957. Bundesrepublik Deutschland. Bewältigung der Kriegsfolgen, Rückkehr zur sozialpolitischen Normalität. Baden-Baden, S. 442–466

Wasem J, Mill D, Wilhelm J (2006) Gesundheitswesen und Sicherung bei Krankheit und im Pflegefall. In: Kleßmann C (Hrsg) Geschichte der Sozialpolitik in Deutschland seit 1945, Bd 9: 1961–1971. Deutsche Demokratische Republik. Politische Stabilisierung und wirtschaftliche Mobilisierung. Baden-Baden, S. 377–428

Wasem J, Mill D, Wilhelm J (2008) Gesundheitswesen und Sicherung bei Krankheit und im Pflegefall. In: Boyer C, Henke K-D, Skyba P (Hrsg) Geschichte der Sozialpolitik in Deutschland seit 1945, Bd 10: 1971–1989. Deutsche Demokratische Republik. Bewegung in der Sozialpolitik, Erstarrung und Niedergang. Baden-Baden, S. 363–415

Weber H (2000) Die DDR 1945–1990. München

Weber MM (2004) Lebensstil und ätiologisches Konzept: Rassenhygienische Tendenzen bei Emil Kraepelin. In: Brüne M, Payk TR (Hrsg) Sozialdarwinismus, Genetik und Euthanasie. Menschenbilder in der Psychiatrie. Stuttgart, S. 71–91

Weber MM (2005) Vom Brom zum Luminal – Leipziger Beiträge zur Entwicklung der Psychopharmakotherapie. In: Steinberg H (Hrsg) Leipziger Psychiatriegeschichtliche Vorlesungen. Leipzig, S. 183–208

Weindling P (1991) „Mustergau" Thüringen. Rassenhygiene zwischen Ideologie und Machtpolitik. In: Frei N (Hrsg) Medizin und Gesundheitspolitik in der NS-Zeit. München, S. 81–97

Weindling P (1996) Ärzte als Richter. Internationale Reaktionen auf die Medizinverbrechen des Nationalsozialismus während des Nürnberger Ärzteprozesses in den Jahren 1946–1947. In: Wiesemann C, Frewer A (Hrsg) Medizin und Ethik im Zeichen von Auschwitz. 50 Jahre Nürnberger Ärzteprozeß. Erlangen, S. 31–44

Weindling P (1999) International eugenics: Swedish sterilization in context. J Scand Hist 24:179–197

Weindling P (2010) Alien psychiatrists. The British assimilation of psychiatric refugees. In: Roelcke V, Weindling P, Westwood L (Hrsg) International relations in psychiatry: Britain, America, and Germany to World War II. Rochester, S. 218–235

Weindling P (2012) Die Opfer von Humanexperimenten im Nationalsozialismus. Ergebnisse eines Forschungsprojekts. In: Eschebach I, Ley A (Hrsg) Geschlecht und „Rasse" in der NS-Medizin. Berlin, S. 81–99

Weindling P (2016) „Ressourcen" für humanmedizinische Zwangsforschung 1933–1945. In: Flachowsky S, Hachtmann R, Schmaltz F (Hrsg) Ressourcenmobilisierung. Wissenschaftspolitik und Forschungspraxis im NS-Herrschaftssystem. Göttingen, S. 503–534

Weindling P (2015) Victims and survivors of Nazi human experiments. Science and suffering in the Holocaust. London

Weinke A (2001) Die Waldheimer „Prozesse" im Kontext der strafrechtlichen Aufarbeitung der NS-Diktatur in der SBZ/DDR. In: Haase N, Pampel B (Hrsg) Die Waldheimer „Prozesse" – fünfzig Jahre danach. Dokumentation der Tagung der Stiftung Sächsische Gedenkstätten am 28. und 29. September 2000 in Waldheim. Baden Baden, S. 27–57

Weinke A (2002) Die Verfolgung von NS-Tätern im geteilten Deutschland. Vergangenheitsbewältigungen 1949–1969 oder: Eine deutsch-deutsche Beziehungsgeschichte im Kalten Krieg. Paderborn

Weinke A (2005) Nachkriegsbiographien brandenburgischer „Euthanasie"-Ärzte und Sterilisationsexperten. Kontinuitäten und Brüche. In: Rose W (Hrsg) Anstaltspsychiatrie in der DDR. Die brandenburgischen Kliniken zwischen 1945 und 1990. Berlin-Brandenburg, S. 179–253

Weinke A (2006) Die Nürnberger Prozesse. München

Weinke A (2014) Judging medical crimes in divided Germany. In: Roelcke V, Topp S, Lepicard E (Hrsg) Silence, scapegoats, self-reflection. The shadow of Nazi medical crimes on medicine and bioethics. Göttingen, S. 87–99

Weise K (1990) Psychotherapie in der Psychiatrie. In: Thom A, Wulff E (Hrsg) Psychiatrie im Wandel. Erfahrungen und Perspektiven in Ost und West. Bonn, S. 288–307

Weise K (2006) Ohne Titel, ohne Kittel. In: Müller TR, Mitzscherlich B (Hrsg) Psychiatrie in der DDR. Erzählungen von Zeitzeugen. Frankfurt a. M., S. 145–152

Welzer H (2005) Täter. Wie aus ganz normalen Menschen Massenmörder werden. Frankfurt a. M.

Wengst U (2008) 1969. Das vorzeitige Ausscheiden von Heinrich Lübke aus dem Bundespräsidentenamt. Zweierlei „Vergangenheitsbewältigung" im Systemkonflikt. In: Wengst U, Wentker H (Hrsg) Das doppelte Deutschland. 40 Jahre Systemkonkurrenz. Bonn, S. 161–182

Wentker H (2007) Außenpolitik in engen Grenzen. Die DDR im internationalen System 1949–1989. München

Wette W (1998) Von der Anti-Atombewegung zur Friedensbewegung (1958–1984). In: Salewski M (Hrsg) Das nukleare Jahrhundert. Eine Zwischenbilanz. Stuttgart, S. 177–187

Wettlaufer A (1986) Die Beteiligung von Schwestern und Pflegern an den Morden in Hadamar. In: Roer D, Henkel D (Hrsg) Psychiatrie im Faschismus. Bonn, S. 318–321

Wienhold L (2014) Arbeitsschutz in der DDR. Kommunistischer Durchdringung fachlicher Konzepte. Hamburg

Wierling D (2002) Geboren im Jahre Eins. Der Jahrgang 1949 in der DDR. Versuch einer Kollektivbiographie. Berlin

Wiesner G (1980) Analyse der Ärztepopulation der DDR. Bestand – Struktur – Entwicklung, Diss. Med., Bd I. Berlin

Wietschorke J (2015) Norden – Süden – Westen – Osten. Hemisphärisches Denken in der modernen europäischen Geschichte. Gesch Wissensch Untter 1/2:96–108

Wildt M (2007) Volksgemeinschaft als Selbstermächtigung. Gewalt gegen Juden in der deutschen Provinz 1919 bis 1939. Hamburg

Wildt M (2002) Generation des Unbedingten. Das Führungskorps des Reichssicherheitshauptamtes. Hamburg

Willing M (2007) Sozialhilfe, in: Geschichte der Sozialpolitik in Deutschland seit 1945, Bd 11: 1989–1994, Bundesrepublik Deutschland. Sozialpolitik im Zeichen der Vereinigung, hg. von Gerhard A. Ritter. Baden-Baden, S. 765–800

Wintsel T (2009) Das Buch zum Leben. Ein Plädoyer für den biographischen Blick. In: Bauer T, Kraus E, Kuller C, Süß W (Hrsg) Gesichter der Zeitgeschichte. Deutsche Lebensläufe im 20. Jahrhundert. München, S. 9–22

Wolf B (2000) Sozialistische Demokratie. in: Sprache in der DDR. Ein Wörterbuch. Berlin, S. 208

Wolf MA (2008) Eugenische Vernunft. Eingriffe in die reproduktive Kultur durch die Medizin 1900–2000. Wien

Wolff E (1997) Mehr als nur materielle Interessen: Die organisierte Ärzteschaft im Ersten Weltkrieg und in der Weimarer Republik. In: Jütte R (Hrsg) Geschichte der deutschen Ärzteschaft. Organisierte Berufs- und Gesundheitspolitik im 19. und 20. Jahrhundert. Köln, S. 97–142

Wuketits FM (2004) Evolutionstheorie kontra Sozialdarwinismus. In: Brüne M, Payk TR (Hrsg) Sozialdarwinismus, Genetik und Euthanasie. Menschenbilder in der Psychiatrie. Stuttgart, S. 37–48

Wunder M (1992) Euthanasie in den letzten Kriegsjahren. Die Jahre 1944 und 1945 in der Heil- und Pflegeanstalt Hamburg-Langenhorn. Husum

Zabel N (2009) Zur Geschichte des Deutschen Pädagogischen Zentralinstituts der DDR. Eine institutionsgeschichtliche Studie, Diss. phil. (Chemnitz), S. 13–169. https://tu-dresden.de/gsw/ew/ibbd/sp/ressourcen/dateien/forschung/online-archiv/Dissertation_zabel.pdf?lang=de. Zugegriffen: 10. Juni 2020

Zalashik R (2012) Das unselige Erbe. Die Geschichte der Psychiatrie in Palaestina 1920–1960. Frankfurt a. M.

Zalashik R, Davidovitch N (2009) Professional identity across the borders. Refugee psychiatrists in Palestine, 1933–1945. Soc Hist Med 22:569–587

Zanella FE (2020) Geschichte der Neuroradiologie in Deutschland. Geschichte-der-Neuroradiologie-Zanella.pdf, einsehbar unter http://www.dgnr.org/de-DE/41/geschichte-der-neuroradiologie-in-deutschland. Zugegriffen: 10. Juni 2020

Zeller U (2001) Psychotherapie in der Weimarer Zeit. Die Gründung der Allgemeinen Ärztlichen Gesellschaft für Psychotherapie, Diss. Med. Tübingen

Zielke R (2006) Sterilisation per Gesetz. Die Gesetzesinitiativen zur Unfruchtbarmachung in den Akten der Bundesministerialverwaltung (1949–1976). Berlin

Zimmer T (2017) Welt ohne Krankheit. Geschichte der internationalen Gesundheitspolitik 1940–1970. Göttingen

Zimmermann S (2006) „Euthanasie wäre durchaus zu rechtfertigen …" Der Jenaer Professor Ibrahim und die NS-Kindermorde. In: Forsbach R (Hrsg) Medizin im „Dritten Reich". Humanexperimente, „Euthanasie" und die Debatten der Gegenwart. Hamburg, S. 81–98

Zülch K-J (Bearbeiter) (1984) Jahre der Entwicklung der Neurochirurgie in Deutschland. Erinnerungen Wilhelm Tönnis 1898–1978. Berlin

Personenverzeichnis

Stichwortverzeichnis